PETRA HÜLSMANN

Glück ist, wenn man trotzdem liebt

Wenn's einfach wär, würd's jeder machen

Romane

lübbe

Diese Titel sind auch als Hörbuch und E-Book erschienen

Vollständige Taschenbuchausgabe
der 2016 und 2018 erschienenen Titel

Diese Werke wurden vermittelt durch die
Literarische Agentur Thomas Schlück GmbH, 30161 Hannover

Copyright © 2021 by Bastei Lübbe AG, Köln
Lektorat: Stefanie Kruschandl, Hamburg
Umschlaggestaltung: FAVORITBUERO, München
Satz: hanseatenSatz-bremen, Bremen
Gesetzt aus der Stempel Garamond LT Std
Druck und Verarbeitung: GGP Media GmbH, Pößneck
Printed in Germany
ISBN 978-3-404-18557-3

2 4 5 3 1

Sie finden uns im Internet unter:
luebbe.de
Bitte beachten Sie auch: lesejury.de

PETRA HÜLSMANN

Glück ist, wenn man trotzdem liebt

Roman

Für Jamie Oliver, Tim Mälzer, Léa Linster, Ali Güngörmüs und Sarah Wiener, die all das kochen und in ihren Büchern so wunderbar beschreiben, was ich während der Entstehung dieses Romans gerne gegessen hätte.

Für Ekrem Yildirim und sein Team, die besten »Lahmacunistas« Hamburgs, die das gekocht haben, was ich während der Entstehung dieses Romans tatsächlich gegessen habe.

Und für den Sommer natürlich.

Das Suppen-Fiasko

»Da soll mir noch mal einer sagen, dass Veränderungen gut sind«, seufzte ich, während ich lustlos in meiner Yum-Yum-Tütensuppe rührte. »Das hier kann man ja wohl kaum positiv nennen.«

Ich wandte meinen Blick von der bräunlich-trüben Suppe ab und schaute durch das große Schaufenster auf die gegenüberliegende Straßenseite. Vor ein paar Tagen hatte dort anstelle meines Stammvietnamesen Mr Lee ein neues Restaurant aufgemacht, was ich als totale Frechheit empfand. Denn statt Mr Lees Nudelsuppe zu genießen, war ich nun gezwungen, meine Mittagspausen in der kleinen Kaffeeküche des Blumenladens zu verbringen, in dem ich arbeitete. Meine Begeisterung für Instantsuppen schwand von Tag zu Tag, und ich konnte kaum glauben, wie schwer ich es hatte.

»Veränderungen sind aber auch nicht zwangsläufig schlecht, Isabelle«, sagte meine Chefin Brigitte, während sie ohne hinzusehen einen kunstvollen Strauß aus Callas band. »Geh doch mal rüber in dieses Thiels, da findest du bestimmt einen passenden Ersatz für deine geliebte Nudelsuppe.«

»Ich will das *Thiels* aber nicht, ich will Mr Lee wiederhaben! Außerdem sieht der Laden schon von außen total hip und überteuert aus.«

Brigitte stöhnte auf. »Mit deinen siebenundzwanzig Jahren bist du viel zu jung, um so ein Gewohnheitstier zu sein. Sei doch mal spontan.«

Das hatte ich schon oft von ihr gehört. Brigitte war einer dieser Menschen, die Gewohnheiten als etwas Negatives empfanden. Doch mir gaben sie Sicherheit und in dieser unübersichtlichen, chaotischen Welt das gute Gefühl, zu wissen, was kommen würde. Ich ging die Dinge nun mal gerne geplant und gezielt an, statt mich einfach so treiben zu lassen, und meiner Meinung nach hatten Routine und ein geordnetes Leben nichts mit dem Alter zu tun. Außerdem konnte ich durchaus auch spontan sein. Ich hatte schon einige verrückte Dinge getan, wie zum Beispiel ...

Jedenfalls, worum es eigentlich ging: Ich schätzte die Gewohnheiten in meinem Leben und wollte gar nicht, dass sich irgendetwas änderte. Meine Arbeit in Brigittes Blumenladen zum Beispiel. Ich liebte Blumen, ich liebte Brigitte, und ich liebte den Laden. Deswegen würde ich ihn auch übernehmen, wenn Brigitte sich zur Ruhe setzte. Darauf sparte ich heute schon, und ich freute mich darauf, dass *Blumen Schumacher* eines Tages *Blumen Wagner* heißen würde. Wichtig waren mir auch all die kleinen Gewohnheiten, wie der erste Kaffee des Tages, den ich immer am Küchenfenster meiner Wohnung trank, während ich dabei zusah, wie Emre, der Besitzer des Kiosks gegenüber, seine Lieferungen entgegennahm. Oder meine Daily Soap *Liebe! Liebe! Liebe!*, die ich mit Feuereifer verfolgte. Und natürlich meine Mittagspause beim guten alten Mr Lee. Elf Jahre lang hatte ich dort jeden Mittag die »Suppe des Tages« gegessen, die jeden Tag Nudelsuppe gewesen war. Doch leider war ich so ziemlich der einzige Gast gewesen, weswegen Mr Lee seinen Laden vermutlich auch schließen musste.

Mit Todesverachtung nahm ich einen Löffel von meiner faden, pappigen Yum-Yum-Suppe. Igitt, was für ein widerlicher Fraß! Schlimmer konnte es im Thiels doch eigentlich auch nicht sein. Ich entsorgte den Rest im Müll, ging wieder ans Schaufenster und schaute rüber zu dem Restaurant. Die

Tische im Außenbereich waren immer vollbesetzt, also war der Laden möglicherweise doch gar nicht so schlecht. Vielleicht gab es dort ja sogar eine Suppe des Tages. Außerdem ... Ob die schon einen Blumenlieferanten hatten? Seit vor ein paar Monaten der neue Blumenladen um die Ecke aufgemacht hatte, sah es bei Brigitte und mir ziemlich mau aus. Einen neuen Stammkunden konnten wir gut gebrauchen.

Bevor ich es mir wieder anders überlegen konnte, verkündete ich: »Na gut, ich mach's. Ich geh ins Thiels.«

Brigitte ließ den Strauß sinken. »Ernsthaft?«

»Klar. Ganz spontan. Wenn der Laden nichts taugt, kann ich wenigstens guten Gewissens lästern. Und außerdem will ich fragen, ob die zufällig noch einen Blumenlieferanten suchen«, sagte ich, wobei ich mit dem Daumen auf mich zeigte.

»Hey, super Idee! Dann viel Erfolg. Und guten Appetit.«

Ich holte meine Handtasche aus der Kaffeeküche und überquerte die Straße. Langsam ging ich am Außenbereich des Thiels vorbei, um den Gästen auf die Teller zu schielen. Viel Grünzeug entdeckte ich dort, Nudeln, hier und da mal ein ziemlich blutiges Stück Fleisch. Ich zog die Nase kraus und sah meine Zweifel an diesem Laden bestätigt. Vor dem Eingang waren auf einer Tafel die Mittagsgerichte aufgeführt. Keine Suppe. Da konnte ich mir das Reingehen eigentlich auch sparen. Doch dann fiel mir ein, dass ich soeben noch vor Brigitte mit meiner Spontanität geprahlt hatte und möglicherweise einen neuen Kunden an Land ziehen konnte. Also gab ich mir einen Ruck und betrat das Restaurant. Weit kam ich jedoch nicht, denn vor lauter Schock blieb ich wie angewurzelt stehen. Hier sah es komplett anders aus als zu Mr Lees Zeiten! Die Wände waren cremefarben gestrichen, nur eine Wand leuchtete in einem dunklen, satten Rotton. Überall hingen gerahmte Fotos, die Motive aus Hamburg zeigten, wie zum Beispiel den Anker am Bug der Rickmer Rickmers, die Tür eines Hafenspeichers oder das Straßenschild der »Großen Freiheit«. Es gab um die fünfzehn Tische, die mitsamt ihren Stühlen nicht gerade neu aussahen und alle nicht zueinander passten, aber trotzdem insgesamt ein harmonisches Bild abgaben. Was mich am meisten faszinierte, war ein aus Weinflaschen selbst gebauter Kronleuchter, der als Blickfang mitten im Raum hing. Das Restaurant kam überhaupt nicht neumodisch-kalt oder bemüht hip rüber, sondern wirkte auf seltsame Art chaotisch, gemütlich und schick zugleich, und – ob ich wollte oder nicht – das hier war ein Laden, in dem ich mich wohl fühlen konnte. Lediglich über die Tischdeko musste man noch mal nachdenken, denn die fiel mit einem Salz- und Pfefferstreuer doch recht spärlich aus. Anscheinend gab es tatsächlich noch keinen Blumenlieferanten.

»Hi!« Eine hübsche Kellnerin kam auf mich zu und lächelte mich freundlich an. »Ich bin Anne. Herzlich willkommen im Thiels. Setz dich doch. Hier drinnen hast du die freie Auswahl, draußen ist leider alles belegt.«

»Also, eigentlich wollte ich erst mal nur fragen, ob es hier ...«

»Siehst du, hier vorne«, unterbrach sie mich eifrig und deutete auf einen kleinen Zweiertisch. »Oder wie wäre es am Fenster?« Sie ging mir voraus zu besagtem Fenstertisch und schob mir den Stuhl zurecht. »Ich glaube, der ist netter. Wenn du schon nicht draußen sitzen kannst, kannst du immerhin rausgucken. Das Wetter ist wunderschön, oder? Ich liebe den Sommer, du nicht auch?«

Völlig überrumpelt folgte ich ihr und nahm Platz. »Doch, ja. Danke. Aber im Grunde wollte ich mich erst mal nur erkundigen, ob es hier eine Suppe des Tages gibt.«

Anne plauderte munter weiter. »Nein, leider nicht. Da

vorne an der Tafel siehst du unsere Mittagsgerichte. Diese Woche ist keine Suppe dabei, aber die Tagesgerichte schmecken alle großartig! Kann ich dir schon mal was zu trinken bringen?«

Mist. Keine Suppe des Tages. Aber so leicht würde ich nicht aufgeben. Vielleicht konnte man suppentechnisch ja doch etwas machen. Das Restaurant war neu, die waren sicher noch sehr um das Wohlwollen ihrer Gäste bemüht. »Ja, ich hätte gerne eine Rhabarberschorle.«

Anne notierte meinen Wunsch auf ihrem Block und wollte sich schon davonmachen.

»Warte mal. Ähm, wäre es eventuell möglich, eine Suppe von der Abendkarte zu bekommen?«

Sorgenvolle Falten erschienen auf ihrer Stirn. »Na ja ... Also, ich kann dir den Spargel wirklich wärmstens empfehlen, der ist unglaublich lecker. Die Pasta mit Mangold-Pesto ist auch der Hammer, ich schwöre dir, Jens macht das beste Mangold-Pesto, das du je gegessen hast! Oder du probierst den Salat mit gegrillten Filetstreifen vom Freilandrind? Bei dem Wetter ist das vielleicht eh netter als was Warmes.«

Sie war so eifrig und bemüht, dass ich mir richtig schäbig vorkam, doch es war nun mal so: Ich hatte nicht das geringste Bedürfnis, Mangold zu probieren, Spargel konnte ich nicht ausstehen, und diese fiesen bluttriefenden Rindfleischstreifen, die ich draußen auf den Tellern gesehen hatte, würde ich ganz sicher nicht essen! Verdammt, verdammt, verdammt, ich hatte es doch gewusst! Keine Suppe in diesem Laden, keine annehmbare Suppe im ganzen verdammten Hamburg, wahrscheinlich würde ich nie wieder mittags vietnamesische Nudelsuppe essen können! Welchen Sinn hatte die Mittagspause dann überhaupt noch?! Oh, Mr Lee, warum nur haben Sie mich im Stich gelassen?

»Das klingt alles nicht schlecht, aber ... Hier war vorher ein vietnamesisches Restaurant, und da gab es immer eine Suppe des Tages. Ich habe hier elf Jahre lang jeden Mittag Suppe gegessen, verstehst du? Jeden Mittag! Elf Jahre lang! Ich meine ...« Ich unterbrach mich, weil mir bewusst wurde, wie verzweifelt ich klingen musste. »So ein Süppchen ist bestimmt schnell gemacht. Vielleicht wäre es ja doch möglich?«

Anne sah mich eine Weile nachdenklich an, dann sagte sie ganz sanft, wie zu einem hypernervösen Pferd, das kurz vorm Durchgehen war: »Ich frag mal in der Küche nach und sehe, was ich für dich tun kann, okay? Und dann bring ich dir erst mal eine schöne Rhabarberschorle. In Ordnung?«

Sie hielt mich für geisteskrank. Ganz eindeutig. Ich nickte. »Ja, vielen Dank.«

Anne zog ab, und ich befürchtete schon, dass sie gleich eine Lautsprecherdurchsage machen würde: »Service an Küche, Service an Küche, wir haben hier eine drei-fünf-neun an Tisch sieben. Ich wiederhole, eine drei-fünf-neun an Tisch sieben!« Doch nichts passierte; sie verschwand lediglich durch die Schwingtür, hinter der sich vermutlich die Küche befand.

Schon bald kehrte Anne zurück, ein freudiges Lächeln auf den Lippen. »Weißt du was? Lukas macht dir ein schönes Mangoldsüppchen mit Parmesanchips«, verkündete sie fröhlich. »Oder die Fischsuppe von der Abendkarte. Was dir lieber ist.«

Oh Mann, diese Situation wurde echt immer unerträglicher! »Das ist nett, aber ich esse leider keinen Mangold. Fisch auch nicht. Am besten lassen wir das einfach, und ich ...«

»Nein, warte!«, rief Anne, die wahrscheinlich fürchtete, ich würde den Laden überall im Internet als völlig unflexibel bewerten. »Pass auf, ich hole kurz Lukas, dann kannst du direkt mit ihm besprechen, was möglich ist, okay?« Und schon war sie wieder verschwunden, um kurz darauf mit einem jungen Mann in schwarzer Kochjacke zurückzukehren.

Er war um die zwanzig und ganz hübsch mit seinen blonden Haaren und leuchtend grünen Augen. Allerdings verriet sein Gesichtsausdruck eindeutig, dass er ziemlich genervt war. »Hi. Also, wenn du keinen Mangold und keinen Fisch isst, könnte ich dir ein Spargelcremesüppchen machen. Wäre das okay?«

Meine Stimmung kippte immer mehr, und dieser Laden fing ganz allmählich an, mir auf die Nerven zu gehen. »Spargel esse ich leider auch nicht. Tut mir leid.«

»Also, ehrlich gesagt ...«

»Eine Nudelsuppe wäre super«, schlug ich vor. »Sie müsste ja auch gar nicht unbedingt vietnamesisch sein.«

Er hob eine Augenbraue, ganz leicht nur, aber doch erkennbar. »Äh ... ich hol mal den Chef«, sagte er und verschwand durch die Schwingtür.

Gute Idee! Dann konnte ich mich nicht nur beim Boss höchstpersönlich darüber beschweren, dass er Mr Lee vertrieben hatte und dass es heutzutage nirgends mehr eine vernünftige Suppe gab, sondern ihn bei der Gelegenheit auch gleich fragen, ob er noch einen Blumenlieferanten brauchte. Er war bestimmt so ein Lackaffe mit weit aufgeknöpftem lila Hemd und Goldkettchen, der dieses Restaurant als Geldwäschebetrieb nutzte.

»Also *du* bist der Suppenkasper?«

Ich war so vertieft in meine Gedanken, dass ich gar nicht mitgekriegt hatte, wie Lukas' Chef aus der Küche gekommen war. Ich sah zu ihm hoch und stutzte. Vor mir stand ein dunkelhaariger Mann, schätzungsweise um die dreißig. Und er war kein Lila-Hemd-und-Goldkettchen-Typ, sondern Koch, wie seine schwarze Kochjacke und die schwarze Jeans verrieten. Er hielt mir seine Hand hin. »Hi, ich bin Jens Thiel.«

Verdattert schüttelte ich seine Hand. »Isabelle Wagner.«

»Hallo Isabelle, nett, dich kennenzulernen«, sagte er und ließ sich dann mit einem Ächzen auf den Stuhl mir gegenüber fallen. »Eigentlich habe ich überhaupt keine Zeit für dieses Gespräch, aber es ist ja nicht deine Schuld, dass weder meine Serviceleiterin noch mein Souschef mit dir … also, mit diesem Problem fertigwerden. Wenn ich es richtig verstanden habe, hättest du gerne Suppe.«

Ich nickte. »Richtig.«

In diesem Moment stellte Anne ein großes Glas Rhabarberschorle vor mir ab. »Bitte schön.«

»Danke.« Ich wartete darauf, dass sie abzog, doch stattdessen blieb sie stehen und musterte uns interessiert.

Jens runzelte kurz die Stirn, sagte jedoch nichts, sondern wandte sich wieder an mich. »Okay, also hat Lukas dir freundlicherweise drei Suppen angeboten, aber keine ist dir recht. Stattdessen hättest du lieber vietnamesische Nudelsuppe. Auch richtig?«

Aus seinem Mund klang das irgendwie nach einem ziemlich dreisten Wunsch, und so war es ja auch gar nicht gewesen. »Nein, ich habe lediglich Nudelsuppe *vorgeschlagen*, dabei aber extra betont, es müsse keine vietnamesische sein. Obwohl hier vorher ein ausgezeichnetes vietnamesisches Restaurant drin war, und da gab es sehr, sehr gute Nudelsuppe.«

Jens Thiel lachte auf. »Mr Lee. Ja, der war wirklich ganz ausgezeichnet. Hast du bei dem mal einen Blick in die Küche geworfen?«

»Nee, wieso?«

Er winkte ab. »Ach, nur so.«

Ich überlegte kurz, ob ich nachhaken sollte, entschied dann aber, dass ich lieber gar nicht wissen wollte, wie es in Mr Lees Küche ausgesehen hatte. »Jedenfalls, ich arbeite im Blumenladen gegenüber, und ich habe immer bei Mr Lee die Suppe des Tages gegessen. Also Nudelsuppe, denn die Suppe des Tages war immer Nudelsuppe.«

»Elf Jahre lang«, fügte Anne hinzu.

»Ja. Das klingt jetzt vielleicht seltsam, aber mittags esse ich nun mal immer Suppe.«

»Nein, ich verstehe schon«, sagte Jens mit ernstem Gesichtsausdruck, doch das Funkeln in seinen dunklen Augen verriet, dass er sich über mich lustig machte. »Suppe spielt in deinem Leben eine zentrale Rolle.«

»Genau«, sagte ich trotzig. Sollten sie doch von mir denken, was sie wollten. »Und ich sehe nicht, wo das große Problem sein soll, mir eine zu machen. Ich meine, man muss doch flexibel sein.«

Jens schnaubte und sagte: »Ach ja?«, doch ich fuhr unbeirrt fort. »Ich persönlich bin zum Beispiel nicht so der Rosen-Fan. Aber wenn du in den Laden kommst und einen Rosenstrauß bestellst, dann mach ich dir einen. Weil der Kunde nun mal König ist, verstehst du?«

»Nee, das versteht er nicht«, antwortete Anne an seiner Stelle. »Jens hat in seinem ganzen Leben noch keiner Frau Blumen, geschweige denn Rosen geschenkt. Nicht mal seiner Ehefrau.«

Was, *der* war verheiratet? Die arme Frau konnte einem ja echt leidtun, wenn sie nicht mal ein paar Blumen von ihm bekam!

Jens ging nicht auf Annes Kommentar ein. Stattdessen sagte er zu mir: »Da hast du natürlich vollkommen recht. Der Kunde ist König, und ich muss flexibel sein. Am besten, ich schaff die Speisekarte ganz ab, und jeder bestellt einfach, worauf er gerade Lust hat, egal ob es ein glutenfreier, veganer Bio-Burger, eine laktosefreie Bio-Crème-brûlée oder eine Nudelsuppe sein soll. Okay, Königin Isabelle, ich mach dir deine Nudelsuppe.«

Für zwei Sekunden war ich baff, doch dann sagte ich würdevoll: »Vielen Dank, das ist wirklich nett.«

Jens nickte. »Gut, da du ja ebenfalls flexibel bist, kannst du mir sicher schnell einen Ersatzkoch ranschaffen, der sich um die anderen Gäste kümmert, während ich im Asialaden die Zutaten kaufe und die Suppe koche. Du wirst dich allerdings ein Weilchen gedulden müssen, bis du sie essen kannst, und zwar etwa sechs Stunden, so lange dauert es nämlich, bis eine wirklich gute vietnamesische Nudelsuppe fertig ist.«

Dieser Typ war ja wohl an Dreistigkeit kaum zu überbieten! »Ich habe doch extra gesagt, dass es keine vietnamesische Nudelsuppe sein muss!«

»Aber Spargelcreme-, Mangold- oder Fischsuppe sind dir auch nicht recht.«

»Nein, das esse ich alles nicht.«

»Und wieso nicht?«

»Weil es mir nicht schmeckt.«

»Wie wäre es dann mit einem Teller Wasser?«

»Gerne. Schmeiß noch einen Brühwürfel und ein paar Nudeln rein, und wir sind im Geschäft.«

Jens machte einen Gesichtsausdruck, als hätte ich soeben verkündet, dass ich Osama bin Laden für einen prima Typ hielt. »Einen *Brühwürfel?!* Wenn Brühwürfel und Mr Lees Nudelsuppe deinen kulinarischen Horizont darstellen, dann wundert es mich wirklich nicht, dass du ...«

»Siehst du, da haben wir es!«, fiel ich ihm ins Wort. »Ich kann dir ein sehr gutes Seminar zum Thema Service- und

Kundenorientierung empfehlen, sieht so aus, als hättest du das dringend nötig. Der Kunde hat immer recht. Ich kritisiere meine Kunden ja auch nicht dafür, dass sie Rosen mögen.« ›Jedenfalls nicht immer, und wenn, dann sehr subtil‹, fügte ich im Stillen hinzu.

»Was hast du nur immer mit Rosen? Rosen und Suppe, Rosen und Suppe!«, motzte Jens. »Das ist doch nicht normal!«

In diesem Moment räusperte Anne sich vernehmlich. »Bitte, seid doch so nett und kommt zu einem friedlichen Ende, okay? Außerdem, Jens, ich bin mir sicher, Lukas ist da drin alleine inzwischen schon am Rotieren.« Dabei deutete sie in Richtung Küche.

Ich spürte, wie ich rot anlief, und auch Jens schaute betreten drein. Er atmete laut aus und fuhr sich mit der Hand durchs Haar. »Tut mir leid, dass ich dich so angefahren habe. Es ist gerade alles ziemlich stressig, da kannst du aber überhaupt nichts für, und es ist scheiße, das an dir auszulassen.«

»Schon gut. Mir tut es leid, dass ich das Seminar vorgeschlagen habe«, sagte ich kleinlaut.

»Geht doch«, sagte Anne zufrieden und ließ uns alleine, um sich wieder an ihre Arbeit zu machen.

»Dir sollte eher das mit dem Brühwürfel leidtun«, sagte Jens. Er schlug leicht mit den Händen auf die Tischplatte und stand auf. »Also, folgender Plan: Du machst heute Mittag mal was ganz Verrücktes und isst keine Suppe, sondern Pasta mit Mangold-Pesto. Es wird dir schmecken. Vertrau mir.«

Misstrauisch sah ich ihn an. »Wieso sollte ich? Ich kenn dich doch gar nicht.«

»Dann riskier es. Ich mag ja in puncto Service- und Kundenorientierung nicht so bewandert sein wie du, aber ich bin ein verdammt guter Koch. Vertrau mir einfach«, wiederholte er.

Ich wollte schon antworten, dass ich mittags *immer* Suppe aß und dass er sich seinen Mangold sonst wohin stecken konnte, doch dann hörte ich irgendwo tief in mir eine Stimme rufen: ›*Wenn das mit den Blumen noch was werden soll, versau es dir mit diesem Typen nicht!*‹

»Na schön«, sagte ich schließlich. »Ich komme mir zwar ein bisschen vor, als wäre ich ein wildes Tier, das angefüttert und gezähmt werden soll, aber egal.«

»Großartig«, erwiderte Jens mit einem Lächeln. »Für Extrawürste habe ich jetzt nämlich keine Zeit mehr.« Dann ließ er mich alleine zurück.

Keine zehn Minuten später kam mein Essen. Zu meiner Überraschung brachte nicht Anne, sondern Jens höchstpersönlich den überdimensional großen Pastateller an den Tisch. Er stellte ihn mit den Worten »So, bitte sehr, die Dame« vor mir ab und sah mich erwartungsvoll an.

Ach herrje, ich hatte gehofft, ich könnte mein Essen in einer Serviette verschwinden lassen und heucheln, dass es köstlich gewesen sei. Notgedrungen wandte ich mich meinem Teller zu. Hm. Auf den ersten Blick sah das gar nicht mal so schlecht aus. Der Mangold war als solcher kaum noch erkennbar, nur ein paar kleine Blätter konnte ich entdecken, die frisch und knackig wirkten. Kirschtomaten und geröstete Pinienkerne vervollständigten das Pesto.

»Wenn du das Essen noch länger anstarrst, wird es kalt«, meinte Jens.

Ich griff nach meiner Gabel und piekte ein paar Nudeln auf. »Das sieht wirklich gut aus. Und es riecht auch lecker.« Letzteres war gelogen. In meine Nase strömten so viele verschiedene Duftstoffe und Aromen, dass sie völlig überfordert war. Knoblauch, Parmesan, Olivenöl, und alles wurde getoppt von einem ungewohnten, intensiven Geruch, der vom Mangold kommen musste. »Du hast ein sehr hübsches Restaurant«, sagte ich, statt mir die Gabel in den Mund zu schieben.

Jens sah mich irritiert an. »Äh ... Danke.«

»Bitte. Die Bilder gefallen mir. Und der Flaschenkronleuchter ist echt der Hammer. Hast du den selbst gemacht?«

»Nein, ein Kumpel von mir.«

»Ach so. Sehr cool.«

Mit einer ungeduldigen Handbewegung in Richtung meines Tellers sagte er: »Jetzt probier doch.«

Einen Teufel würde ich tun! »Mir ist nur aufgefallen, dass hier noch was am Ambiente gemacht werden könnte.« Mit der beladenen Gabel deutete ich auf die Tischmitte. »Ein bisschen Deko. Kerzen oder Windlichter. Ein paar Blümchen.«

»Blümchen?«, fragte Jens ungläubig. »Hat dir eigentlich schon mal jemand gesagt, dass du ziemlich schräg rüberkommst?«

»Nein, noch nie«, log ich.

»Es fällt mir schwer, das zu glauben. Und gehe ich recht in der Annahme, dass natürlich du mit deinem Blumenladen dich künftig um das Ambiente hier kümmern möchtest?«

»Es ist zwar streng genommen nicht *mein* Blumenladen, also, noch nicht, aber ja. Genau.« Ich legte meine Gabel auf den Teller. »Du musst wissen, dass ich wirklich gut darin bin. Ich mach schon seit Jahren die Deko für Hochzeiten und Beerdigungen, und meine Kunden sind immer sehr ...«

»Das mag ja sein, aber hier soll es weder nach Hochzeit noch nach Beerdigung aussehen«, unterbrach Jens mich. »Ich will hier kein kitschiges, spießiges Gestrüpp auf den Tischen haben, das die Leute vollstinkt und vom Essen ablenkt.«

»Meine Deko ist überhaupt nicht kitschig, und spießig schon gar nicht! Du könntest es dir ja wenigstens höflichkeitshalber mal anschauen.«

»Und du könntest wenigstens höflichkeitshalber mal mein Essen probieren«, entgegnete er kühl.

»Ich hab dir doch gleich gesagt, dass ich Mangold nicht mag!«

»Und ich hasse Blumen!«

In meinem Kopf erklang die berühmte Melodie aus Beethovens Fünfter: Dadadadaaaa Dadadadaaaa. Er *hasste* Blumen?! Das ging zu weit! Ich kramte einen Zehn-Euro-Schein aus meinem Portemonnaie und knallte ihn auf den Tisch. »Es ist zwecklos, mit einem Menschen zu reden, der Blumen hasst.« Damit erhob ich mich und stand nun unmittelbar vor Jens, wobei mir auffiel, dass er ein ganzes Stück größer war als ich. »Echt jetzt, wie kann man Blumen hassen?«

»Wie kann man keinen Mangold essen?«

»Der war garantiert nicht bio«, sagte ich schnippisch, weil ich die starke Vermutung hatte, dass ihn das ärgern würde. Tatsächlich verengten seine Augen sich zu schmalen Schlitzen, doch bevor er etwas darauf entgegnen konnte, drehte ich mich um und verließ dieses suppen-, menschen- und blumenverachtende Restaurant. Sollte der Typ doch mit seinem tristen Laden und seinem affigen Mangold-Pesto glücklich werden. Mich würde er jedenfalls nie wiedersehen!

»Du warst ja lange weg«, begrüßte Brigitte mich. »War es schön?«

»Sehe ich etwa so aus?« Ich knallte meine Tasche unter den Bindetisch und fing an, mit groben Bewegungen Rosen zu entdornen.

»Es gab dort keine Suppe, nehme ich an?«

»Nein, gab es nicht. Stattdessen hat dieser dreiste Jens-Thiel-Koch mir Pasta mit *Mangold*-Pesto aufgezwungen.

Und mein Angebot, die Blumendeko für seinen Laden zu machen, hat er abgelehnt, weil er, halt dich fest, Blumen *hasst!* Ich hab's echt versucht, aber dieser Typ ist so stur!«

»Schade. Ein neuer Stammkunde wäre nicht schlecht gewesen.«

Ich warf die fertig entdornte Rose achtlos auf den Tisch und griff nach der nächsten. »So schlimm, dass wir auf einen wie ihn angewiesen sind, kann es gar nicht sein.«

»Nein, natürlich nicht«, sagte Brigitte schnell.

»Der kann sich jedenfalls schon mal drauf gefasst machen, dass ich überall sein Restaurant schlecht bewerten werde. Im ganzen Internet, überall!« Mir war selbst klar, dass ich das nicht tun würde, aber die Vorstellung, einen fiesen Verriss nach dem anderen zu schreiben, verschaffte mir eine gewisse Genugtuung.

Im Laufe des Nachmittags lenkte mich die Arbeit dann aber so sehr ab, dass ich die unselige Begegnung mit Jens Thiel gegen Feierabend schon wieder vergessen hatte.

Um neunzehn Uhr legte Brigitte den Kassenbon, auf dem die Tageseinnahmen aufgeführt waren, mit einem lauten Seufzer in die Schublade. »So, Feierabend.« Gemeinsam verließen wir den Laden, und während ich mein Fahrrad aufschloss, fragte sie: »Wie sieht's aus, hast du Lust, noch mit zu uns zu kommen?«

»Tut mir leid, aber ich kann heute nicht«, sagte ich bedauernd, denn gegen ein paar Tomatenbrote bei Brigitte und ihrem Mann Dieter hätte ich nichts einzuwenden gehabt. Ihre beiden Töchter waren erwachsen und schon lange aus dem Haus, und ich wusste, dass Brigitte sie furchtbar vermisste. »Mama hat vorhin angerufen. Irgendwas stimmt mit Papas Rhododendron nicht. Da sollte ich mal besser nachsehen.«

»Na, dann grüß mir den Rhododendron.«

Ich winkte Brigitte zum Abschied zu, schwang mich auf mein Fahrrad und machte mich auf den Weg. Es war ein sonniger Juniabend, und wie immer, wenn das Wetter in Hamburg schön war, zog es die Menschen ins Freie. Brigittes Laden, genau wie auch meine Wohnung, lag in Winterhude, einem lebhaften und bunten Stadtteil, der in den letzten Jahren immer angesagter geworden war. Szenige Designerläden, Cafés und Restaurants hatten nach und nach die alteingesessenen Einzelhändler von ihren Plätzen vertrieben, und die Mieten waren sprunghaft angestiegen. Meine beste Freundin Kathi hatte schon ein paarmal vorsichtig angemerkt, dass *Blumen Schumacher* inzwischen vielleicht ein bisschen zu piefig rüberkam und dass der neue Blumenladen um die Ecke eindeutig hipper war. Den Winterhudern schien er jedenfalls zu gefallen. Doch Brigitte stand voll und ganz hinter ihrem Konzept. Sie wollte kein Chichi, sondern Bodenständigkeit und faire Preise. Ich konnte sie verstehen, und außerdem mochte ich unseren Laden ja auch genau so, wie er war. Aber manchmal hatte ich Angst, dass Kathi recht haben könnte und es sich irgendwann böse rächen würde, wenn wir uns den veränderten Gegebenheiten nicht anpassten.

›Schluss mit dieser Schwarzmalerei, Isa‹, dachte ich. ›Dafür ist das Wetter viel zu schön.‹ Der Fahrtwind wehte mir ins Gesicht und durchs Haar und bauschte den Rock meines Kleids auf, die Sonne wärmte meine Haut. Ich liebte diese Jahreszeit mit dem frischen, satten Grün der Bäume und den üppig blühenden Rhododendron- und Hortensiensträuchern. An so einem wunderschönen Tag wie heute war einfach kein Platz für negative Gedanken, beschloss ich, als ich auf den Hauptweg des Ohlsdorfer Friedhofs einbog. Ich stieg vom Fahrrad ab und schob es durch die Gräberreihen, bis ich an dem hintersten, sonnigsten Platz in diesem Bereich angekommen war.

»Wie heißt es noch mal: Am Ende wird alles gut. Und wenn es nicht gut ist, ist es noch nicht das Ende. Stimmt's, Papa?«, sagte ich zu seinem Grabstein und stellte mein Fahrrad ab. »Oh, sorry, das war jetzt irgendwie taktlos.«

Eigentlich war diese Entschuldigung unnötig, denn mein Vater war ein toller Mensch gewesen und würde mir meine Bemerkung bestimmt nicht krummnehmen. Ich hatte ihn zwar nie wirklich kennengelernt, aber meine Mutter hatte mir alles über ihn erzählt. Als ich meine Ausbildung zur Floristin begonnen hatte, hatte sie mir die Grabpflege übertragen, und so kam ich seit Jahren jeden Donnerstagabend hierher.

»Ich hab gehört, du hast ein Problem mit deinem Rhododendron?«, murmelte ich, während ich ein Friedhofs-Gartengerät hinter dem Grabstein hervorzog. »Dann lass mal sehen.« Ich begutachtete den Strauch, den ich schon vor sechs Jahren gepflanzt hatte. »Ach du Schande!«, rief ich erschrocken, als ich die braunen Flecken auf den Blättern und die vertrockneten Äste und Knospen bemerkte. Pilzbefall, ganz eindeutig. Aber was für einer? Oh mein Gott, hoffentlich nicht dieser Horror-Pilz, der für das Eichensterben in den USA verantwortlich war! Angeblich sollte er auch Rhododendren befallen. Erst neulich hatte ich in einer Zeitschrift gelesen, dass der inzwischen auch in Norddeutschland …

»Hi Isabelle«, hörte ich hinter mir eine Stimme, die mich aus meinem Schreckensszenario riss. Ich drehte mich um und entdeckte Tom, den jungen Friedhofsgärtner, der für die Gräber in diesem Bereich verantwortlich war. Er hatte mir schon den ein oder anderen fachmännischen Rat gegeben, und in diesem Moment kam es mir so vor, als hätte der Himmel ihn geschickt. »Alles gut?«, wollte er wissen.

»Nein! Kannst du dir das hier mal bitte ansehen?«

Tom ließ die Schubkarre mit Gartenabfällen auf dem Weg stehen und kam zu mir rüber.

Ich deutete auf den Rhododendron. »Was ist das für ein scheiß Pilz? Doch wohl nicht dieser Phytophtora ramorum?«

»Ach Quatsch.« Tom beugte sich herab, um die Pflanze genauer in Augenschein zu nehmen. »Das ist ein ganz schnöder Feld-, Wald- und Wiesenpilz.«

»Wie kannst du dir da so sicher sein? Muss man nicht erst mal eine Probe nehmen und ins Labor schicken und, keine Ahnung, den Seuchenschutz informieren, und …«

»Weil der Phytophtora ramorum hier nicht vorkommt, ganz einfach«, unterbrach Tom mich. »Glaub mir, wenn sich dieser Pilz auf meinem Friedhof breitgemacht hätte, wüsste ich das.« Er zog eine Zigarette hervor, die hinter seinem Ohr gesteckt hatte, und zündete sie an – ganz wie in einem alten Western, wenn der Sheriff verkündete, dass es in seiner Stadt kein Verbrechen gab. »Schneid einfach alle befallenen Stellen ab, und sprüh ein Fungizid drauf, dann wird er schon wieder.«

Erleichterung machte sich in mir breit, denn es hätte mir das Herz gebrochen, diesen Strauch rausreißen zu müssen. Er war noch so klein gewesen, als ich ihn damals gepflanzt hatte, und außerdem hatte mein Vater speziell diese Rhododendron-Sorte geliebt, wie ich von meiner Mutter wusste. »Gott sei Dank!«, rief ich und strahlte Tom an.

Er nahm einen tiefen Zug von seiner Zigarette und musterte mich nachdenklich. »Wenn du willst, mach ich das morgen für dich.«

»Echt jetzt?«

»Klar. Nette Frisur übrigens.«

»Oh.« Geschmeichelt strich ich mir eine Haarsträhne aus

der Stirn. »Die ist eigentlich gar nicht neu, aber trotzdem danke schön.«

»Mhm. Sag mal ...« Er machte eine kleine Pause. »Hättest du Lust, mal was mit mir essen zu gehen?«

Huch! War es nicht ziemlich schräg, eine Frau auf dem Friedhof um ein Date zu bitten? Andererseits – wo hätte er es sonst tun sollen, immerhin kriegten wir uns nur hier zu Gesicht. Und Tom war doch eigentlich sehr nett und hilfsbereit. Er hatte Ahnung von Pflanzen. Und er sah ziemlich gut aus. So stark irgendwie. Also warum eigentlich nicht? »Klar«, sagte ich schließlich. »Gerne.«

»Cool.« Er drückte seine Zigarette auf dem Boden aus und warf sie anschließend in die Schubkarre. »Okay, dann ruf ich dich mal an. Und morgen mach ich mich gleich an den Rhododendron.«

»Vielen Dank, Tom, das ist supernett.«

Wir tauschten unsere Nummern aus, dann ging er mitsamt seiner Schubkarre davon.

Ich zupfte noch ein bisschen Unkraut und goss die Pflanzen, sowohl auf Papas Grab als auch auf dem seines Nachbarn Walter Fritzschner. »Geliebt und unvergessen«, stand als Zusatz unter dem Namen auf seinem Grabstein, doch das Grab wirkte immer so furchtbar verlassen und verwahrlost, dass ich arge Zweifel daran hatte und gar nicht anders konnte, als mich darum zu kümmern.

Eine Stunde später schloss ich mein Fahrrad vor meinem Wohnhaus an und erklomm die fünf Etagen bis ins Dachgeschoss. Ich kickte meine Ballerinas von den Füßen, riss die Fenster auf und machte mir in der winzigen Küche einen Eistee. In dieser Wohnung war alles klein, und sie bestand fast ausschließlich aus Dachschrägen. Aber ich liebte sie, sie war meine Burg, mein Zuhause und außerdem wunderschön. Die alten Holzdielen knarrten unter meinen Schritten, jeden Raum hatte ich in einer anderen Farbe gestrichen, und durch das Küchenfenster und vom Balkon aus konnte ich wunderbar das Treiben auf der Straße beobachten.

Im Wohnzimmer machte ich es mir auf der Couch bequem. Ich nahm meinen Laptop, loggte mich ins Internet ein und suchte in der Mediathek die heutige Folge von meiner Daily Soap *Liebe! Liebe! Liebe!*, die ich wegen des Friedhofsbesuchs verpasst hatte. Schon bald war ich völlig vertieft in die Geschichte von Lara und Pascal, die sich so sehr liebten und doch nicht zueinander fanden. Seit 578 Folgen scharwenzelten sie umeinander herum, ohne endlich mal Klartext zu reden. Ich fragte mich häufig, wie man so abgrundtief dämlich sein konnte. Wenn man seiner großen, einzig wahren Liebe begegnete, dann wusste man das doch sofort. So war es auch bei meinen Eltern gewesen. Sie hatten sich in den Achtzigerjahren in einer Hamburger Disco kennengelernt. Meine Mutter hatte zu *Nur geträumt* von Nena getanzt und dabei einen Mann angerempelt, der am Rand der Tanzfläche stand. Er fing sie auf, die beiden schauten sich in die Augen und ... BÄMM! Die große Liebe! Vom ersten Moment an war zwischen ihnen alles klar gewesen. Und genau so sollte es sein.

Ich selbst wartete leider schon seit siebenundzwanzig Jahren, drei gescheiterten Beziehungen und gefühlt tausend Dates auf ebenjenen Moment: den BÄMM. Auch bei Tom vorhin auf dem Friedhof war der ausgeblieben. Andererseits: Bei aller Romantik sollte man sich doch einen Restfunken von Pragmatismus bewahren. Tom war nett und hatte eine Chance verdient.

Mein Blick fiel auf mein Glücksmomente-Glas, das im Regal neben einem Foto meines Vaters stand. Kathi hatte mir zu meinem Geburtstag ein hübsches Bonbonglas und einen Stapel bunter Notizzettel überreicht und gesagt: »Von jetzt an notierst du jeden glücklichen Moment und wirfst ihn ins Glas. In einem Jahr liest du dir all die schönen Dinge durch, und dann wirst du sehen, dass das Leben gar nicht mal so scheiße ist.«

Zu der Zeit hatte ich mich gerade von meinem damaligen Freund getrennt und überhaupt eine ziemlich deprimierte Phase durchgemacht. Seitdem führte ich mein Glücksmomente-Glas, und ich freute mich schon jetzt darauf, es an meinem achtundzwanzigsten Geburtstag im Oktober zu öffnen. Für heute fielen mir sogar zwei Glücksmomente ein. Auf einen gelben Zettel schrieb ich: ›*Papas Rhododendron ist von einem Pilz befallen, aber es ist nicht der Phytophtora ramorum. Glück im Unglück.*‹ Dann nahm ich mir einen blauen Zettel. ›*Tom hat mich um ein Date gebeten. Auf dem Friedhof! Schräger Moment, aber ich freu mich, dass er's gemacht hat.*‹ Ich warf die Zettel ins Glas, schraubte den Deckel zu und stellte es zurück ins Regal.

Liebe 3

Am Dienstagnachmittag war ich im Laden damit beschäftigt, einen riesigen Blumenstrauß zu binden, den unser Stammkunde Herr Dr. Hunkemöller seiner Praxisleiterin Frau Nickel zum dreißigjährigen Jubiläum schenken wollte. Er war Augenarzt und außerdem ein Charmeur und Kavalier der alten Schule – immer tadellos gekleidet (manchmal trug er sogar einen Dreiteiler mit Einstecktuch) und die vollen weißen Haare adrett zur Seite gekämmt, weswegen ich ihn heimlich »das Adonisröschen« nannte. Er überschüttete Brigitte und mich immer mit so vielen Komplimenten, dass wir uns jedes Mal freuten, wenn er vorbeikam. Eigentlich hatte ich dienstags frei, aber Brigitte und ich hatten unsere Tage in dieser Woche getauscht, und Dr. Hunkemöller hatte richtig enttäuscht ausgesehen, als ich ihm gesagt hatte, dass sie nicht im Laden war.

»Bitte schön«, sagte ich und präsentierte Herrn Dr. Hunkemöller den fertigen Strauß.

»Der ist prachtvoll, Frau Wagner!«, rief er begeistert. »Ein wahres Meisterwerk! Darüber wird Frau Nickel sich bestimmt freuen.« Er bezahlte den Strauß und machte sich auf den Weg.

Ich wäre gerne dabei gewesen, wenn er ihr die Blumen überreichte. Frau Nickel kam manchmal hier vorbei, wenn sie einen Strauß abholen sollte, weil ihr Chef es nicht schaffte. Sie war Mitte fünfzig, unverheiratet, und in einem fünfminütigen Gespräch sagte sie mindestens zwanzigmal: »Herr Dr. Hunkemöller sagt, Herr Dr. Hunkemöller meint, wenn es nach

Herrn Dr. Hunkemöller geht«, was mich zu der Überzeugung gebracht hatte, dass sie heimlich in ihn verliebt war. Und das nun schon seit dreißig Jahren! Nach längerer Überlegung hatte ich mich entschieden, ihr einen Strauß aus Pfingstrosen, Flieder und Wicken zu binden. Pfingstrosen und Flieder, weil sie so wunderschön waren, dass es einen fast sprachlos machte – und Frau Nickel hatte sich etwas Schönes wirklich verdient. Die Wicken hatte ich ausgesucht, weil Frau Nickel für mich eine Wicke, genauer gesagt eine Vicia grandiflora, war. Wicken wurden meiner Meinung nach vollkommen unterschätzt, dabei waren sie so hübsch. Im Strauß wirkten sie neben den Pfingstrosen und dem Flieder auf den ersten Blick fast unscheinbar. Aber wer genau hinsah, musste erkennen, dass dieser Strauß erst durch die Wicken zu etwas ganz Besonderem wurde, ja, dass im Grunde genommen die Wicken die Stars dieses Straußes waren, und ich hoffte sehr, dass Frau Nickel die Botschaft verstand.

Das Bimmeln der Türglocke verkündete, dass Kundschaft im Anmarsch war. Ich blickte auf und sah Kathi hereinkommen, von Kopf bis Fuß in Arbeitskleidung. Sie war Zugbegleiterin bei der Deutschen Bahn und pflegte deswegen zu sagen, sie sei »Kummer gewöhnt«. Aber ihre Uniform stand ihr so gut, dass mir jedes Mal das Herz aufging, wenn ich sie mit dem kecken Hütchen und dem süßen roten Halstuch sah.

»Hey Kathi!«, rief ich und ging auf sie zu, um sie zu umarmen. »Bist du auf dem Weg zur Arbeit oder hast du's schon hinter dir?«

»Ich hab's hinter mir.« Sie nahm ihr Hütchen ab und warf es achtlos auf den Tresen. »Fünfundsiebzig Minuten Verspätung, und ich bin nur dreimal angemault worden. Ein guter Tag also.«

»Das freut mich«, sagte ich lachend. »Kaffee?«

»Auf jeden Fall. Immer her mit dem Zeug, ich bin soo müde! Aber warte noch kurz, ich muss dir erst etwas Megawichtiges sagen.« Kathis blonde Haare waren leicht zerzaust, und unter ihren Augen lagen Schatten, trotzdem strahlte sie so sehr, dass alles um sie herum heller zu werden schien.

»Was denn?«, fragte ich, obwohl ich es mir eigentlich schon denken konnte.

»Dennis und ich ziehen um!«, rief sie aufgeregt.

Hä? Ich hatte angenommen, sie würden heiraten! »Ihr zieht um? Wohin denn?«

»Wir kaufen das Haus von Dennis' Tante, zu einem megagünstigen Preis. Sie kommt nämlich ins Heim. Ist das nicht der Hammer, Isa?«

»Und wo ist das Haus?« Ein ungutes Gefühl breitete sich in meinem Magen aus, denn ein Großteil von Dennis' Familie wohnte nicht in Hamburg.

»In Bullenkuhlen«, sagte Kathi prompt.

»*Wo?*«

»Das ist im Landkreis Pinneberg. In der Nähe von Elmshorn.«

Entsetzt schnappte ich nach Luft. »Elmshorn?! *Pinneberg?!* Seid ihr verrückt?«

Kathis Strahlen verblasste. »Das Haus ist total süß, Isa. Und vom Hauptbahnhof fährt man mit dem Zug nicht mal eine halbe Stunde bis Elmshorn.«

»Ja, und wie lange dauert es dann noch, bis man in eurer Bullenkuhle ist? Fahren dort überhaupt öffentliche Verkehrsmittel hin? Gibt es da Straßen?« Ich spürte, dass eine ausgewachsene Panikattacke im Anmarsch war.

»Natürlich gibt es da Straßen, Isa. Also echt!«

»Wenn ihr da wohnt, sehen wir uns nie mehr, nie! Ihr könnt doch nicht einfach abhauen. Du hast mir noch nicht mal gesagt, dass ihr umziehen wollt, ich konnte mich überhaupt nicht darauf vorbereiten. Warum zieht ihr nicht innerhalb von Hamburg um?«

Kathi seufzte. »Weil wir uns hier niemals ein Haus leisten könnten. Bullenkuhlen ist nicht so weit weg. Natürlich werden wir uns trotzdem noch regelmäßig sehen.«

»Werden wir nicht.«, beharrte ich. »Wenn ihr erst mal auf eurem Dorf wohnt, kommt ihr da nie mehr raus. Das frisst euch mit Haut und Haaren auf, schwuppdiwupp bist du bei den Landfrauen und Dennis bei der freiwilligen Feuerwehr, und schon habt ihr mich vergessen.«

Sie starrte mich für ein paar Sekunden verblüfft an, dann brach sie in lautes Gelächter aus. »Süße, du spinnst doch. Ich verspreche dir hoch und heilig, dass ich niemals zu den Landfrauen gehen werde. Und vergessen werde ich dich auch nicht.«

Mir war überhaupt nicht zum Lachen zumute. Im Gegenteil. Trotzdem wurde mir bewusst, dass ich ziemlich mies auf Kathis Neuigkeit reagiert hatte. »Tut mir leid«, sagte ich und nahm sie in den Arm. »Ich freu mich ja für euch, irgendwie, aber ... das kam so unerwartet.«

»Ich weiß, für uns doch auch. Aber das ist so eine tolle Gelegenheit, die müssen wir einfach nutzen.« Sie zerstrubbelte mir liebevoll die Haare. »Und du hast noch sehr viel Zeit, dich an den Gedanken zu gewöhnen, du Freak. Vor Ende des Jahres wird es nichts mit dem Umzug.«

Obwohl ich immer noch auf der Stelle in Tränen hätte ausbrechen können, beruhigte es mich ein bisschen, dass die beiden noch für ein paar Monate in Hamburg bleiben würden. »Dann erzähl mir mal alles von Bullenkuhlen. Und vor allem vom Haus. Hast du Fotos? Oh, und weißt du was? Zur Entschädigung für meine doofe Reaktion geb ich einen aus, okay?« Ich öffnete eine Flasche Sekt, die von Brigittes Geburtstagsumtrunk übrig geblieben war, und wir machten es uns auf den Hockern am Bindetisch bequem. Kathi holte ihr Handy hervor und zeigte mir Fotos von einem sehr hübschen, weiß verputzten Haus mit blauen Fensterläden. Es gab einen großen Garten mit Obstbäumen und rundherum Felder und Wiesen. Und obwohl ich persönlich mir nicht vorstellen konnte, jemals woanders als in Hamburg zu leben, und auch Kathi eigentlich ein totales Stadtkind war, tauchten sofort idyllische Bilder in meinem Kopf auf. Kathi, die Apfelmus kochte, Dennis, der den Rasen mähte, und die beiden zusammen auf einer Gartenbank in der Abendsonne, ein Bernhardiner, der ihnen zu Füßen lag. Ach, das war doch eigentlich ganz romantisch.

Wir plauderten über bevorstehende Notartermine und Renovierungsmaßnahmen und blätterten in einer Wohnzeitschrift, die sie aus ihrer Handtasche gezogen hatte, als es an der Tür bimmelte. Ein großes, schlaksiges Teeniemädchen betrat den Laden. Sie hatte lange dunkle Haare, trug einen schwarzen Rock, einen überdimensional großen schwarzen Pullover und klobige Doc Martens.

»Hallo«, begrüßte ich sie. »Kann ich dir helfen?« Wahrscheinlich wollte sie hundert schwarze Rosen kaufen, um sie bei einem Evanescence-Konzert auf die Bühne zu werfen.

»Nein danke.« Ihre Lippen waren dunkellila nachgezogen und die Augen dick mit Kajal umrandet. »Ich schau mich nur ein bisschen um.«

»Okay. Wenn du was brauchst, ich bin hier.«

Sie nickte und schob sich den viel zu langen Pony aus den Augen. Dann schlenderte sie in die Ecke, in der wir die Dekoartikel präsentierten: Blumenvasen und -töpfe, Kerzenständer, hübsche Servietten und Obstschalen, und als besonderes

Highlight ein paar wunderschöne Plastiken des Künstlers Mario Kunzendorf. Brigitte war mit ihm befreundet und hatte sich bereit erklärt, seine Werke in unserem Laden auszustellen, doch leider hatten wir seit zwei Jahren kein einziges verkauft. Das Mädchen schien sich ganz besonders für seine Arbeiten zu interessieren. Immerhin, sie hatte Geschmack und Kunstverstand.

Beim Anblick dieses kleinen Grufti-Girls fiel mir ein, dass Kathi noch gar nichts von Tom wusste. »Übrigens, ich habe bald ein Date!«

»Das ist ja schön«, erwiderte Kathi erfreut. »Mit wem denn?«

»Ich hab ihn auf dem Friedhof kennengelernt. Tom. Er arbeitet da als Gärtner und ist sehr nett und hilfsbereit.«.

Kathi sah mich für ein paar Sekunden sprachlos an und brach dann in Gelächter aus. »Du hattest einen Friedhofs-Flirt? Wie schräg ist das denn? Und wann ist das Date?«

»Donnerstag in zwei Wochen.«

»Wow, das ist für deine Verhältnisse ja geradezu spontan.« Kathi grinste.

»Wieso für meine Verhältnisse? Ich kann total …« Ich unterbrach mich mitten im Satz, denn was ich in diesem Moment in der Deko-Ecke beobachtete, ließ mich fassungslos erstarren: Die kleine Lady in Black ließ in aller Seelenruhe die Plastik *Liebe 3* von Mario Kunzendorf in ihrer Umhängetasche verschwinden und schlenderte anschließend ganz gemächlich Richtung Ausgang. »War leider nichts dabei. Tschühüs!«

Ich war so perplex, dass ich mich für ein paar Sekunden nicht rühren konnte. Erst, als sie schon fast an der Tür war, kam endlich wieder Leben in mich. »Hey, Gothic Girl! Bist du nicht mehr ganz dicht?!« Bevor sie flüchten konnte, stürzte ich zu ihr und quetschte mich zwischen sie und die

Tür. »Du hast eine Kunzendorf-Plastik geklaut!«, schnauzte ich das Mädchen an und griff nach ihrer Tasche.

Sie riss sich energisch von mir los. »Du hast kein Recht, in meine Tasche zu gucken! Das darf nur die Polizei!«

»Pff, also, das ist ja wohl ... Ich meine, das ...« Wenn ich ganz besonders wütend war, hatte ich leider immer Schwierigkeiten, mich zu artikulieren. »Polizei, richtig«, stieß ich schließlich hervor. »Die ruf ich an, jetzt, sofort!«

Ich wollte schon zum Telefon stapfen, doch in diesem Moment rief das Gruftimädchen: »Nein! Nicht die Polizei!« Dann brach sie in Tränen aus. »Bitte, nicht die Polizeeiii!« Sie verbarg ihr Gesicht in den Händen und schluchzte laut. »Meine Eltern bringen mich uhuum, und dann muss ich ...«, an dieser Stelle schniefte sie herzzerreißend, »ins Internahaaat oder ... nach Jordaaaanieeeen!«

»Bitte?«, fragte ich verdattert. »Nach *Jordanien?* Wieso das denn?«

Daraufhin fing sie nur noch lauter an zu weinen.

Kathi schnalzte mitleidig mit der Zunge. »Oh Gott, das kann man ja nicht mit angucken.«

»Die will mich doch verarschen«, sagte ich.

»Nein, echt nicht!« Aus den Augen des Mädchens sprach die reine Verzweiflung. Ihr Gesicht war tränenüberströmt und der schwarze Kajal und ihre Wimperntusche inzwischen so verlaufen, dass sie mich an Cro mit seiner Pandamaske erinnerte. Ich seufzte und ging nach hinten, um eine Packung Taschentücher zu holen. »Hier, schnäuz dich mal.«

Nachdem sie sich etwa fünf Minuten lang ausgerotzt hatte, sagte sie zerknirscht: »Es tut mir leid. Ganz ehrlich.«

»Jaja, schon klar«, sagte ich. »Und gleich erzählst du mir noch, dass du das eigentlich gar nicht wolltest. Klauen ist scheiße! Richtig scheiße! Hast du eine Ahnung, wie schwer es heutzutage ist, im Einzelhandel zu überleben?« Bevor sie antworten konnte, fuhr ich fort: »Wer etwas haben will, muss dafür bezahlen, so und nicht anders funktioniert unsere Gesellschaft nun mal!«

»Du hast selbst mal eine Packung Tampons mitgehen lassen, weißt du noch, Isa?«, mischte Kathi sich ein.

»Also echt!«, rief ich empört. »Da war ich dreizehn, das war ja wohl etwas völlig anderes und tut hier jetzt außerdem überhaupt nichts zur Sache.«

»Sorry.«

»Wie heißt du?«, fragte ich das Mädchen.

»Merle.«

»Und weiter?«

Sie zögerte einen Moment, doch schließlich sagte sie leise: »Thiel.«

Thiel?! Wie dieser Mangoldfetischist? Das musste ein Zufall sein, immerhin war das ja nicht gerade ein seltener Name. Sollte es sich doch um den Blumenhasser handeln, hatte er sich entweder erstaunlich gut gehalten oder er war schon extrem jung Vater geworden. »Ich werde jetzt deine Eltern anrufen.«

»Aber meine Eltern sind nicht da«, schniefte Merle. »Sie sind beruflich in Jordanien, als Archäologen bei einer Ausgrabung, ohne Scheiß!«

Okay, also nicht der Blumenhasser. »Wann kommen sie denn wieder?«

»In zwei Jahren.«

»Was?!«, rief Kathi. »Und sie haben dich einfach zurückgelassen?«

Merle blickte zu Boden und nickte. »Ja. Der Job ist ihnen halt wichtiger als ich.«

»Aber du musst doch irgendwo wohnen«, sagte ich. »Sie können dich doch nicht so lange ganz alleine lassen.«

Merle wischte sich mit der Hand die Tränen ab. »Ich wohne bei meinem Bruder, also meinem Halbbruder, aber der hat nie, *nie* Zeit, und wenn er das hier hört, dann steckt er mich ins Internat!« Sie blickte mich aus ängstlichen Augen an.

»Oder er schickt dich nach Jordanien«, folgerte Kathi.

Merle nickte.

Oh Mann, dieses Mädchen war wirklich bedauernswert. Wo genau war Jordanien überhaupt? War das nicht mitten in einer Krisenregion? Andererseits hatte sie nun mal geklaut, daran gab es nichts zu rütteln, und ich konnte ihr das nicht einfach so durchgehen lassen. »Das hättest du dir vorher überlegen sollen. Ich bräuchte mal seinen Namen und seine Telefonnummer.«

Merle kramte ihr Handy aus der Umhängetasche. »Er heißt Jens.« Ihre Stimme zitterte leicht.

Ich stöhnte auf. Jens Thiel. Also doch. »Vom Restaurant gegenüber, richtig?«

Sie nickte. »Wenn ich dir hoch und heilig verspreche, dass ich das nie wieder tun werde, könntest du dann nicht noch mal ein Auge zudrücken?«

Ich war tatsächlich kurz geneigt, sie laufen zu lassen. Andererseits hatte ich nicht übel Lust, Jens Thiel mal ordentlich was zu erzählen. Es passte zu ihm, dass er seine Schwester vernachlässigte und ihr damit drohte, sie nach Jordanien abzuschieben, und das war ja wohl wirklich das Allerletzte! »Ich habe keine andere Wahl, ich muss mit deinem Bruder reden. Am besten gehen wir gleich rüber.«

Ich verabschiedete mich von Kathi und drehte das Schild in der Tür auf ›Bin in zehn Minuten wieder da‹ um. »Na dann, gehen wir«, sagte ich zu Merle.

Kurz darauf betraten wir das Thiels. Es war halb vier Uhr nachmittags, und um diese Zeit zwischen Mittags- und Abendgeschäft war das Restaurant vollkommen leer.

»Jens ist bestimmt in der Küche«, sagte Merle, und wie aufs Stichwort öffnete sich die Schwingtür, und er kam heraus. Beim Anblick seiner Schwester blieb er überrascht stehen. »Wie siehst du denn aus?« Dann fiel sein Blick auf mich. »Der Suppenkasper!«, entfuhr es ihm, und ein ungesagtes ›Auch das noch‹ flog im Raum herum, bis es durchs geöffnete Fenster verschwand.

»Eigentlich heiße ich Isabelle«, sagte ich möglichst würdevoll.

»Isabelle Wagner, ich weiß. Und wie kommt es, dass ihr beide hier gemeinsam auftaucht, wenn ich fragen darf?«

»Ich habe deine Schwester beim Klauen erwischt. In dem Blumenladen, in dem ich arbeite.«

»Beim Klauen? In einem *Blumenladen?!*« Seinem Gesicht war deutlich anzusehen, dass es ihm schwerfiel, das zu glauben. »Und was hast du geklaut?«, fragte er Merle.

Sie öffnete ihre Tasche, holte die Plastik hervor und hielt sie Jens hin, konnte ihm dabei aber kaum in die Augen sehen.

Er ergriff *Liebe 3* und betrachtete das Werk von allen Seiten. »Was willst du denn *damit?*«

»Äh, hallo?!«, rief ich empört. »Es geht hier doch nicht darum, was für einen Nutzen das Diebesgut hat!«

»Stimmt, Entschuldigung. Also, warum zur Hölle hast du dieses Teil geklaut?«, fragte er Merle streng. »Ach verdammt, ich meine, warum hast du geklaut?«

Merles Kinn begann zu zittern. »Ich weiß es doch auch nicht. Ich fand die Skulptur so schön, weil dieses Paar mich an Mama und Papa erinnert. Ich bin so oft alleine, du hast ja nie Zeit für mich, nie, und ich bin dir nur lästig!« Sie brach in bittere Tränen aus und stand wie ein Häufchen Elend da.

Ich wartete darauf, dass Jens sie in den Arm nehmen und sich tausendfach für seine Missachtung bei ihr entschuldigen würde, doch stattdessen sah er sie nur wütend an. »Merle, nicht schon wieder diese Nummer.«

Boah, was für ein fieser, hartherziger Kotzbrocken! »Ich will mich ja nicht einmischen, aber ...«, begann ich, wurde jedoch sofort von Jens unterbrochen.

»Dann lass es auch«, sagte er scharf.

»Okay, dann will ich mich eben einmischen! Ich glaube, dass deine Schwester geklaut hat, ist nichts anderes als ein Schrei nach Aufmerksamkeit. Ihre Eltern lassen sie einfach zurück, weil ihnen irgendeine Ausgrabung wichtiger ist als die eigene Tochter, und ihr fieser Bruder hängt nur in seinem Restaurant rum und droht ihr damit, sie nach Jordanien abzuschieben!«

Er lachte bitter auf. »Genau, und sie muss auf dem Küchenboden schlafen, und manchmal, wenn ich einen ganz besonders fiesen Tag habe, vermische ich Linsen und Erbsen und lasse sie anschließend alles wieder auseinandersortieren! Und zum Ball darf sie auch nicht mit!« Jens kam ein paar Schritte auf mich zu und blieb mit funkelnden Augen vor mir stehen. »Ich will dir mal was über dieses arme, unschuldige Mädchen erzählen. Sie wollte unbedingt bei mir wohnen, statt in ein Internat zu gehen, dabei habe ich ihr gesagt, dass das nicht geht, weil ich ein Restaurant eröffne und keine Zeit für sie habe. Aber da Merle ja so lieb und reif und selbstständig ist und sowieso jeder nach ihrer Pfeife tanzt, habe ich mich breitschlagen lassen. Und kaum ist sie bei mir eingezogen, trägt sie komische Grufti-Klamotten, und jetzt klaut sie auch noch!« Jens deutete mit dem Finger auf Merle. »Meine kleine Schwester ist die Meisterin der Manipulation. Oh, und übrigens kann sie auf Kommando anfangen zu heulen, und das macht sie verdammt noch mal auch mindestens dreimal am Tag! Darauf bin ich am Anfang noch reingefallen, aber inzwischen steht es mir bis hier!« Mit der Hand fuchtelte er über seinem Kopf herum.

Merle hatte während seiner Ansage aufgehört zu weinen, und nun standen sowohl sie als auch ich kleinlaut da. Für eine Weile herrschte Stille im Raum.

Jens stemmte die Hände in die Hüften und starrte finster in Richtung Küche. Schließlich atmete er laut aus und fuhr sich mit beiden Händen über das Gesicht. »Tut mir leid«, sagte er zu mir. »Ich wollte dich nicht anschnauzen.« Dann ging er zu seiner Schwester und legte ihr die Hände auf die Schultern. »Merle, ernsthaft: Klauen? Was soll das? Ich hätte nie im Leben gedacht, dass du dazu fähig bist!«

»Es tut mir so leid, Jens«, sagte sie leise, und unter all ihrem zerlaufenen Make-up sah sie plötzlich aus wie ein trauriges kleines Kind. »Ich schwöre bei allem, was mir heilig ist, dass ich das niemals wieder tun werde.«

»Dir ist doch gar nichts heilig, du kleine Spinnerin«, seufzte er und zog sie an sich.

Merle klammerte sich fest an ihn und verbarg ihr Gesicht an seiner Brust. Ich hatte den leisen Verdacht, dass es zumindest eine Sache gab, die ihr heilig war. Beziehungsweise, eine Person.

Es war wohl nicht länger von der Hand zu weisen, dass ich Jens Thiel unrecht getan hatte. Aber ich würde einen Teufel tun, das vor ihm zuzugeben. Ich räusperte mich. »Und was machen wir jetzt wegen dieser Klaugeschichte? Ich meine, eigentlich muss ich das zur Anzeige bringen.«

Merle und Jens blickten erschrocken drein. »Das verstehe ich natürlich, aber …« Jens hielt einen kleinen Moment inne. »Sie hat doch gesagt, dass sie es nie wieder tun wird.«

»Werde ich nicht«, sagte Merle, heftig mit dem Kopf schüttelnd. »Bitte ruf nicht die Polizei. Okay?«

Im selben Moment wurde mir klar, dass ich nie wirklich vorgehabt hatte, Merle anzuzeigen, und dass ich das auch nicht tun würde. Ich wollte gerade zurückrudern, als mir eine Idee kam. Eine äußerst schäbige Idee, aber andererseits ... War Klauen nicht auch schäbig? »Hmmm. Sag mal, Jens ... Hast du dir die Sache mit der Blumendeko eigentlich noch mal überlegt?«, fragte ich und sah ihm unverwandt in die Augen.

Er runzelte verwirrt die Stirn, doch dann begann er zu verstehen, und sein Gesichtsausdruck wurde ungläubig. »Das ist nicht dein Ernst.«

»Oh doch. Das ist ein wirklich gutes Angebot.«

Jens lachte auf. »Ein Angebot, das ich nicht ablehnen kann, was?«

»Hey, hier geht es nur um Blumen. Ich bin doch nicht die Mafia«, sagte ich, obwohl ich mich tatsächlich gerade ein bisschen mafiös fühlte.

»Ach nein? Kommt mir aber so vor.«

»Isabelle macht wirklich schöne Sträuße«, warf Merle ein, die nicht zu verstehen schien, was hier gerade vor sich ging. »Hab ich in ihrem Laden gesehen. Und sie ist echt cool, Jens. Sie trinkt während der Arbeit Alkohol, und neulich hat sie auf dem Friedhof ein Date klargemacht. Und mit dreizehn hat sie selbst schon mal Tampons geklaut.«

Jens' Augenbrauen wanderten in Richtung Haaransatz. »Na, sieh mal einer an.«

Ich spürte, wie mir die Hitze ins Gesicht stieg. »Das mit dem Alkohol war eine Ausnahme, weil es was zu feiern gab. Und das mit den Tampons war ein Versehen. Ich hab mich nicht getraut, sie zu kaufen, weil mein großer Schwarm genau in dem Moment reingekommen ist. Da hab ich sie schnell in meiner Tasche verschwinden lassen und später vergessen, sie zu bezahlen.«

»So genau wollte ich es eigentlich gar nicht wissen«, sagte Jens.

»Dann geht das also klar mit der Deko?«

Er zögerte für ein paar Sekunden, doch schließlich sagte er: »Blumen für maximal fünfzig Euro die Woche.«

»Deal.« Ich hielt ihm die Hand hin.

»Kein Kitsch!«, sagte er, als er sie ergriff. »Kein Rosa. Kein aufdringlicher Gestank.«

»Natürlich nicht.«

»Und was ist mit der Polizei?«, fragte Merle. »Zeigst du mich jetzt an oder nicht?«

»Nein«, antwortete Jens an meiner Stelle. »Macht sie nicht.«

Merle sah mich nachdenklich an. »Vielleicht sollten wir die Skulptur kaufen, Jens. Als Entschädigung.«

Ich wollte gerade einwerfen, dass sie sie auch einfach zurückgeben könnte, als Jens sein Portemonnaie aus der Hosentasche zog und einen Fünfzig-Euro-Schein hervorholte. »Das sollte für dieses Ding ja wohl reichen.«

Ich wusste nicht genau, was es war, doch irgendetwas an ihm schien mich permanent herauszufordern. »Das ist kein *Ding*, sondern die wunderschön und filigran gearbeitete Plastik *Liebe 3* aus dem Zyklus *Liebe* des äußerst talentierten Bildhauers Mario Kunzendorf. Und sie kostet zweihundertfünfzig Euro.«

Jens entglitten die Gesichtszüge. »Wie bitte?!«

»Zweihundertfünfzig Euro«, wiederholte ich. Nach außen hin gab ich mich gelassen, doch mein Herz schlug schneller. Oh mein Gott, ich würde doch nicht wirklich Marios erstes Werk verkaufen?

»Für diesen Schrott?«

»Für diese wundervolle Plastik.«

»Ich fass es nicht.« Zu Merle sagte er: »Das wirst du alles hier im Restaurant abarbeiten, mein Fräulein. Zweihundertfünfzig Euro, so viele Erbsen kannst du gar nicht pulen!« Er kramte zwei weitere Fünfziger aus dem Portemonnaie und hielt sie mir hin. »Den Rest muss ich aus der Kasse holen.«

»Schon gut. Passt schon. Immerhin bist du jetzt Stammkunde, da bekommt ihr die Plastik zum Freundschaftspreis.« Ich nahm das Geld entgegen und musste mich schwer zusammenreißen, nicht vor Freude auf und ab zu hüpfen. Was für ein Tag! Einen neuen Stammkunden gewonnen und *Liebe 3* zu einem genialen Preis verkauft – wenn das mal nicht zwei knallrote Zettel in meinem Glücksmomente-Glas bedeutete!

Jens sah mich aus zusammengekniffenen Augen an. Dann beugte er sich zu mir vor und sagte leise: »Ich hab so das dumme Gefühl, dass ich in den letzten zehn Minuten gleich zweimal ganz gewaltig von dir verarscht wurde.«

»Lass es dir eine Lehre sein, künftig mehr auf deine Schwester zu achten«, raunte ich zurück.

»Ich hab dich unterschätzt, Isabelle Wagner. Du wirkst total versponnen, aber du bist echt mit allen Wassern gewaschen.«

Für einen kleinen Moment sahen wir uns schweigend in die Augen. »Das nehme ich mal als Kompliment«, sagte ich schließlich.

Jens schnaubte. »Glaub mir, das war keins. Hätten wir dann endlich alles geregelt, oder willst du mir noch mehr Kohle aus der Tasche ziehen?«

»Nein, für heute war's das«, sagte ich freundlich. »Ich würde sagen, ich komm gleich morgen früh vorbei. Gegen zehn? Bist du dann hier?«

»Jens ist immer hier«, antwortete Merle. »Entschuldigung noch mal, Isabelle.«

»Schon gut.« Ich lächelte sie an und winkte Jens zum Abschied zu, dann drehte ich mich um und verließ gut gelaunt das Restaurant.

Upcycling

»Wo ist *Liebe 3* geblieben?«, fragte Brigitte, als ich am nächsten Morgen in den Laden kam. Mit einem Staubtuch in der Hand stand sie in der Deko-Ecke und sah mich ratlos an.

»Verkauft«, sagte ich stolz.

Brigitte ließ das Tuch sinken. »Nein!«

»Doch! Für hundertfünfzig Euro.«

»Das gibt's doch nicht. Oh Gott, Mario wird so glücklich sein! Aber wie und vor allem wer ...«

»Der Typ vom Restaurant gegenüber. Jens Thiel. Oh, und stell dir mal vor: Er hat es sich anders überlegt und uns doch den Auftrag für die Blumendeko gegeben.«

Nun sah Brigitte endgültig aus, als würde sie die Welt nicht mehr verstehen. »Was, der Blumenhasser? Wie hast du das denn hingekriegt?«

Ich hatte schon gestern Abend überlegt, ob ich ihr von Merles Diebstahlversuch erzählen sollte, mich letzten Endes aber dagegen entschieden. Brigitte musste ja nicht unbedingt wissen, wie genau es zu Jens' Meinungswandel gekommen war. Ich brachte meine Tasche ins Hinterzimmer und setzte Kaffee auf.

»Seine Schwester war gestern hier im Laden, und letzten Endes haben wir beide es irgendwie geschafft, ihn zu überzeugen«, rief ich Brigitte durch die offene Tür zu. »Sowohl von *Liebe 3* als auch von der Sache mit der Deko.« Das war nicht mal gelogen, sondern nur sehr verknappt zusammengefasst.

Brigitte drückte mir einen Kuss auf die Wange. »Das ist toll, Isabelle! Neue Stammkunden sind so wichtig für uns!«

»Ja, aber so groß ist der Auftrag nicht. Fünfzig Euro die Woche.«

Ein Schatten huschte über Brigittes Gesicht, doch sie fing sich schnell wieder. »Fünfzig Euro sind doch super. Besser als nichts.«

Ich bekam ein flaues Gefühl im Magen. »Wie schlimm steht es eigentlich um den Laden? Wir sind doch nicht pleite, oder?«

»Nein, nein«, beeilte Brigitte sich zu sagen. »Aber du weißt ja, dass es momentan schwierig ist, und dann steht auch noch die Sommerflaute vor der Tür. Da sind feste, verlässliche Einnahmen unheimlich wertvoll.« Sie klatschte in die Hände. »Dann mal frisch ans Werk!«, rief sie so begeistert, dass ihre Stimme sich fast überschlug.

Misstrauisch beobachtete ich sie dabei, wie sie sich am Bindetisch an die Arbeit machte, ein fröhliches Liedchen summend. Da stimmte doch was nicht. Brigitte machte allerdings nicht den Anschein, als hätte sie vor, mir reinen Wein einzuschenken, und ich wusste, dass es sinnlos war, weiter nachzubohren. »Alles klar«, sagte ich daher nur. »Ich muss gleich um zehn rüber ins Restaurant, aber das wird nicht lange dauern.«

Ich durchstöberte unseren Fundus an Floristen- und Dekobedarf und ließ mir die Sache mit dem Laden nochmals durch den Kopf gehen. Im Laufe der Jahre hatte es sich so ergeben, dass ich mich hauptsächlich um Stammkunden, Hochzeiten und Beerdigungen kümmerte, während Brigitte die Laufkundschaft bediente und die Buchführung machte, sodass ich tatsächlich wenig über den Umsatz oder genaue Zahlen wusste. Ich musste Brigitte bei Gelegenheit unbedingt noch mal auf den Zahn fühlen. Andererseits, wenn der Laden ernsthaft in Schwierigkeiten steckte, hätte sie mir das doch schon längst gesagt.

Endlich hatte ich die passenden Vasen und Windlichter gefunden, packte sie ein und ging nach vorne. »Hast du hiervon irgendwas für die nächste Zeit verplant?«

Sie warf einen Blick in die Kiste. »Was hast du da denn für Müll rausgesucht? Nee, davon brauche ich nichts.«

»Das ist kein Müll, das nennt man Upcycling«, belehrte ich sie, während ich ein paar Blumen einwickelte. Ich legte sie auf die Kiste und machte mich auf den Weg ins Thiels.

Die Tür war offen, aber im Restaurant war kein Mensch zu sehen. Offenbar war gerade gereinigt worden, denn die Stühle standen noch umgedreht auf den Tischen. Seufzend stellte ich meine Kiste ab und fing an, die Stühle runterzunehmen.

»Oh Schreck, die Mafia ist da«, hörte ich plötzlich Jens' Stimme hinter mir. Ich drehte mich um und sah ihn mit zwei Weinkartons auf dem Arm durch die Eingangstür kommen.

»Genau. Die Blumen-Mafia. Glaub mir, du musst keine Angst vor mir haben.«

»Hab ich auch gar nicht. Ich stelle nur deine Geschäftsmethoden in Frage.«

»Normalerweise mache ich so was nicht«, sagte ich, obwohl es mir eigentlich völlig egal sein konnte, was er von mir hielt.

»Oho, ich wecke also das Böse in dir.« Er parkte die Kartons auf dem Tresen und kam dann zu mir, um mir mit den Stühlen zu helfen. Es war das erste Mal, dass ich Jens ohne seine Kochjacke sah. Er trug Sneakers, eine schwarze Jeans und ein schwarzes T-Shirt, das relativ eng anlag, und es irritierte mich, dass er so sportlich wirkte. Er war Koch, eigentlich hätte er gerechterweise fett sein müssen!

»Was ist?«, fragte Jens, der offenbar bemerkt hatte, dass ich ihn anstarrte.

»Nichts.« Schnell wandte ich den Blick von ihm ab und

griff nach dem nächsten Stuhl. »Ich dachte nur gerade, dass du und deine Schwester offenbar beide eine Vorliebe für schwarze Klamotten habt«, sagte ich, froh, dass mir das so spontan eingefallen war.

»Ja, wir haben den gleichen Style. Wir reden oft darüber, und manchmal stehen wir gemeinsam vor unseren Kleiderschränken, beraten uns gegenseitig und tauschen ein paar Teile aus.«

»Haha«, meinte ich nur und fragte mich, ob er immer so enervierend ironisch war oder ob er irgendwann auch mal etwas ernst meinte.

Für eine Weile räumten wir schweigend die Stühle von den Tischen, bis Jens unvermittelt sagte: »Ich meine, jetzt mal im Ernst. Du bist doch eine Frau. Was für ein Look soll das bei Merle eigentlich sein? Muss ich mir Sorgen machen, dass sie nachts auf Gräbern tanzt? Noch bis vor ein paar Wochen sah sie aus wie ein ganz normales Mädchen, und jetzt ...« Er ließ den Satz unvollendet in der Luft schweben.

»Ich weiß es nicht. Vielleicht denkt sie sich gar nichts dabei und probiert sich einfach nur aus. Als Teenie hatte ich auch mal eine Phase, in der ich ...« Gerade noch rechtzeitig unterbrach ich mich. Ich würde ihm ganz sicher nichts von meiner Hip-Hop-Style-Phase erzählen, mir war ja selbst nicht klar, wie es dazu hatte kommen können! »... ziemlich schräg drauf war.«

»Was, noch schräger als jetzt?«

Statt einer Antwort sah ich ihn lediglich strafend an. Dann griff ich nach meiner Kiste und ging hinter den Tresen, um die Vasen auszupacken und mit Wasser zu füllen.

Jens räumte die letzten beiden Stühle von den Tischen und kam zu mir, um einen Blick über meine Schulter zu werfen. »Was sind das denn für Dinger?«

»Ehemalige Likör- und Salatdressingflaschen. Ich hab die

Flaschenhälse mit einem Glasschneider abgeschnitten und anschließend die Kanten glatt poliert. Siehst du?« Ich hielt ihm eine der Flaschen entgegen. »Jetzt sind es richtig coole Blumenvasen.«

»Und was für Kraut kommt da rein?«

Ich wickelte die Blumen aus. »Margeriten, Wicken und Frauenmantel.«

»So viel?«, fragte er entsetzt. »Ich habe doch gesagt, kein Kitsch!«

»Das ist kein Kitsch. Guck mal.« Ich arrangierte jeweils eine Blüte mit ein paar Gräsern und steckte sie in eine Vase. »Das war's schon. Fällt doch fast gar nicht auf.«

»Na ja. Und wofür sollen die da gut sein?« Er zeigte auf eins der Windlichter.

»Das sind Senf- und Marmeladengläser, die ich mit weißer Glasfarbe angesprüht habe. Da kommen Mini-Stumpenkerzen rein, das gibt ein tolles Licht.«

»Also ist das alles Müll?«

»Das ist kein Müll, sondern Upcycling«, erklärte ich bereits zum zweiten Mal an diesem Morgen. »Genau wie dein Flaschenkronleuchter, okay? Jetzt entspann dich mal und lass mich machen. Das hier ist mein Arbeitsbereich, und es nervt, wenn du mir die ganze Zeit reinredest.«

»Ja, aber das hier«, dabei deutete er weitläufig um sich, »ist *mein* Restaurant, und einer der Gründe, weswegen ich mich hoch verschuldet habe, um diesen Laden zu eröffnen, ist, dass hier alles so laufen soll, wie ich es haben will. Doch jetzt muss ich mir nicht nur ständig von irgendwelchen veganen Biofanatikern reinreden lassen, sondern zu allem Überfluss auch noch von dir. Erkennst du mein Problem?«

So gesehen konnte er einem ja schon ein bisschen leidtun. Ein schlechtes Gewissen hatte ich allerdings trotzdem nicht.

»Ja, durchaus, aber es gibt nun mal Bereiche, von denen du keine Ahnung hast und die du besser Fachleuten wie mir überlassen solltest. Und überhaupt: Hast du nichts zu tun?«

»Quatsch, ich häng hier nur zwölf bis vierzehn Stunden am Tag rum«, sagte Jens spöttisch. Dann wandte er sich ab und packte die Weinflaschen aus, während ich die Vasen und Windlichter auf den Tischen arrangierte. Die restlichen Blumen kamen auf den Tresen, zwei Windlichter daneben, fertig. »Sieht doch gut aus«, sagte ich selbstzufrieden und wartete darauf, dass Jens sein Urteil abgab.

Mit kritischem Blick ging er von Tisch zu Tisch. »Hm. Ganz schön viel Chichi.«

Ich wollte gerade zu einem längeren Vortrag über den Unterschied zwischen Chichi und schlichter, stylischer Dekoration ansetzen, als die Tür aufging und Anne hereinkam.

»Moin!«, rief sie fröhlich und blieb bei meinem Anblick überrascht stehen. »Hey, ich hätte nicht gedacht, dich jemals wieder hier zu sehen, nachdem Jens so scheiße zu dir war.«

Er wollte etwas einwerfen, doch Anne redete schnell weiter. »Ja, warst du, und das weißt du auch.« Ihr Blick fiel auf die dekorierten Tische. »Wow! Hast du das gemacht? Das sieht ja toll aus!«

»Danke«, sagte ich geschmeichelt und warf Jens einen triumphierenden Blick zu.

»Wie hast du ihn dazu überreden können, das zuzulassen?«

»Ähm, ich ...« Hilflos brach ich ab.

»Kriminelle Machenschaften«, sagte Jens.

Anne musterte ihn verständnislos, doch dann winkte sie ab. »Ach, egal. Ich hoffe, du machst das jetzt regelmäßig?«

»Oh ja«, antwortete er an meiner Stelle. »Macht sie.«

»Perfekt! Dann sehen wir uns ja jetzt öfter. Freut mich.«

Sie schenkte mir noch ein freundliches Lächeln und verschwand in der Küche.

Ich packte meine Sachen zusammen, rief Jens ein »Ciao« zu und wollte gerade gehen, als er mich an der Schulter zurückhielt und mir mit mürrischem Gesichtsausdruck einen Fünfziger hinhielt. »Bitte schön. Fünfzig Euro für Müll. Super.«

Ich ließ mir ja vieles bieten, aber irgendwann war es auch mal gut! Für drei Sekunden betrachtete ich den Geldschein, ohne ihn anzunehmen. »Da fehlt die Mehrwertsteuer. Du kriegst ganz ordnungsgemäß eine Rechnung von mir, denn selbst wenn du mich für eine Mafiabraut hältst, mach ich das hier ganz bestimmt nicht schwarz.«

Damit drehte ich mich um und verließ hocherhobenen Hauptes das Restaurant.

Als ich zurück in den Laden kam, fand ich Brigitte vertieft in ein Gespräch mit Dr. Hunkemöller vor. Sie lachte und spielte mit einer Hand in ihrem langen, von grauen Strähnen durchzogenen Haar, während er sich seine Krawatte zurechtrückte. Bei meinem Anblick rief er: »Ah, Frau Wagner! Frau Nickel hat sich sehr über die Blumen gefreut. Ein Traum von Strauß. Fast so schön wie Sie und Frau Schumacher.«

Brigitte kicherte geschmeichelt.

»Freut mich, dass der Strauß ihr gefällt.«

»Außerordentlich gut sogar. Ach, aber ich bin so unaufmerksam!« Dr. Hunkemöller eilte zu mir und nahm mir die Kiste ab. »So zerbrechlich wie Sie sind, sollten Sie nichts Schweres tragen müssen.«

Fast hätte ich laut aufgelacht, denn ich war es gewohnt, sehr viel schwerere Sachen zu tragen. Doch ich konnte nicht leugnen, dass ich es auch mal ganz schön fand, wie eine zerbrechliche Prinzessin behandelt zu werden. »Danke, das ist sehr nett.«

Nachdem Herr Dr. Hunkemöller die Kiste auf den Bindetisch gestellt hatte, machte er einen formvollendeten Diener erst in Brigittes und anschließend in meine Richtung. »Auf Wiedersehen, die Damen. Es war mir wie immer eine Freude.«

Wir beobachteten durchs Schaufenster, wie er mit langen Schritten davonging.

»Wenn er einen Hut aufgehabt hätte, hätte er ihn bestimmt gelupft«, sagte ich.

»Er ist so ein charmanter Mann«, seufzte sie.

»Mhm. Seine Frau kann sich wirklich glücklich schätzen, was?«

Brigitte wandte sich von mir ab und rückte die großen Blumenvasen im Schaufenster zurecht. »Ja, allerdings.«

»Aber du hast es mit Dieter ja auch nicht schlecht getroffen«, meinte ich. »Okay, er ist vielleicht nicht ganz so ein Charmeur, aber ihr seid das perfekte Paar.« Ich dachte an den molligen, gutmütigen Dieter, den nichts aus der Ruhe bringen konnte. Brigitte bildete mit ihrer kreativ-chaotischen und quirligen Art den Gegenpol, und die beiden ergänzten sich großartig.

»Ja«, sagte sie zu den Lilien. »Das sind wir.«

Nachdenklich sah ich sie an. »Ist irgendwas? Du bist heute so komisch.«

Bevor sie antworten konnte, wurde unsere Aufmerksamkeit auf den Parkstreifen vor dem Laden gelenkt, wo mit quietschenden Reifen ein Taxi hielt und dabei leicht einen Poller anditschte. Kurz darauf stieg der Fahrer aus: ein großer, kräftiger, langhaariger Rocker mit St.-Pauli-Retter-T-Shirt, Lederweste und löchriger Jeans.

»Knut«, sagten Brigitte und ich gleichzeitig.

Kurz darauf betrat Knut den Laden. »Moinsen!«, rief er fröhlich. »Na, alles im Lack?«

»Klar!« Ich lief auf ihn zu, um ihn zu umarmen.

Wie immer schlug er mir kräftig auf die Schulter und sagte in seinem typischen Hamburger Tonfall: »Menschenskinners, wie lang ham wir uns nich mehr gesehen?«

Knut und ich waren seit acht Jahren befreundet. Ich war damals direkt nach meiner Ausbildung in eine ziemlich zwielichtige Ecke St. Paulis gezogen, weil ich das als Neunzehnjährige irgendwie cool gefunden hatte. Bald schon merkte ich jedoch, dass es dort für mich eher beängstigend war, und fühlte mich furchtbar unwohl. Irgendwann stand Knut vor meiner Wohnungstür, stellte sich als mein Nachbar vor und fragte mich, ob ich ihm etwas Milch leihen könne. Von diesem Tag an kam er immer mal wieder »auf einen Schnack« vorbei. Anfangs war ich ihm gegenüber misstrauisch und verstand nicht, was er von mir wollte. Doch wie sich herausstellte, war er schlicht und ergreifend der festen Überzeugung, dass ich ihn brauchte und dass er »'n büschn auf mich aufpassen« musste, wie er es ausdrückte. Nach ein paar Monaten zog ich von St. Pauli nach Winterhude, doch unsere Freundschaft blieb bestehen.

»Willst du einen Kaffee, Knut?«, fragte Brigitte.

»Da sach ich nich nein. Hab noch 'ne lange Schicht vor mir.«

Brigitte ging nach hinten, um Kaffee zu holen, während Knut und ich uns an den Bindetisch setzten, wo er mir dabei zusah, wie ich den Kranz für eine Beerdigung band.

»Und, was gibt's Neues?«, wollte er wissen. »Haste 'nen Macker am Start?«

»Nicht so wirklich. Aber ich habe in zwei Wochen ein Date«, sagte ich, während ich die Schleife um den Kranz band.

»Und? Wie is der Typ so?«

»Sehr nett. Er ist Friedhofsgärtner und kann gut mit Pflanzen. Aber irgendwie ...« Ich zuckte mit den Achseln. »Mir fehlt da noch dieser BÄMM. Bisher zumindest. Verstehst du?«

Knut lachte laut auf. »Du und dein BÄMM. Du bist viel zu wählerisch, Isa. Gib dem armen Jungen doch 'ne Schangse.« Knut liebte es, anderen Leuten in ihr Leben reinzureden. Ganz besonders mir. Ich vermutete, dass er genau deswegen als Taxifahrer arbeitete. So konnte er seinen Fahrgästen die ganze Zeit ungebeten Ratschläge erteilen und bekam auch noch Geld dafür.

»Tu ich ja. Sonst würde ich mich doch nicht mit ihm treffen.«

Brigitte kam zu uns und drückte Knut einen Becher Kaffee in die Hand. »Tut mir leid, ich würde gerne ein bisschen schnacken, aber ich muss noch ein paar Besorgungen machen. Bis zum nächsten Mal, Knut.«

»Jo, bis denne«, antwortete er, und während Brigitte verschwand, wandte er sich wieder an mich. »Du, Isa, weswegen ich auch hier bin ... Ich hädde da 'ne Bidde.« Er zupfte verlegen an seiner Lederweste herum.

»Na, dann raus damit«, forderte ich ihn auf. Es war völlig untypisch für ihn, so rumzudrucksen.

Er räusperte sich. »Könntest du mir 'nen schönen Strauß machen? Irgendwie so was Rosenmäßiges? Nich für mich natürlich, mehr so ... für 'ne Frau?«

»Oh mein Gott!«, rief ich. »Bist du etwa verliebt?«

Es war schon seltsam, diesen über fünfzigjährigen, äußerlich so harten Rocker rot anlaufen zu sehen. »Pff, verliebt«, winkte er ab, doch dann breitete sich ein Lächeln auf seinem Gesicht aus, und seine schwarzen Knopfaugen leuchteten verdächtig. »Na ja, schon irgendwie. So 'n büschn.«

»Das ist doch großartig! Ich freu mich so für dich! Seit wann bist du mit ihr zusammen? Und wer ist sie überhaupt?«

Knut räusperte sich verlegen. »Streng genommen bin ich gar nich mit ihr zusammen. Wir kennen uns schon ewig, aber in letzter Zeit merk ich, dass sie mir doch irgendwie ans Herz gewachsen is. Sie heißt Irina und arbeitet am Hans-Albers-Platz.«

Die rosa Wölkchen, die soeben noch über uns geschwebt waren, zerplatzten. Fassungslos starrte ich ihn an. »Boah, Knut, das ist nicht dein Ernst! Am Hans-Albers-Platz? Das kann doch nur in einer Tragödie enden. Ich meine, da wird doch früher oder später ihr Lude …«

»Also echt jetzt, was du gleich wieder denkst!«, rief Knut entrüstet. »Ihr gehört der Kiezhafen.«

»Oh. Ach so. Tut mir leid.« Der Kiezhafen war zwar eine ziemlich schäbige, aber momentan sehr angesagte Kneipe. »Also willst du ihr mit den Blumen eine Liebeserklärung machen?«

Knut riss entsetzt die Augen auf. »Nee, um Gottes willen! Ich will da nich so offensiv vorgehen, weißte? Sondern ganz sutsche piano. Wir hadden noch nich mal 'n Rangdewuh.«

Er sprach es immer Rangdewuh aus. Ich hatte ihm schon tausendmal erklärt, dass es heutzutage Date hieß, und wenn schon Rangdewuh, dann bitte schön Rendezvous, aber davon wollte er nichts hören. »Sie hat sich zwar schon vor Ewigkeiten von ihrem Mann getrennt, is aber immer noch verheiratet und sagt, dass sie bis auf Weiteres keinen Bock hat auf Kerle. Ihr Ex is echt 'n Arsch«, fügte Knut mit Todesverachtung hinzu. »Arbeitet inner Ritze als Türsteher, macht aber nebenbei auch noch Im- und Export, wennde verstehst, was ich mein.«

»Ja, ich hab so eine Ahnung.« Ich hatte mich schon oft gefragt, wie es kam, dass Knut sämtliche zwielichtige Gestalten auf dem Kiez zu kennen schien, doch er machte ein großes Geheimnis aus seiner Vergangenheit. »Das klingt alles ganz schön kompliziert.«

»Ich weiß. Aber was willste machen? Jedenfalls, sie hat heude Geburtstach, und da wollde ich einfach nur so als kleine Aufmerksamkeit ...« Verlegen kratzte er sich an der Nase. »Ach Knut, das ist echt süß. Aber ich würde dir von Rosen abraten, die sind so abgedroschen. Wie wäre es mit ...« Ich ließ meinen Blick über die Blumen im Laden schweifen. »Iris, Schneeball und Flieder? Das sieht total hübsch aus.«

Sein Gesicht war ein einziges Fragezeichen. »Äh ... mach du nur.«

Ich holte die Blumen aus den Vasen und band mit besonders viel Liebe einen Strauß daraus. »Und?«, fragte ich und hielt ihm das fertige Werk hin. »Werden die Blumen ihr gerecht?«

Er strahlte breit. »Mann, du hast es echt drauf!«

»Ich weiß«, grinste ich und wickelte den Strauß ein.

»Du, sach mal ... Meinste, ich hab 'ne Schangse bei Irina?«

Mein Herz schmolz, als ich Knut so verunsichert vor mir stehen sah. Ich gab ihm den eingewickelten Strauß und legte ihm die Hände auf die Schultern. »Knut, du bist einer der nettesten und liebenswertesten Menschen, die ich kenne, und wenn sie sich nicht hoffnungslos in dich verliebt, hat sie kein Herz, hörst du?«

Die Besorgnis verschwand allmählich aus seinem Gesicht. »Na gut, wennde meinst.« Er klopfte mir kräftig auf die Schulter. »Wir sehen uns, Lüdde. Und danke noch mal für den Strauß!«

»Gern geschehen. Ach, und Knut? Lass dich nich feddichmachen!« Ich grinste ihn an, denn genau diese Worte hatte er schon mindestens tausendmal zu mir gesagt.

Knut lachte. »Nee, ich doch nich.« Damit ging er zur Tür hinaus, stieg in sein Taxi und fuhr mit quietschenden Reifen davon.

Nachbarschaftshilfe

Völlig erledigt kam ich am Samstag nach der Arbeit in meiner Wohnung an, stopfte mir schnell ein Brot rein und machte mich partytauglich, denn Kathi und Dennis wollten heute einen auf ihr neues Haus ausgeben. Missmutig betrachtete ich mich im Spiegel. An guten Tagen war ich durchaus zufrieden mit meinem Äußeren. Dann kamen mir meine Haare karamellblond, meine Augen strahlend blau und meine Figur megasexy vor. An solchen Tagen mochte ich die zahlreichen Sommersprossen, die sich in meinem Gesicht tummelten. An schlechten Tagen hingegen hasste ich sie. Heute war leider ein schlechter Tag. Ich schnitt meinem Spiegelbild eine böse Grimasse und machte mich auf den Weg zum Kiez.

Kathi und Dennis hatten einen Tisch vor unserer Stammkneipe am Hein-Köllisch-Platz ergattert, obwohl hier an diesem warmen Juniabend die Hölle los war. Außer Kathi und Dennis saßen noch Nelly, Bogdan und seine Freundin Kristin am Tisch. Bis auf Kristin kannten wir alle uns schon ewig.

Kathi und ich waren schon seit dem Kindergarten beste Freundinnen. Nelly war in der achten Klasse neu auf unsere Schule gekommen, und nachdem Kathi und ich sie etwa drei Monate lang gehasst hatten (wieso, wussten wir heute nicht mehr), waren wir drei nach einer gemeinsam verbrachten Stunde Nachsitzen zu Freundinnen geworden. Mit fünfzehn war Kathi mit Dennis zusammengekommen, der immer seinen besten Kumpel Bogdan im Schlepptau gehabt hatte, und so war aus uns irgendwie eine Clique geworden.

Nachdem ich alle begrüßt hatte, ließ ich mich auf den freien Stuhl neben Kathi fallen. »Wow, sexy siehst du aus«, sagte ich mit bewunderndem Blick auf ihren Jumpsuit.

»Danke«, sagte sie mit einem zufriedenen Grinsen. »Du aber auch.«

»Findest du?« Ich zupfte an meinem Kleid herum. »Ich weiß nicht so recht, ich fühl mich mit diesem Outfit irgendwie völlig fehl am Platz.«

»Bist du auch«, warf Nelly ein, grinste dabei aber so breit, dass ich unmöglich beleidigt sein konnte. Ihre Eltern kamen aus Nigeria, und mit ihren großen, strahlenden Augen und der unbändigen Afrofrisur war sie eine der hübschesten Frauen, die ich kannte. »Seit Jahren versuchen wir dir einzubläuen, dass man auf dem Kiez Schwarz trägt, aber du willst ja nicht auf uns hören.«

»Ich fühl mich halt nicht wohl in Schwarz.«

»Dann trag weiterhin deine romantischen Vintage-Kleider, aber trag sie mit Stolz«, sagte Nelly mit erhobenem Finger.

»Mach ich ja, es ist nur ... Ach, heute ist einfach ein schlechter Tag. Selbstzufriedenheitsmäßig.«

»Wir haben dich sowieso lieb, egal was du anhast«, sagte Kathi und legte mir einen Arm um die Schulter. »So, und jetzt will ich keine negativen Schwingungen mehr empfangen, sondern nur noch Freude und Glück!«

Wie aufs Stichwort kam die Kellnerin an unseren Tisch und brachte jedem einen Sekt auf Eis und einen Mexikaner-Shot.

»Diese Runde geht auf uns«, verkündete Dennis und hob sein Schnapsglas.

»Auf Kathi und Dennis!«, rief Bogdan.

»Auf Bullenhausen«, fügte ich hinzu.

Kathi stieß mich in die Seite. »Bullenkuhlen«, korrigierte sie. »Und auf das Haus.«

»Auf das Haus!«, wiederholten wir alle, stießen in der Tischmitte an und tranken den Mexikaner auf ex. Ich schüttelte mich, als der mit Tabasco, Sangrita und Tomatensaft gemischte Tequila meine Kehle runterrann, und spülte schnell mit Sekt nach.

Ein paar Stunden und Drinks später wechselten wir die Location und zogen um in die Hasenschaukel, eine unserer Stammkneipen auf dem Kiez. Bogdan holte uns eine Runde Astra und – wie ich mit gerümpfter Nase zur Kenntnis nahm – weitere Mexikaner. »Einen trinke ich noch mit, aber dann ist echt Schluss«, sagte ich, als ich mit den anderen anstieß. »Ihr wisst doch, dass ich peinlich werde, wenn ich Schnaps trinke.«

»Ach komm, Isa«, sagte Bogdan. »Wer weiß, wie oft wir noch die Gelegenheit haben, mit Kathi und Dennis feiern zu gehen. Wenn die erst mal auf ihrem Dorf hocken, kriegen wir sie bestimmt nie mehr zu Gesicht.«

»Ja, davor habe ich auch Angst«, meinte ich. »Also dann, Prost.«

»Nee, nee!«, rief Kathi, die inzwischen schon ganz schön einen in der Krone hatte. »Wir werden immer ssusammen feiern gehen! Immer und ewig!«

Für die nächsten Stunden taten wir genau das, und zwar ziemlich ausgelassen. Gegen zwei Uhr verkündete Nelly: »Ich will tanzen! Los, gehen wir ins Quer.«

»Nee, da sinn doch jess alle besoffn«, lallte Kathi.

»Na, dann bist du ja in bester Gesellschaft«, meinte Dennis und legte ihr einen Arm um die Taille.

»Im Quer spielen sie bestimmt wieder Achtziger«, meinte Kristin. »Ich hasse die Achtziger.«

»Bitte? Wie kann man die denn hassen?«, fragte ich entsetzt. »Okay, kleidungsmäßig verstehe ich das, aber die Musik war doch grandios! Nena, zum Beispiel, ich vergöttere Ne ...«

Mitten im Wort unterbrach ich mich, denn in diesem Moment zog eine Gruppe Mädels in rosa Glitzer-T-Shirts (offensichtlich ein Junggesellinnenabschied) an uns vorbei und gab den Blick frei auf eine Sofaecke. Dort lümmelte ein dünnes Teeniemädchen mit schwarzen Hotpants und schwarzem Top, offensichtlich völlig hinüber. »Ach du Schande!«

»Wasn?« Kathi folgte meinem Blick und musste die Augen stark zusammenkneifen, um etwas zu erkennen. »Oje, die sssieht aber mitgenommen aus. Wart ma ... Is das nicht die kleine Diebin?«

Ich nickte. Merles Augen waren geschlossen, und sie rührte sich nicht. In der rechten Hand hielt sie eine Flasche Bier, die bedenklich schief hing. Die Typen, die mit ihr in der Sofaecke saßen, schien das jedoch nicht sonderlich zu interessieren. Sie beachteten sie gar nicht. Eigentlich war ich nicht für dieses Mädchen verantwortlich, und wenn Jens Thiel kein Problem damit hatte, dass seine minderjährige Schwester nachts um zwei besoffen in einer Kneipe auf dem Kiez saß, sollte mich das auch nicht interessieren. Andererseits ... »Ich glaube, ich seh mal nach ihr.«

Ich ging zur Sofaecke und sprach den jungen Mann neben Merle an. »Geht's ihr gut?«, fragte ich und deutete auf sie.

Er hob gleichgültig die Schultern. »Keine Ahnung. Wir haben nix mit der zu tun. Die saß hier schon, als wir vor 'ner Stunde gekommen sind.«

»Und wo sind ihre Leute?«

»Was weiß ich?«

Oh Mann. Das war übel. »Hey!«, rief ich und rüttelte sie an der Schulter. »Merle!«

Sie schreckte hoch, wobei ihr die Bierflasche aus der Hand glitt, und sah mich aus blutunterlaufenen Augen an. Ihr Blick war so verschleiert, dass sie wahrscheinlich kaum etwas sehen konnte. »Wssn?«, nuschelte sie. »Bissu nich die middn Blumn?«

»Ja, genau die.«

Sie sah zur Seite. »Unwersdas?«

»Keine Ahnung. Bist du alleine hier?«

»Nee, mit mein Freundn. Wo sindn die?« Sie sah sich suchend um, dann presste sie eine Hand an ihren Magen. »Mirsschlecht«, sagte sie kläglich.

»Komm, wir gehen mal raus an die frische Luft.« Ich versuchte, sie hochzuwuchten, doch kaum stand sie auf den Beinen, sackte sie auch schon in sich zusammen und fiel wieder auf das Sofa. Zum Glück half Bogdan mir dabei, Merle rauszubringen und auf eine Bank zu verfrachten.

Kurz darauf kam Nelly mit einem großen Glas Wasser zu uns raus. »Hier«, sagte sie und drückte es Merle in die Hand. »Trink mal einen Schluck.«

Sie tat wie ihr geheißen. Anschließend hielt sie sich den Kopf, lehnte sich an meine Schulter und wimmerte: »Mirssoschlecht, das soll aufhörn.«

Ich legte einen Arm um sie und sah Nelly an. »Ich kann sie unmöglich alleine nach Hause fahren lassen.«

»Wer ist das überhaupt? Kennst du sie?«, fragte Nelly.

»Ihrem Bruder gehört das Restaurant gegenüber vom Blumenladen, wir sind quasi Nachbarn. Ich ruf jetzt Knut an, vielleicht kann er mir helfen, sie nach Hause zu bringen.«

»Nichnahause«, jammerte Merle. »Jens darf mich nich so sehn, der wird sauer sein, sooo sauer.« Sie hob ihren Kopf. »Kann ich nich ssu dir?«

»Nein, kannst du nicht. Dein Bruder macht sich bestimmt Sorgen.« Ich holte mein Handy hervor und wählte Knuts Nummer. Schon nach dem zweiten Klingeln meldete er sich. »Moin Isa! Was is los?«

»Hallo Knut, ich hab hier einen echten Notfall. Einer Bekannten geht es nicht gut, also wirklich gar nicht gut. Wir sind vor der Hasenschaukel. Kannst du kommen oder ist es gerade …«

»Bin in zehn Minuten da.«

Inzwischen waren auch Kathi, Dennis und Kristin rausgekommen und leisteten uns Gesellschaft, während wir auf Knut warteten.

Merle legte sich auf die Bank, nur um gleich darauf noch mehr zu jammern. »Alles dreht sich, mirssoooschlecht.«

Bogdan sagte laut und überdeutlich: »Du musst einen Fuß auf den Boden stellen!«

Nelly musterte Merle nachdenklich. »Ich setz fünf Euro, dass sie noch kotzt, bis Knut hier ist.«

»Fünf Euro dagegen!«, rief Kristin.

»Ich steig ein. Fünf Euro aufs Kotzen«, sagte Dennis und fummelte schon an seinem Portemonnaie herum.

»Alllso, dasjawohl fies«, lallte Kathi. »In ihrer Haut möchtch nich steckn.«

»Wir sprechen uns morgen, Schatz«, sagte Dennis trocken.

In diesem Moment wurden wir dadurch aufgeschreckt, dass Knut unmittelbar vor uns sein Taxi zum Stehen brachte, wobei die äußerst zwielichtige Flüssigkeit in einer Pfütze (vermutlich ein Gemisch aus Bier und Wischwasser) aufspritzte.

Kristin, die der Pfütze am nächsten stand, sprang zur Seite. »Boah, Knut!«, rief sie. »Jedes Mal!«

»Moinsen, ihr Flachpfeifen«, begrüßte Knut uns grinsend, dann ließ er seinen Blick schnell über Kristin, Nelly und Kathi schweifen, bis er an Merle hängen blieb. »Also, das is der Notfall«, stellte er fest und hockte sich vor sie. »Na, junge Dame?«, rief er und klopfte ihr leicht auf die Wangen. »Nich so 'n guder Tach heude, wa?«

Merle schlug die Augen auf und musterte Knut angestrengt. »Nee, nich so.«

»Hast gesoffen, wa?«, fragte er.

Sie nickte.

»Gekifft?«

Sie schüttelte den Kopf.

»Sonstiges Zeug eingeworfen?«

Erneutes Kopfschütteln.

»Schon gekotzt?«

»Nee, habchnich.«

»Bis jetzt nicht«, fügte Nelly hinzu.

Knut seufzte. »War klar. Na gut, Lüdde, denn bring ich dich mal nach Hause. Ansprechbar biste ja noch.« Er packte sie an den Schultern und half ihr, aufzustehen. Sie wankte so stark, dass er sie kurzerhand hochhob, zum Taxi trug und auf die Rückbank verfrachtete.

Ich umarmte Kathi und winkte den anderen zum Abschied zu. »Viel Spaß noch. Wünscht euch Nena für mich.« Dann nahm ich neben Merle Platz, und kaum dass ich saß, brauste Knut los. »Wo soll's denn eigentlich hingehen, junge Dame?«, fragte er Merle.

Sie nuschelte ihre Adresse und ließ den Kopf dann erschöpft an die Rückenlehne sinken.

Innerlich stöhnte ich auf. »Das ist bei mir um die Ecke.«

»Jo, ich weiß«, erwiderte Knut. Er zündete sich eine Zigarette an und übersah dabei eine rote Ampel. Seine Fahrweise war immer schon sehr abenteuerlich gewesen. Wahrscheinlich war er der schlechteste Fahrer Hamburgs, wenn nicht sogar der ganzen Welt, was für seinen Job natürlich nicht die ideale Voraussetzung war.

»Mann, Knut, die Ampel war rot!«

»Ach Quatsch. Kirschgrün«, sagte er, während er durch

die Straßen brauste, im Handschuhfach wühlte und mir eine Plastiktüte reichte. »Hier. Für alle Fälle.«

»Guck auf die Straße!«, schimpfte ich und wollte Merle die Tüte in die Hand drücken. Inzwischen war sie allerdings eingeschlafen.

»Is ja gut.« Er musterte Merle im Rückspiegel. »Wer is' die Lüdde denn überhaupt?«

»Ihr Bruder hat Mr Lees Restaurant übernommen.« Ich erzählte von meinen Begegnungen mit Jens und Merle, und dank Knuts schneidigem Fahrstil waren wir schon bald vor dem Zuhause der beiden Thiels angekommen. Wir stiegen aus, und Knut schmiss sich Merle wieder über die Schulter. Ich klingelte, und nur ein paar Sekunden später ertönte Jens' Stimme aus der Gegensprechanlage. »Ja?«

»Hallo, hier ist Isabelle. Also, Isabelle Wagner. Die mit den Blumen. Ähm, und Merle. Kannst du bitte aufmachen?«

Der Summer ertönte, und wir stiegen die Treppen hoch.

»Wievielter Stock?«, ächzte Knut.

»Ssweiter«, nuschelte Merle, die wie leblos über seiner Schulter hing, ihr Kopf zwischen den Armen baumelnd. »Ich mussspuckn.«

»Aber nich jetzt«, sagte Knut warnend und beschleunigte seinen Schritt.

Jens stand bereits in der geöffneten Tür und erwartete uns. Sein Blick wanderte blitzschnell von Merles Hinterteil zu Knuts Gesicht und dann zu mir, wobei sein Ausdruck zwischen tiefer Besorgnis, Erleichterung und Unverständnis schwankte.

»Moinsen!«, rief Knut fröhlich. »Ich hab hier 'ne Lieferung besoffenes Teeniemädchen abzugeben.«

Jens schüttelte fassungslos den Kopf. »Danke, aber ich ... Merle! Verdammt noch mal, wo warst du? Ich hab mir solche Sorgen gemacht!«

Statt einer Antwort trommelte sie mit den Fäusten auf Knuts Rücken. »Chmussrunner, schnell!«

Knut setzte Merle auf dem Boden ab. Sie stolperte völlig unkoordiniert den Flur entlang, wobei sie erst gegen eine Kommode stieß und anschließend den Garderobenständer umwarf, bis sie hinter einer der Türen verschwand. Ich vermutete (und hoffte), dass sich dort das Bad befand, denn schon kurz darauf hörten wir wilde Würgegeräusche.

»Immerhin, sie hat damit gewartet, bis sie zu Hause is«, kommentierte Knut. »Da kann sich so mancher 'ne Scheibe von abschneiden.«

Jens, der Merle nachgesehen hatte, drehte sich wieder zu uns um. »Kann mir mal bitte jemand erklären, was hier vor sich geht?«

Knut rührte sich nicht, und so ergriff ich das Wort. »Ich war mit Freunden in der Hasenschaukel und hab zufällig Merle gesehen, die dort total besoffen auf einem der Sofas saß. Und weil sie offenbar ganz alleine war, hab ich mich um sie gekümmert und Knut angerufen«, dabei deutete ich mit dem Daumen auf ihn. »Er ist ein alter Freund von mir und fährt Taxi.«

Jens brauchte ein paar Sekunden, um diese Informationen zu verarbeiten. »In der Hasenschaukel?«, fragte er schließlich. »Alleine? Aber ... sie wollte mit einer Freundin ins Kino und spätestens um elf wieder hier sein, und ...« Hilflos brach er ab.

Die entstandene Stille wurde von Merles wenig appetitlichen Geräuschen durchbrochen.

»Sieht wohl so aus, als hätt's da 'ne spontane Planänderung gegeben, wa?«, meinte Knut. Dann sah er von Jens zu mir und wieder zurück zu Jens. Schließlich grinste er zufrieden und klatschte in die Hände. »So Leude, nix für ungut, aber ich muss denn auch mal wieder.«

Jens holte sein Portemonnaie aus der Hosentasche. »Vielen Dank für Ihre Hilfe. Was macht das denn?«

Knut hob abwehrend die Hände. »Nee, nee, nee, davon will ich nix wissen. Vom Siezen auch nich. Und bedank dich nich bei mir, sondern bei Isa.« Damit wandte er sich an mich. »Du kommst alleine nach Hause, is ja gleich ums Eck, nä?« Dann drehte er sich um, rief uns ein fröhliches »Tschüs denn« zu und stieg die Treppe hinab.

Unschlüssig sah ich Jens an.

»Vielen Dank, dass du dich um Merle gekümmert hast. Das war echt nett«, sagte er.

Ich nickte nur stumm und fragte mich, wieso ich wie angeklebt auf der Türschwelle stehen blieb, statt einfach nach Hause zu gehen. Wahrscheinlich lag es daran, dass ich Merle aufgelesen und hierhergebracht hatte. Da wollte ich mich natürlich auch davon überzeugen, dass sie sicher in ihrem Bett landete. Das war's dann aber auch schon mit der Nachbarschaftshilfe. Danach würde ich gehen, wieder meine Ruhe haben und mich nur noch um meine eigenen Angelegenheiten kümmern.

Jens schien darauf zu warten, dass ich irgendetwas sagte oder tat, aber ich rührte mich nicht. »Ja, ähm ... Weiß ich jetzt auch nicht«, sagte er nach einer Weile. »Willst du reinkommen?«

Ohne ein Wort setzte ich mich in Bewegung und betrat die Wohnung. »Du solltest mal nach Merle sehen.« Ich legte meine Handtasche auf die Kommode und folgte ihm ins Bad. Merle kauerte vor der Kloschüssel, die Arme über der Brille verschränkt und den Kopf darauf abgelegt. Inzwischen spuckte sie nicht mehr, sondern weinte nur noch kläglich. Jens hockte sich neben sie und strich ihr über den Rücken. »Was machst du nur für einen Scheiß, hm?«, flüsterte er.

Ich öffnete das Fenster und befeuchtete am Waschbecken ein Handtuch mit kaltem Wasser. Seltsam, hatte Anne nicht behauptet, Jens sei verheiratet? Hier gab es überhaupt keine Anzeichen dafür, dass eine erwachsene Frau das Bad mitbenutzte. Da waren nur zwei Zahnbürsten, Rasierutensilien und ein paar Teenie-Gesichtspflegeprodukte. Wahrscheinlich war seine Frau geschäftlich unterwegs. Ich gab Merle das feuchte Handtuch, und sie verbarg ihr Gesicht darin.

»Meinst du, da kommt noch mehr, oder war's das?«, fragte Jens.

»Ich glaub, da kommt nix mehr.«

»Dann steh mal auf«, sagte er, und gemeinsam halfen wir ihr hoch zum Waschbecken. Jens hielt Merle fest, während ich ihr beim Zähneputzen assistierte. Noch immer konnte sie sich kaum auf den Beinen halten.

Wir brachten sie in ihr Zimmer, wo sie wie ein nasser Sack aufs Bett plumpste. »Es dreht sich immer noch alles«, murmelte sie undeutlich. »Es dreht sich und dreht sich und dreht sich.«

»Such dir einen Fixpunkt«, riet ich ihr. »Mach nicht die Augen zu, sondern konzentrier dich darauf.«

Ihr Blick glitt durch den Raum, bis er an Jens hängen blieb. »Bist du gar nicht sauer?«

»Oh doch, ich bin stinksauer! Glaub mir, du kannst dich schon mal auf morgen freuen.«

»Entschuldige«, murmelte sie. »Es tut mir so leid.«

»Ja, das hab ich schon tausendmal gehört«, murrte er. »Jetzt schlaf erst mal deinen Rausch aus.«

Jens löschte das Licht und ging mir voraus in eine gemütliche Wohnküche, wo er sich auf einen der Stühle fallen ließ, die um einen großen alten Holztisch standen. »Oh Mann«, sagte er und verbarg sein Gesicht in den Händen. »Es ist gefühlt gerade erst ein paar Monate her, dass ich mit ihr im Tierpark Hagenbeck die Giraffen gefüttert habe, und jetzt kotzt sie sich volltrunken die Seele aus dem Leib. Sie ist doch noch ein Kind!«

Ich zögerte einen Moment lang. Merle lag im Bett, ich hatte meine Pflicht getan und konnte jetzt eigentlich gehen. Doch stattdessen setzte ich mich zu ihm. »Wie alt ist sie denn überhaupt?«

»Sechzehn. Sie geht in die zehnte Klasse.«

»Sechzehn ist ein schwieriges Alter. Da kommt es doch mal vor, dass man Mist baut.«

Er richtete sich wieder auf und sah mich finster an. »Ich finde, dass Klauen und Saufen bis zur Besinnungslosigkeit schon etwas mehr als harmlose Teenager-Dummheiten sind. Vor allem, wenn man bedenkt, dass sie immer total lieb war und so was noch nie gemacht hat.«

»Ja, aber ...« Ich suchte nach Worten und fuhr schließlich vorsichtig fort: »Das ist auch alles nicht so einfach für sie. Ihre Eltern sind nicht da, und du hast so viel zu tun mit dem Restaurant. Vielleicht fühlt sie sich alleingelassen.«

Er schnaubte wütend. »Was weißt du denn schon? Du kannst doch überhaupt nicht beurteilen, wie es ist, wenn man vierzehn Stunden am Tag arbeitet und sich dann auch noch um einen Teenager kümmern soll!«

Bilder tauchten vor mir auf, die ich längst vergessen zu haben geglaubt hatte. Wie ich nach dem Hort nach Hause gekommen war, aufgeräumt, das Abendessen gekocht und die Wäsche gemacht hatte. Abende, an denen ich alleine auf dem Sofa gesessen und ferngesehen hatte, die Türen und Fenster verriegelt, weil ich Angst vor Einbrechern gehabt hatte. Meine Mutter, die müde und abgekämpft nach einer Doppelschicht im Altersheim nach Hause gekommen war und sich so sehr bemüht hatte, nicht auf der Stelle einzuschlafen, sondern mir zuzuhören und sich von meinem Tag erzählen zu lassen. »Doch, ich kann das besser beurteilen, als du denkst«, sagte ich schließlich leise.

Jens sah mich aufmerksam an und schien darauf zu warten, dass ich weiterredete, aber ich hatte ganz sicher nicht vor, ihm meine Lebensgeschichte zu erzählen. »Wie auch immer, ich muss mal langsam nach Hause.« Ich stand auf und schob den Stuhl zurück an den Tisch. »Hör zu, ich will mich gar nicht bei euch einmischen. Lass mich dir nur eins sagen: Meiner Meinung nach ist das Hauptproblem nicht, dass Merle heute betrunken war. Sondern, dass ihre Freunde sie in diesem Zustand einfach sitzen lassen haben, und du solltest dir wirklich mal genau anschauen, mit wem sie so rumhängt. Das scheinen nämlich ziemliche Arschlöcher zu sein.« Ich ging in den Flur und nahm meine Handtasche von der Kommode. Als ich mich umdrehte, stand Jens hinter mir.

»Ich bin dir wirklich dankbar dafür, dass du dich heute um Merle gekümmert hast«, sagte er ernst. »Das rechne ich dir hoch an, auch deinem Freund Knut, und wenn ich mich irgendwie revanchieren kann, dann sag mir, wie.«

Ich blickte zu ihm hoch, und plötzlich fiel mir auf, dass seine Augen gar nicht eindeutig braun waren, sondern momentan eher grün wirkten. Als könnten sie sich nicht für eine Farbe entscheiden. »Du musst dich nicht revanchieren. Das hätte jeder gemacht. Nachbarschaftshilfe halt.« Ich ging an ihm vorbei zur Tür. »Na dann. Wir sehen uns Mittwoch.«

»Hey«, sagte er, als ich schon an der Treppe war. »Soll ich dich nach Hause begleiten?«

»Nein, nicht nötig. Wie Knut schon sagte, ich wohne gleich um die Ecke.«

Wir tauschten noch einen Blick, dann drehte ich mich um und machte mich endgültig auf den Weg.

In meiner Wohnung holte ich mir eine Flasche Wasser aus dem Kühlschrank und ließ mich auf die Couch fallen. Ein Blick auf die Uhr zeigte mir, dass es halb vier war. Ich legte die Beine auf den Tisch und lehnte den Kopf zurück. Die Geräusche der Straße drangen zu mir rauf: ab und zu ein Auto oder das Martinshorn eines Krankenwagens, ein Mann und eine Frau, die laut miteinander lachten. Über mir knackte es gelegentlich im Gebälk des Dachbodens, in der Wasserflasche sprudelte die Kohlensäure, und ich hörte meinen eigenen Atem. Ansonsten nichts. Meine Gedanken schweiften zu Merle und Jens. Ich fragte mich, wie es ihr morgen gehen und wie heftig seine Standpauke ausfallen würde. Doch dann zwang ich mich, an etwas anderes zu denken. Ich hatte meine Mutter, Brigitte, Knut und meine Freunde. Das reichte mir vollkommen. Merle und Jens Thiel gingen mich nichts an, ich lebte mein Leben und sie ihres.

Den Sonntagvormittag verbrachte ich wie immer damit, im Bett zu frühstücken und mir in der Mediathek die während der Woche verpassten Folgen von *Liebe! Liebe! Liebe!* herauszusuchen und anzuschauen. Anschließend sprang ich unter die Dusche und zog mich an, um mich auf den Weg zu meiner Mutter zu machen. Ein weiterer fester Bestandteil meiner Sonntage, zumindest wenn Mamas Schichtplan es erlaubte und sie nicht arbeiten musste. Mit dem Fahrrad fuhr ich durch das sonnige, sonntagsträge Hamburg nach Bramfeld, wo unsere kleine Zweizimmerwohnung lag.

Ich schloss die Wohnungstür auf und rief: »Hallo Mama!« Es kam keine Antwort. Während ich in die Küche ging, wickelte ich den Strauß Pfingstrosen, den ich mitgebracht hatte, aus dem Papier. »Mama? Bist du da?« Ich ließ Wasser in eine

Vase laufen, arrangierte die Blumen darin und stellte sie auf den Tisch im Wohnzimmer. Durchs Fenster sah ich meine Mutter in ihrem Liegestuhl auf dem Balkon, wo sie offenbar ein Nickerchen hielt. Sie war im Januar fünfzig Jahre alt geworden, wirkte aber älter. Ihre Haare färbte sie zwar, doch ihr Gesicht war von Falten durchzogen, und unter ihren Augen lagen meist tiefe Schatten. Ich konnte mich nicht daran erinnern, dass meine Mutter irgendwann einmal nicht müde gewesen war. Sie hatte mich mit dreiundzwanzig bekommen, nur ein halbes Jahr darauf war mein Vater gestorben, und den Verlust ihrer großen Liebe hatte sie nie überwunden. Meine Mutter und ich waren immer ein gutes Team gewesen, wir hatten fest zusammengehalten und uns gemeinsam durch den Alltag geboxt, und wenn sie zu Hause gewesen war, dann hatte ihre gesamte Aufmerksamkeit mir gehört. Nur müde war sie immer gewesen, und mein Herz quoll über vor Zärtlichkeit, als ich sie jetzt schlafend in der Sonne sitzen sah, einen Liebesroman auf dem Bauch ausgebreitet.

Kurzerhand ging ich in die Küche und kochte Kaffee. Mit einem Becher in der einen und einem Teller Kekse in der anderen Hand kehrte ich zurück auf den Balkon und gab ihr einen Kuss auf die Wange. »Hallo Mama«, flüsterte ich.

Langsam schlug sie die Augen auf und sah mich verschlafen an. »Hallo Süße.« Sie lächelte träge und reckte und streckte sich ausgiebig.

»Kaffee?«

»Unbedingt.« Sie griff nach der Tasse, pustete hinein und trank einen Schluck. »Seit wann bist du hier?«

»Noch nicht lange. Ich hab dir Pfingstrosen mitgebracht«, sagte ich und deutete auf den Tisch im Wohnzimmer.

»Oh, wie hübsch. Vielen Dank!«

»Gern geschehen. Übrigens hast du schon wieder deinen Ficus viel zu lange nicht gegossen«, sagte ich anklagend. »Stattdessen ersäufst du deine Orchidee.«

»Ach Isa, du weißt doch, dass ich nicht mit Blumen umgehen kann. Ich hab einfach nicht so einen grünen Daumen wie du und dein Vater, also warum schleppst du immer wieder welche hier an? Plastikpflanzen sind doch auch sehr schön!«

In gespieltem Entsetzen hielt ich mir eine Hand ans Herz. »Plastikpflanzen?! Willst du mich beleidigen? Wäre dir eine Gummitochter etwa auch lieber als eine aus Fleisch und Blut?«

»Manchmal schon«, erwiderte sie schmunzelnd. »Du warst ein furchtbar anstrengendes Baby. Wirklich, furchtbar anstrengend. In deinen ersten Lebensmonaten hast du ...«

»... vierundzwanzig Stunden am Tag nur geheult, ich weiß«, lachte ich. Das war die Lieblingsgeschichte meiner Mutter, und ich hatte sie schon oft gehört.

»Genau. Manchmal wäre ich fast verzweifelt. Aber deinen Vater konnte nichts aus der Ruhe bringen. Er hat dich stundenlang getragen, dir Nena-Songs vorgesungen und Geschichten erzählt, und du warst immer seine kleine süße Prinzessin. Obwohl du offen gestanden eher aussahst wie ein verschrumpelter, wütender Gartenzwerg.«

»Aber auch ein süßer Gartenzwerg.«

»Sehr süß, ja.«

Für eine Weile schwiegen wir und hingen unseren Gedanken nach. Meine Mutter redete noch immer viel von meinem Vater. Ich liebte die Geschichten über ihn, obwohl ich jedes Mal tief in mir einen Stich der Wehmut spürte, weil ich ihn niemals kennenlernen würde. Er war so ein toller Mensch gewesen.

»Jetzt erzähl mal, was gibt es Neues bei dir?«, fragte meine Mutter.

»Kathi und Dennis ziehen in die Pampa«, erzählte ich. »Sie

können das Haus von seiner Tante kriegen. Ich weiß gar nicht, was ich ohne sie machen soll.«

»Aber das ist doch schön für die beiden.«

»Ja, weiß ich. Aber ich kann mich nur schwer an den Gedanken gewöhnen, dass sie wegziehen.«

»Heiraten sie denn auch?«

»Nö.« Ich suchte mir einen Schokoladenkeks vom Teller. »Die beiden haben doch noch Zeit.«

»Dein Vater und ich haben uns jedenfalls keine Zeit gelassen«, sagte sie lächelnd.

»Ja, aber bei euch beiden war ja auch vom ersten Moment an alles klar.« Meine Mutter hatte einen ganz besonderen Antrag bekommen, davon hatte sie mir schon oft erzählt. Sie war nichts ahnend von der Arbeit nach Hause gekommen, wo mein Vater, der alte Romantiker, ein riesiges Herz aus brennenden Teelichtern auf dem Wohnzimmerboden aufgebaut hatte. Er hatte ihr eine wunderschöne Liebeserklärung gemacht, war vor ihr auf die Knie gefallen und hatte sie gefragt, ob sie seine Frau werden wolle. Es war eine saumäßige Arbeit gewesen, den Kerzenwachs vom Holzdielenboden zu entfernen, aber das war es wert gewesen, sagte meine Mutter oft.

Für den Rest des Nachmittags saßen wir friedlich über Gott und die Welt plaudernd auf dem Balkon. Als ich abends mit dem Fahrrad nach Hause fuhr, fiel mir auf, dass ich ihr gar nichts von Tom und dem anstehenden Date erzählt hatte. Na ja, sie hätte mich sowieso nur ausgequetscht, ob er denn auch der Richtige für mich wäre, und mich ermahnt, dass ich bloß nicht meine Zeit mit dem Falschen verschwenden solle. Womit sie ja möglicherweise auch recht hatte.

Die Stalkerin

Am Montagnachmittag kam zu meiner großen Überraschung Merle in den Laden. Sie war wieder ganz in Schwarz gekleidet, die Augen dick mit Kajal umrandet. Für ein paar Sekunden blieb sie im Eingang stehen, als könne sie sich nicht entscheiden, ob sie rein- oder gleich wieder rausgehen sollte. Schließlich schloss sie die Tür hinter sich und kam zögerlich auf mich zu. »Hallo«, sagte sie, konnte mir dabei aber kaum in die Augen schauen.

»Hallo Merle«, erwiderte ich und stellte sie und Brigitte einander kurz vor. Nachdem das erledigt war und Merle eine Weile schweigend dagestanden und intensiv ihre Schuhspitzen betrachtet hatte, fragte ich: »Kann ich dir irgendwie helfen?«

Sie räusperte sich und sah zu mir auf. »Nein, ich ... Eigentlich bin ich nur hier, weil ich mich bei dir bedanken wollte. Dafür, dass du dich am Samstag um mich gekümmert und mich nach Hause gebracht hast. Das war echt nett.«

Brigitte horchte auf und musterte uns neugierig. Von dem Vorfall in der Hasenschaukel hatte ich ihr nichts erzählt.

»Kein Problem«, sagte ich. »Hab ich gerne gemacht.«

»Mir ist das derbe peinlich!«, stieß Merle aus. »Ich kann mich an fast nichts erinnern und hab mich gestern den ganzen Tag lang übergeben. Und dann hat Jens mich auch noch mindestens drei Stunden lang angemotzt. Der motzt mich sowieso ständig an. Dabei sauf ich sonst nie, echt nicht! Das war nur ein einziges Mal, und ich trink garantiert nie wieder Alkohol!«

Brigitte brach in Gelächter aus. »Ja, das haben meine Töchter auch schon manches Mal gesagt.«

»Ich mein das aber echt ernst.«, sagte Merle in gewichtigem Tonfall. »Das hab ich Jens hoch und heilig versprochen. Jedenfalls, ich möchte dir gerne was schenken, Isabelle. Als Dankeschön. Magst du Karamellbonbons?«

Erstaunt beobachtete ich sie dabei, wie sie ein Bonbonglas aus ihrer Umhängetasche holte. »Ja, klar.«

Merle drückte mir das Glas in die Hand. »Die hab ich selbst gemacht. Heute Morgen, ganz frisch.«

»Warst du nicht in der Schule?«

»Doch«, erwiderte sie schnell. »Aber wir hatten ein paar Freistunden, deswegen musste ich erst später hin.«

Ich nahm ein ziemlich klebriges, unförmiges Teil aus dem Glas und betrachtete es unschlüssig.

»Die sehen vielleicht nicht so toll aus, aber sie schmecken gut. Probier doch mal«, sagte sie und erinnerte mich damit irgendwie an ihren Bruder.

Ich steckte das Bonbon in den Mund und lutschte daran herum. Hm, die schmeckten wirklich besser als sie aussahen. Süß und sahnig, genau so, wie Karamellbonbons sein sollten. »Megalecker! Vielen Dank.«

Merle strahlte stolz. »Ja, oder?« Nun glich sie eher einem kleinen Mädchen als einem Teenie außer Rand und Band. Ich hielt Brigitte das Glas hin. »Hier, nimm mal eins.«

Brigitte fischte sich ein Bonbon heraus und fing ebenfalls augenblicklich an zu schwärmen. »Die sind ja köstlich!«

Für einen Moment sah Merle uns beide unschlüssig an, und es schien, als wolle sie noch etwas sagen. Doch dann überlegte sie es sich offenbar anders. »Ich geh dann mal. Nochmals danke, Isabelle.« An der Tür drehte sie sich um und winkte uns zu. »Bis bald!«

»Nettes Mädchen«, sagte Brigitte, als Merle verschwunden war.

»Nett? Hast du 'ne Ahnung.« Okay, es war wirklich süß und auch sehr höflich, dass Merle vorbeigekommen war, um mir Karamellbonbons zu schenken. Aber als nett würde ich sie trotzdem nicht bezeichnen. Genauso wenig wie ihren Bruder. Wie auch immer, sie hatte sich bedankt, damit war unser Kontakt beendet, und ich brauchte mir keine Gedanken mehr um sie zu machen.

Mit der Annahme, dass Merles und mein Kontakt sich mit ihrem Besuch im Laden erledigt hatte, lag ich mächtig daneben. Von da an lief sie mir nämlich ständig über den Weg. Anfangs glaubte ich noch, dass das rein zufällig passierte, wie zum Beispiel unser Treffen in der Alsterschwimmhalle, wo ich jeden Dienstagabend eine Stunde lang meine Bahnen zog. Ich war total in Gedanken versunken und bekam den Schreck meines Lebens, als sie urplötzlich vor mir im Wasser auftauchte. Da sie ungeschminkt war, hätte ich sie beinahe nicht erkannt. Ihre Augen wirkten ohne den Kajal viel größer, die dunklen, nassen Haare klebten an ihrem Kopf fest, und eine wirre Strähne zog sich quer über ihre Stirn. »Ach, Isabelle!«, rief sie bei meinem Anblick. »Na? Du auch hier?«

»Ja. Offensichtlich. Hallo Merle.«

»Ich geh öfter hier schwimmen.«

»Mhm. Ich auch.«

»Wollen wir nicht nebeneinander schwimmen? Dann können wir ein bisschen quatschen, und es ist nicht so langweilig.«

Wenn ich eins nicht ausstehen konnte, dann war es, während des Schwimmens zu quatschen. Außer meinem eigenen Atem und dem Plätschern des Wassers wollte ich dann gar nichts hören, sondern mich auf nichts anderes konzentrieren als auf mich und meine Schwimmzüge. Doch dies war ein freies Land, und ich konnte Merle kaum verbieten, neben mir herzuschwimmen. Oder zu quatschen. Und das tat sie. Ununterbrochen, vierunddreißig Minuten lang, schwamm sie neben mir her und erzählte. Von der Schule, von ihrer Lehrerin, von einem neuen Rezept für Spaghetti, von einer Freundin, die seit neuestem ein Rosen-Tattoo im Dekolleté trug, und so weiter und so fort. Selbst unter der Dusche plauderte sie munter weiter auf mich ein. Zum Glück hatte ich wenigstens in der Einzelumkleidekabine meine Ruhe, doch vor der Halle wartete sie bereits auf mich. »Ich bin mit dem Fahrrad da, und du?«

»Ich auch«, seufzte ich.

»Dann können wir ja zusammen fahren. Jens meinte, du wohnst in unserer Nähe.«

Wir schlossen unsere Räder auf und machten uns auf den Weg durchs abendliche Hamburg.

»War nett, mit dir zu schwimmen. Können wir ja jetzt öfter machen«, sagte Merle, als endlich ihr Wohnhaus in Sicht kam und sie ihr Tempo verlangsamte. »Tschüs, Isabelle. Bis bald.«

»Tschüs, bis irgendwann mal.« Oh Mann. Wenn von jetzt an jeden Dienstag die dauerplappernde Merle in der Alsterschwimmhalle aufkreuzen würde, musste ich ernsthaft in Erwägung ziehen, meinen Schwimmtag zu ändern. Aber das würde meinen kompletten Wochenplan durcheinanderbringen! Nein, nein, ich ging seit vier Jahren jeden Dienstagabend schwimmen, und ich würde mich von Merle Thiel ganz sicher nicht aus dem Konzept bringen lassen.

Am nächsten Abend traf ich sie im Supermarkt, genauer gesagt im Gang mit den Süßigkeiten. Ich stand unschlüssig mit einer Packung Schokoküsse in der Hand da und überlegte, ob ich die Dinger wirklich mitnehmen sollte. Es blieb nie bei einem, egal wie fest ich mir das auch vornahm. Andererseits wäre es ein guter Abend für einen Schokokuss. Heute Morgen hatte Jens sich bei meiner Lieferung erst nochmals ausdrücklich dafür bedankt, dass ich Merle geholfen hatte, nur um anschließend die ganze Zeit an meinen Blumen rumzumäkeln. Und als ich in der Friedhofskappelle einen Sarg geschmückt hatte, war der Kranz ständig wieder abgeflogen.

»Hi Isabelle!«, hörte ich Merles Stimme neben mir, und ich zuckte zusammen. »Na? Du auch hier?«, erkundigte sie sich und warf einen äußerst indiskreten Blick auf meine Einkäufe sowie die Schokoküsse in meiner Hand. »Wusstest du, dass man die auch ganz leicht selbst machen kann? Du musst einfach Eiweiß steifschlagen und …«

»Danke, aber ich denke, ich lass das besser mit dem Selbermachen«, sagte ich und stellte die Schokoküsse zurück ins Regal. Und als ich später zu Hause vor dem Fernseher saß und *Liebe! Liebe! Liebe!* guckte, ärgerte ich mich, dass ich die Schokoküsse nicht doch mitgenommen hatte.

Zwei Tage später kam Merle in die Pommesbude, in der ich anstand, um mir eine Portion Fritten zu holen. Da wurde ich langsam misstrauisch, ob es sich bei unseren Treffen wirklich immer um Zufälle handelte. Und spätestens, als sie am Montagabend an der Kneipe vorbeischlenderte, vor der ich mit Kathi und Nelly saß und Cocktails schlürfte, war mir klar, dass die Welt unmöglich so klein sein konnte.

»Hi Isabelle!«, rief Merle mit so offensichtlich gespielter Überraschung, dass mir fast das Glas aus der Hand fiel. »Na? Du auch hier?«

»Äh … Ja. Ich bin dann wohl auch hier.«

»Hey, das ist doch die besoffene Diebin!«, rief Kathi.

»Ich glaube, die stalkt mich«, flüsterte ich, da war Merle auch schon an unseren Tisch gekommen.

Nelly grinste sie breit an. »Na, wieder nüchtern?«

»Wieso?«, fragte sie irritiert.

»Ich war neulich auch dabei, in der Hasenschaukel.«

Merle lief rot an. »Oh, ach so.« Nach einem kleinen Räuspern fragte sie: »Und was macht ihr hier so?«

»Wir trinken Cocktails, das siehst du doch«, antwortete ich. Allmählich kam sie mir vor wie ein kleines Hündchen, das mir zugelaufen war und mir nun überallhin folgte. Ich wollte aber gar keinen Hund! Demonstrativ warf ich einen Blick auf die Uhr. »Musst du nicht nach Hause, Merle? Hausaufgaben machen oder schlafen? Morgen ist doch Schule.«

»Nö. Die hab ich alle schon, und Jens ist meistens sowieso nicht vor halb zwölf zu Hause.«

»Wer ist denn Jens?«, wollte Nelly wissen.

»Mein älterer Bruder. Ich wohne zurzeit bei ihm. Ihm gehört das Thiels, gleich hier um die Ecke. Du musst unbedingt mal hingehen, er kocht megagut«, sagte sie mit unverhohlenem Stolz in der Stimme. »Er hat schon in Sternerestaurants gearbeitet. Und im Restaurant eines Fernsehkochs. Aber der war ein totales Arschloch und immer nur in irgendwelchen Kochshows, und wenn er doch mal in seinem Laden war, hat er andauernd rumgemotzt und seine Freundin gevögelt. Also, Jens' Freundin. Deswegen ist er von da weggegangen. Aber ich sage nicht, welcher Koch das war«, fügte sie hinzu, um wohl gleich der Frage entgegenzuwirken, die uns garantiert allen auf den Lippen lag.

Also war Jens' Exfreundin mit einem Fernsehkoch fremdgegangen? Das war ja mal starker Tobak. Es tat mir ja schon irgendwie leid für ihn, andererseits war er inzwischen verheiratet, also hatte er sein Glück dann ja doch gefunden, und außerdem … Oh mein Gott, ich musste einfach wissen, welcher Fernsehkoch, ich musste es wissen, ich musste!

Nelly, die sogar noch neugieriger war als ich, zückte umgehend ihr Handy, und ich war mir sicher, dass sie versuchte, die Information zu ergoogeln.

»Öffentlich-rechtliches Fernsehen oder privat?«, fragte Kathi.

Merle lächelte geheimnisvoll. »Kein Kommentar.«

»Um mal wieder zum Thema zurückzukommen«, sagte ich entschieden. »Selbst wenn Jens erst um halb zwölf zu Hause ist, heißt das doch nicht, dass du ebenfalls so lange wegbleiben kannst.«

Sie biss sich auf die Unterlippe. »Na gut. Ich wollte mich eh gerade auf den Weg machen.« Sie verabschiedete sich, winkte uns noch einmal zu und ging davon.

»Süß, Isa ist Mama geworden«, sagte Nelly breit grinsend.

»Ach, hör auf«, fuhr ich sie an. »Seit ich sie aus der Hasenschaukel mitgenommen habe, verfolgt sie mich!«

Kathi blickte Merle nach. »Die Eltern sind im Ausland, der Bruder arbeitet ununterbrochen ...«, sagte sie nachdenklich. »Sie fühlt sich bestimmt einsam.«

»Das tut mir ja auch leid, aber was will sie von mir? Hat sie keine gleichaltrigen Freunde?«

»Sie mag dich halt. Warum bist du denn so abweisend?«

Ich nahm einen großen Schluck von meinem Cocktail. »Ach, ich weiß auch nicht. Es gibt genug Menschen in meinem Leben, da ist kein Platz mehr für einen schwer erziehbaren Teenie.«

Nelly streckte Kathi und mir ihr Handy entgegen. Auf dem Display war ein Foto von Jens zu sehen, das sie offenbar auf der Homepage seines Restaurants entdeckt hatte. »Und das hier ist also der gehörnte Küchenchef, der den Papa in diesem Szenario gibt?«

»Er ist nicht der Papa, sondern der Bruder«, korrigierte ich.

Kathi warf einen Blick auf das Display. »Hui! Also, dem wäre *ich* garantiert nicht fremdgegangen!«

»Interessante Geschichte, die du da am Laufen hast«, meinte Nelly. »Wirklich, sehr interessant.«

»Ich hab überhaupt nichts am Laufen!«, rief ich empört.

Nelly lachte. »Ist ja gut. Aber bitte, finde um jeden Preis heraus, um welchen Fernsehkoch es sich handelt, notfalls prügle es aus dem Mädchen raus. Ich dreh sonst durch!«

»Ich tue mein Bestes«, sagte ich. »So, können wir jetzt bitte über was anderes reden?«

Am nächsten Abend wartete ich beim Schwimmen schon geradezu darauf, dass Merle neben mir auftauchte, doch anscheinend hatte sie heute etwas Besseres vor. Oder sie hatte sich jemand anderen gesucht, den sie verfolgen konnte.

Zu Hause überlegte ich vor meinem Kleiderschrank, was ich am Donnerstag zu meinem Date mit Tom anziehen sollte. Obwohl mir eine leise Stimme ›*Lass es, lohnt sich nicht!*‹ zurief, hielt ich einen schwarzen Spitzen-BH in den Händen. Nicht, dass ich auch nur im Traum daran dachte, Tom diesen BH gleich beim ersten Date sehen zu lassen, aber ich fühlte mich sexy, wenn ich ihn trug. Und das konnte ja nicht schaden, wenn ich einen guten Eindruck vermitteln wollte. Meine Gedanken wurden jäh von einem Klingeln an der Wohnungstür unterbrochen. Ich ging in den Flur und nahm den Hörer der Gegensprechanlage ab. »Hallo?«

»Hier ist Merle«, ertönte es kratzig vom anderen Ende der Leitung. »Kann ich raufkommen?«

Merle. Natürlich. Wer auch sonst? Das Verwunderlichste daran war, dass mich ihr Aufkreuzen nicht einmal verwunderte. Ohne ein weiteres Wort drückte ich auf den Summer, und ein paar Sekunden später stand sie vor mir. Ihre Augen waren gerötet, als hätte sie geweint, doch sie schien so tun zu wollen, als sei alles in bester Ordnung. »Hi Isabelle.« Sie hielt mir eine Tupperdose entgegen. »Ich hab Schokoküsse gemacht und dachte, du willst vielleicht ein paar.« Immerhin fragte sie mich dieses Mal nicht, ob ich auch hier war.

»Das ist aber nett. Vielen Dank.« Ich nahm ihr die Dose ab.

Wie selbstverständlich ging sie an mir vorbei durch die geöffnete Tür ins Wohnzimmer und setzte sich aufs Sofa.

»Komm doch rein und setz dich«, sagte ich mit erhobenen Augenbrauen. »Und dann erklär mir bitte, woher du weißt, wo ich wohne.«

»Ich wusste es nicht genau. Als wir nach dem Schwimmen zusammen nach Hause gefahren sind, hast du gesagt, dass du gleich links ab musst, also habe ich daraus geschlossen, dass es diese Straße ist. Und da ich weiß, dass du Wagner mit Nachnamen heißt, bin ich einfach die Klingelschilder an allen Häusern durchgegangen.«

Für einen Moment war ich sprachlos. Ich setzte mich neben Merle und stellte die Tupperdose auf dem Wohnzimmertisch ab. »Das ist ziemlich gruselig, Merle. Und was kann ich für dich tun?«

Sie knibbelte an ihren Fingernägeln. »Ich hab derbe Ärger mit Jens.«

Innerlich stöhnte ich auf. »Das ist ja mal was ganz Neues. Und warum dieses Mal?«

»Er hatte heute Morgen ein Gespräch mit meiner Lehrerin. Und da hat er dann wohl erfahren, dass ich … nicht mehr so richtig oft zur Schule gehe.«

Klar. Es passte alles zusammen. Dass sie so viel Zeit hatte und Fragen nach Schule und Hausaufgaben jedes Mal auswich. »Und was soll ich da jetzt machen?«

Sie sah mit verheulten Augen zu mir auf. »Ich dachte, du wärst vielleicht auf meiner Seite und könntest das verstehen. Du warst doch auch mal so alt wie ich.«

Na, die hatte ja Nerven. »Als ich so alt war wie du, habe ich bereits eine Ausbildung gemacht. Da konnte ich es mir überhaupt nicht leisten, die Berufsschule zu schwänzen.«

In Merles Umhängetasche fing es an zu brummen, doch sie tat so, als würde sie es nicht bemerken.

»Wie wäre es, wenn du mal ans Telefon gehst?«, fragte ich gereizt.

»Lieber nicht. Das ist bestimmt Jens, der mich anmotzen will.« Das Handy hörte auf zu brummen.

Allmählich keimte ein Verdacht in mir auf. »Hat er das denn noch nicht getan?«

»Nein, nicht so richtig. Nachdem meine Lehrerin ihn angerufen hatte, wollte er, dass ich sofort zu ihm ins Restaurant komme, aber ... ich trau mich nicht.«

»Oh Mann, Merle, das fass ich einfach nicht!«, rief ich und sprang vom Sofa auf. »Wie kann man so bescheuert sein?« Nach einer kleinen Pause sagte ich etwas sanfter: »Los, ruf ihn an.«

»Nein«, sagte sie stur.

»Dann mach ich das.« Ich ging zum Telefon, doch bevor ich den Hörer abnehmen konnte, sagte Merle: »Okay, okay! Ich mach's ja schon.« Was auch ganz gut so war, denn ich hatte Jens' Nummer gar nicht, und wenn ich erst umständlich danach hätte googeln müssen, hätte mein Auftritt einiges an Dramatik eingebüßt.

Merle drückte auf ihrem Handy herum und hielt es sich ans Ohr. »Hi Jens, ich ...« Sie wurde von einem Wortschwall unterbrochen, der selbst aus einiger Entfernung nicht zu überhören war. Als der Wortschwall geendet hatte, sagte Merle: »Nein, ich bin bei Isabelle. Am besten kommst du auch hierher.« Dann nannte sie ihm meine Adresse und beendete das Gespräch. Kurz darauf fing ihr Handy erneut an zu brummen, doch sie ignorierte es.

Fassungslos starrte ich sie an. »Spinnst du? Dadurch machst du es doch nur noch schlimmer! Und wieso ziehst du mich in diese Sache rein? Wieso, Merle? Warum ich?«

»Ich weiß es doch auch nicht!«, rief sie verzweifelt. »Ich mag dich und hab mir halt irgendwie gewünscht, du wärst meine Freundin!«

Um bei diesen Worten ungerührt zu bleiben, musste man ein Herz aus Stein haben. Das hatte ich ganz sicher nicht, weshalb ich prompt dahinschmolz wie Eis an einem heißen Sommertag. Jens hatte zwar gesagt, dass Merle eine Meisterin der Manipulation sei, aber ich glaubte nicht, dass das hier nur ein Täuschungsmanöver war. Sie hatte jedes Wort ernst gemeint, und dabei so unfassbar verloren gewirkt, dass ich gar nicht anders konnte, als mich neben sie zu setzen und ihr einen Arm um die Schulter zu legen. Ich dachte daran, wie abweisend ich in der letzten Woche zu ihr gewesen war, wie sehr sie mich genervt hatte, und ich fühlte mich furchtbar deswegen. »Ach Merle«, sagte ich leise. »Ich *bin* deine Freundin, okay?«

Nach nur fünf Minuten klingelte es an der Tür, und Merle zuckte zusammen. Ermutigend tätschelte ich ihren Oberschenkel und stand auf, um Jens hereinzulassen. Ohne ein Wort zu sagen, stürmte er an mir vorbei ins Wohnzimmer. Warum hatten die Thiels es eigentlich nicht nötig, hereingebeten zu werden, und wieso wussten sie so genau, wo mein Wohnzimmer war? Seufzend schloss ich die Tür und folgte Jens.

»Sag mal, hast du sie noch alle?«, herrschte er Merle an. »Meinst du nicht, dass du genug Scheiße gebaut hast?«

Sie sah mit Hundewelpenblick zu ihm auf und piepste: »Es tut mir leid, Jens.«

Daraufhin flippte er erst recht aus. »Hör auf mit dieser verfickten ›Es tut mir leid‹-Kacke, ich kann es nicht mehr hören! Es tut dir doch überhaupt nicht leid! *Mir* tut es leid, und zwar ganz gewaltig, dass ich mich auf diese Sache eingelassen habe!«

Merle setzte zu einer Antwort an, doch Jens polterte erneut los: »Nein, ich will nichts hören, ich glaube dir nämlich kein Wort mehr! Du wolltest doch nur zu mir, weil du gedacht hast, dass du bei mir machen kannst, was du willst! Ich hab die Schnauze voll, Merle, echt!«

Da es mir mehr als unangenehm war, Zeugin dieser Szene zu sein, beschloss ich, still und heimlich in die Küche zu verschwinden. Ich war noch nicht mal halb zur Tür raus, als Jens scharf fragte: »Wie kommt es eigentlich, dass Merle hier ist?!«

Vor ihr fiel es mir schwer, das Wort »Stalkerin« in den Mund zu nehmen, immerhin waren wir soeben ganz offiziell Freundinnen geworden. Nicht gerade »BFFs« zwar, aber eben doch Freundinnen. Ich suchte nach Worten, was mir auch angesichts seines strengen Blickes nicht gerade leichtfiel. »Wir sind uns seit dem Abend in der Hasenschaukel relativ oft über den Weg gelaufen. Also, Merle ist *mir* über den Weg gelaufen.«

Er runzelte die Stirn. »Wie meinst du das? Ist sie dir hinterhergerannt, oder was?«

»Ähm … nein, so würde ich das nicht ausdrücken. Und darum geht es hier doch im Grunde genommen auch gar nicht.«

Jens atmete laut aus. »Okay, wie auch immer.« Dann wandte er sich wieder an Merle. »Deine Lehrerin hat mir heute gesagt, dass du ganze zwanzig Tage in der Schule gefehlt hast, seit du bei mir wohnst. Du hast an zwanzig Tagen die Schule geschwänzt, Merle, was denkst du dir eigentlich dabei? Falls du überhaupt jemals nachdenkst!«

Trotzig schob sie das Kinn vor. »Mich interessiert das einfach alles nicht mehr! Das hat mit dem wahren Leben doch überhaupt nichts zu tun. Wieso soll ich meine Zeit damit verschwenden?«

»Oh, dann sag mir doch mal bitte, was du an diesen zwanzig Tagen so *Sinnvolles* getrieben hast.«

»Ich war mit meinen Freunden unterwegs.«

»Mit welchen Freunden?«, fragte Jens. »Ich gehe nicht davon aus, dass du Paula und Sofie meinst, denn die schwänzen garantiert nicht.«

Merle machte eine wegwerfende Handbewegung. »Nein, mit denen hab ich nichts mehr am Hut. Die reden die ganze Zeit nur über Jungs, Nagellack und ihre beknackte Handballmannschaft. Ich hab dir doch gesagt, dass ich neue Freunde außerhalb der Schule gefunden habe.«

Jens schnaubte abfällig. »Dann meinst du damit also diese Typen, die dich besoffen und hilflos in der Kneipe hängen lassen haben. Das sind keine Freunde, Merle, das Thema hatten wir doch schon.«

Merles Gesicht verdüsterte sich. »Ja, ich weiß, deswegen hab ich in der letzten Woche ja auch Abstand zu ihnen genommen. Paula und Sofie sind aber auch keine Freundinnen mehr.«

Ah, jetzt wurde mir einiges klar. Deswegen also hatte Merle sich an mich gehängt.

Für eine Weile kehrte Schweigen ein, und jeder für sich hing seinen Gedanken nach. Schließlich sagte Merle mit zittriger Stimme: »Was hast du denn jetzt vor, Jens? Schickst du mich weg?«

Er sah sie lange an, und mir schien es, als könnte ich ihr Herz klopfen hören. »Ein Internat scheint mir die einzige Lösung zu sein«, sagte er schließlich. »Denn wenn du bei mir wohnen bleibst und so weitermachst wie bisher, haben wir bald das Jugendamt am Hals. Und da hab ich echt überhaupt keinen Bock drauf!«

Jens und Merle sahen sich stumm in die Augen. Tränen liefen über ihre Wangen, und sie sah aus, als wäre soeben ihr Herz gebrochen. Sie versuchte etwas zu sagen, doch kein Wort kam über ihre Lippen. Stattdessen stand sie auf und lief in den Flur.

»Das Bad ist gleich links«, rief ich ihr nach, doch da knallte sie schon die Tür hinter sich zu und schloss ab.

Jens und ich blieben alleine zurück. Reglos starrte er ins Leere, bis er sich völlig erschöpft auf das Sofa fallen ließ. »Verdammt noch mal, ich bin einfach scheiße in so was. Ich kann nicht mit ihr reden, ohne dass sie anfängt zu heulen!«

Ich setzte mich mit einigem Abstand neben ihn. »Das war ja auch starker Tobak«, sagte ich vorsichtig. »Ich meine, ich heul auch gleich.«

Jens musterte mich nachdenklich.

»Ich weiß, wie das ist, wenn man früh Verantwortung übernehmen muss«, fuhr ich fort. »Meine Mutter war alleinerziehend und hat wahnsinnig viel gearbeitet. Ich war auch oft alleine, daher kann ich Merle schon verstehen. Dich verstehe ich aber auch.«

Aus dem Bad drangen Geräusche zu uns, die darauf schließen ließen, dass Merle sich ausgiebig schnäuzte. »Willst du sie wirklich in ein Internat stecken?«

Jens schüttelte den Kopf. »Nein. Nicht wirklich. Auch wenn es vielleicht nicht so scheint, und auch wenn sie es einem verdammt schwer machen kann – ich mag meine kleine Schwester. Sehr. Aber so wie es aussieht, geht es nicht anders.«

»Was ist denn eigentlich mit deiner Frau?«, fiel mir plötzlich ein. »Kann die nicht etwas mehr mit einspringen?«

»Welche Frau?«

»Na, deine. Anne hat doch neulich im Restaurant davon gesprochen, dass du nicht mal deiner Ehefrau Blumen ...«

»Wir sind geschieden«, unterbrach er mich knapp.

Oh. Geschieden also. Krass, der Typ hatte ja anscheinend schon einiges mitgemacht. Um die dreißig, schon geschieden und von der Exfreundin mit einem Fernsehkoch betrogen.

Merle kam zurück ins Wohnzimmer, die Augen noch rot vom Weinen, doch mit entschlossenem Gesichtsausdruck. »Hör zu, Jens. Ich hab dich lieb, und ich will wirklich bei dir bleiben. Ich werde keinen Mist mehr bauen. Das ist mein voller Ernst. Und das meine ich auch so«, fügte sie überflüssigerweise hinzu.

Jens schwieg eine Weile und schien sich die ganze Sache noch mal durch den Kopf gehen zu lassen. Schließlich sagte er: »Wenn ich das auch nur ansatzweise in Erwägung ziehen soll, dann nur, wenn du meine Spielregeln akzeptierst.«

Merle nickte eifrig. »Ja, mach ich.«

»Hör sie dir lieber erst mal an. Erstens: Solltest du es noch einmal wagen, die Schule zu schwänzen, werde ich dich höchstpersönlich jeden Morgen bis ins Klassenzimmer bringen. Und das wird richtig peinlich für dich, das kann ich dir versprechen.«

Merle verzog schmerzhaft das Gesicht, sagte aber nichts.

»Zweitens: Nach der Schule kommst du ins Restaurant. Und zwar jeden Tag. Da wirst du etwas essen, deine Hausaufgaben machen und für Klausuren lernen. Und drittens: Du wirst jetzt endlich anfangen, deine Schulden wegen dieser Klaugeschichte bei mir abzuarbeiten, und zwar an drei Abenden in der Woche. Das sind meine Bedingungen. Angenommen?«

Merle war deutlich anzusehen, dass sie mit sich rang, doch schließlich nickte sie. »Ja. Angenommen.«

»Gut. Und ich schwöre dir, das ist der letzte Versuch.«

»Okay«, nickte sie. »Also ... vertragen wir uns jetzt wieder?«

Jens stand seufzend vom Sofa auf und nahm sie in den Arm. »Ja, bis auf Weiteres vertragen wir uns wieder.«

Ich merkte, wie sich ein gerührtes Lächeln auf meine Lippen stahl. Schnell setzte ich eine neutrale Miene auf. Ich hatte mich gefühlsmäßig viel zu sehr in diese Sache reinreißen lassen.

Jens zerwuschelte Merles Haar. »Na los, lass uns mal abhauen und die arme Isabelle nicht länger belästigen.«

Merle löste sich aus seinen Armen und kam auf mich zu, um mich an sich zu drücken. »Danke, Isabelle.«

Überrumpelt erwiderte ich ihre Umarmung. »Wofür?«

»Für alles.«

Wir gingen in den Flur, und Jens öffnete die Wohnungstür. »Tut mir leid, dass das alles hier vor deinen Augen stattgefunden hat.«

»Ach Quatsch, das war doch ganz unterhaltsam.«

Er grinste leicht gequält. »Freut mich, dass wir zu deiner Unterhaltung beitragen konnten. Tschüs, Isabelle.«

Ich erwiderte sein Lächeln. »Tschüs. Und tschüs, Merle.«

Die beiden gingen die Treppen runter, und ich schloss die Tür hinter ihnen. Auf einmal kam mir meine Wohnung unnatürlich still vor. Ich setzte mich aufs Sofa, und mein Blick fiel auf die Tupperdose mit den Schokoküssen, die Merle für mich gemacht hatte. Ich nahm einen raus und biss hinein. Mmmh, wirklich gut. Nachdem ich den ersten aufgefuttert hatte, nahm ich mir gleich einen zweiten vor. Es freute mich, dass Jens und Merle sich wieder zusammengerauft hatten, und dass sie nicht ins Internat musste, sondern bei ihm bleiben durfte. Ganz automatisch griff ich nach einem Zettel und schrieb die Sache für mein Glücksmomente-Glas auf. Im selben Moment wurde mir etwas bewusst, und mir blieb fast der Schokokuss-Bissen im Hals stecken. Verdammt. Ich mochte die beiden. Wie war das denn passiert?

Chaos im Anmarsch

Am nächsten Morgen war meine wöchentliche Blumenlieferung für Jens fällig. Meine gestrige Erkenntnis, dass ich ihn und Merle mochte, hatte mich ganz schön durcheinandergebracht, daher betrat ich das Restaurant ein bisschen verunsichert. Es kam nicht so häufig vor, dass sich neue Menschen in mein Herz stahlen, und ich verstand nicht, wieso das ausgerechnet Jens und Merle Thiel gelungen war.

Jens saß mit einem Laptop am Tisch und sah vollkommen übernächtigt aus. Die braunen Haare standen ihm strubbelig vom Kopf ab, an seinem Kinn waren Bartstoppeln erkennbar. Seine Augen wirkten dunkler als sonst, und ich fragte mich, ob die zwischen grün und braun wechselnden Farbnuancen seine jeweilige Stimmung reflektierten. Je schlechter er drauf war, desto dunkler waren seine Augen? Möglich wäre es.

»Hallo Jens. War 'ne kurze Nacht, was?«

»Ja, ich habe gestern noch die halbe Nacht mit Merle geredet und dann bis zum Morgengrauen wachgelegen.«

Ich sammelte die Vasen von den Tischen ein und ging hinter den Tresen, um die alten Blumen im Müll zu entsorgen.

Er folgte mir, lehnte sich mit verschränkten Armen an den Weinschrank und beobachtete mich. »Ich meine, je mehr ich darüber nachdenke ... Ich kann Merle doch nicht die ganze Zeit in meinem Restaurant einsperren.« Er rieb sich sein stoppeliges Kinn, sodass ein kratzendes Geräusch ertönte. »Ich würde ja gerne mehr Zeit zu Hause verbringen, aber ich bin nun mal Gastronom mit einem Laden, in dem ich tatsächlich auch arbeite, statt nur meine Fresse in die Fernsehkameras zu halten.«

So wie Jens' ehemaliger Chef, mit dem seine Freundin ihn betrogen hatte? Auch wenn das jetzt gerade ein ziemlich unpassender Moment war – ich musste einfach herauskriegen, um welchen Fernsehkoch es sich handelte! »Aber das ist doch auch Arbeit«, sagte ich betont beiläufig. »Der Lafer zum Beispiel ist doch garantiert nie zu Hause. Warst du nicht mal bei dem angestellt?« Innerlich gratulierte ich mir zu diesem subtilen Verhör-Manöver. Ich sollte als Tatort-Kommissarin anfangen!

»Wie kommst du denn darauf?«, fragte er verdutzt.

Okay, also nicht Lafer. »Ach, dann muss ich ihn wohl mit Schuhbeck verwechselt haben. Der war es, oder? Also ich meine, warst du nicht mal Küchenchef bei dem? Oder Souschef?« Sehr gut. Ein paar Fachbegriffe einstreuen, das machte dieses Nachbohren gleich viel weniger auffällig.

»Nein, war ich nicht. Wieso?«

Mist. Ich wich seinem Blick aus und schämte mich ein bisschen für mich selbst. Jens erzählte mir von seinen Problemen mit Merle, und ich hatte nichts Besseres zu tun, als ihn über einen blöden Fernsehkoch auszuquetschen, der ihm auch noch seine Freundin ausgespannt hatte. Hastig begann ich, die Gerbera in den Vasen zu arrangieren, und konzentrierte mich wieder auf unser eigentliches Gesprächsthema. »Hat Merle denn eigentlich keine Verwandten in der Stadt?«

»Nein, die leben alle woanders.«

Genau wie bei meiner Mutter und mir. Wir hatten auch keine Verwandten in Hamburg und damals alles zu zweit schaffen müssen. »Merle könnte ja ab und zu mal zu mir kommen, wenn sie sich abends einsam fühlt«, hörte ich eine Stimme sagen, die direkt aus meinem Bauch kommen musste. Hä? Wieso hatte ich das denn gesagt?

Jens schien sich das ebenfalls zu fragen, wie sein entgeisterter Gesichtsausdruck verriet. »Ernsthaft? Wäre es nicht ziemlich dreist, dich da so mit reinzuziehen? Immerhin kennen wir uns kaum, und ...«

»So wie es aussieht, häng ich doch eh schon voll drin«, sagte ich leise.

Für ein paar Sekunden blieb es still, dann rief er: »Das wäre großartig, Isabelle! Merle mag dich sehr und würde sich bestimmt freuen.«

Oh Mann, wo hatte ich mich da nur reingeritten? »Aber sie kann nicht einfach jederzeit bei mir auftauchen, wann es ihr passt.«

»Nein, natürlich nicht«, beeilte Jens sich zu sagen.

»Es muss ein fester Abend in der Woche sein, aber das ist gar nicht so einfach, weil ich ziemlich verplant bin.« Ich tauschte ein paar Gerbera aus, weil mir die Farbkombinationen so nicht gefielen. »Montags erledige ich meine Einkäufe, dienstags gehe ich schwimmen, mittwochs wasche ich Wäsche, donnerstags bin ich auf dem Friedhof, freitags habe ich einen Sportkurs, samstags putze ich die Wohnung und treffe mich mit Freunden, sonntags sehe ich immer meine Mutter, dann mach ich meine Fingernägel und gehe früh ins Bett, weil ich montags auf den Großmarkt muss. Also wäre eigentlich der ... Tja, ich weiß auch nicht. Ich kann ja jetzt nicht einfach meinen ganzen Alltag durcheinanderschmeißen.« Ich sah von den Blumen auf, direkt in Jens' Augen, die mich ungläubig und gleichzeitig belustigt musterten.

»Nein, ich sehe schon, dein Leben ist streng durchgetaktet.«

»Heute«, sagte ich entschlossen. »Sie kann mittwochs kommen.«

Ein erleichtertes Lächeln breitete sich auf seinem Gesicht aus. »Vielen Dank, das ist unglaublich nett von dir! Und es ist ja auch nur eine Übergangslösung, bis sie sich wieder gefangen hat. Hey, weißt du was? Dafür darfst du bis an dein Lebensende umsonst bei mir im Restaurant essen. Komm gleich heute Mittag vorbei. Ich mach dir auch Suppe.«

»Ach, ein *Mangold*süppchen?«

»Was du willst.« Ich wollte gerade etwas erwidern, doch er kam mir zuvor. »Außer vietnamesische Nudelsuppe.«

Verdammt. »Okay, also sagen wir, ich komme heute Mittag vorbei und bestelle … Kartoffelsuppe.«

Jens verzog das Gesicht, fing sich jedoch schnell wieder. »Dann kriegst du Kartoffelsuppe. Ich könnte sie ein bisschen mit Krabben, Sahne und Kräutern pimpen, und vielleicht noch einen Schuss …«

»Nein«, sagte ich entschieden. »Bloß keine Krabben, ich hasse diese Viecher, die sehen aus wie Maden! Ich will gute alte Kartoffelsuppe mit Würstchen, wie schon meine Mutter sie früher gemacht hat.« Genauer gesagt, die Herren Unox oder Erasco und ich hatten sie quasi in Teamarbeit *für* meine Mutter gemacht.

»Mit Würstchen?«, fragte Jens entsetzt.

»Ja, aber nur die dünnen aus der Dose, andere mag ich nicht.«

Er stöhnte auf. »Mein Gott! Wie soll ich für jemanden kochen, der so krüsch ist wie du?!«

»Lass dir was einfallen«, erwiderte ich und kümmerte mich wieder um die Blumen. Noch immer fragte ich mich, was zur Hölle hier eigentlich gerade passiert war. Hatte ich allen Ernstes Merle und Jens Thiel Eintritt in mein Leben gewährt? Freiwillig?! Das war doch wirklich mehr als merkwürdig.

Als ich mittags erneut zu Jens ging, wurde ich herzlich von Anne begrüßt. »Hey Isabelle. Willst du es doch noch mal mit unserer Mittagskarte probieren? Ich kann dir die Pasta mit Spargel und Erdbeeren wärmstens ans Herz legen.«

»Das klingt ... äh, gut«, behauptete ich. »Aber Jens hat mir Kartoffelsuppe versprochen. Also nehme ich die, bitte.«

Anne sah mich überrascht an. »Okay. Dann gebe ich mal in der Küche Bescheid.«

Zehn Minuten später stellte sie einen großen Suppenteller vor mir ab. »Das Folgende geht eigentlich gegen meine Ehre als Servicekraft, aber ...« Sie machte ein betretenes Gesicht. »Ich soll dir von Jens ausrichten, dass er keine Zeit hat, mit dir über deine Essgewohnheiten im Allgemeinen oder diese Suppe im Besonderen zu diskutieren, und dass du dich nicht anstellen, sondern sie einfach essen sollst.«

Misstrauisch betrachtete ich die Suppe. Möglich, dass es sich um Kartoffelsuppe handelte. Aber das, was sich da auf meinem Teller befand, war als solche definitiv nicht zu erkennen. Dieses Etwas war viel gelber, und obendrauf schwamm ein weißer Klecks, von dem kunstvoll Verzierungen abgingen. Auf dem weißen Klecks befanden sich kleingehackte Kräuter und ... Krabben. Ich rümpfte die Nase. »Jens weiß genau, dass ich Krabben nicht mag!«

Anne nickte. »Aber ich kann dir versichern, dass er wirklich, *wirklich* gut kocht, Isabelle. Probier doch erst mal, hm?« Sie lächelte mich noch mal aufmunternd an und eilte dann davon.

Ich wandte mich wieder meinem Teller zu. Okay, eigentlich sah das nicht *so* schlecht aus. Es roch auch nicht unangenehm. Sondern sogar ziemlich lecker. Ob die Suppe sich so samtig anfühlte, wie sie aussah? Ich tauchte die Spitze meines Löffels ein und schob ihn mir vorsichtig in den Mund. Oh mein Gott, ja, die Suppe fühlte sich ganz genau so samtig an, wie sie aussah. Und wie sie schmeckte! Irgendwie exotisch und vertraut zugleich, ich nahm Aromen wahr, die ich noch nie zuvor kennengelernt hatte, ohne mich dadurch überfordert zu fühlen. Ich probierte etwas mehr und erlaubte sogar zwei Krabben, sich auf meinen Löffel zu mogeln. Nicht mal die störten mich, im Gegenteil, sie schmeckten mir und harmonierten wunderbar mit der köstlichen Suppe. Ich schloss meine Augen und versuchte herauszufinden, was genau es war, welche Gewürze oder Kräuter diese perfekte Kombination bildeten. Nein, keine Chance, ich konnte es nicht sagen. Aber ich wollte mehr davon, und ehe mir bewusst geworden war, was ich da tat, hatte ich den Teller leergegessen. Verdammt. Ich hätte wenigstens einen Protest-Rest übrig lassen sollen. Genervt legte ich meinen Löffel beiseite.

»Ärgerst du dich darüber, dass du aufgegessen hast?«

Ich zuckte erschrocken zusammen und bemerkte, dass Jens zu mir an den Tisch gekommen war und amüsiert auf mich herabblickte. »Ja, allerdings«, sagte ich schnippisch. »Und ich möchte ganz deutlich zum Ausdruck bringen, dass ich das nur unter entschiedenem Protest getan habe!«

»Okay«, erwiderte er gelassen. »Ich nehme deinen entschiedenen Protest zur Kenntnis. Freut mich, dass es dir geschmeckt hat.«

Boah, wie selbstgefällig dieser Typ war! Er sah aus wie ein Kater, der sich auf dem Schoß seines Frauchens zusammengerollt hatte und genau wusste, dass er nun ein paar Streicheleinheiten bekommen würde. »Es hat mir überhaupt nicht ...«, setzte ich an, brach jedoch ab. Leugnen war angesichts meines leeren Tellers wohl zwecklos. »Na schön, es hat mir *ganz okay* geschmeckt.«

Jens lachte. »Klar.«

»Wird es jetzt immer so ablaufen, dass ich was bestelle und etwas ganz anderes kriege?«, fragte ich in spitzem Tonfall.

»Wieso etwas ganz anderes? Du hast Kartoffelsuppe bestellt und Kartoffelsuppe bekommen.«

»So wollte ich sie aber nicht!«

»So schmeckt sie aber besser.«

»Das heißt, du bestimmst, was mir zu schmecken hat? Beziehungsweise, was ich esse?«

Er zuckte mit den Achseln. »Wenn du es so sehen willst, ja. Allerdings solltest du dir vielleicht eingestehen, dass es Dinge gibt, von denen du keine Ahnung hast und die du besser Fachleuten wie mir überlässt. So wie ich dir in deine Blumendeko nicht reinreden darf. Dein Arbeitsbereich, mein Arbeitsbereich, weißt du noch?«

Verdammt, jetzt spielte er auch noch mein eigenes Argument gegen mich aus! »Ab jetzt kriegst du nur noch mit Glitzer besprühte rosa Rosen«, stieß ich zwischen zusammengepressten Zähnen hervor.

»Dann kriegst du ab jetzt nur noch Mangold.«

Wir sahen uns für ein paar Sekunden stumm in die Augen. Doch dann kam mir diese Situation so absurd vor, dass ich nicht länger ernst bleiben konnte. Ich fing an zu kichern. »Okay, diese Runde geht an dich. Gut gespielt, das muss ich schon zugeben.«

Jens grinste breit. »Danke. Schönen Tag noch, Isabelle. Wir sehen uns morgen Mittag.«

»Mhm. Sieht so aus.«

»Und das mit Merle heute Abend geht klar?«

»Ja, das geht klar.«

Mein »Babysitterdienst« bei Merle begann gleich mit einer Unannehmlichkeit. Da morgen mein Date mit Tom war, musste ich den Friedhofsbesuch auf den heutigen Mittwoch vorverlegen. Das führte zum einen dazu, dass ich nun erst am Wochenende meine Wäsche waschen konnte – was mir überhaupt nicht behagte, aber noch zu verkraften gewesen wäre –, und zum anderen bedeutete es, dass ich Merle zum Friedhof mitnehmen musste – was weitaus schlimmer war. Noch nie hatte ich jemanden zum Grab meines Vaters mitgenommen. Das war meine Zeit, die ich ganz alleine mit ihm verbrachte und in der ich zur Ruhe kommen, meine Gedanken sortieren und mit ihm teilen konnte. Ich wollte nicht, dass jemand dabei war, und schon gar kein aufmüpfiger Teenager, der sich garantiert darüber lustig machen würde, wenn ich mit ihm sprach. Nicht, dass ich vorhatte, das vor Merle zu tun, aber ich kannte mich gut genug, um zu wissen, dass mir das durchaus versehentlich passieren konnte.

Um Punkt neunzehn Uhr tauchte sie im Laden auf. »Hi Isabelle, ich hab gehört, du bist mein neuer Babysitter«, begrüßte sie mich. »Lässt du mich auch fernsehen? Oder spielst du UNO mit mir?«

Mir war nicht klar, ob ihr das Ganze zuwider war oder ob sie einfach nur genauso ironisch war wie ihr Bruder. »Nö. Wir gehen auf den Friedhof.«

Merle stutzte. »Wieso das denn?«

»Ich hab da was zu tun«, sagte ich ausweichend.

Sie deutete auf das Sarggesteck, das ich soeben fertiggestellt hatte. »Musst du das abgeben? In der Leichenhalle?«, fragte sie mit einer Mischung aus Faszination und Grusel.

»Wenn überhaupt, dann in der Friedhofskapelle, und das mach ich erst morgen früh.« Ich räumte das Gesteck weg und holte meine Tasche aus unserer Kaffeeküche. »Wollen wir?«

»Ich war noch nie hier«, sagte Merle, als wir eine halbe Stunde später über den Friedhof schlenderten. »Krass, ich hätte gar nicht gedacht, dass es so schön ist.«

»Ja, ich mag es, dass der Ohlsdorfer Friedhof gleichzeitig auch ein Park ist, in dem Leute spazieren und joggen gehen. Das hat irgendwie was Tröstliches, findest du nicht?«

Merle nickte. »Was hast du hier denn nun eigentlich zu erledigen?«

Ich zögerte kurz, denn ich redete zwar sehr gerne über meinen Vater, aber nicht darüber, dass er tot war. »Na ja, ich kümmere mich um das Grab meines Vaters.«

Merle blieb abrupt stehen und hielt mich am Arm fest. »Oh nein, dein Vater ist tot?«, fragte sie und machte dabei eine so bekümmerte Miene, dass ich befürchtete, sie könnte jeden Moment in Tränen ausbrechen. »Wie furchtbar! Das tut mir so leid!«

»Ähm, danke, aber das ist wirklich schon sehr lange her. Ich war erst sechs Monate alt, da ist er bei einem Autounfall gestorben.« Ich führte sie in die Reihe, in der das Grab meines Vaters war. »Hier ist es.« Ich musste mich schwer zusammenreißen, nicht wie üblich ›Hallo Papa‹ zu sagen.

Stattdessen übernahm Merle das für mich. »Guten Tag, Herr Wagner«, sagte sie freundlich. »Ich bin Merle Thiel, eine Freundin Ihrer Tochter. Sie haben aber ein sehr schönes Grab.«

Misstrauisch musterte ich sie, aber sie sah ganz ernst, fast schon feierlich aus. »Du kannst dich um Herrn Fritzschner kümmern, wenn du willst«, sagte ich und deutete auf das Nachbargrab. »Sonst macht es keiner, also habe ich das übernommen.« Ich zeigte ihr, wie sie Unkraut zupfen und verblühte Blüten abreißen sollte, und tat anschließend das Gleiche bei dem Grab meines Vaters. Eine Weile arbeiteten wir still vor uns hin, und mein Unbehagen über Merles Anwesenheit legte sich allmählich.

»Was glaubst du, warum niemand sich um Herrn Fritzschner kümmert?«, fragte Merle irgendwann.

»Vielleicht leben seine Verwandten woanders und können sich einen Friedhofsgärtner nicht leisten.«

Merle schien mit meiner Antwort nicht zufrieden zu sein. »Oder aber ...« Sie legte eine bedeutungsschwangere Pause ein. »Er war ein richtiges Ekel, und keiner konnte ihn leiden.«

Überrascht sah ich auf, denn ich hatte mich auch schon oft gefragt, wie Herr Fritzschner wohl so gewesen war. »Vielleicht war er Politiker«, schlug ich vor.

»Oder Mathelehrer«, meinte Merle.

Wir wandten uns wieder unserer Arbeit zu, und ich war schon bald tief in Gedanken über Herrn Fritzschners Vergangenheit.

»Was hat dein Vater eigentlich gemacht?«, fragte Merle nach einer Weile.

»Er war jedenfalls kein Politiker«, erwiderte ich grinsend, während ich die Pflanzen goss. »Sondern Garten- und Landschaftsarchitekt.«

»Bist du deswegen Floristin geworden?«

»Ja, unter anderem. Es gefällt mir, dass wir etwas gemeinsam haben.«

»Dein Vater war jedenfalls ganz bestimmt kein Ekel«, sagte Merle im Brustton der Überzeugung.

»Nein, ganz und gar nicht. Er war ein Familienmensch und ein totaler Romantiker. Er hat meine Mutter und mich auf Händen getragen. Wir waren das Allerwichtigste für ihn, verstehst du?« Ich arrangierte die mitgebrachten Blumen in der Vase auf dem Grab.

Merle lächelte. »Klingt nach einem tollen Papa.«

»Ja, das war er«, sagte ich und spürte wieder diesen Stich in meinem Herzen. Ich räusperte mich, stand auf und klopfte mir etwas Erde von den Knien. »Okay, du kannst noch Herrn Fritzschner gießen, dann sind wir fertig.«

Als wir in meiner Wohnung ankamen, überlegte ich kurz, ob ich nicht doch noch Wäsche waschen sollte. So würde ich mein Leben wenigstens ansatzweise in geordneten Bahnen halten. Doch stattdessen folgte ich Merle, die sich in meiner Küche offenbar schon wie zu Hause fühlte und in den Schränken nach etwas Essbarem suchte. »Du hast ja nur Brot und Tomaten da. Ich hab schweinemäßigen Hunger!« Sie stöberte in dem offenen Regal, in dem ich meine spärlichen Vorräte und Küchengeräte aufbewahrte. »Ah, was haben wir denn da. Spaghetti, Zwiebeln, eine halb vertrocknete Knoblauchknolle.« Sie warf mir einen strafenden Blick zu. »Ein paar Gewürze und Kräuter hast du auch, mal sehen … Daraus lässt sich doch was machen. Geh du nur und guck Fernsehen oder so. In der Zeit koch ich uns Spaghetti.«

Es war mir irgendwie unangenehm, dass jemand anders in meiner Küche herumfuhrwerkte. Unschlüssig blieb ich stehen und beobachtete sie dabei, wie sie Wasser in einen Topf laufen ließ.

»Du bist ja schlimmer als Jens!«, sagte sie genervt, als sie den Topf auf dem Herd platzierte. »Den hättest du mal sehen sollen, als ich heute seine heilige Küche betreten habe. Er wäre beinahe ausgerastet, nur weil ich seine Jus nachwürzen wollte. Und bei dem soll ich aushelfen?«, schimpfte sie vor sich hin. »Ich werde jedenfalls nicht das Tellertaxi spielen. Mit Anne will ich eh so wenig wie möglich zu tun haben. Die anderen Kellnerinnen sind ja ganz okay, aber Anne nicht, und ausgerechnet die ist *immer* da!« Sie warf die Tomaten ins Spülbecken, um sie abzuwaschen.

»Sie ist doch nett«, wand ich ein.

»Pff!«, machte sie abfällig. »Wenn du mich fragst, ist die Scheidung einzig und allein ihre Schuld gewesen.«

»Welche Scheidung?«

Merle drehte sich zu mir um und sah mich erstaunt an. »Na, die von Jens.«

Überrascht riss ich die Augen auf. »Jens und Anne ... ich meine, Jens und *Anne?*« Ich versuchte, meine Gedanken zu ordnen. »Also, als sie davon gesprochen hat, dass Jens seiner *Frau* niemals Blumen mitgebracht hat, meinte sie sich selbst?«

»Offensichtlich«, sagte Merle, die inzwischen damit beschäftigt war, eine Zwiebel klein zu schneiden. »Mein Bruder war nur einmal verheiratet, soweit ich weiß.«

Jens und Anne. Irgendwie konnte ich es kaum glauben. Die beiden wirkten überhaupt nicht wie ein geschiedenes Ehepaar. Vielleicht waren ja sogar immer noch Gefühle im Spiel. Es musste bestimmt schwierig sein, tagtäglich mit jemandem zusammenzuarbeiten, dem man insgeheim immer noch nachtrauerte. »Sie haben mir gegenüber nicht erwähnt, dass sie miteinander verheiratet waren«, sagte ich und merkte, dass mich das irgendwie wurmte.

»Anne hat das wahrscheinlich eh schon vergessen«, meinte Merle und warf die gehackte Zwiebel in eine Pfanne. Augenblicklich fing es an, zu zischen und zu dampfen. »Die ist ja längst neu verheiratet.«

Okay, also war wohl Jens derjenige, der um die Beziehung trauerte. Er konnte einem echt leidtun. Erst betrog ihn seine Freundin mit einem Fernsehkoch, und nun musste er auch noch tagtäglich die Nähe seiner geliebten, aber unerreichbaren Exfrau ertragen. Genau wie Lara aus *Liebe! Liebe! Liebe!* Es war die Hölle für sie, dass sie mit Pascal zusammenarbeiten musste, denn sie liebte ihn so sehr, und dieser Idiot hatte sich vor zwanzig Folgen mit einer total blöden Kuh verlobt. Ich beobachtete Merle noch ein Weilchen dabei, wie sie Tomaten klein schnitt.

»Jetzt hör bitte endlich auf, mich zu überwachen! Ich krieg das hin, ich koch andauernd.«

Es gefiel mir zwar nicht besonders, dass sie mich aus meiner eigenen Küche vertrieb, aber dann gab ich mir einen Ruck und ließ sie alleine. Im Schlafzimmer überprüfte ich nochmals mein Outfit für das morgige Date mit Tom. Ich schlüpfte in mein dunkelblaues Lieblingskleid, das mit winzig kleinen Schmetterlingen bedruckt war, und zog gerade probeweise links einen dunkelblauen High Heel und rechts einen roten Ballerina an, als Merle den Kopf zur Tür hereinsteckte. »Das Essen ist fertig. Hey, hübsch siehst du aus.«

»Vielen Dank.« Ich zeigte erst auf meinen rechten, dann auf meinen linken Fuß. »Welche findest du besser?«

»Hm. Die Ballerinas sind süß, die High Heels sexy. Was ist denn der Anlass?«

»Ein Date morgen Abend.«

»Dann die High Heels. Triffst du dich mit dem Typen vom Friedhof?

Ich nickte. »Genau. Tom. Er ist Friedhofsgärtner. Ich zieh mich schnell um, dann können wir essen, okay?«

Merle verschwand, und als ich in die Küche kam, erwartete sie mich mit einem Teller voll Spaghetti mit köstlich duftender Tomatensauce. Ich wollte gerade in begeisterte Lobpreisungen ausbrechen, als mein Blick von den Nudeln auf die Arbeitsflächen und den Herd wanderte. Wie angewurzelt blieb ich stehen. Die Küche sah aus, als wäre in den wenigen Minuten meiner Abwesenheit nicht nur ein Orkan hindurchgefegt, sondern auch noch ein Splatterfilm darin gedreht worden. Überall lagen Töpfe, Messer und Schneidbrettchen herum, die benutzten Gewürze und den Gemüseabfall hatte Merle einfach an Ort und Stelle liegen lassen, und auf dem Herd und der Wand dahinter prangten etliche rote Saucenflecken. Mein Gehirn war völlig überfordert damit, alle Sinneseindrücke und Empfindungen zu sortieren und sich für eine passende Reaktion zu entscheiden. »Äh ...«, stammelte ich.

»Setz dich doch«, sagte Merle, die offenbar gar nicht merkte, wie geschockt ich war.

Noch immer sprachlos ließ ich mich auf den Stuhl ihr gegenüber sinken.

»Nun iss schon, sonst wird es kalt.«

Automatisch nahm ich die Gabel, wickelte ein paar Spaghetti auf und schob sie mir in den Mund. Wahnsinn. Das schmeckte ja sogar noch besser, als es roch! Offenbar hatte mein Bauch das Kommando übernommen und entschieden, dass leckeres Essen und Merle über Unordnung und dem Eindringen eines Außenstehenden in meine Privatsphäre standen.

»Das ist megalecker«, sagte ich mit vollem Mund.

Merle strahlte. »Danke. Mit frischem Basilikum und Parmesan wäre es zwar noch besser, aber es ist trotzdem ganz gut, oder?«

»Mhm!«, machte ich nur.

Ein Weilchen war es bis auf das Klappern des Bestecks auf den Tellern still. Zufrieden mampfte ich vor mich hin und dachte darüber nach, dass mich nun schon zum zweiten Mal am heutigen Tag ein Mitglied der Familie Thiel mit Essen rumgekriegt hatte. Möglicherweise sollte es mir gegen den Strich gehen, dass ich mich so leicht manipulieren ließ, aber ... wenn es doch so lecker war?!

Nachdem wir aufgegessen hatten, fläzten wir uns aufs Sofa. Da Merle sich weigerte, *Liebe! Liebe! Liebe!* mit mir zu gucken, schauten wir uns stattdessen eine Tatort-Wiederholung an. Danach machte Merle sich auf den Weg. »Tschüs, Isabelle. War echt ein toller Abend mit dir.«

»Ja, finde ich auch«, sagte ich und war beinahe überrascht, dass ich es tatsächlich so meinte. Merle war in meine Privatsphäre eingedrungen, hatte mich auf dem Friedhof gestört und meine Wohnung verwüstet, und trotzdem hatte ich die Zeit mir ihr total genossen. Als sie weg war, schrieb ich den Gedanken auf einen grünen Zettel, warf ihn in mein Glücksmomente-Glas und ging in die Küche, um mich ans Aufräumen zu machen.

Ein Tag voller Malheure

Als ich am nächsten Morgen in den Laden kam, saß Brigitte auf dem Hocker am Bindetisch und starrte auf ein paar Zettel.
»Moin, Brigitte. Ich brauch dringend einen Kaffee, du auch?«
»Mhm«, machte sie nur, ohne aufzublicken.
Ich holte zwei Becher aus der Küche und hielt ihr einen hin. »Was hast du denn da?«, erkundigte ich mich.
Ohne auf meine Frage zu reagieren, nahm sie die Tasse und stellte sie auf dem Tisch ab. Ich setzte mich auf den Hocker neben sie und warf einen Blick auf die Zettel. »Sind das Rechnungen?«
Sie sah zu mir auf, und mit einem Mal kam es mir vor, als wäre sie um Jahre gealtert. Ihr Gesicht wirkte grau und leblos, und in ihren Augen stand die reine Verzweiflung. »Gestern Abend hat der Lieferwagen den Geist aufgegeben«, sagte sie. »Ich hab ihn gleich in die Werkstatt gebracht, und vorhin hat der Mechaniker angerufen, um mir zu sagen, dass er endgültig hinüber ist. Ein neuer Gebrauchter kostet mindestens fünftausend Euro.«
Ich wartete ab, ob sie weiterreden würde, doch sie starrte nur auf ihre dampfende Kaffeetasse. »Okay, das ist scheiße. Aber einen Lieferwagen brauchen wir ja nun mal, und ...«
»Isa, ich habe keine fünftausend Euro!«, rief sie.
Mein Herz setzte einen Schlag aus. »Was? Aber das ist doch ... ich meine, okay, das ist viel Geld, aber dann doch auch wieder nicht *so* viel.«
»Ich habe keine fünftausend Euro«, wiederholte Brigitte.

Sie holte tief Luft. »Ich habe gar nichts mehr. Weniger als nichts. Momentan sieht es so aus, dass ich nicht mal weiß, wie ich dein Gehalt zahlen soll.«

Meine Kehle schnürte sich zu, und es kam mir vor, als würde eine ganze Lkw-Ladung voller Steine auf meinen Magen und mein Herz drücken. Ich versuchte verzweifelt, diese Nachricht zu verdauen. Aber ich hatte Schwierigkeiten, sie überhaupt zu verstehen, mir klarzumachen, was Brigitte mir da gerade gesagt hatte. »Soll das etwa heißen, dass wir pleite sind?« Meine Stimme klang furchtbar schrill.

Brigitte wischte sich mit der Hand über die Augen. »Du weißt selbst, wie viele Kunden und Aufträge wir an die Konkurrenz verloren haben. Und dann noch die Pechsträhne dieses Jahr: das undichte Schaufenster, die kaputte Klimaanlage, die Elektrik, die im kompletten Laden neu gemacht werden musste, weil uns ständig die Sicherungen rausgeflogen sind.«

Ich konnte nicht mehr still sitzen, also stand ich auf und ging ein paar Schritte von ihr weg. Mein Herz raste, mir war furchtbar schlecht, und ich konnte kaum einen klaren Gedanken fassen.

»Und von den ständigen Reparaturen für den Transporter will ich gar nicht erst reden«, fuhr Brigitte fort. »Das alles hat richtig viel Geld gekostet. Geld, das ich nicht habe. Wir nehmen einfach nicht genug ein.«

»Und was heißt das nun, sind wir pleite oder nicht?!«

»Ich weiß es nicht!« Brigitte sprang nun ebenfalls auf.

»Wie kannst du das nicht wissen?«, schrie ich.

»Ich habe komplett den Überblick verloren! Verstehst du, ich wollte das alles nicht wahrhaben, ich konnte nicht damit umgehen! Glaub mir, ich mach mir selbst schon mehr als genug Vorwürfe!«

Auf einmal wurde mir bewusst, dass es Brigitte war, die ich

hier anschnauzte, und dass es *ihr* Laden war, der möglicherweise vor dem Aus stand. Für sie war das alles wahrscheinlich noch schlimmer als für mich. Und es stand mir nicht zu, ihr Vorwürfe zu machen. Immerhin war ich selbst ja auch nicht unschuldig an der Situation. Ich hatte gemerkt, dass es nicht gut um den Laden stand, aber alle Warnsignale missachtet. War ja auch viel einfacher gewesen. »Entschuldige«, sagte ich schließlich. »Ehrlich, es tut mir leid, ich wollte dich nicht anschreien. Das ist nur alles so unfassbar und ...« Hilflos brach ich ab, als ich spürte, wie Tränen in mir aufstiegen.

»Ich weiß«, sagte Brigitte. »Ich weiß.« Sie kam ein paar Schritte auf mich zu und nahm mich in den Arm. Wir hielten uns eng umschlungen und weinten, während ich versuchte, gleichzeitig Brigitte zu trösten und diese furchtbare Panik in mir zu unterdrücken.

»Na schön«, schniefte Brigitte nach einer Weile und löste sich von mir. »Heulen bringt uns auch nicht weiter.«

»Aber was machen wir denn jetzt?«, fragte ich.

Sie schüttelte den Kopf. »Ich habe keine Ahnung.«

Ratlos sahen wir uns an. Dann strich sie mir über die Wange und räusperte sich. »Es nützt alles nichts, wir müssen wieder an die Arbeit. Du kannst den Kranz und den Sargschmuck mit Dieters Passat zum Friedhof bringen. Er steht draußen vor der Tür.«

Es war kaum vorstellbar für mich, jetzt einfach zum Tagesgeschäft überzugehen. Aber sie hatte recht, die Lieferung musste nun mal gemacht werden. Zum Glück wussten meine Hände genau, was sie zu tun hatten, denn mein Kopf war die ganze Zeit damit beschäftigt, sich ein Schreckensszenario nach dem anderen auszumalen. Dieser Laden und Brigitte waren mein Zuhause, sie waren ein Teil meines Lebens, ein Teil von *mir*. Ich hatte meine ganze Zukunft darauf ausgerichtet.

Was würde aus mir werden, wenn der Laden wirklich schließen musste?

Über den Schock hatte ich völlig vergessen, dass am Abend mein Date mit Tom anstand. Es fiel mir erst wieder ein, als ich zu Hause mein Outfit an der Badezimmertür hängen sah. Am liebsten hätte ich abgesagt, denn ausgerechnet heute stand mir der Sinn nun wirklich nicht danach, Smalltalk zu halten und mich von meiner besten Seite zu präsentieren. Zum Absagen war es jetzt allerdings zu spät, denn Tom würde mich um acht Uhr abholen. Das war in einer halben Stunde! Ich schlüpfte in mein Kleid, klatschte mir etwas Farbe ins Gesicht und steckte meine Haare zu einem lockeren Knoten hoch. Um Punkt acht Uhr klingelte es an meiner Haustür. Ich holte tief Luft und ging nach unten.

Zum ersten Mal sah ich Tom in etwas anderem als seiner Arbeitskleidung. Er trug Jeans und T-Shirt, und ich stellte überrascht fest, wie muskulös seine Oberarme waren. Wieso war mir das vorher nie aufgefallen? Dass er irgendwie breit und kräftig wirkte, hatte ich zwar bemerkt, aber dass er eine Art Hulk Hogan war, war komplett an mir vorbeigegangen. Allerdings trug er sonst auch immer relativ weite, langärmlige Hemden, da konnte man wenig erkennen.

Zögernd standen wir voreinander, und er wusste offenbar genauso wenig wie ich, ob wir uns umarmen, die Hand geben oder gar nichts machen sollten. Schließlich entschied ich mich für eine Umarmung, während er mich auf die Wange küssen wollte, was zu einem reichlich unbeholfenen Moment und peinlichem Gelächter führte. Na, das ging ja schon mal gut los. »Wollen wir?«, fragte ich.

»Klar«, sagte Tom. »Es ist auch gar nicht weit. Ich habe

einen Tisch im Thiels reserviert. Es ist neu und soll ziemlich gut sein.«

»Oh nein«, entfuhr es mir. Ich war heute Mittag schon dort gewesen. Obwohl ich eigentlich überhaupt nicht hungrig gewesen war, hatte Brigitte mich förmlich dazu gezwungen, etwas essen zu gehen. Ich hatte Salat bestellt und von Jens Pasta mit Spargel und Erdbeeren bekommen. Ausgerechnet Spargel! Nachdem ich etwa fünf Minuten lang mit der Gabel im Essen herumgestochert hatte, um dann zögerlich einen Bissen zu probieren, war ich mehr als verblüfft darüber gewesen, wie gut es mir geschmeckt hatte. Trotzdem, zweimal am Tag wollte ich dort nun wirklich nicht aufschlagen.

Tom sah mich verunsichert an. »Kennst du den Laden? Ist er nicht gut?«

»Doch, schon.« Ich zögerte einen Moment. »Aber ich krieg da nie, was ich will.«

»Bitte?« Tom lachte. »Du wirst doch wohl ein Gericht auf der Speisekarte finden, das dir gefällt.«

»Die Karte ist ja gar nicht das Problem, aber ...« Ich unterbrach mich mitten im Satz, denn es war mir viel zu kompliziert, die Sache mit Jens zu erklären. »Ich liefere denen die Blumen. Das sind also Kunden von mir, was mich an die Arbeit erinnert, und darauf habe ich jetzt wenig Lust. Wollen wir nicht woanders hingehen?«

Tom machte ein langes Gesicht. »Aber ich hab da einen Tisch reserviert, und ich würde den Laden echt gerne ausprobieren.«

Na toll. Wenn einer Dame ein bestimmtes Restaurant nicht zusagte, würde ein wahrer Kavalier ja wohl alle Hebel in Bewegung setzen, um eins zu finden, das ihr genehm war. Herr Dr. Hunkemöller hätte das gewusst. Andererseits war Tom nun mal nicht Herr Dr. Hunkemöller, und er konnte darüber hinaus auch nichts dafür, dass ich heute besonders mies drauf war. Also sagte ich: »Na gut, von mir aus.«

»Hey, und wenn du die Leute kennst, kriegen wir ja vielleicht das Essen umsonst. Oder zumindest billiger.«

Was war das denn für einer? ›Geiz ist geil‹ oder was? Ich hatte zwar den Deal mit Jens, dass ich bis an mein Lebensende umsonst in seinem Restaurant essen konnte, doch ich würde mich dabei auf den Mittagstisch beschränken und sein Angebot nicht auch noch abends ausnutzen. »Nein, ich denke nicht«, sagte ich, eine Spur kühler als beabsichtigt.

Im Thiels wurden wir von einer Kellnerin begrüßt, die ich bislang noch nie gesehen hatte. Sie strahlte uns an und sagte so freudig »Hallo ihr beiden«, dass es schien, als hätte sie den ganzen Abend nur auf uns gewartet. Die war ja niedlich! Sie führte uns an unseren Tisch und reichte uns die Speisekarten.

»Puh, ganz schön teuer hier, was?«, meinte Tom, nachdem er einen Blick in seine Karte geworfen hatte.

»Es geht. Immerhin sind wir hier ja nicht in einer Pommesbude.« Schon wieder so ein gereizter Tonfall von mir. Ich studierte gerade die Suppen, als ich von einer mir wohlbekannten Stimme unterbrochen wurde.

»Hi Isabelle. Du kannst wohl gar nicht mehr genug von uns bekommen, was?« Anne. Jens' Exfrau. Schon heute Mittag war sie mir aus irgendeinem Grund noch hübscher als sonst vorgekommen.

»Ja, Tom hat zu meiner Überraschung einen Tisch hier bestellt. Das ist übrigens Tom, Tom, das ist Anne, sie ist …« ›Jens' Ex‹, schoss es mir durch den Kopf, und ich presste die Lippen zusammen, um mich am Weiterreden zu hindern.

»Serviceleiterin und Sommelière«, beendete Anne meinen Satz für mich. »Was kann ich euch denn Gutes tun?«

Tom bestellte ein Steak (blutig, igitt) und ein Bier.

»Für mich bitte das Limettenrisotto mit gegrilltem Hähnchenspieß. Genau das. Nichts anderes«, betonte ich und sah sie eindringlich an. »Wenn ich es nicht bekomme, wird mir das Herz brechen.«

Anne lachte. »Geb ich so weiter. Und zu trinken?«

»Hm. Keine Ahnung. Rotwein?«

Sie zog eine Grimasse. »Ich denke, dir wird das Herz brechen, wenn du keinen schönen, kühlen Riesling aus dem Rheingau zum Risotto trinkst.«

»Na, dann den«, sagte ich und klappte die Speisekarte zu.

Anne ließ Tom und mich alleine zurück. Eine unangenehme Stille entstand, die durch das Brummen seines Handys unterbrochen wurde, das er vor sich auf den Tisch gelegt hatte. Er wischte auf dem Display herum, las ein Weilchen, lachte und tippte dann eine Antwort.

Nachdem er sein Handy abgelegt hatte, sagte ich: »Vielen Dank noch mal, dass du dich so toll um den Rhododendron gekümmert hast.«

»Kein Problem.«

Worüber sollte ich denn jetzt mit ihm reden? »Und ... sind Rhododendren deine Lieblingspflanzen?«

»Keine Ahnung. Kann schon sein.«

Schweigen.

Zum Glück brachte Anne uns in diesem Moment die Getränke. Sie wurde begleitet von ihrer Kollegin, die sie uns als Kim vorstellte und die uns zwei Teller servierte. »Bitte schön. Ein kleiner Gruß aus der Küche.«

»Oh, das ist aber nett«, sagte ich und blickte auf die appetitlich dekorierten kleinen Häppchen und das Weckglas. »Viele Grüße zurück.«

Anne grinste, während Kim mich irritiert ansah. »Äh, ja, richte ich gerne aus«, sagte sie und deutete auf die Teller vor uns. »Wir haben hier hausgebackenes Schwarzbrot mit Heringssalat, Hamburger Aalsuppe und eine Teigtasche mit Labskausfüllung.«

›Igitt‹, dachte ich. Es war ja nett, dass Jens mich grüßen ließ, aber musste es ausgerechnet mit diesem Fraß sein?

»Das ist doch umsonst, oder?«, fragte Tom. »Ich meine, bestellt haben wir das ja nicht, also nicht, dass es nachher auf der Rechnung auftaucht.«

Kim lächelte freundlich, wofür ich sie wirklich nur bewundern konnte. »Nein, wie gesagt, das ist ein Gruß aus der Küche. Viel Spaß damit, lasst es euch schmecken.«

Wieder waren Tom und ich auf uns gestellt, aber immerhin hatten wir jetzt etwas zu tun. Tom stopfte sich den ganzen Schwarzbrottaler auf einmal in den Mund, während ich nach meinem Löffel griff und mich an die Aalsuppe wagte.

Ich tauchte die Spitze des Löffels ein und probierte. Hm. Es schmeckte ein bisschen salzig, ein kleines bisschen säuerlich, durchaus fischig, aber nicht unangenehm. Ich nahm etwas mehr und schmeckte das Aroma des Fischs, ein paar Gewürze und …

»Magst du das nicht?«, fragte Tom und beobachtete mich gespannt. Offenbar war er ein sehr schneller Esser, denn sein Teller war bereits leer.

»Weiß ich noch nicht. Ich probiere ja noch.«

»Wie kann man denn so lange probieren? Wenn du in dem Tempo weiterisst, sitzen wir morgen früh noch hier.«

Unbeirrt wandte ich mich wieder der Suppe zu, doch da griff Tom über den Tisch und nahm das Weckglas von meinem Teller. »Wenn es dir nicht schmeckt, hast du ja bestimmt nichts dagegen, wenn ich das übernehme«, sagte er grinsend und fing schon an zu essen.

Fassungslos starrte ich ihn an. »Das … Du … «, stammelte

ich – wie immer, wenn ich extrem wütend war, mit schweren Wortfindungsstörungen. »Hast du sie noch alle?!«, brachte ich schließlich hervor. »Du kannst doch nicht einfach meine Suppe auffressen!«

Sein Grinsen verwandelte sich langsam in Bestürzung. »Wieso nicht? So, wie du darin rumgestochert hast, hat es dir doch offensichtlich nicht geschmeckt.«

»Was mir schmeckt und was nicht, entscheide immer noch ich!«, fuhr ich ihn an. »Und wenn es hundert Jahre dauert, bis ich mich entschieden habe!«

Abwehrend hob er die Hände. »Okay, ich hab verstanden. Tut mir leid. Ehrlich.«

›Einundzwanzig, zweiundzwanzig, dreiundzwanzig‹, zählte ich innerlich, um mich zu beruhigen. »Schon gut«, sagte ich schließlich. »Hier, willst du den Rest auch noch?« Ich schob meinen Teller zu ihm rüber. Eigentlich hätte ich mich schon noch getraut, auch die Teigtasche und den Heringssalat zu probieren, aber jetzt hatte ich keine Lust mehr dazu. Nicht, wenn Tom mich dabei anglotzte.

»Cool, danke.« Er machte sich über mein Essen her und verschlang gerade die Teigtasche, als wieder mal sein Handy brummte.

Während er damit beschäftigt war, die Nachricht zu checken und zu beantworten, nahm ich einen großen Schluck Wein und musterte ihn. Mannomann, diese Arme! Der Typ verbrachte garantiert sehr viel Zeit im Fitnessstudio. Genauer betrachtet wirkte sein Kopf unverhältnismäßig klein im Vergleich zu seinem Oberkörper.

Endlich legte Tom sein Handy wieder ab und sah zu mir. »Machst du eigentlich Sport?«

»Ja, ich gehe schwimmen und zu einem ›Bauch-Beine-Po‹-Kurs.«

»Kein Fitnessstudio?«

»Nee.«

»Das ist aber wichtig«, meinte er und musterte abschätzig meinen Oberkörper. »Wenn du nichts für deine Muskeln tust, wirst du voll der Schlaffi. Dann hängst du durch wie ein nasser Sack, null Körperspannung. Das ist echt unsexy. Ich meine, noch hält sich alles einigermaßen bei dir«, sagte er mit einem Blick auf meine Brüste, »aber spätestens, wenn du dreißig bist, musst du aufpassen.«

Ich griff nach meinem Glas und hatte nicht übel Lust, ihm den Inhalt in dramatischer Geste ins Gesicht zu kippen. Aber dann war mir der leckere Wein dafür viel zu schade, also trank ich ihn lieber aus. »Du gehst regelmäßig ins Fitnessstudio, nehme ich an?«

»Klar, nach Möglichkeit viermal die Woche.«

Anne kam an den Tisch, um die Teller abzuräumen. »Möchtest du noch einen Wein, Isabelle?«

»Oh ja. Unbedingt.«

Sie sah Tom an, der schon wieder mit seinem Telefon beschäftigt war, und lächelte. »Kommt sofort.«

Ich warf einen Blick auf meine Uhr. Ach du Schande, es war gerade mal Viertel vor neun! Okay, zu einer Unterhaltung gehörten ja immer noch zwei. »Wie bist du eigentlich darauf gekommen, Friedhofsgärtner zu werden?«, fragte ich Tom.

»Äh ... keine Ahnung. Nur so.«

»Also, ich bin Floristin geworden, weil ...«

»Willst du mal Fotos von mir sehen?«, fiel er mir ins Wort.

Wieso hatte dieser Typ sich eigentlich mit mir verabredet, wenn er sich überhaupt nicht für mich interessierte? »Klar«, sagte ich resigniert.

Tom hielt mir sein Handy hin. »Hier, das sind meine Bros und ich.« Auf dem Display war eine Gruppe von vier braun gebrannten Meister Propern am Strand zu sehen, die alle in dämlichen Bodybuilder-Posen dastanden. »Und hier noch mal.« Ein ganz ähnliches Bild, aber dieses Mal in anderer Formation. »Und hier, das sind wir im Gym. Beim Hantelnstemmen.«

»Mhm.«

Ich war heilfroh, als Anne endlich die Teller mit unseren Hauptgerichten vor uns abstellte, denn bis dahin zeigte Tom mir ein Mucki-Poser-Foto nach dem anderen. Nach drei vergeblichen Versuchen hatte ich es aufgegeben, das Thema zu wechseln, und ließ die Fotoshow einfach stumm über mich ergehen. Wenigstens mein Essen konnte mich trösten, denn ich hatte tatsächlich das Risotto bekommen, und es schmeckte wunderbar limettig-frisch. Gleichzeitig war es so cremig, dass es auf der Zunge zerging. Auch das Hähnchenfleisch hätte gar nicht besser sein können: von außen knusprig und von innen wunderbar saftig und zart.

»Weißt du was, Isabelle? Ich will meinen Fehler wiedergutmachen.« Tom piekte den Rest seines Steaks auf die Gabel, und noch ehe ich reagieren konnte, lag es auch schon auf meinem Teller. Entsetzt sah ich zu, wie sein bluttriefendes Fleisch mein wunderbares Risotto kontaminierte. »Vorhin habe ich dein Essen gegessen, also kriegst du jetzt etwas von meinem ab.«

Ich ließ mein Besteck fallen und schob meinen Teller weg. »Aber das will ich doch überhaupt nicht! Jetzt ist *Blut* auf meinem Teller!«

Tom guckte reichlich betreten aus der Wäsche. »Ich hab's ja nur gut gemeint.«

Ich atmete laut aus und fragte mich, ob ich mich blöd anstellte oder zu Recht aufregte. Mir war ja selber klar, dass ich ziemlich heikel war, was Essen anging. »Ach, was soll's. Das war ja nicht das letzte Risotto meines Lebens.« Garantiert nicht. Von jetzt an würde ich regelmäßig Risotto bei Jens essen.

»Wenn du das nicht mehr isst, könnte ich doch …«

Wortlos reichte ich Tom meinen Teller.

Er langte ordentlich zu und ließ sich den Rest seines Steaks und *mein* – nunmehr blutgetränktes – Risotto schmecken.

Ich trank solange meinen Wein aus.

Endlich hatte Tom aufgegessen, und wie aufs Stichwort erschien Anne, um die Teller abzuräumen. »Wie wäre es mit einem Dessert?«

Ich wollte gerade »Um Gottes willen, nein!!!« rufen, als ich Tom sagen hörte: »Ein Dessert wäre großartig, stimmt's, Isabelle?«

»Ehrlich gesagt bin ich ziemlich müde, und ich muss morgen früh raus.«

Nun schaltete Anne sich ein. »Merle hilft heute in der Küche. Ich soll dir von ihr ausrichten, dass das Schokoladenmalheur ganz besonders gut ist und dass du das unbedingt probieren musst.«

»Hat sie das gemacht?«

Anne lachte. »Nein, Jens lässt sie nur spülen. Aber sie darf die Dessert-Teller für euch anrichten.«

Oje. Und wenn wir nun gar kein Dessert bestellten, würde Merle heute nichts anderes tun als spülen. »Na gut«, gab ich mich geschlagen. »Dann nehme ich so ein Schokoladenmalheur.« Ein Malheur passte schließlich wunderbar zum heutigen Tag.

Nachdem ich bestellt hatte, verzog ich mich auf die Toilette, wo ich Kathi anrief, um ihr von meinem Horrortag im Laden und meinem Horrorabend mit Tom zu erzählen. Ich ließ mich ein Weilchen von ihr bemitleiden, doch schließlich blieb mir nichts anderes übrig, als zurück an den Tisch zu gehen. Zum Glück dauerte es nicht lange, bis ich Merle auf uns zukommen sah. Sie trug eine viel zu große schwarze Kochjacke und eine Schürze und balancierte vorsichtig zwei Teller in den Händen. Einen stellte sie vor Tom ab, den zweiten vor mir. »Bitte schön. Ein Schokoladenmalheur mit Rhabarberragout.«

»Vielen Dank! Schick siehst du aus.«

Sie leckte den Daumen ihrer rechten Hand ab und strich sich verlegen über die Schürze. »Das ist Jens' Jacke. Er ist ein echter Sklaventreiber, ich muss die ganze Zeit spülen! Aber dafür durfte ich eure Teller anrichten«, sagte sie. »Na ja, im Grunde hat Jens fast alles gemacht, aber die Schokosaucenverzierung ist von mir.«

Ich blickte hinunter und musste mir augenblicklich ein Lachen verkneifen. Auf dem Teller lag ein kleiner Schokoladenkuchen, mit Puderzucker bestäubt und ein paar Beeren garniert. Daneben befand sich ein Glas mit dem Rhabarberragout, auf dem ein Schokoladengitter steckte. So weit sicherlich alles Jens' Werk. Seine Komposition wurde jedoch dadurch zunichtegemacht, dass rund um den Teller, und vor allem auf dem Tellerrand, eine riesengroße Blume aus Schokoladensauce prangte. An einer Ecke war die Verzierung verschmiert, wahrscheinlich, weil Merle beim Transport des Tellers hineingefasst hatte. »Wow«, sagte ich. »Das sieht toll aus!«

Merles Wangen färbten sich rot. »Ja, oder? Finde ich auch. Aber du hättest mal Jens hören sollen, er ist förmlich ausgerastet, von wegen ›der Tellerrand gehört dem Gast‹«, bei den letzten Worten äffte sie eine nölige Stimme nach, »und Anne und Kim haben sich geweigert, das so rauszubringen. Also hab ich es selbst gemacht.«

»Vielen Dank, Merle, ich freu mich total darüber!«

»Dann lass es dir schmecken. Aber Vorsicht, wenn du einmal damit angefangen hast, bist du sofort süchtig.«

»Sie kann ja mehr Sport machen«, meinte Tom.

Merle sah ihn missbilligend an.

Ich griff nach meinem Löffel und trennte demonstrativ ein großes Stück von dem Kuchen ab. Sofort strömte Schokolade auf meinen Teller. »Der ist ja innen noch flüssig!«, rief ich begeistert.

Merle lachte. »Na klar, deswegen heißt es doch Malheur.«

Ich schob mir den Löffel in den Mund. »Oh mein Gott, ist das köstlich! Ich will nie wieder etwas anderes essen! Nie wieder!«

»Sag ich doch. So, ich muss mich mal langsam auf den Weg machen.«

»Na dann, schönen Feierabend. Und danke noch mal für die tolle Verzierung.«

Ich widmete mich voll und ganz meinem Dessert und begriff zum ersten Mal in meinem Leben, warum so viele Menschen behaupteten, Essen im Allgemeinen und Schokolade im Besonderen würde glücklich machen. Dieses Schokoladenmalheur war der Inbegriff von Glück, und ich dankte demjenigen, der irgendwann mal irgendwo auf der Welt versehentlich einen Schokoladenkuchen zu früh aus dem Ofen genommen und somit dieses köstliche Dessert kreiert hatte.

»Hast du was dagegen, wenn ich mal probiere?« Tom starrte gierig meinen Teller an. Er griff nach seinem Löffel und wollte sich gerade über meinen Kuchen hermachen, als ich ihn anfauchte: »Wag es ja nicht!«

Erschrocken zuckte er zurück. »Okay, entschuldige.«

»Hm«, machte ich nur und futterte weiter. Als ich den

letzten Bissen von dem Kuchen gegessen hatte, lehnte ich mich mit einem verzückten Seufzen zurück. Inzwischen war bis auf unseren nur noch ein anderer Tisch besetzt. Während Tom mal wieder mit seinem Handy zugange war, zeichnete ich mit meinem Finger eine Blume in den Rest der Schokolade auf meinem Teller. Vielleicht war es albern, aber es sollte ja nur ein kleiner Gruß an die Küche sein. Immerhin hatte Jens mich heute auch schon gegrüßt. Als Anne die Teller abräumte und mein Gemälde bemerkte, grinste sie mich an. »Hey, dir hat's geschmeckt, was? Das wird die Jungs freuen. Möchtet ihr noch einen Absacker?«

»Nein, die Rechnung bitte«, sagte ich schnell. »Machen wir halbe-halbe?«

»Quatsch, ich lad dich ein«, sagte Tom und langte in seine Hosentasche. »Oh oh.« Er tastete sämtliche Taschen seiner Jeans ab. Dann sackte er in sich zusammen und verbarg den Kopf in den Händen. »Oh Mann, ich hab mein Portemonnaie vergessen.«

Das war echt die Krönung des Abends. Wer vergaß denn bitte seine Kohle, wenn er auf ein Date ging?! Ich holte mein Portemonnaie aus der Handtasche und bezahlte die Rechnung, dann standen wir auf und gingen zum Ausgang. Im Vorbeigehen rief ich Anne »Tschüs, vielen Dank, war megalecker!« zu, dann standen Tom und ich vor der Tür und sahen uns unschlüssig an.

»Tja, dann ... Wir können ja mal telefonieren«, sagte er.

»Mhm. Oder wir laufen uns mal auf dem Friedhof über den Weg.«

»Genau. Gut, also ich muss da lang.« Er deutete zum Glück in die Richtung, in die ich nicht musste. »Tschüs, Isabelle.« Er umarmte mich so flüchtig, dass ich es kaum mitkriegte, und ging schnellen Schrittes davon.

»Gott sei Dank«, murmelte ich, während ich ihm nachsah. Endlich war dieses furchtbare Date vorbei. Und dafür hatte ich nun meine gesamte Wochenplanung über den Haufen geworfen! Für nichts und wieder nichts.

Zu Hause angekommen, kickte ich die Ballerinas von den Füßen und kramte in der Handtasche nach meinem Handy, um Kathi schnell noch eine Nachricht zu schreiben. Nachdem ich den gesamten Inhalt der Tasche auf den Küchentisch entleert hatte, musste ich allerdings feststellen, dass ich das Handy wohl auf der Toilette im Thiels liegen gelassen hatte. Ich überlegte, ob ich es bis morgen früh ohne mein Telefon aushielt, doch der Gedanke, dass es die ganze Nacht auf einer Restauranttoilette herumlag, verursachte mir eindeutig Unbehagen. Also machte ich mich notgedrungen auf den Weg zurück zum Thiels.

Im Laden brannten nur noch wenige Lichter, und außer Jens war niemand mehr zu sehen. Er stand hinterm Tresen und tippte auf dem Monitor der Kasse herum. Bei meinem Anblick fing er an zu grinsen. »Isabelle. Zum dritten Mal heute. Findest du das nicht allmählich etwas aufdringlich?«

»Doch. Aber ich glaube, ich habe mein Handy auf der Toilette liegen lassen.«

Jens griff neben die Kasse. »Das hier zufällig?«

»Ja.« Erleichtert atmete ich auf und nahm es ihm ab. »Vielen Dank!«

»Wofür? Dafür, dass ich es nicht gleich bei Ebay verscherbelt habe?« Er fuhr fort, auf dem Monitor herumzutippen. »Verdammt, dieses Scheißding spinnt schon wieder!«, fluchte er und schlug ein paarmal auf den Bondrucker.

Ich musste mir ein Lachen verkneifen. »Aus eigener Erfahrung kann ich dir sagen, dass man durch Draufhauen nur selten Dinge repariert.«

»Dieses dämliche Schrottteil hat aber Schläge verdient!« Er verpasste dem Drucker nochmals einen kräftigen Hieb. Der quietschte empört auf und setzte sich dann unwillig in Bewegung, um einen endlos langen Kassenbon zu drucken.

»Geht doch«, sagte Jens zufrieden.

Fasziniert starrte ich den Drucker an. »Ich fass es nicht! Wieso funktioniert das bei mir nie?«

»Tja. Ich hab halt magische Hände.« Er fuchtelte mit seinen »magischen Händen« vor meinem Gesicht herum.

»Pff, klar.«

»Hey, pass bloß auf, sonst kriegst du nie wieder ein Schokoladenmalheur«, sagte er und betrachtete prüfend den Kassenbon.

»Hm. Das wäre allerdings schade.« Plötzlich schoss mir ein Gedanke durch den Kopf. »Ich habe übrigens bezahlt.« Es schien mir irgendwie wichtig, das klarzustellen.

Jens sah verdutzt hoch. »Wie bitte?«

»Na, du hast doch gesagt, dass ich für den Rest meines Lebens umsonst bei dir essen kann. Aber ich will das nicht ausnutzen, deswegen habe ich mein Essen bezahlt. Das Essen meines Begleiters übrigens auch.«

Er legte den Kassenbon in eine Schublade. »Hat der Typ ein Glück.«

»Na ja, mir blieb nichts anderes übrig. Er hatte sein Geld vergessen.«

Jens griff unter den Tresen und zog eine Flasche Wein hervor. »Möchtest du auch ein Glas? Du siehst aus, als könntest du eins gebrauchen.«

Ich zögerte einen Moment. Es war schon ziemlich spät,

und außerdem waren Jens und ich ja eigentlich nicht so eng miteinander, dass wir gemeinsam Wein tranken und plauderten. Andererseits ... Wieso eigentlich nicht? »Ich hatte heute zwar schon ein paar, aber ich kann tatsächlich eins vertragen. Also ja, bitte.«

Er schenkte uns zwei Gläser ein, und ich folgte ihm zu einem Tisch am Fenster. »Hier«, sagte er, als er das Glas zu mir rüberschob. »Ein 2012er Spätburgunder von der Ahr, im Barrique ausgebaut.« Er drehte sein Glas in der Hand und roch daran. »Üppiges Bouquet, kräftig im Abgang, wunderbar würzig-fruchtige Nuancen von schwarzem Pfeffer, Limette und Majoran.«

Ich schnupperte an meinem Glas und trank einen Schluck. »Mhm, ja, den Pfeffer schmeckt man voll raus«, log ich.

Jens brach in Gelächter aus. »Ach, echt? Ich hab doch nur Blödsinn geredet, von Wein hab ich überhaupt keine Ahnung. Dafür ist Anne zuständig.«

Kurz ärgerte ich mich, dass ich auf ihn reingefallen war, doch sein Lachen war so ansteckend, dass ich nicht lange ernst bleiben konnte.

Jens zog seine Kochjacke aus und warf sie achtlos auf den Stuhl neben sich. Er trug ein T-Shirt drunter, und mir fiel auf, wie wunderbar normal seine Oberarme aussahen. Zwar durchaus trainiert, aber weit entfernt von einem Meister Proper. »Dein Date mit dem Totengräber war nicht so der Bringer, nehme ich an?«

»Erstens ist er Friedhofsgärtner, und zweitens: Wieso weißt du davon?«

»Tja, wenn du Merle besser kennenlernst, wirst du schon noch mitkriegen, dass sie eine ganz große Tratschtante ist.«

Ich seufzte. »Ja, den Verdacht habe ich auch. Was hat sie dir denn noch so erzählt?«

»Dass ihr auf dem Friedhof wart und sie sich um das Grab eines Mathelehrers gekümmert hat.«

»Oder eines Politikers. Er könnte aber auch Finanzbeamter gewesen sein. Eigentlich kenne ich ihn gar nicht.«

Jens sah mich nachdenklich an. »Tut mir übrigens leid, das mit deinem Vater.«

»Ach«, winkte ich ab. »Das ist schon so lange her. Ich hab ihn nie wirklich kennengelernt. Trotzdem vermisse ich ihn«, fügte ich leise hinzu.

»Hat deine Mutter eigentlich wieder geheiratet?«

»Nein. Deine? Ich meine, deine Eltern sind doch geschieden, sonst wäre Merle ja nicht deine Halbschwester.«

»Nein, meine Mutter hatte zwar nach meinem Vater ein paar Beziehungen, aber geheiratet hat sie nicht. Er ist abgehauen, als ich dreizehn war«, sagte er nach einer kleinen Pause. »Weil er sich in seine Kollegin verliebt hat. Merles Mutter.«

»Das ist übel.«

»Ja. Ich habe ihn ziemlich lange dafür gehasst.«

»Merle auch?«

Ein Lächeln glitt über sein Gesicht. »Nein, sie konnte ja nichts dafür. Außerdem wusste sie schon als Baby ganz genau, wie sie mich um den Finger wickeln kann. Und sie selbst hatte es auch nie leicht mit meinem Vater. Oder ihrer Mutter, wenn man es genau nimmt. Sie sind beide Vollblut-Archäologen, und Merle musste oft zurückstecken.«

»Und jetzt sind ihre Eltern weg.«

»Ja.« Er trank einen Schluck Wein. »Sieht so aus, als hätten wir alle drei ein bisschen Pech mit unseren Familien, was?«

»Irgendwas ist ja immer«, sagte ich betont lapidar, um dieses Gänsehaut-Gefühl herunterzuspielen, das bei seinen Worten in mir aufkam. Diese Ahnung, dass wir drei uns nicht ohne Grund kennengelernt hatten. Das war kein Zufall gewesen. Sondern Schicksal. Möglicherweise war es so, dass wir einander brauchten.

Für eine Weile hingen wir schweigend unseren Gedanken nach, bis Jens fragte: »So, und was war nun mit dem Totengräber?«

Ich verdrehte die Augen. »Ach, das war der totale Reinfall. Der Typ hat mir meine Aalsuppe weggenommen, weil er meinte, dass sie mir nicht schmeckt. Dabei fand ich es so nett, dass du mir auf diese Weise einen Gruß geschickt hast.«

Jens lachte. »Kim hat Lukas und mich von dir zurückgegrüßt. Vielen Dank dafür, das kommt auch nicht oft vor.«

Ich stutzte. Wieso oft? Machte er so was öfter? »Äh ... bitte, gern geschehen. Wobei ich mich schon gefragt habe, wieso du mich ausgerechnet mit diesem komischen Zeug grüßt.«

»Aalsuppe und Labskaus sind traditionelle Hamburger Gerichte, und ich fände es schade, wenn sie aussterben. Daher versuche ich, sie den Leuten schmackhaft zu machen.«

»Den Leuten?«

»Ja, den Gruß aus der Küche kriegen alle Gäste, Isabelle«, sagte er lächelnd. »Ist dir das nicht aufgefallen?«

Oh. Auf einmal kam ich mir sehr dumm vor. »Nein. Und außerdem gehe ich nicht so oft in Restaurants, in denen es Grüße aus der Küche gibt. Also, eigentlich nie.« Ich räusperte mich verlegen und trank meinen Wein aus.

Er schenkte mir großzügig nach. »Was soll's? Ich hab keine Ahnung von Blumen und kann eine Rose kaum von einer Tulpe unterscheiden.«

»Auch wieder wahr«, meinte ich und grinste ihn erleichtert an. »Jedenfalls war ich bei der Aalsuppe mitten in der Probierphase und wusste noch gar nicht, ob ich sie mag oder nicht. Da reißt er sie mir aus der Hand und frisst sie auf!« Allmählich redete ich mich in Rage. »Und dann legt er auch noch den Rest seines Steaks auf *mein* Risotto, und mein ganzer Teller ist voller Blut!«

»Voller *Blut?*«

»Mir kam es jedenfalls so vor. Ist ja auch vollkommen egal, es geht mir darum, dass niemand, wirklich niemand, ungebeten Essen von meinem Teller nehmen oder drauflegen darf! Ich meine, so was macht man doch nicht! Machst du so was?« Jens setzte schon zu einer Antwort an, doch ich war inzwischen richtig in Fahrt und ließ ihn nicht zu Wort kommen. »Im Grunde genommen habe ich geahnt, dass dieses Date keinen Sinn hat und dass er nicht mein Typ ist. Ich hab mich nur mit ihm getroffen, weil ich dachte, dass der große Donnerschlag ja vielleicht noch kommt. Und weißt du, was das Allerschlimmste daran ist?«

»Lass es raus«, sagte er gelassen.

»Dass ich das schon mein Leben lang mache! Aber damit ist jetzt Schluss! Ich will nicht einfach irgendeinen Typen, nur um nicht mehr Single zu sein. Ich will *den* Typen, der perfekt für mich ist und bei dem es auf den ersten Blick BÄMM macht. Meine einzig wahre, große Liebe. Ich weiß, dass er irgendwo da draußen rumläuft, und mein nächstes Date werde ich mit *ihm* haben – meinem Traummann!« Schwer atmend hielt ich inne.

Jens lachte. »Oje, ich höre förmlich, wie die Geigen im Hintergrund eine kitschige Melodie schluchzen.«

»Wieso?«

»Weil deine Worte glatt aus einem Disney-Film kommen könnten. Glaubst du wirklich, dass es diese einzig wahre, kompromisslose Liebe gibt?«

»Klar. Du etwa nicht?«

»Wenn mein Leben ein Disney-Film wäre, würde ich vielleicht daran glauben. Aber wie sich herausgestellt hat, ist das definitiv nicht der Fall. Ich bin durch mit dem Thema. Und außerdem ist Liebe nicht nur Kuschelrock und Duftkerzen. Manchmal, nein, eigentlich sogar ziemlich oft, ist Liebe Death Metal und Schweinestall, und erst, wenn zwei Menschen es schaffen, damit klarzukommen, *dann* ist es wahre Liebe. Was auch immer da auf den ersten Blick passiert, hat damit nichts zu tun.«

»Autsch«, sagte ich. »Das klingt aber sehr verbittert.« Seine Scheidung von Anne und seine Fernsehkoch-vögelnde Exfreundin hatten ihm ja offenbar sehr zugesetzt. »Ich möchte mein Leben jedenfalls nicht im Schweinestall verbringen.«

»Wer fragt einen schon danach, was man will? Die Liebe nicht. Und das Leben schon mal gar nicht.«

Nachdenklich blickte ich in mein Weinglas. »Ich finde, das Leben könnte einen ruhig öfter danach fragen, was man will.« Ich musste an Brigitte und den Laden denken, und wieder nagte diese Angst an mir. Dieses schreckliche Gefühl, nicht zu wissen, wie es weitergehen sollte. Und auf einmal hatte ich das Bedürfnis, meine Sorgen mit Jens zu teilen. Er führte selbst ein Geschäft, wenn mich einer verstehen konnte, dann er. »Brigitte hat mir heute erzählt, dass der Laden in finanziellen Schwierigkeiten steckt. Es sieht ziemlich schlimm aus. Vielleicht sind wir sogar pleite.« Ich sah auf, und unsere Blicke trafen sich. In seinen Augen lagen Anteilnahme und Verständnis. »Das große Einzelhandelssterben«, sagte er finster. »Damit haben momentan viele zu kämpfen. Die Gastronomie übrigens auch.«

»Hast du ebenfalls Probleme?«

»Nein, ich verdiene zwar kein Vermögen mit dem Laden, aber ich kann davon leben, meine Rechnungen und Angestellten bezahlen und etwas für härtere Zeiten zurücklegen. Und was habt ihr jetzt vor? Ich meine, wie wollt ihr dieses Problem angehen?«

Ich zuckte ratlos mit den Schultern. »Keine Ahnung. Mir macht der Gedanke, dass Brigitte den Laden möglicherweise schließen muss, eine Heidenangst. Es war mein Plan, ihn eines Tages zu übernehmen. Das war alles, was ich immer wollte, und ich habe nie in Erwägung gezogen, dass es möglicherweise anders kommen könnte.« Ich schluckte schwer und holte tief Luft, um gegen die aufsteigenden Tränen anzukämpfen.

»Hey.« Jens sah mir fest in die Augen. »Du weißt doch noch gar nicht, ob der Laden überhaupt schließen muss. Herrgott noch mal, ich hätte nicht gedacht, dass du so eine Pessimistin bist.«

»Bin ich ja auch eigentlich gar nicht. Ich hab einfach Angst.«

»Dann hör auf damit.«

Wider Willen musste ich lachen. »Super. Du bist ja eine große Hilfe. Hast du schon mal darüber nachgedacht, einen Ratgeber zu schreiben? Der Titel könnte lauten: *Sie haben Angst? Hören Sie auf damit.*«

»Das wäre im Prinzip auch schon der ganze Inhalt«, grinste er.

Auch wenn ich mir immer noch Sorgen machte, war mir etwas leichter ums Herz, und Jens hatte ja irgendwie recht. Statt ängstlich mit den Zähnen zu klappern, sollte ich lieber alles in meiner Macht Stehende tun, um die Schließung des Ladens zu verhindern. Und am besten fing ich sofort damit an! »Wie spät ist es überhaupt?«

Er warf einen Blick auf seine Armbanduhr. »Halb eins.«

»Na, dann mach ich mich mal besser auf den Weg. Ich habe noch viel zu tun, bevor ich ins Bett kann.« Ich stand auf und hängte mir meine Tasche über die Schulter. »Gehen wir noch ein Stück in die gleiche Richtung?«

»Nein, ich bleib noch ein bisschen. Buchhaltung«, fügte er hinzu.

Ich schlug eine Hand vor meinen Mund. »Habe ich dich etwa die ganze Zeit von der Arbeit abgehalten?«

»Ja, die ganze Zeit. Über eine Stunde!«, sagte er mit vorwurfsvoller Miene, doch seine Augen sprachen mal wieder eine andere Sprache.

Obwohl der Tag unterm Strich ziemlich mies gewesen war, fiel mir zu Hause trotzdem einiges für mein Glücksmomente-Glas ein: ›*Schokoladenmalheur gegessen, ein Traum! Blumen-Tellerdeko von Merle, sehr süß! Und Wein mit Jens. Für ihn ist Liebe Death Metal und Schweinestall. Muss schlimm sein, wenn man keine Ahnung hat.* ☺‹

Nachdem ich den Zettel ins Glas geworfen hatte, loggte ich mich ins Internet ein und machte mich an die Arbeit.

Die Kiezkönigin

Brigitte wirkte völlig übernächtigt, als ich am nächsten Morgen in den Laden kam. Sie ließ die Gießkanne sinken, mit der sie die Zimmerpflanzen gegossen hatte, und sagte: »Es ist mir ein Rätsel, wie ich das mit dem Laden wieder hinkriegen soll, Isa. Ich komme mir vor, als müsste ich mit einem Zahnstocher bewaffnet gegen ein Riesenmonster kämpfen.«

»Hey.« Ich ging zu ihr und legte meinen Arm um ihre Schulter. »Ich bin doch auch da, und wir werden dieses blöde Ding so was von plattmachen!«

Brigitte lächelte schwach.

»Aber alleine schaffen wir das nicht. Wir müssen uns Hilfe holen. Jemanden, der sich mit so was auskennt.« Ich kramte ein paar Ausdrucke aus meiner Handtasche. »Also habe ich gestern Nacht noch nach Schuldnerberatern gegoogelt. Du kannst sie dir ja in Ruhe anschauen, und dann rufen wir bei einem an. Okay?«

Sie starrte auf die DIN-A4-Seiten, doch ich bezweifelte, dass sie wirklich etwas wahrnahm.

»Okay?«, wiederholte ich etwas lauter.

»Okay.«

»Gut. Was den Transporter angeht: Ich kann dir das Geld dafür leihen.«

»Nein!« Brigitte schüttelte den Kopf. »Ich will keine weiteren Schulden mehr machen.«

»Ich fürchte, dir wird nichts anderes übrig bleiben. Und außerdem sehe ich es auch als Investition in meine Zukunft, denn schließlich will ich diesen Laden eines Tages übernehmen.«

Ein zaghaftes Lächeln erschien auf ihrem Gesicht. »Das wünsche ich mir auch. Also gut, einverstanden. Aber ich zahl dir das Geld für den Transporter so schnell es geht zurück. Versprochen.«

»Mach dir darüber keinen Kopf. Übrigens habe ich gestern Nacht auch noch eine Liste erstellt, mit ein paar Ideen, wie wir das Geschäft wieder in Gang bringen könnten.« Ich musterte Brigitte besorgt. Sie sah leichenblass aus, und ihre Schultern hingen herunter, als schien eine schwere Last darauf zu liegen. Es machte wenig Sinn, so wichtige Dinge mit ihr zu besprechen, wenn sie in diesem Zustand war. »Weißt du was, nimm dir heute und morgen doch einfach mal frei. Du hattest schon seit Ewigkeiten kein freies Wochenende mehr«, schlug ich vor. »Ich krieg den Laden schon alleine geschmissen.« ›*Ist ja eh nichts los hier*‹, schoss es vorlaut durch mein Hirn. »Tu dir mal was Gutes. Mach was Schönes mit Dieter, lass dich verwöhnen. Und am Montag packen wir es mit frischen Kräften an.« Ich kam mir vor wie ein drittklassiger Motivationscoach auf einem viertklassigen Privatsender.

Widerstrebend ging Brigitte nach hinten, um ihre Sachen zu holen. Dann drückte sie mich fest an sich und gab mir einen Kuss auf die Wange. »Vielen Dank, Isa. Obwohl ich dich in der jetzigen Situation wirklich nicht gern allein lasse.«

Als sie gegangen war, stellte ich fest, dass sie die Ausdrucke der Schuldnerberater nicht mitgenommen hatte, und ich hatte das starke Gefühl, dass das kein Versehen gewesen war. ›Dann eben Montag‹, dachte ich und steckte sie wieder in meine Handtasche. Brigitte brauchte jedenfalls nicht zu glauben, dass sie um diese Sache herumkam.

Für den Rest des Tages arbeitete ich weiter an der Rettungsliste. Außerdem verabredete ich mich für Samstagabend mit meinen Freunden auf dem Kiez und machte schließlich auch ein Treffen mit Knut ab. Ich wollte unbedingt wissen, wie weit er in Sachen Irina gekommen war.

Am nächsten Abend holten Knut und ich uns einen Kaffee und steuerten – wie so oft, wenn wir gemeinsam unterwegs waren – den Flughafen an. Knut kannte eine Stelle hinter dem Zaun zur Startbahn, an der die Flugzeuge so nah über einen hinwegdonnerten, dass man fast den Eindruck hatte, man bräuchte nur die Hand auszustrecken, um sie am Bauch kitzeln zu können. Wir setzten uns auf die Motorhaube von seinem alten Taxi und schlürften unseren Kaffee.

»Nu erzähl mal«, forderte Knut mich auf. »Was gibt's Neues?«

»Warte«, sagte ich und deutete auf die Startbahn. »Da kommt eins.«

Von weitem sahen wir, wie ein Flugzeug auf uns zugerast kam.

»Das is 'n A320!«, rief Knut gegen das laute Dröhnen der Triebwerke an. Er kannte sich übrigens mit Flugzeugen genauso wenig aus wie ich, und wir tippten bei jeder Maschine auf einen A320 oder eine Boeing 747.

Als ich schon dachte ›Hilfe, wir werden überrollt‹, hob das Flugzeug die Nase in die Luft, und kurz darauf stieß es sich scheinbar schwerfällig vom Boden ab.

»Die Neunzehn-Uhr-siebenunddreißig nach Honolulu!«, schrie ich, als das Flugzeug über uns hinwegdonnerte, obwohl wir beide genau wussten, dass von Hamburg aus keine wirklich exotischen Ziele angeflogen wurden. Aber es war schön, es sich vorzustellen. Honolulu. Das wäre mal was. Wir blickten der Maschine nach, wie sie höher und höher in den Himmel aufstieg und sich immer weiter von uns entfernte. Ich war noch nie geflogen, aber ich wollte es unbedingt.

»Da würde ich jetzt echt gerne drin sitzen«, sagte ich düster.

Knut musterte mich besorgt. »Was is mit dir denn los?«

»Ach, es wäre nur einfach schön, hier mal rauszukommen. Der Laden steckt in Schwierigkeiten, weißt du?« Ich schüttete mein Herz bei Knut aus, und er musterte mich verständnisvoll aus seinen dunklen Knopfaugen. »Wat'n Schiet«, sagte er, nachdem ich geendet hatte. »Aber das wird schon wieder. Lass dich da bloß nich von feddichmachen.«

Obwohl mir gerade gar nicht danach zumute war, musste ich lächeln. »Männer und ihre guten Tipps. Jens hat mir gestern geraten, ich solle einfach damit aufhören, Angst zu haben. Super, was?«

Knut horchte auf. »Jens? Is das nich der Bruder der besoffenen Lüdden, die wir neulich nach Hause gebracht ham? Der gibt dir Ratschläge? Wieso 'n das?«

Ich strich mir verlegen eine Haarsträhne aus der Stirn. »Irgendwie hat es sich so ergeben, dass wir ... ja, ich glaube, wir sind Freunde geworden. Er, Merle und ich.«

Ein Grinsen breitete sich auf seinem Gesicht aus. »Soso. Das is ja mal schön, nä?«

»Ja, finde ich auch. Hey, was ist eigentlich mit dir und deiner Irina?«, fragte ich, um endlich das Thema zur Sprache zu bringen, das mir unter den Nägeln brannte.

Er starrte auf seinen inzwischen leeren Pappbecher. »Ach, ich weiß nich. Manchmal denk ich, sie mag mich, manchmal denk ich, das macht alles keinen Sinn.«

»Wie wäre es, wenn ich die Zeichen deute? Ich bin nachher mit den anderen am Hein-Köllisch-Platz verabredet. Wenn wir uns beeilen, können wir noch auf einen Drink in den Kiezhafen gehen. Ich würde Irina echt gerne kennenlernen.«

»Hm. Das is gar keine schlechte Idee«, sagte Knut. »Kann ja nich schaden, wenn mal jemand von außen draufguckt.«

»Mach ich doch gerne. Aber warte kurz, ich möchte die Neunzehn-Uhr-achtundvierzig nach Madagaskar noch abheben sehen.«

Im Kiezhafen war es um diese Zeit noch relativ leer. Abgesehen von ein paar einsamen Gestalten am Tresen und einer der obligatorischen Junggesellenabschieds-Gangs, denen man im Sommer auf dem Kiez unmöglich aus dem Weg gehen konnte, war niemand da. Knut zupfte nervös an seinem T-Shirt und der Lederweste herum und zog merklich den Bauch ein, als wir auf die Theke zugingen. »Das is sie«, raunte er und deutete auf eine Frau, die hinter dem Tresen Bier zapfte.

Ich hatte viel darüber nachgedacht, wie Knuts Angebetete wohl aussehen mochte, und das Bild, das ich mir von ihr gemacht hatte, entsprach so dermaßen nicht der Realität, dass ich den Atem anhielt und mich zusammenreißen musste, um nicht überrascht irgendetwas Blödes wie »Huch!« oder »Boah, krass!« zu rufen. Ich hatte damit gerechnet, dass Irina im Grunde genommen ein weiblicher Knut war: Rockerklamotten, tätowiert und stämmig. Nun stand mir ein zartes Persönchen mit blonden Haaren und blauen Kulleraugen gegenüber. Sie war schätzungsweise Mitte vierzig, trug eine enge Jeans und ein knallrotes T-Shirt mit dem Aufdruck ›Kiezkönigin‹. Ihre Körperhaltung und die Art, wie sie sich bewegte, hatten tatsächlich etwas so Erhabenes, dass ich beinahe einen Knicks gemacht hätte. Als sie Knut erblickte, lächelte sie breit. »Moin Knut! Ich freu mich, dass du da bist! Dabei ist es doch noch gar nicht deine Zeit.« Aufgrund ihres Namens hatte ich mit einem russischen Akzent gerechnet. Doch abgesehen von einem stark gerollten R war davon nichts zu hören.

»Moin Irina! Isabelle und ich waren grad zusammen unterwegs und ham Durst gekriegt.«

Irinas Blick fiel auf mich. »Oh, du bist also Isabelle, das Blumenmädchen? Knut erzählt viel von dir. Der Strauß, den du für mich gemacht hast, war wunderschön.« Sie streckte mir ihre Hand entgegen, und ich schüttelte sie. »Ihr kommt wegen meines weltberühmten Kaffees, richtig?«

Knut nickte eifrig.

»Eigentlich ist mir jetzt eher nach einem Bier«, sagte ich.

Irina schüttelte heftig den Kopf. »Nein, nein, alle lieben meinen Kaffee. Du trinkst jetzt einen Kaffee.« Sie sagte das ganz freundlich, aber gleichzeitig so bestimmt, dass ich nicht widersprechen mochte.

Während Irina sich an einer alten Filterkaffeemaschine zu schaffen machte, setzten Knut und ich uns auf zwei Barhocker. Wir tauschten einen Blick, und ich hob anerkennend den Daumen in die Höhe, woraufhin Knut mich breit angrinste.

Irina drehte sich wieder zu uns um und stellte zwei dampfende Pötte vor uns ab. »Der schmeckt am besten mit Zucker und Milch«, sagte sie, warf zwei Stücke Würfelzucker in meinen Becher und kippte großzügig Kondensmilch hinterher.

Ich hasste Zucker in meinem Kaffee, aber inzwischen hatte ich den starken Verdacht, dass in diesem Laden einzig und allein Irina bestimmte, was ihre Gäste am liebsten hatten. Sie würde sich bestimmt super mit Jens verstehen. »Vielen Dank«, sagte ich und nahm einen Schluck. Oh mein Gott. Augenblicklich spürte ich, wie sämtliche Geschmacksknospen in meinem Mund lautstark rebellierten und »Willst du uns umbringen?!« riefen. Das war mit Abstand der widerlichste

Kaffee, den ich in meinem ganzen Leben getrunken hatte. Ich vermutete, dass er schon seit mehreren Stunden auf der heißen Platte vor sich hin schmorte, und er war trotz des Zuckers und der Milch so dermaßen stark und bitter, dass nur meine gute Kinderstube mich davon abhielt, ihn zurück in die Tasse zu spucken.

»Ist was?«, fragte Irina, die mich gespannt beobachtete. »Nicht gut?« Da war er wieder, dieser nur ganz leicht wahrnehmbare drohende Unterton.

Widerwillig schluckte ich die Brühe runter und sagte: »Doch, sehr gut. Nur ein bisschen heiß. Und ziemlich stark.«

»Jaja, das muss er auch sein. Damit unser Knut nachher nicht am Steuer einschläft«, sagte sie und tätschelte seinen Arm.

Knut strahlte und himmelte sie so offensichtlich an, dass Irina eine komplette Vollidiotin sein musste, um nichts von seinen Gefühlen zu bemerken. Und da Irina meiner Einschätzung nach alles andere als eine Vollidiotin war, blieb nur eine Schlussfolgerung: Sie wusste, dass Knut in sie verliebt war. Aber was empfand sie für ihn? Da war ich mir nicht so sicher.

Knut und Irina plauderten über einen Heinz, den ich nicht kannte. Anscheinend hatte er seine Kneipe auf dem Hamburger Berg schließen müssen. Währenddessen beobachtete ich die beiden und versuchte aus Irinas Körpersprache und Blicken zu deuten, wie sie zu Knut stand. Sie berührte ihn häufig, hörte ihm sehr aufmerksam zu, sah ihm eine verdächtige Sekunde zu lang in die Augen und lachte über jeden seiner Witze, mochte er auch noch so schlecht sein. Alles relativ eindeutige Anzeichen, wie ich fand. Aber jedes Mal, wenn ich gerade zu dem Schluss kommen wollte, dass sie ihn mochte, wandte sie sich von ihm ab oder machte eine abfällige Bemerkung über Männer, die mir das Blut in den Adern gefrieren ließ. Als Knut andeutete, dass Heinz nun auch noch Ärger mit seiner Frau hatte, sagte sie: »*Sie* tut mir leid, nicht er. Aber den Fehler, zu heiraten, macht sie garantiert nie wieder. Heinz' Frau und ich, wir haben unsere Lektion gelernt.« Ich war von ihrem Verhalten völlig verwirrt und konnte gut verstehen, dass Knut ihre Zeichen nicht deuten konnte.

Irina schenkte ihm Kaffee nach und warf einen Blick in meine Tasse. »Du trinkst ja gar nicht.«

»Ich lass ihn noch ein bisschen kälter werden.«

Sie stieß ein paar russisch klingende Worte aus und sagte dann: »Wie kalt soll er denn noch werden? Da kannst du doch inzwischen Eier mit abschrecken.«

Es kostete mich große Überwindung, noch einen Schluck zu trinken, aber ich tat es. Mit der Kiezkönigin wollte ich mich nicht anlegen.

Irina stellte die Kanne zurück auf die Platte und gesellte sich wieder zu uns. »Jedenfalls hat Heinz es nicht anders verdient. Wenn man in Schwierigkeiten gerät, darf man nicht die Augen davor verschließen. Dann muss man die Arschbacken zusammenkneifen und sich den Dingen stellen!«

»Der Laden, in dem ich arbeite, steckt auch in Schwierigkeiten«, sagte ich.

Sie schnalzte mitleidig mit der Zunge. »Das ist scheiße. Ich weiß das.«

Überrascht sah ich sie an. »Wie, deiner auch?«

»Oh, nein, nicht mehr! Der Kiezhafen läuft wieder sehr gut, aber als ich den Laden übernommen habe, war er so gut wie am Ende.«

Der Bräutigam des Junggesellenabschieds, der einen schwarz-weiß gestreiften Sträflingsanzug trug und zu allem Überfluss auch noch einen riesigen Klotz am Bein hinter sich herzog, stand zwei Meter weiter am Tresen und versuchte, winkend auf sich aufmerksam zu machen. Irina ignorierte ihn gekonnt.

»Ach so.« Wieder überrollte mich die Sorge um Brigittes Laden, und ich seufzte tief.

Knut legte einen Arm um meine Schulter und drückte mich an sich. »Mach dir keinen Kopp, Lüdde. Jetzt is Wochenende, vergiss das alles mal.«

»Nein, nein, nein!«, rief Irina streng. »Das ist genau verkehrt! Du sollst dir einen Kopf machen!«

»Mach ich ja auch«, beeilte ich mich zu sagen.

Der Bräutigam fuchtelte energisch mit dem Arm und rief: »Hallo?!«

Knut und ich blickten zu ihm rüber und warteten darauf, dass Irina ihn bediente, doch es schien, als wäre er für ihre Augen unsichtbar. »Und was ist bisher rausgekommen, aus deinem Kopf?«

»Ich habe eine Liste mit Maßnahmen erstellt, wie man das Geschäft wieder ankurbeln könnte«, erklärte ich. »Und ich habe beschlossen, einen Schuldnerberater zu engagieren. Also, meine Chefin und ich haben das beschlossen«, fügte ich hinzu, da ich nicht den Eindruck entstehen lassen wollte, Brigitte hätte mit alldem nichts zu tun. Wobei das ja bislang durchaus der Wahrheit entsprach.

»Sehr gut. Das habe ich auch gemacht. Wer schwebt dir vor?«

Ich zog die Internetausdrucke aus meiner Tasche. Mit gerümpfter Nase ging Irina Zettel für Zettel durch. »Nein. Die sind alle scheiße.«

Inzwischen war der Bräutigam zu uns rübergekommen. »Entschuldigung, ich störe Sie wirklich nur ungern, wo Sie doch gerade so nett plaudern, aber ich würde gerne eine Bestellung aufgeben«, sagte er in ätzendem Tonfall. »Wäre das eventuell möglich? Wenn's keine Umstände macht, natürlich.«

Ich hielt den Atem an und wartete gespannt, was nun passieren würde. Irina musterte den jungen Mann abschätzig. »Hör mal, *Klotz am Bein*«, sagte sie eiskalt. »Ich stehe sieben Tage die Woche bis zu sechzehn Stunden am Tag hinter diesem Tresen. Das hier ist *mein* Laden, und ich bin weiß Gott schon mit Knastbrüdern von einem ganz anderen Kaliber fertiggeworden. Also, entweder du wartest, bis ich hier in Ruhe zu Ende *geplaudert* habe, oder du und deine Saufkumpanen seht zu, dass ihr Land gewinnt.«

Die beiden musterten sich schweigend, bis der Sträfling einknickte und Irinas Blick auswich. »Ich versuch es in fünf Minuten noch mal«, murmelte er. Dann verzog er sich zu seinen Freunden.

Naserümpfend blickte sie ihm nach. »Die arme Frau, die den heiratet!«

Knut schlürfte einen Schluck Kaffee. »Diese Schuldnerberatungen«, sagte er, als sei der Sträflingsvorfall überhaupt nicht passiert. »Kennst du die?«

»Nein, kenne ich nicht«, sagte Irina.

»Woher willste dann wissen, dass die scheiße sind? Sind ja nich immer und automatisch alle scheiße, nur weil du davon ausgehst.«

»Ja, und außerdem steht überall extra dabei, dass sie seriös und diskret sind«, fügte ich hinzu.

Irina winkte energisch ab. »Pff, wer es nötig hat, das so zu betonen, mit dem kann doch was nicht stimmen. Es gibt viele schwarze Schafe in dieser Branche. Die ziehen dir Geld aus der Tasche für nichts und wieder nichts, und am Ende stehst du noch beschissener da als vorher! Warte mal.« Sie verschwand hinter einer Tür neben dem Tresen und kehrte kurz darauf mit einer Visitenkarte zurück. »Hier. Diese Kanzlei habe ich damals beauftragt. Das sind richtige Anwälte, die kennen sich aus mit Insolvenzrecht und solchen Sachen.«

»Insolvenz?«, fragte ich erschrocken.

»Ja, Insolvenz.«

Ich warf einen Blick auf die Visitenkarte in meiner Hand. *Lange und Friedrich, Fachanwälte für Insolvenzrecht, Schuldnerberatung* stand da in klarer schwarzer Schrift auf grauem Hintergrund. Sah irgendwie deprimierend aus. Aber das war es ja auch. »Vielen Dank für die Empfehlung, Irina.«

»Gern geschehen. Nehmt den Lange, der ist wirklich gut.« Mahnend hob sie einen Zeigefinger. »Und immer dran denken: Kämpfen ist wichtig, aber pass auf, dass du dich nicht in etwas Sinnloses verrennst.«

Knut stand ruckartig von seinem Barhocker auf, klopfte mit den Fingerknöcheln auf den Tresen und sagte: »Jo, denn muss ich mal langsam los.«

Ein Schatten der Enttäuschung huschte über Irinas Gesicht. »Warum so plötzlich? Bleibt doch noch ein bisschen.«

Knut warf einen Blick auf seine nicht vorhandene Armbanduhr. »Nee, wird echt Zeit.«

»Aber …« Sie machte eine kurze Pause, in der sie mit dem Zeigefinger über eine Rille im Tresen fuhr. »Du kommst nachher in deiner Pause noch mal vorbei. Richtig?«

»Klar.«

Irina lächelte. Dann riss sie sich von ihm los und wandte sich an mich. »War schön, dich kennenzulernen, Isabelle.«

»Ja, finde ich auch.«

Irina und ich gaben uns die Hand, wobei sie so fest zudrückte, dass ich vor Schmerzen beinahe aufgeschrien hätte. »Ich würde mich freuen, wenn du mich ab und zu besuchen kommst«, sagte sie. »Und nächstes Mal vergisst du nicht, deinen Kaffee zu trinken!«

Okay, also das ging nun wirklich in eine Richtung, die ich nicht einschlagen wollte. Ich hatte keine Lust, für den Rest meines Lebens diese Brühe vorgesetzt zu kriegen, nur weil ich mich nicht traute, ihr die Wahrheit zu sagen. »Ähm, also ehrlich gesagt fand ich den Kaffee ... na ja. Furchtbar.«

Sie zog die Stirn in Falten und kniff ihre Augen zu engen Schlitzen zusammen. Fast befürchtete ich, dass sie mir eine reinhauen würde, doch dann brach sie in lautes Gelächter aus. »Du gefällst mir! Manchmal haben die Leute Angst vor mir, ich weiß nicht, warum. Aber du nicht. Das find ich gut.«

Knut und ich gingen in gemächlichem Tempo die Reeperbahn entlang. Aus dem S-Bahn-Ausgang strömten die Feierwütigen. Ständig versuchte eine Braut im Teufelskostüm oder ein Bräutigam im Ballettröckchen, uns Kondome, Kurze oder Küsse zu verkaufen, und die Koberer vor den Stripclubs hatten sich in Position gebracht, um jeden Mann anzuquatschen und reinzulocken, der ohne weibliche Begleitung über den Kiez zog.

»Und?«, fragte Knut. »Wie findest du sie?«

»Sehr nett! Ihr beide würdet ein tolles Paar abgeben.«

Inzwischen waren wir an der Silbersackstraße angekommen, in die ich abbiegen musste, um mich mit den anderen am Hein-Köllisch-Platz zu treffen. Wir blieben stehen, dicht ans Schaufenster eines ›Erotikartikelfachgeschäfts‹ gedrückt, um den Menschenmassen aus dem Weg zu gehen.

»Meinste denn, das wird was? Oder, um es mal mit ihren Worten zu sagen: Lohnt es sich zu kämpfen oder hab ich mich in was Sinnloses verrannt?«

Ich ließ mir Zeit mit der Antwort. »Schwer zu sagen. Einerseits bin ich mir sicher, dass sie dich auch mag, andererseits diese männerfeindlichen Sprüche ... Vielleicht will sie es selbst noch nicht wahrhaben. Oder sie ist einfach verdammt vorsichtig.«

Knut rieb sich das Kinn. »Grund dazu hädde sie. Ich hab dir ja schon mal erzählt, dass ihr Mann 'n echtes Vollarschloch is.«

Ich nickte. »Ja, hast du. Aber weißt du was? Mein Bauchgefühl sagt mir ganz eindeutig, dass du nicht aufgeben solltest. Mein Ratschlag lautet: Kämpf weiter.«

Knut sah beinahe erleichtert aus, und ich vermutete, dass ich ihm genau das gesagt hatte, was er hören wollte.

Als ich an unserem vereinbarten Treffpunkt eintraf, saßen meine Freunde bereits alle draußen, tranken Bier, Wein oder einen Cocktail und tauschten lautstark den neuesten Klatsch und Tratsch aus.

»Hey Isa!«, rief Kathi mir schon von Weitem zu. »Komm, ich hab dir einen Platz frei gehalten!« Sie klopfte auf einen leeren Stuhl neben sich. Nachdem ich ausführlich über mein Katastrophen-Date mit Tom und die finanziellen Schwierigkeiten des Ladens berichtet hatte, wechselte das Gespräch allmählich zu anderen Themen. Nelly erzählte uns, dass sie sich entschlossen hatte, eine Weiterbildung zu machen, damit sie bei der Vergabe von Teamleiterposten in ihrem Büro nicht weiterhin übergangen wurde. »Da man mir oft genug versichert hat, es läge auf gar keinen Fall daran, dass ich ›Ausländerin‹«, zu diesem Wort malte sie mit den Fingern Anführungszeichen in die Luft, »oder eine Frau im gebärfähigen Alter bin, muss es ja wohl an meiner mangelnden Fachkompetenz liegen. Und wenn ich diesen Kurs erfolgreich absolviert habe, aber meine Bewerbungen trotzdem nicht berücksichtigt werden, dann werde ich diese Arschlöcher so was von verklagen!«, sagte sie entschlossen.

Kathi und Dennis berichteten von ihrem Haus in Bullenkuhlen, und Kathi malte auf einem Bierdeckel auf, wie der Grundriss später aussehen würde. Ich konnte mich immer noch nicht mit dem Gedanken anfreunden, dass die beiden wegziehen würden, aber ich gab mir alle Mühe, die aufkommende Panik zu unterdrücken.

Wir genehmigten uns noch ein paar Drinks in unserer Stammkneipe und zogen anschließend weiter, um tanzen zu gehen. Als wir schon reichlich gebechert und Nelly, Kathi, Kristin und ich uns auf der Tanzfläche zu Nenas *Irgendwie, irgendwo, irgendwann* verausgabt hatten, fragte Kathi unvermittelt: »Hey, wie geht es eigentlich Gothic-Girl?«

Ich trank ein paar Schlucke von meinem Gin Tonic, um den Durst zu löschen, dann sagte ich betont lässig: »Ganz gut. Sie ist eigentlich gar nicht so übel. Wir sind jetzt Freundinnen.«

»Freundinnen?!«, fragte Nelly erstaunt. »Wie ist das denn passiert?«

Ich erzählte in knappen Worten, wie Merle und Jens sich in mein Leben gemogelt hatten. »Sie sind echt nett. Ihr würdet sie auch mögen.«

Kathi grinste. »Soso. Jens ist doch der gut aussehende Typ, der von seiner Freundin mit einem Fernsehkoch betrogen wurde, richtig?«

Ich nickte.

»Weißt du inzwischen, wer es war?«, fragte Nelly.

»Nein.«

»Verdammt! Und dieser Jens ... Ist er Single?«

Genervt verdrehte ich die Augen. »Ja, soweit ich weiß.«

»Ein gut aussehender, netter Single also«, schlussfolgerte Kristin. »Und? Geht da was?«

»Nein! Warum sollte da was gehen?«

»Ein gut aussehender, netter Single«, wiederholte Kathi so langsam und deutlich, als wäre ich schwachsinnig.

»Ja und? Soll ich mich in jeden Typen verlieben, nur weil er zufällig Single und gut aussehend ist?«

»Und nett«, fügte Nelly hinzu.

»Ja, und nett, von mir aus. Da ist nichts zwischen uns. Keine Funken, kein Kribbeln, kein Herzklopfen, kein gar nichts.« An den Fingern zählte ich auf: »Er ist geschieden, total unromantisch, sarkastisch, und er hat nie Zeit. Kurzum, er ist all das, was ich *nicht* will. Und ich habe mir geschworen, mich nicht mehr mit Kompromiss-Männern einzulassen. Ich warte jetzt auf den einzig Wahren.«

Nelly und Kathi tauschten einen Blick. »Wie du meinst«, sagte Kathi schließlich. »Übrigens, wo wir gerade von Romantik reden ... Wäre es nicht total romantisch, wenn Dennis und ich in unserem Garten ...«

Nun war es an Nelly und mir, einen Blick zu tauschen. Wir verdrehten die Augen und grinsten uns an, während Kristin leise kicherte. Ich musste mir unbedingt für die Zukunft merken, dass man Kathi mit dem Thema »Haus« ganz leicht von allen Dingen ablenken konnte, über die man möglicherweise gerade nicht reden wollte.

Als ich am Montagmorgen in den Laden kam, wäre mir bei Brigittes Anblick beinahe die Tüte mit Franzbrötchen aus der Hand gefallen, die ich für uns beide vom Bäcker mitgebracht hatte. »Wow! Du siehst ja hammermäßig aus!«

Ihre dunklen Haare, die bislang von grauen Strähnen durchzogen gewesen waren, schimmerten jetzt mahagonifarben. Sie hatte Lidschatten, Rouge und Lippenstift aufgelegt und trug ein hübsches, buntes Sommerkleid, das ich noch nie an ihr gesehen hatte.

Verlegen strich sie sich durchs Haar. »Ich hab deinen Rat befolgt und mir was Gutes getan.«

»Klasse! Dieter sind bestimmt die Augen aus dem Kopf gefallen, was?«

»Pff!« Sie griff nach einer Gerbera und schnitt so energisch zwei Zentimeter des Stängels ab, dass der Stängelrest in hohem Bogen durch die Luft flog. »Dieter würde es noch nicht einmal bemerken, wenn mir ein Ficus aus dem Kopf wachsen würde.«

»Ach komm, hör auf«, sagte ich, während ich mir eine Schere nahm, um ihr zu helfen. »Du kannst mir doch nicht erzählen, dass er deinen neuen Look überhaupt nicht registriert hat.«

Wieder wurde eine Gerbera auf das Heftigste von ihr malträtiert. »Wie sollte er es denn registrieren? Er schaut ja nie von seinen verdammten Kreuzworträtseln auf.«

Wir arbeiteten eine Weile schweigend vor uns hin. »Habt ihr etwa Probleme?«, fragte ich schließlich, obwohl ich es kaum glauben konnte. »Ihr wirkt doch immer so harmonisch und glücklich, ich kann mir gar nicht vorstellen, dass ...«

»Isabelle, ich bitte dich!«, unterbrach sie mich rüde. »Wir sind schon seit Jahren nicht mehr *glücklich* miteinander, das kann dir doch nicht entgangen sein!«

»Doch, ist es«, sagte ich kleinlaut. »Ich weiß ja, dass ich nicht mehr so viel Zeit mit euch verbringe wie früher, aber wenn ich euch mal zusammen gesehen habe, dann ...«

»Was dann?«, fiel sie mir erneut ins Wort. »Löst Dieter

Kreuzworträtsel oder guckt Fußball, während ich mich um den Haushalt kümmere oder Bücher lese. Und abends um zehn gehen wir ins Bett, drehen uns in verschiedene Richtungen, und kurze Zeit später säuselt er mir sein Schnarchkonzert ins Ohr. *Das* ist unsere Ehe.«

Ich schluckte schwer, und auch wenn ich wusste, dass es Unsinn war, fühlte ich mich schuldig. Warum hatte ich denn nie etwas bemerkt? »Es tut mir so leid.«

»Ach, Schätzchen.« Brigitte ließ die verstümmelte Blume sinken. »*Mir* tut es leid. Nicht nur, dass du unter den Problemen mit dem Geschäft zu leiden hast, jetzt lade ich auch noch meinen Ehefrust bei dir ab. Ich hätte dir das gar nicht erzählen sollen.«

»Doch!«, rief ich energisch. »Du kannst alles bei mir abladen, all deinen Frust. Hast du mit Dieter überhaupt schon darüber geredet? An diesen Problemen könnt ihr doch arbeiten und gemeinsam wieder etwas mehr ... Pep in eure Ehe bringen.« Uäh. Pep. Ich versuchte, die skurrilen Sexbilder, die sich automatisch vor meinem inneren Auge aufgebaut hatten, zu verdrängen. Brigitte in Strapsen und Dieter im Ledertanga war mehr, als ich jetzt verkraften konnte.

»Glaub mir, ich habe es versucht«, sagte sie. »Aber Dieter ist so träge geworden, dass nichts auf der Welt ihn von seinem Sofa locken kann. Lassen wir das Thema, okay?« Sie sah mich bittend an.

Nach einem kurzen Zögern sagte ich: »Okay, aber das andere Thema, das noch im Raum steht, ist auch nicht gerade angenehm. Du weißt schon. Die Schuldnerberatung.«

Brigitte zog ein Gesicht, als hätte ich ihr ein faules Ei zum Verzehr angeboten. »Mein Leben hat sich in einen Albtraum verwandelt.«

»Ich weiß, aber das Gute an Albträumen ist doch, dass man

früher oder später wach wird. Und dann sind sie vorbei.« Ich holte die Visitenkarte der Kanzlei Lange und Friedrich und hielt sie Brigitte hin. »Dieser Herr Lange wurde mir wärmstens empfohlen. Soll ich einen Termin abmachen?«

Sie gab mir die Karte zurück und reckte dann entschlossen ihr Kinn in die Höhe. »Tja, nützt ja nichts.«

Ich ging nach hinten, um in der Kanzlei anzurufen, und ließ mich direkt zu Herrn Lange durchstellen. Er hatte eine tiefe, wohlklingende Stimme und drückte sich sehr gewählt aus. Automatisch stellte ich mir einen sechzigjährigen, distinguierten Mann vor, der starke Ähnlichkeit mit Herrn Dr. Hunkemöller hatte. Wir machten einen Termin für Donnerstagabend um acht Uhr ab, was bedeutete, dass ich schon wieder meinen Friedhofsbesuch verlegen musste und mein Wochenplan erneut über den Haufen geworfen wurde. Allmählich ging dieses Chaos in meinem Leben mir echt auf die Nerven! Herr Lange bat darum, dass wir bis dahin sämtliche Geschäftsunterlagen zusammenstellten: offene Eingangs- und Ausgangsrechnungen, Bilanzen, eine Übersicht über Forderungen der Gläubiger und so weiter.

Auch wenn ich bei dem Wort »Gläubiger« sofort wieder an Insolvenz denken musste, hatte ich das gute Gefühl, dass dieser Herr Lange genau der richtige Mann für Brigittes Laden war. Jetzt musste ich ihr nur noch schonend beibringen, dass sie innerhalb von drei Tagen alle, aber auch wirklich alle Geschäftsunterlagen zusammenkramen musste.

Crash, Boom, BÄMM

Die ganze Woche über war ich nervös wegen des anstehenden Treffens mit Herrn Lange. Es kam mir vor, als würde der Donnerstag wie ein drohendes Gewitter unaufhaltsam auf uns zurollen. Ich hörte förmlich schon Donnergrollen und sah erste Lichtblitze. Auf meine Arbeit konnte ich mich kaum konzentrieren, und auch Brigitte wirkte fahrig und nervös. Sie hatte bereits drei prall gefüllte Aktenordner und einen Schuhkarton mit wild durcheinanderfliegenden Rechnungen mitgebracht. »Zu Hause ist noch mehr«, erklärte sie mir.

Am Mittwochabend holte Merle mich vom Laden ab und begleitete mich nach Hause, wo ich in aller Ruhe meine Wäsche wusch, während sie uns einen köstlichen Gemüseauflauf zauberte. Sie war so stolz und zufrieden mit ihrem Werk, dass ich mich kaum noch über das Chaos aufregte, das sie beim Kochen in meiner Küche anrichtete.

»Jens lässt mich nach wie vor im Restaurant nur spülen«, erzählte sie mir während des Essens. »Aber Lukas meinte, es wäre viel besser, wenn ich ihnen zuarbeiten würde. Bald fängt zwar ein Aushilfskoch bei Jens an, und am 1. August kriegt er einen Azubi, aber momentan sind sie halt nur zu zweit in der Küche.«

»Hättest du denn Lust, Lukas und Jens zuzuarbeiten?«

»Ja, total!«, sagte sie mit einem Leuchten in den Augen. »Aber Jens will davon nichts wissen. Der traut mir überhaupt nichts zu.«

Ich nahm noch eine Gabel von meinem Auflauf. »Versteh ich nicht. Du kannst doch kochen.«

»Ich suche übrigens eine Frau für ihn«, sagte sie völlig zusammenhangslos.

»Für Jens?!«, japste ich. »Na dann. Viel Glück.«

»Wieso sagst du das so?«

»Wie sage ich das denn?«

»Als würdest du das für völlig aussichtslos halten. Warum sollte er keine Freundin abbekommen?«

»Es geht nicht darum, dass er keine abbekommt, sondern darum, dass er sich seine Freundin wahrscheinlich lieber selbst aussucht, als sie von seiner kleinen Schwester vorgesetzt zu kriegen. Und mal ganz davon abgesehen hat er mir gesagt, dass er gar keine Freundin will.«

Merle schnaubte empört. »Wieso sollte er keine wollen?«

Ich überlegte, wie ich ihr am besten beibringen sollte, dass ihr Bruder den Glauben an die wahre Liebe verloren hatte, entschied mich dann aber, ihr das gar nicht auf die Nase zu binden. »Weil er keine Zeit dafür hat. Er arbeitet doch nur. Wenn du als Frau einen Typen suchst, mit dem du möglichst wenig zu tun haben willst, dann ist Jens dein Mann. Ich fürchte nur, dass die meisten Frauen einen Typen suchen, mit dem sie möglichst viel zu tun haben wollen.«

»Hm.« Merle piekte mit der Gabel in ein Brokkoliröschen, als wolle sie es erstechen. »Aber er hat doch Zeit. Vor zehn Uhr morgens und zwischen halb drei und fünf Uhr nachmittags, da ist auch meistens Leerlauf. Und dann wieder ab elf. Na, sagen wir halb zwölf. Das sind …« Ihr Blick verklärte sich. »… dreizehn Stunden. Also mehr als die Hälfte des Tages. Länger kann man Jens doch sowieso nicht aushalten.«

»Ja, aber du übersiehst, dass die meisten Frauen dann, wenn er Zeit hat, arbeiten oder schlafen«, sagte ich vorsichtig.

Merle schien sich meine Worte eine Weile durch den Kopf gehen zu lassen. Schließlich zuckte sie mit den Achseln und sagte: »Ach, was soll's, ich finde schon jemanden. Ich glaube, er würde viel netter werden, wenn er eine Freundin hätte.«

Unser Gespräch wandte sich von da an anderen Themen zu, und bis Merle nach Hause ging, hatte ich ihr »Ich suche eine Freundin für meinen großen Bruder«-Projekt schon wieder vergessen.

Punkt neunzehn Uhr schlossen Brigitte und ich am Donnerstag den Laden. Wir waren beide extrem nervös, während wir auf Herrn Lange warteten, und als es um kurz nach acht endlich an der Ladentür klopfte, sprangen wir hektisch von unseren Stühlen auf. Ich eilte nach vorne, um ihn reinzulassen, und konnte ihn schon von Weitem durch die Glastür erkennen. Wie angewurzelt blieb ich stehen und starrte ihn an. Er sah überhaupt nicht aus wie Dr. Hunkemöller. Nicht im Mindesten! Er war viel jünger, als ich angenommen hatte, um die dreißig vielleicht. Seine Haare waren hellbraun, und ein sehr nettes Lächeln lag auf seinem Gesicht. Plötzlich fiel mir auf, dass ich immer noch wie angewachsen dastand. Also gab ich mir einen Ruck, ging auf ihn zu und öffnete die Tür.

»Hallo.« Er hielt mir die ausgestreckte Hand hin. »Ich bin Alexander Lange.«

Ich ergriff seine Hand und schüttelte sie. Sie fühlte sich angenehm warm und trocken an. »Isabelle Wagner. Wir haben miteinander telefoniert. Kommen Sie doch rein.«

Brigitte war inzwischen ebenfalls nach vorne gekommen, um Herrn Lange zu begrüßen und ihn in unsere Kaffeeküche zu führen. »Hinten ist schon alles vorbereitet. Die Unterlagen habe ich beisammen.«

»Sehr gut. Ich wünschte, all meine Mandanten wären so

gewissenhaft wie Sie.« Er hatte eine nette Stimme. Wirklich sehr nett. Und live klang sie auch gar nicht mehr so alt wie am Telefon.

Ich trottete den beiden hinterher und starrte auf Herrn Langes Rücken. So hatte ich mir einen Fachanwalt für Insolvenzrecht überhaupt nicht vorgestellt, und ich fühlte mich auf seltsame Art betrogen. Okay, er trug einen Anzug, was bei den fünfundzwanzig Grad, die draußen herrschten, sicherlich nicht angenehm war, aber auf den ersten Blick wirkte er überhaupt nicht so ... distinguiert und steif, wie ich angenommen hatte. Wieso sah der so gut aus?

Herr Lange und Brigitte setzten sich an den Tisch, auf dem sich bereits der Papierkram türmte.

»Möchten Sie einen Kaffee?«, fragte ich Herrn Lange. Mann, hatte der blaue Augen! So strahlend blau, dass mir der Atem stockte. Ein Schuldnerberater sollte nicht so blaue Augen haben! »Oder Tee? Wir haben Pfefferminztee, schwarzen Tee, Hagebuttentee, Yogitee, Rooibos Karamell, Schoko Chili und Lakritze, wobei der nicht so lecker ist«, plapperte ich und konnte mir selbst nicht erklären, wieso ich nicht einfach die Klappe hielt. »Ich mag Yogitee sehr gern, aber das ist nicht jedermanns Sache. Grundsätzlich kann man ja mit schwarzem Tee nichts verkehrt machen. Man muss nur aufpassen, dass man ihn nicht zu lange ziehen lässt. Dann wird er bitter.« ›*Herrgott noch mal, sei endlich still!*‹, rief meine innere Stimme mir zu. »Oder vielleicht lieber ein Wasser?«

Brigitte sah mich an, als würde sie ernsthaft darüber nachdenken, mich einweisen zu lassen, während Alexander Lange mich unverändert freundlich anlächelte. »Das stimmt, ich mag schwarzen Tee auch nicht, wenn er zu lange zieht. Yogitee finde ich persönlich ganz lecker, im Gegensatz zu Pfefferminztee, den ich hasse. Schoko Chili klingt interessant, momentan hätte ich aber am liebsten ein Wasser. Für Kaffee oder Tee ist es mir heute eindeutig zu heiß.«

Und da war er, dieser Moment, dieser eine, ganz besondere Moment, auf den ich schon so lange gewartet hatte: Ich sah Alexander Lange in die blauen Augen, spürte, wie meine Mundwinkel sich zu einem Lächeln nach oben zogen, mein Herz klopfte schneller, und mein Magen schlug einen Purzelbaum. Es machte BÄMM!, so klar und deutlich, dass es nicht zu überhören war. Und in dieser einen magischen Sekunde sagten mein Bauch und mein Herz mir unmissverständlich, dass ich Alexander Lange haben wollte. Dass er derjenige welcher war, von dem ich immer geträumt hatte. Nachdem ich ihn eine Weile versonnen angelächelt hatte, wurde mir bewusst, dass er auf etwas zu warten schien. Oh, verdammt, was hatte er gerade noch mal gesagt? Heiß! Ihm war heiß! »Sie können sich ja ausziehen«, hörte ich mich sagen und zuckte augenblicklich zusammen. »*Es*, meine ich. Also, Ihr Jackett.«

Brigitte rutschte unruhig auf ihrem Stuhl hin und her, während er lachte und sagte: »Ja, schon klar. Gute Idee übrigens.« Er zog sein Jackett aus, und zu meiner Erleichterung trug er kein kurzärmliges Hemd mit einem Kugelschreiber in der Brusttasche, sondern ein schickes langärmliges. Mein Traummann hatte wirklich einen ausgesprochen guten Hemdengeschmack. Fast spürte ich schon so etwas wie Stolz.

Ich riss mich von seinem Anblick los, um drei Gläser und eine Flasche Wasser zu holen, und war froh, dass meine Hand beim Einschenken nicht zitterte. Nachdem ich mich zu Brigitte und Alexander gesetzt hatte (›Herr Lange‹ kam mir jetzt irgendwie viel zu distanziert vor), fing er an zu reden, doch es fiel mir schwer, ihm zuzuhören. Ich lauschte nur dem Klang seiner Stimme, ohne seine Worte wirklich wahrzunehmen.

Stattdessen starrte ich auf seine Hände. Kein Ehering. Sehr gut. Was für wunderschöne, gepflegte, feingliedrige Hände er hatte. Nicht so wie Jens, dessen kräftige Pranken eindeutig nach Arbeit aussahen und meistens von irgendeinem Brandfleck oder Heftpflaster verunstaltet wurden.

»... mir einen Überblick über Ihre finanzielle Situation verschaffen ...«, drang es wie aus weiter Ferne an mein Ohr.

Mist, was machte ich hier eigentlich? Es ging um Brigittes Laden, um ihre Zukunft, um *meine* Zukunft. Das hier war wichtig. Und ich hatte nichts Besseres zu tun, als Alex (ich durfte ihn bestimmt Alex nennen) anzuhimmeln.

»... die Gläubiger kontaktieren und versuchen, eine Einigung zu erzielen ...«, erklärte er weiter mit seiner tiefen, netten Stimme.

Jetzt lächelte er nicht mehr, er sah ganz ernst und konzentriert aus. Wie entschlossen er wirkte. Und intelligent.

»... Ihre Liquiditätsprobleme mit konsequentem Krisenmanagement wieder in den Griff kriegen, um eine Insolvenz zu vermeiden ...«

Insolvenz. Da war es wieder, das böse Wort, das mich auf den Boden der Tatsachen zurückholte. Okay, tief durchatmen, zusammenreißen, konzentrieren und ins Gespräch einklinken.

»... wofür die Früherkennungstreppe ein sehr gutes Hilfsmittel ist.« Alex holte einen Laptop aus seiner Aktentasche und drehte ihn so, dass Brigitte und ich auf den Bildschirm gucken konnten. »Anhand der Auswertung dieser Fragen können wir feststellen, an welchem Punkt der Krise Ihr Geschäft sich befindet.«

Ich überflog die Fragen, die zunächst grün, dann orange und schließlich rot abgebildet waren und mit *Ja*, *Nein* oder *Weiß nicht* beantwortet werden konnten.

»Frage 2 ist auf jeden Fall ein *Ja*. Unsere Kunden sind zufrieden mit uns«, sagte ich. »Zumindest die, die wir noch haben. Bei Frage 5, ob wir genug neue Kunden gewonnen haben, ist die Antwort offensichtlich *Nein*.« Ich scrollte weiter runter. »Oh, Frage 6: Sind Ihre Mitarbeiter ausreichend motiviert? Da kann ich definitiv sagen: Ja, bin ich. Und Frage 7: Sind Ihre Mitarbeiter gut genug? Ja, natürlich bin ich das! Geht's noch?«

»Na wunderbar.« Er lächelte mich an, wobei mein Herzschlag sich wieder beschleunigte. »Je mehr Fragen Sie mit *Ja* beantworten können, desto besser.«

Die nächsten Fragen im gelben Bereich waren allerdings nicht mehr so einfach zu beantworten, und spätestens im roten Bereich konnte ich nur noch *Weiß nicht* anklicken. Zum einen, weil ich es tatsächlich nicht wusste, da ausschließlich Brigitte sich um die Buchhaltung kümmerte, und zum anderen, weil ich die Fragen nicht mal verstand. Hilflos wandte ich mich an Brigitte. »Eigenkapitalquote, Cashflow, Umsatzrendite ... Ich hab keine Ahnung, was das ist.«

»Wenn Sie diese Krise in den Griff bekommen wollen, müssen Sie Ihre Schwachstellen kennen und sich damit auseinandersetzen«, sagte Alex. »Nun haben Sie eine Schwachstelle gefunden.«

Wo er recht hatte, hatte er recht. »Um die Buchführung und den ganzen Geschäftskram kümmert sich Frau Schumacher. Aber es stimmt schon, ich sollte mich damit auskennen. Immerhin will ich diesen Laden eines Tages übernehmen.«

Er sah mich überrascht an. »Dann sollten Sie sich allerdings damit auskennen.«

Nun schaltete sich Brigitte ins Gespräch ein, die bislang reglos auf den Monitor gestarrt hatte. »Ich weiß, was Umsatzrendite, Cashflow und Eigenkapitalquote sind. Übrigens sollte ich vielleicht noch erwähnen, dass mir dieser Laden gehört. Ich habe ihn vor dreißig Jahren geerbt.«

Alex Lange notierte etwas auf dem Block, den er vor sich liegen hatte. »Das ist sehr gut. Das macht das Ganze wesentlich einfacher. Eine Immobilie von dieser Größe in dieser Lage ist locker dreihunderttausend Euro wert. Eher mehr.«

Wie viel?! Das war ja schlimmer als gedacht. Dann fehlten mir also noch zweihundertsiebzigtausend Euro, um Brigitte den Laden abzukaufen. Ob ich die in zehn Jahren zusammenkriegte? Könnte knapp werden.

»Sie müssen die Fragen der Früherkennungstreppe nicht sofort und spontan beantworten«, fuhr er fort. »Denken Sie in Ruhe darüber nach.«

»Also eins kann ich jetzt schon sagen«, meinte Brigitte. Sie war ziemlich blass um die Nase. »Ich muss viel zu viele Fragen mit *Nein* beantworten.«

Alex schloss seinen Laptop und gab uns jeweils einen Ausdruck des Fragebogens. »Es ist schon mal sehr gut, dass Sie sich überhaupt damit beschäftigen. Bis nächste Woche werde ich Ihre Unterlagen gesichtet haben. Dann gehen wir alles gemeinsam durch.«

»Und was passiert dann?«, fragte ich und versuchte, mich nicht von seinen wunderschönen blauen Augen ablenken zu lassen.

»Den Ablauf habe ich ja eingangs schon ausführlich dargelegt«, erwiderte er lächelnd.

Verdammt. Das war dann wohl die Phase gewesen, in der ich nicht aufgepasst hatte. »Ach ja, richtig.«

»Grob zusammengefasst werden wir uns gemeinsam eine Strategie und Sanierungsmaßnahmen überlegen, ich werde die Gläubiger kontaktieren und versuchen, eine Einigung mit ihnen zu erzielen. Wir müssen das Unternehmen wieder dahin kriegen, dass es schwarze Zahlen schreibt«, erklärte er, während er seinen Laptop wieder einpackte. »Gut, dann werde ich jetzt ...«

Das klang so nach Aufbruch. Wieso wollte er denn schon gehen? »Möchten Sie noch ein Wasser?«, fiel ich ihm ins Wort.

»Danke für das Angebot, aber ...«

»Wollen Sie sich den Laden mal ansehen? Ich kann Sie herumführen.« Ich spürte Brigittes mahnenden Blick förmlich auf meiner Haut, doch das war mir egal.

»Okay«, sagte Alex. »Gute Idee.«

In den folgenden zwanzig Minuten zeigte ich ihm in aller Ausführlichkeit jeden noch so kleinen Winkel des Ladens. Ich war mir sicher, dass noch niemals irgendeinem Menschen so detailliert ein Lager, ein WC, eine Kaffeeküche, ein winziges Büro, ein Kassenbereich, ein Bindetisch, Balkon- und Zimmerpflanzen und verschiedenste Schnittblumen gezeigt und erklärt worden waren. Alex ließ meinen Wortschwall geduldig über sich ergehen, was ich ihm hoch anrechnete. Jens hätte mich wahrscheinlich schon nach zwanzig *Sekunden* gefragt, ob ich ihn verarschen wolle, und mir nahegelegt, die Klappe zu halten. Aber Alex zeigte großes Interesse, stellte hier und da eine Frage und bewunderte die schönen Pflanzen. Er war einfach perfekt! Anders konnte man es nicht sagen, er war rundherum und voll und ganz perfekt. Ich beendete meinen Rundgang in der Dekoecke.

»Was für wunderschöne Plastiken.« Er zeigte auf *Liebe 2*.

Ich glaubte, meinen Ohren nicht zu trauen. »Ist das Ihr Ernst?«

»Ja, natürlich. Von wem sind die?«

»Von Mario Kunzendorf. Er ist ein sehr talentierter Künstler und ein guter Freund von Brigitte, also Frau Schumacher.«

Alex betrachtete *Liebe 2* von allen Seiten. Sanft strich er mit dem Finger über eine Vertiefung. »Wirklich wunderschön.«

Okay, wenn er so begeistert war, dann ... »Die Plastik kostet zweihundertfünfzig Euro. Was ein echter Schnäppchenpreis ist, wenn man bedenkt, wie filigran sie gearbeitet ist.«

»Sehr geschäftstüchtig, das gefällt mir«, sagte er lachend und stellte *Liebe 2* zurück ins Regal. »Ich überleg's mir noch mal.«

»Entschuldigung, Herr Lange?« Wir fuhren herum und sahen Brigitte hinter uns. »Ich habe die Unterlagen und Ordner in einen Karton gepackt, damit Sie alles leichter transportieren können.«

Das kam ja einem Rausschmiss gleich. Unverschämtheit!

»Vielen Dank«, sagte Alex. »Dann werde ich mich mal auf den Weg machen. Danke auch für den ausführlichen Rundgang, Frau Wagner. Das war sehr aufschlussreich und interessant.«

Diese blauen Augen waren echt der Hammer! Ob er eine Freundin hatte? So einer war doch garantiert nicht Single. Aber wie sollte ich das möglichst unauffällig aus ihm herauskriegen? Kurzerhand holte ich eine rote Rose und drückte sie ihm in die Hand. »Bitte schön. Die können Sie Ihrer Freundin schenken.« Meine Güte, wie clever ich war. Am liebsten hätte ich mir selbst auf die Schulter geklopft.

»Oh, das ist aber nett. Ich habe zwar keine Freundin, aber meine Sekretärin freut sich bestimmt darüber.«

Keine Freundin. Ha! Es kostete mich alle Kraft, nicht in einen albernen Freudentanz auszubrechen, sondern ruhig stehen zu bleiben und einen neutralen Gesichtsausdruck zu bewahren. »Sie sollten Ihrer Sekretärin keine rote Rose schenken. Das kommt irgendwie komisch rüber, es sei denn, Sie wollen ihr signalisieren ...«

»Um Gottes willen, nein!«

Ich nahm ihm die Rose weg und tauschte sie gegen eine

Sonnenblume aus. »Die sagt: ›Ich mag Sie und schätze Sie als Angestellte.‹«

»Perfekt. Vielen Dank.« Er ging zu Brigitte, um sich von Ihr zu verabschieden. »Wollen wir uns nächsten Donnerstag treffen? Zur selben Zeit und wieder hier?«

Brigitte nickte. »Ja, abgemacht. Bis dahin werden wir uns einen Schlachtplan überlegen.«

»Gut. Meine Sekretärin wird Ihnen gleich morgen früh eine Honorarvereinbarung und einen Anwaltsvertrag zuschicken.« Nun kam er auf mich zu, um mir die Hand zu geben. »Tschüs, Frau Wagner.«

Am liebsten hätte ich mich ihm an den Hals geworfen. »Tschüs. Und vergessen Sie nicht, die Blume zu Hause ins Wasser zu stellen. Blumenwasser sollte übrigens grundsätzlich nicht kalt sein, das wissen viele Leute gar nicht. Blumen haben es am liebsten lauwarm. Und sie haben gern alle zwei bis drei Tage frisches Wasser. Was ja auch nur verständlich ist, ich meine, Sie möchten doch bestimmt auch nicht die ganze Zeit in so einer abgestandenen, stinkenden …« Ich hörte Brigitte laut und vernehmlich husten und brach mitten im Satz ab. »Äh, wie gesagt. Alle drei Tage das Wasser wechseln.«

»Klar. Mach ich.« Er legte die Sonnenblume auf den Karton und ging zum Ausgang. »Bis nächste Woche.«

Seufzend starrte ich die Tür an, durch die er soeben getreten war. Alexander Lange. Alleine schon der Name war toll! Doch dann fiel mir wieder ein, weswegen er hier gewesen war. Nach einem kurzen Räuspern drehte ich mich zu Brigitte um. »Er macht einen recht kompetenten Eindruck, meinst du nicht auch?«

Sie hob die Augenbrauen. »Doch, ja. Recht kompetent. Du hingegen hast dich heute Abend über weite Strecken ziemlich merkwürdig verhalten, meine Liebe.«

»Ich war halt nervös.«

»Mhm, es war nicht zu übersehen, dass er dich nervös macht.«

Darauf fiel mir keine Antwort ein. Leugnen wollte ich es nicht, aber ich hatte momentan auch kein Interesse, das Thema zu vertiefen. Brigitte und ich hatten viel dringendere Dinge zu besprechen. Zum Glück schien sie das auch so zu sehen, denn sie sagte: »Wie sieht's aus, gehen wir den Fragebogen zusammen durch? Wir könnten einen Tee dabei trinken.« Ein leichtes Grinsen breitete sich auf ihrem Gesicht aus. »Schoko Chili oder Lakritze oder Yogitee oder Pfefferminztee oder …«

»Hör auf«, lachte ich. »Das ist eine ernste Angelegenheit.«

»Ich weiß. Viel zu ernst für meinen Geschmack.«

Zwei Stunden später dröhnte mein Kopf, und ich fühlte mich so entmutigt wie nie zuvor. Brigitte und ich hatten einen Großteil der Fragen mit *Nein* beantworten müssen, und laut Testergebnis bedeutete das, dass unsere Situation äußerst schwierig war, dass wir dringend Maßnahmen ergreifen mussten und uns Hilfe holen sollten. Wir waren nicht innovativ genug, hatten uns nicht ausreichend damit beschäftigt, was unsere Kunden von uns erwarteten, und uns überhaupt nicht auf die veränderte Marktsituation in Form des neuen Konkurrenzladens eingestellt. Unsere Trägheit kam uns jetzt teuer zu stehen. Brigitte schaltete den PC aus und lehnte sich kraftlos in ihrem Stuhl zurück. »Ich habe den ganzen Mist einfach verdrängt und auf die lange Bank geschoben. Ich habe mein Geschäft ruiniert.«

»Ach komm, jetzt sei mal nicht so melodramatisch. Wir schaffen das, Brigitte. Aber auch wenn es uns schwerfällt: Hier muss künftig ein anderer Wind wehen, und wir müssen ein paar grundlegende Dinge ändern. Und dann holen wir uns unsere Kunden zurück.« Ich stand auf und suchte im Kühlschrank nach etwas Alkoholischem. Zu meiner großen Erleichterung fand ich eine Flasche Weißwein. »Wie sieht's aus? Trinken wir ein Glas?«

Sie betrachtete nachdenklich die Flasche. »Tut mir leid, Isa, aber ich bin völlig erledigt. Ich möchte nur noch nach Hause und das alles erst mal sacken lassen.«

»Okay, das verstehe ich. Geh ruhig schon«, sagte ich aufmunternd. »Ich räum hier nur noch schnell auf, dann mach ich mich auch auf den Weg.«

Sie nahm mich wortlos in den Arm und drückte mich fest an sich. Dann griff sie nach dem ausgedruckten Fragebogen, stopfte ihn in ihre Handtasche und verabschiedete sich.

Eine Weile stand ich reglos im Raum und starrte auf den Tisch, ohne wirklich etwas zu sehen. Was für ein mieses Gefühl, wenn einem das Wasser bis zum Hals stand. Aber egal wie schlimm es auch aussehen mochte – immerhin hatten wir heute endlich die Probleme angesprochen, und der Termin mit Alex Lange hatte mir Hoffnung gemacht. Ich vertraute ihm und war mir sicher, dass er uns helfen würde. Und nicht nur das, ich hatte mich auch noch in ihn verknallt! »Meine Güte, Isabelle«, sagte ich laut zu mir selbst. »Kein normaler Mensch würde in einer derartigen Situation an so etwas auch nur denken.«

Unschlüssig starrte ich auf die Flasche. Mir war sehr nach einem Glas Wein, aber nicht danach, es alleine zu trinken. Schnell räumte ich die benutzten Gläser in die Spüle, kramte die Unterlagen, die Alex uns dagelassen hatte, zusammen und legte sie ordentlich auf einen Stapel. Dann schnappte ich mir die Flasche und machte mich auf den Weg zu Jens.

Es war bereits halb zwölf, aber im Restaurant brannte noch Licht. Durch das Fenster entdeckte ich Jens, der dabei war, die Stühle hochzustellen. Ich klopfte an die Scheibe, und nachdem er mich erkannt hatte, deutete er mit dem Zeigefinger zur Tür. Kurz darauf standen wir voreinander, und ich hielt die Flasche Wein hoch. »Das ist ein richtig gutes Tröpfchen. Wie wär's?«

Jens zögerte einen winzigen Moment, sein Blick schweifte von mir zur Weinflasche und dann wieder zurück zu mir. »Bei so einem edlen Tropfen kann ich natürlich nicht Nein sagen, aber offen gestanden habe ich für heute die Schnauze voll von diesem Laden.«

»Oh. Ähm, kein Problem«, sagte ich und wunderte mich, wie enttäuscht ich war. »Dann ein anderes Mal. Schönen Feierabend. Und gute Nacht.« Ich zwang mich zu einem munteren Lächeln und wollte mich schon auf den Weg machen, doch Jens hielt mich am Arm zurück.

»Hey, warte doch mal. Das war keine Absage, ich muss nur unbedingt hier raus. Wir können den Wein doch auch bei mir trinken.«

Mir fiel ein riesiger Stein vom Herzen, und ich spürte, wie sich ein Lächeln auf meinem Gesicht ausbreitete. »Klar, warum nicht?« Wieder wunderte ich mich über meine merkwürdig heftige Reaktion. Offenbar war mir momentan ein bisschen Gesellschaft noch wichtiger, als ich angenommen hatte.

»War es sehr stressig heute?«, fragte ich ihn auf dem Weg zu seiner Wohnung.

»Die Hölle. Der Laden war brechend voll, und Lukas ist krank geworden. Alleine ist das kaum zu schaffen.«

»Wann fängt denn der Aushilfskoch an?«

»Erst in ein paar Wochen.«

»Und was ist mit Merle?«

Er lachte. »Merle ist erstaunlich motiviert, aber sie macht

mir mehr Arbeit, als sie mir abnimmt. Wenn ich schon sehe, wie sie Kartoffeln schält, läuft es mir kalt den Rücken runter.«

»Dann zeig ihr doch, wie es richtig geht.«

»Wozu? Sie ist nicht meine Auszubildende.«

»Weil du in der jetzigen Situation jede Hilfe gebrauchen kannst, oder nicht? Und ich glaube, Merle könnte dir eine große Hilfe sein.«

»Das bezweifle ich.«

Mein Gott, war der stur!

In Jens' Wohnung war es dunkel und still – abgesehen von dem lauten Schnarchen, das aus Merles Zimmertür drang. »Wow«, flüsterte ich und brach in unkontrolliertes Kichern aus. »Das hätte ich ihr gar nicht zugetraut.«

»Ja, sie ist eben ganz Grande Dame«, grinste er. In der Küche schaltete er das Licht an, und wir fanden uns augenblicklich in einem Schlachtfeld wieder, das eindeutig Merles Handschrift trug. Offenbar hatte sie sich einen Salat gemacht, denn über die Arbeitsflächen verteilt lagen Gemüsereste, Schneidbrettchen und Messer sowie ein verschmiertes Marmeladenglas, in dem sie das Dressing gemixt hatte. Auf dem Gasherd stand eine benutzte Bratpfanne, und rundherum verteilten sich großzügig angetrocknete Fettspritzer.

Jens stöhnte auf. »Und genau das, liebe Isabelle, ist der Grund, wieso ich Merle nur spülen lasse.«

Mein Blick fiel auf den Küchentisch, auf dem ein Teller voll appetitlich aussehendem Salat mit gebratenen Hähnchenbrustfiletstreifen stand. Daneben hatte Merle einen Korb mit Baguette und ein kleines Kännchen Salatdressing gestellt. Neben dem Teller lag ein Zettel. ›*Hier, iss das, Junge. Und dann schlaf gut*‹, stand darauf. Unter ihrem Namen hatte Merle einen Smiley und ein Blümchen gemalt. »Das ist ja wohl megasüß!«

Jens las den Zettel und lächelte. »Ja, irgendwie schafft sie es immer wieder, dass man ihr nicht lange böse sein kann. Hast du Hunger? Dann greif zu.«

»Das hat sie doch für dich gemacht.«

»Ich weiß, aber ich kann heute echt kein Essen mehr sehen. Also hau rein, in der Zeit geh ich schnell duschen und mich umziehen.« Er öffnete die Balkontür. »Setz dich ruhig raus, wenn du willst. Nimm dir, was du brauchst, und fühl dich wie zu Hause. Ich bin sofort wieder da.«

›Weingläser wären nicht schlecht‹, überlegte ich und stöberte in sämtlichen Küchenschränken und -schubladen nach Gläsern und einem Korkenzieher. Draußen zündete ich die Citronellakerze an, die auf dem kleinen Tisch stand, und machte es mir auf einem der beiden Sessel gemütlich. Der Balkon ging zur Straße raus, und ich betrachtete die großen, alten Linden und die hübschen Jugendstilfassaden der Häuser gegenüber. Ich schloss die Augen und genoss die leichte Brise, die mir sanft übers Gesicht strich. Es roch nach Sommer und Wärme, und ich spürte, wie nach und nach der Stress und die Anspannung des Tages von mir abfielen. Um nicht auf der Stelle einzuschlafen, schaute ich hinauf in den Nachthimmel, an dem vereinzelt ein paar Sterne standen. Das war der einzige Nachteil an Hamburg: Der Sternenhimmel machte hier nicht besonders viel her. Wenn man es genau betrachtete, war es sogar unfair, denn jede Sternschnuppe stand für einen Wunsch. Wenn aber in Hamburg viel weniger Sternschnuppen zu sehen waren als auf dem Land, bedeutete das doch, dass Hamburger weniger Wünsche frei hatten. Ich nahm mir Merles Salat vor und dachte darüber nach, dass ich auf eine Sternschnuppe gar nicht richtig vorbereitet war. Was sollte ich mir wünschen? Wenn Kathi erst mal in Bullenkuhlen wohnte, musste sie darüber gar nicht großartig nachdenken. Sie würde dann ja ständig Sternschnuppen sehen und sich jederzeit wünschen können, was ihr gerade einfiel. Besseres Wetter, eine Beförderung, den lang ersehnten Heiratsantrag oder dass der Hund endlich lernte, Platz zu machen. Aber ich, die ich nur durchschnittlich ein oder zwei Sternschnuppen pro Sommer zu Gesicht bekam, musste mir meinen Wunsch gut überlegen.

»War klar, dass du die Kerze anmachst«, riss Jens mich aus meinen Gedanken. Er kam zu mir auf den Balkon, seine Haare waren noch nass vom Duschen, und er steckte in einer ziemlich abgewetzten Jeans und einem verwaschenen T-Shirt mit dem Aufdruck ›*Wer sich nicht wehrt, endet am Herd*‹. Er ließ sich auf den Sessel mir gegenüber fallen. »Mädchen und Kerzen, was ist das nur?«

Ich war zu bemüht, mir angesichts seines T-Shirts ein Lachen zu verkneifen, um darauf zu antworten.

Als er meinen Blick bemerkte, sah er an sich herunter und sagte: »Es war nichts anderes mehr sauber. Das hat mir meine Mutter mal geschenkt. Sie findet das wahnsinnig witzig.«

»Ich auch«, sagte ich und gab mir keine Mühe mehr, mein Lachen zu unterdrücken.

»Ja, ich auch irgendwie. Schmeckt der Salat?«

»Sehr sogar.« Ich reichte ihm den Teller rüber.

Er nahm eine Gabel voll und verzog leicht das Gesicht. »Das Fleisch ist zu trocken, und die Vinaigrette macht Merle immer mit viel zu viel Essig.«

»Ich find's lecker«, sagte ich und nahm ihm den Teller wieder ab.

»Man kann es essen.« Er öffnete die Flasche und schenkte uns ein. »Was haben wir denn hier?« Er steckte seine Nase ins Glas, schnupperte und trank einen Schluck. »Hmmm, ein spritziger, frischer Sommerwein, der Spaß macht. Im ersten Moment dominieren ganz eindeutig Passionsfrucht, Rosmarin und Blaubeere.«

Kichernd imitierte ich ihn. »Aber im Abgang entfaltet sich ein wunderbar kräftiges Bouquet von Lavendel, Süßholz und ... äh ...«

»Tollkirsche«, vollendete Jens meinen Satz.

»Ja!«, rief ich. »Wieso bin ich nicht selbst darauf gekommen? Und das von Aldi, für zwei Euro!«

»Da soll noch mal einer behaupten, Qualität hätte ihren Preis«, sagte er lachend.

Ich trank einen Schluck von meinem Wein und schaute wieder nach oben zu den Sternen. »Was wünschst du dir eigentlich, wenn du Sternschnuppen siehst?«

»Bitte?«, fragte er irritiert.

»Ich hab vorhin überlegt, was ich mir bei einer Sternschnuppe wünschen soll, denn in der Stadt sieht man ja nicht so viele. Da muss man drauf vorbereitet sein.«

Jens lachte. »Du kriegst es immer wieder hin, gleichzeitig komplett verkitscht und höchst pragmatisch zu denken. Das finde ich echt erstaunlich.«

»Vielen Dank«, sagte ich, obwohl ich mir nicht sicher war, ob er das als Kompliment oder Beleidigung gemeint hatte. »Also, was wünschst du dir?«

»Gar nichts.«

»Wieso nicht?«

»Wieso sollte ich?«

Ich setzte mich aufrecht hin und sah ihn fassungslos an. »Na, weil du dir etwas wünschen darfst, wenn du eine Sternschnuppe siehst.«

»Ich darf mir jederzeit etwas wünschen.«

»Ja, aber bei einer Sternschnuppe geht der Wunsch in Erfüllung!«, rief ich aufgebracht. Wie konnte er nur so dumm sein, sich einen Wunsch entgehen zu lassen?

»Das glaubst du nicht wirklich, oder?«

Ich zögerte zwei Sekunden, dann sagte ich: »Möglicherweise fehlen da Belege und Langzeitstudien, aber man sollte doch nichts unversucht lassen.«

»Was ist mit Wimpern?«, fragte Jens interessiert. »Wünschst du dir auch etwas, wenn du eine ausgefallene Wimper findest?«

Ich nickte. »Ja, aber da habe auch ich meine Zweifel, dass es funktioniert. So eine Sternschnuppe hat viel mehr Energie, rein kosmisch gesehen.«

»Aber warum zur Hölle sollte ein Wunsch in Erfüllung gehen, nur weil eine Sternschnuppe vom Himmel fällt? Den Zusammenhang sehe ich einfach nicht.«

»Bei dir zählt immer nur Logik. Aber nicht alles ist logisch erklärbar. Und außerdem kann ich einen freien Wunsch momentan wirklich gut gebrauchen.«

»Oje, heute war doch der Termin mit eurem Zwegat!«, rief Jens unvermittelt. »Daran habe ich gar nicht mehr gedacht, tut mir leid.«

Verwirrt angesichts dieses abrupten Themenwechsels schüttelte ich den Kopf. »Macht doch nichts.«

»Wie ist es denn gelaufen?«

»Na ja, also …« Gerade eben war es noch um Sternschnuppen, Wünsche und kosmische Zusammenhänge gegangen, und nun waren wir Knall auf Fall wieder im Alltag angekommen. Beim Laden, dem die Insolvenz drohte. Und bei Alex. »Im Grunde genommen hat der Termin noch nicht so viel ergeben. Er muss erst mal alle Unterlagen sichten, dann werden wir zusammen eine Strategie entwerfen.« Ich knibbelte an einer Stelle auf der Tischplatte herum, an der etwas Holz abgeblättert war. »Übrigens ist heute etwas Krasses passiert.«

»Was denn?«

»Ich habe mich verliebt.«

Jens starrte mich ungläubig an. »Wie bitte?«

»Ich habe mich *verliebt!*«, wiederholte ich überdeutlich.

Er nahm einen Schluck Wein und schwieg für eine Weile. »Gestern warst du noch nicht verliebt, heute bist du es«, sagte er schließlich. »Wow, das ging aber schnell.«

»Mhm.«

»Und in wen? Oh Gott, sag jetzt nicht, in euren Zwegat!«

Verlegen strich ich mir eine Haarsträhne aus der Stirn. »Doch. Ich weiß ja, dass das irgendwie merkwürdig ist, aber gegen die Liebe kannste nix machen, wie Knut sagen würde. Und übrigens heißt er Alexander Lange und hat mit Zwegat nicht die geringste Ähnlichkeit.«

Jens musterte mich aus zusammengekniffenen Augen. »Du wirkst gar nicht verliebt.«

»Es ist ja auch noch ganz frisch.«

»Klar«, meinte er. »Gerade frisch Verliebten merkt man die Gefühle nie an.«

Glaubte er mir etwa nicht? »Woher willst du denn wissen, wie ich mich verhalte, wenn ich frisch verliebt bin? Ich bin total verliebt, Alex ist echt ...«

»Alex? Seid ihr schon per du?«

»Nein, aber ich finde es irgendwie komisch, den Mann meines Lebens ›Herrn Lange‹ zu nennen. So etwas wie mit ihm habe ich noch nie erlebt. Es war genau so, wie ich es immer wollte. Wie bei meinen Eltern, verstehst du? Ich habe ihn angesehen und wusste sofort: Der ist es! Liebe auf den ersten Blick.«

»Aha«, sagte Jens, doch seinem Gesicht war deutlich anzusehen, dass er immer noch Zweifel hatte. »Das freut mich wirklich für dich. Aber zwei Fragen hätte ich noch. Erstens, was ist, wenn dein Traummann schon vergeben ist? Und zweitens, was ist, wenn du nicht seine Traumfrau bist?«

Ich sah Jens in die Augen und sagte fest: »Er ist nicht vergeben, das habe ich schon in Erfahrung gebracht. Und ganz genau weiß ich es natürlich nicht, aber ich bin mir ziemlich sicher, dass ich seine Traumfrau bin. Ich muss ihn nur noch davon überzeugen.«

Jens hob eine Augenbraue, und ich war mir sicher, dass er vorhatte, einen blöden Kommentar abzulassen. Doch in letzter Sekunde überlegte er es sich offenbar anders, denn er hielt mir über den Tisch hinweg die Hand hin. »Na dann. Herzlichen Glückwunsch und viel Erfolg.«

»Vielen Dank.« Ich ergriff seine Hand und schüttelte sie. Sie fühlte sich viel rauer an als die von Alex, und sein Händedruck war fester. Jens war ja auch ein viel rauerer Typ. Wobei, er hatte auch seine sanften Momente. Wenn er so lächelte wie jetzt, zum Beispiel. Mir fiel plötzlich auf, dass ich seine Hand schon ziemlich lange schüttelte. Schnell ließ ich sie los. »Aber momentan will ich in Sachen Alex noch nichts unternehmen. Erst mal muss das Thema Insolvenz erledigt sein. Ich mache mir furchtbare Sorgen um den Laden. Und um Brigitte. Ihr geht es richtig …« Ich unterbrach mich mitten im Satz. »Hey, da habe ich ja schon zwei Sternschnuppenwünsche. Jetzt fehlen nur noch die Sternschnuppen.« Ich sah hinauf in den Himmel und fixierte den am hellsten leuchtenden Stern mit meinem Blick. »Siehst du den ganz hellen Stern da oben, der so komisch flackert? Wenn wir ihn beide fest genug anstarren, verglüht er vielleicht.«

Jens folgte meinem Blick. »Ja, das würden wir bestimmt hinkriegen. Aber das mit dem Wünschen wäre in diesem Fall noch sinnloser als sowieso schon, weil das gar kein Stern ist, sondern ein Satellit.«

»Ein Satellit? Aber das war immer mein Lieblingsstern!«

»Tja, dann ist es ab jetzt eben dein Lieblingssatellit.«

Ich schaute sehnsüchtig auf den leuchtend hellen Punkt am

Himmel. »Ich wüsste gerne, wie die Erde von da oben aussieht. Das muss echt der Hammer sein. Ich bin noch nie geflogen. Du?«

»So weit jedenfalls noch nicht«, lachte Jens und hob die Flasche hoch. »Leer. Soll ich noch eine holen?«

Ich warf einen Blick auf meine Armbanduhr. »Nee, ich muss dringend ins Bett.«

An der Tür zog Jens mich zum Abschied kurz an sich. Es war das erste Mal, dass wir uns umarmten, und mir fiel auf, dass es überhaupt keinen peinlichen Moment oder ungelenkes Hin und Her gab wie bei Tom. Es fühlte sich vertraut an, als hätten wir das schon tausendmal gemacht.

In meiner Wohnung setzte ich mich gleich an mein Glücksmomente-Glas. ›*Merles Salat und ihre Nachricht für Jens. So süß!*‹, schrieb ich auf einen orangefarbenen Zettel. Dann auf einen grünen: ›*Mit Jens auf dem Balkon gesessen, Wein getrunken und geredet. Über Wünsche, Sternschnuppen und all so Zeug.*‹ Und schließlich auf einen roten Zettel: ›*BÄMM! Ich habe mich verliebt! In Alexander Lange. Muss nur noch warten, bis der Laden gerettet ist, bevor ich etwas unternehme.*‹ Nachdem ich noch ein Herzchen unter die Notiz gemalt hatte, faltete ich die Zettel zusammen und warf sie ins Glas.

Programmänderung

Die nächsten Tage fühlten sich merkwürdig, beinahe unwirklich an. Auf der einen Seite schmiedeten Brigitte und ich Pläne, wie wir das Geschäft wieder ankurbeln und den Laden retten konnten. Auf der anderen Seite ging es weiter wie üblich, so als wäre nie etwas gewesen. Es gab so viele Dinge, die mich beschäftigten, obwohl mein Leben sich eigentlich nur um die Rettung des Ladens drehen sollte.

Kathi und Dennis hatten sich fest vorgenommen, bis Weihnachten in ihrem Haus zu sein. »Wenn mit der Sanierung alles planmäßig läuft, können wir Ende November schon einziehen«, erzählte sie Nelly und mir bei einem Cocktail in unserer Stammkneipe.

Ende November schon?! Ich versuchte, mir meinen Schock nicht anmerken zu lassen. »In Hamburg läuft doch nichts planmäßig, was irgendwie mit Bauen zu tun hat.«

»Du vergisst, dass Bullenkuhlen in Schleswig-Holstein ist«, meinte Nelly.

Verdammt!

»So, jetzt erzähl aber mal ausführlich von diesem Alex«, sagte Kathi und trank einen Schluck von ihrem süßen Sahne-Cocktail. Ich hatte ihr natürlich schon am Telefon berichtet, dass ich mich verliebt hatte, aber wir kamen erst jetzt dazu, uns richtig darüber zu unterhalten. »Was genau ist überhaupt zwischen euch gelaufen?«

»Eigentlich nichts. Wir haben uns ja erst ein einziges Mal gesehen.«

Nelly sog geräuschvoll an ihrem Strohhalm. »Also, ein bisschen überraschend kommt das ja schon. Normalerweise findet man einen Typen doch erst mal nur nett oder gut aussehend oder von mir aus auch toll. Du bist aber gleich unsterblich in ihn verliebt.«

»So ist das nun mal bei Liebe auf den ersten Blick.« Jetzt reagierten sie auch so zurückhaltend wie Jens. Was war denn nur los mit der Menschheit, dass sich heutzutage niemand mehr für einen freute, wenn man die Liebe seines Lebens fand? »Wenn ihr ihn kennen würdet, könntet ihr mich verstehen. Er ist ein richtiger Traummann!« Und dann brach ich in wahre Lobgesänge über Alex aus. In den buntesten Farben schilderte ich seine Freundlichkeit, sein süßes Lächeln und die Art, wie er mich ansah.

»Das hört sich wirklich sehr nett an«, meinte Kathi, als ich geendet hatte. »Und das Gute ist ja, dass ihr euch zukünftig regelmäßig sehen werdet. So hast du viel Zeit, ihn näher kennenzulernen.«

Ich wollte schon erwidern, dass es gar nicht nötig war, ihn näher kennenzulernen, weil ich bereits wusste, dass er der Richtige für mich war und dass mich jede weitere Sekunde, die ich mit ihm verbrachte, nur noch mehr zu dieser Überzeugung bringen würde. Doch dann verkniff ich mir die Bemerkung, denn ich hatte das Gefühl, dass meine Freundinnen es nicht verstehen würden.

Als ich am Mittwoch die Blumen bei Jens austauschte und wir zusammen einen Kaffee tranken, erzählte er mir, dass Lukas immer noch krank war. Daher hatte er Merle nun als Notmaßnahme tatsächlich einige Aufgaben übertragen, die über das Spülen hinausgingen. Laut Jens war sie mit Feuereifer dabei und stellte sich »gar nicht mal so doof« an, wenn auch ihr mangelnder Ordnungssinn ihn in den Wahnsinn trieb.

Merle ihrerseits schwärmte mir von der Arbeit in Jens' Restaurant vor, und ich hatte den Eindruck, dass sie es total genoss, gebraucht zu werden. Unseren gemeinsamen Mittwochabend sagte sie ab, weil sie »Jens nicht im Stich lassen« konnte. Also wusch ich alleine meine Wäsche und setzte mich vor den Fernseher, aß ein Tomatenbrot und wartete darauf, dass *Liebe! Liebe! Liebe!* losging. Doch zu meiner großen Beunruhigung erschienen nicht Lara und Pascal auf dem Bildschirm, sondern eine Horde jugendlicher Laiendarsteller, die sich auf einem Kinderspielplatz mit Waffen bedrohten und dabei Dinge wie »Du Opfer!«, »Deine Mudder is 'ne Hure!« und »Gib Kohle, Arschloch!« von sich gaben.

Beunruhigt überlegte ich, ob heute in Süddeutschland mal wieder irgendein Feiertag war und der Sender deswegen ein anderes Programm zeigte. Doch dann blieb mir beinahe das Herz stehen, denn eine Textzeile lief über den Bildschirm: »Die Daily Soap *Liebe! Liebe! Liebe!* wurde mit sofortiger Wirkung abgesetzt«. Ich schloss kurz die Augen und öffnete sie wieder. Die Textzeile war immer noch da. Mein Herz schlug schneller, und ich spürte, wie erste Anzeichen der Panik sich in mir breitmachten. Es war genau wie damals, als Mr Lee mir eröffnet hatte, dass er sein Restaurant schließen würde. Das Atmen fiel mir schwer, meine Hände wurden feucht, und mein Magen fühlte sich an, als hätte ich ein paar Ziegelsteine verschluckt. Ich grabschte nach meinem Laptop und fand auf der Startseite des Senders eine Mitteilung: *Die Daily Soap* Liebe! Liebe! Liebe! *ist leider aufgrund mangelnder Einschaltquoten mit sofortiger Wirkung abgesetzt worden. Stattdessen wird künftig das beliebte Reality-TV-Format* St. Pauli 20359 – Teenie-Gangster am Abgrund *ausgestrahlt. Wir bitten um Ihr Verständnis.*

Für eine Weile saß ich ganz still da, während die Worte nach und nach in mein Gehirn vordrangen. »Verständnis?!«, rief ich schließlich. »Dafür habe ich absolut ... Seid ihr jetzt völlig ...«

Das war zu viel. Das war verdammt noch mal zu viel! Seit Mr Lee sein Restaurant geschlossen hatte, war in meinem Leben das totale Chaos ausgebrochen. Merle und Jens brachten meinen kompletten Alltag durcheinander, Kathi und Dennis zogen in die Pampa, Knut war unglücklich verliebt, Brigitte und Dieter hatten Eheprobleme, der Laden stand kurz vor der Insolvenz, zum denkbar beschissensten Moment begegnete ich meinem Traummann, und nun wurde meine Serie auch noch abgesetzt! Worauf konnte ich mich denn überhaupt noch verlassen? Etwa darauf, dass ich mich auf gar nichts verlassen konnte? Tolle Aussichten!

Ich sprang vom Sofa auf und ging unruhig in meiner Wohnung herum. Es kam mir vor, als wäre mir mein Leben vollkommen aus der Hand gerissen worden. Als würde nicht mehr ich die Entscheidungen treffen, sondern andere darüber bestimmen, was passierte. Damit war jetzt Schluss! Okay, Merle und Jens waren nun mal da, und ich wollte es auch gar nicht mehr anders haben. Kathi und Dennis konnte ich kaum in ihrer Wohnung in Hamburg einsperren, also würde ich mich wohl oder übel mit dem Gedanken arrangieren müssen, dass sie umzogen. Und dass ich mich in Alex verliebt hatte, konnte ich wohl kaum wieder rückgängig machen. Aber ansonsten würde von jetzt an wieder ich diejenige sein, die das Zepter in der Hand hielt! Ich würde Knut dazu bringen, dass er endlich seiner Irina sagte, was Sache war, Brigitte würde ich ins Gewissen reden und Dieter auf subtile Weise in den Hintern treten, weil das die einzige Möglichkeit war, diese Ehe zu retten. Ich würde nicht zulassen, dass der Blumenladen schließen musste, ich würde nicht einmal mehr den Gedanken daran zulassen, denn das würde nicht passieren. Alex Lange konnte sich schon mal auf was gefasst machen, denn ich würde mich nicht davon abhalten lassen, dass das Timing schlecht war und dass ich eigentlich meinen Kopf für andere Dinge freihaben sollte, ja, ich würde mich nicht einmal davon abhalten lassen, dass ich möglicherweise gar nicht seine Traumfrau war – denn selbst wenn nicht, ich würde es verdammt noch mal werden! Und schließlich und endlich würde ich dafür sorgen, dass der Sender seine Meinung änderte und *Liebe! Liebe! Liebe!* umgehend wieder aufnahm, anstatt irgendwelche jugendlichen Honks zu zeigen!

Mein Blick fiel auf das Foto meines Vaters, das neben dem Glücksmomente-Glas im Regal stand. Er lachte mich an, seine Augen schauten gleichzeitig verschmitzt und gütig.

»Da habe ich mir ganz schön viel vorgenommen, was?«

›*Wunder gescheh'n, Isa.*‹ Er antwortete mir nicht oft, und wenn er es tat, zitierte er meist nur Nena-Songtexte.

»Meinst du denn, ich krieg das alles hin?«

Er schien noch breiter und aufmunternder zu lächeln. ›*Klar. Und ich geh den ganzen langen Weg mit dir.*‹

»Danke. Das ist nett, Papa.«

Ich setzte mich wieder aufs Sofa und begann meine Recherche nach den Senderverantwortlichen. Nachdem mir Wikipedia verraten hatte, dass der Geschäftsführer von Fun-TV Michael Schulz hieß, war es jedoch gar nicht so leicht herauszufinden, wie dessen E-Mail-Adresse, geschweige denn seine Telefonnummer lautete. Auf der Homepage des Senders fand ich nur eine blöde allgemeine Ihrenachrichtinteressiertunsnichtundwirdauchnichtgelesen@fun-tv.de-Adresse. Unbeirrt schrieb ich eine gepfefferte E-Mail, in der ich sehr eloquent meinen Unmut über den Wegfall meiner Lieblingsserie kundtat und eindringlich forderte, *Liebe! Liebe! Liebe!* wieder zurück ins Programm zu bringen. Diese Nachricht schickte ich an folgende Adressen:

Michael.Schulz@fun-tv.de,
michaelschulz@fun-tv.de,
M.Schulz@fun-tv.de,
MSchulz@fun-tv.de,
Schulz@fun-tv.de und
Schulz.M@fun-tv.de.

Ich war mir sicher, dass eine der Varianten die richtige sein musste, denn der Geschäftsführer eines großen Fernsehsenders würde ja wohl kaum eine Adresse à la Pupsimausi58@fun-tv.de oder HeißerFeger666@fun-tv.de verwenden. Anschließend wartete ich gespannt darauf, dass mein E-Mail-Programm mir zur Hilfe kam. Und tatsächlich, es dauerte nur fünfundvierzig Sekunden, bis die erste Unzustellbarkeits-Nachricht mich erreichte. Kurz darauf kam die nächste, dann noch eine, und so ging es immer weiter, bis von meinen sechs E-Mails fünf als unzustellbar an mich zurückgegangen waren. Nur die an Michael.Schulz@fun-tv.de nicht.

»Hab ich dich, Schulz«, murmelte ich zufrieden. »Glaub ja nicht, dass das schon alles war. Du wirst noch von mir hören.« Noch während ich es aussprach, wurde mir bewusst, dass ich möglicherweise ein bisschen irre rüberkommen könnte. Daher war ich froh, dass niemand mich sehen (und hören) konnte. Außerdem schwor ich mir, niemals irgendeiner Menschenseele zu erzählen, dass ich vorhatte, den Geschäftsführer von Fun-TV so lange mit E-Mails zu bombardieren, bis er höchstpersönlich dafür sorgte, dass ich meine Lieblingsserie wieder gucken konnte. Was war das denn auch für eine Art? Mittendrin die Serie abzusetzen, ausgerechnet, wenn die Handlung am spannendsten war. Außerdem ging es ja auch gar nicht nur um die Serie an sich. Das hier war viel größer! Diese Serie läutete meinen Feierabend ein, sie war ein fester Bestandteil meines Wochenplanes, sie gehörte zur Gliederung meines Lebens. Und ich ließ mir von Fun-TV nicht mein Leben ruinieren. Von denen nicht!

Als Nächstes machte ich mich daran, mein Outfit für das Date ... äh, Meeting mit Alex Lange herauszusuchen. Selbst wenn das ein äußerst wichtiger, ernster, geschäftlicher Termin war, konnte es ja nicht schaden, dezent darauf hinzuweisen, dass ich eine attraktive, liebenswürdige Frau war.

Am nächsten Abend klopfte Alex pünktlich um neunzehn Uhr an die Ladentür. Mein Herz machte einen Hüpfer, und ich sprang so heftig auf, dass mein Stuhl beinahe umgefallen wäre. »Ich mach schon auf!«, rief ich und fuhr mir nervös durchs Haar. Jeder meiner Schritte auf dem Weg zur Eingangstür war mir überdeutlich bewusst, und ich hoffte sehr, dass ich elegant, wenn nicht sogar sexy durch den Laden ging. Das Klopfen meines Herzens verstärkte sich noch, als ich unmittelbar vor Alex stand. Er trug wieder einen Anzug und sah tadellos aus, bis auf eine Haarsträhne, die sich selbstständig gemacht hatte und ihm vom Kopf abstand. Automatisch musste ich an einen kleinen Jungen denken, der versucht hatte, sich schick zu machen, was ihm aber nicht ganz gelungen war, und ich konnte gar nicht anders, als ihn anzulächeln.

»Hallo Frau Wagner«, sagte er und erwiderte mein Lächeln. »Wie geht es Ihnen?«

Wie merkwürdig, dass er mich siezte, obwohl ich ihn in Gedanken schon als ›Alex, mein Traummann‹ bezeichnete. »Sehr gut, danke. Kommen Sie doch mit nach hinten.«

Er folgte mir, und wieder gab ich mir große Mühe, mich gazellengleich durch den Laden zu bewegen.

Während er und Brigitte sich begrüßten, stellte ich drei Gläser und Wasser auf den Tisch – den Vortrag über Tee wollte ich uns allen dieses Mal lieber ersparen. Wir tauschten uns ein bisschen über den ungewöhnlich heißen Juni aus, dann baute Alex seinen Laptop vor uns auf und sagte: »So, dann wollen wir mal.« Er öffnete ein Excel-Dokument. »Um es gleich vorweg zu sagen: Ihre Lage ist ernst. Aber nicht aussichtslos.«

»Das ist doch super!«, sagte ich. »Ich meine, so etwas wie katastrophal wäre echt katastrophal gewesen; ernst ist auch nicht wirklich gut, aber immerhin besser als …«

Brigitte stöhnte leise auf, doch Alex Lange lächelte mich freundlich an. »… besser als katastrophal«, vollendete er meinen Satz. »Völlig richtig. Der große Vorteil ist natürlich, dass dieser Laden Ihr Eigentum ist. Sie können ihn jederzeit verkaufen«, sagte er zu Brigitte. »Das macht es viel leichter, mit den Gläubigern eine Einigung zu erzielen, denn sie wissen, dass sie im Insolvenzfall ihr Geld zurückbekommen werden.«

Brigitte spielte nervös an ihrem Ehering herum. »Gut, aber was, wenn ich nicht verkaufen will?«

»Dann müssen wir eingreifen, und zwar dringend.« Alex Lange deutete mit dem Kugelschreiber auf die Excel-Tabelle. »Das ist eine Liste Ihrer Gläubiger, sortiert nach der Höhe der Forderungssummen. Ganz oben an erster Stelle natürlich Ihre Bank, dicht gefolgt von der Steuerkasse, der Sie noch eine hohe Summe schulden. Dann stehen die letzten vier Raten für die Klimaanlage aus sowie für das Kassensystem nebst Software.«

Es kam mir vor, als hätte er eine Schlinge um Brigittes und meine Hälse gelegt, die er nun immer fester zusammenzog, während er in sachlichem, aber gnadenlosem Ton von Anschaffungen berichtete, die wir uns schon zum damaligen Zeitpunkt gar nicht mehr hatten leisten können.

»Das waren die größten Positionen, ansonsten haben wir nur kleinere Rückstände bei den Strom- und Wasserzahlungen und bei zwei Händlern auf dem Blumengroßmarkt.« Alex trank einen Schluck Wasser, dann öffnete er eine weitere Excel-Tabelle. »Gut, kommen wir zu Ihren Einnahmen. Sie haben mir ja bereits erzählt, dass Anfang des Jahres ein neuer Blumenladen in der Nähe aufgemacht hat. Das schlägt sich eindeutig in Ihren Einnahmen nieder. Das Einzige, womit Sie momentan noch nennenswerten Umsatz machen, ist die Trauerfloristik und in geringerem Maße auch die Hochzeitsfloristik. Wenn Sie diesen Laden retten wollen, ist es wirklich allerhöchste Zeit loszulegen«, sagte er. »Und allzu lange herumprobieren sollten Sie auch nicht. Wenn sich innerhalb der nächsten Monate nicht spürbar etwas zum Besseren verändert, kann ich Ihnen nur raten, zu verkaufen.«

Brigitte presste die Hand gegen ihre Stirn, als hätte sie starke Kopfschmerzen. »Aber jetzt kommen die Sommermonate, in denen herrscht immer Flaute. Das Geschäft kommt meist erst ab Mitte August wieder richtig in Gang.«

»Dann setzen Sie alles daran, das zu ändern. Was für Gedanken haben Sie sich denn zu diesem Thema gemacht? Haben Sie sich mit der Früherkennungstreppe auseinandergesetzt?«

»Ja, natürlich«, sagte ich und schob die Liste, die Brigitte und ich gemeinsam erstellt hatten, zu ihm rüber. »Die Testauswertung hat, wie Sie sich ja sicher denken können, genau das ergeben, was Sie uns gerade gesagt haben: Wir sind schon fast am Arsch, und deswegen müssen wir genau den besser vorgestern als heute hochkriegen.«

»Ach, das habe ich gesagt?«, fragte er mit leichtem Lächeln. »Dabei gebe ich mir doch immer solche Mühe, mich vornehm auszudrücken.«

»Haben Sie natürlich auch«, sagte ich schnell. »Ich wette,

selbst wenn Sie mal so richtig fluchen, kommt nur ›Verflixt noch mal‹ oder ›Scheibenkleister‹ dabei heraus.«

»Nein, nicht ganz so derb.«

Wir lächelten uns an, und fast wäre ich in seinen unglaublich blauen Augen versunken, doch ich erwischte gerade noch rechtzeitig eine Strähne meiner Haare, um mich wieder herauszuziehen. Mit dem Finger tippte ich auf unsere Liste. »Das sind die Maßnahmen, die Frau Schumacher und ich uns überlegt haben. Wir wollen den Laden renovieren und moderner gestalten, vor allem das Schaufenster und den Außenbereich.«

»Gut«, sagte Alex. »Aber auch kostenintensiv.«

»Wir können das meiste selbst machen. Neue Möbel brauchen wir nicht, bis auf einen Stufenverkaufstisch für den Außenbereich. Außerdem werden wir uns intensiv um neue Kundschaft bemühen. Vor allem wollen wir versuchen, Bestatter und Hochzeitsplaner zur Zusammenarbeit zu bewegen. Im Oktober und November finden in Hamburg und der näheren Umgebung einige Hochzeitsmessen statt. Da wollen wir mit einem Stand vertreten sein und auf uns aufmerksam machen.«

Er nickte. »Mhm. Was noch?«

Nun war Brigitte an der Reihe. »Wir werden sämtliche Arztpraxen, Anwaltskanzleien und überhaupt alle Firmen mit Empfangsbereich im Umkreis kontaktieren. Mit einem schönen Blumenstrauß kann man auf seine Besucher doch gleich einen guten Eindruck machen.«

»Ich bin mit einem Koch befreundet, dessen Restaurant wir bereits beliefern und dekorieren«, sagte ich. »Vielleicht kann er mir Kontakte zu anderen Restaurants oder zu Caterern verschaffen.«

»Und wir werden einen Strauß der Woche anbieten. Die Blumen dafür kaufen wir in größeren Mengen, dann sind sie billiger, sodass wir ihn für zehn Euro anbieten können«, beendete Brigitte unseren Vortrag.

Er musterte uns nachdenklich und schien sich alles noch mal durch den Kopf gehen zu lassen. »Okay, das machen wir«, sagte er schließlich. »Haben Sie schon einen Kostenvoranschlag für die Renovierung erstellt?«

Brigitte und ich tauschten einen betretenen Blick. »Nein.«

Oh oh. Das gefiel Alex Lange aber gar nicht. Seine enzianblauen Augen verdunkelten sich, und er klopfte ungeduldig mit seinem Kugelschreiber auf der Tischplatte herum. »Spätestens bis Montag brauche ich eine genaue Kostenaufstellung.«

»Klar, die kriegen Sie«, sagte ich schnell.

Wir machten einen Termin in zwei Wochen ab, dann packte er seine Sachen zusammen und sagte: »Gut, das war's für heute. Haben Sie noch Fragen?«

Oh ja, hatte ich: Wollen wir uns duzen? Was machst du, wenn du nicht gerade Schuldner berätst? Warum sind deine Augen so blau? Kannst du dir vorstellen, mal mit mir auszugehen? Willst du mich heiraten? Aber keine dieser Fragen konnte ich stellen, also erwiderte ich: »Nein.«

Brigitte verneinte ebenfalls, und nachdem die beiden sich verabschiedet hatten, begleitete ich ihn nach draußen.

»Hat Ihre Sekretärin sich eigentlich über die Sonnenblume gefreut?«, fragte ich, um seinen Abschied noch etwas hinauszuzögern.

»Oh ja, sehr. Vielen Dank noch mal.«

»Tut mir leid, dass wir nicht an diese blöde Kostenaufstellung gedacht haben.«

Er schüttelte den Kopf. »Schon gut. Das passiert.«

Nachdenklich sah ich ihn an. Er hatte sein Sakko ausgezogen und die Ärmel seines Hemds hochgeschoben. Gebräunte, kräftige Unterarme waren darunter zum Vorschein gekommen. Inzwischen stand ihm noch eine weitere Strähne vom Kopf ab, nachdem er sich während des Termins ein paarmal durchs Haar gefahren war. Er sah wirklich gar nicht nach einem Anwalt aus, sondern viel eher nach einem kernigen Naturburschen, der sich lediglich als Anwalt verkleidet hatte.

»Ist Ihnen Ihr Job nicht manchmal langweilig?«, brach es aus mir heraus. »Ich meine, den ganzen Tag im Büro, immer nur Zahlen, Daten, Fakten. Das stelle ich mir ermüdend vor.«

Er ließ sich Zeit mit der Antwort. »Ich habe mit Menschen zu tun, denen das Wasser bis zum Hals steht. Deren Existenzen bedroht sind und für die meine Arbeit oftmals die letzte Hoffnung ist. Ich gebe jeden Tag mein Bestes, ihnen aus dieser Lage herauszuhelfen.« Er lächelte. »Also nein. Mein Job ist mir nicht langweilig. Nie.«

Ich erwiderte sein Lächeln, während mein Herz dahinschmolz. Wie konnte man diesen Mann *nicht* lieben?

»Sie, äh ... haben Sommersprossen«, sagte er unvermittelt und so erstaunt, als wäre es ihm gerade erst aufgefallen.

Meine Hand wanderte an meine Nase. »Ja, ich weiß. Im Winter fallen sie kaum auf, aber zum Sommer hin werden es immer mehr. Deswegen heißen sie wohl auch ... na ja. Sommersprossen halt.«

Er lachte leise. »Klar.«

Wir sahen uns unverwandt an, und mein Herz schlug so laut, dass ich es hören konnte. Und gerade, als ich mir sicher war, dass nun etwas Bedeutsames zwischen uns passieren würde, wurde Alex wieder ganz geschäftsmäßig. Er räusperte sich und reichte mir zum Abschied die Hand. »Gut, dann höre ich von Ihnen, wenn Sie mir die Kostenaufstellung schicken. Tschüs, Frau Wagner. Bis zum nächsten Mal«, sagte er, und schon drehte er sich um und ging davon.

Völlig perplex sah ich ihm nach, bis er um die Ecke gebogen war, und fragte mich, was sein plötzlicher Abgang zu bedeuten hatte. Aber immerhin ... meine Sommersprossen waren ihm aufgefallen!

Ich ging wieder zu Brigitte, die damit beschäftigt war, den Tisch aufzuräumen. »Weißt du, was wir beide jetzt gut vertragen könnten?«, fragte ich sie. »Ein kalorienreiches, tröstliches Schokoladenmalheur von Jens.«

»Nein, ich muss wirklich ...« Mitten im Satz unterbrach sie sich. »Obwohl ... du hast recht, das könnte ich jetzt verdammt gut gebrauchen. Also was ist, gehen wir rüber?«

Obwohl es an diesem warmen Sommerabend brechend voll war, hatten wir das große Glück, draußen einen Platz zu ergattern. Brigitte bewunderte ausgiebig meine Arrangements aus Margeriten und Kornblumen und die hübschen Windlichter, mit denen ich die Tische dekoriert hatte. Nachdem wir ein bisschen Smalltalk mit Anne gehalten hatten, gab ich meine Bestellung auf: »Ich hätte gerne ein Glas Weißwein, egal welchen, such du für mich aus. Und ein Schokoladenmalheur bitte, allerdings ohne Obst. Oh, und sag besser nicht, dass ich diese Bestellung aufgegeben habe«, fügte ich hinzu. »Dann kriege ich vielleicht, was ich will.«

Anne lachte und wandte sich an Brigitte. »Und für dich?«

»Ich nehme auch ein Schokoladenmalheur. Mit Obst, also so, wie es auf der Karte steht. Und den gleichen Wein wie Isabelle.«

Nachdem Anne gegangen war, lehnte ich mich in meinem Stuhl zurück. »Wusstest du, dass sie Jens' Exfrau ist?«, fragte ich Brigitte.

Überrascht riss sie die Augen auf. »Nein, wusste ich nicht.«

»Sie ist ziemlich hübsch, oder? Und sehr nett. Man muss sie einfach gernhaben«, sagte ich leise.

Brigitte musterte mich nachdenklich. »Tja, und doch ist sie seine *Ex*. Übrigens bist du auch hübsch und nett.« Sie grinste. »Man *muss* dich zwar nicht gernhaben, aber man tut es trotzdem, ob man will oder nicht.«

Ich lachte. »Vielen Dank, aber so meinte ich das gar nicht. Ich vergleiche mich nicht mit ihr.«

Nachdem Anne uns unseren Wein gebracht hatte, stießen Brigitte und ich an und tranken einen Schluck, dann wandte sich unser Gespräch anderen Themen zu. Wir überlegten gerade, ob wir als Wandfarbe für den Laden Grau oder Grün besser fanden, als ich Merle erblickte. Wie schon bei meinem Date mit Tom brachte sie die Schokoladenmalheurs an unseren Tisch, doch dieses Mal wirkte sie dabei sehr viel sicherer und selbstbewusster. Außerdem trug sie nicht mehr eine von Jens' Kochjacken, sondern hatte offenbar eine eigene bekommen. »Hallo«, begrüßte sie uns fröhlich. »Herzlich willkommen im Thiels!«

»Hi Merle. Du hast ja eine neue Kochjacke. Steht dir richtig gut.«

»Ja, die hat Jens mir geschenkt«, erwiderte sie mit unüberhörbarem Stolz in der Stimme, während sie die Teller vor uns abstellte. »Da ist sogar mein Name draufgestickt.«

Tatsächlich, auf der linken Seite, direkt über dem Herzen, stand in schnörkeliger Schrift ›Merle Thiel‹ und darunter ›*Casserolière*‹. »Wow, das klingt ja wahnsinnig wichtig!«

Merle zog eine Grimasse. »Ja, das klingt aber nur so. Es ist die französische Küchenbezeichnung für eine Tellerwäscherin oder Aushilfe oder besser gesagt den Arsch vom Dienst. Mal wieder ein ganz toller Witz von Jens.«

Ich musste mir ein Lachen verkneifen, da ich das tatsächlich lustig fand. Auch Brigitte starrte angestrengt auf ihr Glas.

»Die Desserts habe ich angerichtet«, erklärte Merle.

Ich warf einen Blick auf meinen Teller und musste feststellen, dass sie ihn dieses Mal sehr viel eleganter und filigraner garniert hatte. Es sah fast schon so kunstvoll aus wie bei Jens. Offenbar hatte Anne doch gepetzt, dass die Bestellung von mir war, denn eine große Portion Johannisbeeren lag auf meinem Teller. »Eigentlich wollte ich zwar kein Obst, aber das ist toll geworden, Merle. Wirklich sehr hübsch.«

Sie strahlte über das ganze Gesicht. »Danke. Ich hätte die Johannisbeeren ja weggelassen, aber Jens meinte, man darf dir deine ständigen Sonderwünsche nicht durchgehen lassen.«

»Pff! Der spinnt ja wohl!«

Merle lachte nur. »So, leider hab ich keine Zeit, mit euch zu quatschen, ich muss zurück in die Küche. Lasst es euch schmecken.« Dann war sie auch schon wieder im Restaurant verschwunden.

»Oh mein Gott, ist das gut!« Brigitte hatte einen Löffel ihres Kuchens gegessen, und ihrem Gesicht war deutlich anzusehen, dass sie im siebten Schokoladen-Himmel schwebte. »Ich will nie wieder was anderes essen. Nie wieder.«

»Sag ich doch, du wirst sofort süchtig danach.«

Als wir unsere Schokoladenmalheurs restlos aufgefuttert hatten, lehnten wir uns zufrieden in unseren Stühlen zurück, lächelten uns verzückt an und prosteten uns zu. Mit dem Finger malte ich eine Blume in die Schokoreste auf dem Teller.

»Ah, wieder ein Gruß an die Küche«, kommentierte Anne grinsend, als sie zum Abräumen kam.

Brigitte und ich bestellten noch ein Glas Wein, und dann redeten wir miteinander. Nicht übers Geschäft oder über Dieter, sondern wir quatschten einfach über Gott und die Welt, so wie wir es schon ewig nicht mehr getan hatten. Erst jetzt merkte ich, wie sehr mir das gefehlt hatte und wie sehr die schwierige Situation im Laden auf unsere Stimmung gedrückt hatte. Der heutige Abend tat uns richtig gut, und wir lästerten, lachten und alberten herum wie in unseren besten Zeiten.

Irgendwann gesellte Merle sich mit einem großen Glas Apfelschorle zu uns. »Ich hab Feierabend«, sagte sie. »Es ist zehn Uhr, länger darf ich nicht arbeiten. Ich finde das total bescheuert, jetzt muss Jens die letzten Essen alleine machen und dann auch noch alleine die Küche putzen.« Sie trank gierig von ihrer Apfelschorle. »Andererseits ist er dabei abartig penibel, also bin ich eigentlich ganz froh, dass ich ihm nicht helfen muss.« Und dann berichtete Merle uns äußerst ausführlich und mit völlig ungewohnter Begeisterung, was sie heute alles gemacht hatte und wie sie es gemacht hatte. Vom Gemüseschneiden über das Anrichten der Desserts bis hin zum Karamellisieren von Crème brûlée mithilfe eines Brenners (was offenbar besonders aufregend gewesen war).

Das Restaurant hatte sich inzwischen merklich geleert. Draußen war neben unserem nur noch ein anderer Tisch besetzt. Ein Blick auf die Uhr verriet mir, dass es kurz nach elf war. »Hey, musst du nicht ins Bett? Morgen ist doch Schule.«

»Oh, stimmt! Ich hab total die Zeit vergessen.« Hastig trank sie ihre Apfelschorle aus, verabschiedete sich von uns und hastete im Eiltempo davon.

Wir bestellten noch ein Glas Wein und bezahlten gleich unsere Rechnung. Anschließend wuselte Anne um uns herum, räumte die Tische ab und hielt dabei ein fröhliches Schwätzchen mit uns.

Um halb zwölf kam Jens heraus. »Ach, ihr seid noch da«, sagte er lächelnd. »Das ist ja schön.« Er ließ sich auf den Stuhl neben mir fallen und nahm ungeniert einen Schluck von meinem Wein. »Mmmh, köstlich. Ein 1995er Château Montneufclicquot aus der Dordogne. Wunderbares Zusammenspiel von

Frucht und Säure, und dann dieser zarte Anklang von Moschus, und im Abgang ...«

»Ein Hauch von Chili«, vollendete ich seinen Satz. »Ein herrlich spritziger, frecher Terrassenwein.«

»Der Spaß macht«, fügte Jens hinzu.

»Was redet ihr denn da für einen Blödsinn? Das ist ein 2014er Weißburgunder aus der Pfalz, ihr Honks«, sagte Anne lachend. »Wenn der nach Chili schmeckt, bring ich mich um. Oder den Winzer.« Damit ging sie wieder rein und ließ uns alleine zurück.

Jens wandte sich an Brigitte, die unser Geplänkel amüsiert verfolgt hatte. »Hat das Schokoladenmalheur geschmeckt?«

»Ach, geschmeckt ist die Untertreibung des Jahrhunderts!«, rief sie begeistert. »Es war köstlich!«

»Das freut mich«, sagte Jens, und ihm war anzusehen, dass er keine andere Antwort erwartet hatte.

»Man konnte es essen«, stellte ich fest, um ihm etwas den Wind aus den Segeln zu nehmen. »Das Obst hat gestört.«

Jens lachte. »Ach ja? Glaubst du, Anne hätte Merle und mir deine Blumenbotschaft nicht gezeigt?«

»Ach Mist, ich muss unbedingt damit aufhören. Sonst wirst du zu eingebildet.«

Jens, Brigitte und ich unterhielten uns noch ein Weilchen, dann kam Anne an unseren Tisch, die Handtasche über der Schulter und offenbar bereit zum Gehen. »Ich mach Feierabend. Dirk hat sein Restaurant auch gerade geschlossen.« Unschlüssig blieb sie stehen, dann erhellte sich ihr Gesicht, und sie sagte: »Hey, warum kommt ihr nicht mit dahin? Wir könnten noch was zusammen trinken.«

Überrascht sah ich sie an. Meinte sie tatsächlich auch Brigitte und mich? Wir kannten uns doch kaum.

»Heute nicht, ich muss dringend mal früh pennen gehen«,

sagte Jens. »Aber grüß Dirk von mir, ja?« Ich beobachtete ihn gespannt und versuchte herauszufinden, ob es schmerzhaft für ihn war, über Annes neuen Ehemann zu sprechen. Falls ja, konnte er seine Gefühle zumindest sehr gut unter Verschluss halten, denn ihm war nichts anzumerken.

»Schade«, sagte sie. »Und ihr beide? Habt ihr noch Lust?«

Brigitte hob bedauernd die Hände. »Das ist sehr nett, aber ich muss mich auch langsam auf den Weg machen. Ich bin ganz schön müde.«

»Ich auch«, sagte ich. »Aber ein anderes Mal wirklich gerne.«

»Na schön, ihr Langweiler«, sagte Anne gutmütig. »Aber beim nächsten Mal kommt ihr mir nicht so einfach davon.« Sie klopfte Jens leicht auf die Schulter, dann winkte sie zum Abschied in die Runde. »Gute Nacht, ihr drei!«

Brigitte erhob sich ächzend von ihrem Stuhl. »Dann werde ich auch mal. Ich glaube, so lange war ich schon seit Silvester nicht mehr auf. Das war ein sehr schöner Abend, Isa. Vielen Dank für das köstliche Schokoladenmalheur, Jens.«

Nun waren Jens und ich alleine, und ich wusste nicht so recht, was ich jetzt machen sollte. Einerseits fühlte ich mich verpflichtet zu gehen, immerhin hatte er ja gesagt, dass er früh ins Bett wollte. Andererseits wäre ich viel lieber noch geblieben.

»Tja dann«, sagte Jens. »Wollen wir auch los? Oder genehmigen wir uns noch ein Gläschen von diesem köstlichen Riesling?«

»Weißburgunder«, korrigierte ich. Es kam mir beinahe idiotisch vor, wie sehr ich mich freute. »Und ja, sehr gerne! Aber du hast doch gesagt, dass du früh ins Bett willst.«

»Stimmt, das habe ich gesagt. Die Wahrheit ist allerdings, dass ich heute schlicht und ergreifend keine Lust dazu habe, mit Annes arrogantem Snob-Ehemann was trinken zu gehen. Und du? Du hast doch vor ein paar Minuten auch noch behauptet, dass du müde bist.« Herausfordernd sah er mich an, doch ich hielt seinem Blick mühelos stand. »Das habe ich behauptet, ja. Die Wahrheit ist allerdings, dass ich lieber hierbleiben wollte.«

Jens grinste. »Perfekt. Kommst du mit rein? Wenn wir vor dem Lokal sitzen, denken die Leute nur, sie würden hier noch was zu saufen kriegen.«

»Wir können den Wein doch auch bei dir auf dem Balkon trinken«, schlug ich vor. »Dann ist Merle nicht so alleine. Ich meine, sie schläft zwar wahrscheinlich schon, aber trotzdem.«

»Okay, von mir aus gerne.«

Auf dem Weg zu Jens redeten wir nicht viel, und ich dachte darüber nach, was er über Annes Mann gesagt hatte. Dass er ein arroganter Snob war. Offenbar konnte er ihn nicht leiden, und ich fragte mich, ob es daran lag, dass er eifersüchtig war.

Als wir auf dem Balkon saßen und Jens uns Wein einschenkte, konnte ich meine Neugier nicht länger im Zaum halten. »Kann ich dich mal was Persönliches fragen, Jens?«

Er hob leicht die Augenbrauen und reichte mir das Glas rüber. »Ich möchte unsere Unterhaltungen zwar eigentlich lieber auf der streng geschäftlichen Ebene belassen, Isabelle, aber gut. Ausnahmsweise.«

»Ist es eigentlich schlimm für dich, dass du tagtäglich mit deiner Exfrau zusammenarbeiten musst?«

Jens wollte gerade sein Weinglas zum Mund führen, doch auf halbem Weg ließ er es wieder sinken. »Wie kommst du denn darauf?«

»Immerhin wart ihr mal verheiratet. Du hast sie geliebt, das kann man doch nicht einfach so von heute auf morgen abstellen.«

»Hast du überhaupt eine Ahnung, wie lange es her ist, dass wir verheiratet waren?«

»Nein, davon hat Merle nichts gesagt.«

»Aha. Ja, sie schmückt ihre Klatschgeschichten gerne mal aus oder lässt Details weg, damit es dramatischer klingt. Als wir uns kennengelernt haben, war ich zweiundzwanzig und Anne einundzwanzig. Vier Monate später haben wir geheiratet, unsere Ehe dauerte genau sechs Monate, dann haben wir uns wieder getrennt. Das ist fast zehn Jahre her!«

Es dauerte eine Weile, bis ich diese Neuigkeit verarbeitet hatte. »Du hast sie schon nach vier Monaten geheiratet? Wieso das denn?«

Er zuckte mit den Schultern. »Was weiß denn ich? Wir waren total verknallt ineinander, ich war der festen Überzeugung, dass es das Richtige ist, und fand es außerdem irgendwie cool.«

»Und warum habt ihr euch so schnell wieder getrennt?«

»Weil wir uns überhaupt nicht richtig kannten, als wir geheiratet haben. Wir haben ziemlich schnell herausgefunden, dass wir als Paar eine totale Katastrophe waren. Aber wir sind gut als Freunde, und wir sind gut als Team. Und deswegen ist es auch gar nicht schwierig für mich, mit ihr zusammenzuarbeiten. Da musst du dir also keine Sorgen machen.«

Ich lehnte mich zurück und trank einen großen Schluck Wein. »Aber du magst ihren Mann nicht.«

»Nein, weil er ein Idiot ist.«

»Vielleicht bist du aber auch eifersüchtig. Ich meine, wenn mal Liebe im Spiel war, dann ...«

Jens lachte. »Es passt einfach nicht in dein Weltbild, dass man mit seiner Exfrau befreundet sein kann, oder?«

»Wenn alles so easy und freundschaftlich ist, warum sagst du dann jetzt, dass du mit dem Thema Beziehungen durch bist?«

Er zögerte ein paar Sekunden. »Anne war ja nicht die

einzige Beziehung, die schiefgegangen ist. Was mich zu dem Schluss geführt hat, dass diese ganze Pärchen-Sache für mich einfach nicht funktioniert und dass ich auch keine Lust mehr darauf habe, jemanden zu verletzen oder verletzt zu werden.«

Nachdenklich sah ich ihn an. Er wirkte sachlich und entschlossen, aber in seinem Blick lag auch ein Hauch von Traurigkeit, und ich fragte mich, was für Enttäuschungen er in der Liebe schon erlebt hatte. Der Fernsehkoch kam mir in den Sinn, mit dem Jens' Freundin ihn betrogen hatte. Ich wusste immer noch nicht, wer es war, und diese Geschichte beschäftigte mich so sehr, dass ich eine pauschale Aversion gegen sämtliche Fernsehköche entwickelt hatte und jedes Mal sofort die Glotze abstellte, wenn einer darin auftauchte. »Und was, wenn du dich doch wieder verliebst? Willst du dir deine Gefühle dann verkneifen?«

Jens seufzte tief. »Ich bin seit zwei Jahren Single. Bislang ist es nicht passiert, und ich gehe auch nicht davon aus, dass es wieder passiert. Falls doch ... tja, dann kann ich es wohl nicht ändern und muss es noch mal versuchen. Aber unbewusst werde ich von vornherein davon ausgehen, dass es nicht funktionieren wird, und das ist so eine schlechte Voraussetzung, dass es gar nicht funktionieren kann.«

Das klang nach einer hoffnungslosen Situation. Auch wenn es mich irgendwie beruhigte, dass er zumindest wegen Anne nicht unglücklich war, machte es mich traurig, dass er auch niemals mehr richtig glücklich sein würde. »Das tut mir leid«, sagte ich. »Wenn ich jetzt Sonnenblumen dahätte, würde ich sie dir schenken, damit du wieder fröhlich wirst.«

Lächelnd schüttelte er den Kopf. »Mir geht es gut, Isabelle. Aber trotzdem danke.«

Ich erwiderte sein Lächeln, dann sah ich hinauf in den Himmel zu meinem Lieblingssatelliten.

»Was ist eigentlich mit dir?«, fragte Jens. »Hattest du noch keine Beziehungspleiten, die deinen Glauben an die wahre Liebe erschüttert haben?«

»Den Glauben an die wahre Liebe werde ich niemals verlieren. Aber natürlich hatte ich schon Beziehungspleiten. Dachtest du etwa, ich wäre noch Jungfrau und hätte nie im Leben einen Freund gehabt?«

Er zögerte. »Hm, irgendwie habe ich mir darüber bislang noch gar keine Gedanken gemacht.«

Na toll. Da zerbrach ich mir den Kopf über seine Gefühle für Anne oder das Debakel, das er mit seiner betrügerischen Ex erlebt hatte, während er noch keinen einzigen Gedanken an mein Gefühlsleben verschwendet hatte. Typisch. »Ich hatte bislang drei Beziehungen und mindestens siebenhundertachtzigtausend Dates.« Ich sah wieder zu dem leuchtend hellen Punkt am Himmel. »Aber dieses Gefühl, auf das ich die ganze Zeit warte, dieses instinktive Wissen, endlich angekommen zu sein und den Richtigen gefunden zu haben, hatte ich noch bei keinem Mann.«

»Aber jetzt hast du dieses Gefühl doch.«

Mein Herz machte den heftigsten Hopser meines Lebens und plumpste anschließend mit Karacho in meinen Bauch. Ruckartig drehte ich meinen Kopf zu Jens. »Wie meinst du das?«

»Na, das Gefühl, den Richtigen gefunden zu haben, hast du doch bei deinem Zwegat.«

Meinem Zwegat? Oh mein Gott, er redete von Alex! Und ich hatte schon gedacht, er meinte sich selbst! Was fiel ihm überhaupt ein, mich so zu erschrecken? Ich räusperte mich und bemühte mich um einen gelassenen Tonfall. »Ja, genau. Aber er heißt Alex, nicht Zwegat.«

»Ich werde ihn erst dann Alex nennen, wenn du ihn auch

so nennst. Und zwar wirklich, nicht nur in deiner Fantasie. Wie ist euer Treffen vorhin denn eigentlich gelaufen? Und ich möchte jetzt bitte wirklich nur Geschäftliches hören. Für heute habe ich echt genug über Liebe und Gefühle geschwafelt.«

Dem konnte ich nur zustimmen. Auch mir war es lieb, das Gespräch in neutralere Bahnen zu lenken. Wir unterhielten uns also über den Laden und Brigittes und meinen Rettungsplan, und Jens versprach mir, sich bei Freunden umzuhören, ob sie auf der Suche nach einem neuen Blumenlieferanten waren.

Für den Rest des Abends schauten wir in den Himmel und warteten auf Sternschnuppen, und als ich um halb drei endlich todmüde in meinem Bett lag, fiel mir auf, dass Jens' Balkon ein ziemlich perfekter Ort war. Auf der Liste meiner Lieblingsorte stand er jedenfalls ganz weit oben.

Wieder im Rennen

Am nächsten Tag fuhren Brigitte und ich nach Feierabend mit unserem neuen Lieferwagen in einen Baumarkt, wo wir uns eine Stunde lang Farbmusterkärtchen ansahen und uns letzten Endes für einen dezenten Grauton entschieden. Wir kalkulierten, wie viel Farbe und Malerutensilien wir benötigen, und führten alles in einer Liste auf.

»Sag mal, Brigitte?«, fragte ich, als wir in den Wagen einstiegen und ich zum tausendsten Mal in Gedanken den Laden neu einrichtete. »Du hast doch diese wunderschöne antike Vitrine. Die weiße, die bei euch im Flur steht.«

»Ja, wieso?«

»Wenn sie im Laden stehen würde, hättest du eigentlich viel mehr davon, oder? Dann könntest du sie täglich zehn Stunden lang anschauen. Wir könnten Vasen und Dekoartikel darin präsentieren, das würde so toll aussehen!«

»Hm.« Brigitte spielte nachdenklich an ihrem Autoschlüssel herum. »Eigentlich hast du recht. Wir bewahren da sowieso nur unnützes Zeug drin auf. Warum kommst du nicht gleich mit zu mir? Dann können wir uns das gute Stück mal ansehen. Möglicherweise müssen ein paar Stellen ausgebessert werden.«

»Okay. Allerdings kommt es ganz gut, wenn sie ein paar Macken hat. Die können ruhig bleiben.«

»Du und dein Müll«, grinste Brigitte und startete den Wagen.

»Das ist kein Müll!«

»Ach nein, entschuldige. Man nennt es Upcycling.«

»In diesem Fall nennt man es Shabby Chic. Oder einfach antik.«

Wenig später standen wir in Brigittes Flur und bewunderten die Vitrine. »Die ist noch viel schöner als ich sie in Erinnerung hatte!«, rief ich. »Und die paar abgeschrabbelten Stellen sind perfekt.«

Ich war gerade dabei, die Glastüren zu öffnen, um zu überprüfen, wie stabil sie noch in ihren Angeln hingen, als Dieters Stimme hinter mir ertönte. »Ich dachte, ich hätte mich verhört, aber sie ist es tatsächlich. Unsere Isabelle! Welch seltener Glanz in unserer Hütte.«

Es war tatsächlich ewig her, dass wir uns das letzte Mal gesehen hatten. Dieter war früher häufig im Laden vorbeigekommen, inzwischen tat er das gar nicht mehr. Und ich war schon seit Wochen nicht mehr bei Brigitte zu Hause gewesen. Dieter hatte sich kaum verändert. Vielleicht war sein kugelrunder Bauch noch ein bisschen runder und sein Haar noch schütterer geworden, aber sein Lächeln war so freundlich wie eh und je und offenbarte eine breite Lücke zwischen seinen beiden oberen Schneidezähnen, die ihn besonders sympathisch aussehen ließ.

»Schön, dich mal wieder zu sehen«, sagte ich. »Wie geht's dir?«

»Bestens, bestens. Du isst doch mit uns? Jetzt, wo du endlich mal wieder hier bist, lassen wir dich nicht so schnell weg.«

Ich zögerte einen Moment, immerhin war heute Freitag – da ging ich doch eigentlich immer zu meinem ›Bauch-Beine-Po‹-Kurs. Andererseits hatte ich wirklich mal wieder Lust, mit Brigitte und Dieter zu essen. Außerdem konnte ich so gleich meinen Plan zur Rettung ihrer Ehe in Angriff nehmen. »Wäre es okay, wenn ich bei euch esse?« Fragend sah ich Brigitte an.

»Natürlich«, sagte sie. »Warum setzt ihr beide euch nicht ins Wohnzimmer, und ich schmier uns schnell ein paar Brote?«

Dieter und ich nahmen auf dem schon reichlich durchgesessenen Sofa Platz. Erst jetzt wurde mir bewusst, dass Brigitte und Dieter sich nicht begrüßt und noch nicht mal richtig angesehen hatten.

Neben Dieter lag ein ganzer Stapel seiner geliebten Rätselhefte, und im Fernsehen lief eine uralte *Tatort*-Wiederholung. »Wie geht's dir denn so, Isa?«, erkundigte er sich.

»Ganz gut. In letzter Zeit geht alles ein bisschen durcheinander in meinem Leben. Ich mach mir Sorgen um den Laden.«

»Ach, der wird schon wieder.«

»Das hoffe ich. Wir wollen so schnell wie möglich mit der Renovierung anfangen.«

Dieter sah überrascht vom Fernseher zu mir. »Renovierung?«

»Ja, davon hat Brigitte doch bestimmt erzählt.«

»Hm.« Er rieb sich das Kinn. »Nein, ich glaube nicht.«

Redeten die beiden überhaupt nicht mehr miteinander?

»Ach, da fällt mir was ein«, sagte Dieter und griff nach einem Briefumschlag, der auf dem Wohnzimmertisch lag. »Kannst du Karten für die Oper gebrauchen? Hab ich bei einem Kreuzworträtsel gewonnen.« Er tippte sich mit dem Finger an die Stirn. »Das erste Mal seit fünfunddreißig Jahren gewinne ich was, und dann sind es Karten für Aida! Ich krieg doch schon zu viel, wenn dieser Helmut Slotti im *Fernsehgarten* auftritt.«

»Lotti«, korrigierte ich automatisch. »Für Brigitte wäre das doch was. Sie möchte bestimmt gerne mal wieder schick ausgehen.«

Er schob mir die Karten rüber. »Das ist 'ne gute Idee, Isa. Dann macht euch mal einen schönen Abend, ihr zwei.«

»Oh Mann, Dieter!« Ich lachte ungläubig. »*Du* sollst dir einen schönen Abend mit ihr machen.«

»Ich?!« Er starrte mich an, als hätte ich ihm soeben vorgeschlagen, einen aus dem Knast ausgebrochenen Schwerverbrecher bei sich aufzunehmen. »Das Gejodel soll ich mir anhören? So 'ne Oper dauert Stunden! Nee. Das tu ich mir nicht an.«

»Nicht mal Brigitte zuliebe? Sie würde sich bestimmt total darüber freuen.«

Dieter glotzte schon wieder auf die Mattscheibe. »Seit Manfred Krug weg ist, gibt's keinen vernünftigen Hamburger Tatort mehr, was?«

War er immer schon so desinteressiert gewesen, und mir war es nur nie aufgefallen? Beharrlich redete ich weiter auf ihn ein. »Oder du verkaufst die Karten, dann könnt ihr von dem Geld richtig schick zusammen essen gehen.«

»Mhm, ja«, murmelte er geistesabwesend. »Brigitte ist bestimmt bald fertig in der Küche, dann gibt's was.«

Von da an ließ ich ihn in Ruhe seinen Krimi gucken. Ein bisschen konnte ich Brigitte jetzt verstehen. Bei so viel Desinteresse seitens des eigenen Ehemannes wäre ich auch frustriert gewesen.

Alex segnete unseren Kostenvoranschlag ab, sodass Brigitte und ich schon am darauffolgenden Wochenende den Laden renovieren konnten. Zusammen mit Merle, Knut, Bogdan, Dennis und Nelly entrümpelten wir, räumten die Möbel aus und strichen die Wände. Kathi und Dieter mussten arbeiten, aber zumindest Kathi wurde von uns über WhatsApp-Nachrichten und Fotos auf dem Laufenden gehalten. Dieter hatte kein WhatsApp, und unser Vorankommen hätte ihn wahrscheinlich sowieso nicht interessiert.

Merle war es zunächst sichtlich unangenehm gewesen, Knut wiederzusehen. Doch nachdem die beiden eine halbe Stunde Seite an Seite die Ecken gestrichen hatten, waren sie die besten Freunde.

Als wir am Sonntagabend endlich fertig waren, luden Brigitte und ich alle Helfer zu Jens ein, wo wir draußen saßen und riesige Burger aßen.

»Das ist der geilste Burger, den ich je gegessen habe!«, schwärmte Bogdan.

»Mhmpfkmsekl«, machte Knut. Er hatte den Mund so voll, dass ich kein Wort verstehen konnte. Seine Miene drückte allerdings Zustimmung aus.

Anschließend bestellten Nelly, Brigitte und ich noch ein Schokoladenmalheur, das wir uns zu dritt teilten, da wir eigentlich bereits mehr als satt waren, aber trotzdem unbedingt eins wollten.

Nelly schloss verzückt die Augen, als sie ihren ersten Bissen nahm. »Mmmmh. Oh mein Gott, ist das lecker!«

»Ich weiß«, sagten Brigitte und ich gleichzeitig.

Als wir aufgegessen hatten, hielt Nelly sich den Bauch und sagte: »Das war der Hammer! Um es mal auf den Punkt zu bringen: Das war Gaumensex.« Ein breites Grinsen erschien auf ihrem Gesicht. »Isst du nicht jeden Mittag hier, Isabelle?«

»Und manchmal auch abends«, sagte Brigitte.

»Ja, aber nur unter der Woche«, stellte ich klar. »Meistens zumindest.«

Nellys Grinsen wurde noch breiter. »Das heißt also, du kommst mindestens fünfmal die Woche hierher, um es dir so richtig von Jens besorgen zu lassen. Beneidenswert.«

Brigitte kicherte. »Und dafür malt sie ihm hinterher zum Dank Blümchen auf den Teller.«

Knut lachte dröhnend, und auch Dennis und Bogdan amüsierten sich königlich.

»Spinnt ihr?«, zischte ich und deutete mit dem Kopf ans andere Tischende, wo Merle sich gerade mit Kim unterhielt. Zum Glück schien sie nicht mitgekriegt zu haben, wie Nelly über ihren Bruder redete. Und über mich. Was für eine Frechheit! »Das ist ja wohl totaler Schwachsinn. Und sexistisch!«

»Du musst nicht rot werden, Isa«, lachte Dennis.

»Ich bin überhaupt nicht rot«, protestierte ich, obwohl ich das starke Gefühl hatte, dass es doch so war. Und schlimmer wurde. »Wenn ihr Essen unbedingt mit Sex gleichsetzen wollt, dann habt *ihr alle* es euch ebenfalls gerade von Jens besorgen lassen. Das ist euch hoffentlich klar. Na? Was sagt ihr dazu?«

Bogdan, Knut und Dennis gefror das dumme Grinsen auf dem Gesicht, während Nelly gelassen »Jederzeit gerne wieder, Baby« sagte.

Die Situation wurde auch dadurch nicht weniger peinlich, dass jetzt zu allem Überfluss Jens an unseren Tisch trat, um uns zu begrüßen. »Igitt, ihr seht nach Arbeit aus«, sagte er beim Anblick unserer farbbekleckerten Truppe. Als sein Blick auf mein Gesicht fiel, fing er an zu lachen. »Du arbeitest nicht nur unsauber, du isst auch unsauber.«

Ich wischte mir schnell mit der Hand über den Mund. Typisch, dass keiner meiner Freunde so nett gewesen war, mich darauf hinzuweisen, dass ich Sauce im Gesicht hatte.

Jens stellte sich jedem vor, den er noch nicht kannte. Als Nelly an der Reihe war, glotzte und griente sie ihn an, als würde Ryan Gosling höchstpersönlich vor ihr stehen. Der es ihr soeben noch »ordentlich besorgt« hatte. Mein Gott, musste sie es denn so übertreiben? Das war ja zum Fremdschämen!

Jens unterhielt sich fröhlich mit meinen Freunden, und es

war ganz eindeutig, dass die Chemie zwischen ihnen stimmte. Als würden sie sich schon ewig kennen. Nach einer Weile stieß er mir leicht an die Schulter. »Was ist los? Du bist so schweigsam.«

Bevor ich antworten konnte, schaltete Nelly sich ein. »Sie muss sich bestimmt noch erholen von ihrem ... Schokoladenmalheur.«

»Ähm, ja, ich hab mich tatsächlich ein bisschen überfressen. Und ich bin müde«, sagte ich schnell.

Er musterte mich nachdenklich, dann sagte er in die Runde: »Na dann viel Spaß noch. Ich muss leider wieder an die Arbeit. Bis bald. Beziehungsweise bis morgen, Isabelle.«

»Bis morgen.«

»Merle, kommst du noch mit in die Küche?«

»Soll ich euch helfen?«, fragte sie begierig.

»Nein, so wie du aussiehst, bestimmt nicht«, lachte er. »Du sollst dich mit mir unterhalten. Ich hab dich heute noch keine zehn Minuten gesehen.«

»Na gut«, sagte Merle und folgte Jens ins Restaurant.

»Cooler Typ«, sagte Bogdan, als die beiden verschwunden waren.

»Jo. Find ich auch«, stimmte Knut zu.

Nelly sah mich nur mit unergründlichem Blick an, doch zu meinem Erstaunen äußerte sie sich nicht weiter zu dem Thema.

Bald darauf verabschiedete sich Brigitte und nach und nach auch alle anderen, bis nur noch Knut und ich übrig waren. Die perfekte Gelegenheit, ihm wegen Irina ins Gewissen zu reden. »Ich habe noch mal über dich und Irina nachgedacht, Knut. Und weißt du, zu welchem Schluss ich gekommen bin? Wenn du nicht den ersten Schritt machst, wird sich niemals was bewegen. Also sag ihr, was Sache ist.«

Er knibbelte einen Farbspritzer von seinem Unterarm ab. »Meinste echt?«

»Ja! Worauf wartest du denn noch? Wenn du dir sicher bist, dass sie deine große Liebe ist, sehe ich keinen Sinn darin, es ewig hinauszuzögern.«

»Hm. Ich bin mir nich sicher, ob ich mir von andern Leuden in mein Liebesleben reinquatschen lassen will.«

»Also echt, Knut«, sagte ich empört. »Du quatschst mir und dem Rest der Welt ständig in unser Liebesleben rein, jetzt bin ich mal dran.«

Ein Weilchen saß er stumm da und starrte vor sich hin. Schließlich rückte er näher an den Tisch heran und sagte: »Gut, mal angenommen, ich würd auf dich hören und Irina sagen, dass sie die großartigste, klügste und wunderschönste Frau der Welt für mich is ... Was, wenn sie mich auslacht?« Er fuhr sich mit beiden Händen über den Kopf. »Weißte, ich kann nich so rumsäuseln wie so 'n Xavier Naidoo oder so. Und ich bin auch nich so 'n harter Typ wie James Bond. Woher soll ich denn wissen, was sie will?«

Xavier Naidoo und James Bond? Wie kam er denn ausgerechnet auf die beiden? »Vergiss Xavier Naidoo und James Bond. Du bist viel toller. Sei du selbst, sag Irina, dass du sie magst, frag sie, ob sie mit dir ausgeht. Ich bin mir sicher, dass sie Ja sagt.«

»Oh Mann«, sagte Knut und wippte so nervös mit dem Bein, dass der Tisch wackelte. »Mann, Mann, Mann. Also gut. Ich mach's!«

»Das ist großartig, Knut! Hey, bring sie am besten hierher. Und sorg dafür, dass sie Jens' Schokoladenmalheur isst, dann erledigt sich alles andere von selbst.«

Er schüttelte den Kopf. »Ich finde, ihr Mädels übertreibt es ein bisschen mit diesem Schokozeug.«

»Unterschätze niemals die Magie von Schokolade«, sagte ich ernst.

Am Montag blieb der Laden geschlossen, und Brigitte und ich verbrachten den Tag damit, die Regale wieder aufzubauen und einzuräumen. Wir hatten uns von einigen Ladenhütern verabschiedet und uns dazu entschieden, das Warensortiment zukünftig etwas kleiner zu halten. Am Ende des Tages sah der Laden viel heller, freundlicher und moderner aus. Absoluter Blickfang war die weiße Vitrine, in die ich unsere Dekoartikel geräumt hatte.

»Das sieht so toll aus!«, rief ich aufgeregt. »Warte nur, wenn wir erst die Blumen vom Großmarkt geholt haben. Und dann noch der neue Außenbereich! Das wird der Hammer, die Leute werden uns den Laden einrennen!«

Brigitte war etwas weniger enthusiastisch als ich, wirkte aber durchaus zufrieden mit unserem Werk.

Am Dienstag fuhren wir in aller Herrgottsfrühe zum Großmarkt und kauften wunderschöne, frische Blumen und Balkonpflanzen. Eigentlich hatte ich dienstags zwar frei, aber ich wollte es mir nicht nehmen lassen, bei der heutigen Neueröffnung dabei zu sein. Ich baute die weiße Bistrogarnitur von meinem Balkon vor dem Laden auf, stellte einen Topf Lavendel und eine bunte Kaffeetasse auf den Tisch und legte ein hübsches Kissen auf den Stuhl. In den Kübeln vor dem Schaufenster standen Sonnenblumen, Margeriten und bunte Gerbera, und an der Außenfassade brachte ich eine Tafel an, auf der ich das Strauß-der-Woche-Angebot notiert hatte. Zusammen mit dem neuen Stufenverkaufstisch, auf dem wir die Balkonpflanzen präsentierten, wirkte unser Außenbereich jetzt viel einladender und stylischer. Ich war unglaublich stolz auf uns und konnte es kaum erwarten, die Trilliarden von Kunden zu bedienen, die uns in Kürze die Tür einrennen würden.

Brigitte und ich banden die Sträuße der Woche (Rosen, Kosmeen und Wicken) und beobachteten dabei gespannt durch das Schaufenster, was sich auf der Straße tat. Die Leute gingen nicht mehr einfach nur am Laden vorbei, ohne ihn wahrzunehmen, so viel stand fest. Allerdings kam auch niemand rein. »Die gucken erst mal, und heute Nachmittag auf dem Nachhauseweg kommen sie dann, um uns die Regale leerzukaufen«, behauptete ich. Um mich abzulenken, entwarf ich am PC zwei Flyer: einen für die Bestatter und einen weiteren für Hochzeitsplaner und Caterer. Damit bewaffnet wollte ich anfangen, auf Kundenakquisition zu gehen.

Um halb elf kam Jens vorbei, um sich unser Werk anzuschauen. »Wow«, sagte er und sah sich staunend um. »Da habt ihr echt ganze Arbeit geleistet. Sieht toll aus.«

»Ja, aber es kommt keiner rein«, maulte ich.

»Warte doch erst mal ab. Die kommen schon noch.«

»Wollen wir es hoffen«, murmelte Brigitte.

»Komm, ich zeig dir die Flyer, an denen ich gerade arbeite«, sagte ich und ging mit Jens ins Hinterzimmer, in dem der PC stand. »Was krieg ich heute Mittag eigentlich bei dir?«

Überrascht sah er vom Bildschirm auf. »Gar nichts.«

»Hä? Was soll das denn heißen?«

»Na, ich hab doch heute frei. Ruhetag.«

Ein ungutes Gefühl breitete sich in meinem Magen aus. »Ruhetag? Seit wann das denn?«

»Seit heute. Ich hab dir doch erzählt, dass ich die Öffnungszeiten ändere.«

»Ja, aber von einem Ruhetag hast du nichts gesagt! Und wenn überhaupt, dann dachte ich, irgendwann mal, in zehn Jahren, aber doch nicht so plötzlich und so... klammheimlich!«

»Klammheimlich? Die Ankündigung hängt seit einer Woche in der Eingangstür des Restaurants.«

Mein Herz klopfte schneller, und ich spürte, wie meine Hände feucht wurden. »Na und? So was kann man doch leicht mal übersehen! Und wieso ist ausgerechnet heute Ruhetag?«

»Weil dienstags am wenigsten los ist.« Er setzte sich auf die Kante des Schreibtischs, verschränkte die Arme vor der Brust und machte den typischen Gesichtsausdruck eines Menschen, der versucht, die äußerst komplizierte Bauanleitung eines noch komplizierteren Möbelstücks zu verstehen. »Ehrlich gesagt ist es mir ein Rätsel, wieso du dich so aufregst.«

»Weil so das Ende anfängt!«, rief ich aufgebracht. »Genau so fing es bei Mr Lee auch an, erst hat er einen Ruhetag eingeführt, und zack, vier Jahre später war er weg. Und genau das Gleiche wird mir jetzt mit dir passieren. Du machst den Laden dicht und gehst Gott weiß wohin und lässt mich ... Ich meine, und ich muss wieder in der Kaffeeküche Tütensuppen fressen!« Schwer atmend hielt ich inne.

Für eine Weile sah Jens mich schweigend an. »Isabelle?«, fragte er schließlich ruhig.

»Was?!«

»Du weißt selbst, dass du vollkommen irre bist, oder?«

»Boah ey, du ...« Ach, verdammt! Diese beknackte Wortfindungsblockade!

»Bitte fang jetzt nicht an, zu hyperventilieren. Es geht doch nur um einen Tag in der Woche. Ich gehe nirgendwohin, und ich habe nicht vor, den Laden dichtzumachen, denn ich könnte es natürlich überhaupt nicht mit meinem Gewissen vereinbaren, dass du möglicherweise wieder Tütensuppen fressen musst.«

Ich spürte, wie ich mich allmählich entspannte. Der schwere Stein, der in meinem Magen lag, wurde leichter, und mein Atem beruhigte sich.

»Alles wieder gut?«, fragte Jens.

Mir wurde unangenehm bewusst, wie übertrieben ich reagiert hatte. Ich räusperte mich und strich den Rock meines Kleides glatt. »Mir geht es super, danke. Alles easy.«

»Mhm. Im Übrigen betrifft dich der Ruhetag normalerweise nicht mal. Du hast dienstags frei.«

»Ja, aber heute nicht, und ich hatte mich halt schon darauf eingestellt, bei …«

»Du musst mal lernen, flexibler zu werden«, fiel er mir ins Wort.

»Pff!«, machte ich abfällig. »Ich bin total flexibel.«

Jens brach in Gelächter aus. »Klar.« Dann stand er auf und deutete auf den Bildschirm. »Die Flyer gefallen mir. Und der Laden auch. Sieht viel besser aus als vorher. Okay, ich muss mal rüber.«

»Ins Restaurant? Ich dachte, du hast heute frei.«

»Ja, deswegen habe ich ja auch jede Menge Zeit, mich um Buchführung und Steuer zu kümmern.«

»Das ist deine Vorstellung von freihaben?« Auf einmal kam mir eine Idee. »Wenn du sowieso im Restaurant bist, könntest du mir doch …«

»Vergiss es. Ich koch heute nicht. Auch nicht für dich.«

»Aber es muss ja nur eine …«

»Nein.«, sagte er entschieden. »Du kriegst gar nichts.«

»Dann eben nicht.«

Er kam einen Schritt auf mich zu. »Deine beleidigte Schnute bringt dir bei mir überhaupt nichts. Frag Merle mal danach.«

»Ich ziehe keine beleidigte Schnute. Im Gegensatz zu Merle bin ich nämlich erwachsen.«

»Tatsächlich? Da bin ich mir manchmal nicht so sicher.« Er imitierte meinen Gesichtsausdruck, indem er seine Unterlippe vorschob und die Stirn in Falten legte.

Gegen meinen Willen fing ich an zu lachen. Er hatte ja recht. Manchmal benahm ich mich wirklich albern. »Ach, du kannst mich mal. Jetzt hau schon ab. Und genieß deinen *freien* Tag.«

Nachmittags kamen tatsächlich deutlich mehr Kunden in den Laden, sodass Brigitte und ich alle Hände voll zu tun hatten. Wir verkauften so viele Balkonpflanzen wie schon lange nicht mehr, und auch unser Strauß der Woche kam extrem gut an. »Siehst du, ich hab's dir doch gesagt«, raunte ich Brigitte zu, als ein Kunde mit einem ganzen Arm voll Sonnenblumen in den Laden kam. »Wir sind wieder im Rennen.«

»Freu dich bitte nicht zu früh«, flüsterte Brigitte zurück. »Warten wir erst mal ab.«

Gegen Abend kam Merle herein, um zwei Töpfe Lavendel für den Balkon zu kaufen. Außerdem suchte sie noch ein hübsches Windlicht aus. »Hier drinnen ist es schön kühl«, sagte sie und lupfte ihr Top, um sich Wind zuzufächeln. Mir fiel auf, dass sie ihr ewiges Schwarz abgelegt hatte. Sie trug einen langen, dunkelblauen Rock, Flip-Flops und ein graues Top, was für ihre Verhältnisse geradezu farbenfroh war. »Draußen ist es abartig heiß. Alle sagen schon, dass es der heißeste Tag des Jahres ist, aber ich glaube, da geht noch was. Wir haben ja erst Anfang Juli.« Sie ließ ihren Blick durch den Laden schweifen. »Das haben wir echt richtig gut hingekriegt. Ich finde, die Ecken sehen megaprofessionell gestrichen aus.«

Brigitte lachte. »Ja, wir wurden heute schon von vielen Kunden speziell auf die Ecken angesprochen.« Dann schaute ein junger Mann herein, der eine Frage zur wilden Malve hatte, und sie ging mit ihm nach draußen, um ihn zu beraten.

Ich gab Merle ihr Wechselgeld und wickelte den Lavendel und das Windlicht ein.

»Ich war übrigens gerade bei Jens«, sagte sie. »Er hat erzählt, dass du durchgedreht bist, weil das Restaurant heute zu hat.«

»Ich bin nicht durchgedreht. Im ersten Moment war ich nur etwas irritiert.«

»Ja? Jens meinte, du hättest hyperventiliert, weil du Panik hattest, dass er den Laden schließt.«

Na toll. Offenbar waren beide Thiel-Geschwister Tratschtanten. Ich steckte Windlicht und Lavendel in eine Tüte und reichte sie Merle. »Ich habe nicht hyperventiliert.«

»Hm. Okay, aber was hältst du davon, wenn du heute Abend zu mir kommst? Ich koch was für dich. Wir könnten im Park picknicken oder so.«

»Vielen Dank, aber Jens würde denken, dass ich dich ausnutze. Außerdem will ich nachher in die Alsterschwimmhalle.«

»Was?!«, fragte Merle entsetzt. »Du willst bei dreißig Grad in die Schwimmhalle?! Das ist doch Wahnsinn! Und Jens ist heute Abend gar nicht da.«

Oh. Ach so. Wenn das so war ... »Okay. Aber nur, wenn ich dir beim Kochen helfen darf.«

Merle strahlte. »Klar. Komm einfach nach Ladenschluss vorbei.«

Mit einem Strauß der Woche bewaffnet machte ich mich auf den Weg zu Merle. Es war drückend heiß, und der Wind fühlte sich an, als würde mir ein Föhn entgegenpusten. ›Bewegung ist echt abartig bei diesen Temperaturen‹, dachte ich, als ich mich die Treppen zu Merles Wohnung hochschleppte.

Sie öffnete mir die Tür, und ich folgte ihr in die Küche. Auf der Schwelle blieb ich überrascht stehen. Niemand anders als Jens saß am Küchentisch, ein Bier vor sich, und befüllte eine

Plastikdose mit etwas, das aussah wie griechischer Tomatensalat.

»Ich dachte, du bist nicht da!«, platzte es aus mir heraus.

»Offensichtlich schon.«

»Merle hat mich zum Essen eingeladen«, fühlte ich mich verpflichtet, zu erklären.

»Schön. Mich auch.«

»Ich hab mich nicht selbst eingeladen.«

Jens grinste. »Schon klar. Ich mich auch nicht.«

Merle, die am Herd stand und köstlich duftendes Gemüse briet, schaltete sich ein. »Ähm, ja, ich hab so viel eingekauft, dass wir das zu zweit niemals geschafft hätten.« Dabei kehrte sie uns den Rücken zu, sodass offenblieb, wen genau sie mit »zu zweit« gemeint hatte.

Jens und ich tauschten einen Blick. »Was glaubst du, wer von uns beiden wurde nachträglich als Resteverwerter hinzugebeten?«, fragte er.

Meine seltsame Befangenheit verschwand, und ich musste lachen. »Wann hat sie dich denn gefragt? Mich hat sie heute um …«

»Ist doch ganz egal«, sagte Merle. »Jetzt seid ihr halt beide da, was soll's.« Sie schwenkte das Gemüse so heftig in der Pfanne, dass ein nicht unerheblicher Teil über den Rand flog und auf dem Herd landete.

Jens, der sie mit Argusaugen beobachtete, ging zu ihr rüber. »Du willst das Gemüse doch nicht an die Decke klatschen, sondern schwenken, oder? Dann mach es aus dem Handgelenk heraus«, sagte er und nahm ihr die Pfanne ab. »So schwer ist die nicht, also fass sie nur mit einer Hand an. Siehst du, so.« Er demonstrierte es und reichte ihr die Pfanne zurück. Dieses Mal stellte Merle sich schon geschickter an. »Viel besser«, lobte Jens.

Um nicht völlig nutzlos dazustehen, nahm ich ein paar vertrocknete Sonnenblumen aus der Vase auf der Fensterbank und entsorgte sie im Müll. An der Spüle wusch ich die Vase ab und befüllte sie mit frischem Wasser.

Jens kontrollierte derweil die arme Merle. Er probierte einen Streifen Paprika und nörgelte: »Das Gemüse ist schon einen Tick drüber, also nimm es lieber vom Herd. Außerdem fehlt Salz, und du hast viel zu viel Rosmarin ...«

Merle schob Jens energisch von sich weg. »*Ich* koche!«

»Ist ja gut.« Er blieb drei Schritte entfernt von ihr stehen.

Ich steckte meinen mitgebrachten Strauß der Woche in die Vase und stellte ihn auf den Küchentisch. »Ihr solltet Blumen nicht in die pralle Sonne stellen«, erklärte ich, doch die beiden beachteten mich gar nicht.

»Hast du noch alles im Blick?«, fragte Jens. »Du wolltest doch Blätterteigtaschen machen, im Grunde genommen hättest du die als Erstes ...«

»Jens!« Merle wischte sich den Schweiß von der Stirn und starrte ihn durchdringend an. »Hör auf!«

»Ich will dir doch nur helfen, an deinem Timing zu arbeiten!«

»Wenn ich erst mal meine Ausbildung zur Köchin mache, lerne ich das schon noch.«

Oh, das war neu! Andererseits überraschte es mich auch nicht wirklich, immerhin redete Merle, seit sie bei Jens aushalf, von nichts anderem als vom Kochen.

Jens selbst schien diese Neuigkeit jedoch völlig unvorbereitet zu treffen. »Wenn du *was* machst?!«

Merle war hochrot angelaufen. »Ich habe beschlossen, dass ich Köchin werden will.«

»Aber du wolltest doch immer Geschichte oder Archäologie studieren und nach irgendwelchen Tempeln suchen.«

»Ja, mit zwölf vielleicht.«

Jens musterte sie eingehend. »Das meinst du doch nicht ernst.«

»Doch, das meine ich ernst! Ganz sicher, hundertprozentig, ich will Köchin werden, und ich werde nicht eher ruhen, bis ›Chef de Cuisine‹ auf meiner Kochjacke steht!«, rief sie so dramatisch, dass ich mir ein Lachen verkneifen musste.

Jens schien das nicht besonders lustig zu finden. »Du bist viel zu schlau, um Köchin zu werden! Selbst wenn du nicht Geschichte studierst, kannst du Ärztin werden oder Anwältin oder … keine Ahnung, Atomphysikerin. Wieso muss es denn ausgerechnet *Köchin* sein?«

»Du bist doch selbst Koch geworden«, warf ich ein. »Wieso gestehst du Merle das nicht auch zu?«

»Weil sie sich das verdammt noch mal nicht antun soll!« Nun wandte er sich an Merle. »Denk mal drüber nach: Die Arbeitszeiten sind der Horror, es ist ein megastressiger Knochenjob, du stehst bis zu zwölf Stunden täglich in der bullenheißen Küche. Köche sind entweder Prolls, Arschlöcher oder Diktatoren, und wahrscheinlich wirst du die ganze Zeit angemotzt. Und beschissen bezahlt ist es auch noch!«

Merle hob das Kinn und sah ihn trotzig an. »Dich ertrage ich doch auch, ohne in Tränen auszubrechen.«

»Ja, zwölf Stunden in der *Woche!* Und außerdem bin ich ein zahmes Reh in der Küche.«

»Stimmt überhaupt nicht, du motzt Lukas und mich ständig an, dass es nicht schnell genug geht oder dass etwas scheiße aussieht oder schmeckt.«

»Ich motze nicht rum, ich weise euch freundlich darauf hin. Glaub mir, das ist nicht der richtige Job für dich.«

Ich hatte mich inzwischen an den Tisch gesetzt und trank etwas von Jens' Bier. »Wieso freust du dich denn eigentlich gar nicht darüber, dass Merle in deine Fußstapfen treten will? Du solltest dich doch eher geschmeichelt fühlen, als so auszurasten.«

Jens ließ sich auf den Stuhl neben mir fallen und nahm mir das Bier aus der Hand, um einen Schluck zu trinken. »Es freut mich ja«, sagte er schließlich. »Es freut mich wirklich, Merle, aber ich finde es einfach schwachsinnig, dass du mit deinen Schulnoten ausgerechnet Köchin werden willst.«

Merle kniff die Augen zusammen: »Du warst doch auch auf dem Gymnasium und bist abgegangen, um Koch zu werden.«

Überrascht sah ich Jens an. Das hatte ich bislang ja gar nicht gewusst.

»Ja, aber im Gegensatz zu dir war ich absolut scheiße in der Schule. Und dass du abgehst, davon kann ja wohl überhaupt keine Rede sein!«

»Es macht doch keinen Sinn, noch zwei Jahre dahin zu gehen, wenn ich jetzt schon weiß, dass ich die Ausbildung machen will«, sagte Merle prompt.

Für ein paar Sekunden saß Jens wie eingefroren da, doch dann sprang er so heftig auf, dass die Blumenvase ins Wanken geriet. Im letzten Moment konnte ich sie auffangen. »Du wirst nicht von der Schule abgehen! Das kannst du vergessen!«

»Meine Schulpflicht ist beendet, niemand kann mich mehr zwingen, da hinzugehen! Und du schon mal gar nicht!«

Jens starrte Merle wutschnaubend an. Ich fürchtete schon, dass er jeden Moment explodieren würde, doch dann atmete er tief durch und setzte sich wieder. »Nein, das stimmt«, sagte er auffallend ruhig. Er holte sein Handy aus der Hosentasche und tippte auf dem Display herum. »Dann rufen wir doch am besten gleich mal Papa an, um ihm die frohe Botschaft zu verkünden. Er wird sich bestimmt total freuen und sehr gerne deinen Ausbildungsvertrag unterschreiben, da du als Minderjährige das ja noch nicht alleine darfst.«

Ich konnte Jens nur zu diesem Schachzug beglückwünschen. Auf die Idee wäre ich nie gekommen. Merle hingegen tat mir leid. Sie starrte auf das Handy, das Jens sich inzwischen ans Ohr hielt, und man konnte deutlich sehen, wie es hinter ihrer Stirn ratterte.

»Hallo Papa«, sagte Jens in diesem Moment. »Mir geht's gut, ja. ... Merle auch. Sie möchte dir übrigens was Wichtiges sagen. Ich geb sie dir mal.« Er hielt ihr zuckersüß lächelnd das Telefon hin.

»Arschloch«, zischte sie und nahm ihm das Handy ab. »Hi Papa, wie geht's?«

Jens reichte mir sein Bier rüber, und ich nahm einen Schluck, während wir Merle bei ihrem Telefonat beobachteten.

Sie nestelte in ihren Haaren und schabte mit dem Fuß über ein Stück Zucchini, das auf dem Boden lag. »Mhm ja, mir auch ... Nein, ich wollte nur sagen, dass ich, äh ... morgen eine Matheklausur schreibe. ... Ja, habe ich ... Jaha, ich gehe schon seit Wochen regelmäßig ... Ich weiß!«, rief sie gereizt. »Wie ist es denn bei euch?« Dann ging sie mit dem Telefon aus dem Raum.

Jens grinste mich breit an. »Gefahr erkannt, Gefahr gebannt. Das ist meine neue Taktik. Funktioniert jedes Mal.«

»Petzen?«, fragte ich lachend.

»Nein, es reicht, das Petzen anzudrohen.«

»Warum traust du Merle den Job eigentlich nicht zu? Ich meine, klar, er hat große Nachteile, aber die hat jeder andere Job auch. Außerdem habe ich nicht den Eindruck, dass du todunglücklich damit bist.«

»Bin ich auch nicht. Ich liebe meinen Beruf. Aber für die

Gastronomie muss man echt geboren sein, und ich kann mir einfach nicht vorstellen, dass Merle es ist.«

»Ich schon«, sagte ich. »Sie bekocht mich ständig, und sie ist genauso gastfreundlich wie du.«

Jens hob die Augenbrauen. »Wie würdest du nur überleben, wenn Merle und ich dich nicht ernähren würden?«

»Tomatenbrote und Tütensuppe, weißt du doch. In welche Kategorie von Koch fällst du eigentlich? Proll, Arschloch oder Diktator?«

Er wiegte bedächtig den Kopf. »Mittlerweile bin ich selbstverständlich die Ausnahme, die die Regel bestätigt. Aber im Laufe meiner Karriere habe ich jede Kategorie durchlaufen.«

Merle kam wieder rein und hielt Jens sein Handy hin. »Okay, du hast gewonnen. Erst mal.« Sie hob ihren Kopf und straffte die Schultern. »Trotzdem bleibt es dabei. Ich will Köchin werden, und das lass ich mir von niemandem ausreden!«

»Alles klar«, sagte Jens gelassen. »Darf ich dir denn jetzt beim Kochen assistieren, damit wir endlich in den Park kommen? Ich halt es hier drinnen nicht mehr aus.«

»Aber du redest mir nicht rein. Ich entscheide, wie es gemacht wird.«

Jens stand auf und ging an den Kühlschrank. »Für diese Einstellung wird dein zukünftiger Ausbilder dich lieben.«

Wir platzierten unsere Decke möglichst nah am Stadtparksee und machten uns über das Picknick her. Die Sonne stand inzwischen tief am Himmel, und obwohl hier am See der Wind stärker wehte als in den Straßen Winterhudes, war es immer noch heiß. Der Park platzte fast aus allen Nähten. Überall sah ich fröhliche Menschen, die den Sommer genossen, indem sie picknickten, grillten oder im See badeten.

Merle hatte sich richtig ins Zeug gelegt. Es gab Tomatensalat, mariniertes Gemüse, Datteln im Speckmantel, mit Spinat und Feta gefüllte Blätterteigtaschen, Hähnchenspieße, verschiedene Dips und knuspriges Baguette.

»Mmmh, Merle, das war megalecker«, sagte ich, als ich endgültig nichts mehr reinkriegte.

Sie warf Jens einen triumphierenden Blick zu. »Siehst du, ich *kann* kochen.«

»Ich habe nie etwas anderes behauptet. Gut, mit deiner Unordnung stehst du dir selbst im Weg, und dein Zeitmanagement ist miserabel, aber das kannst du alles lernen.«

Merle strahlte über das ganze Gesicht und wollte gerade etwas erwidern, als Jens schnell hinzufügte: »Wenn du dein Abi in der Tasche hast, dann immer noch Köchin werden willst und einen Ausbildungsplatz bekommst.«

»Bestimmt bekommt sie den«, warf ich ein. »Sie hat doch Beziehungen.«

Jens zog Merle spielerisch am Zopf. »Falls ich damit gemeint sein sollte – ich glaube nicht, dass ich dieses Monster guten Gewissens einem Kollegen empfehlen kann.«

Sie streckte ihm die Zunge raus, woraufhin die beiden anfingen zu lachen.

Jens und Merle waren schon ein komisches Team. Obwohl ich mich in diesem Moment so wohlfühlte wie schon lange nicht mehr, beschlich mich auch ein seltsam wehmütiges Gefühl. Früher hatte ich mir oft einen Bruder oder eine Schwester gewünscht, mit der ich herumalbern, quatschen oder auch mal streiten konnte. Wenn ich mit Merle und Jens zusammen war, wurde die Sehnsucht danach einerseits wieder wach, andererseits hatte ich aber auch das Gefühl, endlich gefunden zu haben, wonach ich mich immer gesehnt hatte. Ganz schön verwirrend.

»Ich hätte Lust auf ein Eis«, verkündete Merle. »Wie sieht's bei euch aus?«

Ich blähte die Wangen auf und hielt mir den Bauch. »Nee, bei mir geht nichts mehr rein.«

»Eis geht doch immer«, sagte Jens.

»Kann sein. Aber ich mach mir nichts aus Eis.« Ich blickte auf den See, in dem noch immer ein paar Jugendliche herumplanschten. Nach einer Weile wurde mir bewusst, dass Merle und Jens mich anstarrten. »Was ist?«

»Das gibt es nicht«, sagte Merle. »Menschen, die sich nichts aus Eis machen, gibt es nicht.«

»Doch. Es ist gefroren, es ist kalt – ich sehe den Sinn darin nicht.«

»Das ist doch der Sinn!«, rief Jens.

»Man kann sich keine Zeit damit lassen, weil es schmilzt. Oder es rutscht von der Waffel, und der ganze Spaß ist sofort vorbei.«

Merle und Jens tauschten einen Blick und brachen in lautes Gelächter aus. »Du hattest als Kind wohl mal ein paar traumatische Erlebnisse, was?«, wollte Jens wissen.

»Jaja, macht euch ruhig über mich lustig. Ihr wisst ja nicht, was ich …« Mitten im Satz unterbrach ich mich, da ich von einem Jogger abgelenkt wurde, der ganz in unserer Nähe auf dem geteerten Weg angelaufen kam. Mein Herz setzte einen Schlag aus. »Oh mein Gott, das ist Alex!«

»Wer?«, fragte Merle.

Jens richtete sich auf und folgte meinem Blick. »Krasser Typ, bei der Hitze zu joggen.«

»Wer ist Alex?«, fragte Merle lauter.

Inzwischen war er schon an uns vorbeigelaufen. Meine Augen klebten an ihm fest. »Mein Traum … anwalt.«

»Dein *was*?«

Fahrig richtete ich meine Haare und zupfte an meinem Kleid herum. »Was soll ich denn jetzt machen?!«, herrschte ich Jens an.

»Weiß ich doch nicht!«

Alex hatte sich bereits ein deutliches Stück von uns entfernt. Ohne weiter nachzudenken, sprang ich auf, wobei ich in die Schüssel mit dem Tomatensalat trat, und rannte barfuß hinter ihm her. »Alex!«, rief ich, als ich auf Hörweite an ihn herangekommen war. »Äh, Herr ... Alex!«

Er lief unbeirrt weiter, ohne irgendeine Reaktion zu zeigen. Verdammt, war der schnell! Ich erhöhte mein Tempo, sodass Usain Bolt mir sicher anerkennend auf die Schulter geklopft hätte, wäre er jetzt hier gewesen. Nach ein paar Metern hatte ich Alex zum Glück so weit eingeholt, dass ich ihm an die Schulter tippen konnte. Er fuhr zusammen, drehte sich zu mir um und blieb abrupt stehen. Erleichtert tat ich es ihm gleich und merkte erst jetzt, wie sehr ich außer Puste war. Immerhin hatte ich gerade erst Tonnen von Essen in mich hineingestopft. Ich stützte meine Arme auf meinen Oberschenkeln ab und atmete schwer, während er sich die Stöpsel seines MP3-Players aus den Ohren zog (deswegen hatte er mich also nicht gehört). Er musterte mich verwundert, dann berührte er mich vorsichtig an der Schulter. »Alles okay?«

Ich nickte eifrig, und obwohl ich immer noch völlig außer Atem war, versuchte ich mühsam, etwas zu sagen. »Was für ein ... Zufall, also ich meine ...«, japste ich. »Ich hab Sie zufällig gesehen und dachte ... ich sag schnell Hallo.«

Alex Lange fing an zu lächeln, und die Sonne ging auf. »Das ist ja schön. Hallo Frau Wagner.« In seinen kurzen Laufklamotten, so verschwitzt und mit wirren Haaren fand ich ihn ziemlich sexy.

Zum Glück hatte ich mich inzwischen einigermaßen gefangen, sodass ich wieder in der Lage war, vernünftig zu sprechen. »Gehen Sie öfter hier laufen?«

»Ja, mindestens dreimal die Woche.«

Krass. Der ging *mindestens* dreimal die Woche joggen?! »Wow. Sportlich. Dann wohnen Sie in der Nähe des Stadtparks? In Winterhude? Oder Barmbek?«

»Nein, in Eppendorf.«

Hätte ich mir auch gleich denken können. Er sah ganz nach dem schnieken Eppendorf aus. Wobei, jetzt gerade sah er eigentlich viel mehr nach verschwitztem, sportlichem Mann aus. Mein Blick streifte seine Oberarme. Zum Glück hatte er nicht solche Hulk-Hogan-Brecher wie Tom, sondern angenehm normale Muskeln. Wie Jens. »Wir sind übrigens mit der Renovierung des Ladens fertig«, setzte ich unser Gespräch wieder in Gang. »Ist total schön geworden. Heute hatten wir den ersten Tag nach der Neueröffnung, und es ist richtig gut gelaufen.«

Sein Lächeln vertiefte sich. »Das freut mich. Ich bin gespannt, wie der Laden jetzt aussieht. Donnerstag sehe ich es ja.«

Wir lächelten uns an, und ich fragte mich verzweifelt, wie ich ihn aufhalten konnte. Mit dem Daumen deutete ich über meine Schulter. »Ich sitze hier mit meinem Freund und seiner Schwester. Also ich meine, er ist *ein* Freund, nicht *mein* Freund«, beeilte ich mich, klarzustellen, und fügte dann noch hinzu: »Ich bin Single. Schon seit fast einem Jahr.« Super, Isa. Das kam gar nicht merkwürdig rüber.

»Ah«, sagte Alex nickend. »Das ist ... Ich bin ja auch Single.«

»Mhm, ich weiß. Warum setzen Sie sich nicht zu uns? Meine Freunde haben gekocht, Hähnchenspieße und so. Es gibt aber auch vegetarische Sachen, falls Sie Vegetarier sind. Ich weiß allerdings nicht, ob auch vegane Gerichte dabei sind.

Vielleicht das Brot und ähm ... die Datteln im Speckmantel sind auch ohne Käse, Ei und Milchprodukte und so.«

»Das stimmt. Aber mit Fleisch. Wegen des Specks, wissen Sie?«

Mit der Hand schlug ich mir gegen die Stirn. »Ach, ja klar. Wie blöd.«

»Macht doch nichts. Ich bin sowieso weder Vegetarier noch Veganer.«

»Tja, dann ... Kommen Sie doch mit.«

Für einen Moment zögerte er, und ich dachte schon, dass er Ja sagen würde. Doch dann wurde ich enttäuscht. »Das ist wirklich nett, aber ich kann leider nicht«, sagte er bedauernd. »Ich habe mir Arbeit mit nach Hause genommen, die ich heute noch erledigen muss.«

»Schade.« Mir wurde bewusst, dass meine Füße wehtaten. Kein Wunder, immerhin war ich gerade zweihundert Meter ohne Schuhe über heißen Asphalt gewetzt.

»Ein anderes Mal gerne.«

»Okay. Dann schönen Abend noch.« Ich hielt ihm die Hand hin. Er schüttelte sie, länger als nötig, wie mir auffiel. Dabei sah er mir in die Augen und lächelte mich so süß an, dass ich mich am liebsten auf ihn gestürzt hätte.

»Wir sehen uns Donnerstag.« Er stopfte sich wieder seine Kopfhörer ins Ohr, hob grüßend die Hand und lief davon.

Nachdem er hinter einer Kurve verschwunden war, humpelte ich zurück zu Jens und Merle. Die beiden hatten Alex und mich offenbar die ganze Zeit aus der Entfernung beobachtet und glotzten mich immer noch unverhohlen an, als ich bei ihnen ankam.

»Was war das denn bitte für 'ne Aktion?«, fragte Merle streng. »Du bist einem Mann hinterhergerannt! Eine Frau sollte *niemals* einem Mann hinterherrennen! Stimmt's, Jens?«

Er zuckte mit den Achseln. »Keine Ahnung. Ist das so?«

Ich ließ mich auf der Decke nieder und begutachtete meine Fußsohlen. Sie waren knallrot und an einigen Stellen aufgescheuert. »Aua, verdammt.«

»Immerhin kann dir niemand vorwerfen, du hättest nicht genug Einsatz gezeigt«, meinte Jens.

Merle beobachtete uns mit einem verkniffenen Zug um den Mund. »Also, ich finde es jedenfalls nicht gut, dass du dich ihm so an den Hals wirfst. Der denkt doch, du wärst leicht zu haben.«

›Für ihn bin ich ja auch leicht zu haben‹, dachte ich, doch ich sagte es lieber nicht laut. »Ich werfe mich ihm nicht an den Hals«, stellte ich klar. »Aber ich habe auch nicht vor, so zu tun, als fände ich ihn uninteressant.«

»Bist du in den verknallt oder was?«

»Isabelle ist nicht in ihn verknallt, er ist die große Liebe ihres Lebens«, stellte Jens klar.

Ich griff nach einer Flasche Wasser, um einen Schluck zu trinken, und begegnete dabei Merles durchdringendem Blick. »Was ist?«

»Ach, nichts. Ich wundere mich nur darüber, dass ich von dem noch nie etwas gehört habe, und jetzt ist der aus heiterem Himmel deine große Liebe.«

Jens lenkte das Gespräch daraufhin in unverfänglichere Bahnen, und nachdem wir noch eine Stunde über Gott und die Welt gequatscht hatten, machten wir uns auf den Weg nach Hause.

Vor dem Insbettgehen schrieb ich gleich fünf Zettel für mein Glücksmomente-Glas und kam zu dem Schluss, dass der heutige Tag der beste seit Langem gewesen war.

Eine richtig gute und eine schlechte Abfuhr

Am Donnerstag brezelte ich mich für mein Geschäftstermin-Date mit Alex besonders auf. Irgendwie hatte ich das starke Gefühl, dass heute etwas Entscheidendes zwischen uns passieren würde, daher wollte ich auf jeden Fall vorbereitet sein. Merle wäre entsetzt gewesen, wenn sie gesehen hätte, mit was für einem strahlenden Lächeln ich ihn begrüßte und dass ich mich während unseres Rundgangs durch den renovierten Laden zweimal nicht beherrschen konnte und wie zufällig meine Hand auf seinen Arm legte. Es war mir ja selbst ein bisschen peinlich, aber andererseits sollte er wissen, dass ich interessiert an ihm war.

Alex war schwer beeindruckt von unserer Arbeit und sehr zufrieden mit dem Umsatz der letzten Tage. Außerdem hatte er schon positive Rückmeldungen von einigen der Gläubiger erhalten. Zwei Stunden lang gingen wir gemeinsam Listen und Pläne durch. Mir rauchte der Kopf vor lauter Zahlen, und außerdem war es furchtbar anstrengend, mich auf das zu konzentrieren, was Alex sagte, während ich ihn eigentlich viel lieber einfach nur angehimmelt hätte.

Als ich ihm gegen Ende des Gesprächs noch einen Eistee anbot und ihn fragte, ob ich ihm die Flyer zeigen solle, die ich inzwischen an eine Druckerei gesendet hatte, lehnte er dankend ab. Sofort geriet ich in Panik. Lag es an mir, dass er schon gehen wollte? War ich ihm zu aufdringlich geworden, sodass er mich jetzt auf Abstand halten wollte? Doch als er seine Sachen zusammenpackte, sagte er: »Es tut mir wirklich leid, ich hätte mir die Flyer gerne angeschaut. Aber ich muss noch zu einem dringenden anderen Termin.« Sein Bedauern wirkte aufrichtig.

»Wann sehen wir uns denn wieder?«, fragte Brigitte, und sprach damit, ohne es zu wissen, meinen Gedanken aus.

Alex zog seinen Terminkalender aus der Aktentasche. »Wie wäre es am 8. August?« Sein Blick streifte mich. »Ähm, ich bin ab Samstag erst mal drei Wochen im Urlaub.«

Mir blieb das Herz stehen, und beinahe wäre ich vom Stuhl gefallen. Urlaub? Drei Wochen lang?! Er konnte doch nicht einfach so holterdiepolter in Urlaub fahren! Das musste er doch früher ankündigen, damit ich mich darauf einstellen konnte! »Und was, wenn wir dringende Fragen haben?«

»Ich habe selbstverständlich eine Urlaubsvertretung. Und ich kann Ihnen versichern, dass Sie bei Herrn Friedrich in den besten Händen sind.«

Ich wollte aber lieber in *seinen* Händen sein! Einfach so abzuhauen, für drei Wochen, und das ausgerechnet jetzt, wo wir in einer entscheidenden Phase unserer Liebesgeschichte angekommen waren. Ich räusperte mich und gab mir Mühe, total gelassen rüberzukommen. »Soll ich Sie noch zur Tür begleiten?«

»Ja, das wäre nett.«

»Wohin fahren Sie denn in Urlaub?«, erkundigte ich mich, als wir vor dem Laden standen.

»Nach Australien. Tauchen am Great Barrier Reef und dann mit dem Camper durchs Outback.«

»Wow! Das klingt ja nach einem richtigen Traumurlaub.«

»Ja, finde ich auch. Tauchen Sie?«

»In der Badewanne vielleicht. Aber ich stelle es mir wunderschön vor. Und ein bisschen gruselig.«

»Ist es auch«, lachte er. »Aber wenn man erst mal unten ist

und die Fische sieht, vergisst man das sehr schnell. Fahren Sie denn auch in Urlaub?«

Oho, konnte er sich etwa auch nicht von mir trennen? »Nein, momentan möchte ich gar nicht weg, so wie es im Laden aussieht.«

Er sah mich besorgt an. »Gönnen Sie sich mal etwas Ruhe. Sie beide. Diese Situation ist sehr belastend und zehrt an den Nerven, da brauchen Sie auch mal Abstand.«

Wie süß war das denn? Er machte sich Sorgen um mich? In meinem Magen begann es zu kribbeln.

Statt mir die Hand zum Abschied zu geben, strich er mir leicht über die Schulter. »Tschüs, Frau Wagner.«

Ohne darüber nachzudenken, sagte ich: »Es kommt mir irgendwie so komisch vor, dieses ›Sie‹. Ich meine, wir sind doch vom Alter her gar nicht so weit auseinander. Sie sind vielleicht ... dreißig?«

»Fünfunddreißig.«

»Okay, dann eben fünfunddreißig. Ich bin siebenundzwanzig, also liegen nur acht Jahre dazwischen. Wollen wir uns nicht duzen?«

Er zögerte. Wahrscheinlich überlegte er, wie er möglichst taktvoll Nein sagen konnte. Vor Scham wäre ich fast im Boden versunken. »Ähm, ich ...«, antwortete er nach einer halben Ewigkeit. »Normalerweise duze ich mich nicht mit Mandanten. Wir haben eine Geschäftsbeziehung und ...«

»Klar!«, sagte ich hastig. »Sie haben ja recht.«

»Mir kommt es aber auch komisch vor, dich zu siezen. Sie zu siezen«, korrigierte er sich und sah mich beinahe traurig an. »Es ist sowieso eine komische Situation. Insgesamt. Ich meine, dass ich Ihr Anwalt bin, ist ...«

Scheiße? Oder was? Ungeduldig wartete ich darauf, dass er seinen Satz beendete, doch er tat es nicht.

Stattdessen schüttelte er den Kopf und schaute auf seine Armbanduhr. »Tut mir leid, ich muss los. Wir sehen uns am 8. August. Passen Sie gut auf sich auf.«

Wir tauschten noch einen letzten Blick, dann drehte er sich auf dem Absatz um und ging davon.

Völlig verwirrt blieb ich zurück und hatte das seltsame Gefühl, soeben eine fette Abfuhr bekommen zu haben, meinem Traummann aber trotzdem einen großen Schritt nähergekommen zu sein. Im Grunde handelte es sich also um eine gute Abfuhr. Eine richtig gute sogar.

Erfreulicherweise setzte sich der Trend zu mehr Kundschaft in den nächsten Tagen fort. Der Strauß der Woche sowie die Balkonpflanzen blieben die absoluten Renner im Programm, und es kam zusehends auch mehr Laufkundschaft herein, um einen Blumenstrauß oder »Tüdelkram« für den Balkon zu kaufen. Im Laden war so viel los, dass ich fast schon ein schlechtes Gewissen hatte, als ich am Montagmorgen zum Friedhof fahren musste, um einen Sarg zu schmücken. Bei der Gelegenheit drückte ich dem Bestatter gleich ein paar der neuen Flyer in die Hand, und er erklärte sich gerne bereit, sie in seinem Geschäft auszulegen. Das war zwar nur ein Teilerfolg, denn mit diesem Bestatter arbeiteten wir ja sowieso schon zusammen, aber immerhin schienen die Flyer gut anzukommen.

Als ich wieder zurück in den Laden kam, lief ich geradewegs Herrn Dr. Hunkemöller in die Arme. Selbst an diesem heißen Julitag war er formvollendet gekleidet in weißer Hose, weißem Hemd und dunkelblauem Sakko mit Einstecktuch, und bei seinem Anblick musste ich automatisch an Käpt'n Iglo denken. Nur die Kapitänsmütze fehlte. »Ah, Frau Wagner«, sagte er lächelnd und strich sich seinen ohnehin tadellos sitzenden grauen Scheitel zurecht. »So fröhlich und frisch wie dieser Sommermorgen.«

»Draußen sind es bereits siebenundzwanzig Grad«, erwiderte ich. »Und danach sehe ich auch aus, fürchte ich.«

Er lachte gutmütig. »Bildhübsch sehen Sie aus. Wie immer.« Er nahm Brigittes Hand, hauchte einen Kuss darauf, und dann – ich traute meinen Augen kaum – beugte er sich vor und flüsterte ihr etwas ins Ohr. Er gab ihr einen Handkuss und flüsterte ihr etwas ins Ohr! Direkt vor meiner Nase! Ich knallte die Kiste mit Bändern und Blumendraht, die ich mit zur Friedhofskapelle genommen hatte, laut und vernehmlich auf den Bindetisch. Brigitte und ihr Kavalier schienen sich daran jedoch nicht im Geringsten zu stören. Sie lachte gurrend, flüsterte etwas zurück und sagte dann laut: »Ihnen auch noch einen schönen Tag, Herr Dr. Hunkemöller.«

»Auf Wiedersehen, Frau Schumacher.« Er verbeugte sich leicht in meine Richtung. »Auf Wiedersehen, Frau Wagner.«

»Tschüs«, sagte ich und ging in die Küche, um mir einen Eistee zu machen. Mir stockte der Atem, als ich sah, was dort auf dem Tisch stand: ein Strauß aus Rosen und Lilien in einer abscheulichen Farbkombination: rosa, weiß und rot. Dieses geschmacklose Monstrum hatte mindestens fünfzig Euro gekostet und kam eindeutig nicht aus unserem Laden. Ich drehte mich auf dem Absatz um und ging zu Brigitte, die am Bindetisch herumwerkelte. »Was ist das denn für ein Strauß? Den hast aber nicht du gemacht, oder?«

»Nein, habe ich nicht.«

»Und woher kommt er dann?«, fragte ich, obwohl ich es sowieso schon ahnte.

»Die Blumen sind ein Geschenk von Wa ... Herrn Dr. Hunkemöller.«

»Wie bitte?!«, rief ich. »Das ist doch ... Der hat ...« Ich

atmete tief durch. »Wieso schenkt der dir Blumen? Sag mal ... Läuft da was bei euch?«

»Natürlich nicht!«

»Pff!«, machte ich. »Klar. Und überhaupt, wieso schenkt der einer *Floristin* Blumen? Wie bescheuert ist das denn?«

Brigitte steckte die fertig angeschnittenen Gerbera zurück in die Vase und brachte sie an ihren angestammten Platz. »Ich finde das sehr nett, denn gerade, weil ich Floristin bin, hat mir noch nie jemand Blumen geschenkt. Dabei liebe ich Blumen sehr. Also war das doch sehr aufmerksam von ihm.«

Ich schnappte nach Luft. »Aufmerksam?! Er hat den Strauß bei der Konkurrenz gekauft, verdammt noch mal!«

Brigitte stemmte die Hände in die Hüften. »Dir geht es doch überhaupt nicht um den Strauß. Es passt dir nur nicht, dass ich mit Walter befreundet bin.«

»Ach, mit Walter also? Ihr seid schon beim Du?«

»Ja, sind wir.«

»Ihr seid beide verheiratet! Meinst du nicht, dass du dich lieber um deine Ehe kümmern solltest?«

»Halt dich da raus, Isabelle! Das geht dich nichts an!«

»Oh doch, es geht mich etwas an, wenn ihr beide direkt vor meiner Nase herumflirtet und euch gegenseitig was ins Ohr säuselt, und er für dich Blumen bei der Konkurrenz kauft, und dieses hässliche ...«

»Hör auf!«, rief Brigitte. »Ich will nicht mehr darüber reden.« Wie um ihre Worte zu untermauern, ging sie nach draußen, um die Balkonpflanzen zu gießen.

Für den Rest des Tages herrschte dicke Luft zwischen uns, und ich rätselte die ganze Zeit, ob Brigitte tatsächlich eine Affäre mit Herrn Dr. Hunkemöller hatte. Das passte überhaupt nicht zu ihr! Andererseits, die Eheprobleme mit Dieter und dann auch noch die Schwierigkeiten mit dem Laden – vielleicht war es nicht ganz ausgeschlossen, dass sie in dieser Situation etwas Dummes tat.

Ich war froh, als kurz vor Feierabend meine Mutter vorbeikam, um sich den neugestalteten Laden anzusehen. Nachdem sie alles gebührend bewundert und ein Weilchen mit Brigitte geplaudert hatte, gingen wir rüber ins Thiels. Ich hatte ihr schon so oft von dem tollen Essen und von Jens und Merle erzählt, dass sie das Restaurant unbedingt kennenlernen wollte.

Wir saßen draußen an einem kleinen Zweiertisch und studierten die Speisekarte. Mir geisterte immer noch der Streit mit Brigitte im Kopf herum, und ich konnte mich kaum auf etwas anderes konzentrieren.

»Der Blumenladen sieht jetzt wirklich richtig hübsch aus, Isa. Und die Tischdeko hier gefällt mir auch sehr gut.«

»Danke.«

»Du bist die ganze Zeit schon so einsilbig. Was ist denn los?«

Ich atmete laut aus. »Ach nichts. Es war nur alles ein bisschen stressig in letzter Zeit.«

Meine Mutter nickte. »Ja, das kann ich mir vorstellen. Die Sorge um den Laden, die Renovierung ... Kein Wunder, dass du angespannt bist. Was schmeckt denn am besten hier?«

»Ach, eigentlich alles. Allerdings, bei der Hitze heute ...« Ich lupfte den Saum meines Kleides, um mir etwas Luft zuzufächeln. »Ich weiß gar nicht, worauf ich Hunger habe.«

»Hm. Ich glaube, ich nehme einen Salat.«

Kim kam an den Tisch, um unsere Bestellung aufzunehmen. »Ich habe keine Ahnung, was ich essen will«, sagte ich. »Jens soll mir einfach irgendwas machen. Und als Dessert bitte zweimal ...«

»... das Schokoladenmalheur, alles klar«, vollendete sie meinen Satz.

Nachdem meine Mutter und ich bestellt hatten, entspannte

ich mich allmählich und erzählte ihr ausführlich von Alex. Ich ließ kein Detail aus, angefangen von unserer ersten Begegnung bis zu unserer Verabschiedung vor seinem Urlaub, und schilderte jede einzelne Facette seines Charakters, die ich bisher kennengelernt hatte. »Er ist so freundlich und zuvorkommend«, schwärmte ich. »Ein großartiger Zuhörer, und er macht sich nie über mich lustig, obwohl ich mich in seiner Gegenwart irgendwie immer ein bisschen merkwürdig benehme. Und ich glaube, er mag mich auch. Ich würde ihn so gerne besser kennenlernen, aber jetzt sehe ich ihn bis zum 8. August überhaupt nicht!« Ich seufzte tief. »Wie soll ich das denn nur aushalten?«

Meine Mutter lächelte mich wissend an und tätschelte meine Wange. »Sollst mal sehen, die Zeit geht schneller rum als du denkst. Dein Alex klingt wirklich nach einem richtigen Traummann. Er erinnert mich ein bisschen an deinen Vater.«

»Ehrlich?«

»Ja. Er war auch so ein freundlicher, guter Mensch. Und er war unglaublich geduldig. Weißt du, du warst ja wirklich ein sehr anstrengendes Baby ...«

Ich stöhnte auf und verdrehte lachend die Augen. »Nicht schon wieder«, sagte ich, obwohl ich diese Geschichte immer gerne hörte.

Meine Mutter fuhr unbeirrt fort. »Du hast geschrien und geschrien, und ich wäre fast durchgedreht. Aber dein Vater war nicht aus der Ruhe zu bringen und hat dich nächtelang getragen und dir vorgesungen. Ich glaube, dein Alex wäre genauso. Lass ihn dir nicht entgehen, Isa.«

Nachdenklich knabberte ich an meinem Daumennagel. »Wenn Alex auch nur ein bisschen wie Papa ist, darf ich ihn mir wirklich nicht entgehen lassen. Papa war der tollste Mensch auf Erden.«

Meine Mutter strich sich eine Haarsträhne aus der Stirn und räusperte sich. »Ja. Das war er.«

Wenig später servierte Kim meiner Mutter ihren Salat und mir ... »Eine geeiste Tomatensuppe mit Ziegenfrischkäse und Minze.«

Ungläubig starrte ich auf das Weckglas mit der roten Flüssigkeit, auf der ein weißer Klecks mit ein paar Minzblättern schwamm. »*Geeiste* Suppe? Hat er jetzt völlig den Verstand verloren?«

»Die ist köstlich«, beteuerte Kim. »Und bei dem Wetter genau das Richtige. Guten Appetit, lasst es euch schmecken.«

Widerwillig tauchte ich meinen Löffel in die Suppe und probierte. »Ach verdammt«, murmelte ich. »Die schmeckt echt. Manchmal nervt es, dass er immer gewinnt.«

Die Schokoladenmalheurs brachten Merle und Jens an unseren Tisch. Ich stellte die beiden meiner Mutter vor, und als Merle ihr die Hand gab, rief sie: »Sie sehen gar nicht aus wie Isa!«

Meine Mutter lachte. »Nein, sie kommt ganz nach ihrem Vater. Von mir hat sie nur die helle Haut und ihre Sommersprossen.«

»Jens und ich kommen auch beide nach unserem Vater«, erklärte Merle ernst. »Sonst würden wir uns ja auch nicht ähnlich sehen. Wir haben nämlich nicht die gleiche Mutter, wissen Sie? Mein Vater hat Jens' Mutter wegen meiner Mutter verlassen. Die beiden wa ...«

Jens stieß sie in die Seite. »Merle, ein paar Details weniger, okay?«

Meine Mutter winkte ab. »Ach, macht doch nichts. Ein bisschen Klatsch und Tratsch hat doch noch keinem geschadet.«

»Wie war die Suppe, Isabelle?«, fragte Jens.

»Kalt.«

Er sah mich herausfordernd an. »Und?«

»Ganz okay so weit. Warm hätte sie mir besser geschmeckt.« Das war eine Lüge, denn gerade die Frische der Suppe hatte mich besonders fasziniert. Aber das musste ich ihm ja nicht auf die Nase binden. Andererseits schien er mir sowieso kein Wort zu glauben, wie sein selbstzufriedener Gesichtsausdruck verriet.

»Der Salat war auch sehr lecker«, sagte meine Mutter. »Ich habe ja neulich noch von einem dieser Fernsehköche gehört, dass man einen wirklich guten ...«

»Mama, lass mal«, fiel ich ihr ins Wort. »Jens kann Fernsehköche nicht leiden.«

Er sah mich irritiert an, sagte jedoch nichts weiter dazu. Wir unterhielten uns noch ein Weilchen, dann mussten Jens und Merle zurück in die Küche.

»Ich finde die beiden sehr nett«, sagte meine Mutter.

»Ja, das sind sie. Merle ist süß, ich mag sie total. Und Jens ist ... na ja, er ist ... Wir sind Freunde.«

»Das ist schön, Isa«, sagte sie lächelnd. »Ich freu mich für dich.«

Ich schob mir den Löffel in den Mund und schloss die Augen, als die samtige Süße sich auf meiner Zunge ausbreitete. Die Schokoladenmalheurs wurden echt von Mal zu Mal leckerer. Ob Jens regelmäßig das Rezept veränderte?

Brigitte und ich sprachen die gesamte Woche nicht mehr von Herrn Dr. Hunkemöller. Der Blumenstrauß stand zwar noch immer als hässliches Mahnmal in unserer Küche, aber weder sie noch ich erwähnten ihn auch nur mit einer Silbe. Stattdessen kümmerte ich mich intensiv um die Kundenakquisition und fuhr bei Bestattern vorbei, die wir an die Konkurrenz verloren hatten, um *Blumen Schumacher* wieder ins Gespräch zu bringen und meine Flyer zu verteilen. Jens hatte sich inzwischen bei etlichen seiner Gastronomie-Kollegen umgehört, doch entweder kümmerten sie sich selbst um die Blumen oder sie hatten bereits Lieferanten, mit denen sie zufrieden waren. Einzig Björn, ein befreundeter Caterer, hatte Interesse angemeldet. Wir trafen uns auf einen Kaffee im Thiels, wo ich ihm meine Blumendeko zeigte und Björn mir etwas über seinen Catering-Service erzählte. Er hatte den Laden gerade erst mit seiner Frau zusammen eröffnet. Das Geschäft lief gut an, er hatte bereits ein paar Sommerfeste von Unternehmen sowie einige größere Geburtstagsfeiern an Land ziehen können. »Bei neuer Kundschaft werde ich dich als Dekofee gleich mit anbieten. Hast du Flyer?«

»Ja klar.« Ich zog einen ganzen Stapel aus meiner Umhängetasche. »Natürlich werde ich mich auch revanchieren. Wenn ich Hochzeitspaare im Laden habe, empfehle ich dich als Caterer.«

»Perfekt«, sagte er und gab mir nun seinerseits einen Stapel Flyer.

Als Nächstes rief ich bei Kerstin Lennart an, einer Hochzeitsplanerin, die ich neulich beim Dekorieren einer Location kennengelernt hatte. Sie erinnerte sich tatsächlich noch an mich und kam gleich am nächsten Vormittag im Laden vorbei. Wir gingen gemeinsam meine Alben mit Fotos von Brautsträußen, Kränzen für Blumenmädchen, Kirchen- und Altarschmuck und Tischdeko durch. »Toll!«, rief sie immer wieder. »Wirklich richtig schön. Sehr stilvoll und edel. Und ihr seid günstig. Ein bisschen zu günstig sogar, wenn ich euch mit anderen Floristinnen vergleiche.«

»Wie bitte? Zu günstig?«

Sie nickte ernst. »Ihr könnt auf eure Preise locker fünfzehn bis zwanzig Prozent draufhauen. Ihr seid hier in Winterhude, die Leute haben Kohle und wollen ein Gefühl von Exklusivität. Und das vermittelt ihr ihnen nicht zuletzt über eure Preise.«

»Der Schuss kann aber auch nach hinten losgehen«, meinte ich.

»Klar. Ich kann dir nur meine Erfahrungen berichten, entscheiden musst du es letztlich selbst. Allerdings ...« Sie tippte auf den Flyer. »Wenn wir zusammenarbeiten, dann nicht zu diesen Preisen. Hau zwanzig Prozent drauf. Sonst denken meine Kunden noch, ich biete ihnen Ramsch an.«

Mir wurde klar, dass Kerstin Lennart eine knallharte Geschäftsfrau war. Aber sowohl mein Bauch als auch mein Kopf sagten mir deutlich, dass ich davon profitieren würde und eine Menge von ihr lernen konnte. »Okay, abgemacht.«

Als Kerstin weg war, diskutierte ich die Preiserhöhung mit Brigitte, doch sie war strikt dagegen. »Unser großer Vorteil gegenüber der Konkurrenz ist, dass wir günstiger sind. Es wäre ein Riesenfehler, jetzt die Preise zu erhöhen.«

»Du kannst ja noch mal drüber nachdenken«, beharrte ich. »Wie weit bist du eigentlich mit den Arztpraxen und Büros?«

Brigitte wich meinem Blick aus. »Im Moment habe ich alle Hände voll zu tun, und du bist wahnsinnig viel unterwegs. Aber ich kümmere mich darum.«

Es war merkwürdig, doch in letzter Zeit gab es immer wieder Momente, in denen ich den Eindruck hatte, dass Brigitte sich nicht halb so viel um diesen Laden scherte wie ich. Immer öfter erwischte ich mich dabei, dass ihr nicht traute oder glaubte. Und ich hasste mich für dieses Gefühl.

Am Samstag traf ich mich mit Kathi, Dennis, Bogdan, Kristin und Nelly zum Grillen am Elbstrand. Wir aßen Würstchen und Salat, spielten Frisbee im Sand oder lauschten einfach nur den Wellen, die ans Ufer schlugen. Kathi und Nelly fragten mir Löcher über Alex in den Bauch und rieten mir, nach seinem Urlaub unbedingt »dranzubleiben«, denn ihrer Meinung nach war er durchaus an mir interessiert.

»Oh, apropos Urlaub«, sagte Kathi. »Dennis und ich haben spontan zwei Wochen Antalya gebucht. War total günstig, ein Last-Minute-Angebot. Nächsten Donnerstag geht's los.« Auch Bogdan und Kristin hatten eine Reise gebucht, und Nelly überlegte ebenfalls, wegzufahren. Na toll. Alle Welt fuhr in Urlaub, nur ich musste arbeiten. Aber andererseits konnte ich mir nicht vorstellen, Brigitte in der jetzigen Situation allein zu lassen.

Wir waren gerade auf dem Weg zurück zur Fähre, die vom Elbstrand zu den Landungsbrücken fuhr, als mein Handy brummte. Eine Nachricht von Knut: *Hab's ihr gesagt. Sie will mich nicht. Alles ist aus.*

»Ach du Schande!«, rief ich.

»Was ist los?«, fragte Kathi besorgt, aber ich beachtete sie nicht, sondern wählte Knuts Nummer. Es klingelte etliche Male, und ich dachte schon, dass er nicht rangehen würde, doch dann hörte ich seine Stimme. Sie klang seltsam heiser und gedrückt. »Moin Isa. Wie geht's?«

»Nein, wie geht es dir, Knut? Wo bist du jetzt?«

»Ich komm grad aus'm Kiezhafen. Werd wohl noch 'n paar Touren fahren. Mir geht's gut. Echt.«

Am Klang seiner Stimme konnte ich deutlich hören, dass das gelogen war. »Was hältst du davon, wenn wir uns auf ein Stündchen treffen? Ich bin jetzt in Övelgönne, wenn ich …«

»Bin in zehn Minuten da«, unterbrach Knut mich.

»Okay, ich warte unten am Anleger.«

Ich beendete das Gespräch und begegnete den besorgten Blicken meiner Freunde. »Das war Knut. Er hat Liebeskummer.«

Sie wollten unbedingt mit mir zusammen warten und nach ihm sehen, doch ich war mir sicher, dass ihm so viel Trubel nicht recht sein würde. Also stiegen sie widerwillig auf die nächste Fähre, nahmen mir aber das Versprechen ab, ihnen später noch zu schreiben, wie es ihm ging.

Inzwischen war es elf Uhr, und auf dem Ponton, an dem die Elbfähren an- und ablegten, war es ruhig geworden. Nur ein paar Leute saßen noch an den Bierzelttischen vor *Nuggis Elbkate*. Ich setzte mich auf eine Bank und wartete auf Knut. Die Elbe glitzerte im Mondlicht, am anderen Ufer beluden riesige Kräne ein Containerschiff. Immer wieder sah ich unruhig zur Brücke, bis ich endlich Knut entdeckte. Als er näher kam, fiel mir auf, dass seine dunklen Augen ein bisschen gerötet waren. Ob er geweint hatte? Ich konnte mir nicht vorstellen, dass ein gestandener, knallharter Rocker-Typ wie Knut jemals weinte. Andererseits sah er aber auch nur aus wie knallharter Rocker-Typ. In Wahrheit war er ein totaler Softie.

»Jetzt erzähl mal, was passiert ist«, forderte ich ihn auf, nachdem er sich zu mir gesetzt hatte.

»Da gibt's eigentlich gar nich viel zu erzählen. Ich war vorhin im Kiezhafen, und es war ordentlich was los, Junggesellenabschiede un so ... weißt ja. Irina hadde kaum Zeit, aber ich musste es ihr einfach heude sagen. Ich hadde mir alles schon zurechtgelegt.« Er spielte an seinem Totenkopfring. »Also sag ich ihr: ›Ich find dich echt gut, und wir würden doch 'n gudes Gespann abgeben. So beziehungsmäßig.‹«

»Und was hat sie geantwortet?«

»Nix erst mal. Da kam Kundschaft dazwischen, und sie

musste acht Bier feddich machen.« Er starrte mit finsterem Blick auf die Elbe.

»Und als sie die fertig hatte?«

»Da hat sie gesacht, dass sie mich mag, aber eben nicht *so*, und dass sie für alle Zeiten die Schnauze voll hat von Typen. Und dass sie mich als Freund aber nich verlieren will.«

Hinter meiner Stirn pochte es, und ich drückte meine flache Hand dagegen, als könnte ich so etwas dagegen tun. Natürlich wurde es keinen Deut besser. *Das* war ganz eindeutig keine gute Abfuhr gewesen. »Scheiße, das ist echt übel.«

»Ach, war doch klar. Ich hab mir ja gleich gedacht, dass sie 'ne Nummer zu groß für mich is.«

»Sie ist keine Nummer zu groß für dich!«, protestierte ich. Oh Mann. Ich hatte Knut dazu getrieben, Irina seine Gefühle zu gestehen, also trug ich die Verantwortung dafür, dass es ihm jetzt schlecht ging. »Es tut mir so leid, dass ich dich dazu gedrängt habe, es ihr zu sagen!«

»Nu hör aber mal auf! Wenn ich's nich selbst für 'ne gude Idee gehalten hätt, hätt ich's nich gemacht. Wenigstens weiß ich jetzt, woran ich bin.«

Für eine Weile beobachteten wir schweigend, wie eine Fähre der Linie 62 an- und wieder ablegte.

»Ich hadde vergessen, wie weh so was tut«, sagte Knut schließlich finster. »Weißte, da geb ich ständig meinen Fahrgästen gude Ratschläge und versuch, ihnen zu helfen, aber jetzt, wo ich selbst in so 'ner Situation bin ... da will man doch einfach nur, dass alle die Fresse halten.«

»Ich auch?«, fragte ich erschrocken.

»Nee, Isa. Du nich. Sonst wär ich doch nich hier. Aber ich wär dir dankbar, wenn du mir in absehbarer Zeit keine Tipps mehr geben würdest. Ich will einfach nix mehr hörn. Und eins kann ich dir sagen: Ich werd ab sofort meine Fahrgäste und alle andern in Ruhe lassen. Keine Ratschläge mehr. Für niemanden.«

»Ach, Knut.« Ich langte über den Tisch und griff nach seiner Hand. »Das wird dich doch nur noch unglücklicher machen.«

Er drückte meine Hand so fest, dass es wehtat, aber ich hielt still. Eine ganze Weile saßen wir so da und beobachteten die Fähren, die kamen und gingen, die Kräne am anderen Elbufer und das Wasser, das unermüdlich Richtung Nordsee zog. »Ich sollt mal wegfahren«, sagte er nachdenklich. »Einfach mal in Urlaub. Nach England oder so. Am besten gleich morgen.«

Der Gedanke an einen Urlaub schien Knut wieder etwas Auftrieb zu geben, und auch wenn ich traurig war, dass noch einer meiner Freunde wegfahren würde, war es wahrscheinlich genau das Richtige für ihn. Wir saßen noch ein Weilchen zusammen und überlegten, was er sich in England alles anschauen könnte, bis er mich schließlich nach Hause fuhr. Zum Abschied drückte ich Knut fest an mich. »Mach's gut. Und melde dich, wenn du wieder da bist, okay?«

Obwohl er mir versichert hatte, dass es nicht meine Schuld war, konnte ich das Gefühl nicht abschütteln, dass es ihm jetzt nicht so schlecht gehen würde, wenn ich mich nicht eingemischt hätte. Und das war ein ziemlich mieses Gefühl.

Ziemlich viel Schweinestall und noch mehr Death Metal

Brigitte hatte mich gebeten, am Dienstag zu arbeiten, da sie bereits nachmittags den Laden verlassen wollte, um ihre Schwester zu besuchen. Ich war gerade dabei, für einen Kunden einen riesengroßen Hochzeitstags-Strauß zu binden, als Dieter hereinkam.

»Moin, Isa. Du hier? Ich dachte, du hast dienstags frei.«

»Nein, ich hab heute doch …« Etwas hielt mich davon ab, meinen Satz zu beenden.

Dieter sah mich abwartend an, doch als ich weiterhin schwieg, legte er einen Briefumschlag auf den Tresen und sagte: »Brigitte hat die Karten für Aida vergessen.«

In meinem Hirn ratterte es. Brigitte hatte kein Wort davon gesagt, dass sie mit ihrer Schwester in die Oper gehen wollte. Wenn ich mich recht erinnerte, lautete der Plan Maniküre, Fußmassage und essen gehen.

»Jedenfalls dachte ich, ich bring die Tickets schnell vorbei, damit Brigitte nachher nicht extra noch mal zu uns nach Hause kommen muss«, sagte Dieter. »Find ich toll, dass du sie in die Oper begleitest, Isa. Weißt ja, das Gejaller ist nix für mich.«

»Äh …« Oh Mann. Ich war hoffnungslos überfordert mit dieser Situation. Zum Glück kam mein Kunde mir zur Hilfe, indem er sich in das Gespräch einklinkte. »Aber Aida ist doch wunderschön.«

»Na ja«, meinte Dieter wenig überzeugt. Dann wandte er sich an mich. »Wo ist Brigitte denn überhaupt?«

Eine Clematis fiel mir aus der Hand, und ich bückte mich hastig danach, um Zeit zu gewinnen. Dieter dachte ganz offensichtlich, dass Brigitte und ich heute in die Oper gehen wollten. Vielleicht hatte er etwas verwechselt. Vielleicht hatte sie die ganze Zeit von ihrer Schwester geredet, er aber hatte nicht richtig zugehört. Andererseits ... Wenn ich an ihr Geflirte mit Herrn Dr. Hunkemöller dachte, brauchte ich nur eins und eins zusammenzuzählen, um zu wissen, was hier los war. Mir wurde bewusst, dass ich schon verdammt lange hinter dem Tresen kauerte, und obwohl ich am liebsten für immer hiergeblieben wäre, war es wohl an der Zeit, wieder aufzutauchen. Ich stand auf und räusperte mich nervös. »Brigitte ist unterwegs, ein paar Besorgungen machen. Ähm ... Draht. 0,65er Wickeldraht. Und eine neue Floristenschere. Eine PICA 3 von Nägeli, die ist richtig gut. Und ... das war's. Mehr nicht.«

»Soso.« Dieter musterte mich befremdet. Mein Kunde hingegen sah durchaus beeindruckt aus. Wahrscheinlich würde er sofort losrennen, um sich eine PICA 3 für den Garten zu kaufen.

»Dann grüß Brigitte mal von mir«, sagte Dieter. »Und macht euch einen schönen Abend, ihr zwei.« Er klopfte mit den Fingerknöcheln auf den Tresen, nickte mir noch mal zu und ging.

Mehr schlecht als recht brachte ich den Rest des Arbeitstages hinter mich. Die ganze Zeit dachte ich darüber nach, ob Brigitte sich wirklich mit Herrn Dr. Hunkemöller traf oder ob ich die Flöhe husten hörte und das alles nur ein Riesenmissverständnis war. Ich versuchte zweimal, Brigitte anzurufen, doch es ging immer nur ihre Mailbox ran. Meine Gefühle und Gedanken spielten völlig verrückt. Ich machte mir Sorgen, war wütend, traurig und versuchte, mir alles schönzureden – immer im Wechsel und zeitweise alles gleichzeitig. Als ich den Laden endlich hinter mir abschloss, verfluchte ich Jens dafür, dass ausgerechnet heute Ruhetag war. Ich musste einfach mit jemandem reden, und mit seiner nüchternen Art war er jetzt genau derjenige, den ich brauchte. Ohne weiter darüber nachzudenken, setzte ich mich auf mein Fahrrad und fuhr geradewegs zu Jens' und Merles Wohnung.

Merle betätigte den Summer und empfing mich oben an der Wohnungstür. »Hi Isa. Das ist ja mal 'ne Überraschung! Jens und ich machen gerade Salat. Hast du Hunger?« Sie ging voraus in die Küche, wo Jens in schwindelerregendem Tempo eine rote Zwiebel in hauchdünne Scheiben schnitt. »Mit dem Ruhetag kommst du echt nicht klar, oder?«, begrüßte er mich grinsend.

»Ich bin nicht hier, um eine Mahlzeit zu schnorren«, sagte ich möglichst würdevoll.

»Okay, aber falls du mitessen willst, bist du herzlich eingeladen.« Er gab die Zwiebelscheiben in eine Schüssel, wischte sich die Hände an einem Küchentuch ab und ging an den Kühlschrank. »Bierchen? Oder lieber einen …« Er nahm eine Flasche heraus und studierte das Etikett. »Riesling?«

»Ja, so ein spritziger, frischer Sommerwein, der Spaß macht, wäre jetzt genau das Richtige.«

»Mit Eiswürfeln?«

»Darf man das?«

»Wer will es uns denn verbieten?«

»Na dann, her damit.«

Er füllte Eiswürfel in zwei große Wassergläser und schenkte uns Wein ein, während ich mich zu Merle an den Küchentisch setzte. Sie hackte Erdnüsse akribisch klein und verwendete dafür ein so großes Messer, dass ich kaum hinsehen konnte. Ich mopste mir ein paar Nüsse und stopfte sie mir in den Mund. »Lecker. Hast du die geröstet?«

»Ja, klar. Wir machen einen thailändischen Rindfleischsalat«, sagte sie, als wäre es die größte Selbstverständlichkeit der Welt, dass man für einen thailändischen Rindfleischsalat geröstete Erdnüsse verwendete.

Jens stellte meinen Wein vor mir ab und werkelte dann weiter an der Arbeitsfläche herum.

»Und, was habt ihr heute so gemacht?«, erkundigte ich mich und trank einen Schluck von dem eiskalten Weißwein. Genau das Richtige bei dieser Hitze.

»Ich hab mir einen Bikini für Frankreich gekauft«, erzählte Merle, die in den Sommerferien mit einer Jugendgruppe zelten fahren würde. »Und dann waren Jens und ich schwimmen. Übrigens fahren wir Freitag nach Sankt Peter-Ording!«

Ein heftiger Schreck durchfuhr mich. Nicht die beiden auch noch! »Du schließt das Restaurant?«, fragte ich Jens mit klopfendem Herzen. »Für wie lange denn?«

»Nur ein Wochenende. Und ich schließe es nicht, ich gebe mir nur hitzefrei.«

»Ach so«, sagte ich und spürte, wie ich mich augenblicklich wieder entspannte.

Jens nahm einen Schluck von seinem Wein, dann begann er, Tomaten klein zu schneiden. »Im Moment ist nicht viel los, die Leute gehen lieber im Park grillen. Lukas und Andi werden das schon ganz gut alleine hinkriegen.« Andi war der neue Koch, der an zwei Tagen pro Woche in der Küche arbeitete. »Hoffe ich zumindest«, fügte Jens hinzu. »Und wenn nicht, ist Sankt Peter-Ording ja nicht aus der Welt. Ich kann in anderthalb Stunden …«

»Nein«, fiel Merle ihm ins Wort. »Du wirst nicht ins Restaurant fahren, du wirst auch nicht da anrufen und dich erkundigen, wie es läuft, du wirst nicht einmal an den Laden denken! Das hast du mir versprochen.«

»Ist ja gut.« Jens nahm Merle die Erdnüsse ab und drückte ihr Rindfleisch in die Hand. »Hier, hauchdünne Scheiben bitte.«

Merle nahm wieder ihr riesiges Messer und legte los.

»Nein, dünner«, sagte Jens. Er griff nach dem Messer und schnitt ein paar Scheiben ab. »Siehst du, so.«

»Kann ich auch was tun?«, fragte ich. Wenn die beiden kochten, fühlte ich mich immer so nutzlos.

Er sah mich abschätzend an, dann stellte er einen Topf mit Grünzeug vor mich hin. »Du kannst Korianderblätter abzupfen.«

Na, der traute mir ja sehr viel zu. Und dann blieb er auch noch neben mir stehen, um zu kontrollieren, ob ich es richtig machte. »Glaubst du, ich krieg das nicht hin oder was?«

»Äh ... Doch, doch. Klar«, sagte er und ging zurück an seinen Arbeitsplatz.

Merle streckte seinem Rücken die Zunge raus, verdrehte die Augen und grinste mich an. Ich grinste zurück, und für ein Weilchen arbeiteten wir drei in einhelligem Schweigen vor uns hin. Immerhin, die beiden blieben nur ein Wochenende lang weg. Danach würde Merle zwar nach Frankreich fahren, aber wenigstens Jens hielt hier die Stellung. Ich fragte mich, wieso ich deswegen so übertrieben erleichtert war. Wahrscheinlich wegen des Essens. »Habt ihr denn überhaupt was gebucht?«, erkundigte ich mich. »Ich meine, man kann doch nicht einfach so spontan drauflosfahren. Bei dem Wetter ist ganz Hamburg an der Nord- und Ostsee, und dann ist auch noch Ferienanfang. So was muss man doch länger planen. Einkaufen, Sachen packen ...«

»Ein Visum beantragen?«, fragte Jens. »Wir wollen nicht

auswandern, sondern nur für ein Wochenende an die Nordsee.«

»Meine Eltern haben da eine Ferienwohnung«, erklärte Merle. »Wir müssen also nichts buchen.«

Aha. So lief das also bei reichen Leuten.

»Es ist total schön da! Die Wohnung hat einen kleinen Garten, und bis zum Strand sind es nur zweihundert Meter.«

»Ja, und dann noch mal gefühlt zwei Kilometer, bis man am Wasser ist«, warf Jens ein. »Warst du schon mal in Sankt Peter-Ording, Isa?«

Ich zuckte zusammen. Er hatte mich noch nie Isa genannt. Es fühlte sich merkwürdig an, so vertraut und … fast schon intim. Alle Welt nannte mich Isa, aber bei ihm war es irgendwie was anderes. »Nein, noch nie.«

»Dann komm doch mit«, schlug Merle vor.

Für ein paar Sekunden war ich sprachlos. »Was?«

Sie wirkte so begeistert, dass es mich nicht gewundert hätte, wenn sie aufgesprungen und herumgehüpft wäre. »Das ist doch überhaupt *die* Idee! Die Wohnung ist groß genug, und Brigitte gibt dir bestimmt frei. Los, komm mit, Isa! Wir würden uns total freuen, stimmt's, Jens?«

Er drehte sich zu mir um, und ich versuchte, in seinem Gesicht ein Zögern oder Ablehnung zu erkennen. Doch er lächelte nur unbekümmert und sagte: »Klar.«

»Echt? Ist das euer Ernst? Wollt ihr nicht lieber alleine fahren, so als Geschwister-Wochenende?«

»Quatsch!«, sagte Merle abfällig. »Ich bin froh, wenn ich nicht mit Jens alleine sein muss.«

»Na, vielen Dank auch.« Er nahm ihr das fertig geschnittene Fleisch ab und warf es in eine Pfanne. Augenblicklich fing es laut an zu zischen.

»Und? Was sagst du?«, fragte Merle.

»Ich weiß nicht. Freitag, das ist ja schon in drei Tagen. Ich kann doch nicht einfach so irgendwohin fahren. Im Laden ist gerade so viel zu tun, freitags ist doch mein Sportkurs, und samstags putze ich die Wohnung, also ...« Ich hörte Jens leise lachen und hielt inne.

Merle tippte sich mit dem Finger an die Stirn. »Jetzt hör aber mal auf mit dem Schwachsinn. Brigitte muss nur einen einzigen Tag auf dich verzichten, und scheiß auf deine Wohnung.«

Jens stellte drei Teller mit köstlich aussehendem Salat auf den Tisch. »Sei doch mal spontan, Isa. Ich meine natürlich, sei so spontan wie sonst auch immer.« Er sah mich herausfordernd an.

Dieser Mistkerl! Jetzt blieb mir ja schon fast gar nichts anderes übrig, als mitzukommen. Dabei war es eine totale Schnapsidee. Andererseits ... Wenn ich an die verfahrene Situation mit Brigitte dachte, an Knut, der wegen mir jetzt so unglücklich war, an die Sorgen, die ich mir andauernd um den Laden machte, an die drückende Hitze in der Stadt ... Es wäre schön, dem allen für ein Wochenende zu entfliehen, um mir vom Nordseewind den Kopf freipusten zu lassen. Und das mit den beiden Menschen, mit denen ich mich so wohl fühlte, dass ich in der vergangenen halben Stunde schon wieder völlig vergessen hatte, dass ich eigentlich hierhergekommen war, weil mich diese schreckliche Geschichte mit den Operntickets so aufgewühlt hatte. »Okay«, sagte ich schließlich. »Wenn ihr das wirklich wollt, dann komme ich mit.«

Merle strahlte über das ganze Gesicht. »Yaaay!« Sie kam um den Tisch herum und drückte mich an sich. »Das wird derbe geil, Isa!«

Verstohlen musterte ich Jens, der das Fleisch auf den Salattellern verteilte und meine gezupften Korianderblättchen darüberstreute. Er sah immer noch vollkommen entspannt und zufrieden aus. Fast schon, als würde er sich ebenfalls freuen.

»Ist dir das wirklich recht?«, fragte ich ihn.

Er blickte in gespielter Verzweiflung zur Decke. »Ja, es *ist* mir recht. Aber wenn du das noch öfter fragst, überleg ich es mir anders.«

Ein seliges Lächeln lag auf Merles Lippen, das ich nicht ganz einordnen konnte. Dann schlug sie sich unvermittelt die Hand an die Stirn und rief: »Oh nein, ich hab das Treffen vergessen!«

»Welches Treffen?«, fragte Jens.

»Na, das Frankreich-Vorbereitungstreffen. Das fängt um acht Uhr an.« Sie sprang von ihrem Stuhl auf. »Jetzt muss ich mich aber beeilen. Ich ess dann später. Tschüs!« Sie stürzte aus der Küche, und ein paar Sekunden später fiel die Wohnungstür ins Schloss.

»Oookay«, sagte Jens gedehnt.

»Was war das denn für 'ne Aktion?«

»Keine Ahnung. Aber ich verbringe neuerdings so viel Zeit mit euch beiden, dass mich merkwürdiges Verhalten kaum noch aus der Fassung bringt.«

Ich zog eine Grimasse. »Haha.«

Jens schob mir meinen Teller hin. »Wie sieht's aus, essen wir auf dem Balkon?«

Draußen machte ich es mir auf meinem Stuhl gemütlich, trank einen Schluck Wein und sah auf die großen Bäume, die sich unten am Straßenrand behäbig im lauen Wind wiegten. Es duftete nach gegrilltem Fleisch und Sommer. Ich begutachtete ausführlich den Salat. »Thailändisch habe ich noch nie gegessen.«

»Solltest du aber. Unbedingt.«

Ich spießte ein Stück Tomate auf, roch daran und biss ein

winziges Stückchen davon ab. Das Gleiche wiederholte ich mit einem Korianderblatt und einer Nuss, und schließlich wagte ich mich an das Fleisch. Es sah ziemlich rosa aus. Versuchen konnte ich es ja mal. Nicht schlecht. Ungewohnt zwar, aber ich wollte mehr. Auf einmal fühlte ich mich beobachtet und blickte auf.

Jens starrte mich an, in einer Mischung aus Belustigung und Faszination. »Was zur Hölle machst du da?«

»Ich probiere.« Unbeirrt wandte ich mich wieder meinem Essen zu. Dieses Mal traute ich mich, mehrere Zutaten gleichzeitig auf die Gabel zu nehmen. »Mmh«, murmelte ich und schloss die Augen. Noch nie in meinem Leben waren so viel verschiedene Geschmacksnuancen und Aromen in meinem Mund explodiert. Es war scharf, exotisch, süß und salzig zugleich und durch das gebratene Fleisch sogar gleichzeitig warm und kalt. Als ich meine Augen wieder öffnete, bemerkte ich, dass Jens mich immer noch anstarrte. »Was ist denn?«

Er zuckte zusammen. »Hm?«

»Wieso guckst du so? Das ist total unhöflich. Ich kann nicht essen, wenn ich dabei angeglotzt werde.«

»Entschuldige.«

»Ich finde es übrigens extrem lecker.«

Ein leichtes Lächeln umspielte seine Lippen. »Ja, das hab ich mir schon gedacht.«

Als wir aufgegessen hatten, lehnte ich mich satt und zufrieden in meinem Stuhl zurück. »Du hast nicht zufällig ein Schokoladenmalheur da?«

»Nein.«

»Aber doch bestimmt Lust, mir schnell eins zu machen?«

»Nein.«

»Du bist fies.«

»Ja«, sagte er und grinste mich an.

Ich war so träge, dass ich schon kurz davor war, einzunicken, doch dann fiel mir urplötzlich wieder Brigitte ein, und ich setzte mich auf. »Ich hab übrigens ein Problem«, sagte ich. Aus meiner Umhängetasche kramte ich Dieters Briefumschlag hervor, holte die Tickets heraus und legte sie auf den Tisch.

Jens griff danach und betrachtete sie mit gerunzelter Stirn. »Du hast Karten für Aida, und gerade ist dir aufgefallen, dass du vergessen hast hinzugehen?«

»Nein. Eigentlich sollte ich es dir gar nicht erzählen, aber ich muss einfach mit jemandem darüber reden. Es ist streng vertraulich, und du darfst ...«

»Ist ja gut, ich werde es für mich behalten«, unterbrach er mich. »Jetzt mach es nicht so spannend.«

»Es geht um Brigitte«, sagte ich, und dann erzählte ich ihm die ganze Geschichte von ihr und Dr. Hunkemöller. Als alles raus war, fühlte ich mich erleichtert, fast so, als hätte ich ein bisschen was von der Last, die ich trug, an Jens abgegeben.

Er saß für eine Weile still da und blickte nachdenklich auf sein Weinglas. »Oha«, sagte er schließlich. »Das klingt übel.«

»Ja, und jetzt liegt sie wahrscheinlich irgendwo mit diesem Adonisröschen in einem Stundenhotel im Bett und begeht Ehebruch! Und ich bin ihr Alibi!«

»Es könnte allerdings auch sein, dass das alles nur ein Missverständnis ist.«

»Ja, das hoffe ich sehr. Aber ehrlich gesagt, in meinem tiefsten Inneren weiß ich, dass es nicht so ist. Und ich kann einfach nicht fassen, dass Brigitte zu so was fähig ist.« Ich trank die letzten Schlucke meines Weins auf ex.

Jens nahm mein Glas, ging damit in die Küche und kehrte kurz darauf mit einem vollen wieder zurück.

»Was soll ich denn jetzt machen?«

Er ließ sich auf seinen Stuhl sinken und stützte die Füße auf dem Balkongeländer ab. »Wie, was sollst du jetzt machen? Gar nichts.«

»Gar nichts? Ich kann doch nicht einfach dabei zusehen, wie Brigitte ihren Ehemann mit so einem ... einem Hallodri betrügt!«

»Hallodri?«, fragte Jens amüsiert.

»Ja! Dagegen muss ich doch was unternehmen. Irgendetwas, um ihre Ehe zu retten und ...«

»Isa, jetzt mach mal halblang. Das ist doch nicht deine Aufgabe. Es geht dich nicht mal was an.«

Empört schnappte ich nach Luft. »Es geht mich nichts an? Ich kenne Brigitte und Dieter seit elf Jahren, sie sind das perfekte Ehepaar. Und jetzt bauen sie so einen Mist.«

»Perfekte Ehen gibt es nicht. Ich sag es ja immer wieder: Liebe ist nun mal nicht nur Kuschelrock und Duftkerzen.«

»Die Ehe meiner Eltern war Kuschelrock und Duftkerzen. Aber Brigittes und Dieters Ehe besteht offenbar nur noch aus Death Metal und Schweinestall. Das hält doch kein Mensch aus.«

»Nein, da hast du recht. In dem Fall bleibt einem dann leider nur noch, die CD schleunigst auszumachen und den Schweinestall zu verlassen.«

»Wie bitte?« Ich konnte kaum glauben, dass er das wirklich gesagt hatte. »Wir reden hier von einer Ehe! Die ist es doch wert, gerettet zu werden!«

»Ja, aber das müssen die beiden selbst tun, und wenn sie es nicht können oder wollen, wird dir nichts anderes übrig bleiben, als es zu akzeptieren.«

Ich sollte also einfach nichts tun? Kommentarlos dabei zusehen, wie Brigitte in ihr Unglück stürzte? »Das ist doch scheiße. Sie hat mich in diese Sache mit reingezogen.«

»Du hast recht, das ist wirklich nicht fair.« Seine Stimme klang so sanft, dass es mir die Tränen in die Augen trieb. Ich trank einen großen Schluck Wein. Vielleicht war es tatsächlich keine schlechte Idee, mich rauszuhalten. Immerhin hatte die Sache mit Knut mir deutlich gezeigt, dass es übel enden konnte, wenn ich mich einmischte. Schließlich sagte ich: »Okay. Dann halte ich mich da raus. Aber ich werde ihr sagen, dass sie mich gefälligst nicht mehr als Alibi benutzen soll, wenn sie mit diesem schmierigen Rosenkavalier herumscharwenzeln will.«

Jens brach in Gelächter aus. »Wie du dich ausdrückst, wenn es um diesen Typen geht. Rosenkavalier, herumscharwenzeln, Hallodri ... Herrlich.«

»Sehr witzig«, sagte ich, musste allerdings feststellen, dass ich es tatsächlich selbst ein bisschen witzig fand.

Ich schaute hinauf in den Himmel, auf der Suche nach meinem Lieblingssatelliten, doch ich konnte ihn nirgends entdecken. Auch mit Sternen sah es heute Abend ziemlich mau aus. Dabei hätte ich ein paar Sternschnuppen so gut gebrauchen können.

Als ich am nächsten Morgen in den Laden kam, strömte der Duft von frischem Kaffee mir aus der Küche entgegen. Ich fand Brigitte dort am Tisch, die Hände um eine dampfende Tasse gelegt, als wäre ihr kalt. Und das bei fünfundzwanzig Grad. Sie sah blass aus, und unter ihren Augen lagen dunkle Schatten. »Guten Morgen, Isa«, begrüßte sie mich. »Ich hab gesehen, dass du mich angerufen hast. Tut mir leid, ich hatte keinen Empfang. Was war denn?«

Unschlüssig blieb ich auf der Türschwelle stehen, doch dann setzte ich mich zu ihr. Ich wollte mich zwar künftig aus ihren Angelegenheiten raushalten, doch eine Sache musste ich unbedingt noch klären. »Hast du heute schon mit Dieter gesprochen?«

»Nein. Warum?«

Ich kramte den Briefumschlag hervor. »Darum. Dieter war gestern hier, um die Tickets zu bringen, die du zu Hause vergessen hast. Er dachte, dass wir beide zusammen in die Oper gehen wollen.«

Sie zuckte zusammen und starrte erschrocken auf den Briefumschlag. »Und ... was hast du gesagt?«

Bei ihrer Reaktion erlosch jeder Zweifel und auch mein letzter Funken Hoffnung: Es lag kein Missverständnis vor. Sie hatte Dieter angelogen. Und mich auch. »Nichts. Ich habe ihn in dem Glauben gelassen.«

Brigitte sackte in sich zusammen und verbarg ihr Gesicht in den Händen. »Oh Gott«, flüsterte sie. »Oh Gott, Isa, ich bin so dumm.«

»Tja, das kann man wohl sagen«, erwiderte ich kühl. »Wenn du mich schon als Alibi nutzt, wäre es cleverer gewesen, mich vorher einzuweihen. Das hätte auch ganz gewaltig danebengehen können. Oh, und übrigens: Ich werde nichts mehr zu dir und deiner Affäre, oder was auch immer du da mit Dr. Hunkemöller am Laufen hast, sagen. Ich halt mich raus. Aber tu mir einen Gefallen und halte *du* mich da künftig auch raus.«

Brigitte begann, leise zu weinen. Noch nie hatte ich sie so gesehen. Sie saß völlig kraftlos da und sah alt und unendlich müde aus. Je länger sie weinte, desto mehr schwand meine Wut. Stattdessen tat Brigitte mir leid, und ich konnte ihre Verzweiflung kaum mehr mitansehen. »Hey«, sagte ich und strich ihr vorsichtig über den Arm.

Das schien ihre Lebensgeister wieder zu wecken. Sie sah

auf, ihre Augen waren vom Weinen rot und geschwollen, ihre Nase lief. Ich stand auf, um ihr ein Stück Küchenrolle zu holen.

Sie schnäuzte sich ausgiebig, dann wischte sie sich mit der Hand über die Augen. »Ach Isa, ich wünschte, ich wäre mit dir in die Oper gegangen. Wirklich, ich würde alles dafür geben, den gestrigen Abend rückgängig machen zu können.«

»Du musst dich vor mir nicht rechtfertigen.«

»Aber ich will es dir erklären!«, rief sie. Am liebsten hätte ich mir die Ohren zugehalten und laut gesungen, doch Brigitte war nicht zu stoppen. »Walter und ich hatten uns für gestern Abend verabredet, um Zeit miteinander zu verbringen, ganz in Ruhe und ungestört. Keiner von uns beiden hat es ausgesprochen, aber es war klar, dass wir beide mehr wollten. Für Dieter habe ich mir die Geschichte mit dir und der Oper ausgedacht, weil er weiß, dass meine Schwester momentan im Urlaub ist. Und dir habe ich erzählt, dass ich mich mit meiner Schwester treffe, weil ich dachte, dass du sonst misstrauisch wirst. Aber wer weiß, wahrscheinlich habe ich mich auch nur deswegen so blöd angestellt, weil ich unbewusst wollte, dass es rauskommt.«

Ich trommelte mit den Fingern auf der Tischplatte. »Okay, gestern war also dein Date mit dem Adonisröschen. Und weiter?«

»Wir haben uns in einem Hotel in Harburg getroffen …«

»In *Harburg*?!«, unterbrach ich sie entsetzt, denn wie so vielen Hamburgern war auch mir unbegreiflich, wieso jemand sich freiwillig auf die andere Elbseite begeben sollte – selbst wenn es nur für einen Abend war. »Wieso das denn?«

»Damit wir niemandem begegnen, der uns kennt. Ich war unglaublich nervös, habe viel zu viel getrunken und die ganze Zeit dummes Zeug geredet. Und als es dann so weit war, konnte ich es nicht. Ich konnte es einfach nicht, verstehst du?«

Ich spürte, wie ein riesengroßer Stein von meinem Herzen purzelte. Ach was, der Mount Everest! »Ja. Das verstehe ich sehr gut.«

»Ich habe Walter gesagt, dass das alles ein Riesenfehler ist und dass es mir leidtut, und dann bin ich gegangen.« Gedankenverloren starrte sie vor sich hin.

»Und wie geht es jetzt weiter?«, fragte ich nach einer Weile.

»Wenn ich das nur wüsste. Ich muss erst mal irgendwie zur Ruhe kommen. Nachdenken.« Sie legte mir eine Hand auf den Arm. »Danke, dass du Dieter nichts gesagt hast, Isa.«

In diesem Moment klopfte es an der Ladentür. Brigitte und ich fuhren erschrocken zusammen. Sie warf einen Blick auf ihre Armbanduhr und rief: »Ach herrje, es ist Viertel nach neun! Gehst du nach vorne? Ich will mir noch schnell das Gesicht waschen.«

»Klar.« Als ich den Laden betrat, sah ich Merle und Jens draußen stehen. Merle winkte mir eifrig zu, und kaum hatte ich aufgeschlossen, plapperte sie drauflos. »Hi Isa, bevor du fragst: Ich hatte die ersten beiden Stunden frei, aber jetzt muss ich zur Schule und bin schon ziemlich spät dran. Jens fährt mich. Ich wollte nur wissen, ob du Brigitte schon wegen Samstag gefragt hast.«

»Nein, wir hatten noch eine Besprechung.« Jens und ich tauschten einen Blick, und ich war mir sicher, dass er sich denken konnte, worum es in unserer »Besprechung« gegangen war.

»Dann frag sie doch schnell«, sagte Merle. »Brigitte?«, rief sie und ging in Richtung Kaffeeküche. »Isa muss dich dringend was fragen.«

»Lass sie doch, Merle«, sagte ich, doch in dem Moment kam Brigitte nach vorne. Sie war immer noch blass, und man konnte ihr deutlich ansehen, dass sie geweint hatte.

»Oh«, sagte Merle bestürzt. »Geht's dir nicht gut?«

Brigitte machte eine Handbewegung, als wollte sie eine lästige Fliege verscheuchen. »Doch, doch. Ich hab nicht so toll geschlafen, das ist alles. Was musst du mich denn so Dringendes fragen, Isa?«

»Kann sie am Samstag freihaben? Und Freitagnachmittag?«, antwortete Merle an meiner Stelle. »Jens und ich fahren am Wochenende nach Sankt Peter-Ording, und sie möchte gerne mitkommen.«

»Ja, natürlich«, sagte Brigitte. »Ach, wie schön. Ein Wochenende an der Nordsee. Das klingt traumhaft.«

Ich sah in ihr müdes, trauriges Gesicht und hatte ein schlechtes Gewissen, dass ich sie alleine lassen wollte. »Bist du sicher? Vielleicht wäre es besser, wenn ich hierbleibe.«

»Nein!«, rief Merle hastig. »Du *musst* mitkommen!« Sie sah Brigitte nachdenklich an, dann sagte sie: »Komm du doch auch mit. In der Wohnung ist reichlich Platz für uns alle.«

Für ein paar Sekunden herrschte absolute Stille im Raum. Brigitte sah zögernd von Merle zu Jens. »Ich weiß nicht. Der Gedanke, mal ein Wochenende hier rauszukommen, ist wirklich sehr verlockend. Aber ich will euch nicht zur Last fallen.«

»Du fällst uns nicht zur Last«, sagte Jens. »Überhaupt nicht. Wir freuen uns, wenn du dabei bist, stimmt's, Merle?«

Sie nickte so heftig, dass ihre dunklen Haare auf und ab wippten.

»Was sagst du, Isa?«, fragte Brigitte mich. »Können wir den Laden einfach so einen Tag geschlossen lassen?«

Hm. Alex wäre bestimmt nicht begeistert von der Idee. Andererseits ... Er hatte sich immerhin auch für drei lange Wochen aus dem Staub gemacht und würde unseren geschwänzten Samstag gar nicht mitkriegen. Und Brigitte konnte etwas Abstand und frische Nordseeluft mit Sicherheit noch besser gebrauchen als ich.«»Warum nicht? Gönnen wir uns doch einfach alle ein Wochenende hitzefrei.«

Zum ersten Mal heute erschien so etwas Ähnliches wie ein Lächeln auf Brigittes Gesicht. »Okay, ich bin dabei.«

»Cool!«, rief Merle. »Wir fahren um fünf Uhr los, dann sind wir so um …«

»Wir beide müssen *jetzt* erst mal los, Merle«, mahnte Jens.

»Jaha, ist ja gut. Ich komm später noch mal vorbei, dann können wir alles besprechen.«

Und schon waren die beiden wieder verschwunden.

Ich sah Brigitte prüfend an. »Wird sich Dieter denn nicht darüber wundern, dass du so überstürzt wegfährst?«

Ihr Gesichtsausdruck verfinsterte sich wieder. »Glaub mir, wenn ich es ihm nicht sagen würde, würde er es nicht mal merken.« Damit verschwand sie wieder im Hinterzimmer, und das Thema war für sie ganz offensichtlich erledigt.

Abends stand ich ratlos vor meinem Kleiderschrank und wusste nicht, was ich mitnehmen sollte. Noch immer hatte ich ein ungutes Gefühl in der Magengegend, weil ich so spontan wegfuhr. Okay, wir hatten ganz sicher eine Unterkunft, das war also kein Problem, aber welche Dinge brauchte ich unbedingt, die in der Wohnung möglicherweise nicht vorhanden waren? Wie würde das Wetter werden? Im Radio hörte ich die Nachrichten an, und wieder mal wurde vorausgesagt, dass das kommende Wochenende das heißeste des Jahres werden würde. Seit Anfang Juni toppte dieser Sommer sich ständig selbst, und ich fragte mich, wie lange das noch gutgehen würde.

Nachdem ich endlich eine Packliste und einen Einkaufszettel erstellt und meine Wäsche gewaschen hatte, ging ich ins Wohnzimmer und setzte mich aufs Sofa. Ich schaltete den Fernseher an, nur um dieses entsetzliche *St. Pauli 20359 – Teenie-Gangster am Abgrund* über den Bildschirm flackern zu sehen. Es war wirklich eine bodenlose Frechheit, *Liebe! Liebe! Liebe!* für diesen Schrott aus dem Programm zu nehmen! Kurzerhand schrieb ich eine erneute Beschwerde-E-Mail an Michael Schulz. In den vergangenen Wochen hatte ich das regelmäßig getan, um genau zu sein: mindestens dreimal die Woche. Bislang hatte ich keinerlei Rückmeldung erhalten. Wenn dieser verdammte Sender nicht in Berlin sitzen würde, wäre ich schon längst höchstpersönlich dort aufgekreuzt. Und dann sollten sie aber mal versuchen, mich abzuwimmeln. Ha! Denen würde ich was erzählen!

Life's a Beach

»Das ist nicht dein Ernst, oder?«

Zwei Tage später stand Jens in meiner Wohnungstür, um mich abzuholen, und starrte fassungslos auf die beiden Koffer und die drei Jutebeutel, die fix und fertig gepackt im Flur standen.

»Ich weiß, auf den ersten Blick scheint es viel zu sein, aber das ist alles gut durchdacht.«

»Isa, ich weiß gar nicht, wie ich es dir beibringen soll, aber ... wir können nicht für immer da bleiben. In achtundvierzig Stunden sind wir wieder in Hamburg.«

»Das ist mir durchaus klar.«

»Dann verstehe ich nicht, wieso du deinen kompletten Hausstand mitnimmst.«

»Tu ich doch gar nicht. Und da wir nur achtundvierzig Stunden haben, schlage ich vor, dass wir jetzt einfach mein Gepäck nehmen und losfahren, anstatt noch ewig herumzudiskutieren.«

Jens sah ganz danach aus, als hätte er große Lust, mich mitsamt meinen Siebensachen einfach hierzulassen, doch dann schüttelte er seufzend den Kopf und griff nach meinen beiden Koffern.

Das Erste, was ich dachte, als wir die Ferienwohnung betraten, war: ›Meine Güte, ist das klein!‹ Aus irgendwelchen Gründen – wahrscheinlich lag es an Merles Beteuerungen, die

Wohnung sei »groß genug« und es wäre »reichlich Platz für alle« – hatte ich eine Sommerresidenz erwartet, die in ihren Ausmaßen ungefähr Schloss Sanssouci entsprach. Doch Merles Führung dauerte nur etwa dreißig Sekunden. »Hier links ist das Bad, dort drüben die Küche. Rechts lang geht's ins Schlafzimmer, und hier ist das Wohnzimmer.« Sie öffnete die Terrassentür. »Und das Beste zum Schluss: der Garten.«

Das Zweite, was ich dachte, war: ›Meine Güte, ist das hübsch!‹ Okay, ich war nicht in Schloss Sanssouci gelandet, aber wenn ich mich hier umsah, vom Schiffsboden aus Eiche über die schlichten, weißen Möbel und blau gestrichenen Wände bis hin zu den liebevoll ausgesuchten maritimen Accessoires, dann konnte mir dieses Schloss gerne gestohlen bleiben. Hier war es viel schöner! Ich folgte Merle in den Garten. Eigentlich handelte es sich nur um eine große Terrasse mit einem winzigen Stück Rasen und ein paar Hortensiensträuchern, aber es war herrlich ruhig. Das Einzige, was man hörte, war der Wind, der sanft an der Markise rüttelte und durch die Blätter der großen Kastanie im Nachbargarten strich.

»Und, wie findest du es?«, fragte Merle.

»Wunderschön.«

Ihre Augen strahlten stolz.

»Das Sofa im Wohnzimmer ist bestimmt mit Schlaffunktion, oder?«

»Klar. Wo sollten wir denn sonst alle pennen?«

Jens und Brigitte kamen zu uns in den Garten. »Ich weiß ja nicht, wie es euch geht, aber ich hab allmählich Hunger«, verkündete Jens.

»Ich auch«, sagte Brigitte. »Wie sieht's aus, sollen wir schnell was einkaufen?«

»Für heute Abend brauchen wir nichts, Jens hat alle Zutaten für Burger aus dem Restaurant mitgebracht«, erklärte

Merle. »Aber wir brauchen was zum Frühstück. Und für morgen Abend.« Sie sah kurz zwischen Jens und mir hin und her, dann sagte sie in einem Ton, der keinen Widerspruch erlaubte: »Brigitte, wir fahren einkaufen. Isa und Jens, ihr bereitet das Abendessen vor.«

Jens sah mich mit erhobenen Augenbrauen an. »Tja, so wie es aussieht, bereiten wir das Abendessen vor.«

Ich bemühte mich um einen ernsten Gesichtsausdruck. »Es ist doch immer schön, wenn man nicht nachdenken, sondern einfach nur Befehlen folgen muss.«

»Ach, jetzt stellt euch mal nicht so an«, sagte Merle unbekümmert. »Bis später.« Und schon waren sie und Brigitte zur Tür hinaus.

Nachdem wir die Lebensmittel ausgepackt hatten, gingen wir nach draußen, um den Gartentisch und die Stühle aus dem kleinen Schuppen zu holen und alles auf der Terrasse aufzubauen. Während ich Sitzkissen auf die Stühle legte und den Tisch abwischte, zündete Jens den Grill an. Ich holte Teller, Gläser und Besteck aus der Küche und entdeckte in einer Schublade hübsche Servietten mit Ankermotiv. Zum Glück. Servietten hatte ich nämlich vergessen, wie mir erst kurz hinter Itzehoe aufgefallen war. Am liebsten hätte ich sofort umgedreht, um welche aus dem Laden zu holen, aber ich hatte mich nicht getraut, Jens darum zu bitten. Ich schnitt ein paar Hortensienblüten ab und arrangierte sie in einer Vase. Noch zwei Windlichter auf den Tisch, fertig. Zufrieden betrachtete ich mein Werk.

»Hattest du das etwa alles dabei?« Ich drehte mich um und entdeckte Jens hinter mir, der mit dem Grillrost in der Hand dastand und mich beobachtete.

»Quatsch. Das habe ich hier zusammengesucht. Ganz spontan.« Okay, bis auf die Windlichter und die Vase.

»Ganz spontan, soso.«

Wir gingen zurück in die Küche, wo Jens Schneidbretter und Messer hervorkramte. »Was soll ich machen?«, fragte ich.

Er drückte mir zwei rote Zwiebeln in die Hand. »Du kannst mir helfen, Gemüse zu schnibbeln.«

Verdammt. Ich hasste es, Zwiebeln zu schneiden! Widerwillig machte ich mich an die Arbeit und war schon drei Minuten später völlig entnervt, weil diese dämliche Zwiebel mir ständig auseinanderflutschte und ich außerdem in Tränen aufgelöst war.

»Darf ich dich mal fragen, was du da machst?«

Ich entdeckte Jens neben mir, der mich kritisch ansah. War ja klar, dass er mich kontrollieren würde. »Na, Zwiebeln hacken.«

»Ach so. Und kommt dir deine Art, Zwiebeln zu hacken, besonders effektiv vor?«

Ich rieb mir die Augen, um irgendwie dieses Brennen loszuwerden.

Missbilligend schnalzte er mit der Zunge. »Wenn du dir mit deinen Zwiebelflossen in die Augen fasst, machst du es noch schlimmer.«

»Ich wusste, dass du die ganze Zeit nur rummeckern würdest!«, rief ich erbost. »Warum kannst du nicht einfach akzeptieren, dass ich es anders mache als du? Ich motz doch auch nicht rum, wenn du einen Blumenstrauß bindest.«

»Das habe ich zwar noch nie gemacht, aber wenn ich das jemals tun sollte und du dabei wärst, *würdest* du meckern. Ich will dir ja nur einen kleinen Tipp geben.« Er holte eine Flasche Wein aus dem Kühlschrank, schraubte sie auf und drückte sie mir in die Hand. »Hier. Nimm einen ordentlichen Schluck, aber lass ihn im Mund. Das ist zwar nicht besonders professionell, aber bei manchen hilft es gegen das Heulen.«

Misstrauisch starrte ich auf die Flasche, doch dann griff ich danach und folgte seinem Rat.

Jens schälte die zweite Zwiebel großzügig ab. »Das Wurzelende, also das hier, lässt du dran. Dann fällt nichts auseinander. Übrigens brauche ich gar keine Würfel, sondern Scheiben, aber wenn ich Würfel bräuchte, könntest du die Zwiebel gitterweise fast bis zum Ende anschneiden. Und dann einfach quer runterschneiden. Siehst du, so.« Er deutete an, wie er die Zwiebel schneiden würde, wenn er Würfel bräuchte. »Aber wie gesagt, ich brauche Scheiben. Mach mal eine Kralle. So, als wolltest du mir die Augen auskratzen. Und guck nicht so, als hättest du genau das vor«, fügte er lachend hinzu.

Ich hielt ihm meine zu einer Kralle geformte Hand hin.

»Genau. Allerdings deine Linke, bitte.«

Ich verdrehte die Augen und hatte nun wirklich nicht übel Lust, Jens zu kratzen. Der Wein kribbelte allmählich in meinem Mund, und es nervte mich, dass ich nichts sagen konnte. Allerdings musste ich tatsächlich nicht mehr heulen, wie mir auffiel. Jens griff nach meiner linken Kralle, legte sie auf die Zwiebelhälfte und brachte meine Finger in Position. »Und jetzt *schneiden*. Du drückst einfach nur.« Er machte es vor und gab mir anschließend das Messer in die Hand. »Jetzt du.«

Ich schnitt langsam ein paar Zwiebelscheiben herunter. Jens stand so dicht bei mir, dass ich das Gefühl hatte, er würde mir die Luft zum Atmen nehmen. Meine Finger zitterten, außerdem waren meine Knie merkwürdig weich. Ich konnte die Wärme seines Körpers spüren und hatte urplötzlich das überwältigende Bedürfnis, meinen Kopf an seiner Schulter anzulehnen. Meine Güte. War ich jetzt völlig übergeschnappt? Das musste am Wein liegen. Ich hatte zwar streng genommen noch gar keinen getrunken, aber bei der Hitze und auf nüchternen

Magen reichte es bestimmt schon, wenn ich ihn nur im Mund hatte.

»Gut«, lobte er. »Aber du drückst immer noch zu fest.« Er legte seine Hand über meine und führte sie, als würden wir gemeinsam eine Hochzeitstorte anschneiden. Nur, dass es sich bei der Torte um eine Zwiebel handelte und dass die vermeintliche Braut ihrem Ehemann noch nie zuvor so nah gewesen und jetzt völlig überrumpelt davon war, welche Wirkung das auf sie hatte. Er roch gut. Wieso war mir nie aufgefallen, wie gut er roch?

»Siehst du, ist gar nicht so schwer. Jetzt brauchst du nur noch etwas Übung«, sagte Jens, ließ meine Hand los und trat zwei Schritte von mir weg. »Das mit dem Wein finde ich übrigens super. Nicht nur, dass es funktioniert, es ist auch noch so schön ruhig hier.« Er grinste mich breit an.

Genauso gut hätte er mir einen Eimer kaltes Wasser über den Kopf schütten können. Ich schluckte den Wein runter und funkelte ihn böse an. »Sehr witzig!«

Jens lachte unbekümmert und machte sich wieder an seine Arbeit.

Ich nahm noch einen ordentlichen Schluck aus der Flasche und spürte, wie mir der Alkohol auf direktem Weg in den Kopf stieg. Ha! Wusste ich doch, dass es am Wein gelegen hatte.

Nach dem Essen gingen wir an den Strand. Merle hatte nicht zu viel versprochen. Es war tatsächlich nur ein Katzensprung, bis wir an dem scheinbar endlos langen Steg ankamen, der durch die Dünenlandschaft zum Strand führte. Ich roch das Meer, und der salzige Wind wehte mir um die Nase. In der Ferne erkannte ich einen der großen Pfahlbauten, die ich schon öfter im Fernsehen gesehen hatte. Als wir endlich das Ende des Stegs erreicht hatten, zog ich meine Flip-Flops aus und lief barfuß über den Sand, der sich weich und warm unter meinen Füßen anfühlte. Über mir kreischten Möwen, und der Himmel färbte sich allmählich orange von der untergehenden Sonne. Der Wind schien an mir zu ziehen, an meinem Kleid und an meinen Haaren, und das Meer schien mir zuzurufen: »Komm schon, beeil dich, jetzt lauf!« Und ohne mir dessen wirklich bewusst zu sein, rannte ich los. Merle folgte mir, wir lieferten uns ein Wettrennen, bis ich endlich knietief im Wasser stand. »Boah, ist das kalt!«, rief ich ihr zu, um das Rauschen der Wellen zu übertönen. Sie stand ein paar Meter von mir entfernt, ihr Haarknoten sah aus, als hätten etliche Möwen ihren Kopf als Start- und Landebahn benutzt, und sie wirkte so glücklich wie noch nie. Eine besonders hohe Welle schlug uns kräftig gegen die Beine, und augenblicklich waren wir bis zu den Hüften klatschnass. Wir gackerten albern, stolperten ein paar Schritte aufeinander zu und umarmten uns.

»Danke, dass du mich überredet hast, mitzukommen.« Ich konnte mich nicht daran erinnern, wann ich mich zum letzten Mal so übermütig und frei gefühlt hatte.

»Danke, dass du mitgekommen bist. Mit dir ist es noch schöner.«

Wir gingen zurück zu Brigitte und Jens, die inzwischen ebenfalls mit den Füßen im Wasser standen und uns lachend zusahen. Zu viert spazierten wir den Strand entlang, bis es dunkel wurde, während die Wellen uns unermüdlich um die Füße spülten.

Hinterher saßen wir noch im Garten und unterhielten uns. Wir diskutierten über Filme, Musik und Fußball, wobei ich feststellte, dass Jens und ich in allem genau den entgegengesetzten Geschmack hatten. Ich mochte Liebeskomödien, er Actionthriller. Ich stand auf Nena und alles, was im Oldie-Radio gespielt wurde, er hörte komischen Alternative-Kram. Ich war HSV-Fan, Jens Paulianer. »Wir können nie zusammen ins Kino, auf ein Konzert oder zum Fußball gehen«, stellte ich fest.

»Macht doch nichts«, sagte Merle hastig. »Es gibt ja auch noch andere schöne Sachen, die ihr zusammen machen könnt. Zum Beispiel ... äh ...«

›Sex haben‹, schoss es mir durch den Kopf. Augenblicklich verschluckte ich mich an meinem Wasser und bekam einen Hustenkrampf. Hilfe, wie kam ich denn bitte darauf?!

»Ans Meer fahren«, half Brigitte ihr aus, während sie mir auf den Rücken klopfte.

»Ja, oder essen«, sagte Merle. »Wein trinken, reden. Da gibt es tausend Dinge.«

Ich hörte den beiden kaum zu, weil ich mich immer noch von meinem Hustenanfall und vor allem dem Sex-Gedanken erholen musste. Allerdings war das ja auch eine echte Steilvorlage von Merle gewesen, diese Antwort hatte sich doch geradezu aufgedrängt! Ich sah schnell zu Jens, um zu überprüfen, ob er in irgendeiner Form peinlich berührt war und demzufolge ebenfalls an Sex gedacht hatte. Doch er saß ganz ruhig da und beobachtete mich interessiert, wie so häufig.

Irgendwann, als der Mond schon hoch am Himmel stand, beschlossen wir, schlafen zu gehen. Als ich mit geputzten Zähnen ins Wohnzimmer kam, um mich hinzulegen, stellte ich jedoch fest, dass das Schlafsofa bereits besetzt war. Und zwar von Merle und Brigitte. »Was soll das denn? Ich dachte, Brigitte und ich schlafen hier.«

Merle gähnte herzhaft. »Wie kommst du denn darauf? Ich penn doch nicht bei Jens. Der schnarcht.«

Brigitte, die sich tief in ihre Decke eingekuschelt hatte, murmelte: »Sei doch froh, du kriegst das Bett.«

Ja, und Jens. Den wollte ich aber gar nicht. Blöd anstellen wollte ich mich allerdings auch nicht, also gab ich mich notgedrungen geschlagen. »Na schön. Also dann, gute Nacht.«

»Gute Nahacht«, flötete Merle.

Ich schnappte mir meine beiden Koffer und machte mich auf den Weg ins Schlafzimmer. Unschlüssig blieb ich vor der Tür stehen. Was, wenn Jens gerade nackt war? Ich klopfte an die Tür und sofort erklang ein »Herein«. Er war nicht nackt, sondern lag in Boxershorts und T-Shirt auf dem Bett, die Arme hinter dem Kopf verschränkt.

»Merle und Brigitte haben bestimmt, dass ich hier schlafen soll«, sagte ich. Es konnte ja nicht schaden, gleich klarzustellen, dass das nicht meine Idee gewesen war.

Er sah mich unverwandt an, und auf einmal kam mir mein kurzes, dünnes Nachthemd mit Spaghettiträgern vor, als wäre es ein Hauch von Nichts. »Gut«, sagte er schließlich. »Merle schnarcht, wie du weißt.«

»Das gleiche sagt sie über dich.« Ich faltete die dünne Bettdecke auf und schlüpfte schnell darunter – in möglichst weitem Abstand zu Jens.

Er drehte sich auf die Seite, stützte seinen Kopf auf dem angewinkelten Arm ab und sah mich nachdenklich an. Mir fiel auf, dass seine Augen jetzt ganz eindeutig grün waren. »Du wirkst ziemlich angespannt. Was ist denn los?«

Ich löschte das Licht, damit er nicht mehr an meinem Gesicht ablesen konnte, wie unangenehm mir diese Situation war. Das hatte allerdings keinen besonders großen Effekt, da die Nachttischlampe auf Jens' Seite noch brannte. »Ich finde es einfach absurd, dass ausgerechnet wir beide in einem Bett schlafen müssen!«, beschwerte ich mich. »Wenn das hier ein

Hollywood-Film wäre, würde ich dir sagen, dass du auf dem Fußboden pennen sollst. Aber das fand ich schon immer albern.«

»Ich würd's auch sowieso nicht machen. Warum ist es denn absurd, dass wir beide in einem Bett schlafen müssen?«

»Na, weil ausgerechnet die beiden Menschen aus unserer Gruppe, zwischen denen sexuell etwas laufen könnte, in einem Bett schlafen müssen.«

Jens brach in lautes Gelächter aus. »Ach ja? Muss ich etwa Angst haben, dass du heute Nacht über mich herfällst?«

»Pff! Träum weiter.«

»Na, dann ist doch alles gut. Du bist vor mir auch in absoluter Sicherheit. Ich weiß nicht mal, wie du auf die Idee kommst, zwischen uns beiden könnte sexuell eher etwas laufen als zwischen mir und Brigitte oder Merle.«

Fassungslos starrte ich ihn an. »Hallo?! Wir beide sind im gleichen Alter und nicht miteinander verwandt!«

»Ja und? Trotzdem macht es für mich keinen Unterschied, wer von euch dreien neben mir liegt.«

Ich schnappte laut nach Luft. »Ey, sag mal … du blöder …« Da lag er neben mir und sah ganz unschuldig aus. Und das, obwohl er mir soeben die fieseste Beleidigung meines Lebens reingedrückt hatte. »Penner!«

Jens runzelte die Stirn. »Wieso regst du dich denn so auf?«

»Weil es eine Frechheit ist! Ich bin ja wohl durchaus attraktiv. Oder etwa nicht?«

»Doch, schon irgendwie.«

»Und ich bin nett.«

»Ja, auf deine ganz eigene Art.«

»Und gut im Bett bin ich auch!«

»Äh … Okay, wenn du das sagst.«

»Na also. Ich bin im gleichen Alter wie du, nicht mit dir

verwandt, attraktiv, nett und wirklich verdammt gut im Bett! Mal angenommen, jemand würde mich dir nackt auf den Bauch binden, willst du ernsthaft behaupten, dass bei dir dann *nichts* passieren würde?« War ich jetzt völlig übergeschnappt? Ich verstand nicht mal, wieso ich mich überhaupt so aufregte.

Jetzt sah Jens eindeutig verwirrt aus. »Ich frage mich zwar, wer so etwas tun sollte, und vor allem, warum, aber ... nein. Dann würde nichts passieren.«

»Und wieso nicht?«, blaffte ich ihn an und wünschte mir im gleichen Moment, ich würde endlich meine blöde Klappe halten.

»Na, weil ich einfach nicht auf dich stehe. Du bist nicht mein Typ. Und wenn ich auf jede Frau scharf wäre, die hübsch, nett und ihrer Meinung nach gut im Bett ist, hätte ich doch wohl ein ernsthaftes Problem.«

Eigentlich war das eine sehr plausible und nachvollziehbare Erklärung: Er stand nicht auf mich. Das war mir eh klar gewesen, und es beruhte ja auch auf Gegenseitigkeit, aber trotzdem konnte ich nicht leugnen, dass es mich wurmte. Und zwar extrem!

»Allerdings ...«, sagte Jens zögernd. »Okay, ich habe mich vielleicht falsch ausgedrückt, was das mit Merle und Brigitte angeht. Merle lass ich da jetzt mal raus, das wird mir nämlich echt zu schräg, aber mal angenommen, jemand würde mich zwingen, entweder mit dir oder mit Brigitte zu schlafen, dann würde ich mich wahrscheinlich eher für dich entscheiden.«

Wahrscheinlich eher?! Dieser Typ war echt unglaublich! »Tja, wenn *mich* jemand zwingen würde, entweder mit *dir* oder mit Brigitte zu schlafen, würde ich mich wahrscheinlich eher für Brigitte entscheiden. Also dann, gute Nacht.« Ich warf ihm noch einen wütenden Blick zu, dann drehte ich mich um – bedachte dabei jedoch nicht, dass ich bereits auf der alleräußersten

Kante lag. Äußerst unelegant purzelte ich aus dem Bett, wobei mein Schädel mit Karacho gegen den Nachttisch rumste, und landete hart auf dem Boden. »Aua, verdammt!«

Jens' Gesicht tauchte über mir auf. »Alles okay?«, fragte er besorgt.

Ich rieb mir den schmerzenden Kopf und setzte mich auf. »Ja, alles super, vielen Dank.«

Um seine Mundwinkel fing es an zu zucken. »Also, nach der Aktion würde ich vielleicht doch eher Brigitte ...«

Mit einem Mal wurde mir bewusst, wie albern ich mich in den vergangenen Minuten benommen und was für einen formvollendeten Stunt ich gerade hingelegt hatte. Ich fing an zu kichern, bis ich mich nicht mehr zurückhalten konnte und laut losprustete. Jens war offenbar erleichtert, dass Lachen jetzt erlaubt war, denn er stimmte sofort ein. Jedes Mal, wenn wir uns beruhigt hatten, fing einer von uns beiden wieder an und riss den anderen mit sich. Nach einer halben Ewigkeit gelang es uns schließlich, uns einigermaßen zu fangen. Jens hielt mir seine Hand hin, um mir aufzuhelfen und mich zurück ins Bett zu ziehen. Dieses Mal legte ich mich in die Mitte meiner Bettseite, damit mir so etwas Bescheuertes auch ja nicht noch mal passieren konnte.

»Liegst du jetzt sicher? Kann ich mir in Ruhe die Zähne putzen oder muss ich auf dich aufpassen?«

»Nein, geh nur.«

Als er aus dem Bad zurückkam, löschte er das Licht seiner Nachttischlampe und riss das Fenster weit auf. Inzwischen war es draußen abgekühlt, und ich atmete tief die salzige Luft ein, die mir über das Gesicht und mein Bein strich, das ich über die Bettdecke gelegt hatte. Der Mond schien herein und erhellte Jens' Gesicht.

»Isa?«, fragte er in die Stille hinein.

»Hm?«

»Würdest du dich echt für Brigitte entscheiden?«

War ja klar, dass er mir mein sonderbares Verhalten noch mal unter die Nase reiben musste. Wahrscheinlich würde er mich für den Rest meines Lebens damit aufziehen. »Psst. Ich schlafe schon fast.«

»Ich möchte ja nur zu bedenken geben, dass ich auch verdammt attraktiv, supernett und wirklich extrem gut im Bett bin.«

Ich schlug ihm sanft gegen die Schulter. »Jetzt hör auf damit!«

Er lachte leise. »Gute Nacht. Schlaf gut.«

»Du auch.« Ich schloss meine Augen, und obwohl ich gedacht hätte, dass es mir schwerfallen würde, neben Jens einzuschlafen, spürte ich die Müdigkeit heranrollen. Wie jeden Abend versuchte ich vor dem Einschlafen an die Glücksmomente des Tages zu denken. Ich sah den Strand vor mir, den Himmel und das Meer. Merle, die neben mir in den Wellen stand und mich anlachte, Brigitte, die so entspannt gewirkt hatte wie schon lange nicht mehr, und Jens, der meine Hände berührte und mir geduldig erklärte, wie man Zwiebeln schnitt, und schließlich, wie er über den Bettrand auf mich heruntersehaute und lachte.

Als ich am nächsten Morgen aufwachte, war Jens' Bettseite leer. Ich drehte mich um und versuchte weiterzuschlafen, aber es war brütend warm, und die Sonne schien mir durch einen Spalt in den Vorhängen ins Gesicht. Und dann fiel mir ein, dass heute unser einziger ganzer Tag hier war. Den wollte ich nun wirklich nicht verpennen! Also stand ich auf und schaute, was die anderen machten. Schon im Flur duftete es nach Kaffee, und ich folgte meiner Nase in die Küche, wo Merle am Herd stand. »Guten Morgen, Isa! Hast du gut geschlafen? Ich hoffe, Jens hat nicht zu doll geschnarcht.«

»Falls ja, habe ich nichts davon mitgekriegt. Wo ist er denn? Und Brigitte?«

»Er duscht, Brigitte holt Brötchen.«

»Ich deck schon mal den Tisch«, sagte ich, holte Geschirr, Tassen und Besteck aus den Schränken und brachte alles raus in den Garten.

Eine halbe Stunde später saßen wir beim Frühstück. Es war schon jetzt heiß, aber dank des Nordseewinds trotzdem nicht unangenehm. Der Himmel strahlte in einem kräftigen Blau, und über uns kreischten ein paar Möwen. »Heute ist das perfekte Strandwetter«, sagte ich zufrieden und genoss einen Schluck Kaffee, den Merle in einer dieser italienischen Espressokannen auf dem Herd aufgebrüht hatte. Noch nie hatte ich so guten Kaffee getrunken.

Merle nahm einen riesigen Bissen von ihrem Brötchen. »Also, Brigitte und ich wollen heute in die Sauna«, verkündete sie mit vollem Mund. »Kommt ihr mit?«

Fast wäre mir die Tasse aus der Hand gefallen. »In die Sauna?!«

»Seid ihr verrückt?!«, fragte Jens zeitgleich. Wir tauschten einen kurzen Blick, dann redete er weiter. »Heute werden es dreiunddreißig Grad, und ihr wollt in die Sauna? Das kann doch nicht euer Ernst sein.«

»Doch«, sagte Merle. »Dann kommt es einem draußen gleich viel weniger heiß vor. Außerdem kann man sich da massieren lassen, und bei dem Wetter hat man alles ganz für sich alleine.«

»Aber ich dachte, wir sind hier, um ans Meer zu gehen«, protestierte ich. »Saunas gibt es in Hamburg auch.«

»Aber keine, die so schön ist.«

»Außerdem bade ich sowieso nicht so gerne im Meer«, behauptete Brigitte. »Dieser Sand überall.«

»Und, kommt ihr mit?«, fragte Merle erneut.

»Mit Sicherheit nicht« und »Auf keinen Fall«, riefen Jens und ich, wieder beide gleichzeitig.

Merle lächelte so verschlagen, dass ein Verdacht in mir aufkam. Ein geradezu ungeheuerlicher Verdacht! »Gut. Ihr beide geht an den Strand, Brigitte, wir gehen in die Sauna«, sagte sie und bestätigte damit meine Vermutung. »Und heute Abend treffen wir uns wieder hier. Wir haben alles für ein Picknick besorgt.«

»Dein Befehlston fängt echt an, mir auf die Nerven zu gehen«, sagte Jens.

»Aber das ist doch für alle die beste Lösung. Jeder kriegt, was er will«, entgegnete Merle unschuldig.

Da *musste* etwas faul sein.

»Ich kann einfach nicht fassen, dass sie in die Sauna gehen«, meckerte Jens, als er und ich bewaffnet mit Badetaschen und einem Sonnenschirm, den ich im Gartenschuppen entdeckt hatte, den langen Holzsteg zum Strand runtergingen. »Sie geht nie in die Sauna. Das macht sie bestimmt Brigitte zuliebe.«

»Hm«, machte ich nachdenklich. »Es könnte aber auch sein, dass ... Ist dir nicht auch aufgefallen, dass sie in letzter Zeit großes Interesse daran zu haben scheint, dass wir beide alleine sind?«

»Nein, eigentlich nicht.«

»Dann denk mal drüber nach. Sie ist einfach verschwunden, als ich neulich bei euch zum Essen war, gestern hat sie uns zum gemeinsamen Kochen abkommandiert, sie hat dafür gesorgt, dass wir in einem Zimmer schlafen, und heute gehen wir alleine an den Strand, weil sie angeblich in die Sauna will. Das sind ein paar Zufälle zu viel, oder?«

Jens ging für ein paar Sekunden schweigend neben mir her. »Du denkst, sie will uns verkuppeln?«

»Ich kann es ja selbst kaum glauben, aber es scheint fast so. Vor ein paar Wochen hat sie übrigens noch zu mir gesagt, dass sie dir eine Freundin suchen will, weil sie glaubt, dass du dann netter wirst. Allerdings hätte ich nicht im Traum daran gedacht, dass sie mich damit meinen könnte.«

»Sie glaubt, ich werde netter, wenn ich mit *dir* zusammen bin?« Er brach in Gelächter aus. »Du würdest mich in den Wahnsinn treiben, und ich würde innerhalb kürzester Zeit zum Monster mutieren!«

Na toll. Ich hielt es zwar ebenfalls für eine Schnapsidee, dass aus uns beiden was werden könnte, aber dass er sich jetzt halb kaputt darüber lachte, fand ich nun doch ein wenig übertrieben. Inzwischen waren wir an der Bude des Strandkorbvermieters angekommen. »Wollen wir uns einen Strandkorb mieten?«, fragte ich Jens.

»Du hast doch einen Sonnenschirm dabei.«

»Ja, damit ich die Wahl habe. Ich weiß doch jetzt noch nicht, ob ich lieber im Strandkorb oder im Sand liegen will.«

»Apropos in den Wahnsinn treiben«, seufzte er, stellte sich aber mit mir in die Schlange.

»Wie sollen wir denn jetzt darauf reagieren?«, nahm ich unser Thema wieder auf, als wir ein paar Minuten später auf der Suche nach unserem Strandkorb waren. »Sollen wir mit Merle darüber reden?«

»Wozu? Sie redet doch mit uns auch nicht darüber«, sagte Jens und blieb stehen. »Nummer 3410. Das ist er.«

Erschöpft von dem langen Marsch über den Strand ließ

ich mich auf den blau-weiß gestreiften Sitz fallen, sprang jedoch sofort wieder auf. »Aua!« Der Plastikbezug war von der Sonne knallheiß, und es fühlte sich an, als wären meine Oberschenkel angekokelt. In dem irrsinnigen Versuch, mir auf meine eigene Rückseite zu gucken, drehte ich mich um mich selbst wie ein Hund, der seinen eigenen Schwanz jagte. »Jens!«, rief ich verzweifelt. »Siehst du was? Sind da Brandblasen?«

»Dass du immer gleich so übertreiben musst. Zeig mal her.« Er stellte sich hinter mich und beugte sich runter, sodass er einen besseren Blick auf meine Oberschenkel hatte. »Nein, keine Brandblasen. Das ist zum Glück gerade noch mal gutgegangen.«

Ich kramte mein Handtuch aus der Tasche, legte es in den Strandkorb und setzte mich vorsichtig hin.

»Mir fällt gerade auf, dass ich noch nie deine Oberschenkel gesehen habe«, stellte Jens fest. »Und deinen Hintern auch noch nie so richtig.«

»Wie bitte?«

»Na, weil du immer Kleider und Röcke trägst.«

»Aha. Ja, dann ... weißt du ja jetzt Bescheid.« Wenigstens war ich hier nicht die Einzige, die von Zeit zu Zeit mal wirres Zeug redete. »Aber was ist denn nun mit Merle? Ich meine, sollen wir mit ihr reden, damit sie sich keine falschen Hoffnungen macht?«

»Sie verrennt sich andauernd in absurde Vorstellungen«, sagte Jens und zog sich sein T-Shirt aus.

Hui, das stand ihm aber! Hastig sah ich weg, und um etwas zu tun zu haben, streifte ich mir mein Top und meine Hotpants ab und setzte mich, jetzt nur noch im Bikini, wieder in den Strandkorb.

Jens gesellte sich zu mir. »Also nein. Ich finde nicht, dass wir mit ihr darüber reden müssen. Allmählich sollte sie alt genug sein, damit klarzukommen, wenn etwas anders läuft als erhofft.«

Puh, war das heiß hier! Die Mittagssonne brannte auf uns herab, und im windgeschützten Strandkorb brachte die Meeresluft keine Abkühlung. Und dann saß Jens auch noch direkt neben mir und … atmete mir die Luft weg. »Ich halt das nicht aus«, stöhnte ich und setzte mich aufrecht hin. »Hier drin ist es so heiß, ich komm mir vor wie eine Ameise unter der Lupe.«

»Schwimmen soll da helfen«, sagte Jens.

»Kommst du mit?«

»Ja. Es ist echt unfassbar heiß.«

Wir rannten zum Wasser und stürzten ohne zu zögern kopfüber in die Wellen. Beinahe eine halbe Stunde lang planschten wir herum, schwammen oder ließen uns einfach treiben. Irgendwann gingen wir zurück zu unserem Strandkorb, doch statt mich wieder in diesen Brutkasten zu setzen, legte ich mich auf mein Handtuch unter den Sonnenschirm. Der Wind strich angenehm kühlend über meinen noch immer nassen Bauch. Gott sei Dank war die akute Hitzeattacke vorbei.

Wir verbrachten einen wunderbar faulen Tag am Strand, lagen in der Sonne, redeten, hielten ein Nickerchen oder gingen schwimmen. Immer wieder ertappte ich mich dabei, dass ich mir wünschte, die Zeit würde langsamer vergehen. Oder besser noch, einfach anhalten, damit ich für immer hier bleiben konnte, an diesem von fröhlichen Feriengästen überfüllten, heißen, wunderschönen Strand. Doch gegen sechs Uhr fing mein Magen laut und vernehmlich an zu knurren.

»Wow«, sagte Jens grinsend. »Das war deutlich. Na los, lass uns gehen. Merle und Brigitte warten bestimmt schon auf uns.«

Als wir in der Wohnung ankamen, waren die beiden schon

damit beschäftigt, das Picknick vorzubereiten. »Und, wie war's am Strand?«, erkundigte Merle sich.

»Heiß«, sagte ich, nahm eine Flasche Wasser aus dem Kühlschrank und trank gierig davon. »Und sehr schön. Ihr habt echt was verpasst.«

Brigitte formte akkurate Hackbällchen. »In der Sauna war es auch sehr angenehm. Und die Massage einfach herrlich!«

Ich hielt Jens das Wasser hin, damit er ebenfalls etwas trinken konnte. »Kann ich euch irgendwie helfen?«

»Nein, lass mal«, meinte Merle. »Geht ihr beide ruhig duschen, und wenn ihr fertig seid, können wir los.«

Das ließ ich mir nicht zweimal sagen. Ich sprang unter die Dusche, wusch mir ausgiebig die Haare und war froh, das Salzwasser und den Sand abspülen zu können. Obwohl ich den Duft liebte, den Sonne und Salz auf der Haut verursachten, fühlte ich mich inzwischen klebrig, und es kam mir vor, als hätte ich Schmirgelpapier in der Hose. Ich wollte mich gerade anziehen, als ich feststellte, dass ich gar keine Klamotten mit ins Bad genommen hatte. Mit gerümpfter Nase starrte ich auf mein Strandoutfit, aber ich konnte mich einfach nicht dazu überwinden, es wieder anzuziehen. Außerdem war ich heute sowieso schon den ganzen Tag lang im Bikini vor Jens herumgeturnt, ohne dass er von seinem Verlangen nach mir übermannt worden wäre. Welches Verlangen auch? Er stand ja gar nicht auf mich. Also würde es ihm völlig egal sein, wenn ich mit einem um mich geschlungenen Handtuch meine Klamotten aus dem Schlafzimmer holte. Ganz abgesehen davon kontrollierte er aller Wahrscheinlichkeit nach sowieso gerade Merle und Brigitte in der Küche und würde es gar nicht mitkriegen. Und schließlich und endlich: Wieso zerbrach ich mir überhaupt den Kopf darüber? Ich schlang mein Badetuch um mich und ging ins Schlafzimmer.

Jens war entgegen seiner sonstigen Gewohnheiten nicht in der Küche, um den anderen beim Kochen reinzureden, sondern er lag auf dem Bett, hatte wie gestern die Arme hinterm Kopf verschränkt und starrte Löcher in die Decke. Bei meinem Anblick lief ihm nicht das Wasser aus dem Mund, er stürzte sich auch nicht auf mich oder rief laut: »Oh mein Gott, bist du sexy!«. Er zeigte gar keine nennenswerte Reaktion, sondern sah mich nur ganz ruhig und neutral an und fragte: »Ist das Bad frei?«

»Ja. Ich hab allerdings meine Klamotten vergessen und muss mich noch umziehen.«

Jens setzte sich auf. »Das kannst du doch auch hier machen.«

Ich griff an mein Handtuch, als wollte ich verhindern, dass er es mir vom Leib riss. »Vor dir, oder was?«

Er starrte mich für drei Sekunden verblüfft an, dann fing er an zu lachen. »Das ist zwar eine sehr schöne Idee, aber eigentlich bin ich davon ausgegangen, dass du dich hier umziehst, während ich dusche.«

Auf einmal kam ich mir blöd vor. Wie eine verklemmte Klosterschülerin. Ich nahm den Koffer, in dem ich unter anderem meine Klamotten für abends verstaut hatte, legte ihn aufs Bett und suchte nach dem passenden Outfit.

Nach einer Weile wurde mir bewusst, dass Jens mich neugierig beobachtete. »Was ist?«

»Nichts, ich wundere mich nur, was du alles mitgenommen hast. Wozu ist denn der schicke Fummel da?«

Ich warf einen Blick auf das rote Chiffonkleid. »Ich wusste ja nicht, ob wir eventuell schick ausgehen würden.«

»Klar«, meinte Jens. »Logisch. Und was ist das? Eine Reiseapotheke?« Er zeigte auf die weiße Tasche mit dem roten Kreuz drauf.

Ich nickte.

»Darf ich mal gucken?«

»Von mir aus.«

Jens zog den Reißverschluss der Tasche auf und betrachtete mein Medikamentenarsenal. »Du bist echt auf jede Eventualität vorbereitet. Es fehlen nur noch Tabletten zur Malaria-Prophylaxe.«

Ich nahm ihm die Tasche aus der Hand und legte sie zurück in den Koffer. »Wenn das hier eine Malaria-Gegend wäre, hätte ich welche dabei.«

Jens musterte mich nachdenklich. »Du musstest dich schon früh um vieles kümmern, oder? Ich meine, du hast doch mal erzählt, dass du den Haushalt geschmissen hast, wenn deine Mutter gearbeitet hat.«

»Meine Mutter und ich waren halt ein Team!«, sagte ich eine Spur heftiger als beabsichtigt. »Als Altenpflegerin hatte sie Schichtdienst, da war es doch nur fair, dass ich ihr ein bisschen geholfen habe.«

»Hey, das war kein Angriff, es ist also nicht nötig, dass du dich verteidigst. Mir kam nur gerade der Gedanke, dass dein Planungswahn und deine Sucht nach festen Strukturen möglicherweise damit zusammenhängen könnten.«

Seit wann war er denn so ein Hobbypsychologe? Ich fühlte mich völlig überrumpelt von dieser ungewohnten Einfühlsamkeit. »Ich weiß nicht, aber ... anfangs lief damals alles etwas chaotisch, und ich habe gemerkt, dass es einfacher war, wenn ich die Dinge genau plante. Was wann erledigt werden muss, was ich wann einkaufen muss, all so was.« Ich erinnerte mich noch gut daran, wie ich die helle Wäsche verfärbt oder beim Pfannkuchenbacken beinahe die Küche in Brand gesteckt hatte. Wie uns ständig Lebensmittel fehlten, weil ich nicht genug eingekauft hatte. Obwohl meine Mutter immer beteuert hatte, dass das überhaupt nicht schlimm sei, hatte ich mich wahnsinnig über mich selbst geärgert und unbedingt alles richtig machen wollen. »Man muss halt vorausschauen«, sagte ich schließlich und zog die gesuchte weiße Unterwäsche aus meinem Koffer. »Sonst bricht das Chaos aus. Wenn *du* zum Beispiel vorher nachgedacht und dich nicht einfach mit deinen Strandklamotten aufs Bett gelegt hättest, wäre es jetzt nicht versandet. Ich nehme nämlich stark an, dass es das ist.«

Jens winkte ab. »Ach, das bisschen Sand macht mir nichts aus.« Er stand auf und wühlte in seiner Tasche herum. »Dann geh ich mal duschen. Bis später.«

Ich schlüpfte in eine dreiviertellange luftige Hose und ein Top und ging in die Küche, um nachzusehen, wie weit Merle und Brigitte mit den Vorbereitungen für das Picknick waren.

Schwer beladen kamen wir eine Stunde später am Strand an. Wir platzierten unsere Decken möglichst nah am Wasser, und Merle und Brigitte breiteten Unmengen an Köstlichkeiten darauf aus: Es gab scharf gewürzte Hackbällchen, mariniertes Gemüse, Salat, Hähnchenflügel, knuspriges Baguette, Dips, Käse, Obst und Blaubeermuffins.

»Probier mal das Gemüse, Jens«, forderte Merle ihn auf. »Ist wieder zu wenig Salz und zu viel Rosmarin dran?«

Mit den Fingern griff er in die Schüssel und zog eine Kartoffelspalte und ein paar Zucchinischeiben hervor. »Nein. Perfekt abgeschmeckt.«

Merle nickte zufrieden, und erst jetzt fing sie an, sich ebenfalls einen Teller mit Essen zu beladen.

Wir aßen fast zwei Stunden lang und beobachteten dabei, wie die Sonne über dem Meer unterging und das Wasser und die Schäfchenwolken am Himmel in die spektakulärsten Orange- und Rottöne tauchte. Brigitte war im Laufe des Abends immer stiller geworden, bis sie schließlich aufstand und sagte: »Ich geh mal ein Weilchen spazieren.« Sie zog ihre Schuhe aus und schlenderte barfuß den Strand hinab.

Ich starrte wie hypnotisiert aufs Meer, lauschte den Wellen und dem Wind, der sanft mit meinen Haaren spielte. Merle und ich saßen Rücken an Rücken, um uns gegenseitig zu stützen, Jens hatte seine Füße tief in den Sand gebohrt und futterte genüsslich einen Muffin. Und plötzlich überkam mich eine seltsame Wehmut, denn ich hatte das Gefühl, dass mein Leben nie wieder so schön, unbeschwert und glücklich sein würde wie in diesem Moment.

»Willst du noch einen Muffin, Isa?«, fragte Jens und hielt mir einladend die Schüssel hin.

Ich legte einen Finger an meine Lippen. »Pssst. Gleich berührt die Sonne das Meer, und ich will wissen, ob man es zischen hört.«

Lächelnd schüttelte er den Kopf. »Du kommst echt von einem anderen Planeten, oder?« Doch dann schwieg er tatsächlich und starrte zusammen mit Merle und mir gebannt auf den Horizont.

»Jetzt!«, rief Merle, als der große, orangefarbene Ball mit der Wasseroberfläche verschwamm. »Es hat gezischt, habt ihr das gehört?«

»Also ich nicht«, sagte Jens.

Sanft stieß ich mit meinem Fuß gegen seinen Oberschenkel. »Ich hab es gehört.«

»Du bist ja auch komplett irre.« Er umfasste blitzschnell meinen Knöchel und kitzelte mich am Fuß.

Ich gackerte los und strampelte mit meinem Bein, in dem hoffnungslosen Versuch, mich zu befreien. Woanders machte es mir nichts aus, gekitzelt zu werden, aber mit der Fußsohle hatte Jens die einzige Schwachstelle meines Körpers erwischt.

»Oh, bist du etwa kitzelig?«, fragte er fies grinsend. Nun schnappte er sich meinen anderen Fuß. »Da auch?«

Verzweifelt japste ich nach Luft und konnte vor lauter Lachen kaum sprechen. »Nicht ... nicht!«

»Ich rette dich, Isa!«, rief Merle und sprang auf.

Dadurch löste meine Stütze sich völlig unvorhergesehen in Luft auf, ich kippte hintenüber, fing noch heftiger an zu gackern und zappelte wie ein Marienkäfer auf dem Rücken herum.

Merle stürzte sich auf ihren Bruder, woraufhin er von mir abließ und die beiden miteinander rauften wie zwei kleine Kinder.

Irgendwann lagen wir alle drei schwer atmend auf der Decke und kamen langsam wieder zur Ruhe. Am Himmel schwebten sachte die Wolken über uns hinweg, die inzwischen violett gefärbt waren. Der letzte Rest der Sonne tauchte im Meer unter, und es schien auf eine seltsame Art stiller geworden zu sein.

›Das war es, Isa‹, dachte ich wehmütig. ›Halt diesen Moment gut fest, damit du ihn nicht vergisst. Denn so perfekt wie jetzt wird es nie wieder sein.‹

Brigitte kehrte erst zurück, als es schon fast dunkel war.

»Wie war es?«, fragte ich und sah sie prüfend an. Offenbar hatte sie geweint, denn ihr Gesicht war geschwollen, doch es ging eine entschlossene Ruhe von ihr aus.

»Gut«, sagte sie und ließ sich neben Merle nieder. »Das hat wirklich sehr gutgetan.«

Wir blieben bis in die Nacht hinein am Strand, redeten, aßen und lachten. Über uns funkelten Millionen von Sternen, genau so, wie ich es mir in Hamburg immer wünschte.

Nur runterfallen wollte keiner. Heute Nacht schienen sich die Sterne so wohl dort oben zu fühlen, dass sie unbedingt dableiben wollten. Genau so ging es mir hier unten.

Um drei Uhr lag ich im Bett und versuchte, die für mich perfekte Schlafposition zu finden. Jens löschte das Licht und öffnete das Fenster. Dann legte er sich auf seine Bettseite und wälzte sich unruhig hin und her. Seine Nähe war mir überdeutlich bewusst. Ich hörte seinen Atem, nahm den schwachen Duft seines Aftershaves wahr. Und mit einem Mal fiel es mir schwer, meine Hand nicht auszustrecken, um ihn zu berühren. Er lag maximal einen halben Meter von mir entfernt, und wir hatten beide ziemlich wenig an. Wir waren zwei gesunde junge Menschen, wir waren im Urlaub, warum also sollten wir nicht, nur ein einziges Mal, zum Spaß ... Wie hieß es doch gleich: ›What happens in Vegas stays in Vegas.‹ Und Vegas konnte man ganz einfach durch Sankt Peter-Ording ersetzen. Ach, verdammt! Zum tausendsten Mal an diesem Wochenende konnte ich nur über mich selbst den Kopf schütteln. Hier, in diesem Bett, zwischen Jens und mir, würde nichts passieren. Und das galt nicht nur für Sankt Peter-Ording, sondern überall auf der Welt! Jens und ich waren Freunde. Und nur, weil ich zu viel Hitze abbekommen und schon eindeutig zu lange keinen Sex mehr gehabt hatte, würde ich diese Freundschaft nicht kaputt machen, indem ich anfing, ihn zu belästigen! Denn genau so würde er es empfinden, wenn ich mich an ihn ranschmiss. Genervt stöhnte ich auf und drehte mich auf die Seite.

»Was ist los?«, erklang Jens' Stimme aus der Dunkelheit.

»Ach, nichts. Ich finde nur nicht die richtige Schlafposition.«

»Geht mir genauso.« Jens drehte sich ebenfalls auf die Seite und robbte ein ganzes Stück näher an mich heran.

Mein Herz setzte einen Schlag aus und fing dann an zu rasen. Zwischen uns waren keine zehn Zentimeter Platz mehr. »Wieso rückst du mir so auf die Pelle?«, fragte ich mit angehaltenem Atem.

»Ich suche die richtige Schlafposition.«

»In meinem Bett?«

»Ja, meins ist total versandet.«

Ohne es zu wollen, musste ich kichern. »Genau wie Ernie mit seinen Keksen! Ich habe dir doch gesagt, dass es ein Fehler ist, dich mit deinen Strandklamotten ins Bett zu legen. Das hast du jetzt davon.«

»Mhm«, machte er schläfrig. »Aber so geht's, Bert.« Und kaum hatte er es gesagt, schnarchte er auch schon leise in mein Ohr.

Na toll. Wir waren Ernie und Bert. Da hatte ich es mal wieder. Während ich in seiner Nähe auf dumme Gedanken gekommen war, suchte er meine, um *schlafen* zu können. So konnte es jedenfalls nicht weitergehen. Sobald Alex aus dem Urlaub zurück war, würde ich ihn schleunigst davon überzeugen, dass wir füreinander geschaffen waren. Und dann, aber hallo! Er würde jedenfalls nicht friedlich an meiner Seite schlafen, als wären wir Geschwister. Das konnte er sich mal gleich abschminken!

Am nächsten Morgen gingen wir nach dem Frühstück alle zusammen an den Strand. Brigitte und Merle machten es sich im Strandkorb bequem, während Jens und ich auf einer Decke im Sand lagen. Ich versuchte, alles in mich einzusaugen. Das tiefblaue Meer, auf dem Schaumkronen tanzten, den weiten

Strand und die Strandkörbe, die Dünen, die Pfahlbauten, die fröhlichen Touristen und vor allem die drei Menschen, die mit mir hier waren. Merle und Brigitte, die im Strandkorb lasen, und Jens, der neben mir döste. Mit meinem Handy machte ich das fünfmillionste Bild vom Strand und das achtmillionste von Brigitte, Merle und Jens. Damit ich es nicht vergaß, dieses perfekte Wochenende. Es war wie ein wunderschöner Traum, in dem es nur den Strand, das Meer und so viele Glücksmomente gab, dass ich sie später wahrscheinlich gar nicht alle aufschreiben konnte.

Sommerflaute

Der Sommer und die Ferien hatten Hamburg fest im Griff. Alle Welt war scheinbar ausgeflogen. Merle reiste nach Frankreich, Knut war in England, Kathi und Dennis in der Türkei, Bogdan und Kristin in Kroatien, meine Mutter fuhr mit einer Kollegin nach Holland, selbst von Michael Schulz bekam ich auf eine erneute Beschwerde-E-Mail eine automatische Abwesenheitsnotiz, die mich darüber in Kenntnis setzte, dass er erst in drei Wochen wieder im Büro sein würde.

Der Kundenansturm, den wir nach der Neueröffnung des Ladens erlebt hatten, flaute merklich ab. Der Sommer war immer schon eine schwierige Zeit fürs Geschäft gewesen, aber da es bei uns sowieso schon finster aussah, machte mir die fehlende Kundschaft wirklich Sorgen. Immerhin kam dafür meine Trauer- und Hochzeitsfloristik-Offensive in Schwung. Ich hatte zwei neue Kontakte zu Bestattern hergestellt und einen ehemaligen Kunden zurückgewonnen, und über diese drei kamen regelmäßig Aufträge herein.

Außerdem hatte Kerstin Lennart mir Aufträge für ein paar Hochzeiten vermittelt. Zwar würde es noch bis Oktober dauern, bis die erste davon stattfand, aber ich war froh, dass der Anfang gemacht war. Björn sollte mit seinem Catering-Service im September eine große Geburtstagsfeier sowie zwei kleinere Partys ausrichten, für die ich die Deko-Aufträge erhielt. Zum Dank stellte ich den Kontakt zwischen Björn und Kerstin her, und nachdem wir drei uns bei ihm zum Essen getroffen hatten, vereinbarten wir, künftig regelmäßig zusammenarbeiten.

In dieser Hinsicht war die Entwicklung im Laden also durchaus erfreulich. Trotzdem fehlten uns Laufkundschaft sowie verlässliche wöchentliche Einnahmequellen, doch Brigitte hatte bei den Büros und Arztpraxen in der Gegend keinen Erfolg. Stattdessen hatten wir einen Stammkunden verloren: und zwar Herrn Dr. Hunkemöller, der sich seit dem verunglückten Date nicht mehr bei uns blicken ließ. Seit unserem Wochenende in Sankt Peter-Ording war Brigitte still geworden und schien ganz in ihre eigenen Gedanken versunken zu sein. Gedanken, an denen sie mich nicht teilhaben ließ.

Es war nun offiziell: Dieser Sommer war der heißeste, den Hamburg je erlebt hatte. Die ganze Stadt war in ein Sommerloch versunken, und wer nicht im Urlaub war, verbrachte seine Freizeit im Freien. Elbstrand, Alster und Stadtpark quollen förmlich über vor Menschen, während die Straßen gähnend leer waren. Auch Jens bekam das zu spüren, wie er mir erzählte, als wir an einem freien Dienstagnachmittag gemeinsam am Stadtparksee lagen. »Scheiß Sommerloch«, motzte er. »Niemand will bei dem Wetter drinnen sitzen, und mein Außenbereich ist einfach zu klein.«

»Hast du Schwierigkeiten?«, fragte ich besorgt. »Ich meine, finanziell.«

»Nein, es ist ja absehbar. Irgendwann wird es ganz gewaltig knallen, dann haben wir wieder die üblichen 15 Grad und Nieselregen, und ich bin wieder im Geschäft.«

Ich musterte ihn prüfend.

»Jetzt mach dir mal keinen Kopf, Isa, ich werde den Laden nicht schließen. Keine Angst, du wirst nicht auf deinen Mittagstisch verzichten müssen.«

Es ging mir ja gar nicht nur um den Mittagstisch. Sondern auch um ihn. Wenn er das Restaurant schließen musste, würden wir uns kaum noch sehen. Und der Gedanke behagte mir überhaupt nicht, denn ich hatte mich nun mal an Jens gewöhnt. Ich verbrachte meine Mittagspausen in seinem Laden. Wenn ich abends nicht einschlafen konnte (und bei der Hitze war das oft der Fall), ging ich bei ihm im Restaurant vorbei oder wir saßen auf seinem Balkon und redeten. Wenn Jens seinen Laden geschlossen hatte, unternahmen wir manchmal etwas mit Lukas, Anne und Kim. Dann gingen wir an die Alster oder besuchten das Restaurant von Annes Mann, das einen wunderschönen Außenbereich direkt am Goldbekkanal hatte. Dort saßen wir mit Dirk und seiner Küchencrew bis tief in die Nacht zusammen. Ja, ich hatte mich an Jens gewöhnt, er war ein fester Bestandteil meines Lebens geworden, und ich mochte mir gar nicht vorstellen, dass er irgendwann nicht mehr da sein könnte. Zum Glück hatten meine seltsamen sexuellen Anwandlungen ihm gegenüber sich total gelegt. Es war wohl tatsächlich so, wie ich vermutet hatte: ›Was in Sankt Peter passiert, bleibt in Sankt Peter.‹

Nach einer halben Ewigkeit sagte ich: »Immerhin ist die Flaute gut für deinen neuen Azubi. So hast du mehr Zeit für ihn. Und Lukas, Kim und Anne können Überstunden abbummeln.«

Jens seufzte und drehte sich auf die Seite. »Ja, auch wieder wahr. Aber im nächsten Sommer schließ ich den Laden für zwei Wochen. Oder eine. Ein verlängertes Wochenende. Betriebsferien, zack, aus.«

Träge zupfte ich an ein paar Grashalmen herum. »Hast du auch das Gefühl, dass wir beide momentan die einzigen Idioten in Hamburg sind, die keinen Urlaub haben?«

»Mhm.«

»Es wäre so schön, wenn ich einfach abhauen könnte. Endlich mal in ein Flugzeug steigen und an einen exotischen Ort fliegen.«

»Und wo willst du hin?«

Ich drehte mich auf den Rücken und sah, wie hoch über mir das Laub der Eiche sich im Wind wiegte. Zwischen ein paar kleinen Löchern im Blätterdach blitzte die Sonne hervor. »Auf jeden Fall will ich fliegen. Vielleicht nach … Honolulu. Oder Sydney. Sri Lanka, Indien, Mexiko, Papua-Neuguinea, Peru.«

Jens stützte seinen Kopf auf dem Arm ab und sah mich nachdenklich an. »Warum machst du es denn nicht?«

»Na, ich kann doch nicht einfach abhauen, jetzt, wo es im Laden so schwierig ist. Außerdem spare ich mein ganzes Geld, damit ich das Geschäft eines Tages übernehmen kann. Und alleine traue ich mich auch irgendwie nicht.«

Er legte sich wieder auf den Rücken und lachte. »Feigling.«

»Ich bin kein Feigling!«, protestierte ich. »Wer weiß, vielleicht fliege ich nach London, wenn es im Laden wieder besser aussieht. Da war ich auch noch nie.« Mir kam eine Idee, und ich setzte mich so ruckartig auf, dass mir schwummerig vor Augen wurde. »Hast du Lust, Flugzeuge zu gucken?«

»Was?«, fragte er verständnislos.

»Es gibt da einen tollen Platz am Flughafen, gleich hinter dem Zaun zur Startbahn. Da bin ich manchmal mit Knut.«

Jens sah wenig begeistert aus. »Du meinst … jetzt? Aber ich lieg gerade so gemütlich.«

»Ach komm.« Ich stieß ihm ihn die Seite. »Ich kauf dir auch ein Eis. Wart's nur ab, du wirst es lieben!«

In gespielter Verzweiflung stöhnte Jens auf. »Na gut, von mir aus. Sonst gibst du ja doch keine Ruhe.«

Eine Stunde später saßen wir auf dem Rasen vor Jens' Auto und sahen das erste Flugzeug auf uns zurollen. Es wurde schneller und schneller, bis es schließlich abhob und ohrenbetäubend über uns hinwegdonnerte.

»Wahnsinn!«, schrie Jens gegen den Lärm an. »Das ist ja der Hammer!« Seine Augen strahlten begeistert, und er war so fasziniert, dass er das Eis in seiner Hand völlig vergessen hatte. Es lief über seine Finger und tropfte ihm auf die Shorts, doch das bekam er gar nicht mit. Er war viel zu beschäftigt, das Flugzeug anzustarren.

»Sag ich doch!«, schrie ich zurück. »Das war die Achtzehn-Uhr-siebzehn nach Ulan Bator! Ein A320!«

Jens riss sich vom Anblick des Flugzeugs los und sah mich überrascht an. »Hast du den Flugplan auswendig gelernt?«

»Quatsch«, sagte ich grinsend. Inzwischen war es wieder ruhiger geworden. »Knut und ich denken uns das immer aus.«

Er erwiderte mein Lächeln. »Ah, verstehe.«

Ich deutete auf seine Hand und den Fleck auf seiner Shorts. »Dein Eis.«

»Ach, verdammt.« Er leckte seine Hand ab und versuchte vergebens, den Fleck wegzureiben.

»Siehst du, Eis ist total unpraktisch.«

»Total. Aber ich ess es ja auch nicht, weil es praktisch ist, sondern lecker. Oh, da kommt schon das nächste Flugzeug.«

Während die Achtzehn-Uhr-zwanzig nach Kapstadt startete, machte ich es mir bequem, indem ich mich zurücklehnte und meinen Rücken an der Stoßstange abstützte. Nachdem Jens sein Eis aufgegessen hatte, lehnte er sich ebenfalls an. »Das ist echt ein extrem cooler Ort, Isa.« Seine Augen leuchteten immer noch wie bei einem kleinen Kind an Heiligabend. Typisch Jungs, mit Krach und großen Maschinen konnte man sie immer beeindrucken. »Sollte ich jemals wieder ein Date haben, werde ich auf jeden Fall hierherkommen.«

Mir wurde eiskalt, und mein Magen fühlte sich an, als hätte

Jens soeben reingeboxt. »Nein!«, rief ich und war selbst erstaunt über meinen heftigen Ausbruch.

»Hä? Wieso nein?«

»Weil ...« Keine Ahnung, wieso, ich wollte es einfach nicht! Musste man denn immer alles begründen, verdammt noch mal? »Das hier ist *mein* Platz. Und Knuts. Und ich hab ihn dir bestimmt nicht gezeigt, damit du hier irgendeine blöde Tussi aufreißen kannst.«

Jens musterte mich, als würde er darüber nachdenken, mich umgehend in die Klapsmühle einweisen zu lassen. »Und was, wenn ich hier keine blöde Tussi, sondern eine bezaubernde junge Frau aufreißen möchte? Wäre das okay?«

»Nein! Hier wird überhaupt niemand aufgerissen! Und schon gar niemand, der *bezaubernd* ist. Bezaubernde Menschen finde ich zum Kotzen.« In meinem Hirn ratterte es. Gab es da etwa jemanden? Wir hatten in letzter Zeit ständig zusammengehangen, das hätte ich doch wohl mitgekriegt.

»Und mal angenommen, ich möchte die große Liebe meines Lebens ausführen – dürfte ich nicht mal mit ihr hierherkommen?«

Jetzt redete er schon von der *großen Liebe*? War der nicht mehr ganz dicht in der Birne oder was? Ich setzte mich auf und musterte ihn durchdringend. »Welche große Liebe? Du glaubst doch nicht mal daran. Oder ...« Es fiel mir schwer, es auszusprechen. »Hast du dich etwa verliebt?«

Er schnaubte. »Nein. Es geht mir ums Prinzip. Ich darf also im Grunde genommen mit niemandem hierherkommen. Außer mit dir.«

›Ja. Ganz genau‹, hätte ich beinahe gesagt, verkniff es mir aber in der letzten Sekunde, weil mir das doch ein bisschen kindisch vorkam. »Und mit Knut«, sagte ich daher gnädig. »Ich will dich ja nur vor einem Fehler bewahren. Das hier ist doch kein Ort für ein romantisches Date. Hier kriegst du garantiert keine rum.«

»Ich habe keine romantischen Dates, zumindest keine, die deiner Kuschelrock-Duftkerzen-Vorstellung von Romantik entsprechen«, sagte er grimmig. »Und ob ich wen rumkriege und, wenn ja, wann und wo oder auch nicht, das lass mal meine Sorge sein.«

»Bitte? Was soll ich deine Sorge sein lassen?«

»Ob ich ...« Er brach ab und machte eine unwillige Handbewegung. »Ach, lass mich in Frieden!«

Huch! Womit hatte ich ihn denn so aus der Fassung gebracht? Er war doch sonst immer so gelassen. »Ich meinte damit ja gar nicht, dass ich denke, dass du generell keine rumkriegst«, sagte ich vorsichtig, da ich vermutete, dass er sich in seiner Männlichkeit gekränkt fühlte. »Ich traue dir durchaus zu, dass du, wenn du dir Mühe gibst ... nur eben nicht hier.«

»Wenn ich mir *Mühe* gebe? Du bist echt so dreist, das gibt's gar nicht!«, rief er empört. »Außerdem ist dir hoffentlich klar, dass ich mich von deinem seltsamen Verbot, mit einer anderen Frau als dir hierherzukommen, im Zweifelsfall nicht abschrecken lassen werde.«

»Ja. Ist mir klar«, sagte ich pampig. Ich lehnte mich wieder an die Stoßstange und sah rauf zu der Boeing 747, die gerade in Richtung Marrakesch flog. Na und, sollte er doch irgendeine dämliche Gastroschlampe hierherbringen und Gott weiß was mit ihr tun. Das war mir so was von egal.

»Was ist eigentlich mit deinem Zwegat?«, fragte Jens unvermittelt, als das Dröhnen der Triebwerke in der Ferne verhallt war.

»Was soll mit *Alex* sein? Er kommt nächste Woche aus dem Urlaub wieder, wir haben Montag einen Termin.«

»Bist du immer noch der festen Überzeugung, dass er der Mann deines Lebens ist?«

Ich zögerte für den Bruchteil einer Sekunde, dann sagte ich: »Ja, natürlich.«

»Wie kannst du dir da eigentlich so sicher sein? Du kennst diesen Typen doch gar nicht.«

»Na, weil ich es eben weiß. Ich wusste es vom ersten Moment an. Er ist perfekt.« Ich dachte an Alex, was ich in den letzten Wochen nicht so oft getan hatte – schließlich hatten wir uns wegen seines Urlaubs auch gar nicht mehr zu Gesicht bekommen. Doch jetzt sah ich ihn genau vor mir, seine blauen Augen und die Haarsträhne, die ihm vom Kopf abstand. Sein freundliches Lächeln, seine aufrichtige Art, das Gefühl, das er mir vermittelte. Dieses unschätzbare Gefühl, dass ich etwas ganz Besonderes war. »Meine Sommersprossen sind ihm aufgefallen«, sagte ich, als würde das alles erklären.

»Pff! Mir sind deine Sommersprossen auch aufgefallen.«

Überrascht sah ich Jens an. »Echt?«

»Die sind nicht zu übersehen, Isa. Während unseres allerersten Gesprächs, als du mir was von Mr Lee und vietnamesischer Nudelsuppe erzählt hast, habe ich mich insgeheim die ganze Zeit gefragt, wie eine so unangenehme Person so nette Sommersprossen haben kann.«

»Eine unangenehme Person?!«

»Und in letzter Zeit sind es noch mehr geworden«, fuhr Jens unbeirrt fort. »In Sankt Peter-Ording konnte man ihnen quasi beim Sprießen zugucken. Jedem fallen deine Sommersprossen auf. Wenn das dein Hauptkriterium ist, müssten ziemlich viele Typen perfekt für dich sein.« Im Laufe seiner Rede hatte er immer lauter reden müssen, da ein Flugzeug herangerauscht kam.

»Das ist nicht mein Hauptkriterium!«

»Was dann?«

»Ich kann das nicht beschreiben, es ist ein Gefühl! Liebe ist doch nicht logisch erklärbar!« Die Maschine war nun direkt über uns und eine Unterhaltung nicht mehr möglich. Jens und ich sahen uns stumm in die Augen. Unsere Blicke schienen aneinander festzukleben, und alles andere um mich herum verschwamm. Meine Sommersprossen waren ihm aufgefallen, auch dass es in Sankt Peter-Ording mehr geworden waren. Dabei hatte ich immer geglaubt, er würde mich gar nicht richtig wahrnehmen.

»Tja. Wenigstens was das angeht, sind wir uns einig«, sagte Jens in normaler Lautstärke und brachte mich damit noch mehr in Verwirrung, denn ich hatte gar nicht mitgekriegt, dass das Flugzeug verschwunden war.

Er wandte seinen Blick von mir ab und rieb mit dem Zeigefinger an dem Eisfleck auf seiner Shorts rum. »Und was willst du tun, wenn dein Alex wieder da ist? Du hast doch garantiert einen Plan. Oder eine Liste zum Abarbeiten.«

Ich räusperte mich und sagte: »Ich will ihn nach unserem Termin fragen, ob er noch mit zu mir kommt.«

»Wow. Das nenne ich zielstrebig.«

»Doch nicht so! Ich habe nicht vor, mich an ihn ranzuschmeißen, ich will ihn nur besser kennenlernen.«

»Dann solltest du ihn vielleicht nicht fragen, ob er mit zu dir kommt. Das könnte er nämlich falsch verstehen.«

Nachdenklich kaute ich an meinem Daumennagel. »Ja, wahrscheinlich hast du recht.«

Bald darauf machten wir uns auf den Rückweg. Ich fuhr noch mit zu Jens, wo wir auf dem Balkon über Gott und die Welt redeten. Nur zwei Themen ließen wir tunlichst aus: Alex und potenzielle Aufreißaktionen von Jens. Wir befanden uns wieder auf sicherem Terrain, und wenn es nach mir ging, würden wir das auch nie wieder verlassen.

Merle kehrte braun gebrannt und vor Begeisterung übersprudelnd aus Frankreich zurück. Am Montagvormittag kam sie mit selbst gebackenen Himbeermuffins in den Laden, und bei einem Eiskaffee lauschte ich ihrem enthusiastischen Bericht, wie toll es gewesen sei und was für »meganette Leute« sie kennengelernt habe. »Die waren ganz anders drauf als die aus meiner Schule. Lilly und Klara zum Beispiel engagieren sich bei Greenpeace. Und Mattis ist freiwilliger Helfer in einer Flüchtlingsunterkunft.« Ihre Augen strahlten mit der Sonne um die Wette. »Ich find's schade, dass sie alle an anderen Schulen sind, aber wir können uns ja nachmittags und abends treffen. Morgen bin ich mit Mattis verabredet, dann nimmt er mich mit in das Flüchtlingsheim. Ich will auch endlich was Sinnvolles anfangen mit meinem Leben.« Sie stopfte sich einen halben Muffin in den Mund, und ich nutzte die Stille, um eine Frage einzuwerfen: »Und was ist mit dem Restaurant? Ist das Köchinnen-Thema vom Tisch?«

Sie schüttelte heftig den Kopf. »Überhaupt nicht! Ich kann doch trotzdem an zwei Abenden in der Woche bei Jens arbeiten und was lernen.« Sie trank einen Schluck von ihrem Eiskaffee, dann fragte sie betont beiläufig: »Habt ihr euch denn oft gesehen in letzter Zeit?«

»Ja, schon.«

»Ihr versteht euch ganz gut, oder?«

Sie sah mich so erwartungsvoll an, dass es mir fast das Herz brach. »Ja, wir verstehen uns gut. Aber kann es sein, dass du hoffst, dass aus uns beiden ein Paar wird?«

Merle wich meinem Blick aus und brach ein Stück von ihrem Muffin ab. »Ich finde, ihr würdet total gut zusammenpassen. Und es wäre so praktisch. Ich mag euch beide, und wenn ihr zusammenkommen würdet, könnte alles bleiben, wie es ist, und ich müsste mir keine Sorgen machen, dass einer von euch beiden mit jemand anderem zusammenkommt.«

Ich griff sanft nach ihrer Hand. »Merle, wenn wir zusammenkommen würden, würde *nichts* so bleiben, wie es ist. Und außerdem weißt du doch, dass ich Alex mag.«

»Ach, so 'n Blödsinn, du kennst den doch gar nicht!«

»Aber ich habe vor, das schleunigst zu ändern. Jens und ich sind Freunde, und das soll auch so bleiben.«

Ein Schatten huschte über Merles Gesicht, dann musterte sie mich eindringlich, als würde sie einschätzen wollen, ob ich das, was ich gesagt hatte, auch wirklich so meinte. Schließlich nickte sie. »Okay. Dann lass ich euch zukünftig in Ruhe. Immerhin seid ihr ja alt genug, man sollte meinen, dass ihr alleine klarkommt.«

»Vielen Dank«, sagte ich lachend. »So, und jetzt erzähl mir noch mal was von diesem Mattis.«

Daraufhin folgte eine halbstündige Lobeshymne auf den netten, intelligenten Mattis. Merle war, um es mal in ihren Worten zu sagen, »derbe verliebt«. Es sah ganz danach aus, als würden Jens und ich sie in nächster Zeit sehr viel weniger zu Gesicht kriegen.

Den Rest des Tages war ich gedanklich schon bei dem Treffen mit Alex. Gestern Abend hatte ich mir genau überlegt, wie ich ihn dazu bewegen konnte, endlich mal den nächsten Schritt zu gehen. Jetzt vertrieb ich mir die Wartezeit, indem ich wieder und wieder meine Worte probte – sowohl in Gedanken als auch vor dem Spiegel in der Toilette des Ladens. Nervös warf ich einen Blick auf mein Spiegelbild: Ich hatte mir extra für diesen Anlass ein besonders hübsches Kleid angezogen und Make-up aufgelegt, obwohl ich es bei der Hitze hasste, geschminkt zu sein.

Endlich klopfte es an der Tür, und augenblicklich setzte mein Herz einen Schlag aus. »Ich geh schon!«, rief ich und hastete an Brigitte vorbei, die in der Kaffeeküche Gläser und Tassen bereitstellte.

»War klar«, hörte ich sie noch sagen, dann sah ich auch schon Alex vor der Glastür stehen. Er war noch attraktiver, als ich ihn in Erinnerung hatte. Seine Haut war gebräunt, sein Haar von der Sonne ausgebleicht und sein Lächeln ansteckender und freundlicher als je zuvor.

»Hallo«, sagte er. »Schön, Sie wiederzusehen.«

»Hallo. Danke, gleichfalls.«

Dann standen wir ein paar Sekunden lang nur stumm voreinander und grinsten uns blöde an.

»Ähm, komm doch rein«, sagte ich schließlich und machte eine einladende Geste. »Sie, meine ich«, fügte ich schnell hinzu. »Wie war der Urlaub?«

»Es war traumhaft! Trotzdem bin ich froh, wieder hier zu sein. Sehr froh.« Konnten Augen noch blauer sein oder noch mehr strahlen? Schwer vorstellbar. Lediglich Jens brachte es fertig – wenn er besonders gut gelaunt war oder mal wieder einen dummen Witz machte –, mich zum Lächeln zu bringen, nur weil seine Augen so lustig blitzten. Wobei seine natürlich grün waren. Beziehungsweise braun, das wusste man ja nie so genau.

Ich ging Alex voraus ins Hinterzimmer. Brigitte verteilte Wasser und Kaffee, dann erzählten wir ihm, wie das Geschäft in den vergangenen Wochen gelaufen war. Ich berichtete von meinen Erfolgen bei Bestattern und Hochzeitsplanern und von den Aufträgen, die ich an Land gezogen hatte. Alex betrachtete auf dem Computerbildschirm die Bilanzen und nickte zufrieden. »Ja, das sieht gut aus.«

Nun war Brigitte an der Reihe. Sie klickte eine Seite weiter. »Seit zwei Wochen ist das Geschäft jedoch wieder deutlich zurückgegangen. Es ist fast so schlimm wie vorher. Kaum Laufkundschaft.«

Alex strich sich nachdenklich über sein Kinn, als er die Zahlen studierte.

»Aber das liegt an der Sommerflaute«, sagte ich schnell. »Die halbe Stadt ist ja im Urlaub.«

Brigitte verzog das Gesicht. »Oder es liegt daran, dass die Leute sich den neuen Laden angesehen haben und nun wieder zurück zur Konkurrenz gegangen sind.«

Dieser andauernde Pessimismus konnte wirklich ganz schön an den Nerven zehren. Ich mühte mich ab, während sie nur schlechte Stimmung verbreitete. »Es liegt am Sommerloch«, beharrte ich auf meiner Meinung.

Brigitte räusperte sich, dann fragte sie Alex: »Was meinen Sie, wie lange ist es sinnvoll, noch an diesem Laden festzuhalten? Wann können wir definitiv sagen, ob es nicht doch besser wäre, einfach zu verkaufen?«

Erschrocken ließ ich mein Glas sinken, aus dem ich gerade einen Schluck hatte nehmen wollen. »Das klingt so, als *wolltest* du verkaufen!«

Ich suchte Brigittes Blick, doch sie sah stur zu Alex. »Ich will nicht an etwas festhalten, das schon längst tot ist.«

Er sah betreten zwischen Brigitte und mir hin und her. Schließlich sagte er: »Ein paar Monate Zeit sollten Sie sich und dem Laden schon geben. Denn Isabelle ... Frau Wagner hat nicht ganz unrecht damit, dass es in einigen Bereichen vielversprechend aussieht.« Mein Herz machte einen freudigen Hopser, als er mich beinahe beim Vornamen genannt hätte.

»Allerdings haben Sie auch recht, Frau Schumacher, wenn Sie sagen, dass die Gesamtsituation unterm Strich erfreulicher sein könnte.«

Ich versuchte, aus Brigittes Miene schlau zu werden, doch ihr Gesichtsausdruck verriet nichts. »Du willst doch nicht verkaufen, Brigitte. Oder?«

Sie starrte für ein paar Sekunden auf den Bildschirm des Computers. Endlich sah sie mich an und sagte: »Nein. Das möchte ich nicht.«

»Gut«, sagte ich erleichtert. »Wir könnten doch eine Sommeraktion machen, um Kundschaft anzulocken. Kalte Getränke anbieten, Würstchen grillen, die Balkonpflanzen und -deko zu besonders günstigen Preisen verkaufen. Eine Art Sommerfest.«

Brigitte lächelte müde. »Ja, das klingt gut.«

Ich notierte mir gleich ein paar Stichpunkte. »Wenn dieses blöde Sommerloch erst mal vorbei ist, wird alles wieder besser. Wirst schon sehen.«

Alex ging noch für eine halbe Stunde die Zahlen mit uns durch, dann sagte er: »Gut. Damit sind wir für heute fertig.«

Unwillkürlich wurde mir flau im Magen, und mein Puls beschleunigte sich. Der geschäftliche Teil war also erledigt. Jetzt ging es ans Eingemachte.

Er stand auf und reichte Brigitte die Hand. »Tschüs, Frau Schumacher.« Nun wandte er sich an mich. »Bringen Sie mich noch zur Tür?«

»Eigentlich dachte ich, eventuell könnte ich ja vielleicht noch mit Ihnen zusammen ein Stück gehen.« Ich biss mir auf die Unterlippe und schloss kurz die Augen. »Es ist nur so, ich muss in die gleiche Richtung wie Sie. Dann könnten wir doch auch …« Hilflos brach ich ab. Na super! Ich hatte den Satz geübt, tausendfach. Und *das* war dabei rausgekommen?!

Alex war wie immer wunderbar. Er lächelte und schien sich tatsächlich aufrichtig zu freuen. »Ja, das ist eine gute Idee. Also dann, gehen wir?«

Ich griff nach meiner Handtasche, verabschiedete mich von Brigitte und folgte Alex nach draußen. »Wo müssen Sie denn hin?«, fragte er.

»Dahin«, sagte ich und deutete in die Richtung, in die er immer ging. »Richtung Eppendorf.«

Wenn er sich über meine unpräzise Angabe wunderte, ließ er es sich zumindest nicht anmerken. Eine Weile gingen wir schweigend nebeneinanderher, und ich suchte krampfhaft nach einem Gesprächsthema. In meiner Vorstellung war das alles so einfach gewesen, aber jetzt, mit Alex direkt neben mir, mutierte ich zum schüchternen Mauerblümchen. »Es ist ganz schön warm, was?« Wetter ging ja immer.

»Der heißeste Sommer in Norddeutschland seit dreiundzwanzig Jahren.«

»Ich wette, in Australien war es noch heißer.«

»Es geht. Eigentlich nicht.«

Wir bogen ab in den Mühlenkamp mit seinen schnieken Geschäften und Restaurants. Die Stühle und Tische am Straßenrand waren voll besetzt mit redenden und lachenden Menschen. Die hatten es gut. Die kannten sich bestimmt schon alle ewig und wussten genau, worüber sie miteinander sprechen konnten.

»Und äh ... was für Fische haben Sie gesehen? Clownfische?«

»Ja, unter anderem. Es war einfach fantastisch! Sie können sich das vorstellen wie ... Waren Sie schon mal im Tropen-Aquarium im Tierpark Hagenbeck?«

»Nein, noch nie.«

»Da sollten wir unbedingt mal hingehen. Also, Sie, meine

ich«, korrigierte er sich schnell. »Es gibt dort ein wunderschönes Korallenriff. Und das Hai-Atoll ist der Wahnsinn.«

»Das klingt herrlich. Ich würde gerne mal dorthin gehen.« Ich nahm all meinen Mut zusammen und sagte: »Auch mit Ihnen.« Mit klopfendem Herzen wartete ich auf seine Antwort.

»Möchten Sie ein Eis?«, fragte er und deutete auf die Eisdiele, an der wir gerade vorbeigingen.

Ich kam mir vor, als hätte er mir einen Eimer kaltes Wasser über den Kopf gekippt. Das war ja mal ein Themenwechsel! »Ähm, danke, ich mach mir eigentlich nicht so viel aus Eis.«

Er lachte nervös. »Okay, ich dachte ja nur, weil es so heiß ist, wäre das eventuell …«

»Aber einen Milchshake hätte ich gerne«, sagte ich schnell. »Welche Sorte? Erdbeere?«

»Haselnuss.«

Während Alex sich in die Schlange stellte, atmete ich ein paarmal tief durch und fragte mich, ob es mir nur so vorkam oder ob das hier tatsächlich das verkrampfteste Gespräch war, das jemals zwischen zwei Menschen stattgefunden hatte. Außerdem war ich nicht sicher, ob Alex mir nun einen Korb gegeben hatte, was das Aquarium anging, oder ob er sich durch die Eisaktion nur erspart hatte, darauf zu reagieren. Mein Gott, was sollte ich denn noch tun? Mir die Kleider vom Leib reißen? Wobei das wahrscheinlich auch keinen Zweck hätte, wenn ich so an Jens dachte. Der pennte ein, wenn ich leicht bekleidet neben ihm im Bett lag.

Alex kehrte zurück und drückte mir einen großen Milchshake in die Hand. Wir setzten unseren Weg fort und gingen Richtung Alster. Während Alex sein Eis genoss, trank ich einen Schluck von meinem Milchshake. »Was machen Sie denn eigentlich so, wenn Sie nicht gerade tauchen oder Unternehmen vor der Insolvenz retten?«

Er winkte ab. »Ach, dies und das. Nichts Spektakuläres. Ich mache Sport, lese, und zweimal die Woche führe ich Hunde aus dem Tierheim Gassi.«

Beinahe hätte ich mit dem Strohhalm meinen Mund verfehlt und ihn mir in die Nase gebohrt. Wollte der mich verarschen?

»Ich darf in meiner Wohnung leider keine Hunde halten, also ist es die beste Lösung«, fuhr Alex fort. »Und das Tierheim kann Hilfe wirklich gut gebrauchen.«

Wahnsinn. Wie konnte ein einzelner Mensch so wunderbar sein? Mein Herz schmolz fast noch schneller als sein Eis, das schon bedenklich schief in der Waffel hing. Ich konnte gar nicht hinsehen. »Das finde ich großartig. Absolut bewundernswert. Ich liebe Hunde!«

»Ich würde ja sagen, komm einfach mal mit, aber da ...«

Ohne weiter darüber nachzudenken, hielt ich ihn am Arm fest und zwang ihn stehen zu bleiben. »Du hast mich gerade schon wieder geduzt. Warum belassen wir es denn nicht einfach dabei?«

Er blickte mich irritiert an und sagte: »Ach, verdammt.« Dann holte er tief Luft. »Hör zu, Isabelle, ich glaube, du weißt, dass ich dich wirklich gerne duzen möchte. Es fühlt sich komplett falsch an, dich zu siezen und die ganze Zeit so formell zu sein, wenn ich doch eigentlich viel lieber mit dir flirten möchte. Und ausgehen. Ich möchte wirklich unbedingt mit dir ausgehen. Vom ersten Moment an oder spätestens seit du den Vortrag über Teesorten gehalten hast.«

In meinem Bauch kribbelte es ganz gewaltig, und ich war so aufgeregt, dass ich beinahe auf und ab gehüpft wäre. »Das möchte ich auch.«

»Ja, aber du bist meine Mandantin, und ich will Berufliches und Privates nicht miteinander vermischen.«

»Aber ich kann das total gut voneinander trennen, auch wenn es vermischt ist!«, beteuerte ich.

Alex schwieg für ein paar Sekunden. »Trotzdem denke ich, wir sollten warten, bis sich mit dem Laden alles geklärt hat«, sagte er schließlich ernst. »Denn selbst wenn wir beide es trennen können, bleibt es höchst unseriös für einen Anwalt, mit seiner Mandantin auszugehen.«

»Und wie lange dauert das noch?«

»Ein paar Wochen. Oder Monate.«

Entsetzt trat ich einen Schritt zurück. »Monate?! Was weiß denn ich, was in ein paar Monaten ist? Bis dahin könnte ich tot sein!«

»Rede nicht so, Isabelle.«

Ich atmete tief durch und sah in seine Augen, die voller Bedauern waren. Und obwohl ich traurig und enttäuscht war, konnte ich seine Argumentation nachvollziehen. Es machte ihn im Grunde genommen sogar noch anziehender, dass er so moralisch war. »Tut mir leid.«

»Mir auch«, erwiderte er. »Sehr sogar.«

Wir gingen langsam weiter, bis sich vor uns die Alster erstreckte, die in der Abendsonne glitzerte und funkelte. Ein paar Schwäne schwammen dicht an uns vorüber. »Vielleicht ist einer von ihnen Swanee«, sagte ich.

»Swanee? Wer ist das?«

»Kennst du den nicht? Er ist eine echte Hamburger Berühmtheit.«

Alex lächelte. »Ich komme aus Hannover.«

»Swanee wurde vor ein paar Jahren zu einem richtigen Medienstar, weil er sich in einen Tretboot-Schwan verliebt hat.«

»Ernsthaft?«, lachte Alex.

»Ja. Das Tretboot hieß übrigens Sweety. Swanee ist Sweety nicht von der Seite gewichen. Er hat einfach nicht verstanden, dass sie kein echter Schwan war. Vielleicht hat er es auch verstanden, vielleicht wusste er, dass nichts aus ihnen werden kann, aber es war ihm egal.«

»Wie ist die Geschichte ausgegangen?«

Ich blickte den Schwänen nach, die inzwischen mitten auf der Alster zwischen den Booten schwammen. »Na ja, der Winter kam, und Swanee musste in sein Winterquartier. Er wurde ganz krank vor Kummer, weil er Sweety so sehr vermisste.«

»Oje, der Arme.«

»Ja. Aber irgendwann sah er ein, dass er sich in etwas Sinnloses verrannt hatte, und lernte im Winterquartier ein hübsches Schwanenmädchen kennen. Und mit ihr lebt er noch heute glücklich und zufrieden auf der Alster. Sie haben inzwischen rund 20 Kinder und 60 Enkel.«

Alex musterte mich ungläubig. »Ernsthaft?«

Ich lächelte. »Nein. Das Ende gefällt mir einfach besser. Die Wahrheit ist: Im Frühling ging das Spiel von vorne los, und Swanee ist jahrelang vergeblich einem verdammten Tretboot hinterhergelaufen. Äh, -geschwommen.« Und wie es aussah, war ich genauso blöd. Für heute reichte es mir. Für heute war ich Alex wirklich genug hinterhergelaufen. Ich trank den letzten Schluck meines Milchshakes aus und sagte: »Hör mal, das hier war, ehrlich gesagt, überhaupt nicht meine Richtung. Und bevor ich nachher möglicherweise noch mit dem Bus zurückfahren muss, drehe ich jetzt lieber wieder um. Ich hasse Busfahren.«

Auf seinem Gesicht erschien ein verlegenes Lächeln. »Gut. Dann komm ich mal mit zurück. Ich war heute nämlich, ehrlich gesagt, mit dem Auto unterwegs. Es steht noch vor eurem Laden.«

Als mir klar wurde, was das zu bedeuten hatte, wurde ich

noch trauriger. Er mochte mich, und trotzdem nützte mir das überhaupt nichts. Wir gingen den Weg wieder zurück, bis wir an seinem Auto angekommen waren. »Tja, dann ... tschüs. Und danke für die Begleitung«, sagte ich.

»Ich hab zu danken.«

Schweren Herzens ging ich zu meinem Fahrrad und schloss es auf. »Isabelle!«, hörte ich plötzlich Alex' Stimme. Ich drehte mich um und sah ihn auf mich zulaufen. »Vergiss das mit dem Warten, okay? Es gibt kein Gesetz, dass es uns beiden verbietet, miteinander auszugehen. Und ich ...«, er schüttelte den Kopf, als würde er sich selbst darüber wundern, »... will überhaupt nicht warten, bis der Fall abgeschlossen ist. Also, gehen wir aus? Was essen oder trinken? Oder beides?«

Ich nickte lachend und wäre am liebsten vor Freude in die Luft gesprungen. »Ich könnte mit dir Gassi gehen. Also, mit dir und den Hunden«, korrigierte ich mich schnell, doch er lachte mich gar nicht aus. Er strahlte mich nur an, und wieder stand ihm diese widerspenstige Haarsträhne vom Kopf ab, die ich am liebsten glatt gestrichen hätte.

»Ich überleg mir was, okay? Und wann? Ist Samstag zu früh?«

»Nein, gar nicht!«

Wir tauschten unsere Nummern aus, dann sagte er: »Ich melde mich bei dir.«

Als er davonfuhr, sah ich ihm nach und fragte mich, ob das gerade wirklich passiert war oder ob ich es geträumt hatte. Es war fast zu schön, um wahr zu sein. Aber nein, seine Nummer war in meinem Handy, er hatte mich wirklich gefragt, ob ich mit ihm ausgehen wollte, und möglicherweise lehnte ich mich damit etwas zu weit aus dem Fenster, aber ich würde meinen Arsch darauf verwetten, dass er verliebt in mich war!

Aber wem sollte ich nun von meinem Erfolg erzählen?

Wer würde sich mit mir freuen? Alle waren weg. Mein Blick fiel auf das Thiels. Es war erst neun Uhr, also würde Jens noch in der Küche stehen. Er würde sich bestimmt mit mir freuen. Nicht so wie Kathi oder meine Mutter, aber immerhin. Ich lief über die Straße, trat ein und huschte an Anne vorbei, die hinter der Theke Getränke vorbereitete. »Ich geh mal schnell in die Küche«, rief ich ihr zu, und dann drückte ich schon die Schwingtür auf.

Augenblicklich stieß ich gegen eine Wand aus Hitze. Draußen geriet man ja schon ins Schwitzen, aber hier drinnen waren es mindestens zwanzig Grad mehr! Edelstahl und Chrom blitzten mir entgegen, überall standen unheimlich aussehende technische Geräte, die mit den normalen Küchengeräten wenig gemeinsam hatten. Jens, Lukas und der Azubi Hakan blickten von ihrer Arbeit auf.

»Was willst du denn hier?«, fragte Jens, der alte Charmeur, wenig erfreut. »Es geht echt zu weit, dass du jetzt auch noch in meiner Küche auftauchst!«

»Du bist mich ja gleich wieder los. Ich wollte dir nur unbedingt die frohe Botschaft verkünden.«

Jens wandte sich wieder dem Herd zu und schwenkte eine Pfanne voll Gemüse, während er gleichzeitig ein Steak auf dem Grill umdrehte. Hatte er auf einmal zwanzig Hände?

»Und was ist das für eine frohe Botschaft?«, fragte er.

Ich warf einen Blick zu Lukas und Hakan, doch sie machten inzwischen wieder ihr eigenes Ding. Lukas richtete Desserts an, während Hakan Zwiebeln schnitt. Der Arme. Ich trat einen Schritt näher an Jens heran, der das Steak auf einen Teller gab und in den Ofen stellte, während er mit der anderen Hand das Gemüse mit Salz und Kräutern würzte und ein Stück Fisch auf den Grill legte. »Ich habe ein Date mit Alex!«, verkündete ich strahlend.

Jens blickte kurz auf, dann schmiss er ein paar Kartoffeln in eine weitere Pfanne und schwenkte sie. »Aha. Das ist ja schön.«

Ein bisschen mehr Begeisterung und Anteilnahme hätte er ruhig zeigen können. »Ja, er hat mich gerade gefragt. Übrigens wollte er sich schon die ganze Zeit mit mir verabreden, aber er hat es nicht gemacht, weil ich seine Mandantin bin und wir eine Geschäftsbeziehung haben. Das fand er unangemessen.«

Jens schob mich ein Stück zur Seite. »Du stehst mir im Weg, Isa. Und jetzt hätte er also keine Skrupel mehr, seine Geschäftsbeziehung zu vögeln?«

»Nö. Aber das ist ja auch wirklich ein bisschen albern. Ich meine, du hättest doch sicher auch kein Problem, etwas mit, sagen wir mal, deinen Angestellten anzufangen.«

Hakan schaute verschreckt und tränenüberströmt von seinen Zwiebeln hoch. »Hä?«

Jens gab Rosmarin und Knoblauch zum Fisch und nahm zwei Teller aus der Warmhaltevorrichtung. »Jetzt mach dir mal nicht ins Hemd, Hakan. Hast du deinen Läuterzucker noch im Blick?«

Hakan eilte an den Herd, wobei er tränenblind gegen die Ecke der Arbeitsfläche stieß.

»Es hilft, wenn du beim Zwiebelnschneiden einen Schluck Wein im Mund hast«, riet ich ihm.

»Wasser!«, sagte Jens zu Hakan, der schon eine Hand am Küchenwein hatte. Zu mir meinte er: »Ich hätte sogar ein großes Problem damit.«

Fasziniert sah ich Jens dabei zu, wie er mit fliegenden Händen Essen anrichtete, Sauce drum herum träufelte und sich anscheinend nicht mal anstrengen musste, dass es appetitlich und wunderschön aussah. »Und was ist mit Gästen? Hättest du etwa auch ein Problem damit, einen weiblichen Gast zu v …, also mit ihr auszugehen?«

Lukas lachte laut und dreckig, woraus ich automatisch schloss, dass das durchaus schon vorgekommen war. Aha, das war ja mal interessant. Da tat Jens immer so, als gäbe es keine Frauen in seinem Leben, und dann nahm er ständig Tussis aus dem Restaurant mit nach Hause, oder was? Wobei er ja nie behauptet hatte, keinen Sex zu haben. Er wollte nur keine Beziehung und glaubte nicht an die Liebe.

Jens stellte die Teller unter die Wärmelampen am Pass, drückte energisch auf die Klingel und drehte sich dann zu mir um. »Was ich mit meinen weiblichen Gästen mache oder auch nicht, hat doch wohl nichts mit dir und deinem Zwegat zu tun.«

»Nein, aber ich …« Mitten im Satz unterbrach ich mich, denn ich wusste gar nicht mehr genau, wie wir überhaupt auf das Thema gekommen waren. Um von dieser Tatsache abzulenken, trat ich wieder näher an den Herd und linste in einen Topf mit einer hellen cremigen Flüssigkeit. »Was ist das denn?«

»Ein Hummerschaumsüppchen.«

»Riecht köstlich. Darf ich mal probieren?« Mein Finger bewegte sich schon in Richtung Topf, doch kurz bevor ich ihn eintauchen konnte, griff Jens nach meiner Hand und hielt sie fest. »Bist du bescheuert? Wir sind hier doch nicht bei McDonald's!« Er nahm einen Löffel und gab etwas von der Suppe darauf. »Mund auf.«

Bereitwillig öffnete ich meinen Mund, und er schob mir den Löffel mit der Suppe hinein. »Mmh«, machte ich und schloss die Augen, als die cremige Suppe sanft meine Zunge umspielte. Gut, es war keine vietnamesische Nudelsuppe, auch keine Kartoffelsuppe mit Krabben. Sondern besser als das. Viel besser. Ich öffnete die Augen und begegnete Jens' intensivem Blick, der mich nicht mehr losließ. Mit einem Mal wurde mir bewusst, wie dicht wir beieinanderstanden. Ein Schauer lief mir über den Rücken, und in meinem Bauch begann es wie verrückt zu kribbeln. Jens hielt immer noch meine Hand und meinen Blick fest, und ohne mir dessen wirklich bewusst zu sein, verschränkte ich meine Finger mit seinen.

Wie von weit entfernt drangen die Worte »Jens, die Suppe!« an mein Ohr. Abrupt ließ er meine Hand los und wandte sich dem Herd zu.

Meine Finger wanderten an meinen Mund, ich hatte keine Ahnung, wieso. Es war unerträglich heiß und eng hier, Lukas und Hakan musterten mich neugierig, und Jens kümmerte sich nicht mehr um mich, sondern um seine Suppe.

Entnervt warf er den Topf in die Spüle. »Verdammt!«

Bei dem lauten Scheppern zuckte ich zusammen.

Jens atmete tief durch und drehte sich wieder zu mir um. »Isa, ich mein es nicht böse, aber ... raus aus meiner Küche. Okay?«

Obwohl ich wusste, dass es Blödsinn war, fühlte ich mich abgewiesen und zurückgestoßen. »Äh, ja. Klar. Ich wollte sowieso gerade gehen.«

»Dann bis morgen. Und Glückwunsch zu deinem Date.«

In einem Affenzahn eilte ich aus der Küche. Diesen Höllenschlund würde ich nie wieder betreten, das schwor ich mir! Die Hitze, die Düfte und die Enge machten einen so benommen, dass einem der Verstand wegschmolz und man weiche Knie bekam. Wäre jetzt gerade Alex statt Jens mit mir in der Küche gewesen, hätte es garantiert genau so einen Moment gegeben. Nein, einen noch viel heftigeren Moment!

Ach, Alex ... Er ging in seiner Freizeit mit Hunden aus dem Tierheim spazieren. Er war ein Held. Und dieser wunderbare, großartige, perfekte Mann mochte mich, vom ersten Augenblick an.

Eins stand jedenfalls fest: Die Sommerflaute war so was von vorbei!

Wie im Märchen

Am Mittwochmittag saß ich mit Knut vor dem Thiels. Er war am Wochenende aus England wiedergekommen, und ich hatte mich gleich mit ihm verabredet, weil ich unbedingt wissen wollte, wie es ihm ging. Jens war kurz rausgekommen, um mir einen Salat zu bringen und Knut Hallo zu sagen. Zum Glück war alles wieder wie immer zwischen uns, und die komische Irritation von Montag war vergessen. Knut wollte nichts essen. Stattdessen trank er eine Tasse Kaffee nach der anderen und rauchte Kette.

»Wie war denn überhaupt dein Urlaub?«, erkundigte ich mich, nachdem das Wetter als Gesprächsthema abgehakt war und ich ihm in aller Ausführlichkeit von Alex berichtet hatte.

Knut fummelte bereits die dritte Zigarette aus der Packung und zündete sie an. »Gut. Hab viel gesehen.«

»Und der Flug?«

»Wie so 'n Flug halt so is.«

Woher sollte ich das wissen? »Bist du mit einem A320 geflogen?«

»Na, logen.«

Besorgt musterte ich die dunklen Ringe unter seinen Augen. »Und wie geht's dir? Ich meine, wegen Irina.«

»Ach.« Er winkte ab. »Muss ja. Ich werd schon drüber wegkommen.« Nachdem er großzügig Zucker in seinen Kaffee gekippt hatte, rührte er um. »Bin gestern noch im Kiezhafen vorbeigefahren.«

»Echt?«

»Jo. Hab Irina gesacht, dass es mir leidtut und dass jetzt alles wieder gut is zwischen uns. So wie früher, weißte?«

Ich ließ die Gabel voll Salat sinken, die ich mir gerade in den Mund schieben wollte. »Wieso hast du das denn gemacht?«

»Na, sie kann doch nix dafür, dass ich mich in sie verliebt hab. Außerdem ...« Er machte eine kleine Pause. »Wenn ich sie gar nich mehr sehen würd, würd sie mir fehlen.«

»Ach Knut«, seufzte ich. »Mit so viel Stil würde ich eine Abfuhr ganz sicher nicht hinnehmen.«

»Tja. Wat mutt, dat mutt. Irina is und bleibt 'ne tolle Frau, und dass ich sie nich kriegen kann, is scheiße. Aber da muss ich nu mit klarkommen, und deswegen werd ich mein Leben nich gleich komplett aufgeben. Wie ich ja immer sach: Von der Liebe darfste dich nich feddichmachen lassen.«

»Absolut nicht«, sagte ich bekräftigend. »Und von Irina auch nicht.«

Er trank einen Schluck von seinem Kaffee, dann sagte er betont beiläufig: »Sach mal, dieser Alex, lern ich den eigentlich mal kennen?«

»Früher oder später bestimmt. Wieso?«

»Och, nur so.« Ihm stand förmlich ins Gesicht geschrieben, dass er unbedingt seinen Senf zu Alex abgeben wollte. »Soll ich euch am Samstag fahren? Wenn du dein Rangdewuh mit diesem Wunderknaben hast?«

»Danke, das ist echt nett, aber lass mal.« Das fehlte mir noch, Alex gleich bei unserem ersten Date mit Knut zu überfallen.

»Hm. Ich weiß nich, ich weiß nich, Isa. Dieser Alex ... und wie du über ihn redest ...« Knut rieb sich nachdenklich das Kinn.

Unser Gespräch lief eindeutig in eine Richtung, die mir nicht behagte. »Was ist denn eigentlich aus deinem Beschluss geworden, dich nicht mehr in die Privatangelegenheiten anderer Leute einzumischen?«

»Aufgehoben«, sagte Knut schlicht. »Selbst wenn ich kein Glück in der Liebe habe – bei andern seh ich völlig klar. Wenn ich überlege, wie viele Leude ohne mich total aufgeschmissen gewesen wären ... Lena zum Beispiel. Wenn die nich auf mich gehört hädde, würd sie doch jetz immer noch mit dem Falschen rumhampeln. Oder diese Kleine, die ich damals bei der Eintracht-Weihnachtsfeier gefahrn hab. Karo. Von der hab ich neulich inner Zeitung gelesen«, sagte Knut mit deutlichem Stolz in der Stimme. »Und offenbar hat sie sich meinen Rat auch zu Herzen genommen. Sie sah richtich glücklich aus.«

»Ach ja?«, fragte ich. Knut hatte sich schon immer für den Amor unter Hamburgs Taxifahrern gehalten, aber irgendwie bezweifelte ich, dass seine Rolle beim Verkuppeln tatsächlich immer so groß war, wie er glaubte.

»Jo. Es is nu mal so: Hamburch braucht mich!«

Er wirkte so überzeugt, dass ich kaum etwas dagegen sagen konnte.

»Jedenfalls, dieser Alex klingt aus deinem Mund so perfekt, dass da was faul sein muss«, fuhr er fort. »Wie du über ihn redest, klingt nich echt, weißte? Sondern so, als würdste dir da ganz gepflegt was einreden.«

Empört schnappte ich nach Luft. »Spinnst du? Ich rede mir überhaupt nichts ein! Alex ist mein Traummann. Bei ihm habe ich endlich den BÄMM gespürt, und das lass ich mir von dir nicht miesmachen!«

Knut nahm einen tiefen Zug von seiner Zigarette. »Bämm, Bämm, Bämm«, murrte er. »Bämm am Arsch.«

Ich schob energisch meinen Teller zur Seite. »Hör auf damit!«

Knut presste die Lippen zusammen und trommelte mit

den Fingern auf der Tischplatte herum. Schließlich atmete er laut aus. »Nu sei mal nich beleidicht, Lüdde«, sagte er versöhnlich. »Ich mach mir ja nur Sorgen.«

»Du musst dir keine Sorgen machen.«

»Is klar.«

»Ich bin total verliebt in Alex.«

»Jo.«

»Er ist wirklich toll!«

»Na logen.«

»Boah, Knut!«, rief ich erbost, doch er grinste mich so breit an, dass meine Wut verrauchte. Selbst wenn er mit seiner Meinung über Alex und mich komplett danebenlag – immerhin war er wieder fröhlich. Und das war es mir wert.

Den Rest der Woche verbrachte ich damit, das Sommerfest des Blumenladens zu planen.

»Ich weiß nicht, ob das was bringt«, sagte Brigitte immer wieder. »Aber mach du nur, Isa.«

Meine Eröffnung, dass Alex und ich uns jetzt duzten und außerdem ein Date hatten, nahm sie gelassen hin. »Das habe ich kommen sehen«, sagte sie nur.

»Stört es dich? Ich meine, findest du es problematisch, dass ich mit unserem Anwalt ausgehe?«

»Nein, das ist schon in Ordnung.« Brigitte sortierte einige ›Sträuße der Woche‹ aus, von denen wir zu viele gemacht hatten und in denen ein paar Sonnenblumen welk waren. »Isa?«, sagte sie nach einer Weile, in der wir schweigend vor uns hin gearbeitet hatten. »Ich habe Dieter alles gebeichtet.«

Gespannt sah ich von meiner Kostenkalkulation auf. »Und?«

»So wütend habe ich ihn noch nie gesehen. Er hat seinen Koffer gepackt und ist abgehauen, aber drei Stunden später ist er wiedergekommen.« Sie warf die Sonnenblumen in den Müll und sah zu mir. »Wir wollen an unserer Ehe arbeiten. An uns. Gemeinsam.« So etwas Ähnliches wie ein Lächeln erschien auf ihrem Gesicht. »Mir ist klar geworden, dass ich ihn immer noch liebe und nicht so einfach aufgeben will.«

Ein dicker Stein purzelte von meinem Herzen. »Das finde ich großartig, Brigitte! Ich freu mich für euch!«

»Tja. Ganz so euphorisch wie du bin ich nicht. Es wird nicht leicht, aber ich denke, dass wir es schaffen können.« Sie holte ein paar frische Sonnenblumen und band die Sträuße neu zusammen. »Wir wollen es schaffen. Unbedingt.«

»Dann kriegt ihr es auch hin.« Ich war froh, dass sich Brigittes und Dieters Beziehung langsam wieder einzurenken schien. Wenn jetzt noch der Laden fette Gewinne abwerfen und das Date mit Alex ein voller Erfolg werden würde, war endlich alles wieder gut.

Am Samstag machte ich bereits mittags Feierabend, damit ich ausreichend Zeit hatte, mich aufzubrezeln. Alex wollte mich schon um vier Uhr abholen, wohin es ging, hatte er mir jedoch nicht verraten. Auf meine Frage, wie schick ich mich machen sollte, sagte er: »So mittelschick.« Das war natürlich eine Aussage, die mich nicht wirklich weiterbrachte, und ich zerbrach mir den Kopf darüber, in welchem Outfit ich sowohl in der Oper als auch im Tierheim eine gute Figur machen würde. Letzten Endes entschied ich mich für ein romantisches Vintagekleid mit Blumenmuster und Ballerinas. Zweimal war ich kurz davor gewesen, mich umzuziehen, als es endlich an der Tür klingelte.

Ich drückte den Summer und atmete tief durch. ›Ruhig bleiben, Isa. Du schaffst das.‹ Mit zitternden Händen öffnete ich die Tür. Alex sah toll aus. Zum ersten Mal sah ich ihn in Jeans, und dazu trug er ein dunkelblaues Hemd, das die Farbe seiner Augen betonte.

Er musterte mich von oben bis unten und pfiff anerkennend durch die Zähne. »Wow, Isabelle! Du siehst wunderschön aus!«

Hatte er wirklich wunderschön gesagt? Noch nie hatte mir jemand gesagt, ich würde *wunderschön* aussehen! »Vielen Dank«, sagte ich und berührte meine Frisur – eine aufwendige Flecht-Haarknoten-Kombination, für die ich drei Anläufe gebraucht hatte, obwohl es im YouTube-Tutorial als megaeinfach dargestellt worden war. »Ist das Outfit okay? Ich meine, ich weiß ja nicht, was wir vorhaben.«

Sein Lächeln vertiefte sich. »Es ist perfekt.«

Vor dem Haus wartete bereits ein Taxi auf uns. Ich musste sofort an Knut denken. Es hätte mich nicht gewundert, wenn es ihm gelungen wäre, sich doch noch irgendwie in dieses Date reinzumogeln, aber sein Taxi war mindestens fünfzehn Jahre älter als dieses hier. Alex hielt formvollendet die Tür für mich auf und ließ mich einsteigen.

»Verrätst du mir jetzt endlich, wo es hingeht?«, fragte ich ihn, als das Taxi losgefahren war.

»Du wirst es schon noch sehen. Sei doch nicht so ungeduldig.«

Auf der Fahrt erzählte ich ihm von meinen Plänen für das Sommerfest. »Meine Kostenkalkulation kann ich dir ja per Mail schicken und …«

»Stopp«, fiel er mir ins Wort. »Das hier ist privat. Und ich möchte auf unserem ersten Date nicht über Kostenkalkulationen oder Sanierungsmaßnahmen sprechen.«

»Oh. Entschuldige. Du hast recht, wir wollen das ja streng voneinander trennen.«

Alex lächelte mich an. »Genau. Außerdem siehst du so hübsch aus, und ich bin so froh darüber, endlich mit dir ausgehen zu dürfen, dass ich nicht die geringste Lust habe, über geschäftliche Dinge zu sprechen.«

Hach, das ging ja runter wie Öl. »Okay, dann ... erzähl mir doch von Hannover. Was ist da so los?«

Er erzählte witzig und liebevoll von seinen Eltern, Geschwistern und Nichten und Neffen, zeigte mir sogar ein paar Fotos, die er auf seinem Handy gespeichert hatte. Aber diese Foto-Show war kein Vergleich zu der von Tom, denn Alex wusste, wann der Zeitpunkt zum Aufhören gekommen war.

Das Taxi hielt an, und zum ersten Mal, seit wir eingestiegen waren, blickte ich aus dem Fenster. »Hagenbeck!«, rief ich, als ich die Pagode und die hölzernen Kassenhäuschen vor mir sah. »Wir gehen ins Aquarium! Oh Mann, dass ich da nicht selbst drauf gekommen bin. Ich hatte die ganze Zeit das Tierheim im Kopf.«

»Ist das okay für dich?«, fragte Alex unsicher. »Ich dachte, nachdem wir darüber geredet haben, wäre es ganz nett.«

»Ja, das ist super! Ich freu mich total.«

Ich wollte schon aussteigen, doch Alex rief: »Warte!« Dann ging er um den Wagen rum und öffnete mir die Tür. Er reichte mir sogar galant den Arm, damit ich mich an ihm festhalten konnte. Wow, ich fühlte mich wie eine Prinzessin!

Wenig später schwirrte mir der Kopf, denn ich befand mich mitten in den Tropen. Es war heiß und schwül, und es roch exotisch und aufregend. Wir schlenderten durch Dschungelvegetation und Dörfer aus Bambushütten. Affen kletterten in Bäumen herum, ich sah knallbunte Frösche und Vögel, fleischfressende Pflanzen und sogar einen Wasserfall. Im dazugehörigen See lebten riesige Krokodile, an denen ich mich gar nicht sattsehen konnte. Genauso wenig wie an den

Pythons, die faul auf einer Veranda herumlagen, oder den Vogelspinnen, die in ihrem Terrarium herumkrabbelten.

»Hast du gar keine Angst?«, fragte Alex, der mich dabei beobachtete, wie ich fasziniert die Spinnen anschaute. »Die meisten anderen Frauen rennen doch schreiend weg, wenn sie Spinnen nur von Weitem sehen. Selbst wenn die längst nicht so groß wie diese hier sind.«

»Ach, ich hab nichts gegen Spinnen. Es gibt andere Dinge, die ich gruselig finde.«

»Was denn zum Beispiel?«

Ich dachte einen Moment lang nach. »Achterbahnen und Gewitter, zum Beispiel.« ›Aber am meisten Angst habe ich vor Chaos und davor, dass Menschen, die mir wichtig sind, aus meinem Leben verschwinden könnten‹, dachte ich, doch das war mir fürs erste Date irgendwie zu persönlich. Mein Blick fiel auf ein Bullauge, das in die Wand eingelassen war. »Wahnsinn!«, rief ich und klebte beinahe an der Scheibe, hinter der sich ein riesiges Becken befand. »Da sind Haie! Und guck dir mal diesen riesigen ... Fisch da an!«

Alex warf einen Blick über meine Schulter. »Das ist ein Rochen. Aber komm weiter, wir haben gleich noch von einer anderen Stelle einen viel besseren Blick darauf.«

Wir traten ein in die schillernde Unterwasserwelt, in der sich in etlichen Aquarien Fische in den leuchtendsten Farben und Formen tummelten. Gelbe, blaue, rote, stachelige, kugelrunde, winzig kleine und sogar welche, die ich auf den ersten Blick gar nicht als Fische erkannt hatte. Am meisten faszinierte mich ein wirklich unglaublich hässlicher Fisch, der ganz alleine durchs Becken schwamm, während die anderen alle in kleinen Schwärmen unterwegs waren. »Wieso ist der denn alleine?«, fragte ich und deutete auf den Fisch. »Meinst du, die anderen schließen ihn aus, weil er so hässlich ist?«

Alex stutzte. »Ähm, das sind Fische, ich glaube, die achten nicht so auf Äußerlichkeiten.«

Ich war voll des Mitleids für diesen armen Fisch, der davon unbeeindruckt weiter seiner Wege schwamm. »Hoffentlich hat er Freunde im Aquarium, die jetzt nur alle was zu tun haben. Vielleicht ist er aber auch fies und deswegen alleine.«

»Also, das ... könnte natürlich sein, ja. Isabelle?«

Ich riss mich von dem Anblick dieses hässlichen Zeitgenossen los und wandte den Kopf zum wunderschönen Alex.

»Wollen wir weitergehen?«, fragte er. »Dahinten kannst du Clownfische sehen.«

»Klar.« Schweren Herzens folgte ich ihm. Ich hätte gerne noch länger diesen Fisch angeguckt und mir Geschichten über ihn ausgedacht. Doch dann bewunderte ich die hübschen Nemos, und schon bald hatte ich den leichten Anflug von Enttäuschung wieder vergessen.

»Und jetzt kommt das Beste von allem«, kündigte Alex feierlich an, als wir durch die nächste Tür traten.

Mir stockte der Atem. Ich befand mich in einem Raum von den Ausmaßen eines Theaters. Eine Wand war komplett verglast, von der Decke bis zum Boden, und dahinter befand sich das größte Aquarium, das ich je in meinem Leben gesehen hatte. Das Licht hier war so schummerig, dass ich das Gefühl hatte, tatsächlich auf dem Meeresboden zu stehen. Alex hatte recht gehabt, von hier aus waren die Haie viel besser zu sehen. Riesige Rochen schwebten durch das Wasser, und es gab Regenbogenfische, Muränen und einen Schwarm Thunfische, die ich bislang nur aus der Dose kannte. Live waren sie wunderhübsch anzuschauen mit ihren gelben Flossen und der metallen glänzenden Haut. Ehrfürchtig und stumm stand ich vor dieser völlig fremden, faszinierenden Welt und konnte sehr gut verstehen, warum Alex so gerne tauchen ging.

»Komm, setzen wir uns«, sagte er, und erst da nahm ich die Tribüne hinter uns wahr. Alex erzählte mir etwas über verschiedene Hai- und Rochenarten, Regenbogenfische, Muränen und deren Fressgewohnheiten, doch ich konnte ihm gar nicht richtig folgen, denn ich wollte einfach nur gucken und staunen. Er schien das zu spüren, denn er beendete seinen Vortrag, und wir saßen eine lange Weile stumm da.

»Schön?«, fragte er irgendwann.

»Und wie! Ich kann gar nicht glauben, dass ich das hier all die Jahre verpasst habe. Warum bin ich denn nicht früher hierhergekommen?«

»Na, immerhin hast du es jetzt entdeckt.«

»Du hast es für mich entdeckt.« Ich sah ihm in die Augen, die so blau waren wie das Meer vor uns. »Du hast mich hierhergebracht, und dafür werde ich dir ewig dankbar sein.«

Alex griff nach meiner Hand und drückte sie fest. »Ich freu mich, dass es dir so sehr gefällt.«

»Es ist traumhaft! Und es muss sogar noch viel schöner sein, wenn man da unten ist. Mittendrin, ohne diese Glasscheibe.«

Eine Lautsprecherdurchsage, die verkündete, dass das Tropen-Aquarium bald schließen würde, riss mich aus meiner euphorischen Stimmung. Ich sah mich um und stellte zu meiner Überraschung fest, dass wir inzwischen die Einzigen hier waren. »Ich glaube, wir müssen gehen.«

»Nein, müssen wir nicht. Wir essen hier.«

Wie aufs Stichwort erschienen zwei Männer, die einen Tisch trugen und ihn direkt vor der großen Glasscheibe aufbauten.

»Wir essen *hier*?«, wiederholte ich verblüfft. »Wow, ich weiß gar nicht, was ich sagen soll. Das ist das Tollste, was ich je in meinem Leben gemacht habe.« Abgesehen von dem Wochenende in Sankt Peter-Ording vielleicht. Das war zwar nicht ganz so spektakulär gewesen, aber ... Ich rief mich zur Ordnung und konzentrierte mich wieder auf Alex. »Wieso bist *du* eigentlich Single?«

Er lachte. »Bislang war die Richtige einfach nicht dabei. Aber ich glaube ganz fest daran, dass für jeden Topf irgendwo da draußen der perfekte Deckel existiert.«

Ich nickte. »Ja. Das glaube ich auch.«

Alex deutete auf den Tisch, auf dem inzwischen wie von Zauberhand eine Tischdecke, weißes Porzellan, Weingläser und ein Kronleuchter mit Kerzen aufgetaucht waren. »Wollen wir uns setzen?« Er rückte meinen Stuhl zurecht, und plötzlich schoss mir die irrsinnige Frage durch den Kopf, ob er mir gleich auch noch mein Brot buttern würde.

Einer der beiden Kellner schenkte Alex einen Schluck Wein ein. »Das ist ein zweitausendneuner Château Blablablupp ...« – den Rest bekam ich nicht mit, denn wie immer, wenn es um Wein ging, verstand ich nur Bahnhof.

Alex hielt das Glas gegen das Kerzenlicht, roch daran und trank einen Schluck. Hihi, genau wie Jens immer. Nachdem er dem Kellner zugenickt hatte, füllte der unsere Gläser.

Wir stießen an, und Alex sagte: »Ein wirklich ausgezeichneter Tropfen. Hervorragender, voluminöser Körper. Ausgereiftes Bouquet mit Nuancen von Waldfrüchten, Vanille und ...«

»Bohnenkraut!«, rief ich lachend.

Alex sah mich befremdet an. »Bohnenkraut? Okay, wenn du meinst. Wein wird ja sehr subjektiv wahrgenommen.«

Ach du Schande, der meinte das ernst! Ich biss mir auf die Zunge und nahm noch einen Verlegenheitsschluck. »Bist du ein Weinkenner?«

»Ach, was heißt Kenner. Wein ist mein Hobby.«

»Du solltest dich mal mit Anne unterhalten. Sie ist Sommelière in Jens' Restaurant und kann stundenlang über Wein reden.«

»Jens' Restaurant?«

»Ja, ihm gehört das Thiels gegenüber dem Blumenladen. Er ist Koch. Wir sind befreundet, und er hat eine sechzehnjährige Schwester, die bei ihm lebt. Merle. Mittags geh ich immer rüber und dienstags, wenn er Ruhetag hat …« Ich unterbrach mich mitten im Satz, um zu verhindern, dass ich einen stundenlangen Vortrag über Jens und Merle hielt. Das interessierte Alex doch überhaupt nicht. »Ähm, wie gesagt. Wir sind befreundet.«

»Aha.« Er reichte mir den Brotkorb und nahm sich dann selbst eine Scheibe. Zum Glück machte er keine Anstalten, mein Brot zu buttern. Stattdessen riss er ein Stück von seinem ab und steckte es sich in den Mund.

Der Kellner trat an den Tisch, um unsere Vorspeisen zu servieren. »Wir haben hier eine Gänseleberterrine an Endivien-Chicorée-Salat. Guten Appetit.«

Ich blickte auf meinen Teller und zuckte zurück. Darauf lag … eine dicke Scheibe Leberwurst. Zumindest sah es so aus. Es roch auch so. Und ich hasste Leberwurst! Jens hatte mir noch nie Leberwurst serviert. Oh mein Gott, was sollte ich denn jetzt machen? Das konnte ich unmöglich essen, aber ich wollte vor Alex auch nicht gleich beim ersten Date wie eine mäkelige blöde Kuh rüberkommen. Er würde schon noch früh genug merken, wie krüsch ich war.

»Stimmt was nicht?«

»Nein, nein«, sagte ich schnell. Mit der Gabel trennte ich ein winzig kleines Eckchen von der Terrine ab und – es kostete mich beinahe körperliche Anstrengung – schob es mir in den Mund. Igitt, das war eindeutig Leberwurst! Ich trank schnell einen großen Schluck Wein und sagte dann: »Oje, da sind Zwiebeln drin. Gegen Zwiebeln bin ich leider allergisch. Wie ärgerlich.« Ich hatte geraten, aber Zwiebeln waren ja fast überall drin. Zwiebeln. Jetzt musste ich daran denken, wie Jens mir gezeigt hatte, wie man Zwiebeln schnitt, und wie verrückt mein Herz dabei gespielt hatte. Verdammt. Was war denn nur los mit mir? Konnte der mal aus meinem Kopf verschwinden? Das nervte!

»Ach, das ist ja schade«, sagte Alex. »Ich hätte vorher mit dir abklären sollen, ob du irgendwelche Allergien hast. Gibt es noch was, wogegen du allergisch bist?«

Ha, wenn ich das jetzt als Steilvorlage nutzen sollte, alles aufzuzählen, was ich nicht mochte, würden wir aber noch lange hier sitzen. Und außerdem *wollte* ich ja probieren. Solange es kein rohes Fleisch oder Leberwurst war, hatte jedes Gericht eine Chance verdient. So weit zumindest hatte ich mich mit Jens nach ein paar Wochen Diskussion geeinigt. Ach Mann. Schon wieder er. »Nein, sonst kann ich alles essen. Allerdings sollte ich vielleicht erwähnen, dass ich kein rohes Fleisch esse. Oder rohen Fisch. Aber Fisch wird es heute ja wohl sowieso nicht geben, das wäre doch ziemlich unpassend, was?« Ich kicherte und deutete mit dem Daumen auf das Aquarium, in dem die Haie und Rochen friedlich ihre Runden drehten.

Er machte ein betretenes Gesicht. »Ich fürchte, doch. Allerdings keinen, den wir heute hier gesehen haben«, beeilte er sich hinzuzufügen. »Es gibt Zander. Und ich werde gleich Bescheid sagen, dass du ihn unbedingt durch haben willst.«

»Super«, sagte ich. »Zander mag ich sehr.«

Allerdings nicht diesen Zander, wie ich feststellte, als ich wenig später von meinem Hauptgang kostete. Er war labberig und gar nicht so schön kross auf der Haut gebraten wie bei ... sonst, und die Sauce schmeckte nach nichts. Aber immerhin, wenn etwas nach nichts schmeckte, konnte ich es problemlos essen.

Während des Hauptgangs unterhielten wir uns über das Tauchen, beziehungsweise erzählte Alex mir alles darüber. Es war ein wahnsinnig tolles Erlebnis, hier zu essen, vor der spektakulären Kulisse des Aquariums, und mir spannende Geschichten über die Unterwasserwelt anzuhören. Ich hatte ein Traumdate mit meinem Traummann – wahrscheinlich war es das romantischste Date, das die Welt je gesehen hatte, und ich fühlte mich, als wäre ich in einem Märchen gelandet.

Als der Kellner mit den Desserts kam, dachte ich im Stillen: ›Bitte lass es ein Schokoladenmalheur sein!‹

»Für die Dame haben wir eine Mousse au Chocolat«, sagte er und stellte den Teller vor mir ab. »Und für den Herrn ein Granatapfel-Joghurt-Eis mit Vanilleküchlein.«

»Ich dachte, weil du ja neulich meintest, dass du dir nichts aus Eis machst. Und ich wiederum mach mir nichts aus Schokolade. Ist das okay?«, fragte Alex.

»Ja, natürlich. Das ist sehr aufmerksam, vielen Dank!« Ich probierte etwas von der Mousse. Sie erinnerte mich an Schokoladenpudding aus Tütenpulver und war garantiert nicht selbst gemacht. Jens ... also, viele Köche hassten ja Convenience-Produkte und waren der Ansicht, dass man ein Gericht erst gar nicht auf die Karte setzen sollte, wenn man nicht dazu in der Lage war, es selbst zu machen.

»Schmeckt es dir nicht?«, fragte Alex.

»Doch, doch. Ich bin nur schon ziemlich satt.«

»Willst du mal meins probieren?«

Ich stutzte. »Das ist nett, aber ich bin wirklich satt.«

»Probier doch mal«, sagte er, und schon ließ er einen Löffel voll Eis rüberwandern.

»Äh, danke, aber ich ...« Da war der Löffel auch schon nur noch wenige Millimeter von meinem Mund entfernt. Im allerletzten Moment drehte ich reflexartig meinen Kopf zur Seite, sodass Alex mir den Löffel in die Wange stieß.

»Oh Gott, entschuldige!«, rief er bestürzt. »Das tut mir leid.«

»Nein, *mir* tut es leid.« Ich rieb mir mit meiner Serviette über die Wange und schämte mich so sehr für mich selbst, dass ich ihm kaum in die Augen sehen konnte. Er hatte sich so für mich ins Zeug gelegt, und ich benahm mich zum Dank dafür wie ein bescheuertes bockiges Kleinkind. Was war denn nur los mit mir, verdammt noch mal? »Ich hab keine Ahnung, was das sollte, das war irgendein komischer Reflex, und ich … Es tut mir *so* leid!«

Alex winkte ab. »Ist doch nicht schlimm. Du lässt dir halt nicht gerne ungebeten Essen in den Mund schieben. Und dann auch noch Eis. Eigentlich total nachvollziehbar, wenn man drüber nachdenkt.«

Seine Reaktion bestätigte mal wieder, wie absolut perfekt und großartig er war. Immerhin war das unselige Essen jetzt beendet, und ich konnte mich wieder etwas entspannen. Der Kellner schenkte uns Wein nach, und für den Rest des Abends genossen wir einfach nur die Atmosphäre des Aquariums. Wir unterhielten uns oder saßen schweigend da und beobachteten die Fische, die so eine friedliche, beruhigende Wirkung auf mich hatten, dass ich ihnen stundenlang hätte zuschauen können.

Um zehn Uhr mussten wir das Aquarium verlassen. Draußen wartete bereits ein Taxi auf uns, das Alex offenbar hierherbeordert hatte. Ich fragte mich, ob wir jetzt noch irgendwo anders hingehen würden, immerhin war es ja noch nicht so spät. Doch Alex brachte mich direkt nach Hause. Wieder öffnete er mir die Autotür und begleitete mich die paar Schritte zu meinem Wohnhaus.

»Vielen Dank für diesen wunderschönen Abend, Alex. Es war unglaublich toll.«

»Ja«, erwiderte er lächelnd. »Auch wenn das Essen nicht ganz dein Fall war. Aber immerhin weiß ich jetzt, dass du gegen Zwiebeln und Gefüttertwerden allergisch bist.«

»Oh Gott, das ist mir so unangenehm! Was Essen angeht, bin ich wirklich nicht ganz einfach, aber ich arbeite schon daran, und seit ich immer bei ... also, seit ich nicht mehr bei Mr Lee esse, ist es schon viel besser geworden. Na ja, den Eindruck hast du nach heute Abend wahrscheinlich nicht, aber ...« Ich hielt inne, denn ich hatte das Gefühl, es mit meinen Erklärungen nicht wirklich besser zu machen. »Du willst mich bestimmt nie wiedersehen«, sagte ich schließlich.

Er legte seine Hände an meine Oberarme und drückte sie sanft. »Das ist doch Blödsinn. Du bist eine bezaubernde Frau. Und ich finde, wir sollten das hier wiederholen.«

Er wollte mich tatsächlich wiedersehen? Und das, obwohl ich mich über weite Strecken des Abends benommen hatte wie eine Vollidiotin? Oh Mann, er war und blieb der großartigste Mann auf der Welt. »Ich auch.«

Alex beugte sich zu mir runter, und ich ermahnte mich in Gedanken, nicht wieder den Kopf wegzudrehen. Doch kurz bevor seine Lippen auf meinen landeten, überlegte er es sich offenbar anders, denn er gab mir lediglich einen sanften Kuss auf die Wange. »Gute Nacht, Isabelle. Schlaf gut.«

Ich berührte mit den Fingern die Stelle, die er geküsst hatte. »Du auch. Gute Nacht.«

Er warf mir einen letzten Blick zu, dann ging er zurück zum Taxi. Wie angewachsen stand ich vor der Haustür und versuchte mir auszumalen, wann ich mich von dem Schock darüber erholt haben würde, dass er mich nicht richtig geküsst hatte.

Upps! Die Pannenshow
oder
Mein Leben

Nachts kriegte ich kaum ein Auge zu, weil mir die ganze Zeit die Frage durch den Kopf ging, was mit Alex los gewesen war. Er fand mich »bezaubernd«, aber küssen wollte er mich nicht? Vielleicht hatte ich ihn abgeschreckt mit meinem Verhalten während des Essens und dieser unsäglichen Panne, als er mich hatte füttern wollen. Vielleicht dachte er, ich hätte kein Interesse, oder hatte er kein Interesse mehr, nachdem er mich besser kennengelernt hatte. Es gab so viele Möglichkeiten.

Als ich am Sonntagmorgen völlig übernächtigt aufwachte, schrieb ich umgehend Kathi eine Nachricht und bat dringend um ein Treffen. Zum Glück war sie wieder im Lande und schlug kurz darauf vor, dass wir uns nachmittags an den Wasserkaskaden in Planten un Blomen treffen sollten.

Obwohl ich noch todmüde war, stand ich auf, denn es war bereits jetzt bullenheiß und stickig in meiner Wohnung, und ich hielt es nicht mehr im Bett aus. Ich sprang unter die Dusche, zog mir das luftigste Sommerkleid an, das ich finden konnte, und machte mich auf den Weg zu dem kleinen portugiesischen Café um die Ecke, um mir was zum Frühstück zu holen. Im Eingang stolperte ich über Jens, der offenbar die gleiche Idee gehabt hatte wie ich, denn er trug einen großen Becher Galão und eine Papiertüte in den Händen.

»Hey Isa«, sagte er und musterte mich überrascht. »Schon wach?«

»Ja, es ist zu heiß zum Schlafen.« Ich deutete auf die Sachen in seiner Hand. »Frühstücken wir zusammen?«

Er nickte. »Ich warte draußen auf dich.«

Ich holte mir schnell ein mit Käse und Serranoschinken belegtes Croissant und einen Galão. Jens hatte mich auf den Geschmack gebracht, und inzwischen war ich fast so süchtig nach diesem köstlichen portugiesischen Milchkaffee wie nach seinen Schokoladenmalheurs. Wir gingen an den Goldbekkanal und setzten uns auf eine Bank.

»Wie war überhaupt dein Date?«, fragte Jens betont beiläufig, nachdem er einen großen Bissen seines überbackenen Toasts verschlungen hatte.

Tja, wenn ich das nur selbst wüsste. »Sehr schön eigentlich.« Ich schilderte ihm kurz den Besuch im Tropen-Aquarium und unser exklusives Dinner mit Blick auf das Hai-Atoll.

»Wow, der Typ hat sich ja richtig ins Zeug gelegt. Was gab es zu essen? Wer hat gekocht?«

War ja klar, dass das Essen für Jens an erster Stelle stand. »Ich hab keine Ahnung, wer gekocht hat. Das Essen war … okay. Es gab Leberwurst.«

»Leberwurst? Du meinst Gänseleberterrine?«
»Mhm.«
Er grinste. »Oje. Die ist bei dir doch tabu.«
»Ja, ich hab behauptet, ich hätte eine Zwiebelallergie.«
»Clever.«

Ich biss von meinem Croissant ab und sagte mit vollem Mund: »Zum Dessert gab es Mousse au Chocolat, die nach Tütenpudding schmeckte.« Mit Grauen dachte ich daran, wie ich meinen Kopf weggedreht und Alex mir seinen Löffel voll Eis in die Wange gebohrt hatte.

»Du musst dem Koch aber zugutehalten, dass es auch nicht so einfach ist, dich satt zu kriegen.«

»Du kriegst mich immer satt«, sagte ich und fragte mich, wieso anscheinend er der Einzige war, dem das gelang.

Jens lachte nur, und für eine Weile kauten wir schweigend vor uns hin.

»Und sonst?«, fragte er schließlich, immer noch in diesem Ton, als würde es ihn gar nicht wirklich interessieren. »War es ein voller Erfolg? Hast du ihm deine Snoopy-Unterwäsche gezeigt?«

Beinahe hätte ich mich an meinem Kaffee verschluckt. »Woher weißt du, dass ich Snoopy-Unterwäsche habe?!«

»Weiß ich gar nicht. War geraten. Also? Hast du sie ihm nun gezeigt oder nicht?«

»Nein. Ich hatte keine Snoopy-Unterwäsche an, aber auch die, die ich anhatte, hat er nicht zu sehen gekriegt. Wir haben uns nicht mal richtig geküsst.« Ich rieb mir die Stirn, als könne ich so den Gedanken an diesen freundschaftlichen Wangenkuss vertreiben. »Er hat mir gesagt, ich sei bezaubernd und dass er mich gerne wiedersehen will. Dann hat er mir einen Kuss auf die Wange gegeben und ist abgehauen. Das war's.«

Seltsam, bildete ich mir das nur ein oder lag da ein erleichterter Ausdruck in Jens' Augen? »Bezaubernd? Oha. Dabei findest du bezaubernde Menschen doch zum Kotzen.«

»Tja. Blöd gelaufen.« Mit dem Plastiklöffel kratzte ich den Milchschaum in meinem Becher zusammen. »Außerdem bin ich anscheinend sowieso nicht *bezaubernd* genug für ihn.«

Jens stöhnte entnervt auf. »Herrgott noch mal, Isa, mach doch nicht immer gleich ein Drama aus allem! Er hat dich nicht geküsst, na und? Vielleicht ist er ein Idiot und hat sich einfach nicht getraut.«

»Er ist ein erwachsener Mann und kein schüchterner Teenager! Wenn du er gewesen wärst, hättest du mich dann etwa auch nicht geküsst?«

Jens starrte mich für ein paar Sekunden sprachlos an, dann sagte er: »Ich? Was hat das mit mir zu tun?«

»Nichts, aber ...« Ich brach mitten im Satz ab. »Ach, ich weiß auch nicht. Es nervt mich einfach, dass er mich nicht geküsst hat.« Ich pfefferte den leeren Pappbecher in den Mülleimer neben der Bank. »Wie sieht's aus, gehen wir ein Stück spazieren?«

Er warf einen Blick auf seine Uhr. »Nein, ich muss ins Restaurant. Buchhaltung, Mise en Place, Arbeit halt. Was ist mit Dienstag? Gehen wir an den See?«

»Ja, unbedingt.«

Wir machten uns auf den Rückweg durch die Mittagshitze, und vor dem Restaurant verabschiedeten wir uns voneinander.

»Hey, Isa?«, rief Jens mir nach.

Ich drehte mich zu ihm um und sah ihn abwartend an. »Ja?«

Er schüttelte verwirrt den Kopf, als wüsste er nicht mehr, was er sagen wollte. »Sehen wir uns morgen Mittag?«

»Na, was denkst du denn?« Ich erinnerte mich an seine Frage, was er mit der Alex-Sache zu tun hatte, und in mir kam eine dumpfe Ahnung auf: ›Möglicherweise sehr viel mehr als mir lieb ist.‹ Immerhin war Jens gestern fast den ganzen Abend dabei gewesen. In meinen Gedanken. Und diese Tatsache brachte mich noch mehr durcheinander als der blöde Nicht-Kuss.

Kathi und Dennis waren bereits da, als ich zwei Stunden später an unseren Treffpunkt bei den Wasserkaskaden in Planten un Blomen kam. Sie hatten ein paar der gemütlichen weißen Gartensessel, die überall im Park herumstanden, in Beschlag genommen, hielten Becher mit quietschbuntem Slush-Eis in den Händen und reckten ihre Gesichter in die Sonne. »Hallo ihr beiden!«

Kathi und Dennis sprangen auf, um mich zu umarmen. »Gut seht ihr aus!«, rief ich. »Total braun seid ihr geworden. Wie war es denn?« Ich fläzte mich auf einen der Stühle und genoss den Blick auf das Wasser.

Kathi und Dennis schwärmten mir in den höchsten Tönen von ihrem Hotel und dem Strand vor, kamen aber schnell auf ihr Haus zu sprechen. Und zu meiner eigenen Überraschung musste ich zum ersten Mal nicht nur so tun, als würde ich mich für sie freuen, sondern ich tat es wirklich. »Lass uns doch mal zusammen hinfahren«, sagte ich, nachdem sie mir vorgeschwärmt hatten, wie schön der Garten zurzeit war.

»Klar, gerne!«, rief Kathi mit leuchtenden Augen.

Später kamen Bogdan, Kristin und Nelly dazu, und ich war wirklich froh, sie endlich alle wieder um mich zu haben.

»Was gibt's denn bei dir eigentlich Neues, Isa?«, fragte Dennis mich, nachdem Kristin und Bogdan von ihrem Urlaub in Kroatien berichtet hatten.

Ich erzählte kurz über die Fortschritte und Rückschläge des Blumenladens und erwähnte, dass ich mit Jens, Merle und Brigitte an der Nordsee gewesen war. Das fanden die anderen hochinteressant. »Aha?«, sagte Nelly. »Läuft da jetzt etwa doch was zwischen euch?«

»Ach Quatsch«, sagte ich eine Spur zu heftig, wie mir selber auffiel. »Da ist gar nichts. Wir sind gute Freunde, deswegen denke ich halt viel an ihn. In letzter Zeit gibt es auch immer mal wieder so Momente, aber das ist ja ganz normal.«

»Was denn für Momente?«, wollte Kathi wissen.

»So komische Spannungen halt. Sexuell. Aber nur von meiner Seite aus, und außerdem hat es nichts zu bedeuten. Es ist einfach schon eine Weile her, dass ich einen Freund hatte und …« Ich suchte nach Worten. »Dann noch diese Hitze. Man ist ja ständig so leicht bekleidet, da kommt es halt ab und zu mal zu solchen Momenten. Auch zwischen guten Freunden.«

Nellys Augenbrauen wanderten bis zum Haaransatz. »Ach ja? Hattest du solche Momente etwa auch schon mit Dennis oder Bogdan?«

Ich sah mir die beiden genauer an. Dennis spitzte seine Lippen und warf Küsse in meine Richtung, während Bogdan breite Schultern machte und sich affektiert durchs Haar strich. »Nein.«

»Mit Knut vielleicht?«

»Spinnst du?«

»Dann hat es doch etwas zu bedeuten, dass du scharf auf Jens bist«, sagte Kathi.

»Ich bin nicht *scharf* auf ihn!«, protestierte ich. »Und er auf mich schon gar nicht.« Es nervte mich, dass meine Freunde mich noch mehr zum Nachdenken über Jens brachten, statt mich zu beruhigen und mir zu sagen, dass diese komischen Gefühle bald wieder vorübergehen würden. Denn genau das hatte ich von ihnen hören wollen. »Und außerdem gibt es viel wichtigere Neuigkeiten: Alex und ich hatten gestern ein megaromantisches Date!«

Nelly machte große Augen, was bei ihr immer besonders lustig aussah. »Wie krass ist das denn? Erzähl.«

Und so erzählte ich zum zweiten Mal am heutigen Tag die Geschichte vom Tropen-Aquarium. Nachdem ich geendet hatte, starrten meine Freunde mich mit offenen Mündern an.

»Der Typ hat das Hai-Atoll im Tropen-Aquarium nur für euch beide gemietet?«, fragte Kristin, die sich als Erste wieder gefangen hatte. »Ich hatte keine Ahnung, dass solche Dinge wirklich passieren.«

»Ist er Millionär?«, wollte Bogdan wissen.

»Wieso hast du dich nicht einfach von ihm füttern lassen?«,

fragte Dennis. »Was ist daran denn bitte so schwer? Maul auf, Löffel rein, fertig.«

»Ich weiß!«, rief ich. »Das war ein Reflex, ich es kann mir ja selbst nicht erklären.« Vor allem, weil es noch ein paar Tage zuvor überhaupt kein Problem für mich gewesen war, mich von Jens ... doch diesen Gedanken wollte ich nicht näher ausführen. »Aber was meint ihr, woran es liegen könnte, dass Alex mich nicht geküsst hat?«

»Vielleicht ist er schüchtern«, schlug Kristin vor.

»Oder er hat doch kein Interesse an dir«, meinte Dennis.

»Oder er ist ein Gentleman und wollte dir damit zeigen, dass er dich respektiert«, sagte Kathi.

»Oder er ist ein Idiot«, sagte Bogdan nüchtern und erinnerte mich damit an Jens, der diese Vermutung ja auch schon geäußert hatte.

»*Oder*«, war nun Nelly an der Reihe, »du hörst auf, es zu hinterfragen, und wartest einfach ab, was als Nächstes passiert.«

Ich blickte nachdenklich auf die Wasserspiele.

»Nie im Leben«, sagte Dennis. »Isa ist eine Frau. Und noch dazu eine Drama-Queen. Sie soll einfach abwarten, was passiert? Vergiss es.«

»Hey!«, sagte ich beleidigt. »So schlimm bin ich nun auch wieder nicht.«

Kathi schlürfte laut an ihrem Slush-Eis, das inzwischen nur noch flüssiges Zuckerwasser war. »Wann seht ihr euch denn wieder?«

»Ich weiß nicht. Wir haben uns heute ein paar Nachrichten geschrieben, aber nicht telefoniert oder ein neues Treffen abgemacht.«

»Dann hast du ja Zeit, herauszufinden, was diese Sache mit Jens zu bedeuten hat«, sagte Nelly.

»Das hat nichts zu bedeuten!«, rief ich heftig. »Er ist ein

Freund, und er ist mir sehr wichtig. Sehr, sehr wichtig. Das werde ich nicht dadurch kaputt machen, dass Gefühle, welcher Art auch immer, dazwischenkommen.«

»Aber du ...«, setzte Kathi an, doch ich fiel ihr ins Wort und nutzte meine Wunderwaffe. »Das Thema ist für mich erledigt. Hey, wie wäre es, wenn wir jetzt alle nach Bullenhausen fahren?«

Sie stutzte kurz, doch dann strahlte sie mich an. »Ja, klar! Bullenkuhlen zwar, aber wenn ihr wollt, können wir sofort losfahren.«

»Das war ja mal ein ganz mieser Trick«, raunte Nelly mir zu. »Aber ich schwöre dir, dieses Thema ist nicht vom Tisch.«

Das würden wir ja sehen. Ich hatte jedenfalls nicht vor, mich weiter mit dem Thema Jens zu beschäftigen. Zumindest nicht noch mehr, als ich es sowieso schon tat.

Wir machten uns auf den Weg zu Kathis und Dennis' Haus, und es war tatsächlich gar nicht so weit bis dorthin. Und spätesten, als wir davorstanden, war mir klar, dass die beiden mich öfter sehen würden, als ihnen lieb war. Dieses Haus war ein Traum, und die Blumen im Garten erst! Ich würde sie ständig besuchen kommen.

Es war gar nicht so leicht, mich nicht mit dem Thema Jens zu beschäftigen, wenn er halbnackt neben mir am Stadtparksee lag. Leider hatte Merle keine Lust gehabt, mitzukommen, weil sie mit ihren neuen Freunden unterwegs war. Dabei wäre es gar nicht schlecht gewesen, sie als Anstandswauwau hierzuhaben. Oder als Abstandhalter zwischen mir und Jens. Seufzend drehte ich mich auf den Bauch, sodass ich nicht ständig die glitzernden Wassertropfen auf seinem Rücken und in seinem Haar vor Augen hatte.

»Ist irgendwas?«, fragte er.

»Nee, wieso?«

»Weil du alle drei Minuten seufzt wie meine Oma, wenn sie Rücken hat.«

Gegen meinen Willen musste ich kichern. »Stimmt ja gar nicht.«

»Oh doch. Die ganze Zeit.«

»Quatsch.« Ich richtete mich seufzend auf und stützte meinen Oberkörper auf den Armen ab, woraufhin Jens in Gelächter ausbrach. Als mir bewusst wurde, dass ich schon wieder geseufzt hatte, stimmte ich in sein Lachen ein. »Weißt du, womit das alles etwas erträglicher werden würde?«

»Das alles? Was denn?«

Ich machte eine unbestimmte Handbewegung. »Das alles halt. Die Hitze, der Sommer, die Sonne, der blaue Himmel, der See, der freie Tag.« ›Und du‹, hätte ich beinahe hinzugefügt, doch ich konnte mich gerade noch zurückhalten.

»Na? Womit?«

»Mit Alkohol.«

»Hm.« Gedankenverloren streckte Jens seinen Arm aus und strich sanft über meinen Rücken.

Es fühlte sich an wie ein elektrischer Schlag, und an der Stelle, die er berührte, kribbelte meine Haut wie verrückt. Ich war völlig unfähig, mich zu bewegen oder etwas zu sagen. Was machte er denn da? Wollte er mich mit aller Gewalt zum Seufzen bringen?

Jens sah mich an, und ich wusste nicht, was er an meinem Gesicht ablas, aber es war auf jeden Fall etwas, das ihn dazu bewog, seinen Arm zurückzuziehen. »Äh, du … hattest Gras am Rücken.« Er hob die Hand, um mir zu zeigen, dass er einen Grashalm zwischen den Fingern hielt.

Plötzlich wurde mir bewusst, dass ich aufgehört hatte

zu atmen, und ich holte tief Luft. »Alkohol«, sagte ich. »Du auch?«

»Unbedingt.«

Ich zog mein Kleid über, griff nach meinem Portemonnaie und ging, nein rannte fast zum Kiosk, um zwei Bratwürste und zwei große Biere zu holen. Zum Glück hatte Jens sich sein T-Shirt übergezogen, als ich wieder an unseren Platz kam.

»Oh, vielen Dank«, sagte er, als ich ihm seine Bratwurst und ein Bier gab. »Witzig, kaum warst du weg, dachte ich ›Eine Bratwurst wäre cool‹. Und jetzt kommst du mit einer an.«

»Das finde ich überhaupt nicht witzig, sondern extrem gruselig. Du hast mein Gehirn infiltriert!«

Wir stießen an, und ich nahm einen großen Schluck Bier. Mein Blick schweifte ein paar Decken weiter, wo ein Mann ein weinendes Baby in den Armen hielt. Sofort musste ich an meinen Vater denken. »Ich war ja übrigens ein sehr anstrengendes Baby«, informierte ich Jens.

Er schüttelte lachend den Kopf. »Deine Gedankensprünge sind echt phänomenal.«

»Ich hab die ganze Zeit geheult, und meine Mutter wäre fast an mir verzweifelt. Mein Vater war der Einzige, der mich beruhigen konnte. Er hat mir immer vorgesungen. Nena und so. Ach, er war schon ein toller Typ. So ähnlich wie der Vater da.«

Jens folgte meinem sehnsüchtigen Blick zu dem Mann auf der Decke, dann sah er mich nachdenklich an, sagte jedoch nichts dazu.

Ich biss von meiner Bratwurst ab. »Wie ist dein Vater eigentlich so?«

Er zuckte mit den Achseln. »Eigentlich ganz okay. Es gab

allerdings Zeiten, da fand ich ihn nicht besonders toll. Im Grunde genommen hab ich damals nur die Schule geschmissen, um ihn zu ärgern. Hat funktioniert.«

»Kann ich mir vorstellen.«

»Aber letzten Endes hat es sich dann ja als Glücksfall für mich herausgestellt, und mein Vater hat sich irgendwann damit abgefunden, dass kein Banker oder Professor für Altphilologie aus mir geworden ist.«

Lachend knüllte ich den Pappteller meiner inzwischen aufgegessenen Bratwurst zusammen. »Das ist ja auch ein schrecklicher Gedanke. Dann hätten wir uns nie kennengelernt. Ich meine, wer würde mir dann mein Essen machen?«

»Du denkst immer zuerst an dich, was?«, sagte er, doch seine Augen funkelten amüsiert.

»Tja, wenn ich nicht zuerst an mich denke, wer soll es denn dann tun? Und heute verstehst du dich besser mit deinem Vater?«

Er nickte. »Ja, wenn man älter wird, sieht man vieles mit anderen Augen. Noch ein Bier?«, fragte er unvermittelt und gab mir damit klar zu verstehen, dass er bis auf Weiteres genug über Gefühle geschwafelt hatte.

»Deine Gedankensprünge sind allerdings auch nicht zu verachten«, sagte ich. »Ja, bitte.«

Für den Rest des Nachmittags lagen wir auf unserer Decke und starrten Löcher in die Baumkronen, redeten, gingen schwimmen und alberten herum. Um halb neun machten wir uns auf den Weg nach Hause. An der Kreuzung, an der ich rechts abbiegen und er geradeaus weitergehen musste, blieben wir stehen.

»Das war ein schöner Nachmittag«, sagte ich, obwohl ich mich eigentlich noch gar nicht von ihm verabschieden wollte. »Sehen wir uns morgen?«

Er nickte. »Ja. Oder ... wir trinken noch was zusammen. So spät ist es ja noch nicht.«

Mein Herz hüpfte freudig, und ich spürte, wie sich ein Lächeln auf meinem Gesicht ausbreitete. »Gerne. Auf deinem Balkon?«

Er zögerte für einen Moment, dann sagte er: »Wie wäre es mit dem Beachclub oben auf dem Parkhaus der Hamburger Meile?«

»Da ist ein Beachclub?«, fragte ich überrascht. »Auf dem Dach?«

Er nickte. »Ja, im 11. Stock. Ein Kumpel von mir arbeitet da.«

»Klingt cool.«

»Okay, dann hol ich dich ab. In einer Stunde?«

»Perfekt. Bis später.«

Genau eine Stunde und zwanzig Minuten später betraten wir den Beachclub, und sofort hatte ich das Gefühl, in einer anderen Welt zu sein. Das Dach war mit Sand bedeckt, im Zentrum befand sich ein Pool, überall standen Liegestühle, Sitzgruppen und Sonnenschirme herum. Aus den Boxen erklang chillige Café-del-Mar-Musik, Lampions und Lichterketten leuchteten bunt, und es duftete nach Gegrilltem. Zu meiner Rechten befand sich die längste Beachbar, die ich je gesehen hatte. An der Theke stellte Jens mir seinen Kumpel Eddy vor, der sehr lustig war und außerdem einen großartigen Mai Tai mixte. Nachdem wir ein Weilchen mit ihm geplaudert hatten, gingen wir an den Pool. Mit etwas Glück ergatterten wir noch ein freies Eckchen, setzten uns an den Rand und ließen die Füße ins Wasser baumeln. Ich saugte an meinem Strohhalm und blickte auf das abendlich beleuchtete Hamburg, auf das man von hier oben einen großartigen Blick hatte. Die drei Mundsburg-Hochhaustürme lagen unmittelbar vor uns, und ich kam mir sehr mondän und großstädtisch vor. »Das ist wie in New York hier, was?«

Er lächelte. »Fast.«

»Warst du da schon mal?«

»Ja, ich hab da ein paar Monate gearbeitet.«

»Und wie war es?«

Er trank einen Schluck aus seiner Flasche. »Sehr stressig. Der Küchenchef war die ganze Zeit vollgekokst bis an die Schädeldecke und der größte Arsch, den ich je in meinem Leben kennengelernt habe. Aber ich hab auch eine Menge gelernt.«

»Ich meine doch die Stadt!«

»Ach so. Ja, New York ist schon ganz cool.« Er grinste mich an. »Aber Hamburg ist besser.«

Mit den Füßen wirbelte ich das Wasser im Pool auf. »Ich will da trotzdem unbedingt mal hin.«

»Dann mach das«, sagte Jens. »Solange du wiederkommst.«

Ich versuchte in seinem Blick zu erkennen, ob er das wirklich ernst gemeint hatte. Er sah mich ganz aufrichtig an, ohne den Hauch eines spöttischen Lächelns. Mein Herz schlug schneller, und ich spürte ein verdächtiges Kribbeln in meinem Bauch. »Klar komme ich wieder.« Neben mir ertönte ein lautes Platschen, und ich zuckte heftig zusammen, als ein junges Mädchen mitsamt ihren Klamotten in den Pool sprang. Ihre beiden kreischenden Freundinnen taten es ihr gleich, und bald darauf sprangen ein paar Typen hinterher.

»Komm«, sagte Jens und zog mich sanft am Arm. »Für eine Poolparty bin ich noch nicht betrunken genug.«

»Ich auch nicht.«

Wir setzten uns auf Barhocker an einem Stehtisch und gerieten ins Gespräch mit den Leuten neben uns. Sie waren

Touristen aus Süddeutschland, die uns um Hamburg-Geheimtipps baten. Ich riet ihnen selbstverständlich, im Thiels in Winterhude essen zu gehen, und pries es als *das* Hamburger Szene-Restaurant auf Sternekurs an, während Jens ihnen einen Shopping-Tipp für einen zauberhaften, kleinen Blumenladen gab, in dem man auch Skulpturen eines extrem angesagten Hamburger Künstlers kaufen konnte. Zum Dank luden sie uns auf ein Getränk ein, und dann hatten wir einen Heidenspaß zusammen, indem wir uns gegenseitig mit Vorurteilen über Nord- und Süddeutsche aufzogen. So viel gelacht hatte ich schon lange nicht mehr, doch irgendwann verabschiedeten sie sich, um zurück in ihr Hotel zu gehen.

»Ich bin gespannt, ob wir sie morgen zu Gesicht kriegen«, sagte ich, als ich den letzten Rest meines Cocktails schlürfte. »Übrigens nett, wie du über den Laden gesprochen hast.«

»Dir vielen Dank für den Sternekurs.«

Beim Stichwort »Sternekurs« fiel mir wieder etwas ein, an das ich schon längere Zeit nicht mehr gedacht hatte. »Ich muss dich unbedingt endlich mal was fragen«, sagte ich. »Dieser Fernsehkoch, mit dem deine Exfreundin dich betrogen hat – wer war das eigentlich?«

Jens sah mich völlig entgeistert an. »Was?«

»Na, Merle hat mir davon erzählt, aber sie wollte nicht sagen, wer es war. Ich weiß ja, dass mich das eigentlich nichts angeht, und es ist echt eine ganz furchtbare Geschichte. Es tut mir sehr leid, dass dir das passiert ist, aber es macht mich einfach wahnsinnig, dass ich nicht weiß, welcher verdammte Koch das war! Also bitte, sag es mir.«

»Ich wusste gar nicht, dass du so neugierig bist«, lachte er.

»Doch!«, rief ich. »Ich bin furchtbar neugierig. Seit Ewigkeiten rätsle ich, wer es gewesen sein könnte, und ich halte das nicht mehr aus. Also bitte sag es mir! Biiiiitte!«

Er ignorierte mein Flehen und sagte stattdessen: »Jetzt wird mir auch klar, wieso du diese komischen Bemerkungen über Schuhbeck und Lafer gemacht hast. Oder dass ich Fernsehköche nicht leiden kann.«

»War es Frank Rosin? Oder Tim Mälzer? Christian Rach? Steffen Henssler? Oh mein Gott, es war doch wohl nicht Horst Lichter?!«

Jens lächelte. »Was kriege ich, wenn ich es dir sage?«

»Was willst du denn haben?«

»Lass dir was einfallen. Aber der Preis für diese Information ist sehr hoch, das wirst du sicherlich verstehen.«

»Soll ich einen Strip hinlegen oder was?«, platzte es aus mir heraus. Hilfe, wo kam das denn her?

Er musterte mich aufreizend langsam von oben bis unten. »Das wäre bestimmt sehr nett, aber so viel würde ich dann doch nicht von dir verlangen. Immerhin bin ich ein Gentleman.«

»Ah ja. Klar. Gut, dann … ein Gin Tonic.« Das war ziemlich niedrig gegriffen, und in diesem Moment konnte ich mir auch weitaus spannendere Arten der Bezahlung vorstellen.

Jens rieb sich das Kinn und tat so, als müsste er sich das Angebot noch mal durch den Kopf gehen lassen. »Okay.«

Ich war fast schon ein bisschen enttäuscht, dass ich so billig davonkam. »Echt? Ein Gin Tonic? Das ist alles?«

»Ja. Das ist ein Freundschaftsangebot.«

Ach ja. Freundschaft. Das war es, was uns verband. Und ich war so dumm, das in letzter Zeit immer wieder zu vergessen. Ich rutschte von meinem Barhocker. »Alles klar. Ich bin sofort wieder da.«

An der Theke bestellte ich bei Eddy zwei Gin Tonics und staunte nicht schlecht, als er mir die Gläser hinstellte. »Der ist ja blau.«

»Ich weiß. Da ist eine Geheimzutat drin, durch die das Tonic sich blau färbt.«

»Echt?«, fragte ich und betrachtete fasziniert das Glas. »So eine Art chemische Reaktion?«

»Mhm.« Er nickte ernst. »Eine chemische Reaktion. Wenn man mit der Substanz nicht umgehen kann, kann es sehr gefährlich werden.«

Misstrauisch sah ich ihn an. »Du verarschst mich doch.«
Er grinste mich breit an.

Ich streckte ihm die Zunge raus und grinste zurück, dann machte ich mich auf den Weg zu Jens. Schon von Weitem hielt ich die Gläser hoch und rief: »Guck mal, der Gin Tonic ist blau!« Noch während ich es sprach, stolperte ich über einen Flip-Flop, der im Sand lag, und geriet mächtig ins Straucheln. Ich versuchte meinen Sturz zu verhindern und gleichzeitig die Getränke zu retten und stolperte unbeholfen auf Jens zu. Unmittelbar vor ihm kam ich zum Stehen. Ich sah erst auf die Gläser und dann zu ihm auf in seine lachenden Augen. »Nicht nur der Gin Tonic, wie mir scheint«, sagte er.

»Hey, ich bin nicht blau. Immerhin habe ich den hier noch total geschickt gerettet.« Ich reichte Jens sein Glas. »Eddy wollte mir nicht verraten, was da Blaues drin ist.«

»Oktopus-Tinte«, sagte Jens ernst.

Ich stutzte kurz, doch dann brach ich in Gelächter aus und schlug ihm leicht gegen die Brust. »Du bist blöd! Und jetzt sag mir, welcher Fernsehkoch es war. Ich habe meinen Preis gezahlt.«

»Vielen Dank dafür«, sagte er. Dann sah er sich nach links und rechts um, fasste meinen Oberarm und zog mich näher zu sich heran. »Du musst mir hoch und heilig versprechen, dass du es niemandem erzählst.«

Ich hielt den Atem an, nicht nur, weil ich so neugierig war, sondern vielmehr, weil seine unmittelbare Nähe mich völlig aus dem Konzept brachte. Er roch so gut, und sowohl mein Kopf als auch meine Knie schienen nur noch aus Watte zu bestehen. Jens beugte sich zu mir herab und flüsterte mir ins Ohr: »Es war ... niemand.«

Ich spürte seinen Atem sanft an meinem Ohr, und ein wohliger Schauer lief mir über den Rücken. Unwillkürlich schloss ich die Augen und hoffte, dass er weitersprechen würde. Doch es kam nichts mehr, und dann erreichten seine Worte endlich mein Hirn. Ich öffnete die Augen. »Was?«

»Diese Geschichte«, sagte er langsam und genüsslich, »ist erstunken und erlogen.«

»Von Merle? Aber warum sollte sie mir so etwas erzählen?«

»Keine Ahnung. Vielleicht wollte sie dich beeindrucken, und ihr ist nichts anderes eingefallen.«

Als ich daran dachte, dass Merle diese Bemerkung in ihrer Stalker-Phase gemacht hatte, im Beisein von Kathi und Nelly, kam mir Jens' Behauptung auf einmal ziemlich plausibel vor. »Da hab ich wohl mal wieder nicht gemerkt, dass ich verarscht werde.«

In Jens' Augen lag eine Zärtlichkeit, die ich noch nie zuvor an ihm gesehen hatte. »Du gehst halt nicht von vornherein davon aus, dass die Menschen dich anlügen oder verarschen wollen. Und im Grunde genommen ist das eine sehr nette Eigenschaft von dir.«

Mein Magen fühlte sich an, als würde ich Achterbahn fahren, und in diesem Moment wollte ich nichts mehr, als Jens zu küssen und von ihm geküsst zu werden. Aber nichts passierte. Wir standen einfach nur da und sahen uns an, bis der Zauber verflog und mit ihm die Gelegenheit. Als hätten wir auf einem Fünf-Meter-Brett gestanden, wären jedoch kurz vorm Absprung wieder runtergeklettert.

Ich ging zurück an die andere Seite des Tisches und setzte mich auf meinen Barhocker. Jens fuhr sich durchs Haar und trank einen Schluck von seinem Gin Tonic.

»Merle ist schon ein verrücktes Huhn, was?«, sagte ich nach einem kurzen Räuspern. Jens ging dankbar auf diesen Themenwechsel ein, und so redeten wir über sie, bis wir unsere Gläser geleert hatten. Danach traten wir den Rückweg an und waren schon unterwegs in Richtung Winterhude, als Jens sagte: »Wir könnten doch auch noch auf den Kiez gehen. Es ist gerade mal zwölf.«

Ich musste morgen um neun Uhr im Laden stehen, hatte eindeutig ein paar Schlucke Gin Tonic zu viel getrunken, war müde und kaputt, und trotzdem fast schon erleichtert, als ich seine Worte hörte. »Klar«, sagte ich strahlend.

Wir fuhren nach St. Pauli und steuerten den Kiezhafen an. Der Laden war proppenvoll, und es schien so, als hätten sich halb Hamburg und ein paar Busladungen voll dänischer Touristen zum Feiern hier versammelt. Wir quetschten uns durch die Menge an die Theke, wo Irina ihr strenges Regiment führte. Sie trug wieder ihr ›*Kiezkönigin*‹-T-Shirt und war noch kleiner, zierlicher und hübscher, als ich sie in Erinnerung hatte.

»Isabelle!«, rief sie bei meinem Anblick erfreut. »Schön, dass du endlich mal vorbeikommst! Wie geht's dir?«

»Gut, danke. Das ist übrigens Jens«, sagte ich und deutete mit dem Finger neben mich.

Die beiden gaben sich die Hand, dann fragte Irina: »Was möchtet ihr trinken? Keinen Kaffee, nehme ich an?«

»Nein danke«, erwiderte ich lachend. »Ich nehme ein Bier.«

»Ich auch«, sagte Jens.

Irina kümmerte sich um unsere Bestellung und ignorierte

dabei die lange Schlange an murrenden Gästen, die alle schon vor uns da gewesen waren. Kurz darauf stellte sie zwei Astra und zwei Schnapsgläser auf den Tresen. Sie nahm einen Krug und schenkte teuflisch aussehendes rotes Zeug ein.

»Ist das Mexikaner?«, fragte ich, beinahe ängstlich.

»Das ist der beste Mexikaner Hamburgs«, stellte sie klar. »Geht aufs Haus. Macht euch wieder nüchtern.«

Zweifelnd starrte ich auf mein Glas. Dass Mexikaner nüchtern machte, hatte ich auch noch nie gehört. Und wenn Irinas Mexikaner so gut war wie ihr Kaffee, dann Prost Mahlzeit.

»Trinkt!«, forderte Irina uns mit strengem Blick auf.

Ich zögerte immer noch, während Jens schnell nach seinem Glas griff.

»Eigentlich trinke ich nicht so gerne Kurze«, sagte ich. »Ich werde peinlich, wenn ich Schnaps trinke.«

»Wieso, was passiert denn dann?«, fragte Jens interessiert.

»Ich werde dann immer so ... anhänglich. Es könnte zum Beispiel sein, dass ich anfange, dich anzubaggern.«

Er griff nach dem zweiten Glas und drückte es mir in die Hand. »Hier, tu, was Irina dir sagt. Ich bin schon ziemlich lange nicht mehr angebaggert worden.«

Für einen Moment stockte mir der Atem, dann stieß ich mein Glas an Jens', und wir kippten den höllisch scharfen Mexikaner runter. Irina deutete auf unsere leeren Gläser. »Noch einen?«

»Auf jeden Fall«, sagte Jens.

Während Irina uns nachschenkte, sagte sie: »Knut kommt bestimmt auch gleich noch. Er macht immer um ein Uhr Pause und trinkt hier Kaffee.«

»Oh, schön.« Betreten knibbelte ich am Etikett meiner Bierflasche.

»Er hat dir erzählt, dass er in mich verliebt ist?«

»Ja.«

»Ich weiß nicht, was das soll. Er bringt alles durcheinander«, schimpfte sie, doch ihr Gesichtsausdruck war ungewohnt liebevoll. »Wir kennen uns schon so lange, warum muss er jetzt romantisch werden?«

»Woher kennt ihr beide euch denn eigentlich?«, fragte Jens.

»Er war der Bewährungshelfer meines Mannes.«

Beinahe wäre mir die Bierflasche aus der Hand gefallen. »Bewährungshelfer?! Knut war Bewährungshelfer?«

»Das wusstest du nicht?«, fragte sie überrascht.

»Nein! Ich habe ihn öfter gefragt, aber er wollte nie darüber reden, was er gemacht hat, bevor er Taxifahrer wurde.«

»Knut hat mir sehr geholfen damals. Mein Mann war ein ziemliches Arschloch. Ist er immer noch.« Ein sanftes Lächeln erschien auf ihren Lippen. »Aber Knut ist der Beste.«

»Auf Knut!«, rief Jens, hob sein Glas und forderte mich somit auf, zu trinken.

Nachdem ich mich ausgiebig geschüttelt hatte, fragte ich Irina: »Und warum hat er aufgehört, als Bewährungshelfer zu arbeiten?«

Sie schenkte uns erneut großzügig Mexikaner ein. »Knut hat eine große Seele. Er hat so viel gesehen, viel zu viel Elend und Hass und schlechte Dinge. Das konnte er nicht mehr ertragen. Und er war frustriert, weil er das Gefühl hatte, dass seine Arbeit niemandem hilft. Dass es keinen Unterschied macht, ob er da ist oder nicht. Also hat er seinen Job geschmissen.«

Oh Mann. Mein Herz quoll beinahe über vor Zärtlichkeit und Mitgefühl. »Er ist der Beste.«

Irina lächelte. »Sag ich doch.« Dann kümmerte sie sich wieder um ihre Gäste.

»Wenn ich Irina wäre, würde ich mich aber so was von sofort in Knut verlieben!«, sagte ich, während ich ihr nachblickte.

Jens schob das Schnapsglas in meine Richtung. »Dann einen Mexikaner darauf, dass du nicht Irina bist. Prost.«

Misstrauisch sah ich ihn an. »Willst du mich etwa abfüllen?«

»Quatsch«, sagte er, etwas zu schnell und heftig.

Mein Puls beschleunigte sich, und die Härchen in meinem Nacken richteten sich auf. »Doch. Du willst, dass ich dich anbaggere. Du ... flirtest mit mir!«

»Ich? Ich flirte überhaupt nicht! *Du* flirtest mit *mir!*«

»Hallo? Wer hat denn gesagt, dass ich einen Strip für dich hinlegen soll?«

Er hob die Augenbrauen. »Das war dein Vorschlag.«

Ups. Ach ja.

»Ich würde es allerdings wirklich sehr gerne mal sehen«, sagte er, und ein Lächeln umspielte seine Lippen.

Ein paar Mädels traten an den Tresen, wodurch ich an Jens gedrängelt wurde. Obwohl hinter ihm noch Platz war, ging er keinen Schritt zurück. Im Gegenteil. Er umfasste meine Taille und zog mich noch enger an sich heran.

»Tja, du wolltest aber nur einen Gin Tonic«, sagte ich mit klopfendem Herzen.

»Manchmal bin ich echt dämlich.«

Wir sahen uns in die Augen, und es knisterte so heftig zwischen uns, dass ich die Funken förmlich sprühen sah. »Glaubst du, Irina hat uns was ins Glas getan?«, fragte ich. »Ich meine, irgendwas, das einen ...« Hilflos brach ich ab.

»Na ja, anders lässt es sich natürlich überhaupt nicht erklären, warum wir so ...« Er sprach den Satz nicht zu Ende, aber ich wusste genau, was er meinte.

Mein Herz schlug so heftig, dass ich es beinahe hören konnte, als ich meine Hände auf seine Hüften legte. »Also wenn dich jetzt jemand zwingen würde, entweder mit mir oder Brigitte zu schlafen ...«

Jens lachte leise. »Glaub mir, mich müsste keiner dazu zwingen, mit dir zu schlafen.«

»Irina hat uns definitiv was ins Glas getan«, flüsterte ich. »Ich meine, sonst stehst du doch auch nicht auf mich.«

Mit den Daumen streichelte er sanft über meine Taille. »Ach nein? Wer sagt das?«

»Na du!«

Er tat so, als würde er angestrengt nachdenken. »Oh. Stimmt. Tja, manche Dinge ändern sich. Und außerdem, du redest nur davon, dass *ich* nicht auf *dich* stehe. Da stellt sich mir doch die Frage: Stehst du denn auf mich?«

Was für eine bescheuerte Frage! Da schmachtete ich ihn an wie nichts Gutes und reagierte auf jede seiner Berührungen, und er fragte mich, ob ich auf ihn stand? »Ich stehe auf dein Essen. Und damit wohl auch irgendwie auf dich. Meine Freundin Nelly meinte nämlich, Essen wäre wie Gaumensex und dass ich es mir demzufolge mindestens fünfmal die Woche ordentlich von dir besorgen lasse.«

Jens starrte mich zunächst verblüfft an, dann fing er an zu lachen. »Ich finde diese Theorie sehr interessant, aber auf der anderen Seite ist es auch schade, dass ich es dir demnach andauernd ordentlich besorge, ohne selbst etwas davon zu haben«, sagte er, während er mit einer Hand über meinen Rücken strich. »Also wäre mir persönlich die klassische Art, es dir zu besorgen, lieber.«

»Solange ich trotzdem weiterhin Essen von dir kriege, soll mir das recht sein«, sagte ich heiser. Dabei war Essen jetzt das, was ich am allerwenigsten von ihm wollte.

»Egozentrikerin«, flüsterte er. Dann nahm er mein Gesicht in seine Hände und küsste mich. Spätestens jetzt hatte ich keinen Zweifel mehr daran, dass Irina uns was ins Glas getan hatte. Mein Herz spielte völlig verrückt, und in meinem gesamten Körper kribbelte es so heftig, dass ich es kaum aushalten konnte. Ich legte meine Arme um seinen Nacken und zog ihn noch näher zu mir heran. Zuerst küssten wir uns sanft und zärtlich, als hätten wir alle Zeit der Welt, doch es dauerte nicht lang, bis der Kuss intensiver wurde und wir beide ungeduldig mehr forderten. Meine Hände strichen über seine Brust, während seine an meinen Hintern wanderten. Wahrscheinlich hätte Irina uns mit einem Wasserschlauch nassspritzen müssen, um uns voneinander zu trennen, doch irgendwann hörte ich wie aus weiter Ferne eine Stimme rufen: »Was geht 'n hier ab? Habt ihr kein Zuhause?«

Ich zog meinen Kopf zurück und begegnete Jens' Blick. Er sah mich ungläubig an, als wäre ihm völlig unverständlich, was gerade passiert war. Dann erschien ein Lächeln auf seinem Gesicht, das zu einem breiten Grinsen wurde. Und irgendwie war es ja auch seltsam. Wir standen an der Theke einer ziemlich schäbigen und lauten Kiezkneipe, in der tausend Leute um uns rum Bier soffen und Kippen rauchten, und machten rum, als gäbe es kein Morgen. Ich erwiderte sein Grinsen, und bald darauf fingen wir beide an zu lachen.

Ich spürte, wie mir jemand mit dem Zeigefinger an die Schulter tippte, und drehte mich um. Knut stand vor mir, die Hände in die Hüften gestemmt. Wahrscheinlich war er derjenige gewesen, der uns zur Ordnung gerufen hatte. »Isabelle Wagner, das hädde ich ja nu nich von dir gedacht«, sagte er gespielt streng.

»Ich auch nicht«, erwiderte ich, immer noch völlig entrückt. Doch dann fiel mir ein, was Irina uns vorhin über ihn erzählt hatte. Ich löste mich von Jens und drückte Knut spontan an mich. Durch die Trilliarden von Endorphinen und das Adrenalin, das immer noch durch meinen Körper jagte, war ich ganz euphorisch. »Du bist der beste Freund der Welt, und ich bin so froh, dass du damals an meiner Tür geklingelt und mich nicht in Ruhe gelassen hast!«

»Na, na.« Er klopfte etwas unbeholfen auf meinen Rücken. »Was is mit dir denn los?«

»Sie ist der Ansicht, dass jemand ihr was ins Glas getan hat«, sagte Jens mit einem Lachen in der Stimme.

»Den Eindruck hab ich auch.« Knut schob mich sachte von sich.

»Hier wird niemandem was ins Glas getan. Außer Alkohol«, protestierte Irina, die Knut einen Kaffee hinstellte. »Hast du eigentlich bei Alexander Lange angerufen, Isabelle?«

Ihre Worte kamen in etwa dem eben noch vorgestellten Wasserschlauch gleich. Alex. Mein Gott. An ihn hatte ich den ganzen Tag nicht für eine einzige Sekunde gedacht! »Äh, ja. Habe ich.«

»Und? Er ist gut, was?«

Ich nickte betreten. »Ja. Ist er.« Ich rückte ein Stück von Jens weg, und dann ging auf einmal alles ganz schnell.

Ein kleiner kräftiger Mann trat an Knut heran. Der Typ trug einen schlecht sitzenden Anzug, und sein schütteres Haar hatte er in dem vergeblichen Versuch, seine Glatze zu überdecken, über den Schädel gekämmt. Aus eng zusammenstehenden Augen blickte er Knut hasserfüllt an, und instinktiv spürte ich, dass dieser Mann gefährlich war. »Ich hab gehört, du baggerst meine Frau an?«, fragte er.

Knut wollte gerade etwas sagen, doch da holte der Mann auch schon weit aus und schlug ihm mit der geballten Faust heftig ins Gesicht. Knut geriet ins Taumeln und fasste sich an die Nase, aus der Blut herausfloss, und bevor er reagieren konnte, boxte ihm dieser widerliche Typ mit voller Wucht zweimal in den Magen. Knut krümmte sich und sackte in sich zusammen, während der Mann nun auch noch mit den Füßen auf ihn eintrat.

Ohne weiter darüber nachzudenken, stürzte ich auf ihn zu und schubste ihn heftig zur Seite. »Lass ihn in Ruhe, du Arschloch!«

Er sah mich aus kleinen, bösen Augen an und kam langsam auf mich zu, da spürte ich, wie jemand mich hart am Oberarm packte und wegzog. Und dann brach das totale Chaos aus. Irina kam hinter dem Tresen hervor und rammte ihrem Ehemann mit voller Wucht das Knie in die Weichteile, woraufhin er ihr heftig ins Gesicht schlug. Ich wurde abrupt losgelassen und sah, wie Jens und ein anderer Gast auf Irinas Mann zustürzten und ihn festhielten. Zwei Security-Typen kamen herbeigelaufen, packten ihn sich und schleppten ihn Gott weiß wohin. Irinas Kolleginnen drängten sich um sie, um nach ihr zu sehen, Knut lag immer noch schwer nach Luft ringend am Boden, und all das wurde von einer Horde Gaffer beobachtet, die sich inzwischen um die Szenerie versammelt hatten. Ich lief zu Knut und kniete mich neben ihn. »Bist du verletzt?«

Er setzte sich langsam auf. »Nee, ich hab nur ordentlich was aufs Maul gekricht«, stöhnte er. »Holla, die Waldfee.«

Jens, der neben mir aufgetaucht war, fragte: »Soll ich einen Krankenwagen rufen?«

Knut schüttelte den Kopf. »Nee, lass mal.«

In dem Moment hörte ich Irinas Stimme, die laut in den Raum rief: »Schluss jetzt! Alle raus hier! Sofort!«

Automatisch gehorchte ich ihrem strengen Befehl und stand auf. Auch Knut machte Anstalten, sich aufzurappeln, doch Irina kniete sich neben ihn. »Du doch nicht«, sagte sie und griff nach seiner Hand.

Unschlüssig stand ich da und beobachtete die beiden, doch da wurden auch schon alle von der Security und Irinas Angestellten in Richtung Tür gedrängelt. Ich griff instinktiv nach Jens' Hand und drehte mich zu Knut um. »Melde dich bei mir, ja?« Doch Knut war voll und ganz auf Irina konzentriert und bekam nichts davon mit. Wir wurden nach draußen geschoben, in ein Gewühl von aufgeregt schnatternden Kneipengästen, die sich über das soeben Erlebte unterhielten. Frische Nachtluft wehte mir ins Gesicht, und ich merkte, wie meine Knie zu zittern begannen. Jens umfasste meine Hand fester und zog mich die Straße runter. »Alles okay?« Besorgt sah er mich an.

»Ja, ich …« In meinem Kopf rasten Bilder und Gedanken wirr durcheinander, und jetzt, wo alles vorbei war, bekam ich plötzlich Angst. Ich atmete ein paar Mal tief ein und aus und schloss die Augen.

Jens zog mich in seine Arme und drückte mich fest an sich. »Ich kann einfach nicht fassen, dass du dich gerade mit einem ehemaligen Knastinsassen angelegt hast.«

Ich verbarg mein Gesicht an seiner Brust »Das war ein Reflex, ich habe überhaupt nicht darüber nachgedacht. Meinst du, ich sollte Knut kurz anrufen, um noch mal zu hören, wie es ihm geht?«

»Nein, lass. Er ist in den besten Händen«, sagte er, fasste mich an den Schultern und schob mich ein Stück von sich weg, sodass wir uns ansehen konnten. »Ich glaube, wir fahren jetzt besser nach Hause, oder?«

Mein Kopf dröhnte immer noch, ich war unendlich müde und fühlte mich, als wäre ich schon seit Tagen auf den Beinen. Für heute war es wirklich genug. »Ja, ich muss echt ins Bett.«

Jens rief ein Taxi und stieg mit mir vor meinem Wohnhaus aus. Unschlüssig standen wir am Straßenrand, sahen uns an und wussten offenbar beide nicht, wie es jetzt weitergehen sollte. Ein Teil von mir wollte sich nicht von Jens trennen. Bevor Irina Alex erwähnt hatte und dieser Wahnsinnige aufgetaucht war, waren dieser Tag und diese Nacht wie ein Rausch gewesen. Und obwohl ich wusste, dass es falsch wäre und alles nur noch komplizierter machen würde, wollte ein Teil von mir Jens küssen, nur noch ein einziges Mal, bevor wir wieder zum Alltag übergehen würden. Denn genau das war es, was als Nächstes kommen würde. Morgen würden wir uns sagen, dass wir einfach nur zu viel getrunken hatten, gezwungen über unser Geflirte und unseren Kuss lachen und ab dann so tun, als wäre nie etwas passiert.

»Gute Nacht, Isa«, sagte Jens, nachdem wir beide uns eine gefühlte Ewigkeit nicht gerührt hatten. Er beugte sich zu mir und gab mir einen sanften Kuss auf die Wange.

»Gute Nacht«, flüsterte ich. Und bevor ich noch auf die Idee kommen konnte, ihn am Arm zu packen und in meine Wohnung und mein Bett zu zerren, drehte ich mich schnell um, schloss mit zitternden Händen die Haustür auf und lief nach oben.

Obwohl es in der Wohnung heiß und stickig war, stellte ich mich minutenlang unter die heiße Dusche. Dann holte ich mein Handy hervor, um Knut eine Nachricht zu schreiben, doch bevor ich dazu kam, entdeckte ich auf dem Display eine Nachricht von Alex. Ich bekam ein furchtbar schlechtes Gewissen. Alex war so ein wunderbarer Mensch, und ich blöde Kuh verschwendete nie auch nur einen Gedanken an ihn, wenn ich mit Jens zusammen war, während ich umgekehrt die ganze Zeit an Jens dachte, wenn ich mich mit Alex traf.

Mein Blick fiel auf das Foto meines Vaters neben meinem

Glücksmomente-Glas. Er sah mich lachend an, als wüsste er genau, was mit mir los war, und würde mir sagen: ›*Es gibt so vieles, was wir nicht verstehen.*‹

Ich nahm das Bild in die Hand. »Was soll ich denn nur tun, Papa?«, flüsterte ich. »Ich weiß einfach nicht, was ich jetzt tun soll. Alex ist perfekt, so wie du. Jens ist ... Mr Unperfekt.«

Sein Lächeln schien sich zu vertiefen. ›*Nicht verzweifeln, Isa. Liebe wird aus Mut gemacht.*‹

»Das ist mir keine wirkliche Hilfe, weißt du?«

Ich ging ins Schlafzimmer, riss das Fenster weit auf und legte mich aufs Bett. Ich zwang mich, an Alex zu denken, doch Jens drängte sich immer wieder dazwischen. Jens mit seinen braungrünen Augen, der so umwerfend küsste. Das Letzte, woran ich dachte, bevor ich endlich einschlief, waren Jens' Hände, die sich um meine Taille legten, und an seine Lippen auf meinen.

Es knallt

Am nächsten Morgen erwachte ich mit hämmernden Kopfschmerzen. Durch die Fenster strömte drückende, schwüle Luft herein, die mir das Gefühl vermittelte, nicht genug Sauerstoff zu bekommen. Ein Blick nach draußen zeigte mir, dass es dicht bewölkt war. *›Irgendwann wird es ganz gewaltig knallen‹*, fielen mir Jens' Worte wieder ein. Wie es aussah, würde das bald der Fall sein.

Beim Gedanken an Jens prasselte der komplette gestrige Tag wieder auf mich ein. Unser Flirten, das Knistern und der Kuss mitten im Kiezhafen. Und Alex, dessen Existenz mir komplett entfallen war. Ich dachte an diesen zuvorkommenden, freundlichen Mann mit seinem süßen Lächeln. Er hatte das Tropen-Aquarium für mich gemietet, hielt mir die Türen auf, gab mir das Gefühl, etwas ganz Besonderes zu sein. Mit ihm war es so, wie ich es haben wollte, wie es sein sollte. Jens war das genaue Gegenteil von Alex: ein unromantischer, geschiedener Zyniker, der nicht an die Liebe glaubte und klar gesagt hatte, dass er an Beziehungen keinerlei Interesse mehr hatte.

Und in diesem Moment wusste ich genau, was ich zu tun hatte: Ich griff nach meinem Handy und schrieb Alex eine Nachricht, in der ich ihn fragte, ob wir uns noch mal treffen wollten. Es dauerte keine zwei Minuten, da antwortete er mir schon, und wir verabredeten uns für Samstag.

Ich quälte mich aus dem Bett, duschte und zwang mich dazu, einen Kaffee zu trinken. Gleich würde ich Jens sehen, denn meine Blumenlieferung war heute fällig. Dann würden wir uns sagen, dass die Wirkung von was auch immer Irina uns ins Glas getan hatte, verflogen war. Dass wir das Ganze einfach vergessen sollten. Mir wurde übel bei dem Gedanken daran. Aber es war von Anfang an klar gewesen, dass das kommen würde, und es war gut und vernünftig. Alex war der Richtige.

Im Laden lud Brigitte zusammen mit Dieter die Blumen aus, die sie heute Morgen vom Großmarkt geholt hatte. Dieter hatte schon seit Ewigkeiten nicht mehr im Laden geholfen, und es freute mich, dass er sich mal wieder hier blicken ließ. Anscheinend waren die beiden auf einem guten Weg. Auf ihr Geplauder konnte ich mich allerdings kaum konzentrieren, in Gedanken war ich die ganze Zeit bei dem bevorstehenden Gespräch mit Jens. Ich räumte meine Utensilien und die Blumen zusammen und machte mich mit klopfendem Herzen und einem mehr als ungutem Gefühl auf den Weg ins Thiels.

Jens saß an einem Tisch, seinen Laptop vor sich, und trank eine Tasse Kaffee. Lächelnd sah er zu mir auf, schreckte bei meinem Anblick jedoch leicht zusammen. »Du siehst ja furchtbar aus.«

Ich stellte meine Kiste auf dem Tresen ab. »Ja, ich habe schlecht geschlafen. Und Kopfschmerzen. Es ist so schwül.«

»Im Radio haben sie für den Rest der Woche schwere Gewitter und Regen angekündigt. Kühler werden soll es auch. Sieht so aus, als wäre der Sommer vorbei.« Jens stand auf und kam auf mich zu. »Hast du was von Knut gehört?«

»Ja, er hat mir gestern Nacht noch geschrieben, dass alles okay ist.«

»Gut.« Er öffnete den Mund, als wolle er noch mehr sagen, doch dann schloss er ihn wieder. Mit in die Hosentaschen gesteckten Händen stand er vor mir und sah mich abwartend an.

Wollte er etwa, dass ich es zuerst sagte? Ich atmete tief durch und spielte nervös an dem Anhänger meiner Halskette. »Hör mal, wegen gestern … Wir haben ganz schön viel getrunken, oder?«

Jens runzelte leicht die Stirn. »Ja, schon ein bisschen.«

Ich räusperte mich und versuchte verzweifelt, dieses schreckliche Gefühl in meinem Magen zu ignorieren. »Ähm, so nüchtern betrachtet haben wir uns da wohl zu was hinreißen lassen, und ich würde vorschlagen, dass wir das Ganze einfach vergessen. Das ist doch auch in deinem Sinne.«

Für drei Sekunden starrte er mich wortlos an, dann trat er ein paar Schritte zurück. »Das musste ja kommen. Ich hätte mir eigentlich auch denken können, dass du heute alles auf den Alkohol schieben und sagen würdest, dass wir es lieber vergessen sollen.«

»Ja, aber das war doch klar, ich meine … immerhin gibt es Alex, und wir haben Samstag ein Date. Es tut mir wahnsinnig leid, dass ich dich gestern geküsst habe. Das wird nie wieder vorkommen. Wir sind Freunde. So denkst du doch auch.«

»Nein, ganz und gar nicht!«, rief er wütend. »Soll ich dir mal sagen, wie ich denke? Ich denke, du solltest am Samstag nicht auf dieses Date gehen, auch nicht am Sonntag oder an irgendeinem anderen Tag, denn es kotzt mich komplett an, dass du dich mit diesem Typen triffst! Und mir tut es überhaupt nicht leid, dass ich dich gestern geküsst habe. Von mir aus darf das ruhig noch viel öfter vorkommen. *Das* denke ich!«

Mein Hirn war wie leer gefegt, und ich wusste überhaupt nicht mehr, was ich denken, sagen oder fühlen sollte. »Was … Wieso überrumpelst du mich jetzt auf einmal damit? Du weißt doch, dass ich …«

»Ich überrumpele dich damit, weil ich selbst davon überrumpelt wurde. Soll ich es etwa erst mal sacken lassen und warten, bis du mit diesem bescheuerten Zwegat verheiratet bist?«

»Er ist nicht bescheuert! Er ist der perfekte Mann. Ein Traummann, das ist er.«

»Oh, ein *Traum*mann«, sagte Jens höhnisch. »Und was machst du mit dem, wenn du wach bist?«

»Dann sitze ich im Hai-Atoll des Tropen-Aquariums, das er extra für mich gemietet hat, und diniere Gänseleberpastete. Mit dir saufe ich Mexikaner und gerate in eine Kneipenschlägerei.« Ich wusste, dass das unfair war, denn Jens hatte mit dieser Schlägerei nicht das Geringste zu tun gehabt. Aber trotzdem war ich mir sicher, dass mir so etwas mit Alex nicht passiert wäre.

Jens lachte humorlos. »Genau, denn Gänseleberpastete liebst du ja.«

»Was willst du eigentlich von mir? Du hast klar und deutlich gesagt, dass du nicht auf mich stehst und dass du durch bist mit dem Thema Beziehungen. Und nur, weil du gestern Abend zu viel getrunken hast, soll das jetzt anders sein?«

»Der gestrige Abend wäre genauso abgelaufen, wenn wir die ganze Zeit nur Milch getrunken hätten, und das weißt du auch ganz genau!«, rief Jens aufgebracht. »Außerdem habe ich auch gesagt, dass ich, wenn ich mich wider Erwarten doch noch mal verlieben sollte, auch bereit wäre, es mit einer Beziehung zu versuchen. Mir ist klar, dass ich nicht einfach bin, aber Isa, du bist es auch nicht. Du bist alles andere als das. Es gibt tausend Gründe, die dagegen sprechen, und es wird bestimmt harte Arbeit, aber wenn wir uns anstrengen, dann könnten wir es miteinander schaffen. Und das ist es, was ich will!«

Wie vor den Kopf geschlagen stand ich da und konnte kaum glauben, was er da gerade gesagt hatte. »Das sind doch mal die Worte, auf die eine Frau ihr Leben lang gewartet hat. Eine Beziehung mit mir ist nichts als Schweinestall und Death Metal, aber wenn wir uns nur genug anstrengen, könnte es eventuell trotzdem klappen.«

»Das habe ich doch überhaupt nicht gesagt!«

»Doch, genau das hast du gesagt! Und so etwas würde Alex niemals zu mir sagen!«

Jens schloss kurz die Augen, dann sah er mich eiskalt an. »Du hast dir in deiner rosaroten Blümchen-Fantasie einen Typen zusammengebastelt, den es so überhaupt nicht geben kann. Früher oder später wirst du bei ihm ein Haar in der Suppe finden, denn deinen Ansprüchen kann kein Mann der Welt genügen, weder er noch ich, noch sonst irgendeiner. Und weißt du, was ich glaube? Ich glaube, du willst es auch gar nicht anders haben.«

Seine Worte trafen mich hart, und jedes einzelne fühlte sich an wie ein Messerstich. Tränen stiegen in mir auf, und mein Kinn fing an zu zittern. Ich wollte nur noch weg von ihm, ihn nicht mehr ansehen müssen. »Die Blumen lasse ich hier. Du kannst sie selbst in die Vasen stellen.« Dann drehte ich mich um und lief blind vor Tränen aus dem Restaurant.

Ich hatte keine Ahnung, wie ich den Rest des Tages überstehen sollte. Brigitte sah mir natürlich sofort an, dass etwas nicht stimmte, aber sie akzeptierte, dass ich nicht darüber reden wollte. Meine Gedanken rasten wild hin und her, und meine Gefühle wechselten sekündlich. Jens war in mich verliebt. Jens! War in mich verliebt! Er wollte es mit mir »versuchen« und hielt genau das für Schwerstarbeit. Was für ein Arschloch! Und er behauptete, dass ich geradezu Fehler an Männern suchte, als hätte ich meine Ansprüche absichtlich so hoch geschraubt, dass niemand sie erfüllen konnte. Als wollte ich gar nicht glücklich sein. Was für ein Schwachsinn! Dann dachte ich daran, dass unsere Freundschaft jetzt wohl vorbei war, und es brach mir fast das Herz, dass wir uns nicht mehr sehen würden, dass ich nie mehr bei ihm essen, mit ihm reden und lachen würde. Und dann fiel mir wieder ein, dass Jens in mich verliebt war, dass er nicht bereut hatte, was gestern passiert war, und dass er mich gerne noch viel öfter küssen würde.

Hinzu kam noch diese furchtbare Schwüle, die mich lähmte und mir weiterhin Kopfschmerzen verursachte. Ich schwitzte, obwohl ich mich überhaupt nicht bewegte, und ich wünschte mir, dass es endlich gewittern würde.

Nachmittags stand ich am Bindetisch und band ein Grabgesteck, als Merle hereinkam. Sie trug einen schwarzen kurzen Rock, ein schlabberiges, schwarzes Riesenshirt und etliche Halsketten. Ihre Augen waren wie immer dick mit Kajal umrandet, und sie musterten mich besorgt. »Jens hat mir erzählt, dass ihr euch gestritten habt«, sagte sie ohne Umschweife.

Ich konzentrierte mich besonders intensiv auf die Lilie, die ich gerade mit Draht fixierte. »Ja. Das stimmt.«

»Aber ihr versöhnt euch doch wieder. Ich meine, ihr seid jetzt zwei Tage beleidigt, dann merkst du, dass du unbedingt ein Schokoladenmalheur brauchst, gehst ins Restaurant, ihr redet miteinander, und alles ist wieder wie vorher. Richtig?«

Ich schluckte schwer, um den dicken Kloß in meinem Hals loszuwerden. »Nein, Merle. Selbst wenn wir uns irgendwann mal wieder versöhnen: Es wird nie mehr so sein wie früher.«

»Aber worum ging es denn überhaupt in dem Streit? Jens will es mir nicht sagen.«

»Dann werde ich das auch nicht tun.«

Sie sah mich lange schweigend an, dann fragte sie: »Hat

sich einer in den anderen verliebt, aber der andere nicht in den einen? Irgend so etwas muss es doch sein.«

Ich war erstaunt, wie nah sie dran war.

»Ihr seid bescheuert!«, rief Merle, ohne meine Antwort abzuwarten. »Da lässt man euch für ein paar Wochen aus den Augen, und dann macht ihr so einen Scheiß. Das werde ich nicht zulassen.«

»Ach, Merle. Da kannst du leider gar nichts machen. Es ist wirklich besser, wenn wir jetzt erst mal etwas Abstand zueinander kriegen.«

»Das hat Jens auch gesagt. Ich will nicht, dass ihr so seid, so ... dämlich!«

Es kostete mich unendlich viel Kraft, nicht in Tränen auszubrechen. »Tut mir leid, Süße, aber es ist, wie es ist. Jetzt erzähl mir lieber was von dir. Wie läuft es mit Mattis?«

Merle zog eine Schnute wie eine beleidigte Fünfjährige. »Tolles Ablenkungsmanöver.«

»Ich weiß.«

Sie grummelte noch für ein paar Sekunden, doch dann erschien ein verliebtes Lächeln auf ihrem Gesicht. »Mattis und ich sind zusammen. Und ich helfe seit Kurzem auch im Flüchtlingsheim. Ich weiß jetzt genau, was ich will, verstehst du? Ich will reisen und in sozialen Projekten arbeiten. Und kochen. Ich muss nur noch rausfinden, wie ich das alles miteinander verbinden kann.«

Eine Weile lang schwärmte sie mir noch von Mattis vor und erzählte mir von ihren neuen Freundinnen, die »voll die Nerds, aber derbe cool« waren. »Am Samstag bin ich bei Klara auf eine 80er-Jahre-Party eingeladen«, schloss sie ihren Bericht. »Ich weiß noch gar nicht, was ich anziehen soll. Ich brauch halt so megahässliche 80er-Klamotten.«

»Da musst du doch nur zu H&M gehen.«

»Nee.« Gedankenverloren spielte sie an einer Rose herum. »Ich hätte gerne richtige, originale Klamotten. Hast du vielleicht welche?«

»Selbst wenn, würden sie dir nichts nutzen. Ich bin 1988 geboren.« Ich nahm Merle die Rose aus der Hand, um sie in dem Gesteck zu verarbeiten. »Aber ich fahre morgen Abend nach dem Friedhof zu meiner Mutter. Kann gut sein, dass noch ein paar ihrer alten Klamotten auf dem Dachboden herumliegen. Sie kann sich von nichts trennen. Vielleicht finde ich ja was für dich, ich werde auf jeden Fall mal nachsehen.«

Merle bedankte sich überschwänglich und machte sich kurz darauf auf den Weg. »Du kommst doch aber morgen Mittag wieder ins Restaurant. Richtig?«

»Nein, Merle«, sagte ich leise.

»Ihr seid echt richtig bescheuert. Das verzeihe ich euch nie.« Dann öffnete sie die Tür, rief mir über die Schulter noch »Tschüs Isa, hab dich lieb« zu und ging.

Am nächsten Abend fuhr ich nach meinem Friedhofsbesuch zu meiner Mutter. Sie lag auf dem Sofa und fächelte sich Luft mit einer Zeitschrift zu. »Hallo Mama«, sagte ich, umarmte sie und drückte ihr einen Kuss auf die Wange. »Du bist ja richtig braun gebrannt. Wie war der Urlaub?«

»Es war traumhaft schön. Aber diese Schwüle hier hält doch kein Mensch aus.« Theatralisch fasste sie sich an die Schläfen. »Ich glaub, mein Schädel explodiert!«

»Geht mir genauso.« Ich setzte mich auf den Sessel, schob die Ballerinas von meinen Füßen und zog die Beine an.

Meine Mutter richtete sich auf und sah mich prüfend an. »Was ist los, Isa? Du siehst so bedrückt aus.«

Typisch. Mütter witterten auch auf hundert Meter Entfernung, wenn was mit ihren Kindern nicht stimmte. »Ja, ich ... Ach, ich weiß auch nicht.«

»Was weißt du nicht?«

»Was ich will!«

»Generell im Leben? Oder in einer bestimmten Sache?«

Ich ließ gedankenverloren die Fransen eines Sofakissens durch meine Finger gleiten. »Erinnerst du dich an Alex? Ich hab dir doch von ihm erzählt. Der, der so nett ist.«

»Ja, natürlich erinnere ich mich.«

»Wir hatten Samstag ein Date. Und am kommenden Samstag wieder.«

Sie strahlte. »Das ist doch toll. Oder ... war es nicht gut?«

»Doch!«, rief ich. »Es war ein Traum. Er hat mir die Türen aufgehalten und den Stuhl zurechtgerückt, und wir hatten ein megaromantisches Essen im Tropen-Aquarium. Er ist perfekt, verstehst du?«

Sie schüttelte verwirrt den Kopf. »Nein, verstehe ich nicht. Wo ist denn dann das Problem?«

»Jens! Jens ist das Problem, er hat sich irgendwie dazwischengedrängelt. Wir haben uns aus Versehen geküsst, und das war einfach ... Und gestern hat er mich dann völlig überrumpelt und mir gesagt, dass er in mich verliebt ist, aber auf eine so seltsame Art, dass es als totale Beleidigung rüberkam. Dann haben wir uns gestritten, und jetzt reden wir nicht mehr miteinander.«

»Hm«, machte meine Mutter nachdenklich. »Und jetzt weißt du nicht, in welchen von beiden du verliebt bist?«

»Nein. Im Moment toben so viele verschiedene Gefühle in mir, ich kann das einfach nicht mehr zuordnen. Jens ist komplett falsch für mich und Alex komplett richtig.«

»Im Grunde genommen ist es doch ganz einfach«, sagte sie. »Wenn Alex so ist, wie du ihn beschreibst, und du bei ihm von Anfang an das Gefühl hattest, dass er der Richtige für dich ist, dann ist er es auch. Bei deinem Vater und mir war es genauso. Wir haben es beide von Anfang an gewusst, und es hat perfekt funktioniert. Und so soll es auch sein. Harmonisch und liebevoll.«

Mit beiden Händen rieb ich mir müde die Augen. »Ich habe mich ja auch für Alex entschieden.«

Sie tätschelte meinen Oberschenkel. »Dann ist doch alles gut.«

»Nein«, sagte ich leise. »Es ist eben *nicht* alles gut, Mama, verstehst du das denn nicht?« Ich stand auf und zog meine Ballerinas wieder an. »Hast du eigentlich noch Klamotten aus den 80ern? Merle braucht welche für eine Party.«

Meine Mutter sah mich prüfend an, ging jedoch auf meinen Themenwechsel ein. »Ja, auf dem Dachboden sind noch ein paar alte Kisten von mir. Guck dich ruhig um.«

Ich nahm den Schlüssel von der Kommode im Flur und ging zwei Etagen rauf. Auf dem Dachboden schloss ich unsere Parzelle auf und war erst mal erschlagen von dem Kram, der hier noch rumstand. Kaputte Küchenstühle, ein ausgedienter Herd, mein Babybett, Spielzeug, zwei alte Fahrräder und etliche Umzugskartons. Auf der Suche nach Klamotten wuchtete ich etliche Kartons hin und her, was bei der Schwüle alles andere als ein Vergnügen war. Schon bald lief mir der Schweiß in Strömen übers Gesicht und meinen Rücken hinab. Endlich fand ich eine Kiste, die mit »Klamotten, 1989« beschriftet war. Bei dieser Hitze war die erste Wahl definitiv die beste. Ich öffnete den Karton und wühlte darin herum. Für Merle suchte ich zwei Moonwashed-Jeans, einen Ballonrock, einen furchtbar hässlichen Pullover und einen Blazer mit Schulterpolstern heraus. Eigentlich hätte ich jetzt wieder runtergehen können, aber ich war neugierig geworden und stöberte weiter in den alten Sachen. Ich fand ein paar Babystrampler von mir, und dann, ganz unten in der Kiste, zu meinem großen Schreck Polohemden und T-Shirts meines Vaters. Ich war immer davon ausgegangen, dass meine Mutter all seine Sachen entsorgt hatte. Doch nun hielt ich ein T-Shirt in den Händen, das vor gut sechsundzwanzig Jahren mein Vater getragen hatte. Ich drückte meine Nase in den Stoff und atmete tief ein. Nur zu gerne hätte ich gewusst, wie er gerochen hatte. Doch ich nahm nur den Geruch von Staub wahr.

Dann kramte ich weiter, um zu sehen, ob sich noch andere Schätze in der Kiste verbargen. Zwei Paar Jeans, Turnschuhe, und ganz unten fand ich einen Brief. Er war adressiert an meine Mutter, und als ich sah, wer der Absender war, stockte mir der Atem. Martin Wagner, Stresemannstraße, Hamburg. Wieso Stresemannstraße? Ohne weiter darüber nachzudenken, nahm ich den Brief aus dem Umschlag und faltete ihn auf. Ich starrte auf die schwarze Tinte, die kleinen, leicht nach rechts geneigten Buchstaben, und strich vorsichtig darüber. Ganz oben stand das Datum. 23. April 1989. Tränen schossen mir in die Augen. Das war drei Tage vor seinem Tod gewesen. Ohne weiter zu zögern, las ich den Brief:

Liebe Doris,
ich schreibe dir, weil wir beide nicht mehr in der Lage sind, ein vernünftiges Gespräch zu führen. Alle Diskussionen, die wir in den letzten Monaten und vor allem in den letzten Tagen geführt haben, waren sinnlos und haben uns nur noch unglücklicher gemacht. Ich werde nicht zurückkommen. Und ich hoffe so sehr, dass du eines Tages meine Gründe dafür, dass ich gegangen bin, akzeptieren kannst. Wir sind beide noch so jung, viel zu jung, um Eltern und ein Ehepaar zu sein. Ich bin noch nicht bereit für diese

große Verantwortung. Ich will reisen und die Welt entdecken, Gärten anlegen in Italien, England und Japan. Ich habe nie damit gerechnet, dass ich unmittelbar nach meinem Studium Vater sein und eine Familie ernähren müsste. Ich fühle mich eingeengt, ich kann nicht atmen, und ich kann so nicht leben.
Isabelle weint so viel. Sie sieht mich an, als würde sie mich hassen. Als würde sie spüren, was in mir vorgeht. Ich liebe sie über alles, wirklich. Aber ich kann ihr nicht geben, was sie braucht. Und dir auch nicht. Ich bin kein Vater und kein Ehemann, und wenn ich bei euch geblieben wäre, hätte ich nicht nur mich, sondern uns alle unglücklich gemacht.
Du und Isabelle, ihr verdient etwas Besseres.
Bitte verzeih mir.
Martin

In meinen Ohren begann es zu rauschen, und meine Hände zitterten so heftig, dass der Brief mir aus der Hand fiel. Ich griff nach dem Umschlag, schaute noch mal nach dem Absender, drehte ihn um, als könnte die Rückseite mir irgendetwas verraten. Als würde »Haha, alles nur ein Scherz« darauf stehen.

Ich las den Brief noch mal, und noch mal. Und als ich ihn zum vierten Mal las, kamen die Worte allmählich bei mir an. Was mein Vater da geschrieben hatte, war so unfassbar, so monströs, dass ich mich liebend gerne versteckt hätte. Aber es gab kein Entkommen vor der Wahrheit, die hier in diesem Brief, auf dem stickigen Dachboden meiner Mutter, all die Jahre auf mich gelauert hatte. Meine Kehle fühlte sich an, als würde jemand sie mit eisernem Griff zudrücken, und mein Bauch und mein Herz taten so weh, dass ich mich zusammenkrümmte. Ein kümmerliches Wimmern entfuhr mir, vor dem ich mich selbst erschreckte. Ich stand auf und ging mit zitternden Knien nach unten ins Wohnzimmer. Meine Mutter saß immer noch auf dem Sofa, die Fernbedienung in der Hand, und zappte durch die Kanäle. »Na, hast du was gefunden?«

Ich hielt den Brief hoch. »Ja. Den hier.« Meine Stimme klang fremd und dünn.

Sie schaute auf und wurde augenblicklich leichenblass. »Oh mein Gott!«, stieß sie aus und sprang vom Sofa auf. »Ich hab überhaupt nicht mehr daran gedacht, dass dieser Brief da oben ist. Hast du ... ihn gelesen?«

»Ja. Habe ich.« Ich spürte, wie mein Schock sich allmählich in Wut verwandelte.

Nachdem meine Mutter ein paar Sekunden lang reglos dagestanden hatte, sagte sie leise: »Es tut mir so leid, Isa, ich wollte nicht, dass du ...«

»Dass ich erfahre, was für ein Arschloch mein Vater war?«, fiel ich ihr ins Wort. »Dass er uns sitzengelassen hat? ›Ich, ich, ich‹, das ist alles, worum es in seinem Brief geht, das ist wahrscheinlich alles, worum es ihm in seinem ganzen Leben ging! Und du hast mir erzählt, was für ein toller Typ er war, wie romantisch und liebevoll und was für ein großartiger Vater!« Während ich sprach, wurde ich immer lauter, bis ich sie irgendwann anschrie: »Stimmt eigentlich irgendetwas von dem, was du mir über ihn erzählt hast?«

»Ja natürlich!« Sie kam auf mich zu und umfasste meine Oberarme. Tränen standen in ihren Augen.

Ich riss mich von ihr los. »Warum hast du mich angelogen? Du hast mich mein Leben lang angelogen, Mama!«

»Es war doch schon schlimm genug, dass er gestorben ist. Sollte ich dich etwa auch noch in dem Wissen aufwachsen lassen, dass er uns kurz vor seinem Tod verlassen hat?«

Ich lachte bitter auf. »Nein, es ist natürlich besser, wenn

ich das mit siebenundzwanzig erfahre, durch einen verdammten Brief, den ich zufällig auf dem Dachboden finde.«

»Du solltest es nie erfahren!«

Fassungslos sah ich sie an und hatte das Gefühl, sie überhaupt nicht mehr zu kennen. »Und warum musstest du diese Märchen über eure perfekte, harmonische Beziehung erzählen und dass er ein absoluter Traummann und Traumvater war? Eure Ehe war doch aus seiner Sicht die reinste Hölle. Und *ich* war auch die reinste Hölle für ihn!«

Nun fing meine Mutter an zu weinen. »Er hat dich geliebt, Isa. Wirklich, er hat dich sehr geliebt.«

Ich schnaubte. »Schwachsinn. Er hat mich nicht geliebt und dich auch nicht, und du hast dir das alles ausgedacht, weil du es nicht wahrhaben wolltest!« In mir tobte eine Wut, wie ich sie noch nie erlebt hatte. Ich hätte schreien, um mich schlagen und Sachen gegen die Wand pfeffern können. Ich wollte etwas kaputt machen, so wie gerade in mir etwas kaputtgegangen war. »Nicht *er* hat mich die ganze Zeit getragen und mir Nena-Songs vorgesungen. Das warst du, stimmt's? Und nicht *du* warst mit den Nerven am Ende, weil ich die ganze Zeit geheult habe. Sondern er!«

Sie sagte nichts mehr, sondern stand nur bitterlich weinend da.

Ich konnte das alles nicht mehr ertragen, sie nicht, diese Wohnung nicht und diesen Schmerz, der in mir wütete. Ohne ein weiteres Wort knallte ich den Brief auf den Wohnzimmertisch und drehte mich um. Als ich schon fast zur Wohnungstür raus war, kam meine Mutter mir nach und rief: »Isa, bitte geh nicht! Lass uns reden und versuchen ...«

»Nein! Ich will nicht reden, denn was auch immer du mir erzählst, wird sowieso gelogen sein.« Dann knallte ich die Tür hinter mir zu, lief raus und setzte mich auf mein Fahrrad. Ich trat heftig in die Pedalen, wurde schneller und schneller. Dass es anfing zu donnern und Blitze über den Himmel zuckten, bemerkte ich nur am Rande. Wie blind fuhr ich durch die Gegend, ohne wirklich wahrzunehmen, wohin. Irgendwann fing es an zu regnen. und starker Wind kam auf, doch ich fuhr weiter und weiter. Inzwischen liefen die Tränen mir in Strömen über das Gesicht, ich weinte, schluchzte und heulte, aber all das ging in Donner und Regen unter. Als meine Beine schlapp wurden, stieg ich vom Fahrrad ab, setzte mich auf eine Bank, zog die Beine an und weinte noch mehr. Ich war durchnässt bis auf die Haut, der Wind war inzwischen zu einem Sturm geworden, und irgendwo tief in meinem Innersten sagte eine Stimme mir, dass es gefährlich war, im Gewitter auf einer Bank unter einem Baum zu sitzen. Dass ich sogar eigentlich Angst vor Gewittern hatte. Aber es war mir völlig egal.

Irgendwann begann ich, vor Kälte zu zittern, und wusste, dass ich nicht länger hierbleiben konnte. Durch den peitschenden Regen fuhr ich nach Hause, schloss die Wohnungstür zweimal hinter mir ab, legte mich, so nass wie ich war, in mein Bett und weinte, bis ich völlig entkräftet im Donnerrollen einschlief.

Ich erwachte in einem klammen Bett und verstand für ein paar Sekunden nicht, warum. Doch dann fielen mir die Ereignisse des gestrigen Tages wieder ein, und erneut spürte ich den Schmerz und die Wut darüber, dass ich meinen Vater zum zweiten Mal verloren und dass meine Mutter mich mein Leben lang angelogen hatte. Am liebsten wäre ich im Bett geblieben und hätte mich versteckt, doch zum einen war es nicht besonders angenehm, in dieser feuchten Höhle zu liegen, und zum anderen war da ja noch der Laden. Er würde mich auf andere Gedanken bringen. Das Sommerfest musste weitergeplant werden, und dann konnte ich mich um die Hochzeitsmesse im Oktober kümmern. Listen schreiben, Kalkulationen erstellen und Kränze binden. Wenigstens während meiner Arbeit so tun, als wäre alles noch genau wie früher, und als wäre mir nicht der Boden unter Füßen weggerissen worden.

Das gestrige Gewitter hatte keine wirkliche Erleichterung gebracht, denn das nächste war offenbar schon im Anmarsch. Draußen war es noch immer schwül und stickig, und durch die hohe Luftfeuchtigkeit kam ich mir vor wie im Tropen-Aquarium.

Brigitte goss die Zimmerpflanzen, als ich in den Laden kam. »Hallo Isa.« Sie sah mir prüfend ins Gesicht. »Geht's dir nicht gut?«

»Ach, du weißt doch, dass ich dieses schwüle Wetter nicht vertrage.« Ich konnte ihr nicht sagen, was passiert war. Es war viel zu ungeheuerlich, um es in Worte zu fassen.

»Hör mal, ich muss mit dir reden.« Sie schloss die Ladentür ab und drehte das ›*Bin in zehn Minuten wieder da*‹-Schild um. »Gehen wir nach hinten?« Ihr Tonfall machte mir Angst.

Sie ging mir voraus ins Hinterzimmer und deutete auf einen Stuhl. »Setz dich.« Als wir beide saßen, holte sie tief Luft und sagte: »Ich habe mir das lange überlegt. Sehr lange, und es fällt mir nicht leicht, das kannst du mir glauben. Aber ich habe mich dazu entschlossen, den Laden aufzugeben. Ich werde verkaufen.«

Für ein paar Sekunden saß ich regungslos da. Das konnte sie nicht wirklich gesagt haben. So viel Mist konnte doch nicht innerhalb von so kurzer Zeit auf einen niederprasseln.

»Es tut mir wirklich sehr leid, Isa«, sagte sie, als ich nicht reagierte. »Ich weiß, wie sehr du an diesem Laden hängst, und du hast dich so reingekniet in den letzten Wochen.«

Ich betrachtete meine Fingernägel. Sie sahen ungepflegt und abgekaut aus.

»Sag doch was«, forderte Brigitte mich eindringlich auf.

»Warum?«, fragte ich nach einer halben Ewigkeit. »Warum willst du den Laden verkaufen? Wir wollten es doch weiter versuchen. Wir wollten kämpfen und …« Meine Stimme brach ab.

Brigitte legte ihre Hand auf meine. Ich zog sie weg. »Nein, Isa. Mir ist klargeworden, dass nur du kämpfen wolltest. Ich bin so müde, ich kann einfach nicht mehr. Und das ist nicht erst seit gestern so, ich habe schon lange das Gefühl, dass dieser Laden mich auffrisst. Seit dreißig Jahren komme ich hierher, jeden Tag, sechs bis sieben Tage die Woche. Ich weiß gar nicht, wann ich den letzten richtigen Urlaub hatte.«

»Dann mach halt einen verdammten Urlaub, ich kann den Laden auch ein paar Wochen alleine führen«, sagte ich und war selbst überrascht über die Aggressivität in meinem Tonfall. »Oder wir stellen eine Aushilfe ein.«

»Wovon soll ich die denn bezahlen?«

»Daran arbeiten wir doch schon!«

»Wir wissen aber nicht, ob das Erfolg haben wird.« Sie rieb sich die Stirn. »Ich bin sechsundfünfzig, und ich habe noch nichts von der Welt gesehen. Wenn ich verkaufe, bin ich sämtliche Schulden los, und es bleibt noch genug übrig, damit Dieter und ich uns ein Wohnmobil kaufen und durch Europa touren können. Das ist es, was ich machen will, und das ist genau das, was Dieter und ich brauchen.«

»Das könnt ihr doch auch noch in zehn Jahren machen.«

»In zehn Jahren ist es vielleicht zu spät.«

Ich sprang so heftig auf, dass der Stuhl hintenüberkippte. »Und was wird aus mir?«, schrie ich. »Ich kann dir den Laden jetzt noch nicht abkaufen!«

»Das weiß ich, und es tut mir wirklich so furcht ...«

»Ich habe mir in den letzten Wochen den Arsch aufgerissen, damit das Geschäft wieder in Schwung kommt. Seit elf Jahren reiße ich mir den Arsch auf, und jetzt lässt du mich einfach im Stich! Was bleibt mir denn noch, wenn es den Laden nicht mehr gibt?«

Brigitte sah mich mit Tränen in den Augen an. »Ich hätte dir den Laden so gerne überlassen, glaub mir. Ich weiß, wie sehr dein Herz daran hängt, aber er ist doch nicht dein Leben. Da gibt es doch noch viel mehr.«

»In meinem Leben gibt es gar nichts mehr! Nichts mehr, was mir wichtig war und woran ich immer geglaubt habe!«

Sie stand auf und kam auf mich zu, machte Anstalten, mich in den Arm zu nehmen, doch ich wich ihr aus. »Und wann? Wie lange geht das hier noch?«

Sie ließ ihre Arme sinken. »Ich weiß es nicht. Bis zum Ende des Jahres vielleicht, je nachdem, wie schnell ich einen Käufer finde. Aber mach dir keine Sorgen, du kannst auf jeden Fall bis zum Schluss bleiben, wenn du willst. Ich halte mich natürlich an die gesetzliche Kündigungsfrist, und im Zweifelsfall zahle ich dir dein Gehalt, auch wenn ...«

Sie redete weiter und weiter, doch ich kriegte nichts mehr mit. Bis zum Ende des Jahres. Das war schon in vier Monaten. Plötzlich fühlte ich mich leer. Komplett leer. Und ich konnte mir nicht vorstellen, auch nur noch vier Sekunden hier zu sein. Wozu auch? Dieses Geschäft war im Grunde genommen bereits tot, und alles, was wir für die kommenden Wochen geplant hatten, war völlig sinnlos. »Ich nehme Urlaub«, sagte ich mit zitternder Stimme. »Ab jetzt.« Dann drehte ich mich um und ging zum Ausgang.

»Warte doch, Isa!«

Doch ich reagierte nicht, ging durch den Laden, ohne nach

rechts und links zu blicken. Ich wollte das alles nie wiedersehen, die Blumen, Zimmerpflanzen, Sträuße, Vasen, Dekoartikel, Mario Kunzendorfs Plastiken, die alte Vitrine. In all das hatte ich so viel Zeit, Liebe und Arbeit investiert. Für nichts und wieder nichts. Das hier war nicht mehr mein Leben und schon gar nicht mehr meine Zukunft.

Ich ging geradewegs nach Hause und schloss die Tür hinter mir ab. Auf meinem Handy befanden sich etliche Anrufe von meiner Mutter und eine Nachricht von Alex. Ich schrieb ihm nur kurz zurück, dass ich krank war und unser Treffen absagen musste, danach stellte ich das Handy aus. Im Wohnzimmer nahm ich das Foto von meinem Vater aus dem Regal und verstaute es tief unten in einer Schublade. Dann zog ich den Stecker des Telefonkabels aus der Wand und legte mich aufs Sofa. Obwohl es schwül und heiß in der Wohnung war, deckte ich mich mit einer Wolldecke zu. Und dann weinte ich um all das, was ich in den vergangenen Tagen verloren hatte. Es war einfach zu viel, und es tat so unfassbar weh, dass ich keinen einzigen klaren Gedanken mehr fassen konnte.

Ich bewegte mich drei Tage lang nicht von der Stelle, lag dumpf und kraftlos auf dem Sofa, starrte Löcher in die Decke, heulte und ertrank in meinem Kummer. Ich stand nur auf, um auf die Toilette zu gehen oder mir Wasser zu holen. An Essen war nicht zu denken. Ein paarmal klingelte es an meiner Tür, doch ich machte nicht auf. Ich wollte niemanden sehen, mit niemandem reden und mir von niemandem kluge Ratschläge oder belanglose Worte des Trostes anhören. Es gab sowieso nichts, was mich hätte trösten können. Noch immer war es mir unbegreiflich, wie mein Leben innerhalb so kurzer Zeit völlig in sich hatte zusammenbrechen können. Wieso war mir nie klar gewesen, wie leicht zerstörbar dieses Leben war, das ich mir aufgebaut hatte? Als wäre es ein Kartenhaus, das nur irgendjemand anhauchen musste, um es zum Einstürzen zu bringen.

Irgendjemand hämmerte laut mit der Faust gegen meine Wohnungstür, und ich schreckte aus einem Dämmerschlaf auf. Für einen Moment konnte ich kaum einordnen, wie spät es war, geschweige denn, welchen Tag wir hatten. Draußen grummelte es mal wieder, und ich überlegte, ob ich das Geräusch an der Tür mit dem Donner verwechselt hatte.

Doch dann hörte ich Kathis Stimme. »Isa! Wenn du nicht sofort die Tür aufmachst, wird die Feuerwehr sie aufbrechen. Die steht hier neben mir.« Sie klang panisch und wütend zugleich, und ich hatte keinen Zweifel daran, dass sie es ernst meinte.

Mühsam erhob ich mich vom Sofa und geriet nach ein paar Schritten ins Wanken, weil mir schwarz vor Augen wurde. Es fühlte sich an, als wären sämtliche Muskeln in meinen Beinen verschwunden. Ich hielt mich für ein paar Sekunden an der Sofalehne fest, und als mein Blick wieder einigermaßen scharf war, ging ich weiter zur Wohnungstür, drehte den Schlüssel um und öffnete sie.

Vor mir standen Kathi und Nelly, beide mit besorgten Gesichtern. Von der Feuerwehr keine Spur. Kathi musterte mich von oben bis unten, dann zog sich ihre Stirn in Falten, und aus ihren Augen schossen wütende Pfeile in meine Richtung. »Bist du bescheuert, einfach so abzutauchen? Wir versuchen alle schon seit Tagen, dich zu erreichen, und niemand wusste, wo du bist. Kannst du dir nicht vorstellen, dass wir uns Sorgen gemacht haben?«

Ich trat einen Schritt zurück, um die beiden reinzulassen.

»Wie siehst du überhaupt aus?«, fragte Nelly und beugte sich etwas vor, um an mir zu riechen. »Igitt, du stinkst!«

Mir kam das Stehen allmählich mühsam vor, also schlurfte ich zurück zum Sofa und ließ mich darauf fallen.

Kathi und Nelly folgten mir und setzten sich neben mich. »Herrgott noch mal, jetzt sag doch endlich, was los ist!«, rief Kathi.

Allmählich dämmerte mir, dass es ziemlich egoistisch von mir gewesen war, mich einfach von der Welt abzunabeln. Ich hatte keine Sekunde darüber nachgedacht, wie es für die anderen war, wenn ich mich bei niemandem mehr meldete und nicht ans Telefon ging. Im umgekehrten Fall wäre ich wahrscheinlich auch ganz krank vor Sorge um meine Freunde gewesen. »Es tut mir leid«, krächzte ich. Das letzte Wort hatte ich vor drei Tagen gesprochen, wahrscheinlich war meine Stimme die Anstrengung nicht mehr gewöhnt. Wieder mal schossen mir Tränen in die Augen. Ich beugte mich vor und verbarg das Gesicht in meinen Händen. »Es ist alles kaputtgegangen. Mein ganzes Leben.« Dann fing ich laut an zu schluchzen und konnte mich nicht mehr beruhigen.

Nelly und Kathi saßen hilflos neben mir, strichen mir übers Haar und murmelten beruhigende Worte auf mich ein. Als meine Tränen endlich versiegt waren, gab Nelly mir ein Taschentuch, und ich schnäuzte mich ausgiebig. Kathi drückte mir ein Glas Wasser in die Hand, das ich in einem Zug austrank.

»Jens und ich haben uns geküsst und dann gestritten«, sagte ich nach einer halben Ewigkeit. »Er hat gesagt, dass er verliebt in mich ist, aber gleichzeitig war er irgendwie so nüchtern und emotionslos, dass ich mir fast schon verarscht vorkam. Ich habe gesagt, dass ich in Alex verliebt bin und dass er der Richtige für mich ist. Aber eigentlich bin ich mir da überhaupt nicht mehr sicher. Seitdem reden Jens und ich nicht mehr miteinander, und ich weiß einfach nicht, was ich machen soll. Er fehlt mir so!« Ich zerknüllte mein Taschentuch und warf es auf den Couchtisch.

»Und dann hat Brigitte mir gesagt, dass sie den Laden verkaufen wird. Sie hat mich einfach vor vollendete Tatsachen gestellt, ich konnte überhaupt nichts dagegen unternehmen. Versteht ihr, es ist alles weg. Ich habe *nichts* mehr.« Ich war kurz davor, den beiden von meinem Vater zu erzählen, doch aus irgendeinem Grund brachte ich es nicht über die Lippen. Was diese Sache anging, fehlten mir nach wie vor die Worte.

Für eine Weile saßen wir still da. »Das stimmt doch gar nicht«, sagte Kathi schließlich energisch. »Du hast uns. Deine Freunde, Knut, Brigitte, Merle, deine Mutter. Sind wir etwa *nichts*?«

»Und du bist immer noch Floristin«, fügte Nelly hinzu. »Selbst wenn du nicht mehr bei Brigitte arbeitest. Dass du ihren Laden nicht übernimmst, heißt doch nicht, dass du niemals einen eigenen haben wirst.«

»Ich wollte aber den!«, sagte ich trotzig.

»Tja, den gibt's nun mal nicht«, erwiderte sie gnadenlos. »Zeit für Plan B.«

Kathi nickte bekräftigend. »Außerdem muss man auch mal sagen, dass du, was Jens und Alex angeht, ein echtes Luxusproblem hast.«

Ich schnaubte. »Spinnst du?«

»Zwei Typen sind in dich verliebt, und du kannst dir einen aussuchen. Das ist mir noch nie passiert.«

»Ich glaube übrigens auch gar nicht, dass diese Entscheidung wirklich so schwer ist«, meinte Nelly. »Wenn du mal genau auf dein Herz und auf deinen Bauch hörst, wirst du wissen, was zu tun ist.«

»Boah!«, rief ich. »Ich hätte nicht gedacht, dass so etwas Abgedroschenes jemals aus deinem Mund kommen würde.«

»Aber es ist wahr«, verteidigte Nelly sich.

Ich lehnte meinen Kopf an ihre Schulter, und sie legte den Arm um mich. Dann kuschelte Kathi sich von der anderen Seite an mich heran, und so saßen wir lange da, ohne etwas zu sagen. Noch immer tat mir alles weh. Aber das Bewusstsein, dass meine Freunde für mich da waren und immer da sein würden, machte alles ein kleines bisschen erträglicher.

Irgendwann stieß Nelly mich leicht in die Seite. »Isa? Nimm's mir nicht übel, aber könntest du bitte duschen gehen und dir die Zähne putzen? Ich halt das nicht mehr aus.«

»Sie hat recht«, sagte Kathi. »Und in der Zeit bestellen wir eine dicke, fette Pizza. Ich geh mal davon aus, dass du in den letzten Tagen nicht gerade viel gegessen hast.«

»Ich will keine Pizza.«

»Was denn dann?«

Ganz egal was, Hauptsache, Jens hatte es gekocht, und im Anschluss gab es ein Schokoladenmalheur. Ich zuckte ratlos mit den Schultern. »Weiß nicht.«

»Dann halt was vom Chinesen. Hähnchen süß-sauer isst du doch.«

»Hm. Von mir aus.« Wenig begeistert stand ich auf und stellte mich unter die heiße Dusche. Danach putzte ich mir die Zähne, zog mir frische Klamotten an und gesellte mich zu Nelly und Kathi, die gerade das gelieferte Essen auspackten.

Kathi drückte mir mein Handy in die Hand. »Hier. Bevor es was zu essen gibt, schreibst du erst mal allen eine Nachricht und gibst ein Lebenszeichen.«

Ich stellte mein Handy an, und als ich sah, wie viele Nachrichten und Anrufe ich in den letzten Tagen erhalten hatte, stockte mir der Atem. Kathi, Dennis, Bogdan, Kristin, Nelly, meine Mutter, Brigitte, Knut, Merle, Alex und Jens. Als Erstes öffnete ich die Nachricht von Jens: ›*Deine Freundinnen waren gerade hier und haben gefragt, wo du steckst. Alles okay?*‹ Mehr nicht. Das war die einzige Nachricht von ihm. Aber es war schon nett, dass er sich überhaupt nach mir erkundigt hatte, nachdem ich erst die ganze Nacht mit ihm geflirtet und ihn geküsst hatte, nur um ihn am nächsten Morgen fies abblitzen zu lassen.

Ich schickte eine Sammelnachricht an alle mit dem lapidaren Text: ›*Sorry, war krank, melde mich. Isa*‹

Kathi und Nelly blieben noch ein paar Stunden. Wir sahen uns eine furchtbar schlechte Castingshow an, wobei wir uns vor Lästern nicht mehr einkriegten. Die Normalität tat mir gut, doch als ich wieder alleine war, merkte ich, dass ich noch lange nicht wieder auf dem Damm war. Aber immerhin regte sich so etwas wie ein Wille in mir, diese Situation nicht einfach hinzunehmen und in meinem Elend zu ertrinken, sondern sie in den Griff zu kriegen.

Irgendetwas sagte mir, dass Alex der erste Schritt war, den ich gehen musste, also rief ich ihn gleich am nächsten Morgen an.

»Isabelle!«, rief er, ohne sich groß an einem Hallo aufzuhalten. »Schön, dass du dich meldest.«

»Tut mir leid, dass ich mich in den letzten Tagen so rargemacht habe. Bei mir war einiges los, und ich musste erst mal den Kopf klar kriegen.« Ich zog eine Grimasse. Als wäre mein Kopf jetzt klar.

»Ich weiß«, sagte er. »Das mit dem Laden muss schlimm für dich sein.«

»Es ist furchtbar. Da waren auch noch ein paar andere Sachen, aber ... es würde zu weit führen, dir das jetzt alles zu erklären.«

Es entstand eine kleine Pause, dann sagte er: »Okay, das verstehe ich.«

Ich war ihm dankbar, dass er es hinnahm. Jens hätte sich garantiert nicht so leicht abspeisen lassen, er hätte so lange nachgebohrt, bis ich ihm gesagt hätte, was los war. »Du hast nicht zufällig Lust, das verschobene Date nachzuholen?«

»Doch«, sagte er schnell. »Natürlich habe ich Lust. Wann denn?«

»Wie wäre es mit Donnerstag?«

Es raschelte am anderen Ende der Leitung. Wahrscheinlich konsultierte er seinen Terminkalender. »Donnerstag ist super. Ich hol dich um sieben ab, okay?«

»Okay. Wir könnten mit den Hunden spazieren gehen.«

»Wirklich? Darauf hättest du Lust?«

»Ja, und wie!«

Wieder entstand eine kleine Pause. »Ich denk noch mal drüber nach. Eigentlich würde ich lieber etwas ... Schickeres mit dir machen.«

Na, dann konnte ich ja schon mal gespannt sein, welche Location er dieses Mal exklusiv für uns buchen würde. Das Miniatur Wunderland? Das Völkerkundemuseum? Würde er extra für mich bis Donnerstag die Elbphilharmonie fertig bauen lassen und mich dahin ausführen, in ein Privatkonzert nur für uns beide? Ich biss mir auf die Lippen, als mir bewusst wurde, was ich da gerade dachte. ›Du machst es tatsächlich, Isa. Du suchst ein Haar in der Suppe.‹ »Okay, ich lass mich überraschen«, sagte ich schließlich. »Ich freue mich.«

»Ich mich auch.«

Puh, das war geschafft. Ich drückte das Gespräch weg und legte mein Handy neben mich aufs Sofa. Donnerstag war eigentlich mein Friedhofstag. Andererseits hatte ich nicht die geringste Lust, auf den Friedhof zu gehen, weder an diesem Donnerstag noch an irgendeinem anderen Tag für den Rest meines Lebens. Wozu auch? Mein Vater hatte uns verlassen, ich war eine Last für ihn gewesen, und zum Dank dafür pflegte ich sein Grab? Das konnte er vergessen! Sollten seine Blumen doch verrotten. Und was hatte ich mit Herrn Fritzschner zu tun?

Die nächsten Tage verbrachte ich auf dem Sofa, schaute mir dummes Zeug im Fernsehen an oder lag einfach nur rum. Ich schrieb mal wieder eine Beschwerde-Mail an Michael Schulz, was ich schon seit fast zwei Wochen nicht mehr getan hatte. Obwohl ich eigentlich keine große Lust mehr darauf hatte, diesen armen Menschen mit E-Mails zu bombardieren, und mir durchaus bewusst war, dass meine Bemühungen nicht von Erfolg gekrönt sein würden, hätte eine Dosis *Liebe! Liebe! Liebe!* mir jetzt wirklich gutgetan.

Am Donnerstag raffte ich mich auf, um mich für das Date fertig zu machen. Während ich mich schminkte, merkte ich, dass ich überhaupt nicht aufgeregt war, dabei würde ich doch gleich endlich Alex wiedersehen. Alex, den Traummann. Andererseits hatten die Ereignisse der letzten Tage mich stark ins Zweifeln gebracht, ob es Traummänner überhaupt gab. Und wenn ja, ob ich dann einen wollte. Wie hatte Jens doch gleich gesagt: »Was machst du mit dem, wenn du wach bist?«

Mein Herz schlug nicht wesentlich schneller, als Alex an der Wohnungstür klingelte, was aber auch daran liegen konnte, dass es in den vergangenen Tagen so viel Mist mitgemacht und so wehgetan hatte, dass es jetzt etwas vorsichtiger war und es ruhig angehen ließ. Ich öffnete die Tür, und Alex stand vor mir. Gut aussehend, lächelnd und freundlich wie immer. »Hallo Isabelle«, sagte er und hauchte mir einen Kuss auf die Wange. »Du siehst toll aus.«

»Danke. Und, was machen wir heute?« Ich hoffte inständig, dass wir die Hunde besuchen gingen.

»Wir gehen ins Ballett«, verkündete er. »Ich habe Karten für *Schwanensee*.«

Oh nein. Abgemagerte Menschen, die über die Bühne hopsten und am Ende alle starben, waren überhaupt nicht mein Ding. »Wie schön«, sagte ich bemüht begeistert.

Alex sah mich unsicher an, als würde er mein Zögern zu bemerken. »Ich dachte ... wegen Swanee. Verstehst du?«

Augenblicklich schmolz mein Herz, und ich hatte ein furchtbar schlechtes Gewissen. Dieser Mensch war einfach zu süß, um wahr zu sein.

Mit seinem Auto fuhren wir ins CCH, wo die Veranstaltung stattfinden sollte. »Und was hast du jetzt vor? Ich meine, wenn der Laden geschlossen wird«, erkundigte Alex sich.

Wenn ich das nur wüsste. »Tja, ich werde mir wohl einen neuen Job suchen müssen. Ich kann es ja mal bei der Konkurrenz versuchen. Da weiß ich immerhin, dass der Laden läuft.« Ich seufzte. »Momentan kann ich es mir allerdings nicht wirklich vorstellen. Ich will in keinem anderen Laden arbeiten.«

»Das wird schon alles werden, Isabelle.«

Ich sah aus dem Fenster auf die vorüberziehenden Häuser der Stadt. Der Himmel hing tief und grau über Hamburg. Inzwischen hatten die Gewitter aufgehört, und es war deutlich abgekühlt. Nachdem es so lange so heiß gewesen war, fror ich erbärmlich. »Ich habe Lust, wegzufliegen. Ich bin noch nie geflogen. Vielleicht mach ich das.«

»Wie?«, fragte er entgeistert. »Wohin denn?«

»Nach Honolulu, Ulan Bator, New York, Madagaskar ... keine Ahnung. Irgendwohin.«

»Aber du kannst doch nicht einfach so wegfliegen. Du musst dich auf dein Reiseziel vorbereiten, gucken, welche Impfungen du brauchst, zum Beispiel. Du musst ein Hotel buchen. Eine Reiseroute planen.«

Oje, er hatte recht. An all das hatte ich tatsächlich nicht gedacht, der Gedanke, einfach abzuhauen, war viel zu verlockend gewesen. Ich fragte mich, ob ich diesen Wunsch von meinem Vater hatte. Es war ja auch sein Traum gewesen, um die Welt zu reisen. Wenn das der Fall war, wollte ich sowieso nicht mehr weg. Um keinen Preis wollte ich so sein wie er!

Alex parkte in der Tiefgarage des CCH, und als wir oben im Foyer ankamen, deutete er auf einen der Verkaufsstände. »Möchtest du ein Glas Wein?«

»Ja, bitte.«

Mit einem Wein und einem Wasser bewaffnet kam er kurz darauf zurück. »Wie blöd, ich hab überhaupt nicht drüber nachgedacht, dass ich gar nichts trinken kann, wenn ich mit dem Auto fahre.«

»Macht doch nichts. Besaufen wir uns halt ein anderes Mal.«

Er sah mich leicht konsterniert an. »Von besaufen habe ich eigentlich nicht gesprochen. Ich genieße gelegentlich gerne mal ein gutes Glas Wein, aber besaufen ist nicht so mein Ding.«

»Ja, natürlich«, sagte ich schnell. »Klar, das äh ... meinte ich auch nicht so.« Ich nahm einen Verlegenheitsschluck und musste daran denken, wie Jens und ich blauen Gin Tonic und furchtbar starken Mexikaner in uns reingeschüttet hatten. »Gehst du oft ins Ballett?«

»Nein, nicht oft. Eigentlich bevorzuge ich Theater und Kabarett. Und du?«

Äh ... Nichts von alldem? Mein Gott, Alex war so kultiviert. Ich leider überhaupt nicht. »Na ja, ich ... Also, ich habe sehr gerne eine Kultursendung im Fernsehen angeguckt, aber leider wurde sie kürzlich abgesetzt.« Verdammt, wieso hatte ich das gesagt?

»Welche denn?«, fragte Alex prompt.

Um ihm nicht erläutern zu müssen, wieso ich *Liebe! Liebe! Liebe!* als Kultursendung bezeichnete, sagte ich: »Ich bastele gerne Sachen aus Müll.« Da konnte er mal sehen, dass ich durchaus auch eine feingeistige Seite hatte.

Alex sah mich verdutzt an. »Aus Müll?«

»Ja, man nennt das Upcycling. Ich mache Blumenvasen aus Flaschen, Windlichter aus Marmeladengläsern, Gewürzregale aus Europaletten. All so was.«

Eine Gesprächspause entstand. »Ah. Verstehe«, sagte Alex schließlich. »Das ist ... gut für die Umwelt. Und du bist sehr kreativ. Das finde ich toll.«

»Mhm.« Irgendwie kam es mir vor, als würde er sich das selbst nicht ganz abkaufen.

Wir tranken unsere Gläser aus und unterhielten uns über unverfängliche Themen, bis der dritte Gong ertönte und wir uns setzen mussten. Innerlich stöhnte ich auf und wappnete mich für die langweiligsten zweieinhalb Stunden meines Lebens.

Zweieinhalb Stunden später verließ ich selig und tränenüberströmt den Saal. Ich konnte kaum fassen, wie wunderschön das Ballett gewesen war und wie sehr es mich verzaubert hatte. Die Musik, die Tänzer, die vom ersten Rang aus gar nicht hager, sondern wahnsinnig grazil und elegant aussahen, die Geschichte. Es hatte mich nicht mal gestört, dass sowohl Siegfried als auch Odette am Ende gestorben waren. Okay, es gefiel mir auch nicht besonders, aber immerhin passte dieses Ende zu meiner momentanen Stimmung. »Das war so toll!«, sagte ich zum hundertsten Mal, seit die Lichter wieder angegangen waren. »Ich bin so froh, dass du mit mir da hingegangen bist. So was Schönes hab ich noch nie gesehen.«

Alex lachte. »Freut mich, dass es dir gefallen hat.«

»Es hat mir mehr als gefallen. Vielen, vielen Dank, Alex.«

Wir waren inzwischen in der Tiefgarage angekommen, und er hielt mir galant die Autotür auf.

›Jetzt wäre doch eigentlich ein guter Moment für einen Kuss‹, schoss es mir durch den Kopf. Ich gab mir einen Ruck, schlang die Arme um Alex und presste meine Lippen auf seine.

Zunächst schien er völlig überrumpelt zu sein, doch nach zwei Schrecksekunden umfasste er meine Taille und erwiderte den Kuss. Was dann passierte, hatte ich allerdings nicht kommen sehen. Denn es passierte: nichts. Absolut gar nichts. Kein Knistern, kein Kribbeln, keine weichen Knie. Ich hätte genauso gut Knut, Bogdan oder Herrn Dr. Hunkemöller küssen können.

Und irgendwie hatte ich das Gefühl, dass es nicht nur mir so ging, denn nach einer Weile ließ Alex von mir ab und sah mich fassungslos an. Noch bevor ich etwas sagen konnte, schüttelte er den Kopf und zog mich erneut an sich, um mich zu küssen, stürmisch dieses Mal, als wollte er unsere Leidenschaft geradezu erzwingen.

Aber immer noch nichts. Und das Schlimmste war: Ich musste dabei an Jens denken, an unseren Kuss im Kiezhafen und wie sehr ich auf seine Berührungen reagiert hatte. ›Das hier geht gar nicht‹, dachte ich, zog meinen Kopf zurück und drückte Alex sanft von mir weg.

In seinen Augen stand Ratlosigkeit. »Ich …«, setzte er an, unterbrach sich jedoch, um kurz darauf einen neuen Anlauf zu nehmen. »Also, das war … irgendwie nicht so wie erwartet. Oder?«

»Nein«, stimmte ich ihm zu. »War es nicht.«

»Aber wieso nicht? Du bist doch genau so, wie ich mir meine Traumfrau immer vorgestellt habe.« Mit entschlossener Miene trat er einen Schritt vor. »Ich denke, wir sollten es noch mal versuchen.«

Er wollte mich an den Schultern packen, doch ich wich zurück. »Glaubst du wirklich, dass das etwas bringt?«

Nachdenklich rieb er sich das Kinn. »Nein«, sagte er schließlich resigniert. »Wahrscheinlich nicht.«

Ich ließ mich auf den Sitz des Autos fallen und versuchte, die wirren Gedanken zu ordnen, die in meinem Kopf umherschwirrten. Drei Monate lang hatte ich mich verrückt gemacht wegen Alex. Ich hatte mir eingebildet, er wäre genau der richtige Mann für mich, war ihm hinterhergelaufen, und jetzt, wo ich ihn endlich hatte, merkte ich, dass ich ihn gar nicht wollte. Andererseits musste ich zugeben, dass mich diese Tatsache eigentlich gar nicht so sehr überraschte.

Kurz darauf stieg Alex auf der Fahrerseite ein. »Ich verstehe das einfach nicht, Isabelle. Ich habe wirklich geglaubt, dass ich verliebt in dich bin. Es tut mir leid.«

Ich legte meine Hand auf seinen Arm. »Muss es nicht. Ich meine, mir geht es doch genauso wie dir. Anscheinend haben wir uns beide etwas vorgemacht.«

Für ein paar Sekunden blickten wir uns schweigend und voller Bedauern an.

»Ach, das ist doch scheiße!«, sagte Alex schließlich.

»Hey, ich hätte nicht gedacht, dass du jemals dieses Wort in den Mund nimmst«, sagte ich und spürte ein hysterisches Kichern in mir aufsteigen.

Er machte ein finsteres Gesicht. »Hast du 'ne Ahnung.«

Zum Glück konnte ich den Kicheranfall erfolgreich unterdrücken. Die ganze Sache war ja auch wirklich nicht zum Lachen.

»Und jetzt?«, fragte Alex, nachdem wir eine Weile schweigend unseren Gedanken nachgehangen hatten.

Ich seufzte. »Jetzt möchte ich nach Hause, auf dem Sofa liegen, Schokolade essen und in Ruhe darüber nachdenken, warum ich so bescheuert bin.«

»Klingt nach 'nem Plan«, erwiderte er und startete den Wagen. »Das werde ich auch tun. Allerdings werde ich beim Nachdenken wohl eher joggen als Schokolade essen.«

Zwanzig Minuten später hielt Alex vor meinem Wohnhaus. »Tja, dann ... Das ist alles ziemlich blöd gelaufen, was?«

Ich nickte. »Ja. Das kann man wohl sagen.«

»Ich bin froh, dass es wenigstens uns beiden so geht.«

»Ja, ich auch. Du bist ein großartiger Typ, Alex. Dieses Date im Tropen-Aquarium, das Ballett heute ... So was habe ich noch nie erlebt, und dafür bin ich dir echt dankbar.«

Er lächelte mich traurig an, beugte sich zu mir herab und gab mir einen Kuss auf die Wange. »Gute Nacht, Isabelle. Mach's gut.«

»Du auch.«

Er ging zu seinem Auto, stieg ein und fuhr davon, ohne sich noch einmal zu mir umzusehen.

Glücksmomente

Am Samstagmittag war ich mit Knut verabredet. Obwohl ich nach wie vor am liebsten zu Hause war und darüber nachdachte, wie grundlegend mein Leben schiefgelaufen war, hatte er sich nicht davon abbringen lassen und mich regelrecht zu einem Treffen gezwungen. Er wusste immer noch nicht genau, was passiert war.

Um Punkt zwölf Uhr klingelte er an meiner Tür. »Hallo Knut!«, rief ich und nahm ihn fest in den Arm. »Zeig mal dein Gesicht.« Ich überprüfte seine Nase und sein Auge, doch die Spuren seiner Schlägerei waren schon deutlich verblasst. Über der Nasenwurzel hatte er nur noch eine Schramme, und man musste schon genau hinsehen, um eine gelbliche Schattierung zu erkennen. Und als ich ihm in die Augen schaute, strahlten sie so glücklich, dass ich sofort wusste, welchen Ausgang der Abend in Irinas Kneipe für die beiden genommen hatte.

Knut begutachtete mich ebenfalls ausführlich. »Siehst ja schlimm aus. Bist ganz dünn geworden.«

Ich winkte ab. »Ach, geht schon.«

»Fahren wir Flugzeuge gucken?«

»Unbedingt!«

Wir saßen kaum in seinem Taxi, da hatte er auch schon eine Kippe im Mund und machte seine Lieblingskassette an: *Best of AC/DC*. »Du, bevor wir losfahren, muss ich dir unbedingt noch was erzählen«, sagte er mit breitem Grinsen. »Irina und ich, wir ...« Seine Wangen färbten sich rot. »Wir sind jetzt quasi 'n Paar.«

»Oh Mann, Knut!«, rief ich. »Ich freu mich so für euch! Wie ist denn der Abend nach der Prügelei weitergegangen?«

Er startete den Wagen und nahm einen tiefen Zug von seiner Zigarette. Ich kurbelte das Fenster herunter. Wie ich dieses Gequarze im Auto hasste!

»Irina hat sich um mich gekümmert und ich mich um sie. Und dann sind wir zur Polizei und haben Anzeige erstattet. Ja nu, und als wir denn hinterher vor der Wache standen, hat se gesacht, dass ihr klar geworden is, dass sie mich mag und dass sie sich nur nich getraut hat, weil alles immer so schwierig war, und sie ja auch noch verheiratet war. Is.« Er erhöhte die Geschwindigkeit, um noch über eine orange Ampel zu fahren, doch im letzten Moment überlegte er es sich anders und drückte voll auf die Bremse, sodass ich hart gegen meinen Sicherheitsgurt geschleudert wurde.

»Und nu sind wer zusammen.«

»Und was ist mit ihrem Mann?«

»Den ham wer seitdem nich mehr gesehen. Sie hat die Scheidung eingereicht. Wird alles nich so einfach. Aber das kriegen wer schon.«

Unwillkürlich musste ich an Jens' Worte denken. Sinngemäß hatte er etwas ganz Ähnliches gesagt. Ich fragte mich allerdings immer noch, was genau er sich an einer Beziehung mit mir so wahnsinnig schwierig vorstellte.

Als wir an unserem Platz jenseits des Zauns ankamen und uns auf die Motorhaube von Knuts Wagen gesetzt hatten, blickte er mich ernst an. »So Isa, nu aber mal Budder bei die Fische. Was is los bei dir?«

Ich hatte ihm nur erzählt, dass Brigitte den Laden schließen würde. Es fiel mir immer noch schwer, über das zu reden, was passiert war.

»Es kann doch nich nur am Laden liegen. So traurich is

man doch nich nur, weil man sich 'n andern Job suchen muss. Ich weiß ja, wie wichtig dir dieser Laden is, aber Isa, ganz ehrlich: Manchmal isses gut, was Neues anzufangen. Manchmal is genau das richtige.« In diesem Moment donnerte die Zwölf-Uhr-dreiunddreißig nach Abu Dhabi auf uns zu, hob ab und tauchte in die tief hängenden schmuddelig grauen Wolken ein. Als der Lärm verklungen war, setzte Knut seine Rede fort: »Montags dies, dienstags das, mittwochs jenes, in zwei Jahren biste da und in fünfzehn Jahren dort. Mensch Isa, das is doch nich gut. Lass doch mal 'n büschn locker.«

»Ich kann das aber nicht! Ich brauche meinen festen Rhythmus und Tagesablauf, weil sonst das Chaos ausbricht!«

Knut musterte mich intensiv, während er sich noch eine Zigarette anzündete. »Dann guck doch mal genau hin. Was isses denn, was jetz bei dir herrscht? Du kannst nich verhindern, dass es auch mal chaotisch wird.«

»Das ist doch scheiße«, sagte ich, während ich die Beine anhob und mit meinen Armen umschlang.

»Tja, nu. Das is das Leben.«

Wir beobachteten das nächste Flugzeug, das die Startbahn runterdüste. Ich dachte daran, dass ich das letzte Mal mit Jens hier gewesen war. Da war es noch heiß gewesen, er hatte Eis gegessen und gesagt, er wolle mal eine Tussi mit hierherbringen. Und ich ... war so was von eifersüchtig gewesen!

»Was is mit Jens?«, fragte Knut prompt. »An dem Abend im Kiezhafen habt ihr nich grad unverliebt ausgesehen.«

Ich ließ mir Zeit mit der Antwort, schaute dem Flugzeug hinterher, bis es in den Wolken verschwunden war. Dann sagte ich: »Jens hat mir gesagt, dass er in mich verliebt ist.«

Knut stöhnte auf. »Eigentlich sollte man jetzt denken: Dann is doch alles gut. Aber so wie ich euch Frauen inzwischen kenne, geh ich davon aus, dass du jetzt alles richtich schön kompliziert machst. Stimmt's oder hab ich recht?«

»Nein, ich ... Ach, ich weiß es doch auch nicht. Ich hab die ganze Zeit gedacht, ich wäre in Alex verliebt. Beziehungsweise, inzwischen weiß ich, dass ich unbedingt in Alex verliebt sein *wollte*, es aber nicht bin. Und auch nie war.«

»Siehste«, sagte er mit erhobenem Finger. »Das hab ich dir doch gesacht. Hab ich's dir nich gesacht? Isabelle Wagner, ich kenn dich nu schon seit acht Jahren, und wenn ich dich jemals verliebt erlebt hab, dann zusammen mit Jens. Also hör auf, so einen Affentanz zu machen. Mann!«, rief er erbost und schnippte seine Zigarettenkippe weg.

Ach, jetzt war ich also an allem schuld? Die Zwölf-Uhr-vierzig nach Singapur kam auf uns zugerollt, und die dröhnenden Triebwerke machten eine weitere Unterhaltung erst mal unmöglich. Als die Maschine weg war, sagte ich: »Als Jens mir gesagt hat, dass er in mich verliebt ist, hat er sofort hinterhergeschoben, dass wir es schwer haben werden und dass er es trotzdem versuchen will. Dass wir es schaffen *könnten*. Klingt das etwa nach jemandem, der von seiner Sache überzeugt ist? Und außerdem: Jens ist alles, was ich nie an einem Mann wollte. Er ist ungefähr so romantisch wie ein Briefkasten, er ist zynisch, macht sich andauernd über mich lustig und ... noch tausend andere Dinge.«

»Na und? Zum einen klingt das, was er gesacht hat, für mich nach 'ner gesunden Einstellung, an die Sache ranzugehen. Und zum andern heißt Liebe doch nich, dass alles immer nur ganz toll, perfekt und harmonisch ist, die Zukunft nach Rosen duftet und der Himmel voller Geigen hängt. In Wahrheit isses doch so: Glück is, wenn man *trotzdem* liebt!«

Es klang alles so plausibel. Wie weit war ich denn mit meiner Traumvorstellung vom perfekten Glück gekommen?

Knut stupste mich leicht in die Seite. »Isa? Du weißt, dass ich dich richtich gerne mag, oder? Deswegen macht es mich echt sauer, dass du dir selbst im Weg stehst.«

Wie so oft in letzter Zeit kamen mir die Tränen. Ich lehnte meinen Kopf an seine Schulter. »Ja, weiß ich.«

Er legte einen Arm um mich. »Ich will ja nur, dass du glücklich bist, Lüdde.«

»Und Glück ist, wenn man trotzdem liebt?«

»Jo.«

Ich wollte Knut schon von meinem Vater erzählen, aber letzten Endes schreckte ich davor zurück und konnte es einfach nicht. ›Glück ist, wenn man trotzdem liebt‹, sagte ich mir immer wieder. Doch ich sah nicht, wie es möglich sein sollte, bei all dem Mist, der in meinem Leben momentan passierte, auch noch zu lieben. Trotzdem zu lieben. Es schien, wie alles, was Knut von sich gab, so wunderbar einfach zu sein. War es aber nicht.

Knut hatte mir definitiv einiges zum Nachdenken gegeben, und ich war froh, als ich wieder alleine in meiner Wohnung war. Mein Kopf schwirrte, und ich wusste gar nicht, an welcher Stelle ich anfangen sollte, nachzudenken. Mein Blick fiel auf das Glücksmomente-Glas in meinem Regal. Eigentlich wollte ich es erst an meinem Geburtstag öffnen, aber ich fand, dass ich mir ein paar Glücksmomente jetzt mehr als verdient hatte.

Ich holte das Glas, setzte mich auf den Boden und kippte die bunten Zettel aus. Auf dem ersten Zettel stand: ›*Es schneit Wattebäuschchen!*‹ Ich erinnerte mich daran, wie ich aus dem Fenster im Laden gesehen hatte und völlig hingerissen von diesen riesigen flauschigen Schneeflocken gewesen war.

Ich faltete den nächsten Zettel auseinander. ›*Eine Frau in der U-Bahn hat mich einfach so angelächelt. Ohne Grund.*‹ Und das zu einem Zeitpunkt, an dem es mir total schlecht gegangen war. Ich hatte Zahnschmerzen gehabt und war auf dem Weg zum Arzt gewesen. Dieses Lächeln hatte mir richtig gutgetan.

Auf einem grünen Zettel stand: ›*Zum ersten Mal in meinem Leben Kartoffelsuppe mit Krabben gegessen. Bei Jens. Und es hat mir geschmeckt!*‹ Ja, das war das erste von vielen, vielen Essen bei ihm gewesen. Wenn ich an mein anfängliches Misstrauen dachte, war es erstaunlich, dass ich mich letzten Endes doch so schnell von ihm um den Finger hatte wickeln lassen.

Der nächste Glücksmoment lautete: ›*Den ersten Schmetterling des Jahres gesehen! Es wird Frühling!*‹ Das war auf dem Friedhof gewesen. Ich wusste noch genau, wie glücklich es mich gemacht hatte, dass dieser kleine Zitronenfalter ein Stück des Weges zu Papas Grab vor mir hergeflattert war.

›*Schokoladenmalheur gegessen, ein Traum, Blumen-Tellerdeko von Merle, sehr süß, und Wein mit Jens. Für ihn ist Liebe Death Metal und Schweinestall. Muss schlimm sein, wenn man keine Ahnung hat.* ☺‹, stand auf dem nächsten Zettel. An diesem Tag hatte ich erfahren, dass der Laden in Schwierigkeiten steckte, und mein Date mit Tom gehabt. Es war ein furchtbarer Tag gewesen, aber dann auch wieder nicht, weil ich mich zum ersten Mal richtig mit Jens unterhalten hatte.

Ich las einen Glücksmoment nach dem anderen durch. Danach saß ich noch lange auf dem Boden und starrte auf all die bunten Zettel rings um mich. Mir wurde bewusst, dass mein Glück nicht vom Blumenladen abhing und auch nicht von meinem Vater. Mein Glück lag in ganz anderen Dingen. Es bestand aus vielen kleinen, scheinbar bedeutungslosen Begebenheiten, die für mich aber überaus wichtig waren, mir ein Lächeln ins Gesicht zauberten und den Tag lebenswert machten. Selbst jetzt, wo ich das Gefühl hatte, dass mein Leben komplett über den Haufen geworfen worden war, selbst jetzt gab es Glücksmomente. Nelly und Kathi, die nach mir gesehen und mich getröstet hatten, mit denen ich Hähnchen süßsauer gegessen und diese schreckliche Castingshow angeguckt hatte. Die Orchidee auf meiner Fensterbank, die zum ersten Mal seit Monaten wieder Blüten bekam. Knut, mit dem ich Flugzeuge geguckt und der mir dabei so ernst ins Gewissen geredet und mir gesagt hatte, wie gerne er mich mochte. Das wunderschöne Schwanensee-Ballett. Selbst in den schlimmsten Zeiten war das Glück immer da, wenn man nur richtig hinsah. Es war selten spektakulär und perfekt, und man musste gut hinsehen, um es überhaupt zu entdecken. Aber trotzdem blieb es doch immer noch Glück.

Viele meiner Glücksmomente hingen mit Kathi, Dennis, Nelly, Bogdan, Knut, Brigitte, meiner Mutter, Merle und Alex zusammen. Aber keinen Namen hatte ich so oft gelesen wie den von Jens. Mir war überhaupt nicht bewusst gewesen, wie glücklich er mich machte! Und hier und jetzt, auf dem Fußboden meiner Wohnung, am Ende eines ereignisreichen und turbulenten Sommers, sah ich endlich klar und deutlich, was ich so lange nicht hatte wahrhaben wollen: Natürlich war ich in Jens verliebt! Wenn ich daran dachte, wie wichtig er innerhalb kürzester Zeit für mich geworden war, wie sehr es mich ständig zu ihm hingezogen hatte, wie ich mich darüber geärgert hatte, als er mir in Sankt Peter-Ording gesagt hatte, dass er nicht auf mich stand. All die Situationen, in denen er mir so sehr unter die Haut gegangen war.

In den letzten Monaten, in denen ich mich um Alex bemüht hatte, war die ganze Zeit tatsächlich Jens derjenige gewesen, in den ich mich still und heimlich und von Tag zu Tag ein bisschen mehr verliebt hatte – und zwar völlig ohne diesen einen, speziellen BÄMM-Moment. Es war, wie ich es auch schon meiner Mutter gesagt hatte: Jens hatte sich einfach dazwischengedrängelt. Jens, der absolut kein Traummann war, der mich permanent herausforderte, der mich dazu brachte, etwas Neues auszuprobieren, etwas zu wagen, über mich selbst zu lachen.

In meinen Beinen begann es zu kribbeln, weil ich viel zu lange im Schneidersitz auf dem Fußboden gesessen hatte. Ich stand auf und ging ein paar Schritte, um meine eingeschlafenen Beine wieder aufzuwecken. Jens war nicht die einzige Baustelle in meinem Leben. Es gab noch so viele andere. Knut hatte recht: Ich war total fixiert auf meine Routine, ich kam nicht mit Veränderungen klar, und ich hatte mein ganzes Leben lang versucht, ihnen aus dem Weg zu gehen. Aber das war nun mal nicht möglich. Es war an der Zeit loszulassen. Und genau das würde ich tun! Am liebsten hätte ich gleich einen Plan erstellt, wo ich am besten anfangen sollte loszulassen und welche Baustelle ich als erste in Angriff nehmen sollte, doch dann wurde mir bewusst, wie dämlich das war, und ich handelte einfach aus dem Bauch heraus.

Als Allererstes ging ich zur Bank und kontrollierte das Guthaben auf meinem Giro- und meinem Sparkonto. Danach suchte ich das Reisebüro um die Ecke auf und buchte einen Flug, der schon in der nächsten Woche losging.

Als ich wieder zu Hause war, wurde mir klar, dass ich für den nächsten Punkt doch wieder eine Liste brauchte oder zumindest etwas zu schreiben. Aber das war okay. Hier ging es um Geschäftliches, und niemand konnte von mir verlangen, dass ich einen Geschäftsplan einfach nur im Kopf erstellte.

In den nächsten Tagen war ich sowohl mit meinen Reisevorbereitungen als auch mit meinen Planungen und Kalkulationen schwer beschäftigt, rief sogar bei Alex an, um ihn um Rat zu fragen. Er riet mir dringend von meinem Vorhaben ab. Ich entschied mich, es trotzdem zu versuchen.

Ich war oft kurz davor, zu Jens zu gehen, ich wollte unbedingt mit ihm reden, ihm mein Herz ausschütten und von meinen Plänen erzählen. Ihm sagen, dass ich in ihn vermisste und in ihn verliebt war und dass es mir egal war, dass er eine Beziehung mit mir geradezu als Zumutung ansah. Er würde schon noch sehen, wie charmant und liebenswert ich war! Aber dann hielt mich immer etwas davon ab, und zwar vor allem das starke Gefühl, dass erst mal andere Dinge geklärt werden mussten. Dass es jetzt erst mal und an erster Stelle um *mich* ging.

Merle und ich schrieben uns häufig über WhatsApp, aber sie war jetzt schwer eingespannt mit Mattis, ihren neuen Freundinnen und der Arbeit in Jens' Restaurant, sodass wir uns nie trafen. Obwohl ein Teil von mir sie sehr vermisste, freute ich mich auch für sie. Meine Mutter und Brigitte versuchten immer wieder, mit mir zu reden. Doch letzten Endes schrieb ich beiden eine Nachricht, dass ich mir erst mal über einiges klar werden musste und mich dann bei ihnen melden würde.

Ich hatte lange gezögert, und ich wusste immer noch nicht, ob es richtig war, hierherzukommen, als ich am Sonntagabend mit dem Fahrrad zum Ohlsdorfer Friedhof fuhr. Es war acht Uhr, und mir blieb eine Stunde, bevor die Tore geschlossen werden würden. Sobald ich den Hauptweg verließ, stieg ich vom Fahrrad ab und schob es durch die langen Gräberreihen. Meine Schritte wurden langsamer, je näher ich dem Grab meines Vaters kam, und schließlich stand ich unmittelbar davor. Ich sah mich nach links und rechts um, doch um diese Zeit an einem Sonntagabend war der Friedhof wie verlassen. Unschlüssig betrachtete ich den Grabstein, den eingemeißelten Namen und die Lebensdaten. Dann nahm ich die Blumen und Pflanzen in Augenschein, und automatisch kontrollierte ich auch das Grab von Herrn Fritzschner. Nachdem ich die beiden Gräber gegossen hatte, begann ich, leise zu reden. »Hallo Papa. Mir sind da ein paar Dinge über dich zu Ohren gekommen, die mich völlig umgehauen haben. Ich meine, wahrscheinlich hast du dich schon all die Jahre gewundert, wieso ich überhaupt ständig herkomme und dich volltexte, wo du mich und Mama doch verlassen hast. Aber das wusste ich nicht. Ich hab's grad erst rausgefunden.«

Ich hockte mich auf die Steinumrandung seines Grabes und erzählte einfach weiter, was mir im Kopf herumspukte. »Du warst immer ein Superheld für mich. Kein Mensch konnte mit dir mithalten, und ich hab dich so sehr vermisst, an jedem Tag meines Lebens. Inzwischen ist mir klar, dass du überhaupt kein Superheld warst, sondern dass ich mir einfach den Vater zusammengebastelt habe, den ich gerne gehabt hätte. Ich werde nie erfahren, wie oder wer du nun wirklich warst. Auch nicht, wie mein Leben verlaufen wäre, wenn du nicht gestorben wärst. Vielleicht hättest du mir nur zu Weihnachten und zum Geburtstag eine Postkarte geschickt und ansonsten nichts von dir hören lassen. Vielleicht wärst du auch auf deine Art trotzdem ein guter Vater geworden. Aber es ist im Grunde genommen auch egal, weil du nun mal gestorben bist. Du bist nicht da. Du warst nicht der, für den ich dich immer gehalten habe. Und mit beidem muss ich mich endlich abfinden.«

›*Im Sturz durch Zeit und Raum erwacht aus einem Traum, was?*‹

»Genau. Ich muss mir noch über vieles klar werden, und möglicherweise werde ich in Zukunft nicht mehr so oft hierherkommen. Ich werde auch nicht mehr so oft mit dir reden, vielleicht gar nicht mehr, denn ganz ehrlich: Du antwortest sowieso fast nie, und wenn, dann nur mit Nena-Songtexten, und das hilft nicht wirklich.« Ich stand auf und schaute lange auf den Grabstein. Dann sagte ich: »Ich will nur, dass du eins weißt: Ich hasse dich nicht. Und ich bin mir ziemlich sicher, dass ich dich auch mit sechs Monaten nicht gehasst habe.« Ich nahm mein Fahrrad und sagte: »Tschüs, Papa.« Und zum Nachbargrabstein: »Tschüs, Herr Fritzschner.«

Dann machte ich mich auf den Weg zu meiner Mutter.

Ich hatte meinen Besuch nicht angekündigt und wusste nicht, ob sie überhaupt da war. Doch kurz nachdem ich geklingelt hatte, öffnete sie die Tür. Bei meinem Anblick huschten die unterschiedlichsten Emotionen über ihr Gesicht: Erleichterung, Sorge, Angst. Sie blieb unsicher im Türrahmen stehen, die Hand an der Klinke, und sagte: »Hallo Isa.«

»Hallo Mama.«

»Ich bin froh, dass du gekommen bist.« Sie machte eine Handbewegung in Richtung Wohnzimmer. »Wollen wir uns setzen?«

»Ja, warum nicht?« Es war seltsam, wie betont höflich wir miteinander umgingen. Als wüssten wir beide, dass dieses Gespräch nicht einfach werden würde und als versuchten wir, uns hinter der Förmlichkeit zu verstecken.

Sie setzte sich auf die Couch und ich mich auf den Sessel. Nach einem Moment der unangenehmen Stille sagte sie: »Ich möchte versuchen, dir zu erklären, warum ich dich angelogen habe.«

Ich schüttelte den Kopf. »Das ist nicht nötig, Mama. Wie hättest du mir das erklären sollen? ›Isa, dein Papa ist gestorben, und du musst ohne ihn aufwachsen, ist aber auch egal, hättest du sowieso gemusst, weil er uns kurz vor seinem Tod verlassen hat‹?« Ich machte eine kurze Pause, in der meine Mutter mich abwartend ansah. »Das ist alles noch so frisch, und es ist ein ganz schöner Batzen, den ich zu verdauen habe. Ich kann nicht behaupten, dass ich es wirklich verstehe. Aber ich kann nachvollziehen, warum du mir nie die Wahrheit gesagt hast.«

Sie machte Anstalten, etwas zu sagen, doch ich hielt abwehrend eine Hand hoch. »Was ich aber definitiv nicht nachvollziehen kann, ist, warum du ihn zu einem solchen Helden gemacht hast. Warum du mir all die Märchen über ihn und eure Ehe erzählt hast. Über die große, wahre Liebe und den einzig Richtigen, wo du das mit ihm doch überhaupt nicht erlebt hast.«

Sie spielte an ihrem Ehering herum, den sie in all den Jahren nie abgelegt hatte. »Ich hab deinen Vater unendlich geliebt, Isa. Ich konnte nicht akzeptieren, dass er gegangen ist, und ich hatte die Trennung noch nicht mal ansatzweise verarbeitet, da ist er gestorben. Ich hab mich in den Gedanken reingesteigert, dass er wiedergekommen wäre. Und …« Hilflos brach sie ab und rieb sich über die Augen. »Wenn ich dir von ihm erzählt habe, klang unsere Ehe so, wie ich sie gerne gehabt hätte.« Dann konnte sie die Tränen nicht mehr zurückhalten und schluchzte laut los.

In mir wuchs eine so große Zärtlichkeit heran, wie ich sie ihr gegenüber noch nie empfunden hatte. Ich setzte mich neben sie, zog sie in meine Arme und weinte mit ihr. Wir hielten uns lange eng umschlungen und trauerten um einen Menschen, den es nie gegeben hatte. »Weißt du, was das Schlimme an dieser Sache ist?«, fragte ich, als wir beide uns wieder einigermaßen beruhigt und ausgiebig unsere Nasen geputzt hatten. »Die ganze Zeit hast du meinen Vater zum Helden gemacht, und ich bin voll drauf eingestiegen. Dabei bist in Wahrheit immer du die Heldin in meinem Leben gewesen.«

»Ach, Isa«, sagte sie, und zog mich wieder in ihre Arme. »Ich hab zwar nicht viel auf die Reihe gekriegt, aber du, du bist mir wirklich gut gelungen. Trotz allem.«

»Wir müssen aufhören, in einer Traumwelt zu leben«, murmelte ich an ihrer Schulter. »Wir wachen jetzt auf, okay?«

Sie drückte mich so fest an sich, dass ich kaum noch Luft bekam. »Ja«, sagte sie. »Ja, es wird Zeit, aufzuwachen.«

Wir saßen noch bis in die Morgenstunden zusammen und redeten. Nachdem die Wahrheit einmal auf dem Tisch war, gab es kein Halten mehr. Sie erzählte mir von meinem Vater und der schwierigen Zeit, die angefangen hatte, nachdem sie schwanger geworden war. Was ich über meinen Vater herausgefunden hatte, war schlimm. Aber dennoch war ein Teil von mir froh, dass es so gekommen war, denn dadurch lernte ich meine Mutter erst wirklich kennen.

Um halb sieben Uhr morgens fiel ich todmüde in mein Bett. Trotzdem stellte ich mir den Wecker auf zehn Uhr, denn es gab noch so viel, was ich zu erledigen hatte, bevor ich am Mittwoch meine Reise antrat.

Völlig übernächtigt stand ich auf und ging zu Brigitte in den Laden. Sie bediente einen Kunden, der sich offenbar für eine Mario-Kunzendorf-Plastik interessierte. Dabei wollte ich nun wirklich nicht stören, also winkte ich ihr nur zu und drückte mich bei den Zimmerpflanzen herum, um das Gespräch zu belauschen. Es gelang Brigitte, die Plastik für einhundertfünfzig Euro zu verkaufen. Es war das erste Mal, dass wir etwas von Mario Kunzendorf verkauften, seit ich Jens durch einen miesen Trick eine Plastik angedreht hatte.

Als der Kunde den Laden verlassen hatte, kam Brigitte zu mir. »Dass ich das noch erleben darf. Ich verkaufe was von Mario.«

»Schon irgendwie traurig, dass du den Laden erst schließen musst, um das erleben zu dürfen«, meinte ich.

Sie legte bedauernd den Kopf schief. »Isa, es tut mir wirklich …«

»Nein, lass«, unterbrach ich sie. »Ich bin nicht hier, um dir Vorwürfe zu machen.«

»Trinken wir einen Kaffee?«

Wir gingen nach hinten, wo Brigitte Kaffee in den Filter schaufelte und ich mich an den Tisch setzte. »Hast du schon einen Käufer gefunden?«

»Es gibt ein paar Interessenten, aber noch steht nichts fest.«

Während der Kaffee in die Kanne tropfte, gesellte sie sich zu mir. »Ich hab mir solche Sorgen um dich gemacht. Mir war zwar klar, dass dich das mitnehmen würde, aber dass es dich so umhaut, hätte ich nicht erwartet.«

»Es war nicht nur das. Da sind auch noch ein paar andere Dinge passiert. Sagen wir mal so, die letzten Tage waren verdammt turbulent für mich.«

Sie musterte mich nachdenklich. Nach einer Weile sagte sie: »Ich hab diesen Laden nur deinetwegen so lange weitergeführt. Das wollte ich dir unbedingt noch sagen. Eigentlich war ich schon viel länger der Überzeugung, dass ich verkaufen will, aber du warst so engagiert, und du liebst diesen Laden so. Es ist mir unendlich schwergefallen, dir das anzutun.«

Die Maschine röchelte die letzten Tropfen Kaffee in die

Kanne, und ich stand auf, um uns zwei Tassen einzuschenken. »Ich kann nicht behaupten, dass ich es toll finde, dass du verkaufst«, sagte ich, als ich mich wieder zu ihr setzte und die Tassen vor uns hinstellte. »Es macht mich sogar extrem wütend. Und ich kann überhaupt nichts dagegen tun, das ist das Schlimmste daran. Aber es ist *dein* Laden. Und wenn du überzeugt davon bist, dass es richtig ist, zu verkaufen und mit Dieter um die Welt zu reisen, dann muss das wohl so sein.«

»Ja. Es ist das Richtige. Sowohl für Dieter als auch für mich. Aber leicht fällt es mir nicht. Immerhin stecken dreißig Jahre meines Lebens hier drin.«

Ich legte meine Hände um die Kaffeetasse. »Ich werde übrigens auch um die Welt reisen. Na ja, nicht ganz, aber ich habe einen Flug gebucht. Übermorgen geht's los.«

Sie riss die Augen auf. »Was? So spontan?«

Ich nickte. »Ja. Ich hoffe, es ist okay, dass ich noch zwei Wochen Urlaub nehme?«

»Ja, natürlich.«

Für eine Weile saßen wir schweigend da, dann fasste ich mir ein Herz und sagte: »Und darf ich danach zurück in den Laden kommen, damit wir beide das hier gemeinsam über die Bühne bringen können? Ich möchte dich in den letzten Monaten nicht hängenlassen.«

»Ich würde mich total darüber freuen, Isa!«, rief sie, und ein Lächeln breitete sich auf ihrem Gesicht aus.

Mir fiel ein Stein vom Herzen, denn ich hatte insgeheim befürchtet, dass sie sauer auf mich war. »Es tut mir leid, dass ich einfach so abgehauen bin. Normalerweise hättest du mir auch fristlos kündigen können.«

»Ach, das ist doch Unsinn.«

Wir lächelten uns an, so aufrichtig wie schon lange nicht mehr, und ganz ohne versteckte Gedanken und Gefühle. »Du wirst mir echt fehlen, Brigitte.« Ich machte eine unbestimmte Handbewegung um mich herum. »Das alles hier wird mir schrecklich fehlen.«

Sie seufzte. »Mir doch auch.«

Nervös spielte ich an meiner Halskette herum. »Ich wollte dich übrigens noch was fragen. Wenn der Laden geschlossen hat, kann ich dann die Bestände an Deko-Kram aufkaufen? Und das Werkzeug?«

Brigittes Gesicht war ein einziges Fragezeichen. »Ja, klar. Aber ... warum?«

»Ich habe gedacht, es wäre doch schade, all die neuen Kontakte zu Bestattern, Caterern und Hochzeitsplanern einfach im Sande verlaufen zu lassen. Ich mache mich selbstständig. Als Dekofee. Und als Hochzeits- und Beerdigungsfee.«

Brigitte klatschte einmal laut in die Hände. »Das ist eine großartige Idee, Isa! Ach, ich freu mich so!«

Ich lachte. »Mir macht es ehrlich gesagt ziemliche Angst. Alex hat mir dringend davon abgeraten, er sagt, das sei viel zu riskant.« Mit dem Finger pickte ich ein paar Zuckerkrümel vom Tisch.

»Was ist eigentlich mit euch?«, fragte Brigitte vorsichtig. »Seid ihr jetzt zusammen?«

Ich schüttelte den Kopf. »Nein. Wir haben festgestellt, dass wir nicht ineinander verliebt sind. Frag mich nicht, wie das passieren konnte.«

»Hm«, machte sie. »Ich hab da so einen Verdacht. Und der hat sein Restaurant gleich gegenüber.«

Ich zögerte mit meiner Antwort, doch schließlich sagte ich: »Ja, du hast recht. Aber in letzter Zeit ist so viel in so kurzer Zeit passiert, ich musste erst mal mit mir selbst klarkommen, verstehst du?«

»Ja«, sagte sie. »Das verstehe ich vollkommen.«

»Aber ich werde es ihm sagen. Nach meinem Urlaub.« ›Vorher bringt das doch eigentlich nichts mehr‹, fügte ich in Gedanken hinzu.

Brigitte sah mich ernst an. »Gut. Mach das, Isa. Und jetzt erzähl mir mal mehr über das Geschäft, das du planst. Alex hat dir also davon abgeraten?«

»Ja, aber warum sollte ich es denn nicht wenigstens versuchen? Ich habe genug angespart, um ein paar Monate davon überleben zu können. Das Einzige, was mir noch fehlt, ist ein Raum, in dem ich arbeiten kann. Möglichst günstig, natürlich.«

Brigitte setzte sich aufrecht hin. »Mario hat einen ziemlich komfortablen, großen Keller!«, sagte sie aufgeregt. »Er nennt es zwar sein ›Atelier‹, aber unterm Strich ist es ein Keller. Keine Angst, es ist kein dunkles Loch, sondern ein Souterrain, im Sommer schön kühl, im Winter schweinekalt, aber dafür gibt's ja Heizlüfter. Strom, Wasser, alles da. Und ich weiß zufällig, dass ein Raum dort frei ist.«

Ich schnappte nach Luft. »Das wäre ja der Hammer! Wo ist es denn überhaupt, ich war ja nie in seinem Atelier. Wollen wir gleich mal anrufen? Dann kann ich heute noch hinfahren und es mir angucken.«

Sie lachte. »Du kannst es kaum erwarten, was? Es ist gleich um die Ecke. Zu Fuß keine zehn Minuten von hier.«

Ich sprang auf. »Das ist perfekt! Los, rufen wir an.«

Noch am selben Tag traf ich mich mit Mario, um mir den Raum anzusehen. Er war für meine Zwecke perfekt geeignet, und die Miete konnte ich auch aufbringen.

»Ich bin froh, wenn ich nicht immer alleine hier unten bin«, sagte er. »Ist doch schön, wenn man mal jemanden hat, mit dem man zwischendurch schnacken und einen Kaffee trinken kann.«

»Das finde ich auch. Also dann, Hand drauf?«

Als ich wieder in meiner Wohnung war, sank ich erschöpft, aber mit dem guten Gefühl aufs Sofa, dass ich einen großen Schritt in die richtige Richtung getan hatte. Wie hieß es doch immer: ›Wenn eine Tür sich schließt, geht irgendwo anders eine neue auf.‹ Da schien wirklich was dran zu sein.

Ich checkte kurz meine E-Mails, um zu sehen, ob es eine Nachricht bezüglich meines Fluges gab. Die Dame im Reisebüro hatte mir gesagt, dass die Flugzeiten möglicherweise noch verschoben wurden und dass ich in diesem Fall per E-Mail informiert werden würde. Seit ich den Flug gebucht hatte, guckte ich also mindestens zweimal pro Stunde, ob es Neuigkeiten gab. So ganz konnte ich dann wohl doch nicht aus meiner Haut. Ich hatte keine E-Mail vom Reisebüro oder der Fluggesellschaft. Stattdessen aber eine von Michael Schulz. Ich musste mehrmals hinsehen, da ich es kaum glauben konnte.

Sehr geehrte Frau Wagner,
ich danke Ihnen vielmals für Ihre zahlreichen E-Mails bezüglich Liebe! Liebe! Liebe!. Nachdem ich drei Wochen im Urlaub und anschließend zwei Wochen krank war und heute 24 E-Mails von Ihnen in meinem Posteingang hatte, möchte ich Ihnen nun jedoch endlich mitteilen, dass ich keineswegs der Geschäftsführer von Fun-TV bin und allmählich ein schlechtes Gewissen habe, Sie in dem Glauben zu lassen, Sie wären bei mir an der richtigen Adresse. Mein Name ist zwar ebenfalls Michael Schulz, aber ich bin IT-Administrator und von einem Führungsposten bei Fun-TV leider so weit entfernt wie Sie von einem guten Fernsehgeschmack.
Ihre wirklich sehr zahlreichen E-Mails und Ihre leiden-

schaftlichen Forderungen, Liebe! Liebe! Liebe! *wieder ins Programm zu nehmen, haben mir und allen Kollegen in der IT große Freude bereitet. Leider müssen wir Ihnen aber sagen, dass diese Serie niemals wieder aufgenommen werden wird. Die Einschaltquoten waren so unterirdisch, dass zuletzt wahrscheinlich Sie die Einzige waren, die sich diesen Schrott angeschaut hat.*
Ich hoffe, Sie finden bald ein Alternativprogramm. Mein Vorschlag: Lesen Sie doch mal ein gutes Buch oder treffen Sie sich mit Freunden.

Mit freundlichen Grüßen
Michael Schulz
IT-Administrator
Fun-TV

P.S.: Nein, ich werde Ihnen die richtige E-Mail-Adresse des richtigen Michael Schulz nicht verraten.

Ich starrte für ein paar Sekunden fassungslos auf den Bildschirm. Dann brach ich in so heftiges Lachen aus, dass mir die Tränen über die Wangen strömten, und konnte mich kaum wieder einkriegen. Schließlich schrieb ich Michael Schulz eine letzte E-Mail, in der ich ihm sagte, ich hätte seinen Rat befolgt und würde mich jetzt mit Freunden auf ein Bier treffen. Und als ich die Nachricht abgeschickt hatte, schloss ich für alle Zeit das Kapitel *Liebe! Liebe! Liebe!*. Es war mir inzwischen völlig egal, wie es mit Lara und Pascal ausgegangen wäre.

Über den Wolken

Am Dienstag fuhr ich zu Bogdan, um mir seinen großen Trekking-Rucksack zu leihen. Für meine Rundreise war ein Rucksack einfach praktischer als ein Koffer. Zunächst bereitete es mir ziemliches Kopfzerbrechen, dass ich nur ein Gepäckstück mitnehmen konnte, das auch noch auf zwanzig Kilo Gewicht beschränkt war. Doch zu meiner eigenen Überraschung fiel mir das Packen längst nicht so schwer wie erwartet, und um sechs Uhr abends saß ich vor meinem abreisefertigen Rucksack, auf dem Flugticket, Reisepass und ein Reiseführer bereitlagen.

Ich konnte kaum glauben, dass ich schon morgen fliegen würde. Meine Gedanken wanderten mal wieder zu Jens. Er fehlte mir so sehr, dass ich am liebsten sofort zu ihm gegangen wäre. Aber das Problem war ... ich traute mich einfach nicht! Und allmählich dämmerte es mir, dass ich diese Sache auch deshalb aufgeschoben und an die hinterste Stelle verbannt hatte, weil sie die schwierigste war. Die, bei der ich am meisten zu verlieren hatte. Jens hatte mir zwar vor nicht allzu langer Zeit gesagt, dass er verliebt in mich war, aber nach meiner Reaktion wäre es doch wohl mehr als verständlich, wenn er sich umgehend entliebt hätte. Und jetzt hatte ich schon so lange gezögert. Am Abend vor meiner Abreise war es nun wirklich zu spät, ihm zu sagen, dass ich in ihn verliebt war. Immerhin wollte ich ihn ja auch nicht so überfallen, wie er mich damit überfallen hatte. Nein, es war besser, bis nach meiner Reise zu warten. Dann hatte ich noch zwei Wochen Zeit, mir die passenden Worte zurechtzulegen.

Ich war so in Gedanken, dass ich heftig zusammenzuckte, als es an meiner Tür klingelte. Ich sprang auf, um auf den Summer zu drücken, und sah wenig später Merle die Treppe hochkommen. Auf den ersten Blick war klar, dass etwas mit ihr nicht stimmte. Ihr schwarzer Kajal war verschmiert und verteilte sich großzügig unter ihren verheulten Augen. Ihr berühmter Cro-Panda-Look.

»Was ist los?«, fragte ich, als sie vor mir stand.

»Ich hab mich derbe mit Jens gestritten«, schniefte sie, ging ins Wohnzimmer und setzte sich aufs Sofa. »Er ist so ein Arschloch!«

»Was war denn?« Ich setzte mich neben sie.

Sie trötete ausgiebig in das Taschentuch, das ich ihr in die Hand gedrückt hatte. »Ich hab ihm gesagt, dass ich am Donnerstag nicht zurück in die Schule gehen werde, weil ich einfach keinen Sinn darin sehe, da rumzuhängen, wenn ich doch jetzt schon weiß, dass ich Köchin werden will. Und außerdem hab ich keinen Bock mehr auf diesen Scheiß, das interessiert mich alles nicht!«

Ich stöhnte auf. »Das hattet ihr doch alles schon. Ihr habt euch doch darauf geeinigt, dass ...«

»*Er* hat sich darauf geeinigt und mich mit meinen Eltern erpresst!«, rief sie. »Aber wie *ich* das alles sehe, interessiert natürlich mal wieder keinen. Ich geh nicht in die Schule! Er kann mich ja wohl kaum da hinprügeln. Und wenn er mich rausschmeißt, ziehe ich halt zu Mattis.«

»Ach komm, jetzt hör aber auf. Das meinst du doch nicht ernst. Und Jens wird dich schon nicht rausschmeißen.« Er konnte manchmal zwar durchaus etwas aufbrausend sein, aber das schien mir doch ein bisschen übertrieben.

»Kannst du nicht mit ihm reden?« Sie guckte wie ein kleiner Hundewelpe. »Auf mich hört er ja nicht.«

Oje. Das hatte mir gerade noch gefehlt. »Das würde dir aber nicht viel bringen. Was diese Sache angeht, bin ich nämlich *seiner* Meinung.«

»Du sollst ja nur vermitteln. Wenn du da bist, ist er irgendwie immer lockerer drauf.«

»Jens ist stinksauer auf mich, Merle. Ich glaube nicht, dass es ihn *lockerer* machen würde, mich zu sehen.«

Tränen schimmerten in ihren Augen, und ihr Kinn zitterte. »Doch, bestimmt.«

Obwohl ich bei ihrem Anblick am liebsten mitgeheult hatte, sträubte sich alles in mir gegen diese Idee. »Außerdem geht mich das doch auch streng genommen gar nichts an.«

Merle schniefte und wischte sich mit der Hand über die Augen. »Bitte, Isa. Ich brauch dich jetzt. Echt!«

Sie wirkte so unglücklich und hilflos, dass ich es einfach nicht übers Herz brachte, Nein zu sagen. Ich seufzte tief. »Also gut. Dann komm.«

Ich zog meine Strickjacke über, denn inzwischen war es ganz schön kühl geworden. Schweigend liefen wir die fünf Minuten zu Jens' und Merles Wohnung. Von Schritt zu Schritt steigerte sich meine Nervosität. Was, wenn Jens mich umgehend rausschmiss?

Merle schloss die Tür auf, und schon im Flur kam er uns entgegen. »Sag mal, spinnst du, einfach ...« Er hielt mitten im Satz inne, als sein Blick auf mich fiel. »Isa!«

Sein Anblick haute mich vollkommen um. Das Herz schlug mir bis zum Hals, und von einem bloßen Kribbeln im Bauch konnte man kaum noch sprechen. Da war ein ganzer Ameisenstaat unterwegs! Er sah noch genauso aus wie beim letzten Mal. Die braungrünen Augen, die mich jetzt gerade erstaunt und fragend ansahen, die dunklen Haare, die weichen Lippen. Aber trotzdem war es, als sähe ich ihn zum ersten

Mal, denn es war ja auch das erste Mal, seit mir klar geworden war, dass ich ihn liebte.

»Ich hab mir Verstärkung geholt«, hörte ich Merle sagen. »Isa findet nämlich auch, dass es sinnlos ist, wenn ich noch weiter zur Schule gehe.«

Ich riss mich von Jens' Anblick los. »Hä? Das stimmt doch gar nicht!«

»Ist aber trotzdem so«, beharrte sie und ging in die Küche.

Jens und ich tauschten einen kurzen, unsicheren Blick, dann folgten wir ihr. Immerhin, er hatte mich nicht umgehend rausgeschmissen.

Im hellen Küchenlicht fiel mir auf, wie blass Jens' Gesicht war. Er lehnte sich an den Kühlschrank und fragte müde: »Was soll denn der Scheiß, Merle? Es sind doch nur noch zwei Jahre bis zum Abi.«

»Zwei Jahre sind eine Ewigkeit! Wenn man so alt ist wie ihr, vielleicht nicht, aber *ich* bin noch jung!«

»Aua«, sagte ich trocken.

»Ich hab jedenfalls keinen Bock, meine kostbare Zeit zu verschwenden.«

»Und was hast du vor, wenn du nicht mehr zur Schule gehst?«, fragte Jens. »Niemand wird deinen Ausbildungsvertrag unterschreiben, das ist dir hoffentlich klar.«

Merle schob trotzig ihr Kinn vor. »Dann mach ich eben gar nichts, bis ich das alleine darf.«

»Ja«, sagte ich. »Oder du machst dein Abi, damit du die Wahl hast. Wie du ja selbst sagst, sind zwei Jahre eine Ewigkeit für dich. Bis du achtzehn bist, ist es noch über ein Jahr. Es kann doch auch sein, dass du dann gar nicht mehr Köchin werden willst.«

»Doch! Wieso glaubt ihr mir das nicht?«

Jens verstand meine Taktik offenbar, denn er sagte: »Wir

glauben dir ja, aber es besteht doch die Möglichkeit, dass du dann viel lieber Meeresbiologin bei Greenpeace oder Sozialarbeiterin werden willst.«

»Oder du willst Ärztin werden und dich für Ärzte ohne Grenzen engagieren«, fügte ich hinzu.

Merle starrte für eine Weile ins Leere. Dann sagte sie: »Ja, das klingt alles nicht uncool, aber ich bin nun mal zur Köchin berufen.«

Ich biss mir auf die Lippen und musste Jens' Blick ausweichen, um nicht in Gelächter auszubrechen. Auch er wandte sich auffallend schnell ab, um eine Flasche Wasser aus dem Kühlschrank zu holen.

Merles Blick wanderte von mir zu Jens, und mit einem Mal sah sie sehr zufrieden aus. »Na schön«, sagte sie. »Dann geh ich eben am Donnerstag in die verdammte Schule. Aber wenn ich achtzehn bin, dann mach ich, was ich will. Und ich werde mich von euch nicht davon abbringen lassen. Von euch nicht!«, wiederholte sie dramatisch. »So, und jetzt geh ich zu Mattis. Tschüs.« Hocherhobenen Hauptes verließ sie die Küche, und kurz darauf hörten wir die Wohnungstür ins Schloss fallen.

Jens und ich starrten ihr völlig verdattert nach. »Wow«, sagte er schließlich. »Das war aber ein sehr plötzlicher Meinungsumschwung.«

»Mhm. Schon fast ein bisschen *zu* plötzlich.«

»Ziemlich verdächtig, oder?«

Ich nickte langsam. »Sehr verdächtig. Aber unterm Strich eine schöne Inszenierung.«

»Vielleicht hätten wir noch Schauspielerin als möglichen Beruf aufzählen sollen.«

Wir sahen uns ernst und peinlich berührt an, doch irgendwann mussten wir beide grinsen. Von da an war alles viel einfacher.

»Schön, dich mal wieder zu sehen, Isa«, sagte Jens.

Mir fiel ein riesengroßer Felsklotz vom Herzen. Er fand es schön, mich zu sehen. Er war nicht stinksauer auf mich. Oder nicht mehr. »Ja, finde ich auch.«

»Wie geht's dir?«

»Wieder besser. Ich ... Also, was ich dir übrigens die ganze Zeit schon sagen wollte: Es tut mir sehr leid, dass ich neulich einfach so abgehauen und dann untergetaucht bin. Das war echt scheiße von mir.«

Jens musterte mich prüfend. »Was war denn überhaupt los? Ich hab ein paarmal versucht, dich zu erreichen, und auch an deiner Tür geklingelt, aber du hast nie aufgemacht. Dann kam irgendwann deine nichtssagende Rund-Nachricht, und ich dachte, dann willst du wohl offenbar nichts mehr von mir hören.«

»Nein, ich hatte einfach eine Scheißzeit und musste alleine sein.«

»Ist es, weil der Laden schließt?«, fragte er. »Brigitte hat es mir erzählt.«

»Ja, unter anderem.«

»Weswegen noch?«

»Das ist eine längere Geschichte, fürchte ich.«

Jens setzte sich an den Küchentisch und lehnte sich bequem in seinem Stuhl zurück. »Ich hab Zeit.«

Für einen Moment zögerte ich, doch dann setzte ich mich zu ihm und erzählte ich ihm alles über meinen Vater. Anfangs kamen die Worte noch etwas stockend, doch dann sprudelten sie nur so aus mir heraus. All die Gedanken und Gefühle, der Schock, der Schmerz und die völlige Ratlosigkeit, wie ich damit umgehen sollte. Als ich meine Erzählung beendet hatte, fühlte ich mich, als wäre eine schwere Last von meinen Schultern gefallen. Und auch wenn die Sache mit meinem Vater noch lange nicht ausgestanden war und die Narben dieser Wunde für immer bleiben würden, wusste ich, dass es ab jetzt leichter werden würde.

Jens rieb sich mit beiden Händen durchs Gesicht und atmete laut aus. »Oh Mann«, sagte er. »Und das alles hast du mit dir alleine ausgemacht? Warum bist du denn nicht zu mir gekommen?«

»Ein paarmal war ich kurz davor, aber letztlich hab ich es nie übers Herz gebracht, und ...« Ich hielt inne, doch dann gab ich mir einen Ruck und fuhr fort: »Außerdem hatten wir uns ja auch gestritten und ... das war alles nicht leicht für mich. Dieser Streit, das alles zwischen uns. Du hast mir gefehlt.«

Er sah mich nachdenklich an. »Du mir auch«, sagte er. Dann stand er unvermittelt auf. »Komm, wir gehen ins Restaurant, und ich mach dir ein Schokoladenmalheur. Du hast dir wirklich eins verdient.«

Oh mein Gott, ja, ein Schokoladenmalheur war jetzt tatsächlich genau das Richtige. Diese letzten Wochen ohne meine Droge waren kaum auszuhalten gewesen. Ich erhob mich ebenfalls, und kaum dass ich stand, zog Jens mich an sich und nahm mich fest in den Arm. Obwohl ich völlig überrumpelt war, reagierte mein Körper instinktiv. Ich schlang meine Arme um Jens, verbarg meinen Kopf an seiner Brust und fühlte mich so sicher, geborgen und getröstet wie schon seit Langem nicht mehr.

Als wir uns nach einer langen Weile voneinander lösten, sagte ich: »Du gibst richtig gute Umarmungen, weißt du das eigentlich?«

»Vielen Dank«, sagte er lachend. »Aber noch besser bin ich im Schokoladenmalheur-Machen.«

Wenig später saßen wir im Restaurant, ich löffelte ein

Schokoladenmalheur (er hatte es mir sogar ohne das lästige Obst serviert) und kriegte mich kaum wieder ein, weil ich so unendlich glücklich war, endlich wieder diese Köstlichkeit essen zu dürfen. Endlich wieder in seinem Restaurant zu sitzen, mit ihm, einen Rotwein vor uns, bei dem es uns scheißegal war, welchen Körper oder welches Bouquet er hatte. Endlich wieder mit ihm zu reden und ihn ansehen zu können. Als ich meinen Teller leer gegessen hatte, lehnte ich mich entspannt zurück. »Das war unglaublich lecker! Aber ich kann nicht behaupten, dass es mir gefällt, wie süchtig ich nach diesem Zeug bin.«

»Oh, mir gefällt das ziemlich gut.« Er drehte sein Weinglas in den Händen, dann sah er auf und fragte: »Was ist eigentlich mit Alex? Bist du jetzt mit ihm zusammen?«

Ich zögerte kurz, dann sagte ich: »Nein. Es war dann doch irgendwie nicht das Richtige. *Er* war nicht der Richtige.«

Jens sah mich so intensiv an, dass mir ein Schauer über den Rücken lief und mein Puls sich beschleunigte. ›Du bist der Richtige. Ich liebe dich‹, wollte ich sagen. »Ich fliege morgen nach Ho Chi Minh City. Oder Saigon, es ist dieselbe Stadt«, sagte ich stattdessen.

Für ein paar Sekunden saß Jens stumm da, dann fragte er fassungslos: »Was?«

»Das ist in Vietnam.«

»Ja, schon klar. Aber ... wieso morgen? Warum ausgerechnet dahin? Und vor allem, für wie lange?«

Mit dem Zeigefinger malte ich eine Blume auf den Teller. »Ich bin ins Reisebüro gegangen und habe gesagt, dass ich einen Flug möglichst bald, möglichst weit weg für möglichst wenig Geld buchen will. Ho Chi Minh City war ein totales Schnäppchen. Und von da aus reise ich zwei Wochen lang durch Vietnam. Auf eigene Faust, mit dem Rucksack.«

»Du machst es also tatsächlich. Du fliegst.« Jens sah vollkommen geplättet aus, doch dann fing er an zu grinsen. »Also eins steht fest. Da kriegst du Nudelsuppe ohne Ende.«

Ich lachte. »Stimmt! Daran habe ich ja noch gar nicht gedacht. Es gibt übrigens noch mehr Neuigkeiten: Ich werde mich als Floristin selbstständig machen. Nicht mit einem Laden, sondern als Dekofee. Und als Hochzeits- und Beerdigungsfee. Ich habe keine Ahnung, ob ich erfolgreich damit sein werde, aber das ist es, was ich machen will. Also muss ich es auch versuchen.«

Darauf schien ihm gar nichts einzufallen. »Wer bist du, und was hast du mit Isabelle Wagner angestellt?«, fragte er schließlich.

»Es ist schon komisch, oder? Zum ersten Mal in meinem Leben habe ich keine Ahnung, was passieren wird oder wo ich in zwei, fünf oder gar zehn Jahren sein werde. Und das macht mir eine Heidenangst. Aber trotzdem finde ich es gut.«

Er lächelte mich an, beinahe zärtlich. »Ich auch, Isa. Und wenn ich dir helfen kann, dann weißt du ja, wo du mich findest.«

Oh Mann, dieser Blick. Am liebsten hätte ich mich umgehend auf ihn gestürzt. Ich räusperte mich. »Tja, manchmal muss man halt was riskieren. Jemand hat mir mal den guten Rat gegeben, ich soll einfach damit aufhören, Angst zu haben.«

»Oha. Wer sagt denn so was Plattes?«

»Na, du!«

»Ich?« Jens lachte. »Diese Weisheit muss ich wohl von einem Yogitee-Beutel haben.«

Nachdem wir noch drei Stunden miteinander geredet und Wein getrunken hatten, brachte er mich nach Hause. Wir standen vor meiner Haustür, und ich musste an unseren Wahnsinnskuss im Kiezhafen denken. Daran, wie sehr ich in

Jens verliebt war. Wieso traute ich mich, nach Vietnam zu fliegen und mich selbstständig zu machen, aber nicht, ihm das zu sagen?

Jens umarmte mich und sagte: »Flieg vorsichtig, Isa. Pass gut auf dich auf. Und wenn du in zwei Wochen wieder da bist, kommst du gleich vorbei, okay?«

Ich nickte nur, denn ich hatte einen dicken Kloß im Hals. Nachdem ich schwer geschluckt hatte, sagte ich: »Ja, mach ich. Und dann will ich dir unbedingt …« Hilflos brach ich ab. »Dann will ich unbedingt ein Schokoladenmalheur essen.« Verdammt. Ich kam mir vor wie der letzte Feigling.

»Und ich will dir dann unbedingt ein Schokoladenmalheur machen.« Er lächelte mich an, gab mir einen Kuss auf die Wange, der mein Herz zum Stolpern brachte, und ging davon.

Während ich ihm nachsah, fiel mir auf, dass meine Haustür offenbar der Ort war, an dem es für mich niemals mehr gab als einen beknackten Kuss auf die Wange.

Knut brachte mich mit dem Taxi zum Flughafen und suchte mit mir auf der Anzeigetafel meinen Flug. »Wann geht die Maschine denn?«

»Um fünf nach zwölf. Nach Frankfurt erst mal. Da muss ich dann umsteigen.«

»Um fünf nach zwölf?«, fragte er entsetzt. »Was willste dann jetzt schon hier? Es ist gerade mal erst neun.«

»Na, ich muss doch noch den Schalter finden, meinen Rucksack aufgeben, durch die Sicherheitskontrolle und zum Gate gehen. Also dachte ich, ich plane ausreichend Zeit ein, damit es nicht so stressig wird.«

»Oh Mann, Isa«, stöhnte er. »Wahrscheinlich kannste dein Gepäck jetzt noch nich mal aufgeben.«

Doch der Schalter war bereits geöffnet, und da es noch so früh war, war ich meinen Rucksack innerhalb von ein paar Minuten los und hielt meine Bordkarten in der Hand. Inzwischen war ich so aufgeregt, dass mir richtig übel war. Ich kontrollierte dreimal, ob ich auch wirklich alles im Handgepäck hatte, was ich während des Fluges brauchte. Dann ging ich mit Knut in Richtung Sicherheitskontrolle. »Wir hätten noch mehr als genug Zeit für 'nen Kaffee«, sagte er.

»Nein, ich ... muss da jetzt durch.«

»Na gut, Lüdde. Denn pass gut auf dich auf. Meld dich, wenn du angekommen bist.« Er drückte mich fest an sich und schlug mir aufmunternd auf den Rücken. »Ich soll dir auch noch eine gute Reise von Irina wünschen, und wenn du wieder da bist, sollste mal im Kiezhafen vorbeikommen. Mit Jens, sacht se.«

Dann ließ er mich los, und ich wusste, dass ich jetzt eigentlich durch die Sicherheitskontrolle gehen musste. Doch ich rührte mich nicht vom Fleck.

»Was is?«, fragte Knut.

Mir schlug das Herz bis zum Hals, meine Handflächen waren feucht, und meine Übelkeit wurde so schlimm, dass ich mich auf der Stelle hätte übergeben können. »Wenn ich da erst mal durchgehe, kann ich nicht wieder raus, oder?«

»Ich weiß nich. Hab ich noch nie ausprobiert.«

»Das Flugzeug ist doch sicher. Oder?«

»Ja natürlich. Dir wird schon nix passieren. Keine Angst.«

»Aber ... Wenn dieses Flugzeug abstürzt, wird Jens niemals erfahren, dass ich verliebt in ihn bin!«, rief ich. »Wieso habe ich daran denn nicht gestern schon gedacht? Ich kann doch nicht wegfliegen, ohne ihm das gesagt zu haben!«

Knut rieb sich das Kinn. »Tja nu, in zwei Wochen is ja auch noch Zeit dafür, nä?«

Ich hatte auf einmal eine solche Panik, dass ich kaum noch Luft bekam. »Ja, aber was, wenn ich nicht wiederkomme? Wer weiß denn, was mir alles passieren kann? Ich muss ihm das *jetzt* sagen!«

Er musterte mich für ein paar Sekunden, dann warf er einen Blick auf seine Uhr. »Es sind noch fast zwei Stunden bis zum Boarding.«

»Dann los.« Ich packte ihn am Arm und zerrte ihn hinter mir her, während ich zum Ausgang rannte. Als wir in seinem Taxi saßen, rief ich: »Beeil dich, Knut!«

Das musste ich ihm nicht zweimal sagen. Er fuhr ja sowieso schon, gelinde gesagt, recht zügig, aber jetzt heizte er durch die Straßen wie ein Wildschwein auf Speed. Bei seinem scharfen Abbiegen, den waghalsigen Überholmanövern und zahlreichen Vollbremsungen, wenn eine rote Ampel oder ein zu langsamer Vordermann ihm in die Quere kamen, bekam ich noch größere Panik und begann irgendwann innerlich zu beten, während ich mit fest zusammengekniffenen Augen dasaß: ›Bitte lass mich heil hier rauskommen.‹ Ich sehnte mir eine Plastiktüte herbei oder wollte zumindest den Kopf aus dem Fenster stecken, aber ich klammerte mich mit beiden Händen am Sicherheitsgurt fest und traute mich nicht, ihn loszulassen.

Zum Glück dauerte es nur dreizehn Minuten, bis Knut mit quietschenden Reifen vor Jens' Restaurant hielt. »Ich warte hier auf dich. Viel Glück, Lüdde!«

Erleichtert, diese Höllenfahrt überlebt zu haben, sprang ich aus dem Taxi, rannte die paar Schritte zum Restaurant und warf mich mit so viel Schwung gegen die Tür, dass sie mit Karacho aufsprang und ich mehr in den Raum stolperte als ging.

Die Schwingtür zur Küche öffnete sich. »Was ist hier denn …« Bei meinem Anblick blieb Jens abrupt stehen. »Isa? Was machst du denn hier? Ich dachte, du fliegst gleich.«

»Ja, ich hab schon mein Gepäck aufgegeben und stand vor der Sicherheitskontrolle, aber dann wurde mir klar, dass ich unbedingt noch etwas mit dir klären muss, bevor ich fliege. Also hat Knut mich schnell vorbeigebracht.«

Völlig entgeistert schüttelte er den Kopf. »Hatte das denn nicht bis in zwei Wochen Zeit?«

»Nein!« Mein Herz hämmerte in meiner Brust, und mir fiel auf, dass ich mir immer noch keine Worte zurechtgelegt hatte.

Jens kam auf mich zu und sah mich abwartend an. »Und was hast du so Dringendes mit mir zu klären?«, fragte er, als ich nach einer Weile immer noch nicht mit der Sprache rausgerückt war.

Ich holte tief Luft. »Wenn du dich das nächste Mal verliebst, solltest du der Person, in die du dich verliebt hast, besser nicht sagen, dass du überhaupt nicht auf sie stehst. Das könnte nämlich zu Irritationen führen.«

Er hob die Augenbrauen. »Okay. Vielen Dank für den guten Tipp. Allerdings möchte ich zu meiner Verteidigung anmerken, dass ich in dem Moment, als ich das gesagt habe, auch davon überzeugt war. Dass es totaler Schwachsinn war, hat sich erst später rausgestellt.«

»Wann denn?«, bohrte ich nach.

»Ich weiß es nicht mehr auf den Tag genau. Das war ein ziemlich schleichender Prozess.«

Ein schleichender Prozess. Ich wusste genau, was er meinte. So war es bei mir ja auch gewesen.

»Sonst noch was?«

»Ja. Gilt das noch?«

»Was?«, fragte er, doch ich war mir sicher, dass er sich mit Absicht blöd stellte.

»Na, dass du in mich verliebt bist!«

Jens lachte ungläubig. »Na ja, es ist immerhin gut drei Wochen her, dass ich dir das gesagt habe. So lange hält so was bei mir nicht.«

Ich trat einen Schritt zurück und musterte ihn verunsichert. »Echt nicht?«

»Oh Mann, Isa«, stieß er aus. »Natürlich bin ich noch verliebt in dich! Was denkst du denn?«

Vor Erleichterung zitterten mir die Knie. Am liebsten wäre ich ihm sofort um den Hals gefallen, doch ich musste das hier mit Anstand über die Bühne bringen. »Du hast gesagt, dass ich früher oder später bei Alex ein Haar in der Suppe finden würde. Weißt du noch?«

Er nickte.

»Du hattest recht. Ich habe eins gefunden. Und dieses Haar bist du.«

Jens brauchte ein paar Sekunden, um diese Information zu verarbeiten. Dann erschien ein Lächeln auf seinem Gesicht, und seine Augen begannen zu strahlen. »*Ich* bin das Haar?«

Seine Freude darüber, dass er das Haar war, verleitete mich zum Kichern, doch es gelang mir, Haltung zu wahren. »Ja, bist du. Ich bin auch verliebt in dich, Jens! Ich bin total verliebt in dich, bis über beide Ohren, hoffnungslos! Und das, obwohl du gar nicht so bist, wie ich mir meinen Traummann immer vorgestellt habe. Dieser Traummann kann mir gestohlen bleiben. Ich will nämlich wach sein. Mit dir. Trotz Schweinestall und Death Metal.«

Jens' Lächeln vertiefte sich, und er kam etwas näher, sodass wir unmittelbar voreinander standen. »Ich muss dir auch noch was sagen, Isa. Eigentlich wollte ich das in zwei Wochen machen, aber wo du jetzt schon mal da bist ...«

»Und was wolltest du mir sagen?«

»Dass ich es vollkommen falsch angegangen bin. Es hat lange gedauert, bis ich endlich kapiert habe, dass ich in dich verliebt bin, und als ich es dann für mich klar hatte, habe ich dich damit total überfallen. Und *wie* ich es dir gesagt habe, war auch alles andere als charmant.« Er legte seine Hände um mein Gesicht und sah mich so zärtlich an, dass mein Herz vor Freude beinahe in meiner Brust zersprang. »Du bist die wunderbarste, verrückteste, liebenswerteste, pedantischste und hübscheste Frau, die ich je in meinem Leben getroffen habe. Du bist warmherzig und mutig und auf eine ziemlich verwirrende Art süß und sexy zugleich, und ich bin vollkommen verrückt nach dir. Ich will mit dir zusammen sein. Und das sehe ich überhaupt nicht als Zumutung an, sondern als das, was mich am allerglücklichsten machen würde. Du hast neulich mal zu mir gesagt, ich hätte dein Gehirn infiltriert. Aber du meins auch. Vor drei Tagen habe ich eine Sternschnuppe gesehen, und ich hab mir was gewünscht!«

»Was denn?«, fragte ich mit angehaltenem Atem.

»Eigentlich darf man es ja nicht sagen, weil es dann nicht in Erfüllung geht, aber ... ich hab mir eine Sternschnuppe für *dich* gewünscht. Siehst du, so weit ist es schon mit mir gekommen.«

Ich spürte, wie ein dickes, fettes Strahlen sich auf meinem Gesicht ausbreitete. »Wow. Solche Worte hätte ich dir gar nicht zugetraut. Das war ja geradezu romantisch.«

Jens lachte. »Du wirst noch überrascht sein, wie romantisch ich sein kann. Ich werde auf einem Schimmel mit dem Arm voller Rosen über eine Blumenwiese auf dich zugeritten kommen, im Hintergrund ein Streichorchester, das *Best of Kuschelrock* spielt, ein Meer von Duftkerzen wird brennen, am Himmel fliegt ein Flugzeug, das ein Band hinter sich herzieht, auf dem lauter Herzchen aufgemalt sind und ...«

»Ach, Blödsinn.« Ich legte ihm meinen Finger auf die Lippen. »Das will ich alles nicht. Ich will dich.«

Wir strahlten uns an, und dann zog Jens mich in seine

Arme, um mich stürmisch zu küssen. Hm, daran konnte ich mich gewöhnen. Davon würde ich nie genug kriegen. Ich ließ meine Finger durch sein Haar gleiten, spürte seine Lippen auf meinen, seine Hände, die über meinen Rücken strichen, und war völlig überwältigt von dem Riesentumult, den Jens in meinem Körper auslöste.

Als wir uns viel später voneinander lösten und uns gegenseitig anhimmelten wie zwei verliebte Teenies, sagte ich: »Ich würde dich jetzt wirklich sehr gerne fragen, ob du mit zu mir kommst und mir noch mal zeigst, wie man Zwiebeln schneidet.«

Er lachte. »Und ich würde dir jetzt gerne beweisen, dass ich sehr wohl an der Startbahn des Flughafens eine Frau rumkriege.«

»Das muss dann aber eine sein, die ziemlich leicht zu haben ist«, murmelte ich und zog seinen Kopf wieder zu mir runter, um ihn nochmals ausgiebig zu küssen.

Schon bald wurden unsere Küsse drängender, doch als ich meine Hände in die Hintertaschen seiner Jeans steckte, drückte Jens mich sanft von sich weg. »Isa … dein Flieger wartet nicht auf dich.«

Ich zog eine Schnute. »Ich will sowieso viel lieber hierbleiben. Wie bescheuert ist das denn, dass ich jetzt wegmuss?«

Er strich mir mit dem Finger eine Haarsträhne aus der Stirn. »Es sind nur zwei Wochen, und du träumst schon dein ganzes Leben lang davon, zu fliegen. Also bringen Knut und ich dich jetzt zum Flughafen, und dann steigst du in dieses verdammte Flugzeug!«

»Jaha«, sagte ich. »Mach ich ja, ich wollte nur ein bisschen jammern, das wird doch wohl noch erlaubt sein. Über diesen Befehlston müssen wir dringend noch mal reden, wenn ich wieder da bin. So nicht, mein Freund. So nicht!«

Wir lachten uns an und küssten uns noch mal ausgiebig, dann rissen wir uns endlich voneinander los, und ich ließ mich von Knut und Jens zurück zum Flughafen bringen. Und jetzt war ich so überglücklich und kribbelig, dass ich von Knuts Fahrweise nicht das Geringste mitbekam.

Um Punkt zwölf Uhr rollte die Maschine langsam auf die Startbahn. Ich saß am Fenster, starrte wie hypnotisiert nach draußen und lauschte darauf, wie das Dröhnen der Triebwerke immer lauter wurde. Dann nahm das Flugzeug an Fahrt auf, wurde schneller und schneller, so schnell, dass ich in den Sitz gepresst wurde. Die Nase des Flugzeugs hob sich in die Luft, und kurz darauf setzte die Maschine mit einem kleinen Ruck ab. Ich flog! Das war der Wahnsinn!

Neben mir blätterte eine Frau gelangweilt in einer Zeitschrift. Ich stieß sie an und rief: »Ist das nicht der Hammer? Wir fliegen!«

Sie sah mich zunächst irritiert an, doch dann lächelte sie freundlich. »Stimmt, wenn man genauer drüber nachdenkt, ist es der Hammer.«

Wieder sah ich aus dem Fenster und versuchte, Knut und Jens an unserem Platz jenseits des Zauns zu entdecken, doch es gelang mir nicht. Dabei hatten sie mir versprochen, dort unten zu stehen, zu meinem Flugzeug raufzugucken und zu sagen: »Ah, guck mal. Die Zwölf-Uhr-fünf nach Frankfurt.«

Und ich saß drin. Die Maschine stieg höher und höher, tauchte ein in die Wolken, die, wenn man mittendrin war, eigentlich nur nach Nebel aussahen, in meinem Bauch kribbelte es, ich bekam Druck auf den Ohren, hatte nicht die geringste Ahnung, was mich erwarten würde, wenn ich ausstieg, aber ich flog. Und ich fand es wunderbar!

Falls jemand nach der Lektüre des Romans das dringende Bedürfnis verspürt, Schokoladenmalheur zu essen – hier ist das Rezept:

Schokoladenmalheur
(für 4 Portionen)

Zutaten
100 g Zartbitterschokolade (mindestens 70% Kakaoanteil)
100 g Butter
2 Esslöffel Zucker
2 Eier
2 Eigelb
2 gehäufte Teelöffel Mehl

Zubereitung
– 4 Souffléförmchen gut einfetten (wichtig) und mit Mehl bestäuben. Als Alternative kann man auch ein Muffinblech nehmen.
– Schokolade und Butter im Wasserbad bei niedriger Temperatur schmelzen lassen und verrühren.
– Ei, Eigelb und Zucker mit dem Schneebesen (also von Hand, so viel Mühe muss sein) aufschlagen, bis die Mischung dickflüssig und hell ist.
– Die Schokoladenmasse langsam unter ständigem Rühren in die Eimasse einlaufen lassen.
– Mehl hineinsieben und unterheben.
– Masse in die Förmchen geben und mindestens 30 Minuten kalt stellen.
– Nicht erschrecken und/oder in Panik geraten, wenn die Masse im Kühlschrank erst mousseartig und später buttrig wird. Das verschwindet beim Backen wieder.

- Ofen auf 200 bis 230 Grad vorheizen, Schokoladenmalheurs viereinhalb bis sechs Minuten, je nach Temperatur und Ofen, backen. Die Oberfläche muss fest sein.
- Die Schokoladenmalheurs circa eine Minute ruhen lassen und sehr vorsichtig aus den Förmchen lösen.
- Auf einen Teller geben, mit Puderzucker bestäuben und genießen.

Ich mag Schokoladenmalheur gerne in Kombination mit möglichst sauren Früchten, am liebsten roten Johannisbeeren. Man kann sie aber natürlich auch, à la Isabelle, sehr gut ganz ohne störendes Beiwerk genießen.

Das Beste an diesem Rezept ist: Macht nix, wenn was schiefgeht. Es ist ja ein Malheur, man kann sich also immer damit rausreden, dass das so sein sollte.

Danksagungen

Es heißt ja, dass viele Köche den Brei verderben, aber bei meinem Brei ist das ganz sicher nicht so. Daher möchte ich an dieser Stelle meinen allerherzlichsten Dank aussprechen an alle, die auf ihre Art an diesem Roman mitgekocht haben.

Wie immer zuerst: Tausend Dank an den Mann meines Herzens, der zwar nicht das beste Schokoladenmalheur, aber dafür die besten Kartoffelpuffer und das beste Chili macht. Für deine Unterstützung und vor allem für: »Beeil dich, die Story will ich unbedingt lesen!«

An meine Familie und Freunde: Danke für euer Verständnis und sorry für all die in der Schreib-Endphase abgesagten und vergessenen Verabredungen – dass ihr alle überhaupt noch mit mir redet, ist ein Wunder!

An Iris Geisler und Nancy Wittenberg, die beiden besten Probeleserinnen, die sich eine Autorin wünschen kann: Vielen Dank für eure Ehrlichkeit, eure konstruktive Kritik und euer Lob.

An Isabelle, die ich auf der LoveLetter Convention in Berlin getroffen habe. Beim Anblick ihres Namensschildes wusste ich sofort: So und nicht anders soll meine Hauptfigur heißen. Vielen Dank, dass ich mir deinen Namen leihen durfte.

Tausend Dank an mein »Kompetenz-Team«: Sascha-Le-Chef-Suntinger, Petra-die-Blumenfee-Kobs und Manuel-Lord-of-the-Trains-Scholz. Dass ihr mir so bereitwillig und geduldig jede auch noch so blöde Frage beantwortet habt, war nicht nur sehr, sehr nett, sondern auch noch überaus hilfreich. Dass die ein oder andere Sache nun doch nicht zu hundert Prozent der Realität entspricht, liegt nicht an euch, sondern einzig und alleine an mir.

Vielen Dank an das Team der literarischen Agentur Thomas Schlück – vor allem an Franka Zastrow, für deine unermüdliche Unterstützung.

Ein großes Dankeschön an Stefanie Kruschandl für die tolle Zusammenarbeit beim »Abschmecken« des Romans. Und sorry noch mal für den *Roxette*-Ohrwurm! Das wollte ich nicht.

An alle bei Bastei Lübbe, die dazu beigetragen haben, dass diese Geschichte den Weg aus meinem Kopf auf die gedruckten Seiten über die Buchhandlungen bis in die Hände der Leserinnen und Leser gefunden hat: Vielen, vielen Dank dafür! Allen voran an meine großartige Lektorin Friederike Achilles: Tausend Dank für deine aufbauenden Worte, Autorinnenstreicheleinheiten und vor allem deine unendliche Geduld.

Und an euch, liebe Leserinnen und Leser: Vielen, vielen Dank dafür, dass es euch gibt! Danke für eure lieben, aufmunternden und motivierenden Nachrichten, die auf wundersame Weise vor allem immer dann kommen, wenn ich sie am nötigsten habe. Ihr seid die Besten! Ich weiß, das behauptet wahrscheinlich jede Autorin von sich, aber bei mir stimmt es.

PETRA HÜLSMANN

Wenn's einfach wär, würd's jeder machen

Roman

*Für alle Nerds, Spinner, Streber,
Träumer und Außenseiter.
Für alle, die anders sind
und sich deswegen manchmal fehl am Platz fühlen.
Bleibt, wie ihr seid, die Welt braucht euch.*

Ein missratener Geburtstag

»Hi, Frau Paulsen!«

Erschrocken fuhr ich zusammen. Fast wären mir der Plastikbehälter mit Schokoladenkuchen und das Buch heruntergefallen, in dem ich gerade las. Die Geschichte war so spannend, dass ich mich selbst auf den wenigen Metern von der S-Bahn bis zur Schule nicht davon trennen konnte. Ich drehte mich um und entdeckte Carla, eine meiner Schülerinnen aus der fünften Klasse, die mich fröhlich angrinste.

Ich erwiderte das Lächeln. »Hallo, Carla.«

Sie deutete auf den eingetupperten Schokokuchen, das Buch sowie meine Schultasche. »Soll ich Ihnen was abnehmen?«

Hach, sie war wirklich ein ganz besonders nettes Mädchen. »Das ist lieb, aber ich schaffe das schon.« Schließlich wollte ich vermeiden, dass sie von ihren Mitschülern dabei erwischt wurde, wie sie der Lehrerin die Tasche trug. »Und, was hast du in den Ferien Schönes vor? Fährst du mit deinen Eltern in den Urlaub?«, erkundigte ich mich, während wir nebeneinander in Richtung Schule gingen. Schon übermorgen hieß es für mich wieder: ›Tag der richtigen Berufswahl‹, denn dann würden die Sommerferien beginnen.

»Nee, die müssen arbeiten«, erwiderte Carla. »Aber ich darf ins Reitcamp, das wird auch cool.«

»Schön«, meinte ich. Carlas Eltern waren Ärzte und die meiste Zeit damit beschäftigt, Leben zu retten. Leider vergaßen sie darüber immer wieder das Leben ihrer Tochter.

»Sind Sie auch geritten, als Sie noch jung waren?«, erkundigte Carla sich.

Autsch. Heute war mein siebenundzwanzigster Geburtstag, und eigentlich fühlte ich mich nicht besonders alt. Das hatte sich vor zwei Sekunden jedoch schlagartig geändert. »Nein, ich hatte es nie so mit Pferden. Die sind mir zu groß. Ich habe lieber Klavier gespielt.«

»Aber ein Klavier ist doch auch groß.«

Ich lachte. »Stimmt. Aber es wiehert nicht. Und falls doch, hat man ganz gewaltig danebengegriffen.«

Inzwischen waren wir auf dem Schulhof angekommen, und unsere Wege trennten sich. Carla winkte mir noch einmal zu und eilte dann in Richtung Hauptgebäude. Nach fünf Schritten hielt sie inne. »Warum haben Sie eigentlich Kuchen dabei? Ist der für uns?«

Bedauernd schüttelte ich den Kopf. »Nein, für die Kollegen. Ich habe heute Geburtstag.«

Carlas Augen weiteten sich. »Oh. Dann herzlichen Glückwunsch. Ist aber schon fies, dass nur die Lehrer Kuchen kriegen.«

»Ich weiß. Nach den Ferien bringe ich euch mal wieder welchen mit, okay?«

»Ja, das wär super. Bis später, Frau Paulsen.«

Ich ging über den Pausenhof auf die Schule zu. Das Werther-Gymnasium war ein altehrwürdiges, verschnörkeltes Gebäude, das unter hohen Eichen stand und mich an ein Schloss erinnerte. Es zählte zu den besten Schulen der Stadt, und ich konnte mein Glück noch immer kaum fassen, dass ich hier Musik und Geografie unterrichten durfte. Ich betrat das Gebäude, und sofort stieg mir der typische Geruch von Bohnerwachs und altem Holz in die Nase. Ein Geräuschgewirr aus Lachen, aufgeregtem Geplauder und Fußgetrappel umfing mich. Ich liebte diese kribbelige Atmosphäre kurz vor den Ferien. Auf dem Weg zum Lehrerzimmer wurde ich von unzähligen Schülern gegrüßt. Noch etwas, das ich am Werther-Gymnasium mochte: Der Großteil der Schüler war freundlich und gut erzogen. Natürlich gab es auch ein paar weniger nette, aber ich wusste, dass man es als Lehrerin kaum einfacher haben konnte als hier. Und Einfachheit war etwas, das ich in meinem Leben sehr zu schätzen wusste.

»Hey, Annika, alles Gute zum Siebenundzwanzigsten«, begrüßte mich Maike, meine Lieblingskollegin. Sie fiel mir um den Hals und drückte mir einen Blumenstrauß in die Hand. »Hier, für dich.«

»Danke schön«, sagte ich gerührt, war nun allerdings mit dem Strauß, dem Kuchen und meiner Schultasche ziemlich überfordert. »Äh, warte, lass mich nur kurz ...«

»Gib schon her, bevor noch ein Unglück passiert.« Sie nahm mir den Strauß wieder ab.

Ich stellte den Kuchen auf dem Tisch ab und steuerte gerade die Kaffeeküche an, um die Blumen in eine Vase zu stellen, als unser Schulleiter Herr Dr. Friedrich rief: »Liebe Kolleginnen und Kollegen, würden Sie mir kurz Ihre Aufmerksamkeit schenken? Ich möchte Sie darum bitten, sich vor dem Nachmittagsunterricht im Lehrerzimmer zu versammeln. Wir müssen reden!« Dann verschwand er in seinem Büro.

Das war ja eine Formulierung, die gemeinhin nichts Gutes verhieß, und die soeben noch fröhlichen Gespräche verwandelten sich augenblicklich in aufgeregte Spekulationen darüber, was er wohl wollte.

»Oh, oh«, raunte Maike mir zu, als ich die Blumen auf unserem Tisch abstellte. »Mir schwant Böses.«

»Was soll denn schon passieren?«, fragte ich und musste kichern. »Glaubst du, er will mit uns allen Schluss machen?«

»Nein, aber ich wittere etwas Unangenehmes, das nach Arbeit riecht.«

»Ach, Quatsch«, winkte ich ab. »Wahrscheinlich geht es nur mal wieder um die Parkplatzsituation. So, ich muss dringend los. Bis später.« Ich griff nach meiner Schultasche und hetzte zur 8d, wo eine Doppelstunde Musik anstand. In den Pausen war ich mit der Aufsicht dran und schaffte es nicht mehr ins Lehrerzimmer. Daher war die Ankündigung von Herrn Friedrich schon völlig aus meinem Gehirn verschwunden, als ich mich nach Unterrichtsschluss zu meinen Kollegen gesellte.

Maike saß bereits an ihrem Platz, und auch Volker Dannemann, der so wie ich Geografie und Musik unterrichtete, hatte es sich auf seinem Stuhl bequem gemacht. »Hey, Annika, alles Gute zum Geburtstag«, sagte er und deutete auf den Kuchen, der noch immer auf dem Tisch stand. »Ist der für uns? Der lacht mich den ganzen Tag schon so an.«

»Klar ist der für euch.« Ich wollte gerade den Kuchen anschneiden, als Herr Friedrich ins Lehrerzimmer kam. Er klopfte mit den Knöcheln auf die Tischplatte und rief: »Wie heute Morgen schon angedeutet, habe ich etwas Wichtiges zu verkünden.«

»Verdammte Axt, jetzt muss ich noch länger auf den Kuchen warten«, murrte Volker leise.

Herr Friedrich rückte seine tadellos sitzende Krawatte zurecht. »Ich will gar nicht lang drum herumschnacken. Über den akuten Lehrermangel in Hamburg müssen wir nicht diskutieren, die Situation ist hinlänglich bekannt. Wie Sie wissen, werden deshalb Gymnasiallehrer zeitweilig an andere Schulen abgeordnet. Bislang waren wir am Werther-Gymnasium von diesen Abordnungen nicht betroffen, aber es ist nun mal so, dass wir statistisch gesehen überdurchschnittlich gut besetzt sind. Angesichts dieser Tatsache kommen wir den Kolleginnen und Kollegen an anderen Schulen selbstverständlich gern zu Hilfe.«

»Das halte ich aber für ein Gerücht«, wisperte ich, woraufhin Maike und Volker zustimmend nickten.

Herr Friedrich räusperte sich. »Uns hat ein Hilferuf der Astrid-Lindgren-Schule in Ellerbrook erreicht.«

Ein Raunen ging durchs Kollegium.

»Gott steh uns bei, die ALS«, stieß Maike aus.

Die Astrid-Lindgren-Schule war eine in Lehrerkreisen berüchtigte und weithin gefürchtete Stadtteilschule in einem der größten Problembezirke Hamburgs. Es wurde über Gewalt gemunkelt, über Drogen und Kriminalität. Wenn irgendwo eine Fernsehdokumentation über die schlimmsten Schulen Deutschlands gezeigt wurde, konnte man sicher sein, dass die ALS erwähnt wurde. Und wenn es etwas gab, das man als Lehrer keinesfalls wollte, dann war es, an dieser Schule unterrichten zu müssen. Aber warum sollte das ausgerechnet mir oder einem meiner Lieblingskollegen passieren?

»Die Astrid-Lindgren-Schule ist ohnehin schon stark unterbesetzt, und nun sind auch noch zwei Kollegen auf unbestimmte Zeit krank geworden«, erklärte Herr Friedrich.

Maike lehnte sich zu Volker und mir rüber. »Im UKE haben die ja angeblich in der Psychiatrie einen ganzen Flur für die Lehrer der ALS reserviert.«

»Meine Güte, jetzt beruhig dich mal.« Ich sah Maike aufmunternd an. »Es geht sowieso wieder nur um Englisch und Mathe. Wir sind auf der sicheren Seite, also keine Panik.«

Herr Friedrich fuhr gnadenlos fort: »Die Kollegen benötigen dringend Unterstützung in den Fächern Musik und Geografie.«

Huch! Das Herz rutschte mir in die Hose, und ich verstärkte unwillkürlich den Griff um meine Stuhllehnen. Auch die anderen betroffenen Kolleginnen und Kollegen verspannten sich, allen voran Volker neben mir. Die Glückspilze, die weder Musik noch Geografie unterrichteten, atmeten hingegen erleichtert auf.

»Gibt es Freiwillige?«, fragte Herr Friedrich.

Vereinzelt ertönte ein ungläubiges Lachen, doch ansonsten machte niemand einen Mucks. Volker duckte sich unter den Tisch und fing an, in seiner Schultasche zu wühlen. Andreas Berthold musterte intensiv seine Fingernägel, und Wiebke Mattischek ließ ihren Blick durch den Raum schweifen, als würde es gar nicht um sie, sondern um jemand völlig anderen gehen. Ich sackte tiefer in meinen Stuhl.

Herr Friedrich seufzte. »Ich weiß ja, dass die Astrid-Lindgren-Schule nicht den besten Ruf genießt, aber es ist doch nur für ein, zwei Jahre. Maximal drei.«

Für drei Jahre?! Um Himmels willen! Weiterhin wurden eifrig Fingernägel angestarrt oder Rekorde im Möglichst-unauffällig-Verhalten aufgestellt.

»Ich muss doch sehr an Ihre Solidarität appellieren, liebe Kolleginnen und Kollegen«, sagte Herr Friedrich streng.

Keine Reaktion. So solidarisch, freiwillig an die ALS zu gehen, war niemand.

»Na schön. Da sich kein Freiwilliger gemeldet hat, bleibt mir nichts anderes übrig, als jemanden zu bestimmen. Ich habe dieses Szenario bereits durchdacht und mit dem Personalrat besprochen. Er hat meiner Entscheidung zugestimmt.«

Dann stand es also schon längst fest? Ich knetete meine Hände, während ich innerlich Hieronymus, den Schutzpatron der Lehrer, anflehte, diesen Kelch an mir vorbeigehen zu lassen. Doch dann rief ich mich zur Ordnung. Nur keine Panik. Warum sollte es ausgerechnet mich treffen? Okay, ich war die

Jüngste unter den zur Auswahl Stehenden, aber andererseits war ich doch ganz beliebt. Und zwar sowohl bei den Schülern als auch im Kollegium. Also, wen würde es wohl treffen? Andreas Berthold, entschied ich. Er kam bei den Schülern nämlich nicht besonders gut an, unter anderem deshalb, weil er extrem gerne Mettbrötchen mit Zwiebeln aß. Wer mochte schon Menschen mit permanentem Zwiebelmundgeruch? Außerdem hatte er es mit stummen Landkarten – also Karten, bei denen die Beschriftung fehlte. Zu Beginn jeder Stunde suchte sich Andreas ein Opfer heraus, das er vor der ganzen Klasse demütigte, indem er es dazu aufforderte, auf die Loire, Ulan Bator oder das Atlas-Gebirge zu zeigen. Offen gestanden liebte ich diese stummen Karten auch, aber ich ließ lieber unangekündigte Tests schreiben. Falls sich jemand blamierte, geschah das dann wenigstens nicht öffentlich.

»Frau Paulsen«, hörte ich Herrn Friedrichs Stimme.

»Ja?«, fragte ich, noch immer in meine Überlegungen vertieft.

Maike zog scharf die Luft ein und griff nach meinem Arm, und ich spürte die mitleidigen Blicke aller auf mir.

»Nun, Frau Paulsen, ich denke, dass Sie genau die Richtige sind, um das Team an der Astrid-Lindgren-Schule zu unterstützen.«

Mein Atem stockte, und in meinem Kopf begann es zu rauschen. Eine eiskalte Faust klammerte sich um mein Herz. »Was, *ich*? Aber … nein! Ich bin ganz sicher nicht die Richtige für diesen Job. Und außerdem habe ich heute Geburtstag«, fügte ich schwachsinnigerweise hinzu.

»Na dann, alles Gute.« Herr Friedrich lächelte mich an, doch ich meinte, eine Spur von schlechtem Gewissen in seiner Miene zu erkennen. »Und nur keine falsche Bescheidenheit. Sie sind eine ausgezeichnete Lehrerin, fachlich sehr kompetent, und Sie haben ein exzellentes Händchen im Umgang mit Kindern.«

Meine Kollegen – allen voran die Herrschaften aus dem Personalrat und die Glücklichen, die aus dem Schneider waren – nickten zustimmend und klopften mit den Fingerknöcheln auf die Tische. Diese Heuchler!

»Ich hab ja keine volle Stelle, sonst hätt ich's echt gern gemacht«, behauptete Wiebke, während in ihren Augen Erleichterung und Schadenfreude miteinander tanzten.

»Ja, und bist du nicht vor Kurzem erst in den Osten der Stadt gezogen?«, fragte Zwiebelmett-Andreas scheinheilig. »Dann ist dein Weg zur Arbeit doch zukünftig viel kürzer.«

Ich hatte nicht übel Lust, ihm eine stumme Hamburg-Karte ums Gesicht zu wickeln und mit einem Dartpfeil auf den Osten der Stadt zu zielen. Allerdings war Andreas jetzt nicht mein größtes Problem, also wandte ich mich wieder an meinen Schulleiter. »Aber ich verstehe wirklich nicht, wieso ausgerechnet ich das machen soll.«

»Na, weil Sie jung sind, Frau Paulsen, und motiviert. Sie sind doch kein Mensch, der Herausforderungen scheut.«

»Da täuschen Sie sich ganz gewaltig«, protestierte ich. »Ich brauche keine Herausforderungen, echt nicht. Und ich bin auch überhaupt nicht so moti ... Äh, ich meine, ich bin so gern an dieser Schule, und ich ...« Fieberhaft suchte ich nach Gründen, die mich unverzichtbar machten, doch mir fiel keiner ein. ›Ich rieche nicht nach Zwiebelmett‹ oder ›Die Schüler mögen mich‹ würde Herrn Friedrich wohl kaum überzeugen. »... will echt nicht an die ALS«, sagte ich schließlich mit schwacher Stimme, doch ich wusste, dass ich keine Chance hatte. Ich war nun mal die Jüngste. Die Letzte, die gekommen war. Das schwächste Glied in der Kette.

»Wir haben Sie ja auch sehr gern bei uns. Aber unterm

Strich bin ich der Meinung, dass Ihnen diese Herausforderung guttun und Sie sowohl beruflich als auch menschlich unheimlich weiterbringen wird. Also, nur Mut, Frau Paulsen.«

Noch immer hoffte ich, dass gleich mein Wecker klingeln und mich aus diesem Albtraum befreien würde. Doch nichts tat sich. »Und wann?«

Herr Friedrich rückte erneut seine noch immer 1A sitzende Krawatte zurecht. »Nach den Sommerferien können Sie an Ihrer neuen Schule durchstarten.«

»Was?!«, rief ich entsetzt.

»Das ist auf den ersten Blick vielleicht alles etwas kurzfristig, aber die ALS braucht Sie wirklich ganz dringend.«

Was für eine schreiende Ungerechtigkeit, dass es ausgerechnet mich erwischt hatte. Da musste dieser blöde Hieronymus doch wohl gepennt haben! »Na schön.« Ich stand auf und deutete mit ausgestrecktem Finger auf den Kuchen. »Aber *den* gibt es dann nicht!« Mir war klar, dass das albern war. Aber es war alles, was ich hatte. Die einzige Form von Protest, die ich äußern konnte.

Herr Friedrich erhob sich ebenfalls. »Das ist sehr schade, aber durchaus nachvollziehbar. Bitte kommen Sie doch morgen noch mal in mein Büro, damit wir die Formalitäten erledigen können.« Damit verließ er das Lehrerzimmer.

Wie versteinert ließ ich es über mich ergehen, dass Maike, Volker und sämtliche anderen Kollegen sich um mich versammelten, mir ihr Beileid bekundeten oder aufmunternde Worte von sich gaben. Irgendwann konnte ich es nicht mehr ertragen. Ich packte meine Sachen zusammen und verließ die Schule. Nur noch ein Tag. Ein Tag in der Idylle des Werther-Gymnasiums, bevor ich jahrelang in die Abgründe der Menschheit blicken musste. Was für ein Geburtstagsgeschenk!

Die Fahrt mit der S-Bahn nahm ich wie durch einen Nebelschleier wahr. Ich war so in meine finsteren Zukunftsaussichten vertieft, dass ich beinahe meine Haltestellte verpasst hätte. Gerade noch rechtzeitig kam ich wieder zu mir, hetzte zum Ausgang und sprang in letzter Sekunde auf den Bahnsteig, bevor die sich schließenden Türen mich einklemmen konnten. Ich fuhr die Rolltreppe hoch und ging die Wandsbeker Chaussee entlang. Niemand konnte behaupten, dass Eilbek, der Stadtteil, in den meine beste Freundin Nele und ich vor drei Monaten gezogen waren, vor Schönheit nur so strotzte. Touristen kamen nie hierher, denn Sehenswürdigkeiten, hippe Kneipen und Restaurants suchte man vergebens. Aber es störte mich nicht im Geringsten, dass es hier keine Szene gab. Alles, was wir brauchten, lag in fußläufiger Entfernung von unserer Wohnung. Wir hatten eine Stammkneipe und zwei Stammrestaurants, einen Kiosk, zwei Supermärkte und eine Tchibo-Filiale, in der ich die Non-Food-Artikel kaufen konnte, die ich heiß und innig liebte. Wir wohnten nur zwei Minuten vom Park und dem Eilbekkanal entfernt, an dem entlang man bis zur Alster spazieren konnte. Also, was wollte man mehr? Doch als ich heute in unsere ruhige Straße einbog und schließlich vor unserem vierstöckigen Rotklinker-Mietshaus stand, kam mir der Gedanke, dass mir mein Umzug in den Hamburger Osten zum Verhängnis geworden war. Ja, okay, die Straße war gesäumt von alten, hohen Linden, und es gefiel mir, dass dieses Viertel so bodenständig war. Ich wohnte gern hier. Doch Zwiebelmett-Andreas zufolge war nicht zuletzt dieser Stadtteil schuld daran, dass ich an die Astrid-Lindgren-Schule verdonnert worden war.

Kaum hatte ich aufgeschlossen und den großzügig geschnittenen Flur betreten, kam Nele aus der Küche geschossen. »Happy Birthday to you, happy Birthday to youuuu«, sang sie laut und ziemlich schief, doch ihr Strahlen und die Erdbeer-Geburtstagstorte mit Wunderkerzen drauf, die sie in der Hand hielt, machten den Gesang wieder wett. »Herzlichen Glückwunsch zum Geburtstag«, endete sie ihr Ständchen und fiel mir um den Hals, wobei sie sich schwer anstrengen musste, dass der Torte nichts passierte.

Aus der Küche kamen zwei weitere Gestalten, der eine groß und breitschultrig, der andere klein und stämmig. Sebastian und Kai, unsere Nachbarn, die wir irgendwie mitgemietet hatten, auch wenn sie nicht im Mietvertrag standen. Vor unserem Einzug hatten sie uns beim Malern und Holzdielenabschleifen geholfen. Während des Einzugs waren sie beim Möbelschleppen und -aufbauen behilflich gewesen (beziehungsweise, eigentlich hatten sie mehr oder weniger alles allein gemacht), und seitdem waren sie immer zur Stelle, wenn es was zu reparieren gab. Im Laufe der Zeit kamen Nele und ich dann dahinter, dass sie im Gegenzug sehr gerne zur Abendbrotzeit bei uns auftauchten, um sich bei uns durchzufressen. Anfangs hatte das Nele und mich ziemlich irritiert, doch inzwischen waren wir alle zu der stillschweigenden Übereinkunft gekommen, dass das eben die Grundlage unserer Beziehung war: Sie spielten für uns den Mann im Haus, dafür plünderten sie regelmäßig unseren Kühlschrank. Inzwischen hingen Sebastian und Kai eigentlich immer bei uns rum. Sie waren in unserem Alter, Sebastian arbeitete als Maler, Kai als Elektriker, und darüber hinaus konnten beide ziemlich gut Getränkekisten die Treppe hochschleppen und den Müll runterbringen. Also ziemlich praktische Nachbarn. Nur dass wir ihnen vor zwei Monaten unseren Wohnungsschlüssel gegeben hatten, um während Neles und meiner Abwesenheit den Schornsteinfeger hereinzulassen, hatte sich als Fehler erwiesen. Seitdem hatten wir den Schlüssel nämlich nie wiedergesehen, und es war des Öfteren vorgekommen, dass einer von ihnen oder gleich beide völlig unangekündigt in unserer Bude standen. Was peinlich sein konnte, wenn Nele gerade mit Haarkur und Schlamm-Gesichtsmaske in Snoopy-Unterwäsche aus dem Bad kam oder ich beim Kochen den *Erlkönig* vor mich hin trällerte und mit dramatischen Gesten untermalte. Nachdem Nele und ich allerdings mit den Jungs ein ernstes Gespräch über Grenzen geführt hatten, klingelten sie immer, statt einfach so reinzuplatzen.

»Alles Gute zum Geburtstag«, sagte Sebastian, der Große, Breitschultrige, und grinste mich an. Sebastian und ich hatten eigentlich absolut nichts gemeinsam – außer vielleicht unseren Sinn für Humor. Er spielte Fußball, guckte jede Sportsendung im Fernsehen an, die es zu sehen gab, und machte sich liebend gern über mich lustig. Mit seiner überaus direkten Art gelang es ihm andauernd, mich aus dem Konzept zu bringen. Außerdem hatte er ein Tattoo auf dem rechten Oberarm, und tätowierte Typen waren mir irgendwie suspekt. Wir kannten uns seit drei Monaten, aber ich wusste immer noch nicht so genau, ob wir uns nun verstanden oder nicht.

»Von mir auch alles Gute, Anni«, sagte Kai und fuhr sich mit der Hand verlegen über die Fünf-Millimeter-Borsten auf dem Kopf. Kai redete nicht besonders viel, weswegen Nele und ich anfangs geglaubt hatten, er wäre ein großartiger Zuhörer. Doch im Laufe der Zeit hatten wir gemerkt, dass er gedanklich meist einfach nur in völlig anderen Sphären schwebte. Er liebte World of Warcraft und Fantasy-Live-Rollenspiele, die er immer LARP nannte. Außerdem schrieb er an einer Herr-der-Ringe-Fanfiction, die er mir vor einer Weile mal zum Korrekturlesen gegeben hatte. Ich fand seine Story über Odorf, Frodos bösartigen Zwilling als Herrscher von Mordor, ziemlich spannend und las seitdem regelmäßig die neuen Kapitel.

Nele deutete auf die Erdbeertorte, auf der die Wunderkerzen inzwischen verglüht waren, sodass sich im Flur der Duft von Silvester breitgemacht hatte. »Lasst uns bitte endlich diesen Kuchen essen. Der wird allmählich ganz schön schwer.«

Kai, Sebastian und ich folgten ihr in unsere winzige Küche, in die außer einer Kochzeile, dem Kühlschrank, einem Regal und einem Tisch mit zwei Stühlen eigentlich nichts hineinpasste. Doch aufgrund von Kais und Sebastians Quasi-Einzug hatten wir zwei weitere Stühle an den viel zu kleinen Tisch gequetscht. Nele hatte die Küche liebevoll mit Luftschlangen und Kerzen geschmückt. Eine »Happy-Birthday«-Girlande spannte sich quer durch den Raum, und mein Platz am Tisch war mit einem Strauß bunter Gerbera und Weingummikirschen dekoriert. »Das ist ja süß«, sagte ich. »Vielen Dank.«

Nele stellte die Erdbeertorte auf dem Tisch ab und holte eine Flasche Sekt aus dem Kühlschrank. »Gern geschehen. Ich finde, wir sollten unsere Zeit gar nicht erst mit Kaffee verschwenden, sondern gleich zum Wesentlichen kommen. Was meint ihr?«

»Unbedingt.« Ich stellte meinen unangetasteten Schokokuchen auf der Arbeitsfläche ab. Dann ließ ich mich kraftlos auf einen Stuhl plumpsen.

»Hier.« Nele hielt mir strahlend ein furchtbar kitschiges, mit Strasssteinchen besetztes Prinzessinnen-Diadem hin. »Ich habe dir ein Geburtstags-Krönchen besorgt.«

Zweifelnd starrte ich es an. Ein Krönchen passte so gar nicht zum heutigen Tag.

»Jetzt setz es schon auf.«

Sie wollte mir ganz offensichtlich eine Freude machen, also nahm ich ihr seufzend das Diadem aus der Hand und platzierte es auf meinem Kopf. »Das ist lieb, Nele. Danke.«

»Wie eine richtige Prinzessin«, sagte sie verzückt, woraufhin Sebastian laut hustete. »Und da du das Geburtstags-Krönchen aufhast, hast du Narrenfreiheit. Wir werden dir jeden Wunsch von den Lippen ablesen und alles machen, worauf du Lust hast.«

»Könntest du das ›wir‹ bitte genauer definieren?«, fragte Sebastian. »Ich werde das nämlich ganz bestimmt nicht tun.«

»Hach, du bist so ein Charmeur, Sebastian«, sagte ich und griff nach der Flasche, um sie zu öffnen. »Wer möchte?« Ohne die Antworten abzuwarten, schenkte ich den Sekt aus.

Nele klatschte mir und den Jungs je ein dickes Stück Torte auf den Teller und beobachtete uns gespannt beim Probieren. »Ich hoffe, er schmeckt.«

Kai verzog das Gesicht, und Sebastian schüttelte sich. Auch ich musste mich schwer zusammenreißen, um keine Regung zu zeigen. Der Boden war ziemlich matschig und nicht wirklich gar. Nele hatte offensichtlich das Backpulver vergessen, aber das größte Problem war ein anderes.

»Der ist ganz pur, ohne Chemie, und vor allem ohne Zucker«, erklärte sie prompt. »Es ist ja der reine Wahnsinn, wie viel Zucker wir uns tagtäglich reinstopfen. Wir haben doch alle schon längst den natürlichen Eigengeschmack der Zutaten vergessen. Es wird Zeit, dass wir das wieder schätzen lernen.«

Ich schluckte schwer und nickte zustimmend. Dies war immerhin mein Geburtstagskuchen, den Nele extra für mich gebacken hatte. »Schmeckt lecker.«

Sebastian schob seinen Teller von sich weg. »Da ist kein Zucker dran. Und so schmeckt er auch.«

»Jetzt hör schon auf«, sagte ich, als ich Neles enttäuschtes Gesicht bemerkte. »Ich finde den Kuchen gut.«

Er sah mich durchdringend an. »Du lügst.«

»Ist er echt so schlimm?«, fragte Nele.

»Ja«, sagte Sebastian.

»Ein bisschen ... sauer vielleicht«, sagte Kai.

»Nein, Quatsch, *so* schlimm ist er nicht«, sagte ich.

Nele nahm ihre Gabel und schob sich etwas von dem Kuchen in den Mund. Es dauerte etwa drei Sekunden, bis auch sie angewidert das Gesicht verzog. »Ach du Schande. Der ist ja grauenhaft.«

»Er ist mit Liebe gebacken, das ist die Hauptsache«, meinte ich.

»Hm«, murrte Nele. »So was Blödes. Das kommt nur von dieser dämlichen 40-Tage-ohne-Zucker-Challenge, die momentan so angesagt ist.« Nele arbeitete in einer Werbeagentur und wusste immer ganz genau, was momentan angesagt war. Ihre große Leidenschaft waren Trends, und sie hatte ein ziemlich gutes Gespür dafür, Stimmungen und Tendenzen wahrzunehmen. Oftmals spürte sie diese Stimmungen sogar, bevor sie den Leuten selbst bewusst geworden waren, und aus genau diesem Grund war sie in ihrem Job unschlagbar. Nele ließ klirrend die Gabel auf ihren Teller fallen und nahm stattdessen einen großen Schluck Sekt. »Tut mir leid, dass dein Geburtstagskuchen so missraten ist. Sag mal, von deinem Schokokuchen ist nicht zufällig was übrig geblieben?«

Kai richtete sich auf und blickte hoffnungsvoll in Richtung Arbeitsfläche.

»Doch«, sagte ich. »Gib mal her, Sebastian.«

Sebastian, der zwischen Arbeitsfläche und Tisch eingequetscht saß, drehte sich um, griff nach dem Plastikbehälter und stellte ihn vor uns hin.

Ich nahm den Deckel ab, und der unangetastete Schokokuchen mit extra viel Schoko kam zum Vorschein. »Bitte schön.«

In Kais Augen trat ein gieriger Glanz. »Der ist garantiert

nicht ohne Zucker«, flüsterte er, als er den mit Zartbitterkuvertüre umhüllten und einer cremigen Ganache gefüllten Kuchen musterte.

Auch Sebastian starrte die Torte wie hypnotisiert an. »Wenn du mir davon etwas abgibst, mach ich tatsächlich alles, was du willst.«

Ich nahm das große Messer, teilte den Kuchen auf und gab jedem ein Stück auf den Teller.

Nele schob sich eine Gabel voll in den Mund und schloss kurz darauf die Augen. »Mmmh. Oh mein Gott, Anni, du backst so gut. Ich schwöre dir, eines Tages werden wir definitiv unser Café eröffnen.«

Das war eine unserer Lieblingsfantasien. In regelmäßigen Abständen malten Nele und ich uns aus, wie wir beide irgendwann vor dem Scherbenhaufen unseres Lebens stehen, von einer bislang unbekannten Tante ein Haus erben und darin ein Café eröffnen würden.

»Das würde ich lieber heute als morgen tun, das kannst du mir glauben. Ich habe vorhin nämlich eine absolute Hiobsbotschaft bekommen: Ich bin abgeordnet worden. Und zwar an eine *Stadtteilschule*«, sagte ich mit Todesverachtung.

Nele ließ die Kuchengabel sinken, die sie gerade zum Mund führen wollte, Kai futterte unbeeindruckt weiter, und Sebastian schien auf die Pointe zu warten, denn er sah mich erwartungsvoll an. »Und?«, fragte er schließlich.

»Was, und? Ich muss an die schlimmste Brennpunktschule Hamburgs!«

»Aber wieso ausgerechnet du? Die können dich doch nicht dazu zwingen!«, rief Nele.

»Was bleibt ihnen denn anderes übrig, wenn niemand freiwillig dort hinwill?«, wandte Sebastian ein.

»Tja, ich fürchte, sie können mich sehr wohl dazu zwingen.« Während ich Nele ausführlich die Lage erklärte, regte ich mich mehr und mehr über die monströse Ungerechtigkeit auf, die mir widerfahren war. »Nur, weil ich jung bin, denkt dieser Idiot von Friedrich automatisch, ich wäre motiviert, oder was? Und dann dieser Zwiebelmett-Berthold oder diese blöde Wiebke. Wie die sich da rausgewunden haben, das war echt unerträglich. Aber den Kuchen«, rief ich und zeigte mit ausgestrecktem Finger auf die Tischmitte, »den hab ich wieder mitgenommen! Davon haben die nichts bekommen. *Die* nicht!«

»Krass. Denen hast du es aber gezeigt«, bemerkte Sebastian.

»Ich finde, das hast du absolut richtig gemacht«, meinte Kai und schob sich genüsslich noch ein Stück Kuchen rein.

»Genau«, stimmte ich ihm zu. »Im Grunde genommen ist das doch ein klarer Fall von Diskriminierung. Nur, weil ich im Hamburger Osten wohne, werde ich zwangsversetzt.«

»Dein Ernst?«, fragte Sebastian. »Du fühlst dich diskriminiert, weil du in Eilbek wohnst?«

»Ja!« Kaum hatte ich es ausgesprochen, wurde mir klar, dass das vielleicht ein klein bisschen übertrieben war. »Na ja, und weil ich eine der Jüngsten im Kollegium bin. Das ist doch ungerecht.«

Sebastian sah mich übertrieben mitleidig an. »Schon heftig, wie übel das Leben dir mitspielt, du armes Akademikertöchterlein.«

»Was weißt du schon über mein Leben? Nicht besonders viel, oder? Also halte dich mit Urteilen über mich lieber zurück.«

»Wo genau ist deine neue Schule überhaupt?«, wollte Nele wissen.

»In Ellerbrook. Es ist übrigens die Astrid-Lindgren-Schule.«

Sebastian brach in lautes Gelächter aus. »Die ALS? Das ist meine alte Schule! Nicht zu fassen, dass du Lehrerin an meiner alten Schule wirst.«

»Du kommst aus Ellerbrook?«, fragte ich entgeistert.

Sebastian schlug sich mit der Faust zweimal an den Brustkorb, dort wo sich das Herz befand (beziehungsweise bei ihm wohl eher ein rabenschwarzes, verklumptes Etwas). »Mein Gheddo. Geboren und aufgewachsen. Tja, sieht so aus, als wüsstest du auch nicht viel über mein Leben, was?«

»Ich habe nie etwas anderes behauptet«, sagte ich und deutete auf seinen Oberarm, auf dem sich das Adler-Tribal befand. »Dann ist das da ein Gang-Tattoo, nehme ich an? Oder ein Knast-Tattoo?«, fragte ich gespielt unschuldig.

Das Lachen verschwand aus Sebastians Gesicht. »Das willst du nicht wissen.«

»Doch, will ich. Jetzt erst recht.«

»Nein, willst du nicht.«

»Natürlich, sonst hätte ich doch nicht gefragt. Sag schon, warst du mal im Knast?«

Sebastian verdrehte genervt die Augen. »Es ist weder ein Gang- noch ein Knast-Tattoo. Es gab vielleicht mal eine Zeit in meinem Leben, in der ich ein Idiot war, aber so ein großer Idiot dann auch wieder nicht.«

Ich konnte meine Neugier kaum zügeln, doch Sebastian war deutlich anzusehen, dass er nicht vorhatte, weitere Auskünfte zu erteilen. Also verkniff ich es mir fürs Erste, weiter nachzubohren. Irgendwann würde ich schon noch mehr aus ihm herausbekommen.

Als Kai und Sebastian später gegangen waren, öffnete ich noch eine Flasche Sekt und ging mit Nele in mein Zimmer, wo wir es uns auf dem Fußboden bequem machten und ich mein Handy an die Anlage anklemmte. Das letzte Stück, das ich gehört hatte, erklang in voller Lautstärke: Beethovens *Mondscheinsonate*.

»Dieses Geklimper will ich aber nicht hören«, meckerte Nele. »Wenn du das spielst, ist es ja okay, aber von anderen nicht.«

»Ist ja gut, ich will es doch auch nicht hören«, beruhigte ich sie. »Zumindest jetzt nicht.«

Nele sah mich nachdenklich an. »Da fällt mir auf ... Seit wir beide zusammen wohnen, hast du noch gar nicht Klavier gespielt.«

»Stimmt.« Ich suchte meine Gute-Laune-Playlist heraus, die auch Nele liebte. Kurz darauf erklang *Bad Ideas* von Alle Farben aus den Boxen.

»Warum nicht?«

»Ach ... eigentlich spiele ich seit dem Abschluss meines Studiums nur noch in der Schule. Nach fast zwanzig Jahren Klavierausbildung ist es irgendwann auch mal gut.« Jetzt hörte ich nur noch anderen beim Spielen zu. Denen, die es wirklich konnten.

Bevor Nele weiter auf diesem Thema herumreiten konnte, hielt ich ihr ein gefülltes Sektglas hin. »Prost.« Damit ließ sie sich zum Glück leicht ablenken. Zunächst quatschten wir vor allem, und die Musik lief eher im Hintergrund, doch irgendwann kamen unsere absoluten Lieblingsstücke, und wir wurden immer ausgelassener. Bei *Hey, Soul Sister* von Train fingen wir an, mitzusingen, und spätestens als Paolo Nutini sich *New Shoes* anzog, und alles wieder gut für ihn war, tanzten wir wild herum.

Um halb drei klopfte Sebastian, dessen Zimmer direkt neben meinem lag, gegen die Wand. »Ach herrje«, stieß Nele aus. »Hat er nicht gesagt, dass er morgen um sechs Uhr losmuss?«

Ich nickte. »Ja, das hat er gesagt.«

»Vielleicht sollten wir dann besser Feierabend machen. Ich bin eh ganz schön müde.«

»Ja, ist wohl besser.« Ich stellte die Musik ab, dann sagten Nele und ich uns gute Nacht.

Als ich im Bett lag, starrte ich an die Decke, auf die das Mondlicht bizarre Schatten malte. Auf einmal war ich wieder stocknüchtern, und die Tatsache, die ich so eifrig zu verdrängen versucht hatte, kam zurück in mein Bewusstsein: Morgen war mein letzter Tag am Werther-Gymnasium. Das alles war so plötzlich über mich hereingebrochen, dass ich es immer noch nicht wirklich begreifen konnte.

Prinz William

Sebastians Rache war fürchterlich. Sie kam um fünf Uhr morgens in Form von Nirvanas *Smells Like Teen Spirit*. Er stellte die Anlage auf volle Lautstärke, grölte mit und fuhrwerkte nebenbei noch mit dem Staubsauger herum.

»Nein«, wimmerte ich und vergrub mich tief unter der Bettdecke. Doch auch dort war ich nicht sicher vor Sebastians furchtbarem Gesang, den hämmernden Drums, schrillen E-Gitarren und dem penetranten Jaulen des Staubsaugers. »Dieser blöde Idiot«, fluchte ich, setzte mich im Bett auf und wollte schon mit der Faust gegen die Wand klopfen und »Ruhe!« brüllen. Doch dann wurde mir klar, dass ich Sebastian vermutlich am effektivsten die Freude an seiner Rache vermieste, wenn ich ihn einfach ignorierte. Also hielt ich mir die Ohren zu und ertrug die Folter, bis er endlich losmusste. Zum Glück lagen unsere Wohnungen im obersten Stockwerk, und auf der Etage unter uns lebten nur fast taube Rentner, die von Sebastians und meinem Krach-Kleinkrieg mit Sicherheit nichts mitbekamen.

Der letzte Tag am Werther-Gymnasium rauschte nur so an mir vorbei. Die Schüler reagierten extrem bestürzt auf meine Eröffnung, dass ich ab dem nächsten Schuljahr an einer anderen Schule unterrichten würde. Was mich auf der einen Seite natürlich freute, aber auf der anderen Seite nur noch trauriger machte. Bei meinen Kleinen aus der Fünften fingen Carla und ihre Freundin sogar an zu weinen, sodass ich kurz davor war, ebenfalls loszuheulen. Die 9d wollte eine Petition gegen meine Abordnung starten und plante schon die Transparente für eine Riesendemo. Nur mit Mühe konnte ich sie davon abhalten, gleich die Schulbehörde zu informieren.

Auch im Lehrerzimmer fiel mir der Abschied schwer. Mit Maike und Volker war ich zwar befreundet, daher würden wir uns weiterhin sehen. Aber nicht mehr mit ihnen zusammenzuarbeiten und nicht mehr täglich mit ihnen abzulästern und lachen zu können, war eine schreckliche Vorstellung. Am Ende des Tages übergab ich meine Schlüssel, umarmte Maike und Volker und verließ schweren Herzens das Schulgelände. »Ich werde wiederkommen«, schwor ich mir, als ich am Tor noch mal stehen blieb und auf die altehrwürdigen Mauern schaute. Dann atmete ich tief durch, drehte mich um und machte mich auf den Weg zu meinen Eltern.

In der S-Bahn sprach ich mir innerlich Mut zu und wappnete mich für den anstehenden Besuch. Meine Eltern waren manchmal etwas ... anstrengend. Okay, nicht nur manchmal, sondern immer. Und nicht nur etwas, sondern ziemlich. Sie waren beide Lehrer an dem Gymnasium, auf das auch ich bis zur zehnten Klasse gegangen war – eine Tatsache, die so manche Eltern-Kind-Beziehung hart auf die Probe stellen konnte. Meine Mutter unterrichtete Musik und Biologie, während mein Vater Kunst- und Englischlehrer war. Und die beiden lehrten diese Fächer nicht nur – sie lebten sie. Ihre eigenen Interessen hatten sie natürlich auch bei mir, ihrem einzigen Kind, von klein auf fördern wollen, und so waren sie regelmäßig mit mir in Museen gegangen, in Kunstausstellungen oder die Oper. Mit vier Jahren besuchte ich einen Malkurs, spielte Geige und Flöte und ab meinem fünften Geburtstag Klavier. Beim Klavierspielen war ich dann geblieben, und zwar mit so viel Ehrgeiz, Disziplin und teurem Unterricht bei den besten Lehrern, dass ich es bis zur Begabtenförderung am Konservatorium geschafft hatte. Es war mein erklärtes Ziel gewesen, Pianistin zu werden, und dafür hatte ich gekämpft bis zum Umfallen. Am Ende hatte es dann allerdings nur für einen Job als Musiklehrerin gereicht.

Schon als Sechsjährige hatte meine Mutter mit mir Pflanzen im Wald bestimmt und mein Vater mich in einfache ›in English, please‹-Unterhaltungen verstrickt. Unsere Wohnung war vollgestopft mit Büchern gewesen, meine Eltern hatten mir vorgelesen und mich dazu ermuntert, mit ihnen über das Gelesene zu sprechen. So kam es, dass ich ein vielseitig interessiertes Kind und, na ja, wohl auch ziemlich wunderlich geworden war. Bis zu einem bestimmten Alter hatte ich gar nicht gemerkt, dass ich irgendwie anders war als die meisten anderen Kinder. Erst in der fünften Klasse war mir bewusst geworden, dass ich außer meinen Eltern und ein paar Freunden am Konservatorium niemanden hatte. Meine Schulkameraden hatten absolut nichts mit mir anfangen können – und das war noch harmlos ausgedrückt. Niemand von ihnen war auch nur ansatzweise an Robert Schumann, Korbblütlern oder van Goghs Gemälden interessiert gewesen, und über Christine Nöstlingers Romane hatte auch keiner mit mir sprechen wollen.

Als ich nach der zehnten Klasse an ein anderes Gymnasium gewechselt war und mit siebzehn mein Ziel, Pianistin zu werden, aufgegeben hatte, war es allmählich besser geworden. Es hatte zwar eine Weile gedauert, die Nerdigkeit aus mir rauszukriegen und mich anzupassen, doch ich hatte es geschafft. Heute, als Erwachsene, war mir klar, dass meine Eltern es damals nur gut gemeint hatten, dass sie mich fördern und zu einem vielseitig interessierten Menschen erziehen wollten. Dass ich dabei vieles verpasst hatte und im Grunde genommen sehr einsam gewesen war, war ihnen wohl nicht bewusst gewesen. Aber egal, heute war ich nicht mehr einsam und wunderlich, sondern normal. Und ich hatte Freunde.

Die S-Bahn hielt an der Haltestelle Bahrenfeld, und den Rest des Wegs zum Haus meiner Eltern legte ich zu Fuß zurück. Noch immer lebten sie in der Vier-Zimmer-Wohnung, in der ich aufgewachsen war. Mit dreiundzwanzig, als ich mein erstes Referendariatsgehalt bekommen hatte, war ich in ein Einzimmer-Appartement in Eimsbüttel gezogen. Danach hatten meine Eltern aus meinem Zimmer ein Arbeitszimmer plus Bibliothek gemacht. Ansonsten hatte sich in der Wohnung nicht viel verändert. Nach wie vor war sie chaotisch, viel zu voll und viel zu klein, um den Hobbys meiner Eltern und all dem Kram, den sie anschleppten und horteten, ausreichend Platz zu bieten.

Ich schloss die Haustür auf und betrat den Flur. »Jemand zu Hause?«

»Annika?«, rief meine Mutter aus der Küche. Dann hörte ich etwas klappern, und kurz darauf kam sie auch schon auf mich zugestürmt, um mich in ihre Arme zu ziehen und fest an sich zu drücken. »Alles, alles Gute zum Geburtstag, Anni.«

»Danke«, nuschelte ich an ihrer Schulter. Schon bald bekam ich keine Luft mehr und wand mich aus ihrem Klammergriff.

Sie musterte mich eindringlich aus den braunen Augen, die ich von ihr geerbt hatte. »Ist irgendwas?« Typisch. Ihr Mutter-Radar hatte mal wieder angeschlagen. Meist hörte sie schon am Telefon anhand meines »Hallo«, ob etwas nicht in Ordnung war.

Bevor ich antworten konnte, öffnete sich die Tür der Arbeitzimmer-Bibliothek, und mein Vater kam heraus. Als er mich sah, breitete sich ein Strahlen auf seinem Gesicht aus. »Wusste ich doch, dass ich deine Stimme gehört habe. Herzlichen Glückwunsch, meine Kleine.« Auch er zog mich in eine feste Umarmung. »Siebenundzwanzig, das ist doch nicht zu fassen.«

»Mit Annika stimmt was nicht«, informierte meine Mutter ihn und deutete auf mein Gesicht. »Guck doch nur, wie bedrückt sie aussieht.«

Nun musterte mein Vater mich eingehend. »Stimmt. Was ist los?«

»Können wir uns bitte erst mal setzen? Ich will euch das nicht im Flur erzählen.«

»Oha«, stieß meine Mutter aus. »Wir sollen uns setzen. Dann muss es was Schlimmes sein. Du nimmst doch hoffentlich keine Drogen?«

»Nein, ich nehme keine Drogen, Mama«, sagte ich beruhigend. Seltsamerweise war das schon immer ihre größte Angst gewesen, obwohl ich nie auch nur ansatzweise etwas damit zu tun gehabt hatte.

»So, jetzt aber raus damit«, forderte meine Mutter mich auf, als wir alle auf dem Balkon an der gedeckten Kaffeetafel saßen. »Was ist los?«

Ich erzählte meinen Eltern von meiner Zwangsabordnung und meinem letzten Schultag am Werther-Gymnasium. »Tja, und nach den Sommerferien heißt es dann für mich: Brennpunktschule. Genau das, was ich nie gewollt habe«, endete ich meinen Bericht.

Meine Mutter wiegte bedächtig den Kopf. »Es ist vielleicht nicht das, was du gewollt hast, aber unterm Strich glaube ich, dass diese Herausforderung dir guttun wird. Es ist doch nun mal so, dass du dich in den letzten Jahren nie wirklich anstrengen musstest. Oder kämpfen. Vielleicht wird es ja mal Zeit, dass du wieder ...«

Ich knallte meine Tasse so heftig auf den Tisch, dass der heiße Kaffee auf meine Hand schwappte, doch ich merkte es kaum. »Ihr wisst genau, dass ich in meinem Leben schon extrem harte Kämpfe ausfechten musste! Und ich bin nun mal der Meinung, dass das für alle Zeiten langt.«

»Ja, natürlich wissen wir das«, erwiderte meine Mutter beschwichtigend. »Aber das mit dem Kämpfen hört leider nie auf. Und ich glaube, es wäre gut für dich, wenn du mal wieder in den Ring steigst.«

»Pff«, machte ich. »Schon erstaunlich, was in den Augen aller anderen gut für mich sein soll.«

»Jetzt nimm es mal nicht so schwer.« Mein Vater tätschelte mir aufmunternd die Hand. »Die ALS soll gar nicht so schlimm sein wie ihr Ruf. Ich habe neulich erst einen Bericht darüber gelesen. Da hieß es, dass diese Schule im Vergleich zu anderen Brennpunktschulen eine ganz gute Abschlussquote hat.«

»Hurra!«, rief ich sarkastisch. »Dann unterrichte ich also bald Elite-Honks.«

Meine Mutter zog scharf die Luft ein. »Annika! Das hast du jetzt nicht wirklich gesagt, oder?«

»Zu dieser Arroganz haben wir dich nicht erzogen«, fügte mein Vater hinzu. »Hältst du dich etwa für was Besseres?«

»Nein, das tue ich nicht. Und das mit den Honks habe ich nicht so gemeint, es ist nur ... Ach, verdammt.« Ich fuhr mir mit den Händen durchs Haar. »Ich bin so gern am Werther-Gymnasium, und es ist einfach ätzend, zwangsweise da wegzumüssen.«

»Das verstehe ich.« Mein Vater legte einen Arm um meine Schulter und zog mich an sich. »Aber lass es doch erst mal auf dich zukommen. Geh unvoreingenommen ran. Am Ende willst du da vielleicht gar nicht mehr weg.«

Ich lachte humorlos auf. »Klar. Und wenn sie nicht gestorben sind, dann leben sie noch heute. Nee, lass mal. Ich werde zusehen, dass ich schnellstmöglich zurück ans Werther-Gymnasium komme.«

»Letzten Endes musst du deinen eigenen Weg finden, Anni«, sagte meine Mutter. »Aber mir scheint, dass du neuerdings auf einem hohen Ross sitzt, und es wäre gut, wenn du da wieder runterkommst. So warst du früher doch auch nicht.«

Nein, vielleicht nicht. Früher hatte ich nicht auf einem hohen Ross gesessen, sondern am Boden gekauert und versucht, mich zu verstecken. Dann war es mir so schon lieber.

Meine Eltern wechselten bald darauf zum Glück das Thema, und für den Rest des Abends feierten wir friedlich meinen Geburtstag.

Am Samstag trafen Nele und ich uns mit Lisa und Gülcan, zwei Freundinnen, die wir noch aus Schulzeiten kannten. Die beiden hatten ihre Freunde Tim und Sascha mitgebracht. Da wir meinen Geburtstag nachfeierten, durfte ich bestimmen, wohin es ging. Ich entschied mich für eine meiner Lieblingskneipen: die Haifischbar. Dort spendierte ich jedem ein großes Bier, und wir quetschten uns an einen freien Tisch, um auf meinen Siebenundzwanzigsten anzustoßen.

»Auf dich, Anni«, sagte Lisa mit erhobenem Glas. »Darauf, dass all deine Träume sich erfüllen. Und darauf, dass du endlich mehr für deine Altersvorsorge tust.« Lisa war Bankkauffrau und immer sehr besorgt um unsere Rücklagen und Ersparnisse. Ihren Freund Tim hatte sie in der Ausbildung kennengelernt, die beiden waren seit sieben Jahren zusammen und gerade in die erste gemeinsame Wohnung gezogen.

Gülcan zog ächzend ein großes Paket unter dem Tisch hervor. »Hier, Anni. Das ist von uns allen für dich.«

»Ihr habt ein Geschenk für mich?«, fragte ich in gespieltem Erstaunen, denn natürlich war mir das Paket sofort aufgefallen, als ich Gülcan vor der Kneipe getroffen hatte. »Hast du das selbst importiert?« Gülcan hatte BWL studiert und war in das Unternehmen ihres Vaters eingestiegen, das Oliven und andere Köstlichkeiten aus der Türkei einführte und vertrieb.

Gülcan lachte. »Oh nein. Ganz sicher nicht.«

»Wir haben überlegt, was du noch brauchen könntest. Dabei ist uns aufgefallen, dass du eigentlich schon alles hast«, meinte Sascha. Ihn kannte ich noch nicht so gut, denn Gülcan war erst seit zwei Monaten mit ihm zusammen. Sie hatte ihn sich »getindert«, wie sie es nannte. Ich wusste von ihm eigentlich nur, dass er nett war und wahnsinnig in Gülcan verliebt. Das reichte mir, um ihn zu mögen.

»Nur ein Kerl fehlt dir noch«, fügte Tim hinzu.

»Immerhin ist das mit Leo schon zwei Jahre her«, meinte Nele.

»Na ja. Eigentlich fehlt mir ein Kerl gar nicht so sehr«, erwiderte ich, als ich das Geschenk entgegennahm. »Ich meine, ich weine mich nicht jeden Abend in den Schlaf und verzehre mich vor Sehnsucht.« Die Zeiten, in denen ich mich in den Schlaf geweint und vor Sehnsucht nach einem Mann verzehrt hatte, waren lange vorbei. So lange, dass derjenige welcher noch nicht mal ein Mann gewesen war, sondern ein Junge. Und zwar – in meinen Augen – der großartigste, intelligenteste und sensibelste Junge der Welt: Tristan. Und ich war ein dummes Teeniemädchen gewesen, das jahrelang hoffnungslos verliebt in ihn gewesen war. Er war der Richtige für mich gewesen, ich aber leider nicht die Richtige für ihn. Das Traurige daran war, dass kein Mann nach Tristan jemals wieder diese Wirkung auf mich gehabt hatte. Keiner hatte gegen ihn anstinken können. Wobei es nach ihm sowieso nur zwei Männer in meinem Leben gegeben hatte. Ich war definitiv kein Vamp.

»Das wissen wir doch«, sagte Lisa besänftigend. »Wir fanden die Idee einfach witzig, also pack schon aus.«

»Übrigens kommt nicht alles von selbst«, belehrte mich Gülcan. »Auch der Richtige nicht. Manchmal muss man da ein bisschen nachhelfen.« Sie strahlte Sascha an, und die beiden versanken in einen leidenschaftlichen Kuss.

Ich schüttelte den Gedanken an Tristan ab und gab mich möglichst locker. »Ach, irgendwann wird sich schon jemand für mich finden. Auch ohne dass ich groß etwas dafür tun muss.«

Lisa grinste. »Du hattest ja immer schon ein seltenes Talent dafür, mit minimalem Aufwand das maximale Ergebnis zu erzielen.«

»Nein, nicht immer schon«, erwiderte ich. »Aber irgendwann war ich halt klug genug, meine Energien nicht mehr zu verschwenden. Wozu soll ich mich abquälen, wenn es auch einfach geht?« Ich machte mich daran, das Geschenk auszupacken. Unter dem Papier kam eine Pappschachtel zum Vorschein, auf der ein nackter Gummimann abgebildet war. Verdutzt blickte ich auf und sah in die gespannten Gesichter meiner Freunde. »Was zur Hölle ist das?«

Alle prusteten los. »Das ist Big John, dein Ersatz-Boyfriend«, erklärte Gülcan und kriegte sich gar nicht mehr ein vor Lachen.

»Ihr seid doch echt bekloppt«, meinte ich kopfschüttelnd, musste dann aber auch lachen. »Tja, dann äh ... vielen Dank. Jetzt bin ich wirklich wunschlos glücklich.«

»Los, blas ihn auf«, sagte Nele, woraufhin Lisa derartig

gackern musste, dass ihr das Bier, von dem sie gerade einen Schluck genommen hatte, aus der Nase herauskam.

»Aber wir wollen später noch auf den Kiez, da kann ich doch nicht mit einer Gummipuppe rumlaufen«, protestierte ich.

»Wieso nicht?«, meinte Tim. »Ist doch normal da, das wird keinem auffallen.«

Seufzend riss ich den Karton auf. »Womit hab ich Freunde wie euch nur verdient?« Unter lautem Gejohle blies ich die Gummipuppe auf, bis schließlich ein etwa ein Meter achtzig großer, untenrum prächtig ausgestatteter Typ mit Gummisixpack, Schnurrbart und aufgemalten dunklen Haaren auf Kopf und Brust auf dem Tisch lag und gleichgültig an die Decke starrte.

»Was hat er nur?«, fragte ich. »Meint ihr, es gefällt ihm hier nicht?« Ich schlug mir eine Hand vor den Mund. »Oder gefalle *ich* ihm nicht?«

Gülcan kraulte seinen Kopf, woraufhin ein lautes Quietschen erklang. »Ich glaube, er will hier nicht auf dem Präsentierteller liegen.«

»Du hast recht.« Entschlossen holte ich Big John vom Tisch und setzte ihn neben mich. »So ist es schon besser, oder, Big John?« Noch immer blickte er ziemlich ungerührt aus der Wäsche. »Ich finde, er sieht gar nicht aus wie ein Big John.«

»Na ja.« Nele warf einen bedeutungsvollen Blick auf seine Körpermitte.

»Aber er möchte bestimmt nicht so auf seine körperlichen Merkmale reduziert werden. Nein, ich finde er sieht eher aus wie ein …« Nachdenklich betrachtete ich ihn. »Prinz William.«

»Hä? Der sieht null aus wie Prinz William.«

»Ich weiß, aber was anderes fällt mir gerade nicht ein.«

»Na dann.« Lisa stellte William fürsorglich ein Bier hin. »Auf Prinz William.«

»Auf Prinz William«, wiederholten wir alle, stießen unsere Gläser gegen seins und tranken einen Schluck.

»Er ist nicht besonders emotional, oder?«, fragte Gülcan mit einem Blick auf Williams unbeeindruckten Gesichtsausdruck.

»Tja, so sind sie, die Windsors«, meinte ich. »Die zeigen nach außen hin doch nie ihre Gefühle.«

»Aber wenigstens lächeln sie immer, im Gegensatz zu ihm hier«, warf Sascha ein.

Für den Rest des Abends hatten wir einen Heidenspaß mit William. Genauer gesagt: Meine Freunde hatten einen Heidenspaß daran, dass ich eine Gummipuppe mit über den Kiez schlörte. Da ich ihn nicht so nackt und schutzlos den Blicken der Öffentlichkeit aussetzen wollte, kaufte ich ihm eine Unterhose. Leider waren um diese Uhrzeit nur noch Sexshops auf dem Kiez geöffnet, und dementsprechend erinnerten sämtliche Männer-Dessous an einen drittklassigen Porno. Die schlichteste Variante war ein eng anliegender Slip mit Leopardenprint. Ich hätte ihm gerne etwas Stilvolleres gekauft, aber besser das als nichts. Spätestens, als William im Kaiserkeller auf der Großen Freiheit neben mir an der Theke saß, hatte ich ihn richtig ins Herz geschlossen. Es war mir zwar schon ein bisschen peinlich, und ich erntete durch Williams Anwesenheit weitaus mehr Aufmerksamkeit, als mir lieb war, aber er war schließlich ein Geschenk von meinen Freunden. Wir Mädels kauften ihm Getränke und alberten mit ihm herum, indem wir ihn immer wieder ins Gespräch einbezogen. »Er ist ein bisschen schweigsam, aber ein richtig guter Zuhörer«, sagte ich und stieß mein Bierglas an seins.

Gegen vier Uhr machten Nele und ich uns auf den Heimweg. Als wir an unserem Wohnhaus ankamen, entdeckte ich Sebastian, der auf den Stufen vor der Tür saß und bei unserem Anblick aufsprang. »Wieso sitzt du denn hier draußen rum?«, erkundigte ich mich.

»Ich warte auf euch!«, rief er ungehalten. »Seit einer Stunde versuche ich, euch zu erreichen. Guckt ihr nie auf eure Handys?«

»In der letzten Stunde nicht, nein. Was ist denn los?« Ich schob William von einem Arm in den anderen.

»Ich habe ...« Sebastians Blick fiel auf meinen neuen Gummifreund, und er unterbrach sich mitten im Satz. »Was zur Hölle ist das?«

»Ein Geburtstagsgeschenk. Und das ist kein ›Was‹, das ist William.«

»William?«, wiederholte Sebastian irritiert.

»Ja, Prinz William«, erklärte Nele, die gerade damit beschäftigt war, die Haustür aufzuschließen.

»Ernsthaft? Du nennst eine Sexpuppe Prinz William?« Sebastian brach in Gelächter aus. »Also ist von allen Männern auf der Welt ausgerechnet *Prinz William* der Star deiner feuchten Träume? Langweiliger geht es ja wohl gar nicht.«

»Er ist nicht der Star meiner ... du spinnst ja wohl«, protestierte ich, während wir die Treppen zu unserer Etage raufstiegen.

»Wer denn dann?«, fragte Nele.

»Ihr glaubt doch wohl nicht wirklich, dass ich mit euch über so etwas spreche, oder?«

Nachdem Nele aufgeschlossen hatte, betraten wir unsere Wohnung. »Nein«, meinte sie grinsend. »Du bist ja schon immer ein bisschen verklemmt gewesen.«

»Ich bin überhaupt nicht verklemmt. Sex ist halt etwas, worüber ich nicht rede. Jedenfalls nicht mit jedem.« Ich setzte

William auf dem Fußboden ab, zog mir meine Jacke aus und wandte mich dann an Sebastian. »Was willst du überhaupt?«

»Ich hab meinen Schlüssel vergessen, und Kai pennt heute bei einem Kumpel in Pinneberg.«

»Pinneberg? Was will er denn *da*?«, fragte Nele naserümpfend.

»Keine Ahnung, irgendeine Party. Jedenfalls brauche ich unseren Ersatzschlüssel.«

Ich holte den Schlüssel aus unserer Kramschublade und drückte ihn Sebastian in die Hand. »Bitte schön.«

»Vielen Dank. Also, gute Nacht.« Er deutete mit dem Kopf auf Prinz William. »Und seid bitte nicht so laut heut Nacht, ihr zwei, ja? Du weißt ja, mein Zimmer liegt direkt nebenan.«

Nele kicherte, doch ich verdrehte nur entnervt die Augen. »Zwischen William und mir läuft nichts. Wir sind nur Freunde.«

»Das sagen sie alle«, meinte Sebastian lachend. Er gab William im Vorbeigehen eine Ghetto-Faust und verschwand durch die Wohnungstür.

Ich deponierte William auf meinem Sessel und legte ihm eine Decke über. Einfach nur in Unterhose war es ihm bestimmt zu kalt. Als ich im Bett lag und William ansah, der vom Mondlicht erleuchtet auf seinem Stuhl chillte, überlegte ich, ob es nicht allmählich an der Zeit war, mir fünfzehn Katzen anzuschaffen. Immerhin war es doch wohl besser, die wunderliche Frau mit den Katzen zu sein als die wunderliche Frau mit dem Gummimann. Aber egal. Ich war zu müde, darüber nachzudenken, und außerdem war es sowieso zu spät. Ich hatte William ja bereits ins Herz geschlossen.

Smells Like Teen Spirit

Die Sommerferien vergingen wie im Flug. Ich verdrängte den Gedanken an die Astrid-Lindgren-Schule, so gut es ging, aber spätestens, als ich am letzten Ferientag abends im Bett lag, konnte ich die Tatsache nicht länger leugnen, dass es endgültig ernst wurde. In meinem Magen kribbelte es, mir war übel, und meine Hände waren eiskalt. Zuerst konnte ich ewig nicht einschlafen, und als ich es dann doch tat, hatte ich wieder meinen Albtraum, der mich schon seit Jahren quälte: Ich wurde von einem riesigen zähnefletschenden Monster gejagt, das mich umbringen und fressen wollte. Egal, wohin ich rannte, egal, zu wem ich flüchtete – das Monster tauchte immer wieder auf, ich war nirgends sicher. Wie jedes Mal erwachte ich weinend, schweißgebadet und völlig verängstigt. Es dauerte eine ganze Weile, bis ich mich aus diesem Traum lösen konnte. Die Angst hatte mich fest im Griff. Also holte ich schließlich mein Buch heraus, vergrub ich mich unter die Bettdecke und las so lange, bis ich wieder in einen unruhigen Schlaf fiel.

Eins stand fest: Der Weg zur Astrid-Lindgren-Schule war tatsächlich kürzer als der zum Werther-Gymnasium. Nach nur fünfundzwanzig Minuten stieg ich aus dem Bus und ging den Rest des Weges durch das trostlose Ellerbrook. Zu allem Überfluss regnete es, was die Umgebung noch abstoßender wirken ließ. So weit ich blicken konnte, ragten riesige graue Wohnsilos in die Höhe. Heruntergekommene Spielplätze säumten die Straßen, Mauern und Häuserwände waren mit Graffitis besprayt. Der Stadtteil war zwar geradezu exzessiv begrünt worden, doch auch das konnte dem Ganzen nicht zu einem fröhlicheren Gesamteindruck verhelfen. Ich überholte eine junge Frau im Jogginganzug, die einen Zwillingswagen vor sich herschob und eine Kippe im Mundwinkel balancierte, während sie lautstark telefonierte. Jedes zweite Wort war »Arsch«. ›Wer hier wohnt, ist so richtig in selbigen gekniffen‹, dachte ich mir und merkte, wie meine Schritte immer langsamer wurden, je näher ich der Schule kam.

Schließlich stand ich vor meinem zukünftigen Arbeitsplatz, der Astrid-Lindgren-Schule. Was ich sah, entsprach genau meinen Erwartungen: Ein typischer Sechzigerjahre-Flachdachbau in U-Form lag vor mir, die Wände teils schmuddelig gelb gekachelt, teils rot verklinkert. ›*Chabos wissen wer der Babo ist*‹, behauptete ein Graffiti-Sprühzug an der Wand. Ich vermisste schmerzlich ein Komma und wusste darüber hinaus weder was Chabos noch was Babos waren. Der Innenhof war betoniert, und nichts lud dazu ein, hier die Pause zu verbringen – weder das kaputte Klettergerüst noch das Basketballfeld mit den halb abgerissenen Körben. Sollten die Gerüchte tatsächlich stimmen und die Schüler ständig stiften gehen, um irgendwo eine zu rauchen oder eine Tankstelle auszurauben, hätte ich vollstes Verständnis für sie.

Apropos Schüler – die trotteten allein oder in Grüppchen auf das Schulgebäude zu oder standen im Innenhof, spielten an ihren Handys rum und quatschten. Es war eine bunt gemischte Truppe aus den unterschiedlichsten Herkunftsländern. Ich hörte Türkisch, Arabisch, Russisch, Polnisch und Deutsch, sah viele Jogginganzüge, haarspraytoupierte Mähnen, Smokey Eyes und viel zu viel Make-up für diese Tageszeit. Und zu viel Armut. Mich überkam das dringende Bedürfnis, all diese Kinder einzupacken und mitzunehmen ans Werther-Gymnasium. ›Hier habt ihr verloren‹, dachte ich.

Aber vielleicht täuschte ich mich ja. Vielleicht waren das alles blöde Vorurteile, für die ich mich schämen sollte. Ich atmete tief durch und betrat die Schule. Der Geruch von Bohnerwachs stach scharf in meine Nase, und ein orkanartiges Stimmengewirr schlug mir entgegen. Aber immerhin das war ich gewöhnt. Ich sprach einen etwa zwölfjährigen Schüler an, der allein auf einer Bank in der Pausenhalle saß und in einem zerfledderten Spiderman-Comic las. Er trug eine Jogginghose, ein T-Shirt mit Star-Wars-Aufdruck, und an den Füßen uralte, zerlatschte Chucks, die aussahen, als würden sie jeden Moment auseinanderfallen. Statt eines Schulranzens hing ein HamBank-Werbegeschenk-Rucksack über seiner schmächtigen Schulter. »Hey, kannst du mir sagen, wo das Lehrerzimmer ist?«, sprach ich ihn an.

Er musterte mich aus ernsten, dunkel umschatteten Augen und nickte. Ich wartete darauf, dass er antworten würde, doch als er nach etwa fünf Sekunden immer noch nichts gesagt hatte, wurde mir klar, dass ich auf einen uralten Scherz hereingefallen war. »Machst du es denn auch?«

Er hielt sich die Hand vor den Mund und stieß einen komischen Laut aus, der wohl ein Lachen sein sollte, aber eher wie ein Grunzen klang. Seine Augen leuchteten auf vor Freude darüber, dass ich ihm auf den Leim gegangen war.

Ohne es wirklich zu wollen, musste ich mitlachen. »Witzbold.«

Der Junge schaute sich nach allen Seiten um, als hätte er Angst, bei irgendwas erwischt zu werden. »Ich kann Sie hinbringen«, sagte er schließlich. Seine Stimme klang überraschend tief.

»Machst du es denn auch?«, fragte ich grinsend.

Erneut stieß er sein Grunzen aus. Dann stand er auf und zog mich kurz am Ärmel, was wohl bedeutete, dass ich mitkommen sollte. »Sind Sie eine Mutter? Oder eine neue Lehrerin?«, fragte er, während wir den Flur entlanggingen. Durch die geöffneten Türen konnte ich Blicke auf die Klassenzimmer erhaschen. An den Wänden hingen Bilder, die die Schüler gemalt hatten. Das Thema war offensichtlich »Sommer« gewesen. Einige der Bilder waren gar nicht so schlecht.

»Ich bin eine neue Lehrerin«, erwiderte ich. »Heute ist mein erster Tag.«

Er nickte wissend und deutete auf die Ledertasche, die über meiner Schulter hing. »Hab ich mir schon gedacht. Wegen der Tasche. Und für eine Mutter sehen Sie viel zu schick aus.«

War ich wirklich so schick? Prüfend blickte ich an mir herab. Ich hatte ein Sommerkleid an, eine dünne Strickjacke und Ballerinas. Die Haare hatte ich mir aufgesteckt, und ich war dezent geschminkt. Wie immer, wenn ich das Haus verließ, trug ich Kontaktlinsen. Übermäßig schick fand ich mich eigentlich nicht, aber was wusste ich schon? Schließlich ging Nele mit mir einkaufen und kleidete mich gewissermaßen ein. Ich selbst interessierte mich nicht besonders für Mode und landete daher mit meiner Klamottenauswahl regelmäßig einen Griff ins Klo, wie Nele sagte.

»Was unterrichten Sie denn?«, wollte der Junge wissen.

»Musik und Geografie. Ich springe ein, weil hier so viele Lehrer krank geworden sind.« Wir bogen ab in einen weiteren langen Flur, an dessen Ende ich bereits die typische zweiflüglige Glastür erkannte, die in sämtlichen Schulen den Eingang in die heiligen Lehrerhallen markierte.

»Ach so. Dann kriege ich Sie ja vielleicht auch in einem der Fächer.«

»Wie heißt du denn?«

»Michael.« Er sprach es englisch aus.

»Wie Michael Jackson?«

Sein Gesicht war ein einziges Fragezeichen. »Wer?«

Ich winkte ab. »Egal. Ich bin übrigens Annika Paulsen.« Inzwischen waren wir vor dem Lehrerzimmer angekommen. »Da ist es«, sagte er und deutete auf die Glastür.

»Vielen Dank für deine Hilfe, Michael. Würd mich freuen, wenn wir uns im Unterricht wiedertreffen.«

Er neigte seinen Kopf zur Seite, legte seine Stirn in Falten und betrachtete mich eingehend. Fast schien es mir, als müsste er überlegen, ob ich das wirklich ernst gemeint hatte. »Ja, wär schon okay.« Er nickte mir noch mal zu, drehte sich um und lief schnellen Schritts auf seinen Chucks den Flur hinab. Der linke Schuh hatte in der Sohle ein Loch.

Ich öffnete die Glastür zum Lehrerzimmer und fragte mich durch, bis ich das Büro des Schulleiters gefunden hatte. Allmählich verließ mich das beklommene Gefühl und wich Nervosität. Es war mein erster Schultag, ich war neu hier, und ich hasste es, irgendwo neu zu sein. Was, wenn niemand mich leiden konnte? Mit zittriger Hand klopfte ich an. Nachdem von innen ein »Ja, bitte« ertönt war, trat ich ein.

Hinter einem überdimensional großen und von Papieren fast vollständig bedeckten Schreibtisch saß ein schlanker Mann, den ich auf Mitte vierzig schätzte. Er trug Jeans, ein kurzärmliges Hemd, hatte schütteres blondes Haar und sehr kluge braune Augen.

»Hallo«, sagte ich, leicht atemlos, wie immer, wenn ich aufgeregt war. »Mein Name ist Annika Paulsen, Musik und Geografie. Ich wurde vom Werther-Gymnasium zw…abgeordnet.«

»Ach, Frau Paulsen!« Das Lächeln, das auf seinem Gesicht erschien, ließ ihn gleich ein paar Jahre jünger wirken. Mit ausgestreckter Hand kam er um den Tisch herum, wobei mir zum einen auffiel, dass er Turnschuhe trug, und zum anderen, dass er kleiner war als erwartet. »Ich bin Stefan Sandmann. Herzlich willkommen an der Astrid-Lindgren-Schule.« Er drückte meine Hand so fest, dass ich beinahe vor Schmerzen aufgeschrien hätte. »Schön, dass Sie da sind. Wir haben Sie schon sehnlichst erwartet. Für Sie kam das wahrscheinlich alles ein bisschen holterdipolter, daher weiß ich es umso mehr zu schätzen, dass Sie uns aushelfen. Also vielen Dank dafür.«

»Gerne«, sagte ich und bekam fast ein schlechtes Gewissen.

»Setzen Sie sich doch«, sagte er und deutete auf einen der Besucherstühle vor seinem Schreibtisch. Ich nahm auf der äußersten Kante Platz und stellte meine Schultasche neben mir ab, während er sich wieder in seinen Chefsessel lümmelte. »Mir ist klar, dass es für Sie eine krasse Umstellung sein muss, vom Werther-Gymnasium an die Astrid-Lindgren-Schule zu wechseln. Aber ich möchte betonen, dass in den Medien ein völlig falsches Bild vermittelt wird. Glauben Sie mir, wir werden mit Sicherheit kein Kamerateam mehr hier reinlassen. Die kommen ja schon mit dem Vorsatz, diese Schule ... Aber das ist ein anderes Thema.« Er nahm laut schlürfend einen Schluck von seinem Kaffee und fuhr dann fort: »Gemessen an anderen Brennpunkt-Stadtteilschulen, wobei ich selbst es ungern Brennpunkt nenne, haben wir hier eine sehr gute Abschlussquote.«

»Ja, das habe ich schon gehört.«

»Im Grunde gibt es eigentlich so gut wie keine Probleme.«

›Eigentlich so gut wie keine‹ – das klang in meinen Ohren nicht besonders überzeugend.

»Mit Kriminalität haben wir hier viel weniger zu tun, als es in diesen grässlichen Dokumentationen und in der Regenbogenpresse behauptet wird. Das waren ja wirklich skandalöse ...« Herr Sandmann räusperte sich und winkte ab. »Jedenfalls, wir hatten hier eine Zeit lang durchaus vereinzelt mit Erpressung unter den Schülern zu tun, aber das haben wir ganz gut in den Griff bekommen. Hier und da gibt es Fälle von Waffenbesitz und Drogenkonsum beziehungsweise Dealerei, aber ein Problem im größeren Stil ist das nicht. Na ja, und dann das Übliche. Die typischen Verhaltensauffälligkeiten, gelegentlich Schlägereien und Vandalismus. Sie kennen das ja.«

Äh ... nein. Das kannte ich ganz bestimmt nicht. Mir wurde noch flauer zumute als ohnehin schon.

Herr Sandmann schien davon jedoch nichts zu merken, denn er fuhr in munterem Plauderton fort: »Wir haben an der Schule zwei Sozialarbeiter und einen Mobbingbeauftragten, wir sind also ganz gut aufgestellt. Informieren Sie mich bitte, wenn es Probleme mit den Schülern gibt. Wenn Sie Lernschwächen entdecken oder häusliche Gewalt, Drogenkonsum und dergleichen vermuten. Ich regele dann alles Weitere mit dem ReBBZ, das ist das Regionale Bildungs- und Beratungszentrum. Oder mit dem ASD, also dem Allgemeinen ...«

»... Sozialen Dienst vom Jugendamt, ja, ich weiß.« Häusliche Gewalt und Drogenkonsum kamen schließlich nicht nur im Brennpunkt vor, sondern auch in den reichen Elbvororten. Nur waren das am Werther-Gymnasium Einzelfälle gewesen, und sie hatten zum Glück nie einen meiner Schüler betroffen. So, wie Herr Sandmann darüber plauderte, hatte ich allerdings das Gefühl, dass diese Probleme hier an der Tagesordnung waren.

Herr Sandmann lächelte mich aufmunternd an. »Auch wenn sonst irgendwelche Probleme auftauchen: Meine Tür steht Ihnen immer offen.«

»Vielen Dank, Herr Sandmann.«

»Sehr gerne. Tja, was gibt es noch zu sagen? Sie übernehmen die 9c als Klassenlehrerin. Ansonsten bekommen Sie jetzt Ihren Stundenplan, Bücher und alles, was Sie sonst noch so brauchen. Haben Sie noch Fragen?«

Ja, ich hatte durchaus noch Fragen. Zum Beispiel, wann ich meinen Versetzungsantrag stellen konnte und was ich tun musste, um schnellstmöglich wieder ans Werther-Gymnasium zu kommen. »Im Moment nicht«, sagte ich, denn ich wollte mich ja nicht gleich am ersten Tag unbeliebt machen. »Aber sobald sich Fragen ergeben, melde ich mich.«

Herr Sandmann ging mit mir zum Konrektor und dann ins Lehrerzimmer, wo ich mit den nötigen Unterlagen versorgt wurde. Dann musste er dringend ans Telefon, sodass ich mich allein im Lehrerzimmer wiederfand. Ich verstaute den Wust an Papieren und Büchern, so gut es ging, in meiner Tasche und studierte meinen Stundenplan. Geografie in der 9c, also ›meiner Klasse‹, Raum 171. ›Eine Übergabe wäre ganz nett gewesen‹, überlegte ich, als ich mich mit dem Raumplan auf den Weg machte. Infos über Schüler, die man besonders im Auge haben musste, typische Merkmale der Klasse. Doch ich wurde ins kalte Wasser geworfen. ›Egal‹, dachte ich, als ich pünktlich zum Klang des Gongs vor dem Klassenzimmer ankam. ›Irgendwie werde ich das schon hinkriegen und meine Zeit hier möglichst angenehm absitzen.‹

Ich holte noch mal tief Luft und betrat das Klassenzimmer. »Guten Morgen«, sagte ich, weitaus fröhlicher, als ich mich fühlte. Etwa fünfundzwanzig Schüler standen in Grüppchen herum oder saßen auf den Tischen und quatschten. Als ich eintrat, stutzten sie und musterten mich neugierig.

»Wer sind Sie denn?«, fragte eine Blondine, die dringend ihren dunklen Haaransatz nachfärben musste. Es sei denn, der war gewollt, das wusste man ja heutzutage nie so genau.

»Sind Sie Studentin, oder was?«, wollte ein dunkelhaariger Junge wissen, der irgendeinen Rap-Song auf seinem Handy abspielte.

Ich ging ans Pult und stellte meine Schultasche darauf ab. »Nein, ich bin Annika Paulsen, eure neue Klassenlehrerin. Ich unterrichte euch in Geografie.« Ich warf einen Blick auf meinen Stundenplan. »Und in Musik«, fügte ich hinzu.

»Sind Sie eine Feuerwehrkraft?«, wollte eines der Mädchen wissen.

»Nicht direkt. Ich wurde von meiner Schule für zwei oder drei Jahre abgeordnet, um hier auszuhelfen.«

»Krass, ey, Sie sehen aus wie 'ne Studentin«, sagte der Dunkelhaarige. »Dürfen Sie überhaupt schon unterrichten?«

Ein paar der Schüler lachten.

»Oh ja. Ich bin voll ausgebildete Lehrerin. Und jetzt Handy aus und hinsetzen, bitte.«

Die anderen Schüler begaben sich an ihre Plätze, doch der Rapper ließ sich aufreizend viel Zeit. In aller Seelenruhe schlenderte er an sein Pult in der hintersten Reihe, sortierte umständlich im Stehen seine Stifte, schob seine Hefte hin und her und setzte sich schließlich unter lautem Stuhlgerücke. Erst dann stellte er die Musik aus.

Innerlich platzte ich beinahe vor Ungeduld, doch ich ließ mir nichts anmerken. »Super«, sagte ich, als endlich Ruhe eingekehrt war, und betrachtete meine neuen Schüler. An einem kleinen, mageren Jungen im Star-Wars-T-Shirt, der ein ganzes Stück jünger aussah als seine Klassenkameraden, blieb mein Blick schließlich hängen. »Michael«, rief ich erfreut. »Schön, dich wiederzusehen.«

Er lief rot an und sank in seinem Stuhl zusammen, als könnte er sich damit unsichtbar machen.

»Krass, Alder, hast du dich bei der schon eingeschleimt,

oder was?«, rief ein großer blonder Junge, dessen Gesicht übersät war von Pickeln. »War ja klar.«

Oh, oh. Arschloch-Alarm. »Niemand hat sich eingeschleimt. Wir sind uns heute Morgen kurz auf dem Flur begegnet«, sagte ich in einem Tonfall, der jede weitere Diskussion verbot. »Also, da ich euch noch nicht kenne, möchte ich erst mal die Klassenliste durchgehen.« Ich zeichnete auf meinem Block eine Skizze der Sitzordnung und holte das Klassenbuch aus der Schublade. »Ich fände es schön, wenn wir uns alle ein bisschen besser kennenlernen, und deswegen ...«

»Wieso das denn?«, fiel das blonde Mädchen mir ins Wort.

»Weil ich gerne weiß, mit wem ich es zu tun habe. Und ihr doch bestimmt auch. Also, ich rufe euch nacheinander auf, und ihr stellt euch kurz vor. Am besten fange ich an. Wie ich ja schon sagte, bin ich Annika Paulsen und Lehrerin für Musik und Geografie. Bislang habe ich am Werther-Gymnasium unterrichtet ...«

»Boah ey, voll die Bonzenschule«, rief die Blondine. »Die kriegen da doch alles in den Arsch geblasen.«

»Das is aber 'n krasser Abstieg für Sie, wa?«, fragte der Pickel-Junge.

»Wie kommt ihr denn darauf? Überhaupt nicht«, erwiderte ich im Brustton der Überzeugung. »Jedenfalls, ich wohne in Eilbek in einer WG zusammen mit meiner besten Freundin. Ich lese und backe gern, und ich liebe Dokumentarfilme über Tiere und ferne Länder. Was ich gar nicht mag, sind Pilze, und ich habe Angst vor Schnecken.«

»Iiih, ja, die sind voll ekelig«, rief eine leicht moppelige Rothaarige.

»Wieso finden Sie denn diese stinklangweiligen Dokus toll?«, wollte ein schlaksiger Junge mit Baseballcap wissen. »Die sind doch derbe ätzend.«

»Finde ich nicht. Ich erfahre gerne was über Regionen, die ich noch nicht kenne. Also dann ...« Ich warf einen Blick auf die Klassenliste. »Victoria Abramowicz?«

Die pummelige Rothaarige meldete sich. »Ja, ähm. Hi. Ich bin Victoria Abramowicz, wohne in Ellerbrook und bin vierzehn Jahre alt. Ich mag die Fächer Kunst und Deutsch. Und ich backe auch gerne.«

»So siehst du auch aus«, rief der Dunkelhaarige.

Den hatte ich ja jetzt schon gefressen. »Hey! Solche Kommentare finde ich absolut scheiße. Auf so etwas habe ich überhaupt keine Lust, also spar dir das, ja?« Mist, mir war das Sch-Wort rausgerutscht. Ein paar der Schüler stießen sich gegenseitig an und grinsten.

Der Dunkelhaarige verschränkte die Arme vor der Brust, sagte aber nichts mehr.

»Okay, also weiter. Tülay Arslan?«

Ein ziemlich großes und stark geschminktes Mädchen meldete sich. »Hier. Ich bin Tülay Arslan, wohn auch Ellerbrook und bin fünfzehn. Ich tanz gern, so Hip-Hop und so, und wenn ich Schule fertig hab, will ich Altenpflege.«

»Super. In ganzen Sätzen hätte es mir zwar noch besser gefallen, aber gut.«

Tülay sah mich verständnislos an. »Hä? Wie?«

»Es gibt da so kleine Wörter, die man Präpositionen und Artikel nennt. Diese Wörtchen habe ich sehr, sehr gern, weil sie einen Satz vervollständigen. Ich wohne *in* Ellerbrook, und wenn ich *mit der* Schule fertig *bin*. Winzig kleine Wörter, aber trotzdem fehlt ohne sie einfach was. Da könnt ihr mal sehen, dass auch die kleinsten Dinge einen Unterschied machen können.« Ich lächelte Tülay freundlich an, und sie erwiderte das Grinsen.

»Ach, die Dinger«, sagte sie.

»Na gut, kommen wir zu ... Pawel Berkowicz.«

Der blonde Pickelige hob gelangweilt die Hand.

»Was ist mit dir, Pawel?«, fragte ich aufmunternd.

»Hab ich keinen Bock drauf, auf den Scheiß«, verkündete er mit verächtlicher Miene.

Arschloch-Alarm, der zweite. »Kein Problem, das hier ist schließlich freiwillig. Ähm ...« Als ich den nächsten Namen in der Klassenliste las, stockte ich kurz und hätte am liebsten auf der Stelle Nele eine WhatsApp-Nachricht geschrieben. Was für ein Name! »Heaven-Tanita Blömer?«

Das blonde Mädchen meldete sich und stand sogar auf. »Ja, also, ich bin Heaven-Tanita, vierzehn Jahre alt, und wie alle hier wohn ich auch Ellerbrook. Und ich singe«, verkündete sie gewichtig und sah mich erwartungsvoll an.

»*In* Ellerbrook«, korrigierte ich automatisch. »Du singst?«

»Ja, Singen ist mein Leben. Ich hab schon gesungen, bevor ich sprechen konnte. Wenn ich auf Bühne steh, will ich derbe die Emotionen bei den Zuhörern wecken, dass die heulen und so. Weißt, wie ich mein, Frau Paulsen?«

»Ich denke schon.«

»Ich hatte sogar mal zwei Gesangsstunden, und die Lehrerin so: ›Ey, Heaven-Tanita, du bist echt megatalentiert‹, und ich so: ›Krass‹, und sie so: ›Wir müssen nur noch 'n bisschen an deiner Intonation arbeiten, weißt, wie ich mein?‹, und ich so: ›Ja geil, aber meine Eltern haben keine Kohle für mehr Stunden‹, und sie so: ›Schade‹, und ich so: ›Ja.‹ Und jetzt bring ich mir das halt selbst bei.«

Mir schwirrte der Kopf von all dem Input. »Okay. Toll, dass du deine Leidenschaft schon gefunden hast, Heaven-Tanita. Also, kommen wir zu ...«

Bevor ich in der Liste weitergehen konnte, fiel Heaven-Tanita mir ins Wort, die offensichtlich noch nicht alles gesagt hatte, was es zu sagen gab. »Ich hab mich auch schon zweimal bei *The Voice Kids* beworben, hat aber nicht geklappt. Ich bin nicht mal in die Blinds gekommen.«

»Ja, weil du scheiße bist«, warf Pawel ein, und in der Klasse brach Gelächter aus.

Ich wollte Heaven-Tanita gerade zur Hilfe kommen, doch sie wusste sich ziemlich gut selbst zu helfen. Energisch drehte sie sich zur Klasse um. »Ey, Schnauze, ihr Spacken!«, brüllte sie in einem Tonfall, der so manch einem Militäroberst in nichts nachkam. Tatsächlich verging den meisten daraufhin das Lachen. Heaven-Tanita wandte sich wieder mir zu. »Jedenfalls, da kommen immer nur die Bonzenkinder durch, weißt, wie ich mein, Frau Paulsen? Irgendwelche Blagen von den Kellys oder wo die Eltern krasse Jobs haben.«

»Wenn du aus'm Gheddo kommst, haste nirgends 'ne Chance«, sagte der dunkelhaarige Junge, und viele der Schüler nickten zustimmend.

»Ich fände es schön, wenn wir uns darauf einigen könnten, Ellerbrook nicht als Ghetto zu bezeichnen«, mischte ich mich ein und fühlte mich verpflichtet hinzuzufügen: »Außerdem liegt es an euch, was ihr aus euch macht, nicht an dem Stadtteil, aus dem ihr kommt.«

Heaven-Tanita lachte auf. »Ja, lol, Frau Paulsen, das kann auch nur jemand sagen, der vonner Bonzenschule kommt. Na ja, jedenfalls bin ich durch mit *The Voice Kids*, und wenn ich sechzehn bin, geh ich dann gleich *DSDS*.«

Immerhin, ambitioniert war sie. »Prima. Dann wünsch ich dir viel Glück. Gut, der Nächste ist ...«

»Mein absoluter Lieblingssong ist übrigens *Titanium* von David Guetta und Sia«, plauderte Heaven-Tanita munter weiter.

»Das ist ein tolles Lied, das mag ich auch sehr«, meinte ich und startete einen neuen Versuch, den nächsten Schüler dranzunehmen, doch abermals wusste Heaven-Tanita mich daran zu hindern.

»I'm bulletproof, nothing to lose, fire away, fire away«, fing sie an zu singen, und augenblicklich stellten sich mir die Nackenhaare auf. Es war ganz klar, warum sie zweimal bei *The Voice Kids* gescheitert war. Sie klang wie eine Mischung aus Kreissäge, verzweifeltem Werwolf und Shakira im Stimmbruch. »Ricochet, you take your aim, fire away, fire away«, fuhr Heaven-Tanita fort. Ihre Klassenkameraden brachen in heftiges Gekicher aus, doch ganz im Sinne des Songs ignorierte sie das einfach. Sie schloss die Augen, um mit Leib und Seele unter großen Gesten zu singen: »You shoot me down, but I won't fall, I am Titaaaaniiiuuum.«

Um ihrer persönlich gewählten Selbstdemütigung ein Ende zu bereiten, klatschte ich und sagte: »Wow, das war echt ... unglaublich.«

Sie sah äußerst zufrieden mit sich aus. »Haste gehört, die Emotionen, nä, Frau Paulsen?«

»Ja, das war wirklich ... unglaublich«, wiederholte ich mich.

»Unglaublich scheiße«, bemerkte Pawel.

Heaven-Tanita war das allerdings völlig egal. »Ich könnt auch noch was von Adele singen. Zum Beispiel ...«

»Nein, lass mal, Heaven-Tanita«, sagte ich schnell. »Ich möchte die anderen Schüler ja auch noch kennenlernen. Aber vielen Dank auf jeden Fall für deinen Vortrag.«

Heaven-Tanita setzte sich wieder und ließ mich nun endlich weitermachen. »Kommen wir zu Justin Dannmeyer.«

Der dunkelhaarige Junge meldete sich. »Hier. Hab aber keinen Bock auf die Laberei.«

»Alles klar.« Ich notierte mir seinen Namen auf dem Sitzplan. »Dann hätten wir …« Ein Blick auf die Klassenliste zeigte mir, dass mein Freund von heute Morgen ›Meikel‹ geschrieben wurde, und nicht Michael. Es überraschte mich nicht mal mehr besonders. »Meikel Decker.«

Der kleine, schmächtige Junge sank noch tiefer in sich zusammen. Er blickte sich nach rechts und links um und sagte dann, so leise, dass es kaum hörbar war: »Ich bin Meikel und …«

»… stink nach Gammel und piss noch in die Hose«, warf Justin ein, und wieder brach die ganze Klasse in Gelächter aus.

Meikel lief hochrot an und senkte den Blick.

»Ooohh, jetzt heult er wieder«, rief Pawel höhnisch. »Buuuhuuu, ich will zu meiner Mamaahaha«, fuhr er in weinerlichem Kleinkindton fort, wofür er von seinen Mitschülern mit noch lauterem Gelächter belohnt wurde.

Eiskalte Wut erfasste mich. Ich sprang von meinem Stuhl auf und schlug mit der Faust auf den Tisch. »Sagt mal, habt ihr sie noch alle? Ihr hört jetzt auf zu lachen, sofort!«

Meine Schüler starrten mich für ein paar Sekunden verblüfft an.

»Aber der pisst echt noch inne Hose«, warf Justin schließlich ein, in einem Tonfall, der suggerierte, dass er das Recht absolut auf seiner Seite glaubte.

»Stimmt nich, hat er schon seit ein Jahr nich mehr gemacht«, meinte Tülay.

»Na und, stinken tut er trotzdem«, beharrte Justin.

»Ja, wie Sau«, stimmte Pawel ihm zu.

Meikel war deutlich anzusehen, dass er sich am liebsten in Luft aufgelöst hätte. Er hatte die Schultern hochgezogen, den Kopf gesenkt und saß da, als würde er Schläge erwarten.

»Schluss jetzt! Merkt ihr eigentlich nicht, wie ätzend das ist, was ihr da macht?«, fuhr ich Justin und Pawel an. Dann atmete ich tief durch und wandte mich wieder an Meikel. »Also, Meikel, was machst du denn gern?«

»In die Hose pissen und rumschleimen«, murrte Justin leise, aber immerhin laut genug, dass alle es hören konnten. Ich wusste, dass ich jetzt eigentlich hätte durchgreifen müssen. Ich hätte ihm eine Strafarbeit aufbrummen oder ihn aus dem Unterricht werfen müssen. Doch Durchgreifen hatte ich nie gelernt, denn ich hatte es in meiner Lehrerinnenlaufbahn bislang noch nie mit solchen Monsterschülern zu tun gehabt.

Meikel wagte es nicht mehr aufzublicken. Er saß still da, und ich dachte schon, dass er gar nichts mehr sagen würde, doch schließlich murmelte er: »Ich hab auch keinen Bock auf diese Laberei.«

Verständlich. Das hätte ich an seiner Stelle auch nicht gehabt. Ich rief den nächsten Schüler auf, doch der hatte ebenfalls »keinen Bock«. So ging es immer weiter, bis ich bei »Maryam Tarhi« angekommen war.

»Die brauchen Sie gar nicht fragen«, sagte Heaven-Tanita. »Die is gerade erst aus IVK rübergekommen, also Internationale Vorbereitungsklasse, weißte, Frau Paulsen? Wo die Flüchtlinge reinkommen, um Deutsch und so zu lernen. Jedenfalls, die sagt keinen Pieps. Kann wahrscheinlich noch gar nicht richtig Deutsch.«

»Ich bin Maryam Tarhi«, ertönte eine leise, aber überraschend raue Stimme. Sie sprach zwar mit Akzent, bewies mit ihren Worten aber trotzdem eindeutig, dass Heaven-Tanita danebengelegen hatte. Maryam war ein zierliches Mädchen, das ein langes Kopftuch trug und mich aus dunklen, ernsten Augen schüchtern ansah.

»Hallo, Maryam«, sagte ich und lächelte sie freundlich an. »Schön, dich kennenzulernen. Dann sind wir ja beide neu in dieser Klasse.«

Der Hauch eines Lächelns flog über ihr Gesicht, bevor sie wieder so ernst wurde, als hätte sie das komplette Leid dieser Welt gesehen. »Ich bin vierzehn Jahre alt und komme aus Syrien.«

Ah, alles klar. Kein Wunder, dass sie so ernst dreinblickte.

»Boah ey, du kommst nicht aus Syrien, du kommst jetzt aus Deutschland, Mann«, sagte Pawel.

»Ja, sie wohnt jetzt in Deutschland, aber trotzdem kommt sie aus Syrien«, erwiderte ich scharf.

»Na und? Da kann sie auch gerne wieder hingehen«, maulte Justin. »Die ganzen Flüchtlinge wollen wir hier eh nicht haben.«

»Halt die Schnauze, Justin«, fuhr Tülay ihn an.

»Ey, halt doch selber die Schnauze!«

»Willst du was auf die Fresse?«

»Willst *du* was auf die Fresse?« Die beiden sprangen mit wilden Drohgebärden von ihren Plätzen auf.

Am liebsten hätte ich meinen Kopf auf die Tischplatte geschlagen. Blieb mir denn gar nichts erspart? »Hey!«, rief ich, zum gefühlt hundertsten Mal in der letzten halben Stunde. »Hinsetzen, sofort!« Justin und Tülay musterten sich zwar noch für ein paar Sekunden mit Mordlust in den Augen, setzten sich dann allerdings tatsächlich. »Und Justin, sei doch bitte so nett, nicht im Namen von uns allen zu sprechen, ja? Es gibt nämlich viele Menschen, die das anders sehen als du. Und diese Menschen sind zum Glück noch immer in der Mehrheit.« Ich ignorierte Justins Schnauben und wandte mich wieder an Maryam. »Also, Maryam, was machst du denn gerne?«

Maryam war in den letzten zwei Minuten blass um die Nase geworden, und ihr Gesicht hatte einen noch traurigeren Ausdruck angenommen als zuvor. »Ich male gerne. Und ich spiele mit meiner Schwester. Und … mehr nicht.« Sie sank in ihrem Stuhl zusammen und machte deutlich, dass ihre Auskunftsstunde beendet war.

»Okay, vielen Dank, Maryam.« Ich rief den nächsten Schüler auf, doch auch der hatte »keinen Bock«. Das war scheinbar eine ansteckende Krankheit, sodass letzten Endes nur etwa ein Drittel der Klasse mit mir redete. Den Rest der Stunde versuchte ich herauszufinden, was die Schüler über Monokulturen wussten. Besonders viel war das nicht. Die meisten starrten mich nur mit leeren Blicken an, während der Rest durch Handydaddeln oder Quatschen offenkundiges Desinteresse demonstrierte.

Ich atmete auf, als es zur großen Pause schellte, und hatte meine Sachen beinahe schneller zusammengepackt als die Schüler. Was schon etwas heißen wollte, denn die waren wirklich verdammt flott. Nur Meikel machte keine Anstalten, in die Pausenhalle zu laufen. Stattdessen setzte er sich auf die Fensterbank vor dem Klassenzimmer und holte sein Spiderman-Comic raus. »Hey, Meikel, gehst du gar nicht in die Pausenhalle? Oder nach draußen?«

Er sah von seinem Comic auf. »Nee, ich bleib lieber hier.«

Ich trat näher an ihn heran und warf einen Blick auf sein Comic. »Du stehst auf Spiderman, was?«

»Irgendwie schon. Und ich hab ganz billig auf dem Flohmarkt einen ganzen Karton davon kaufen können, also …« Er ließ den Satz unvollendet in der Luft hängen und kaute verlegen an seinem Daumennagel.

»Sag mal, Meikel …«, begann ich vorsichtig. »Kommt es eigentlich öfter vor, dass die anderen dir gegenüber blöde Bemerkungen machen?«

Er ließ seine Hand wieder sinken. »Nein, Quatsch. Nur ganz selten, aber das ist ja nur Spaß.«

Er lachte, doch für mich klang es gezwungen. Als Lehrerin wurde man statistisch gesehen sechsundzwanzig Mal am Tag angelogen. Maike und ich hatten uns diese Statistik zwar ausgedacht, aber sie beruhte auf unseren persönlichen Erfahrungen. Nach spätestens einem Jahr im Job konnte einem kaum noch ein Schüler etwas vormachen. Man wusste, wann man angelogen wurde. Immer. Und ich wusste in diesem Moment ganz genau, dass Meikel mich anlog. Solange Meikel log, konnte ihm allerdings auch niemand helfen. »Na gut«, sagte ich schließlich. »Aber sollte es doch so sein, dass sie fies zu dir sind, dann kannst du jederzeit mit … Herrn Sandmann oder einem der Sozialarbeiter darüber reden. Das weißt du, oder?«

Meikel nickte. »Ja, aber es ist ja nichts.«

»Okay. Also dann, viel Spaß mit Spiderman.« Ich lächelte Meikel noch mal zu und machte mich auf den Weg zum Lehrerzimmer.

Im Gegensatz zu heute Morgen war es mehr als gut gefüllt, und ich blieb für einen Augenblick vor der Glastür stehen, um die Lage zu sondieren. Die Kolleginnen und Kollegen saßen Kaffee trinkend und Brote essend an den Tischen, unterhielten sich, lachten miteinander oder gingen ihre Vorbereitungen für die nächste Stunde durch. Wieder beschlich mich dieses unangenehme Gefühl, dass ich die Neue war, die von allen gemocht werden wollte, aber keine Ahnung hatte, wie sie das anstellen sollte. ›Das wird schon. Warum sollten sie mich nicht mögen?‹, versuchte ich, mir Mut zuzusprechen. Dann straffte ich den Rücken und drückte die Klinke runter. Kaum war ich durch die Tür, kam auch schon Herr Sandmann auf mich zugeeilt. »Frau Paulsen, wie war denn ihre erste Stunde?«

»Danke, ganz …«

»Ich hab leider nicht so wahnsinnig viel Zeit«, fiel er mir ins Wort. »Aber ich würde Sie gerne schnell noch dem Kollegium vorstellen.« Damit fasste er mich am Ellenbogen und führte mich in die Höhle der Löwen. Völlig überrumpelt folgte ich ihm und hasste mich dafür, dass mein Herz so schnell schlug, meine Hände kalt und feucht wurden und ich mich plötzlich so schüchtern fühlte, als wäre ich wieder in der elften Klasse. Mitten zwischen den Tischgruppen blieb Herr Sandmann stehen und rief: »Liebe Kolleginnen und Kollegen, dürfte ich kurz um eure Aufmerksamkeit bitten?«

Nach und nach verstummten die Gespräche, und alle Anwesenden sahen zu Herrn Sandmann und mir. Ich blickte an mir herab, um mich zu vergewissern, dass ich nicht nackt war, wie in einem meiner furchtbarsten Albträume.

»Das ist Annika Paulsen, eine neue Kollegin, die vom Werther-Gymnasium zu uns gestoßen ist, um uns in den Fächern Musik und Geografie auszuhelfen«, erklärte Herr Sandmann. »Herzlich willkommen im Namen des gesamten Kollegiums.«

Alle klopften mit den Fingerknöcheln auf die Tische, und die Gesichter, die ich verschwommen wahrnahm, blickten mich freundlich, neugierig oder aufmunternd an. Ich lächelte und tat mein Bestes, um liebenswert auszusehen. »Vielen Dank«, sagte ich. Meine Stimme klang furchtbar heiser. »Das ist sehr nett.«

Herr Sandmann warf einen Blick auf seine Uhr. »Dann überlasse ich Sie jetzt sich selbst und Ihren Kollegen, Frau Paulsen. Einen guten Start wünsche ich Ihnen. Und Sie wissen ja, ich habe jederzeit ein offenes Ohr.«

Kaum hatte er es ausgesprochen, war er auch schon verschwunden, und ich stand allein im Zentrum der Aufmerksamkeit. Was sollte ich denn jetzt machen? Ich lächelte in die Runde und überlegte, ob ich schnell auf die Toilette verschwinden oder ein Gedicht aufsagen sollte.

»Hey«, rief eine rothaarige Frau von der anderen Seite des

Raums. »Komm doch hierher, wir haben noch einen Platz frei.«

Erleichtert atmete ich auf und steuerte auf sie zu. Die Gespräche wurden wieder aufgenommen, und mein Moment im Zentrum der Aufmerksamkeit war zum Glück vorbei.

»Hallo«, sagte die Rothaarige, als ich an ihrem Tisch angekommen war. Ich schätzte sie auf Mitte vierzig. Mit ihren Sommersprossen und dem leicht verrutschten Haarknoten sah sie sehr nett aus. »Ich bin Sandra. Sandra Liebknecht. Mathe und Geschichte.« Sie deutete auf den Platz zu ihrer Rechten. »Setz dich doch.«

»Vielen Dank. Und hallo.« Ich lächelte in die Runde, stellte meine Tasche ab und ließ mich auf den Stuhl fallen.

»Vom Werther-Gymnasium bist du also, ja?«, fragte ein großer sportlich wirkender Mann mit braunen Haaren und Brille. »Das muss ja eine krasse Umstellung für dich sein. Zwangsabgeordnet?« Er winkte ab. »Ach, geht uns eh nichts an. Ich bin Ralf. Pfeifer, aber egal. Wir duzen uns hier alle. Ich unterrichte Sport und Bio, und das nun schon seit zwanzig Jahren.« Er schüttelte den Kopf, als könnte er es selbst nicht glauben.

»Ich bin Sertab. Hi«, sagte eine niedliche dunkelhaarige Frau, die wahrscheinlich ein paar Jahre jünger als ich war. Also war sie entweder Referendarin oder hatte gerade das zweite Staatsexamen in der Tasche. Sie strahlte mich an, als wäre es das größte Glück auf Erden, mich kennenzulernen. »Schön, dass du da bist. Ich unterrichte übrigens auch Musik, also sitzen wir im selben Boot.«

»Tja, und ich wäre dann die Vierte im Bunde«, sagte eine rundliche Frau um die fünfzig. »Maria Greschner, Deutsch und Englisch. Magst du Shortbread?« Sie hielt mir eine offene Dose mit köstlich duftenden Keksen hin.

»Ja, danke, sehr gern sogar.«

»Na, dann lang zu. Und willkommen im Irrenhaus.«

Ich nahm mir einen Keks und biss hinein. Er war köstlich und genau so, wie Shortbread sein sollte. Buttrig, süß und so mürbe, dass es am Gaumen kleben blieb. »Oh mein Gott, ist das lecker. Ich habe schon tausendmal versucht, Shortbread zu backen, aber bei mir wird es immer steinhart.«

Sandra Liebknecht griff ebenfalls in die Dose und stopfte sich eine Stange Shortbread komplett in den Mund. »Wie gefällt es dir denn bislang hier? Ich weiß, du bist gerade erst angekommen, aber wie ist dein erster Eindruck?«

»Ach, ich denke, es ist noch viel zu früh, um das beurteilen zu können«, wich ich aus.

»Gut so.« Sandra nickte zustimmend. »Es mag sein, dass das alles hier auf den ersten Blick nicht besonders einladend wirkt ...«

»Vor allem, wenn man vorher auf dem Werther-Gymnasium war«, warf Ralf ein, den diese Tatsache besonders zu faszinieren schien.

»... aber lass dich nicht täuschen«, fuhr Sandra fort.

»So schlimm ist es hier gar nicht«, strahlte Sertab. »Eigentlich macht es sogar großen Spaß, mit den Schülern zu arbeiten. Was hast du denn eigentlich an deiner alten Schule angeboten?«

»Ich? Angeboten?«

»Ja, ich meine AGs oder Projekte.«

»Äh ... eigentlich habe ich gar nichts angeboten.«

Ein Schatten der Enttäuschung glitt über ihr Gesicht. »Ach so.«

»Na ja, ich hatte allein schon mit dem Unterricht sehr viel zu tun«, sagte ich lahm. »Was bietest du denn an?«

Sie hob die Schultern. »Nicht so wahnsinnig viel, ich bin ja noch neu und brauche ewig für die Unterrichtsvorbereitung. Aber wenn ich meinen Kollegen Glauben schenken soll«, dabei streifte ihr Blick Ralf und Maria, »wird sich das in spätestens fünf Jahren drastisch ändern.«

In fünf Jahren?! Bei mir war das schon nach einem Jahr der Fall gewesen.

»Deswegen hab ich bislang nur eine Hip-Hop-AG auf die Beine gestellt«, fuhr Sertab fort. »Und ich leite die Big Band. Eigentlich würde ich gerne den Schulchor reaktivieren, allerdings schaffe ich das momentan nicht. Vielleicht können wir das ja zusammen in Angriff nehmen?«

Ihre dunklen Augen blickten so hoffnungsvoll, dass ich kaum Nein sagen konnte. »Ja, mal sehen. Wenn ich mich eingelebt habe«, sagte ich möglichst unbestimmt. Ich war wirklich froh, gleich am ersten Tag nette Kolleginnen und Kollegen kennengelernt zu haben. Das war allerdings auch schon das einzig Positive, was es von meinem Start an der Astrid-Lindgren-Schule zu vermelden gab. Nach einem äußerst unproduktiven ersten Schultag machte ich mich schließlich auf den Weg nach Hause.

Als ich aus der S-Bahn stieg, steuerte ich als Allererstes den Supermarkt an, um mich mit ausreichend Nervennahrung für den heutigen Abend zu versorgen. Ich kaufte Zutaten für Pasta mit Garnelen und zum Nachtisch Eis, Schokolade, Chips und Weingummi. Kurz überlegte ich, auch eine Dose Erdnüsse mitzunehmen, entschied mich aber dagegen. Die waren ja unheimlich fetthaltig und der größte Dickmacher, den es überhaupt gab.

In der Wohnung war es still, also war Nele noch nicht da. Ich lud meine Einkäufe auf dem Küchentisch ab, schlüpfte in meine Wohlfühl-Jogginghose und das Hogwarts-T-Shirt und setzte meine Brille auf. Unschlüssig saß ich auf meinem Bett und fühlte mich furchtbar allein. Vielleicht sollte ich es nebenan versuchen? Mit etwas Glück war einer der beiden Jungs zu Hause, mit etwas mehr Glück war es Kai. Kurzerhand ging ich rüber und klingelte an der Tür.

Wenig später öffnete mir Sebastian. Er sah an mir rauf und runter und sagte dann statt einer Begrüßung: »Du hättest dich doch für mich nicht so in Schale werfen müssen.«

»Ach, Mist, wenn ich das gewusst hätte, hätte ich das kleine Schwarze glatt angelassen. Ist Kai da?«

»Nein. Kann ich dir irgendwie weiterhelfen?«

Ich betrachtete ihn nachdenklich. Eigentlich stand mir gerade nicht der Sinn nach Sebastians dummen Sprüchen. Andererseits wollte ich wirklich nicht allein sein. »Du kannst Gemüse schnibbeln«, sagte ich schließlich gnädig.

Wir gingen in Neles und meine Wohnung, wo ich in der Küche Messer und Schneidbretter zusammensuchte, während Sebastian die Einkaufstüten auspackte. »Kriegt eine von euch beiden schon wieder ihre Tage?«, fragte er und deutete auf den Berg von ungesundem Naschzeug, den er auf dem Küchentisch ausgebreitet hatte. »Ihr menstruiert ja echt am laufenden Band. Wird das nicht auf Dauer anstrengend?«

»Gelbe Karte, Sebastian Buck«, sagte ich strafend.

»Wofür denn?«

»Für eine absolut unangemessene, machohafte Bemerkung über Neles und meinen Zyklus. Der dich übrigens rein gar nichts angeht. Weder Neles noch meiner.« Ich legte ein Schneidbrett und ein Messer vor ihn auf den Tisch.

»Also gut, ich entschuldige mich in aller Form für … was auch immer. Soll ich dann jetzt die Chips klein schneiden oder die Schokolade?«

Ich nahm Chips, Weingummi und Schokolade vom Tisch,

und darunter kamen Frühlingszwiebeln und Tomaten zum Vorschein. »Das bitte.« Aus dem Küchenschrank holte ich eine Knoblauchzehe. »Und die.«

Während Sebastian schnibbelte, packte ich die Garnelen aus und spülte sie unter fließendem Wasser ab. Für eine Weile arbeiteten wir einträchtig schweigend vor uns hin.

»Wie ist dein erster Tag an meiner alten Schule denn gelaufen?«, erkundigte sich Sebastian. Er stand auf, um mir die fertig geschnittenen Tomaten zu bringen.

»Ziemlich deprimierend.«

»Das kann ich mir vorstellen. So war es für mich damals auch dort. Und wie sind die Schüler so drauf?«

Ich gab die Tomaten in die Pfanne und pflückte von den Kräutertöpfen auf der Fensterbank etwas Basilikum, Rosmarin, Thymian und Oregano ab. »Die Fünftklässler waren ganz süß, aber das sind sie ja immer. Den älteren Schülern war es allerdings größtenteils wurscht, was ich ihnen erzähle. Viele von denen waren total desinteressiert und unmotiviert. Egal, ob es um Monokulturen ging oder um Beethovens Neunte.«

»Nein!« In gespieltem Entsetzen schlug Sebastian sich eine Hand vor den Mund. »Teenager, die sich nicht für Monokulturen und Beethoven interessieren? Also wirklich, wo gibt's denn so was?«

»In Ellerbrook. Deinem *Gheddo*.« Zu dem letzten Wort malte ich mit den Fingern Anführungszeichen in die Luft. »Was bitte ist an Beethovens Neunter denn nicht interessant? Er hat die Musikwelt damit revolutioniert und gegen sämtliche Regeln verstoßen, indem er einen Chor in einer Sinfonie eingesetzt hat. Er hat Schillers Gedicht *An die Freude* vertont und damit im Grunde genommen den ersten Welthit komponiert, und zwar einen wunderschönen, gänsehauttreibenden

Welthit, der für immer bleibt. Es geht um Gleichberechtigung, Frieden, Menschlichkeit, Freundschaft. Und das soll nicht *interessant* sein?« Hilfe, Beethoven war eins der Themen, über die ich mich richtig ereifern konnte. Nur leider teilte meine Begeisterung fast niemand.

Auch Sebastian musterte mich ziemlich verwundert, doch dann erschien ein Lächeln auf seinem Gesicht. »Hältst du deinen Schülern auch so leidenschaftliche Vorträge?«

Verlegen wich ich seinem Blick aus und gab die fertig gehackten Kräuter in die Pfanne. »Nein.«

»Vielleicht solltest du das. Ich möchte jetzt jedenfalls sofort Beethovens Neunte hören.«

»Das meinst du doch nicht ernst.«

»Doch, meine ich«, behauptete Sebastian.

»Ach ja?« Ich holte mein Handy, suchte Beethovens Neunte heraus und stellte den vierten Satz an. »Es ist natürlich nicht optimal, das am Handy zu …«

»Pssst«, machte Sebastian. »Ich will das hören.«

Ich setzte mich zu ihm an den Küchentisch, legte das Handy zwischen uns und suchte in seinem Gesicht nach Hinweisen darauf, dass er mich hochnahm. Aber entweder hatte Sebastian sich extrem gut im Griff oder er musste sich tatsächlich kein Lachen verkneifen. Er schien einfach nur zuzuhören. Wir lauschten andächtig der Musik, und gerade donnerte der Chor richtig los, als Nele hereinkam. Bei unserem Anblick blieb sie überrascht stehen und sah zwischen Sebastian und mir hin und her. »Oh, was sind wir heute wieder kultiviert«, sagte sie schließlich grinsend. »Zwingt sie dich jetzt auch dazu, ihr Klassik-Gedudel anzuhören?«

»Nein, das ist freiwillig«, antwortete Sebastian. »Anni hat mir gerade einen Vortrag über Beethovens Neunte gehalten. Wenn ihre Schüler sich schon nicht dafür interessieren, wollte sie wenigstens ihren Nachbarn überzeugen. Und ich muss zugeben, es hat funktioniert.«

»Soso.« Nele ging an den Herd, um in die Pfanne zu linsen. »Oh mein Gott, Pasta mit Garnelen. Es ist so schön, mit dir zusammenzuwohnen.« Dann holte sie eine Flasche Wein aus dem Kühlschrank und setzte sich damit zu uns an den Tisch. »Jetzt erzähl erst mal, wie es heute war.«

Während ich wieder an den Herd trat und die Garnelen in die Soße gab, berichtete ich Nele von meinen Erlebnissen an der Astrid-Lindgren-Schule. »Ich habe keine Ahnung, wie ich es da aushalten soll«, beendete ich meinen Bericht.

»Pah«, machte Sebastian. »Ich musste es dort sechs Jahre lang aushalten, und ich hab's auch überlebt.«

»Tut mir leid, dass der erste Tag für dich so blöd gelaufen ist, Anni. Spiel doch ein bisschen den *Erlkönig*, um runterzukommen.«

»Nein«, sagte ich abwehrend. »Ich spiele nicht mehr Klavier.«

»Den *Erlkönig*?«, hakte Sebastian nach.

»Das geilste Klavierstück überhaupt«, meinte Nele. »Das hat Anni früher immer gespielt.«

»Es ist von Schubert, der wiederum eine Ballade von Goethe vertont hat«, erklärte ich. »Und eigentlich ist es nur eine Klavierbegleitung. Ich habe das mal bei *Jugend musiziert* zusammen mit einem Gesangsschüler aufgeführt. Aber nicht gewonnen«, fügte ich schnell hinzu. »Wir sind nur Zweite geworden.«

»Nur Zweite? Ihr Loser«, sagte Sebastian.

»Na ja, Thorben war ziemlich aufgeregt, und ich auch. Deswegen ist uns ein Patzer unterlaufen. Und zwar ausgerechnet, als Thorben ›und bist du nicht willig, so brauch ich Gewalt‹ gesungen hat. Extrem peinlich. Allerdings war das für unsere Altersklasse ein ziemlich hoher Schwierigkeitsgrad.«

Sebastian atmete tief durch. »Annika. Das war ein *Witz*.«
»Oh. Ach so.«

Eine Weile später klingelte Kai an der Tür. Ich ließ ihn rein, und kurz darauf plumpste er an den Tisch. »Ich könnte ein ganzes Schwein fressen.«

»Na, das ist ja mal was Neues.« Ich stellte die Pfanne mit den Garnelen und die Pasta auf den Tisch, damit wir uns die Teller vollschaufeln konnten.

Nele schob sich eine Gabel mit Pasta in den Mund. »Mmmh, ist das lecker.«

»Doch. Ganz gut gelungen«, meinte ich zufrieden.

»Extrem gut gelungen«, bestätigte Kai mit vollem Mund.

»Ihr seid echt richtig gute Nachbarinnen«, fügte Sebastian hinzu.

Nele riss sich ein Stück Baguette von der Stange ab, die auf dem Tisch lag, und tunkte es in ihre Soße. »Wissen wir.«

Nach dem Essen lehnte ich mich in meinem Stuhl zurück und trank einen Schluck Wein. »Nach dem ersten Tag an der ALS kann ich jedenfalls schon ganz sicher sagen, dass ich unbedingt zurück ans Werther-Gymnasium will. Und zwar so schnell wie möglich. Etwas Glück steht mir weiß Gott zu. Schließlich habe ich teuer dafür bezahlt.«

Sebastian räumte die leeren Teller zusammen und brachte sie zur Spüle, um abzuwaschen, während Kai sich ein Geschirrtuch schnappte. Eins musste man den Jungs lassen – sie fraßen sich zwar bei uns durch, aber sie halfen immer beim Kochen. Und hinterher sorgten sie dafür, dass die Küche tipptopp aussah. »Wie kommst du darauf, dass dir Glück *zusteht*?«, fragte Sebastian, als er Spülmittel ins einlaufende Wasser drückte. »Und welchen Preis hast du dafür bezahlt? Haben dir deine Eltern etwa zum dreizehnten Geburtstag kein Pony geschenkt? Oder geht es darum, dass du und dieser

Thorsten bei *Jugend musiziert* den *Lärchenkönig* versaut habt und ihr nur Zweite geworden seid?«

»Erstens: Ponys haben mich nie interessiert. Und zweitens: Er hieß Thorben, und es war der *Erlkönig*«, korrigierte ich. »Und ja, es war scheiße, dass wir nur wegen dieses winzig kleinen Fehlers nicht gewonnen haben. Klar, den oberbilligen *Sommerabend* von Brahms kann man natürlich fehlerfrei über die Bühne bringen. Aber damit dann auch noch zu gewinnen, so wie Konstantin und Phillip, diese blöden Idioten – das ist ja wohl das Allerletzte!«

Sebastian, Kai und Nele musterten mich befremdet. Schließlich sagte Nele: »Ich weiß ja, dass du früher in der Begabtenförderung am Konservatorium gewesen bist und hoch hinaus wolltest. Aber dass du derart von Ehrgeiz zerfressen warst, muss wohl an mir vorbeigegangen sein.«

»War ich doch überhaupt nicht«, behauptete ich. »Und relativ bald nach diesem unseligen Auftritt war dann ja sowieso Schluss für mich mit der Begabtenförderung und allem.«

Sebastian schüttelte ungläubig den Kopf. »Also ist dieser *schlechte* und furchtbar ungerechte zweite Platz tatsächlich der hohe Preis, den du bezahlen musstest? Deswegen steht dir lebenslanges Glück zu?«

»Ja«, erwiderte ich trotzig. Es war zwar nur ein kleiner Teil der Wahrheit, aber die ganze würde ich ihm sicher nicht auf die Nase binden. »Können wir jetzt bitte über etwas anderes reden?«

Sebastian öffnete schon den Mund, um etwas zu entgegnen, doch Nele kam ihm zuvor. »Also schön, dann erzähl doch mal, wie du es anstellen willst, zurück ans Werther-Gymnasium zu kommen?«

Nachdenklich kaute ich auf meinem Daumennagel herum. »Das weiß ich noch nicht.«

Kai warf die abgetrockneten Löffel in die Besteckschublade. »Ich drück dir auf jeden Fall die Daumen.«

»Ich auch«, sagte Nele. »Und wenn ich dir irgendwie helfen kann, dann sag Bescheid.«

Später am Abend, als die anderen sich in ihre Zimmer verzogen hatten, saß ich auf meinem Bett und überlegte vergeblich, was ich tun konnte, um zurück ans Werther-Gymnasium zu kommen. Schließlich fiel mein Blick auf das Klavier, das meine Eltern mir zum bestandenen Studium geschenkt hatten und das seitdem so gut wie ungenutzt bei mir herumstand. Ohne mir dessen wirklich bewusst zu sein, ging ich darauf zu und setzte mich auf die Bank. Doch anstatt zu spielen, starrte ich nur auf die Tasten. »Von Ehrgeiz zerfressen«, hatte Nele gesagt. Genau das war ich auch gewesen. Aber sonderlich weit gebracht hatte es mich nicht, denn meinen Traum, Pianistin zu werden, hatte ich trotzdem aufgeben müssen. Und jetzt gab es nur noch eines, was mich mit Ehrgeiz erfüllte: der Wunsch, so schnell wie möglich in mein bequemes Leben am Werther-Gymnasium zurückzukehren.

Keinen Bock

»Heaven-Tanita, leg den verdammten Fidget Spinner weg«, sagte ich zum vierundneunzigsten Mal in den letzten zwei Wochen.

»Oh Mann, ey, Frau Paulsen«, erwiderte sie zum vierundneunzigsten Mal in den letzten zwei Wochen. »Der beruhigt mich voll, ich kann mich damit viel besser konzentrieren.«

»Aber ich nicht. Also weg damit.«

Heaven-Tanita zog den Flunsch eines zutiefst falsch verstandenen und megaungerecht behandelten Teeniemädchens und ließ den Fidget Spinner in ihren Rucksack fallen.

»Vielen Dank.« Der Unterricht hatte bereits vor fünf Minuten begonnen, aber noch immer waren meine Schüler damit beschäftigt, ihre Sachen herauszukramen und mit dem Sitznachbarn den neuesten Klatsch und Tratsch auszutauschen. Ein paar Zuspätkommer stürmten jetzt erst in die Klasse, begrüßten ihre Freunde und rückten mit den Stühlen herum. Es war jedes Mal das Gleiche. Diese Spezialisten schafften es immer wieder, die Unterrichtszeit zu verkürzen. »Haben wir es dann mal langsam?«, fragte ich genervt, als nach sieben Minuten immer noch Grundgemurmel in der Klasse herrschte. Ich hatte keine Zeit mehr, länger zu warten, also brüllte ich einfach gegen den Lärm an: »Kommen wir zu den Hausaufgaben. Ich hatte euch darum gebeten, euch ein paar Sätze lang Gedanken um die möglichen Folgen von Monokulturen zu machen. Tülay, was hast du dir denn überlegt?«

»Gar nichts. Wie sollte ich das denn machen?«, fragte

Tülay empört. »Die Folgen hatten wir doch noch gar nicht. Außerdem war ich gestern voll fertig, weil ich war nachmittags Mathe-Förder.«

»Weil ich nachmittags *beim* Mathe-Förderkurs war«, korrigierte ich. »Und du hättest deine Hausaufgaben ja auch schon früher erledigen können. Im Übrigen stimmt es natürlich, dass wir über die *Folgen* von Monokulturen noch nicht gesprochen haben. Aber ihr wisst inzwischen, was Monokulturen sind, oder nicht? Die Aufgabe war es, dass ihr euch Gedanken macht, was die Folgen sein könnten. Dass ihr euer Gehirn benutzt, verstehst du?« ›Oder es alternativ im Lehrbuch nachlest‹, fügte ich im Stillen hinzu. Ich wandte mich an den nächsten Schüler. »Pawel, was hast du geschrieben?«

Pawel fuhr sich mit der Hand durchs Haar und setzte sein überheblichstes Grinsen auf. »Nix.«

»Wieso nicht?«

»Keinen Bock.«

»Pawel, es ist mir völlig egal, ob du *Bock* hast, deine Hausaufgaben zu machen. Und das gilt auch für alle anderen hier. Ein nicht unerheblicher Teil eures Lebens wird daraus bestehen, Dinge zu tun, auf die ihr keinen Bock habt. Also gewöhnt euch besser jetzt schon mal daran. Tülay und Pawel … beziehungsweise, wer von euch hat seine Hausaufgaben auch nicht gemacht?«

Nach und nach zeigten fünfzehn Hände in die Höhe, womit mal wieder mehr als die Hälfte der Klasse ohne Hausaufgaben dastand.

»Na super«, seufzte ich. »Ihr alle holt die Aufgabe bis zur nächsten Stunde nach.« Mir war klar, dass diese Anordnung sinnlos war. Sie würden es ohnehin nicht machen. »Heaven-Tanita, lies du doch bitte mal vor, was du geschrieben hast.«

Sie schlug ihr Heft auf und las: »Monokultur ist langweilig und nicht gut, weil es immer das Gleiche ist. Das ist auch nicht gut für die Umwelt, weil wenn Beispiel immer nur Reis angebaut wird, so wie in Asien, gibt es nachher nur noch überschwemmten Boden und keinen trockenen mehr. Wo sollen dann die Kühe und so wohnen, und wo soll man so was wie Mehl anpflanzen? Außerdem kann ja keiner so viel Reis essen, nicht mal die Asiaten. Das muss man dann alles wegschmeißen, und das ist Überflussgesellschaft. Palmöl ist auch scheiße.« Heaven-Tanita sah zu mir auf. »Mehr hab ich nicht.«

»Ja, also ... vielen Dank.« Oh je, was sollte ich denn jetzt nur sagen? In der Klasse hörte ich deutliches Kichern, doch ich hätte vor Frustration weinen können. Auch nach zwei Wochen hatte ich mich noch nicht an das an Unterrichtsniveau der ALS gewöhnt. Aber in Heaven-Tanitas Blick lag so viel Hoffnung, dass ich sie freundlich anlächelte. Immerhin hatte sie ihre Hausaufgaben gemacht und über das Thema nachgedacht.

»Boah, Heaven-Tanita, bist du dumm, oder was?«, fragte Justin in ätzendem Tonfall. »Mehl baut man doch nich an, Digger!«

»Ey, halt die Schnauze, du Pfosten, klar weiß ich das! Ich meinte das andere, äh, Korn und so.«

»Niemand hier ist dumm, Justin«, sagte ich scharf. »Heaven-Tanita hat sich verschrieben, das kann doch mal passieren. Und außerdem hat sie ein paar Dinge richtig erkannt, zum Beispiel, dass Monokulturen nicht gut für den Boden sind.« Das war zwar eine *sehr* wohlwollende Interpretation ihres Textes, aber egal.

Heaven-Tanita warf Justin einen triumphierenden Blick zu.

»Das Stichwort ›Palmöl‹ war übrigens auch super«, fügte ich hinzu. »Ölpalmenplantagen sind ein sehr gutes Beispiel für Monokulturen, darüber haben wir ja letzte Woche schon gesprochen. Wobei es natürlich schön gewesen wäre, wenn du noch einen oder zwei Sätze dazu geschrieben hättest, *warum* Palmöl schlecht ist.«

»Wegen den Gorillas?«

»Ja, guter Punkt, wobei es eher um Orang-Utans geht. Und jetzt musst du nur noch den Bogen kriegen, was Orang-Utans mit Palmöl zu tun haben.« Sicherheitshalber fügte ich hinzu: »Denk mal an den Regenwald.«

Heaven-Tanita spielte mit einer Haarsträhne. Ihr war deutlich anzusehen, wie es in ihrem Hirn ratterte. »Äh … weil Gorillas sich von Kokosnüssen ernähren? Wenn die aber alle für das Palmöl benutzt werden, haben die Gorillas nichts mehr zu essen und sterben aus?«

»Orang-Utans, Heaven-Tanita«, meinte ich, nachdem ich einmal tief durchgeatmet hatte. »Und du solltest deine Antworten nicht immer als Fragen formulieren. Das war auf jeden Fall … nah dran.«

Victoria wedelte hektisch mit der Hand. »Ich weiß es, Frau Paulsen, ich weiß es!«

»Dann raus damit«, sagte ich wohlwollend. Victoria hatte sich ziemlich schnell als eine meiner Lieblingsschülerinnen herauskristallisiert, denn sie war so, wie viele Werther-Schüler: freundlich, gut vorbereitet, fleißig, und das Lernen schien ihr sogar Spaß zu machen. »Für die Ölpalmenplantagen wird der Regenwald zerstört, und das ist der Lebensraum von Orang-Utans«, erklärte Victoria. »Deswegen sterben Orang-Utans aus, aber auch viele andere Tiere, die im Regenwald leben.«

»Super, Victoria«, lobte ich.

»Die Regenwälder sind auch total wichtig für das Klima, daher braucht man sie eigentlich unbedingt«, fuhr Victoria fort. »Und dann entsteht bei der Brandrodung der Regenwälder ganz viel CO₂, das hat Auswirkungen auf das Klima und den Treibhauseffekt.«

»Streberin«, sagte Justin leise, aber dennoch laut genug, dass alle es hören konnten.

»Echt ey«, pflichtete Pawel ihm bei. »Die ist ja fast noch schlimmer als Klein-Meikel.«

Zustimmendes Gemurmel ertönte, während Meikel und Victoria rot anliefen und die Köpfe hängen ließen.

Mein Magen fühlte sich an, als würde ein schwerer Stein darin liegen, als ich die beiden so geknickt dort sitzen sah. Ich bemerkte, dass meine Hand zitterte, und umfasste meinen Stift fester. »Jetzt hört auf, ständig auf euren Klassenkameraden herumzuhacken!«

Für den Rest der Stunde beschäftigten wir uns mit den Vor- und Nachteilen von Monokulturen am Beispiel von Ölpalmenplantagen. Wobei, in erster Linie beschäftigte *ich* mich damit. Am Werther-Gymnasium hatten bislang eigentlich alle Schüler Interesse an diesem Thema gezeigt, doch die 9c reagierte bis auf einige wenige Ausnahmen mit demonstrativer Langeweile. Lediglich Victoria beteiligte sich eifrig. Ein paar der Schüler waren immerhin halbherzig bei der Sache, und Meikel konnte ich an der Nasenspitze ablesen, dass er gerne etwas gesagt hätte, sich allerdings nicht traute. Allen anderen ging die Zerstörung der Umwelt scheinbar am Hintern vorbei. Obwohl ich am liebsten jeden einzelnen meiner Schüler an den Schultern gepackt und geschüttelt hätte, blieb ich ruhig und zog meinen Unterricht rigoros durch. Es konnte mir schließlich egal sein, ob sie etwas daraus mitnahmen oder nicht. Es konnte mir auch egal sein, ob sie bei der nächsten Klassenarbeit alle eine Sechs schreiben würden, ob sie einen guten Abschluss bekamen, und was sie aus ihrem Leben machten. All das lag an ihnen, nicht an mir. Und ich sah nicht ein, wieso ich mir einen abbrechen sollte, wenn von ihnen nichts zurückkam.

Noch bevor der Gong zur großen Pause ganz verhallt war, sprangen wie üblich alle auf und verschwanden mit wehenden Haaren aus dem Klassenzimmer. Alle, nur Meikel nicht. Während ich an der Tür darauf wartete, dass ich den Raum abschließen und zu einem wohlverdienten Kaffee und Klönschnack ins Lehrerzimmer flüchten konnte, ließ er sich alle Zeit der Welt. Er legte seine Stifte sorgsam ins Federmäppchen und ließ dieses zusammen mit dem Heft und dem Buch im Schneckentempo in seinem HamBank-Rucksack verschwinden. Anschließend kam er so langsam auf mich zugeschlurft, dass ich ihn am liebsten angeschoben hätte. Mein Blick fiel auf seine Füße. Er trug wieder die abgelaufenen Chucks. Draußen regnete es in Strömen, und ich hatte neulich gesehen, dass die Sohle des linken Schuhs total durchlöchert war. »Meikel, warum hast du denn diese Schuhe an? Deine Füße müssen ja klatschnass sein.«

Er sah an sich herunter. »Aber das sind echte Converse. Die sind total cool.«

Ich musterte Meikel genauer. Auf seinem Sweatshirt tummelten sich Flecken, und auch die Jeans machte nicht gerade den frischesten Eindruck. Seine Haare wirkten ungewaschen, und jetzt, wo er dicht vor mir stand, fiel mir auf, dass er auch so roch, als würde er es mit der Körperpflege nicht ganz genau nehmen. »Natürlich sind die cool. Aber wenn es draußen regnet, sind sie in erster Linie unpraktisch, oder nicht?«

»Das sind *echte* Converse«, wiederholte Meikel in einem Tonfall, als wäre diese Tatsache eine vollkommen ausreichende Erklärung. »Und ich hab keine nassen Füße.«

Alles klar. Das war heute Schülerlüge Nummer vierzehn gewesen. »Was sagt denn deine Mutter dazu, dass du bei dem Wetter in solchen Schuhen herumläufst?«

Meikel, der meinem Blick bislang tapfer standgehalten hatte, sah schnell zur Seite. »Nichts. Die findet das gut.«

Und, *ding*, Schülerlüge Nummer fünfzehn. »Ach, tatsächlich? Deine Mutter findet das ernsthaft *gut*?«

Er friemelte am Tragegurt seines Rucksacks herum. »Ja, nein, also ich meine ...« Er brach ab und sah zu mir auf. Seine dunklen Augen blickten mich so hoffnungslos und traurig an, dass es mir einen heftigen Stich ins Herz versetzte. »Sie weiß es gar nicht.«

Ich runzelte die Stirn. »Wieso nicht?«

»Weil sie ... Weil ich heute Morgen andere Schuhe anhatte und dann heimlich diese angezogen habe. Weil die halt cooler sind.«

»Aha.« Irgendwas war hier doch faul. Entweder Meikels Mutter bemerkte schlicht und ergreifend gar nicht, in was für einem Zustand ihr Sohn morgens das Haus verließ, oder aber es war ihr egal. Beide Varianten gefielen mir überhaupt nicht. Andererseits ... Ich war bestimmt zu voreingenommen. Es war mein vom Werther-Gymnasium verwöhntes Hirn, das mich voreilig die falschen Schlüsse ziehen und sofort Verwahrlosung wittern ließ, obwohl eigentlich alles in Ordnung war. Nicht alle Eltern der ALS-Schüler konnten es sich leisten, ihren Kindern überteuerte Markenklamotten zu kaufen. Hier dominierten Kik, C&A und Takko. Daher war es natürlich etwas ganz Besonderes für Meikel, dass er Chucks besaß, und er wollte sie so oft wie möglich anziehen. Wenn seine Mutter es nicht erlaubte, machte er es eben heimlich, war doch klar. Ich sollte wegen dieser Sache besser kein Fass aufmachen, sonst würden alle mich nur als arrogante, vorurteilsbelastete Nobelschulen-Lehrerin sehen. »Hör mal, Meikel, das geht so nicht«, sagte ich schließlich. »Bei dem Wetter brauchst du festes Schuhwerk. Und wenn ich noch öfter sehe, dass du dir heimlich andere Schuhe anziehst, muss ich das deiner Mutter sagen. Alles klar?«

Meikel sah zu Boden und nickte stumm.

Aufmunternd knuffte ich ihm gegen die Schulter. »Hey. Ich mach mir nur Sorgen um dich. Ich will doch nicht, dass du krank wirst, hm?«

Ruckartig sah er zu mir auf. Tränen traten ihm in die Augen, und sein Kinn begann zu zittern. Er wirkte so jung und verletzlich, dass ich ihn am liebsten in den Arm genommen hätte. Doch so schnell, wie der Moment gekommen war, verschwand er auch wieder. Meikel rieb sich die Stirn, als wollte er die Gedanken, die sich dahinter befanden, verjagen. Dann machte er sich an seinem Rucksack zu schaffen und schwang ihn sich über die Schulter. »Ich werd schon nicht krank. Tschüs, Frau Paulsen«, sagte er und lief aus dem Klassenzimmer.

»Tschüs«, rief ich ihm nach. Für eine Weile stand ich da und starrte nachdenklich vor mich hin. Schließlich nahm ich meine Tasche vom Pult und steuerte das Lehrerzimmer an. Höchste Zeit für eine Pause.

Ich trank einen schnellen Kaffee mit Sandra, Sertab, Maria und Ralf. Der Platz an ihrem Tisch war mein Stammplatz geworden, und ich war heilfroh, dass ich an der neuen Schule so schnell Anschluss gefunden hatte. Doch leider war heute kaum Zeit für einen Klönschnack, denn durch mein Gespräch mit Meikel hatte sich meine Pausenzeit drastisch verkürzt. Kaum hatte ich meine Tasse leer getrunken, musste ich auch schon wieder los zu einer Doppelstunde Geografie. Und das auch noch in der 7d. Siebte Klassen waren im Allgemeinen nicht besonders beliebt, da gerade in diesem Alter die Hormone förmlich überkochten und die Schüler oftmals gar nicht wussten, wohin mit ihrer Energie.

»Moin zusammen«, rief ich den Schülern sowie zwei Schulbegleitern zu, als ich das Klassenzimmer aufschloss. Gerade diese Klasse schaffte es immer wieder, den Unterrichtsbeginn durch Bummeln und Quatschen um mindestens fünf Minuten nach hinten rauszuschieben. Die Einzigen, die startklar an ihren Plätzen saßen, waren die beiden Schulbegleiter Achim und Doris nebst deren Schützlingen. Anfangs hatte es mich ziemlich irritiert, dass in vielen Klassenzimmern ein bis zwei Erwachsene saßen. Oder vielmehr hatten deren erwartungsvolle Blicke mich auf äußerst unangenehme Art an mein Referendariat und die zahllosen Unterrichtsbesuche erinnert. Inzwischen hatte ich mich jedoch an die Schulbegleiter gewöhnt, und ich war sogar äußerst dankbar dafür, dass es sie gab. Pro Klasse hatte ich bis zu sechs Schüler, die früher an einer Förderschule unterrichtet worden wären. Aufgrund des Inklusionskonzepts besuchten sie inzwischen jedoch die Stadtteilschulen, um dort am normalen Schulleben teilnehmen zu können. Einerseits eine gute Idee und sicherlich begrüßenswert. Auf der anderen Seite war es für mich als Lehrerin eine kaum zu bewältigende Aufgabe – und das nicht nur, weil ich am Werther-Gymnasium mit Inklusion nichts zu tun gehabt hatte und daher überhaupt keine Erfahrung in diesem Bereich besaß. Ich bekam es schlicht und ergreifend nicht auf die Reihe, den Lehrplan abzuarbeiten, die Schüler auf ihren Abschluss vorzubereiten und nebenbei noch die Förderschüler angemessen zu betreuen – egal, ob diese nun sozial-emotional verhaltensauffällig, lern- oder sprachbehindert waren. Die Schulbegleiter kümmerten sich um die besonders anspruchsvollen Fälle und nahmen mir damit eine Menge Arbeit ab. Heute war die 7d allerdings dermaßen auf Krawall gebürstet, dass auch die Schulbegleiter ihre Schützlinge nicht mehr unter Kontrolle hatten. Schon nach fünfzehn Minuten gerieten Enver und Lionel in eine Prügelei, bei deren Schlichtung ich einen äußerst schmerzhaften Boxhieb in die Magengrube verpasst bekam. Ich beförderte beide umgehend in den Trainingsraum, woraufhin Debbie, die hochsensibel war, anfing zu weinen und sich kaum noch beruhigen ließ. Kurz darauf zickten sich Nathalie und Josefa aufgrund von ungeklärten Besitzansprüchen an einer Lidl-Stikeez-Figur an, und als ich die beiden endlich wieder im Griff hatte, bekam Timur, der Schützling von Doris, einen Wutanfall, weil er sein Arbeitsblatt nicht ausfüllen konnte. Am Ende der Stunde war ich mit den Nerven am Ende und hatte nicht mal ein Drittel meines Pensums geschafft.

Als krönender Abschluss stand dann auch noch Musik in der 5a an. Eigentlich hatte ich die Kleinen sehr gern, aber das aktuelle Thema war ›Rhythmus und Takt‹. Und ich hatte ihnen dämlicherweise in der letzte Stunde versprochen, dass wir uns heute alle mit Cajons, Bongos, Becken, Tamburins und Triangeln bewaffnen und eine Percussion-Session einlegen würden. Was ja immer sehr nett war und sowohl den Schülern als auch mir großen Spaß machte. Gerade heute hatte ich jedoch wenig bis gar keine Lust darauf. Viel lieber hätte ich die Jungs und Mädchen ein bisschen Bach hören und nach der Musik Bilder malen lassen. Ganz leise und kultiviert. Aber zum einen war mir inzwischen klar, dass es keine einzige Aktivität gab, die ich mit den Schülern der ALS ›leise‹ und ›kultiviert‹ hätte durchführen können, und zum anderen: Versprochen war nun mal versprochen.

Mit dröhnendem Schädel schleppte ich mich nachmittags nach Hause. Ich hätte noch den Unterricht für den nächsten Tag vorbereiten, Stumme-Karten-Tests korrigieren, einkaufen und das Bad putzen müssen – doch jetzt wollte ich einfach nur auf meinem Bett liegen und an die Decke starren.

Zu allem Überfluss war ich abends auch noch mit Maike und Volker verabredet. Mitleidige Blicke und Erzählungen vom idyllischen Werther-Gymnasium waren wirklich das Letzte, was ich jetzt gebrauchen konnte. Ich war schon kurz davor abzusagen, doch dann überlegte ich es mir anders. Schließlich wollte ich genau dorthin wieder zurück, heute mehr als je zuvor. Und möglicherweise hatten sie eine Idee, wie mir das gelingen konnte. Also raffte ich mich notgedrungen vom Bett auf und machte mich auf den Weg nach St. Georg.

Noch immer regnete es, als ich am Hauptbahnhof aus der U-Bahn-Station ins Freie trat. Ich holte meinen Regenschirm aus der Handtasche und spannte ihn auf – was ein relativ sinnloses Unterfangen war, denn wie so oft war es auch heute windig in Hamburg. Auf meinem Marsch die Lange Reihe runter war ich schwer damit beschäftigt, den Schirm mit beiden Händen gegen den Wind auszurichten, wobei ich zum einen nicht sah, wer oder was sich mir in den Weg stellte (ein Poller, ein Hell's Angel und ein Briefkasten, aber das nur nebenbei), und ich zum anderen trotzdem nass wurde, da der Regenschirm andauernd von heftigen Böen erfasst wurde und umklappte. Wenigstens hatte ich meinen Friesennerz und Gummistiefel an.

»He, pass doch mal auf, wo du hinläufst!«, motzte mich ein Typ mit Hipster-Vollbart und Hipster-Hornbrille an, als ich versehentlich mit meinem Regenschirm in ihn hineinlief.

»Sorry, hab dich nicht gesehen«, erwiderte ich und versuchte ein charmantes Lächeln, das ihn jedoch komplett unbeeindruckt ließ.

»Ach was«, meinte er sarkastisch und deutete mit dem Zeigefinger auf meinen Kopf. »Bei *der* Frisur ist es echt nicht schade drum, wenn sie ruiniert wird, also kannst du dir den

Schirm auch sparen. Außerdem hast du einen Regenmantel an, Herrgott noch mal.« Noch bevor ich irgendwie reagieren konnte, eilte der Hipster auch schon davon.

Wie vor den Kopf geschlagen starrte ich ihm nach. »Dir auch noch einen schönen Tag!«, rief ich schließlich. »Und übrigens, diese beknackten Holzfäller-Vollbärte sind inzwischen so was von Mainstream!« Doch der Typ war so weit von mir entfernt, dass er mich nicht mehr hören konnte.

Dafür hatte der Hell's Angel, den ich soeben noch angerempelt hatte, inzwischen aufgeholt und war in Hörweite. Offenbar dachte er, ich hätte ihn gemeint, denn er strich sich mit der Hand verwirrt durch seinen schwarzen Vollbart. Oh je, jetzt blühte mir auch noch von diesem langhaarigen Rockertypen ein Anschiss. »Na, nich so'n guder Tach heude, wa?«, fragte er in breitem Hamburger Tonfall. »Hab ich dir was getan?«

»Oh Gott, nein«, beeilte ich mich zu sagen. »Ich meinte nicht Sie, und das mit dem Anrempeln vorhin war wirklich nur ein Versehen, und …«

Er winkte ab. »Ach, lass man gut sein, Lüdde. Gönn dir mal 'nen heißen Rum mit Tee, denn sieht die Welt schon ganz anders aus. Das werd ich jetzt auch machen.«

»Mir gefällt, wie Sie bei Rum und Tee die Prioritäten setzen«, lachte ich. »Also dann, Prost. Und nochmals Entschuldigung.«

»Macht doch nix.« Er grinste mich freundlich an, wobei er einen fehlenden Schneidezahn offenbarte.

Irgendwie kam er mir bekannt vor, und bei näherer Betrachtung war ich mir sicher, dass ich ihn schon mal gesehen hatte. Aber wo? Doch bevor ich ihn fragen konnte, nickte er mir zum Abschied zu und kämpfe sich weiter durch den Regen. Schon seltsam, dass manchmal genau die Menschen, von denen man Übles erwartete, die nettesten waren. Ich klappte meinen Regenschirm zusammen, damit ich für den Rest des Weges darauf achten konnte, wohin ich ging. Vor meinem inneren Auge tauchte Meikel auf, der bei diesem Wetter in dünnen, durchgelatschten Chucks herumlief, und wieder machte sich ein ungutes Gefühl in meinem Bauch breit. Die verschmutzten Klamotten, die fettigen Haare, der ungewaschene Geruch ... Justin und Pawel hatten neulich gesagt, Meikel würde »stinken«. Natürlich war das gemein, keine Frage, aber es bedeutete doch womöglich auch, dass der Geruch, den ich heute wahrgenommen hatte, ihm öfter anhaftete. Und das wiederum bedeutete ...

»Hey, Annika«, riss Maike mich aus meinen Gedanken, die wie aus dem Nichts neben mir aufgetaucht war. »Dieses Schietwedder nervt wie Sau, was?«, meinte sie, machte dabei aber unter ihrem Regenbogen-Regenschirm einen so vergnügten Eindruck, dass ich ihr das kaum abkaufen konnte.

»Ja, es nervt echt«, sagte ich und umarmte sie. »Wie geht's dir?«

»Ganz gut. Aber du fehlst uns im Lehrerzimmer.«

»Ihr fehlt mir auch. Und die Schüler und die Schule und überhaupt.«

Inzwischen waren wir bei Frau Möller angekommen, der Stammkneipe von Maike, Volker und mir.

»Das hört sich aber gar nicht gut an«, sagte Maike, während wir vor der Tür unsere Regenschirme ausschüttelten.

Wir betraten die Kneipe und wurden von warmer Luft, fröhlichem Stimmengewirr und einem meiner absoluten Lieblingslieder empfangen: *I Don't Care As Long As You Sing* von den Beatsteaks. Wie immer war der Laden rappelvoll, es duftete nach Bier, Kaffee und Bratkartoffeln, und von einem Tisch in der Nähe des Tresens winkte Volker uns zu. Augenblicklich wurde mir leichter ums Herz. Ich schälte mich aus meinem Friesennerz, und nachdem ich Volker begrüßt hatte, ließ ich mich auf einen Stuhl fallen. »Ach, ist das schön, euch zu sehen.« Ich winkte die Kellnerin herbei, damit Maike und ich unsere Bestellungen aufgeben konnten. Wie immer bei Frau Möller orderte ich eine Portion Bratkartoffeln. Kurz überlegte ich, dem Rat des Rockers zu folgen und eine ordentliche Tasse »Rum mit Tee« zu trinken, aber letzten Endes hielt ich Rum mit Kaffee für eine noch bessere Idee und entschied mich für einen Pharisäer.

»Bratkartoffeln mit Pharisäer?«, fragte Volker angewidert. »Was ist mit dir denn nicht in Ordnung?«

»Ach, bis die Bratkartoffeln da sind, hab ich den Pharisäer schon längst getrunken.«

Maike legte eine Hand auf meinen Arm und sah mich mitleidig an. »Jetzt erzähl aber mal. Wie ist es an der ALS?«

»Es ist schlimm. Genauso schlimm wie erwartet.« In aller Ausführlichkeit berichtete ich von meinen Schwierigkeiten an der neuen Schule. Währenddessen stellte die Kellnerin den Pharisäer vor mir ab. Der Anblick der dicken Schicht Sahne auf dem tiefschwarzen, dampfenden Kaffee und der Duft von Rum trösteten mich fast noch mehr als die Beatsteaks, Maike und Volker. Als ich meine Jammertirade beendet hatte, war mein Pharisäer leer, und ein großer Teller mit duftenden knusprigen Bratkartoffeln stand vor mir. Wir bestellten bei der Kellnerin eine Runde Bier und fingen an zu futtern.

Während des Essens erzählten Maike und Volker den neusten Tratsch und Klatsch vom Werther-Gymnasium. Wiebke hatte verkündet, dass sie schwanger war, und Herr Friedrich hatte offenbar in den Sommerferien eine Haartransplantation vornehmen lassen. Ich hing geradezu an ihren Lippen und sehnte mich so sehr nach dieser Schule, dass mir fast die Bratkartoffeln nicht mehr schmeckten. Als wir unsere Teller leer gegessen und drei frische Biere vor uns stehen hatten, verkündete ich: »Ich will zurück ans Werther-Gymnasium. An der ALS halte ich es nicht aus.«

»Und wie willst du das hinbekommen?«, fragte Maike.

»Ich hatte gehofft, ihr könntet mir das sagen.«

Maike und Volker tauschten einen Blick und schwiegen anschließend eine Weile vor sich hin. Schließlich faltete Volker die Hände und lehnte sich ein Stück vor. »Meiner Meinung nach kannst du da nicht viel tun. Du könntest natürlich mit Friedrich reden, dich zurückbewerben oder einen Versetzungsantrag stellen. Allerdings bin ich mir ziemlich sicher, dass der nicht genehmigt werden wird. Am Werther-Gymnasium herrscht nach wie vor Lehrerüberschuss, und wir müssen garantiert auch zum nächsten Schuljahr wieder jemanden abgeben. Allerdings …« Volker rückte noch ein Stückchen näher an den Tisch heran, sodass die Kante ihm in den Bauch drückte. »Es gibt da vielleicht einen Weg, eine winzig kleine Chance. Aber erst mal musst du dir klarmachen, warum das Los ausgerechnet auf dich gefallen ist.«

»Na, warum schon? Weil ich als Letzte gekommen bin und deswegen als Erste wieder gehen musste.«

»Eben nicht«, sagte Volker. »Gehen wir doch mal alle Kollegen durch, die in Betracht gekommen wären: Ich bin Fachbereichsleiter Geografie, es blieben also nur du, Wiebke und Andreas übrig. Die sind beide nicht so viel älter als du. Also was glaubst du, ist der Unterschied zwischen euch?«

»Keine Ahnung.«

»Versetz dich doch mal in Friedrichs Lage. Er muss einen Musik- und Geografie-Lehrer abgeben. Freiwillig wird es niemand machen. Was glaubst du, für wen er sich entscheidet?«

Allmählich dämmerte mir, worauf Volker hinauswollte. »Er entscheidet sich für denjenigen, auf den er am ehesten verzichten kann.«

Volker nickte. »Bingo.«

»Aber wieso bin das ausgerechnet ich?«, fragte ich entrüstet. »Die Schüler mochten mich, und die Kollegen mochten mich auch.«

»Annika, es geht doch gar nicht darum, ob du gemocht wirst oder nicht«, sagte Volker. »Du sollst deinen Schülern etwas beibringen.«

»Ja, aber das tue ich doch auch! Willst du etwa sagen, dass ich eine schlechte Lehrerin bin? Das bin ich nicht.«

»Nein, natürlich bist du das nicht«, sagte Maike beruhigend. »Ich glaube, worauf Volker hinauswill, ist nicht dein Unterricht. Sondern das, was darüber hinausgeht. Als Schulleiter legt Friedrich verständlicherweise ziemlich großen Wert auf Lehrer, die ihm und der Schule etwas *nützen*. Die ihren Beitrag leisten. Und was das angeht, hast du dich ziemlich zurückgehalten.«

Ich starrte mit vor der Brust verschränkten Armen in die flackernde Kerzenflamme. Je länger ich darüber nachdachte, desto mehr wurde mir klar, dass sie nicht ganz unrecht hatten. »Andreas leitet die Umwelt-AG«, sagte ich nach einer Weile. »Und Wiebke die Musical-AG. Wohingegen ich ... na ja. Gar keine AG betreut habe.«

»Außerdem macht Wiebke auf Schulveranstaltungen immer diese tollen Fotos, die sie für die Schul-Website zur Verfügung stellt«, fügte Maike hinzu.

Verdammt, es war tatsächlich genau so, wie Maike und Volker es angedeutet hatten. Ich hatte es mir so richtig bequem gemacht in meinem Job und die viele Freizeit genossen, während meine Kollegen etwas Sinnvolles getan hatten.

Ich Idiotin hatte sie auch noch bemitleidet und mich gefragt, wieso sie sich all die Zusatzarbeit aufbürdeten. »Also gut. Die Message ist angekommen. Aber jetzt ist es doch eh zu spät. Es sei denn ...« Ich drehte mein Bierglas in den Händen und grübelte vor mich hin. »Es sei denn, ich finde einen Weg, mich an der ALS auf eine Art zu engagieren, die dem Werther-Gymnasium nützen würde.«

»Genau.« Volker nickte zufrieden. »Und das wird Friedrich natürlich zu Ohren kommen. Zum Beispiel durch Maike und mich.«

»Hm. Ich muss also etwas finden, das es an der ALS nicht gibt, und das ...« Mit einem lauten Knall stellte ich das Glas ab. »Eine Musical-AG! Es gibt dort keine Musical-AG! Das ist es!«

»Ja, aber es gibt bereits eine Musical-AG am Werther-Gymnasium«, meinte Maike.

»Richtig. Aber ...« Ich hob meinen Zeigefinger und rief triumphierend: »Deren Leiterin ist, tadaaa, schwanger! Wiebke wird bald weg sein. Wer soll die Musical-AG dann im nächsten Schuljahr übernehmen? Soll die wirklich so lange auf Eis liegen? An einem Gymnasium, das so großen Wert auf den musisch-künstlerischen Bereich legt? Ich denke nicht.«

Maike schüttelte den Kopf. »Es ist echt ein Wunder, dass du als Musiklehrerin dich an unserer Schule so lange vor einer AG drücken konntest.«

»Tja, aber jetzt nicht mehr. Eine Musical-AG ist zwar extrem viel Arbeit, aber das schaffe ich schon. Die Schüler haben doch fast alle Theater als Wahlpflichtfach, Bühnenerfahrung ist also vorhanden. Für die Choreografien kann ich mich an die Sport-Kollegen wenden. Um den Gesang kümmere ich mich. Tja, und wenn ich diese Musical-AG auf die Beine gestellt habe, dann müssen wir nur noch eine fantastische Aufführung hinlegen. Eine Aufführung, über die die Presse berichtet oder ... für die wir sogar einen Preis gewinnen. Und sobald Herr Friedrich davon erfährt, wird er doch alle Hebel in Bewegung setzen, um mich wieder ans Werther-Gymnasium zu holen. Und dann heißt es: ›Willkommen zurück, Frau Paulsen‹ und ›Viel Spaß an der ALS, Herr Zwiebelmett‹.« Ich strahlte die beiden an.

Volker wiegte bedächtig den Kopf. »Es kann sein, dass es funktioniert. Wie ich schon sagte, ist es eine sehr vage Chance, aber leider die einzige, die du hast.«

»Ich weiß. Aber ich habe lieber eine vage Chance als gar keine. In spätestens einem Jahr bin ich zurück am Werther-Gymnasium. So lange werde ich es an der ALS schon noch aushalten.«

Maike lachte. »Die Zeit wird vergehen wie im Fluge, wenn du jetzt noch schnell mal eben ein preisverdächtiges Musical auf die Beine stellen willst.«

»Na, umso besser«, meinte ich. »Aber jetzt lasst uns endlich von etwas anderem reden.«

Als ich um elf Uhr nach Hause kam, war alles dunkel und still. Also schlief Nele wohl schon. Ich zog mir meinen Schlafanzug an, putzte mir die Zähne und ging in mein Zimmer. William saß auf seinem Sessel und starrte mich an. Er trug inzwischen eins meiner T-Shirts und eine Jogginghose. Es war zwar alles ein bisschen zu klein und zu kurz für ihn, aber ich hatte trotzdem den Eindruck, dass er sich bekleidet wohler fühlte.

Nachdem ich mich ins Bett gekuschelt hatte, dachte ich an das Gespräch mit Maike und Volker. Zum ersten Mal seit dem verhängnisvollen Tag, an dem Herr Friedrich mir eröffnet hatte, dass ich an die ALS wechseln musste, hatte ich wieder Hoffnung und das Gefühl, dass ich etwas an meiner Lage ändern konnte. Gleich morgen würde ich zu Herrn Sandmann gehen und ihn auf die Musical-AG ansprechen. Es fühlte sich gut an, ein Ziel vor Augen zu haben. Etwas, worauf ich hinarbeiten konnte, worin ich erfolgreich sein wollte. Das letzte Mal, dass ich Ehrgeiz und Siegeswillen in mir gespürt hatte, war schon ziemlich lange her. ›*Und es hat dich nicht sonderlich weit gebracht*‹, flüsterte eine leise Stimme in meinem Kopf. Aber egal. Ich würde mir meinen einfachen und geruhsamen Job zurückerobern – selbst wenn es bedeutete, dass ich mich dafür eine Zeit lang richtig reinknien musste. Und am besten fing ich gleich damit an. Ich schlug die Bettdecke zur Seite und stand auf, um mich an meinen Schreibtisch zu setzen und eine umfangreiche Google-Recherche zu starten.

Grenzenloser Optimismus

Am nächsten Morgen machte ich mich völlig übermüdet auf den Weg zur Arbeit. Noch bis vier Uhr hatte ich recherchiert und ein erstes grobes Konzept entwickelt. Meine Recherchen hatten ergeben, dass es tatsächlich einen Preis für Schülerinszenierungen gab, und zwar den Hamburger Schultheaterpreis. Damit wurden zwar vor allem Theaterproduktionen ausgezeichnet, doch auch Musicals waren zugelassen. Dem Gewinner winkten sage und schreibe 5.000 Euro, und das Beste daran: In den Medien wurde alljährlich groß über diesen Preis berichtet. Einziger, aber dafür fetter Haken: Die Verleihung war schon im Mai nächsten Jahres, was bedeutete, dass ich innerhalb von neun Monaten eine Musical-Produktion aus dem Boden stampfen musste. Allerdings hatte ich mir diesen Preis nun mal in den Kopf gesetzt, denn wenn ich eine preisgekrönte engagierte Musical-AG-Lehrerin war, konnte Herr Friedrich doch gar nichts anderes tun, als mich ans Werther-Gymnasium zurückzuholen, oder?

Was mir auf meiner gestrigen Google-Tour noch klar geworden war: Ich würde Hilfe brauchen. Und zwar viel Hilfe. Gesangs-, Schauspiel-, Tanz- und Musikproben, Bühnenbild, Kostüme, Plakate, Flyer – um all das konnte ich mich unmöglich allein kümmern.

Gleich in der ersten großen Pause erzählte ich Sertab, Ralf, Maria und Sandra von meinem Plan.

»Eine Musical-AG?«, fragte Sertab mit strahlenden Augen. »Das ist ja eine großartige Idee!«

»Das ist vor allem eine extrem arbeitsintensive Idee«, stellte Ralf fest. »Vor allem, wenn du auch noch einen Preis damit gewinnen willst.«

»Ich weiß, dass das ein ehrgeiziges Ziel ist«, gab ich zu. Ich sah die vier besonders liebenswürdig an. »Und um ehrlich zu sein, hatte ich auf eure Hilfe gehofft.«

Ralf ließ die Kaffeetasse auf halbem Weg zum Mund wieder sinken. »Unsere Hilfe? Wie kann ich dir denn dabei helfen?«

»Du als Sportlehrer könntest dich um die Choreografien kümmern.«

Er brach in Gelächter aus. »Mache ich etwa den Eindruck auf dich, als wäre ich ein großer Tänzer?«

»Nein. Ich meine, ja«, korrigierte ich mich schnell. »Besser gesagt, ich denke, du hast es schon drauf, Choreografien zu entwickeln. Als erfahrener Sportlehrer.«

»Wenn Ralf nicht will, kann ich mich darum kümmern«, bot Sertab an. »Ich hab ziemlich lange Hip-Hop und Jazzdance gemacht. Und mit meiner Hip-Hop-AG hab ich schon diverse Choreos einstudiert.«

»Ich hab doch gar nicht gesagt, dass ich nicht will«, stellte Ralf klar. »Ich mach es ja.«

»Vielen Dank, Ralf, das ist großartig! Auf dich habe ich einen anderen Anschlag vor, Sertab. Hättest du Lust, dich mit deiner Big Band um die Musik zu kümmern?«

»Klar«, erwiderte sie begeistert. »Die Kids finden es bestimmt cool, mal etwas weniger Jazziges zu spielen.«

»Und was Kostüme und Maske angeht, hatte ich auf dich gehofft, Maria. Wäre das nicht was für deine Näh-AG?«

»Hm.« Maria knabberte an einem Stück Shortbread. »Doch, klingt interessant. Ich glaube schon, dass die Mädels sich gerne mal als Kostüm- und Maskenbildnerinnen ausprobieren würden.«

»Ach, wie cool!«, rief ich erleichtert. »Um die Bühnentechnik habe ich mir bislang noch nicht viele Gedanken gemacht. Aber in der Aula sollte doch eigentlich alles vorhanden sein.«

Sandra lachte humorlos. »Da wäre ich mir nicht so sicher.«

»Wenn du die AG im Kursverzeichnis vorstellst, schreib doch, dass du auch technikbegeisterte Kinder suchst«, schlug Sertab vor. »Es gibt bestimmt ein paar, die Lust haben, hinter den Kulissen mitzuarbeiten. Sie können sich um Beleuchtung und Ton kümmern.«

»Unter meiner Anleitung«, sagte Sandra. »Ich kann zwar nicht behaupten, dass ich Expertin auf dem Gebiet der Theatertechnik bin, aber ich hab ja noch Zeit, mich da reinzufuchsen. Also wenn du willst, kann ich dir gerne helfen. Wir könnten eine zweigeteilte AG daraus machen. Die Musical- und die Technik-AG.«

Ich legte Sandra einen Arm um die Schultern und drückte sie an mich. »Vielen Dank, ihr seid toll!«

»Was ist mit dem Bühnenbild?«, wollte Maria wissen. »Wer soll das machen?«

»Mir fällt schon noch was ein. Notfalls inszenieren wir das Ganze halt minimalistisch. Zwei Stühle und ein weißes Bettlaken oder so.«

Sertab lachte. »Ein minimalistisches *Musical*?«

»Warum nicht?«, sagte ich, musste allerdings selbst lachen. »Dann kommt es gleich total intellektuell rüber.«

»Ein *intellektuelles* Musical?«, fragte Sandra grinsend.

»Hey, nichts gegen Musicals. Ich mag die.« Schon unzählige Male hatte ich meine Liebe zu Musicals verteidigen müssen. Meine Eltern waren echte Opern-Fanatiker und hatten großen Wert darauf gelegt, dass ich eine klassische Klavierausbildung bekam. Ich liebte klassische Musik ja auch, trotzdem hatte ich immer schon eine genauso große Vorliebe für Pop, Rock und Musicals gehabt.

Nachdem ich mich noch mal bei meinem frisch gebackenen Musical-Team bedankt hatte, machte ich mich auf den Weg in den Unterricht. Kaum war die Doppelstunde vorbei, eilte ich zu Herrn Sandmanns Büro und klopfte an die Tür (die übrigens, entgegen seiner Versprechungen, keineswegs immer offen war).

»Hallo, Frau Paulsen«, begrüßte er mich freundlich. »Wie geht's Ihnen denn? Was kann ich für Sie tun?« Er deutete auf einen der Stühle vor seinem Schreibtisch. »Setzen Sie sich doch.«

Ich nahm Platz und knetete nervös meine Hände. »Es ist so, dass ich in diesem Schuljahr gern eine AG anbieten möchte.«

Sein Gesicht hellte sich auf. »Das ist ja schön. Das AG-Verzeichnis geht zwar übermorgen in den Druck, aber bis morgen kriegen Sie es bestimmt hin, eine Kursbeschreibung zu verfassen. Was für eine AG möchten Sie denn anbieten?«

Ich erzählte ihm von der Musical-AG und der Bewerbung für den Hamburger Schultheaterpreis. Herrn Sandmanns Augen fingen an zu strahlen, und er war hellauf begeistert von der Idee. Vor allem natürlich von den winkenden 5.000 Euro und der guten Publicity. »Also wirklich, Frau Paulsen. Dass Sie so einen Drive haben und sich so engagieren, ist fantastisch. Wissen Sie, was? Ich schicke Ihnen noch ein paar Flüchtlingskinder aus den IVKs vorbei. Integration ist doch immer gut. Und die Jury steht bestimmt auch darauf.«

»Ähm, okay. Also habe ich grünes Licht für die Musical-AG?«

»Natürlich. Und was die Finanzierung angeht … Ich werde schon ein schönes Sümmchen für Sie auftreiben.«

Die Pause war fast rum, also stand ich auf und sagte: »Vielen Dank, das ist wirklich supernett.«

»Ich danke Ihnen. Und ich bin wirklich sehr froh, dass Sie zu uns gekommen sind.«

Tief in meinem Innersten grummelte es, und mein schlechtes Gewissen meldete sich. Herr Sandmann war noch tausendmal enthusiastischer als meine Kollegen, und ich tat das alles nur, um von hier wegzukommen.

Nach Schulschluss setzte ich mich noch mal mit Maria, Ralf, Sertab und Sandra zusammen, um ihnen zu erzählen, was mein Gespräch mit Herrn Sandmann ergeben hatte. Nachdem wir einen Blick in den Raumverteilungsplan geworfen hatten, einigten wir uns auf den Mittwoch als Probennachmittag.

»Perfekt.« Ich schlug mein Notizbuch zu. »Dann mache ich heute Nachmittag noch die Kursbeschreibung. Im Grunde genommen fehlen uns jetzt nur noch die Schüler und das Stück.«

»Das nenne ich grenzenlosen Optimismus«, sagte Ralf trocken.

»Tja, Optimismus ist alles, was wir momentan haben, oder?«, konterte ich.

Nach und nach verabschiedeten die anderen sich in den Feierabend, während ich mir die Aula ansah – und mich auf den ersten Blick in sie verliebte. Aus irgendeinem Grund hatten die Architekten es zwar für sinnvoll gehalten, ein fensterloses Loch daraus zu machen, doch im Zuschauerraum standen gepolsterte, dunkelrot bezogene Theater-Klappsessel, die ich wunderschön fand. Okay, hier und da guckte schon der Schaumstoff aus aufgeplatzten Nähten hervor, aber egal. Das Beste an der Aula war die riesige Bühne, die durch einen Vorhang vom Publikum getrennt werden konnte und bei deren Anblick mein Herz gleich schneller schlug. Außerdem waren Scheinwerfer und sogar ein Tonmischpult vorhanden. Da blieben doch wirklich keine Wünsche offen. Ich ging zurück ins Lehrerzimmer und begann mit der AG-Beschreibung. Anschließend notierte ich ein paar Stichworte in mein Notizbuch, wie zum Beispiel *Im Musikunterricht nach Instrumenten umhören*, denn ein paar Streicher und Flötisten würden sich super in der Band machen. Schließlich schrieb ich noch *Stück suchen*, *Rechte anfragen* auf und machte mich dann endlich auf den Heimweg.

Als ich durch die Pausenhalle ging, fiel mein Blick auf eine einsame Gestalt, die auf einer Bank am Fenster saß und las. Es war Meikel. Er kaute an einem Apfel und schien völlig in seine Lektüre versunken. Automatisch kontrollierte ich seine Klamotten. Heute sahen sie sauber aus. Er trug nicht mehr die zerlatschten, durchlöcherten Chucks, sondern Turnschuhe, die heil wirkten. Seine Haare waren offenbar frisch gewaschen. Also hatte ich wohl gestern tatsächlich hoffnungslos übertrieben und mich von meinen Vorurteilen leiten lassen. Gut, dass ich nicht gleich Meikels Mutter angerufen oder Herrn Sandmann informiert hatte. »Hey, Meikel«, sagte ich, als ich bei seiner Bank angekommen war.

Er zuckte zusammen und sah zu mir auf. »Hallo, Frau Paulsen.«

»Was machst du denn noch hier? Der Unterricht ist doch schon lange vorbei.«

»Ich wollte nur noch schnell das Comic zu Ende lesen.«

»Das kannst du doch auch zu Hause.«

»Ja, aber ... ähm, also, seit mein kleiner Bruder da ist, ist es da immer so laut.«

»Wie alt ist dein kleiner Bruder denn?«

»Drei Monate.« Meikel verzog das Gesicht. »Meine Mutter hat einen neuen Freund. Von dem hat sie ihn.«

Was für eine merkwürdige Formulierung. »Und wie heißt er? Also, dein kleiner Bruder?«

»Jayden«, erwiderte er ohne jegliche Gefühlsregung. »Er heult die ganze Zeit.«

Ich wagte es nicht, mir vorzustellen, wie Jaydens Name wohl in der Geburtsurkunde stand. »Das haben manche Babys so an sich. Aber trotzdem sind sie süß, oder?«

Meikel zuckte mit den Schultern. »Geht so. Haben Sie einen Bruder oder eine Schwester?«

»Nein, leider nicht. Aber ich habe mir immer einen großen Bruder gewünscht, der auf mich aufpasst.«

Meikel sah mich prüfend an. Es war mir beinahe unangenehm, als könnte er in mich hineinblicken und alles erkennen, was ich tief im Innersten verschlossen hatte. »Warum sollte er denn auf Sie aufpassen?«

»Na ja, also ... manchmal wäre es schön gewesen, einen Verbündeten zu haben. Ich meine, wenn ...« Hilfe, jetzt geriet ich ganz schön ins Schwimmen. Zum Glück kam mir ein rettender Einfall: »Wenn man bei den Eltern etwas durchboxen will, hat man zu zweit doch viel mehr Chancen als allein.«

»Also, Sie meinen, ich soll mich mit Jayden verbünden?«

»Klar. Und dich darüber freuen, dass du einen Bruder hast.«

Meikel schien sich meine Worte durch den Kopf gehen zu lassen. »Hm. Ich kann es ja mal versuchen.«

»Schön. Mach das.« Ich wartete darauf, dass er seine Sachen zusammenpackte, doch er machte keinerlei Anstalten, sich zu bewegen. »Was ist, gehst du jetzt nicht nach Hause?«

»Nein, erst wenn ich das Comic durchhabe.«

»Na, dann beeil dich. Deine Mutter fragt sich sonst noch, wo du bleibst. Also, viel Spaß noch mit Spiderman.«

»Das ist doch nicht Spiderman«, sagte Meikel empört. »Das ist der Hulk.«

Ich schlug mir mit der Hand an die Stirn und grinste ihn an. »Natürlich. Wie konnte ich so dumm sein?« Ich winkte ihm noch mal zu und ließ ihn allein zurück. Irgendetwas verursachte mir jedes Mal ein komisches Gefühl, wenn ich auf diesen Jungen traf. Aber ich konnte nicht den Finger darauflegen; es gab keine konkreten Gründe für mein Unbehagen. Wahrscheinlich lag es einfach nur an meiner mangelnden Erfahrung.

Nele schrieb mir eine Nachricht, dass sie mit Kai und Sebastian an der Alsterperle war. Kein Wunder, denn der Regen hatte endlich aufgehört und war einem wunderschönen, warmen Spätsommerabend gewichen. Und wenn das Wetter sich schon mal von seiner besten Seite zeigte, musste man das dringend ausnutzen. Also lud ich zu Hause schnell meine Tasche ab, schlüpfte in meine Lieblingsjeansshorts sowie eine ärmellose Bluse und fuhr mit dem Fahrrad am Eilbekkanal entlang die fünfzehn Minuten bis zur Alsterperle. Es war sieben Uhr, und die Sonne stand schon tief am Himmel. Seltsam, war es nicht erst letzte Woche gewesen, dass man bis zehn Uhr abends noch bequem draußen hatte lesen können?

An der Alsterperle war es wie immer voll. Vor dem Kiosk und dem Bratwurststand gab es endlos lange Schlangen, auf den Bänken und der Wiese saßen sommerlich gekleidete Menschen, die lachten, Bier tranken und den schönen Abend in vollen Zügen genossen. Vor mir erstreckte sich die Alster, die Oberfläche kräuselte sich im Wind und glitzerte in der Abendsonne. Unzählige Segelboote zogen ihre Bahnen, und wie um der Szenerie die Krone aufzusetzen, wandelte das Licht sich allmählich in ein warmes Orange. Hamburg gab heute Abend mal wieder alles. Eigentlich war ich immer ein Elbkind gewesen, aber seit ich in Eilbek wohnte, hatte ich auch die Alster lieben gelernt.

»Hey, Anni!«, hörte ich Neles Stimme.

Ich entdeckte sie, Kai und Sebastian am befestigten Ufer, wo sie auf Sitzkissen saßen und die Beine ins Wasser baumeln ließen. Besser gesagt, Kais und Sebastians Füße baumelten kurz über der Wasseroberfläche, und Nele musste sich ganz schön anstrengen, damit sie auch nur den großen Zeh ins Wasser strecken konnte. Sie saß so weit an der Kante, dass ich befürchtete, sie könnte jeden Augenblick ganz reinplumpsen.

»Hey«, sagte ich, als ich bei den dreien angekommen war. »Coole Idee, hierherzugehen.« Ich streifte meine Ballerinas von den Füßen und quetschte mich in die kleine Lücke zwischen Sebastian und einem Typen mit Holzfäller-Vollbart und Hipster-Hornbrille. Für einen Moment dachte ich, es wäre der Typ, der mich gestern so unflätig beschimpft hatte, aber zum Glück war er es nicht.

»Hintern hoch«, sagte Sebastian und hielt ein Sitzkissen in die Höhe. »Das haben wir für dich gebunkert.«

Ich stützte mich auf den Händen ab und hob meinen Hintern ein paar Zentimeter in die Höhe, sodass Sebastian das Kissen drunterschieben konnte. Ächzend ließ ich mich wieder fallen. »Vielen Dank. Die Schlange vorm Kiosk reicht mindestens bis zum Hotel Atlantic«, beschwerte ich mich. »Vielleicht sollte ich schnell mit dem Fahrrad zur Tanke fahren, um ...«

»Bitte sehr«, fiel Sebastian mir ins Wort und hielt mir ein volles Bier hin.

Verdattert sah ich ihn an. »Danke schön. Wie komme ich denn zu der Ehre?«

»Jetzt tu nicht so, als wäre es das erste Mal, dass ich dir ein Bier mitbringe«, erwiderte er beleidigt.

»Na gut, ich gebe zu, dass du das schon öfter gemacht hast.« Versöhnlich hielt ich ihm mein Glas hin. »Prost.«

Er stieß mit seinem Glas gegen meins, und auch Kai und Nele stießen mit mir an.

»Wir haben mit dem Essen auf dich gewartet«, erklärte Nele.

Ich lachte. »Ihr seid heute wirklich ausgesprochen lieb zu mir.«

»Das muss am schönen Wetter liegen«, meinte sie. »Also, wer meldet sich freiwillig zum Wurstholen?«

»Ich. Mir sind die Beine eingeschlafen, da kann etwas Bewegung nicht schaden.« Kai erhob sich ächzend und hüpfte ein paarmal auf der Stelle. Als sein Blick auf die lange Schlange vor dem Wurststand fiel, zog er eine Grimasse. »Wir sehen uns in etwa einer Stunde.«

»Bring uns am besten gleich zwei mit«, rief Sebastian ihm nach, dann war Kai auch schon in der Menge verschwunden.

Eine Weile lang schwiegen wir drei einhellig. Ich schaute auf das glitzernde Wasser und spürte, wie der Abendwind durch mein Haar strich. Ein köstlicher Bratwurstduft lag in der Luft, aus den Boxen wehte leise Café-del-Mar-Musik zu uns herüber. Neben mir veränderte Sebastian seine Sitzposition. Erst dabei wurde mir klar, wie eng aneinandergequetscht wir saßen. Vielleicht sollte ich ein Stück von ihm wegrutschen. Aber das würde bedeuten, dass ich mich an den Hipsterbart rankuscheln musste, und danach stand mir so gar nicht der Sinn. Dann doch noch lieber an Sebastian.

»Wie war es denn eigentlich gestern mit Maike und Volker?«, fragte Nele in die Stille hinein.

»Nett. Und vor allem, das wisst ihr ja noch gar nicht: Mir ist bei dem Treffen klar geworden, wie ich ans Werther-Gymnasium zurückkommen kann.«

»Ist es denn wirklich so schrecklich an der ALS?«, fragte Sebastian.

»Ja, ist es.«

»Und warum? Weil die Schüler nicht Bengt-Ake oder Parcival-Korbinian heißen? Und weil sie andere Sorgen haben, als den ersten Preis in der Hamburger Schachmeisterschaft oder bei *Jugend musiziert* zu gewinnen? Weil sie aller Wahrscheinlichkeit nach nicht mal Hockey spielen können, ganz zu schweigen von ...«

»So war es am Werther-Gymnasium überhaupt nicht«, fiel ich Sebastian ins Wort. »Jedenfalls nicht ganz so extrem. Ich bin einfach nicht für diese Schüler gemacht, ich habe keine Ahnung, wie ich ihnen etwas beibringen soll. Ich kenne mich nicht aus mit besonders förderbedürftigen Kindern, ich habe das nie gelernt, und es ist mir ein Rätsel, wie ich allen Schülern gleich gerecht werden soll. Außerdem habe ich keinen Bock darauf, den ganzen Tag die Alleinunterhalterin zu spielen. Mir wird kaum etwas anderes entgegengebracht als Desinteresse und Motivationslosigkeit, und das stinkt mir ganz gewaltig.« Schwer atmend hielt ich inne.

Sebastian sah mich völlig unbeeindruckt an. »Ja, aber das, was dich an deinen Schülern so nervt, ist doch genau das, was *du ihnen* auch entgegenbringst: Desinteresse und Motivationslosigkeit.«

»Bitte? Wie kommst du darauf?«

»Seit du an der ALS bist, hast du tagein, tagaus nur davon geredet, wie schrecklich es ist und dass du unbedingt wieder wegwillst. Warum lernst du nicht einfach, mit deinen Schülern umzugehen?«

Nun rückte ich doch ein Stück von Sebastian ab, aber der Körperkontakt zu dem Hipster ging gar nicht, also sah ich mich dazu gezwungen, wieder zurückzurutschen. »Was für ein guter Rat. Klar, ich kann es *einfach* lernen. Aber weißt du was? Ich kann es auch lassen und einfach wieder ans Werther-Gymnasium gehen.«

Sebastian stöhnte entnervt auf und wollte gerade etwas erwidern, doch Nele kam ihm zuvor. »Entschuldigt, wenn ich reingrätsche, aber darf ich ganz kurz mal fragen, was du vorhast, Anni? Du meintest doch, dass du jetzt weißt, wie du zurück an deine alte Schule kommen kannst.«

»Genau. Mir ist nämlich klar geworden, dass ich mich am Werther-Gymnasium nicht so sehr engagiert habe, wie ich es hätte tun können. Also habe ich beschlossen, an der ALS eine Musical-AG zu gründen, den Hamburger Schultheaterpreis zu gewinnen, der ALS eine Menge Kohle einzubringen und Furore zu machen. Und dann holen sie mich garantiert ans Werther-Gymnasium zurück.«

Nele und Sebastian sahen mich schweigend an. Irgendwann fragte Nele: »Das ist dein Plan?«

»Mhm.«

»Klingt bombensicher«, kommentierte Sebastian.

Nele kicherte. »Und nicht nur das. Um es wieder so schön einfach zu haben wie früher, musst du dich richtig doll anstrengen? Das ist ja großartig.«

»Ja, schon merkwürdig, oder? Ich weiß, dass die Chancen nicht übermäßig gut stehen, aber ich bin fest entschlossen, und ich kann extrem hartnäckig und ehrgeizig sein.«

»Ha!«, rief Nele und zeigte mit dem ausgestreckten Finger auf mich. »Wusste ich es doch!«

Kai kehrte schwer beladen mit acht Bratwürsten zurück und verteilte sie an uns.

»Vielen Dank, Kai«, sagte ich, als ich die beiden Pappteller entgegennahm. »Du bist echt der Beste.«

»Ach, na ja. Ihr füttert uns andauernd durch, jetzt bin ich mal dran.«

»Für das Bier hast du dich bei mir nicht so überschwänglich bedankt«, bemerkte Sebastian.

Manchmal verstand ich ihn wirklich nicht. Vor ein paar

Minuten noch hatte er sich furchtbar über mich aufgeregt, und nun tat er wieder so, als wäre nichts gewesen?

»Was ist?«, fragte er. »Wieso starrst du mich so an?«

»Nichts. Ich dachte nur irgendwie, dass du sauer auf mich bist.«

»Bin ich aber nicht. Es gibt Dinge, die mich an dir nerven, aber das heißt doch noch lange nicht, dass …«

»Es gibt auch Dinge, die *mich* an *dir* nerven«, unterbrach ich ihn.

»Davon gehe ich aus.« Er biss einen Riesenhappen von seiner Bratwurst ab und kaute genüsslich.

»Willst du gar nicht wissen, was?«, hakte ich nach.

»Nö.«

»Siehst du, genau das nervt mich an dir. Diese Überheblichkeit. Und du erzählst nie etwas von dir.«

»Das stimmt«, meinte Nele, die schon bei ihrer zweiten Bratwurst angekommen war. »Du gibst wirklich nicht sonderlich viel von dir preis.«

Ich nickte. »Von Kai weiß ich inzwischen so ziemlich alles, was umso erstaunlicher ist, weil er fast nie etwas sagt.« Ich beugte mich vor, um Kai anzusehen. »Ist nicht böse gemeint.«

Unbekümmert winkte er ab. »Schon gut.«

Sebastian verdrehte die Augen. »Also schön. Mein Name ist Sebastian, ich komme aus Hamburg, bin 32 Jahre alt, seit einem halben Jahr Single und arbeite als Malermeister. Damit ist alles gesagt, und das dürfte nichts Neues für euch sein. Aber was ist denn eigentlich mit dir, Annika?«

»Mit mir?«

»Ja, mit dir. Wenn du von dir erzählst, dann immer nur über die Zeit, nachdem du damals an Neles Schule gekommen bist. Was davor war, darüber schweigst du dich aus. Es ist, als hätte es dich vor diesem Schulwechsel gar nicht gegeben.«

Automatisch ging ich in Abwehrstellung. »Na und? Es ist doch egal, was davor war. Diese Zeit ist längst vorbei.«

»Tja, aber du kannst von mir nicht erwarten, dass ich etwas von mir preisgebe, wenn du es selbst nicht tust.«

Mist, gegen das Argument kam ich nicht an. »Okay. Dann eben nicht. So, höchste Zeit für eine neue Runde. Ich geh mal eine holen.« Ich ignorierte die erstaunten Blicke von Sebastian, Nele und Kai einfach und stützte mich auf Sebastians Schulter ab, um aufzustehen. Mitten in der Bewegung hielt ich jedoch inne, denn ich wurde von einem Stand-up-Paddler abgelenkt. Es ging gar nicht um das Stand-up-Paddling an sich. An diesen Anblick hatte ich mich inzwischen gewöhnt, auch wenn ich anfangs immer ein zweites Mal hatte hinsehen müssen, um mich davon zu überzeugen, dass dort niemand übers Wasser ging. Aber dieser Stand-up-Paddler nahm zielstrebig Kurs auf uns und winkte uns fröhlich zu. »Kennt ihr den?«, fragte ich, doch in der nächsten Sekunde hatte die Frage sich geklärt, denn er rief: »Hi, Nele!«

Nele winkte zurück. »Hey!« Sie streckte den Rücken durch und zupfte an ihrem Kleid herum. Ich meinte, sogar hektische Flecken auf ihren Wangen zu erkennen. »Das ist Tobi, mein neuer Kollege«, raunte sie uns zu.

Ihr Verhalten machte mich äußerst neugierig. Kurzerhand beschloss ich, das Bierholen noch etwas zu verschieben, damit ich die Begegnung der beiden nicht verpasste. Mir fiel auf, dass meine Hand noch immer auf Sebastians Schulter lag, also nahm ich sie schnell herunter und setzte mich wieder.

Inzwischen war Neles Kollege bei uns angekommen und stand auf seinem Brett unmittelbar vor uns. Er sah nett aus: blond und sportlich. Außerdem hatte er ein sehr sympathisches Lächeln. Ich schätzte ihn auf Anfang dreißig. »Schön, dich hier zu treffen«, sagte er zu Nele. »Ich hab dich im Vorbeifahren erkannt und dachte, ich sag kurz Hallo. Wie geht's dir?«

Nele strich sich eine Haarsträhne aus der Stirn. »Gut.« Sie lächelte verschmitzt. »In den letzten zwei Stunden hat sich nicht viel bei mir getan.« Die beiden lachten, als wäre das ein besonders guter Witz gewesen.

»Stimmt, es ist noch nicht so lange her, dass wir uns gesehen haben. Wahrscheinlich verziehe ich mich besser. In ein paar Stunden hast du mich ja schon wieder am Hals.«

»Nein, nein. Alles gut«, sagte Nele schnell. Dann stellte sie uns vor. »Das sind übrigens meine Freunde. Kai, Sebastian und Anni. Und das ist mein Kollege, Tobi.«

Nachdem wir uns begrüßt hatten, wischte Nele sich erneut eine Haarsträhne aus der Stirn. »Ähm, Stand-up-Paddling, ja? Das machst du also in deiner Freizeit.«

Tobi nickte grinsend. »Ja, und ich weiß jetzt auch, was du in deiner Freizeit machst. Abhängen und Bier trinken.«

Nele lachte. »Genau so sieht es aus.«

Tobi und Nele lächelten einander an. Nun war Tobi derjenige, der sich mit der Hand durch die Haare fahren wollte. Dass er in dieser Hand noch das Paddel hielt, schien er allerdings vergessen zu haben. Jäh hielt er inne und geriet auf seinem Brett ganz schön ins Schwanken.

»Vorsicht«, rief Nele und griff beherzt nach seinem Arm, um Tobi festzuhalten. Leider brachte ihn das nur noch mehr aus dem Tritt, und das Brett flutschte unter seinen Füßen weg. Dank Neles Hilfe kam er im knietiefen Wasser zum Stehen, doch durch die Bewegung rutschte Nele von der Mauer ab und hielt sich instinktiv an Tobi fest. Die Steine auf dem Grund schienen extrem glitschig zu sein, denn die beiden konnten sich nur mit Mühe und Not aufrecht halten. Für ein paar bizarre Sekunden sah es aus, als würden sie einen modernen Ausdruckstanz zum Thema *Der Untergang der Titanic* hinlegen. Wie durch ein Wunder gelang es ihnen jedoch, den Eisberg zu umschiffen, denn schließlich kamen sie, immer noch aneinandergeklammert, zum Stehen.

Sebastian, Kai und ich saßen reglos da und starrten die beiden mit offenen Mündern an. Schließlich brach Kai in lautes Gelächter aus. »Wie geil war das denn?«

Sebastian und ich fingen ebenfalls an zu lachen, wofür wir von Nele einen wütenden Blick ernteten.

»Also echt«, stieß Tobi aus, als er sicher und trocken neben Nele saß. »So was hab ich auch noch nicht erlebt. Dabei wäre es doch eigentlich völlig egal gewesen, wenn ich ins Wasser gefallen wäre.«

»Aber mir nicht«, meinte Nele. »Schließlich habe ich Klamotten an. Also, richtige«, beeilte sie sich, hinzuzufügen und deutete auf seine Funktionskleidung.

Wieder sahen die beiden sich lächelnd an und schienen die Welt um sich herum vergessen zu haben. Lag da etwa Liebe in der Luft? Neles gerötete Wangen, Tobis Lächeln und die Art, wie ihre Blicke ineinander versanken, deuteten ganz darauf hin. Ach, das wäre so schön für Nele!

»Ähm, dein Board ist jetzt allerdings weg«, sagte sie nach einer Weile.

Und tatsächlich trieb etwa zehn Meter entfernt ein einsames Stand-up-Paddling-Board auf der Alster.

Tobi winkte ab. »Macht nichts. Hauptsache, uns ist nichts passiert.«

»Ja, ihr hattet wirklich Glück, dass ihr noch so gerade mit dem Leben davongekommen seid«, entgegnete Sebastian.

Ich stieß ihm in die Seite. »Spiel das mal nicht so herunter. Sie hätten sich die Knochen brechen können, und ich will gar nicht daran denken, was passiert wäre, wenn sie mit dem Kopf auf die Steine geknallt wären.« Ich beugte mich vor, um Nele und Tobi besser ansehen zu können. »Ihr solltet unbedingt auf diese zweite Chance anstoßen.«

»Stimmt eigentlich«, sagte Tobi. »Ich würde euch ja gern einen ausgeben, aber leider hab ich kein Geld dabei.« Mit bedauerndem Gesichtsausdruck zeigte er auf seine Badeshorts.

Nele grinste. »Kein Problem. Ich kann dir was leihen.«

»Wolltest du nicht die nächste Runde holen, Anni?«, fragte Kai.

Ich warf einen Blick auf meine Uhr. »Ja, aber inzwischen ist es doch schon ganz schön spät. Bis morgen muss ich dringend noch ein paar Sachen für die Schule erledigen. Also verabschiede ich mich lieber. Ihr beide müsst doch auch früh raus.« Beschwörend sah ich Kai und Sebastian an.

»Hä?« Kai tippte sich an die Stirn. »Es ist erst kurz nach acht. So früh gehe ich dann auch wieder nicht ins Bett. Also, ich nehm noch ein Bier.«

»Was ist mit dir, Sebastian?«, fragte Nele.

»Für mich nicht, danke. Ich geh mit Anni.« Er stand auf und reichte mir die Hand, um mich hochzuziehen.

Wir verabschiedeten uns von den anderen und schlenderten über die Wiese. Ich überlegte, ob mein sehr behutsamer und unauffälliger Kuppelversuch wohl von Erfolg gekrönt sein würde. Bei Tobi hatte ich definitiv den Eindruck, dass er an Nele interessiert war. Bei Nele wiederum war ich mir nicht so sicher. Sie hatte zwar gewisse Signale ausgesendet, aber bislang hatte sie Tobi mir gegenüber noch nie erwähnt.

Als Sebastian und ich beim Fahrradständer angekommen waren, kramte ich meinen Schlüssel hervor und öffnete das Schloss. »Es wird Zeit, dass du dir auch mal ein Rad anschaffst«, sagte ich vorwurfsvoll. »Jetzt muss ich den ganzen Weg neben dir herschieben.«

»Du musst nicht schieben. Ich fahre, du kannst dich hinten draufsetzen.«

»Ist das nicht verboten?«

»Doch, das ist total verboten. Wenn wir erwischt werden, drohen uns mindestens zwanzig Jahre, aber hey. No risk, no fun.«

»Du hast gut reden. Immerhin hast du mit deinem Gang-Tattoo als ehemaliges Gang-Mitglied Erfahrung mit so illegalem Zeugs, aber ich will nicht …«

Wie erwartet stöhnte Sebastian genervt auf. »Annika, hör auf mit dem Quatsch und schwing deinen Arsch auf den Gepäckträger. Oder fahr allein vor, aber lass mich in Gottes Namen in Ruhe mit deinem beknackten Gang-Tattoo-Gequatsche.«

Ha, da konnte er lange warten. Ich würde erst aufhören, sein Adler-Tribal als Gang-Tattoo zu bezeichnen, wenn er sich nicht mehr darüber aufregte und es daher keinen Spaß mehr machte. Ich zögerte noch ein paar Sekunden und wägte einen kleinen Gesetzesverstoß gegen drei Kilometer zu Fuß oder allein vorzufahren ab. »Na schön«, sagte ich schließlich. »Dann los.«

Sebastian machte sich abfahrbereit, während ich vor dem Gepäckträger stand und überlegte, ob ich nun elegant im Damensitz oder doch lieber rittlings mitfahren sollte. »Wie ist es denn sicherer? Soll ich …«

»Jetzt sag nicht, dass du noch nie auf dem Gepäckträger eines Fahrrads mitgefahren bist.«

»Ich bin noch nie auf dem Gepäckträger eines Fahrrads mitgefahren«, sagte ich trotzig.

Sebastian schüttelte den Kopf. »Wo hast du eigentlich deine Kindheit und Jugend verbracht? In einem Kerker?«

»Nein, im Konservatorium.« Da von Sebastian offenbar keine Hilfe zu erwarten war, nahm ich rittlings auf dem Gepäckträger Platz und hielt mich am Sattel fest. »Kann losgehen.«

»Halt dich lieber woanders fest, wenn du nicht willst, dass ich mich auf deine Hände setze«, sagte Sebastian, und kaum hatte er es ausgesprochen, schwang er sich auch schon auf den Sattel und fuhr los. Im letzten Moment zog ich meine Hände weg und umfasste seine Hüfte. Dann hob ich die Beine an, damit sie nicht über den Boden schleiften, und versuchte, das Gleichgewicht zu halten. Der Gepäckträger drückte mir hart in den Hintern, und es war auch nicht gerade angenehm, meine Beine die ganze Zeit hochzuhalten. Trotzdem konnte ich nicht leugnen, dass es Spaß machte. Ich sah den Kuhmühlenteich an mir vorbeiziehen, den Kanal mit seinen Hausbooten und alle paar Meter ein paar Fußgänger, die uns entgegenkamen oder die von Sebastian mit einem Affenzahn überholt wurden. Irgendwann schloss ich die Augen und genoss den Fahrtwind, der mir um die Nase wehte und das Haar durcheinanderwirbelte, während wir am Kanal entlangrumpelten.

»Alles gut bei dir?«, rief Sebastian mir über seine Schulter hinweg zu.

»Ja, das macht Spaß«, antwortete ich, doch in der nächsten Sekunde fuhr er durch ein Schlagloch, sodass ich einen schmerzhaften Hüpfer machte. »Au!«, schrie ich und musste irrsinnigerweise lachen. »Fahr vorsichtig.«

»Geht nicht, ich muss doch die ganze Zeit nach der Polizei Ausschau halten, damit wir nicht erwischt werden. Da kann ich nicht auch noch auf meinen Fahrstil achten.«

»Ist mir egal, ob wir erwischt werden!« Ich ließ seine Hüfte los und streckte übermütig die Hände in die Luft.

»Wehe, du rufst jetzt ›Ich bin der König der Welt‹«, drohte Sebastian lachend.

»Ich bin der König der Welt«, rief ich prompt, woraufhin Sebastian durch noch ein Schlagloch fuhr, und ich mich schnell wieder an ihm festklammerte. »Hey, das hast du doch mit Absicht gemacht.«

»Aber so was von.«

Viel zu schnell bog er in unsere Straße ein und wurde langsamer, bis er vor unserem Wohnhaus schließlich ganz zum Stehen kam. Ich stieg vom Gepäckträger ab und rieb mir den schmerzenden Hintern. »Das hat echt Spaß gemacht. Aber länger als zehn Minuten möchte ich auf die Art auch nicht unterwegs sein.«

Nachdem ich mein Fahrrad im Keller verstaut hatte, gingen wir rauf und schlossen unsere Wohnungstüren auf.

»Also dann«, sagte ich. »Gute Nacht. Und danke fürs Mitnehmen.«

»Gern geschehen. Ich danke dir, dass du lieber kriminell geworden bist, als mich allein gehen zu lassen.«

»Nichts zu danken.« Für ein paar Sekunden blieb ich unschlüssig stehen, doch dann gab ich mir einen Ruck und fragte: »Sind wir eigentlich Freunde?«

Sebastian sah mich überrascht an. »Bitte?«

»Na ja, ich weiß bei dir nie so genau, ob du mich schrecklich findest oder nett. Ich bin eigentlich ganz nett«, fügte ich schnell hinzu. »Aber wenn du mich blöd findest, ist das natürlich auch in Ordnung. Es ist nur irgendwie ungünstig, weil wir Nachbarn sind. Und weil du und Kai so oft bei uns seid, und …«

»Stopp, Anni«, fiel Sebastian mir ins Wort. »Ich finde dich nicht schrecklich oder blöd. Manchmal verstehe ich dich nur nicht. Aber wenn ich nicht immer deiner Meinung bin, heißt das noch lange nicht, dass ich dich nicht mag.«

»Geht mir genauso. Dann sind wir also Freunde?«

»Hm.« Sebastian ließ sich Zeit mit seiner Antwort und musterte mich nachdenklich. »Freunde …«

Mein Herz schlug schneller, und ich befürchtete schon, dass er sich an die Stirn tippen und ›Um Gottes willen, nein!‹ rufen würde. Doch als ich die Frage gerade zurücknehmen wollte, sagte er: »Na ja, also ... okay. Ja klar, wir sind Freunde.«

Mir fiel ein riesengroßer Stein vom Herzen, und wahrscheinlich strahlte ich wie ein kleines Kind, das soeben den Weihnachtsmann gesehen hatte. Ich bemühte mich schnell um einen neutraleren Gesichtsausdruck. »Schön. Das freut mich.«

Sebastian erwiderte mein Lächeln. »Mhm. Mich auch.«

»Also dann, gute Nacht.« Ich betrat die Wohnung und schloss die Tür hinter mir. Mir war so leicht ums Herz wie schon lange nicht mehr. In meinem Zimmer sagte ich William Hallo, setzte mich an meinen Schreibtisch und machte mich an die Musical-Recherche.

Es war bereits zwölf Uhr, als ich hörte, wie sich der Schlüssel in der Wohnungstür drehte und Nele nach Hause kam. Ich traf sie in der Küche, wo sie den Wasserkocher anschaltete und einen Teebeutel in eine Tasse fallen ließ. »Hi«, sagte sie, als sie mich bemerkte. »Es ist inzwischen saukalt draußen. Der Sommer neigt sich definitiv dem Ende zu.«

Ich zog meine Strickjacke aus und gab sie Nele. »Hier, die ist vorgewärmt.«

»Vielen Dank.« Sie schlüpfte in die Jacke und schlang sie eng um sich.

»Wie war's denn überhaupt noch?«, erkundigte ich mich möglichst beiläufig.

»Schön. Es war nett, mal in Ruhe mit Tobi zu quatschen. Er hat echt ganz gute Ideen für die Wolff-Power-Riegel-Kampagne.«

Ein Hauch von Enttäuschung machte sich in mir breit. »Habt ihr die ganze Zeit nur über die Arbeit geredet?«

Das Wasser im Kocher fing an zu blubbern, und mit einem

Klack sprang der Knopf zurück. »Nein, nicht nur.« Nele goss das heiße Wasser in ihre Tasse und setzte sich an den Tisch. »Kai war ja anfangs noch dabei.«

»Und als er weg war, ging es nur noch um die Arbeit?«

»So ziemlich, ja.«

»Aber warum denn? Tobi scheint echt nett zu sein.«

»Ist er auch.«

Ich setzte mich zu Nele an den Tisch und zog meine Beine an. »Magst du ihn?«, platzte es aus mir heraus. Dieses unauffällige Aushorchen war einfach nicht mein Ding. Dafür war ich viel zu ungeduldig.

Nele pustete eine halbe Ewigkeit in ihre Tasse und trank einen großen Schluck Tee. »Ja, schon. Wie gesagt, er ist nett. Wieso?«

»Weil ich den Eindruck hatte, dass da etwas zwischen euch ist. Dass es irgendwie funkt.«

»Wie kommst du denn darauf?«, fragte sie entgeistert.

»Na, weil er dich auf diese ganz bestimmte Art angesehen und mit dir geredet hat. Und du warst so …« Ich setzte ein strahlendes Lächeln auf und strich mir geziert das Haar aus der Stirn.

»So war ich überhaupt nicht«, protestierte Nele, doch eine leichte Röte breitete sich auf ihren Wangen aus. »Ich finde ihn nett, mehr ist da nicht.«

Ich nahm mir einen Apfel aus der Schale auf dem Tisch und rieb ihn an meinem T-Shirt ab. »Du bist rot geworden. Also nimm's mir nicht übel, aber so ganz kaufe ich dir die Nummer nicht ab.« Genüsslich biss ich in meinen Apfel und kam mir wahnsinnig schlau vor.

Nele seufzte. »Ach, Anni, ich … Keine Ahnung, ob ich ihn auf diese Art mag oder nicht. Ich will sowieso keine Beziehung. Können wir jetzt bitte das Thema wechseln?«

Eigentlich fand ich dieses Thema hochinteressant und wollte gerne noch weiter darüber reden. Aber Nele hatte bislang mit ihren Beziehungen nicht besonders viel Glück gehabt. Ihr letzter Freund David hatte sie mehrmals betrogen, und spätestens seitdem war sie extrem vorsichtig, was Männer anging. Sie würde es sich garantiert nicht erlauben, sich Hals über Kopf zu verlieben. Es war wohl besser, sie vorerst mit Tobi in Ruhe zu lassen. »Na schön«, sagte ich schließlich gnädig. »Worüber möchtest du denn sprechen?«

»Erzähl doch mal mehr von deiner Musical-AG.«

Für die nächste halbe Stunde berichtete ich von meinen bisherigen Plänen und Recherchen.

»Das hört sich nach einem coolen Projekt an, aber auch nach einer Menge Arbeit«, meinte Nele, als ich geendet hatte. »Wenn ich dir irgendwie helfen kann, sag Bescheid.«

»Ich hoffe, du hast das nicht leichtfertig gesagt«, grinste ich. »Möglicherweise nehme ich dich nämlich beim Wort.«

Wir putzten uns die Zähne und sagten uns Gute Nacht. Als ich im Bett lag, gingen mir tausend Dinge durch den Kopf. Die Erkenntnis, dass Sebastian und ich Freunde waren und dass er mich mochte, obwohl es manchmal ganz und gar nicht den Anschein hatte. Die Musical-AG und die viele Arbeit, die nun vor mir lag. Im Grunde hatte ich keine Ahnung, was ich da eigentlich tat, und ich fragte mich, ob ich nicht professionelle Hilfe brauchen würde. Automatisch erschien Tristan vor meinem inneren Auge. Tristan, meine erste große Liebe. Tristan, der inzwischen Theaterregisseur war. Aber nein. Auf keinen Fall. Das war ein völlig abstruser Gedanke, und bevor ich ausgerechnet ihn um Hilfe bat, würde ich lieber bis ans Ende meiner Tage an der ALS bleiben.

Musical ist immer noch besser als Mathefüchse

Am Mittwoch ging ich nach Unterrichtsschluss in die Aula, wo Sertab, Sandra und Ralf bereits auf mich warteten. Mein Herz schlug unangenehm schnell, und ich war so nervös wie vor dem ersten Schultag. Heute war der Tag, an dem sich entschied, ob Musical- und Technik-AG zustande kommen würden. »Es ist noch gar keiner da«, bemerkte ich und warf einen Blick auf meine Uhr.

»Die kommen schon noch«, beruhigte Sandra mich.

»Das will ich auch hoffen«, meinte Ralf. »Sonst hätte ich mir völlig umsonst fünfzig Musicals auf DVD angesehen.«

»Das ist nie umsonst.« Ich wollte gerade anfangen, an meinem Daumennagel zu kauen, doch ich ließ meine Hand wieder sinken. »Was, wenn keiner kommt?«

»Ach, Annika.« Sertab stieß mir aufmunternd in die Seite. »Natürlich kommen welche.«

»Ja, aber singen, tanzen und schauspielern, da fühlen sich doch garantiert die meisten schon von vornherein ...« Ich hielt mitten im Satz inne, denn Heaven-Tanita kam herein.

»Bin ich die Erste?«, fragte sie eifrig. »Ich hab mich extra beeilt, damit ich noch vor allen anderen mit Ihnen sprechen kann. Also erst mal vielen Dank, Frau Paulsen, für diese krasse Gelegenheit.«

»Gern geschehen. Schön, dass du dabei bist.«

»Ja, oder? Ich hab mir auch schon was überlegt. Und zwar ...«

Nun war es Heaven-Tanita, die sich selbst unterbrach, da Herr Sandmann höchstpersönlich die Aula betrat. Im Schlepptau hatte er Maryam sowie ein weiteres Mädchen und zwei Jungs, die dem Aussehen nach alle aus den IVKs kamen. Also machte er seine Ankündigung, er würde mir ›ein paar Flüchtlingskinder vorbeischicken‹, weil er sich davon Vorteile bei der Jury versprach, tatsächlich wahr. Die vier Kinder trauten sich kaum, vom Boden aufzusehen, und ich fragte mich, ob sie überhaupt wussten, was hier passierte, oder ob Herr Sandmann sie einfach am Kragen gepackt und hierher verfrachtet hatte. »Hallo, Frau Paulsen«, begrüßte er mich. »Ach, und Sertab, Sandra und Ralf. Das Musical-Kleeblatt, was?« Er schob die Jugendlichen ein Stück vor. »Hier bringe ich die ersten vier Teilnehmer.«

»Ich war die Erste«, betonte Heaven-Tanita.

»Klar«, sagte Herr Sandmann schnell. »Na gut, dann bringe ich Nummer zwei bis fünf. Maryam kennen Sie ja bereits, Frau Paulsen. Und hier haben wir Hamed aus Syrien und Belal aus Afghanistan.« Er deutete auf die beiden Jungs, die ich auf etwa dreizehn schätzte. Dann zeigte er auf ein hochgewachsenes, schlankes Mädchen, das etwas älter wirkte. »Und das ist Florica aus Rumänien.«

»Flora«, korrigierte sie.

»Hallo.« Ich nickte den Neuankömmlingen lächelnd zu. »Schön, dass ihr mitmachen wollt. Ich bin Annika Paulsen.« Die drei sahen mich ruhig und ernst an, und ich konnte nicht einschätzen, wie viel sie schon verstanden.

»Hamed ist seit zwei Monaten in Deutschland«, erklärte Herr Sandmann. »Belal und Florica schon etwas länger.«

»Flora«, sagte sie erneut, dieses Mal ungeduldig.

»Wenn ihr Fragen habt oder irgendetwas nicht versteht, dann kommt gerne zu mir, okay?«, sagte ich.

Belal und Flora nickten, doch Hamed schaute mich nur mit großen Augen an.

In diesem Moment kam ein ganzer Schwung Schüler in die Aula, und Herr Sandmann trat den Rückzug an. »Ich würde ja gerne Mäuschen spielen, aber leider habe ich noch einen Termin.« Er winkte uns zu und verschwand so plötzlich, wie er gekommen war.

Von da an ging es Schlag auf Schlag. Immer mehr Schüler strömten in die Aula und nahmen auf den zerschlissenen Theatersesseln Platz. Einige Gesichter kannte ich, neben Heaven-Tanita und Maryam waren aus meiner 9c noch Pawel und sogar Meikel dabei. Ein paar Zehntklässler erkannte ich ebenfalls, doch die meisten Schüler hatte ich noch nie zuvor gesehen. Manche hatten Instrumente dabei, ich entdeckte zwei Geigen, ein Cello und ein paar Flöten. Um halb drei war die Aula so voll, dass eins feststand: Sofern nicht alle Anwesenden wegen der Technik-AG oder der Band hier waren, würde die Musical-AG definitiv zustande kommen. Mir fiel ein riesengroßer Stein vom Herzen, und am liebsten hätte ich einen Freudentanz aufgeführt. Der erste Schritt zurück ans Werther-Gymnasium war getan.

»Siehst du«, raunte Sertab mir ins Ohr. »War doch klar, dass genug Schüler mitmachen.«

Sandra deutete auf ihre Uhr und sagte: »Es ist gleich zwanzig vor. Ich denke, jetzt kommt niemand mehr. Fangen wir an?«

»Alles klar.« Ich atmete noch mal tief durch, dann rief ich: »Hallo und herzlich willkommen zum ersten Treffen der neuen Technik- und Musical-AG. Schön, dass ihr hier seid.« Ich sah zu meinen Mitstreitern hinüber. »Vielleicht sollten wir vier uns erst mal vorstellen. Okay, dann fange ich mal bei mir an: Ein paar von euch kennen mich ja schon. Mein Name ist

Annika Paulsen, und ich unterrichte Musik und Geografie. Ich habe diese AG ins Leben gerufen, aber ein großer Teil der Arbeit wird mir von Herrn Pfeifer, Frau Akay und Frau Liebknecht abgenommen.«

Heaven-Tanita hob ihre Hand und schnippte mit den Fingern. »Welches Musical spielen wir denn überhaupt?«

»Das steht noch nicht fest«, sagte ich. »Wir mussten erst mal sehen, wie viele überhaupt mitmachen.«

Als Nächstes fragte ich ab, wer in welche Gruppe wollte. Zehn Jungs meldeten sich für die Technik-AG, die Band nebst Streichern und Flötisten würde aus zwanzig Schülern bestehen, sodass für mich achtundzwanzig Darsteller blieben. »Hey, das ist richtig gut. Damit können wir auf jeden Fall ein tolles Stück auf die Beine stellen. Darf ich die Sänger und Tänzer dann auf die Bühne bitten?«

»Die Musiker kommen bitte mit mir«, rief Sertab.

»Und ich gehe mit den Technikern hinter die Bühne«, sagte Sandra.

Ein heilloses Chaos und Stimmengewirr entstand, während die Schüler kreuz und quer durcheinanderliefen und sich vor den jeweiligen Lehrern positionierten. Schließlich hatten alle sich so weit sortiert, dass Sertab und Sandra mit ihren Schülern abmarschieren konnten. Ralf und ich blieben mit den Darstellern zurück und gingen mit ihnen aus der Aula raus, durch den Musikraum und von dort die Seitentreppen auf die Bühne hoch. Dafür mussten wir dringend eine komfortablere Lösung finden. »Herzlich willkommen auf den Brettern, die die Welt bedeuten«, sagte ich zu den Schülern, als alle oben waren und sich neugierig umsahen. Ein paar von ihnen hatten vor Aufregung gerötete Wangen und ein breites Lächeln im Gesicht, andere wirkten eingeschüchtert. Der Rest gab sich cool, doch die ehrfürchtigen Blicke an die unendlich scheinende Decke und in den Zuschauerraum zeigten, dass auch sie das Bühnenfieber gepackt hatte. »Wir wollen heute erst mal ganz grob schauen, wie viel Erfahrung ihr habt. Also erzählt doch bitte, ob ihr schon Theater gespielt, getanzt oder gesungen habt und warum ihr Lust habt, bei der Musical-AG mitzumachen.« Ich wollte gerade jemanden drannehmen, als Heaven-Tanita wieder eifrig mit dem Finger schnippte und vor die Gruppe trat.

»Also, Sie kennen mich ja eigentlich schon, Frau Paulsen. Ich bin Heaven-Tanita aus der 9c. Na ja, und Sie wissen, dass ich Gesangsunterricht hatte. Tanzen kann ich auch ziemlich gut.«

Was hieß hier ›auch‹?

»Jedenfalls, ich könnte mir gut vorstellen, die Hauptrolle zu übernehmen«, fuhr Heaven-Tanita fort. »Weil ich halt schon Gesangsunterricht hatte und voll Emotionen geben kann und so. Singen ist mein Leben, weißt, wie ich mein, Frau Paulsen?«

»Ich weiß eigentlich immer, was du meinst, Heaven-Tanita.«

Nach und nach stellten sich alle Schüler vor, und schnell ergab sich, dass wir es mit einer ziemlich bunt gemischten Truppe von Charakteren zu tun hatten. Da war Pola aus der 9b, ein pummeliges Mädchen mit tiefschwarzen Haaren und ebenso dunklen Augen, die sich kaum traute, vom Boden aufzusehen. Ich fragte mich, wie sie überhaupt auf die Idee gekommen war, bei der Musical-AG mitzumachen. Jedes Wort vor der Gruppe schien eine Qual für sie zu sein. Ähnlich war es bei Meikel, der während seiner Vorstellung so leise sprach, dass man ihn kaum verstehen konnte, und den Kopf einzog, als würde er Schläge erwarten.

Nach Meikel trat ein Junge in Jogginghose und Sneakers

vor, auf dessen schwarzem T-Shirt in fetten weißen Buchstaben *GANGSTA* geschrieben stand. Er trug ein tief in die Stirn gezogenes Baseballcap, unter dem mich ein dunkles Augenpaar ansah. »Ey yo, was geht? Ich bin Mesut Mercan aus der 8d, und ich bin Hip-Hopper, aber Hip-Hop-AG war schon voll, und dann wollt ich Box-AG, aber war auch schon voll. Deswegen dacht ich, ich check das hier mal aus. Weil, tanzen kann ich, so Hip-Hop halt, und ich rappe.«

»Cool«, sagte ich, fragte mich jedoch, ob ich für einen Rapper überhaupt eine Verwendung hatte.

»Ich schreib auch eigene Songs«, fuhr Mesut fort. »So Gangsta Rap. Soll ich mal zeigen?«

»Gerne.«

Mesut begann sich in einem Takt zu wiegen, den nur er hören konnte und ruderte in bester Sido-Manier mit den Armen. »Ah-ha ... yeah ... MM Sledge is in da house, yeah.« Er unterbrach sich und sah zu mir auf. »MM Sledge is' mein Rap-Name, so, weißt du?«

Ich nickte. »Hab ich mir gedacht.«

Mesut, beziehungsweise MM Sledge, konzentrierte sich wieder auf seinen Song. »MM Sledge is in da house, yeah ... ah-ha ... Ey yo, check das aus, Digger. Wir sind die Honks von der ALS, haben alle ADHS, sind vom Leben derbe ins Knie gefickt, kriegen nie von unsern Müddern einen Schal gestrickt. Ellerbrook is unsre Hood, in unsern Adern fließt Gewalt, yeah, und wir landen alle Knast, scheiß Glück macht bei uns keinen Halt. Ah-ha.« Mesut schob seine Baseballcap ein Stück nach hinten und sah mich abwartend an.

»Super«, lobte ich. »Sehr ... intensiv. Wie geht es denn weiter?«

»Weiter bin ich noch nich.«

»Na dann.« Ich applaudierte Mesut. »Vielen Dank.«

Ein paar Schüler stimmten in den Applaus ein, einige von ihnen pfiffen und johlten sogar. MM Sledge lief unter all seiner Coolness ein bisschen rot an, und es kostete ihn sichtliche Mühe, seinen ungerührten Gesichtsausdruck beizubehalten.

Heaven-Tanita schien mit Mesuts Rap allerdings nicht einverstanden zu sein. »Wir haben doch überhaupt nicht alle ADHS«, beschwerte sie sich entrüstet. »Ich jedenfalls nicht. Ein Honk bin ich auch nicht. Und mit der Gewalt, das find ich auch blöd.«

Mesut verdrehte die Augen. »Komm mal klar, Baby, das is 'n Gangsta-Rap. ›Wir sind die Streber von der ALS und alle derbe nice‹ kommt ja wohl gar nich rüber.«

Ich schaltete mich ein. »Das ist Mesuts Song und Mesuts Sicht der Dinge, Heaven-Tanita. Er sagt es so, wie er es empfindet. Dagegen ist nichts einzuwenden.«

»Aber das is doch voll Klischee«, entgegnete sie beleidigt. »Und Baby will ich auch nicht genannt werden.«

»Heul doch und schreib 'n schwulen Popsong drüber«, motzte Mesut.

»Hey, es reicht«, unterbrach ich die beiden. »Jeder kann die Musik mögen, die er will, ohne dass er oder sie dafür kritisiert wird. Wer ist als nächstes dran?«

Jo trat hervor, ein schlaksiger Junge aus der 10a, der im Unterricht keine zwei Minuten stillsitzen konnte. »Moin, Frau Paulsen. Und hallo, Kollegen«, sagte er mit einem Blick auf die Gruppe hinter ihm. »Ich bin Jo, fünfzehn Jahre alt, und ich find Rap auch ganz geil. Ich bin auch hier, weil Hip-Hop-AG voll war und weil Sandmann gesagt hat, dass ich AG machen muss, wegen Maßnahmen aus Schulkonferenz und so. Und ich dachte mir, Musical ist immer noch besser als Mathefüchse.«

Ich wusste genau, warum Jo mit Schuldisziplinarmaßnahmen zu tun hatte: Er war kiffend auf dem Schulhof erwischt worden.

»Jedenfalls, ich tanz gern«, fuhr Jo fort. »Hip-Hop halt. Also in etwa so.« Und schon fing er an, ein paar Moves auf die Bühne zu legen, bei denen mir vor Staunen der Mund offen stand. Ich kannte mich mit Tanz nicht besonders gut aus, aber mit diesen geschmeidigen und rhythmischen Bewegungen konnte er garantiert locker bei einer Hip-Hop-Meisterschaft mithalten.

Als Jo fertig war, brach erneut Applaus in der Gruppe aus.

»Sehr cool«, sagte Ralf. »Das war richtig gut.« Mir raunte er leise ins Ohr: »Den kann ich zu meinem Co-Trainer ernennen.«

Als Nächstes war Maryam an der Reihe. »Hallo«, sagte sie mit ihrer tiefen, rauen Stimme, die so gar nicht zu ihrem zierlichen Äußeren passen wollte. »Ich bin Maryam. Ich bin hier, weil Herr Sandmann mich das gebeten hat. Aber auf Bühne ich kann nicht schauspielern oder tanzen. Meine Eltern erlauben es nicht. Ich kann singen im Chor, letzte Reihe.« Sie sah mich so vorwurfsvoll an, als hätte *ich* sie dazu gezwungen, hier mitzumachen.

Ralf und ich tauschten einen Blick. »Na schön«, sagte ich schließlich. »Aber an den Tanzproben nimmst du teil?«

Maryam zögerte für ein paar Sekunden, dann sagte sie: »Ja. Ich mag gerne singen und tanzen. Aber nur bei Probe.«

»Okay.« Ich wandte mich an den Jungen neben ihr, den Herr Sandmann als Hamed vorgestellt hatte. »Und wer bist du?«

Er runzelte die Stirn und sah Maryam Hilfe suchend an. Sie flüsterte ihm etwas ins Ohr, dann sagte er mit starkem arabischen Akzent: »Hamed. Ich aus Syrien.«

»Hallo, Hamed.« Ich bemühte mich, besonders deutlich zu sprechen. »Hast du schon gesungen und getanzt?«

Wieder schaute er Maryam an, die ihm erneut die Übersetzung ins Ohr flüsterte. Er flüsterte etwas zurück, woraufhin Maryam sagte: »Er kann singen.«

»Seit wann bist du in der Vorbereitungsklasse, Hamed?«, wollte ich wissen.

Diesmal antwortete Maryam gleich für ihn. »Seit drei Wochen. Er versteht und spricht noch nicht so gut.«

»Okay.« Ich lächelte Hamed aufmunternd an. »Das kriegen wir schon hin. Schön, dass du da bist.«

Maryam übersetzte, und Hamed erwiderte mein Lächeln so vorsichtig, als wäre er sich nicht sicher, ob er das durfte.

Flora und Belal sprachen und verstanden deutlich besser als Hamed. Erfahrungen im Singen und Tanzen hatten sie allerdings nicht.

Eine der größten Überraschungen für mich war es, dass Pawel sich als begeisterter Sänger outete. Zu seinem obercoolen Macker-Image passte das überhaupt nicht.

Unterm Strich hatten von unseren achtundzwanzig Musical-Darstellern nur zehn Erfahrungen im Singen oder Tanzen. Das war zwar ein bisschen entmutigend, aber andererseits hatte ich davon ausgehen müssen. »Nun wissen wir also, mit wem wir es zu tun haben«, schloss ich die Vorstellungsrunde. »Beim nächsten Mal wollen wir dann ein bisschen genauer gucken, was ihr könnt. Herr Pfeifer wird mit euch eine kleine Choreografie einstudieren, und währenddessen kommt ihr nacheinander zu mir zum Vorsingen.«

»Vorsingen?«, piepste die schüchterne Pola und starrte mich aus weit aufgerissenen Augen an.

»Ja, damit ich euch in die Stimmlage einordnen kann.« Und natürlich auch, um zu sehen, ob Talent vorhanden war oder nicht. Aber das brauchten sie ja nicht zu wissen, sie wirkten ohnehin schon so nervös. Ein paar Schüler tauschten beunruhigte Blicke und tuschelten miteinander. »Hey, das ist überhaupt nicht schlimm«, versuchte ich sie zu beruhigen. »Nur ein paar Minuten, und nur vor mir. Wir machen hier ein Musical, früher oder später müsst ihr vor etwa dreihundert Zuschauern singen. Also ist das nächste Woche doch ein Klacks. So, und damit das Ganze heute nicht in reines Gerede ausartet, haben wir jetzt noch was mit euch vor. Kennt ihr alle das Lied *Morning Has Broken* von Cat Stevens?«

Die Schüler nickten. »Das singen wir doch andauernd in Musik.«

Ich verteilte einen Stapel Notenblätter. »Genau. Und dieses Lied wollen wir auch jetzt mit euch singen. Frau Akay bereitet mit den Musikern die Begleitung vor. Wir haben noch etwa eine Stunde, bis sie rüberkommen, und dann spielen wir den Song zusammen.«

»Ey, Frau Paulsen, dürfen wir an der einen Stelle, wo God steht, auch Allah singen?«, fragte Mesut.

»Ihr dürft Allah, Buddha, God, Brahma oder fliegendes Spaghettimonster singen, das ist mir schnuppe. Hauptsache, ihr bleibt dabei im Takt. Also, los geht's.« Ich zählte den Takt an und gab den Einsatz.

»Morning has brooooken like the first moooorning«, ertönte es. Eine wahre Kakofonie brach über mir zusammen. Noch nie in meinem Leben hatte ich eine unharmonischere und schiefere Version dieses Liedes gehört. Ein Teil der Gruppe sang viel schneller als der andere, sodass die Melodie kaum zu erkennen war. Vom Text mal ganz zu schweigen. Hinzu kamen achtundzwanzig verschiedene Stimmlagen. Möglich, dass jeder auf seine Art durchaus den Ton hielt – es war unmöglich festzustellen. »Stopp!«, rief ich, so laut ich konnte. Nach und nach hörten die Schüler auf zu singen. Als Ruhe eingekehrt war, setzte ich mich ans Klavier. »Machen wir das Ganze mal mit Musik. Ich spiele die Melodie, also achtet auf mich.« Ich spielte das Intro und wollte gerade dem Chor den Einsatz geben, als Pola »Boah, voll schön, Frau Paulsen« rief und klatschte. Gleich darauf zuckte sie erschrocken zusammen, ließ die Hände sinken und sah sich beschämt um.

»Vielen Dank«, sagte ich lachend. »Also, noch mal.« Erneut spielte ich das Intro und gab dem Chor den Einsatz. Jetzt, wo sich alle nach der Melodie richten konnten, klappte es schon besser, was mich zu der Vermutung führte, dass es vorhin am Notenlesen gehapert hatte.

Wir sangen das Lied noch dreimal mit Melodievorgabe, und beim vierten Mal war der Chor endlich einigermaßen harmonisch. ›Schön‹ konnte man das allerdings noch nicht nennen.

Bald darauf gesellte sich Sertab mit den Musikern zu uns. »Dann lasst mal hören«, forderte ich sie auf und wappnete mich innerlich für das Schlimmste. Doch das Ergebnis von Sertabs Arbeit konnte sich wirklich hören lassen. Kein Wunder, schließlich war die Big Band schon aufeinander eingestimmt, und mit den Streichern und Flötisten hatten wir offensichtlich auch Glück gehabt.

Auch Sandra mit ihrer Technik-AG klinkte sich wieder ein. Sie hatten sich während der Chorprobe mit den Scheinwerfern beschäftigt, und als Chor und Orchester zusammen *Morning Has Broken* zum Besten gaben, versuchten sie sich an der Beleuchtung. Leider blinkten sie so hektisch mit den Scheinwerfern herum, dass ich schon befürchtete, ein paar der Musiker und Sänger könnten einen epileptischen Anfall bekommen. Die Discobeleuchtung war allerdings unser kleinstes Problem, denn als Chor und Orchester zusammen performten, wurde klar, dass die Schüler hoffnungslos überfordert waren.

Immerhin klappte der letzte Durchlauf einigermaßen, sodass ich es für besser hielt, die Probe zu beenden. Auf diese Art konnten wenigstens alle mit einem halbwegs guten Gefühl aus der Sache rausgehen. »Vielen Dank. Schluss für heute. Ihr wart super. Jetzt klopft mal bitte alle eurem Nebenmann oder eurer Nebenfrau auf die Schulter und sagt: ›Gut gemacht‹.«

Unter Kichern und Herumgealbere lobten die Schüler sich gegenseitig und stürmten anschließend aus der Aula.

Als wir Betreuer allein waren, ließ ich mich auf den Klavierhocker fallen und meinen Kopf auf die Tasten sinken, woraufhin ein atonaler Akkord erklang, der mich stark an den Gesang von vorhin erinnerte. »Meine Güte«, stöhnte ich. »*Morning Has Broken* ist doch nun wirklich das einfachste Lied der Welt.«

»Ja, okay, das war nicht besonders schön«, meinte Sertab. »Aber wir hatten doch nur knapp eine Stunde zum Proben. Und wir sollten nicht zu viel von den Schülern verlangen. Im Zweifelsfall ist bei der Aufführung halt nicht alles perfekt.«

Ich richtete mich auf und ordnete mit beiden Händen meine wirren Haare. »Es muss aber perfekt sein. Wir wollen damit schließlich einen Preis gewinnen.«

»Wir sind hier nicht am Werther-Gymnasium, Annika«, sagte Ralf. »Sei dir lieber im Klaren darüber, dass es für viele dieser Schüler schon eine Riesensache ist, überhaupt bis zur Aufführung durchzuhalten. Auf diesen Preis solltest du dich besser nicht fixieren.«

Mir war klar, dass er recht hatte. Aber ich *hatte* mich nun mal auf diesen Preis fixiert, ich wollte ihn unbedingt gewinnen, ich *musste* ihn gewinnen. Nur konnten meine Kollegen ja nicht ahnen, wie wichtig das für mich war. »Tut mir leid, wenn ich zu verbissen rüberkomme.«

Wir einigten uns darauf, dass wir das Musical *Elecs Ge-*

heimnis spielen wollten, denn Thema und Schwierigkeitsgrad schienen passend für unsere Teilnehmer. Außerdem mochten wir alle die Story, in der es um einen außerirdischen Jungen ging, der auf der Erde lernt, was Menschlichkeit bedeutet. Zu Hause schrieb ich gleich eine E-Mail an den Verlag, um mich nach Kosten und Aufführungsrechten zu erkundigen.

In den nächsten beiden Proben studierte Ralf mit der kompletten Gesangs- und Tanzgruppe eine kleine Choreografie zu einem Lied aus *Elecs Geheimnis* ein, während ich die Schüler einzeln zum Vorsingen in den Musikraum bat.

Es wunderte mich nicht wirklich, dass Heaven-Tanita die Erste war, die zur Tür hereinkam. »Hi, Frau Paulsen.«

»Hallo, Heaven-Tanita. Ich hoffe, du bist nicht nervös.«

Sie winkte ab. »Ach, Quatsch, ich hab das ja schon gemacht. Lampenfieber hab ich überhaupt nicht.«

Ich hatte da so meine Zweifel, denn sie war ganz schön blass um die Nase, und ihre Stimme klang zittrig. Nachdem ich mit Heaven-Tanita ein paar Stimmlockerungsübungen gemacht hatte, spielte ich ein paar einfache Tonfolgen in unterschiedlichen Stimmhöhen, die sie nachsummen und -singen sollte. Sie machte das ziemlich gut, was bewies, dass sie tatsächlich so viel sang und übte, wie sie behauptete. Allerdings knödelte sie schon wieder wie eine Mischung aus Shakira und Lena Meyer-Landrut für Arme. »Vielen Dank, das war schon mal sehr gut«, lobte ich, woraufhin sie strahlte und die Faust ballte. »Das ist auf jeden Fall ausbaufähig.«

Ihr Lächeln verblasste. »Ausbaufähig?«

»Ja. Weißt du, was dein Problem ist? Du übertreibst es. Du willst unbedingt zeigen, was du alles kannst, aber das ist zu viel. Lass die ganzen Techniken einfach weg.«

»Ähm ... ich kann es ja mal versuchen«, sagte Heaven-Tanita und sah dabei so maßlos enttäuscht aus, dass es mir in der

Seele wehtat. »Wobei ich mir das doch extra beigebracht hab, und die Gesangslehrerin fand es auch super.«

»Es ist auch super, dass du dir das alles selbst beigebracht hast. Und natürlich ist Technik wichtig, daran werden wir im Laufe des Jahres auch arbeiten. Aber jetzt möchte ich erst mal *deine* Stimme hören, nicht die von Shakira. Verstehst du?«

»Hm. Okay. Kann ich *Titanium* singen?«

»Klar. Dann leg mal los.«

Heaven-Tanita räusperte sich ein paarmal, atmete tief ein und pustete die Luft langsam wieder aus. Dann hob sie den Kopf und knödelte: »You shout it out, but I can't hear a word you say …«

»Stopp«, unterbrach ich sie. »Das war schon wieder Shakira, nicht Heaven-Tanita.«

»Boah, Frau Paulsen«, rief sie verzweifelt. »Ich steh doch hier vor Ihnen. Das bin doch ich, die singt.«

»Nein, bist du nicht. Ich mach's dir mal vor.« Ich sang ihr die erste Liedzeile in Shakira-Art vor und dann noch mal ungekünstelt.

Heaven-Tanita starrte mich an, als wäre ihr soeben der Heilige Geist begegnet. »Krass, Frau Paulsen! Sie können ja singen!«

»Vielen Dank«, sagte ich, auch wenn es mir unangenehm war, denn ich wusste, dass ich nicht übermäßig gut sang. »Verstehst du jetzt, was ich mit deiner Art zu singen und Shakira gemeint habe?«

Sie nickte.

»Gut. Dann jetzt bitte *Titanium* à la Heaven-Tanita.«

Sie schloss die Augen und fing an zu singen. Zwar knödelte sie noch, aber sie gab sich Mühe, und ihre natürliche Stimme blitzte immer wieder hervor. Und die war gar nicht so schlecht. »Super, das war viel besser!«

Heaven-Tanitas Augen fingen an zu leuchten. »Echt jetzt? Also krieg ich die Hauptrolle?«

Ach du Schande, hatte ich etwa irgendetwas gesagt oder getan, das sie auf diesen Gedanken gebracht hatte? »Das steht alles überhaupt noch nicht fest.«

Einen Moment lang stand sie stumm da. »Okay«, erwiderte sie schließlich. »Können wir das Lied vielleicht noch mal zusammen singen? Zweistimmig oder so? Und mit Klavier?«

Ich warf einen Blick auf die Uhr. »Das schaffen wir leider nicht mehr. Die anderen wollen ja schließlich auch noch vorsingen.«

Enttäuscht ließ sie die Schultern sinken. »Na gut.«

»Aber wir können das gerne ein anderes Mal machen. Vielleicht nach dem Musikunterricht.«

»Wenn Sie *vielleicht* sagen, machen wir das doch sowieso nicht. Mein Vater sagt auch immer: ›*Vielleicht* komm ich am Wochenende‹, und dann kommt er nie.« Ihre Augen, die sonst immer so lebendig waren, sahen auf einmal leer und leblos aus. Ich fühlte, wie sich tief in mir etwas regte. Irgendwo in der Nähe meines Herzens.

»Natürlich machen wir das. Ganz ohne vielleicht. Du kannst dich auf mich verlassen. Okay? So, und jetzt schick mir bitte mal den Nächsten rein.«

Heaven-Tanita zog ab, und kurz darauf betrat Maryam den Raum. »Guten Tag«, grüßte sie und stellte sich mit hinter dem Rücken verschränkten Händen vor mich hin.

»Hallo, Maryam. Wie geht's dir?«

»Gut«, sagte sie ernst, und ich fragte mich, ob ich sie jemals hatte lachen sehen. Ich konnte mich nicht daran erinnern.

Ich spielte wieder ein paar Melodiefolgen, die Maryam nachsingen sollte. Als sie das tat, vergaß ich vor Überraschung fast, Klavier zu spielen, denn sie hatte eine wunderschöne

Stimme. Rau und kratzig, aber gleichzeitig auch süß und irgendwie verletzlich. »Wow, Maryam, das war großartig!«

Ihr Lächeln erreichte ihre Augen nicht. »Danke. Meine Oma hat mit mir gesungen viel, in Syrien.«

»Habt ihr dort auch in der Schule gesungen?«

Sie hob die Schultern. »In unserem Dorf es gibt schon lange keine Schule mehr. Jetzt ich singe nur allein. Wir sind vor drei Jahren geflüchtet. Zwei Jahre in Libanon, dann Griechenland und dann Deutschland.«

»Verstehe. Hast du dich inzwischen in Hamburg eingelebt?«

Wieder hob sie die Schultern. »Meine Eltern sind hier und meine Schwester. Aber ich vermisse meine Oma. Und meine Freunde. Ich will lieber dort sein. Nur ohne Krieg.«

Nun war es ganz eindeutig mein Herz, in dem sich etwas regte. »Das kann ich mir gut vorstellen. Du hast Heimweh. Hast du denn in der Schule Freundinnen gefunden?«

»Nein, nicht so wie in Syrien.«

»Das kommt bestimmt noch, Maryam«, sagte ich aufmunternd, auch wenn ich wusste, dass das nur leere Worte waren. Ich hatte keine Ahnung, ob sie jemals Freundinnen an der ALS finden würde. »Welches Lied möchtest du denn gerne singen?«

»Es ist ein Lied aus Syrien. Ich sang es mit meiner Oma«, erklärte Maryam und legte los. Wenn ich vorhin schon von ihrer Stimme begeistert gewesen war, dann war ich es jetzt noch tausendmal mehr. Maryam sang das arabische Lied mit geschlossenen Augen und so viel Gefühl, dass es mir einen Schauer über den Rücken jagte. Sie sang nicht nur einfach, sie sang wie ein Engel.

»Das war wunderschön.« Erst jetzt wurde mir bewusst, dass mir Tränen in die Augen getreten waren. »Du hast ein riesengroßes Talent, weißt du das?«

Sie schüttelte den Kopf. »Ich singe nur gerne.«

»Das hört man. Vielen Dank, Maryam.«

Sie holte als nächstes Hamed und blieb während seines Vorsingens im Raum, damit sie übersetzen konnte. Auch Hamed sang ordentlich, wenn auch lange nicht so gut wie Maryam.

Der Rest des Vorsingens verlief dann allerdings ziemlich deprimierend. Wie sich herausstellte, waren von allen Teilnehmern nur Nike, Engin und Maryam wirklich talentiert.

Schauspielerisch hatten wir allerdings ein noch größeres Problem. Ralf hatte die Schüler in Zweiergruppen einen winzig kleinen Sketch proben lassen. Das Theaterspielen hatte ich eigentlich für eine sichere Bank gehalten, denn alle Teilnehmer der Musical-AG hatten Theater als Schulfach. Was viele von ihnen jetzt darboten, war allerdings unterirdisch. Sie wussten die Bühne nicht zu nutzen, und ganz offensichtlich war ihnen das Schauspielern unangenehm, sodass sie hölzern agierten. Mesut konnte sich nicht mal die drei Zeilen Text merken, die er für seine Rolle auswendig lernen musste. Und das, nachdem er diesen Sketch mit Jo heute eine Stunde lang geübt hatte.

Als Ralf ihn darauf ansprach, rief Mesut aufgebracht: »Ja, Mann ey, ich kann halt nich auswendig lernen.«

»Mesut, du hast mir beim letzten Mal *Lose Yourself* von Eminem vorgerappt, und das ganz ohne Spickzettel«, erinnerte ich ihn. »Den Text konntest du dir doch auch merken.«

»Ja, aber das is was anderes. Das is halt rappen, nich Theaterspielen. Und überhaupt, ich wusste ja nich, dass ich hier so viel auswendig lernen muss.«

»Natürlich musst du das. Selbst wenn du keine Sprechrolle hast, die Liedtexte kannst du doch auf der Bühne nicht ablesen.«

»Mit Mucke kann ich mir das ja merken!«

»Okay, Mesut. Das kriegen wir schon irgendwie hin.«

Die einzig wirklich positive Überraschung beim Schauspielern war Meikel. Er hatte ein riesengroßes komödiantisches Talent und spielte seine Rolle in dem Sketch so überzeugend, dass er mit Abstand die meisten Lacher und den größten Applaus bekam. Völlig verdutzt schaute er sich um, als könne er nicht glauben, dass er von seinen Mitschülern etwas anderes als blöde Bemerkungen und Spott erntete.

Nachdem alle Zweiergruppen ihren Sketch vorgetragen hatten, saßen Ralf und ich auf unseren Theatersesseln in der ersten Reihe und sahen uns ratlos an.

»Das Tanzen funktionierte ja ganz ordentlich, aber *das* gerade war ... nicht so doll, was?«, meinte Ralf.

»Kann man nicht behaupten, nein.«

»Und nu?«

»Wir brauchen Hilfe«, sagte ich, und wieder erschien Tristan vor meinem inneren Auge, während sich ein unangenehmes Gefühl in meinem Magen breitmachte. »Und zwar dringend.«

»Sehe ich auch so.«

Wenn's einfach wär, würd's jeder machen

Am Freitagabend waren Nele und ich mit Lisa, Gülcan, Sascha und Tim auf dem Kiez verabredet.

Um sieben Uhr klopfte ich frisch geduscht an Neles Zimmertür. »Wir müssen uns allmählich aufbrezeln. Was soll ich anziehen?«

»Süße, du musst mal lernen, das allein zu entscheiden.«

»Aber immer, wenn ich das mache, hast du was zu meckern.«

»Also gut.« Nele stand seufzend vom Bett auf und ging mit mir in mein Zimmer, wo sie den Kleiderschrank öffnete, um mir nach kurzer Sichtung eine hautenge schwarze Jeans und ein schwarzes Top in die Hand zu drücken. »Bitte schön. Und dazu High Heels.«

Ich schlüpfte in schwarze Unterwäsche und das Outfit, das Nele mir herausgesucht hatte. »Machst du mir eine Flechtfrisur?«, fragte ich, als ich fertig angezogen vor Nele stand.

Lachend nahm sie mich in den Arm. »Manchmal erinnerst du mich an die Sprechpuppe, die ich als Kind hatte. Ja, ich mach dir eine Flechtfrisur. Aber erst muss ich duschen.«

Während Nele unter der Dusche stand, ließ ich meinen Gute-Laune-Mix laufen und schminkte mich. Dann holte ich eine Flasche Sekt, füllte zwei Gläser und reichte eines davon Nele, als sie geduscht hatte und ihr Abendoutfit trug. Nachdem wir angestoßen und einen großen Schluck von dem eiskalten Sekt getrunken hatten, machte sie sich an meiner Frisur zu schaffen. Aus meinem Handy erklang *Get Lucky* von Daft

Punk und Pharrell Williams – einer meiner absoluten Lieblings-Gute-Laune-Songs.

»Halt mal still, Anni«, ermahnte Nele mich, als ich ein bisschen zu wild im Takt mitwippte. »Ich bin mit deiner Frisur gerade an einem kritischen Punkt.«

Ich bemühte mich, still zu sitzen und nahm zur Ablenkung noch einen Schluck Sekt. »Wie geht es eigentlich Tobi?«

Sie warf mir im Spiegel einen Blick zu. »Gut.«

Ich wollte gerade ungeduldig nachhaken, da sagte sie betont beiläufig: »Wir waren neulich mal nach der Arbeit was zusammen trinken. Also eigentlich dreimal.«

Abrupt drehte ich mich zu Nele um, sodass ihr die Strähne, die sie gerade flocht, aus den Fingern glitt. »Hey, pass doch auf!«

»Tschuldigung.« Ich brachte mich in die korrekte Position, und Nele nahm ihre Arbeit wieder auf. »Wart ihr beide allein, oder waren da noch andere Kollegen dabei?«

»Wir waren allein.«

»Mensch, Nele, jetzt lass dir doch nicht alles aus der Nase ziehen. Wie war es denn? Was ist da passiert? Und warum erfahre ich erst jetzt davon?«

»Du warst in letzter Zeit doch ständig mit deinen Musicals beschäftigt. Und ich wusste selbst nicht so genau, was ich von der Sache halten sollte. Weiß ich eigentlich immer noch nicht.« Nele steckte die letzte Strähne an meinem Hinterkopf fest. »Fertig.«

»Vielen Dank«, erwiderte ich und betrachtete mich im Spiegel. »Ich sehe absolut so aus, als hätte ich Ahnung von Styling, findest du nicht?«

Nele lachte. »Doch, total. Jedenfalls finde ich Tobi nett. Wirklich, sehr nett. Und er ist witzig und intelligent.«

»Ich wittere ein ›Aber‹.«

»Na ja, ich ... Ach, ich weiß auch nicht, aber irgendwie warte ich die ganze Zeit auf den Haken. Verstehst du?«

»Du meinst, er ist so nett, dass du denkst, da ist was faul?«

»Ja. Ich bin inzwischen halt sehr vorsichtig geworden. Und wenn das mit uns schiefgeht, würde ich ihm trotzdem noch jeden Tag im Büro über den Weg laufen. Darauf habe ich überhaupt keine Lust.« Sie wandte sich von mir ab, um ihr Schminkzeug aus dem Schrank zu holen. »Das ist alles ganz schön kompliziert. Mit Männern habe ich doch sowieso nur Pech. Und nachdem ich so lange gebraucht hab, um über David hinwegzukommen, fällt es mir extrem schwer, mich auf etwas Neues einzulassen. Du kannst das wahrscheinlich nicht verstehen, aber es ist eben so.«

Ich beobachtete sie dabei, wie sie Make-up in ihrem Gesicht verteilte. »Wie kommst du darauf, dass ich das nicht verstehe?«

»Na ja, deine Beziehungen waren doch bis jetzt immer relativ schnell wieder vergessen.«

Ihre Worte versetzten mir einen Stich, und sofort kamen Erinnerungen hoch. Was meine Beziehungen anging, hatte Nele recht. Die waren tatsächlich schnell vergessen gewesen. Ich hatte bislang zwei Beziehungen gehabt. Mit Thorben, dem Erlkönig, war ich von meinem siebzehnten bis zum meinem einundzwanzigsten Lebensjahr zusammen gewesen, und eigentlich hatten wir uns kaum gesehen, weil er sehr bald nach Leipzig gegangen war, um dort Gesang zu studieren. Irgendwann hatten wir festgestellt, dass wir außer der Musik keine Gemeinsamkeiten hatten, und trennten uns in aller Freundschaft. Mit dreiundzwanzig hatte ich Leo kennengelernt, der genau wie ich Geografie auf Lehramt studiert hatte. Wir waren zwei Jahre zusammengeblieben, aber dann hatte er sich in eine andere verliebt. Ich war auch von dieser Trennung nicht übermäßig aus der Bahn geworfen worden, wodurch mir klar geworden war, dass ich Leo nicht wirklich geliebt hatte. Seitdem war ich Single. Aber mein Herz war alles andere als narbenfrei, und wenn die Erinnerungen hochkamen, tat es immer noch weh. Auch nach elf Jahren. »Du weißt doch, dass es jemanden gibt, den ich alles andere als schnell vergessen konnte«, sagte ich schließlich leise. »Es war halt nur nicht Thorben oder Leo.«

Nele ließ ihren Puderpinsel sinken und sah mich im Spiegel erschrocken an. »Ach, verdammt. Tut mir leid, Süße.«

Ich wich ihrem Blick aus und drehte mein Sektglas in den Händen. »Macht nichts. Ist ja schon eine Weile her. Eine halbe Ewigkeit.«

Ich hatte Tristan am ersten Tag des 5. Schuljahrs kennengelernt, und ich war von da an unsterblich in ihn verliebt gewesen. Wir waren nie zusammen gewesen, sondern ich hatte ihn aus der Ferne geliebt, Tag für Tag und Jahr für Jahr. An meinem letzten Tag an der alten Schule fasste ich mir endlich ein Herz und gestand Tristan meine Gefühle. Seinen mitleidigen Blick würde ich nie vergessen. Er hätte mir gar nicht erst sagen müssen, dass er mich nicht wollte. Schon dieser Blick machte das vollkommen klar. Aber er sagte es trotzdem. Danach heulte ich etwa sechs Monate lang, bis ich mich an der neuen Schule mit Nele, Gülcan und Lisa anfreundete. Natürlich hatte ich ihnen von Tristan erzählt, und sie wussten, dass er noch immer einen ganz besonderen Platz in meinem Herzen einnahm. Eines wussten sie allerdings nicht, weil es so traurig war, dass ich es niemandem sagen konnte. Auch mir selbst gestand ich das nur in sehr schwachen Momenten ein: Es hatte nach Tristan keinen Mann mehr gegeben, für den ich auch nur ansatzweise das Gleiche empfunden hatte. Bis heute nicht. Tristan war immer noch präsent in meinen Gedanken, ich verglich jeden Mann mit ihm, und keiner war wie er.

Nele setzte sich neben mich auf den Badewannenrand. »Schon komisch, dass ein Typ, mit dem du nie zusammenwarst, dein Herz brechen konnte, aber die, mit denen du zusammenwarst, nicht.«

Ich trank mein Sektglas in einem Zug leer. »Ich weiß.«

»Blöder Theater-Heini«, schimpfte Nele und drückte mich kurz an sich. Dann ging sie wieder zum Spiegel, um sich um ihr Make-up zu kümmern.

Ich schenkte uns beiden Sekt nach. »Jedenfalls, um mal auf den eigentlichen Punkt zurückzukommen, nämlich auf Tobi und dich: Ich kann gut verstehen, dass es dir schwerfällt, die Sache mit David zu vergessen. Immerhin hat dieser Penner dich betrogen, und das gleich mehrmals. Aber ich finde, du solltest versuchen, die Vergangenheit hinter dir zu lassen.«

Nele hob die Augenbrauen. »Machst *du* das denn?«

»Ich versuche es zumindest.«

Genau in diesem Moment sang Kylie Minogue: »I just can't get you out of my head«, als wollte sie auch ihren Senf zu unserem Gespräch abgeben.

Nele und ich prusteten los.

»So viel dazu«, meinte Nele und zog sich die Lippen knallrot nach.

Eine Stunde später betraten wir die 3ZimmerWohnung, eine unserer Stammkneipen auf dem Hamburger Berg. Gülcan und Sascha waren schon da und hatten eins der alten, durchgesessenen Sofas für uns gebunkert. Ich holte Nele und mir einen Gin Tonic von der Bar, dann gesellte ich mich zu meinen Freunden.

»Hey, Anni«, begrüßte Gülcan mich. »Wie geht's Prinz William?«

»Danke, sehr gut. Er hat jetzt Anziehsachen und eine

coole Baseballmütze.« Ich ließ mich auf das Sofa fallen und versuchte, die Sprungfeder zu ignorieren, die sich in meinen Hintern bohrte. »Mir geht's übrigens auch gut.«

»Keine Sorge, das wäre meine nächste Frage gewesen«, grinste sie.

»Wie ist es denn überhaupt an dieser Höllenschule?«, wollte Sascha wissen.

»Ganz schön ätzend. Aber ich arbeite schon an einem Ausweg.«

Bevor ich weiterreden konnte, stießen Lisa und Tim zu uns, die von einem Seminar für Altersvorsorgemodelle berichteten, das sie in den letzten drei Tagen besucht hatten. »Ihr solltet das wirklich auch für euch in Betracht ziehen«, sagte Lisa ernst. »Nele, gerade du bist komplett unterversorgt, das macht mir echt Kopfzerbrechen.«

Tim legte ihr eine Hand aufs Knie. »Lass mal gut sein, Schatz. Wir haben Wochenende.« Dann sah er in die Runde und fragte: »Wie sieht's aus mit 'nem Mexikaner?« Ohne unsere Antwort abzuwarten, ging er zur Theke und kehrte mit sechs Schnapsgläsern zurück. »Auf uns.«

»Auf den dicken Kopf, den ich morgen garantiert haben werde, wenn ich zu viele von diesen Dingern trinke«, sagte ich. Mexikaner zählten nicht gerade zu meinen bevorzugten Kurzen.

Wir kippten das Höllenzeug runter, dann wandten unsere Gespräche sich fröhlicheren Themen zu. In den nächsten Stunden flossen die Getränke in Strömen, und die Stimmung wurde immer ausgelassener, bis wir irgendwann beschlossen, noch tanzen zu gehen. Kurz darauf quetschten Gülcan und ich uns im Molotow an die Theke, um ein paar Bier zu ergattern, während Lisa, Nele, Tim und Sascha zu einem Volbeat-Song die Tanzfläche unsicher machten.

»Krass, neben dir ist ein Hocker frei geworden«, rief Gülcan. »Schnell, Anni. Schnell!«

Mit einem Hechtsprung stürzte ich mich auf den freien Hocker und konnte ihn noch in allerletzter Sekunde einem Typen, der sich mit gierigem Blick darauf zubewegte, vor der Nase wegziehen. »Sorry«, sagte ich und lächelte ihn freundlich an, doch er zog nur eine missmutige Miene. »Pff, sorry, alles klar. Du grabschst dir die letzte Sitzmöglichkeit, die ganz klar *ich* zuerst gesehen habe, und dann tut es dir angeblich leid? Das macht Sinn.«

»Eigentlich heißt es ›das *ergibt* Sinn‹«, korrigierte ich den Typen automatisch. »Beziehungsweise, in deinem Fall hättest du grammatikalisch korrekt sagen müssen: ›Das ergibt *keinen* Sinn‹, wobei du es ja vermutlich ironisch gemeint hast, und in dem Fall ...«

»Freak«, fiel er mir verächtlich ins Wort und sah mich aus zusammengekniffenen Augen an. Dann drehte er sich auf dem Absatz um und ging seiner Wege.

Meine Kinnlade klappte runter, und ich starrte ihm fassungslos nach. Es kam mir vor, als hätte er mir ein Glas Bier ins Gesicht gekippt oder mir eine runtergehauen.

»Was war das denn für ein Arsch?«, fragte Gülcan und drückte mir mein Bier in die Hand.

Ich winkte ab und gab mich betont locker, obwohl mir die Hände zitterten. »Ach, egal. In etwa drei Sekunden habe ich den Typen vergessen.« Ha, mit Sicherheit nicht. »Gehen wir tanzen?«

Gülcan nickte, und wir gesellten uns zu den anderen auf die Tanzfläche. Ich versuchte, die Begegnung zu verdrängen und mich einzig und allein aufs Tanzen zu konzentrieren. Aber irgendwie wollte es mir nicht gelingen, obwohl die Musik genau nach meinem Geschmack war. »Ich geh mal kurz frische Luft schnappen«, rief ich den anderen zu. Dann steuerte ich die Theke an, um mir noch ein Bier zu holen, und machte mich auf den Weg nach draußen.

Kühle Nachtluft schlug mir entgegen, als ich aus dem Club trat und mich auf den Bordstein setzte. Die Musik von drinnen war auch hier zu hören. Gerade wurde *Galvanize* von den Chemical Brothers gespielt. Doch der Song konnte dieses verächtlich hervorgestoßene ›Freak‹ nicht übertönen, das noch immer in meinem Kopf nachhallte. Wieso hatte dieser Typ mich auf den ersten Blick für einen Freak gehalten? Ich war ihm gegenüber doch ganz normal gewesen, oder nicht?

»Hey, Anni«, riss eine tiefe Stimme mich aus meinen Grübeleien.

Ich blickte auf und sah Sebastian vor mir stehen. »Hi«, sagte ich überrascht.

»Was machst du denn hier draußen, so ganz allein?«

»Frische Luft schnappen. Und du?«

»Nele hat mir geschrieben, dass ihr hier seid. Die Party, auf der Kai und ich waren, ist langweilig, also sind wir rübergekommen.«

Ich drehte mich nach allen Seiten um. »Und wo ist Kai jetzt?«

»Er hat unterwegs ein paar von seinen LARP-Kumpels getroffen. Sie wollen noch was essen und kommen dann nach.« Sebastian setzte sich neben mich, und ich hielt ihm einladend mein Bier hin. Er nahm einen Schluck und gab es mir dann zurück.

»Sag mal, Sebastian?«

»Ja, Anni?«, erwiderte er mit einem Lächeln in der Stimme.

»Was hast du eigentlich von mir gedacht, als du mich das erste Mal gesehen hast? Dachtest du ›Meine Güte, was ist das denn für ein Freak‹ oder eher ›Hey, die ist ja nett. Und so normal‹?«

Sebastian brach in Gelächter aus. »Weder noch.«

»Was denn dann?«

»Keine Ahnung. Ich ... weiß ja nicht mal mehr, wie und wo wir uns das erste Mal begegnet sind.«

»Es war im Flur. Ich habe gerade die Malerutensilien nach oben getragen, du hast gesagt, dass das alles Schrott ist und mich gefragt, ob ich die neue Nachbarin bin.«

»Ach ja. Tja, dann dachte ich wohl ›Gott steh uns bei, sie hat die billige Baumarktfarbe gekauft‹ und ›Ob das wohl unsere neue Nachbarin ist?‹«

»Das meine ich nicht«, sagte ich ungeduldig. »Ich meine deinen ersten Eindruck von mir. Hast du mich für einen Nerd gehalten oder für einen Freak? Oder fandst du mich ... okay?«

Sebastian musterte mich stirnrunzelnd. »Wieso ist dir das überhaupt so wichtig?«

»Ist es nicht. Es interessiert mich einfach nur, wie ich rüberkomme.«

»Und warum? Das kann dir doch völlig egal sein. Es wird immer Leute geben, die dich blöd finden. Na und? Drauf geschissen.«

Ich atmete laut aus und rieb mir die Stirn. »Ich weiß. Es nervt mich ja auch selbst, aber ich kann einfach nicht ...« Mitten im Satz hielt ich inne.

»Was?«, hakte Sebastian nach.

Ich konnte einfach nicht aufhören, dazugehören zu wollen. Meine ganze Kindheit und einen nicht unerheblichen Teil meiner Jugend war ich für alle Gleichaltrigen immer nur die seltsame, Pflanzen bestimmende Klavier-Tussi gewesen – gerne auch ›Panne-Anne‹ genannt. An der neuen Schule hatte ich hart an mir gearbeitet, um einigermaßen normal zu werden. Dazuzugehören. Und ich hatte es geschafft. Trotzdem war da immer noch diese Angst in mir, dass ich doch irgendwann wieder allein sein würde, weil ich eben einfach nicht so war wie die anderen. »Du hast ja recht«, gab ich schließlich zu. »Ich find's eigentlich ganz okay, wie ich bin. Aber wenn ich es mir aussuchen könnte … Kennst du nicht diese Menschen, die mit sich selbst komplett im Reinen sind und die so einen offenen, sonnigen und liebenswerten Charakter haben, dass man sie einfach mögen muss?«

»Ja, kenne ich. Die find ich zum Kotzen.«

Ohne es wirklich zu wollen, fing ich an zu kichern. »Aber ich wäre gern so.«

Sebastian schnaubte. »Wenn du so wärst, wären wir definitiv keine Freunde. Dann würde ich mich ja noch mehr über dich aufregen als ohnehin schon.«

Jetzt musste ich richtig lachen. »Darauf trinke ich«, sagte ich, nahm einen Schluck Bier und reichte die Flasche dann Sebastian.

Er prostete mir zu und nahm ebenfalls einen Schluck. »Wie sieht's aus, gehen wir rein?« Mit dem Daumen zeigte er über seine Schulter in Richtung des Clubs.

Ich horchte in mich hinein, doch Feierlaune fand ich dort nicht vor. »Ich weiß auch nicht, irgendwie ist mir nicht mehr nach lauter Musik.«

Sebastian warf einen Blick auf sein Handy. »Kai ist mit seinen Kumpels spontan in den Kiezhafen gegangen. Hast du Lust?«

»Hm. Warum nicht? Ein paar Bierchen in etwas ruhigerer Umgebung wären doch nett. Ich sag nur kurz den anderen Bescheid.«

Ich ging rein und entdeckte Sascha und Tim an der Theke, wo sie Tequila kippten, während Nele, Lisa und Gülcan sich auf der Tanzfläche verausgabten. Keiner von ihnen wollte mit in den Kiezhafen, also schlenderte ich kurz darauf allein mit Sebastian in Richtung Hans-Albers-Platz.

An der Tür des Kiezhafens hing ein handgeschriebenes Schild mit der Aufschrift: *Kein Zutritt für Junggesellenabschiede!!!!!!!!* Das musste neu sein.

»Wow, acht Ausrufezeichen.« Grinsend deutete ich auf das Schild.

Sebastian lachte. »Es scheint ihnen ernst damit zu sein.« Er öffnete die Tür, und eine Woge verqualmter, bierdurchtränkter Kneipenluft schlug uns entgegen. Der Kiezhafen war extrem beliebt, und wie immer war es voll hier. Ein bunt gemischtes Volk quetschte sich an Tische und Theke, jede Altersgruppe und jede Bevölkerungsschicht trank hier ihr Bierchen. Aus den Boxen erklang Rockmusik, aber nie so laut, dass man sich nicht mehr unterhalten konnte. Es roch nach Zigaretten, Bier und dem extrem starken Kaffee, den die Wirtin Irina jedem Gast anpries. Aus leidlicher Erfahrung konnte ich sagen, dass er ungenießbar war, aber Wunder wirkte, wenn man etwas zu tief ins Glas geschaut hatte.

Sebastian und ich sahen uns nach Kai und seinen Freunden um und fanden sie schließlich an der Theke.

»Hey, Anni.« Kai nahm mich zur Begrüßung in den Arm, was bedeutete, dass er schon so gut wie reif für einen Kaffee war – so zutraulich wurde er nämlich nur, wenn er ein bisschen zu viel getrunken hatte. Er wandte sich an die beiden Typen neben ihm. »Das ist meine Nachbarin Anni«, erklärte er. »Ich hab euch doch von ihr erzählt. Sie ist die Lehrerin, die meinen Roman Korrektur liest.«

Während ich mit Kai und seinen Freunden über Odorfs neueste Abenteuer quatschte, versuchte Sebastian die Aufmerksamkeit der Wirtin Irina zu erlangen. Es war nicht immer leicht, hier an sein Bier zu kommen, denn Irina hatte eine äußerst selektive Wahrnehmung, und sie wurde überhaupt nicht gern gehetzt. Jeder, der öfter hierherkam, wusste das, und auch Sebastian hatte genug Kiezhafen-Erfahrung, um geduldig zu warten. Schließlich war er erfolgreich und drückte mir ein Bier in die Hand.

Wir stießen alle unsere Flaschen aneinander und tranken einen Schluck, dann vertieften Kai und seine Kumpels sich in eine Diskussion über ihre LARP-Abende. Dabei konnten Sebastian und ich nicht mitreden, also setzten wir uns auf zwei wackelige Barhocker, die soeben frei geworden waren, tranken unser Bier und futterten Erdnüsse und Salzstangen, die in großen Schalen auf dem Tresen standen.

»Ich habe mal eine Reportage gesehen, in der sie diese Theken-Snacks auf Hygiene getestet haben«, erzählte ich. »Das war echt widerlich.«

Sebastian griff tief in die Schale. »Ja, hab ich auch gesehen.«

»Wir sollten das nicht essen, oder?« Ich nahm mir ein paar von den Salzstangen.

»Vermutlich nicht.« Er warf sich eine Handvoll Nüsse in den Mund, dann lehnte er sich näher zu mir, deutete auf die belegten Brötchen, die unter einer Glasabdeckung auf dem Tresen standen, und sagte leise: »Ich glaube, die gleichen standen beim letzten Mal auch schon da.«

»Du meinst, dieselben.«

Er hob die Schultern. »Wie auch immer.«

Ich spülte die Salzstangen mit einem Schluck Bier runter. »Es heißt dasselbe oder derselbe oder dieselbe, wenn etwas identisch ist. Also, wenn ich nächste Woche wieder dieses Top anziehe, dann ist es dasselbe. Wenn ich aber noch genauso eins kaufe, ist es das gleiche. Und da du ja wohl meinst, dass die Brötchen dort ...«

»Ist ja schon gut, ich hab's verstanden, Frau Lehrerin«, meinte Sebastian grinsend.

Oh. Ob der Typ vorhin mich deswegen als Freak bezeichnet hatte? Nur, weil ich ihm erklärt hatte, dass es nicht korrekt war, ›das macht Sinn‹ zu sagen? »Tschuldigung«, sagte ich kleinlaut. »Tut mir echt leid, das war blöd.«

Sebastian sah mich verwundert an. »So schlimm war es nun auch wieder nicht, Anni.«

Ich lächelte ihn erleichtert an und stopfte mir noch ein paar Salzstangen in den Mund. »Ist es nicht ziemlich gestört von uns, dass wir die Tresen-Nüsse und -Salzstangen essen, obwohl wir beide diese absolut widerwärtige Reportage gesehen haben?«

»Wahrscheinlich sind wir einfach ausgehungert. Außerdem, als Kind hat man sich doch auch alles Mögliche in den Mund gestopft und überlebt.«

»Was denn zum Beispiel?«

»Ein paar Handvoll Sand haben wir doch alle schon gegessen.«

Ich versuchte, mich an eine derartige Situation zu erinnern, doch da war nichts. »Ich nicht.«

»Ernsthaft?« Er schob mir die Schale mit den Nüssen hin. »Wenn du schon keinen Sand gegessen hast, dann iss wenigstens mehr hiervon. Du hast anscheinend viel aufzuholen. So was stärkt das Immunsystem. Ich bin nie krank.«

»Ich auch nicht.«

»Tja«, sagte Sebastian schulterzuckend. »Manchem wird halt alles in die Wiege gelegt, während andere dafür durch die harte Schule des Lebens gehen müssen.«

»Klar. Die Schule des Lebens war megahart für dich, deswegen bist du jetzt ja auch so ein megaharter Typ mit Gang-Tattoo.« Ich hatte erwartet, dass Sebastian sich wieder aufregen würde, doch er lachte nur und sagte: »Genau.«

Ich deutete auf die Platte unter der Glasabdeckung. »Ein megaharter Typ, der sich aber garantiert nicht traut, eins dieser Käsebrötchen zu essen.«

Er starrte sie ein paar Sekunden lang an. »Ich traue mich schon. Aber ich will nicht.«

»Weil du dich nicht traust.«

»Soll das etwa eine Mutprobe werden? Okay. Ich nehme die Herausforderung an. Aber wenn ich eins dieser Käsebrötchen esse, dann musst du das auch tun, Frau Ich-hab-noch-nie-in-meinem-Leben-Sand-gegessen.«

Mist, damit hatte ich eigentlich rechnen müssen. Argwöhnisch betrachtete ich die Käsebrötchen. »Okay«, sagte ich schließlich. »Meine leichteste Übung.« Ich bestellte bei Irinas Kollegin zwei Käsebrötchen, die sie auf einem Pappteller vor uns hinstellte.

»Kennst du eigentlich dieses Kunstprojekt von einer Fotografin?«, fragte ich. »Sie hat drei Jahre lang jeden Tag einen Burger von McDonald's fotografiert. Und zwar *denselben* Burger.«

»Und er sah nach drei Jahren fast noch genauso aus wie am ersten Tag.« Sebastian nickte. »Kenne ich.«

Ich nahm eins der Brötchen in die Hand. »Keine Ahnung, wie ich ausgerechnet jetzt darauf komme.«

»Verstehe ich auch nicht.« Sebastian nahm sich die andere Hälfte vor. »Isst du dieses verdammte Ding jetzt, oder nicht?«

Statt einer Antwort biss ich in das Brötchen. Es war ein bisschen gummiartig, und der Rand des Käses war hart. Aber ansonsten schmeckte es gar nicht so schlecht. Auch Sebastian biss einen großen Happen ab. Wir musterten uns kauend, ließen einander nicht aus den Augen, und wäre unser Leben ein Film gewesen, dann wäre diese Szene garantiert von einer epischen Ennio-Morricone-Showdown-Melodie begleitet worden. Und im Hintergrund wäre ein Dornenbusch durchs Bild geweht.

»Na? Sind gut, die Dinger, näch?«, ertönte eine tiefe Stimme neben uns im besten Hamburger Slang. Irgendwie kam mir diese Stimme bekannt vor. Sie gehörte einem etwa fünfzigjährigen Mann, den man glatt für einen Hell's Angel hätte halten können. Und ich hatte die Stimme tatsächlich schon mal gehört: Es war der Typ, den ich neulich in St. Georg angerempelt hatte. Ich musterte ihn eingehender. Er war langhaarig und stämmig, seine riesigen Oberarme waren übersät von Tattoos. Er trug eine Lederhose, ein St.-Pauli-Totenkopf-T-Shirt und eine Lederweste. Aber seine dunklen Knopfaugen blickten uns freundlich an, und ein Lächeln lag auf seinen Lippen. Jetzt wurde mir klar, wieso er mir damals so bekannt vorgekommen war: Ich hatte ihn schon öfter hier am Tresen sitzen sehen, er schien irgendwie zum Inventar des Kiezhafens zu gehören.

»Wir sind uns neulich mal in St. Georg über den Weg gelaufen«, sagte ich begeistert und konnte mir selbst nicht erklären, wieso ich mich so sehr darüber freute, ihn zu sehen. »Ich habe Sie versehentlich angerempelt, und Sie haben mir geraten, einen Rum mit Tee zu trinken.«

Er sah mich aus zusammengekniffenen Augen an, dann erhellte sich sein Gesicht. »Ha! Na klar. Und du hast irgendwas gegen meinen Bart gesacht.« Dabei rieb er sich seinen buschigen Vollbart.

»Nein, ich meinte nicht *Ihren* Bart, wirklich nicht.«

»Schon gut«, sagte er lachend. »Weiß ich doch. Brauchste mich auch nich für siezen, da komm ich mir so alt vor. Haste denn noch 'nen Rum mit Tee getrunken?«

»Nein, aber einen mit Kaffee.«

»Auch 'ne gude Sache.«

»Wenn ich störe, sagt Bescheid«, meldete Sebastian sich zu Wort, doch er grinste und schaute eher interessiert als beleidigt.

»Ach, nu sei mal nich mucksch. Ich nehm dir deine Lüdde schon nich wech.«

»Ich bin nicht seine Lüdde«, stellte ich klar. »Wir sind Nachbarn. Und Freunde.«

Der Hell's Angel sah von mir zu Sebastian und dann wieder zu mir. »Ah ja«, sagte er. Dann hob er das Salamibrötchen hoch, das er in der Hand hielt. »Was ich eigentlich sagen wollde: *Diese* hier sind absolut sensationell, Leude. Die Käsedinger sind nix dagegen.« Er biss von seinem Brötchen ab und fuhr mit vollem Mund fort: »Ich sach ja immer, Irina, sach ich immer, mit dem Käse und so, weißte, das is nich so das Wahre.« Nun nahm er einen Schluck aus der Kaffeetasse, die vor ihm stand. »Wird ja schnell trocken, so 'n Käserand, näch? Aber euch schmeckt's?«

Sebastian und ich nickten artig. »Ja, sehr gut sogar«, sagte ich.

»Die sind richtig lecker«, setzte Sebastian hinzu.

Ein Strahlen breitete sich auf dem Gesicht des Hell's Angels aus. »Sach ich doch. Ich bin übrigens Knut.« Er hielt mir die Hand hin, und ich ergriff sie. »Hallo. Ich bin Annika.«

»Sebastian«, sagte der, als er mit Händeschütteln dran war.

»Moin, ihr beiden. Wisst ihr was? Ich geb einen aus.« Er lehnte sich über die Theke und rief: »Irina, Süße? Haste noch ma zwei Salamibrötchen für mich?« An uns gewandt sagte er: »Ich würd sie mir ja selbst rausnehmen, aber Irina kann das nich leiden. Und Jens, das is der Freund von 'ner ganz lieben Freundin von mir, also, eigentlich isser auch mein Freund, aber jedenfalls, der is Koch. Und als er mich neulich mal dabei beobachtet hat, hädde er beinahe 'ne Krise gekricht. Er meinde, wenn die Leude hier alle anfangen, unter der Glasabdeckung rumzugrabschen, dann aber gude Nacht.«

»Aber in den Erdnüssen grabschen doch auch alle rum«, meinte ich.

»Das hab ich ja auch gesacht.« Knut schlug mir so begeistert auf die Schulter, dass ich beinahe vom Stuhl gerutscht wäre. »Aber er meinde, das wäre was anderes, weil die Leude bei den Schalen aufm Tresen ja wissen, dass alle da drin rumgrabschen. Bei den Brötchen allerdings, hat er gesacht, würden alle davon ausgehen, dass die hygienisch wären.«

Sebastian hustete, sagte jedoch nichts dazu.

Knut winkte ab. »Na ja, das is 'n ganz Penibler, was so was angeht. Aber er is 'n guder Koch. Kennt ihr das Thiels in Winterhude? Müsster unbedingt mal hingehen. Meine Freundin Isa macht da die Deko, Essen is auch legger.«

Inzwischen hatte Irina ihre Position am anderen Ende der Theke verlassen und sich zu uns gesellt. Sie stellte Knut einen Pappteller mit zwei Salamibrötchen hin und drückte ihm einen Kuss auf den Mund.

Knut grinste uns an. »Den gibt's hier aber nich für jeden. Irina is meine Freundin.«

Sebastian lachte. »Ja, das hab ich mir fast gedacht.«

»Irina, das sind zwei neue Freunde von mir. Annika und Sebastian«, stellte Knut uns vor. »Sie sind große Fans deiner Käsebrötchen, und ich hab gesacht, sie sollen die hier unbedingt mal probieren.« Er schob die Salamibrötchen näher zu uns.

Irina lächelte uns erfreut an. »Ach, das ist aber schön. Nett, euch kennenzulernen. Mögt ihr einen Kaffee dazu? Der ist in ganz Hamburg berühmt.«

»Nein, danke, ich bleibe lieber bei Bier«, erwiderte ich.

»Is richtig. So 'n Kaffee kann einen ja beim Feiern um Stunden zurückwerfen. Aber ich muss heut Nacht noch Taxi fahr'n, für mich is der also perfekt.«

»Wenn ihr schon keinen Kaffee wollt, müsst ihr aber unbedingt einen Mexikaner trinken.« Irina stellte zwei Schnapsgläser vor uns hin und goss sie randvoll.

Obwohl ich schon vorhin in der 3ZimmerWohnung zwei getrunken hatte, wollte ich Irina nicht enttäuschen. Also hob ich mein Glas und prostete ihr und Knut zu. Dann kippten Sebastian und ich das Teufelszeug runter. Augenblicklich hatte ich das Gefühl, innerlich zu verbrennen, und Tränen traten mir in die Augen. Schnell biss ich von meinem Salamibrötchen ab.

Irina quatschte noch eine Weile mit uns, bis ein ganzer Schwall neuer Gäste kam und sie notgedrungen ihr Päuschen beenden musste.

»Und?«, fragte Knut, nachdem Irina weg war. »Wie sieht's bei euch so aus? Alles im Lack?«

»Ja, läuft«, meinte Sebastian.

»Was machste denn so beruflich?«

»Ich bin Malermeister.«

»Eigener Betrieb?«

»Nein, angestellt. Aber irgendwann will ich schon einen eigenen Betrieb aufmachen. Mit einem Kumpel zusammen.«

»Das wusste ich ja gar nicht«, sagte ich überrascht.

»Na ja, noch ist es ja nicht so weit.«

»Na, dann. Auf dich und deine eigene Firma.« Sebastian und ich stießen mit unseren Bierflaschen an, während Knut uns mit seinem Kaffeebecher zuprostete.

»Wie es scheint, hat der junge Mann hier alles im Griff«, sagte Knut. »Und was ist mit dir?«

»Mit mir?«, fragte ich. »Ach, ich hab momentan eigentlich kaum noch was im Griff. Ich bin Lehrerin und an eine absolute Horror-Brennpunktschule versetzt worden.«

»Es ist übrigens meine ehemalige Schule«, erklärte Sebastian.

»Ich rackere mich den ganzen Tag ab, und habe das Gefühl, dass nichts, was ich tue oder sage, irgendetwas bewirkt«, fuhr ich fort. »Die meiste Zeit über machen meine Schüler, was sie wollen. Auf Hausaufgaben und Lernen legen sie jedenfalls keinen gesteigerten Wert. Außerdem ...« Nachdenklich knibbelte ich am Etikett meiner Bierflasche. »Viele von ihnen sind so mutlos und haben das Gefühl, dass sie keine Chance im Leben haben. Es gibt zum Beispiel einen Jungen, um den ich mir Sorgen mache. Ich habe ein komisches Gefühl bei ihm, ohne dass ich es erklären könnte. Und dann ist da dieses Mädchen aus Syrien, die so großes Heimweh hat. Eine Schülerin will unbedingt Sängerin werden, aber sie kann nicht besonders gut singen, und dann lässt ihr Vater sie auch noch ständig im Stich.« Es war schon seltsam, ich kannte Knut kaum, und trotzdem traute ich ihm bereits so sehr, dass ich ihm mein Herz ausschüttete und Dinge sagte, die mir bislang selbst noch nicht mal bewusst gewesen waren. »Jedenfalls sehe ich überhaupt keine Fortschritte, ich habe keine Ahnung, wie ich ihnen helfen soll. Und das alles frustriert mich. Extrem.«

»Hm.« Knut rieb sich nachdenklich das Kinn. »Also, ich bin ja eigentlich nich der Typ, der ungebeten Ratschläge erteilt oder so.« Er hob in aller Unschuld die Hände. »Ich red andern nich rein, das wird dir jeder bestätigen.«

Ich hatte da so meine Zweifel, sagte aber nichts dazu.

Knut wippte nervös mit dem Bein und drehte seine Kaffeetasse in der Hand, bis es schließlich aus ihm herausplatzte: »Na gut, wennde schon so fragst ... Vielleicht erwardeste ja auch zu viel von dir selbst und von deinen Schülern. Mach doch ma schön sutsche piano, eins nach'm andern. Das wird schon.«

»Nein, ich will da einfach nur wieder weg. Mir ist das alles viel zu schwierig.«

»Tja, nu. Wenn's einfach wär, würd's ja auch jeder machen. Und du kommst mir nich vor wie eine, die schnell aufgibt. Weißte, ich hab 'n astreines Gespür für Menschen. Bleibt nich aus, wenn man Taxi fährt, da lernt man ja so einige kennen.«

»Aber du erteilst ihnen natürlich niemals Ratschläge«, grinste Sebastian.

Knut lief tatsächlich ein klitzekleines bisschen rot an. »Weißte, ich denk mir, die Leude, die mich brauchen, finden mich. Die kreuzen irgendwie meinen Weg, und wenn mir einer was erzählt, denn kann ich ja auch nich nix sagen, näch?« Ohne unsere Antwort abzuwarten, fuhr Knut fort: »Jedenfalls, du wirst vom Leben immer wieder irgendwohin katapultiert, wo du gar nich sein willst. Bleibt dir nich viel anderes übrig, als das Beste draus zu machen.«

Sebastian nickte zustimmend. »Das sehe ich ganz genauso. Ich hätt's nicht besser sagen können.«

»Oh, vielen Dank«, sagte Knut geschmeichelt. Dann schlug er mit beiden Händen leicht auf die Theke. »So Leude, nix für ungut, aber ich muss allmählich mal wieder los. Die Rushhour der Nachtschwärmer fängt an.« Er stand von seinem Barhocker auf und winkte Irina zu, die daraufhin zu uns kam. Die beiden küssten sich, dann flüsterte Knut ihr etwas ins Ohr, woraufhin sie ihm noch einen Kuss gab. Schließlich drehte Knut sich zu mir um. »Denn sieh mal zu, hm? Lass dich bloß nicht feddichmachen. Du krichst das schon hin.« Dann wandte er sich an Sebastian. »Und du pass gut auf die Lüdde auf.«

Sebastian lachte. »Ich tue mein Bestes, aber eigentlich ist das ja nicht meine Aufgabe.«

»Klar ist das deine Aufgabe«, behauptete Knut. »Ihr seid doch Freunde, oder nich? Seid ihr doch?«

Sebastian und ich sahen uns an und nickten.

»Na also. So, nu muss ich aber. Hat mich sehr gefreut. Und esst noch 'n paar Brötchen, ab halb drei Uhr nachts kosten sie nur die Hälfte.« Knut war schon im Gehen, da drehte er sich noch mal zu uns um und rief: »Und denk dran, Annika: Wenn's einfach wär ...«

»... würd's jeder machen«, vervollständigte ich seinen Satz.

Knut hob den Daumen in die Höhe, dann verschwand er durch die Tür nach draußen.

»Das war ja mal ein richtig cooler Typ«, meinte Sebastian.

»Finde ich auch.«

Kurz darauf gesellten sich Kai und seine Freunde zu uns, deren Gespräch sich inzwischen nicht mehr um LARP, sondern um Harry Potter drehte. Bei diesem Thema konnte ich mitreden, und so verbrachten wir den Rest des Abends damit, über Lord Voldemort, Professor Snape und Harrys wahre große Liebe, die in unser aller Augen Luna Lovegood hätte sein sollen, zu fachsimpeln.

Als ich im Bett lag, konnte ich lange nicht einschlafen. Ich wälzte mich hin und her und dachte an die Begegnung mit Knut, der gesagt hatte, dass ich an meiner jetzigen Situation so schnell nichts ändern konnte und deswegen das Beste daraus machen sollte. In diesem Zusammenhang fiel mir wieder ein, was Sebastian neulich an der Alster zu mir gesagt hatte. Nämlich, dass ich meinen Schülern genau das entgegenbrachte, was mich an ihnen so nervte: Desinteresse und mangelnde Motivation. Und dass ich bei mir selbst anfangen musste, wenn ich wollte, dass sich etwas änderte.

Mir wurde bewusst, dass sowohl Knut als auch Sebastian recht hatten. Ich hatte den Schülern der ALS nie eine echte Chance gegeben, ich war völlig voreingenommen an die Sache herangegangen. Seit Anfang des Schuljahres tat ich nichts anderes, als zu jammern und dem Werther-Gymnasium hinterherzutrauern. Natürlich wollte ich nach wie vor dorthin zurück, und ich würde alles dafür tun, um dieses Ziel zu erreichen. Aber momentan war ich nun mal Lehrerin an der ALS. Und entweder ging ich jeden Tag so bocklos zur Schule wie die gesamte 9c, oder ich akzeptierte die Gegebenheiten und versuchte, das Beste daraus zu machen. Ich hatte mir wochenlang von den Schülern auf der Nase herumtanzen lassen und nicht mal im Ansatz versucht, sie in den Griff zu kriegen, weil es mir egal gewesen war, was sie aus ihrem Leben machten. Aber eine der vielen Erkenntnisse des heutigen Abends bestand darin, dass meine Schüler mir eben *nicht* egal waren. Es war verdammt noch mal meine Aufgabe, ihnen etwas beizubringen und sie bestmöglich auf ihre Abschlussprüfungen vorzubereiten. Und genau das würde ich von jetzt an auch tun.

Und außerdem würde ich mir für die Musical-AG professionelle Hilfe suchen, denn ich war mit diesem Projekt überfordert, und die Kinder waren es auch. Automatisch tauchte Tristan vor meinem inneren Auge auf, aber ich schob den Gedanken an ihn schnell zur Seite. Es gab Hunderte von Leuten in Hamburg, die ich fragen konnte. Immerhin war das hier die Musical-Stadt. Da war ich wohl kaum auf einen Theater-Nachwuchsregisseur angewiesen, der ein Schüler-Musical bestimmt für meilenweit unter seinem Niveau hielt und der zu allem Überfluss meine unerfüllte Jugendliebe war. Ich war zwar verzweifelt, aber so verzweifelt nun auch wieder nicht.

Kurswechsel

In der Nacht durchlebte ich mal wieder den verhassten Albtraum, der mich seit Jahren verfolgte. Ich wurde von dem hässlichen, zähnefletschenden Monster gejagt, das mich zerfleischen wollte, und wie jedes Mal gab es kein Entrinnen. Schweißgebadet und weinend wachte ich auf, die Angst hielt mich immer noch fest umklammert. Ich drückte mich in die hinterste Ecke meines Bettes, mit dem Rücken zur Wand, als wäre ich dort in Sicherheit. Es dauerte eine Weile, bis ich mich aus dem Traum lösen konnte, doch irgendwann beruhigte sich mein Atem, und dieses beklemmende Gefühl fiel von mir ab. Ein Blick auf meinen Wecker zeigte mir, dass es acht Uhr morgens war. Also viel zu früh für einen Sonntag, allerdings wollte ich auch nicht wieder einschlafen. Ich stand auf, duschte und machte mir in der Küche einen starken Kaffee und ein paar Scheiben Toast. Draußen schien die Sonne, also setzte ich mich mit meinem Frühstück auf den Balkon. Die Blätter der hohen Linden an der Straße färbten sich ganz allmählich gelb, der Himmel leuchtete in einem tiefen, beinahe unwirklichen Blau, und die Sonne wärmte mein Gesicht. Es roch nach feuchtem Laub und Herbst. Heute würde ein wunderschöner Tag werden, und ich freute mich jetzt schon auf dieses ganz besondere Nachmittagslicht, das alles golden schimmern ließ. Wenn das Wetter so schön war, erschienen einem sämtliche Monster-Albträume nur noch halb so wild.

Nachdem ich meinen Toast aufgegessen und meinen Kaffee getrunken hatte, ging ich in die Küche, um unsere Schränke nach Vorräten zu durchstöbern. Schokolade, Birnen, ein paar Bananen, Mehl, Zucker, Butter und Eier ... daraus konnte man doch garantiert was Leckeres machen. Eine Stunde später war ich so vertieft in meine Arbeit und meine Gedanken, dass ich kaum mitbekam, wie Nele die Küche betrat. Ich hörte ein schwärmerisches »Mmmh« und drehte mich um.

Nele kam im Pyjama auf mich zugeschlurft und warf einen Blick über meine Schulter. »Das riecht megalecker. Was machst du denn?«

»Schoko-Birnen-Muffins. Und im Ofen ist schon ein Bananenbrot.«

»Du bist die Beste«, sagte Nele und gab mir einen Kuss auf die Wange. »Aber wie kommt es, dass du um diese Zeit schon so hyperaktiv bist?«

Ich goss die geschmolzene Zartbitterschokolade in den Teig und rührte sie vorsichtig unter. »Weil ich nachdenken muss. Und das kann ich am besten, wenn ich backe.«

»Hach, wenn wir erst mal unser Café haben ...«, seufzte Nele und machte sich an der Kaffeemaschine zu schaffen. »Dann kannst du grübeln, bis der Arzt kommt. Worüber musst du denn überhaupt so heftig nachdenken?«

Während ich den Teig in die Muffinförmchen füllte, berichtete ich Nele von der Begegnung mit Knut und Irina und meiner Erkenntnis, dass ich von jetzt an das Beste aus meiner Situation machen wollte, statt nur darüber zu jammern.

Nele stopfte zwei Toastscheiben in den Toaster. »Guter Entschluss. Ich meine, ich jammere auch gerne mal, aber auf die Dauer bringt es einen nicht weiter.«

»Stimmt.« Ich schob die Muffins in den Ofen. »Sag mal, was hältst du heute von einem Sonntagsspaziergang durch den Park und einem anschließenden Lese-Marathon auf der Couch?«

»Ähm, also, ich ... Tobi hat mich gerade gefragt, ob ich spontan Lust auf einen Sonntagsausflug habe.«

»Yay«, rief ich breit grinsend. »Ein Date!«

»Nein, ein Date ist es eigentlich nicht«, behauptete sie. »Und wie du weißt, bin ich jetzt auch nicht bis über beide Ohren in ihn verliebt oder so.«

Na ja. Vielleicht nicht über beide, aber bis über ein Ohr verliebt war sie definitiv, auch wenn sie es nicht wahrhaben wollte. Ihre Augen strahlten schließlich nicht grundlos.

Den Rest des Sonntags verbrachte ich mit meinen alten Lehrbüchern aus der Uni und dem Referendariat, einer Google-Tour durch sämtliche Hamburger Musical-Theater und dem Verfassen von etwa einhundert E-Mails. Am Abend musste ich das Bananenbrot und die Muffins vor einem Angriff von Kai und Sebastian verteidigen, die zum gemeinsamen *Tatort*-Gucken rübergekommen waren. Ich gestand ihnen je einen Muffin zu, den Rest wollte ich aber mit in die Schule nehmen, um mich endlich mal bei Maria für das Shortbread zu revanchieren.

»Moin zusammen«, begrüßte ich die 9c, die am nächsten Morgen vor dem Klassenzimmer auf mich wartete. Ich schloss die Tür auf, schrieb ›8:00 Uhr‹ an die Tafel und setzte mich ans Pult, um das Klassenbuch sowie meine Unterrichtsmaterialien hervorzuholen. Wie üblich begann ein akustischer Wirrwarr aus Stühlerücken, Bücher- und Stifte-Hervorkramen und letzte WhatsApp-Nachrichten schreiben – all das untermalt von Gequatsche und Lachen. Gegen 8:06 Uhr kamen Pawel und Tülay herein, und um 8:09 Uhr war es endlich so still, dass ich mit meinem Unterricht beginnen konnte. Ich stand auf und schrieb die Uhrzeit ebenfalls an die Tafel.

»Wieso schreiben Sie denn Uhrzeit auf?«, wollte Heaven-Tanita wissen.

»Ich schreibe *die* Uhrzeit auf, weil es ab heute eine neue Regel gibt. Wie ihr wisst, beginnt der Unterricht um 8:00 Uhr. Wir brauchen die gesamte Doppelstunde, um unser Pensum zu schaffen. Jetzt ist es 8:09 Uhr, es hat also volle neun Minuten gedauert, bis wir anfangen können. Aber, hey, ich bin tolerant. Ich lasse euch diese Zeit gern, wenn ihr sie braucht, um euch zu sammeln. Unterricht ist allerdings ein Geben und Nehmen. Und deswegen ist es nur fair, wenn ihr mir diese neun Minuten ebenfalls zugesteht. Findet ihr nicht?«

Die meisten Schüler sahen mich ratlos an. Doch hier und da nickten auch ein paar.

»Super. Wir werden diese neun Minuten nämlich hinten dranhängen.«

Eine Welle der Empörung brach über mir zusammen. »Ey, das ist voll unfair!«, rief Tülay. »Dann haben wir ja neun Minuten weniger Pause!«

»Genau. Blöd, was? Die Schlangen am Kiosk gehen dann ins Unendliche, wahrscheinlich gibt es keine Schokokussbrötchen mehr, und die besten Bänke im Pausenhof sind auch schon belegt. Also überlegt euch ab jetzt vorher, ob ihr pünktlich Pause machen wollt oder nicht. Ich für meinen Teil bin um 8:00 Uhr startklar.«

Die Schüler murrten und meckerten, doch ich ließ mich nicht aus der Ruhe bringen. »Wenn ihr aber konzentriert mitarbeitet, sodass wir das Pensum schneller durchkriegen, könnte ich mir vorstellen, euch ein paar Minuten früher rauszulassen. Wenn wir gut vorankommen, haben wir auch mal die Zeit, einen Film zu gucken oder über etwas zu reden, das euch beschäftigt. Ich backe gern. Ich könnte euch dann mal als Versuchskaninchen für ein neues Muffinrezept nehmen.

Wir könnten es hier richtig nett miteinander haben, aber dafür muss auch von euch was kommen. Wie gesagt, es ist ein Geben und Nehmen.«

»Das machen Sie doch sowieso alles nicht«, sagte Pawel.

»Natürlich mache ich das. Ihr könnt euch auf mein Wort verlassen. Oh, und es gibt übrigens noch eine neue Regel.« Ich holte den leeren Karton hervor, den ich mitgebracht hatte, und stellte ihn auf den Tisch. »Alle Handys, Fidget Spinner und Stikeez bitte hier rein.«

Die Schüler starrten mich entsetzt an. »Was?!«, rief Justin. »Das is unser Eigentum, dazu haben Sie überhaupt kein Recht!«

»Oh doch«, sagte ich gelassen. »Wenn du mal einen Blick in die Schulregeln wirfst, die besagen, dass Handys im Unterricht verboten sind, wirst du feststellen, dass ich sehr wohl das Recht dazu habe. Außerdem bekommt ihr eure Sachen am Ende der Stunde wieder, ich habe nicht vor, sie euch zu klauen.«

»Und was, wenn wir das nicht machen?«, fragte Justin bockig.

»Dann wird mir nichts anderes übrig bleiben, als unseren *Rechtsstreit* an eine höhere Instanz zu übergeben. Und zwar an Herrn Sandmann.«

»Ja, toll ey«, murrte Pawel. »Der hält doch sowieso zu Ihnen.«

»Wollt ihr es darauf ankommen lassen?«

Heaven-Tanita war die Erste, die sich schmollend erhob und ihr Handy sowie ihren Fidget Spinner in den Karton legte. »Das ist echt fies, Frau Paulsen. Jetzt kann ich mich überhaupt nicht mehr mit meiner Freundin für die Pause verabreden.«

Angesichts ihrer Empörung kostete es mich alle Mühe,

einen ernsten Gesichtsausdruck beizubehalten. »Ihr werdet euch schon irgendwie finden.«

Nach und nach kamen alle Schüler zu mir, um ihre Habe abzugeben.

»Ziehen Sie uns das jetzt auch von der Pause ab, oder was?«, fragte Pawel, als er wieder an seinem Platz saß.

»Nein, ich bin ja kein Unmensch«, erwiderte ich freundlich. »Aber in der nächsten Stunde legt ihr eure Sachen bitte gleich zu Beginn in den Karton. Also, bevor wir noch mehr Zeit verlieren, kommen wir zu den Hausaufgaben.« Ich nahm mein Notizbuch zur Hilfe und las die Namen der elf Schüler vor, die in der letzten Stunde ihre Hausaufgaben nicht gemacht hatten und sie deswegen bis heute nachholen sollten. »Bringt doch bitte eure Hefte nach vorne, damit ich sehen kann, was ihr geschrieben habt.«

Ein paar kamen mit ihren Heften angetrottet. Ich warf einen schnellen Blick darauf, dann wandte ich mich an die anderen. »Was ist mit euch? Habt ihr es wieder nicht gemacht?«

Sie schüttelten die Köpfe.

»Wieso nicht? Pawel?«, fragte ich und sah ihn herausfordernd an.

»Keinen Bock.«

»Ja, das ist ja immer das Problem. Und ich habe dir gesagt, dass es mir egal ist, ob du Bock hast oder nicht. Aber wisst ihr was?« Nun wandte ich mich an alle. »Das stimmt nicht. Es ist mir nicht egal. Ich will, dass ihr Bock habt und dass ihr euch auf den Hintern setzt und lernt. Und ich möchte wissen, wie es sein kann, dass ihr keinen Bock habt, wenn es um eure eigene Zukunft geht. Darum, einen guten Abschluss zu machen.«

»Pff, Abi kriegen wir doch sowieso nich«, sagte Justin abfällig.

»Ich habe nicht vom Abitur geredet, sondern von einem guten Abschluss. Damit meine ich den für euch bestmöglichen Abschluss, ganz egal, welcher das ist. Und es gibt hier sehr wohl Kandidaten, die das Abitur machen können. Sofern sie sich endlich mal hinsetzen und anstrengen. Also erklärt es mir bitte: Warum habt ihr keinen Bock?«

»Weil Schule kacke ist«, stieß Justin hervor. »Und ich brauch eh keinen Abschluss. Ich werd nämlich YouTuber. Und da mach ich nur geile Sachen, wie Minecraft, Pranks oder Titten-Challenge.«

Für einen Moment war ich sprachlos. »Was zur Hölle ist das?«, fragte ich, doch kaum hatte ich es ausgesprochen, hob ich abwehrend die Hände. »Obwohl, nein, vergiss es. Ich will es gar nicht wissen. Du denkst also, als YouTuber braucht man keinen Schulabschluss?«

»Nee, die haben alle keinen Abschluss«, behauptete Heaven-Tanita prompt. »Dagi Bee oder Bibi von *BibisBeautyPalace* garantiert nicht. Wofür denn auch, die schminken sich doch eh nur.«

»Ich glaub, Bibi war Gymi«, warf Tülay ein.

»Tülay, ganze Sätze bitte«, sagte ich automatisch.

»Ich glaub, Bibi war auf Gymi«, korrigierte Tülay sich, und ich beließ es dabei.

»Wer von euch ist noch der Ansicht, dass man als YouTuber keinen Schulabschluss braucht?«

Alle, bis auf Maryam, Victoria und Meikel zeigten auf.

»Dann beweist es mir. Eure Hausaufgabe zum nächsten Mal lautet: Jeder von euch stellt mir drei YouTuber vor. Und dann sagt ihr mir, ob sie tatsächlich keinen Schulabschluss haben.« Ich notierte mir die Aufgabe in meinem Notizbuch. »Also, ihr habt keinen Bock, weil ihr eurer Meinung nach gar keinen Abschluss braucht. Gibt es noch andere Gründe?«

»Das ist alles megalangweilig«, sagte Pawel. »Wenn wir wenigstens was lernen würden, das wir später auch brauchen. Aber das hier hat doch gar nichts mit uns zu tun und mit Realität und so.«

»Ach nein? Wir beschäftigen uns in diesem Fach damit, wo und wie die Dinge angebaut werden, die ihr esst und trinkt. Mit dem Wetter, dem Klima und damit, wie Naturkatastrophen entstehen, die Zigtausende eurer Mitmenschen betreffen. Wir beschäftigen uns mit der Erde, die so freundlich ist, uns alle zu beherbergen, wofür sie von uns zum Dank geplündert und zerstört wird. Und das alles soll nichts mit euch und der Realität zu tun haben?«

Pawel war scheinbar noch nicht wirklich überzeugt, denn er sagte: »Ja, aber Beispiel in Mathe, bionomische Formeln und so. Das brauchen wir später nie wieder.«

»Zugegeben, manches, das ihr in der Schule lernt, braucht ihr im Alltag möglicherweise nicht. Aber ihr sollt zeigen, dass ihr in der Lage seid, euch auch mit komplexeren Dingen zu beschäftigen. Ihr sollt lernen, euer Gehirn anzustrengen. Das Leben wird euch immer wieder vor komplexe Aufgaben stellen und in Situationen befördern, die euch nicht passen, die ihr aber trotzdem lösen müsst. Also seid froh, dass ihr schon in der Schule dazu herausgefordert werdet, euch dem zu stellen.«

Die Klasse sah mich schweigend an.

»Aber wenn man aus'm Gheddo kommt, hat man eh keine Chance«, sagte Justin schließlich. »Egal, ob man Abschluss hat oder nich, Ausbildung kriegen wir sowieso nich.«

»Das stimmt doch gar nicht«, protestierte ich, obwohl mir klar war, dass es bei vielen Arbeitgebern natürlich einen Unterschied machte, ob man ein Abschlusszeugnis von der Stadtteilschule in Blankenese oder Ellerbrook hatte. Aber sollte ich meine Schüler etwa noch mutloser machen? »Oder willst du behaupten, dass alle ehemaligen Schüler dieser Schule auf der Straße sitzen? Und damit komme ich zum Ausgangspunkt zurück. Gebt euer Bestes, strengt euch an. Es ist euer Leben, ihr entscheidet, was ihr daraus macht.« Ich wusste nicht, ob ich meine Schüler mit diesen Worten wirklich erreicht hatte oder nicht. Auf jeden Fall verrieten ihre Gesichter eindeutig, dass ich ihnen etwas zum Nachdenken gegeben hatte. »Ach so, und noch was. Alle, die die Hausaufgabe heute schon wieder nicht hatten: Ihr holt das bis zum nächsten Mal nach. Und zusätzlich schreibt ihr eine Seite über die Palmöl-Gewinnung.«

»Boah ey, was sollen wir denn noch alles machen?«, meckerte Pawel.

»Tja. Ätzend, oder? Wenn ihr es nicht macht, werden es beim nächsten Mal zwei Seiten. Und dieses Spielchen spielen wir so lange weiter, bis jeder von euch die Hausaufgabe erledigt hat. So, und jetzt fangen wir endlich an. Wir haben noch viel zu tun in diesem Schuljahr.«

In den kommenden Tagen zog ich meine neue Linie in allen Klassen durch. Ich konnte noch nicht einschätzen, ob sich dadurch dauerhaft etwas ändern würde, aber fürs Erste zeigten die Regeln Wirkung. Es wurde wesentlich ruhiger, sodass ich nicht mehr den ganzen Tag lang schreien musste, und selbst wenn die Schüler nicht von heute auf morgen superinteressiert und engagiert wurden, hörten sie doch immerhin zu. Und ich erkannte eine deutliche Besserung bei den Hausaufgaben. Apropos, bei meiner YouTuber-Aufgabe hatten die Schüler der 9c zu ihrem Erschrecken festgestellt, dass so gut wie alle der von ihnen so verehrten Stars einen Schulabschluss und eine abgeschlossene Ausbildung hatten. Und ich vermutete, dass nicht zuletzt diese Erkenntnis ihnen einen Motivationsschub gegeben hatte.

Mir war bewusst geworden, dass es einen Trick gab, mit dem ich für Ruhe und Ordnung sorgen konnte: Ich musste die Schüler beschäftigt halten. Sobald es Leerläufe gab, weil ich die Stunde schlecht geplant hatte oder ich mich länger um die langsameren Schüler oder Förderkinder kümmern musste oder weil ich mit den schnelleren Schülern den Stoff etwas intensiver durchnahm, wurde es laut. Also versuchte ich dafür zu sorgen, dass jeder Schüler jederzeit beschäftigt war. Was mich allerdings dazu zwang, meinen Unterricht viel besser vorzubereiten, als ich das bislang getan hatte. Das wiederum bedeutete, dass ich viel mehr Zeit dafür benötigte. Kurzum: Mein Leben war ganz schön stressig geworden.

Hinzu kam die Musical-AG, die auch noch den letzten Rest von Freizeit auffraß. Meine Anfragen bei Musical-Theatern waren fruchtlos geblieben. Ich hatte tausend Telefonate geführt, Mails geschrieben und Besuche abgestattet, um das Projekt vorzustellen und um Unterstützung zu bitten. Doch wie sich herausstellte, war ich nicht die Erste, die auf diese Idee gekommen war. Ein Theater nach dem anderen lehnte ab, da es bereits eine oder mehrere andere Schulen betreute.

»Ich habe keine Ahnung, wie ich das ohne professionelle Hilfe schaffen soll. Wir brauchen dringend einen Paten für das Projekt«, jammerte ich, als ich bei meinen Eltern zum Essen war.

Meine Mutter sah mich mitleidig an und schaufelte mir gleich noch einen weiteren Löffel Sahnesauce über meine Pasta. »Das wird schon alles. Wobei es mich immer noch wundert, dass du ausgerechnet eine Musical-AG gegründet hast. Du mit deiner klassischen Klavierausbildung und all den Jahren am Konservatorium. Warum hast du nicht ein Schulorchester gegründet? Oder einen Chor? Das würde deinen Fähigkeiten und Interessen doch viel mehr entsprechen.«

»Ihr wisst genau, dass ich moderne Musik und Musicals genau so sehr liebe wie Klassik«, ereiferte ich mich.

Meine Eltern tauschten einen Blick, dann sagte mein Vater: »Ist ja gut, Anni. War doch nicht böse gemeint. Du hast dir mit diesem Musical auf jeden Fall extrem viel aufgeladen. Was ist denn mit diesem Jungen, der damals in deiner Klasse war, dieser Tristan? Der ist doch Theaterregisseur. Frag ihn doch, ob er dir helfen kann.«

Mein Herz setzte einen Schlag lang aus, und augenblicklich fing es in meinem Magen an, unangenehm zu kribbeln. Tristan fragen? Als wäre mir dieser Gedanke nicht schon selbst gekommen. Als hätte ich nicht in den vergangenen Tagen immer wieder sein Gesicht vor mir gesehen. Mehr und mehr hatte er sich in meinen Kopf geschlichen und war darin lebendiger als je zuvor. Tristans Namen nun auch noch von meinem Vater zu hören, machte das Ganze so konkret für mich, dass ich es nicht mehr ignorieren konnte.

Tristan war schon zu Schulzeiten ein Theater-Freak gewesen und hatte sogar eine eigene kleine Gruppe geleitet, mit der er Stücke inszeniert und aufgeführt hatte. Nachdem ich die Schule gewechselt hatte, hatten wir zwar keinerlei Kontakt mehr zueinander gehabt, aber so traurig es war – ich hatte in den all den Jahren seinen Weg mitverfolgt und alle Artikel über ihn gelesen, die es im Internet zu lesen gab. Nach dem Abitur hatte er an einer renommierten Schauspielschule Regie studiert, anschließend als Regieassistent gearbeitet und schließlich im letzten Jahr erstmalig in Eigenverantwortung ein Stück inszeniert. Er war freiberuflich tätig und zog von einem Engagement zum nächsten: von Berlin über Weimar, Passau, Gelsenkirchen und Stuttgart zurück nach Hamburg. Als ich gelesen hatte, dass er an einem kleinen Theater hier in der Stadt das Stück *Andorra* inszenierte, war mir beinahe das

Herz stehen geblieben. Vor ein paar Wochen war Premiere gewesen. Ich war kurz davor gewesen, hinzugehen, aber letzten Endes hatte ich es doch nicht getan.

Und ausgerechnet Tristan, den hochintellektuellen Nachwuchs-Regisseur, sollte ich nun um Hilfe bei der Inszenierung eines *Musicals* bitten, das von weitestgehend talentfreien Laien in der verranzten Aula einer Brennpunktschule gespielt werden würde? Niemals! Seine Antwort konnte ich mir jetzt schon ausmalen. Vor allem, wenn ausgerechnet *ich* ihn um Hilfe bat. Das seltsame Mädchen, das ihn jahrelang angehimmelt und ihm am letzten Schultag seine Liebe gestanden hatte. Schlimmer noch: das Mädchen, das heulend weggelaufen war, nachdem er ihm einen Korb gegeben hatte.

»Hallo? Jemand zu Hause?«, riss mich die Stimme meiner Mutter aus den Gedanken.

»Tristan kommt überhaupt nicht infrage. Außerdem weiß ich ja auch gar nicht, wo er momentan steckt«, log ich. »Der reist doch ständig herum.«

»Oho!«, rief meine Mutter. »Hast du ein Glück. Er ist nämlich in Hamburg.«

Mist. »Ach ja? Na, das ist ja … eine Überraschung.«

»Ja, ich habe neulich seine Mutter beim Einkaufen getroffen, und sie hat gesagt, dass er momentan in der Stadt ist und sich *zwischen zwei Engagements* befindet, wie sie es genannt hat.«

»Also ist er arbeitslos«, stellte mein Vater fest.

Meine Mutter winkte ungeduldig ab. »Wie auch immer. Helfen könnte er dir jedenfalls schon.«

»Ja, aber ich will es trotzdem nicht.«

»Hast du denn eine Wahl? Du hast doch schon ganz Hamburg gefragt. Ohne Erfolg«, sagte meine Mutter. »Und du hast selbst gesagt, dass du professionelle Hilfe brauchst, um diese

Aufführung perfekt zu machen. Du weißt doch: Wenn du es nicht perfekt machen kannst, dann mach es gar nicht.«

Mit diesen Worten war ich aufgewachsen. Ich hatte sie von klein auf vorgebetet bekommen. Irgendwann war mir diese Einstellung in Fleisch und Blut übergegangen, bis ich schließlich an einem Punkt angelangt war, an dem ich es nicht mehr ausgehalten hatte. Ich hatte es sattgehabt, ständig einem Ideal nachzujagen, das ich sowieso nicht erreichen konnte. Aber jetzt hatte ich den Ehrgeiz und den Siegeswillen in mir wiederentdeckt, und ich wollte die Musical-Aufführung perfekt machen. Unbedingt. Alles in mir rebellierte zwar gegen den Gedanken, Tristan um Hilfe zu bitten. Aber so wie es aussah, war er meine einzige Hoffnung. Der einzige Profi, der sich eventuell durch unsere persönliche Bekanntschaft dazu bewegen lassen würde, mir zu helfen. »Also gut«, sagte ich schließlich. »Es wäre nett, wenn du Tristans Mutter nach seiner Adresse fragen könntest.«

»Natürlich.« Meine Mutter stand auf und ging nach nebenan, um zu telefonieren. Kurz darauf kehrte sie mit einem Zettel zurück. »Hier sind sämtliche Kontaktdaten von Tristan. Er wohnt in Blankenese, in einem Haus im Treppenviertel.«

Ungläubig lachte ich auf. »Bitte? Wo will er denn die Kohle dafür herhaben? Ich glaube kaum, dass man am Theater so viel verdient.« Meine Mutter zuckte nur mit den Schultern.

Ich starrte auf den Zettel in meiner Hand. Oh Mann, ich würde tatsächlich Tristan Franke nach elf Jahren der Kontaktlosigkeit um seine Hilfe bitten. Wie es aussah, waren meine Not und Verzweiflung inzwischen unendlich groß.

Tristan ist ganz schön alt geworden!

Drei Tage später stand ich spätnachmittags vor dem Badezimmerspiegel und ließ mir von Nele, die extra früher von der Arbeit gekommen war, eine hübsche Frisur machen. Denn heute würde ich es tun. Ich würde zu Tristan nach Blankenese fahren und ihn bitten, mir bei der Musical-Inszenierung meiner AG zu helfen. Nachdem ich in den letzten drei Tagen stundenlang das Telefon angestarrt, den Hörer in die Hand genommen und wieder aufgelegt hatte, war mir klar geworden, dass ich es nicht übers Herz bringen würde, ihn anzurufen. Für viele Menschen mochte Telefonieren einfacher sein als der persönliche Kontakt, aber ich hasste es. Vor allem, wenn es um unangenehme Gespräche ging.

»Ich kann immer noch nicht fassen, dass du ihn heute wiedersiehst«, sagte Nele zum mindestens vierhundertsten Mal und piekste mir vor Aufregung mit einer Haarnadel in die Kopfhaut.

»Aua!«

»Tschuldigung«, sagte sie und konzentrierte sich wieder auf ihre Arbeit. »Ich finde das nur so spannend. Am liebsten würde ich mitkommen.« Nele hatte schnell gemerkt, wie schwer es mir fiel, Tristan um Hilfe zu bitten, und wie sehr es mir vor einer Begegnung mit ihm graute. Also hatte sie sich zu meinem Mental Coach ernannt. »Du musst unbedingt gelassen rüberkommen«, erzählte sie mir zum etwa viertausendsten Mal. »Ich weiß ja, dass es eine ziemlich große Sache für dich ist, ihn wiederzutreffen, aber lass dir das bloß nicht anmerken. Ihr habt euch seit elf Jahren nicht gesehen, natürlich bist du interessiert und neugierig, aber auf keinen Fall nervös. Okay?«

»Ich gebe mein Bestes«, sagte ich und versuchte, das laute Pochen meines Herzens und die eiskalten Finger zu ignorieren.

»Gut. Denn schließlich ist er ja gar nichts Besonderes für dich. Sag es noch mal, bitte.«

»In den letzten elf Jahren habe ich kaum an Tristan Franke gedacht«, betete ich mein mit Nele einstudiertes Mantra herunter. »Über meine alberne Schulmädchenschwärmerei kann ich heute herzlich lachen. Ähm ...«

»Die heutige Begegnung ...«, half Nele.

Trotz meiner Nervosität musste ich kichern. »Wer von uns ist hier eigentlich die Lehrerin? Also, die heutige Begegnung wird mich ganz sicher nicht aus der Bahn werfen. Ich bin eine selbstbewusste, stolze und kluge Frau und stehe über allem.«

»Sehr gut. Und was machst du, wenn er Nein sagt?«

»Ein Nein werde ich nicht akzeptieren.«

»Braves Mädchen.« Nele steckte die letzte Haarnadel fest, dann drehte sie mich an den Schultern zu sich herum. »Du siehst hammermäßig aus. Ganz lässig, als hättest du kaum einen Gedanken auf dein Outfit verschwendet. Aber trotzdem sexy.«

»Ich habe ja auch keinen Gedanken auf mein Outfit verschwendet. Das hast du für mich gemacht.« Nele hatte sich Ewigkeiten den Kopf darüber zerbrochen und sich letzten Endes für blickdichte schwarze Strümpfe, halbhohe Stiefel, einen grauen Minirock und ein eng anliegendes hochgeschlossenes schwarzes Langarmshirt entschieden. Ich war dezent geschminkt, und Nele hatte meine Haare zu einem lockeren Dutt aufgesteckt.

»Ich will das überhaupt nicht machen«, stöhnte ich. »Kann ich nicht bei dir bleiben, und wir backen was Schönes?«

»Nein, Anni, Schluss damit. Jetzt reiß dich mal zusammen. Du hast selbst gesagt, dass du seine Hilfe nötig hast. Also geh hin und hol ihn dir. Äh, sie. So, und jetzt ab mit dir.«

Ich zog meinen Mantel an und hängte mir meine Tasche über die Schulter. Dann umarmte ich Nele kurz zum Abschied, wobei sie mir dreimal angedeutet über die Schulter spuckte und »Toi, toi, toi« sagte.

»Wird schon schiefgehen«, behauptete ich, aber es war ein ziemlich kümmerlicher Versuch, mir selbst Mut zu machen.

Ich fuhr mit der S-Bahn nach Blankenese und hörte in Dauerschleife *Roar* von Katy Perry, um mich auf die kommende Begegnung einzustimmen. Das Herz schlug mir bis zum Hals, und ich war so nervös, dass ich das Gefühl hatte, mich übergeben zu müssen. Wie lautete noch mal mein Mantra? Ich kramte in meinem Hirn nach Neles Worten. ›*Ich bin eine selbstbewusste, stolze, kluge Frau und stehe über allem.*‹

In Blankenese stieg ich um in den 48er-Bus, der sich durch die steilen und engen Gassen des Treppenviertels schlängelte und deswegen von den Blankenesern liebevoll Bergziege genannt wurde. Ich liebte das Treppenviertel, doch heute hatte ich keinen Sinn für die Schönheit der alten Kapitänshäuser, die sich eng an die Hänge schmiegten, oder für die romantischen Gärten mit ihren Hecken und Bäumen, deren Laub sich allmählich bunt färbte. Ja, nicht mal die Elbe nahm ich wahr, die von meinem inneren Aufruhr völlig unbeeindruckt ihren Weg in Richtung Nordsee verfolgte. An der Haltestelle *Krögers Treppe* stieg ich aus und ging den Rest des Weges zu Fuß. Für meinen Geschmack viel zu schnell stand ich vor dem Haus mit der Nummer 18. Mein erster Gedanke war: ›Oh nein, es brennt Licht. Er ist also da.‹ Ich versuchte mein wild schlagendes Herz zu ignorieren, atmete noch mal tief durch und drückte auf die Klingel. Erst mal passierte gar nichts, und ich dachte schon, Tristan wäre vielleicht doch nicht zu Hause. Doch dann hörte ich, wie im Haus etwas rumpelte, und kurz darauf öffnete sich die Tür.

Und dann stand er vor mir – Tristan Franke, der Junge, in den ich hoffnungslos verliebt gewesen war. Der Junge, den ich nie hatte vergessen können. Nur, dass er kein Junge mehr war. Sondern ein Mann. Obwohl ich Fotos von ihm im Internet gesehen hatte, war es etwas völlig anderes, ihn jetzt leibhaftig vor mir zu haben. Wie immer in entscheidenden Situationen schaltete mein Hirn in den Leerlauf. Ich starrte Tristan einfach nur an, registrierte seine hochgewachsene Gestalt, sein Gesicht, das kantiger geworden war und auf dem der dunkle Schatten eines Drei-Tage-Bartes schimmerte. Seine klugen grauen Augen, um die herum sich ein paar Lachfältchen eingegraben hatten, die früher noch nicht da gewesen waren. Die markanten Augenbrauen, die braunen Haare, die er jetzt viel kürzer trug.

Bei meinem Anblick hatte Tristan zunächst verwirrt die Stirn gerunzelt, doch dann klärte sein Gesichtsausdruck sich auf, und er musterte mich ebenso eingehend wie ich ihn.

»Du bist aber ganz schön alt geworden«, platzte es aus mir heraus, und am liebsten wäre ich auf der Stelle im Erdboden versunken.

Tristan hob die Augenbrauen. »Annika Paulsen. Charmant und weltgewandt wie eh und je.«

»Ich meine nicht *alt*, ich meine ... eher groß«, stammelte ich. »Nein, das trifft es auch nicht, ich meine, eher erwachsen.«

»Schon gut. Ich weiß, was du meinst, du bist schließlich auch ganz schön alt, groß und erwachsen geworden.«

Erst jetzt merkte ich, wie fest meine Hand sich um den Henkel meiner Tasche klammerte. Mein Herz überschlug sich beinahe, und ich fürchtete, dass ich auf der Stelle umkippen würde, wenn es sich nicht endlich beruhigte. Angesichts meiner eigenen Nervosität wurde mir erst bewusst, wie gelassen Tristan wirkte. »Du scheinst gar nicht überrascht zu sein.«

»Meine Mutter hat mir erzählt, dass deine Mutter sie nach meinen Kontaktdaten gefragt hat. Ich habe also durchaus damit gerechnet, dass du dich meldest. Allerdings hätte ich erwartet, dass du mich anrufst oder anschreibst, statt unangemeldet vor meiner Tür zu stehen.« Ein Lächeln machte sich auf seinem Gesicht breit.

Er sah immer noch toll aus. Zumindest in meinen Augen. Im herkömmlichen Sinne galt er wahrscheinlich nicht unbedingt als attraktiv, von einem Model oder Hollywood-Star war er weit entfernt. Dafür war er zu schlaksig, seine Nase ein bisschen zu groß, sein Kinn etwas zu fliehend. Aber für mich war er trotzdem schon immer der schönste Mann auf der ganzen Welt gewesen. ›Jetzt hör sofort auf damit und reiß dich zusammen‹, rief ich mich zur Ordnung. Ich räusperte mich. »Ja, ich dachte, ich schau einfach kurz vorbei.«

»Soso. Tja, dann ... Komm doch rein.« Tristan ging einen Schritt zur Seite und ließ mich eintreten.

Ich folgte ihm ins Wohnzimmer, das genauso aussah, wie ich mir das Paradies vorstellte. Es war hell, der Boden mit Parkett ausgelegt. Vor dem Fenster standen ein gemütliches altes Sofa, ein dicker Ohrensessel und ein Beistelltisch. Ansonsten gab es in diesem Zimmer nur Bücher. An den Wänden standen Regale, die bis zur Decke reichten und Bücher über Bücher über Bücher enthielten.

»Setz dich doch«, sagte Tristan und deutete auf das Sofa.

Ich nahm auf der äußersten Kante Platz und stellte meine Tasche neben mir ab.

»Willst du etwas trinken?«

Ich nickte.

»Wasser? Tee? Kaffee? Wein?«

Mir war nach einem Schnaps zumute, von mir aus sogar einem von Irinas höllenscharfen Mexikanern. Also entschied ich mich für die einzige alkoholische Variante, die Tristan angeboten hatte. »Ein Wein wäre nett.«

»Rot oder Weiß?«

Meine Güte, was stellte der denn so viele Fragen? Es war mir völlig egal. Andererseits hasste ich es, wenn jemand auf eine Frage mit ›mir egal‹ antwortete, also sagte ich: »Rot, bitte.«

Tristan verschwand und kehrte kurz darauf mit einer Flasche und zwei Gläsern zurück. Er setzte sich neben mich, schenkte uns ein und reichte mir dann eins der Gläser. Wir prosteten uns nicht zu, sondern tranken einfach. Ich nahm gleich zwei Schlucke, auch auf die Gefahr hin, dass das unkultiviert wirkte.

»Meine Mutter hat erzählt, dass du Lehrerin geworden bist«, sagte Tristan in die Stille hinein. »An einem Elite-Gymnasium.«

»Das stimmt. Allerdings arbeite ich momentan an einer anderen Schule.«

Er musterte mich nachdenklich. »Dass ausgerechnet du Lehrerin geworden bist, kann ich kaum glauben.«

Ich spürte wieder diesen Stein in meinem Magen, doch ich ließ keine Erinnerung zu, sondern machte meinen Rücken gerade und hob das Kinn in die Höhe. »Wieso nicht?«

Er machte eine unbestimmte Handbewegung. »Na ja, nach allem, was war, hätte ich nicht gedacht, dass du …« Mitten im

Satz hielt er inne und schien nach Worten zu suchen. »Wie ist es dir damals nach dem Wechsel an die neue Schule eigentlich ergangen?«

»Sehr gut. Ich habe mich oft gefragt, wieso ich nicht viel früher gewechselt habe.« Das war gelogen, denn ich wusste ganz genau, wieso. Nämlich nicht zuletzt seinetwegen.

»Schön. Das freut mich. Aber diese Lehrerinnen-Sache ... Du warst doch immer so musikalisch. Begabtenförderung am Konservatorium, *Jugend musiziert* und so. Ich dachte, du wolltest was mit Musik machen.«

»Das mache ich ja auch. Ich habe Musik studiert und bin Musiklehrerin.«

Tristan zögerte, dann sagte er: »Ja, aber war es nicht dein Ziel, Pianistin zu werden?«

Ich hob die Schultern. »Da sind die Jobs rar gesät. Und dafür war ich schlicht und ergreifend nicht gut genug.«

»Ach so.« Fast glaubte ich, so etwas wie Enttäuschung in Tristans Gesicht zu sehen.

»Es kann ja nicht jeder so ein Überflieger sein wie du. Ich meine, wow. Herr Theaterregisseur. Du hast es tatsächlich geschafft.«

»Ich habe es noch lange nicht geschafft. Aber ich arbeite daran.«

»Du tust, was du liebst. Das ist doch toll.« Ich ließ meinen Blick durch den Raum schweifen. »Ganz schön nobel, wie du lebst.«

»Das Haus gehört nicht mir, sondern meinem Onkel. Er ist für ein Jahr in Japan, ich bin nur der Housesitter.« Er lachte. »Glaub mir, so gut verdient man am Theater nicht.«

Ha! Hatte ich es doch gewusst.

»Und wie läuft es sonst so bei dir?«, wollte Tristan wissen. »Bist du verliebt, verlobt, verheiratet, hast du Kinder?«

»Nichts von alldem. Und du?«, fragte ich, obwohl ich zumindest wusste, dass er nicht verheiratet war.

»Auch nicht.«

Ich nickte möglichst gleichgültig und ärgerte mich insgeheim darüber, dass ich so etwas wie Freude darüber empfand, dass er Single war.

Wir griffen beide nach unserem Rotwein und tranken einen Schluck. Es war so merkwürdig, nach all den Jahren wieder neben Tristan zu sitzen, ihn anzusehen, mit ihm zu reden. Er war auf seltsame Art noch genauso wie früher und zugleich ganz anders. Eins hatte sich allerdings definitiv nicht geändert: meine Befangenheit ihm gegenüber.

Er wippte ungeduldig mit dem Bein und trommelte mit den Fingern auf seinem Oberschenkel herum.

»Und was machen die anderen so?«, erkundigte ich mich.

»Welche anderen?«

»Na, die aus unserer Klasse. Zum Beispiel Cedrick, Christian, Maria oder …« Ein Schauder lief mir über den Rücken. »Nadine.«

Tristan hielt in seiner Bewegung inne. »Woher soll ich das wissen? Ich habe die alle seit dem Abi nicht mehr gesehen.«

»Wieso denn nicht? Also, ich habe noch Kontakt zu den Leuten, mit denen ich Abi gemacht habe«, sagte ich beinahe ein bisschen prahlerisch. »Zumindest zu meinen engsten Freundinnen. Und die anderen habe ich neulich noch auf einem Abitreffen gesehen.«

»Das freut mich für dich. Aber mir sind die Leute, mit denen ich Abi gemacht habe, völlig egal. Das waren sie damals schon, und heute sind sie es erst recht.«

Natürlich. Eigentlich hätte ich mir das denken können. Er war immer eher ein Einzelgänger gewesen. Das war unsere größte Gemeinsamkeit.

»Wie geht es dir denn überhaupt?«, fragte er mit ungeduldigem Unterton. »Bist du glücklich? Hast du erreicht, was du erreichen wolltest, oder bist du auf dem Weg dahin? Bist du zufrieden mit der Person, die du geworden bist?«

Für einen Moment starrte ich ihn sprachlos an. Was waren denn das bitte für Fragen? Nicht nur, dass ich die Antworten darauf nicht mal ansatzweise wusste – wir hatten uns seit elf Jahren nicht gesehen, und nun wollte er tiefschürfende Gespräche führen? »Smalltalk war ja noch nie dein Ding, wenn ich mich recht erinnere«, stellte ich fest, ohne auf seine Fragen einzugehen.

»Nein, war es nicht. Und außerdem kann ich mir auch nicht vorstellen, dass du nach elf Jahren plötzlich bei mir auf der Matte stehst, um Smalltalk zu führen.« Tristan stellte sein Weinglas auf dem Tisch ab und wandte sich dann mir zu. »Also können wir jetzt bitte darüber reden, warum du hergekommen bist?«

Er hatte ja recht. Es war an der Zeit, mit dem Rumgeeiere aufzuhören. Das Problem war nur, dass es mir noch tausendmal schwerer fiel, als ich erwartet hatte. Ich holte tief Luft und sagte dann: »Ich brauche deine Hilfe.«

»Meine Hilfe?«, fragte er verwundert. »Wobei?«

Ich zupfte ein unsichtbares Fusselchen von meinem Rock. »Bis zum letzten Schuljahr habe ich am Werther-Gymnasium gearbeitet, doch dann bin ich an die Astrid-Lindgren-Schule in Ellerbrook versetzt worden. Hast du von der Schule schon mal was gehört?«

»Wer hat das nicht? Heißes Pflaster, was?«

»Es ist schon heftig, ja. Aber die Berichte in den Medien sind übertrieben. *So* schlimm ist es dort auch wieder nicht.«

»Okay. Aber was habe ich damit zu tun?«

»Ich habe an der ALS eine Musical-AG gegründet. Wir haben gerade erst angefangen, und im Mai soll schon Premiere sein. Und ich habe mich mit diesem Projekt ganz schön übernommen. Ich kann zwar einen Chor leiten, Gesangscoaching geben und eine Orchesterpartitur schreiben, aber von Schauspiel, Tanz, Inszenierung und Technik habe ich leider ... wenig Ahnung.«

»Also gar keine.«

»Ähm ... nein. Ich habe schon viel delegiert, Tanz, Band und Technik, aber ...«

»Was ist mit dem Bühnenbild?«

»Darum kümmere ich mich noch.«

»Aha.«

»Die Schüler sind zwar motiviert, aber es fehlt ihnen an Erfahrung. Und ich weiß einfach nicht, wie ich ihnen auch noch das Theaterspielen beibringen soll.« Mit klopfendem Herzen wartete ich auf seine Reaktion.

Er sah mich schweigend an, als würde er seinerseits darauf warten, dass ich weiterredete. Als nichts von mir kam, sagte er schließlich: »Ich kenne leider niemanden wirklich gut, der Erfahrung in Musical-Regie hat. Aber ich kann dir ein paar Bücher leihen, die helfen dir vielleicht weiter. Und ich habe lockere Kontakte zum Schmidt Theater, ich könnte dort mal fragen, ob ...«

»Da habe ich schon gefragt«, fiel ich Tristan ins Wort. »Die haben keine Zeit, weil sie schon mit mehreren anderen Schulen zusammenarbeiten. Und Bücher kann ich mir auch selbst besorgen.«

»Na gut, dann höre ich mich woanders um. Aber ich kann dir nichts versprechen.«

Musste er es mir denn unbedingt noch schwerer machen, als es ohnehin schon war? »Um ehrlich zu sein, hatte ich gehofft, dass *du* mir hilfst. Also uns, genauer gesagt. Um es kurz zu machen: Ich bin hier, um dich zu fragen, ob du die Regie führen würdest.«

Tristan blieb der Mund offen stehen, und er starrte mich für volle fünf Sekunden an. »*Ich* soll Regie führen? Bei einem *Musical*? Aufgeführt von einer Laien-Schülertruppe? Soll das ein Witz sein?«

Das war genau die Reaktion, mit der ich insgeheim gerechnet hatte. Am liebsten wäre ich aufgestanden und gegangen, aber Nele würde mich umbringen, wenn ich zu schnell aufgab. Und ich war es mir auch selbst schuldig, zu kämpfen. Auf keinen Fall würde ich mir eine weitere Abfuhr von Tristan abholen. »Nein, das soll kein Witz sein. Wenn ich es richtig verstanden habe, hast du momentan kein Engagement. Zeit hättest du also.«

»Das kann sich aber täglich ändern.«

»Das Risiko nehme ich in Kauf.«

»Ja, aber ich werde ganz sicher nicht Regie bei einem *Musical* führen!«, rief Tristan entnervt.

»Wieso nicht? Bei der *Dreigroschenoper* hast du doch auch die Regieassistenz gemacht, oder nicht?«

»Erstens scheinst du ja sehr gut informiert zu sein, und zweitens willst du Brechts *Dreigroschenoper* doch hoffentlich nicht ernsthaft als Musical bezeichnen.«

»Okay, vielleicht nicht. Aber Musicals haben ihren schlechten Ruf völlig zu Unrecht.«

»Ach ja? *Hakuna Matata. I feel pretty, oh so pretty. Es grünt so grün, wenn Spaniens Blüten blühen.* Herzschmerz, flache Charaktere, kitschtriefende Musik und Darsteller, die völlig grundlos wie Geisteskranke über die Bühne hopsen. Warum genau sollte ich mir meinen Ruf, den ich mir hart erarbeitet habe, damit versauen, dass ich mich für so etwas hergebe?«

Allmählich verflüchtigte sich die Ehrfurcht, die ich angesichts des Wiedersehens mit Tristan empfunden hatte. Stattdessen machte sich ein anderes Gefühl in mir breit. Nämlich Wut. »Es ist extrem arrogant und völlig unangebracht, so herablassend über Musicals zu sprechen. Sie berühren die Herzen von Millionen von Menschen, sie machen sie glücklich. Allein deswegen haben sie eine Existenzberechtigung.«

»Du bist doch immer die Klassik-Tante gewesen. Ich kann einfach nicht glauben, dass du ...«

»Ich habe Musicals, Pop und Rock immer schon genauso sehr geliebt wie Klassik. Und ich werde es nicht zulassen, dass du so herablassend über etwas sprichst, das ich liebe.«

Tristan fuhr sich mit der Hand durchs Haar und atmete laut aus. »Also schön, es tut mir leid. Okay? Es tut mir aufrichtig leid. Ich wollte weder dich beleidigen noch das, was du tust und liebst. Aber trotzdem muss ich leider Nein sagen. Sorry.«

»Ich will mich mit diesem Projekt für den Hamburger Schultheaterpreis bewerben. Die Gewinner dürfen ihr Stück im Schauspielhaus aufführen. Und wenn du mal googelst, wirst du feststellen, dass darüber extrem viel in den Medien berichtet wird.«

In Tristans Blick schlich sich so etwas wie Interesse. Doch dann schüttelte er den Kopf. »Und wie kommst du darauf, dass du diesen Preis gewinnen kannst? Da werden sich Schulen bewerben wie dein Werther-Gymnasium. Die werden die *Dreigroschenoper* aufführen oder was von Goethe oder Lessing. Und die willst du mit einem schlecht gesungenen *Hakuna Matata* ausstechen?«

»Was soll das mit *Hakuna Matata*?«, fragte ich unwirsch. »Wir führen nicht den *König der Löwen* auf.«

»Sondern?«

»Das Stück heißt *Elecs Geheimnis*, es hat bereits einen Preis gewonnen und ...«

»Du willst also einen Preis mit einem Stück gewinnen, für das bereits jemand anderes einen Preis gewonnen hat?«

Verdammt. Von der Warte hatte ich es noch gar nicht betrachtet. »Es geht bei diesem Preis doch nicht nur um das Stück, sondern auch um das Projekt an sich. Und unser Projekt ist großartig. Wir bringen damit Schüler zusammen, die einen ganz unterschiedlichen Background und ganz unterschiedliche Probleme haben. Es sind Flüchtlinge dabei, ehemalige Schulverweigerer, Kiffer, Außenseiter und ganz gewöhnliche Schüler. Und sie alle arbeiten gemeinsam im Team. Das Projekt gibt ihnen das Gefühl, dass sie etwas auf die Reihe kriegen und dass nicht alles im Leben sinnlos ist. Der Überzeugung sind nämlich viele von ihnen.«

»Hast du das aus deinem Bewerbungsschreiben für den Preis?«

»Es ist doch völlig egal, woher ich das habe. Fakt ist: Dieses Projekt ist eine wirklich gute Sache, und wenn du dabei mitmachst, ist das garantiert ein dicker Bonuspunkt in deinem Lebenslauf. So etwas ist doch super fürs Image.«

Tristan rieb sich das Kinn. Hinter seiner Stirn schien es heftig zu arbeiten, und ich spürte, dass ich ihn fast so weit hatte.

›Du willst es doch auch. Sag Ja‹, feuerte ich ihn im Stillen an.

»Wie hoch ist das Budget?«

Ich nannte ihm die Summe, die Herr Sandmann mir zugesagt hatte.

»Wie bitte?«, fragte Tristan entsetzt. »Das ist nicht dein Ernst!«

»Das Geld ist halt knapp an unserer Schule.«

»Und wovon willst du dann das Bühnenbild bezahlen,

Kostüme, Technik? Ich wette, die Aula eurer Schule hat genau zwei Scheinwerfer und ein Mikro. Bei einem Musical brauchst du definitiv mehr, da brauchst du Pomp, fette Kulissen, einen richtig guten Sound und ...«

»Dir ist aber schon bewusst, dass wir nicht die Stage Entertainment GmbH sind, oder?«

»Ja, natürlich. Aber ohne Kohle kann ich leider rein gar nichts machen. Mal ganz abgesehen davon, dass ich heute nicht weiß, wo ich in drei Tagen, Wochen oder Monaten sein werde. Schließlich und endlich will ich es auch einfach nicht. Ich will kein Musical inszenieren, denn wenn ich das täte, könnte ich mich in der Szene nirgends mehr blicken lassen.«

»Und wenn du es für die Kinder tust?«, wagte ich einen neuen Versuch. »Es wäre so eine riesengroße Sache für sie, mit einem richtigen Regisseur zusammenzuarbeiten.«

»Es tut mir wirklich leid. Aber ich höre mich um, okay? Es wird sich bestimmt jemand finden.« Tristans graue Augen, in denen ich früher regelmäßig versunken war, blickten mich unnachgiebig an.

Allmählich erkannte ich, dass ich heute nichts mehr erreichen würde. Aber ich war nach wie vor nicht bereit, ein Nein zu akzeptieren. »Dann schlaf halt noch eine Nacht darüber. Ich komme morgen noch mal vorbei, und dann sagst du mir, wie du dich entschieden hast.«

»Ich habe mich bereits entschieden, Annika«, sagte Tristan und stand auf. »Ich kann dich natürlich nicht davon abhalten, morgen wiederzukommen, aber meine Antwort wird dieselbe sein.« Damit ging er zur Tür, und mir blieb nichts anderes übrig, als meine Tasche zu nehmen und ihm zu folgen. Ich trat hinaus in die kühle Abendluft und drehte mich noch mal zu ihm um. »Tja, dann ...« Hilflos hielt ich inne, denn ich hatte keine Ahnung, was ich jetzt sagen sollte.

»War wirklich schön, dich mal wiedergesehen zu haben«, meinte Tristan. »Und es tut mir leid, dass ich dir nicht helfen kann.«

»Du kannst schon«, stellte ich klar. »Dann mach's gut, Tristan.«

»Du auch. Trotzdem alles Gute für dein Projekt. Na ja, und für dein Leben. Es freut mich, dass du …« Er unterbrach sich mitten im Satz, und seine unnachgiebige Miene wurde weicher. »Dass es dir gut geht«, fuhr er in sanftem Tonfall fort.

Für ein paar Sekunden verfingen sich unsere Blicke, und ich fühlte mich zurückkatapultiert in eine frühere Zeit. Es war alles genauso wie damals. Das Herzklopfen, die weichen Knie. Er war noch immer in der Lage dazu, mit nur einem Blick oder einem Wort ein Gefühlschaos bei mir auszulösen. Ich nickte langsam. »Eine Frage noch: Wenn ich nicht an der Astrid-Lindgren-Schule unterrichten würde, sondern am Werther-Gymnasium – hättest du dann auch Nein gesagt?« Damit drehte ich mich um, trat durch das Tor und stieg die Treppen hinunter, die zurück zur Straße führten. ›Ich hab's überlebt‹, dachte ich. Zwar nicht mal ansatzweise so cool, wie ich es geplant hatte, aber ich hatte mich wacker gehalten. Das Herzklopfen, die Nervosität und das aufgeregte Kribbeln im Bauch hatte ich mir jedenfalls nicht anmerken lassen. Okay, das Ergebnis dieses Gesprächs war nicht das erhoffte, aber trotzdem: Ich hatte vielleicht eine Schlacht verloren. Den Krieg allerdings noch lange nicht.

Eine Stunde später betrat ich die Wohnung. Ich hörte Stimmen aus der Küche, also ging ich dorthin und entdeckte Nele, Kai und Sebastian, die Bier tranken und offenbar Skat spielten.

»Hey!«, rief Nele bei meinem Anblick. »Wie war es?«

»Er hat Nein gesagt.« Völlig entkräftet ließ ich mich an den Tisch fallen.

»Was? Das gibt's doch gar nicht!«

»Wer hat Nein wozu gesagt?«, wollte Sebastian wissen.

Ohne auf seine Frage einzugehen, holte Nele ein Bier aus dem Kühlschrank und stellte es mir hin. »So ein Mist.«

»Ich weiß. Aber diese Reaktion kam auch nicht gerade überraschend. Und ich werde das nicht akzeptieren. Mit einem Nein wird er mir nicht davonkommen.«

»Hallo?«, rief Sebastian. »Kann mich mal jemand aufklären?«

Nele erzählte ihm in kurzen Worten von Tristan und meiner heutigen Mission.

»Tristan?«, fragte Kai. »Den Namen muss ich mir unbedingt für meine Odorf-Story merken.«

Sebastian nahm einen Schluck von seinem Bier. »In deiner Story würde er aber eher ... Natsirt heißen, oder?«

Nele sah zwischen Sebastian und Kai hin und her und schien zu überlegen, ob sie ihre nächste Frage in deren Anwesenheit stellen sollte. Doch dann platzte es förmlich aus ihr heraus: »Und wie war es, ihn wiederzusehen?«

Ich knibbelte am Etikett meiner Bierflasche. »Merkwürdig. Da war irgendwie immer noch dieses Kribbeln und Herzrasen, als wäre ich wieder sechzehn. Dabei ist Tristan ... na ja, er ist ein richtiger Mann geworden. Als er da vor mir stand in schwarzen Klamotten und mit Drei-Tage-Bart, war ich echt ... Und seine Augen sind immer noch so intelligent.« Oh je, was redete ich denn für wirres Zeug?

Nele hing förmlich an meinen Lippen, Kai wirkte eher neugierig, während Sebastian mich ansah, als hätte ich den Verstand verloren. Was vermutlich auch stimmte. »Na, Wahnsinn«, meinte er trocken. »Kaum taucht ein Typ in schwarzen Klamotten auf, der sämtliche Werke Goethes auswendig kann, fliegt bei Annika der Schlüppi.«

Empört schnappte ich nach Luft. »Hast du sie noch alle? Bei mir fliegt überhaupt nichts!«

»Ach, ignorier ihn einfach, Anni«, sagte Nele. »Reden wir später weiter, okay?«

»Aber ich will das auch hören«, protestierte Kai. »Warst du früher mal in den verliebt?«

»Ja. War ich.« Ich griff in die Schale Chips, die auf dem Tisch stand, und stopfte mir eine Handvoll in den Mund. »Jedenfalls hat mir diese Begegnung eins klargemacht. Die Kohle für unser Musical reicht hinten und vorne nicht, ich muss dringend mit Sandra über die Technik sprechen, und ich muss mich dringend um das Bühnenbild kümmern. Ich kam mir vor wie eine totale Idiotin, als Tristan mich nach all diesen Dingen gefragt hat.«

»Das Bühnenbild kann doch Sebastian machen«, meinte Kai, als wäre es das Offensichtlichste auf der Welt.

»Äh ... nee?«, entgegnete Sebastian.

»Doch, du hast unsere Wohnzimmermöbel gebaut und für deine Mutter diese Kunststeinwand mit Fake-Kamin, die sie unbedingt haben wollte. Zeichnen kannst du auch ganz gut, und malen sowieso.«

Ich starrte Sebastian fassungslos an. »Du kannst ... Sachen bauen?«

Er rutschte unbehaglich auf seinem Stuhl hin und her. »Ich bastle ein bisschen rum, aber mehr auch nicht.«

Ohne ein weiteres Wort stand ich auf, nahm den Wohnungsschlüssel der Jungs von der Kommode und ging rüber. Ich machte das Licht im Wohnzimmer an und schaute mich um. Mir waren die Möbel hier nie wirklich aufgefallen, aber bei näherer Betrachtung konnte ich tatsächlich erkennen, dass hier keine Ikea-Möbel standen. Die TV-Bank musste von Sebastian sein, ebenso das Regal mit integrierter indirekter Beleuchtung und Fächern für Weinflaschen, worin die Jungs allerdings Wodka und Whisky aufbewahrten. Und dann hatte er noch eine Kunststeinwand mit Fake-Kamin gebaut?!

Ich löschte das Licht und ging zurück in unsere Küche. »Du!«, sagte ich und zeigte anklagend auf Sebastian. »Warum hast du mir nicht gesagt, dass du so was kannst?«

»Warum hätte ich das tun sollen?«

»Ich rede schon seit Wochen davon, dass ich dringend jemanden für das Bühnenbild brauche, und du gibst keinen Mucks von dir?«

»Ja, weil ich mich nicht dafür zuständig fühle. Ich habe noch nie im Leben ein Bühnenbild gebaut.«

»Na und? Du hast vorher garantiert auch noch nie eine Kunststeinmauer oder eine TV-Bank gebaut. Und ich habe übrigens auch noch nie ein Musical inszeniert und mache es trotzdem.«

Sebastian sagte nichts dazu, sondern starrte mit verschränkten Armen auf seine Bierflasche.

»Also?« Ich erschrak selbst über diesen beinahe drohenden Unterton. Als ich fortfuhr, gab ich mir Mühe, besonders höflich zu klingen. »Würdest du mir bitte helfen?«

»Nein! Ich werde garantiert keinen Fuß mehr in meine alte Schule setzen.«

»Aber du musst doch keine Klassenarbeiten schreiben. Und außerdem ist deine Schulzeit ewig her. Ich weiß ja nicht, was genau damals so schlimm war, aber kannst du da inzwischen nicht einfach drüberstehen?«

»Nein, kann ich nicht! Ich mach das nicht. Vergiss es.«

Ich setzte mich wieder auf meinen Platz neben Sebastian,

stupste ihn mit dem Ellenbogen leicht in die Seite und legte all meine Verzweiflung in meinen Blick. »Bitte, Sebastian«, sagte ich, so lieb wie ich nur konnte. »Du bist meine letzte Hoffnung. Gib dir einen Ruck, hm? Biiiitte.«

Sebastian stöhnte auf. »Auf die Tour sowieso schon mal gar nicht. Dieser Dackelblick zieht bei mir nicht im Geringsten. Null.«

Entgegen seinen Worten spürte ich, dass sein Widerstand bröckelte. »Wenn du mir hilfst, bin ich dir einen dicken, fetten Gefallen schuldig. Und ich schwöre, dass ich nie wieder auch nur ein Wort über dein Gang-Tattoo verlieren werde. Du kannst bis an dein Lebensende bei uns essen, und ich werde dir nie wieder einen Muffin, Cookie oder Erdbeerkuchen verwehren. Im Gegenteil, ich werde zukünftig immer eine Extraportion für dich mitbacken.«

»Hm.« Sebastian sah mich interessiert an. »Was hast du noch im Angebot?«

»Äh...« Fieberhaft durchforstete ich mein Hirn nach möglichen Belohnungen. »Käse- und Salamibrötchen im Kiezhafen auf meine Kosten. Ebenfalls bis an dein Lebensende.«

In Sebastians Augen begann es, amüsiert zu funkeln. »Du scheinst dir ja sehr sicher zu sein, dass ich als Erster von uns beiden das Zeitliche segne. Sonst noch was?«

»Treib es nicht zu weit, mein Freund.«

Für eine Weile brütete er schweigend vor sich hin. Schließlich seufzte er abgrundtief und sagte: »Also schön. Ich mach's.«

»Ehrlich?«

»Ja, ehrlich. Ich hasse es jetzt schon, aber ich mach's.«

Spontan schlang ich meine Arme um seinen Hals. »Vielen Dank, Sebastian. Das werde ich dir nie vergessen.«

Im ersten Moment versteifte sein Körper sich, doch nach

einer Schrecksekunde tätschelte er mir den Rücken und sagte: »Nein, denn ich werde dich immer wieder dran erinnern.«

Nele hob ihre Bierflasche und sagte: »Na dann, auf ein neues Mitglied im Club ›... *denn sie wissen nicht, was sie tun*‹.«

Kai und Sebastian verzogen sich kurz darauf, während Nele und ich in der Küche sitzen blieben.

»Jetzt aber mal zurück zu Tristan«, sagte Nele. »Habt ihr über damals geredet? Über den Korb, den er dir gegeben hat?«

»Quatsch. Zum einen weiß er das wahrscheinlich nicht mal mehr, und zum anderen ist das auch kein Thema für die erste Begegnung nach elf Jahren. Eigentlich möchte ich nie wieder darüber reden.«

»Glaubst du, dass er dir wieder gefährlich werden könnte?«

»Also echt, Nele«, kicherte ich. »Was für eine Ausdrucksweise.«

»Das war keine Antwort auf meine Frage.«

Ich sah Tristans kluge Augen vor mir, die Lachfältchen, seine große, schlaksige Gestalt. Er war noch genauso scharfsinnig wie früher. Und er besaß noch immer dieses besondere Etwas, für das ich keine Worte hatte, das mich aber komplett umhaute. »Ich fürchte, ja«, sagte ich kümmerlich. »Aber ich werde auf mich achtgeben. Versprochen.«

Nele kaute nachdenklich an einem Kartoffelchip herum. »Vielleicht seht ihr euch ja auch gar nicht wieder. Immerhin hat er Nein gesagt.«

»Es kann bei diesem Nein nicht bleiben. Wir brauchen ihn.« Entschlossen reckte ich das Kinn vor. »Das heute war nur der erste Akt in meinem Tristan-Drama.«

»Hat dein Tristan-Drama nicht in der fünften Klasse angefangen? Dann müsste das doch jetzt etwa der dreihundertneunundneunzigste Akt sein.«

»Ach, jetzt werd mal nicht kleinlich. Morgen wird auf jeden Fall der nächste Akt aufgeführt. Egal, ob nun der zweite oder der vierhundertste.«

»Na dann. Toi, toi, toi.«

Du bitte helfen?

Am nächsten Nachmittag versammelte ich die Musical-AG-Teilnehmer in der Aula. »Hört mir mal zu«, rief ich gegen ihr Geplapper an. »Ich habe etwas Wichtiges zu verkünden. Bislang haben wir es euch noch nicht gesagt, aber ich bin der Meinung, dass auch ihr es wissen solltet: Wir werden uns mit unserem Musical für einen Preis bewerben.«

Die Mitglieder der AG sahen mich relativ emotionslos an.

»Na und?«, sagte Pawel. »Den gewinnen wir doch sowieso nicht. So was kriegen eh nur die Bonzenschulen mit so 'nem Interlektuellen-Scheiß.«

Die anderen nickten zustimmend.

»*Intellektuellen*-Sch…tück«, korrigierte ich. »Und wenn es für uns aussichtslos wäre, den Preis zu gewinnen, würden wir uns erst gar nicht dafür bewerben.«

»Was haben wir denn überhaupt davon?«, wollte Mesut wissen.

»Wenn wir gewinnen, dürfen wir das Musical im Schauspielhaus aufführen. Der NDR wird darüber berichten, und es wird einen Artikel im Morgenblatt geben. Der Preis ist mit 5.000 Euro dotiert, und …«

Nun entstand ein wahrer Tumult. »Boah, krass!«- und »Derbe geil!«-Rufe ertönten, und Heaven-Tanita fragte: »Für jeden von uns?«

»Nein«, sagte ich schnell. »Die 5.000 Euro gehen an die Schule. Aber für euch springt mit Sicherheit eine Belohnung raus. Wir könnten zum Beispiel in den *König der Löwen* gehen. Oder wir verbringen einen Tag am Meer. Habt ihr Bock darauf?«

»Ja!«, riefen die Schüler begeistert.

»Gut. Wenn wir diesen Preis gewinnen wollen, müssen wir alles geben. Das bedeutet, in den kommenden Monaten wird es ganz schön anstrengend werden. Wir müssen uns voll und ganz aufeinander verlassen können, und ihr müsst mit ganzem Herzen dabei sein. Kriegt ihr das hin?«

»Ja!«, ertönte es erneut.

Jetzt kam ich zum schwierigen Teil. »Um diesen Preis zu gewinnen, muss unser Musical natürlich richtig gut werden. Wir alle sind Laien. Und deswegen möchte ich gerne, dass uns ein Profi hilft, und zwar ein Theaterregisseur.«

»Fett, ein echter Regisseur?«, rief Heaven-Tanita mit leuchtenden Augen.

»Genau. Es steht noch nicht fest, ob er mitmacht, aber ich hoffe es. Heute möchte ich ihn um seine Hilfe bitten, und dabei … brauche ich wiederum eure Hilfe.«

»Wie können wir denn helfen?«, fragte Jo.

»Ich möchte gern ein paar von euch mitnehmen, damit wir ihn gemeinsam fragen können. Am liebsten würde ich natürlich euch alle mitnehmen, aber wir sind viel zu viele. Deswegen habe ich ausgelost.« Das war gelogen, denn ich hatte die Schüler sehr bewusst ausgewählt. Aber ich wollte nicht allen anderen ein blödes Gefühl vermitteln. »Und das Los ist gefallen auf: Mesut, Maryam, Hamed, Jo, Meikel und Heaven-Tanita.«

»Wieso denn ausgerechnet mit denen?«, fragte Heaven-Tanita mit einem wenig begeisterten Seitenblick auf Meikel und Maryam.

»Das sind doch alles voll die Loser«, meinte Mesut, woraufhin er von Heaven-Tanita ein erbostes »Ich bin überhaupt kein Loser« kassierte.

Auch bei Jo hielt sich die Begeisterung in Grenzen. »Können nicht Engin und Nike mitkommen?«

»Nein, es können nur die Schüler mitkommen, die ich gerade aufgezählt habe. Und solche Sprüche möchte ich zukünftig nie wieder von euch hören. Ich will, dass ihr euch gegenseitig respektiert. Egal, welche Klasse, welches Alter oder wer mit wem befreundet ist. Wir sind ein Team. Alles klar?«

»Ja«, murrten Heaven-Tanita, Jo und Mesut und tauschten widerwillige Blicke.

Zehn Minuten später machte ich mich mit meiner Abordnung auf den Weg.

»Wo fahren wir denn überhaupt hin?«, fragte Heaven-Tanita, als wir in den Bus stiegen.

»Nach Blankenese, ins Treppenviertel.«

Sie machte riesengroße Augen. »Wohnt der da?«

Ich nickte.

»Heftig!« Auf der Stelle holte sie ihr Handy hervor, um mit fliegenden Daumen eine Nachricht zu schreiben.

In der S-Bahn stellten die Schüler mir tausend Fragen. Sie wollten wissen, wie alt dieser Regisseur war, wie er überhaupt hieß, und Heaven-Tanita erkundigte sich natürlich danach, ob er Kontakte zur Musikbranche hatte.

Schließlich fragte Maryam ruhig: »Warum soll ein echter Regisseur mitmachen bei AG? Warum soll er wollen, Frau Paulsen?«

»Na ja, vielleicht, weil er uns einfach helfen will. Weil er Jugendliche mag.«

»Dann wir müssen sehr nett zu ihm sein.«

»Pff«, machte Mesut. »Ich schleim mich bestimmt nich ein, ey.«

»Wir brauchen Regisseur«, beharrte Maryam. »Für den

Preis. Damit wir *König der Löwen* sehen können. Oder an das Meer fahren.«

»Der hilft doch eh nich«, sagte Jo. »So 'n Bonze aus Blankenese kommt bestimmt nich in unser Gheddo.«

»Die wollen mit uns Honks doch gar nix zu tun haben«, stimmte Mesut zu.

»Ich bin kein Honk!«, empörte sich Heaven-Tanita. »Warum sollte der uns denn nicht helfen?«

»Weil wir Loser sind?«, fragte Jo aggressiv.

»Sind wir gar nicht!«

»Hey, hör auf damit, Jo«, ermahnte ich ihn. »Das stimmt doch gar nicht. Wenn ihr euch das immer wieder einredet, glaubt ihr am Ende noch selbst daran.«

»Aber es stimmt doch«, sagte Meikel so leise, dass man es kaum hören konnte.

»Wer hat dich denn gefragt?«, motzte Mesut ihn an.

»Hey!«, rief ich. »Schluss damit. Wenn ihr nicht sofort aufhört, euch gegenseitig fertig zu machen, kehren wir sofort wieder um. So hilft Tristan uns nämlich garantiert nicht.«

»Deswegen wir müssen nett sein«, sagte Maryam. Dann redete sie in Arabisch auf Hamed ein, der uns wie üblich stumm und mit großen Augen beobachtete. Manchmal wirkte er, als hätte er noch immer nicht verstanden, wie er hier überhaupt gelandet war. Als Maryam mit ihrem Wortschwall fertig war, fragte er mit starkem arabischen Akzent: »Kannst du uns helfen?« Erneut redete Maryam auf ihn ein, woraufhin Hamed mich herzzerreißend verzweifelt ansah und »Du bitte helfen?« flehte. Maryam nickte zufrieden.

»Ähm, na ja«, sagte ich zögernd. »Das war natürlich super, Hamed. Aber ich weiß nicht, ob wir so auf die Tränendrüse drücken sollten.«

»Ich mach einfach so«, erklärte Mesut und setzte einen besonders coolen Checker-Blick auf. »Ey, yo, Bruder, was geht? Wir machen Musical, Digger, also komm vorbei und check das aus.«

Heaven-Tanita winkte ab. »Nee, lass mich mal fragen, ich hab schließlich Erfahrung mit Profis. Ich sag einfach: ›Hi, wir sind die Musical-AG der ALS und voll talentiert, ich hatte ja übrigens auch schon Gesangsstunden.‹ Und er dann so: ›Krass.‹ Und ich so: ›Ja‹, und dann sing ich *Titanium*, und er ist derbe geflasht, so volles Mett, mit Tränen in den Augen, und ich dann so: ›Talent ist also da, wir brauchen aber trotzdem noch Hilfe von einem Profi, weißt, wie ich mein?‹, und er so: ›Ja, Talent ist echt da, ich helf euch gerne.‹ Und ich so: ›Cool‹.«

Niemand sagte etwas, alle starrten Heaven-Tanita nur an.

»Ich glaube, es ist am besten, wenn ich das Reden übernehme«, meinte ich schließlich. »Und ihr ... guckt einfach freundlich. Okay?«

Bald darauf waren wir in Blankenese angekommen, und zum zweiten Mal innerhalb von vierundzwanzig Stunden kletterte ich in die Bergziege. Nur dieses Mal mit sechs Jugendlichen im Schlepptau, die sich während der Busfahrt mehr und mehr in aufgeregte kleine Kinder verwandelten. Mit großen Augen schauten sie durch die Fenster und beobachteten, wie die Straßen immer enger und steiler wurden, bis wir schließlich in das Gewirr des Treppenviertels einbogen.

»Wie krass is das denn?«, rief Jo. »Ey, guck mal hier, wie eng das ist!«

Mesut stürzte von seiner Seite auf Jos, um aus dem Fenster zu schauen. »Das schafft der nie, das passt doch überhaupt nich!«

»Wir rollen bestimmt gleich wieder runter!« Meikels Stimme überschlug sich fast.

Fassungslos beobachtete ich, wie meine Schüler an den Fenstern klebten und diese Busfahrt offenbar erlebten wie eine Achterbahnfahrt auf unserem Hamburger Jahrmarkt, der sich irritierenderweise ›Dom‹ nannte. Ich war schon so oft mit diesem Bus gefahren, dass es für mich gar nichts Besonderes mehr war, aber jetzt, durch die Augen der Kids betrachtet ... Es stimmte, der Busfahrer hatte schon einiges zu leisten, um dieses Gefährt durch die engen und steilen Gassen zu manövrieren.

Als wir an der Haltestelle *Krögers Treppe* angekommen waren, kostete es mich alle Mühe, Jo, Mesut und Co. zum Aussteigen zu bewegen, doch schließlich hatte ich alle eingesammelt, und wir befanden uns auf dem Weg zu Tristans Haus. Irgendwo zwischen Altona und Blankenese hatte es angefangen zu regnen, sodass alle ihre Kapuzen aufsetzten. Nur Meikel nicht. »Hast du keine Jacke dabei?«, fragte ich ihn.

»Nein, ich dachte, es regnet heute nicht.«

Ich konnte es kaum mit ansehen. Es war ein grauer, kalter Tag, und der Regen war von dieser fiesen Sorte, der einen innerhalb kürzester Zeit komplett durchnässte. Kurzerhand zog ich meine Jacke aus und gab sie Meikel. »Hier, zieh die mal an.«

»Dann haben Sie ja keine.«

»Macht nichts. Deine Mutter wird mich garantiert umbringen, wenn ich dich so durch den Regen laufen lasse und du womöglich auch noch krank wirst.«

Meikel sah mich an, als hätte er eine Erscheinung. Dann schlüpfte er in die Jacke und zog sich die Kapuze über.

Jo lachte. »Die ist dir ja viel zu groß. Du siehst aus, als hättest du ein Kleid an.«

Es stimmte, die Jacke reichte dem kleinen, dünnen Meikel bis zur Mitte seiner Oberschenkel, und die Ärmel waren so lang, dass es schien, als hätte er keine Hände. Meikel schaute an sich herunter, dann lachte er sein typisches grunzendes Lachen, wobei er sich einen Ärmel über den Mund hielt. Schließlich machte er ein paar übertrieben affektierte Bewegungen und posierte wie auf dem Laufsteg von *Germany's Next Topmodel*.

Die anderen grölten vor Lachen, selbst auf Maryams Gesicht erschien so etwas Ähnliches wie ein Lächeln. Aber dieses Mal lachten sie nicht über Meikel. Sie lachten mit ihm. Völlig unvorbereitet durchströmte ein warmes, sonniges Gefühl meinen Bauch und mein Herz, und ich konnte nicht anders, ich musste mitlachen.

»Ich habe heute leider kein Foto für dich«, prustete Heaven-Tanita, woraufhin alle noch lauter gackerten und Meikel seinen Catwalk noch alberner gestaltete.

Schließlich bereitete ich dem Ganzen ein Ende, denn ohne Jacke fing ich allmählich an zu frieren. »Wir müssen weiter«, rief ich und setzte mich in Bewegung, woraufhin alle hinter mir hertrotteten.

»Hier sind ja überall nur Treppen«, bemerkte Heaven-Tanita staunend. »Wie kommen die denn zu ihren Häusern?«

»Ja, und wie kriegen die ihre Einkäufe da hoch?«, fragte Jo. »Wie viele Treppen sind das wohl?«

»Ich hab mitgezählt«, sagte Meikel. »Bis jetzt sind es 34.«

Wieder war ich völlig baff, wie sehr die Kinder über all das staunen konnten. »Seid ihr noch nie im Treppenviertel gewesen?«

Die meisten verneinten, nur Jo behauptete: »Klar, Mann, ich war hier schon tausendmal«, aber er war ein ziemlich schlechter Lügner.

Mesut lief völlig aufgekratzt ein Stück voraus und rief uns von einem Treppenabsatz aus zu: »Das geht noch ewig lange weiter so!« Dann stieg er noch höher, er rannte förmlich, vermutlich, damit auf jeden Fall er der Erste war, der die Umgebung entdeckte.

»Das ist megaschön hier«, schwärmte Heaven-Tanita. »Wenn ich später krass erfolgreiche Sängerin bin, will ich auch hier wohnen.«

Schweigend beobachtete ich meine Schüler, ihre roten Wangen und die Augen, die vor Begeisterung leuchteten. Dabei war das hier doch alles andere als ein genialer Ausflug. Wir befanden uns immer noch in Hamburg, wir waren einfach nur mit dem Bus gefahren und stiegen jetzt ein paar Treppen hoch. Aber den Kids schien dieses Erlebnis die Welt zu bedeuten. Meine Schüler am Werther-Gymnasium hätten nur gelangweilt gegähnt. Für manche von ihnen war selbst ein Ausflug in den Heide-Park kein Anreiz mehr, und einen Besuch beim *König der Löwen* kommentierten einige mit »Da war ich doch schon dreimal«.

Inzwischen war ich vom Regen durchnässt bis auf die Knochen. In dem hoffnungslosen Versuch, mich zu wärmen, rieb ich mir die Oberarme. »Mesut! Bei der Nummer 18 wartest du auf uns, ja?« Natürlich tat er das nicht, sodass ich Jo losschicken musste, um Mesut einzusammeln. Wir warteten drei Minuten vor dem Tor von Tristans Haus, bis die beiden endlich wiederkamen.

»Denkt dran, dass ihr mir das Reden überlasst«, sagte ich zähneklappernd. Zum Glück brannte Licht, und ich hoffte inständig, dass Tristan uns reinließ. Mit zitterndem Finger drückte ich auf die Klingel. Kurz darauf öffnete sich die Tür, und erneut stand ich Tristan gegenüber. Nur dass ich dieses Mal auf seinen Anblick vorbereitet war, denn seit gestern Abend war sein Gesicht wieder und wieder in meinen Gedanken aufgetaucht.

Tristan öffnete schon den Mund, um etwas zu sagen, doch dann wurde ihm offenbar bewusst, dass ich nicht allein gekommen war. Stirnrunzelnd sah er von mir zu Maryam und Hamed, dann weiter zu Heaven-Tanita und Jo, und schließlich zu Mesut und Meikel, die sich hinter meinem Rücken herumdrückten. »Das ist nicht dein Ernst, oder?«

»Wir wwwollten dich fffragen«, setzte ich an, doch vor lauter Zähneklappern konnte ich kaum sprechen.

»Frau Paulsen friert, weil sie Meikel ihre Jacke gegeben hat«, erklärte Heaven-Tanita. »Es regnet nämlich.« Diese Bemerkung war ziemlich überflüssig, weil wir alle wie die begossenen Pudel im strömenden Regen standen und Tristan wahrscheinlich auch ohne diese Information darauf gekommen wäre.

Maryam flüsterte Hamed etwas zu, woraufhin der »Du bitte helfen?«, piepste und dabei mindestens zwanzigmal so verzweifelt guckte wie vorhin in der S-Bahn.

»Mmmaryam«, stieß ich strafend hervor, doch sie sah mich nur unschuldig an.

Tristan bedachte mich mit einem Blick, der deutlich machte, dass er uns am liebsten umgehend die Tür vor der Nase zugeknallt hätte. Doch dann sagte er beinahe widerstrebend: »Also gut, dann kommt mal rein.« Er trat zur Seite, damit wir an ihm vorbei in den Flur gehen konnten.

»Ey, Schuhe aus!«, rief Mesut Jo und Meikel zu, die mit ihren nassen Botten gleich ins Wohnzimmer stapfen wollten. »Ihr macht sonst alles dreckig.«

Artig zogen wir uns alle die Schuhe aus und blieben unschlüssig im Flur stehen.

Tristan ging ohne ein Wort die Treppe rauf und kehrte mit einem Handtuch und einem Pullover zurück. Er warf mir beides zu und sagte: »Erste Tür links.« Dann wandte er sich an meine Schüler. »Sofern ihr nicht da angewachsen seid, zieht eure Jacken aus und kommt mit ins Wohnzimmer.«

Soweit ich mich erinnern konnte, war Tristan früher nicht so kurz angebunden gewesen. Was wohl darauf hindeutete, dass er sauer war. Ich konnte es ihm nicht verdenken, aber ich hatte nun mal keine andere Wahl gehabt.

Während die Kids sich ihre Jacken auszogen, verschwand ich schnell hinter der ersten Tür links und fand mich in einem winzig kleinen Gästebad wieder. Ich wollte Tristan lieber nicht allzu lang mit meinen unberechenbaren Schülern allein lassen, also rubbelte ich eilig meine klatschnassen Haare mit dem Handtuch ab, zog meine schwarze Bluse aus und den Pullover von Tristan an. Schon besser. Meine Jeans klebte zwar immer noch unangenehm feucht an meinen Oberschenkeln, aber egal. Ich ging ins Wohnzimmer und fand dort Mesut, Jo, Maryam, Hamed und Meikel vor, die sich auf das Sofa quetschten und sich ehrfürchtig in dem schönen Raum umsahen. Tristan lehnte mit verschränkten Armen an einem Bücherregal und musterte mit versteinerter Miene Heaven-Tanita, die sich vor ihm aufgebaut hatte und *Titanium* zum Besten gab. Und zwar auf die Shakira-Art.

»Danke, Heaven-Tanita, das reicht«, sagte ich schnell.

»Ja, also Talent ist da, wir brauchen aber trotzdem noch Hilfe von einem Profi, weißt, wie ich mein?«, beendete Heaven-Tanita ihren Vortrag und sah Tristan erwartungsvoll an, dessen Antwort ihrem Plan zufolge ›Ja, Talent ist echt da, ich helfe euch gerne‹ hätte lauten sollen. In der Realität sagte Tristan allerdings: »Nein. Ich weiß ganz und gar nicht, was du meinst.«

»Is doch klar, was sie meint«, sagte Mesut und stand vom Sofa auf. Mit seinen obercoolen Rappermoves sagte er: »Ey, yo, Bruder, was geht? Wir machen Musical, Digger, also komm vorbei und check das aus.«

Ich wäre beinahe im Erdboden versunken, doch bevor ich einschreiten konnte, motzte Jo vom Sofa aus: »Alder, der hilft uns sowieso nicht. Guck dich hier doch mal um, meinste so einer will mit uns was zu tun haben? Der war hundertpro noch nie Ellerbrook.«

»*In* Ellerbrook«, korrigierte ich automatisch, biss mir aber gleich darauf auf die Lippen.

Maryam verpasste Hamed einen Stups in die Seite, woraufhin er folgsam: »Du bitte helfen?« flehte und Tristan herzzerreißend anguckte.

»Maryam, hör auf, Hamed wie ein dressiertes Hündchen zu behandeln«, sagte ich genervt.

Beinahe vorwurfsvoll erklärte sie: »Ich will *König der Löwen* sehen oder an das Meer fahren. Ich will Preis gewinnen.«

»Ja, aber es ist es völlig unangemessen, dass du dafür Hamed abrichtest.«

»Abrichtest?«, fragte sie verständnislos.

»Wie viel kostet so ein Haus eigentlich?«, erkundigte sich Heaven-Tanita bei Tristan.

»Viel«, sagte er nur.

Sie konnte mit dieser Antwort scheinbar nicht viel anfangen, denn sie legte nachdenklich ihre Stirn in Falten.

»Hast du ... äh, Sie die hier alle gelesen?«, fragte Meikel schüchtern, der von mir unbemerkt aufgestanden war und sich die Bücher in den Regalen anschaute.

»Nein. Das ist nicht mein Haus, und das sind nicht meine Bücher.«

»Du bitte helfen?«, meldete Hamed sich zu Wort, und das ganz ohne Anweisung von Maryam.

Die sah mich triumphierend an, woraufhin ich scharf:

»Hamed, es reicht« sagte und mich dann an alle wandte. »Setzt euch wieder hin, und zwar sofort!« Wie durch ein Wunder taten meine Schüler ausnahmsweise, was ich ihnen sagte.

Bislang war diese Mission wirklich alles andere als gelaufen. Ich sah Tristan widerstrebend in die Augen. Bildete ich es mir nur ein, oder versteckte sich da tatsächlich in all der eisigen Kälte ein klitzekleines amüsiertes Funkeln? »Es tut mir leid, dass wir dich so überfallen haben. Das sind übrigens Jo, Mesut, Heaven-Tanita ...«

»Ich weiß«, fiel Tristan mir ins Wort. »Sie haben sich mir schon vorgestellt. Erlaubt ihr mir, dass ich eure Lehrerin kurz entführe?«

Jo lachte. »Klar, Mann. Nimm mit.«

»Annika? Wenn ich dich bitte mal allein sprechen könnte?«, fragte Tristan mich so übertrieben höflich, dass ich hellhörig wurde. Was auch immer ich gerade in seinen Augen gesehen zu haben glaubte, war jetzt definitiv verschwunden. Aber mir blieb nichts anderes übrig, als genauso höflich »Sehr gerne« zu antworten und ihm über den Flur in die Küche zu folgen. Dort angekommen, schloss er die Tür hinter uns, und mit seiner Kultiviertheit war es augenblicklich vorbei. »Was ist das denn bitte für eine linke Nummer?«, fuhr er mich an. »Du benutzt deine Schüler als Druckmittel? Haben die überhaupt eine Ahnung, was du hier mit ihnen abziehst?«

»Ich wollte doch nur ...«, setzte ich an, doch Tristan ließ mich nicht zu Wort kommen.

»Hast du das alles inszeniert? Dass ihr da klatschnass im Regen vor meiner Tür steht wie eine Gruppe Waisenkinder, die sich die Nasen am Schaufenster des Süßigkeitenladens platt drücken? Diese treuherzige Heaven-Tanita, die obercoolen Rapper-Typen, der Kleine mit seinem ›Du bitte helfen‹. Und dann auch noch diese Maryam, die mich aus ihren riesigen Augen so vorwurfsvoll ansieht. Hast du das alles mit ihnen einstudiert?«

»Nein, habe ich nicht! So ein schauspielerisches Talent haben sie nämlich leider nicht, und es ist mir bislang auch noch nie gelungen, dafür zu sorgen, dass es regnet. Eigentlich sollten sie überhaupt nichts sagen, sondern mich reden lassen. Ich wollte doch nur, dass du ein paar der Schüler kennenlernst, damit du dir ein besseres Bild von ihnen machen kannst.«

»Oh nein.« Tristan kam langsam auf mich zu und blieb unmittelbar vor mir stehen. »Du wolltest mir ganz klar vor Augen führen, wem ich da Nein sage. Diese Nummer hast du nur abgezogen, um mir ein schlechtes Gewissen zu machen.«

Er war mir eindeutig viel zu nahe. Ich konnte förmlich die Wärme spüren, die von seinem Körper ausging und die im krassen Gegensatz zu seinem kalten Blick stand. Schnell trat ich einen Schritt zurück. »Okay, ja. Deswegen habe ich es gemacht, und ich fühle mich weiß Gott nicht wohl dabei, das kannst du mir glauben. Aber du bist nun mal der Einzige, der mir noch bleibt. Der Einzige, der *uns* noch bleibt«, fügte ich leise hinzu.

»Glaub ja nicht, dass diese Mitleidsnummer bei mir zieht.« Tristan ging ans Fenster, kehrte mir den Rücken zu und starrte schweigend nach draußen.

Mit klopfendem Herzen wartete ich darauf, dass er weiterredete. Doch es kam nichts mehr, also blieb es wohl bei seinem Nein. Wahrscheinlich geschah es mir recht. Es war wirklich mies gewesen, Tristan ein schlechtes Gewissen machen zu wollen und dafür auch noch meine Schüler zu benutzen. »Du musst wissen …« Ich brach ab, denn meine Stimme klang zittrig. Nach einem Räuspern fuhr ich fort. »Du musst wissen, dass diese Kinder extrem stolz sind. Dein Mitleid ist garantiert das Letzte, was sie wollen. Und mir geht es genauso. Wir wollten einfach nur deine Hilfe.« Tristan kehrte mir immer noch den Rücken zu, und es machte mich wahnsinnig, dass ich sein Gesicht nicht sehen konnte. »Aber ich werde nicht länger betteln. Du hast gute Gründe für deine Ablehnung, das verstehe ich. Tut mir leid, dass ich so ... aufdringlich war.«

Noch immer starrte Tristan schweigend aus dem Fenster.

»Also, dann ... Mach's gut.« Ich ging zur Tür und hatte schon die Klinke in der Hand, als er sagte: »Schaff mehr Kohle ran.«

Abrupt drehte ich mich um. »Was?«

»Schaff. Mehr. Kohle. Ran«, wiederholte er laut und deutlich.

Völlig perplex schüttelte ich den Kopf. »Äh ...«

Tristan wandte sich vom Fenster ab und sah mich endlich wieder an. »Das Budget ist ein Witz, damit kann man absolut *nichts* anfangen. Und ihr werdet keinen Preis mit einem Musical gewinnen, für das schon jemand anders einen Preis bekommen hat. Die Kids müssen ihr eigenes Stück schreiben, und zwar über ein Thema, das sie bewegt. Eine andere Chance sehe ich nicht, denn wenn die alle so singen wie Heaven-Tanita, dann Prost Mahlzeit.«

»Vielen Dank für die Tipps, aber zum einen wüsste ich nicht, woher ich mehr Kohle bekommen sollte, und zum anderen werde ich es kaum schaffen, jetzt auch noch ein Stück zu schreiben.«

»*Sie* sollen das Stück schreiben, nicht du. So eine dünne Musical-Story ist ja wohl keine übergroße Herausforderung. Mehr als die Hälfte der Spielzeit wird eh gesungen.«

»Richtig. Aber welche Lieder sollen bitte gesungen werden? Ich habe noch nie Songs komponiert und getextet.«

»Dann nehmt ihr halt bekannte Popsongs und baut sie ein. Und sorg dafür, dass jemand ein Bühnenbild baut.«

»Habe ich bereits.«

»Ist das zufällig jemand, der das schon mal gemacht hat?«

»Nein, es ist ein Freund von mir, der Maler ist und der halt ... gut Sachen bauen kann.«

Tristan stöhnte auf. »Das hätte ich mir auch denken können. Wie oft probt ihr?«

»Einmal die Woche für zwei Stunden.«

Mit beiden Händen fasste er sich an den Kopf. »Wie bitte? Die Produktion eines Stücks dauert mit einem Profi-Ensemble locker ein halbes Jahr. Und du willst mit absoluten Laien in nur acht Monaten ... Verdammt noch mal, Annika! Ihr müsst mehr proben!«

Allmählich kam ich mir ziemlich dämlich vor. Machte ich denn wirklich alles falsch? »Was interessiert es dich überhaupt? Du hast mit dieser Sache nichts zu tun.«

»Wenn ich euch helfen soll, dann nur zu meinen Bedingungen.«

»Aber du willst uns doch überhaupt nicht helfen!«

»Nein, will ich nicht. Aber ich mach's trotzdem.«

Verdattert starrte ich Tristan an. »Du ... machst es trotzdem?«

»Ja.« Er verzog den Mund zu einem schiefen Grinsen. »Ich habe momentan eh nichts Besseres vor, was ganz schön traurig ist, wenn man es genau betrachtet.«

Allmählich hatte mein Hirn die neue Sachlage verarbeitet. Ich spürte, wie mir ein riesiger Stein vom Herzen fiel und sich ein Strahlen auf meinem Gesicht ausbreitete. »Vielen Dank, Tristan!« Ich musste daran denken, wie ich Sebastian gestern spontan um den Hals gefallen war, aber bei Tristan hätte ich das nie im Leben gewagt. »Ehrlich, vielen, vielen Dank.«

»Bedank dich lieber nicht zu früh. Es ist mir nämlich vollkommen ernst damit: Ich brauche mehr Geld, die Kids müssen das Stück selbst schreiben, und wir brauchen mehr Probezeit.«

»Klar. Das regle ich schon. Alles easy.«

»Ich helfe euch beim Stück«, bot Tristan an.

Erleichtert atmete ich auf. »Das wäre nett.«

»Ach so, eins noch. Ich werde für dieses Projekt nicht acht Monate lang meine Karriere auf Eis legen. Dir muss also klar sein, dass ich möglicherweise irgendwann weg bin.«

»Das ist okay für mich. Ich nehme, was ich kriegen kann.«

Tristan hob eine Augenbraue und sah mich so intensiv an, dass meine Haut am ganzen Körper zu kribbeln begann. Unwillkürlich musste ich daran denken, wie ich ihm damals meine Liebe gestanden und er erwidert hatte, dass er keine Zeit und keinen Kopf für eine Freundin habe. Eilfertig hatte ich gesagt: ›Das ist okay, ich nehme, was ich kriegen kann.‹ Und dann hatte er mich mit diesem furchtbar mitleidigen Blick angesehen. ›Da ist aber nichts, was ich dir geben kann, Annika. Ich bin nicht in dich verliebt‹, war seine Antwort gewesen.

Ich spürte, wie ich hochrot anlief. Es war kaum zu glauben, aber ich hatte diesen devoten Mist tatsächlich schon wieder gesagt. Und Tristans Reaktion zufolge konnte er sich noch sehr gut an diesen Moment vor elf Jahren erinnern.

»So habe ich das nicht gemeint«, sagte ich schnell.

»Schon gut. Ich weiß, wie du das gemeint hast.«

»Okay. Also ...« Ich deutete mit dem Daumen in Richtung Wohnzimmer. »Die sind da drinnen jetzt schon ziemlich lang allein, und das ist garantiert keine gute Idee. Außerdem wollen sie bestimmt endlich wissen, ob du mit an Bord bist oder nicht.«

»Dann gehen wir wohl mal besser wieder zu ihnen«, meinte Tristan. Auf einmal fing er leise an zu lachen. »Du hast da wirklich eine ziemlich spezielle Abordnung zusammengestellt.«

»Die stehen repräsentativ für alle Schüler der AG. Sag also hinterher nicht, ich hätte dich nicht gewarnt.« Ich war erleichtert, dass dieser peinliche Moment zwischen uns verflogen war und wir uns wieder in sichereren Gefilden befanden.

Wir gingen zurück ins Wohnzimmer, wo Meikel mit einem Stapel Bücher vor dem Regal hockte, die Nase in einem Bildband über den Hamburger Hafen vergraben. Heaven-Tanita und Mesut stritten sich über Beyoncé, Jo und Hamed rauften auf dem Fußboden wie zwei Hundewelpen, und Maryam saß wie meistens stumm da und schaute zu.

»Hey, was ist hier denn los?«, rief ich.

Jo rappelte sich auf. »Wir haben gekämpft. War nur Spaß.«

Hamed lächelte selig, also stimmte Jos Behauptung wohl.

»Meikel, die Bücher stellst du wieder zurück«, sagte ich streng.

Er zuckte zusammen, räumte mit zitternden Händen die Bücher ins Regal und stotterte: »Tttut mir leid, das wwwollte ich nicht.«

Hilfe, war ich wirklich so wütend rübergekommen? »Ist ja schon gut«, sagte ich beruhigend, hockte mich neben ihn und half ihm, die Bücher einzusortieren. Am liebsten hätte ich ihn in den Arm genommen. »Ich hab's nicht böse gemeint, okay?«

Meikel nickte stumm, wagte es aber nicht, mich anzusehen.

»Ey, Herr ... äh, Tristan?«, fragte Heaven-Tanita, woraufhin der seinen Blick von Meikel und mir zu ihr schweifen ließ.

»Nur Tristan bitte. Ich fände es netter, wenn wir uns duzen.«

»Machst du denn mit bei AG?«

»Ja. Ich bin dabei.«

Heaven-Tanita stieß einen lauten Freudenschrei aus, als hätte sie soeben *The Voice of Germany* gewonnen. Mesut und Jo gaben sich grinsend eine Ghetto-Faust, Meikel sah von den Büchern auf, und auf seinem soeben noch verängstigten Gesicht erschien ein Lächeln. Selbst Maryam lächelte, als sie Hamed etwas ins Ohr flüsterte. Der sprang daraufhin auf und reckte die Fäuste in die Luft. »Du bitte helfen!«, rief er begeistert.

»Voll cool«, sagte Heaven-Tanita. »Das wird richtig gut.«

»Ich will es hoffen. Aber macht euch auf viel Arbeit gefasst.«

»Wir geben hundert Prozent, Digger«, beteuerte Mesut.

»Gebt hundertzwanzig, dann bin ich vielleicht zufrieden.«

Meikel und ich hatten inzwischen alle Bücher wieder einsortiert. Nur das Buch, in dem er soeben noch gestöbert hatte, hielt er fest umklammert, als ob er sich gar nicht davon trennen mochte.

»Du kannst es dir leihen, wenn du willst«, sagte Tristan.

Wie immer, wenn jemand etwas Nettes zu ihm gesagt hatte, schien Meikel zu überlegen, ob das ernst gemeint gewesen war. »Ehrlich?«

»Ja, klar.«

»Ich geb's auch echt wieder.«

»Davon gehe ich aus.«

Meikel sah selig vor Glück auf das Buch. »Danke.«

Tristan nickte ihm freundlich zu. »Gern geschehen.«

In meinem Herzen ging die Sonne auf, und wenn ich Tristan vorhin schon gern umarmt hätte, dann war der Wunsch jetzt noch tausendmal stärker. Hastig stand ich auf. »Wir müssen los. Zieht euch schon mal eure Jacken und Schuhe an.«

Alle stürmten in den Flur, wo sie die neuesten Ereignisse bequatschten und mit ihren Schuhen herumpolterten.

Tristan und ich blieben allein zurück.

»Willst du den wiederhaben?«, fragte ich und zupfte an seinem Pulli.

»Klar. Aber nicht jetzt. Du kannst ihn mir nächste Woche zurückgeben.« Tristan lächelte. »Du hast nämlich immer noch ein ganz kleines bisschen blau gefrorene Lippen.«

Automatisch presste ich meine Lippen zusammen, und erst jetzt wurde mir wirklich bewusst, dass ich Tristan wiedersehen würde. Regelmäßig, schon ab nächster Woche. Und dieser Gedanke gefiel mir eindeutig viel zu sehr.

Wir gingen in den Flur, wo inzwischen alle angezogen auf den Abmarsch warteten. Ich schlüpfte in meine Stiefel und griff automatisch nach meiner Jacke, als mein Blick auf Meikel fiel. »Hier«, sagte ich und hielt sie ihm hin.

Tristan seufzte leise, nahm eine dicke Jacke vom Haken und reichte sie Meikel. »Nimm die. Ich kann es ja nicht verantworten, dass eure Lehrerin sich erkältet und dann möglicherweise Unterrichtsstunden ausfallen.« Er grinste. »Oder AG-Stunden, das wäre eindeutig tragischer.«

In Tristans Jacke versank Meikel noch mehr als in meiner, sodass wir kurzerhand tauschten, und ich nun nicht nur Tristans Pulli, sondern auch seine Jacke trug. »Tja, dann noch mal vielen Dank«, sagte ich, als wir draußen standen. »Für alles. Wir sehen uns.«

Er nickte langsam. »Ja. Wir sehen uns.«

Auf dem Rückweg quatschten alle aufgeregt durcheinander. Es ging um Tristans megacooles Haus, darum, dass er für einen echten Regisseur gar nicht so alt war (da hatte ich allerdings gerade erst gestern noch etwas ganz anderes behauptet), dass er total nett war, und überhaupt um Tristan, Tristan, Tristan. Selbst Jo war angetan von ihm, und das, obwohl Tristan so ein Bonze war, der in so einer Bonzengegend lebte. Ich versuchte, die Gemüter wieder zu beruhigen, indem ich klarmachte, dass Tristan möglicherweise wenig Zeit haben würde und sie nicht zu viel von ihm erwarten sollten. Immerhin hatte er ja selbst gesagt, dass er weg sein würde, sobald er ein Engagement bekam. Mir schoss der Gedanke durch den Kopf, dass es bei mir nicht ganz anders aussah. Auch ich hatte vor, die ALS zu verlassen, sobald ich an meine alte Schule zurückkehren konnte. Völlig unvorhergesehen machte sich ein seltsames Gefühl in meinem Bauch breit. Das Gefühl, dass es mir möglicherweise gar nicht so leichtfallen würde zu gehen.

Coole vs. Nerds

Sertab, Sandra und Ralf waren begeistert, dass Tristan uns helfen würde. Auch die Idee, das Stück selbst zu schreiben, fanden sie super, und Sertab war völlig aus dem Häuschen darüber, dass wir bekannte Popsongs einbauen wollten. Auch wenn wir nun von vorne anfangen mussten, waren meine Kollegen zum Glück alle mit im Boot. Sandra versprach, sich mit ihrer Technik-AG um die GEMA beziehungsweise um Genehmigungen der Künstler zu kümmern, damit wir die Songs nutzen durften.

Es war kein Problem, den Musikraum und die Aula auch für den Dienstagnachmittag zu bekommen, und zum Glück hatten Sertab, Ralf und Sandra Zeit, einen weiteren Nachmittag zu proben. Nur was das Budget anging, kam ich nicht weiter. Ich berichtete Herrn Sandmann von den neuesten Entwicklungen, und er freute sich sehr darüber, dass uns nun ein ›echter Profi‹ helfen würde. Mehr Geld konnte er leider trotzdem nicht zur Verfügung stellen. Das hatte ich schon von vornherein befürchtet, also kümmerte ich mich gleich um meinen Plan B: großzügige Spender. Und da hatte ich auch schon zwei Opfer im Blick, nämlich Lisa und Gülcan.

Als Erstes rief ich Lisa in der Bank an, denn Banken waren ja bekannt dafür, dass sie gerne an ihrem Image feilten und Geld für wohltätige Zwecke spendeten. Ich fragte Lisa also, ob sie etwas Kohle für die Musical-AG lockermachen könnte. Sie versprach, ihren Chef danach zu fragen, sagte aber gleich, dass die Chancen eher schlecht stünden, da die Bank sich bereits für mehrere Projekte engagierte.

Als nächstes rief ich Gülcan an, doch dieses Mal feilte ich vorher genau an meinen Worten. »Sag mal, Gülcan? Eure Firma hat doch ein großes Herz für Ellerbrook, abgebrannte Stadtteilschulen, hoffnungslose Jugendliche und eine Musicalproduktion, die ein helles Licht im grauen Alltag der Kinder ist und ihnen Mut macht. Oder?«

Für eine Weile war es still am anderen Ende der Leitung. Dann brach Gülcan in Gelächter aus. »Wow, was für ein Satz. Hast du das abgelesen?«

»Nein, auswendig gelernt.«

»Gut gemacht. Also du willst, dass wir Geld für deine Musical-AG spenden?«

»Ich wäre dir und deinem Vater so dankbar.«

»Dann sag das doch gleich. Ich finde das Projekt super. Und definitiv unterstützenswert. Also, ich bespreche das mal mit meinem Vater, aber eigentlich sehe ich da kein Problem.«

»Vielen Dank, Gülcan! Du bist die Beste. Und dein Vater ist eh mein Held.«

»Klar doch. Aber im Gegenzug fordere ich zwanzig Premieren-Freikarten für unsere Belegschaft.«

»Schon notiert«, sagte ich und schrieb mir den Punkt gleich auf meine To-do-Liste.

Die restliche Woche verbrachte ich jede freie Minute mit Planungen und Recherchen für die Musical-AG. Wenn ich nicht damit beschäftigt war, korrigierte ich Geografie-Klassenarbeiten und Stumme-Karten-Tests und kümmerte mich um die Unterrichtsvorbereitung. Während Nele sich am Samstag mit Tobi traf (rein freundschaftlich natürlich), ging ich mit Gülcan und Lisa auf ein Bier in die 3ZimmerWohnung. Lisa hatte von ihrem Chef leider eine Absage bekommen, was eine Spende anging, doch Gülcan sicherte mir eine sehr großzügige Summe zu. Dankbar fiel ich ihr um den Hals und konnte es nicht lassen, ihr den ganzen Abend wieder und wieder Drinks zu spendieren. Wie zu erwarten war, quetschten Lisa und Gülcan mich in aller Ausführlichkeit über Tristan aus, denn sie fanden es total faszinierend, dass meine Jugendliebe wieder in meinem Leben aufgetaucht war. Ich selbst schwankte, was das anging, zwischen Begeisterung und Sorge. Und ich ahnte, dass turbulente Zeiten auf meine Gefühlswelt zukommen würden.

Die Nachricht, dass Tristan uns helfen und am Mittwoch zur Probe erscheinen würde, hatte sich unter den Mitgliedern der Musical-AG wie ein Lauffeuer verbreitet. Auch die Teilnehmer der Technik-AG und der Big Band waren an diesem Tag anwesend, ebenso wie die Betreuer. Nachdem wir den zweiten Probennachmittag besprochen hatten, öffnete sich die Tür der Aula, und Tristan trat ein. Automatisch fasste ich mit den Händen an mein Haar, um den Sitz meiner Frisur zu kontrollieren. Obwohl ich mich innerlich auf diese Begegnung vorbereitet hatte, fiel bei seinem Anblick all meine mühsam aufgebaute Gelassenheit in sich zusammen. Mein Herz klopfte schneller, und meine Hände wurden kalt und feucht.

»Hallo«, begrüßte ich ihn. »Schön, dass du da bist.«

Die Schüler starrten Tristan mit unverhohlener Neugier an.

Ich räusperte mich, dann sagte ich laut: »Das ist Tristan Franke, der so nett ist, uns zu helfen.«

Tristan nickte der Gruppe lächelnd zu und sagte: »Hi. Ich freue mich sehr darauf, euch kennenzulernen. Das heißt, ein paar von euch habe ich ja schon kennengelernt. Wie ihr wahrscheinlich wisst, bin ich Theaterregisseur.« Tristan stützte sich mit den Händen auf der Bühne ab und sprang hoch, um sich auf den Rand zu setzen. »In erster Linie werde ich mit euch an eurem Schauspiel arbeiten. Und eins müsst ihr wissen: Schauspielerei hat es in sich, denn wenn ihr eure Sache gut machen wollt, dann spielt ihr die Emotionen auf der Bühne nicht nur, ihr empfindet sie tatsächlich. Um sich darauf einzulassen, braucht man eine gehörige Portion Mut. Habt ihr den?«

Die Schüler riefen »Ja!« oder »Klar, Mann!«

»Gut. Dann freue ich mich darauf, mit euch zu arbeiten. Ach so, noch eins vorweg: Ich habe keine pädagogische Ausbildung und keine Ahnung, wie man mit euch Kids umgeht. Und ich bin ein echter Fanatiker, wenn es darum geht, ein Stück zu erarbeiten. Es kann also passieren, dass ich manchmal sehr streng bin oder in euren Augen ungerecht.« Tristan hob die Schultern. »Dafür entschuldige ich mich jetzt schon. Ich hoffe, dass ihr im Hinterkopf behaltet, dass ich es niemals persönlich meine und dass ich nur das Beste für euer Stück will.« Er ließ seinen Blick durch die Reihen schweifen und fing an zu lachen. »Oh je, jetzt guckt ihr alle so ängstlich. Aber so schlimm bin ich auch wieder nicht, ich lasse durchaus mit mir reden. Also, wenn ihr Ideen habt, dann bringt sie bitte unbedingt ein. Dieses Musical ist schließlich ein Gemeinschaftsprojekt, und alles steht und fällt mit euch. Übrigens fände ich es schön, wenn wir uns duzen. Ich bin Tristan.«

Die Jugendlichen begannen zu tuscheln, stießen sich gegenseitig an und nickten anerkennend.

»Tja, jetzt wisst ihr also, was euch blüht«, sagte ich mit einem Seitenblick auf Tristan, und alle lachten. »Aber eins wisst ihr noch nicht. Wir haben uns dazu entschieden, *Elecs Geheimnis* nicht aufzuführen. Stattdessen wollen wir ein Musical zeigen, mit dem ihr euch persönlich identifizieren könnt. In dem es um euch geht und um Themen, die euch bewegen.

Und deswegen möchten wir gerne, dass ihr das Stück selbst schreibt.«

Die Reaktionen reichten von begeisterten Jubelschreien über totale Verwunderung bis hin zu Ablehnung.

»Wie sollen wir denn Stück schreiben? Weiß doch keiner, wie das geht!«, rief Jo.

»Tristan wird uns dabei helfen.«

»Aber worum soll es in dem Stück überhaupt gehen?«, fragte Nike.

»Genau das sollt *ihr* euch überlegen«, erwiderte Tristan. »Was für eine Geschichte möchtet ihr erzählen? Welche Themen beschäftigen euch?«

»Ich fänd was mit Zombies cool«, schlug Jo vor. »So horrormäßig.«

Pawel nickte begeistert. »Ja, oder Action und Pyro-Show, wo ganz viel explodiert.«

»Einspruch«, rief ich. »Das Musical muss jugendfrei sein.«

»Und ihr solltet auch im Kopf haben, dass es für uns umsetzbar sein muss«, sagte Sandra. »Eine Pyro-Show mit Explosionen liegt definitiv außerhalb unserer Möglichkeiten.«

Heaven-Tanita wedelte wild mit ihrer Hand. »Ich hab eine Idee!«

»Dann schieß los«, forderte Sertab sie auf.

Ich stützte mich – genau wie Tristan – mit den Händen auf der Bühne ab und sprang hoch, um total lässig auf dem Rand zum Sitzen zu kommen. Doch leider war ich ein ganzes Stück kleiner als Tristan und zudem noch relativ unsportlich – was zur Folge hatte, dass das Kunststück spektakulär in die Hose ging. Meine Arme knickten ab, und ich konnte mich gerade noch mit den Ellenbogen auf der Bühne abstützen, sodass ich nicht gleich wieder auf den Boden plumpste. Doch mein Hinterteil hing runter, und meine Beine traten hilflos ins Leere.

»Hoppala«, sagte Tristan neben mir, und ich konnte am Klang seiner Stimme hören, dass er sich ein Lachen verkneifen musste. Er umfasste meine Oberarme und zog mich nach oben, bis auch mein Hinterteil auf der Bühne angekommen war. Ach du Schande, wie peinlich war das denn bitte?

Während Tristan sich Mühe gab, nicht zu lachen, kamen die Schüler nicht mal ansatzweise auf diese Idee. Sie prusteten ohne Hemmungen los. Unter dem Gekicher und Gegröle der Kids rappelte ich mich auf und blickte in fünfzig feixende Gesichter. Fahrig strich ich mir durchs Haar und behauptete: »Nichts passiert.«

»Derbe geile Aktion, Frau Paulsen«, rief Pawel.

»Das müssen wir unbedingt in die Show einbauen«, meinte Jo.

Ich klopfte etwas unsichtbaren Staub von meinem Hosenbein. »Ja, okay, wir haben alle gelacht, jetzt beruhigt euch mal wieder. Können wir bitte weitermachen?«

Zum Glück kam Sandra mir zu Hilfe. »Wir waren bei den Themen, über die ihr gerne schreiben würdet. Heaven-Tanita, du wolltest gerade von deiner Idee erzählen.«

Ich zog das Whiteboard hervor, das ich extra für diesen Zweck auf der Bühne deponiert hatte, und war heilfroh, wenigstens für kurze Zeit nicht mehr in die lachenden Gesichter blicken zu müssen. Wenn es eines gab, was ich wirklich nicht ertragen konnte, dann war es, ausgelacht zu werden.

Heaven-Tanita holte tief Luft. »Aalso. Es geht um ein Mädchen, das, sagen wir mal, fünfzehn ist und Ellerbrook zur Schule geht. Und die will unbedingt Sängerin werden, und sie hat auch voll Talent und so, aber keiner glaubt an sie, und ihre Eltern sagen ihr, sie soll was *Anständiges lernen*.« Bei den letzten Worten äffte Heaven-Tanita wohl den Tonfall ihrer Mutter nach. »Aber sie zieht ihr Ding durch, trotz all der

Hindernisse, weißt, wie ich mein? Und am Ende geht sie nach New York und kommt als Sängerin groß raus. Die Hauptrolle könnte ich ja sonst auch übernehmen.« Sie sah uns erwartungsvoll an.

»Über die Rollenverteilung reden wir erst, wenn das Stück fertig ist«, schaltete Ralf sich ein.

»Aber ansonsten ist das doch schon mal eine gute Idee«, sagte ich und schrieb ›Sängerin‹ an die Tafel.

»Ist das ein Thema, das euch alle beschäftigt?«, fragte Tristan.

Die meisten schüttelten die Köpfe, nur Mesut sagte: »So 'n schwuler Sänger wie Heaven-Tanita will ich nich werden. Aber groß rauskommen will ich auch – als Gangsta-Rapper, Mann.«

Heaven-Tanita schnaubte und imitierte Mesuts Rapper-Gesten. »Sheesh, ahnma Digger, hast noch nich mal 'n Lolli geklaut und machst hier derbe einen auf G, du Wannabe, Whack MC.«

Ich hatte zwar nur die Hälfte von dem verstanden, was Heaven-Tanita gesagt hatte, aber es schien lustig gewesen zu sein, denn sie hatte die Lacher auf ihrer Seite. Mesut lief hochrot an, und es war ihm anzusehen, dass er fieberhaft nach einer Antwort suchte. Bevor das Ganze ausarten konnte, schritt ich ein. »Ich schreib einfach SängerIn/RapperIn auf, okay?«

»Es könnte ja auch um ein Mädchen gehen, das davon träumt, einen Eisladen aufzumachen«, meinte Nike.

»Oder um einen Typen, der unbedingt mal mit so 'nem fetten Kreuzfahrtschiff fahren will. Queen Mary oder so«, sagte Engin. »Einer, der die Welt sehen will. Oder wenigstens mal was anderes als die Türkei.«

Pawel rief: »Oder einer, der Fußballprofi werden will und dann nachher für Barcelona oder Madrid spielt.«

»Und ich wär gern in LA Clown für kranke Kinder«, stieß Jo verächtlich hervor. »Na und? Wir kommen hier eh nie raus.«

Schweigen kehrte ein, und die Hände, die bis gerade noch in der Luft gewedelt hatten, sanken wieder nach unten.

»Denkt ihr das alle?«, fragte Tristan in die Runde. »Glaubt ihr alle, dass ihr hier nicht rauskommt und dass eure Träume nicht wahr werden?«

»Wir können doch alle schon froh sein, wenn wir Ausbildung kriegen«, sagte Jo. »Aber danach sitzen wir eh auf der Straße.«

Viele der Schüler nickten zustimmend. Ich wollte schon anfangen zu protestieren, doch da meinte Tristan: »Na, dann hätten wir doch ein Thema für euer Musical. Jugendliche, die Träume haben, aber nicht daran glauben, dass sie sich erfüllen werden.«

»Aber ich glaub daran, dass mein Traum sich irgendwann erfüllt«, sagte Nike. »Und das lass ich mir von dir auch nicht nehmen, Jo.«

»Ich auch nicht«, stimmte Heaven-Tanita ihr zu. »Und außerdem, wenn wir unsere Träume nicht mehr haben, was bleibt uns denn dann? Dann haben wir doch gar nichts mehr.«

Mein Herz zog sich zusammen, und meine Augen wurden feucht, so sehr berührten mich ihre Worte.

»Merk dir diesen Satz, Heaven-Tanita«, sagte Tristan lächelnd. »Den sollten wir unbedingt einbauen.«

Sie strahlte vor Stolz. »Vielleicht könnte es ja im Musical um mehrere Jugendliche gehen. Manche glauben an ihre Träume, aber manche haben den Mut verloren und sind immer voll anti.«

»Was denkt ihr?«, fragte Tristan die Gruppe.

»Ich find das gut«, meldete Flora sich zu Wort. »Und es kann in Schule spielen. In Ellerbrook.«

Ich kam kaum noch hinterher, die Ideen alle mitzuschreiben.

»Ja, und es gibt die Coolen, die anti sind und schwänzen und abhängen«, meinte Mesut. »Und die Streber-Nerds, mit denen keiner was zu tun haben will.«

»Eine Liebesgeschichte muss auch dabei sein«, sagte Nike.

Die Mädchen nickten, doch die Jungs stöhnten auf.

»Die Hauptfigur könnte ja voll die Außenseiterin sein und von allen gedisst werden, weil sie so eine Streberin ist oder weil sie Träume hat oder beides«, schlug Heaven-Tanita vor.

Meine Hand stockte beim Schreiben, und ein ungutes Gefühl machte sich in meinem Magen breit. Diese Geschichte entwickelte sich in eine Richtung, dir mir überhaupt nicht gefiel.

»Dann haben wir als Themen Liebe, Träume und Mobbing«, fasste Ralf zusammen.

»Wieso Mobbing«, wollte Pawel wissen.

»Hä, ja, wieso wohl Mobbing?« entgegnete Nike sarkastisch. »Ob das wohl Mobbing ist, wenn das Strebermädchen gedisst wird?«

Ich zuckte zusammen und spürte mehr als deutlich Tristans Blick auf mir. Mobbing war ein ätzendes Thema. Ich wollte mich nicht acht Monate lang damit auseinandersetzen.

»Ich find das gut mit dem Mobbing«, meinte Engin.

Jo hob seinen Daumen. »Geht klar.«

Tristan wandte sich wieder an die Gruppe. »Wie sehen das die anderen? Findet ihr das Thema gut?«

Alle nickten. Alle, bis auf Meikel. Der betrachtete eingehend seine Fingernägel.

»Okay«, sagte Tristan. »Was ist, Annika? Willst du es nicht aufschreiben?«

Ich weigerte mich immer noch, ihn anzusehen. »Mobbing ist doch ein völlig abgelutschtes Thema. Das kann keiner mehr hören.«

»Aber Sie haben gesagt, dass wir das Thema bestimmen«, protestierte Nike. »Und wir wollen über Mobbing schreiben.«

»Na schön.« Widerstrebend drehte ich mich zum Whiteboard um.

»Aber es stimmt, dass ›Cool und Uncool verlieben sich ineinander‹ schon oft behandelt wurde«, sagte Sandra. »Und es sind fast immer die Mädchen, die gemobbt werden, während die Jungs obercoole Typen sind.«

»Dann machen wir es anders«, rief Heaven-Tanita. »Bei uns ist der Junge der Streber, und das Mädchen die Coole.«

»Der Typ könnte so 'n Veganer sein, der die Welt retten will«, schlug Mesut vor. »Und am Ende wird der Streber-Nerd auch cool.«

Tristan warf mir einen Seitenblick zu. »Da müssen wir uns aber erst mal darauf einigen, was cool ist und was nicht. Ihr müsst euch überlegen, was für eine Botschaft euer Stück haben soll.«

»Dass cool sein geil ist«, rief Jo und gab sich mit Mesut eine Ghetto-Faust.

»Und dass Streber-Nerds scheiße sind«, fügte Pawel hinzu.

Ich verstärkte meinen Griff um den Whiteboard-Marker.

»Ich hab eine andere Idee.« Nike ließ ihren Blick durch die Reihen schweifen. »Wenn ich mich hier so umgucke, sind wir doch alle anders. Wir sind unterschiedlich alt, machen unterschiedliche Schulabschlüsse, haben unterschiedliche Hautfarben und Religionen. Und …« Sie hob die Schultern. »Keine Ahnung, das ist doch an unserer Schule noch viel krasser als an anderen. Ich find's gut, dass wir alle anders sind. Und die Botschaft unseres Stücks sollte sein, dass es gar nicht darauf ankommt, ob man nun ein Streber, Nerd, Hip-Hopper, Ökotyp, Cooler oder was auch immer ist. Am Ende wollen wir doch alle das Gleiche. Halt irgendwie ... glücklich sein.«

Meine Finger fingen an zu schmerzen, und ich lockerte den Griff um meinen Stift.

»Toleranz ist eine tolle Botschaft, Nike«, sagte Sandra lächelnd.

»Dann stimmen wir doch ab«, schlug Tristan vor. »Wer von euch möchte, dass es in dem Stück neben Mobbing um Toleranz und Träume geht?«

Nach und nach schossen immer mehr Hände in die Höhe, bis schließlich fast alle aufzeigten.

Tristan klatschte einmal in die Hände. »Okay. Damit ist es entschieden. Was am Ende dabei herauskommen soll, ist die Erkenntnis, dass man sich gegenseitig so akzeptieren soll, wie man ist. Und dass es wichtig ist, Träume zu haben.«

»Also gibt es ein Happy End«, sagte ich zufrieden.

»Nicht unbedingt. Zu dieser Erkenntnis kann man auch durch ein tragisches Ereignis kommen.«

Ich warf ihm einen warnenden Blick zu. »Ja, es kann ein tragisches Ereignis geben, aber am Ende geht dann alles gut aus.«

»Vielleicht aber nicht für jede Figur.«

»Doch, für jede Figur. Das ist ein Schülermusical, es kommt nicht infrage, dass am Ende alle sterben.« Ich spießte Tristan mit meinem Blick förmlich auf, um ihm zu demonstrieren, dass ich hiermit das letzte Wort gesprochen hatte.

Er blieb jedoch stur. »Es müssen ja nicht *alle* sterben.«

»Keiner in diesem Stück wird sterben!«

»Das ist aber nicht *dein* Stück.«

»Aber ich bin verantwortlich dafür und muss mich vor dem Schulleiter rechtfertigen. Man kann das Thema doch auch als Komödie verarbeiten.«

»Mit Komödien gewinnt man aber keine Preise«, behauptete Tristan. »Es muss finster und deprimierend sein, du musst die Leute zum Heulen bringen. Nur dafür kriegst du Anerkennung.«

Mir war zwar durchaus klar, dass er recht hatte, aber trotzdem war ich nicht bereit, so schnell von meinem Standpunkt abzurücken. »Wir werden kein finsteres und deprimierendes Stück aufführen. Ende der Diskussion.«

Tristan lachte ungläubig. »Bitte? Ende der Diskussion? Unsere Diskussion fängt gerade erst an, Annika. Wenn du diesen Preis gewinnen willst, dann ...«

Ein lautes Husten ließ Tristan und mich zusammenschrecken. Mir wurde bewusst, dass ich in den letzten dreißig Sekunden die Welt um mich herum vollkommen vergessen hatte. Es hatte nur noch Tristan und mich gegeben, verwickelt in ein Wort- und Blickgefecht, das ich unbedingt gewinnen wollte. Doch wir waren nicht allein, wir standen in der Aula auf der Bühne, und vor uns saßen etwa fünfzig Schüler, die uns so gespannt beobachteten, als würden wir die neueste Folge von *The Walking Dead* nachspielen.

»Das Ende müssen wir ja nicht schon heute festlegen«, sagte Sertab, die vermutlich auch diejenige war, die gehustet hatte.

»Stimmt«, lenkte Tristan ein. »Gut, dann erkläre ich euch jetzt, wie wir aus dieser sehr rohen Idee eine Story entwickeln.« In der folgenden halben Stunde erläuterte er anhand von ein paar wirren Skizzen, wie man ein Theaterstück plottete und die Figuren ausarbeitete. Die Schüler lauschten ihm aufmerksam, und wenn ich Tristan so beobachtete, musste ich schon zugeben, dass er eine sehr faszinierende Art hatte zu erklären. Er hatte immer dieses ganz besondere Leuchten in den Augen, wenn es um sein Thema ging, um seine Welt, sein Leben: das

Theater. Ich kannte das noch sehr gut von früher. So ruhig und gelassen Tristan sonst auch sein mochte – wenn es ums Theater ging, dann blühte er förmlich auf und sprach mit einer Leidenschaft, von der ich mir früher sehnlichst gewünscht hatte, sie würde mir gelten. Ob es in seinem Leben je eine Frau gegeben hatte, der es gelungen war, ihn auch nur ansatzweise so zu fesseln wie das Theater? Ich hörte Tristan sagen: »Schreibt doch bis zum nächsten Mal bitte alle ein paar Sätze zu Anfang und Ende der Handlung. Mehr brauchen wir erst mal nicht, um die weitere Ausarbeitung kümmern wir uns dann.«

Inzwischen waren wir am Ende des Treffens angekommen. »Okay Leute, das war's für heute.« Wie jedes Mal, wenn ich ein Zeichen zum Aufbruch gab, sprangen auf der Stelle alle auf, zogen eifrig quatschend in Richtung Ausgang und riefen uns im Vorbeigehen ein »Tschüs« zu. Auch Sertab, Ralf und Sandra verabschiedeten sich. In Sekundenschnelle hatte die Aula sich geleert. Nur Tristan und ich blieben übrig.

Ich brachte das Whiteboard zurück in den Musikraum, während Tristan die Aula inspizierte. »Die Technik ist auf dem Stand von 1975«, meinte er, als ich zurückkam. »Aber immerhin funktioniert das Wenige, das da ist.« Er ließ seinen Blick über die zerschlissenen Sessel und den verstaubten Vorhang schweifen. »Ich muss sagen, diese Aula und alles, was ich bislang von der Schule gesehen habe, verströmen einen sehr morbiden Charme.«

Ich griff nach meiner Tasche und hängte sie mir über die Schulter. »Ein bisschen was können wir in die Aula und in die Technik investieren. Ich hab nämlich Kohle rangeschafft.«

»Sehr gut. Wie viel?«

Ich nannte ihm die Summe, die Gülcan mir in Aussicht gestellt hatte.

Tristan nickte anerkennend. »Damit kann man doch schon

mal ansatzweise arbeiten.« Er sprang von der Bühne, und ich war kurz davor, es ihm nachzutun. Doch dann dachte ich an das demütigende Erlebnis, das ich beim Raufklettern gehabt hatte, und setzte mich stattdessen lieber auf den Bühnenrand, um mich runtergleiten zu lassen.

»Gibt es eigentlich irgendwo eine Bühnentreppe?«, fragte Tristan.

»Keine Ahnung. Ich kann den Hausmeister fragen.«

»Wäre wohl besser. Wenn die Proben erst mal richtig angefangen haben, müssen wir uns ständig zwischen Bühne und Zuschauerraum bewegen. Also ... auch du.«

Dieser Idiot. »Nur, weil ich vorhin abgerutscht bin, heißt das noch lange nicht, dass ich grundsätzlich nicht da raufkomme.«

»Doch, genau das heißt es. Du bist nämlich schlicht und ergreifend zu klein. Und da ich keine Lust habe, dich acht Monate lang hochzuwuchten, frag den Hausmeister besser schnellstmöglich nach einer Treppe.«

»Du musst mich nirgendwo hochwuchten. Aber trotzdem fände ich eine Treppe bequemer, also kümmere ich mich darum.«

»Okay. Dann sehen wir uns nächste Woche. Ich bin gespannt, was für Ideen die Kids abliefern.«

»Pff. Schlimmer kann es ja kaum noch werden.« Sobald ich es ausgesprochen hatte, ärgerte ich mich auch schon darüber. Warum war mir das rausgerutscht? Es würde nur unliebsame Fragen aufwerfen.

»Schlimmer?«, hakte Tristan prompt nach.

»Ja, schlimmer«, antwortete ich widerstrebend. »Es ist ja schön, dass es um Träume, Toleranz und Liebe geht. Aber Streber, Nerds und Mobbing? Du wusstest doch genau, dass diese Themen mir nicht recht sein würden.«

»Es ist nicht dein Stück, und es geht hier nicht um dich.« Tristan musterte mich nachdenklich. »Das alles ist so lange her. Aber du hast es immer noch nicht hinter dir gelassen, oder?«

Mein Magen fühlte sich wieder an, als würde ein tonnenschwerer Stein darin liegen. »Doch, habe ich. Ich habe das weit hinter mir gelassen. Und genau da soll es auch bleiben.«

»Etwas zu verdrängen heißt nicht, es hinter sich zu lassen.«

»Verdrängung gilt heutzutage in der Psychologie als eine durchaus anerkannte Überlebensstrategie.«

»Was damals war ... Das tut mir alles so leid«, sagte Tristan aus heiterem Himmel. »Und ich bin froh darüber, dass du wieder in meinem Leben aufgetaucht bist. Ich habe dir gegenüber seit elf Jahren ein schlechtes Gewissen, und nie die Gelegenheit gehabt, mich zu entschuldigen oder es auch nur ansatzweise wiedergutzumachen.«

Es fühlte sich an, als hätte Tristan mir einen heftigen Faustschlag verpasst. Meine Kehle wurde eng, und ich hatte Schwierigkeiten, zu atmen. »Heißt das etwa, dass du mir nur aus *Mitleid* hilfst? Weil ich so eine arme, bedauernswerte Kreatur bin, deren Leben kaputt ist? Falls das so ist, dann vergiss die Idee lieber ganz schnell wieder. Es war nicht deine Schuld. Du bist freigesprochen. Dir sei verziehen, was auch immer du verbrochen zu haben glaubst.« Als ich an Tristan vorbeimarschieren wollte, hielt er mich am Arm zurück. Widerwillig hob ich meinen Kopf und sah ihn an. Sein Blick war so intensiv, dass ich mich beinahe nackt vor ihm fühlte. »Dir sollte klar sein, dass du dich zwangsläufig mit dem Thema Mobbing auseinandersetzen musst, wenn wir das Stück planen und schreiben«, sagte er ruhig. »Es wäre wirklich besser für dich, wenn du nicht so empfindlich darauf reagieren würdest.«

Ich spürte, wie Tränen in meine Augen stiegen. »Wie gesagt, ich habe das alles hinter mir gelassen.«

Tristan ließ meinen Arm los. »Ja, du wirkst vollkommen souverän und ungerührt.«

»Ich tue mein Bestes.« Dann ging ich endgültig an ihm vorbei und verließ die Aula. Es war eine Schnapsidee gewesen, ausgerechnet Tristan um Hilfe zu bitten. Dass ich in ihn verliebt gewesen war, war inzwischen fast schon mein kleinstes Problem. Damit konnte ich irgendwie umgehen. Was ich aber überhaupt nicht bedacht hatte, war, dass Tristan untrennbar zu den drei Schuljahren gehörte, die der Horror für mich gewesen waren. Und durch die Begegnungen mit ihm wurde diese Zeit wieder furchtbar lebendig. Ich hatte geglaubt, dass ich all das hinter mir gelassen hatte. Doch wie mir der heutige Tag gezeigt hatte, war das nicht der Fall. Ganz und gar nicht.

Tristesse und Eisbären

Als ich nach der Probe in der Wohnung ankam, fand ich Nele in der Küche vor, wo sie an die Arbeitsfläche gelehnt ein Brot aß. In ihrem kleinen Schwarzen sah sie jedoch eindeutig zu schick für eine Stulle aus. »Hey. Hast du noch was vor?«

»Ja, Tobi hat Tickets für die Elbphilharmonie und mich gefragt, ob ich mitkommen will.« Ihre Augen strahlten verdächtig.

»Wow, für die Elbphilharmonie. Genial.« Ich gab mein Bestes, unbekümmert zu wirken, aber es fiel mir wirklich schwer. Zum Glück war Nele so sehr mit sich selbst beschäftigt, dass sie es gar nicht merkte. »Und ihr geht natürlich rein freundschaftlich und kollegial dorthin, nehme ich an?«

Nele nickte und nahm noch einen großen Happen.

»Dein Outfit schreit einem die Message ›Lass uns nur Freunde sein‹ ja auch geradezu entgegen.«

»Ich habe mich nicht für Tobi aufgebrezelt, sondern für die Elbphilharmonie«, belehrte Nele mich.

»Der ist es doch völlig egal, was du anhast. Ach, du Glückliche, ich würde auch so gern mal auf ein Konzert dorthin gehen. Was wird denn gespielt?«

Nele stopfte sich den Rest ihres Brotes in den Mund und zuckte mit den Schultern. »Keine Ahnung«, nuschelte sie kaum verständlich. »Beethoven? Mozart? Einer von diesen Typen halt.«

»Banausin. Bleib lieber hier und lass mich gehen.«

»Kommt überhaupt nicht infrage.«

»Du stehst doch eh nicht auf Klassik.«

Sie öffnete den Mund, schloss ihn jedoch sofort wieder und lief knallrot an.

»Ha!«, rief ich und zeigte mit dem Finger auf sie. »Du wolltest sagen: ›Aber auf Tobi‹. Gib es zu.«

Nele hob abwehrend die Hände. »Ja, okay, ich gebe es zu. Ich stehe auf ihn. Aber nur ein bisschen.«

»Ist klar.« Ich wollte mich gerade auf meinen Stuhl plumpsen lassen, doch als mein Blick auf den Tisch fiel, schreckte ich zurück. Dort lagen in einem heillosen Wirrwarr Kabel, Strippen, Platinen, Drehknöpfe und ein paar undefinierbare silberne Teile neben Schrauben, Schraubenziehern und Inbusschlüsseln in verschiedenen Größen. »Hat hier jemand den Terminator obduziert?«, fragte ich erschrocken.

Nele lachte. »Nein, nicht den Terminator. Sebastian hat den Toaster auseinandergenommen.«

»Aber warum dieses Massaker? Er war doch noch so jung.«

»Ja, aber kaputt. Das mit dem Hebel hat mich genervt.«

»Man musste den Hebel einfach nur runtergedrückt halten, bis der Toast fertig war.« Ich nahm eins der Metallteile vom Tisch und hielt es hoch. »In diesem Zustand dürfte es allerdings schwierig werden, Brot zu rösten.«

»Sebastian will ihn reparieren und musste dafür erst einmal gucken, was genau das Problem ist. Wir sollen nichts anrühren, er meinte, das sieht nur chaotisch aus, hat aber System.«

»Ach ja?« Seufzend ließ ich mich auf dem Küchenstuhl nieder. »Ich glaube ja eher, er hat keine Ahnung, was er da tut und guckt jetzt heimlich ein YouTube-Tutorial, um nicht wie ein Idiot dazustehen.«

»Wär schon möglich«, grinste Nele. »So, ich muss los.«

»Viel Spaß. Grüß mir die Elbphilharmonie. Und Tobi. Oh,

versuch doch bitte, mit deinem Handy eine Sprachnachricht aufzunehmen und schick sie mir. Ich will nur für fünf Minuten die Akustik und die Musik genießen.«

Nele umarmte mich und gab mir einen Kuss auf die Wange. »Ich werd's versuchen. Mach's gut, du Nerd. Bis morgen«, sagte sie, und dann war sie auch schon auf den Flur gerauscht.

»Bis morgen. Und ich bin kein Nerd«, rief ich ihr nach. Dieses beknackte Wort konnte ich allmählich nicht mehr hören. Ich betrachtete das Chaos auf dem Küchentisch. So ähnlich sah es momentan wahrscheinlich auch in meinem Kopf aus. Um mir dieses Massaker nicht länger mitansehen zu müssen, ging ich in mein Zimmer und nahm mir das neueste Kapitel aus Kais Odorf-Epos vor. Aber zum ersten Mal gefiel es mir gar nicht. Ich hatte keine Ahnung, wie ich Kai ein ehrliches Feedback geben sollte, ohne ihm wehzutun. Bei diesem Gedanken tauchte wie von selbst Professor Varga vor meinem inneren Auge auf – mein Klavierlehrer, der mich von meinem dreizehnten bis zum meinem siebzehnten Lebensjahr unterrichtet hatte. Der hatte nie ein Blatt vor den Mund genommen. ›Wenn du so spielst, wirst du versagen‹ pflegte er mir grundsätzlich kurz vor einem Wettbewerb oder Konzert mit auf den Weg zu geben. ›Du spielst wie ein Bauerntrampel‹ war noch einer seiner freundlicheren Kommentare. An schlechten Tagen sagte er auch gerne mal ›Ich schäme mich für dich‹ und erreichte damit genau das, was er erreichen wollte. Nämlich, dass *ich* diejenige war, die sich für ihr stümperhaftes Klavierspiel schämte. Am schlimmsten war es aber, wenn er gar nichts sagte. Wenn ich ihm eine Chopin-Etüde vorspielte, die ich bis zum Umfallen geübt und in die ich mein ganzes Herz gelegt hatte. Nachdem der letzte Ton verklungen war, sah ich hoffnungsvoll zu ihm auf, und er ... sagte nichts. Gar nichts. Ich hasste ihn, abgrundtief, aber durch den Druck, den er auf mich ausübte, wurde ich so gut, dass ich in die engere Auswahl zur Begabtenförderung am Konservatorium kam. Für das alles entscheidende Vorspiel wählte ich den *Liebestraum* von Liszt und die *Tristesse*-Etüde von Chopin, was ich damals unbewusst getan hatte, heute aber sehr bezeichnend fand. Denn vor allem Letztere spiegelte weite Teile meiner Jungend perfekt wider. Ich hatte es zwar in die Begabtenförderung geschafft, aber trotzdem war die Tristesse meine ständige Begleiterin gewesen. Und zwar nicht nur wegen der Wortähnlichkeit zwischen ›Tristesse‹ und ›Tristan‹.

Ich legte den Laptop zur Seite und setzte mich im Bett auf. Keine Chance, ich konnte mich einfach nicht auf Kais Roman konzentrieren. Mein Blick fiel auf das Klavier. In letzter Zeit stromerte ich immer wieder darum herum, allerdings ohne je zu spielen. Jetzt stand ich auf und ging langsam darauf zu. Ich ließ meine Finger leicht über die Tasten gleiten. Mein Klavier funktionierte noch. Die Frage war, ob *ich* noch funktionierte. Für ein paar Sekunden blieb ich reglos stehen, doch dann setzte ich mich und spielte die ersten Takte der *Tristesse*. Es klang holprig, unbeholfen, genau wie ich mich so oft fühlte. Aber die *Tristesse* war mir schon immer leichtgefallen, und bald wurde mein Spiel weicher. Ich konzentrierte mich nicht mehr auf das, was meine Finger zu tun hatten, sondern hörte auf die Musik. Und als ich das erst mal tat, dauerte es nur wenige Takte, bis die alten Gefühle und Erinnerungen anrollten. Die Tristesse. Einsamkeit, Zweifel, Angst, Unzulänglichkeit. Und die Tränen, all die Tränen, die ich damals geweint hatte. Gesichter tauchten vor meinem inneren Auge auf, ich hörte Satzfetzen, Lachen, spürte, wie sich herablassende und feindselige Blicke in meine Haut brannten, und all das wurde begleitet von dieser wunderschönen, sanften Musik, die der Soundtrack meiner Jugend war.

»Verdammt!«, rief ich und schlug heftig auf die Tasten. Ich wollte nicht wieder diese Gefühle wach werden lassen und mich an Situationen erinnern, die mich noch immer in meinen Träumen in Form eines Monsters verfolgten. Ohne darüber nachzudenken, verließ ich mein Zimmer, schnappte meinen Schlüssel von der Kommode und knallte die Wohnungstür hinter mir zu, um gleich darauf bei Sebastian und Kai Sturm zu klingeln. »Macht auf, macht auf, bitte macht auf«, murmelte ich. Sie mussten da sein, einer von beiden musste einfach zu Hause sein. Und tatsächlich, die Tür öffnete sich, und Sebastian stand vor mir. Groß, breit, wie immer mit strubbeligen Haaren und in Jeans und T-Shirt, obwohl es inzwischen Oktober war. Vor Erleichterung wäre ich ihm beinahe um den Hals gefallen. »Anni.« Er sah mich besorgt an. »Ist was passiert?«

»Nein, mir ist nur langweilig.«

»Heulst du immer, wenn dir langweilig ist?«

Ich wischte mir über die Wangen und stellte fest, dass sie feucht waren. »Meistens nicht, aber ... mir war schon *sehr* langweilig.«

In Sebastians Blick lag immer noch Sorge, und ich befürchtete schon, dass er nachbohren würde. Doch schließlich sagte er nur: »Verstehe.«

Ich räusperte mich. »Was machst du?«

»Ich gucke Fußball mit Kai.«

Nach einem kurzen Zögern fragte ich: »Darf ich mitgucken?«

»Natürlich, was ist denn das für eine Frage? Komm rein.«

Im Wohnzimmer saß Kai auf dem Sofa und sah dabei zu, wie Rote gegen Blaue spielten. »Hallo, Kai.«

»Hi, Anni. Wie sieht's aus?« Für eine Antwort schien er sich jedoch nicht wirklich zu interessieren, denn er starrte unverwandt weiter auf den Bildschirm. »Nimm dir ein Bier.«

Ich ging in die Küche und öffnete den Kühlschrank, in dem sich nichts außer etwa zwanzig Flaschen Astra, einer Fleischwurst und einer Packung Margarine befand. Typisch. Ich nahm mir ein Bier und setzte mich zwischen Kai und Sebastian aufs Sofa. »Und? Wie steht's?«

»1:0 für die Bayern«, sagte Sebastian.

Ich kniff die Augen zusammen und erkannte links oben in der Ecke, dass Bayern gegen Eintracht Hamburg spielte.

Kai hielt mir eine Tüte hin. »Nimm dir Chips.«

»Danke.« Ich langte in die Tüte und stopfte mir eine Handvoll Chips in den Mund. »Habt ihr einen Flaschenöffner?«

Sebastian drückte mir eine Gabel in die Hand, ebenfalls ohne vom Fernseher wegzusehen.

Ich mühte mich mit Gabel und Bierflasche ab, kam jedoch zu keinem Ergebnis. Als ich schon kurz davor war, den Flaschenhals auf die Tischkante zu hauen, nahm Sebastian mir beides wieder weg, öffnete die Flasche und gab sie mir anschließend zurück.

»Danke.« Ich trank einen Schluck Bier. »Mit einer Gabel kann ich das nicht. Mit einem Feuerzeug schon, aber nicht mit einer Gabel.«

»Was du nicht sagst«, entgegnete er.

Auf dem Bildschirm schien gerade nichts Interessantes zu passieren, also konnte ich doch ruhig mal eine Konversation starten, oder? »Ich kannte mal einen, der hat Bierflaschen mit dem Auge geöffnet. Das war vielleicht ekelig.«

»Jeder kennt angeblich einen, der Bierflaschen mit dem Auge öffnen kann«, meinte Sebastian. »In Wahrheit haben es aber alle nur auf YouTube gesehen.«

»Nein, ehrlich. Er war Klarinettist, ich hab ihn bei *Jugend musiziert* kennengelernt. Aber offen gestanden war es keine Flasche Bier, sondern eine Fanta.«

Sebastian lachte. »Ihr habt ja richtig hart gefeiert, was?«

»Na ja, wir waren dreizehn.«

»Wow. Ein Dreizehnjähriger, der eine Fanta mit dem Auge öffnen kann. Ein echtes Wunderkind also. Scheiße!«, rief er so unvermittelt, dass ich heftig zusammenzuckte. Ein Schwall Bier ergoss sich über meine Jeans. »Scheiße!«, rief auch ich und rieb an meiner Jeans herum.

»Diese dämlichen Bayern, es war so klar, dass die mal wieder einen Elfer geschenkt kriegen«, meckerte Kai. »Aber mach dir nichts draus, Anni. Der geht bestimmt nicht rein.«

Wie süß, er dachte, ich hätte wegen des Spiels geflucht. Allmählich fiel das beklemmende Gefühl von mir ab, und mir wurde etwas leichter ums Herz. Mit den Jungs war irgendwie alles so einfach. In der Glotze trat einer der Bayern-Spieler zum Elfmeter an. Er wirkte ziemlich selbstbewusst und nicht mal ansatzweise so, als hätte er vor danebenzuschießen. Auf dem Trikot konnte ich seinen Namen erkennen. Das war doch mal eine gute Gelegenheit, mein immenses Fachwissen zu demonstrieren. »Ah. Weidinger. Der hat ja auch mal bei Eintracht Hamburg gespielt.«

»Ach was«, sagte Sebastian übertrieben erstaunt. »Du kennst dich ja richtig gut aus.«

»Klar.« Immerhin hatte Sebastian mir noch vor kurzem sein altes Weidinger-Eintracht-Trikot geliehen, damit ich es William anziehen konnte. Rot-Grün stand ihm nämlich ausgezeichnet. Okay, streng genommen hatte Sebastian mir das Trikot nicht *geliehen*, sondern er hatte es bei uns liegen lassen, als er seine Sporttasche in unserem Flur entleert hatte, weil er seine Wohnungsschlüssel mal wieder nicht finden konnte. Und dann hatte ich halt versehentlich vergessen, es ihm wiederzugeben. Ich richtete meinen Blick wieder auf den Bildschirm, auf dem Weidinger anlief und den Ball eiskalt im Netz versenkte.

»Mist«, kommentierte Kai, und auch Sebastian stöhnte auf.
»Ja, wirklich. So ein Mist.« Ich nahm noch einen Schluck Bier. »Übrigens, eine Bekannte von der Schwester eines Kumpels einer ehemaligen Kollegin von mir hat mit der Freundin von Weidinger in Barmbek in einer WG gewohnt.«

Kai sah mich beeindruckt an. »Dann bist du ja gewissermaßen über ein paar Ecken mit ihm befreundet.«

»Na ja. Eigentlich eher mit seiner Freundin.«

Für eine Weile verfolgten wir einfach nur das Fußballspiel. Kai hielt mir immer wieder kommentarlos die Chipstüte hin, Sebastian holte uns noch eine Runde Bier, und meine Welt war halbwegs wieder in Ordnung. Ich konnte es mir selbst nicht erklären, doch je länger ich dem Spiel folgte, desto mehr fesselte es mich. Vielleicht lag es an Kais und Sebastians Anfeuerungsrufen, dem angehaltenem Atem, wenn die Eintracht vor das Tor der Münchner kam, den Entsetzensschreien, wenn es umgekehrt war, und an ihrem hemmungslosen Fluchen. Vielleicht lag es aber auch einfach nur daran, dass ich bisher noch nie ein Fußballspiel wirklich verfolgt und somit einfach nicht gewusst hatte, dass es mir gefiel. Spätestens gegen Ende der ersten Halbzeit fieberte ich richtig mit, und als die Eintracht in der zweiten Halbzeit den Anschlusstreffer erzielte, sprang ich mit Kai und Sebastian auf und jubelte, als hätte ich soeben Konzerttickets für Lang Lang in der Elbphilharmonie gewonnen.

Bei dem Gedanken fiel mir ein, dass Nele sich ja gerade genau dort herumtrieb. Ich zog mein Handy aus der Hosentasche und stellte fest, dass sie mir tatsächlich eine Sprachnachricht geschickt hatte. Ich öffnete die Datei und ließ mich bei den ersten Klängen gegen die Rücklehne des Sofas fallen. »Oh Mann, die Glückliche hört Schuberts *Unvollendete* in der Elbphilharmonie!«, jammerte ich. »Dafür würde ich töten.«

»Das hörst du nach den paar Tönen?«, fragte Kai verdutzt.

Upps. Wahrscheinlich hatte ich mich damit mal wieder als Klassik-Nerd geoutet. Aber vor den Jungs war mir das irgendwie egal. »Das ist meine Lieblingssinfonie.« Für drei Sekunden dachte ich nach, dann fügte ich hinzu: »Von Schubert.«

Kai beugte sich nach vorne, damit er Sebastian ansehen konnte. »Sie hat eine Lieblingssinfonie«, sagte er und deutete mit dem Daumen auf mich.

»Wer hat das nicht?«, antwortete Sebastian, verfolgte dabei aber weiter das Spiel. »Ich persönlich stehe zwar mehr auf Mozarts ... äh, Dingens, aber ... Verflucht noch mal, du dämlicher Idiot!«

Kai lehnte sich wieder zurück und hielt mir die Chipstüte hin. »Aber mit uns Fußball gucken ist doch auch okay, oder?«

Ich nahm mir ein paar Chips und lächelte ihn an. »Das ist viel, viel mehr als okay. Es ist vielleicht sogar besser«, sagte ich und war beinahe überrascht, dass ich es auch so meinte. »Genau weiß ich es nicht, weil ich noch nie in der Elbphilharmonie war. Aber jetzt gerade kann ich mir nicht vorstellen, dass ich dort glücklicher wäre als hier mit euch.«

Sebastian warf mir einen kurzen Seitenblick zu. »Ich kenne ja übrigens einen, der einen kennt, der einen kennt, der der Cousin fünften Grades von einer ist, deren Mann an der Elbphilharmonie mitgebaut hat.«

»Äh ... ja. Und?«

»Ach, ich wollte auch mal was Interessantes zum Gespräch beitragen«, meinte er grinsend.

Ich zog eine Grimasse und warf ein paar Chips nach ihm. »Idiot.« Im selben Moment wurde mir bewusst, was ich getan hatte. Hastig fing ich an, die Chips vom Sofa wieder einzusammeln. »Tschuldigung.«

Sebastian griff nach meiner Hand und hielt sie fest. »Lass doch einfach liegen. Die kann Kai irgendwann mal essen, wenn er beim Fernsehen Hunger kriegt.«

Ich starrte auf meine Hand, die in Sebastians fast verschwand, obwohl sie nicht gerade klein war. Seine Berührung fühlte sich nicht unangenehm an. Ganz und gar nicht. Eigentlich fühlte sie sich schon fast zu angenehm an, seltsam tröstlich. Ich hätte meine Hand gern in seiner gelassen, doch er ließ sie schnell wieder los. Dann sickerten Sebastians Worte allmählich zu mir durch. Ich hob meinen Kopf und begegnete seinen vergnügt blitzenden Augen. »Du bist so ekelig«, rief ich und prustete los.

»Aber ich habe Kai neulich wirklich mal dabei erwischt, wie er…«

»Hey«, unterbrach Kai Sebastian mitten im Satz. »Kein Wort mehr.«

»Was hat er gegessen?«, fragte ich mit angehaltenem Atem.

Sebastian öffnete den Mund, doch Kai sagte schnell: »Nichts.«

Natürlich wollte ich es jetzt erst recht wissen. Also versuchte ich während des restlichen Spiels immer wieder herauszukriegen, was genau Kai wann unter welchen Umständen gegessen hatte. Aber es war nichts zu machen, die Jungs schwiegen hartnäckig.

Die Eintracht verlor 1:3. Wir schimpften noch eine Weile auf die Ungerechtigkeit der Fußball-Welt, dann erhob Kai sich. »Ich muss mal ins Bett. Um fünf klingelt der Wecker.«

Wahrscheinlich war das mein Zeichen, auch zu gehen. Aber ich wollte überhaupt nicht weg. Es graute mir davor, zurück in die einsame und stille Wohnung zu gehen. In mein Zimmer, in dem wahrscheinlich immer noch diese schrecklichen Gefühle von damals auf mich lauerten. Bei Kai und Sebastian war es chaotisch, warm und gemütlich, ich konnte Fußball gucken, Bier trinken und Chips essen, lachen und dummes Zeug reden. Hier fühlte mein Herz sich viel leichter an. »Musst du morgen auch so früh raus?«, fragte ich Sebastian.

Er zögerte für einen Moment, dann erwiderte er: »Nein, ich bin morgen nur im Büro.«

Ich zupfte an einem Faden, der an einer Sofa-Naht herausguckte. »Also bleibst du noch wach? Wenn nicht, kann ich natürlich auch rübergehen.« Hilfe, wieso war ich denn auf einmal so schüchtern? Das war ich in Sebastians Gegenwart noch nie gewesen.

»Nein, bleib ruhig. Ich geh noch nicht ins Bett.«

Ich spürte, wie mir ein Stein vom Herzen fiel. »Okay.«

Als Kai weg war, kuschelte ich mich in seine Sofaecke, was für einen größeren Abstand zwischen Sebastian und mir sorgte. Ich legte meinen Kopf auf die Sofalehne, zog meine Beine an und spielte nochmals Neles Sprachnachricht ab. »Schön, oder?«, fragte ich Sebastian, der es sich ebenfalls auf der Couch bequem gemacht hatte.

Er stellte den Ton am Fernseher aus. »Lass noch mal laufen.«

Ich tat ihm den Gefallen. »Schubert war erst fünfundzwanzig, als er diese Sinfonie komponiert hat. Viel älter ist er auch nicht geworden. Er hatte Syphilis, und manche Forscher vermuten, dass er Alkoholiker war. Mit einunddreißig ist er gestorben, und er hat zu Lebzeiten nie die Anerkennung bekommen, die er verdient hätte.«

»Wieso nicht?«

»Er war halt keine Rampensau, wie Mozart oder Beethoven. Und viele seiner Werke sind nicht so eingängig. Man muss sie schon ein paarmal genauer hören, um die Schönheit zu erkennen. Finde ich zumindest.«

Für eine Weile hörten wir schweigend zu, dann war die Sprachnachricht zu Ende, und es wurde still im Wohnzimmer.

»Klingt ganz schön verzweifelt, die Musik«, meinte Sebastian. »Aber kein Wunder, dass der Typ so drauf war, nach dem, was du erzählt hast.«

»Er war übrigens Lehrer. Aber den Job hat er ziemlich schnell an den Nagel gehängt.« Ich grinste Sebastian an, woraufhin der zu lachen anfing.

»Alles klar. Das macht ihn dir noch sympathischer, was?«

»Nein, ich bin ganz gerne Lehrerin.«

»Nur nicht an der ALS.«

Ich dachte einen Augenblick lang nach. »Na ja. Ich gewöhne mich daran. Bist du eigentlich gerne Maler?«

Überrascht sah er mich an. »Ich hab noch nie darüber nachgedacht. Aber ich gehe gern zur Arbeit, also vermutlich ja. Man sieht am Ende des Tages, was man geschafft hat. Das gefällt mir.«

»Ich weiß genau, was du meinst. Ich sehe nie, was ich geschafft habe. Bist du deswegen Maler geworden?«

Er hob die Schultern. »Nein, ich hatte damals einfach nicht so wahnsinnig viele Alternativen. Ich war froh, dass ich überhaupt einen Ausbildungsplatz bekommen habe.«

»Wenn du es dir hättest aussuchen können, was wärest du denn dann geworden?«

Sebastian verdrehte in gespielter Verzweiflung die Augen. »Du kannst Fragen stellen. Keine Ahnung. Das Einzige, was ich wusste, war, dass ich auf keinen Fall weiter zur Schule gehen wollte. Ich war eh so schlecht, dass es sinnlos gewesen wäre.«

»Warst du wirklich schlecht in der Schule oder einfach nur faul?«

»Beides. Aber vor allem war ich dumm.«

»Du wirkst nicht besonders dumm auf mich.«

»Oh, glaub mir. Ich war dumm.« Abrupt stand er vom Sofa auf. »Willst du noch ein Bier?«

Ich hatte etwas Mühe, seinem Gedankensprung zu folgen, doch dann sagte ich: »Klar. Gerne.«

Sebastian ging in die Küche, um kurz darauf mit zwei Bieren zurückzukehren. Er drückte mir eins in die Hand und fläzte sich wieder aufs Sofa.

Ich griff nach der Fernbedienung, schaltete den Ton an und zappte ein bisschen rum. Auf ZDF Info blieb ich hängen, denn es lief eine Reportage über die arktische Tierwelt.

»Muss das sein, Annika?«, fragte Sebastian.

»Das ist doch interessant.«

Er ließ seinen Kopf auf die Brust sinken und simulierte lautes Schnarchen.

»Siehst du, da sind Eisbärbabys.«

Widerstrebend sah er auf. »Das juckt mich überhaupt nicht«, behauptete er, wandte seinen Blick allerdings auch nicht mehr vom Fernseher ab.

Für eine Weile verfolgten wir schweigend, wie die beiden Eisbärbabys mit ihrer Eisbärmama schmusten. »Die sind unfassbar niedlich«, schwärmte ich.

»Ja, die sind schon ganz okay«, brummte Sebastian.

»Guck mal, wie die Mutter lächelt.«

»Das ist ein Eisbär, die lächeln nicht.«

»Guck doch mal genau hin.«

Sebastian lehnte sich vor. »Hm. Stimmt, es sieht echt so aus, als würde sie lächeln.«

»Kein Wunder. Wenn ich zwei so süße Babys hätte, würde ich auch permanent grinsend durch die Weltgeschichte laufen.«

Sebastian lachte, als die beiden Eisbärbabys im Schnee herumtollten, während die Mutter sich gemütlich von der Sonne den Bauch wärmen ließ. »Die wissen, wie man es sich gut gehen lässt.«

Nun gab es einen Schnitt, und es ging um die Unterwasserwelt. Ein paar Orcas schwammen majestätisch durch das tiefblaue Wasser, auf der Suche nach Nahrung. »Die sind ja ganz nett, aber ich würde lieber wieder die Eisbären sehen«, meinte Sebastian und nahm noch einen Schluck Bier. Inzwischen saß er im Schneidersitz auf dem Sofa und verfolgte gebannt das Geschehen.

Der Regisseur tat ihm den Gefallen, und nun wurden die süßen Eisbären dabei gezeigt, wie sie ihre ersten Schwimmversuche machten. »Nicht so weit raus, ihr Rotzlöffel«, mahnte Sebastian. »Wo ist eure Mutter überhaupt geblieben?«

Wieder kam ein Schnitt, und die hungrigen Orcas schwammen durchs Bild. Sebastian runzelte die Stirn. »Es gefällt mir gar nicht, wie das zusammengeschnitten ist. Man könnte ja meinen, die wären im gleichen …«

Schnitt auf die Eisbärbabys, im Hintergrund konnte man die Wale erkennen. Ich hatte schon etliche dieser Reportagen gesehen und von Anfang an geahnt, wie das enden würde, doch Sebastian war völlig schockiert. »Ach, du Schande! Los, haut ab!«

Die Wale kamen immer näher. Die kleinen Eisbären witterten inzwischen Gefahr und paddelten so schnell wie möglich in Richtung Ufer. Doch einer der beiden schwamm noch nicht so gut und fiel ein ganzes Stück zurück. Ich griff nach einem Sofakissen und hielt es fest umklammert, während ich an meinem Daumennagel kaute. Die Hintergrundmusik wurde dramatischer. Das schnellere der beiden Eisbärbabys hatte es inzwischen ans Ufer geschafft und wurde von der Mutter in Empfang genommen.

Währenddessen kam der Orca immer näher an das andere Junge heran, die Musik erreichte ihren Höhepunkt – und dann setzte die Zeitlupe ein.

»Oh nein«, stieß ich hervor. »Zeitlupe ist immer ein schlechtes Zeichen.«

»Was? Du meinst doch nicht ernsthaft ... Schwimm schneller!«

Doch es war zu spät, der Wal riss sein Maul auf, packte das Eisbärbaby und zog es unter Wasser. Kurz darauf färbte sich die Oberfläche rot. Eine weiße Tatze blitzte noch einmal hervor, dann war alles still. »Was für ein Scheißfilm«, rief Sebastian wutschnaubend. »Und so was ziehst du dir andauernd rein? Wie krank ist das denn?«

Ich wischte mir eine Träne aus dem Augenwinkel. »Du ziehst dir andauernd Horrorstreifen rein, wo ist der Unterschied?«

»Horrorfilme sind fiktiv. Das da ...«, er deutete anklagend auf den Fernseher, »... ist bittere Realität.«

Auf dem Bildschirm wurde die Eisbärmama gezeigt, die einen verzweifelten Schrei ausstieß und dann mit ihrem nunmehr einzigen Kind davontrottete.

›*Die Eisbärmutter und ihr Junges werden es schwer haben*‹, kommentierte der Sprecher. ›*Denn durch den Klimawandel schmilzt ihnen ihr Lebensraum unter den Tatzen weg. Weltweit gibt es nur noch rund 25.000 Eisbären. Tendenz fallend.*‹

»Na toll«, sagte Sebastian dumpf. »Ich erschieß mich gleich. Da dachte ich immer, du guckst dir stinklangweilige Dokus an, dabei sind es in Wahrheit die reinsten Splatterfilme.«

»Manchmal entkommen die Tierbabys ja auch«, entgegnete ich trotzig.

»Hm.« Sebastian trank noch einen Schluck Bier. »Also,

eins muss ich dir lassen, langweilig war dieser Film ganz sicher nicht.«

»Wir hätten rechtzeitig umschalten sollen. Als Faustregel kannst du dir merken, dass du in bedrohlichen Situationen spätestens, wenn die Zeitlupe einsetzt, den Sender wechseln solltest.«

Sebastian lachte. »Ich werde mir so was Krankes garantiert nicht allein angucken. Wenn du mich dazu zwingst, okay. Aber dann bist du auch dafür verantwortlich, rechtzeitig umzuschalten.«

»Ist gut.« Ich konnte mir selbst nicht erklären, wieso mein Herz einen so übertrieben freudigen Hüpfer machte. Vielleicht, weil Sebastians Worte so selbstverständlich geklungen hatten. Als wäre es völlig klar, dass wir auch in Zukunft gemeinsam TV-Dokus gucken würden. Das hatte so was von … echter Freundschaft.

Ein Blick auf meine Uhr zeigte mir, dass es inzwischen ganz schön spät war. Eigentlich wollte ich liebend gern hier bei Sebastian bleiben, aber ich mochte ihn nicht noch länger vom Schlafen abhalten. Also beschloss ich schweren Herzens rüberzugehen.

Sebastian brachte mich zur Tür, was irgendwie merkwürdig war, weil wir ständig beieinander ein- und ausgingen, ohne uns jemals hinauszubegleiten. »Also dann, gute Nacht«, sagte ich, als ich im Treppenhaus stand. »Schlaf gut. Hat Spaß gemacht mit dir. Euch«, korrigierte ich mich schnell.

Sebastian lächelte, und ein warmer Glanz trat in seine Augen. »Ja, hat es. Und ich hoffe, dir ist heute nicht mehr langweilig.«

Ich erwiderte sein Lächeln. »Nein, bestimmt nicht.«

In meinem Zimmer vermied ich es tunlichst, mein Klavier anzusehen. Stattdessen konzentrierte ich mich auf William, der in seinem Sessel saß und einen Reiseführer über Peru auf dem Schoß hatte. Irgendwie gefiel es mir, dass er Sebastians Weidinger-Trikot trug. Es ließ ihn viel lebendiger wirken. Ich putzte mir die Zähne und ging ins Bett, doch einschlafen konnte ich noch lange nicht. Kaum war es dunkel um mich herum, tauchten die Geister der Vergangenheit wieder auf. ›Verdrängen‹, dachte ich. ›Nicht dran denken, es nicht an dich heranlassen.‹ Diese Überlebensstrategie hatte in den vergangenen Jahren schließlich wunderbar funktioniert.

Drama oder Comedy?

Es war gar nicht so einfach, meine Überlebensstrategie aufrechtzuerhalten. Denn dummerweise lief ich demjenigen, der sie in Gefahr brachte, andauernd über den Weg. Nachdem wir bei der letzten Probe aneinandergeraten waren, taten Tristan und ich nun beide so, als wäre nie etwas gewesen und gingen in der nächsten Zeit betont freundlich und höflich-distanziert miteinander um.

Im Gegensatz zu mir ließ er den Kids bei der Arbeit an der Story weitestgehend freie Hand und gab ihnen nur hin und wieder Denkanstöße, während mir sehr daran gelegen war, dass das Stück jugendfrei blieb. Die weibliche Hauptfigur wurde Johnny getauft, als Abkürzung von Johanna (die Mädels fanden das supercool), der männliche Part hieß Matteo. Außerdem entstanden die Nebenrollen in Form von Johnnys Zwillingsbruder Jimmy (nicht meine Idee!) und ihren und Matteos Freunden. Johnny und Matteo gingen in dieselbe Klasse, doch während sie zu den coolen Hip-Hoppern gehörte, immer eine große Klappe hatte und auf Schule nicht die geringste Lust, war Matteo der absolute Außenseiter, der von allen in der Klasse ›gedisst‹ wurde. Matteo engagierte sich in einer Umweltorganisation und war zudem Mitglied im Schachclub der Schule. Dort hatte er immerhin ein paar Freunde – natürlich in Form eines Computernerds und eines Roboter bauenden Technikfreaks. Ich hatte vorsichtig gewarnt, das Ganze nicht zu klischeebeladen werden zu lassen. Tristan fand jedoch, das sei schon okay, Genreliteratur und Musicals würden schließlich von Klischees leben. Matteo und Johnny wurden eines Tages von der Lehrerin Frau Schlüter zum Schulhofdienst verdonnert. Dabei kamen die beiden miteinander ins Gespräch und entdeckten, dass sie mehr gemeinsam hatten als gedacht. Sie schwänzten kurzerhand ihre Strafaufgabe (ganz bestimmt nicht meine Idee!) und verbrachten einen wunderschönen Tag, fuhren mit der Fähre an den Elbstrand und verliebten sich ineinander. Ob sie sich dabei küssen sollten, war noch nicht abschließend geklärt – die Mädchen waren dafür, die Jungs strikt dagegen. Jedenfalls wurden sie von ein paar Klassenkameraden erwischt und von all ihren Freunden ›übelst für ihre Liebe gedisst‹. Johnny konnte damit nicht umgehen und kehrte Matteo den Rücken. Bald darauf musste sie Jimmy beistehen, der Schulden bei Kiez-Kevin hatte, dem Kleingangster des Viertels (Name ebenfalls nicht meine Idee), weswegen der ihn zwang, einen Botengang, sprich: einen Drogentransport, für ihn zu übernehmen. An dem bewussten Tag musste dann allerdings Johnny für Jimmy einspringen, weil der seine schwangere Freundin Lilly ins Krankenhaus bringen musste. Bei diesem Transport ging etwas mächtig daneben, Johnny wurde angeschossen und landete ebenfalls im Krankenhaus. Matteo und seine Nerd-Freunde verbündeten sich daraufhin mit Johnnys Rapper-Gang, um Kiez-Kevin das Handwerk zu legen. Sie lockten ihn in eine Falle, wodurch er im Knast landete, Johnny und Matteo kamen zusammen, Matteo war voll in die Klasse integriert, und es war egal, ob man Nerd, Hip-Hopper, Skater oder Normalo war. Denn irgendwie waren sie doch alle nur Spinner mit Träumen.

Inzwischen hatten wir uns auch nach ein paar heißen Diskussionen auf die Songs geeinigt. Nachdem ich die Bedingung gestellt hatte, dass sie auf Deutsch sein mussten, lieferte ich mir einen erbitterten Kampf mit den Kids, Tristan, Sertab und Ralf. Dass Hip-Hop-Songs ins Musical eingebaut werden mussten, war mir zwar in dem Moment klar gewesen, als alle darauf bestanden hatten, dass Johnny Rapperin sein sollte. Aber ich musste mich entschieden gegen Mesuts Gangsta-Rap-Vorschläge zur Wehr setzen, die wir uns alle gemeinsam anhörten, und bei denen mir die Ohren klingelten. Wir einigten uns letzten Endes auf gemäßigtere Songs wie *SoLaLa* von Blumentopf, *L auf der Stirn* von den Beatsteaks und Deichkind, sowie *Traum* von Cro und *Oh Jonny* von Jan Delay (ich war mir ziemlich sicher, dass die weibliche Hauptfigur ihren Namen nur deswegen bekommen hatte, weil alle unbedingt dieses Lied im Musical haben wollten). Ich war kein Fan von Hip-Hop und hielt gerade die Songs von Cro und Jan Delay darüber hinaus für viel zu schwierig. Doch gegen die geballte Rapper-Fraktion konnte ich nichts ausrichten. Aus den Bereichen Pop und Rock entschieden wir uns für *Einfach nur weg* von Johannes Oerding, *Liebe ist alles* von Rosenstolz, *Das Gold von morgen* von Alexa Feser, und als Finallied *Spinner* von Revolverheld.

Ich arbeitete auf Hochtouren daran, die Songs wieder und wieder anzuhören, Chorsätze und Noten für die Band zu schreiben und die Texte, wenn nötig, jugendfrei zu machen. Hinzu kamen noch meine üblichen Aufgaben wie Klausuren korrigieren, Unterricht vorbereiten oder unzählige Konferenzen. Freizeit hatte ich so gut wie keine mehr, und ein ums andere Mal verfluchte ich Tristan dafür, dass er darauf bestanden hatte, das Stück selbst zu schreiben. Es wäre alles so viel einfacher gewesen, wenn wir *Elecs Geheimnis* gespielt hätten.

Als die Handlung geplant war und die Songs feststanden, fing der schwierige Teil erst an: Das Stück musste geschrieben werden. Tristan teilte die Schüler dazu in Gruppen ein und gab jeder Gruppe die Aufgabe, eine Szene zu schreiben. Ich befürchtete, dass sie, statt am Text zu arbeiten, vor allem quatschen und streiten würden, doch sie schafften es – mit Tristans Hilfe – tatsächlich. In nur drei Wochen waren alle Szenen geschrieben, und das Stück war fertig. Als Heaven-Tanita mir als Letzte die Szene ihrer Gruppe überreichte, konnte ich es kaum glauben, und ich wurde von einem derartigen Glücksgefühl durchströmt, dass mir Tränen in die Augen traten. Ich hielt den dicken Packen DIN-A4-Zettel hoch. »Guckt euch mal an, was ihr zusammen geschafft habt. Ihr habt ein Musical geschrieben. Ist das nicht der Hammer?«

»Es ist sowieso schlecht geworden«, sagte Jo.

»Ich finde, unsere Gruppe hat das super gemacht«, meinte Heaven-Tanita mit gewohntem Selbstbewusstsein. »Was die anderen geschrieben haben, weiß ich zwar noch nicht, aber das Stück ist bestimmt derbe geil geworden.«

»Das denke ich auch«, sagte Tristan. »Ich muss das Stück noch überarbeiten, also ein bisschen kürzen und hier und da umformulieren, damit es wie aus einem Guss klingt. Aber es bleibt euer Stück.«

»Wir sehen uns morgen«, beendete ich die Stunde. »Und jetzt seid mal richtig stolz auf euch. Dazu habt ihr nämlich allen Grund.«

»Ey, Frau Paulsen, sind Sie denn auch stolz auf uns?«, fragte Jo und setzte eine besonders coole Miene auf, doch er sah mich dabei mit großen Augen an. Auch alle anderen schienen gespannt auf meine Antwort zu warten. Es war mucksmäuschenstill im Raum geworden.

Für einen Moment war ich sprachlos. War es ihnen wirklich so wichtig, was ich dachte? »Ja, natürlich bin ich stolz auf euch, und wie! Ihr habt innerhalb von kürzester Zeit gelernt, wie man ein Stück schreibt, und dann habt ihr es *gemacht*. Das ist fantastisch.«

Ein Grinsen huschte über Jos Gesicht, doch er hatte sich schnell wieder im Griff. Die anderen AG-Teilnehmer strahlten, und Meikel schien um fünf Zentimeter zu wachsen, so sehr straffte er seine Schultern und reckte das Kinn in die Höhe.

Nach und nach verzogen sich die Kinder in ihren wohlverdienten Feierabend. Tristan nahm mir die DIN-A4-Zettel ab und sagte feierlich: »Unser Stück. *Ellerbrook!* Das ist zwar der größte Käse, den ich je gelesen habe, aber es ist großartig, dass die Kids allein darauf gekommen sind.«

»Findest du echt, dass das Stück Käse ist? Ich finde es super. Wobei, wenn ich mir überlege, was Herr Sandmann dazu sagen wird ...« An den Fingern zählte ich ab: »Wir haben Schulschwänzer, Drogen, eine schwangere Schülerin, eine Schülerin, die angeschossen wird und als Krönung Hip-Hop und Pop statt klassischer Musical-Stücke.«

Tristan lachte, wobei die kleinen Fältchen um seine Augen sich vertieften. Es ließ ihn so nett aussehen, dabei wollte ich ihn überhaupt nicht nett finden. »Also ein Stück, das die Spießer von der Schulbehörde so richtig provoziert und an den Eiern packt.«

»Klingt nicht sehr preisverdächtig.«

»Klingt extrem preisverdächtig. Übrigens würde ich die Darsteller gerne möglichst bald in Aktion sehen.«

»Wir könnten dir morgen den Sketch zeigen, den sie neulich in Zweiergruppen aufgeführt haben. Aber besonders anspruchsvoll oder textreich ist der nicht.«

»Macht nichts. Bislang haben wir nur das Stück geschrieben, ich will wissen, wie sie schauspielern.«

Ich war mir nicht so sicher, ob er das wirklich wissen wollte, aber früher oder später musste er es ja erfahren.

Als ich am nächsten Tag bei der Probe verkündete, dass Tristan und ich den Sketch sehen wollten, wurden die Kinder richtig aufgeregt. Es surrte wie im Bienenstock, als sie sich in ihre Zweiergruppen aufteilten, und immer wieder warfen sie Tristan ängstliche Blicke zu.

»Ist das jetzt schon das Casting?«, fragte Heaven-Tanita. »Das ist aber echt fies, Frau Paulsen, wenn ich das gewusst hätte, hätte ich mich vorbereitet.«

»Das ist kein Casting«, beteuerte ich.

»Stimmt«, meinte Tristan. »Ich will euch nur mal auf der Bühne sehen. Um einen Eindruck davon zu bekommen, woran wir noch arbeiten müssen. Also keine Angst.« Er lächelte die Schüler aufmunternd an und setzte sich in die erste Reihe.

Ich nahm neben ihm Platz, und bald darauf wagten sich Mesut und Jo als Erste auf die Bühne. Mesut erklärte: »Ähm, also das ist ein Sketch, in dem es um 'ne Tussi und 'nen Typen geht. Jo ist die Tussi. Und ich der Typ, und ich komm so in den Raum und denk so ›Krass, da ist Feuer‹, und dann ...«

»Ist schon in Ordnung«, unterbrach Tristan ihn. »Du musst es mir nicht vorher erklären, ich werde es schon aus dem Zusammenhang heraus verstehen.« In meine Richtung sagte er leise: »Zumindest sollte es so sein.«

Mesut schob sein Baseballcap zurück und kratzte sich am Kopf. »Geht klar. Also, dann ... äh, fangen wir jetzt an.« Er ging an seine Position, doch bevor er loslegte, sah er wieder zu Tristan und sagte: »Also, ich tu gleich so, also wär da eine Tür, ich mach halt irgendwie so Pantomime, und übrigens sind die Tussi und der Typ verheiratet und auch schon derbe alt, aber ...«

»Boah, Alter!«, rief Jo ungeduldig. »Jetzt mach endlich!«

»Ich habe Mesut noch nie so nervös gesehen«, flüsterte ich.

Mesut hustete ein paarmal, nahm sein Käppi ab, strich sich

über den Kopf, setzte das Käppi wieder auf und öffnete dann ruckartig die nicht vorhandene Tür. Jo saß, wie es der Sketch vorsah, am Tisch und schnarchte laut, während Mesut sich im Raum umsah. »Oh, es brennt!« Dann tat er so, als würde er ein Fenster öffnen und rief: »112! 112!«

Jo wurde wach, entdeckte ebenfalls, dass es brannte und sprang vom Stuhl auf, so schnell wie eine alte Oma das eben konnte. Er hustete und wedelte hektisch mit der Hand vor seinem Gesicht herum. »Ach herrje. Feuer!«, rief er mit Oma-Stimme und zog dabei Grimassen.

Tristan lachte. »Jo ist wirklich gut.«

Mesut stand immer noch am offenen Fenster und rief »112! 112!«

»Mensch Herbert, was machst du denn da?«, fragte Jo.

Mesut ruderte rappermäßig mit den Armen und sagte: »Na, ahnma Digger, ... äh ... sag schnell.« Hilflos sah er in unsere Richtung.

Tristan stöhnte kaum hörbar auf.

Jo flüsterte Mesut etwas ins Ohr. Daraufhin erhellte sich sein Gesicht. »Es heißt doch, bei Feuer 112 rufen!« Dann blieben die beiden für ein paar Sekunden reglos stehen und schienen auf Applaus zu warten, also tat ich ihnen den Gefallen und klatschte.

»Joah, und das war's«, beendete Mesut den Vortrag.

»Okay, vielen Dank«, sagte Tristan. »Dann holt mal bitte die Nächsten rein.« Als die beiden weg waren, murrte er: »Mesut kann sich keine acht Wörter merken? Na, das kann ja heiter werden.«

»Er war halt extrem nervös. Die spielen das erste Mal in ihrem Leben vor einem Profi. Sie sind wahnsinnig ...«

»Annika, du musst sie nicht verteidigen«, fiel Tristan mir ins Wort. »Ich kann schon erkennen, ob jemand einfach nur nervös oder grundsätzlich talentfrei ist. Und ich habe durchaus gesehen, dass Mesut Potenzial hat. Allerdings ist es ein Problem, wenn er sich keinen Text merken kann.«

»Das wird schon. Außerdem brauchen wir Mesut ganz dringend, denn er ist einer der Wenigen, der rappen kann.«

Als Nächstes betraten Heaven-Tanita und Pola die Bühne. Heaven-Tanita trat an den Bühnenrand, während Pola zwei Meter hinter ihr stehen blieb und an ihren Fingernägeln kaute.

»Hi, ich bin die Heaven-Tanita, ich bin fünfzehn Jahre alt, komme aus Hamburg, und wir haben heute einen Sketch mitgebracht, der ›Bei Feuer 112 rufen‹ heißt«, erklärte sie, als stünde sie vor der Jury von *DSDS*. »Ja, und das ist eigentlich auch schon die Pointe. Ich find's eigentlich nicht lustig, aber Frau Paulsen meinte, so für den Anfang würde das reichen.«

»Da hat Frau Paulsen recht«, erwiderte Tristan.

»Okay. Dann fangen wir jetzt einfach an.« Damit begab sie sich auf ihre Position vor der imaginären Tür.

Tristan beugte sich zu mir und sagte leise: »Ich frage mich, ob die alle vor der Musical-Aufführung dem Publikum auch erklären werden, dass sie jetzt einfach anfangen.«

»Psst«, machte ich. »Guck zu.«

Pola hatte sich inzwischen auf ihre Position am Tisch begeben und mimte die Schlafende. Heaven-Tanita betrat den Raum, zuckte heftig zusammen, blickte sich ängstlich nach allen Seiten um und schlug die Hände über dem Kopf zusammen. »Oh weh, es brennt!«, rief sie dramatisch. »Was soll ich nur tun, überall Rauch und Flammen!« Sie bewegte sich über die Bühne, als würde sie sich durch ein Dschungeldickicht kämpfen. Als sie am Tisch angekommen war, rief sie: »Meine Frau! Oh weh, sie schläft so tief, sie ist mein Herz, mein Leben! Hoffentlich geschieht ihr nichts! Ich muss sie retten!« Dann bekam sie einen heftigen Hustenanfall und rieb sich die

Augen. »Dieses Feuer! Ich kann kaum noch die Hand vor Augen sehen!«

»Gott, steh uns bei«, stieß Tristan leise aus.

Es kostete mich alle Mühe, mir ein Kichern zu verkneifen. »Man kann Heaven-Tanita vieles vorwerfen, aber nicht, dass sie nicht immer 200 Prozent gibt.«

»Was soll ich nur tun?! Die Flammen werden immer dichter, ich brauche Hilfe!« Heaven-Tanita rang verzweifelt die Hände. Dann zeigte sie auf die imaginäre Wand und blickte Tristan und mich direkt an. »Oh, ein Fenster! Unsere Rettung!«

Spätestens jetzt konnte ich mich kaum noch zusammenreißen.

Heaven-Tanita öffnete das Fenster und rief: »Hilfe! 112! 112! Hilfe!«

Pola hatte schon lange die Augen geöffnet und beobachtete Heaven-Tanita so gebannt, als wäre sie im Finale von *The Voice of Germany* gelandet. Leider war sie von der Schauspielkunst ihrer Partnerin derart hingerissen, dass sie darüber glatt ihren Einsatz verpasste.

Heaven-Tanita assistierte ihr prompt. »Wenn doch nur meine Frau endlich wach werden würde! 112! 112! Hilfe! 112!«

Daraufhin zuckte Pola zusammen und sprang auf. In einer für ihre Verhältnisse geradezu ohrenbetäubenden Lautstärke rief sie: »Ach herrje, es brennt!« Dann entdeckte sie ihren Mann und stemmte die Hände in die Hüften. »Mensch Herbert, raffst du es noch? Es brennt, Alder, und du stehst hier und bölkst ›112‹.« Dabei setzte sie einen Hamburger Slang ein, mit dem sie sich ohne Weiteres beim Ohnsorg Theater bewerben konnte. »Was soll denn der Unfug? Hast du deine Pillen wieder nicht genommen, oder was?«

Nun brachen Tristan und ich endgültig in Gelächter aus.

Heaven-Tanita sagte mit so großen und unschuldigen Augen, wie nur sie sie machen konnte: »Aber es heißt doch: Bei Feuer 112 rufen!« Sie ging zu Pola und nahm ihre Hand. »Ich wollte dir das Leben retten, mein Herz. Schnell, verschwinden wir von hier, sonst sind wir verloren!«

Hand in Hand liefen die beiden über die Bühne und blieben am Rand stehen.

Tristan und ich applaudierten. »Astrein improvisiert«, rief ich lachend.

Pola und Heaven-Tanita erröteten vor Freude und verbeugten sich.

»Ihr wart euch nicht ganz einig, ob das Ganze Drama oder Comedy sein sollte, aber trotzdem«, meinte Tristan. »Das war sehr unterhaltsam. Vielen Dank.«

Die beiden Mädels strahlten einander an, dann winkten sie uns noch mal zu und verschwanden.

»Sagt bitte den Nächsten Bescheid«, rief ich ihnen nach.

»Die Kleine, wie heißt sie noch mal?«, fragte Tristan.

»Pola.«

»Ach ja, stimmt. Bislang hab ich sie kaum zur Kenntnis genommen. Aber auf der Bühne ist sie großartig.«

»Beim letzten Mal war sie noch total schüchtern. Keine Ahnung, was heute mit ihr los war, sie hat mich echt überrascht.«

»Es ist nicht selten, dass schüchterne Menschen sich auf der Bühne als Rampensäue erweisen, während die obercoolen Macker keinen Ton mehr hervorbringen. Aber Heaven-Tanita ... das war Overacting vom Feinsten.«

»Ja, sie ist eine Drama-Queen. Sie gibt immer zu viel, auch beim Singen. Es ist so gut wie unmöglich, ihr die Schluchzer auszutreiben.«

Tristan schrieb sich ein paar Sätze in sein Notizbuch. »Dann ist sie also ziemlich beratungsresistent.«

»Na ja. Es fällt ihr halt schwer, sich etwas abzugewöhnen, was sie sich mühsam antrainiert hat. Aber das ist mein Problem, nicht deins. Und beim letzten Mal war sie schauspielerisch wirklich ganz gut.«

Tristan lächelte. »Tja, sie hat auf jeden Fall komisches Talent, nur leider unfreiwillig. Und übrigens musst du sie nicht verteidigen. Das ist hier heute kein Vorsprechen, weißt du noch?«

»Dann hör auf, dir so blöde Notizen zu machen. Was schreibst du da überhaupt?« Ich versuchte, in sein Heft zu linsen, doch er zog es schnell weg und schlug mir damit leicht auf den Kopf. »Du wirst schon früh genug erfahren, was hier drinsteht.«

»Sag mal, spinnst du?« Ich riss ihm das Heft aus der Hand, um nun meinerseits damit nach ihm zu schlagen. Mehrmals, und nicht ganz so sanft, wie er es getan hatte.

»Willst du dich etwa mit mir kloppen?« Tristan ging in eine übertriebene Duckstellung. »Lass mich am Leben, ich flehe dich an. 112! 112! Hilfe! 112!«

Wider Willen fing ich an zu lachen. »Hör auf damit.« Ich warf ihm das Heft zu.

Er fing es mit beiden Händen auf und grinste mich an. »Früher, als du mich noch angehimmelt hast, hättest du dich niemals getraut, mich zu hauen.«

»Die Zeiten sind vorbei«, behauptete ich, während ich mich innerlich ermahnte, mich auf keinen Fall von Tristans grauen Augen und seinen Lachfältchen einwickeln zu lassen.

Mit gespieltem Bedauern schüttelte er den Kopf. »Was ist nur aus dir geworden?«

Hochmütig sah ich ihn an. »Ich bin zur Vernunft gekommen.«

»Bist du dir da sicher?«

Ich griff nochmals nach dem Heft, um ihm damit kichernd einen Schlag auf die Schulter zu verpassen. »Ganz sicher.«

Von der Bühne kam ein lautes Räuspern, das Tristan und mich zusammenzucken ließ.

Da oben standen Hamed und Maryam und blickten auf uns herab. »Frau Paulsen!«, sagte Maryam streng. Hamed dagegen grinste uns fröhlich an und sah ganz danach aus, als hätte er Lust mitzutoben.

Hilfe, seit wann beobachteten die beiden uns schon? Und hatten Tristan und ich gerade etwa auf eine ziemlich abgefahrene Teenagerart miteinander geflirtet? Nein. Auf gar keinen Fall. Ich setzte mich aufrecht hin und zog meinen Pferdeschwanz fester. »Hallo, Maryam. Hallo, Hamed. Ja, äh ... dann legt mal los.«

Beim letzten Mal waren die beiden mir kaum aufgefallen, doch heute wurde mir deutlich bewusst, was für ein komödiantisches Talent Hamed besaß. Maryam war zwar alles andere als ein Kasper, aber sie strahlte etwas ganz Besonderes aus, als sie mit ernstem Blick und traurigen Augen feststellte, dass es brannte. Als sie um Hilfe rief, wäre ich am liebsten umgehend auf die Bühne gesprungen, um ihr beizustehen.

Als sie fertig waren, lobte ich: »Das war toll, ihr beiden. Vielen Dank.«

Maryam nickte ernst und flüsterte Hamed etwas zu, doch mir war aufgefallen, dass er schon vor Maryams Übersetzung angefangen hatte, stolz zu lächeln. Und in mir wurde der Verdacht wach, dass Hamed sehr viel mehr verstand, als wir alle glaubten.

»Man sollte Maryam keine lustige Rolle geben, aber sie hat eine tolle Bühnenpräsenz«, sagte Tristan und kritzelte wieder in seinem Notizbuch. »Und Hamed hatte mich sowieso schon bei unserer ersten Begegnung mit seinem ›Du bitte helfen?‹ am Haken.«

Danach sank Tristans Laune leider von Gruppe zu Gruppe. Er wurde immer ruhiger, die Falten auf seiner Stirn wollten gar nicht mehr verschwinden, und er kritzelte wie ein Verrückter in seinem Notizbuch herum. Am Ende der Probe ließ er alle Mitglieder der AG noch mal in der Aula antanzen. »Vielen Dank euch allen, dass ihr mir euren Sketch gezeigt habt. Einige von euch haben ihre Sache schon ganz gut gemacht. Aber vielen merkt man an, dass sie sich auf der Bühne unwohl fühlen und dass ihnen das Schauspielern unangenehm ist. Euch darf absolut nichts peinlich sein.« Mit dem Finger zeigte Tristan auf die Bühne. »Ihr müsst vergessen, dass ihr da oben Dinge tut, die ihr im wahren Leben niemals tun würdet, und Sachen sagt, die ihr niemals sagen würdet. Ihr seid auf der Bühne nicht ihr selbst, sondern Johnny, Matteo oder Kiez-Kevin. Okay?«

Die meisten nickten zögerlich, doch ein paar Gesichter blickten ängstlich drein. »Macht euch mal keine Sorgen«, sagte ich beruhigend. »Tristan ist ja dafür da, das alles mit euch zu üben. So, und jetzt kommt mal auf die Bühne, und stellt euch im Kreis auf.«

Die Schüler sahen sich ratlos an, doch sie taten, was ich sagte.

Als wir im Kreis standen, fuhr ich fort: »Und jetzt klopfen wir alle unserem Vordermann oder unserer Vorderfrau auf die Schulter und sagen: ›Gut gemacht‹.«

Es wurde geklopft, gekichert und gelobt, ich hörte ›Gut gemacht‹, aber auch ›Derbe geil, ich schwör‹, ›Fett‹ oder ›Du hast Schuppen, Bruder‹.

»Und jetzt bitte alle umdrehen und dem neuen Vordermann auf die Schulter klopfen.«

Erneut wurde eifrig gelobt und gekichert. Nachdem das Schulterklopfen beendet war, wünschte ich den Kindern einen schönen Feierabend und schickte sie nach Hause.

»Du hättest mich ruhig vorwarnen können, dass die absolut talentfrei sind«, meinte Tristan, als er sein Notizbuch in der Tasche verstaute.

Obwohl ich das schon oft selbst gedacht hatte, regte sich jetzt Widerspruch in mir. »Sie sind nicht talentfrei, sondern Laien. Das wusstest du vorher.«

»Es ist mir ein völliges Rätsel, wie ich mit denen in so kurzer Zeit ein preisverdächtiges Musical auf die Bühne bringen soll.«

»Das schaffen wir schon.« Ich wusste nicht, ob ich ihn oder mich selbst davon überzeugen wollte.

»Woher nimmst du nur diesen Optimismus?«

»Tja. Wenn wir unsere Träume nicht mehr haben, was bleibt uns denn dann? Dann haben wir doch gar nichts mehr«, zitierte ich Heaven-Tanita und grinste.

Um Tristans Mundwinkel fing es an zu zucken, dann brach er in Gelächter aus. »Wohl wahr.«

Für einen Moment lachten wir uns an, und wieder fühlte ich mich, als wäre ich um elf Jahre zurückkatapultiert worden. Die sechzehnjährige Annika in mir seufzte bei Tristans Anblick verzückt auf. ›Schluss damit‹, ermahnte ich mich. Schnell wandte ich mich von ihm ab, um meine Sachen zusammenzupacken.

»Ich maile dir das Stück, sobald ich fertig bin«, sagte Tristan, und auch er klang wieder ganz geschäftsmäßig. »Außerdem müssen wir die Rollen verteilen. Wir sollten die Kids schnellstmöglich eine Szene vorbereiten und vorsprechen lassen.«

Ich sah von meiner Tasche auf. »Vorsprechen? Aber wir wissen doch im Grunde genommen, wer was kann.«

»Dieser simple Sketch besagt gar nichts. Übrigens, was ist eigentlich mit deinem Kulissenbauer?«

»Was soll mit ihm sein?«

»Na, er müsste allmählich hier antanzen. Das Stück ist so gut wie fertig, das heißt, wir können das Bühnenbild planen.«

»Okay. Ich geb ihm Bescheid.«

Tristan nickte. »Alles klar. Dann bis nächste Woche«, sagte er und machte sich auf den Weg.

Panne-Anne

Es duftete köstlich nach Kürbissuppe mit Ingwer, als ich die Wohnung betrat. Sebastian hockte im Flur neben meiner Zimmertür und fummelte an dem Toaster herum, der immer noch – beziehungsweise schon wieder – in seine Einzelteile zerlegt war. Sebastian hatte ihn bereits zweimal auseinander- und wieder zusammengebaut, doch noch immer war das blöde Ding kaputt. Nach vier Tagen hatte uns das Chaos in der Küche derart genervt, dass wir Sebastians Arbeitsplatz in den Flur verlegten. »Warum siehst du nicht endlich ein, dass Toaster reparieren nichts für dich ist und lässt es einfach?«, fragte ich Sebastian, als ich meinen Mantel und die Stiefel auszog. »Hier sieht es seit drei Wochen aus wie bei *Jugend forscht*. Es reicht allmählich.«

»Auf keinen Fall«, sagte er mit zusammengebissenen Zähnen. »Das ist eine persönliche Sache zwischen mir und dem Toaster. Ich werde dieses Scheißteil ganz sicher nicht gewinnen lassen.«

»Wir können uns einen neuen kaufen. Ich möchte doch nur endlich mal wieder Toast essen.«

»Das kannst du bald auch.« Sebastian rutschte mit dem Schraubenzieher ab und warf ihn entnervt weg. »Dieses verfluchte Drecksding!«

Ich zog es vor, das Weite zu suchen und ging zu Nele in die Küche, die am Herd stand und in einem großen Topf rührte. Kai war bei ihr und verteilte Suppenteller auf dem Tisch. »Mmmh, riecht die gut.« Ich lugte Nele über die Schulter.

»Sie schmeckt auch extrem gut.« Falsche Bescheidenheit war noch nie Neles Ding gewesen. »Und sie ist fertig.«

Ich steckte meinen Kopf durch die Tür, um Sebastian Bescheid zu sagen. Er saß auf dem Boden, völlig vertieft in seine Arbeit. Sein Pullover war ein Stück hochgerutscht, sodass ich einen Teil seines Rückens sehen konnte. Fasziniert betrachtete ich ihn. Ich hatte schon immer eine Vorliebe für schöne Männerrücken gehabt, und Sebastians war wirklich ...

Unvermittelt drehte er sich zu mir um.

Erschrocken zuckte ich zusammen und richtete meinen Blick schnell auf sein Gesicht. »Wir können essen.«

»Okay.« Er legte seinen Schraubenzieher zur Seite und stand auf. Puh, dann hatte er wohl nicht gemerkt, dass ich ihn ... unsittlich angestarrt hatte. Zum Glück. Aber was bitte war in mich gefahren?

Wir setzten uns an den Tisch, und Nele verteilte wunderbar sämige knallorangefarbene Suppe auf die Teller. Für eine Weile kehrte Stille ein, denn wir waren alle damit beschäftigt, die köstliche Kürbissuppe in uns reinzuschaufeln.

»Die ist megalecker«, schwärmte ich.

»Allerdings.« Kai nickte zustimmend, während Sebastian sich bereits seinen zweiten Teller auflud und Worte damit überflüssig machte.

»Ja, ich muss sagen, die ist mir ziemlich gut gelungen«, sagte Nele zufrieden. »Wie lief denn die Probe heute?«

»Ganz gut. Und vor allem: Das Stück ist fertig!« Beifall heischend blickte ich in die Runde.

»Hey, sehr cool. Herzlichen Glückwunsch.« Nele hob ihr Weinglas. »Auf deine Honks.«

»Nenn sie nicht so«, meinte ich unwillig, als ich mit ihr anstieß.

»Du hast sie anfangs doch selbst so genannt.«

»Ja, aber ... Ich finde es inzwischen halt blöd. Gestern habe ich ihnen gesagt, dass ich stolz auf sie bin, und das schien vielen von ihnen so wichtig zu sein. Die haben sich richtig darüber gefreut.«

»Kein Wunder«, sagte Sebastian. »Das werden sie zu Hause wahrscheinlich nicht besonders oft hören.«

Nachdenklich rührte ich in meiner Suppe. »Ich frage mich, ob ich generell zu streng mit ihnen bin. Nicht, dass ich ständig rummotze, aber ... Vielleicht sollte ich sie öfter mal loben. Es ihnen sagen, wenn sie etwas gut gemacht haben. Am Werther-Gymnasium hatte ich nie das Gefühl, dass es den Schülern besonders wichtig ist, was ich denke, aber ...«

»Wann wirst du endlich begreifen, dass diese Kinder nicht so sind wie die am Werther-Gymnasium?«, fiel Sebastian mir ins Wort. »Die haben völlig andere Probleme. In Ellerbrook herrscht die höchste Arbeitslosigkeit Hamburgs, jeder Dritte lebt von Hartz IV. Glaubst du, die Kids kriegen das nicht von Geburt an mit? Glaubst du, die wissen nicht, dass sie am unteren Rand der Gesellschaft stehen und dass so mancher auf sie herabsieht? Viele von ihnen wachsen in dem Glauben auf, dass sie keine Chance haben und dass nichts aus ihnen werden kann. Also hör endlich auf, sie mit deinen glücksverwöhnten Werther-Schülern zu vergleichen. Die haben nämlich absolut nichts miteinander zu tun.«

»Einen anderen Vergleich habe ich nun mal nicht! Und die Werther-Schüler haben auch ihre Probleme. Die wachsen doch nicht im Schlaraffenland auf.«

»Doch, in den Augen der Ellerbrooker tun sie das. Warum versuchst du nicht einfach mal, dich in ihre Lage zu versetzen? Genau das ist das Problem bei euch Lehrern. Euch ist alles egal, und ihr macht euch nie die Mühe, die Dinge mal aus der Sicht eurer Schüler zu betrachten.«

»Das stimmt doch überhaupt nicht«, protestierte ich. »Ich tue wirklich mein Bestes, um auf sie einzugehen und ihnen zu einem guten Abschluss zu verhelfen. Aber es muss eben auch was von ihnen zurückkommen. Mehr als anbieten kann ich es ihnen nicht. Letzten Endes haben nur sie selbst es in der Hand, etwas an ihrer Lage zu ändern.«

Sebastian schnaubte. »Ja, aber glaub mir, zu dieser weisen Einsicht kommst du als Dreizehnjähriger nicht so leicht, wenn der Vater abgehauen und die Mutter Alkoholikerin ist. Da hängst du lieber mit Leuten ab, die dich verstehen, weil sie die gleichen Probleme haben wie du. Und die dir das Gefühl geben, du wärst ein cooler Typ. Dass das die falschen Leute sind, merkst du erst, wenn es zu spät ist und du schon ganz tief drinsteckst im Dreck.«

Für einen Moment wurde es vollkommen still in der Küche. Nele und ich starrten Sebastian schockiert an, während Kai unbehaglich auf seinem Stuhl herumrutschte.

Sebastian knallte seinen Löffel auf den Tisch und stand auf, wobei der Stuhl laut über den Boden kratzte. »Das war nur ein Beispiel. Ich mach mich wieder an den Toaster.« Damit verschwand er aus der Küche.

Nele und ich tauschten einen Blick. Kai hob entschuldigend die Schultern. »Ja, äh ... dann räum ich mal auf.«

»Ich helfe dir«, sagte Nele.

Ratlos blieb ich sitzen. Sebastian hatte klargemacht, dass er nicht vorhatte, weiter über dieses Thema zu sprechen. Aber ihn jetzt allein zu lassen, brachte ich einfach nicht über mich. Also folgte ich ihm in den Flur.

Er saß wieder auf dem Boden, tief über seine Arbeit gebeugt, und hantierte mit dem Schraubenzieher herum. Ein paar Sekunden lang stand ich unschlüssig da und beobachtete ihn. »Was willst du, Annika?«, fragte er, obwohl er mir den

Rücken zukehrte. Als hätte er gespürt, dass ich es war, die hinter ihm stand.

»Kann ich dir helfen?«

»Nein, kannst du nicht.«

Ich überlegte, ob ich besser wieder gehen sollte, doch dann gab ich mir einen Ruck und setzte mich neben ihn. Sebastian würdigte mich keines Blickes, sondern konzentrierte sich weiter auf seine Toaster-Mission. Nach einer Weile drückte er mir seufzend einen Schraubenzieher und ein futuristisch anmutendes Teil aus Metall in die Hand. »Hier, das kannst du auseinanderbauen.«

Ratlos betrachtete ich das Teil und fand schließlich an der Rückseite ein winzig kleines Schräubchen. Ich steckte den Schraubenzieher in den Schlitz und fing an, ihn zu drehen. »Es stimmt übrigens, was du gesagt hast. Ich vergleiche die Schüler der ALS wirklich zu oft mit den Werther-Schülern.«

»Hm«, machte Sebastian nur.

»Und ich glaube, du hast auch recht, wenn du sagst, dass ich mich mehr in ihre Lage versetzen sollte. Aber das ist nicht so einfach für mich, weil ich ihre Probleme nie hatte. Meine Probleme als Dreizehnjährige sahen ganz anders aus.«

Sebastian hob den Kopf. »Wie denn?«

Nele und Kai tauchten mit ein paar Bierflaschen bewaffnet neben uns auf. »Wir würden gern bei eurer Flur-Party dabei sein.« Nele drückte Sebastian und mir ein Astra in die Hand, dann setzten sie und Kai sich zu uns auf den Boden. »Und, was geht so bei euch?«, fragte Nele betont beiläufig.

»Anni wollte gerade erzählen, was sie als Dreizehnjährige für Probleme hatte«, erklärte Sebastian.

»Oh, da bin ich aber gespannt.« Nele nahm einen Schluck Bier und lehnte sich an die Wand. »Wobei, eins deiner Probleme kenne ich ja schon. Deine hoffnungslose Liebe zu Tristan.«

»Ja, genau. Das meinte ich.«

»Ach, komm«, sagte Sebastian. »Jeder war doch als Teenager mal hoffnungslos in jemanden verliebt. Da war garantiert mehr.«

Ich befand mich unmittelbar vor einer Tür, durch die ich auf keinen Fall gehen wollte. Aber dämlicherweise war ich selbst diejenige, die sie geöffnet hatte, und mir war klar, dass ich nicht so ohne Weiteres aus dieser Sache herauskommen würde. Ich knibbelte am Etikett meiner Bierflasche. »Ihr wisst es doch sowieso schon. Ich war damals ein Nerd. Für mich gab es nichts außer Klavierspielen. Na ja, und Geige und Flöte. Dann auch noch die anderen Hobbys wie Lesen, Zeichnen und Pflanzen bestimmen ... Das fanden in der Schule halt alle seltsam.« Ohne mir dessen wirklich bewusst zu sein, redete ich weiter. »Ich hatte immer ein Taschentuch dabei, habe meine Hausaufgaben gemacht, gute Noten bekommen, und meine Eltern waren auch noch Lehrer an meiner Schule. Die Pubertät hat bei mir ziemlich spät eingesetzt, Klamotten waren mir egal, und deswegen sah ich auch noch anders aus als die anderen. Ihr könnt euch vielleicht vorstellen, dass all das bei meinen Klassenkameraden nicht besonders gut ankam. Ich hatte da eigentlich keine Freunde.« Ha, das war die Untertreibung des Jahrtausends.

Nele sah mich mitleidig an. »Du hattest keine Freunde?«

»Doch«, beeilte ich mich zu sagen. »Im Konservatorium schon. Nur halt in der Schule nicht. Da war ich eine totale Außenseiterin.«

Sebastian lachte humorlos. »Tja. Du hattest tatsächlich ganz andere Probleme als ich.«

»Dann erzähl doch mal mehr von deinen Problemen«, forderte ich ihn auf.

»Ich glaube nicht, dass du mehr darüber wissen willst.«

»Doch, will ich«, rief ich aufgebracht. »Du machst immer nur Andeutungen, rück doch endlich mal raus damit!«

Sebastian feuerte seinen Schraubenzieher auf den Boden und sah mich wutentbrannt an. »Während du deine Hausaufgaben gemacht, Klavier und Flöte gespielt oder Tempos in deine Schultasche gestopft hast, habe ich alles dafür getan, dass niemand merkt, dass meine Mutter ab neun Uhr morgens besoffen ist. Wenn ich damit nicht beschäftigt war, habe ich die Schule geschwänzt, hing mit meinen *Freunden* auf dem Spielplatz ab, hab gekifft und rumgepöbelt. Und wenn mir damals jemand gesagt hätte, dass ich mal mit einer wie *dir* befreundet sein würde, hätte ich ihn laut ausgelacht.«

Meine Finger machten sich schmerzlich bemerkbar, und mir wurde bewusst, dass ich die Bierflasche so fest umklammerte, als wollte ich sie zerdrücken. »Was soll das heißen?«

»Das soll heißen, dass ich mit Strebern wie dir nichts zu tun haben wollte. Und wenn du damals auf dem Spielplatz an meinen Freunden und mir vorbeigegangen wärst, hätten wir dir aller Wahrscheinlichkeit nach deinen beknackten Flötenkasten weggenommen und ihn zu Kleinholz gemacht.«

Es fühlte sich an, als hätte Sebastian mir eine Ohrfeige verpasst. Ich spürte, wie der Stein in meinem Magen urplötzlich wieder auftauchte und so schwer war wie noch nie. Vor meinem inneren Auge tauchten die hämischen Gesichter meiner Klassenkameraden auf, ich hörte Lachen und ganz deutlich ihre Stimmen: ›*Guck dir mal an, wie die schon wieder rumläuft.*‹ ›*Ey, die ist so widerlich.*‹ ›*Panne-Anne.*‹ ›*Iiihhh, Panne-Anne hat ins Bett gemacht!*‹ Mir wurde übel, und ich konnte kaum noch atmen.

»Hey, wieso bist du denn so aggro?«, rief Nele empört. »Geht's noch? Anni hat dir doch überhaupt nichts getan.«

»Ich weiß, dass sie mir nichts getan hat. Aber wenn sie mich wieder und wieder fragt, wie ich früher war, dann muss sie eben in Kauf nehmen, dass ihr meine Antwort möglicherweise nicht gefällt.«

Ich hätte gerne etwas nach ihm geworfen oder ihn zumindest übel beschimpft. Aber ich brachte keinen Ton hervor. Mit zitternden Knien stand ich auf, ging in mein Zimmer und knallte die Tür so heftig zu, dass die Wände wackelten. Ich hielt mir beide Hände vor das Gesicht und blieb ein paar Sekunden so stehen. Die Erinnerungen kamen unerbittlich hoch, und ich konnte diese Stimmen und Bilder in meinem Kopf einfach nicht ertragen. Ohne darüber nachzudenken, ging ich zu meinem Klavier und setzte mich hin. Ich spielte einfach drauflos und war nicht mal überrascht, dass mein Unterbewusstsein sich für den *Totentanz* von Liszt entschieden hatte – ein lächerlich schweres, finsteres Stück, bei dem ich damals gedacht hatte, Liszt müsse irre gewesen sein, dass so eine Musik aus ihm herauskam. ›*Bei diesem Stück scheidet sich das Genie vom Durchschnittsklimperer*‹, hörte ich Professor Varga sagen. ›*Ich hätte wissen müssen, dass du es nicht meistern kannst.*‹ Die Erinnerung an ihn machte meinen Gefühlsaufruhr auch nicht besser. Ich haute auf die Tasten ein, versank völlig in der makabren Melodie und fühlte tief in mir jeden einzelnen Ton. Doch wenn das Stück damals für mich schon nicht zu meistern gewesen war, war es das heute erst recht nicht. Seit Jahren spielte ich nur noch in der Schule Klavier, meine Finger waren eingerostet, es ging einfach nicht. Mitten im Stück brach ich ab. »Scheiße!«

»Anni?«, hörte ich Sebastians Stimme von der Tür.

»Lass mich in Frieden.«

»Hör mal, es ...«

»Lass mich in Frieden!«, schrie ich. Ich sprang auf und fuhr zu Sebastian herum. »Los, hau ab!«

»Nein«, sagte er stur, kam in mein Zimmer und schloss die Tür hinter sich. »Nicht, ohne mich bei dir entschuldigt zu haben. Es tut mir wirklich leid, dass ich ...«

»Ja, super, du hast dich entschuldigt, und jetzt verschwinde! Geh und mach ein Mädchen fertig. Mach ihren Flötenkasten kaputt, schließlich ist es ja auch so oberpanne, wenn sie mit vierzehn noch Flöte spielt, und dann auch noch Klavier. Oh mein Gott, und sie macht ihre Hausaufgaben und hat Tempos dabei. So eine Loserin muss man richtig zur Sau machen, stimmt's?«

Sebastian schüttelte den Kopf. »Ich hab das doch gar nicht so gemeint. Meine Güte, ich hätte doch nicht wirklich deinen Flötenkasten kaputt gemacht. Ich hatte gerade nur keine Lust über diese Sache zu reden, und es hat mich wahnsinnig genervt, dass du immer wieder darauf herumgeritten bist. Es war bescheuert von mir, das zu sagen, und es tut mir wirklich leid. Aber ich verstehe auch nicht, wieso du dermaßen empfindlich reagierst.«

»Ich war nicht nur eine Außenseiterin! Die haben mich gemobbt, okay?«, schrie ich. Inzwischen liefen mir Tränen über die Wangen, aber es war mir egal. Es war mir auch egal, dass ich etwas preisgab, das ich niemals hatte preisgeben wollen. Es schien, als hätte sich seit Jahren etwas in mir aufgestaut, und nun konnte ich es nicht mehr länger zurückhalten, es platzte aus mir heraus, und Sebastian war derjenige, der es abbekam. »Diese Arschlöcher haben mich drei Jahre lang übelst gemobbt, bis ich es nicht mehr ausgehalten und die Schule gewechselt habe. Und die ganze Zeit über hatte ich keine Ahnung, warum die mich so gehasst haben! Ich war vielleicht komisch und anders als sie, aber ich habe verdammt noch mal nie irgendjemandem etwas getan!« Schwer atmend hielt ich inne.

Sebastian schwieg für ein paar Sekunden, als schiene er darauf zu warten, dass ich weiterredete. »Und was haben sie dir getan?«, fragte er schließlich.

»Ach, was sollen sie mir schon getan haben? Bis zur siebten Klasse ging es noch, da war ich nur die Streberin, die nie richtig dazugehörte. Aber dann war es, als hätte jemand einen Schalter umgelegt. Von einem Tag auf den anderen. Sie haben angefangen, über mich zu tuscheln, aber so, dass ich es auf jeden Fall merke. Niemand wollte mehr mit mir Gruppenarbeit machen. Wenn ich etwas gefragt habe, haben sie mir nicht geantwortet oder sich über mich lustig gemacht.«

»Aber das muss doch jemand von den Lehrern gemerkt haben. Deine Eltern waren doch auch an der Schule, oder nicht?«

»Natürlich wurde es bemerkt. Es hat etliche Gespräche und Vermittlungsversuche gegeben, aber das hat es für mich nur noch schlimmer gemacht.« Ich ließ mich auf mein Bett sinken, zog die Beine an und umschlang sie mit den Armen.

Sebastian zögerte kurz, doch dann kam er zu mir und setzte sich neben mich. »Und du hast das noch bis zum Ende der zehnten Klasse ausgehalten?«

Ich nickte. »Es war der Horror, aber wenn ich mich möglichst unsichtbar gemacht habe, dann haben sie manchmal vergessen, dass ich da war und mich in Ruhe gelassen. Irgendwann fiel es ihnen dann aber doch wieder ein, und im Laufe der Jahre wurde es immer schlimmer. Eine Zeit lang haben ein paar der Mädchen so getan, als wollten sie sich mit mir anfreunden und haben sich nachmittags mit mir verabredet. Ich war so unfassbar naiv und hab mich total darüber gefreut. Aber dann sind sie einfach nicht gekommen und haben mir gesagt, das wäre ein Missverständnis gewesen oder sie hätten es vergessen. Das haben sie so oft gemacht, bis irgendwann selbst mir klar wurde, dass sie mich nur verarscht haben.«

»Es tut mir echt leid, dass ich das jetzt sage, aber ... was für ätzende Kackbratzen«, stieß Sebastian hervor.

»Allerdings.« Ich erinnerte mich genau daran, wie ich damals mit klopfendem Herzen vor der Eisdiele gestanden und gewartet hatte. Für diese Verabredung hatte ich sogar meinen Klavierunterricht geschwänzt – so wichtig war es mir gewesen, die Freundin dieser Mädchen zu werden. Ich spürte, wie erneut Tränen in mir aufstiegen und fuhr mit der Hand über meine Augen. »Die Jungs haben übrigens tatsächlich mal meinen Flötenkasten kaputt gemacht. Beziehungsweise haben sie ihn mir weggenommen und die Flöte ganz tief in den Mülleimer am Straßenrand gestopft. Ich hab diese Flöte von meiner Oma bekommen, die gerade erst gestorben war und ... Na ja, das war echt fies.« Obwohl es furchtbar wehtat, darüber zu reden und das alles noch mal zu erleben, konnte ich nicht damit aufhören. Vielleicht lag es daran, dass Sebastian so ruhig blieb. Er hörte einfach nur zu, und das machte es viel leichter für mich. »Mein Gott, ich war so dämlich damals. Ich hab mich überhaupt nicht gewehrt und jeden Morgen auf dem Weg zur Schule nur gehofft, dass ich heute einen unsichtbaren Tag habe.«

»Wie konntest du das nur so lange aushalten?«

Ich hob die Schultern. »Frag mich nicht. Meine Eltern haben mir ständig gesagt, dass ich die Schule oder zumindest die Klasse wechseln soll, aber ich habe immer behauptet, es wäre gar nicht so schlimm. Ich glaube, wenn ich meine Freunde am Konservatorium und die Musik nicht gehabt hätte, wäre ich irgendwann ausgerastet.«

»Und wie kam es, dass du dann doch die Schule gewechselt hast?«

Ich umfasste meine Beine noch fester. Noch immer fühlte ich die Scham, obwohl es ewig her war. Ich konnte Sebastian nicht ansehen, als ich weiterredete. »In der Zehnten waren wir auf Klassenreise, und da haben die Mädchen mir so einen *lustigen* Streich gespielt. Als ich geschlafen habe, haben sie meine Hand in warmes Wasser gehalten, und ich … Na ja, ich hab ins Bett gepinkelt. Das war mir so furchtbar peinlich, auch wenn ich genau wusste, was die mit mir gemacht haben. Das war das Schlimmste daran: dass sie diese Nummer abgezogen haben, während ich schlief und ihnen völlig ausgeliefert war.« Ich legte meinen Kopf auf die Knie, als ich die Situation wieder erlebte. Wie ich morgens aufgewacht war, alles feucht um mich herum. Das Grauen und die Scham, die sich in mir breitgemacht hatten. Die feixenden Gesichter der Mädchen, die an meinem Bett standen. »Sie haben Fotos von mir gemacht und überall rumgezeigt. Und dann haben mich alle damit aufgezogen, dass ich noch ins Bett mache. Da habe ich beschlossen aufzugeben. Ich konnte das einfach nicht mehr länger aushalten, also bin ich an die neue Schule gegangen.« Ich atmete tief aus. Jetzt war ich es los. Es kam mir vor, als wäre eine riesengroße Last von meinen Schultern gefallen, aber gleichzeitig fühlte ich mich auch verletzlich und völlig durcheinander.

Sebastian saß so dicht neben mir, dass sich die Wärme seines Körpers auf mich übertrug. Vorsichtig hob ich den Kopf, um ihn anzusehen. In seinen Augen lag eine Mischung aus Mitgefühl und Wut. Es hätte mir peinlich sein können, dass er all das nun von mir wusste, doch zu meinem eigenen Erstaunen war es das überhaupt nicht. Sebastian legte eine Hand auf meinen Rücken und zog mich an sich, und wie von selbst schmiegte mein Kopf sich an seine Schulter. So nah waren wir uns noch nie gewesen. Es fühlte sich seltsam an, fremd und vertraut zugleich. Ich spürte seinen Atem in meinem Haar, seine starken Arme, seine Hand, die über meinen Rücken strich. Und ich konnte mich nicht daran erinnern, mich jemals so erleichtert und sicher gefühlt zu haben. Dabei war doch Sebastian der Auslöser für meinen Ausbruch gewesen, indem er mir furchtbare Dinge an den Kopf geworfen hatte.

Als hätte er meine Gedanken hören können, murmelte er: »Es tut mir so leid, dass ich das vorhin gesagt habe.«

»Schon gut«, erwiderte ich und löste mich von ihm, um ihn ansehen zu können. »Ich hab mich in diesem Moment nur so verraten von dir gefühlt. Ich dachte, wir wären Freunde, und ich hab dir vertraut. Und der Gedanke, dass du damals genauso fies zu mir gewesen wärst wie die anderen, dass du einer von denen gewesen wärst, ist ...«

Sebastian umfasste meine Schultern und sah mich eindringlich an. »Aber ich *war* keiner von denen. Was du da gerade erzählt hast ... so was hab ich nie gemacht. Glaub mir, ich hab viele dämliche Dinge getan, aber so was nicht.«

»Aber du hast gesagt, dass du mit einer wie mir damals nie befreundet gewesen wärst.«

»Stimmt. Und du auch nicht mit einem wie mir. Da brauchen wir uns doch nichts vorzumachen. Aber zwischen dir und mir zählt nur, was heute ist. Und heute bin ich definitiv derjenige, der jedem ein paar aufs Maul haut, der auch nur versucht, dir wehzutun. Okay?«

Seine Miene war so entschlossen und in seinen Augen lag ein so kämpferischer Blick, dass mir ein kümmerliches Lachen entfuhr. »Okay.«

Meine Zimmertür wurde aufgestoßen, und Nele trat ein. Ihre Wangen waren gerötet und ihre Stirn in tiefe Falten gelegt. »Wer sind die?«, stieß sie hervor. »Tut mir leid, aber Kai und ich saßen direkt vor der Tür und konnten alles mithören. Ernsthaft, wer sind diese Arschlöcher, ich will ihre Namen und ihre Adressen, damit ich höchstpersönlich zu ihnen fahren und sie zur Sau machen kann.«

»Da komm ich mit«, meldete sich Kai, der hinter Nele in der Tür auftauchte.

»Ich auch«, sagte Sebastian grimmig. »Und dich schleppen wir am besten gleich mit, Anni.«

Als ich in die Gesichter meiner Freunde sah, konnte ich nicht anders, ich musste lachen. »Ihr seid süß.«

Nele durchquerte in drei großen Schritten den Raum, setzte sich auf meine andere Seite und zog mich in den Arm. »Ach, Anni. Jetzt verstehe ich auch endlich, warum du damals am Anfang so furchtbar schüchtern warst und keinen Mucks von dir gegeben hast.«

Meine Stimme klang dumpf, als ich antwortete, denn mein Gesicht war gegen Neles Schulter gepresst. »Ja, es hat halt eine Weile gedauert, bis mir klar wurde, dass mir bei euch nichts Schlimmes passiert. Ich war so glücklich, dass ich endlich mal dazugehörte und auch in der Schule Freunde hatte.«

Sie drückte mich noch fester an sich. »Ich fand dich immer so cool, gerade weil du ein bisschen schräg warst. Warum hast du mir das mit dem Mobbing denn nie erzählt?«

Endlich ließ sie mich frei, und ich schnappte nach Luft. »Weil ich ganz neu anfangen wollte. Ich wollte das alles vergessen und endlich mal so sein wie die anderen.«

»Du bist nie so gewesen wie alle anderen«, sagte Nele. »Aber das ist doch was Gutes.«

»Was ist eigentlich mit diesem Theater-Fritzen?«, fragte Sebastian unvermittelt. »Der war in deiner Klasse, oder nicht? Warst du etwa unsterblich in einen Jungen verliebt, der dich gemobbt und mies behandelt hat?«

»Nein. Tristan hat mich nie gemobbt. Im Gegenteil, er war der Einzige, der nett zu mir war und mit mir geredet hat.«

»Was haben denn die anderen aus eurer Klasse dazu gesagt?«, fragte Nele. »*Durfte* er mit dir reden, ohne sich selbst zum Opfer zu machen?«

»Tristan hat immer in seiner eigenen Welt gelebt. Mit den Leuten aus unserer Klasse konnte er nichts anfangen, er hatte seine Freunde am Theater, so wie ich meine am Konservatorium.« Ich änderte meine Sitzposition und rückte dadurch wieder näher an Sebastian heran. »Aber im Gegensatz zu mir galt er halt als extrem cool. Er war der Star der Theater-AG, alle dachten, dass er mal ein ganz großer Schauspieler wird. Deswegen haben sie ihn in Ruhe gelassen.«

»Irgendwie romantisch, dass er gegen alle Widerstände zu dir gehalten hat«, schwärmte Nele.

Sebastian öffnete den Mund, um etwas zu erwidern, doch dann schloss er ihn wieder und atmete nur laut aus.

Nachdenklich sah ich ihn an. »Sag mal, Sebastian? Was du uns vorhin erzählt hast, ich meine, das mit deiner Mutter und dass du die Schule geschwänzt hast, um kiffend und pöbelnd auf dem Spielplatz rumzuhängen.« Seine Miene verfinsterte sich augenblicklich. Ich wusste ja, dass er anfing zu kratzen und zu beißen, wenn man ihn auf diese Sache ansprach, also fuhr ich schnell fort: »Mir ist klar, dass du darüber nicht sprechen willst, aber falls du doch jemals das Bedürfnis danach haben solltest, dann … Heute hab ich zwar die ganze Zeit geredet, aber ich kann auch ganz gut zuhören.«

»Da gibt es nicht viel zu reden.« Sebastian starrte eine Weile vor sich hin, und ich dachte schon, dass das Thema damit für ihn erledigt war. Doch dann sagte er: »Na schön, dann bin ich jetzt wohl dran. Also, ich habe drei ziemlich schlimme Jahre durchgemacht, genau wie meine Mutter und mein Bruder. Ich hab gekifft, geklaut, mich geprügelt und war permanent kurz vor dem Schulverweis. Dann hat eine Lehrerin das

Jugendamt eingeschaltet, ich bin beim Klauen erwischt und zu Sozialstunden verdonnert worden, und mein Bruder ist sitzen geblieben.« Sebastian hielt inne und starrte nachdenklich auf seine Hände. »All das hat dazu geführt, dass meine Mutter wachgerüttelt wurde. Sie hat einen Entzug gemacht und ist seitdem trocken. Und ich habe bei der Ableistung meiner Sozialstunden im Altersheim meinen heutigen Chef kennengelernt, der dort gerade mit seiner Firma die Zimmer renoviert hat. Er schien mich zu mögen, und ich durfte ein Praktikum bei ihm machen. Daraufhin hat er mir eine Lehrstelle in Aussicht gestellt, wenn ich mich in der Schule endlich auf den Arsch setzen und den Abschluss schaffen würde. Das habe ich dann ja auch. Und das war's. Happy End auf der ganzen Linie.«

Sebastian saß mit verschlossener Miene da, als würde er schon wieder bereuen, was er uns soeben erzählt hatte. Genau wie Jo, der auch immer, wenn er etwas von sich preisgab und Gefühle zeigte, hinterher dreimal so cool tun musste. Ich konnte nichts dagegen tun, mein Herz flog Sebastian zu.

»Und deiner Mutter ... geht es ihr heute gut?«

Er nickte. »Ja, wie gesagt, sie ist trocken. Sie hat auch nicht meine ganze Kindheit über gesoffen oder so. Aber als mein Vater abgehauen ist, ist sie in ein Loch gefallen. Das sind wir alle. Drei Jahre in meinem Leben waren absolut beschissen, aber ansonsten ging es eigentlich.« Er grinste mich schief an.

»Genau wie bei mir«, sagte ich, ebenfalls grinsend.

»Und dein Bruder?«, wollte Nele wissen. »Wie geht es dem?«

»Ziemlich gut. Er ist verheiratet, hat eine Tochter und arbeitet als Einzelhandelskaufmann.«

»Was hast du denn damals eigentlich geklaut?«, fragte ich.

»Alles Mögliche. Zigaretten, Fusel, Klamotten. Die Jungs,

mit denen ich abhing, haben das auch alle gemacht, und ich fand's extrem cool. Ich sage ja, ich war ein Idiot.«

»Dann ist dein Tattoo also doch ein Gang-Tattoo«, platzte es aus mir heraus, und im nächsten Moment hätte ich mir am liebsten auf die Zunge gebissen. »Ich meine, äh ... Tut mir leid. Das war blöd.«

In gespielter Verzweiflung blickte Sebastian zur Decke. »Du und dieses blöde Tattoo. Meine Freunde hatten damals alle Tätowierungen, und da ich jeden Scheiß nachgemacht habe, habe ich mir auch eins stechen lassen. Wenn es das für dich zu einem Gang-Tattoo macht, dann ist es wohl eins.«

Ich betrachtete nachdenklich den Adler auf Sebastians Oberarm. »Wenn die Tätowierung dich an damals erinnert, warum lässt du sie dann nicht entfernen?«

»Eben *weil* sie mich an damals erinnert. An diese miese Zeit in meinem Leben, und daran, dass ich es geschafft habe, da rauszukommen.«

Ich nickte. »Eigentlich steht das Tattoo dir ja auch ziemlich gut. Ich meine, es passt zu dir. Also, das heißt, ich kenne dich nur so.«

Sebastian hob eine Augenbraue, sagte aber nichts zu meinem Gestammel.

»Also, da wir schon mal dabei sind, Geständnisse abzulegen«, meldete Nele sich zu Wort. »Ich habe mich dazu entschlossen, Tobi eine Chance zu geben.«

»Was?«, rief ich überrascht. »Und das erfahre ich jetzt erst?«

Nele lachte. »Entschuldige mal, ich habe heute erst erfahren, dass du gemobbt wurdest. Außerdem ist es noch ganz frisch.«

»Wie frisch denn?«

Ein verräterischer Glanz trat in ihre Augen. »Na ja, er hat

mich heute geküsst, und spätestens da wusste ich definitiv, dass ich verliebt in ihn bin. Ich hab zwar immer noch Schiss, mich auf ihn einzulassen, aber wenn ich es nicht riskiere, verpasse ich vielleicht etwas Großartiges.«

Ich nahm Nele fest in den Arm. »Ach, Süße, das freut mich so für dich. Tobi scheint nett zu sein, und er hat einen ausgesprochen guten Musikgeschmack.«

»Anni, er hat die Tickets für die Elbphilharmonie geschenkt bekommen.«

Freundschaftlich knuffte ich sie in die Seite. »Egal, er scheint trotzdem nett zu sein.«

Kai räusperte sich. »Da wir hier scheinbar so eine Art Selbsthilfegruppe gegründet haben, möchte ich auch gerne etwas beitragen. Meine Herr-der-Ringe-Fanfiction ist in sechs Kapiteln abgeschlossen, und danach möchte ich eine neue Geschichte schreiben. Mit ganz eigenen Figuren in einer ganz eigenen Welt. Was Spannenderes hab ich leider nicht zu berichten.«

»Das ist doch spannend!«, meinte ich. »Wie cool. Ich will es unbedingt lesen.«

Auch Nele und Sebastian gratulierten Kai. Dann holte ich uns allen zur Feier des Tages noch ein paar Biere, die wir in meinem Zimmer tranken, während wir Musik hörten. Für den Rest des Abends redeten wir über Filme, unsere Einstellung zu Red Bull und zu Sushi, aber nicht mehr über tiefschürfende Dinge. Die Anspannung fiel mehr und mehr von mir ab, und wieder wurde mir bewusst, wie froh ich darüber war, dass wir Sebastian und Kai mitgemietet hatten.

Irgendwann, als es schon viel zu spät war, und wir alle eigentlich schon seit Stunden im Bett hätten liegen müssen, verabschiedeten die Jungs sich. Kai und Nele waren schon im Flur, und für einen kurzen Moment blieben Sebastian und ich allein in meinem Zimmer zurück. »Hey«, sagte er, sah mich prüfend an und strich mir leicht über die Wange. »Alles gut?«

Es war nur eine winzig kleine Berührung, die maximal zwei Sekunden dauerte, aber trotzdem prickelte die Stelle, als wäre Sebastian elektrisch aufgeladen gewesen. »Ja«, erwiderte ich und musste mich schwer zusammenreißen, um nicht meine Hand an die kribbelnde Stelle zu legen. »Und bei dir?«

Er lächelte. »Auch.«

Dann war er auch schon verschwunden, und ich starrte ihm blöde hinterher. Noch immer konnte ich seine Berührung spüren.

Bevor ich länger darüber nachdenken konnte, kam Nele in mein Zimmer, bewaffnet mit ihrem Kopfkissen und ihrer Bettdecke. »Hast du Lust auf eine Übernachtungsparty?«

»Unbedingt.«

Wir putzten uns die Zähne, und als wir im Bett lagen, schwärmte sie mir noch so lange von Tobi vor, bis uns beiden vor Müdigkeit die Augen zufielen.

Gefühlsverwirrungen

Die nächsten Tage waren merkwürdig für mich. Nachdem ich die Erniedrigungen und Peinigungen meiner Jugend so lange für mich behalten hatte, schwankte ich nun ständig zwischen totaler Erleichterung und der bangen Frage, ob es nicht doch besser gewesen wäre, auch weiterhin zu schweigen. Manchmal hatte ich Angst, dass Nele, Sebastian und Kai mich nun mit anderen Augen sehen und mich für ein bemitleidenswertes Opfer halten könnten. Denn was für ein Mensch ließ sich diese Demütigungen schon drei Jahre lang gefallen? Doch die drei benahmen sich mir gegenüber nicht anders als sonst, und letzten Endes überwog das Gefühl, dass eine große Last von mir abgefallen war.

Am Sonntagnachmittag schickte Tristan mir das im Rekordtempo überarbeitete Stück. Mit klopfendem Herzen öffnete ich die Datei und fing an zu lesen. Tristan hatte Regieanweisungen geschrieben und ein paar Vorschläge zum Bühnenbild und den Kostümen gemacht. An den Rand hatte er immer wieder Kommentare für mich gesetzt, wie ›A: der Song ist zu lahm, überleg noch mal, ob ihr da nicht besser einen anderen nehmt‹ oder ›A: hier bitte keine schwülstigen Chorsätze, das muss rotzig rüberkommen‹. Ich wusste nicht, was ich erwartet hatte, aber garantiert nicht, dass ich beim Lesen des Stücks lachen, mich ärgern, weinen und mitfiebern würde – und das, obwohl ich es ja bereits kannte. Auf einmal konnte ich die Szenen bildlich vor mir sehen. Ich sah die Bühne, die Kinder, wie sie sangen, schauspielerten und tanzten, ich hörte die Musik und spürte das Lampenfieber, das uns alle vor der Premiere überfallen würde. Dieses Musical würde großartig werden, davon war ich fest überzeugt.

Nachdem ich das Stück zu Ende gelesen und die Musikstunden der kommenden Woche vorbereitet hatte, ging ich in die Küche, um zu backen. Die 9c hatte seit Einführung meiner Regeln wirklich gut mitgearbeitet, und ich wollte ihnen Muffins mitbringen, um ihnen zu beweisen, dass ich mich an meine Versprechen hielt. Ich suchte die Zutaten für Himbeermuffins mit weißer Schokolade heraus und machte mich an die Arbeit. Als ich dabei war, die Schokolade in Stückchen zu hacken, klingelte es an der Tür. Es war Sebastian. »Hi. Ich wollte mal nach dem Toaster schauen.«

Ich trat zur Seite, um ihn hereinzulassen. »Er ist immer noch kaputt. Nele konnte mich gestern nur mit Mühe und Not davon abhalten, einen neuen zu kaufen.«

Sebastian sah mich entrüstet an. »Wenn du das machst, kannst du mir auch gleich sagen, dass ich es im Bett nicht bringe, und mir Wasserkisten die Treppe rauftragen.«

»Hä?«

»Na, wenn du einen neuen Toaster kaufst, sagst du damit, dass ich es nicht schaffe, diesen hier zu reparieren. Das ist ein fieser Schlag unter die Gürtellinie, mitten in meinen männlichen Stolz.«

»Ach, sitzt der bei dir unter der Gürtellinie?«

Sebastian lachte und hockte sich auf den Boden zu seinem Toasterschrott. »Unter anderem.«

Mein Blick huschte kurz zu dem kleinen, sehr ansehnlichen Teil von Sebastians Rücken, der unter seinem hochgerutschten Pullover zum Vorschein kam. Schnell flüchtete ich in die Küche und hackte heftiger auf die Schokolade ein als notwendig. Verdammt, wieso fragte ich mich jetzt die ganze Zeit, ob Sebastian es wohl im Bett brachte oder nicht? Und wieso ging ich automatisch davon aus, dass er ziemlich gut auf diesem Gebiet war? Wie kam ich denn bitte schön darauf? Dafür gab es keinerlei Anzeichen, er konnte eine totale Null sein. Aber definitiv war er jemand, den ich gerne mal anfassen würde, und der mich …

»Kann ich dir hier Gesellschaft leisten?«, ertönte Sebastians Stimme von der Tür.

Ich fuhr heftig zusammen, sodass ich mit dem Messer abrutschte und ein ganzer Schwall Schokoladensplitter durch die Küche flog.

»Ist das etwa Schokolade?«, fragte er und stellte sich so dicht neben mich, dass unsere Körper sich berührten.

Machte der das mit Absicht, um mich zu provozieren? Konnte er Gedanken lesen? »Offensichtlich.« Meine Stimme klang heiser.

Er nahm sich ein paar Stückchen und steckte sie sich in den Mund.

»Hey, die brauch ich zum Backen!«

»Dafür bist du aber gerade ziemlich verschwenderisch damit umgegangen«, meinte er und zeigte auf den Boden, um sich anschließend noch ein paar Schokoladenstückchen zu nehmen. Sein Arm streifte dabei meinen Bauch, und ich zog scharf die Luft ein, als ich die Berührung trotz meines Shirts nur allzu deutlich spürte.

Ich stemmte beide Hände gegen seine Brust und schob ihn in Richtung Küchentisch. »Du gehst jetzt besser da hin und fummelst an … deinem Toaster rum«, stieß ich hervor. ›An mir jedenfalls nicht mehr!‹, fügte ich im Stillen hinzu.

»Hey, das hat ja was von ›Ab ins Körbchen mit dir‹«, sagte er beleidigt, holte aber seinen Kram aus dem Flur und setzte sich damit an den Küchentisch. »Wieso bist du denn so angespannt?«

»Bin ich doch gar nicht.«

»Okay«, meinte er wenig überzeugt und fing an, am Toaster herumzuschrauben.

Eine Weile lang arbeiteten wir schweigend vor uns hin. Während ich den Teig anrührte, überlegte ich, was in Gottes Namen nur mit mir los war. In letzter Zeit hatte ich immer wieder so winzige Momente, in denen ich Sebastian eindeutig ziemlich anziehend fand. Aber warum? Was war denn neuerdings anders? Gut, er war nicht gänzlich unattraktiv, zumindest in meinen Augen. Und ich war schon ziemlich lange Single. Außerdem hatte Tristan meine Gefühlswelt in Unordnung gebracht. Bestimmt war es so, dass ich auf Sebastian projizierte, was ich ...

»Was ist das für ein Lied?«, unterbrach Sebastian meine Gedanken.

Ich drehte mich zu ihm um. »Hm? Welches Lied?«

»Na, das, das du die ganze Zeit summst«, erwiderte er lachend.

»Keine Ahnung, ich hab's nicht bewusst gemacht. Wie ging es denn?«

Er summte eine Melodie vor sich hin.

Angestrengt hörte ich zu. Als ich den Song erkannte, hätte ich am liebsten meinen Kopf auf die Arbeitsfläche geknallt. »Das ist *I Hope That I Don't Fall In Love With You* von Tom Waits.« Mein Unterbewusstsein hatte sie doch nicht mehr alle!

»Schön«, meinte Sebastian.

Ich nahm mein Handy, suchte das Lied heraus und stellte es an. Als die ersten Gitarrentöne erklangen, wandte ich mich wieder meiner Arbeit zu. Während ich die Muffins in den Ofen schob und das benutzte Geschirr abwusch, kümmerte

Sebastian sich wieder um den Toaster, und wir lauschten gemeinsam der Musik. Tom Waits packte seine Gitarre bald ein, um Katy Perry Platz zu machen. Direkt darauf setzte sich Lang Lang an den Flügel und gab den *Liebestraum* von Liszt zum Besten.

»Du hast echt einen ziemlich schrägen Musikgeschmack«, stellte Sebastian fest.

»Wieso? Musik ist so vielfältig, warum soll ich mich auf einen Stil festlegen?«

»Gibt es denn einen Stil, den du bevorzugst?«

»Nein, eigentlich nicht. Aber klassische Musik, besser gesagt Klaviermusik, macht mich immer ein bisschen schwermütig. Weil sie mich daran erinnert, dass ich nicht gut genug war, um Konzertpianistin zu werden. Ich weiß, dass es möglicherweise falsch ist, mir wieder und wieder zu geben, wie grandios Lang Lang oder andere Pianisten spielen. Aber die Vorstellung, nie wieder Schubert oder Chopin zu hören ... dabei dreht sich mir der Magen um. Das ist für mich wie atmen.«

»Warum spielst du diese Stücke eigentlich nicht mehr selbst, wenn sie dir so viel bedeuten?«

»Weil ich sie nicht so spielen kann, wie sie gespielt werden sollen«, sagte ich und deutete auf mein Handy, aus dem immer noch Lang Langs Interpretation des *Liebestraums* erklang. »Nicht so wie er.«

»Dann spiel sie doch einfach so wie du. Weil es dir Spaß macht.«

Spaß ... Hatte der eine Ahnung, wie viel *Spaß* das damals für mich gewesen war. In diesem Moment piepte die Backofenuhr und ersparte mir somit, mich weiter mit diesem Thema auseinanderzusetzen. Ich zog die Bleche aus dem Ofen und begutachtete mein Werk. Die Muffins waren perfekt aufgegangen und sahen locker und saftig aus. Genau so, wie sie sein sollten. Ich stellte sie gerade zum Auskühlen auf einen Rost, als ich bemerkte, dass Sebastian mir seine ausgestreckte Hand hinhielt. »Was willst du?«, fragte ich irritiert.

»Meinen Anteil.«

»Wieso deinen Anteil?«

»So schnell vergisst du also deine Versprechen. Dafür, dass ich dir das Bühnenbild baue, bekomme ich einen Anteil an allem, was du backst. Und zwar so lange ich lebe. Also her damit.«

»Aber die sind für die Schüler.«

»Du kannst dir gar nicht vorstellen, wie egal mir das ist.«

Seufzend nahm ich einen Muffin vom Blech und drückte ihn Sebastian in die Hand. »Hier.«

Ohne den Hauch eines schlechten Gewissens biss er in den Muffin und kaute genüsslich. Dabei lächelte er mich äußerst selbstzufrieden an.

»Und? Schmeckt's?«

»Mhm.« Gierig schielte er auf den Rost mit den Muffins. »So gut, dass einer definitiv nicht reicht.«

»Vergiss es. Mehr gibt es nicht, sonst habe ich nicht genug.«

»Ach komm, mindestens einer von den kleinen Scheißern schwänzt morgen doch sowieso.«

Da hatte er nicht ganz unrecht, trotzdem sagte ich: »Du kannst nicht immer von dir auf andere schließen.«

Sebastian lachte und fing an, seine Bastel- beziehungsweise Reparaturutensilien zusammenzuräumen. »Nein, vielleicht nicht. Wie sieht's aus, kommst du mit rüber zu *Tatort* und gebratenen Nudeln?«

Es hatte sich im Laufe der Zeit so eingebürgert, dass wir die Sonntagabende bei Kai und Sebastian verbrachten, denn ihre Couch war größer als unsere. Wir bestellten uns gebratene Nudeln oder köstliche thailändische Currys von unserem Lieblingsasiaten und rätselten gemeinsam, wer der Mörder sein könnte. Eigentlich hatte ich noch ziemlich viel für die Schule zu tun, aber die Aussicht auf einen gemütlichen Abend mit Sebastian und Kai war sehr viel verlockender als die auf stumme Landkarten. »Klar«, sagte ich schließlich. »Ich bin dabei.«

Wir gingen rüber in Sebastians und Kais Wohnung. Nele war mit Tobi unterwegs, und so verbrachten wir einen Abend zu dritt mit asiatischem Essen, Kommissar Borowski und einem Fall, den Kai schon nach achteinhalb Minuten gelöst hatte. Ich fühlte mich so entspannt wie schon lange nicht mehr. Zum Glück tauchte in Kais Gegenwart auch nicht mehr dieses merkwürdige Kribbeln auf, das mich vorhin überfallen hatte, als ich allein mit Sebastian gewesen war. Wahrscheinlich hatte ich mir das sowieso nur eingebildet.

Am Dienstag verteilten wir das fertige Stück an die Musical-AG-Teilnehmer und kündigten für nächste Woche unser Vorsprechen an. Wie erwartet, reagierten die Kids nervös und ängstlich. Ich versuchte, sie zu beruhigen und den Druck etwas rauszunehmen, doch ich wusste, dass es zwecklos war. Sie machten sich bereits einen Kopf.

Für Mittwoch hatten Tristan und ich die erste Generalversammlung angesetzt, bei der auch Sebastian dabei sein sollte. Nach Unterrichtsschluss versammelte sich eine riesige Gruppe an Schülern in der Aula: Technik-AG, Musical-AG, Band und Marias Näh-AG, die für Kostüme und Maske sorgte. Dazu kamen noch die jeweiligen Betreuer und Tristan. Insgesamt waren wir mehr als siebzig Personen, und erst jetzt wurde mir wirklich bewusst, was für ein riesiges Projekt *Ellerbrook!*

war. Ich konnte kaum glauben, dass *ich* es angeschoben hatte und dass all diese Leute hier nur versammelt waren, weil ich die fixe Idee gehabt hatte, mithilfe dieses Musicals zurück an meine alte Schule zu kommen. Bei dem Gedanken, dass niemand etwas von meinem wahren Beweggrund ahnte, bekam ich ein richtig schlechtes Gewissen. Doch ich beruhigte mich damit, dass es ja allen Spaß zu machen schien und dass es für alle eine Erfahrung war, die sie mit Sicherheit nicht dümmer machen würde.

Es war kurz vor halb vier, als ich aus dem Augenwinkel Sebastian die Aula betreten sah. Mit finsterer Miene schaute er sich um. Ganz offenbar war es ihm ziemlich unangenehm, wieder in seiner alten Schule zu sein. Ich ging auf ihn zu und schenkte ihm ein aufmunterndes Lächeln. »Hi. Schön, dass du gekommen bist.«

»Findest du? Ich nicht. Es hat mich extrem viel Überwindung gekostet, dieses Gebäude zu betreten.« Er rümpfte angewidert die Nase. »Es stinkt hier noch genau so wie früher.«

Ich schnupperte ein paar Mal. »Es stinkt doch gar nicht. Es riecht nach Schule.«

»Sag ich ja. Es stinkt.«

»Ach, du spinnst doch«, erwiderte ich lachend und deutete auf die Betreuer, die in der Nähe der Bühne standen. »Komm, ich stell dich allen vor.«

Sebastians Blick fiel auf Tristan. »Das ist er also, ja? Der Wunderknabe, in den du verknallt warst.« Fragend sah er mich an. »Oder bist?«

»Ich *war* in ihn verknallt«, zischte ich, »aber ich wäre dir dankbar, wenn du das nicht an die große Glocke hängen würdest.«

Sebastian wollte gerade etwas erwidern, doch da gesellte sich Heaven-Tanita zu uns, und er schloss seinen Mund wieder.

»Ey, Frau Paulsen? Ich bin derbe nervös wegen nächster Woche. Gestern habe ich schon versucht, den Text auswendig zu lernen, aber er sitzt überhaupt noch nicht.«

»Du hast doch noch ein bisschen Zeit.«

Ein unruhiger Ausdruck trat in ihre Augen, und mir fiel auf, wie blass sie war. Heaven-Tanita war sonst meistens ein fröhliches Mädchen, das mit hocherhobenem Haupt durchs Leben ging. Aber heute wirkte sie völlig verängstigt.

»Oh Mann, ich schwör, ich werde nächste Woche so aufgeregt sein, wenn Sie da vor mir sitzen. Ich glaub, dann sterb ich, weißt, wie ich mein, Frau Paulsen?«

»Stell sie dir doch einfach nackt vor«, riet Sebastian. »Das mach ich auch immer.«

Heaven-Tanita fing an zu kichern, während ich empört nach Luft schnappte. »Wie bitte? Sag mal, geht's noch?«

Sebastian sah mich verständnislos an. Doch dann schien ihm bewusst zu werden, was er gesagt hatte, denn er zuckte erschrocken zusammen. »Nein, das kam völlig falsch rüber«, sagte er hastig. »Ich meinte nur, dass ich das immer bei Prüfungen mache. Also, mir die Prüfer nackt vorzustellen. Natürlich nicht dich im Besonderen, Anni. Glaub mir, ich hab dich mir noch *nie* ...«

»Es ist überhaupt nicht nötig, dass du das weiter ausführst«, fiel ich ihm ins Wort. Das war vor einer Schülerin ja wohl völlig unangemessen. Allein schon, ihr diesen Tipp zu geben!

Heaven-Tanita musterte Sebastian interessiert. »Machen Sie jetzt auch hier mit?«

Er nickte. »Ja, ich kümmere mich um das Bühnenbild. Aber siez mich bloß nicht. Ich bin Sebastian.«

»Heaven-Tanita«, erwiderte sie und grinste ihn an. »Übrigens möchte ich mir Tristan und Frau Paulsen lieber nicht nackt vorstellen.«

»Nee, das möchte ich allerdings auch nicht«, meinte Sebastian.

»Heaven-Tanita, setz dich doch schon mal, wir fangen gleich an, okay?«, sagte ich resolut und zog ihn mit zu der Betreuer-Gruppe. »Ich würde euch gern Sebastian vorstellen. Er hat sich freundlicherweise bereit erklärt, das Bühnenbild zu übernehmen.«

»Hi, wie schön, dass du dabei bist.« Sertab strahlte ihn herzlich an. »Ich bin Sertab und zuständig für die Band.«

Die beiden gaben sich die Hand, und auch Sandra, Maria und Ralf stellten sich kurz vor. Dann deutete ich auf Tristan. »Ja, und das ist Tristan. Er macht hier die Regie.«

»Hi.« Sebastian nickte ihm zu und musterte ihn dabei mit unverhohlener Neugier von oben bis unten.

Tristans Blick wanderte von Sebastian zu mir und dann wieder zu ihm zurück. »Hallo«, sagte er schließlich und reichte ihm die Hand. »Freut mich, dass du mit an Bord bist.«

Die beiden Männer sahen sich nun unverwandt in die Augen. Ich wusste nicht genau, was hier abging, aber irgendetwas ging definitiv ab. Die Spannung zwischen ihnen war deutlich spürbar, und ich hoffte sehr, dass das hier keine ›Den-konnte-ich-auf-den-ersten-Blick-nicht-leiden‹-Situation war. Doch dann lächelte Sebastian unverbindlich. »Ich bin gespannt, was mich hier erwartet.«

Tristan erwiderte das Lächeln. »Ja, ging mir auch so.«

Es war seltsam, sie nebeneinanderstehen zu sehen. Beide waren in meinen Augen attraktiv, aber auf völlig unterschiedliche Art. Tristan war ein Kopfmensch, nach innen gekehrt, nachdenklich, und das strahlte er auch aus. Sebastian hingegen war der klassische Bauchmensch, impulsiv und direkt. Tristan und ich waren uns nicht unähnlich, wir hatten eine gemeinsame Vergangenheit und vieles, das uns miteinander verband.

Sebastian und ich kannten uns noch nicht so lange, aber trotzdem fühlte es sich an, als wäre er immer schon ein Teil meines Lebens gewesen. Und obwohl wir erst seit ein paar Monaten befreundet waren, vertraute ich ihm bedingungslos.

»Dann können wir anfangen, oder?«, unterbrach Tristan meine Gedanken. »Sieht so aus, als wären alle da.«

»Okay.« Ich drehte mich zu den Schülern um und pfiff laut mit den Fingern. (Das hatte ich bereits in meiner zweiten Woche an der ALS notgedrungen lernen müssen.) »Wir wollen anfangen, Leute«, rief ich. Nach und nach verstummten die Gespräche, und als es still war, fuhr ich fort: »Als Erstes möchte ich euch Sebastian vorstellen. Er wird das Bühnenbild und die Kulissen bauen, und dabei braucht er eure Hilfe. Zukünftig werden also immer zwei oder drei von euch mit Sebastian arbeiten.« Dann deutete ich auf Maria. »Außerdem sind Frau Greschner und ihre Näh-AG dabei, die sich um Kostüme und Maske kümmern werden.«

»Es geht heute um grundlegende Fragen, wie wir uns Bühnenbild und -technik, Kostüme und Maske vorstellen«, erklärte Tristan. »Also eine Art Brainstorming.«

Heaven-Tanita hob den Arm und winkte eifrig. »Dazu hab ich mir schon was überlegt. Ich fände es mega, wenn wir eine der Figuren oben an der Decke befestigen, und die dann so übers Publikum fliegt, während sie ein Lied singt.«

»Das wäre cool, da hast du recht«, sagte ich vorsichtig. »Allerdings wird das technisch nur sehr schwer umzusetzen sein.«

Tristan nickte. »Ich kann mir auch beim besten Willen keinen Grund vorstellen, warum eine der Figuren durch die Luft schweben sollte.«

»Okay. War wohl 'ne blöde Idee.« Heaven-Tanita zog eine enttäuschte Miene.

»Nein, gar nicht.« Ich sah sie aufmunternd an. »Nicht jede Idee ist für uns umsetzbar, aber trotzdem sollt ihr eure Gedanken und Vorschläge einbringen. Also weiter.«

Als Nächstes meldete sich Nike. »Ich fände eine Windmaschine cool. Also dass man so singt, und dann so ...« Sie hob ihre langen Haare hoch, als würden sie im Wind wehen und deutete an, zu singen.

Die Mädchen quiekten begeistert. »Ja, eine Windmaschine, das wäre so geil!«, rief Heaven-Tanita.

Nun meldete Sebastian sich zu Wort. »Hey, Blue Sky. Oder wie heißt du noch mal?«

»Heaven-Tanita«, erwiderte sie beleidigt.

»Genau. Heaven-Tanita. Ihr seid hier in Ellerbrook und nicht auf dem Eurovision Song Contest. Ich hab euer Stück gelesen, und ich finde es angenehm unkitschig, ehrlich und rotzig. Wie Ellerbrook halt. Und so sollte man auch die Technik und das Bühnenbild umsetzen, findet ihr nicht?«

Überrascht sah ich Sebastian an. Ich hatte ihm das Stück zwar zum Lesen gegeben, aber ich war nicht davon ausgegangen, dass er es wirklich tun würde. Davon, dass er es dann auch noch gut finden würde, mal ganz zu schweigen.

Nike und Heaven-Tanita tauschten einen nachdenklichen Blick, dann nickten sie. »Ja, okay.««

»Sebastian hat recht«, meinte Tristan. »Das Stück sollte cool, bodenständig und einfach inszeniert werden. Ohne Chichi.«

»Allerdings inszenieren wir hier ein Musical«, wandte ich ein. »Und ein bisschen Pomp und Chichi sollte schon dabei sein. Wie wäre es denn mit einer Nebelmaschine? Ich kann mir vorstellen, dass durch ein bisschen Nebel gerade die Szenen am Hip-Hopper-Treffpunkt, also diesem trostlosen Spielplatz, atmosphärisch verstärkt werden würden.«

Nun schaltete Sandra sich ein. »Ich find das auch eine gute Idee. Wir müssen es ja nicht übertreiben, aber ein bisschen Nebel hier und da wäre doch nicht schlecht.«

»Seh ich auch so«, stimmte Sertab zu.

»Wer noch?«, wandte ich mich an die Gruppe. »Bitte aufzeigen.«

Fast alle hoben die Hand. »Somit ist es beschlossen. Wir kriegen eine Nebelmaschine.«

Tristan sah mich aus zusammengekniffenen Augen an, und es war deutlich, dass er sich nur mühsam beherrschte. »Also schön. Eine Nebelmaschine. Willkommen bei der Helene-Fischer-Show.«

»Nichts gegen Helene Fischer«, sagte ich. »Ich bin kein Fan, und es gibt sicherlich komplexere Musik als ihre. *Aber* sie berührt die Herzen von sehr vielen Menschen, und deshalb ...«

»... hat sie ihre Existenzberechtigung, jaja, ich weiß. Also gut, machen wir weiter mit dem Spielplatz, wenn wir schon mal dabei sind. Diesen Ort stelle ich mir finster und grau vor. Verlotterte Bretterzäune, Autowracks, brennende Öltonnen.«

Sebastian hob die Augenbrauen. »Ich frage mal sicherheitshalber nach: Wir befinden uns aber nicht in der Bronx, sondern schon noch in Ellerbrook, oder?«

»Ja, natürlich.«

»Aber auf einem Spielplatz in Ellerbrook warst du offenbar noch nicht.« Sebastian wandte sich an die Gruppe. »Kommt schon, ihr wisst doch genau, wie eure Spielplätze aussehen. Sind euch da schon mal brennende Öltonnen untergekommen?«

»Nö. Aber ist doch cool, Alder«, rief Jo. »So 'n bisschen Bronx-Feeling.«

»Ach ja? Das ist cool?« Sebastian schnaubte. »Seid mal lieber froh, dass hier nicht die Bronx ist.«

»Wohnst du Ellerbrook, Bruder?«, wollte Mesut wissen.

Sebastian nickte. »Ich bin hier geboren und aufgewachsen, aber vor ein paar Jahren weggezogen.«

»Welche Schule warst du?«, fragte Jo.

»Ich war auf der ALS, so wie ihr. Und daher weiß ich ganz genau, wie die Orte aussehen, an denen ihr abhängt, ich habe da nämlich früher auch abgehangen. Es gibt dort keine Bretterzäune oder brennende Öltonnen. Und wenn ein Ellerbrooker sich ein Auto leisten kann, dann hegt und pflegt er es, aber er wird es ganz bestimmt nicht auf einem Spielplatz verrotten lassen.«

»Das Bühnenbild soll die Wirklichkeit überspitzt darstellen und eine beklemmende Atmosphäre vermitteln«, entgegnete Tristan. »Es soll die Hoffnungslosigkeit der Charaktere wiederspiegeln.«

Sebastian zuckte mit den Schultern. »Okay. Aber ich weigere mich, einen Spielplatz zu bauen, auf dem brennende Öltonnen und ein Autowrack herumstehen.«

»Und wie stellst *du* dir das Ganze vor?«

»Ich kann mit einem Kompromiss leben. Beton, Graffitis, ein herunterhängender Basketballkorb, eine kaputte Schaukel. Ein übervoller Abfalleimer. So was in die Richtung.«

Tristan rieb sich nachdenklich das Kinn. »Na schön. Klingt gut.«

Für einen Moment war ich baff. Das war schon die zweite Niederlage, die Tristan relativ gelassen wegsteckte. Aber andererseits ging es hier um das Stück. Und wenn etwas gut für das Stück war, würde er dem mit Sicherheit nicht im Wege stehen, nur weil er sein Ego gekränkt sah.

Wir redeten noch etwas über den Spielplatz und gingen dann die nächsten Szenen durch. Am Ende der Stunde hatten wir uns auf Bühnenbild, Maske und Kostüme geeinigt und über die Bühnentechnik gesprochen. Theoretisch war also alles geklärt. Fehlte nur noch die praktische Umsetzung. Tristan gab Sebastian Tipps, wie er Stellwände für den Hintergrund bauen konnte.

»Okay«, sagte Sebastian schließlich. »Dann fehlen nur noch die Maße. Kann mir jemand beim Ausmessen helfen?«

Sofort sprangen Mesut, Jo, Meikel, Heaven-Tanita, Nike und Hamed auf. Bei Hamed war ich mir nicht sicher, ob er einfach nur aufsprang, weil alle aufgesprungen waren, oder ob er Sebastians Frage verstanden hatte. Ich tippte stark auf Letzteres. Mesut und Meikel hatten den Vorteil, in der ersten Reihe zu sitzen und kamen somit als Erste bei Sebastian an. Der hatte ja offensichtlich großen Eindruck auf die Kids gemacht.

Während Sebastian, Mesut und Meikel unter Anleitung von Tristan die Bühne vermaßen, machten sich alle anderen auf den Weg nach Hause. Schließlich waren nur noch die Bühnenvermessungsgruppe und ich übrig geblieben. Ich beobachtete die vier eine Weile. Mesut und Meikel schienen von Sebastian völlig hin und weg zu sein. Meikel imitierte sogar seine Körperhaltung, indem er sich genau wie Sebastian eine Hand in die Hosentasche steckte und sich mit der anderen am Kopf kratzte.

»Ich denke, das kriege ich hin«, sagte Sebastian, als alle Maße notiert waren. »Die Materialien bekomme ich alle im Baumarkt.«

»Dann guck da bitte auch gleich mal nach Materialien für eine Treppe, die zur Bühne raufführt«, meldete ich mich aus dem Zuschauerraum. »Das ist das Dringendste.«

»Das soll das Dringendste sein?«, fragte er entgeistert. »Wieso?«

»Frau Paulsen kommt da immer nicht hoch«, erklärte Meikel und sah mich dabei entschuldigend an. »Und dann muss sie den Umweg über den Musikraum nehmen.«

»Soso, Frau Paulsen kommt da also immer nicht hoch«, wiederholte Sebastian mit ernstem Gesichtsausdruck, doch um seine Mundwinkel zuckte es verdächtig. »Das glaub ich nicht.«

Ich zeigte erst auf meinen Kopf und dann auf den Bühnenrand. »Was gibt es denn daran nicht zu glauben? Ich bin zu klein.«

»Du kommst da mit Sicherheit hoch«, widersprach Sebastian.

»Nein«, meinte Tristan. »Kommt sie nicht.«

»Frau Paulsen bleibt immer auf der Hälfte hängen«, bestätigte Mesut.

»Dann muss Frau Paulsen sich halt mal ein bisschen anstrengen und ihren Arsch bewegen«, sagte Sebastian ungerührt.

»Hast du sie noch alle?«, rief ich entrüstet. »Bau einfach diese verdammte Treppe, und ihr alle redet gefälligst nicht über mich, als wäre ich gar nicht da!«

Meikel zuckte erschrocken. Seine coole Pose fiel in sich zusammen, und er nahm wieder seine typische Schildkrötenhaltung ein. »Tut mir leid. Das wollte ich nicht.«

»Ist schon gut, Meikel.«

Sebastian musterte ihn nachdenklich. »Sie ist nicht wirklich böse. Ich hab sie schon erlebt, wenn sie wirklich böse ist, und glaub mir, da willst du nicht dabei sein.«

Meikel brach in sein grunzendes Lachen aus und hielt sich die Hand vor den Mund. Auch Mesut grinste breit, während Tristan wieder zwischen mir und Sebastian hin und her sah, als würde er sich fragen, in was für einem Verhältnis wir zueinander standen.

»Ey, Sebastian, ich bin übrigens Gangsta-Rapper«, verkündete Mesut. »Ich schreib auch eigene Songs, so. Willste mal hören, Digger?«

»Gerne, solange du mich nicht an-Diggerst. Das hasse ich nämlich.«

Mesut schüttelte heftig den Kopf. »Mach ich nich, Bruder, ich schwör.«

»Na dann. Schieß los.«

Mesut brachte sich in Pose und gab seinen »Wir sind die Honks von der ALS«-Rap zum Besten. Als er am Ende angekommen war, sah er Sebastian erwartungsvoll an.

»Sehr cool«, lobte der. »Wie geht es denn weiter?«

Mesut schob sein Baseballcap zurück, um sich am Kopf zu kratzen. »Weiter bin ich noch nich.«

Besonders eifrig schien er an diesem Song ja nicht zu feilen.

»Dann mach mal weiter«, sagte Sebastian. »Ich würde jedenfalls gern mehr hören.«

»Echt jetzt?«, fragte Mesut mit großen Augen.

»Klar.«

»Dann setz ich mich gleich ran, Dig…, äh, und nächste Woche kann ich dir den Rest zeigen.«

»Unbedingt.« Sebastian sprang von der Bühne, und wieder imitierte Meikel genau seine Bewegung. Nur mit dem Unterschied, dass er am Ende ins Straucheln geriet, sich aber gerade noch auffangen konnte. Meikel und Mesut verabschiedeten sich kurz darauf, und zwischen Tristan, Sebastian und mir kehrte unbehagliches Schweigen ein.

»Tja dann«, sagte Tristan schließlich. »Ich bin mit dem Auto da. Soll ich dich mitnehmen, Annika?«

Huch! Das hatte er mich noch nie gefragt. Und ich musste feststellen, dass ich tatsächlich Lust hatte, mit ihm zu fahren und mal ein paar Minuten allein mit ihm zu sein. Das Problem war nur, dass es keinen vernünftigen Grund für mich gab, mit Tristan zu fahren, wenn Sebastian hier war. »Vielen Dank für das Angebot, aber das ist nicht nötig.« Ich versuchte, all mein Bedauern in diese Antwort zu legen. »Sebastian kann mich mitnehmen. Er ist auch mit dem Auto, und wir beide haben ja den gleichen Weg.«

Tristan stutzte. »Wieso das denn?«

»Weil wir die gleiche Adresse haben«, antwortete Sebastian an meiner Stelle. »Beziehungsweise, dieselbe.«

»Wir sind Nachbarn und wohnen im gleichen Haus«, erklärte ich.

»Ist es nicht dasselbe Haus?«, erkundigte sich Sebastian.

Klugscheißer. Am liebsten hätte ich ihm den Grammatik-Duden über den Kopf gehauen. »Dasselbe, das Gleiche, ist doch egal.«

»Das hat sich neulich im Kiezhafen aber noch ganz anders angehört.«

Tristan hob die Schultern. »Na gut, also dann. Bis nächste Woche.« Er nahm seine Umhängetasche vom Sessel und verließ die Aula.

»Ein anderes Mal gerne«, rief ich ihm nach, doch da war es schon zu spät. Ich starrte die Tür an, durch die er soeben verschwunden war, und musste gegen das Bedürfnis ankämpfen, ihm nachzulaufen.

»Auf den stehst du also«, sagte Sebastian in die Stille hinein.

»Nein, ich stehe nicht auf ihn«, erwiderte ich kratzbürstig. »Ich stehe auf Vanilleeis, TV-Dokus oder Popmusik. Was ich für Tristan empfinde, ist etwas ganz anderes.«

»Was denn?«

»Meine Güte, ich habe ihn jahrelang geliebt, okay? Und ich habe ihn nie vergessen. Noch immer muss sich jeder Typ mit ihm messen, aber keiner ist auch nur ansatzweise so wie er. Das empfinde ich für ihn!«

Sebastian betrachtete mich eingehend. »Wow. Das ist irgendwie ganz schön ... traurig.«

»Ja, ich weiß.« Ich wandte mich von ihm ab, um nach meinem Mantel zu greifen. »Aber so war es immer schon, und ich kann es nicht ändern.«

Sebastian warf das Maßband in seinen Werkzeugkoffer. »Verstehe. Dann stand ich dir wohl gerade ganz schön im Weg, was?«

»Ja, und nicht nur das. Du hast heute auch ganz schön meine Autorität untergraben, mein Lieber.«

»Ich? Wieso das denn? Und welche Autorität überhaupt?«

»Meine Autorität als Lehrerin. Von wegen ›Ich stelle mir Frau Paulsen auch immer nackt vor‹ und ›Dann muss Frau Paulsen einfach mal ihren Arsch bewegen‹.«

»Ach, *das* meinst du. Tja, aber es ist doch so. Ich wette, du kommst da oben rauf.« Mit dem Kopf deutete er zur Bühne. »Du hast es nur nie richtig versucht.«

»Nein, ich komme da nicht rauf. Ich bin mehrfach kläglich gescheitert, und ich werde mir diese Demütigung garantiert nicht noch mal geben. Also entweder bist du nett und baust diese Treppe, oder eben nicht. Dann nehme ich auch weiterhin den Umweg.«

»Ich baue dir deine Treppe.« Sebastian sah mich herausfordernd an. »Aber erst, nachdem du mir bewiesen hast, dass du da tatsächlich nicht raufkommst. Das ist doch gar nicht so hoch, du tust du ja gerade so, als wärst du ein Zwerg.«

Entnervt warf ich meinen Mantel zurück auf den Sessel. »Na schön. Ich hab keine Ahnung, wieso ich mich darauf einlasse, aber bitte sehr.« Ich stolzierte zur Bühne, drehte mich mit dem Rücken dazu, stützte mich mit beiden Händen ab, sprang hoch und ... blieb wie erwartet auf der Hälfte hängen. Nachdem ich drei Sekunden lang mit den Beinen in der Luft gezappelt hatte, ließ ich mich wieder auf den Boden plumpsen. »Bist du jetzt zufrieden?«

Sebastian verzog keine Miene. »Nein. Das war erbärmlich. Wieso machst du es denn so rum? Andersrum ist es doch viel leichter.«

Allmählich ging er mir echt auf die Nerven. »Wenn du ein Gentleman wärst, würdest du mir hochhelfen!«

»Du solltest mich inzwischen gut genug kennen, um zu wissen, dass ich kein Gentleman bin. Und ich helfe dir ganz bestimmt nicht, weil du das nämlich auch wunderbar allein schaffst.«

Ich wusste, dass es dämlich war, aber inzwischen war mein Ehrgeiz angestachelt. Plötzlich wollte ich Sebastian nicht mehr beweisen, dass ich es *nicht* schaffte, sondern *dass* ich es schaffte. Ich drehte mich zur Bühne um, stützte mich mit den Händen ab und sprang hoch – und dieses Mal hatte ich tatsächlich so viel Schwung, dass ich mit dem Hintern auf dem Bühnenrand landete. »Das gibt's doch gar nicht!«, rief ich nach einer Schrecksekunde und spürte, wie sich ein Strahlen auf meinem Gesicht ausbreitete. »Ich hab's geschafft! Du kannst dir die blöde Treppe sparen. Die brauch ich nicht mehr.«

»Ach«, winkte er ab. »Ich baue sie trotzdem. Ist doch für alle einfacher, wenn es eine gibt.«

»Hast du überhaupt jemals ernsthaft in Erwägung gezogen, diese Treppe *nicht* zu bauen?«

Sebastian grinste. »Habe ich denn jemals ernsthaft behauptet, dass ich diese Treppe nicht bauen würde?«

»Na, du hast doch vorhin noch ... ach, egal.« Meine Laune war inzwischen wieder so gut, dass ich gar keine Lust mehr darauf hatte, endlose Diskussionen mit ihm zu führen. Ich sprang von der Bühne und landete so dicht vor ihm, dass unsere Körper sich fast berührten. Sebastian sah mich unverwandt an, ein leichtes Lächeln lag auf seinen Lippen. Ich fragte mich, was wohl gerade in ihm vorging. Doch bevor ich seinen Blick deuten konnte, trat er zurück und griff nach seinem Werkzeugkoffer. »Gehen wir?«

»Ähm, ja«, sagte ich und strich überflüssigerweise meinen Pullover glatt.

Während wir schweigend nebeneinanderher zu Sebastians Auto gingen, fragte ich mich mal wieder, wieso er neuerdings diese nervtötende Wirkung auf mich hatte. Andererseits ... War das wirklich etwas, über das ich mir das Hirn zermartern musste? Es war nur eine Spinnerei, und ich hatte das vollkommen im Griff.

Drama, Baby!

»Mir geht der Arsch echt auf Grundeis, Frau Paulsen!« Heaven-Tanita stand zitternd und mit leichenblassem Gesicht vor mir im Musikraum, wo die Musical-AG-Kids sich versammelt hatten, um auf ihr ›Casting‹ zu warten. Es wuselte wie in einem Bienenstock, es wurde geplappert und rumgealbert, manch einer murmelte seinen Text vor sich hin, sang oder rappte. Die Schüler waren entweder vollkommen überdreht oder ganz still und in sich gekehrt, und die Atmosphäre war so elektrisch geladen, dass sich die Härchen an meinen Armen aufstellten.

»Mach dir keinen Kopf, Heaven-Tanita«, versuchte ich sie zu beruhigen, obwohl auch mein Herz schneller schlug. »Im Publikum sitzen doch nur Tristan und ich.«

»Und was, wenn ich total versage?

»Du wirst nicht versagen. Das kannst du gar nicht.«

»Doch, das kann ich«, widersprach sie. »Versagen kann ich total gut. Besser als alles andere.«

Ich strich ihr leicht über die Schulter. »Rede dir nicht so einen Unsinn ein.« Ich blickte mich im Raum um, und auf einmal taten diese Kinder mir furchtbar leid. »Hey!«, rief ich. »Hört mir mal kurz zu! Ich weiß, dass ihr total aufgeregt seid, und das ist auch völlig okay. Aber bitte habt keine Angst. Es gibt überhaupt keinen Grund dafür. Habt Vertrauen in Tristan und mich, und habt vor allem auch Vertrauen in euch selbst.«

»Ey, ich hab keine Angst«, behauptete Jo, der breitbeinig

da stand – die Hände tief in den Hosentaschen vergraben. »Angst hab ich vor gar nix.« Dabei scharrte er nervös mit den Füßen.

»Das ist doch super. So, jetzt atmet noch mal tief durch, und dann kommt bitte die erste Gruppe auf die Bühne. Bis gleich. Und toi, toi, toi.« Ich verließ den Musikraum und ging in die Aula, um mich neben Tristan in die erste Reihe zu setzen. »Das war eine bescheuerte Idee mit diesem Casting. Die Kids sterben vor Aufregung.«

»Vor der Aufführung wird die Nervosität noch viel größer sein. Je früher sie sich daran gewöhnen, desto besser.«

»Daran gewöhnt man sich doch nie. Hast du dich je daran gewöhnt? Bist du inzwischen total cool und entspannt vor einer Premiere?«

Tristan holte Notizbuch und Stift aus seiner Tasche. »Nein, natürlich nicht. Aber Lampenfieber gehört nun mal dazu. Das solltest du doch eigentlich noch von früher wissen.«

»Ja, das weiß ich noch sehr gut. Und genau deswegen denke ich ja auch, dass wir viel zu viel Druck aufbauen.«

»Hast du deswegen mit dem Klavierspielen aufgehört? Wegen des Drucks?«

Ich vergrub mich tiefer im Sitz und verschränkte die Arme vor der Brust. »Ich habe nicht *aufgehört*, sondern Musik studiert, mit Klavier im Hauptfach. Und heute bin ich Musiklehrerin.«

»Klingt nach einem typischen Plan B.«

»Tja, das Leben verläuft nun mal nicht immer nach Plan A. Außer bei dir vielleicht.«

Tristan hob abwehrend die Hände. »Ich möchte nur wissen, ob du glücklich bist. Mit deiner Karriere. Deinem Job. Deinem Leben.«

»Wer ist denn schon rundum glücklich? Irgendwas ist

doch immer. Nicht jeder Traum wird wahr, damit muss man eben klarkommen.«

»Und du kommst damit klar?« Er musterte mich nachdenklich.

»Ja, ich komme damit klar. Ich renne vielleicht nicht jubilierend, singend und tanzend durchs Leben und umarme jeden Baum, weil ich gar nicht weiß, wohin mit all meinem Glück. Aber ich habe tolle Freunde, mag meinen Job, stehe morgens gerne auf, und daher kann man mich insgesamt wohl als glücklichen Menschen bezeichnen, danke der Nachfrage.«

Tristan hielt meinen Blick fest, und es war mir unmöglich, ihm auszuweichen. Er hatte immer schon diese Wirkung auf mich gehabt, diese Fähigkeit, mich einzufangen und festzuhalten. Wie es aussah, hatte sich daran im Lauf der Jahre nichts geändert. »Und was ist mit der Liebe?«, fragte er schließlich.

»Das geht dich überhaupt nichts an.«

»Ich weiß. Aber ich will es trotzdem wissen. Was ist mit diesem Sebastian? Läuft da was zwischen euch?«

Ich dachte an die Momente, die es in letzter Zeit immer wieder zwischen uns gegeben hatte. Aber dass da etwas lief, konnte man beim besten Willen nicht behaupten. »Nein. Wir sind Nachbarn und Freunde. Und damit ist dieses Thema beendet.« Ich wandte mich von ihm ab und konzentrierte mich auf die Bühne.

In den nächsten zwei Stunden sahen wir uns eine Gruppe nach der anderen an. Tristan beobachtete die Kids ganz genau und kritzelte wild in seinem Notizbuch herum. Ich fieberte eher mit ihnen mit, applaudierte und lobte sie, wenn sie am Ende der Szene oder eines Songs angekommen waren.

Sie machten ihre Sache nicht schlecht, dafür, dass sie so wenig Vorbereitungszeit gehabt hatten. Aber es war auch klar, dass noch eine Menge Arbeit vor uns lag. Es gab nur sehr Wenige, die auf ganzer Linie überzeugen konnten. Nike gehörte definitiv dazu, ebenso Maryam. Als sie auf der Bühne stand und *Das Gold von morgen* sang, mit ihrer gleichzeitig zerbrechlichen und starken Ausstrahlung, murmelte Tristan: »Also die ist gesetzt.«

»Aber sie darf keine größere Rolle übernehmen. Bevor wir sie einplanen, sollten wir sie auf jeden Fall fragen. Und das mit ihren Eltern klären.«

Tristan klappte genervt sein Notizbuch zu. »Na toll.«

Als alle Gruppen durch waren, versammelte ich sie noch mal in der Aula. »Ihr habt das richtig gut gemacht.«

»Findest du auch, dass wir das gut gemacht haben?«, fragte Heaven-Tanita und sah Tristan hoffnungsvoll an.

Er zögerte mit seiner Antwort. »Dafür, dass ihr überhaupt keine Erfahrung habt, war das schon nicht schlecht.«

Meine Güte, konnte der nicht mal ein bisschen positiver sein? »Ihr wart toll«, sagte ich entschieden. »Und jetzt stellen wir uns alle im Kreis auf und …«

Mehr musste ich inzwischen schon gar nicht mehr sagen. Wir formatierten uns zu einem Kreis, klopften unseren Vorderleuten auf die Schultern und sagten: »Gut gemacht.«

»Und jetzt bitte andersherum«, rief ich.

Die Kids stöhnten auf, doch dann drehten sie sich um und klopften ihrem neuen Vordermann beziehungsweise ihrer Vorderfrau auf die Schulter.

»Und jetzt klopfen wir uns auch mal selbst auf die Schulter«, sagte ich und machte es vor.

Jetzt lachten alle, aber sie machten es trotzdem und fanden es scheinbar gar nicht so schlecht.

»Super. Also, bis morgen. Schönen Feierabend.«

Nach und nach leerte sich die Aula. »Hey, Maryam, hast

du mal eine Minute für uns?«, rief ich ihr nach, kurz bevor sie zur Tür hinaus war.

Sie kam zu Tristan und mir zurück. »Was ist?«

»Du warst ziemlich überzeugend heute«, sagte Tristan. »Daher würden wir gern wissen, ob du nicht doch eine größere Rolle übernehmen möchtest.«

Maryam fummelte am Schultergurt ihres Rucksacks herum. »Ich darf nicht, aber ich möchte schon.«

Tristan nickte zufrieden. »Dann haben wir es doch. Vielen Dank, Maryam.«

»Hey, Moment mal«, schaltete ich mich ein. »Du vergisst, dass ihre Eltern da auch noch ein Wörtchen mitzureden haben.«

»Aber sie kann doch wohl bitte selbst entscheiden, ob ...«

»Wir dürfen uns nicht einfach über ihre Eltern hinwegsetzen.« Ich warf Tristan einen warnenden Blick zu, dann richtete ich mich an Maryam. »Soll ich mal mit ihnen sprechen?«

»Nein«, sagte sie schnell. »Ich frage sie. Gleich heute.« Dann lief sie hinaus.

Tristan fuhr sich mit der Hand durchs Haar. »Na schön. Kommen wir zum unangenehmen Teil: der Rollenverteilung.«

Wir setzten uns ans Lehrerpult im Musikraum und gingen die Rollen durch. Mit den meisten Vorschlägen war ich einverstanden, bis Tristan sagte: »Und dann hätten wir Lilly, die schwangere Freundin von Johnnys Bruder Jimmy. Dafür hätte ich gern Heaven-Tanita.«

Abrupt sah ich von meinem Notizbuch auf. »Wie bitte? Das ist eine winzig kleine Rolle.«

»Aber Heaven-Tanita war heute großartig darin. Und soweit ich das beurteilen kann, rappt sie ziemlich gut.«

»Das stimmt, aber sie will singen. Das ist ihr größter Traum, nur deswegen macht sie überhaupt bei dieser AG mit.«

»Du fandst sie doch auch gut als Lilly, oder nicht?«

»Ja«, sagte ich widerstrebend.

»Also, worüber diskutieren wir dann hier?«

»Darüber, dass wir ihr das nicht antun können! Ihr wird das Herz brechen, wenn sie nicht singen darf. Sie ist mit Abstand die Motivierteste von allen und diejenige, die bereit ist, am härtesten zu arbeiten. Und wir bestrafen sie dafür, indem wir ihr so eine kleine Rolle geben? Das ist doch scheiße!« Ich sprang auf, um durch den Raum zu tigern. Am Klavier blieb ich schließlich stehen.

Tristan trommelte mit den Fingern auf der Tischplatte. »Ich mag Heaven-Tanita ja auch, aber ich verteile die Rollen nicht danach, wer meine Lieblinge sind, sondern danach, wer sie am besten ausfüllt.«

»Es geht überhaupt nicht darum, dass sie mein Liebling ist.«

»Ach komm, Annika. Natürlich geht es darum.«

Ich wandte mich von ihm ab und fing an, eine Melodie zu klimpern. Es war *Titanium*. »Okay, ich gebe zu, dass sie mir besonders ans Herz gewachsen ist. Aber ich bin auch der Meinung, dass Fleiß und Mühe belohnt werden sollten.«

»Es dürfte doch wohl keine neue Erkenntnis für dich sein, dass es im Leben nicht immer fair zugeht. Es ist das Beste für das Stück, wenn Heaven-Tanita diese Rolle spielt.«

Für eine Weile schwiegen wir. Bis auf David Guettas *Titanium* war es ruhig im Raum. Schließlich nahm ich die Finger von den Tasten und drehte mich wieder zu Tristan um. »Also gut. Du wirst es Heaven-Tanita sagen. Ich pack das einfach nicht, und ich bin alles andere als begeistert von dieser Idee. Aber du bist der Profi, also vertrau ich dir, was das angeht.«

»Nur, was das angeht?«, fragte er lächelnd.

Ich versank förmlich in seinen tiefen grauen Augen, und mein Herz setzte einen Schlag lang aus. Abermals kam ich mir vor, als wäre ich durch Raum und Zeit katapultiert worden und wieder die Sechzehnjährige, die Tristan im Unterricht anhimmelte. »Nein«, erwiderte ich leise. »Nicht nur, was das angeht.«

Sein Blick wurde intensiver, und gerade, als ich dachte, dass nun irgendetwas zwischen uns passieren würde, räusperte er sich und wandte sich wieder seinem Notizbuch zu. »Gut. Weiter geht's.«

»Ähm, ja. Machen wir weiter.«

Mit einem äußersten schlechten Gefühl im Bauch verließ ich an diesem Abend die Schule. Obwohl ich wusste, dass die Entscheidung aus professioneller Sicht vollkommen in Ordnung war, kam es mir vor, als hätte ich Heaven-Tanita im Stich gelassen.

Als Maryam am nächsten Nachmittag mit Hamed im Schlepptau zur Probe erschien, zog ich sie zur Seite. »Hast du mit deinen Eltern gesprochen?«

»Ja. Ich darf mitmachen.«

Hamed redete auf Arabisch auf sie ein, und sie antwortete mit einem Satz, der der Betonung nach so etwas heißen musste wie ›Sei ruhig‹. Oder vielleicht auch etwas weniger Höfliches. Hamed hielt dann auch folgsam seine Klappe.

Misstrauisch sah ich sie an. »Wirklich? Bist du dir sicher?«

Sie hielt meinem Blick stand. »Wieso soll ich nicht sicher sein?«

Ich wurde als Lehrerin ja ständig mit Schülerlügen konfrontiert, und von den statistischen sechsundzwanzig Mal am Tag war ich heute erst zwölfmal angelogen worden – da war also noch Luft nach oben. Aber in Maryams Fall sah ich die typischen Anzeichen für eine Lüge nicht. Und ich schätzte sie auch nicht als Schwindlerin ein. »Großartig«, sagte ich schließlich. »Das ist toll, Maryam. Dann setzt euch mal zu den anderen.«

Ich informierte Tristan darüber, dass Maryam die Erlaubnis bekommen hatte, eine größere Rolle zu übernehmen. Dann stellten wir uns vor die Bühne, um die Entscheidung des Jüngsten Gerichts zu verkünden. Die Schüler waren heute noch überdrehter als am Vortag, und die Aufregung war beinahe greifbar. »Ihr wisst, worum es heute geht, und wir möchten auch gar nicht lang drum herum schnacken«, setzte ich an, doch da öffnete sich die Tür der Aula, und Sebastian trat ein, mit seinem Werkzeugkoffer in der Hand. Ich gab ihm ein Zeichen, dass er warten sollte, und fuhr fort. »Ich fange mal mit den Nerds an.« Nacheinander las ich die Namen vor, bis ich bei Pawel angekommen war. »Pawel, du spielst Yasin, Matteos Kumpel.«

»Was?!«, rief Pawel und sprang auf. »So einen Loser soll ich spielen? Das mach ich nicht! Wie peinlich ist das denn, da kann ich mich ja nirgends mehr blicken lassen. Soll Meikel den doch spielen.«

»Das geht nicht, denn Meikel spielt bereits Kiez-Kevin.«
Ein erstauntes Raunen glitt durch den Raum.

Meikel blickte sich nach allen Seiten um, als würde er überlegen, ob es hier noch einen anderen Jungen gab, der so hieß. Dann sah er mich fragend an, und ich nickte ihm lächelnd zu. In seinem Gesicht ging die Sonne auf, und ich war völlig überrumpelt davon, wie sehr ich mich mit ihm freute.

»Aber ich wollte Kiez-Kevin spielen!«, rief Pawel, immer noch höchst aufgebracht.

»Na und?«, meinte Mesut. »Ich auch. Hat ja wohl keiner mehr Street Credibility als ich, Digger.«

Heaven-Tanita stöhnte genervt auf. »Du hast null Street Credibility, Whack MC.«

»Können wir jetzt bitte weitermachen?«, schaltete ich mich ein. »Sonst sitzen wir morgen früh noch hier. Okay, also kommen wir zur männlichen Hauptrolle. Matteo wird dargestellt von Jo.«

Die Schüler brachen in Applaus aus, während Jo wie vom Donner gerührt dasaß. »Äh, ich ...«, stammelte er. »Hab ich das richtig verstanden, Frau Paulsen? *Ich* soll Matteo spielen?«

»Das hast du ganz richtig verstanden, ja.«

»Ja, aber ... die Hauptrolle! Das ist doch megaviel Text, den ich da lernen muss. Und ich kann nicht mal mehr AG schwänzen, oder was? Wie stellen Sie sich das vor?«

»Das ist nicht mein Problem, Jo«, sagte ich und hatte Mühe, mir ein Lachen zu verkneifen. »Willst du die Rolle oder nicht?«

Er verschränkte die Arme vor der Brust und brütete ein paar Sekunden vor sich hin. Schließlich brummte er: »Von mir aus.«

»Super. Dann herzlichen Glückwunsch zur Hauptrolle.«

Erst jetzt schien es, als hätte Jo geschnallt, was ihm soeben wiederfahren war, denn ein Grinsen erschien auf seinem Gesicht.

»Gut, dann mache ich mal weiter«, sagte Tristan und las die verbleibenden Rollen von seinem Notizbuch ab. Als Pola hörte, dass sie die Lehrerin Frau Schlüter spielen sollte, stieß sie ein erschrockenes Quieken aus und schlug sich die Hand vor den Mund.

»Fett, Digger«, rief Mesut, als er erfuhr, dass er die Rolle des Jimmy bekam.

Dann war Lilly an der Reihe. »Lilly wird gespielt von Heaven-Tanita«, verkündete Tristan.

»Was?!«, rief sie entsetzt. Sämtliche Farbe war aus ihrem Gesicht gewichen. »*Die* soll ich spielen? Wieso das denn? Das ist voll die kleine Rolle! Außerdem will ich nicht Mesuts Freundin sein, und schwanger erst recht nicht!«

»Komm mal klar, ey«, sagte Mesut beleidigt. »Als würde ich mit dir was anfangen.«

»Das ist eine wirklich gute Rolle, Heaven-Tanita«, versuchte ich zu beschwichtigen. »Und du wirst das großartig machen.«

»Aber ich hab mir doch so viel Mühe gegeben!«, rief sie verzweifelt. »Ich hab Tag und Nacht geübt, und ich hatte keinen einzigen Textpatzer! Wieso darf ich denn keine größere Rolle spielen?« Inzwischen liefen Tränen über ihre Wangen.

Ich wollte gerade zu ihr gehen, doch da machte Tristan schon weiter, als wäre nichts gewesen. Am liebsten hätte ich ihm sein Notizbuch über den Kopf geschlagen. »Shirin wird von Maryam gespielt, und ...«

Heaven-Tanita stieß einen entsetzten Schrei aus. »Wieso kriegt *die* so eine große Rolle, die sagt doch nie einen Ton? Die hat sich bestimmt nicht eine Minute vorbereitet, und ich hab mir den Arsch abgeübt. Und jetzt darf sie *Das Gold von morgen* singen, und ich gar nichts?«

Maryam sah Heaven-Tanita aus ihren großen traurigen Augen an. »Ich habe auch geübt«, sagte sie leise, doch Heaven-Tanita reagierte gar nicht darauf, so sehr war sie in Rage.

»Das ist megaungerecht, Frau Paulsen!«, schluchzte sie. »Keiner hat sich so angestrengt wie ich, aber ich kann machen was ich will, immer finden das alle nur scheiße. Ich hab einfach nie Glück, *nie*.« Sie verbarg das Gesicht in den Händen und weinte hemmungslos.

Mesut, der in der Reihe hinter ihr saß, tätschelte ihr die

Schulter. »Hey, ist doch nicht so schlimm. Du rappst gar nicht so scheiße, weißt du?«

Daraufhin fing sie nur noch lauter an zu weinen.

Tristan räusperte sich und sagte: »Gut, dann bleibt nur noch Johnny. Und die wird gespielt von Nike.«

Nike reckte die Arme in die Luft und rief: »Yes!« Alle rings um sie herum gratulierten ihr und klatschten.

»Echt verdient, Nike«, sagte Jo grinsend.

Daraufhin sprang Heaven-Tanita auf und verließ weinend die Aula.

Ich konnte so gut nachvollziehen, wie es ihr gerade ging. Und das Schlimmste war, dass ich mich schuldig an ihrem Kummer fühlte. Ich wollte ihr schon nachlaufen, doch dann wurde ich bestürmt von Nike, Pola und Pawel, die alle gleichzeitig auf mich einredeten. Aus dem Augenwinkel sah ich, wie Sebastian, der bis jetzt am Rand gesessen und zugesehen hatte, aufstand und ebenfalls die Aula verließ. Ich wusste nicht, ob er Heaven-Tanita nachging und falls ja, ob er dann überhaupt der Richtige dafür war, eine verzweifelte Fünfzehnjährige zu trösten. Aber dann konnte ich mir darum keine Gedanken mehr machen, weil die Emotionen um mich herum hochkochten. Unzählige Stimmen prasselten gleichzeitig auf mich ein, und es dauerte ein Weilchen, bis ich die aufgeregten Teenager so weit beruhigt hatte, dass ich Tristan allein mit ihnen lassen konnte. Schließlich machte ich mich auf die Suche nach Heaven-Tanita und fand sie in der Pausenhalle auf einer Bank. Sie saß zusammengekrümmt da und hatte den Kopf in den Armen vergraben. Ihre Schultern zuckten. Neben ihr saß Sebastian, der ihr unbeholfen den Rücken tätschelte. »Jetzt beruhig dich mal wieder, Blue Sky«, hörte ich ihn im Näherkommen sagen.

»Ich heiße Heaven-Tanita«, schluchzte sie. »Die Leute können sich ja nicht mal meinen Namen merken.«

»Er macht das mit Absicht«, erklärte ich und blieb vor den beiden stehen.

Sebastian sah zu mir auf, doch Heaven-Tanita hielt zwar kurz inne, reagierte aber ansonsten nicht auf mich.

»Mich hat er zum Beispiel sechs Wochen lang Pippi oder Tommy genannt«, fuhr ich fort und setzte mich auf ihre andere Seite.

»Ich fand halt, dass die Namen besser zu dir passen«, behauptete Sebastian.

»Ach, Quatsch. Du wolltest nur damit angeben, dass du dir die Namen aus dem einzigen Buch merken konntest, das du je gelesen hast.«

»Ich hab es nicht gelesen. Ich hab's im Fernsehen gesehen.«

In Heaven-Tanitas Schluchzen mischte sich ein Kichern. »Aber meinen Namen kann sich wirklich keiner merken. Und andauernd muss ich ihn buchstabieren.«

»Deine Eltern haben dir nun mal einen Namen gegeben, der ein bisschen kompliziert ist«, meinte ich. »Das hat mit dir persönlich doch gar nichts zu tun.«

Heaven-Tanita blickte mit roten, verquollenen Augen zu mir auf. Kajal und Wimperntusche hatten sich über ihr Gesicht verteilt, und ihre Nase lief. »Dass sie mir diesen Namen gegeben haben, hat wohl was mit mir persönlich zu tun.«

Ich zog eine Packung Taschentücher aus der Hosentasche und reichte ihr eins.

Statt sich zu schnäuzen, hielt sie es nur gedankenverloren in den Händen und riss die Ecken ein. »Mama sagt immer, sie wollten einen ganz besonderen Namen für mich, weil ich etwas ganz Besonderes bin. Dabei bin ich das gar nicht. Ich bin einfach nur normal, und ich kann gar nichts.«

»Hey, jetzt hör aber mal auf«, sagte ich entschieden. »Du

hast so tolle Ideen für das Stück gehabt, ohne dich wäre es nicht mal ansatzweise so gut geworden. Du bist wahnsinnig kreativ. Und du bist zielstrebig und ehrgeizig. Das finde ich großartig.«

»Ja toll, und was nützt mir das?«, schniefte sie. »Ich wollte unbedingt eine geniale Rolle spielen, damit meine Eltern endlich mal stolz auf mich sein können, weißt, wie ich mein, Frau Paulsen? Papa kommt bestimmt erst gar nicht zur Aufführung, wenn ich nicht die Hauptrolle spiele.«

»Das kann ich mir nun wirklich nicht vorstellen. Bestimmt kommt er …«, setzte ich an, doch dann bemerkte ich, dass Sebastian mich warnend ansah, und ich hielt inne. Mir fiel ein, dass Heaven-Tanita schon einmal angedeutet hatte, ihr Vater würde sich nie blicken lassen. »Bestimmt kommt er, wenn er es irgendwie einrichten kann. Egal, welche Rolle du in dem Stück spielst. Deine Eltern sind sowieso stolz auf dich, und du bist sowieso etwas ganz Besonderes für sie. Weil du ihre Tochter bist.«

Heaven-Tanita starrte eine Weile vor sich hin, dann putzte sie sich ausgiebig die Nase. »Aber ich will gerne *wirklich* was Besonderes sein. Ich will unbedingt Sängerin werden. Ich streng mich so sehr an und übe mit YouTube-Tutorials und so, aber das nützt mir alles überhaupt nichts. Wenn ich nicht Sängerin werde, dann sterbe ich!«, endete sie dramatisch.

»Das bezweifle ich«, sagte Sebastian trocken.

»Innerlich, meine ich.«

Ich wusste genau, was für ein mieses Gefühl es war, wenn man hart für etwas arbeitete, aber alle Bemühungen umsonst waren. »Ich will dir jetzt mal was verraten. Als ich so alt war wie du, da wollte ich unbedingt Konzertpianistin werden. Ich habe stundenlang geübt, jeden Tag in der Woche. Ich hatte keine Freizeit, aber das war mir egal. Ich habe sogar einen

Lehrer ertragen, der mich mies behandelt und kleingemacht hat. Für meinen Traum hätte ich alles getan und alles geopfert. Und willst du wissen, was dann passiert ist?«

Heaven-Tanita nickte.

»Ich habe mit siebzehn an einem Wettbewerb teilgenommen. Die Konkurrenz war in meinen Augen nicht besonders groß. Ich war viel erfahrener und absolut sicher, dass ich gewinnen würde. Habe ich aber nicht. Und da habe ich gemerkt, dass ich einem Traum nachjage, der sich für mich nie erfüllen würde.«

»Und was haben Sie dann gemacht?«

»Damit aufgehört. Ich habe aufgegeben. Es ist mir nicht leichtgefallen, aber ich wollte nicht noch mehr Zeit damit verschwenden und endlich einfach nur ein Teenie sein. Mit Freunden rumhängen, ins Kino gehen, die Nächte durchtanzen. Und ich bin nicht gestorben. Ich lebe noch. Weißt, wie ich mein, Heaven-Tanita?«, fragte ich und grinste sie an.

»Ja, lol, Frau Paulsen«, sagte sie, doch dann musste sie kichern. »Also soll ich meinen Traum aufgeben?«

»Nein, natürlich nicht. Ich will damit nur sagen, dass nichts im Leben alles für einen ist. Und auch nicht sein sollte. Mach nicht den gleichen Fehler wie ich damals und setz dich so sehr unter Druck. Und was deine Rolle angeht: Es ist zwar nicht die Hauptrolle, aber sie ist großartig, und du kannst ganz viel daraus machen. Tristan und ich haben uns schon etwas dabei gedacht, sie gerade dir zu geben.«

»Aber ich darf halt kein Solo singen. Und Maryam schon, dabei ist der das überhaupt nicht wichtig.«

»Hast du dich denn jemals wirklich mit ihr unterhalten? Du weißt doch gar nicht, was ihr wichtig ist und was nicht. Also, jetzt schubs die Drama-Queen in dir mal zur Seite und freu dich darauf, Lilly zu spielen.«

Heaven-Tanita runzelte die Stirn und zerknüllte ihr Taschentuch in den Händen. Schließlich sah sie wieder zu mir auf. Ihre Tränen waren inzwischen getrocknet, und ein entschlossener, beinahe trotziger Ausdruck trat in ihre Augen. »Na gut. Ich mach's. Ich werde Lilly und spiele alle an die Wand.«

»Das ist die richtige Einstellung«, lachte ich und schlug ihr leicht auf den Oberschenkel. »Na komm, lass uns mal wieder reingehen.«

»Ist mein Make-up verrutscht?«, erkundigte sie sich.

»Äh ... ein bisschen«, meinte Sebastian, was die Untertreibung des Jahrtausends war.

»Dann komm ich gleich nach.« Heaven-Tanita stand auf und verschwand in den Toiletten, während Sebastian und ich in Richtung Aula gingen.

»Vielen Dank, dass du dich um sie gekümmert hast«, sagte ich. »Das war sehr nett.«

Er winkte ab. »Nichts zu danken. Ich hab ja eigentlich gar nichts gemacht.«

»Du hast sie nicht allein gelassen. Das ist schon mehr als manch anderer getan hätte. Immerhin kennst du sie kaum.«

»Na ja, ich kann andere einfach nicht heulen sehen. Vor allem Mädchen und Frauen. Es wär doch fies gewesen, sie allein da sitzen zu lassen.«

Verblüfft starrte ich ihn an. »Du bist ja ... ein richtiger Softie. Neulich hat dir schon der Film mit den Eisbärbabys so zugesetzt, und jetzt erzählst du mir, dass du andere nicht weinen sehen kannst.«

Sebastian grinste. »Ja, es gefällt dir, dass der Schwerverbrecher mit dem Gang-Tattoo so ein Softie ist, was?«

»Allerdings«, erwiderte ich und musste feststellen, dass es mir tatsächlich gefiel. Aber nicht auf die Art, die Sebastian meinte. Sondern wirklich. Ich fand es unfassbar süß, und am liebsten hätte ich ihn umarmt.

»Soll ich dir noch was verraten?«, fragte er, als wir beide vor dem Eingang zur Aula angekommen waren.

»Unbedingt.«

»Wenn meine Freunde früher auf den Dom gehen wollten, habe ich ständig Ausreden erfunden, damit ich nicht mit musste. Ich hasse nämlich Achterbahnen und alles, was hoch ist oder Überschläge macht.« Er schüttelte sich. »Furchtbar.«

Ich lachte los. »Dann bist du also auch noch ein Schisshase.«

»Sagte die Frau, die noch nie im Leben Sand gegessen hat.«

»Ja, aber nicht aus Angst. Außerdem war ich schon oft auf dem Dom, und ich gehe in die heftigsten Fahrgeschäfte.«

Sebastian sah mich lächelnd an. In seinen Augen tanzten Funken, die direkt auf mich überzuspringen schienen. Mein Herz machte einen Hüpfer, und unter meiner Haut fing es an zu kribbeln.

»Bin schon da«, hörte ich Heaven-Tanita wie aus weiter Ferne sagen.

Ich riss mich von Sebastians Blick los. »Gut, wir äh … haben extra auf dich gewartet.« Ich öffnete die Tür zur Aula und trat mit Sebastian und Heaven-Tanita ein, die den Rücken durchstreckte und hocherhobenen Hauptes zu ihrem Platz ging. Es rührte mich, wie herzlich sie von ihren Mitschülern empfangen wurde. Nike umarmte sie, viele andere klopften ihr im Vorbeigehen auf die Schulter oder gratulierten ihr zu ihrer Rolle.

Tristan war scheinbar gerade damit durch, das weitere Vorgehen zu erklären, denn er klappte sein Notizbuch zu und steckte es in die Tasche. »Jetzt würde ich gerne noch ein paar Spielübungen mit euch machen.«

Sebastian nahm sich seinen Werkzeugkoffer. »Und ich

brauche die Hilfe von ein paar starken Männern oder Frauen. Wir müssen eine Treppe bauen.«

Sofort sprangen etliche der Schüler auf. Es war wirklich erstaunlich, dass Sebastian in so kurzer Zeit schon einen kleinen Fanclub um sich geschart hatte.

Er sah mich fragend an. »Wie viele darf ich mitnehmen?«

»Pola und Hamed, ihr könnt mitgehen.«

»Frau Paulsen«, rief Maryam. »Hamed versteht doch nichts, ich muss übersetzen.«

»Es ist lieb, dass du dich so um ihn kümmerst, aber ich denke, er wird schon klarkommen, Maryam«, erwiderte ich.

Sebastian verschwand mit seinen Helfern, und Tristan bat alle anderen auf die Bühne, wo er für den Rest der Stunde lockere Spielübungen mit ihnen machte. Am Ende des Tages hatten sich alle völlig verausgabt und standen mit roten Wangen und leuchtenden Augen vor uns. Auch Pola und Hamed sahen hochzufrieden aus, als sie wieder zu uns stießen.

»So, Feierabend«, verkündete ich. »Ihr wisst, was jetzt kommt.« Ich breitete meine Arme aus und winkte die Kids zu mir heran.

»Boah, Frau Paulsen«, stöhnte Mesut auf. »Das ist derbe uncool.«

»Na los, ihr wollt es doch auch. Also, alle herkommen und einen Kreis bilden, bitte. Sebastian, du auch.«

Als alle im Kreis versammelt waren, sagte ich: »Das war heute ein entscheidender Tag, und jetzt geht's richtig los. Habt ihr da Bock drauf?«

»Ja«, murmelten ein paar der Schüler.

»Bitte? Ich hab nichts gehört.«

»Jaha«, sagten sie lauter.

»Was?«

»Ja!«, riefen alle.

»Wollt ihr dieses Stück auf die Bühne bringen?«
»Ja!«
»Wollt ihr den Preis gewinnen?«
»Ja!«
»Seid ihr ein Team?«
»Ja!«
»Macht ihr von jetzt an immer eure Hausaufgaben?«
»Ja ... äh ... Lol, Frau Paulsen.«

Ich fing an zu lachen. »Hey, das macht Spaß. Also gut, rechts herum drehen bitte, und dem Vordermann auf die Schulter klopfen ... jetzt links herum ... und jetzt klopfen wir uns selbst auf die Schulter.« Ich fing Sebastians Blick auf, der sich offensichtlich köstlich amüsierte, und streckte ihm die Zunge raus.

»Ey, Frau Paulsen?«, sagte Jo. »Wir könnten ja hinterher immer noch 'nen Dancemove machen, also ungefähr so ...« Er führte ein paar furchtbar komplizierte Schritte aus. »Und dann die Faust nach vorne, als wollten wir jemanden schlagen, und dann so ›Derbe geil, Digger‹ rufen.«

Ich überlegte für ein paar Sekunden, dann meinte ich: »Find ich gut. Mach noch mal vor.«

Jo wiederholte die Tanzbewegung, und wir alle versuchten sie zu imitieren, aber die meisten von uns – allen voran Tristan und ich – scheiterten kläglich. Jo machte es uns geduldig immer wieder vor, bis wir es einigermaßen draufhatten. Schließlich waren wir tatsächlich synchron und riefen alle zusammen »Derbe geil, Digger!«, woraufhin wir in Gelächter ausbrachen.

Danach verließen die Schüler die Aula, und auch Sebastian, Tristan und ich packten unsere Sachen zusammen. Schweigend gingen wir die Flure entlang, bis wir an der Eingangstür angekommen waren. Sebastian lehnte sich gegen die Tür, machte jedoch keine Anstalten, sie zu öffnen. Tristan sah ihn irritiert an. Ich stand zwischen den beiden und überlegte fieberhaft, wie ich die seltsame Spannung durchbrechen konnte. Schließlich räusperte ich mich und sagte: »Tja, das nenne ich mal einen ereignisreichen Tag.«

»Was ich mich die ganze Zeit frage ...«, meinte Sebastian, ohne auf meine Bemerkung einzugehen. »Warum hat Heaven-Tanita eigentlich keine größere Rolle bekommen? Wenn sie so gern singen will, dann lasst sie doch.«

»Es geht hier nicht danach, was die Schüler wollen, sondern danach, was das Beste für das Stück ist«, erklärte Tristan.

»Ach so. Na ja, ich bin nur ein einfacher Handwerker, also was weiß ich schon?« Sebastian öffnete die Tür und hielt sie Tristan und mir auf. »Ich dachte halt, da das hier eine Schüleraufführung ist, geht es danach, was das Beste für die Kids ist.«

Tristan und ich blieben für eine Weile reglos stehen, dann traten wir nach draußen. Sebastian folgte uns ins Freie.

»Man gewinnt keinen Preis, indem man ›Wünsch dir was‹ spielt«, sagte Tristan gereizt, als wir vor der Schule standen.

»Das sehe ich ganz genauso«, behauptete ich, obwohl es sich seltsam anfühlte, das zu sagen.

Tristan lächelte mich an und zog den Reißverschluss seiner Jacke hoch. »Schön, dass wir einer Meinung sind, Annika.«

Ich nickte. »Ja. Finde ich auch. Es war übrigens nett, dass du vorhin diese Spiele mit ihnen gemacht hast. Das war gut zum Runterkommen.«

»Es war vor allem eine gute Übung zum Lockerwerden. Und mit der Nettigkeit ist es spätestens nächste Woche vorbei.« Ich hatte den Eindruck, dass er noch etwas sagen wollte. Doch dann sah er von mir zu Sebastian und schüttelte kaum merklich den Kopf.

»Äh ... ich kann auch schon mal vorgehen«, bot Sebastian an.

Ich wäre beinahe im Boden versunken.

»Danke, nicht nötig«, erwiderte Tristan kühl. »Also, bis nächste Woche. Wir sehen uns.«

»Ciao«, sagte Sebastian.

Kaum war Tristan außer Hörweite, zischte ich: »Wieso zur Hölle hast du das gesagt?«

»Was denn?«, fragte Sebastian verwirrt.

»Na, dass du vorgehen kannst.«

»Wieso denn nicht? Ich wollte dir schließlich nicht schon wieder im Weg stehen.«

Ich sah mich verstohlen nach allen Seiten um, doch es war weit und breit niemand zu sehen. Zum Glück, denn unser Gespräch eignete sich definitiv nicht für neugierige Schülerohren. »Ja, aber muss das denn so offensichtlich sein? Was soll Tristan denn jetzt denken?«

Sebastian verdrehte die Augen und marschierte los in Richtung Parkplatz, wo einsam und verlassen der Lieferwagen seines Chefs stand. »Keine Ahnung, Annika, und es ist mir auch scheißegal. Ich dachte, du willst diesen Typen. Zumindest habe ich dich neulich so verstanden. Dann, fürchte ich, musst du die verknallte Sechzehnjährige endlich ablegen und erwachsen werden.«

»Ich bin erwachsen! Aber Tristan ist gerade erst wieder in mein Leben getreten, und ich weiß doch noch gar nicht so genau, ob … Ich meine … Ich dachte, ich lasse das einfach auf mich zukommen.«

»Das heißt, du wartest darauf, dass er den ersten Schritt macht? Davon kann ich dir nur dringend abraten, denn ganz ehrlich, der Typ kommt nicht so rüber, als hätte er vor, in die Offensive zu gehen. Also mach was, irgendetwas, denn wenn ich mir sechs Monate lang angucken muss, wie du diesen Goethe aus der Ferne anhimmelst, raste ich aus.«

»Ich himmele ihn nicht an!«

»Doch, das tust du, und du merkst es nicht mal!« Inzwischen waren wir am Wagen angekommen, und Sebastian schloss mit fahrigen Bewegungen die Tür auf. »Du siehst ihn an, als wäre er eine Erscheinung, mit diesem devoten Blick, den ich absolut zum Kotzen finde. War diese Rollenverteilung wirklich in *deinem* Sinne? Wolltest *du*, dass Heaven-Tanita nicht singen darf? Oder hast du einfach nur zu allem Ja und Amen gesagt, was er vorgeschlagen hat?«

Am liebsten hätte ich ihn mit meiner Schultasche verprügelt. Aber da ich ja sehr zivilisiert war, beschränkte ich mich darauf, einzusteigen und die Tür kräftig hinter mir zuzuknallen. Kaum saß Sebastian hinter dem Lenkrad, fuhr ich ihn an: »Ich sage nicht Ja und Amen zu allem! Aber Tristan ist der Profi, also werde ich bestimmt nicht so dämlich sein, aus reiner Sturheit alles abzuschmettern, was er vorschlägt.«

Sebastian und ich starrten uns wutschnaubend an. Keiner von uns rührte sich auch nur einen Millimeter; keiner wollte dieses Blickgefecht verlieren. Schließlich gab Sebastian nach. Er atmete laut aus und sagte betont ruhig: »Also gut. Er ist der Profi, das sehe ich ein. Können wir jetzt bitte das Thema wechseln?«

»Gerne. Aber du hast damit angefangen.«

»Herrgott noch mal, Annika, das ist nicht dein Ernst, oder? *Du hast angefangen*? Habe ich das denn überhaupt? Soweit ich mich erinnere, hast du ...«

»Wollten wir nicht das Thema wechseln?«

»Ja, wollten wir.«

»Dann wechseln wir es doch auch einfach.«

Um Sebastians Mundwinkel begann es zu zucken. »Gerne. Aber du hast damit angefangen.«

Ich wollte es nicht, und ich versuchte alles, um es zu unterdrücken, aber letzten Endes brach dann doch ein Lachen aus mir hervor. »Sind wir in einer Endlosschleife gefangen?«

»Sieht so aus«, erwiderte er, inzwischen ebenfalls lachend.

»Dann lass uns schnell hier weg. Ich will nach Hause.«

Sebastian startete den Motor und fuhr los. Es war ein nasskalter dunkler Novemberabend. Die Straßen glänzten im Licht der Laternen, und die Blätter rieselten von den Bäumen. War nicht gerade erst Sommer gewesen? War ich wirklich schon seit drei Monaten an der ALS? Ich schaute auf die tristen Ellerbrooker Wohnsilos, die an mir vorbeizogen. »Hast du eigentlich in einem von diesen Klötzen gewohnt?«, fragte ich Sebastian und deutete nach draußen.

»Ja, genau da.«

»Puh. Das ist alles so trostlos. Klar, es gibt Parks und Spielplätze, aber trotzdem übertrumpft dieses Grau einfach alles. Ich hasse Grau.«

»Dabei ist Grau doch das neue Weiß«, grinste Sebastian.

»Ist mir egal. Mich deprimiert es. Hey, wenn wir schon mal hier sind, könnten wir doch bei deiner Mutter vorbeifahren«, platzte es aus mir heraus. Im selben Moment hatte ich das Gefühl, dass ich weit übers Ziel hinausgeschossen war. »Ich könnte im Auto warten«, relativierte ich schnell.

Er lachte leise. »Du dürftest auch gerne mit reinkommen, allerdings wohnt meine Mutter nicht mehr hier. Sie ist letztes Jahr zu ihrem Freund nach Altona gezogen.«

»Was ist eigentlich mit deinem Vater? Wo wohnt er denn jetzt?«

Sebastians Gesichtsausdruck verfinsterte sich. »In Augsburg. Er ruft einmal im Jahr an, aber ansonsten haben wir keinen Kontakt.«

»Also rufst du ihn nie an?«

»Nein.«

»Fehlt er dir nicht?«

Wir hielten an einer roten Ampel, und Sebastian sah zu mir rüber. Seine Kiefermuskeln waren angespannt und seine Stirn in Falten gelegt. »Mein Vater war ein Arsch. Das ist er immer noch. Und ich glaube, dass er abgehauen ist, ist das einzig Gute, was er je in seinem Leben getan hat.«

»Du warst dreizehn, als er abgehauen ist, oder?«

»Ja.«

»Und hast du das damals auch schon so gesehen?«

Hinter uns hupte es, und Sebastian fuhr weiter. »Nein, natürlich nicht. Damals war das schlimm für mich. Er hat immer versprochen, meinen Bruder und mich besuchen zu kommen, aber er hat es nie gemacht. Er hat uns wieder und wieder versetzt.«

»Wusste er das von deiner Mutter?«

»Keine Ahnung, ob er es von Anfang an wusste, aber ich gehe davon aus. Spätestens, als sie in den Entzug gegangen ist und es darum ging, wer sich in dieser Zeit um meinen Bruder und mich kümmert, hat er es erfahren. Aber er hat abgelehnt.«

»Und wer hat sich stattdessen um euch gekümmert?«

»Mein Opa. Er ist in der Zeit zu uns gezogen. Und dann geblieben, bis er gestorben ist. Das war vor fünf Jahren. Er ist jemand, der mir fehlt. Sehr sogar. Aber mein Vater nicht.«

Inzwischen waren wir vor unserem Wohnhaus angekommen. Sebastian stellte den Motor ab, doch er machte keine Anstalten, auszusteigen. »Übrigens, neulich, als du mir diese Fragen über meine Jugend gestellt hast und ich dich so angefahren habe ... Na ja, du weißt schon. Der Flötenkasten und so.«

»Ja, ich weiß.«

»Da hatte mein Vater mich angerufen. Vormittags, auf der Arbeit. Und ich bin nach diesen Telefonaten immer ...«

Er schien keine Worte zu finden, also kam ich ihm zur Hilfe. »Immer sehr mies drauf?«, fragte ich und lächelte ihn an.

Er nickte. »Extrem mies.«

»Hat man kaum gemerkt.«

»Tut mir ehrlich leid, dass ich das an dir ausgelassen habe«, sagte er und machte ein so zerknirschtes Gesicht, dass mein Herz dahinschmolz.

»Schon gut. Ich hab dir längst verziehen, Sebastian.«

Er zog den Autoschlüssel aus dem Schloss, und ich dachte schon, dass er damit das Gespräch für beendet erklärte. Doch er blieb hinterm Steuer sitzen und spielte mit dem Schlüssel in seiner Hand. »Du hältst mich für einen ziemlichen Honk, oder?«, fragte er schließlich leise, ohne mich anzusehen.

»Was?«, rief ich entsetzt. »Nein, überhaupt nicht! Du hattest eine schlimme Zeit in deinem Leben, und ich bewundere dich dafür, dass du trotz allem so ein toller Mensch geworden bist. Ich meine, du bist klug, nett und witzig, du kümmerst dich um andere, und ...« Mitten im Satz brach ich ab. Hilfe, was war das denn für ein Loblied gewesen?

»Und? Mach ruhig weiter«, forderte Sebastian mich auf, doch ich hörte das Lachen in seiner Stimme.

»Nichts und. Mehr fällt mir nicht ein.«

»Schade. Das war ganz nett. Aber ich bin jedenfalls froh, dass du mich nicht für einen Honk hältst. Ich meine, du mit deinem Klavierspielen und deinen Büchern, TV-Dokus, deiner glücklichen Familie, dem Pflanzenbestimmen und Malen ...«

»Ja, ich weiß, dass das alles sehr kultiviert rüberkommt. Aber zum einen bestimme ich schon lange keine Pflanzen mehr, ich male auch nicht mehr, ich spiele nicht mal mehr so wirklich Klavier. Und zum anderen vergisst du meine andere

Seite. Die, die Bier trinkend in Kneipen sitzt, stundenlang auf dem Dom Achterbahn fährt und Salmiak-Lollis und Zuckerwatte in sich reinstopft.«

Sebastian lachte. »Stimmt. Die gibt es ja auch noch. Fehlt dir das Klavierspielen eigentlich gar nicht?«

Ich griff nach meiner Tasche, die im Fußraum stand und legte sie mir auf den Schoß. »Nein.«

»Du bist eine ziemlich schlechte Lügnerin. Ich kann verstehen, dass es hart für dich war, deinen großen Traum aufzugeben. Aber dass du jetzt gar nicht mehr spielst, nur weil es nicht zum Bling Bling gereicht hat, verstehe ich ehrlich gesagt nicht.«

»Lang Lang! Und es geht nicht nur darum. Wenn ich nach fast zwanzig Jahren Klavierausbildung noch immer nicht in der Lage bin, *La Campanella* von Franz Liszt meinen eigenen Ansprüchen entsprechend zu spielen, kann ich es auch ganz lassen. Ich bin eben nicht gut genug für Liszt, und das ist deprimierend.«

»Dann vergiss diesen Arsch und spiel was anderes.«

Ich lachte los. »So redet man doch nicht über Liszt! Das ist respektlos. Er war absolut genial, und er hat unfassbar schöne Klaviermusik geschrieben.«

Sebastian seufzte. »Ich merke schon, du hängst sehr an den Idolen deiner Jugend. Was ist, gehen wir rein?«

»Ja. Ich hab Hunger.«

Sebastian kam wie selbstverständlich mit in unsere Wohnung, wo wir Pasta kochten und anschließend mit Kai zusammen aßen. Nele war frisch verliebt mit Tobi unterwegs und in letzter Zeit nicht mehr besonders oft zum Essen zu Hause. Später arbeitete ich noch für die Musical-AG an der zweiten Stimme von *Liebe ist alles*, während Sebastian am Toaster rumschraubte. Zum Glück sprach er mich nicht mehr auf

Liszt oder das Klavierspielen an, sondern schien zufrieden damit zu sein, meinem Geklimper und Gesinge zuzuhören.

Als Sebastian gegangen war, saß ich da und starrte die Tasten wie hypnotisiert an. ›Vergiss diesen Arsch‹, hatte er gesagt, und beim Gedanken daran musste ich wieder lachen. Ehe es mir wirklich bewusst geworden war, spielte ich die ersten Töne von Schuberts *Impromptu 90 Nr. 3*. Ein bisschen holprig und unsicher vielleicht, aber besser als erwartet. Ich spielte es einmal, zweimal, dreimal, es ging mir leichter und leichter von den Händen. Ich konzentrierte mich immer weniger auf das, was meine Finger zu tun hatten, sondern hörte einzig und allein auf die Musik, auf diese wunderschöne, zarte Melodie. Je länger ich spielte, desto mehr wurde mir klar, dass ich dieses Stück noch immer genauso heiß und innig liebte wie damals, und ein warmes Glücksgefühl durchströmte mich. So hatte ich schon immer am liebsten gespielt. Ganz ohne Zuschauer, nur für mich. Warum war ich eigentlich so verrückt gewesen, ausgerechnet in dem Moment mit dem Klavierspielen aufzuhören, als ich endlich frei von jeglichem Druck gewesen war? Frei von Unterricht, Wettbewerben, Konzerten und Prüfungen. Sicher, aus mir würde niemals ein ›Bling Bling‹ werden. Von Perfektion war ich weit entfernt. Aber über all dem Druck und meine Frustration hatte ich das Wichtigste völlig aus den Augen verloren: den Spaß und die Liebe zu meinem Instrument. Ich liebte es, Klavier zu spielen. Und ich musste gar nicht mehr perfekt darin sein.

Strategiespiele

Nachdem die Rollen verteilt waren, konnte es richtig losgehen mit der Musical-AG. Dienstags probten wir das Stück, bislang noch ohne Songs und Tanz, während es mittwochs um Gesang und Choreografie ging. Die Hauptarbeit an den Dienstagen lag bei Tristan, während mir selbst die undankbare Aufgabe des Wachhunds zukam – denn ich musste immer wieder einschreiten und sowohl Tristan als auch die Kids in ihre Schranken weisen. Er ließ ihnen relativ freie Hand, ihren Text zu gestalten, oder besser gesagt, ihn mit Schimpfwörtern zu spicken. An einem besonders schlimmen Dienstag spielten Jo, Pawel und Nike sich derart in Rage, dass mir die Ohren klingelten. Vor lauter Fluchen und üblen Beschimpfungen war der eigentliche Text kaum noch erkennbar. »Stopp!«, rief ich. »Wie redet ihr denn? Das geht gar nicht.«

»Wieso nicht?«, fragte Tristan. »Es soll doch authentisch sein.«

»Ja, aber so reden sie im Unterricht doch auch nicht. Jedenfalls ist es da nicht ganz so schlimm.« Ich zeigte auf den Zuschauerraum. »Da wird eine Jury sitzen, die uns einen Preis verleihen soll. Der Schulleiter wird da sein, das Kollegium und sämtliche Eltern. Also kann ein Mindestmaß an gutem Benehmen ja wohl nicht zu viel verlangt sein. Was sollen denn die Leute von uns denken?«

»Es interessiert mich nicht, was *die Leute* denken. Diese Sprache passt zum Stück, und deswegen …«

»Nein«, bestimmte ich. »Das Fluchen ist gestrichen.«

»Willst du uns etwa zensieren?«

»Ja, genau das will ich.«

Tristan presste die Lippen zu einer schmalen Linie zusammen, und seine Kiefermuskeln zuckten vor Anspannung, als müsste er sich schwer anstrengen, nicht mit einer Fluchtirade vom Allerfeinsten herauszuplatzen. »Ihr habt Frau Paulsen gehört«, sagte er schließlich zu den Jugendlichen, die uns interessiert beobachtet hatten. »Das Fluchen wird reduziert.«

Ich drehte mich ohne ein weiteres Wort um, damit niemand mein triumphierendes Lächeln sehen konnte, und nahm wieder meinen Platz im Zuschauerraum ein. Ha! Es stimmte überhaupt nicht, dass ich zu allem, was Tristan von sich gab, Ja und Amen sagte, wie Sebastian neulich behauptet hatte. Wir waren ständig verschiedener Meinung, und ich hielt mit meiner nicht hinter dem Berg. Als Tristan neulich Meikel geraten hatte, er solle seine Rolle des Kiez-Kevin »komödiantischer anlegen«, war ich ebenfalls eingeschritten. »Ich finde, dass ein Drogendealer in einem Stück für Jugendliche nichts Lustiges an sich haben sollte. Gerade bei diesem heiklen Thema sollten wir keine Lacher einbauen.«

»Du stellst es ja so dar, als hätte ich gefordert, dass das hier in Klamauk ausartet. Davon rede ich doch überhaupt nicht.«

»Ähm, darf ich auch was sagen?«, meldete Meikel sich zu Wort.

»Bitte«, erwiderten Tristan und ich gleichzeitig.

»Ich dachte nur, also ich meine, ich fände es eigentlich ganz gut, Kiez-Kevin ein ganz kleines bisschen lustig zu machen. Nicht zu doll, aber so mit, ähm …« Sein Blick huschte rüber zu Tristan. »Ironie«, schloss er schließlich und sah mich ängstlich an. Er hatte noch nie eine Idee geäußert, und ich brachte es einfach nicht übers Herz, ihm ausgerechnet jetzt, als er es zum ersten Mal tat, einen Dämpfer zu verpassen. Also lächelte ich ihn freundlich an. »Okay, Meikel, dann mach das. Das ist eine tolle Idee.«

Tristan hob eine Augenbraue. »Ach was?«

»Mit Ironie kann ich leben«, sagte ich hochmütig.

Ich hörte Tristan schnauben, doch ich kümmerte mich nicht darum.

Bei einer Mittwochs-Probe performten wir zum ersten Mal zusammen mit der Band den Song *Traum* von Cro. Als wir bei der Hälfte des ersten Refrains angekommen waren, pfiff Tristan mit den Fingern und rief: »Aufhören! Sofort!« Nach und nach verstummten alle. »Was bitte war *das*? Ist das nicht normalerweise eine Up-Tempo-Nummer?«

»Ja, aber wir haben Tempo rausgenommen, weil die Rap-Parts in den Strophen teilweise extrem schnell sind«, erklärte ich.

»Ihr musstet doch aber nicht gleich einen Trauermarsch daraus machen.«

Ich wollte schon erwidern, dass das nicht in erster Linie am Tempo lag, aber in Gegenwart der Kids, die wirklich ihr Bestes gaben, tat ich es natürlich nicht. »Wir performen das Stück zum ersten Mal zusammen mit der Band. Was erwartest du?«

»Dass ihr wieder Tempo reinbringt, bevor Bläser, Sänger und Publikum einpennen.«

»Gerade bei der dritten Strophe werden sowohl Nike als auch Jo sich im Originaltempo die Zungen verknoten.«

»Dann müssen sie es eben so lange üben, bis es sitzt.«

Der Schlagzeuger der Big Band spielte einen *Ba-dam-dam-dusch*-Tusch, woraufhin alle anfingen zu lachen.

Ich ging gar nicht darauf ein. »Sie müssen noch genug andere Songs üben. Diese Nummer wird nicht im Originaltempo gespielt. Ende der Diskussion.«

Erneut machte es *Ba-dam-dam-dusch*, und nun lagen alle, bis auf Tristan und mich, beinahe auf dem Boden vor Lachen.

»Kannst du das mal bitte lassen?«, fragte ich in Richtung des Schlagzeugers.

»Sorry.«

»Das ist so ein Running Gag von uns«, erklärte Sertab entschuldigend. »Also, offen gestanden fände ich es auch besser, wenn wir das Stück im Originaltempo spielen würden.«

»Ich auch«, riefen ein paar Schüler. »So ist es doch voll lame.«

Für einen Moment zögerte ich. Sie hatten ja recht. Aber verdammt noch mal, jetzt musste ich vor Tristan klein beigeben. Das passte mir überhaupt nicht. Möglichst würdevoll sagte ich: »Na schön. Probieren wir es.«

Sertab zählte den neuen Takt an, und die Band setzte ein. Dass sie gemeinsam den Einsatz fanden, hieß allerdings noch lange nicht, dass sie in diesem Tempo auch harmonisch spielten. Das taten sie nämlich nicht. Jo, der die erste Strophe übernahm, war heillos überfordert und hinkte schon nach ein paar Takten hinterher. Immerhin konnte ich jetzt Tristan die Schuld in die Schuhe schieben. »Ich hoffe, du bist zufrieden«, raunte ich ihm zu.

»Üben, üben, üben und übrigens: *Ba-dam-dam-dusch*«, raunte er zurück.

»Du kannst mich mal.«

»Gerne. Jetzt gleich?«

Mir stockte der Atem, und mein Hirn war wie leer gefegt. Fieberhaft suchte ich nach einer schlagfertigen Antwort, doch wie immer, wenn es darauf ankam, verweigerte mein Sprachzentrum den Dienst. Tristan schien zu ahnen, dass von meiner Seite nichts mehr zu erwarten war, und wandte sich wieder der Band und dem Chor zu.

Es gab also etliche Gelegenheiten, bei denen Tristan und ich aneinandergerieten, und ich sagte ganz und gar nicht zu allem Ja und Amen. Was das anging, hatte Sebastian definitiv unrecht. Allerdings fürchtete ich allmählich, dass er mit seiner anderen Aussage recht haben könnte, und zwar der, dass ich Tristan anhimmelte. Vor allem, wenn ich mir die Probe aus dem Zuschauerraum ansah und Tristan bei den Kids auf der Bühne war, erwischte ich mich immer wieder dabei, dass ich in erster Linie ihn beobachtete. Ich war völlig fasziniert – von seiner Konzentration, den Falten auf der Stirn, die immer erschienen, wenn ihm etwas missfiel oder wenn er über etwas nachdachte. Ihm entging nichts, nicht die kleinste Kleinigkeit. Egal, ob Heaven-Tanita zwanzig Zentimeter zu weit hinten stand, Nike zu viel lächelte oder Jos Körperhaltung zu selbstbewusst war. Er korrigierte, gab Ratschläge, motivierte und kritisierte, aber er wurde nie laut oder herablassend – auch wenn das Niveau unserer Musical-AG meilenweit unter dem lag, an das er gewöhnt war. Manchmal konnte man ihm die Frustration anmerken, wenn er sich über das Gesicht fuhr oder wenn er leise aufstöhnte. Doch er hatte sich sofort wieder im Griff und erklärte ruhig, aber energisch, was an der Szene schiefgelaufen war und was zukünftig besser laufen musste. Er war so vertieft in seine Arbeit, dass er völlig die Zeit darüber vergaß und ich ihn immer wieder daran erinnern musste, dass wir am Ende des Treffens angekommen waren. Ich kannte dieses Verhalten von mir selbst, ich war damals beim Klavierüben genauso gewesen. Tristan und ich hatten so viel gemeinsam. Wir hatten eine gemeinsame Vergangenheit. Und ob es mir nun passte oder nicht, ich spürte immer deutlicher, dass die Gefühle, die ich damals für ihn gehabt hatte, noch vorhanden waren. Er war schon immer *der* Mann für mich gewesen. Und er war es noch. Ich grübelte ständig darüber nach, ob ich nun Sebastians Rat folgen und etwas unternehmen sollte oder ob es besser war, mir Tristan aus dem Kopf zu schlagen. Immerhin hatte er mich damals schon nicht gewollt. Und auch wenn er mich manchmal auf eine ganz bestimmte Art ansah oder anlächelte, bezweifelte ich, dass sich gefühlsmäßig irgendetwas bei ihm geändert hatte.

Zum Glück erlebte ich wenigstens mit Sebastian keine weiteren verwirrenden Momente, sodass ich inzwischen schon fast überzeugt davon war, mir das alles nur eingebildet zu haben. Er kam immer mittwochs bei der Probe vorbei, um mit ein paar der Kids an den Kulissen zu bauen. Sie mochten Tristan, respektierten und schätzten ihn, und wenn er etwas sagte, hingen sie an seinen Lippen. Aber Sebastian liebten sie heiß und innig. Er war einer von ihnen, ihr Kumpel, aber auch ihr Vorbild. Er alberte mit ihnen herum, zog sie auf und raufte mit ihnen, aber auf der anderen Seite nahm er sie auch ernst und sprach mit ihnen, als wären sie Erwachsene. Ich war heilfroh, dass er mit an Bord war, denn er sorgte für einen guten Ausgleich zu Tristan, Ralf und mir. Im Gegensatz zu ihm waren wir ziemlich fordernd und mussten es auch sein, denn das Stück verlangte den Kindern einiges ab. Daher blieb uns nichts anderes übrig, als sie immer wieder anzutreiben.

Meine Truppe war weit davon entfernt, perfekt zu sein. Aber es war schön zu sehen, dass jedes einzelne Mitglied der Musical-AG eher besser als schlechter wurde. Und das war doch schon mal was. Einen Weg zurück gab es jetzt sowieso nicht mehr. Ende November reichten wir unsere Bewerbung für den Hamburger Schultheaterpreis ein, und sowohl für Tristan als auch für mich gab es keine Alternative dazu, diesen Preis zu gewinnen. Inzwischen musste ich mir allerdings eingestehen, dass ich den Preis nicht mehr nur wollte, um zurück ans Werther-Gymnasium gehen zu können. Sondern auch, weil ich der Ansicht war, dass meine Schüler ihn verdient hatten. Sie arbeiteten so hart an diesem Stück und sie hatten in ihrem Leben mit so vielen Widrigkeiten und Problemen zu kämpfen, dass dieses Erfolgserlebnis ihnen guttun würde.

So neigte sich der November dem Ende zu, und vor lauter Arbeit merkte ich kaum, dass es rings um mich anfing zu weihnachten. Erst als ich eines Samstags durch den grauen Regen zum Wandsbeker Quarree ging, um ein paar Einkäufe zu erledigen, entdeckte ich, dass auf der Straßenseite gegenüber ein kleiner Weihnachtsmarkt mit Glühweinbuden, Fressständen und einer Eislaufbahn eröffnet hatte. Auch in der Eingangshalle des Einkaufszentrums duftete es verführerisch nach gebrannten Mandeln und Schmalzkuchen. Und ich hatte noch nicht mal einen Adventskalender! Wie hatte der Beginn der Adventszeit nur komplett an mir vorbeigehen können? Schon von klein auf war ich ein totaler Weihnachtsjunkie gewesen. Ich liebte alles, was mit Weihnachten zu tun hatte, und nichts konnte mich in meinem Glück stören. Gestresste Leute, die sich im Supermarkt an den Kassen drängelten? Mir doch egal, ich hatte Zeit. Der Konsum, der von allen angeprangert wurde? War doch schön, dass die Einzelhändler wenigstens einmal im Jahr volle Kassen verbuchen konnten. Die Völlerei? Ja, mein Gott, dann hielt man sich im Januar halt zurück, und die zwei Kilo Weihnachtsspeck waren wieder runter.

Ich ließ meinen Plan, mir neue Schuhe zu besorgen, sehr gerne fallen und machte stattdessen einen Weihnachts-Großeinkauf. Als ich nach Hause ging, rissen bei meinem Rucksack fast die Gurte, und ich war schwer beladen mit Einkaufstüten. Ächzend stieg ich die Treppen hoch und ließ alles im Flur auf den Boden fallen, um gleich bei Sebastian und Kai zu klingeln.

Sebastian machte mir auf und musterte mich von oben bis unten. »Hast du im Lotto gewonnen? Du strahlst ja so.«

»Nein, leider nicht. Ich bin eher Kohle losgeworden, als welche zu bekommen. Aber mir ist aufgefallen, dass die Weihnachtszeit angefangen hat. Hör mal, du musst mir zwei Kartons aus dem Keller holen, da ist mein Dekokram drin.«

»Soso«, sagte er mit erhobener Augenbraue. »Muss ich also, ja?«

»Wärst du bitte so nett, mir zwei Kartons mit Weihnachtsdeko aus dem Keller zu holen?«, korrigierte ich mich. »Bitte, bitte? Ich könnte auch ein bisschen heulen, aber ich dachte, ich versuch es erst mal ohne.«

Sebastian hielt kommentarlos seine Hand auf.

»Was willst du? Ich habe keine Muffins oder Cookies.«

Er brach in Gelächter aus. »Ich will den Kellerschlüssel.«

»Oh, ach so. Klar.« Ich lief rüber in unsere Wohnung, um ihm den Schlüssel zu holen.

Sebastian ging in den Keller, während ich in der Küche schon mal die Lebensmittel verstaute. Ich klopfte an Neles Zimmertür, um zu gucken, ob sie zufällig zu Hause war, aber wie so häufig in letzter Zeit war sie bei Tobi. Schade, ich hatte gehofft, wir könnten zusammen die Wohnung dekorieren.

»Wohin damit?«, fragte Sebastian, als er mit den beiden Kartons beladen die Wohnung betrat.

»Stell sie einfach im Flur ab. Du hast nicht zufällig für ein Stündchen Zeit? Ich brauche einen Handlanger.«

»Eine Stimme in mir ruft: ›*Lauf, lauf so weit du kannst*‹. Aber mir fällt spontan keine Ausrede ein, also … ja. Ich hab Zeit.«

»Super.« Ich lächelte ihn fröhlich an. »Du wirst sehen, das macht Spaß. Ich steh total auf Weihnachten, du nicht auch?«

Er sah mich für zwei Sekunden an, als würde er stark an meinem Geisteszustand zweifeln, doch dann erwiderte er mein Lächeln. »Total.«

Ich drückte Sebastian zwei Lichterkränze in die Hand. »Könntest du einen im Küchenfenster und einen im Wohnzimmerfenster aufhängen?«

»Alles klar«, erwiderte er schicksalsergeben.

Ich stellte meine Weihnachtsplaylist an, und mein Herz quoll über vor Freude, als ich zum ersten Mal in diesem Jahr *Last Christmas* von Wham! hörte.

»Nein!«, brüllte Sebastian aus der Küche. »Was hab ich dir denn getan?«

»Jammer nicht, ich hör es nur zweimal hintereinander«, rief ich zurück. »Oder dreimal«, fügte ich leise hinzu.

Für eine Weile arbeiteten wir friedlich vor uns hin. Begleitet von meiner zuckersüßen, wunderschönen Weihnachtsmusik wirbelte ich durch die Wohnung und verteilte Tannengirlanden, Kerzen und Weihnachtssterne. Nachdem Sebastian mit den beiden Kränzen durch war, ließ ich ihn noch eine Lichterkette um das Balkongeländer tüdeln und einen beleuchteten Papierstern in meinem Zimmerfenster aufhängen. Ich war gerade damit beschäftigt, zwei Adventsgestecke zu basteln, als Sebastian aus meinem Zimmer rief: »Annika, kannst du mal bitte kommen?«

Ich ging rüber und entdeckte Sebastian, der mitten im Raum stand und anklagend auf William deutete. »Was bitte ist das?«

»Na, das ist ... Du kennst ihn doch. Meinst du die Weihnachtsmannmütze und die Lichterkette? Er soll halt auch was von der Adventszeit haben. Eigentlich könnte er einen warmen Pulli gebrauchen, aber ...«

»Das meine ich nicht«, unterbrach Sebastian mich ungehalten. »Hast du deiner Sexpuppe etwa *mein* Weidi-Trikot angezogen?«

Upps. Das hatte ich ja völlig verdrängt. Bislang war es Sebastian wahrscheinlich nie aufgefallen, weil ich William eine Trainingsjacke über das Trikot gezogen hatte, aber die Jacke hatte Kai vorgestern zurückgefordert. »Ähm ... ja?«

»Aber warum?«, fragte Sebastian geradezu verzweifelt.

»Weil er vorher immer nur Frauenklamotten anhatte. Ich glaube nicht, dass er das gut fand.«

»Aber warum muss es ausgerechnet mein Trikot sein? Das habe ich gesucht wie blöd, und du wusstest es!«

»Tut mir leid«, sagte ich kleinlaut. »Aber es steht ihm so gut, und ich möchte nicht extra Klamotten für ihn kaufen.«

»Anni. Komm mal mit.« Sebastian führte mich zum Bett und drückte mich auf die Bettkante. Er setzte sich neben mich, nahm meine Hände in seine und sagte ernst: »Ich denke, es ist an der Zeit, dass wir offen miteinander reden.«

Mein Herz setzte einen Schlag lang aus und fing dann an zu rasen. Was bitte war das denn jetzt? Seine Hände fühlten sich fest und warm an, und seine Berührung brachte meine Haut zum Kribbeln.

»Wie oft ziehst du William eigentlich um?«, fragte Sebastian.

Perplex schüttelte ich den Kopf. Was hatte William damit zu tun, dass Sebastian meine Hände festhielt und offen mit mir reden wollte? »Ich weiß nicht. Ab und zu halt.«

»Hm. Jedes Mal, wenn ich ihn sehe, hat er eine Decke übergelegt, blättert in einem Buch oder sonst etwas.« Er drückte meine Hände noch fester. »Und jetzt dekorierst du ihn weihnachtlich. Kämmst und frisierst du ihn auch?«

»Nein! Natürlich nicht. Er hat doch Gummihaare.« Ich bemerkte, wie es um Sebastians Mundwinkel zu zucken begann.

»Servierst du ihm Tee und Plätzchen? Redest du mit ihm? Du kannst ganz offen mit mir sein, Anni. Ich verurteile dich nicht. Es gibt keinen Grund, sich zu schämen.«

»Du bist ein Idiot«, sagte ich beleidigt und zog meine Hände weg.

Sebastian fing an zu lachen.

Ich sah ihn strafend an. »Sehr witzig.«

»Tut mir leid. Aber das ist einfach so herrlich abgefahren. Kann es sein, dass du als Kind zu wenig mit Puppen gespielt hast?«

»Ich habe als Kind gar nicht mit Puppen gespielt. Die fand ich langweilig.«

»Aber jetzt scheinbar nicht mehr.«

Ich betrachtete William, wie er da auf seinem Sessel saß, in dicken Socken, Jogginghose, dem Weidi-Trikot und dekoriert mit Weihnachtsmannmütze, Schal und Lichterkette. Er hatte Kais neuestes Kapitel von Odorf auf dem Schoß. Und auf einmal wurde mir bewusst, wie bescheuert das war. Ich schlug mir die Hände vors Gesicht. »Hilfe, ich bin geisteskrank.«

Sebastian legte mir einen Arm um die Schulter und drückte mich lachend an sich. »Nein, bist du nicht. Ich meine, wir haben doch alle Sexpuppen, denen wir Klamotten anziehen und die wir weihnachtlich dekorieren.«

Mir entfuhr ein Kichern, und schließlich fing ich ebenfalls an zu lachen. »Ich hänge nur so an ihm, weil er ein Geschenk von meinen Freunden ist.«

»Natürlich.« Sebastian tätschelte meinen Oberschenkel, dann stand er auf und ging ans Fenster, um sich an dem Papierstern zu schaffen zu machen. »Dir ist hoffentlich klar, dass ich mein Trikot wiederhaben will, oder?«

»Du bekommst es ja auch wieder«, behauptete ich und ging zurück in die Küche, um mich um die Weihnachtsgestecke zu kümmern. Als ich damit fertig war, half Sebastian mir, Adventskalender zu basteln und zu befüllen. »Für wen sind die denn alle?«

»Einer für meine 9c, zwei für die Musical-AG, und je einer für Nele, Kai, dich und mich.«

Sebastian sah von dem kleinen Päckchen auf, das er gerade zuband. »Für mich?«

»Ja, klar.«

Sein Blick erinnerte mich stark an Meikels, wenn er mal wieder nicht glauben wollte, dass ihm etwas Gutes passierte. »Vielen Dank. Einen selbst gebastelten hatte ich noch nie.«

»Ich sage mir auch jedes Jahr wieder, dass ich keine Adventskalender mehr bastele, weil das so schweineviel Arbeit ist. Aber dann stehe ich im Supermarkt und finde die zum Kaufen alle blöd, also bastele sie doch wieder selbst. So. Fertig.« Ich befestigte das Schild mit dem Namen *Nele* an meinem Werk und hielt es zufrieden hoch. »Mit Liebe gemacht.«

Wir bastelten noch eine Weile friedlich vor uns hin. Als es dunkel wurde, machte ich zum ersten Mal in diesem Jahr die Lichterketten an, und Michael Bublé sang dazu *Cold December Night*. »Schön, oder?«, sagte ich selig.

Sebastian lachte leise. »Ja. Sehr schön.«

Als ich mich zu ihm umdrehte, bemerkte ich, dass er nicht die Lichterketten angesehen hatte. Sondern mich. Wieder schien mein Herz einen Schlag lang auszusetzen, und ich konnte den Blick nicht mehr von ihm lösen. Die Härchen in meinem Nacken stellten sich auf, und die Luft um uns herum war derart elektrisch aufgeladen, dass ich wahrscheinlich einen gewischt kriegen würde, wenn ich meine Hand nach Sebastian ausstreckte. Trotzdem wollte ich genau das tun. Und in seinen Augen erkannte ich, dass es ihm genauso erging. Doch dann klingelte es an der Wohnungstür, und wir fuhren erschrocken zusammen. Die Magie verpuffte, um einer beklommenen Verlegenheit zu weichen. »Ich mach auf«, sagte ich schnell. Als ich zur Tür ging, fühlten meine Knie sich an, als wären sie aus Gummi. Der Störenfried war Kai, der Sebastian zum Fußballgucken abholen wollte. Er fragte zwar, ob ich auch Lust hätte, denn inzwischen guckte ich regelmäßig mit den beiden Sportsendungen. Aber jetzt gerade wollte ich lieber allein sein. Beziehungsweise besser nicht in Sebastians Nähe.

Als die Jungs weg waren, ging ich in mein Zimmer und setzte mich aufs Bett, wo ich vorhin noch mit Sebastian gesessen hatte. Was war das bloß mit ihm, wieso gab es immer wieder diese Momente? Das musste aufhören. Er war nicht mein Typ. Er war nicht Tristan. *Ihn* wollte ich, so war es immer schon gewesen, und daran würde sich auch nie etwas ändern.

So, wie es aussah, wurde es allerhöchste Zeit für eine Krisensitzung mit den Mädels. Ich schrieb eine Nachricht in unsere WhatsApp-Gruppe und forderte ein dringendes Beratungsgespräch. Und zum Glück waren alle bereit, sich am Sonntagnachmittag mit mir zu treffen.

Den Sonntagvormittag verbrachte ich am Klavier. Nachdem ich wieder angefangen hatte zu spielen, konnte ich jetzt gar nicht mehr damit aufhören. Ich hielt mich an meine Herzensstücke und spielte aus Spaß, nur um die Musik zu genießen und meine Finger endlich wieder lebendig werden zu lassen. Als mir der Magen knurrte, setzte ich die Kopfhörer ab und machte mir in der Küche ein Brot. Ich war gerade auf dem Weg zurück in mein Zimmer, als ich ein Geräusch aus dem Bad hörte. Mein Blick fiel auf die Garderobe, an der Neles Jacke hing. Auch ihre Stiefel standen auf dem Boden. Ich klopfte an die Badezimmertür und rief: »Nele?«

»Ja, komm rein«, ertönte es von drinnen.

Sie stand vor dem offenen Spiegelschrank und hatte eine Flasche Nagellack in der Hand. Statt einer Begrüßung hielt sie die Flasche hoch. »Ich habe mir gestern einen neuen Nagellack gekauft und mich total gefreut, diese tolle Farbe entdeckt zu haben. Und jetzt guck dir das mal an.« Sie deutete auf die Ablage unterm Spiegelschrank, auf der etwa zehn Fläschchen Nagellack aufgereiht standen.

»Na ja, die sind schon irgendwie … recht ähnlich«, sagte ich vorsichtig.

»Recht ähnlich? Die sehen alle gleich aus! Hier.« Nele zeigte mir ihre Finger, die frisch lackiert zu sein schienen. »Erkennst du da einen Unterschied? Ich habe alle zehn Lacke aufgetragen, auf jeden Finger einen anderen.«

Mit zusammengekniffenen Augen musterte ich ihre Nägel. Es war tatsächlich kaum ein Unterschied zu erkennen. »Was soll's, du stehst halt auf diese Farbe. Ist doch nicht schlimm.«

»Nein, aber ich frage mich, warum mein Gehirn mir im Laden nicht signalisiert: ›Achtung, Geldverschwendung! Du hast bereits neun Fläschchen dieses Farbtons‹. Stattdessen klatscht es in die Hände und ruft verzückt: ›Oh, wie hübsch, den *musst* du kaufen!‹«

Ich lachte und drückte sie kurz an mich. »Weil dein Gehirn diese Farbe nun mal mag. Ist doch normal. Ich kauf schließlich auch immer diesen Tchibo-Kram, und das, obwohl ich ihn nur ein Mal benutze. Aber im Laden will ich ihn unbedingt und kann mir ein Leben ohne nicht mehr vorstellen.«

»Du meinst den Kirschtomatenschneider?«, fragte Nele. »Den Wischroboter? Den Entsafter? Den Dampfreiniger? Die Pellkartoffelgabeln? Den Apfelteiler? Den Donut…«

»Hör auf!« Ich konnte ein Kichern nicht unterdrücken. »Musst du mir unbedingt jeden einzelnen Fehlkauf unter die Nase reiben?«

»Ich freu mich doch nur, dass du genauso gestört bist wie ich«, grinste Nele und räumte ihre Nagellackfläschchen weg.

»Seit wann bist du eigentlich wieder da?«, erkundigte ich mich.

»Seit einer Stunde etwa.«

»Warum bist du denn nicht zu mir reingekommen?«

»Bin ich ja, aber du hattest deine Kopfhörer auf und sahst so weggetreten aus. Ich wollte dich nicht erschrecken.« Nele klappte die Spiegelschranktür zu und drehte sich zu mir um. »Wir sollten uns allmählich startklar machen.«

Bald darauf machten wir uns auf den Weg nach Blankenese. Als wir aus der S-Bahnstation traten, sah ich schon von Weitem die Bergziege, die auf Fahrgäste in Richtung Treppenviertel und Elbstrand wartete. Sofort musste ich daran denken, dass ich das letzte Mal mit den Kids hier gewesen war. Und dass wir Tristan dazu überredet hatten, uns bei der Musical-AG zu helfen.

Wir trafen uns mit Lisa und Gülcan in Lühmanns Teestube – unserem absoluten Lieblingsort für einen entspannten Nachmittag mit Tee und köstlichem hausgemachtem Kuchen. Als wir die Tür öffneten, kam es mir wie jedes Mal so vor, als würde ich eine andere Welt und eine andere Zeit betreten. Es gab knarzende Holzdielen, antike Sofas, gemütliche Sessel, Kronleuchter und alte Stehleuchten. An den Wänden hingen gerahmte Gemälde. Insgeheim hielt ich immer Ausschau nach Brahms und Liszt, die hier bestimmt in einer der Ecken beim Nachmittags-Klönschnack saßen und sich überlegten, wie sie zukünftige Klavierschüler mit unmöglich zu spielenden Stücken tyrannisieren konnten.

Wir entdeckten Gülcan und Lisa im hintersten Raum, wo sie es sich auf einem grünen Biedermeier-Sofa bequem gemacht hatten.

»Da seid ihr ja endlich«, rief Gülcan und stand auf, um uns zu begrüßen. »Es ist Folter, uns so lange in diesem Kuchenduft sitzen zu lassen. Schämt euch.«

Die Kellnerin versorgte uns schon bald mit Tee und riesigen Stücken köstlichen Apfelkuchens, die unter einem Berg Schlagsahne verborgen waren. Als sie weg war und wir unseren Tee mit Kandiszucker und Milch zubereitet hatten, sagte Nele: »So, jetzt aber raus mit der Sprache, Anni. Du wolltest unbedingt eine Krisensitzung. Also, was ist los?«

Ich probierte gerade meinen Kuchen und schwelgte in diesem herrlichen Geschmack von Zimt, Apfel und Sahne. »Ich finde, man isst einfach viel zu wenig Sahne«, stellte ich fest, als ich runtergeschluckt hatte. »Warum ist die nur so in Verruf geraten?«

»Anni!«, rief Lisa. »Ja, Sahne ist eine super Sache, aber jetzt rück schon raus mit der Sprache.«

»Sorry. Also, es geht um Tristan.« Ich legte meine Kuchengabel zur Seite und schilderte meinen Freundinnen, wie sehr er mich aus dem Konzept brachte und dass die alten Gefühle für ihn zunehmend wieder auftauchten.

Als ich geendet hatte, sagte Gülcan: »Also bist du in ihn verliebt. Schon wieder. Oder immer noch.«

Ich zögerte kurz. »Ja, ich denke schon. Und dieses gemobbte Teeniemädchen, das immer noch in mir schlummert, soll endlich bekommen, was sie haben will. Versteht ihr?«

»Absolut«, sagte Nele.

Lisa aß noch einen Bissen von ihrem Kuchen. »Und worauf wartest du?«

»Ich habe mich vor elf Jahren schon mal bis auf die Knochen blamiert, als ich Tristan meine Liebe gestanden und einen Korb kassiert habe. Das möchte ich nicht noch mal erleben. Und bevor ich irgendwie ... aktiv werde, hätte ich zumindest gern das Gefühl, dass es ihm ähnlich ergeht wie mir.«

»Und das hast du bislang nicht?«, wollte Nele wissen.

»Nein. Ach, ich weiß auch nicht. Er sieht mich anders an als früher. Manchmal kommt er mir näher, als es nötig wäre. Und manchmal glaube ich, dass da so ein Funkeln in seinen Augen ist. Aber dann benimmt er sich im nächsten Moment wieder total neutral, und ich denke, ich habe mir das alles nur eingebildet.«

»Mein Rat an dich lautet ...« Gülcan hob ihren Zeigefinger. »Spiel mit offenen Karten. Aber nicht zu offen.«

»Hä?«, machte ich. »Geht das auch etwas konkreter?«

Lisa kicherte. »Ich glaube, was Gülcan meint, ist Folgendes: Lächle ihn an, lach über seine Witze und schau ihm ab und zu tief in die Augen. Aber lauf ihm auf keinen Fall hinterher. Häng nicht an seinen Lippen. Gib ihm nicht das Gefühl, dass er das Stück Apfelkuchen mit Sahne ist, nach dem du dich den ganzen Tag verzehrt hast. Denn wenn ich es richtig verstanden habe, hast du das damals so gemacht, und er ist nicht darauf abgefahren.«

Nele nickte. »Richtig. Sei nett zu ihm, aber lass ihn deutlich spüren, dass du nicht mehr die Sechzehnjährige bist, die ihn abgöttisch verehrt.«

»Das tue ich gar nicht«, protestierte ich. Jetzt fingen sie auch noch damit an. »Wir geraten ständig aneinander, und ich sage längst nicht mehr zu allem Ja und Amen, was er von sich gibt.«

»Das ist doch super«, lobte Gülcan. »Zeig ihm, wie großartig, stark und unabhängig du bist. Aber lass ihn auch spüren, dass er vielleicht das Glück haben könnte, dass du dich auf ihn einlässt.«

»Mach das mal eine Weile, und wenn er sich nicht rührt oder dir immer noch keinerlei Signale gibt, sehen wir weiter«, sagte Nele. »Notfalls musst du dann doch mit härteren Bandagen kämpfen, die Keule rausholen und dabei eventuell selbst eine blutige Nase kassieren. Nützt ja nix.«

Ich zog eine Grimasse. »Mir wäre es lieber, wir würden das auch ohne Gewalt hinbekommen.«

Nele legte mir einen Arm um die Schulter und drückte mich an sich. »Das wird schon werden.«

Lisa winkte die Kellnerin heran und wir bestellten uns eine Runde Scones mit Clotted Cream und Erdbeermarmelade.

»Wie läuft es eigentlich mit Tobi?«, erkundigte ich mich bei Nele, nachdem ich den ersten Bissen von meinem Scone genossen hatte.

»Ach, er ist einfach toll«, antwortete sie mit leuchtenden Augen und strahlendem Lächeln. »So verliebt war ich noch nie. Und ich bin wirklich froh, dass ich über meinen Schatten gesprungen bin und mich auf ihn eingelassen habe.«

Lisa, Gülcan und ich machten »Awwww«, und auf diese Eröffnung mussten wir erst mal mit einem Pharisäer anstoßen. Noch mehr Sahne, und das in Kombination mit Kaffee und Rum. Herrlich.

Als Nele einen großen Schluck von ihrem Pharisäer nahm und sich anschließend den Sahnebart abwischte, starrte Gülcan verwundert auf ihre Hand. Dann griff sie danach und betrachtete ihre Finger. »Sag mal, Schätzchen, wieso hast du deine Nägel in unterschiedlichen Farben lackiert? Trägt man das heute so?«

»Du siehst da einen Unterschied?«, fragte ich erstaunt.

»Ja, natürlich.«

Nele fiel ihr spontan um den Hals. »Ach, Gülcan, du bist die Beste. Ich weiß schon, warum ich mit dir befreundet bin.«

»Das will ich doch auch hoffen«, erwiderte Gülcan grinsend.

Während wir unsere Pharisäer leer schlürften, wandte unser Gespräch sich allmählich anderen Themen zu. Lisa behauptete stolz, sie würde jetzt die ›40-Tage-ohne-Zucker-Challenge‹ machen und sich ›supergut‹ dabei fühlen. »Es ist schon erstaunlich, wie süß eine Mandarine schmecken kann«, schloss sie ihren Bericht. »Ich brauch diesen Zuckerscheiß jedenfalls echt nicht mehr.«

Ich deutete auf die Überreste ihres Scones sowie auf den wunderbar süßen Pharisäer. »Sieht man.«

»Oder ist heute Cheat Day?«, fragte Gülcan.

Lisa trank ohne den Hauch eines schlechten Gewissens noch einen Schluck Pharisäer. »Ich finde, man muss es mit den vierzig Tagen nicht *so* genau nehmen.«

Nele grinste. »Vier Tage tun es auch?«

»Vierzehn. Mit ein paar kleinen Ausrutschern.«

»Also, wo wir die ganze Zeit über Zucker reden und ihn auch noch massenhaft in uns reinschaufeln …« Gülcan hielt sich den Bauch. »Mir ist schlecht.«

Nele nickte mit unglücklicher Miene. »Ich hab mich auch überfressen. Was haltet ihr davon, wenn wir noch zum Falkensteiner Ufer spazieren?«

Lisa, Gülcan und ich hatten Lust, also bezahlten wir und machten uns auf den Weg durch das Treppenviertel in Richtung Elbstrand. Es dämmerte schon, und der Himmel färbte sich allmählich orange und rot. Ich atmete tief die klare, raue Luft ein und ließ mir den frischen Wind um die Nase wehen. Als wir am Strand angekommen waren, hätte ich am liebsten meine Schuhe ausgezogen, um den Sand unter meinen Füßen zu spüren, doch dafür war es leider eindeutig zu kalt. Nele, Gülcan, Lisa und ich hakten uns unter und begleiteten die Elbe auf einem kleinen Stück ihres Weges in Richtung Nordsee. Möwen kreischten hoch über uns, ein dickes Containerschiff zog an uns vorbei und peitschte Wellen an den Strand. Wir redeten nicht viel, sondern genossen einfach nur die frische Hamburger Luft und das Beisammensein. Schließlich waren wir am Falkensteiner Ufer angekommen, dem mit Abstand schönsten Abschnitt des Elbstrands. Wir liefen auf den rot-weißen Leuchtturm zu und genossen den Anblick eines spektakulär kitschigen Sonnenuntergangs. Schließlich standen wir andächtig am Ufer, schauten auf die andere Elbseite und in den Himmel. Der schien sich noch mal richtig ins Zeug zu legen und leuchtete in den schillerndsten Orange-, Rot- und Lilatönen, bevor er sich für heute endgültig zur Ruhe legte. Es war nichts mehr zu hören bis auf das Rauschen des Windes und das Plätschern der Wellen.

Mich überkam ein starkes Gefühl der Dankbarkeit dafür, dass ich diesen Moment mit meinen Freundinnen teilen konnte. Mit Freundinnen, die seit elf Jahren mit mir durch dick und dünn gingen, die mich von Anfang an so gemocht hatten, wie ich war. »Ich bin so froh, dass ich euch hab«, platzte es aus mir heraus.

»Ich bin auch froh, dass ich euch hab«, sagte Lisa, die neben mir stand, und zog mich noch ein bisschen fester an sich.

Nachdem auch Gülcan und Nele versichert hatten, dass sie froh waren, uns als Freundinnen zu haben, standen wir noch für ein paar Minuten an der Elbe und beobachteten, wie nach und nach die letzten Lichtstrahlen erloschen.

Zu Hause machten Nele und ich uns Glühwein und gingen mit dem Topf rüber zu Kai und Sebastian, um unser sonntägliches *Tatort*-Ritual zu praktizieren. Die beiden hatten tatsächlich das Adventsgesteck angezündet, das ich ihnen auf den Wohnzimmertisch gestellt hatte. Auch die Lichterkette auf ihrer Fensterbank leuchtete, was ich ausgesprochen süß fand. Die Jungs bestellten sich was bei unserem Lieblings-Asiaten, doch Nele und ich verzichteten darauf und hielten uns an den Glühwein. Als Kai und Sebastian dann allerdings ihre asiatischen Köstlichkeiten vor sich stehen hatten, lief mir doch das Wasser im Mund zusammen, und ich naschte immer wieder von Sebastians Wan Tans.

›Hach, Freunde‹, dachte ich selig und ignorierte dabei wohlweislich das seltsame Gefühl, das sich in meinem Magen breitmachte, als Sebastian meine Hand festhielt, um mich an weiteren Wan-Tan-Diebstählen zu hindern. ›Was kann einem schon Schlimmes passieren, solange man Freunde hat?‹

Das war doch mal wieder ein rundum gelungener Tag gewesen, und ich hatte sogar eine Lösung für mein Problem mit Tristan gefunden. Ich würde mit offenen, aber nicht zu offenen Karten spielen und abwarten, ob er irgendwelche Signale aussendete. Und auch mein Problem mit Sebastian hatte sich erledigt, denn das war ja streng genommen gar keins. Sebastian war gewissermaßen so etwas wie ein Apfelteiler, Dampfreiniger oder Entsafter für mich. Also etwas, beziehungsweise jemand, der mir kurzfristig verlockend erschien, bei dem ich aber ganz genau wusste, dass ich schnell das Interesse verlieren würde. Und ich würde mich nicht dazu verführen lassen, Mr. Apfelteiler-Dampfreiniger-Entsafter mit nach Hause zu nehmen. Ganz sicher nicht.

Es war schon erstaunlich, wie sehr sich meine 9c über so etwas Simples wie einen Adventskalender freuen konnte. Sie versuchten zwar, sich unbeeindruckt zu geben, schließlich waren sie knallharte und megacoole Teenager, aber als es darum ging, ihn an der Wand zu befestigen, waren sie mit Feuer und Flamme dabei. Tülay war als Erste dran, und sie stürzte förmlich zum Adventskalender, um das kleine Päckchen zu öffnen.

Zum Vorschein kamen ein kitschiger Glitzer-Kugelschreiber, ein kleines Geduldsspiel und eine Mini-Schokolade. »Fett!«, rief sie mit leuchtenden Augen. »Danke schön.«

Die anderen Schüler machten lange Hälse, um zu gucken, was Tülay bekommen hatte. »Cool«, sagte Victoria und schaute schnell auf ihren Zettel. »Ach, Mist, ich bin erst am 21. dran.«

Auch in den nächsten Tagen waren sie jedes Mal begeistert über ihre Geschenke. Dabei hatte ich nur Kleinkram aus dem Ein-Euro-Shop gekauft. Falsche Schnurrbärte zum Aufkleben zum Beispiel, Scherzbrillen mit Wackelaugen, Kartenspiele oder Notizbücher, Stifte und Radiergummis. So mancher Schüler am Werther-Gymnasium hätte über diesen billigen Schrott die Nase gerümpft. Aber meine ALS-Kids freuten sich riesig darüber, und es hatte fast den Anschein, als wäre für sie die Geste viel wichtiger als das Geschenk an sich.

»Wieso kriegen wir denn keinen Adventskalender, Frau Paulsen?«, fragte Ali, einer meiner Sechstklässler mit traurigen Augen.

»Ich habe nur einen für meine Klasse und die Musical-AG gemacht.«

»Aber wir hätten auch so gerne einen«, meinte Emily, seine Banknachbarin, und der Rest der Klasse nickte zustimmend.

Ich sah mich im nächsten Jahr schon in Adventskalender-Großproduktion gehen, doch dann fiel mir ein, dass ich nächstes Jahr, wenn mein Plan aufging, an Weihnachten ja gar nicht mehr hier sein würde. Im Moment konnte ich es mir kaum vorstellen. Es kam mir inzwischen vor, als hätte ich nie etwas anderes gemacht. Der Job war zwar anstrengend und oft frustrierend, weil ich keine oder nur sehr kleine Fortschritte bei den Schülern sah. Doch dafür freute ich mich inzwischen über jede winzig kleine Entwicklung umso mehr. Und ich konnte nicht leugnen, dass mir die Arbeit Spaß machte.

Vor allem die Zeit mit der Musical-AG zählte zu meinen Lieblingsstunden. Auch wenn häufig Chaos auf der Bühne herrschte, liebte ich es, mit den Schülern Musik zu machen und zu erleben, wie dieses Stück langsam Gestalt annahm. Für Tristan hingegen bedeuteten die Proben oftmals eine Gratwanderung. Er bemühte sich um Geduld, aber dann und wann platzte ihm auch der Kragen. Wenn Jo mal wieder zu spät kam oder wiederholt Regieanweisungen nicht befolgte, zum Beispiel. Oder wenn Mesut und Heaven-Tanita einen Aufstand probten, weil sie nicht Händchen halten wollten. Tristan wurde zwar nie laut, aber er konnte relativ deutlich werden.

»Wie hältst du das aus?«, fragte er mich nach einer besonders chaotischen Probe. »Hast du nicht auch manchmal das Gefühl, dass die alle ziemlich ... Ich meine, das ist doch nicht so schwer. Die führen doch kein Shakespeare-Drama auf.« Er setzte sich auf den Rand der Bühne und starrte finster vor sich hin.

Mir fiel auf, wie blass er war und dass dunkle Schatten unter seinen Augen lagen. Ich wünschte mir so sehr, ich könnte ihn einfach in den Arm nehmen und anschließend mit ihm nach Hause fahren, um bei einem Glas Rotwein stundenlang zu reden. Es war verdammt schwer, Tristan andauernd so nahe zu sein, aber trotzdem immer auf Abstand bleiben zu müssen. Immer cool zu sein, ihn bloß nicht anzuhimmeln. Wie sollte ich die schwärmerische Sechzehnjährige in mir abstellen, wenn sie immer noch so präsent war? Wenn sie – so wie jetzt – beim Anblick der Haarsträhne, die ihm in die Stirn fiel, innerlich seufzte und sich danach verzehrte, sie ihm aus dem Gesicht zu streichen? Doch dann fiel mir ein, was meine

Freundinnen mir geraten hatten. Vielleicht war jetzt der Zeitpunkt gekommen, Tristan in meine Karten gucken zu lassen. Wenigstens für einen kleinen Moment. Ich gab mir einen Ruck, setzte mich neben ihn und legte eine Hand auf seinen Oberschenkel. »Das ist alles gar nicht so einfach für dich, hm? Aber glaub mir, du machst das großartig. Die Kinder haben durch dich schon so viel gelernt.«

Tristan betrachtete schweigend meine Hand. Dann sah er mich an, und in seinen Augen lag Verwunderung. Aber da war auch etwas anderes. Etwas, das vorher noch nie da gewesen war. »Du gibst mir echt Rätsel auf, Annika. Manchmal bist du völlig anders als früher. Stolz, stark und selbstbewusst. Und, na ja, auch ganz schön zickig.« Er grinste. »Aber dann bist du wieder genau wie früher. Sanft, lieb und ... süß. Welche von diesen beiden Persönlichkeiten ist denn nun deine wahre?«

Er hielt noch immer meinen Blick fest, und ich versank geradezu in seinen Augen. Tristan fand mich *süß*? War das etwas, das ich sein wollte? Auf jeden Fall war mir süß tausendmal lieber als zickig, und überhaupt hatte er fast nur positive Adjektive verwendet. »Welche dieser Persönlichkeiten gefällt dir denn besser?«, fragte ich mit angehaltenem Atem.

»Ich weiß es nicht. Ich habe mich noch nicht entschieden. Auf jeden Fall ist es ganz schön verwirrend.«

Ganz schön verwirrend, das traf es ziemlich genau. Es verwirrte mich nämlich auch ganz schön, dass Tristan plötzlich diese Nähe zwischen uns zuließ. Und überhaupt – musste nicht allmählich mal irgendetwas passieren? Ich konnte doch nicht Ewigkeiten so sitzen bleiben, ihn antatschen und anschmachten. Oh Mann, wahrscheinlich schmachtete ich schon wieder.

»Stör ich?«, hörte ich Sebastians Stimme hinter mir.

Ich fuhr zusammen und nahm reflexartig meine Hand von

Tristans Oberschenkel, als hätte ich mir die Finger daran verbrannt.

»Nein, gar nicht«, erwiderte Tristan. »Ich wollte gerade gehen.«

Das war dann wohl die berühmte kalte Dusche gewesen. »Ähm, ja. Ich auch«, behauptete ich.

Tristan wandte sich wieder mir zu und lächelte mich süß an. »Wir sehen uns Dienstag, Annika. Ich bin gespannt, welche deiner Persönlichkeiten mich dann erwartet.« Er sprang von der Bühne, nickte Sebastian kurz zu und verließ die Aula.

Verdattert sah ich ihm nach. Wie konnte ein Mensch derart gegensätzliche Signale aussenden? Das gerade konnte man doch mit ein bisschen gutem Willen durchaus als Flirt bezeichnen. Oder steigerte ich mich da in etwas hinein?

»Es scheint ja voranzugehen zwischen euch, was?«, fragte Sebastian in die Stille hinein.

»Keine Ahnung. Gerade hatten wir das erste Mal so etwas wie einen Moment, und ausgerechnet dann platzt du rein.«

»Oh, das tut mir aber leid«, sagte er sarkastisch.

Huch. Was war mit dem denn los? »Hast du schlechte Laune? Oder hab ich dir was getan?«

Sebastian schwieg für ein paar Sekunden. Dann schüttelte er den Kopf und fuhr sich mit der Hand durchs Haar. »Nein, du hast mir nichts getan. Tut mir leid, ich bin einfach mies drauf. Wie sieht's aus, fahren wir?«

Ich stand auf und klopfte mir den Hosenboden ab. »Okay. Was hältst du davon, wenn wir nachher mit Kai und Nele auf den Weihnachtsmarkt gehen? Vielleicht können Glühwein und Bratwurst dich ja etwas aufheitern.«

Sebastian zögerte kurz, doch schließlich lächelte er. »Bestimmt. Ja, lass uns das machen.«

Auf dem Rückweg dachte ich darüber nach, ob das heute

mit Tristan so eine Art Durchbruch gewesen war. Vielleicht hatte er ja endlich gecheckt, dass er damals einen Fehler gemacht hatte. Das mit dem Kartenspielen schien mir jedenfalls ganz gut zu gelingen.

Ganz schön heiß hier

Die Weihnachtszeit rauschte nur so an mir vorbei. In der Schule drehten kurz vor den Ferien sämtliche Kinder durch, und ich hatte alle Hände voll zu tun, sie ruhig zu halten, um meinen Unterricht durchziehen zu können. Außerdem hatte ich mir selbst die Mammutaufgabe gestellt, etwa eine Tonne Weihnachtsplätzchen zu backen, da ich sie am letzten Schultag in den Klassen und in der Musical-AG verteilen wollte. Sebastian und Kai boten mir beim Backen zwar netterweise ihre Hilfe an, doch ich fand schnell heraus, dass sie dabei mehr naschten, als mir zur Hand zu gehen. Als Sebastian und ich eines Abends allein in der Wohnung waren und er sein zehntes Marzipanplätzchen in sich reinstopfte, anstatt es mit Schokolade zu verzieren, wurde er daher von mir kurzerhand aus der Küche verbannt. »Geh«, sagte ich und schob ihn in den Flur. »Bastele an deinem Toaster rum oder mach irgendetwas anderes, aber geh. Und komm ja nicht wieder rein, bevor ich fertig bin und die Plätzchen versteckt habe.«

»Ich bin doch kein Kleinkind«, erwiderte er beleidigt.

Das hatte ich durchaus gemerkt, als meine Hände – aus Versehen einen kleinen Moment länger als unbedingt nötig – auf seiner muskulösen Brust gelegen hatten. »Dann benimm dich auch nicht wie eins. Du solltest dich echt schämen, meinen Schülern alles wegzufressen.«

»Ich bekomme lebenslang meinen Anteil an allem, was du backst. Schon vergessen?«

»Nein, so oft wie du darauf herumreitest, ist es unmöglich,

das zu vergessen. Aber für heute hast du mehr als genug abbekommen.«

Sebastian stand nach wie vor auf der Türschwelle, allerdings kam er tatsächlich nicht rein. »Weißt du, was mir gerade einfällt? Was ist eigentlich mit diesen Keksstempeln, mit denen du neulich so happy vom Einkaufen wiedergekommen bist? Du hast sie noch nie benutzt.«

Ich wandte mich wieder dem Spekulatius-Teig zu. »Es war halt noch nicht die richtige Plätzchensorte dabei, um die Stempel auszuprobieren.«

»Aber neulich warst du doch noch so begeistert und hast gesagt, du könntest *alle* Plätzchen damit verschönern.«

»Mhm«, machte ich nur. Ich war mal wieder meiner Schwäche erlegen. Im Laden hatte ich diese Keksstempel unglaublich praktisch und die Muster so niedlich gefunden. Aber als sie dann zum Einsatz kommen sollten, erschien es mir mit einem Mal nicht mehr sonderlich erstrebenswert, dass all meine Plätzchen gleich aussahen. »Ich hab's mir dann doch anders überlegt.«

»Verstehe«, sagte er grinsend. »Du bist also ein Tchibo-Opfer. Ich kenn mich damit aus.«

»Was, bist du auch eins?«

»Nein. Ich bin ein Baumarkt-Opfer.«

»Ehrlich?«

»Oh ja. Frag mal Kai danach. Unser Keller quillt über vor Werkzeugen und Geräten, die ich unbedingt haben wollte, aber eigentlich gar nicht brauche.«

Ich ging an Sebastian vorbei, öffnete die Tür zum Abstellraum und machte eine große Geste. »Voilà. Das linke Regal beinhaltet ausschließlich meine Fehlkäufe.«

Beim Anblick des übervollen Regals fing er an zu lachen. »Ich bin beeindruckt. Oh, wow, ein Wischroboter!«

»Ich hab ihn nur ein Mal benutzt. Das Ding braucht Stunden, und der verteilt den Dreck nur von einer Ecke in die andere.«

»Darf ich damit spielen?«, fragte Sebastian mit leuchtenden Augen.

In diesem Moment fand ich ihn so süß, dass ich ihn hätte knu...ddeln können. »Ich schenk ihn dir, wenn du willst.«

»Ernsthaft? Vielen Dank.« Sebastian packte den Roboter aus, und wir beide hockten uns damit in den Flur.

»Pass auf, dass er deine Toaster-Überreste nicht durcheinanderbringt.« Ich deutete auf seinen Arbeitsplatz. »Der nimmt keine Rücksicht auf Verluste.«

»Tse. Dieser Rüpel.« Sebastian setzte sich schützend vor seine Decke und stellte die kleine runde Kugel auf den Boden. »Leg los, mein Freund«, sagte er und gab dem Roboter einen Stups.

Sofort sauste der los und nahm geradewegs Kurs auf die Wand, prallte dagegen, steuerte Neles Zimmertür an, prallte dagegen, nahm wieder Kurs auf uns, knallte gegen Sebastians Unterschenkel, nur um dann durch die offene Badezimmertür zu verschwinden.

»Ganz schön flott, der Kleine. Aber weiß er, was er da tut?«, fragte Sebastian zweifelnd.

»Ich glaube nicht«, meinte ich kichernd und holte den Roboter aus dem Bad, wo er sich zwischen Waage und Mülleimer verkeilt hatte. Dann hockte ich mich neben Sebastian und schickte den Roboter erneut auf Reisen. Wieder flitzte er durch den Flur und knallte von einer Wand an die andere.

»Der erinnert mich an Kai neulich, als er sechs Glühwein mit Rum getrunken hatte«, sagte Sebastian.

Wir tauschten einen Blick und brachen gleichzeitig in einen Lachanfall aus. Währenddessen stieß der Roboter gegen die Schuhe unter der Garderobe und verkrümelte sich anschließend ins Badezimmer – geradezu verzweifelt, weil er schon wieder nicht weitergekommen war.

»Ich glaube, er ist nicht besonders schlau.« Sebastian stand auf, um den Roboter aus dem Bad zu holen und ihn im Flur abzusetzen. »Los komm, wir verarschen ihn«, sagte er diabolisch grinsend und stellte sich dem Roboter in den Weg, woraufhin der einen neuen Kurs einschlug.

»Das ist fies«, lachte ich, stand aber trotzdem auf, um es Sebastian gleichzutun. Wir verbrachten eine Ewigkeit damit, den Roboter durch den Flur zu jagen, uns ihm in den Weg zu stellen, Türen zu- und wieder aufzumachen und ihn somit vollends in Verwirrung zu stürzen. Irgendwann waren wir beide völlig außer Atem. Ich ließ mich auf den Boden sinken, um mir meinen vor Lachen schmerzenden Bauch zu halten und die Tränen aus dem Gesicht zu wischen. Sebastian gesellte sich zu mir, und für eine Weile lagen wir schwer atmend da und versuchten, uns von unserem Lachkrampf zu erholen. Das Surren des Roboters wurde allmählich leiser, und schließlich verklang es vollends. Sebastian hob den Kopf. »Jetzt ist er beleidigt.«

Als ich wieder kichern musste, spürte ich schmerzhaft jeden einzelnen Bauchmuskel. Ich konnte mich nicht daran erinnern, jemals so viel gelacht zu haben, dass ich Muskelkater davon bekam. »Zu recht. Wir waren ganz schön gemein zu ihm.«

Sebastian streckte eine Hand aus, um mir eine Lachträne von der Wange zu wischen. »Kein Grund zum Heulen, Anni.«

Schlagartig änderte sich die Atmosphäre. Unser Lachen verstummte, stattdessen lächelten wir einander an. Sebastian lag so dicht neben mir, dass unsere Körper sich berührten. Ich spürte seinen Oberarm an meinem, und obwohl wir beide angezogen waren, entstand an der Stelle ein heftiges Prickeln, das sich in meinem gesamten Körper ausbreitete. Unwillkürlich stellte ich mir vor, wie es wäre, wenn ich einfach meine Hand ausstrecken könnte, um Sebastian anzufassen. Wenn ich mich einfach auf ihn legen und ihn küssen könnte. Mein Atem beschleunigte sich, und mein Puls raste. Noch immer konnten wir unsere Blicke nicht voneinander lösen, und in Sebastians Augen erkannte ich, dass seine Gedanken in eine ganz ähnliche Richtung liefen wie meine. Doch dann setzte er sich unvermittelt auf und fuhr sich mit beiden Händen durchs Haar. »Ich frage mich, wie der wohl von innen aussieht.« Damit stand er auf und ging zur Wohnungstür, an der der Roboter zum Stehen gekommen war.

Völlig durch den Wind blieb ich liegen. Was bitte war hier gerade passiert? Dass Sebastian die Anziehungskraft eines Apfelteilers oder eines Wischroboters auf mich ausübte, hatte ich ja schon bemerkt. Aber neuerdings schien er die Magie meines gesamten Geräte-Regals in sich zu vereinen. Wobei … Mein Interesse an all diesen Geräten war ziemlich kurzlebig gewesen. Das durfte ich nicht vergessen. Genauso würde es auch mit Sebastian sein.

Er kam mit dem Roboter und einem Schraubenzieher bewaffnet zu mir zurück. »Darf ich?«, fragte er und hielt den Schraubenzieher hoch.

Ich rappelte mich vom Boden auf. »Er gehört dir. Mach mit ihm, was du willst.«

Für ein paar Sekunden verfingen sich unsere Blicke wieder ineinander, doch dieses Mal war ich diejenige, die sich abwandte. »Ich muss weiterbacken. Rest in peace, kleiner Wischroboter.«

Sebastian machte sich gleich daran, sein neuestes Opfer zu sezieren, während ich in die Küche flüchtete. Puh, es war ganz schön heiß hier. Vermutlich, weil der Backofen schon seit Ewigkeiten lief. Ich öffnete das Fenster und kümmerte mich wieder um meine Spekulatius. Meine Güte, ich musste mich künftig wirklich besser im Griff haben. Das Beste wäre wohl, Sebastian ab jetzt ganz aus dem Weg zu gehen. Allerdings gefiel dieser Gedanke mir gar nicht. Und außerdem war es auch gar nicht möglich. Wir hingen seit Monaten ständig zusammen. Ich konnte doch nicht von einem Tag auf den anderen, aus seiner Sicht völlig grundlos, den Kontakt abbrechen. Und ich wollte es auch nicht. Er würde mir nämlich furchtbar fehlen.

Als Sebastian sich verabschiedete, drückte ich ihm noch ein paar warme Spekulatius in die Hand. »Hier. Dein Anteil.«

»Vielen Dank. Ich dachte, ich hätte meinen Anteil schon bekommen«, meinte er und steckte sich gleich einen Keks in den Mund.

»Ja, aber ich brauche einen Testesser, ich hab das Rezept ein bisschen verändert. Sind die okay?«

Sebastian kaute vor sich hin und schluckte runter. Dann nickte er und lächelte mich so süß an, dass mir ganz warm ums Herz wurde. »Die sind mehr als okay.«

Ich strich mir eine Haarsträhne aus der Stirn. »Danke. Wie sieht's aus, gehen wir morgen auf den Weihnachtsmarkt?«

»Nein, ich muss unbedingt mal wieder zum Sport.« Er klopfte sich auf seinen flachen Bauch. »Was anderes bleibt mir ja nicht übrig, wenn du mich so mästest.«

»Pff, ich mäste dich, alles klar. Ist Kai morgen zu Hause?«

»Nee. Firmen-Weihnachtsfeier.«

Nele würde morgen auch nicht nach Hause kommen, denn sie fuhr zu irgendeiner Marketing-Preisverleihung nach Berlin. Also stand wohl mal wieder ein Abend nur mit mir und meinem Klavier an. Aber das war ja auch nicht schlecht. »Na gut. Dann bis irgendwann mal.«

Sebastian lachte leise. »Ja. Bis irgendwann mal.«

Dann ging er und ließ mich allein zurück mit einem weiteren Berg Teig, den ich zu Spekulatius verarbeiten musste. Und kaum hatte er die Wohnung verlassen, fühlte ich mich furchtbar allein.

Am nächsten Abend backte ich zwei Bleche Butterplätzchen, für die ich nun endlich meine Keksstempel verwendete. Besonders zufrieden war ich mit dem Ergebnis allerdings nicht. Die Plätzchen sahen so gekauft aus. Also brachte ich die Stempel in den Abstellraum. Beim Anblick meiner gesammelten Irrtümer musste ich sofort an Sebastian denken. Ich sah ihn vor mir, wie er gestern den Roboter gejagt hatte. Wie er neben mir gelegen und mich angesehen hatte, als wollte er mich genauso gern küssen wie ich ihn. Ich dachte an das Prickeln auf meiner Haut. Und dann dachte ich an Tristan und ärgerte mich darüber, dass Sebastian sich mehr und mehr in den Vordergrund drängelte. Nur, weil wir so viel Zeit miteinander verbrachten.

Ich feuerte die Stempel ins Regal und ging zurück in die Küche. Zum Ausgleich zu all den Plätzchen, die ich heute schon gegessen hatte, machte ich mir ein paar Kartoffelpuffer. Ich aß allein am Küchentisch, lauschte meiner Weihnachtsplaylist und betrachtete den Lichterkranz im Fenster. Frank Sinatra sang *Jingle Bells*, und ich hörte auf die klimpernden Glöckchen, die mir das Gefühl vermittelten, in einem Pferdeschlitten zu sitzen und durch eine verschneite Winterlandschaft zu gleiten. Glöckchen. Auf Italienisch bedeutete das Campanella. *La Campanella*. Vielleicht war das ja ein Zeichen, und zwar ein Zeichen dafür, es doch noch mal mit diesem Stück zu versuchen. Entschlossen stand ich auf und ging in mein Zimmer, um den Karton mit den Noten unter dem

Bett hervorzuziehen. Ich kramte *La Campanella* hervor und las mich wieder in den Notentext ein. Franz Liszt und ich, wir hatten immer noch eine Rechnung offen, und mein Gefühl sagte mir, dass ich jetzt bereit war für dieses Stück.

Ich setzte mich ans Klavier, stülpte die Kopfhörer über die Ohren, drehte den Ton auf und versuchte mich an den ersten Takten. Zum Glück hatte ich in letzter Zeit so viel gespielt, dass meine Finger viel beweglicher geworden waren. So bekam ich nicht schon nach ein paar Minuten Krämpfe, und das, was in meinen Ohren ankam, hörte sich sogar einigermaßen annehmbar an. Okay, um ehrlich zu sein: Es klang grauenhaft. In etwa so, als würde eine Drittklässlerin ein Goethe-Sonett vorlesen. Aber ich war inzwischen entspannt genug, mir das zu vergeben, denn es musste ja gar nicht perfekt sein. Ich spielte das Stück noch mal von vorne. Und noch mal. Und noch mal. Irgendwann taten meine Finger, Hände und Arme weh, und ich wusste sehr gut, dass das ein Zeichen dafür war, besser aufzuhören. Aber ich konnte nicht. Ich ließ das Glöckchen erklingen, versuchte, es hübsch erklingen zu lassen, ganz zart und fröhlich. Ich *war* dieses Glöckchen.

Abrupt riss mir jemand die Kopfhörer herunter und fasste mich hart an den Schultern. Ich fuhr heftig zusammen und schrie auf, im festen Glauben, überfallen zu werden. Instinktiv rammte ich meinen Ellenbogen nach hinten und hörte ein »Aua, verflucht noch mal!«. Ich drehte mich um und entdeckte Sebastian, der sich krümmte und sich den Magen hielt. »Bist du bescheuert?«, schrie ich ihn an. Meine Knie zitterten, und ich schnappte nach Luft, weil ich offenbar in den letzten Sekunden nicht geatmet hatte.

»Das frage ich dich!«, schrie Sebastian zurück, während er sich wieder aufrichtete. »Hörst du den beknackten Feuermelder nicht?«

Jetzt, wo er es sagte, nahm ich es erst wahr, das durchdringende schrille Piepen, das ich offenbar vor lauter *La Campanella* nicht bemerkt hatte. Und noch etwas anderes nahm ich wahr. »Es riecht komisch.«

»Ach was«, schnappte Sebastian. »Bist du okay?«

»Ja, ich ...«

Doch da war er schon aus meinem Zimmer gestürmt, und ich folgte ihm in Richtung Küche. Er öffnete die Tür, und eine dichte Rauchwolke kam uns entgegen, die meine Sinne benebelte. Ich fing an zu husten und nahm dabei die Stichflammen wahr, die vom Herd kamen. Und zwar aus der Pfanne, in der ich meine Kartoffelpuffer gebacken hatte. »Ich hab den Herd angelassen!«, rief ich, was total dämlich war. Denn es war ja offensichtlich, dass ich das getan hatte. Ich drängte mich an Sebastian vorbei und fühlte mich, als würde ich in einen Höllenschlund laufen. Die Flammen hatten bereits auf die Gewürzregale und das Regal mit den Kochbüchern übergegriffen.

»Wir müssen raus, Anni!«

»Nein!« Meine Augen brannten, und ich konnte kaum atmen, aber ich war entschlossen, das Feuer zu löschen. Ich griff nach einer Flasche Wasser, die auf der Arbeitsfläche stand, und bewegte mich damit auf den Herd zu. Doch Sebastian entriss mir die Flasche und warf sie in Richtung Flur. »Hast du sie noch alle?« Er packte mich am Arm und mit der anderen Hand im Nacken und bugsierte mich aus der Küche. Kurz ließ er meinen Nacken los, um die Tür hinter sich zuzuknallen, dann schob er mich unerbittlich vor sich her über den Flur.

»Lass mich los!« Ich versuchte vergeblich, mich aus seinem Klammergriff zu befreien. »Ich brauch mein Klavier! Und die Plätzchen! Und die Geo-Klausuren für morgen und ...«

Sebastian verstärkte seinen Griff, sodass ich keine Chance hatte, in mein Zimmer zu gelangen. Er schubste mich aus der Wohnung und zerrte mich eine Etage tiefer. »Wir müssen nach draußen. Ich ruf die Feuerwehr an, sag du den Nachbarn Bescheid, dass sie auf die Straße gehen sollen.«

»Aber ich ...«

»Tu einfach, was ich dir sage!«, brüllte er.

»Schrei mich nicht so an!«

Doch Sebastian hatte bereits sein Handy am Ohr und deutete mit wildem Blick auf die Wohnungstür unserer Nachbarn.

Mein Hirn funktionierte nicht, ich konnte keinen klaren Gedanken fassen. Meine Lungen brannten, mir war übel, und mein Kopf drohte zu zerplatzen. Trotzdem klingelte ich bei unserem Nachbarn. Bald darauf öffnete mir Herr Richter, ein freundlicher älterer Herr, der schlecht hörte. »Moin«, sagte er erfreut. »Die Frau Lehrerin.«

»Herr Richter, es brennt!«

»Zimt?«, fragte er mit bekümmerter Miene. »Oha, nee, ich glaub, den ...«

»Nein, es *brennt*! Feuer!«, rief ich und irrsinnigerweise schoss mir ›112! 112! Bei Feuer 112 rufen‹ aus dem Sketch in den Kopf.

Jetzt hatte Herr Richter verstanden. »Feuer? Wo denn?«

»In unserer Wohnung! Sie müssen auf die Straße gehen!«

Er wandte sich ab, um seine Jacke vom Haken zu nehmen. »Tja, denn komm ich wohl mal besser mit, näch?«

Durch mein Gebrüll im Treppenhaus waren ein paar andere Nachbarn aufmerksam geworden und aus ihren Wohnungen gekommen, um zu fragen, was los war. Frau Adesimbo aus dem ersten Stock und Herr Celik aus dem zweiten halfen mir umgehend, bei den noch verbliebenen Mietern zu klingeln und sie zu informieren. Kurze Zeit später standen sämtliche Bewohner unseres Hauses – oder zumindest die, die da waren – draußen an der Straße und sahen rauf zu unserem Küchenfenster, hinter dem die Flammen loderten. Es war ein grauenvoller Anblick, und erst jetzt packte mich die Angst, aber dafür überkam sie mich umso heftiger. ›Sebastian‹, schoss es mir in den Kopf. Ich hatte ihn das letzte Mal im Flur gesehen, und jetzt war er verschwunden. Mein Herz stolperte ein paarmal und schlug dann so heftig, dass ich es hören konnte. In heller Panik kämpfte ich mich durch die Menge, die sich inzwischen vor dem Haus versammelt hatte. »Wo ist Sebastian?«, schrie ich jeden an, aber keiner konnte mir etwas sagen. Blindlings stürzte ich auf das Haus zu, um darin nach ihm zu suchen, doch dann hörte ich seine Stimme hinter mir. »Ich bin hier.« Bevor ich mich umdrehen konnte, hatte er mich von hinten mit seinen Armen umschlungen. »Ich bin hier«, sagte er dicht an meinem Ohr. »Die Feuerwehr kommt gleich. Alles ist gut.«

Das glaubte ich ihm nicht mal ansatzweise, aber er war in Sicherheit, das war das Wichtigste. Ich drehte mich zu ihm um und drückte ihn so fest an mich, dass ich ihm wahrscheinlich sämtliche Luft aus den Lungen presste. Aber er beschwerte sich nicht, sondern zog mich nur näher an sich und strich mir beruhigend übers Haar. Ich versuchte, nicht an das Feuer zu denken, das da oben in unserer Küche tobte und möglicherweise schon auf unsere gesamte Wohnung übergegriffen hatte. Sebastian war bei mir, Nele in Berlin, Kai auf seiner Weihnachtsfeier, meine Nachbarn standen um mich herum, und niemand war in Gefahr. Nur unsere Sachen. Ich dachte an all die Habseligkeiten meiner Nachbarn. Erinnerungsstücke, die ihnen lieb und teuer waren. Das Brautkleid, die ersten Bilder und Aufsätze ihrer Kinder, Fotos, Familienerbstücke, Bücher.

Wenn sie all das verloren, war es meine Schuld. Dann war in der Ferne endlich das Martinshorn der Feuerwehr zu hören. »Gott sei Dank, sie sind da«, stieß ich aus.

Kurz darauf bogen zwei Wagen in unsere Straße ein, und von da an bekam ich endgültig alles nur noch durch einen Nebelschleier mit. Sebastian und mir wurden etliche Fragen gestellt, von Feuerwehrleuten, Sanitätern und einem Notarzt. Sauerstoffmasken wurden uns über das Gesicht gestülpt, und die ganze Zeit musste ich gegen den Impuls ankämpfen, zurückzulaufen, um unsere Sachen aus der Wohnung zu retten. Ich hatte keine Ahnung, wie lang das alles dauerte und was genau die Feuerwehr in dieser Zeit tat. Durch den Sauerstoff wurden meine Kopfschmerzen, die Übelkeit und das benebelte Gefühl allmählich etwas besser. Zwei Polizeibeamte tauchten auf, die Sebastian und mich voneinander trennten und mich abermals mit Fragen bombardierten. Irgendwann ließen mich die Polizeibeamten in Ruhe, und ich entdeckte Sebastian, der an die Motorhaube eines Autos gelehnt stand und ziemlich mitgenommen aussah. »Alles okay?«

Er nickte. »Und bei dir?«

»Ich komme mir vor wie eine Schwerverbrecherin«, sagte ich, nachdem ich soeben von einem strengen Polizisten verhört worden war. »Und extrem dämlich noch dazu.«

»Du bist nicht die Erste, der das passiert ist«, meinte Sebastian beruhigend.

Und dann hieß es warten, warten, warten, bis die Feuerwehr endlich mit dem Löschen fertig war. Frau Adesimbo winkte Sebastian und mich heran, und wir gesellten uns zu den Nachbarn. Sie legte mir einen Arm um die Schulter und drückte mich an sich. »Wird schon alles wieder gut, Sweetie.«

Frau Celik kramte eine Dose mit Pfefferminzbonbons aus ihrer Tasche und verteilte sie an alle. So saßen wir am Straßenrand, rückten eng zusammen, um ums gegen die Kälte zu schützen und hofften gemeinsam auf das Beste.

Endlich fuhr der erste Wagen ab, und ein gemütlicher rundlicher Feuerwehrmann kam auf uns zu. »Moin. Jo, da hatten Sie noch mal Glück im Unglück, sach ich mal. Wessen Wohnung war das denn?«

»Meine«, erwiderte ich und stand auf.

»Sie haben alles richtich gemacht, junge Dame. Gleich raus aus der Bude, gar nich erst kopflos Löschversuche gestartet, womöglich auch noch mit Wasser. Sie ahnen ja nich, wie viele Leude das verkehrt machen. Bei Fettbränden kommt das 'ner Katastrophe gleich. Aber Sie haben das wirklich toll gemacht. Auch gleich die Nachbarn informiert und alle rausgeholt. Super.«

Seine Worte waren mir mehr als unangenehm. »Das war ich nicht«, murmelte ich und deutete auf Sebastian. »Das war er. Er hat alles richtig gemacht.«

Der Feuerwehrmann nickte Sebastian anerkennend zu. »Sehr gut. Der Brand hat sich auf die Küche beschränkt. Alle anderen Räume sind nich betroffen.«

Erleichtert atmete ich auf.

»Sie alle können wieder in Ihre Wohnungen«, rief er meinen Nachbarn zu und wandte sich dann wieder an mich. »Aber Sie sollten zumindest heute nich dort schlafen. Is eh ungemütlich, so 'n Brand duftet ja nich nach Rosen. Außerdem hat's die Elektrik und die Gastherme erwischt. Is übrigens in der Weihnachtszeit 'ne originelle Art, Feuer zu legen.« Er grinste mich an. »Momentan rücken wir ja eher wegen brennender Adventskränze aus.«

Ich versuchte mich an einem höflichen Lächeln. »Freut mich, dass ich für Abwechslung sorgen konnte.«

Der Feuerwehrmann nahm Sebastian und mich mit in die

Wohnung. Es stank furchtbar nach Feuer, Qualm und Ruß. »Hier hat's 'n büschn reingerußt«, erklärte er und deutete auf die Wand gegenüber der Küchentür, die schwarz überzogen war. »Die Küche wird noch versiegelt, da müssen morgen ja die Jungs vonner Polizei rein. Also nich betreten bidde.«

Ich warf einen Blick in die von Strahlern hell ausgeleuchtete Küche und hielt vor Entsetzen den Atem an. Das Fenster war zerbrochen, eine hässliche schwarze Rußschicht lag auf den Wänden und auf dem, was von den Küchenmöbeln übrig geblieben war. Der Herd sah aus, als hätte jemand darauf eingeschlagen, und zu allem Überfluss stand auch noch die verkohlte Pfanne darauf, deren Griff unter der Hitze geschmolzen war. »Ach du Schande«, stieß ich aus. Sebastian legte mir den Arm um die Taille und zog mich an sich.

»Das hädde viel schlimmer ausgehen können«, behauptete der Feuerwehrmann. »Können Sie denn irgendwo unterkommen heut Nacht?«

»Sie bleibt bei mir«, erklärte Sebastian bestimmt.

»Und Sie wohnen wo?«

»Direkt nebenan.«

»Umso besser. Dann halten Sie sich mal morgen parat für die Polizei«, sagte der Feuerwehrmann und notierte etwas auf einem Klemmbrett.

Ich öffnete meine Zimmertür und stellte fest, dass es dort aussah, als wäre nichts passiert. Auch Wohnzimmer, Bad und Neles Zimmer waren unversehrt, abgesehen davon, dass es überall nach Rauch stank. Sebastian und ich öffneten in allen Räumen die Fenster, dann packte ich planlos ein paar Sachen für die Nacht zusammen. Ich bedankte mich überschwänglich bei dem freundlichen Feuerwehrmann, und schließlich gingen wir rüber in Kais und Sebastians Wohnung, wo ich auf wackligen Beinen zum Sofa taperte. Ich ließ mich daraufffallen und starrte an die Decke. Kurz darauf setzte Sebastian sich dicht neben mich und hielt mir ein Glas hin. »Hier, nimm mal einen ordentlichen Schluck.«

Ich schnupperte daran, und sofort traten mir angesichts des scharfen Alkoholgeruchs Tränen in die Augen. »Was ist das denn für ein Zeug?«

»Weinbrand. Ein Geschenk von Kais Onkel. Was anderes haben wir nicht da.«

Es kostete mich ziemlich viel Überwindung, aber schließlich nahm ich einen Schluck. Der Alkohol brannte auf meiner Zunge, rann heiß meine Kehle runter und verbreitete sich schließlich in meinem Magen. Trotz des widerlichen Geschmacks wurde mir angenehm warm von innen. Ich beobachtete Sebastian dabei, wie er ebenfalls von seinem Weinbrand trank und angewidert das Gesicht verzog. »Ich weiß überhaupt nicht, wie ich dir danken soll.«

Sebastian sah mich ein paar Sekunden lang an, dann lächelte er. »Kekse wären nicht schlecht.«

»Nein, Kekse reichen nicht mal ansatzweise. Du hast mir wahrscheinlich das Leben gerettet.«

»Ach komm, jetzt übertreib mal nicht.«

»Ich übertreibe nicht. Wer weiß, wann ich den Feuermelder gehört hätte. Ob überhaupt.«

»Du hättest ihn schon noch gehört.«

»Ja, und dann? Dann hätte ich das Feuer mit Wasser gelöscht, und alles wäre explodiert. Wieso wusstest du eigentlich so genau, was zu tun war?« Ich nahm noch einen Schluck Weinbrand. Dieses Mal schmeckte er schon besser. »Wieso benehme ich mich wie ein saudämliches, kopfloses Huhn, und du bleibst so ruhig und überlegt?«

»Ich war überhaupt nicht ruhig, und überlegt hab ich auch nicht gehandelt. Alles, was ich wusste, war, dass man Fettbrände nicht mit Wasser löscht, dass Rauchgase sehr gefährlich sein können und dass ich dich schleunigst aus der Wohnung raushaben wollte.« Gedankenverloren hob er den Arm und strich mit den Fingerspitzen sanft über meinen Nacken. »Tut mir leid, dass ich dich so grob angefasst hab.«

Ich hielt den Atem an, angesichts der heftigen Reaktion meines Körpers. Bislang hatte ich nicht gewusst, dass mein Nacken derart empfänglich für Berührungen war. Am liebsten hätte ich die Augen geschlossen und meinen Kopf in Sebastians Hand geschmiegt. Und vielleicht auch noch ein bisschen geschnurrt.

Doch dann zog er seine Hand zurück, als würde ihm plötzlich bewusst werden, was er da tat. Und als wollte er das gar nicht tun.

Ich räusperte mich und sagte: »Macht nichts. Ich hab dir einen Schlag in den Magen verpasst, also sind wir wohl quitt.« In einem Zug trank ich den Rest meines Weinbrands aus. »Ich glaube, ich laufe seit Stunden auf Autopilot, und der größte Teil von mir hat immer noch nicht geschnallt, was passiert ist.« Bilder tauchten vor meinem inneren Auge auf, und ich verbarg den Kopf in meiner Hand. »Wieso habe ich denn nur den Herd nicht ausgemacht? Das ist mir noch nie passiert.« Ruckartig sah ich wieder zu Sebastian auf. »Das ist alles Franz Liszts Schuld.«

»Bitte?«

»Weil ich unbedingt dieses verdammte Stück von ihm spielen musste und deswegen den Feuermelder nicht gehört habe.« Ich stellte mein Glas mit einem lauten Knall auf den Wohnzimmertisch. »Aber das war der ultimativ letzte Arschtritt, den ich mir von Franz Liszt habe verpassen lassen. Ich meine, deutlicher geht es ja wohl nicht mehr. Kaum wage ich mich wieder an eins seiner Stücke, fackelt die Bude ab.«

Ich richtete meinen Blick an die Zimmerdecke. »Haha, sehr witzig. Du möchtest also nicht, dass ich deine Lieder spiele? Ich meine, *Sie* möchten das nicht. Sorry. Jedenfalls ist die Botschaft angekommen. Und ich will's auch überhaupt nicht mehr. Von jetzt an sind wir geschiedene Leute.«

»Bravo!«, rief Sebastian lachend und spendete mir Beifall. Dann schenkte er uns noch etwas von dem Weinbrand ein.

Für eine Weile nippten wir schweigend an unseren Gläsern. Ich dachte daran, was in der nächsten Zeit auf mich zukommen würde. Was war zu tun, was musste ich als Erstes erledigen, wen anrufen? Doch in meinem Kopf drehte sich alles, und eine bleierne Müdigkeit überkam mich. »Wollen wir ins Bett?«

Sebastian stutzte. »Ich weiß nicht. Wollen wir?« Ein leichtes Lächeln umspielte seine Lippen, das äußerst verführerisch auf mich wirkte.

Mein Herz klopfte schneller, in meinem Körper kribbelte es wie verrückt, und ich war kurz davor, Ja zu sagen. Doch dann hörte ich eine Stimme in meinem Inneren rufen: ›Apfelteiler, Dampfreiniger, Entsafter!‹, und das brachte mich wieder runter von meinem Trip. »Ich meinte doch nicht miteinander«, stellte ich klar, woraufhin Sebastian anfing zu lachen.

»Ach, und du denkst, dass *ich* das meinte?«

»Na ja, ich ... Ach, egal.« Dieser Typ würde noch dafür sorgen, dass mir die ersten grauen Haare wuchsen. Noch nie in meinem Leben hatte ein Mann mich derart aus dem Konzept gebracht.

»Auf so eine Idee würde ich nie kommen«, sagte Sebastian. »Immerhin weiß ich, dass keiner es mit deinem Goethe aufnehmen kann. Richtig?«

»Tristan«, korrigierte ich automatisch. Und obwohl der heute Abend nicht für eine Sekunde in meinen Gedanken aufgetaucht war und es mir auch nicht passte, dass Sebastian ihn erwähnt hatte, hatte er ja recht. Ich wollte Tristan vielleicht nicht so dringend wie einen Entsafter, aber dafür langfristig. Für immer. »Er ist es nun mal«, sagte ich, aber es war kein gutes Gefühl, es zu sagen.

Sebastian musterte mich nachdenklich. »Eben. Und ich gehe niemals mit Frauen ins Bett, die eigentlich einen anderen wollen.« Dann stand er auf und stellte sein Glas auf dem Wohnzimmertisch ab. »Du kannst in meinem Zimmer schlafen.«

Mir war schwindelig von diesem Gefühlswirrwar. Vielleicht lag es aber auch an dem Brand. Mein Hirn war doch schon seit Stunden überfordert mit der Gesamtsituation. »Nein, lass. Ich nehme das Sofa. Du hast heute genug für mich getan, da musst du nicht auch noch auf dein Bett verzichten.«

»Okay, wie du willst. Du weißt ja, ich bin kein Gentleman.«

Ich erhob mich ebenfalls vom Sofa. »Vielen Dank noch mal, Sebastian«, sagte ich ernst. »Ich bin dir was schuldig. Und zwar für den Rest meines Lebens.«

In gespielter Verzweiflung verdrehte er die Augen. »Jetzt ist es allmählich gut, Anni.«

»Ich wollte es ja nur noch mal gesagt haben. Also wenn du irgendwann mal irgendetwas ...«

»Es reicht«, fiel er mir ins Wort. »Geh dir lieber die Zähne putzen, bevor du noch ein schwülstiges Gedicht aufsagst.«

Ich ging ins Bad und sprang schnell unter die Dusche, weil ich mich von dem ganzen Ruß dreckig und stinkig fühlte. Als ich zurück ins Wohnzimmer kam, war Sebastian gerade dabei, ein Bettlaken über dem Sofa auszubreiten. Ich half ihm dabei, und als wir fertig waren, drückte er mir eine Decke in die Hand. »Also dann ... gute Nacht.«

Unschlüssig standen wir voreinander und sahen uns an. Ich hatte immer noch das Bedürfnis, ihm zu danken, doch ich verkniff es mir lieber, denn ich wusste ja, dass er es nicht hören wollte. »Gute Nacht«, sagte ich schließlich. Dann wandte ich mich von ihm ab und schlüpfte unter die Bettdecke.

»Schlaf gut.« Sebastian ging zur Tür, löschte das Licht und schloss sie hinter sich.

»Du auch«, flüsterte ich. »Und nochmals danke. Danke, danke, danke.« Nachdem ich es mir möglichst bequem gemacht hatte, starrte ich an die Decke, die vom Licht einer Straßenlaterne erhellt wurde. Obwohl ich so müde war, konnte ich ewig nicht einschlafen. Immer wieder sah ich die Ereignisse des Abends und der Nacht an mir vorüberziehen. Das alles war so schnell gegangen. Gleichzeitig fühlte es sich an, als wäre es hundert Jahre her, dass ich mich ans Klavier gesetzt hatte, um *La Campanella* zu üben. Ich dachte an mein Zimmer, an Neles und meine Wohnung, die jetzt dunkel, kalt und verlassen dalag. Mit dieser hässlichen, klaffenden Brandwunde in der Küche. Wie wäre das alles ausgegangen, wenn Sebastian nicht da gewesen wäre? Meine Gedanken schweiften ab, und auf einmal konnte ich wieder spüren, wie seine Finger zart über meinen Nacken strichen. Ich dachte an seinen Blick und sein Lächeln, als ich ihn gefragt hatte, ob wir ins Bett wollten. Und an seine Aussage: ›Ich gehe niemals mit Frauen ins Bett, die eigentlich einen anderen wollen.‹ Doch bevor ich genauer über diesen Satz nachdenken konnte, schlief ich ein.

Cruella de Vil

Am nächsten Morgen klingelte mein Wecker wie gewohnt um halb sieben. Ich hatte nicht mal zwei Stunden lang geschlafen, und meine Augen wollten kaum aufgehen. Zunächst hatte ich Schwierigkeiten, mich zu orientieren, doch dann fiel mir schlagartig ein, wieso ich bei Kai und Sebastian auf dem Sofa lag und nicht in meinem Bett: das Feuer. Die brennende Pfanne, das zerbrochene Fenster und die hässlichen Rußflecken. Sofort überkam mich das Bedürfnis, in unserer Wohnung nach dem Rechten zu sehen, also stand ich auf, um ins Bad zu gehen. Auf dem Weg dorthin entdeckte ich Sebastian, der in der Küche frühstückte. Es duftete nach Kaffee und Toast.

»Guten Morgen, Feuerteufel«, begrüßte er mich erschreckend munter. »Kaffee?« Er deutete auf die Maschine.

»Mhm.« Ich nahm mir eine Tasse, goss sie beinahe randvoll und setzte mich zu ihm an den Tisch.

»Hast du gut geschlafen?« Er biss von seinem Toast ab, wobei ein krachendes Geräusch ertönte.

»Hm«, machte ich und trank einen Schluck Kaffee.

»Du bist kein Morgenmensch, was?«

»Tut mir leid«, seufzte ich. »Eigentlich rede ich vor dem ersten Kaffee nicht. Mein Mund ist dann einfach noch zu müde, um irgendetwas zu machen.«

»Alles klar«, sagte er leise lachend.

Ich nahm noch einen großen Schluck und spürte, wie das Koffein sich zu meinem Gehirn vorarbeitete. Mit dem Kinn deutete ich auf seinen Toast. »Ihr habt also Toast, ja? *Getoasteten* Toast. Der aus einem *funktionierenden* Toaster kommt.«

»Erst mundfaul und dann auch noch zickig«, stellte Sebastian grinsend fest. »Ich glaube, ich mag dich morgens nicht besonders.«

»Oh Mann, lass mich, ich bin heute halt nicht so gut gelaunt.« Ich legte meinen Kopf auf die Tischplatte. »Ich muss gleich in der Schule anrufen und sagen, dass ich nicht komme. Nele muss ich auch ganz dringend informieren. Und die Versicherung. Dann kommt irgendwann die Polizei, und wenn die so drauf sind wie der Typ gestern, werden sie mich behandeln wie eine gehirnamputierte Schwerverbrecherin. Danach taucht wahrscheinlich auch noch ein Versicherungsmensch auf, der mir das gleiche Gefühl vermittelt und keine Kohle rausrücken will, weil das Eigenverschulden war oder so was in der Art. Und ich hab keine Ahnung, wie es dann weitergeht.«

Sebastian strich mir kurz über das Haar. »Du solltest auf jeden Fall auch die Wohnungsverwaltung anrufen. Die werden dir schon sagen, was zu tun ist. Oder der Versicherungsheini. Und die werden bestimmt zahlen.« Er stand auf und schob zwei Scheiben Toastbrot in den Toaster. Dann trank er seinen letzten Schluck Kaffee und ging in den Flur, um sich seine Jacke anzuziehen. »Ich muss los, Anni«, verkündete er, als er zurück in der Küche war. Er legte die beiden fertig gerösteten Scheiben Toast auf einen Teller und stellte ihn vor mich hin. »Bitte schön.«

»Vielen Dank«, sagte ich, vollkommen gerührt von dieser kleinen Geste. Ich hatte angenommen, er würde den Toast für sich selbst machen, um ihn unterwegs zu essen. »Tut mir leid, dass ich so miese Laune habe.«

»Macht doch nichts. Ich bin gegen fünf zu Hause. Und

dann gucken wir mal, wie es weitergeht. Das wird schon alles nicht so schlimm werden.«

»Hoffentlich. Also, bis später. Hab einen schönen Tag.« Für den Bruchteil einer Sekunde erwartete ich irrsinnigerweise, dass Sebastian mir einen Abschiedskuss geben würde, und wunderte mich darüber, dass er es nicht tat.

»Bis später«, sagte er nur, dann war er auch schon weg.

Meine Güte. Diese Sebastian-Geschichte wurde echt immer abgefahrener.

Als eine Stunde später all meine Telefonate erledigt waren, war ich schon etwas schlauer, was den weiteren Ablauf anging, und fühlte mich nicht mehr ganz so überfordert mit der Situation. Ich duschte und zog mich an, und kaum war ich fertig, kam auch schon die Polizei. Die Untersuchung ging zum Glück schneller vonstatten als erwartet, da eindeutig keine Brandstiftung vorlag. Die Brandstelle wurde also freigegeben, und bald darauf trudelte der Versicherungsheini ein. Ich musste abermals eine Million Fragen beantworten, was ich inzwischen schon so oft getan hatte, dass ich die Antworten beinahe auswendig herunterspulte. Während meines »Verhörs« platzte Nele herein, die am Telefon völlig geschockt gewesen und von Berlin aus auf direktem Wege nach Hause gekommen war. Beim Anblick unserer Küche stieß sie einen Schrei aus und fiel mir um den Hals. »Ach du Schande, Anni! Gut, dass du und Sebastian heil hier rausgekommen seid. Das sieht ja schrecklich aus.«

»Ich weiß. Es tut mir furchtbar leid, dass ich so dämlich war.«

Liebevoll zerwuschelte Nele mir das Haar. »Jetzt mach dir mal keinen Kopf. Jeder verschusselt mal was.«

Als der Versicherungsmensch weg war, erschien kurz darauf eine Dame von der Wohnungsverwaltung, und am Ende des Tages saßen Nele und ich völlig zerschlagen in Winterjacken auf meinem Bett. Es war eiskalt und klamm in der Wohnung und so trostlos, dass mich nicht mal meine weihnachtliche Deko mehr aufmuntern konnte.

»Gehen wir rüber zu Kai und Sebastian?«, fragte Nele.

»Ja, bitte.«

Kai öffnete uns die Tür. Er war um fünf Uhr nachmittags immer noch in Schlafklamotten. »Mir geht's nicht so gut, also könnt ihr bitte leise reden?«

»Bist du krank?«, wollte Nele wissen.

»Nicht direkt. Weihnachtsfeier.«

»Oha.«

»Er ist erst um vier Uhr morgens nach Hause gekommen«, informierte ich Nele.

»Woher weißt du das?«, fragte Kai verdutzt.

»Weil ich hier geschlafen habe.«

Sein Blick huschte zu Sebastians Zimmertür. »Na, sieh mal einer an«, grinste er.

»Ich habe auf dem Sofa geschlafen«, stellte ich klar. »Mein Kram liegt da immer noch, hast du den nicht gesehen?«

»Nein, ich hab bis gerade im Bett gelegen. Aber warum hast du auf dem *Sofa* geschlafen?«

»Bei uns hat es gebrannt.«

Mit einem Mal wurde er noch blasser als ohnehin schon. »Was?«

Daraufhin erzählte ich ihm die ganze Geschichte, und er ging gleich mit einer Taschenlampe bewaffnet rüber in unsere Wohnung, um sich den Schaden anzusehen.

Als Sebastian nach Hause kam, setzten wir uns zu viert aufs Sofa, bestellten Pizza und besprachen, wie es weitergehen sollte. Kai und Sebastian boten uns an, mit ihren Firmen die Elektriker- und Malerarbeiten zu übernehmen, denn sie meinten, dass wir so kurz vor Weihnachten sonst niemanden finden würden, der noch einen Termin freihatte. Und die beiden waren so lieb, dass sie für uns sogar nach Feierabend Überstunden schieben wollten.

»Küchenmöbel und einen neuen Herd bekommt ihr auch schnell«, sagte Kai. »Das einzige Problem ist die Gastherme. Ich würde mich nicht darauf verlassen, dass ihr vor Weihnachten wieder in eure Wohnung könnt.«

Nele warf ihren Pizzarand in den Karton. »Also, machen wir es kurz. Ich werde zu Tobi ziehen, solange unsere Bude nicht bewohnbar ist. Wo bleibst du, Anni?«

»Was ist mit uns?«, fragte Kai und warf Sebastian einen schnellen Seitenblick zu. »Du kannst bei uns bleiben. Dann bist du in der Nähe deiner Sachen und eurer Wohnung. Was sowieso nicht verkehrt ist, so oft wie in nächster Zeit Handwerker bei euch ein- und ausgehen werden.«

Es klang wirklich verlockend und extrem praktisch. »Aber kann ich euch denn so lange auf die Pelle rücken?« Und vor allem: War das angesichts meines Sebastian-Dampfreiniger-Entsafter-Problems wirklich eine so tolle Idee?

»Klar«, sagte Kai gutmütig. »Ich bin doch sowieso ab nächstem Freitag bei meinen Eltern in Schwerin und erst nach Silvester wieder da. Dann kannst du mein Zimmer haben. Die paar Tage wirst du es auf dem Sofa schon aushalten.«

Ich sah Sebastian fragend an. »Wäre das okay für dich?«

Er zögerte, nur für einen winzig kleinen Moment, aber es entging mir nicht. »Klar ist das okay.«

»Ist das *wirklich* okay?«, hakte ich nach.

»Natürlich ist das okay.«

»Wenn es nicht okay ist, würdest du es sagen, oder?«

Sebastian verdrehte die Augen. »Ja, würde ich. Aber es ist okay.«

»Ihr sagt aber ganz schön oft ›okay‹«, bemerkte Nele.

»Ja, ich glaube, sie finden es total okay«, fasste Kai zusammen.

Somit war es beschlossene Sache, und Nele und ich gingen rüber in unsere Wohnung, um zu packen.

Die nächsten Tage waren bestimmt von Telefonaten, Versicherungskram und einer beispiellosen Aufräum- und Putzaktion in unserer Küche. Das Fenster wurde ausgewechselt, und danach gab es grünes Licht für alle weiteren Aktionen, sprich, erst mal für Kai, der die Elektrik neu machen musste.

Es war nett, mit Kai und Sebastian zusammenzuwohnen. Ich hatte mich ja immer schon wohl bei den beiden gefühlt, und da Nele in letzter Zeit so oft bei Tobi gewesen war, fand ich es schön, nicht mehr allein in einer Wohnung schlafen zu müssen. Vor allem, wenn ich nachts schweißgebadet und weinend aus meinen Albträumen erwachte – was seit dem Brand wieder häufiger vorkam –, war es beruhigend zu wissen, dass ich theoretisch nur einmal durch den Flur zu gehen brauchte, um Gesellschaft zu haben.

Sebastian und ich waren selten allein miteinander. Was wohl auch ganz gut so war, denn seit der Brandnacht waren wir beide sehr darauf bedacht, ausreichend Abstand zueinander zu halten. Ein bisschen unwohl war mir schon bei dem Gedanken, dass Kai bald zu seinen Eltern verschwinden und mich und Sebastian allein zurücklassen würde. Aber andererseits würde ich die Feiertage ja auch bei meinen Eltern verbringen, und Sebastian bei seiner Mutter. Silvester würden wir ebenfalls nicht zusammen feiern, und kurz danach war Kai wieder da. Also kein Grund zur Sorge.

Bei Tristan und mir tat sich in den letzten Proben vor den Ferien gar nichts mehr. Das einzige Mal, dass er sich mir gegenüber nicht vollkommen professionell und neutral verhielt, war, als ich ihm erzählte, dass es in unserer Wohnung gebrannt hatte. Aber als ich dann sagte, dass nur die Küche davon betroffen war, war er offenbar beruhigt. Dieser Typ war so frustrierend. Ich hatte es mir doch nicht eingebildet, dieses Interesse, das da neulich in seinen Augen aufgeflackert war. Diese neue Art, mich anzusehen. Mir wuchs die Sache mit Tristan und Sebastian eindeutig über den Kopf. Das war einfach zu viel für mich. Da hatte ich jahrelang keinerlei Aufregungen in meinem Liebesleben gehabt, und jetzt gab es gleich zwei Männer, die meine Gefühle aus dem Takt brachten. Umso mehr freute ich mich auf Weihnachten. Immerhin drei Tage, an denen ich sowohl vor Sebastian als auch vor Tristan meine Ruhe hatte.

Nachdem Kai die Elektrik in unserer Wohnung wieder fit gemacht hatte, begann Sebastian mit den Malerarbeiten. Mein schlechtes Gewissen ließ sich kaum noch aushalten, denn nicht nur, dass es ein Tag vor Heiligabend war, eigentlich hatte Sebastian bereits Urlaub. Trotzdem bestand er darauf, unsere Küche noch vor den Feiertagen zu streichen. Ich bot ihm mehrmals meine Hilfe an, doch er lehnte sie rigoros ab und behauptete, mit mir würde es eher länger dauern. Als ich zum dritten Mal in die Küche kam, um ihm statt meiner Arbeitskraft wenigstens etwas zu essen oder zu trinken anzubieten, sagte er entnervt: »Weißt du, womit du mir wirklich einen riesengroßen Gefallen tun könntest? Damit, dass du zu deinen Eltern fährst, mir aus dem Weg gehst und mich in Frieden lässt.«

Seine Worte versetzten mir einen Stich, und es kam mir vor, als hätte er mich von sich weggestoßen. Ich trat ein paar Schritte zurück. »Ähm, okay. Ich wollte ja nur ... Aber dann gehe ich wohl besser«, stammelte ich. »Also, fröhliche Weihnachten und so.«

Ich wandte mich von Sebastian ab und war schon fast zur Tür raus, doch da umfasste er meine Schultern und drehte mich zu sich herum. »Tut mir leid, Anni. Das war nicht so böse gemeint, wie es rüberkam.«

»Schon gut. Ich weiß ja, dass ich manchmal penetrant sein kann, aber dafür bist du manchmal ein Arsch.«

»Entschuldige.« In seinen Augen erkannte ich, dass er es wirklich so meinte. »Und schöne Weihnachten. Wann kommst du nach Hause?«

»Am Siebenundzwanzigsten. Ab dann muss ich mich wieder bereithalten wegen der Möbel und der Gastherme.«

»Okay. Also, bis dann.«

Wir tauschten noch einen letzten Blick, dann holte ich meine gepackte Tasche, legte Sebastian sein Weihnachtsgeschenk vor die Zimmertür und machte mich auf den Weg nach Bahrenfeld.

Meine Eltern waren beide nicht religiös und ich nicht mal getauft – trotzdem hatten wir schon immer völlig ungeniert Weihnachten gefeiert. So wie die meisten Menschen verbrachten auch wir die Weihnachtstage mit Essen, Reden, Familienbesuchen, noch mehr Essen, noch mehr Reden und natürlich jeder Menge Glühwein und Eierpunsch. Am zweiten Feiertag machten wir es uns zu dritt im Wohnzimmer gemütlich. Meine Eltern verkrümelten sich aufs Sofa, um zu lesen, während ich mich an den Flügel setzte, der fast den gesamten Raum vereinnahmte. Ich fing an, eins der neuen Stücke zu spielen, die ich mir beigebracht hatte.

»Nett«, meinte meine Mutter. »Aber ganz schön kitschiges Gedudel. Liszt ist das nicht gerade.«

Ich nahm meine Finger von den Tasten. »Nein, mit Liszt bin ich durch. Das ist *The Heart Asks Pleasure First*, die Titelmelodie aus dem Film *Das Piano*. Ich mag das Stück.«

»Ja, wie gesagt, es ist nett. Aber wieso du mit deiner klassischen Klavierausbildung ausgerechnet so etwas spielst, will mir nicht so ganz in den Kopf.«

»Mama, ich spiele nur für mich, und ich spiele das, was ich will. Egal, ob Klassik, Pop oder kitschiges Gedudel«, rief ich gereizt. »Und wenn man es ganz genau nimmt, dann hat Liszt, mit Verlaub, auch jede Menge kitschiges Gedudel komponiert.«

»Annika«, sagte meine Mutter empört. Liszt war ihr Gott. »Ich finde es einfach schade, dass du dein Talent an so eine ...«

»War es eigentlich eine große Enttäuschung für euch, dass ich zu schlecht war, um Pianistin zu werden?«, fiel ich ihr ins Wort.

Meine Mutter sah mich entgeistert an. »Bitte?«

»Ob es eine Enttäuschung für euch war. Ihr habt Unmengen in meinen Unterricht investiert, all eure Hoffnungen in mich gesetzt, und dann wird aus mir nur eine schlichte Musiklehrerin. Ist das eine Enttäuschung für euch?«

»Natürlich nicht. Empfindest du das etwa so?« Meine Mutter stand vom Sofa auf und setzte sich neben mich auf die Bank. »Haben wir dir zu viel Druck gemacht? Das lag nie in unserer Absicht. Wir haben dich gefördert und gefordert, so gut es ging. Und natürlich hätten wir uns gefreut, wenn es dir gelungen wäre, deinen Traum zu verwirklichen. Aber das ist dein Traum gewesen, nicht unserer.«

»Ja, aber meine klassische Ausbildung war euch doch immer so wichtig. Und ihr reitet auch jetzt noch dauernd darauf herum. Statt einer Musical-AG soll ich lieber ein Orchester leiten, und statt Pop-Gedudel soll ich Liszt spielen.«

Meine Eltern schwiegen eine Weile. Schließlich sagte mein Vater: »Das ist mir nie so bewusst gewesen. Aber wenn ich darüber nachdenke … Ich fürchte, das machen wir tatsächlich.«

»Das liegt aber einzig und allein an unserem persönlichen Musikgeschmack«, beteuerte meine Mutter. »Wir hören einfach lieber Liszt und Chopin als ›Best of Piano Pop‹ oder Musicals.«

»Wahrscheinlich ist das schon immer der Fehler gewesen«, meinte mein Vater. »Dass wir dir zu sehr unsere Lebensweise und unseren Geschmack aufstülpen wollten. Das tut uns leid. Und glaub uns, wir sind nie enttäuscht von dir gewesen, Annika. Auch nicht, weil du keine Pianistin geworden bist.« Nachdenklich sah er mich an. »Aber kann es sein, dass du selbst deswegen enttäuscht von dir bist?«

Sanft strich ich über die schwarz-weißen Tasten vor mir. »Ich lebe meinen Plan B«, sagte ich leise. »Und es tut manchmal immer noch weh, dass ich meinen Traum aufgeben musste. Aber … ich weiß auch nicht, so ist das Leben halt. Und mir gefällt mein Plan B.«

Meine Mutter lachte und legte ihren Arm um mich. »Das ist schön.«

Ich lehnte meinen Kopf für einen Augenblick an ihre Schulter. »Finde ich auch. Und wisst ihr, was das Beste an meinem Plan B ist? Dass ich die Freiheit habe, zu spielen, was auch immer ich will. Und ihr müsst jetzt einfach noch ein bisschen *Das Piano* ertragen. Mir gefällt das Stück nämlich.«

»Dann hau in die Tasten«, sagte mein Vater lächelnd.

Am nächsten Mittag machte ich mich zurück auf den Weg nach Eilbek. Es waren ein paar herrlich entspannte Tage mit meinen Eltern gewesen, aber ich freute mich auch wieder auf zu Hause. Sebastian und ich hatten uns andauernd Nachrichten geschrieben. Er war total begeistert von meinem Weihnachtsgeschenk – einem Ministaubsauger für die Laptop-Tastatur – und schickte mir alle fünf Minuten Fotos, auf denen er das Teil ausprobierte. Auch Tristan wünschte mir fröhliche Weihnachten, woraufhin wir eine Weile hin und her schrieben. Also hatte das mit dem Sebastian- und Tristan-frei nicht ganz so gut funktioniert, aber egal. Es war ja nichts Dramatisches passiert. Nur ein paar Nachrichten.

In den Tagen zwischen Weihnachten und Silvester wurden die neuen Küchenmöbel geliefert, und Sebastian half mir, die Schränke wieder einzuräumen. »Wie schön es hier jetzt aussieht«, schwärmte ich. »Die Wandfarbe ist toll. Ich hätte nicht gedacht, dass mir dieser Cappuccino-Ton in der Küche so gut gefallen würde.«

»Hab ich doch gesagt«, erwiderte Sebastian selbstzufrieden.

Am Freitag kam endlich jemand vorbei, um die Gastherme zu reparieren, sodass ich noch am Abend zurück in unsere Wohnung konnte. Nicht, dass ich darüber in Freudentränen ausgebrochen wäre, denn das Zusammenleben mit Kai und Sebastian war schön gewesen. Allerdings war es für mein Seelenheil eindeutig besser, etwas Abstand zu Sebastian zu gewinnen. Es tat mir nämlich gar nicht gut, wenn er nur in Jeans bekleidet aus dem Bad kam, die Haare nass vom Duschen. Vor allem, wenn sich dann auch noch Wassertropfen auf seinem Oberkörper tummelten, die mich automatisch auf den Gedanken brachten, sie mit dem Finger wegzuwischen. Oder gar wegzuküssen. Dieses unsinnige Geschmachte musste endlich aufhören. Also nichts wie ab in die eigenen vier Wände.

Am Tag vor Silvester wachte ich fröstelnd und mit bleiernen Kopfschmerzen auf. Ich ahnte, was los war, und als ich zur Probe einen Schluck trank, hatte ich die Bestätigung: Eine Erkältung war im Anmarsch. Doch ich ließ mich nicht davon einschüchtern, denn ich liebte Silvester und hatte nicht vor, mir diesen Abend von einem dämlichen Schnupfen verderben zu lassen. Ich stopfte Orangen und Kiwis in mich rein, trank heiße Zitrone und literweise Kamillentee, gurgelte und nahm Erkältungsbäder. Trotzdem fühlte ich mich völlig zerschlagen, als ich mich am nächsten Abend für die Party bei Lisa und Tim aufbrezelte. Mein Hals tat weh, ich fror erbärmlich, und wenn heute nicht Silvester gewesen wäre, hätte ich mich am liebsten mit drei heißen Körnerkissen ins Bett gelegt und Disney-Filme geschaut. Aber ich wollte unbedingt das Feuerwerk sehen und das neue Jahr so begrüßen, wie es sich gehörte: mit einer ordentlichen Party. Doch wie sich dann herausstellte, war das eine schlechte Idee gewesen, denn von Party machen konnte bei mir keine Rede sein, egal, wie sehr ich es versuchte. Mein Hals fühlte sich an, als würde Schmirgelpapier darin festsitzen, und von dem Büfett konnte ich kaum etwas anrühren. Mein Verstand war viel zu langsam, um Gesprächen folgen zu können, die Musik war mir zu laut. Vom Feuerwerk um Mitternacht ganz zu schweigen, denn das Pfeifen, Zischen und Böllern hallte tausendfach in meinem Kopf wider. Als nur noch vereinzelt Raketen den Himmel erleuchteten, gab ich endgültig auf und fuhr nach Hause. Mit letzter Kraft schleppte ich mich die Stufen zu unserer Wohnung hoch. Ich holte die Körnerkissen aus meinem Bett, um sie in die Mikrowelle zu stopfen. Es war eiskalt in der Bude, also drehte ich die Heizung auf fünf und ging ins Bad, um mich abzuschminken und mir die Zähne zu putzen. Das Wasser fühlte sich an, als würde es direkt aus einem Fjord stammen. »Nein«, stöhnte ich auf. »Bitte nicht.«

Ein Blick auf die Gastherme bestätigte jedoch meinen Verdacht. Sie war wieder kaputt. »Verdammt«, fluchte ich und stand eine Weile ratlos in der Küche herum. Aber es ging nichts mehr, ich musste mich hinlegen, ich musste schlafen. Ich nahm die heißen Körnerkissen aus der Mikrowelle, holte meine *Eiskönigin*-DVD und meine Bettdecke und ging rüber zu Kai und Sebastian. Auch in Kais Zimmer war es kalt, also ließ ich mich im Wohnzimmer aufs Sofa fallen, um mich in meine Bettdecke und mein Elend zu vergraben. Mein Hals tat inzwischen nicht mehr nur beim Schlucken weh, sondern die ganze Zeit, und ich konnte gar nicht mehr aufhören, mit den Zähnen zu klappern. Ich stellte die DVD an und fing schon nach zwei Minuten haltlos an zu flennen, so traurig war ich darüber, dass Elsa nicht mehr mit Anna spielen durfte und dass die arme Anna das gar nicht verstand. Sie wollte doch nur einen Schneemann bauen. Und dann starben auch noch die Eltern. Wieso gab es Kinderfilme, in denen Eltern starben? Das sollte verboten werden. Immerhin kam ich mir in Kais und Sebastians Wohnzimmer nicht vor, als würde ich in einem Iglu liegen. Stattdessen war mir jetzt heiß. Viel zu heiß. Ich beförderte erst die Körnerkissen nach draußen, dann stieß ich die Bettdecke von mir weg, woraufhin ich wieder fror. Und noch mehr heulte. Irgendwann fiel ich einen unruhigen Schlaf.

Von einem Geräusch an der Wohnungstür schreckte ich auf. Eine Frau kicherte albern. Ich dachte erst, es käme aus dem Fernseher, aber der Film war vorbei und auf dem Bildschirm nur das DVD-Menü zu sehen. Toll, jetzt fantasierte ich auch noch. Doch dann wurde die Wohnzimmertür aufgestoßen, und ein eng umschlungenes, knutschendes Paar kam herein, das definitiv real war. Die Frau kannte ich nicht. Der Mann war Sebastian. Mein Herz zog sich schmerzhaft zusammen, mein Magen fühlte sich an, als hätte ich einen ordentlichen Boxschlag verpasst bekommen. Mühsam richtete ich mich auf. Es kam mir vor wie einer meiner schlimmsten Albträume. Wieso küsste der diese Kuh, wieso fasste er sie an? Was fiel dem eigentlich ein? Jetzt bewegten die beiden sich knutschenderweise auf das Sofa und somit auf mich zu. Wie ein Reh im Scheinwerferlicht saß ich da und sah die beiden näher und näher kommen, bis Sebastian aus unerfindlichen Gründen seine Zunge aus dem Rachen dieser dämlichen Ziege nahm und sich zu mir umdrehte. Er fuhr heftig zusammen und schob die Tussi hastig von sich weg. »Anni«, sagte er. Mehr nicht. Dann guckte er nur. Und zwar so, als wäre er mit dieser Situation komplett überfordert.

Und mir ging es genauso. Mein Schädel dröhnte, ich hatte Fieber, mir tat alles weh, und ich wusste nicht, was schlimmer war: meine Krankheit oder der Anblick von Sebastian in leidenschaftlicher Umarmung mit dieser blöden Kuh. ›*Er ist nicht dein Freund, er betrügt dich nicht. Also sei cool und mach jetzt bloß keine Szene!*‹, rief mir eine Stimme in meinem Inneren zu. Auch wenn es sich gerade ganz danach anfühlte, als würde er mich betrügen, wusste ich, dass die Stimme recht hatte. »Sebastian«, krächzte ich.

Jetzt hatte offenbar auch die Tussi gerafft, dass hier etwas Merkwürdiges vor sich ging. »Wer ist *das*?«, fragte sie.

»Das ist meine Anni.« Sebastian schüttelte den Kopf und verzog das Gesicht. »Nur Anni. Also, das ist Anni …ka, meine … Nachbarin.« Der war ja scheinbar ganz schön blau.

Die Tussi runzelte missmutig die Stirn. Sie sah hässlich aus mit diesem bösen Blick und ihren dunklen Haaren mit den hellen Strähnchen. Wie Cruella de Vil. Sebastian hatte definitiv einen miserablen Frauengeschmack. »Du hast gesagt, dass du die Wohnung für dich hast«, nörgelte Cruella.

›Bäbäbäbä‹, hätte ich sie am liebsten nachgeäfft und musste gegen das starke Bedürfnis ankämpfen, ihr das Gesicht zu zerkratzen.

»Hab ich ja eigentlich auch, aber …« Wieder schüttelte Sebastian den Kopf. Dann sah er mich an, und in seine Augen trat allmählich ein Ausdruck von Gereiztheit. »Warum bist du überhaupt hier?«

Der besaß doch wohl nicht die Dreistigkeit, sauer auf *mich* zu sein! »Unsere Gastherme ist schon wieder kaputt, in der Wohnung ist es eiskalt«, sagte ich mit Reibeisenstimme. Jedes Wort tat weh, nicht nur in meinem Hals, sondern in meinem gesamten Körper. »Und mir geht's nicht so gut. Ich hab gefroren.« ›Arschloch‹, hätte ich am liebsten hinzugefügt, aber ich hatte mich unter den gegebenen Umständen wirklich astrein im Griff.

Sebastian sah mich prüfend an. Dann kam er auf mich zu, und streckte eine Hand aus, als wollte er meine Stirn befühlen, doch ich schlug sie weg. »Fass mich nicht an«, fauchte ich und brach gleich darauf in einen Hustenanfall aus. Jawoll, ich hatte mich total gut im Griff. Dabei war es dringend erforderlich, dass ich so tat, als wäre mir das hier egal.

»Ich will doch nur wissen, ob du Fieber hast«, antwortete Sebastian, ebenso ungehalten wie ich.

Cruella meldete sich wieder zu Wort. »Tja, also, wie gesagt, ich hatte gedacht, dass du allein in der Wohnung bist, und …«

»Lasst euch durch mich nicht stören«, sagte ich total cool, doch dadurch, dass es nur ein Krächzen war, kam es nicht besonders cool rüber. »Ich höre hier gar nichts, und wenn doch, halte ich mir die Ohren zu. Wobei, inzwischen ist mir eh viel zu heiß, also kann ich auch wieder rübergehen.« Beim Gedanken an den unendlich weiten Weg zurück in unsere Wohnung hätte ich beinahe wieder geheult. Und jetzt stellte ich mir auch noch vor, was Cruella und Sebastian hier dann wohl so alles treiben würden. Vor allem, dass sie es miteinander treiben würden. Daraufhin schossen mir die Tränen derart in die Augen, dass ich schnell wegsehen musste. Ich machte Anstalten aufzustehen, doch Sebastian sagte so scharf: »Setz dich wieder hin«, dass ich es automatisch tat. Genervt fuhr er fort: »Du kannst doch nicht in eurer eiskalten Bude pennen, wenn du Fieber hast.«

Cruella räusperte sich. »Mir wird das alles echt zu strange hier. Ich gehe mal besser.«

Sebastian sah äußerst missmutig von ihr zu mir. »Äh ... Ja. Okay«, sagte er schließlich.

Cruella warf mir noch einen letzten bösen Blick zu, dann verließ sie das Wohnzimmer. Sebastian folgte ihr.

Ich hörte die beiden im Flur miteinander reden, doch ich konnte nicht verstehen, worüber sie sprachen. Dann schloss sich die Wohnungstür, und eine Zeit lang tat sich gar nichts. Ich rieb mir die Stirn, hinter der sich alles drehte. Meine Gedanken schlugen Purzelbäume, ich hatte keine Ahnung, was hier gerade passiert war und warum ich so furchtbar verletzt war, obwohl ich überhaupt kein Recht dazu hatte. Hinzu kam noch diese Erkältung, die mich schon wieder zum Heulen brachte.

Sebastian kam herein, und ich wischte hastig meine Tränen weg.

Er setzte sich neben mich auf das Sofa und hielt mir ein Gerät hin, das mich entfernt an einen Ladyshaver erinnerte.

»Was soll ich damit?«

»Fieber messen.«

Ich starrte das Teil nur an. »Und wie?«

Sebastian seufzte und rückte näher an mich heran. Er hob seine Hand, doch kurz bevor er mich berührte, hielt er inne. »Darf ich?«

Ich nickte, woraufhin er mir vorsichtig den Pony zur Seite

schob und mit der anderen Hand das Gerät gegen meine Stirn hielt. Ich schloss die Augen und genoss seine kühlen Finger in meinem heißen Gesicht. Doch dann piepte es schon, und er ließ mich wieder los.

»39,4. Ganz schön hoch, aber ich weiß auch nicht, ob dieses Ding richtig misst. Ich hab es noch nie benutzt.«

»Dann miss doch noch mal«, schlug ich vor.

Er wiederholte die Prozedur, und wieder kostete ich die Kühle seiner Finger voll aus.

»39,4. Du gehörst ins Bett, Anni.«

»In Kais Zimmer ist es kalt.«

»Dann mach ich die Heizung an.« Sebastian stand auf und kehrte kurz darauf mit einem Glas Wasser und einer Aspirin zurück. »Hier.«

Widerwillig nahm ich die Tablette in den Mund und spülte mit Wasser nach. Vor Schmerzen verzog ich das Gesicht. »Aua«, sagte ich kümmerlich, dann ließ ich mich kraftlos an die Rückenlehne fallen. »Tut mir leid, dass ich dir die Tour vermasselt habe«, log ich. Es tat mir nicht mal ansatzweise leid. »Bist du jetzt sauer auf mich?«

»Oh Mann, Anni.« Sebastian ließ sich ebenfalls gegen die Rückenlehne sinken und atmete laut aus. »Nein. Bin ich nicht. Im Grunde genommen bin ich sogar ganz froh darüber. Letzten Endes sind One-Night-Stands doch sowieso immer scheiße.«

Das sollte also nur ein One-Night-Stand werden? Wahrscheinlich hätte es mich nicht so freuen sollen, aber in meinem Fieberwahn freute es mich unheimlich. Ich konnte nicht mehr sitzen, also legte ich mich hin, wobei meine Füße an Sebastians Oberschenkel stießen. »Hast du oft One-Night-Stands?« Mein Herz schlug schneller.

Sebastian stöhnte beinahe verzweifelt auf. »Anni, ich … Nein. Nicht oft.«

Wir sahen uns an, und mir wurde klar, dass ich über Sebastians Sexleben lieber gar nichts wissen wollte. Außerdem waren meine Halsschmerzen vom Reden schlimmer geworden. »Ich bin müde«, flüsterte ich und schloss die Augen. Sofort zog der Schlaf an mir, um mich auf seine Seite zu holen.

Ich spürte, wie Sebastians Hand über meine Füße strich. »Dann geh ins Bett«, sagte er in so sanftem Tonfall, dass mir aus irgendeinem Grund wieder Tränen in die Augen traten. Er reichte mir die Hand, um mich hochzuziehen.

Ich griff nach meiner Bettdecke und murmelte: »Gute Nacht. Und frohes neues Jahr.«

»Dir auch.«

»Meins war bislang nicht so toll.« Ich verkrümelte mich in Kais Bett und schlief ein, kaum dass ich meinen Kopf auf das Kissen gelegt hatte.

Schattenseiten

Das neue Jahr begann für mich mit einer fetten Mandelentzündung. Ich vegetierte zwei Tage lang in Kais Bett fiebernd und elend vor mich hin und schlief fast ununterbrochen durch. Sebastian kam immer mal wieder rein, um mir einen Tee oder etwas zu essen zu bringen. Doch nach ein paar Schlucken und Gabeln gab ich meist auf und ließ mich wieder ins Kissen sinken, um weiterzuschlafen. Nele kümmerte sich zum Glück darum, dass die Gastherme repariert wurde, und so konnte ich rechtzeitig, bevor Kai aus Schwerin wiederkam, zurück in unsere Wohnung. Den Rest der Ferien verbrachte ich im Bett, wo ich las, schlief oder einen Disney-Film nach dem anderen inhalierte.

Wenn ich das nicht tat, grübelte ich über Sebastian und Tristan nach. Meine Gefühle für Sebastian konnte ich unmöglich länger ignorieren. Diese Eifersucht in der Silvesternacht hatte nichts mit meinem Fieber zu tun gehabt. Die wütete nämlich auch noch in mir, als meine Körpertemperatur wieder die üblichen 36,8 Grad Celsius maß. Die Erinnerung daran, wie er diese Kuh geküsst hatte, verursachte mir Übelkeit, und obwohl es irrational war, wurde ich von Tag zu Tag wütender auf Sebastian. Ich hatte nicht das geringste Recht, eifersüchtig zu sein. Aber ich war es. Dabei war zwischen Sebastian und mir nie irgendetwas Konkretes passiert. Er hatte nie Andeutungen gemacht oder gesagt, dass ich mehr als nur eine Freundin und Nachbarin für ihn war. Und selbst wenn – da war immer noch Tristan. Der Mann, den ich schon immer gewollt hatte. Allerdings hatte auch er mir gegenüber nie durchblicken lassen, dass er an mir interessiert war und dass er heute etwas anderes in mir sah als damals. Es gab also momentan zwei Männer in meinem Leben, die meine Gefühlswelt komplett durcheinanderbrachten – und beide Männer dachten wahrscheinlich keine Sekunde mehr an mich, sobald ich mich weiter als drei Meter von ihnen entfernt hatte. Was. Für. Ein. Scheiß. Eins stand jedenfalls fest: So wie es jetzt war, konnte es definitiv nicht weitergehen.

Also traf ich am letzten Ferientag zwei Entscheidungen. Erstens: Ich würde mir Sebastian aus dem Kopf schlagen. Er hatte an Silvester eine Tussi mit nach Hause genommen, um mit ihr zu schlafen. Und das hätte er nicht getan, wenn er Gefühle für mich gehabt hätte. Außerdem war er ja sowieso nur mein Tchibo-Mann. Und zweitens: Ich würde von jetzt an Tristan gegenüber mit offeneren Karten spielen. Auf keinen Fall wollte ich mich ihm an den Hals werfen oder ihm hinterherlaufen, aber er sollte zumindest deutlich spüren können, dass ich Interesse an ihm hatte. Denn ich konnte ihn nicht einfach aufgeben. Das war ich der sechzehnjährigen gemobbten Annika schuldig. Sie sollte ihren Traumtypen endlich bekommen.

»Moin zusammen«, begrüßte ich die 9c am nächsten Morgen. »Wie waren eure Ferien?«

»Okay«, murmelte Heaven-Tanita, doch die meisten äußerten sich nicht dazu.

»Hattet ihr ein besonders schönes Weihnachtserlebnis?«

»Mein schönstes Weihnachtserlebnis war eigentlich die Feier, die wir vor den Ferien mit Ihnen gemacht haben«, sagte Victoria.

»Und Ihr Adventskalender. Der war auch cool«, fügte Heaven-Tanita hinzu.

»Ja, das war echt gut«, meinte Tülay.

Viele andere nickten zustimmend.

Mir stockte der Atem, und für einen Moment war ich völlig überwältigt davon, wie sehr mich diese Antworten rührten. Dass mein Adventskalender und diese popelige Weihnachtsfeier vielen meiner Schüler so viel bedeutet hatten. Und vor allem wurde mir bewusst, wie traurig das eigentlich war. Hätten sie ihr schönstes Erlebnis nicht zu Hause haben sollen? Mit ihren Eltern und Geschwistern? Wie waren ihre Feste und Ferien denn abgelaufen?

Aber inzwischen war ich schon lang genug an der ALS, um es mir ansatzweise vorstellen zu können. Es war unglaublich, was ich an dieser Schule schon alles erlebt und was manch einer meiner Schüler schon mitgemacht hatte. Es hatte Fälle von Waffenbesitz, Drogenkonsum, Dealerei und Internetprostitution gegeben. Es gab Kinder, mit denen nicht wirklich gesprochen wurde und die mir erzählten, dass sie zu Hause immer vor dem Fernseher aßen – jeder zu unterschiedlichen Zeiten. Es wurde nicht vorgelesen, es wurden keine Geschichten erzählt, keine Spiele gespielt oder Ausflüge gemacht. Es gab viel zu viele Schüler an dieser Schule, die ihren Eltern scheinbar egal waren, und je länger ich hier unterrichtete, desto mehr nahm all das mich mit. Aufgaben, die eigentlich den Eltern zukommen sollten, wurden auf die Schule abgewälzt. Die Kinder verhielten sich asozial ihren Mitschülern gegenüber, prügelten, waren aggressiv oder faul, rülpsten, legten die Füße auf den Tisch oder klauten? Das lag natürlich daran, dass sie in der Schule nicht gelernt hatten, sich zu benehmen. Die Eltern wuschen ihre Hände in Unschuld.

Natürlich waren nicht alle so, das musste ich mir immer wieder vor Augen führen. Die meisten Kinder stammten aus liebevollen Familien. Aber die Negativfälle blieben mir viel mehr im Gedächtnis hängen und belasteten mich. Anfangs hatte ich noch geglaubt, ich könnte all das von mir fernhalten und dass es mich sowieso nicht jucken würde, weil ich diese Schule nur als Übergangsstation sah. Aber inzwischen hatte ich meine Schüler kennengelernt, und ich konnte nicht länger so tun, als wären sie mir egal. Die ALS war keine unliebsame Zwischenstation mehr, bevor ich endlich an das Werther-Gymnasium zurückkehren konnte. Fast unbemerkt von mir selbst hatte ich die Kinder und diese Schule in mein Herz geschlossen. Manchmal hatte ich tatsächlich das Gefühl, dass das, was ich tat, meinen Schülern etwas bedeutete. Zum Beispiel, wenn ich mich an Versprechen hielt, sie lobte oder Witze mit ihnen machte. Wenn ich ihnen zuhörte und sie fragte, warum sie gerade ausrasteten, anstatt sie einfach aus dem Unterricht zu werfen. Sie zeigten ihre Anerkennung nicht in großen Gesten oder indem sie besonders fleißig lernten. Meistens war es nur ein Grinsen oder ein »Yo, Frau Paulsen« auf dem Schulhof. Aber gerade, weil die Arbeit an dieser Schule mich emotional mehr und mehr aufrieb, waren diese kleinen Momente der Anerkennung umso wichtiger für mich.

Als Tristan am Dienstag bei der ersten AG-Probe nach den Ferien die Aula betrat, machte sich ein beklommenes Gefühl in mir breit. Ich wollte zwar von nun an mit offeneren Karten spielen, allerdings stand ich vor dem Problem, dass ich eigentlich gar keine Ahnung hatte, wie ich das konkret umsetzen sollte. Wir waren ja nie allein, also konnte ich ihm unmöglich demonstrieren, was für eine sexy und begehrenswerte Frau ich geworden war, ohne dass alle Welt es mitbekam.

Ich fasste mir ein Herz und ging zu Tristan, der seine Tasche auf einem der Theatersessel abstellte und sich die Jacke auszog. »Hi. Und frohes neues Jahr. Noch mal.« Wir hatten uns bereits an Neujahr ein paar Nachrichten geschrieben und diese Formalität eigentlich längst erledigt.

»Danke, dir auch. Bist du wieder fit?«

»Ja, alles wieder gut. Wie waren deine Ferien?«

»Ferien?«, fragte er lachend. »Meine Ferien waren sehr schön, vielen Dank. Willst du auch wissen, was mein bestes Weihnachtsgeschenk war?«

»Ja, das würde mich wirklich interessieren.«

»Hm.« Tristan rieb sich gespielt nachdenklich das Kinn. »Schwierig. Einen Hund habe ich schon wieder nicht bekommen, und auch kein Pony.«

Ich kicherte nervös. »Du hast echt Rabeneltern.«

»Ich weiß. Der Schlafanzug von meiner Oma war aber wie jedes Jahr super. Übrigens, es gibt Neuigkeiten«, verkündete er. »Ich habe einen Job. Zwar nur als Krankenvertretung für den Regieassistenten, aber besser als nichts.« Er sah mich Beifall heischend an, doch mir sackte umgehend das Herz in die Jeans. »Heißt das, du steigst aus?«

»Nein, das Theater ist in Hamburg. Ich habe denen gesagt, dass ich ehrenamtlich ein Musical-Projekt mit sozial benachteiligten Jugendlichen betreue. Das kam ziemlich gut an, und ich werde dafür dienstagsnachmittags freigestellt.«

Erleichtert atmete ich auf. »Na dann, herzlichen Glückwunsch.«

Er lächelte zufrieden. »Vielen Dank. Wusste ich doch, dass dieses Projekt mir irgendwann mal nützlich sein würde.«

Schockiert starrte ich ihn an. »Heißt das, du hilfst uns nur, weil du dir einen Nutzen für dich selbst davon versprichst?«

Tristan beugte sich zu mir vor und sagte leise: »Willst ausgerechnet du mir das etwa vorwerfen, Annika? Du hast dieses Projekt doch nur angeschoben, weil du wieder zurück an deine alte Schule willst.«

Verdammt, er hatte ja recht. Ich konnte ihm wirklich keine Vorhaltungen machen. Nur war dieses Projekt inzwischen so viel mehr für mich als nur die vage Chance darauf, meinen alten Job wiederzubekommen. Ich sah rüber zur Bühne, wo Jo, Pawel und Engin ein paar Dancemoves hinlegten, Mesut und Heaven-Tanita sich mal wieder über eine Szene stritten, während die anderen quatschten oder still ihren Text durchgingen.
»Ich mach es nicht nur deswegen«, sagte ich schließlich.
»Ich auch nicht.«
»Dann ist es ja gut.«
»Ja. Ist es.«
Für einen Moment verfingen sich unsere Blicke ineinander, doch dann fuhr Tristan sich durchs Haar und wandte sich von mir ab. »Wollen wir anfangen?«
Wir gingen auf die Bühne, und ich rief die Schüler dazu auf, mir für einen Moment zuzuhören. »Also, Leute, es gibt ein paar Neuerungen: Ich möchte, dass ihr von jetzt an in Zweier-Teams zusammenarbeitet. In diesen Teams könnt ihr gemeinsam euren Text, Choreografien oder Songs durchgehen. Euch über das Stück und eure Rollen austauschen, euch gegenseitig bei Schwierigkeiten helfen. Ihr seid so etwas wie Paten füreinander.«
»Ich mach mit Nike«, sagte Heaven-Tanita entschieden.
»Nein, ihr könnt euch euren Partner leider nicht aussuchen. Das habe ich bereits getan.« Ich holte mein Notizbuch hervor. »Okay, das erste Zweier-Team: Maryam und Heaven-Tanita.«
»Was?«, fragte Heaven-Tanita mit langem Gesicht. »Wieso denn ausgerechnet mit Maryam? Wir haben doch überhaupt nichts miteinander zu tun.«
»Ich kann nicht«, sagte Maryam entschieden. »Ich muss übersetzen für Hamed.«

»Nein, Maryam, das musst du nicht«, erwiderte ich. »Es ist sehr lieb, dass du dich um ihn kümmerst, aber es wird Zeit, dass er ohne dich klarkommt. Stimmt's, Hamed?« Ich sah ihn herausfordernd an.

Er nickte.

Ich wusste schon längst, dass Hamed sehr gut Deutsch verstand, aber er sprach es nur, wenn es sich gar nicht vermeiden ließ. Damit war jetzt Schluss. »Hamed wird mit Mesut zusammenarbeiten.«

»Hä?«, fragte Mesut verdattert. »Nich ihr Ernst, Frau Paulsen. Der ist doch voll das Baby.«

Genervt sah ich von meinem Notizbuch auf. »Ich will jetzt nicht bei jedem Team, das ich verkünde, Gemecker von euch hören. Also haltet euch zurück, okay? Gut. Weiterhin arbeiten zusammen: Pawel und Meikel, Jo und Pola, Nike und Belal, Engin und Flora …« Die Kids ließen mich dieses Mal tatsächlich ausreden, bis ich alle Teams verkündet hatte. »So, dann findet euch mal alle mit eurem neuen Partner oder eurer neuen Partnerin zusammen.«

Es entstand ein Hin und Her auf der Bühne, bis endlich alle Teams sich nebeneinander aufgestellt hatten. Teils musterten sie sich widerwillig, wie Heaven-Tanita und Maryam oder Pawel und Meikel, teils auch gleichgültig. Niemand war mit seinem zukünftigen Partner wirklich glücklich. Aber das nahm ich in Kauf. Es war zwar ein Risiko, doch ich versprach mir einiges davon.

Nach der Probe packten Tristan und ich unsere Sachen zusammen, während die Schüler nach und nach die Aula verließen. »Das nenne ich Teambuilding mit dem Holzhammer«, sagte er. »Du hättest das vorher übrigens ruhig mal mit mir besprechen können.«

»Wozu? Es betrifft dich doch gar nicht direkt.«

»Wenn das in die Hose geht und für schlechte Stimmung sorgt, betrifft es mich sehr wohl.«

»Ich weiß, dass das auch in die Hose gehen kann, aber einen Versuch ist es wert. Die werden sehr voneinander profitieren.«

Inzwischen war die Aula bis auf Tristan und mich vollkommen leer. Wir waren allein, und auf diesen Moment hatte ich schon so lange gewartet, dass ich jetzt völlig überfordert damit war.

Er musterte mich mit diesem intensiven Tristan-Blick. Dann breitete sich ein Lächeln auf seinen Lippen aus. »Anfangs dachte ich, dass du nur Lehrerin geworden bist, weil du nicht wusstest, was du sonst tun solltest. Aber inzwischen glaube ich, dass dein Beruf dir wirklich am Herzen liegt.«

»Das tut er auch.«

»Willst du denn überhaupt noch weg hier?«

Ich ließ mich auf einen der Theater-Sessel fallen und dachte über seine Frage nach. »Ich kann nicht bleiben«, sagte ich schließlich. »Viel zu viele dieser Kinder haben schon viel zu schlimme Dinge mitgemacht, und es ist furchtbar, dass ich im Grunde nichts dagegen tun kann. Wenn ich bleibe, drehe ich irgendwann durch. Was ist mit dir?«, fragte ich, um das Gespräch nur ja nicht abbrechen zu lassen. »Was sind die Schattenseiten bei deinem Job?«

Tristan setzte sich neben mich und streckte die Beine aus. »Na ja, ich weiß nie, wo ich als Nächstes arbeiten werde. Außerdem wäre da noch die finanzielle Seite. Reich wird man mit diesem Job nicht, und momentan läuft es derart schlecht, dass ich wahrscheinlich unter einer Brücke pennen müsste, wenn mein Onkel mir nicht sein Haus zur Verfügung gestellt hätte. Ich bin oft genug kurz davor, alles hinzuschmeißen.«

»Du würdest niemals hinschmeißen«, sagte ich im Brustton der Überzeugung. »Das Theater ist dein Leben. War es immer schon. Und es gibt nichts, das du auch nur ansatzweise so sehr liebst wie deinen Job.«

Tristan sah mich nachdenklich an. Es war so still in der Aula, dass ich meinte, mein Herz klopfen zu hören. »Woher willst du das wissen?«

»Weil ich dich kenne.«

»Kennst du mich wirklich? Und kenne ich dich? Manchmal bin ich mir da alles andere als sicher.«

»Du hast dich in den letzten Jahren nicht so sehr verändert.«

»Aber haben wir uns denn damals besonders gut gekannt? Es ist doch nicht so, als hätten wir nächtelang geredet und unser Seelenleben miteinander geteilt. Und selbst wenn ich dich früher mal ganz gut gekannt habe, heute bist du ...« Mitten im Satz hielt er inne.

»Was denn?«, fragte ich mit angehaltenem Atem.

»Du bist einerseits noch genau wie früher. Du siehst mich manchmal so an, du redest so, du benimmst dich so. Aber dann entdecke ich ganz neue Seiten, und ich frage mich, wer diese Frau ist, die da vor mir steht. Ich glaube also nicht, dass ich dich besonders gut kenne.«

»Dann lern mich doch kennen«, sagte ich, doch es kam nur als Flüstern raus. War das jetzt schon zu viel gewesen?

Tristan stutzte und schien nach einer Antwort zu suchen.

Okay, das *war* zu viel gewesen, ich hatte ihn in Verlegenheit gebracht. Also schnell zurückrudern. »Ich meine, wir verbringen hier so viel Zeit miteinander, da lässt sich das doch gar nicht vermeiden.«

»Nein, wahrscheinlich nicht«, sagte er, und ich meinte, einen Hauch von Traurigkeit in seinem Blick zu erkennen. Für einen Moment saß er still da, doch dann beugte er sich nach vorne, um nach seiner Tasche zu greifen. »Ich gehe jetzt wohl besser.«

›Wieso?‹, hätte ich am liebsten gefragt, aber ich tat es nicht. Wenn er gehen musste, musste er wohl gehen. Ich würde ihn ganz bestimmt nicht anbetteln zu bleiben.

Tristan stand auf und hängte sich seine Tasche über die Schulter. »Also dann, bis nächste Woche.«

Erst jetzt fiel mir wieder ein, dass ich ihn aufgrund seines neuen Engagements nur noch einmal die Woche sehen würde. Das Herz wurde mir schwer, doch auch das ließ ich mir nicht anmerken. »Ja, bis nächste Woche. Und toi, toi, toi für deinen neuen Job.«

Er nickte mir noch mal zu, und dann ließ er mich allein zurück. Dieser Mann gab mir Rätsel auf. Ich war mir beinahe sicher, dass er gerne geblieben wäre, um noch länger mit mir zu reden. Und ich verstand nicht, warum er sich immer wieder von mir zurückzog.

Seufzend stand ich auf und verließ die Aula. Die Pausenhalle lag verlassen da, und meine Schritte hallten von den Wänden wider. Es waren nur ein paar Lichter an, sodass ich beinahe den Jungen übersehen hätte, der im Schneidersitz auf einer Bank saß. Im Näherkommen erkannte ich, dass es Meikel war. Wieso war er denn immer noch hier? In diesem Moment wurde mir erst bewusst, dass Meikel nach den AG-Stunden öfter mal so lange bummelte, bis alle anderen gegangen waren, um noch ein bisschen mit mir zu plaudern. Beziehungsweise, mit mir und Sebastian, denn Meikel bummelte bevorzugt, wenn Sebastian da war.

Am Anfang des Schuljahrs hatte ich Meikel doch auch schon nach Schulschluss in der Pausenhalle entdeckt. Er hatte mir erzählt, dass er zu Hause nicht in Ruhe lesen konnte, weil sein kleiner Bruder so viel weinte. Ich hatte mir keinen großartigen Kopf darüber gemacht. Aber jetzt wurde mir klar, dass dieses Verhalten nicht normal für einen Teenager war. Normalerweise sollte Meikel doch froh sein, das Schulgebäude verlassen zu können. Er schien jedoch lieber hier zu sein, als nach Hause zu gehen. Und mein Bauchgefühl, das ich in Bezug auf Meikel bislang immer ignoriert oder nicht ernst genommen hatte, sagte mir nun ganz eindeutig, dass hier etwas faul war.

Meikel war so vertieft in das Comic auf seinen Knien, dass er mich erst wahrnahm, als ich ihn ansprach. »Hallo, Meikel. Was machst du denn noch hier?«

Er zuckte leicht zusammen und sah zu mir auf. »Ich wollte nur mein Comic zu Ende lesen.«

»Weint dein kleiner Bruder denn immer noch so viel?«

»Mhm.«

Ich setzte mich auf die Bank ihm gegenüber, stellte meine Schultasche neben mir ab und musterte Meikel genauer. Mein Blick fiel auf seine Füße. Er trug seine dünnen, zerlatschten Chucks. Es war Januar, draußen waren es minus drei Grad, und dieser Junge lief in Stoffschuhen rum? Auch sonst machte er einen ungepflegten Eindruck, seine Haare waren fettig und rochen auch so. Auf seinem langärmligen T-Shirt tummelten sich Flecken, und seine Hose war an den Knien ganz abgewetzt. Er war eindeutig viel zu dünn angezogen für diese Jahreszeit. Auch das war mir schon zu Beginn des Schuljahrs aufgefallen. Ich kramte in meinem Hirn, ob es seitdem öfter vorgekommen war, aber ich konnte mich nicht erinnern. Wie hatte ich das nur so aus den Augen verlieren können? Meine Aufmerksamkeit war irgendwie versandet, beziehungsweise von so vielen anderen Problemen beansprucht gewesen. Was Meikel anging, hatte ich gepennt. »Ist dir das nicht zu kalt mit den dünnen Schuhen und Klamotten?«

Er sah an sich herunter, als würde ihm erst jetzt bewusst werden, was er anhatte. »Nö. Ich friere nie.«

Das konnte ich kaum glauben, und ich fragte mich, wieso seine Mutter ihn so aus dem Haus gehen ließ. Dann fiel mir ein, dass ich ihn schon mal auf seine Schuhe angesprochen hatte. Er hatte behauptet, er würde sich seine geliebten Chucks erst anziehen, nachdem er das Haus verlassen hatte. Damals hatte ich zwar gestutzt, es ihm letzten Endes aber doch abgekauft. Heute allerdings war ich mir sicher, dass er log. Und inzwischen war ich lang genug an dieser Schule, um eine Schlussfolgerung zu ziehen, die früher für mich undenkbar gewesen wäre: Wahrscheinlich kriegte Meikels Mutter ihren Hintern morgens nicht aus dem Bett, weil das Baby die ganze Nacht über weinte. Und Meikel war auf sich allein gestellt. »Wie geht es denn eigentlich deinem Bruder? Jayden, richtig?«

Meikels Gesicht verdüsterte sich. »Gut. Aber das Heulen nervt echt.«

»Dann ist deine Mama morgens bestimmt sehr müde, was?«

Sofort wurde er wachsam. Sein Körper versteifte sich, und er kniff die Augen zusammen. »Es geht.«

»Eine Freundin von mir hat vor ein paar Monaten auch ein Baby bekommen«, behauptete ich. »Und das weint mit Vorliebe nachts. Deswegen ist sie morgens oft so müde, dass sie gar nicht aufstehen kann.«

Er wich meinem Blick aus und stieß gegen ein unsichtbares Steinchen auf dem Fußboden. »Hat die noch andere Kinder?«

»Ja, eine achtjährige Tochter. Und manchmal verschlafen sie alle morgens, dann kommt das Mädchen viel zu spät zur Schule.«

Meikel sah abrupt auf. »Aber ich komme immer pünktlich«, sagte er mit Panik in den Augen.

Mein Herz wurde mir schwer, und ich konnte es kaum ertragen, diesen Jungen so ängstlich zu sehen. »Das stimmt. Und du bist sehr verantwortungsbewusst. Aber ich habe das Gefühl, dass du dich ein bisschen zu oft um dich selbst kümmern musst. Kann das sein?«

Meikel spielte an dem Griff seines Rucksacks herum. »Nein«, sagte er, doch das war so offensichtlich gelogen, dass ich keinen Zweifel mehr hatte. Ich dachte an das, was Sebastian über die Zeit erzählt hatte, als seine Mutter Alkoholikerin gewesen war. ›Die meiste Zeit war ich damit beschäftigt, alles dafür zu tun, dass es niemand merkt.‹ Vielleicht war es bei Meikel genauso. Vielleicht versuchte er nur, seine Mutter zu beschützen.

»Meikel, wenn du über irgendetwas reden möchtest, dann ...«

»Soll ich zum Schulleiter gehen oder zum Vertrauenslehrer«, vollendete er meinen Satz. »Ich weiß.«

»Zum Beispiel. Aber wenn dir danach ist, kannst du auch gerne mit mir sprechen. Jederzeit.«

Er sah mich prüfend an, als würde er überlegen, ob ich wirklich vertrauenswürdig war. »Wenn ich mit Ihnen rede, über irgendwas, dann würden Sie es doch niemandem weitererzählen, oder?«

Ich wusste, dass das eine heikle Frage war. Wenn ich ihm die Wahrheit sagte, würde er wahrscheinlich niemals mit mir reden. Aber anlügen konnte und wollte ich ihn auf keinen Fall. »Das kann ich dir nicht versprechen. Ich bin deine Lehrerin, und ich will, dass es dir gut geht. Und wenn ich allein dir nicht helfen kann, dann muss ich es jemandem sagen, der weiß, was zu tun ist. Verstehst du das?«

Meikel nickte. Für eine Weile sagten wir beide nichts, doch dann hob er entschlossen das Kinn. »Aber es ist ja nichts.

Nur mein kleiner Bruder nervt manchmal. Und ich frier echt nicht.«

Damit hatte ich eigentlich rechnen müssen. »Na schön. Aber das Angebot steht. Wenn du mit mir reden willst, dann bin ich da.«

Ein kümmerliches Lächeln erschien auf Meikels Gesicht. »Sie sind echt ganz okay.« Dann stand er auf, sagte »Tschüs, Frau Paulsen« und lief durch die Pausenhalle in Richtung Ausgang.

Am nächsten Tag sprach ich mit Herrn Sandmann über mein Problem. Er bot mir an, das Jugendamt zu informieren, doch ich wehrte ab. »Ich weiß ja noch gar nicht, was da los ist. Es ist erst mal nur ein Bauchgefühl. Vielleicht übertreibe ich auch maßlos.«

»Nur wegen eines Bauchgefühls wird das Jugendamt ohnehin nicht tätig.«

»Denken Sie denn, es ist legitim, ihn eine Weile genauer zu beobachten? Oder muss ich sofort handeln?«

Herr Sandmann rieb sich nachdenklich das Kinn. »Wissen Sie, Frau Paulsen ... Obwohl, wollen wir uns nicht duzen? Das ist doch bei uns im Kollegium so üblich, und immerhin sind Sie jetzt schon ein paar Monate hier.«

»Ja, gerne«, erwiderte ich. Wie nett. Mit Dr. Friedrich hatte ich mich nie geduzt. »Ich bin Annika.«

»Stefan.« Er hielt mir seine Kaffeetasse hin, und ich stieß mit meiner dagegen.

»Also, um mal auf dein Problem zurückzukommen«, setzte er an. »Wir haben hier ständig mit Entscheidungen zu tun, die kein anderer treffen möchte. Und egal, wie wir uns entscheiden, oftmals machen wir es falsch. Damit müssen wir leben. Meikel ist bislang keinem anderen Lehrer im Kollegium aufgefallen. Solange du also noch keinen konkreten Verdacht hast, finde ich es okay, den Jungen nur zu beobachten.« Er sah mich ernst an. »Aber warte nicht zu lang.«

»Das habe ich nicht vor. Auf gar keinen Fall.«

Ich beobachtete Meikel in den kommenden Tagen genau, und mir fiel immer wieder etwas an ihm auf. Es waren oft nur Kleinigkeiten, die man leicht übersehen konnte. Aber jetzt, wo ich verstärkt darauf achtete, bemerkte ich, dass er manchmal nichts zu essen dabeihatte, dass er vier Tage hintereinander die gleichen Klamotten trug, ungepflegt wirkte oder sich länger als nötig in der Schule herumdrückte. Ich sah mir das genau zwei Wochen lang mit an, dann besorgte ich mir die Telefonnummer von Meikels Mutter und rief bei ihm zu Hause an. Niemand ging ran, also hinterließ ich eine Nachricht auf dem Anrufbeantworter, nannte die Nummer der Schule und sogar meine Festnetznummer. Das hatte ich bislang noch nie getan, aber in diesem Fall hielt ich es für angebracht. Drei Tage lang tat sich gar nichts, also rief ich nochmals an. Wieder nichts. Da stank doch was zum Himmel! Mir blieb nichts anderes übrig, als mit Meikel darüber zu sprechen, und so hielt ich ihn nach der Mittwochs-Probe zurück. Er war heute mit Sebastian im Werkraum gewesen, und danach war er für seine Verhältnisse immer regelrecht glücklich. Seine Wangen waren gerötet, seine Augen strahlten, und auch seine Körperhaltung war aufrechter. »Wir haben heute Graffitis gemacht«, erzählte er aufgeregt. »Sebastian kann das derbe gut, ich glaube, der war früher selber mal Sprayer.«

Nach allem, was ich über Sebastians Jugend wusste, war das gar nicht mal so unwahrscheinlich. »Wie cool. Ich muss unbedingt mal wieder im Werkraum vorbeischauen, was?« Ich hielt kurz inne, doch dann gab ich mir einen Ruck und sagte: »Hör zu, Meikel, ich möchte gerne mal mit deiner Mutter sprechen.«

Er wurde augenblicklich weiß im Gesicht. »Nein! Wieso denn? Ich hab doch gar nichts gemacht!«

»Nein, hast du nicht. Aber ich mach mir ein bisschen Sorgen um dich, das habe ich dir doch erzählt. Und darüber möchte ich mit deiner Mutter sprechen.«

»Aber ich komme immer pünktlich, ich mache meine Hausaufgaben, und ich gebe mir so viel Mühe! Sie haben kein Recht dazu!«

»Doch, Meikel«, sagte ich ruhig. »Das habe ich.«

Seine Augen schimmerten feucht. »Bitte, Frau Paulsen. Bitte rufen Sie nicht bei mir zu Hause an.«

Obwohl seine heftige Reaktion mir beinahe körperlich wehtat, bestärkte sie mich erst recht in meinem Vorhaben. »Es tut mir wirklich leid, aber das muss ich. Du hast nichts Schlimmes getan, also brauchst du doch gar keine Angst zu haben.«

»Aber dann reden Sie nur mit meiner Mutter, ja? Nicht mit ihrem Freund. Den interessiert das sowieso nicht.«

»Nein, ich rede nur mit deiner Mutter. Ich versuche schon länger, sie zu erreichen, aber sie ruft nicht zurück.«

»Ich sag ihr, dass sie Sie anrufen soll«, beteuerte Meikel hastig. »Unser Anrufbeantworter ist kaputt, da brauchen Sie gar nicht draufsprechen.«

Ich schrieb die Nummer der Schule und meine Festnetznummer auf und gab sie Meikel.

Noch am selben Abend meldete seine Mutter sich bei mir. Ich saß gerade mit Nele, Kai und Sebastian in der Küche bei einem Grünkohl-Schlemmeressen, als unser Festnetztelefon klingelte. Nele ging ran und kehrte kurz darauf in die Küche zurück. »Da ist eine Frau für dich am Telefon. Sie sagt, sie sei die Mutter von einem Meikel und solle dich anrufen.«

Ich ließ Messer und Gabel fallen, dann ging ich ins Wohnzimmer und nahm das Telefon in die Hand. »Paulsen?«

»Decker hier«, ertönte eine Stimme, die sich kaum älter anhörte als die meiner Schülerinnen. »Ich soll Sie anrufen. Hat der Junge Scheiße gebaut?«

»Nein«, beeilte ich mich zu sagen. »Meikel ist sehr lieb und freundlich. Wenn Sie möchten, können wir das auch persönlich besprechen. Sie könnten morgen in der Schule vorbeikommen.«

»Ich kann nich«, erwiderte sie in leidendem Tonfall. »Ich hab doch das Baby.«

Aha? Wenn man ein Baby hatte, konnte man also das Haus nicht mehr verlassen? Das war mir neu. Jetzt, wo es so weit war, fiel mir auf, dass ich keine Ahnung hatte, wie man so ein Gespräch anging. In meiner gesamten Laufbahn als Lehrerin hatte ich noch nie ein derartiges Telefonat führen müssen.

»Gut, dann besprechen wir es jetzt gleich. Mir ist bei Meikel in letzter Zeit immer wieder aufgefallen, dass er für das Wetter nicht warm genug angezogen ist. Außerdem wirkt er manchmal etwas ... ungepflegt.«

»Wieso ungepflegt?«

»Na ja, seine Klamotten sind schmutzig, und seine Haare sehen aus, als hätte er ein bisschen zu lange nicht geduscht. Außerdem hat er manchmal kein Frühstück dabei, und ...«

»Und wegen so was rufen Sie mich an? Ich kann mich doch nich um *alles* kümmern«, sagte sie, wieder in diesem wehleidigen Tonfall.

»Sie sollen sich ja auch gar nicht um alles kümmern, Frau Decker. Aber um Ihren Sohn schon.«

»Der Junge ist vierzehn, andere fangen da schon an zu arbeiten. Der kann sich doch wohl morgens mal 'ne Stulle schmieren.«

Ich fragte mich, ob sie den Namen ihres ›Jungen‹ vergessen hatte. »Das stimmt, Meikel ist alt genug, um Verantwortung zu übernehmen. Aber Sie als Mutter müssen durchaus noch ein Auge auf ihn haben und gucken, ob er das alles hinbekommt.«

Sie schwieg eine Weile. »Sie wissen ja gar nich, was ich alles am Arsch hab«, sagte sie schließlich. »Das Baby flennt in einer Tour, dann ist da noch der Haushalt, und mein Freund will ja auch irgendwie zu seinem Recht kommen. Außerdem hab ich's schon seit Jahren mit'm Rücken, ich bin Frührentnerin, weil ich nich mehr arbeiten kann. Und jetzt muss ich auch noch das Baby die ganze Zeit durch die Gegend schleppen. Mein Rücken bringt mich um, Sie können sich gar nicht vorstellen, was das für Schmerzen sind.«

»Das tut mir wirklich leid, aber …«

»Und der Vadder macht schön einen auf Hartz IV, um sich vorm Unterhalt zu drücken, und dann will er auch noch das Sorgerecht. Aber das kann er vergessen. Der kriegt den Jungen nich mehr zu sehen. Vier Jahre lang hat der mich betrogen, und mit dieser Schlampe fickt er immer noch rum.«

»Wissen Sie, eigentlich …«

»Mein Freund ist auch schon seit Monaten krankgeschrieben, weil er seinen Job nervlich nich mehr packt«, setzte sie ihre Jammertirade fort. »Der is einfach total am Ende. Das Geld sitzt knapp, da können wir uns so schöne Anziehsachen halt nich leisten. Das macht mich psychisch alles total fertig.« Nun fing sie an zu weinen.

»Frau Decker, das tut mir sehr leid, und ich verstehe ja, dass Sie viel um die Ohren haben«, sagte ich möglichst ruhig. »Wenn Ihnen das alles zu viel wird, besteht doch die Möglichkeit, Hilfe zu bekommen. Das Jugendamt stellt zum Beispiel Familienhelfer …«

»Jetzt wollen Sie mir auch noch das Jugendamt auf den Hals hetzen, damit die mir die Kinder wegnehmen?«, schluchzte sie.

»Was ich in erster Linie will, Frau Decker, ist, dass es Meikel gut geht. Und das wollen Sie doch auch, oder nicht?«

»Ja«, schniefte sie. »Natürlich will ich das. Ich lieb meinen Jungen ja. Das ist nur alles so viel für mich.«

»Aber es ist nun mal so, dass er noch nicht volljährig ist, und auch wenn Sie das alles sehr belastet, haben Sie die Verantwortung für ihn. Und Sie müssen mehr auf ihn achten.«

»Ja, aber wie denn?«, jammerte sie. »Ich bin morgens immer so kaputt, wenn der Kleine um sechs kommt. Danach muss ich mich erst mal wieder hinlegen und schlafen. Und dann krieg ich es halt nich mit, wenn der Junge aufsteht und zur Schule geht.«

Ich rieb mir die Stirn und musste mich schwer zusammenreißen, das Telefon nicht an die Wand zu feuern. »Wie wäre es denn, wenn Sie morgens nach dem Stillen wachbleiben, bis Meikel das Haus verlässt? Dann können Sie schon mal Frühstück machen und vielleicht eine Maschine Wäsche anstellen. Und wenn Meikel aufgestanden ist, gucken Sie, ob er sich warm genug angezogen hat. Dann frühstücken Sie zusammen mit ihm, und wenn er weg ist, legen Sie sich wieder hin. Sie gewinnen dadurch eine Stunde, in der Sie unheimlich viel schaffen können.«

Für eine Weile war es still am anderen Ende der Leitung. »Hm. Eigentlich könnte ich das machen. Das wird aber ganz schön hart.«

»Ich finde es wirklich toll, dass Sie das in Angriff nehmen«, sagte ich, denn ich vermutete, dass nicht nur meine Schüler viel gelobt werden mussten, sondern auch manche Eltern. »Und Sie schaffen das ganz bestimmt.«

Leise sagte sie: »Ich bin echt am Ende. Manchmal denk ich, ich halt das alles keine fünf Minuten mehr aus.«

»Wie gesagt, Frau Decker, wenn Sie sich überfordert fühlen, dann ist es überhaupt keine Schande, sich helfen zu lassen. Es gibt so viele Angebote für Familien in Ellerbrook. Mütter- und Erziehungsberatungsstellen, Stillgruppen und Familienteams ... da können Sie sich Rat holen. Ich kann Ihnen gerne einen Flyer zuschicken, auf dem Sie die Adressen und Telefonnummern finden.«

»Das Jugendamt wird mir doch nur die Kinder wegnehmen!«

»Diese Stellen haben gar nicht unbedingt was mit dem Jugendamt zu tun. Niemand will Ihnen die Kinder wegnehmen.«

»Das lass ich auch nich zu. Ich bin keine schlechte Mutter.«

»Natürlich nicht. Es geht doch nur darum, dass Ihnen jemand zuhört und neue Perspektiven zeigt, damit Sie sich wieder voll auf Ihre Kinder konzentrieren können. Denn die sind doch das Allerwichtigste für Sie.«

»Ja, natürlich.«

»Okay, dann schicke ich Ihnen gleich per E-Mail einen Link zum Flyer.«

»Ja. Das wäre vielleicht ganz gut.«

Sie nannte mir ihre E-Mail-Adresse, und ich kritzelte sie auf einen Zettel. »Sie haben wirklich einen ganz tollen Sohn, Frau Decker. Meikel ist sehr fleißig und klug. Und ein richtig guter Schauspieler. Bei den Proben bringt er uns alle andauernd zum Lachen. Sie können wirklich stolz auf ihn sein.«

»Bin ich ja auch.« Dann sagte sie urplötzlich: »Ich muss auflegen.«

»Äh ... okay. Also probieren Sie es jetzt erst mal, nach dem Stillen wach zu bleiben?«

»Ich kann nich mehr reden«, flüsterte sie.

Und schon war das Gespräch unterbrochen. Völlig geplättet saß ich da und starrte den Hörer an. In meinem Magen braute sich eine unfassbare Wut zusammen. Was für eine unangenehme Person. Sie jammerte und jammerte, wie schwer sie es hatte, dabei war es ihre einzige konkrete Aufgabe als Frührentnerin, sich um ihre Kinder zu kümmern. Ich schickte ihr schnell den Link und hoffte inständig, dass sie eine Beratungsstelle kontaktieren würde. Dann ging ich zurück in die Küche und ließ mich an den Tisch fallen.

»Alles gut?«, fragte Sebastian und sah mich prüfend an.

»Nein. Aber ich hab fürs Erste getan, was ich konnte. Keine Ahnung, ob ich es richtig gemacht habe. Mein Gott, war das ein unangenehmes Gespräch. Und eine unangenehme Person.«

»Wieso hast du überhaupt einer Mutter unsere Festnetznummer gegeben, Anni?«, erkundigte sich Nele. »Das hast du doch früher nie gemacht. Nicht, dass die jetzt dauernd hier anruft.«

Ich lachte bitter auf. »Das wird sie ganz sicher nicht. Was für eine Kuh! Ich krieg die Krise, wenn ich daran denke, dass sie ihren Sohn immer nur ›der Junge‹ genannt hat. Sie hat nicht ein einziges Mal seinen Namen gesagt.«

Sebastian holte ein Bier aus dem Kühlschrank und hielt es mir hin. »Hier. Versuch, das Gespräch hinter dir zu lassen und abzuschalten. Du hast jetzt Feierabend. Morgen früh um acht geht es weiter.«

Dankbar nahm ich ihm die Flasche aus der Hand und trank einen Schluck. »Ich werde es versuchen. Aber Feierabend habe ich bei meinem Job eigentlich nie.« Ich dachte an den Riesenstapel Klassenarbeiten, die ich noch korrigieren musste.

»Wir könnten zur Ablenkung ein bisschen mit dem Wischroboter spielen«, schlug Sebastian grinsend vor.

»Der ist doch hinüber. Oder hast du ihn etwa wieder zusammengebaut?«

»Nein. Ich habe einen neuen, besseren gekauft.«

Kai stöhnte auf. »Bitte nicht noch ein schwachsinniges Gerät, das uns die Bude vollmüllt.«

»Was, Sebastian auch?«, fragte Nele, die Sebastian und mich in den letzten Sekunden sehr interessiert beobachtet hatte.

Kai nickte mit leidvoll verzogener Miene.

»Anni auch«, sagte Nele.

»Mein Beileid«, meinte Kai.

»Gleichfalls.«

Ich beschloss, mir einen freien Abend zu gönnen, und so tranken Sebastian, Nele, Kai und ich ein paar Bier, jagten Sebastians neuen Wischroboter durch den Flur und erfanden dabei sogar ein Trinkspiel. Doch als ich später im Bett lag, musste ich wieder an das Gespräch mit Meikels Mutter denken. Ich würde ihn auch weiterhin ganz genau beobachten, so viel stand für mich fest.

Souveränes Verhalten in jeder Lebenslage – Lektion 1

In den nächsten Wochen liefen die Musical-Proben auf Hochtouren, und die Schüler arbeiteten härter als je zuvor. Sertab kam mit den Musikern sehr gut voran, Ralf war mit der Tanzgruppe hochzufrieden, und auch meine Sänger waren inzwischen so weit, dass Ralf und ich die Gruppen tauschen konnten. Schauspielerisch nahm Tristan die Kids ganz schön ran, und manchmal hatte ich richtig Mitleid mit ihnen, so oft ließ er sie ein und dieselbe Szene wiederholen, bis er endlich damit zufrieden war.

Die Teamarbeit in meinen Zweiergruppen war schleppend angelaufen, hatte sich inzwischen aber gut entwickelt. Es gab schon ein paar Erfolge zu verbuchen: Hamed sprach Deutsch. Zwar sehr gebrochen, aber er sprach. Hatte ich also richtig damit gelegen, dass Mesut, die kleine Labertasche, ihn zum Reden bringen würde. Und ich hatte mit dem Team Mesut/Hamed auch in anderer Hinsicht einen wahren Volltreffer getätigt. Mir fiel nämlich auf, dass Hamed, wann immer jemand auf der Bühne ins Stocken geriet, den Text vor sich hin murmelte – egal, um welche Rolle oder welche Szene es sich handelte. Als ich ihn darauf ansprach, stellte sich heraus, dass er das ganze Stück auswendig konnte. Und das war für Mesut, unseren König im Textvergessen und Nichtauswendiglernenkönnen, wahrlich ein Glücksgriff.

»Wie machst du das denn, Hamed?«, hatte ich ihn gefragt. »Wie kannst du dir all das merken?«

»Gibt es Tricks«, sagte er mit listiger Miene.

»Dann verrate Mesut diese Tricks doch mal. Machst du das?«

Er überlegte eine Weile, dann nickte er. »Ja. Ist MM Sledge mein Bruder. Er mir zeigt, wie man rappt.« Hamed ruderte in Mesut-Style mit den Armen und rappte in seinem starken arabischen Akzent: »Wir sind die Honks von der ALS, haben alle ADHS.«

Die beiden kamen also schon mal ganz gut miteinander aus. Auch Maryam und Heaven-Tanita näherten sich schneller aneinander an, als ich es erhofft hatte. Schon nach zwei Wochen steckten die beiden ständig ihre Köpfe zusammen und quatschten – sehr zu meinem Leidwesen auch im Unterricht. Wenn sie das nicht taten, sangen sie gemeinsam. Schließlich war das eine Leidenschaft, die sie beide teilten. »Maryam singt voll schön«, schwärmte Heaven-Tanita mir nach einer Probe vor. »Und sie hat mir von ihrem Zuhause erzählt. Ist ganz schön schlimm, wenn man so weit weg ist von allen Freundinnen, oder? Wenn ich mir vorstelle, ich müsste auf einmal in Syrien zur Schule gehen ... Da hätte ich überhaupt keinen Bock drauf und würde wahrscheinlich auch mit keinem reden. Die würden mich ja auch alle sowieso nicht verstehen, weißt, wie ich mein, Frau Paulsen?«

»Ja, ich weiß immer, was du meinst, Heaven-Tanita.«

Maryam wurde nach und nach selbstbewusster und taute auf. Nachdem sie zu Beginn so gut wie nie freiwillig etwas gesagt hatte, war sie nun wirklich dabei, statt nur am Rand zu stehen, um sich alles mit großen Augen anzuschauen. Ich sah sie immer häufiger lächeln und lachen. Manchmal war sie sogar richtig albern. Und ich freute mich jedes Mal wie eine Schneekönigin darüber.

Jo und Pola waren ebenfalls eine Paarung, die mir ganz gut gelungen war. Zu Beginn war Pola ihm zwar extrem auf die Nerven gegangen, und er hatte sich mehr als einmal bei mir darüber beschwert, dass sie ›ihr Maul nicht aufmachte‹. Doch inzwischen genoss sie so etwas wie Welpenschutz bei ihm. Wenn Tristan Pola in einer Szene kritisierte, fauchte Jo ihn sofort an, nur um ihr dann noch mal in eigenen Worten zu sagen, sie solle gefälligst nicht immer so ängstlich nach rechts und links schauen – schließlich würde sie eine Lehrerin spielen, und Lehrerinnen würden so etwas niemals tun. Pola hatte immer noch große Probleme mit ihrer Schüchternheit. Nach einer Probe hielt ich sie zurück, um endlich mal mit ihr darüber zu sprechen. »Hey, Pola, warte mal kurz. Hast du ein paar Minuten für mich?«

Sie zögerte. »Eigentlich wollte ich im Werkraum gucken, ob Sebastian da noch mit den anderen ist. Ich hab Lust, noch ein bisschen zu helfen.«

»Du kannst beim nächsten Mal wieder helfen, okay?« Sebastian war nach wie vor der Held aller Musical-AG-Teilnehmer. Ich hatte keine Ahnung, wie er das hinbekam. Er behauptete, er würde einfach nur mit den Kids Kulissen bauen und Bühnenbilder malen, aber insgeheim hegte ich den Verdacht, dass er sie mit Süßigkeiten und Cola vollstopfte oder ihnen irgendein Selbstbewusstseins-Serum verabreichte.

Pola und ich setzten uns auf den Rand der Bühne und ließen die Beine baumeln. »Ich wollte dich mal was fragen«, fing ich an. »Macht dir das hier eigentlich Spaß? Du wirkst oft so ängstlich und angespannt, und ich fände es schlimm, wenn es nur eine Quälerei für dich ist. Denn das soll es auf keinen Fall sein.«

»Ja, es macht mir schon Spaß, aber ...« Sie konnte mich kaum ansehen und zog an einem Faden, der aus ihrem Wollpullover guckte. »Eigentlich will ich lieber gar nicht so doll auffallen.«

»Warum denn nicht?«

Sie hob die Schultern. »Das mochte ich noch nie. Wenn alle mich angucken, komm ich mir immer vor, als hätte ich fünf Arme und zehn Beine. Und in meinem Kopf ist dann alles leer.«

»Ich kann dir versichern, dass du nur zwei Arme und Beine hast«, sagte ich lächelnd. »Tristan und ich finden beide, dass du eine großartige Schauspielerin bist. Du machst das wirklich toll.«

»Aber ich hab immer solche Angst, was falsch zu machen.«

»Selbst wenn du etwas falsch machst, ist das doch überhaupt nicht schlimm. Keiner wird dich auslachen. Wenn wir keine Fehler machen, lernen wir auch nichts und können uns nicht weiterentwickeln. Dann bleiben wir immer auf einem Fleck stehen. Und wer will das schon?«

»Ich nicht«, sagte Pola entschieden. »Finden Sie echt, dass ich das gut kann mit dem Musical?«

»Ja. Und Tristan findet das auch. Alle finden das.«

Ein vorsichtiges Lächeln stahl sich auf ihr Gesicht. »Jo hat auch schon gesagt, dass ich mal den Kopf aus dem Arsch nehmen soll.«

»So würde ich es zwar nicht ausdrücken, aber im Grunde genommen stimmt es«, erwiderte ich lachend. »Aber das Allerwichtigste ist, dass du selbst an dich glaubst.«

»Ist gut. Ich versuche es.«

»Mach das. So, und jetzt ab nach Hause mit dir.«

Von allen Teams bereiteten mir nur Pawel und Meikel ernsthafte Sorgen, und ich war kurz davor, sie zu trennen. Pawel verhielt sich Meikel gegenüber extrem dominant, und der unsichere Meikel ordnete sich unter. Dieses Verhalten machte mich unfassbar wütend, weil es mich so sehr an mich selbst in meiner Schulzeit erinnerte. Nach dem Gespräch mit

Meikels Mutter behielt ich ihn genau im Blick. Das Telefonat schien auf jeden Fall etwas bewirkt zu haben, denn Meikel kam von nun an in angemessen warmer Kleidung zur Schule, er hatte immer Frühstück dabei, und auch seine Körperpflege wurde besser. Trotzdem nagte noch etwas an mir. Irgendetwas machte mir Sorgen, aber ich konnte mir selbst nicht erklären, was dieses komische Gefühl verursachte.

In meinem Liebesleben sah es ähnlich winterlich grau und frostig aus wie draußen. Es tat sich gar nichts, obwohl ich mir wirklich Mühe gab. Ich versuchte immer wieder, mich Tristan anzunähern, indem ich ihn nach den AG-Treffen unter einem Vorwand zurückhielt und ihn in ein Gespräch verwickelte. Dabei legte ich ihm gelegentlich die Hand auf den Arm, schaute ihm tief in die Augen und stellte ihm persönliche Fragen. Doch er sah mich nur verwundert oder mit diesem seltsam traurigen Blick an, und auf meine ungeschickten, aber doch relativ deutlichen Flirtversuche stieg er überhaupt nicht mehr ein. Es gab zwar Momente, in denen er mich auf diese ganz besondere Art ansah oder in denen er mich beobachtete, wenn er glaubte, dass ich es nicht mitbekam. Aber nie, nie passierte etwas Konkretes. Entweder er machte einen Rückzieher und flüchtete aus der Aula, oder er verhielt sich mir gegenüber in der nächsten Sekunde wieder deprimierend normal. Und je mehr Zeit verging, desto blöder kam ich mir vor. Dieser Mann interessierte sich doch heute ganz offensichtlich genauso wenig für mich wie vor elf Jahren. Allmählich nervte mich das Ganze nur noch. Ich hätte es der sechzehnjährigen Annika ja von Herzen gegönnt, aber wie es schien, blieb Tristan unerreichbar.

Sebastian und ich gingen freundschaftlich und unverbindlich miteinander um. Wir redeten über die AG, Musik, Filme oder überflüssige Haushaltsgeräte. Über Tristan sprachen wir dagegen nie. Genauso wenig wie über diese Cruella und die Frage, ob Sebastian sie angerufen hatte oder ob es andere Frauen in seinem Leben gab. Ich glaubte es nicht, konnte es aber auch nicht ausschließen, und diese Vorstellung machte mich sowieso derart eifersüchtig, dass ich gar nicht über das Thema reden wollte. Wir unternahmen viel miteinander, aber meistens waren Nele, Kai, Lisa, Gülcan und Co. dabei. Wenn Sebastian und ich allein zu Hause waren, schauten wir auf der Couch fern und stritten uns darum, ob wir eine TV-Doku oder Sport gucken sollten. Sebastian schraubte im Flur am Toaster, während ich Klavier spielte oder Klausuren korrigierte. Aber wir taten all das als Freunde. Es gab weder Berührungen noch zu lange Blickkontakte. Gar nichts. Und das frustrierte mich weit mehr, als es mir guttat. Allmählich meldeten sich leise Zweifel in mir, ob ich wirklich so verliebt in Tristan war, wie ich dachte. Denn wenn es so wäre, würde ich doch nicht so heftige Gefühle für Sebastian empfinden, oder? Die Tchibo-Mann-Erklärung reichte mir jedenfalls nicht mehr. Ich hatte zwar beschlossen, mir Sebastian aus dem Kopf zu schlagen, doch so wie es aussah, nahm er darin einen Stammplatz ein, von dem ich ihn nicht vertreiben konnte. Aber so oder so – selbst wenn Sebastian jemals einen Hauch von Interesse an mir gehabt hatte, war dieser Funke in der Zwischenzeit definitiv erloschen. Und so verbrachte ich viele dunkle Winterabende allein in meinem Zimmer mit meinem Klavier und William, grübelte über Sebastian und Tristan nach und ging mir selbst ganz gewaltig auf den Keks damit.

Im März waren wir endlich so weit, dass wir die Musical-Szenen in ganzer Länge spielen konnten, mit Songs und Choreografien. Ralf hatte die Choreos einfach gehalten, damit die Kinder nicht überfordert waren, wenn sie gleichzeitig singen und tanzen mussten. Trotzdem liefen die ersten Proben katastrophal. Probleme bereiteten vor allem der Eröffnungssong *SoLaLa* mit den komplizierten Sprecherwechseln und *Oh Jonny*. Der größte Chaossong war allerdings nach wie vor *Traum* von Cro. Band und Chor machten ihre Sache zwar gut, aber in Nikes und Jos Strophen haperte es ganz gewaltig. Auch die Choreografie lief alles andere als glatt. Ich schlug andauernd vor, das Stück gegen ein einfacheres auszutauschen, aber leider war ausgerechnet dieser Song derjenige, den die Kids am meisten liebten.

»Wenn sie es hinbekommen, wird das eine richtig fette Nummer«, sagte Sertab, als sie, Ralf, Tristan und ich mal wieder eine neue ›Worst of Cro‹-Performance zu sehen bekamen. »Lass es sie weiterhin versuchen.«

»Das muss aber echt mal besser werden«, erwiderte ich. Dann stand ich auf und ging auf die Bühne. Ich gab der Band ein Zeichen, dass sie aufhören sollte zu spielen, woraufhin Stille einkehrte und alle ihre Performance unterbrachen. »Ich weiß ja, dass ihr diesen Song unbedingt bringen wollt, aber bitte, Jo und Nike: In der dritten Strophe habe ich bei den schnellen Lines jedes Mal Angst, dass ihr hintenüberkippt. Hört in Gottes Namen auf, dabei zu tanzen. Bleibt stehen oder macht ein paar Posen, aber hüpft nicht rum.«

»Das ist ja wohl derbe uncool«, meckerte Jo.

»Derbe uncool ist es, wenn man euch schnaufen hört wie Dampfwalzen und euch in der letzten Zeile die Luft ausgeht. Und übrigens atmet ihr immer noch falsch. In dieser Strophe gibt es im Grunde nur zwei Stellen, an denen ihr kurz Luft holen könnt. Und zwar hier.« Ich rappte die Strophe und atmete demonstrativ an den richtigen Stellen.

»Ey, fett, Frau Paulsen«, rief Mesut. »Seit wann können Sie denn rappen?«

»Ich?«, fragte ich verwirrt. »Aber das kann ich doch gar nicht.«

»Doch, das war echt cool«, meinte Heaven-Tanita.

»Allerdings«, bestätigte Sertab. »Mach noch mal.«

Ich tippte mir mit dem Finger an die Stirn. »Ganz sicher nicht.«

»Doch, bitte, Frau Paulsen«, bettelte Nike.

»Ja, bitte, Frau Paulsen«, ertönte Sebastians Stimme von der Tür der Aula. Keine Ahnung, wie lange er da schon stand, aber er grinste breit, woraus ich schloss, dass er meine Rap-Einlage gehört hatte.

»Wir machen auch mit«, bot Jo an. »Ey, los, Frau Paulsen.«

»Wir wollen es alle sehen«, sagte Meikel schüchtern.

Ich seufzte tief. »Na schön.«

Kurz darauf fing die Band an zu spielen, und Jo, Nike und ich rappten Cros *Traum*. Am Anfang war es mir unangenehm, aber spätestens in der zweiten Strophe wurde ich lockerer und genoss es sogar, mit den Schülern zusammen diesen Song zu performen. Wir wurden immer ausgelassener, machten Hip-Hopper-Posen und tanzten, und mir wurde klar, warum die Kids diesen Song unbedingt im Musical behalten wollten. Er machte einfach Spaß. Bei der dritten Strophe verhaspelte ich mich dämlicherweise an genau der Stelle, die auch für Jo und Nike das Problem war. »Ach Mann, verfluchte Scheiße«, entfuhr es mir. Gleich darauf fingen alle an zu lachen, ich schlug mir die Hand vor den Mund, und der Schlagzeuger spielte: *Ba-dam-dam-dusch*. Woraufhin alle erst recht lachten. Und ich auch.

»Derbe geil, Frau Paulsen«, rief Heaven-Tanita. »Sie haben echt tausendmal mehr Street Credibility als MM Sledge.«

»Ey, mach mich nich dumm vonner Seite an, Weib«, konterte Mesut, sah allerdings tatsächlich getroffen aus.

»Ihr beide raubt mir den letzten Nerv«, stöhnte ich. »Also, einmal üben wir die Szene noch, und dann ist Feierabend.«

Ich ging die Treppe runter in den Zuschauerraum, wo ich von Sebastian, Sertab und Tristan in Empfang genommen wurde.

»Hey, MC A Mad Fire«, sagte Sebastian amüsiert. »Das war ja mal krass.«

»Ich hätte nie im Leben gedacht, dass du rappen kannst«, fügte Sertab hinzu. »Du musst nächstes Jahr unbedingt bei meiner Hip-Hop-AG mitmachen.«

Tristan grinste mich an. »Derbe übelst fett, Annika.«

»Oh mein Gott, es klingt schlimm, wenn du so redest«, lachte ich. »Tu das bitte nie wieder.«

»Ich hab einfach keine Street Credibility, was?«

»Null.«

Mein Blick fiel auf Sebastian, der Tristan und mich mit leicht gerunzelter Stirn beobachtete. »Wieso bist du eigentlich hier? Heute ist doch Dienstag.«

»Ich hab die letzten Materialien vorbeigebracht. Morgen kann ich mir den Lieferwagen nicht leihen. Übrigens sind der Spielplatz, der Hafen und das Haus von Johnny fertig. Willst du mal sehen?«

»Ja, gerne.«

»Ich würde es auch gerne sehen«, mischte Tristan sich ein.

»Warum schauen wir es uns nicht alle an?«, schlug Sertab vor.

Und so marschierten wir alle gemeinsam nach der Probe rüber in den Werkraum. Die Kulissen waren großartig geworden. Auf riesengroßen Leinwänden hatten Sebastian und die Kinder den Hamburger Hafen gemalt, und zwar aus der Perspektive des Fischmarkts, von wo aus man in Richtung Blohm+Voss-Dock, Michel, Tanzende Türme und Elbphilharmonie schaute. Die Elbe schlug Wellen, ein Containerschiff fuhr in Richtung Nordsee, es gab Segelboote, eine HADAG-Fähre, Möwen und einen tiefblauen Himmel.

»Das ist wunderschön«, flüsterte ich. »Ich glaube, das ist das schönste Bühnenbild, das ich je gesehen habe.«

»Dann guck mal Spielplatz an, Frau Paulsen«, sagte Mesut eifrig.

Ich ging zur nächsten Leinwand, die aussah wie eine über und über mit Graffitis besprayte Betonmauer.

»Das da ist von mir.« Mesut zeigte auf ein weit aufgerissenes bluttriefendes Maul, aus dem ein Hammer mit der Aufschrift MM Sledge ragte.

»Hilfe«, meinte ich. »Das ist ja gruselig.«

»Die Sängerin ist von mir«, sagte Heaven-Tanita.

»Und der Spiderman von mir«, erklärte Meikel.

Daraufhin zeigten mir alle Schüler ihre Graffitis, denn Sebastian hatte darauf bestanden, dass jeder Einzelne sein Graffiti auf der Mauer verewigte. Es gab Superhelden, Monster, Sonnen, Waffen, prall gefüllte Geldbörsen, Blumen, Schriftzüge à la ›HIP-HOP‹, ›ELLERBROOK 4EVA‹ oder ›Chabos wissen wer der Babo ist‹ (ich wusste es auch nach sechs Monaten an der Astrid-Lindgren-Schule noch nicht). Es war, als würde ich in die Seelen von sechzig Teenagern blicken, die alle ihre unterschiedlichen Hoffnungen, Ängste und Träume auf dieser Wand zum Ausdruck gebracht hatten. Trotzdem wirkte das Ganze wie eine harmonische Einheit. Zuerst war mir nicht klar, was diese Wirkung verursachte, doch dann trat ich einen Schritt zurück und bemerkte, dass es am Hintergrund lag. Die Lücken zwischen den einzelnen Graffitis waren mit kunterbunten, aber trotzdem harmonischen Farben aufgefüllt worden und alle Elemente durch Ketten miteinander verbunden.

»Das ist ja der Hammer«, sagte ich ehrfürchtig.

»Allerdings«, stimmte Sertab mir zu. »Es ist genial.«

Tristan nickte. »Es hat eine starke Wirkung. Das wird auf der Bühne extrem gut rüberkommen.«

Die Gesichter der Kids strahlten um die Wette, und es war unverkennbar, wie stolz alle auf ihr Werk waren.

»Ja, sie haben es echt drauf«, meinte Sebastian. »Man könnte ja ins Grübeln kommen, woher sie das können, aber ich will es lieber gar nicht so genau wissen.« Mesut streckte ihm seine Faust entgegen, und Sebastian schlug sie ab.

»Man könnte auch ins Grübeln kommen, woher *du* das kannst«, erwiderte ich mit erhobenen Augenbrauen. »Welches Graffiti ist eigentlich von dir?«

»Ach, ich habe eher beratend zur Seite gestanden und den Hintergrund gestaltet.«

Also hatte Sebastian für diese Harmonie gesorgt. Ich wollte das Werk noch ausgiebiger bewundern und trat einen Schritt zurück – allerdings hatte ich vergessen, dass direkt hinter mir eine Kiste mit Spraydosen stand. Prompt geriet ich ins Stolpern, kippte nach hinten und wäre wohl äußerst unsanft auf dem Hosenboden gelandet, wenn Sebastian mich nicht in letzter Sekunde aufgefangen hätte. »Hey, hiergeblieben. Wo willst du denn hin?«, sagte er und lächelte mich mit funkelnden Augen an.

Auf einmal war ich ihm so nah wie schon lange nicht mehr. Er hatte die Arme um meine Taille geschlungen, während ich mich instinktiv an seinem Nacken festklammerte. Und ich war völlig überrumpelt davon, wie heftig mein Körper auf diese Nähe reagierte. In meinem Kopf drehte sich alles, mein Herz pochte laut, und ich wurde von einem derart heftigen Kribbeln befallen, dass ich keinen klaren Gedanken mehr fassen konnte. Das Einzige, woran ich denken konnte, war, dass ich Sebastian küssen wollte. Ich blickte auf seinen Mund und in seine grünen Augen, die mich so intensiv ansahen, als würde er genau das Gleiche denken wie ich. Doch als ich schon kurz davor war, Sebastians Kopf zu mir herunterzuziehen, ließ ein lautes Husten uns auseinanderschrecken.

»Das ist ja gerade noch mal gut gegangen, was?«, meinte Sertab.

Sebastian ließ mich los und fuhr sich mit der Hand durchs Haar.

Erst jetzt nahm ich wieder meine Umgebung wahr. Und vor allem die unzähligen Augenpaare, die Sebastian und mich äußerst neugierig ansahen. »Ja, ähm …« Ich hatte keinen Schimmer, was ich sagen sollte. Wie hatte ich mich nur so dermaßen vergessen können, und das vor meinen Schülern! Und vor Sertab und Tristan! Oh mein Gott, Tristan. Ich drehte mich zu ihm um, und unsere Blicke trafen sich. Er sah mich ziemlich genervt an. Wobei ›genervt‹ traf es nicht ganz. Eher ungläubig, wütend und beleidigt zugleich. Als hätte ihm jemand sein liebstes Spielzeug weggenommen.

»Sehr cooles Graffiti«, sagte ich nach einem verlegenen Räuspern. »Geradezu umwerfend, im wahrsten Sinne des Wortes.« Ich lachte gezwungen. »Also dann … Feierabend.«

Die Schüler hatten inzwischen zum Glück das Interesse an Sebastian und mir verloren und verließen zusammen mit Sertab quatschend und lärmend den Werkraum.

»Tja. Ich mach mich auch auf den Weg«, meinte Tristan, nachdem er, Sebastian und ich eine Weile schweigend dagestanden hatten. »Wir sehen uns Dienstag, Annika.« Er suchte meinen Blick und hielt ihn für ein paar Sekunden fest. Dann nickte er Sebastian zu und verschwand.

Ich überlegte, ob ich Tristan nachlaufen sollte. Doch meine Füße verweigerten schlichtweg den Dienst. Sie blieben genau dort stehen, wo sie waren: neben Sebastian. Noch immer schien es, als würde ein Rest der Stimmung von vorhin im Raum umherwabern. Wir rührten uns beide nicht von der Stelle, und es kam mir vor, als würde Sebastian auf irgendetwas warten. Nur auf was? Liebend gern hätte ich jetzt einen Ratgeber zur Hand gehabt à la ›Souveränes Verhalten in jeder Lebenslage – Lektion 1: Was zu tun ist, wenn Sie sich soeben beinahe auf ihren Tchibo-Mann gestürzt hätten‹. Aber ich hatte keinen Ratgeber, also setzte ich nur ein Lächeln auf und sagte: »Das Bühnenbild ist wirklich toll geworden. Vielen Dank, Sebastian.« Am besten war es wohl, einfach so zu tun, als wäre gar nichts passiert.

Er sah mich für einen Moment nachdenklich an. Dann wandte er sich von mir ab, um die Kiste mit Spraydosen, über die ich soeben gestolpert war, mit dem Fuß unter einen Tisch zu stoßen. »Gern geschehen. Wie sieht's aus, fahren wir nach Hause?«

Wir machten uns auf den Weg, doch kaum waren wir losgefahren, fiel mir ein, dass ich noch Mehl für den Möhrenkuchen brauchte, den ich probeweise schon mal für Ostern backen wollte.

»Da vorne ist ein Supermarkt«, sagte Sebastian und lenkte den Wagen auf den Parkplatz.

Wir stromerten gemeinsam durch die Gänge, auf der Suche nach dem Mehl. Schon von Weitem erkannte ich das Regal mit den Tchibo-Artikeln. Ich wollte nicht dorthin gehen. Ich brauchte nichts. Nicht noch ein unnützes Haushaltsgerät! Doch ich konnte nicht anders, das Regal zog mich magisch an.

»Das Mehl ist da vorne«, hörte ich Sebastian sagen, doch wen interessierte schon blödes Mehl, wenn so viele praktische und hübsche Haushaltsartikel vor mir lagen.

»Ich möchte nur schnell mal da vorne gucken«, sagte ich und deutete auf das Regal.

»Ah. Alles klar.«

Mein Blick flog über die Artikel und blieb an einem besonders praktischen und hübschen Gerät hängen. Ich griff danach und betrachtete es von allen Seiten. »Sieh dir das an«, rief ich begeistert. »Ein Bananenschneider!«

Sebastian nahm ihn mir aus der Hand und musterte ihn eingehend. »Wozu soll der denn gut sein?«

»Na, damit kann man ganz einfach Bananen in Scheiben schneiden.«

»Hat dir das denn bislang Schwierigkeiten bereitet?«

Ich entriss ihm den Bananenschneider wieder. »Ich finde das total praktisch. Hiermit geht es viel schneller.«

Um Sebastians Mundwinkel begann es zu zucken. »Das ist tatsächlich genial. Bei den Unmengen an Bananen, die du andauernd in Scheiben schneidest. Das dauert ja Stunden. Was dieses clevere Produkt dir an Zeit spart.«

Ich wusste genau, dass er mich aufzog, trotzdem klangen seine Argumente so einleuchtend. Und ich wollte dieses Teil, ich wollte es unbedingt. Ich hatte es vom ersten Blick an gewollt. »Du hast recht. Und vor allem kostet der Bananenschneider nur acht Euro fünfundneunzig.«

»Das ist ja quasi geschenkt.«

»Okay, überredet.« Ich warf den Bananenschneider in meinen Korb und wurde von einem heftigen Glücksgefühl durchströmt.

Sebastian brach in Gelächter aus. »Na dann, viel Spaß damit. Ich wünschte, ich könnte dich nicht so gut verstehen. Wäre das Teil elektrisch, hätte ich es auch mitgenommen.«

»Um es auseinanderzubauen«, meinte ich und steuerte das Regal mit dem Mehl an, nicht ohne mir vorher vom Obststand noch zehn Bananen zu holen.

Auf dem Weg zur Kasse zupfte Sebastian an meiner Jacke. »Hey, das ist doch Hamed.«

Tatsächlich, da stand der kleine Hamed zwischen den Regalen mit dem Alkohol und den Knabbersachen. Er schaute sich derart nervös nach allen Seiten um, dass sich sofort ein Verdacht in mir regte. »Was hat der denn vor?«

»Finden wir's raus.«

Sebastian und ich gingen auf Hamed zu. Als er uns entdeckte, weiteten seine Augen sich schreckerfüllt. »Frau Paulsen«, sagte er, aber erfreut klang es nicht gerade.

»Hallo, Hamed. Na, musst du noch ein paar Einkäufe machen?«

»Ja«, sagte er und schüttelte gleichzeitig den Kopf, was mich äußerst irritierte. »Ich ... äh ...«

»Du stehst Schmiere, stimmt's?«, sagte Sebastian ihm auf den Kopf zu.

»Was?«, fragte Hamed verständnislos.

»Du passt auf, dass ein Freund von dir nicht beim Klauen erwischt wird.« Sebastian sah Hamed mit bohrendem Blick an, dem er etwa drei Sekunden standhielt. Dann verlor er auch schon die Fassung und rang dramatisch die Hände. »Ich habe ihm gesagt, er soll nicht! Seine Mutter wird ihm umbringen!«

»Wem hast du das gesagt?«, hakte ich nach.

»Mesut«, rief Hamed verzweifelt und deutete auf das Alkoholregal. Dort war niemand, also gingen Sebastian und ich auf die andere Seite. Und da stand tatsächlich niemand anderer als Mesut, der gerade etwas unter seiner Trainingsjacke verschwinden ließ, nach links schaute und dann nach rechts. Dabei entdeckte er Sebastian und mich, und zuckte heftig zusammen. Doch er hatte sich schnell wieder im Griff und versuchte krampfhaft, so zu tun, als hätte er sich nicht gerade vor unseren Augen etwas unter die Trainingsjacke geschoben, das er noch immer festhielt, als hätte er eine Schusswunde in der

Seite. »Ey, yo, Frau Paulsen, was geht?«, sagte er und nickte dann Sebastian zu. »Moin, Sebastian.«

»Yo, Mesut«, erwiderte ich freundlich. »Gut, machen wir es kurz. Ich möchte, dass du jetzt umgehend hervorholst, was auch immer du unter deiner Trainingsjacke versteckst. Und dann gehst du damit entweder zur Kasse, um es zu bezahlen, oder du stellst es zurück ins Regal.«

»Ich hab nichts unter meiner Trainingsjacke«, behauptete er mit großen unschuldigen Augen.

»Bist du dir da ganz sicher?«

»Klar, Mann. Nur weil ich Ellerbrook komm und Moslem bin, denken alle gleich, ich wär Schwerverbrecher.«

»Du weißt ganz genau, dass es damit absolut nichts zu tun hat. Ich habe *gesehen*, wie du etwas unter deiner Jacke versteckt hast.«

»Hab ich nicht.« Er war wirklich hartnäckig, das musste ich diesem Jungen lassen.

»Dann mach doch bitte mal deine Trainingsjacke auf.«

»Da haben Sie überhaupt kein Recht zu!«

»Verdammt noch mal, Mesut, jetzt ...« Mitten im Satz hielt ich inne, denn Sebastian legte seinen Arm um meine Taille.

»Lass mal gut sein, Anni. Wenn Mesut sagt, dass er nichts unter seiner Trainingsjacke versteckt hat, wird das schon stimmen. Richtig?« Er lächelte Mesut an.

Der sah verunsichert zwischen Sebastian und mir hin und her und schien zu überlegen, ob das ein Trick war oder ob er tatsächlich noch mal davonkam.

»Und? Hast du heute noch was Nettes vor?«, fragte Sebastian.

»Ähm ... na ja, so fernsehen und so halt.«

»Und was willst du gucken?«

Daraufhin verstrickten die beiden sich in eine längere Unterhaltung über *The Walking Dead*, und ich fragte mich, was zur Hölle Sebastians Plan war. Hamed, der inzwischen zu uns gestoßen war, beobachtete die Situation mit beunruhigtem Blick. Schließlich sagte Sebastian: »Dann schönen Abend noch, Mesut« und ließ mich los, um ihm seine rechte Faust hinzuhalten.

Mesut wollte reflexartig mit seiner Faust dagegen schlagen, wobei er seine Schusswundenverletzungs-Position aufgab, und *ba-dam-dam-dusch* – unter seiner Trainingsjacke kam eine Flasche hervor, die er gerade noch im letzten Moment auffangen konnte.

Wie genial war das denn bitte gewesen? Auf die Idee wäre ich nie gekommen. Ich nahm Mesut die Flasche aus der Hand. »Eierlikör? Du klaust *Eierlikör*?«

Mesut kratzte sich unter seinem Käppi. »Äh, ja, also ... der is für meine Mudder. Ich wollt ihr Überraschung machen, weil, ich hab voll Respekt vor meiner Mudder, so. Aber ich darf den ja noch nich kaufen, und äh ...« Mitten im Satz hielt er inne.

»Merkste selber, nä?«, sagte ich. »Das ist mit Abstand die beklopteste Ausrede, die mir jemals aufgetischt wurde.« Ich stellte die Flasche zurück ins Regal. »Los, raus jetzt hier.«

Hamed und Mesut trotteten vor Sebastian und mir in Richtung Kasse. »Warte du mit ihnen draußen, ich bezahle noch schnell«, wies ich Sebastian an.

Kurz darauf stieß ich zu den dreien, die auf dem Parkplatz neben Sebastians Lieferwagen standen und sich leise unterhielten. Als ich näher kam, verstummte ihr Gespräch.

»Mir tut das derbe leid, Frau Paulsen, ich schwör«, sagte Mesut mit bekümmerter Miene, kaum, dass ich bei ihnen angekommen war. »Echt, Entschuldigung und so.«

Ich warf meine Einkäufe auf den Beifahrersitz, dann drehte

ich mich um und nahm Mesut ins Visier. »Also gut. Aber jetzt erklär mir bitte erst mal, wieso du Eierlikör klaust.«

»Der stand da halt im mittleren Regal, das ging am unauffälligsten. Die coolen Sachen waren so weit oben.«

»Wolltest du ihn trinken?«

»Nein!«, rief Mesut entsetzt. »Aber ich muss doch an meiner Street Credibility arbeiten.«

Sebastian neben mir hielt sich die Hand vor den Mund und brach in einen Hustenanfall aus, womit er ganz offensichtlich ein Lachen tarnte. Ich hingegen stand völlig regungslos da und überlegte, ob Mesut das gerade wirklich gesagt hatte. »Du musst ... *was*?«

»Na, weil alle mich immer Whack MC nennen und sagen, ich hätte keine Street Credibility. Aber wenn ich krasser Gangsta-Rapper werden will, brauch ich mega Street Credibility. Gzuz von 187 war auch im Knast, weil er geklaut hat«, erklärte Mesut, als wäre das ein supereinleuchtendes Argument.

»Nicht dein Ernst«, sagte Sebastian. »Glaub mir, du willst keine Street Credibility haben. Freu dich lieber, dass du keine hast.«

»Deine Mutter dich wird umbringen«, meldete Hamed sich zu Wort.

Mesut trat unbehaglich von einem Bein auf das andere. »Sagen Sie es meiner Mudder?«, fragte er und nun sah er zum ersten Mal aufrichtig ängstlich aus. »Fuck, Sie sagen es ihr bestimmt. Das wird übelst Beef geben. Ich krieg hundertpro Hausarrest, bis ich tot bin. Die will nich, dass ich Rapper werd. Ich soll was Anständiges lernen und so.«

Für einen Moment kehrte Stille ein. Ich überlegte, was ich jetzt tun sollte. Letzten Endes war ich mir sicher, dass Mesut eigentlich ein netter Junge war, der nur ein paarmal zu oft von der Gruppe geärgert worden war und jetzt den großen Macker markieren wollte. Ich atmete noch mal tief durch. »Du hast großes Glück, Mesut, denn eigentlich müsste ich deine Mutter und den Schulleiter informieren. Aber ich bin nicht im Dienst und außerdem sehr gut gelaunt, weil ich gerade ein großartiges Schnäppchen gemacht habe. Deswegen werde ich nichts sagen.«

Mesut blickte erleichtert auf. »Sie sind echt derbe cool, Frau Paulsen. Danke! Das vergess ich Ihnen nie, ich schwör.« Mit der Faust klopfte er auf seine Brust und hielt sie mir hin.

Mir war noch nie eine Ghetto-Faust angeboten worden, von niemandem. Ich wusste, dass es absolut albern war, aber in diesem Moment fühlte ich mich tatsächlich ›derbe cool‹. Ich spürte, wie meine Mundwinkel sich zu einem Lächeln verzogen und stieß mit meiner Faust gegen Mesuts. »Gut, wie gesagt, ich bin nicht im Dienst. Aber morgen früh in der ersten großen Pause möchte ich dich vorm Lehrerzimmer sehen, denn bis dahin werde ich mir eine richtig schön fiese Sanktion überlegt haben. Alles klar?«

»Klar. Und noch mal Entschuldigung.«

»Schon gut. Hamed, dich möchte ich auch sehen.«

»Aber ich nichts getan!«, rief er entrüstet.

»Du hast Schmiere gestanden. Und jemandem beim Klauen zu helfen, ist ebenfalls eine Straftat.«

»Aber ich ...« Er brach ab und senkte den Kopf. »Es tut mir leid.«

Ich nickte zufrieden. »Gut. Und ich hoffe, wir drei sind uns einig, dass so etwas nie, *nie* wieder passieren wird.«

»Ja«, murmelten sie.

»Prima. Dann ab nach Hause mit euch. Bis morgen.«

Mesut und Hamed verabschiedeten sich und eilten davon.

Sebastian und ich stiegen ins Auto ein, doch er ließ den Motor nicht an. Stattdessen sagte er grinsend: »Ey, yo, MC A

Mad Fire, du hast grad übelst eine Gangsta-Rapper-Karriere gecrasht.«

Ich prustete los. »Klötenköm klauen für die Street Credibility. Wie bescheuert ist das denn?«

Sebastian fing ebenfalls an zu lachen. Wir konnten uns gar nicht mehr einkriegen. Kaum hatte einer von uns sich beruhigt, fing der andere wieder an, von dem schuldbewussten Hamed oder von Mesut mit seiner Flasche unter der Jacke zu reden. Und dann ging das Gegacker von vorne los. Irgendwann lehnte ich mich wie erschlagen im Sitz zurück und hielt mir meinen schmerzenden Bauch. »Wie du ihm die Faust hingehalten hast, er einschlagen wollte und die Flasche zum Vorschein kam ...«, kicherte ich. »Das war genial.«

»Vielen Dank.« Sebastian ließ den Motor an und manövrierte den Wagen aus der Parklücke. »Es ist mir übrigens ein Rätsel, wie du so ernst bleiben konntest.«

»Ich fand es in dem Moment nicht besonders lustig. Und ich hoffe, dass Mesut so einen Mist tatsächlich nie wieder macht.«

»Ich glaube nicht. So wie er sich verhalten hat, war das sein erster Versuch. Und dabei ist er gleich erwischt worden. Der wird geheilt sein. Aber ich kann mal mit ihm reden, wenn du willst. Ihm ein paar Schwänke aus meiner Jugend erzählen.«

Ich wandte meinen Kopf zur Seite, um Sebastian anzusehen. »Das wäre nett.«

»Dein Rap heute war übrigens großartig«, sagte er unvermittelt.

»Pff. Das war oberpeinlich. Aber es hat Spaß gemacht.«

»Hat man gemerkt.« Sebastian lächelte mich an, und ich musste unwillkürlich daran denken, was vorhin im Werkraum passiert war. An das Knistern und die Funken, die zwischen uns gesprüht hatten. Ich war wirklich heilfroh, dass diese

Spannung völlig verschwunden war und wir wieder ganz normal miteinander umgehen konnten.

Als Sebastian und ich zu Hause ankamen, wurden wir von einem verführerischen Duft empfangen. Wir gingen in die Küche, wo Nele und Kai bereits am Tisch saßen und Spinat-Lasagne aßen. Doch bevor ich mir davon etwas auf den Teller lud, holte ich mir eine Banane, packte meinen Bananenschneider aus und hielt ihn hoch. »Guckt mal, was ich heute gekauft habe!«

»Was zur Hölle ist das?«, wollte Nele wissen.

»Ein Bananenschneider.«

»Oh nein«, stöhnte sie und fragte dann Sebastian: »Warum hast du das nicht verhindert?«

»Wieso hätte ich das tun sollen? Es hat sie so glücklich gemacht.«

Ich legte die Banane vor mir auf den Teller und hielt den Bananenschneider darüber. »Jetzt seht euch das doch mal an. Einfach nur runterdrücken, und schon … habe ich eine in Scheiben geschnittene Banane.« Beifall heischend sah ich die anderen an.

Nele und Kai zeigten sich völlig ungerührt, während Sebastian lächelte und sich immerhin Mühe gab, beeindruckt zu nicken.

»Genial«, sagte Kai. »Es gibt ja völlig schwachsinnige Erfindungen, wie den Computer oder Penicillin. Aber bei diesem Teil hat sich doch wirklich jemand was gedacht.«

»Möchtest du eine Banane, Kai?«, fragte ich zuckersüß. »Ich könnte sie dir rasch klein schneiden.«

»Nee, lass mal.«

An dem Abend aß ich fünf in Scheiben geschnittene Bananen. Meine Begeisterung über meine neueste Errungenschaft ließ jedoch schnell nach. Zum einen schmeckten mir Bananen eigentlich gar nicht besonders, und zum anderen zweifelte ich allmählich daran, dass dieses Gerät wirklich eine so gute Sache war. Frustriert wusch ich es ab und warf es in mein Regal mit unnützen Haushaltsgegenständen. Nie wieder Tchibo. Ab jetzt war ich wirklich für alle Zeiten durch damit.

Der Wind dreht sich – und dreht sich

Der Frühling hielt allmählich Einzug. Die Sonne wärmte das Gesicht, überall sprossen die ersten Blumen, und auch die Blätter erwachten nach und nach aus ihrem Winterschlaf. Ich liebte diese Jahreszeit, denn für mich fühlte sie sich an wie ein Neubeginn. Die Tage wurden merklich länger, die Lebensgeister kehrten zurück, und ich hatte nicht mehr den Wunsch, mich um neun Uhr abends mit einem Buch im Bett zu verkrümeln. Stattdessen wollte ich raus. Und nicht nur ich, in der ganzen Stadt zog es die Menschen ins Freie, weswegen die Gastronomen schon bei den ersten Sonnenstrahlen Stühle und Tische vor ihre Läden stellten. Die meisten Hamburger waren ja wettermäßig ziemlich leicht glücklich zu machen, sodass sie schon bei zwölf Grad und Sonnenschein draußen saßen, um mediterranes Leben zu zelebrieren. Da war ich nicht anders. Ich liebte es, mir einen Galão vom Portugiesen zu holen, mich damit an die Alster zu setzen und den Bäumen und Blumen beim Blühen zuzuschauen. Oder mit der Fähre nach Övelgönne zu fahren, mir den Wind um die Nase wehen zu lassen und am Elbstrand spazieren zu gehen. Vor allem liebte ich diesen ganz besonderen Duft, der in der Luft lag. Nach Blumen, Sonne, erwachender Natur und ... Frühling.

Unser Musical nahm immer mehr Form an, doch es lag noch eine Menge Arbeit vor uns. Und sehr wenig Zeit. Bis zur Premiere waren es nur noch zwei Monate, weswegen Sertab, Ralf, Tristan und ich beschlossen, in den Skiferien durchzuarbeiten. Diese Ferien lagen in Hamburg immer im März und waren anstelle der Osterferien eingeführt worden. Ich hatte zunächst gedacht, dass viele AG-Teilnehmer im Urlaub sein würden. Am Werther-Gymnasium war das zumindest so gewesen. Doch wie sich herausstellte, blieben die Ellerbrooker Kids allesamt zu Hause und erklärten sich damit einverstanden, ihre Ferien zum Teil in der Schule, genauer gesagt in der Aula zu verbringen.

»Was ist mit dir?«, fragte Tristan mich. »Hast du in den Ferien nichts vor?«

»Nein, eigentlich nicht. Klausuren korrigieren, eine Unterrichtseinheit vorbereiten, lesen, Klavier spielen. Das war mein Plan.«

»Wie aufregend«, meinte er grinsend.

»Tja, das Leben ist halt nicht immer ein Actionfilm.«

Er lachte. »Sehr wahr. An zwei oder drei Tagen kann ich übrigens auch dabei sein. Das heißt also, wir sehen uns in den Ferien etwas häufiger.«

Mein Atem stockte für einen Moment. Seit ich Sebastian neulich im Werkraum in die Arme gefallen war, verhielt Tristan sich mir gegenüber eindeutig anders. Statt nach den Proben direkt zu verschwinden, schien er meine Nähe zu suchen. Er stellte mir persönliche Fragen und erzählte viel mehr von sich selbst, von seiner Arbeit und seinem Privatleben. Vor allem gab es immer häufiger Momente, in denen er mich auf seine ganz besondere Tristan-Art anlächelte. So wie jetzt. Und nachdem ich die Hoffnung schon beinahe aufgegeben hatte, kehrte sie nun zurück. Vielleicht gab es ja doch eine Chance für Tristan und mich. »Schön, dass du in den Ferien dabei bist«, sagte ich schließlich. »Ich freu mich drauf.«

»Ja, ich mich auch. Wir sehen uns viel zu selten, seit ich diesen Job am Theater habe.«

In meinem Herzen begann etwas zu tanzen. Ich war mir

nicht sicher, was für ein Gefühl es war. Triumph, Hoffnung, Freude, Verliebtheit? Vielleicht eine Mischung aus allem.

Wir versuchten, die Arbeit in den Ferien für alle so angenehm wie möglich zu gestalten. Bei gutem Wetter gingen wir raus und probten auf dem Schulhof. Wir schauten uns im Hafen den Spielort von Matteos und Johnnys romantischer Szene an, und anschließend fuhren wir mit der Fähre an den Elbstrand. Dort probten wir ein paar Choreografien und Songs, und schon bald hatte sich ein Pulk von Zuschauern um uns herum versammelt, die begeistert Applaus spendeten. Die Kinder glühten geradezu vor Stolz und Freude. Auf dem Rückweg plapperten alle aufgeregt durcheinander, und zum ersten Mal wurde mir deutlich bewusst, dass jeder mit jedem redete. Es gab keine Grüppchenbildung oder Außenseiter mehr. Aus meiner Musical-AG war ein echtes Team geworden.

Die Arbeit in den Ferien machte mir wahnsinnig Spaß, denn ich hatte endlich mal Zeit, intensiver mit den Schülern am Gesang zu feilen, mit ihnen Atemtechniken einzustudieren und Tricks und Kniffe zu verraten, wie sie ihre Stimme besser unter Kontrolle behielten. Und auch wenn ich zukünftig nicht sämtliche Ferien in der Schule verbringen wollte, genoss ich diese intensiven zwei Wochen mit der Musical-AG.

»Guten Morgen«, begrüßte ich die 9c in unserer ersten gemeinsamen Stunde nach den Ferien. Nur vereinzelt kamen mir ein paar Grüße entgegen, ansonsten wurde gegähnt und mit offenen Augen geträumt. »Oh je. Ihr befindet euch also noch im Ferien-Phlegma.« Es kostete mich einiges an Mühe, aber nach einer Weile hatte ich sie dann so weit, dass wir uns konzentriert dem Thema Urbanisierung zuwenden konnten. Ich ließ die Schüler in Gruppen arbeiten, um gemeinsam eine

Aufgabe zu lösen, während ich am Pult das Klassenbuch auf den neuesten Stand brachte.

»Gib den wieder her!«, hörte ich plötzlich Meikel rufen. Ich schaute auf und sah, dass Justin ihm seinen Kugelschreiber weggenommen hatte. Diesen Kuli hatte er aus dem Adventskalender, und er liebte ihn heiß und innig, denn er war mit kleinen Spidermans bedruckt.

»Jetzt näss dich mal nich ein, Alter«, sagte Justin grinsend.

»Gib ihn wieder her!«, forderte Meikel erneut. Noch nie hatte ich es erlebt, dass er sich zur Wehr setzte. Und das auch noch so vehement.

»Ooooh, musst du jetzt wieder Heuli-Heuli machen?« Justin schniefte. »Oder ein bisschen Pipi in die Hose?«

Meikel lief hochrot an und hatte tatsächlich Tränen in den Augen. Allerdings konnte ich sie klar als Tränen der Wut erkennen.

Ich wollte gerade einschreiten, als Pawel »Halt die Fresse, Justin«, rief.

»Ja, lass ihn in Ruhe«, mischte sich Heaven-Tanita ein. »Er hat dir doch überhaupt nichts getan.«

Maryam stand auf und stemmte die Hände in die Hüften. »Gib Meikel Kugelschreiber wieder!«

Justin sah fassungslos von einem zum anderen. »Ey, brennt ihr alle, oder was? Wer redet überhaupt mit dir?«, fragte er Maryam.

»Ich«, sagte Heaven-Tanita mit stolz vorgestrecktem Kinn.

»Ich auch«, fügte Tülay hinzu.

Pawel ging zu Meikels Gruppe rüber und baute sich vor Justin auf. »Gib ihm den Stift wieder.«

»Nein. Soll das Baby doch heulen wegen seinem Baby-Kugelschreiber.«

Nun schaltete sich sogar Victoria ein. »Er steht halt auf

Spiderman und so was. Deswegen musst du doch nicht so fies zu ihm sein.« Sie hatte es noch nie gewagt, gegen Justin aufzumucken.

»Halt gefälligst die Schnauze, du Streberin, und hau ab zu den Polacken, wo du herkommst!«, motzte Justin sie an.

»Lass sie in Frieden, du Arsch, du kommst doch selber nicht aus Hamburg!«, rief Tülay. »Deine Familie kommt aus *Pinneberg*!«

Mit angehaltenem Atem beobachtete ich die Szene. Ich überlegte, ob ich einschreiten sollte, aber das, was hier passierte, war so bahnbrechend, dass ich es nicht beenden wollte.

Meikel schien nicht zu wissen, wie ihm geschah. Wie versteinert saß er da und starrte mit großen Augen seine Klassenkameraden an, die jetzt für ihn eintraten. Zum ersten Mal wurde nicht auf ihm herumgehackt und alle lachten darüber oder starrten verschämt weg. Dieses Mal lachte niemand. Dieses Mal waren alle auf seiner Seite. Und auf Victorias.

»Ja, lass Victoria in Frieden«, forderte Maryam mit starkem arabischen Akzent, der bei ihr immer besonders deutlich wurde, wenn sie aufgeregt war. »Und gib Meikel Kugelschreiber!«

Justin saß für eine Weile reglos da, dann warf er Meikel den Stift hin. »Heult doch alle, ihr Mädchen.«

Pawel beugte sich zu Justin runter und sagte: »Du hast doch selber neulich geflennt, als dein Vadder abgehauen ist.«

»Hab ich überhaupt nicht, du Spast!«, protestierte Justin, doch er war hochrot angelaufen.

Nun sah ich mich doch dazu genötigt, einzuschreiten. Ich ging zu Meikel, Justin und Pawel. »Es reicht langsam, Leute.«

»Ich wollte mir den scheiß Stift nur leihen«, behauptete Justin.

»Dann solltest du Meikel auch höflich darum bitten«, erwiderte ich. »Mach das doch mal.«

Justin verschränkte die Arme vor der Brust und sah Meikel unwillig an. »Gib Kuli, Arschloch.«

Ich stöhnte auf. »Sehr witzig, Justin. Noch mal.«

»Kann ich mir Kuli leihen?«, fragte er genervt.

Meikel sah ihn für eine Weile nachdenklich an. Dann sagte er klar und deutlich: »Nein.«

Ich hätte beinahe gelacht, doch es gelang mir, ernst zu bleiben. »Da hast du deine Antwort, Justin. Und jetzt macht bitte weiter. In fünf Minuten will ich mit euch über eure Aufgabe sprechen.«

Pawel ging zurück an seinen Platz, und auch alle anderen wandten sich wieder ihren Aufgaben zu.

Nur Meikel saß da und blickte ungläubig von seinem Kuli zu seinen Klassenkameraden und dann zu mir. Ich hielt seinen Blick fest und lächelte ihn an. Seine Gesichtszüge glätteten sich allmählich, seine Wangen röteten sich, und in seine Augen trat ein Leuchten. Und dann lächelte er zurück, so breit, wie ich ihn noch nie hatte lächeln sehen. Ich musste mich schwer zusammenreißen, um nicht auf der Stelle in Tränen der Rührung auszubrechen. Ich war so unfassbar stolz auf diese Kinder und hätte am liebsten jeden Einzelnen umarmt, der sich für Meikel und Victoria eingesetzt hatte. Das war mal wieder einer der kostbaren Momente, die mich für all den Stress und die strapazierten Nerven belohnten.

Die heutige Musical-Probe sollte erstmalig mit Headset-Mikrofonen und Beleuchtung stattfinden – ein Zeichen dafür, dass es allmählich ernst wurde. Unter den Kids herrschte deswegen eine besonders kribbelige Atmosphäre. Kaum hatte ich die Aula betreten, wurde ich von Heaven-Tanita und Maryam belagert und mit Fragen gelöchert. Doch ich konnte mich nicht wirklich auf die beiden konzentrieren, denn meine Aufmerksamkeit wurde immer wieder von Tristan abgelenkt, der mit Sandra auf der anderen Seite der Bühne die Technik besprach. Die beiden lachten über etwas, und da erschienen wieder diese Lachfältchen um seine Augen, die mich innerlich schon immer zum Schwärmen gebracht hatten. Sein Blick fiel auf mich, er lächelte mir zu, und ich konnte nicht anders, als sein Lächeln zu erwidern.

»Ey, Frau Paulsen?«, fragte Heaven-Tanita.

Ich schreckte auf und konzentrierte mich wieder auf sie. »Ja?«

Sie grinste breit. »Welchen wollen Sie denn jetzt eigentlich? Sebastian oder Tristan?«

Maryam kicherte und hielt sich schnell eine Hand vor den Mund.

Für einen Moment verschlug es mir die Sprache. »Wie bitte?«

»Wir fragen uns das schon voll lange. Ich find Tristan ja toll, weil er Regisseur ist und so, aber die meisten anderen sind für Sebastian. Mesut behauptet, sie wären eh mit ihm zusammen, aber das stimmt nicht, oder?«

»Also ... eigentlich ist mir das ein bisschen zu persönlich.«

Heaven-Tanita nickte verständnisvoll. »Ach so. Na ja, ich mein ja nur, weil Sebastian ist echt cool, und Sie lachen immer so viel, wenn er da ist. Dann sind Sie megaentspannt.«

»Und in Ihren Augen ist Sonne«, fügte Maryam hinzu. »Ganz viel Sonne. Weißt, wie ich mein, Frau Paulsen?«

»Äh ... nee.«

»Deswegen würden wir Ihnen eigentlich zu Sebastian raten«, meinte Heaven-Tanita.

»Seltsam, ich kann mich gar nicht daran erinnern, euch um Rat gebeten zu haben.«

»Aber Tristan ist halt auch toll«, fuhr sie unbeirrt fort. »Und es wäre ja auch ganz praktisch, wenn Sie den nehmen würden, so wegen Musical-AG. Dann hilft er im nächsten Jahr bestimmt auch.«

»Team Sebastian«, sagte Maryam kichernd und mit erhobener Faust.

Fassungslos sah ich die beiden an. Wie peinlich war das denn? Da machte sich die ganze Musical-AG Gedanken um mein Liebesleben? Meine Güte, wenn selbst Teenager mich durchschauten, wie offensichtlich musste es dann erst für alle anderen sein? Für Sertab, Ralf, Sandra und Maria? Und vor allem für die beiden Männer, um die es hier ging? »Jetzt reicht es aber, Mädels«, sagte ich entschieden. »Ihr seid ganz schön neugierig. Es geht euch zwar nichts an, aber sie sind beide nur Freunde für mich. Keine Ahnung, was ihr euch da einbildet.«

Heaven-Tanita und Maryam tauschten einen wissenden Blick. »Klar, Frau Paulsen.« Dann zogen sie eifrig tuschelnd ab.

Am liebsten hätte ich mich umgehend irgendwo verkrochen, um mich ausgiebig und in aller Ruhe zu Tode zu schämen.

»Hey, Annika«, hörte ich Tristans Stimme hinter mir, und ich drehte mich abrupt zu ihm um.

»Hallo.« Obwohl ich wusste, dass es albern war, fühlte ich mich, als stünde ich unter Beobachtung. Ich tat mein Bestes, Tristan nicht zu nahe zu kommen und möglichst ... neutral auszusehen.

»Alles okay?«, fragte er.

»Ja klar, alles okay. Wollen wir anfangen?«

Die erste Probe mit Mikros und Technik lief eher so lala.

Aus den Boxen kamen ständig schrille Pfeiftöne, wenn zu laut in die Mikros gesungen oder gesprochen wurde. Außerdem landeten die blöden Dinger dutzendfach auf dem Boden, weil sie nicht richtig am Kopf befestigt worden waren. Die Scheinwerfer leuchteten so ziemlich jeden Ort auf der Bühne aus, nur nicht den, an dem sich das Geschehen gerade abspielte. Aber ich war inzwischen schon so froh über alles, was keine totale Katastrophe war, dass ich mich davon nicht Bange machen ließ. Es würde schon irgendwann funktionieren. Wir hatten immerhin noch zwei Monate.

»Das lief ja super«, kommentierte Tristan die Probe, als die Aula bis auf uns beide leer war.

»Ach komm, es war das erste Mal mit Mikros. Dafür war es doch ganz gut.«

»Ich frage mich immer wieder, wo du deinen grenzenlosen Optimismus hernimmst«, sagte er kopfschüttelnd.

Ich lachte. »Keine Ahnung. Aber heute kann mir nichts die Laune verderben.« Ich erzählte Tristan, dass Meikel sich am Vormittag zum ersten Mal gewehrt und die volle Unterstützung seiner Klassenkameraden bekommen hatte. »Ich war so stolz auf sie alle«, endete ich meine Erzählung. »Vielleicht lag es ja auch ein bisschen an der AG. An unserer Arbeit. Ich hab das Gefühl, dass sie endlich ein Team geworden sind und füreinander einstehen.«

»Das freut mich sehr für Meikel«, sagte Tristan lächelnd. »Und es hat bestimmt was mit der AG zu tun. Immerhin musste Pawel sich auf der Bühne in den letzten Wochen oft genug mobben lassen und hat am eigenen Leib erfahren, wie das ist.«

»Tja. Das müsste jeder Mobber mal miterleben.«

Tristan sah mich nachdenklich an. »Ich bin wirklich froh, dass die Klasse heute für Meikel eingetreten ist. Allen voran

Pawel. Und ich wünschte, ich hätte das damals auch für dich getan. Diese Zeit muss der Horror für dich gewesen sein. Ich hätte viel mehr für dich tun müssen, aber meistens habe ich nur zugeguckt. Und dafür schäme ich mich.«

Wow, das kam unerwartet. »Warum musst du immer wieder damit anfangen? Lass es doch bitte mal. Du hast damals viel mehr für mich getan, als du glaubst. Für mich war das genug.«

Er seufzte. »Du bist schon immer viel zu bescheiden gewesen.«

»Ich hab halt lieber das genommen, was ich kriegen konnte, als gar nichts.«

»Aber du warst viel mehr wert als das, was du bekommen hast. Und ich rede jetzt nicht mehr nur von dieser Mobbing-Sache.«

Vor lauter Schreck fiel mir mein Notizbuch aus der Hand. »Tristan, das ist doch ... Ich konnte dich ja schlecht dazu zwingen, dich in mich zu verlieben.«

»Das stimmt.« Er schwieg für einen Moment, dann sagte er: »Aber ich frage mich oft, was passiert wäre, wenn ich damals nicht so ein ... Vollidiot gewesen wäre.«

Wie vom Donner gerührt stand ich da. Tausend Gedanken gleichzeitig schossen durch mein Hirn, doch sie ergaben alle keinen Sinn. »Ehrlich? Das fragst du dich?«

»Ja. Vielleicht wären wir jetzt immer noch zusammen. Zumindest hättest du mich nicht so leicht vergessen können.«

»Ich hab dich nie vergessen«, flüsterte ich. »Du warst immer irgendwo in meinem Herzen versteckt, kein anderer Mann hatte eine echte Chance bei mir.«

Tristans Blick wurde weich. Er trat einen Schritt auf mich zu, legte seine Hand an mein Gesicht und strich langsam mit seinem Daumen über meine Wange. »Ich hab dich auch nie vergessen, Annika. Du bist mir damals schon unter die Haut gegangen, und daran hat sich nichts geändert. Und ich muss wissen, ob das bei dir immer noch so ist.«

Mein Hirn kam endgültig nicht mehr mit. Ich spürte seinen Daumen an meiner Wange und seinen Atem an meiner Stirn. Es kam mir vor, als würde ich träumen. »Was?«

»Ich muss wissen, ob auch heute kein anderer eine Chance bei dir hat. Manchmal denke ich, das ist so. Wenn du mich genau wie früher ansiehst, mit diesem Blick, der mir das Gefühl gibt, dass ich alles für dich bin. Aber dann bist du auch wieder ganz anders als damals. Und wenn ich mitbekomme, wie du Sebastian anschaust ...« Er trat noch näher an mich heran. »Dann denkt ein kleiner Teil von mir, auf den ich nicht besonders stolz bin, dass dieser Blick *mir* zusteht. Dass dieses ganz besondere Lächeln für mich sein sollte. Ich weiß, dass das schäbig ist, aber ich kann es nicht ändern.«

»Und wie klein genau ist dieser Teil von dir, der so denkt?«, fragte ich atemlos.

»Er ist in den letzten Wochen langsam, aber stetig immer größer geworden.«

Ich konnte einfach nicht glauben, dass er das gesagt hatte und dass das hier wirklich passierte. »Und was, wenn ich dir sage, dass ich heute gar nicht anders bin? Dass ich im Grunde immer noch das Mädchen von damals bin?«

»Dann gefällt mir das ziemlich gut«, sagte er und lächelte mich an.

Mein Herz machte einen Purzelbaum, und die sechzehnjährige Annika, die noch immer heulend in einem Winkel meiner Seele hockte und *She will be loved* von Maroon 5 hörte, sah mich hoffnungsvoll an. Gleich darauf begann sie zu lächeln, sie strahlte geradezu. Aber trotzdem stimmte irgendetwas nicht. Vielleicht lag es daran, dass ich mir diesen

Moment schon so oft erträumt und in den buntesten Farben ausgemalt hatte. Natürlich konnte die Realität da nicht mithalten. Ich fühlte nicht das, was ich zu fühlen erwartet hatte. Da waren Stolz, Triumph, Aufregung, Nervosität. Ein sehr geschmeicheltes Ego. Doch ich wartete vergebens auf das Glück. Aber das würde schon noch kommen. Ich war einfach völlig überrumpelt, mein Kopf und mein Herz mussten sich erst mal an den Gedanken gewöhnen, dass ein Traum in Erfüllung zu gehen schien. Dass ich kurz davor war, mein persönliches Happy End live und in Farbe zu erleben. »Gehen wir zusammen irgendwohin? Jetzt?«, platzte es aus mir heraus.

Tristan sah mich überrascht an, doch dann lachte er. »Okay. Wohin?«

»Eigentlich bietet sich doch irgendwas in Barmbek an. Das liegt für uns beide auf dem Weg.«

»Ich glaube, ich bin noch nie in Barmbek ausgegangen. Aber gut, wie die Dame es wünscht. Auf nach Barmbek.«

Wir fuhren mit dem Bus dorthin und steuerten einen Italiener an, der mit Holzmöbeln und rot-weiß karierten Tischdecken eingerichtet war. Überall brannten Kerzen, es duftete nach Pizza und Pasta, und im Hintergrund liefen leise italienische Opernarien. Ich fühlte mich augenblicklich wohl hier.

»Ganz schön rustikal, was?«, meinte Tristan, nachdem wir uns an einen Zweiertisch gesetzt und die Speisekarten bekommen hatten.

»Ich find's nett. Ich mag diese Tischdecken, die Musik und die Kerzen.«

Tristan grinste. »Mir war nicht klar, dass du so einen ausgeprägten Hang zum Kitsch hast.«

Unwillig zog ich die Speisekarte zu mir und warf einen Blick hinein. »Habe ich doch gar nicht.«

»Tut mir leid, ich wollte dir nicht zu nahe treten oder so.«

Meine Güte, das hier war mein allererstes Date mit Tristan, soeben hatte sich endlich etwas Bahnbrechendes zwischen uns beiden getan, und ich zickte hier rum? ›Jetzt reiß dich zusammen, Anni‹, ermahnte ich mich. »Bist du nicht, keine Sorge.«

Er langte über den Tisch und griff nach meiner Hand. »Hey, ich find's doch auch nett hier. Deine Anwesenheit wertet den Laden enorm auf.« Er lächelte mich so süß an, dass ich einfach zurücklächeln musste.

Und dann kam im blödesten Moment der Kellner an unseren Tisch, um die Bestellung aufzunehmen. Nachdem das erledigt war und wir unsere Getränke vor uns stehen hatten, sagte Tristan: »Tja. Da sind wir also.«

Ich nickte. »Da sind wir.«

»Na schön, da das unser erstes Date ist ... Erzähl mir doch mal von dir. Was machst du so, wenn du gerade nicht unterrichtest oder eine Musical-AG betreust?«

»Ach, so dies und das. Ich spiele Klavier, höre Musik, lese, treffe mich mit Freunden. Kai und Sebastian hängen ziemlich viel bei uns rum oder wir bei ihnen, und wir ...« Kaum hatte ich seinen Namen ausgesprochen, tauchte Sebastians Gesicht vor meinem inneren Auge auf. Fahrig rieb ich mir die Stirn. »Ähm, na ja, wir verbringen Zeit miteinander. Wir kochen und essen zusammen, gehen was trinken, Tretboot fahren auf der Alster oder wir spielen Spiele. So was halt.«

»Sag nicht, dass du Brettspiele magst«, erwiderte Tristan lachend.

Die sechzehnjährige Annika raunte mir zu, dass ich die Klappe halten sollte, damit er mich nicht für eine totale Spinnerin hielt. Oder für eine Mischung aus Nerd und Spießerin. »Um Gottes willen, nein. Ich werde immer dazu gezwungen.« In Gedanken sah ich mich dabei, wie ich Nele, Sebastian und

Kai zu einer weiteren Runde *Siedler* überredete. »Und du? Was machst du so?«

Er dachte kurz nach. »Ich lese ebenfalls ziemlich viel, allein schon berufsbedingt. Ich treffe mich auch mit Freunden, gehe ins Theater, höre Musik.« Ein Grinsen breitete sich auf seinem Gesicht aus. »Und dann ist da noch diese Musical-AG, die ich ehrenamtlich betreue.«

»Klingt interessant«, sagte ich kichernd. »Erzähl mir mehr.«

In dem Moment kam unser Essen, und während ich meine köstliche Pizza verspeiste und Tristan seine Pasta aß, redeten wir über die Musical-AG. Endlich war die verkrampfte Stimmung verschwunden. Dies war ein Terrain, auf dem ich mich sicher fühlte, und auch Tristan schien dieses Thema mehr zu liegen als die Freizeitgestaltung. Mir fiel ein, dass er sowieso noch nie ein Fan von Smalltalk gewesen war. Wahrscheinlich langweilte er sich mit mir, wenn wir über nichts Substantielleres redeten. Als der Kellner unsere leeren Teller weggeräumt und uns Grappa serviert hatte, sah ich Tristan prüfend an. »Kann ich dich mal was fragen? Warum sitzen wir hier eigentlich? Ich meine, warum bist du auf einmal an mir interessiert? Seit Monaten versuche ich, dir näherzukommen, aber du weichst mir immer aus. Und jetzt ist alles anders. Warum?«

Tristan drehte das Grappaglas in seinen Fingern. »Du bist mir nie egal gewesen, Annika. Schon damals nicht. Ich war nicht verliebt in dich, das weißt du, aber ich ... keine Ahnung, ich fand es gut, dass du verliebt in mich warst. Und als du wieder in mein Leben gestolpert bist, bin ich irgendwie davon ausgegangen, dass alles genauso sein würde wie früher.« Er trank einen Schluck Grappa. »Als ich dich dann neulich mit Sebastian im Werkraum gesehen habe, wie er dich festgehalten hat ... da war ich so was von eifersüchtig. Und mir wurde klar, dass ich es von Anfang an kaum ertragen konnte, euch beide zusammen zu sehen. Weil du für mich noch immer die kleine, süße Annika bist, die nur mir gehört. Und ich will nicht, dass du in einen anderen verliebt bist.« Er schüttelte den Kopf und kippte in einem Zug seinen Grappa runter. »Das hört sich furchtbar an, und ich kann kaum glauben, dass ich so etwas sage. Soll ich fünf Euro in die Machokasse werfen?«

In meinem Kopf drehte sich alles, und ich hatte keine Ahnung, was ich von seinem Geständnis halten sollte. Etwas störte mich daran. Und zwar ganz gewaltig. Aber ein Teil von mir fühlte sich auch geschmeichelt. Der Mann, den ich so lange gewollt hatte, war allen Ernstes eifersüchtig. Wenn es um mich ging, war noch nie jemand eifersüchtig gewesen. »Nein«, sagte ich schließlich. »Du bist ein verarmter Theaterregisseur. Ein Euro tut es auch.«

Tristan lachte und nahm wieder meine Hand. »Das ist alles so merkwürdig, findest du nicht?«

»Doch«, rief ich, beinahe erleichtert, dass er es ebenso empfand. »Es ist extrem merkwürdig.«

»Wahrscheinlich müssen wir uns erst mal daran gewöhnen. An das hier«, meinte er und deutete mit dem Kopf auf unsere ineinander verschlungenen Hände.

»Das vermute ich auch.«

Wir lächelten uns an, und ich sah in seine grauen, klugen Augen, die mir so vertraut waren. Seine Haare waren verstrubbelt, vermutlich, weil er sie sich vorhin bei der Probe diverse Male gerauft hatte. Und die kleine süße Annika in mir, die Tristan ihr Herz geschenkt hatte, seufzte verzückt.

»Das glaub ich jetzt nicht! Tristan Franke!«, rief eine Stimme, die ich unter Tausenden wiedererkannt hätte und die mich zu Eis erstarren ließ. Die Härchen an meinen Unterarmen stellten sich auf, und mein Herz begann zu rasen.

Das Schlimmste war die Angst, die mich urplötzlich erfasste. Der Fluchtinstinkt, der mich beinahe dazu antrieb, aufzustehen und aus dem Restaurant zu rennen. Doch Tristan hielt meine Hände unbeirrt fest, und ich konnte mich sowieso nicht rühren. Genau wie in meinen schlimmsten Albträumen, in denen ich vor dem Monster wegrannte, hinfiel und nicht mehr aufstehen konnte. So ging es mir auch jetzt, als die Besitzerin dieser Stimme näher und näher an unseren Tisch kam. Nadine Schäfer, die schlimmste von all meinen Peinigern. Sie war diejenige gewesen, die meine Hand im Schlaf in warmes Wasser gesteckt hatte, sie hatte die Fotos von mir gemacht und sie überall herumgezeigt. Die gemeinsten und demütigensten Erfahrungen in meinem Leben hatte ich ihr zu verdanken. Sie war älter geworden, das Gesicht markanter. Ihre blonden Haare trug sie nicht mehr zu einem Pferdeschwanz gebunden, sondern in einem modischen Bob. Sie war perfekt geschminkt, ihre Kleidung sah nach Business-Meeting aus. Sie lächelte Tristan an, und wenn ich nicht gewusst hätte, was für eine ungeheure Boshaftigkeit in ihr steckte, hätte ich sie vielleicht für sympathisch gehalten.

Tristan sah sie ausdruckslos an. »Ja?«

»Das gibt's doch gar nicht!«, rief sie. »Wie lange haben wir uns nicht mehr gesehen? Ich hab gehört, was für eine phänomenale Karriere du hingelegt hast. Aber eigentlich war ja allen klar, dass aus dir mal ein gefeierter Regisseur werden würde. Warum bist du denn nie zu den Treffen gekommen?«

»Welche Treffen?«, fragte Tristan perplex.

»Na, unsere Abi-Treffen.«

»Ach, wir waren zusammen auf der Schule? Tut mir sehr leid, aber ich habe gerade keine Ahnung, wer du bist.«

Das Lächeln auf ihren Lippen verblasste, doch sie hatte sich schnell wieder im Griff.

»Das ist Nadine Schäfer.« Ich war überrascht, wie fest meine Stimme klang.

Jetzt sah sie rüber zu mir, und ihre Augen weiteten sich bei meinem Anblick. »Du bist doch Panne ... ich meine, du bist doch Annika Paulsen, oder nicht?«

»Ja. Bin ich.«

In dem Moment machte es bei Tristan wohl endlich Klick. Er umfasste meine Hand fester. »Nadine. Stimmt, jetzt, wo du es sagst. Verrückt. Ich hatte dich komplett vergessen.«

»Ich nicht«, sagte ich.

Nadine blickte zwischen Tristan und mir hin und her, dann zog sie einen Stuhl heran und setzte sich zu uns. »Ich stör doch hoffentlich nicht?«

»Doch, ehrlich gesagt schon«, entgegnete Tristan.

»Oh je. Das tut mir leid«, behauptete sie, sah allerdings nicht wirklich danach aus. »Ist das nicht unfassbar? Da ist man einmal im Leben in Barmbek unterwegs und begegnet gleich lieben Ex-Klassenkameraden, die man schon ewig nicht mehr gesehen hat.«

Ich konnte kaum glauben, dass sie den Plural verwendet hatte.

Nadine machte eine unbestimmte Handbewegung in Richtung Ausgang. »Ich bin hier mit ein paar Kollegen, wir kommen von einer Due Diligence und haben noch schnell eine Kleinigkeit gegessen. Ich bin ja Anwältin geworden, Fachgebiet M&A. Übrigens, ich hab neulich im Mercado mal deine Mutter getroffen, Annika.« Sie lachte. »Die ist noch genauso verrückt wie damals, was?«

In meinem Magen zog sich etwas zusammen. Meine Eltern hatten unter den Schülern den Ruf zweier verrückter Professoren gehabt. Was sie ja irgendwie auch waren. »Stimmt. Ist sie.«

»Und sag, was ist aus dir geworden? Füllst du als Pianistin die Konzertsäle?«

Ich wünschte mir von ganzem Herzen, ich könnte Ja sagen. »Ähm, na ja. Ich habe Musik studiert, aber auf Lehramt.«

Sie legte ihren Kopf schief und sah mich mitleidig an. »Du bist Lehrerin? Ach herrje. Tut mir wahnsinnig leid, dass es mit deiner Karriere nicht geklappt hat. Dabei hast du doch so hart dafür gearbeitet. Ich erinnere mich noch daran, dass du deine komplette Freizeit im Konservatorium verbracht hast.«

»Das ist schon okay. Ich bin gerne Lehrerin.«

»Jaja, schon klar. Lehrerkind halt, was?« Sie lachte. »Und an welcher Schule unterrichtest du?«

Ich zögerte kurz. »Am Werther-Gymnasium.« Ich spürte Tristans Blick auf mir, doch ich ignorierte ihn.

Nadine nickte beeindruckt. »Wow. Eine der besten Schulen in der Stadt. Da soll ja jeder zweite Schüler hochbegabt sein.«

»Das ist ein bisschen übertrieben«, sagte ich, fügte dann jedoch hinzu: »Aber an meiner Schule unterrichte ich tatsächlich enorm viele kluge, außergewöhnlich talentierte und engagierte junge Menschen. Sie sind bezaubernd.« Vor meinem geistigen Auge erschienen Heaven-Tanita, Mesut, Justin, Tülay und Jo, und in dieser absurden Situation hätte mich das beinahe zum Lachen gebracht. »Manchmal denke ich, dass ich mehr von ihnen lerne als umgekehrt.«

Nadine sah mich mit wissendem Nicken an. »Wie schön. Das klingt faszinierend.« Doch mit der Faszination war es schnell vorbei, denn nach einem kurzen Blick auf Tristans und meine immer noch ineinander verschlungenen Hände wandte sie sich an ihn. »Und du arbeitest jetzt in Hamburg, Herr Starregisseur?«

»Momentan ja. Es ist mir allerdings ein Rätsel, wie du darauf kommst, dass ich ein Starregisseur bin. Ich mach zurzeit vertretungsweise die Regieassistenz.«

»Aber das ist doch großartig«, flötete Nadine. »Ganz großartig. Ich muss mir dein Stück unbedingt ansehen.«

Tristan nickte emotionslos. »Es läuft noch nicht.«

Erneut schielte Nadine auf unsere Hände, dann hielt sie es offenbar nicht mehr aus. »Ihr zwei Süßen, jetzt sagt nicht, dass ihr zusammen seid!«

In diesem Moment machte ich eine außerkörperliche Erfahrung. Ich sah mich von oben an diesem Tisch sitzen, mit Tristan Händchen haltend, während neben mir das Böse lauerte und nur nach einem Grund suchte, über mich und mein Leben zu lachen. »Doch, sind wir«, sagte die Annika da unten am Tisch, und ich wollte ihr zurufen: ›Bist du bescheuert?‹ Aber dann war der Moment auch schon vorbei und ich befand mich wieder in meinem Körper.

Tristan stieß mich unterm Tisch leicht mit dem Fuß an und zwang mich so dazu, ihn anzusehen. Ich warf ihm einen flehenden Blick zu. ›Bitte spiel mit. Nadine ist dir doch sowieso egal, und es interessiert dich nicht, ob sie uns für ein Paar hält oder nicht.‹ Tristan verstand meine stumme Bitte offenbar, denn er legte keinen Widerspruch ein.

»Nicht zu fassen!«, rief Nadine. »Du hast ihm ja damals schon nachgegeiert wie nichts Gutes. Wie hast du ihn denn rumgekriegt?«

»Tja, die Waffen der Frauen und so …«, wich ich aus.

»Du solltest eher fragen, wie *ich sie* rumgekriegt habe«, meinte Tristan.

Nadine kicherte albern. »Ihr seid ja süß. Und wo wohnst du, Annika? Oder ihr?«

»Wir wohnen in einem Kapitänshäuschen im Treppenviertel«, antwortete ich. »Es ist ein bisschen beengt, aber sehr hübsch. Kinder sind ja vorerst nicht geplant, von daher können wir dort noch zwei, drei Jährchen bleiben.«

Nadine machte große Augen. »Im Treppenviertel. Wow. Dagegen kann ich mit meiner Vier-Zimmer-Altbauwohnung in Eppendorf nicht anstinken, was?« Sie legte mir eine Hand auf den Arm, und ich musste stark gegen das instinktive Bedürfnis ankämpfen, sie wegzuschlagen. »Aber ich gönne es dir von Herzen, Annika. Euch beiden.« Ihr Blick huschte in Richtung Tür. »Meine Kollegen drängeln schon, ich muss leider los. Es war *so* toll, euch beide mal wieder zu sehen.« Sie strahlte mich an, als wäre nie etwas zwischen uns gewesen. Dann stand sie auf und sagte: »Schön, schön. Wir bleiben in Kontakt. Ihr seid bei Facebook, Insta, Twitter? Dann connecten wir uns, ja? Und beim nächsten Mal kommt ihr definitiv zum Abitreffen.« Sie drückte erst Tristan an sich und dann mich. Es fühlte sich an, als wollte eine Riesenspinne mit mir kuscheln. Wobei das eine Beleidigung für die Spinne war. Doch zum Glück ließ sie schnell von mir ab, winkte uns noch mal zu und war verschwunden.

Wie erschlagen saß ich da und starrte Nadine nach. In mir tobten so viele Emotionen und Gedanken, dass ich nichts davon greifen konnte.

»Was für ein dämliche Kuh«, sagte Tristan nach einer Weile.

»Oh nein«, flüsterte ich.

»Nicht?«

Ich zog meine Hände unter Tristans weg, um mein Gesicht damit zu bedenken. »Nein. Nein, nein, nein.« Ich hatte versagt. Komplett versagt. Ich hatte mich von dieser hinterhältigen Schlange drangsalieren und manipulieren lassen, indem ich mich dazu genötigt gesehen hatte, vor ihr mein komplettes Leben und meine Persönlichkeit zu verleugnen. Ich war die kleine Teenager-Annika gewesen, die sich so sehr nach Anerkennung und Aufmerksamkeit gesehnt hatte, dass sie zu allem bereit war. Jahrelang hatte ich mich von Professor Varga demütigen lassen und mich selbst kasteit, um Pianistin zu werden, weil ich es allen hatte zeigen wollen. Genau wie gerade eben. Aber ich war verdammt noch mal nicht mehr die kleine Teenager-Annika, das wurde mir jetzt endlich klar. Und die Anni, die ich heute war, schämte sich ganz furchtbar für diesen Auftritt. »Warte kurz, ich bin sofort wieder da.« Ich sprang vom Tisch auf und hastete aus dem Restaurant. Am Ende der Straße entdeckte ich eine Gruppe von zwei Männern und einer blonden Frau auf High Heels. »Nadine«, rief ich und stürmte los. »Hey, Nadine.«

»Was ist?«, fragte sie, als ich bei ihr angekommen war.

»Ich muss unbedingt ein paar Dinge klarstellen.«

Sie sah mich überrascht an. »Ach so? Was denn?«

»Ich bin Single. Tristan und ich sind nicht zusammen. Er hilft mir nur bei der Musical-AG, die ich gegründet habe, und zwar an der Astrid-Lindgren-Stadtteilschule in Ellerbrook. Da arbeite ich nämlich momentan, nicht am Werther-Gymnasium. Meine Schüler sind alles andere als hochbegabt und bezaubernd, aber trotzdem lerne ich manchmal mehr von ihnen als sie von mir. Ich wohne nicht im Treppenviertel, sondern in einer Zweier-WG in Eilbek, zusammen mit meiner besten Freundin. Eigentlich ist es eine Vierer-WG, denn unsere Nachbarn Sebastian und Kai, übrigens ein Maler und ein Elektriker, hängen ständig bei uns rum. So sieht es aus, das ist mein Leben. Und ich bin glücklich. Ich liebe mein Leben, so wie es ist. Ich liebe meinen Job, ich bin gerne Lehrerin, und es ist völlig okay, dass ich nicht Pianistin geworden bin. Meine Eltern mögen zwar ein bisschen verrückt sein, aber sie sind großartig. Und vor allem habe ich Freunde. Ich habe die besten Freunde, die man sich vorstellen kann.«

Nadine zuckte mit den Schultern. »Tja, das ist doch alles schön. Ich weiß zwar nicht, warum du das nicht gleich gesagt hast, aber ...«

»Hast du überhaupt eine Ahnung, wie sehr ihr mir das Leben damals zur Hölle gemacht habt?«, fiel ich ihr ins Wort. »Ihr habt mich jahrelang gedemütigt, drangsaliert und gequält. Ich bin jeden Tag mit Bauchschmerzen zur Schule gegangen, und ich habe jeden Nachmittag, wenn ich wieder zu Hause war, geheult. Dass ich nicht durchgedreht bin, grenzt an ein Wunder!«

Nadine wurde blass um die Nase und warf einen Blick in Richtung ihrer beiden Kollegen. »Das war doch alles nur Spaß. Es tut mir leid, wenn du das damals anders empfunden hast, aber ...«

»Spaß?« Ich lachte ungläubig. »Ihr hattet wirklich eine kranke Vorstellung von Spaß. Aber weißt du, was? Es ist vorbei. Ihr könnt mir nichts mehr anhaben. Ich bin nicht mehr das kleine, dumme Mädchen von damals, das sich alles gefallen lässt. Wahrscheinlich werde ich das, was ihr mit mir veranstaltet habt, nie ganz vergessen.« Ich trat einen Schritt näher auf sie zu. »Aber ihr verdammten, asozialen *Arschgeigen* spielt in meinem Leben keine Rolle mehr, nicht die geringste. Und ich hoffe inständig, dass keiner von euch mir jemals wieder über den Weg laufen wird.«

Für den Bruchteil einer Sekunde erkannte ich so etwas wie Scham in Nadines Augen. »Wie gesagt, es tut mir leid, dass dich das damals so mitgenommen hat, aber ...«

»Vergiss es einfach. Ich wünsche dir ein schönes Leben. Grüß deine Gang ganz lieb von mir.« Damit drehte ich mich um und ging zurück zum Restaurant. Mit jedem Schritt ließ dieser Druck in meinem Magen nach, mit jedem Meter, den ich mich von ihr entfernte, wurde der riesige Klotz, der schon seit Jahren darin gelegen hatte, kleiner. Und endlich, endlich hatte ich tatsächlich das Gefühl, dass es vorbei war. Selbst wenn die Narben wahrscheinlich immer bleiben würden – ich hatte das Monster aus meinen Albträumen erlegt.

Im Näherkommen entdeckte ich eine hochgewachsene, schlaksige Gestalt vor dem Restaurant. Tristan. Der Mann, der immer zu mir gehalten hatte, schon damals als Junge, und auch gerade eben. Die sechzehnjährige Annika hatte ihn geliebt und verehrt. Nur hatte ich soeben herausgefunden, dass ich nicht mehr das Mädchen von damals war. Ich hatte mich weiterentwickelt, war eine andere geworden. Immer, wenn ich an Tristan gedacht hatte, dann hatte ich es aus Sicht des Teeniemädchens getan. Für sie hatte ich Tristan erobern wollen, ihr hatte ich das Happy End gegönnt, sie sollte diesen Triumph erleben dürfen. Aber so leid es mir für dieses Mädchen tat – die erwachsene Annika wollte Tristan nicht.

Ich wusste es ganz genau, als ich vor ihm stand, er mir meine Jacke um die Schultern legte und mich an sich zog. Ich fühlte mich wohl in seinem Arm. Aber es war so, als würden Kai, Nele oder Gülcan mich umarmen. Und ich fragte mich, warum ich mich überhaupt so lange an den Gedanken geklammert hatte, Tristan wäre *der* Mann für mich. Nur, weil er es damals gewesen war? Was für ein Blödsinn.

»Was hast du Nadine denn gesagt?«, fragte Tristan nach einer Weile.

»Die Wahrheit. Ich habe alles richtiggestellt. Und ihr endlich gesagt, wie ätzend sie sich damals mir gegenüber verhalten hat und dass sie zum Teufel gehen soll. Das war vielleicht nicht besonders souverän, aber es hat extrem gut getan.«

Tristan drückte mich noch enger an sich. »Wie schade, dass ich nicht dabei war.«

Für ein paar Sekunden blieb ich noch in seiner Umarmung,

dann löste ich mich von ihm. »Ich, ähm ... Gehen wir zur S-Bahn?«

Er nickte, und wir schlenderten schweigend durch die Straßen Barmbeks. Der Mond stand hoch am Himmel und schaute auf uns herab. Es kam mir vor, als würde er mir aufmunternd zulächeln. Und nun schickte er auch noch eine frische Windbö zu mir, die mir ins Gesicht blies und meinen Rock aufbauschte. »Hör mal, Tristan«, sagte ich. »Es gibt da ein paar Dinge, die du über mich wissen musst. In Wahrheit liebe ich Brettspiele. Und ich liebe Kitsch. Aber das Wichtigste ist ...« Ich hielt ihn am Arm fest und zwang ihn dazu stehen zu bleiben. Dann holte ich tief Luft und sagte: »Vorhin habe ich behauptet, ich wäre immer noch die Annika von damals und dass sich an meinen Gefühlen für dich nichts geändert hat. Gerade ist mir aber klar geworden, dass ich definitiv nicht mehr sechzehn bin. In den vergangen elf Jahren ist so viel passiert. Ich habe mich verändert, und ich kann die Zeit nicht zurückdrehen. Ich will es auch gar nicht.«

Tristan sah mich misstrauisch an. »Und das heißt was genau?«

»Ich bin nicht in dich verliebt, Tristan. Es tut mir wirklich leid. Du wirst immer etwas ganz Besonderes für mich sein, aber ich bin nicht in dich verliebt.«

Sein Gesichtsausdruck verdüsterte sich. »Und das fällt dir so aus heiterem Himmel ein?«

»Ich weiß, dass das merkwürdig ist. Ich kann verstehen, wenn du sauer bist, aber ... eigentlich glaube ich auch nicht, dass du in mich verliebt bist. Ich meine, du hast es damals genossen, dass ich so verliebt in dich war und du willst, dass ich es auch heute noch bin. Das hast du selbst gesagt. Kann es nicht sein, dass du einfach nur deinen Groupie behalten möchtest?«

Tristan lächelte gequält. »So würde ich es nicht ausdrücken. Ich mag dich wirklich sehr, Annika. Und ich hätte gern herausgefunden, ob das mit uns beiden funktioniert.«

Er sah traurig aus, und es tat mir furchtbar weh, dass ich dafür verantwortlich war. »Ich bin mir sicher, dass es nicht funktioniert hätte.«

Tristan setzte sich wieder in Bewegung, und wir gingen weiter in Richtung S-Bahn. Mit dem Fuß stieß er gegen eine leere Bierdose, die auf dem Gehsteig lag. »Das ist alles ganz schön ... scheiße.«

»Ich weiß«, sagte ich leise. Ich hätte ihn gerne in den Arm genommen, aber es kam mir plötzlich vor, als würden Kilometer zwischen uns liegen.

Für den Rest des Weges lastete ein unbehagliches Schweigen auf uns. Es half auch nicht gerade, dass wir noch zwei Haltestellen zusammen mit der S-Bahn fahren mussten, in der ein Haufen Mädels laut gackernd und kreischend eine Flasche Cola (wahrscheinlich mit Hochprozentigem gewürzt) herumreichte. Ihre Fröhlichkeit führte mir die Anspannung zwischen Tristan und mir erst recht vor Augen, und ich war froh, als wir an meiner Haltestelle angekommen waren. »Es tut mir ehrlich leid«, sagte ich zum Abschied. »Ich war komplett auf dem Holzweg.«

»Ich werde schon darüber hinwegkommen«, erwiderte er mit ausdrucksloser Miene.

Ich stieg aus, und während die Türen sich schlossen, sahen Tristan und ich uns noch für ein paar Sekunden in die Augen. Dann fuhr die Bahn davon. Die roten Rücklichter wurden kleiner und kleiner, bis sie schließlich ganz erloschen.

Küsst du mich jetzt endlich, oder was?

In den nächsten Wochen war ich schwer damit beschäftigt, das Chaos in meinem Kopf zu sortieren. Doch es war hoffnungslos. Nachdem ich so vieles losgelassen hatte, fühlte ich mich zwar unendlich erleichtert. Aber auch vollkommen durcheinander. Ich wusste, dass es noch Fragen in meinem Leben gab, die ich beantworten musste – und zwar am dringlichsten die, was das mit Sebastian und mir war. Aber mein Geist und mein Körper forderten eine Pause.

Also versuchte ich, mich mit anderen Dingen zu beschäftigen und den Kopf freizukriegen. In der Schule standen die Abschlussprüfungen an, weswegen ich alle Hände voll zu tun hatte. In meiner Freizeit genoss ich den Frühling, der immer stärker sichtbar wurde. Ich traf mich mit meinen Freunden, unter anderem auch mit Maike und Volker, die ich in letzter Zeit nicht besonders oft gesehen hatte. Sie berichteten mir von den neuesten Entwicklungen am Werther-Gymnasium, doch ich stellte fest, dass mich das nicht mehr so brennend interessierte. Sie ihrerseits reagierten total entsetzt auf meine Berichte von der ALS und bemitleideten mich in einer Tour, was ich völlig übertrieben und unangemessen fand.

Tristan und ich gingen in den nächsten Wochen sehr höflich miteinander um. Ich war heilfroh darüber, dass er sich so professionell verhielt, wobei ich auch nach wie vor nicht daran glaubte, dass er an einem gebrochenen Herzen litt. Er hatte sich genauso in etwas verrannt wie ich. Nur, dass es bei ihm nicht vierzehn Jahre gedauert hatte.

So wurde der März zum April, es grünte und blühte überall, und die Temperaturen kletterten. An manchen Tagen konnten Nele, Sebastian, Kai und ich sogar schon im Park grillen oder zumindest ohne zu frieren ein Bierchen am Kuhmühlenteich trinken.

Sebastian und ich verbrachten viel Zeit miteinander, aber zwischen uns ging es weder vor noch zurück. Mein Herz machte jedes Mal einen freudigen Hopser, wenn ich ihn sah. Er fehlte mir, wenn er nicht da war, und ich genoss die Abende, an denen er an seinem Toaster oder Wischroboter herumschraubte, während ich Klavier spielte oder den Unterricht vorbereitete. Ich versuchte, anhand seines Verhaltens zu erkennen, ob er möglicherweise Gefühle für mich hegte, die über Freundschaft hinausgingen. Aber ich wurde aus seinem Verhalten einfach nicht schlau. Wenn wir uns versehentlich zu nahe kamen, sorgte er sofort für Abstand. Auf der anderen Seite lächelte er mich manchmal so zärtlich an und sprach in einem so sanften Tonfall mit mir, dass ich förmlich dahinschmolz und mich am liebsten augenblicklich in seine Arme gestürzt hätte. Doch ich traute mich nicht. Es schien, als würden wir umeinander lauern und beide darauf warten, dass der andere ein Zeichen gab oder den ersten Schritt machte. Aber keiner von uns rührte sich.

An einem warmen Frühlingsabend im April ging ich nach einer besonders anstrengenden AG-Probe nach Hause und wollte nur noch eins: Erdbeerkuchen. Ich wollte ihn mehrstöckig, hemmungslos sahnig und am liebsten mit Schokolade. Also besorgte ich mir im Supermarkt die Zutaten und packte noch zwei Flaschen Sekt in den Einkaufswagen. Die Kombination Erdbeeren und Sekt war für mich nämlich fast noch verführerischer als die Kombination Erdbeeren und Sahne. In der Wohnung angekommen, packte ich meine Einkäufe aus und fing an, die Erdbeeren zu putzen. Von einem Geräusch, das aus Neles Zimmer kam, wurde ich jedoch abgelenkt. War das ein Schluchzen gewesen? Ich trocknete meine Hände am Küchentuch ab und klopfte an ihre Zimmertür. »Nele? Alles in Ordnung?«

Ein ersticktes Wimmern erklang von innen. Vorsichtig drückte ich die Klinke runter und schaute in ihr Zimmer. Sie lag hemmungslos schluchzend in Embryohaltung auf ihrem Bett.

»Was ist denn passiert?«, fragte ich erschrocken. Ich setzte mich auf die Bettkante und strich ihr die nassgeweinten Haare aus dem Gesicht.

Nele versuchte, etwas zu sagen, doch es gelang ihr nicht. Es dauerte eine ganze Weile, bis sie sich soweit beruhigt hatte, dass sie »Tobi« wimmern konnte, doch daraufhin startete eine neue Heulattacke. Ich flüsterte beruhigend auf sie ein und musste mich dabei schwer zusammenreißen, um nicht mitzuheulen. Irgendwann ließ das Weinen nach, und sie atmete ruhiger. Ich holte eine Packung Taschentücher und reichte ihr eins.

Nele setzte sich auf und rotzte hemmungslos ihr Taschentuch voll. Dann warf sie es auf den Boden und nahm sich gleich ein neues vor.

»Jetzt sag schon, Nele. Was ist denn mit Tobi?«

»Er hat mit mir ... Schluss gemacht.« Wieder wurde sie von heftigen Schluchzern durchrüttelt.

»Was? Aber wieso denn? Ihr wart doch so glücklich miteinander.«

»Tja. Das sieht er wohl anders.« Sie lehnte sich an die Wand und griff nach ihrem Kopfkissen, um sich daran festzuklammern. »Er hat mir heute gesagt, dass er ...« Sie hielt inne, als kostete es sie alle Überwindung, das Folgende auszusprechen. »... dass er sich getäuscht hat und dass ich einfach nicht die Richtige bin.«

»Bitte?« Ich schüttelte den Kopf. »Das verstehe ich nicht, ich meine ...«

»Ich verstehe es doch auch nicht«, schluchzte Nele. »Verdammt, wieso passiert mir so eine Scheiße nur immer wieder? Was stimmt denn nicht mit mir?«

»Mit dir stimmt alles, Süße. Das ist doch nicht deine Schuld.« Ich legte meinen Arm um sie, und sie lehnte sich an mich, um sich an meiner Schulter auszuweinen. Innerhalb von Sekunden war meine Lieblingsbluse von Tränen durchnässt und wahrscheinlich auch von Rotz, aber es machte mir nichts aus, weil es Nele war. Ich hielt sie fest und versuchte, sie zu trösten, so gut es ging.

Nach einer halben Ewigkeit versiegten ihre Tränen, und sie wischte sich die Wangen ab.

»Das tut mir so leid, Nele. Dieser Arsch.«

»Allerdings«, sagte sie dumpf. »Dabei habe ich doch geahnt, dass das nicht gut gehen kann und gezögert, mich auf ihn einzulassen. Wieso war ich nur so blöd und hab es trotzdem gemacht?«

Ich drückte sie etwas fester an mich. »Weil du dich in ihn verliebt hast.«

Nele lachte humorlos auf. »Schön blöd, was?«

»Nein, das ist überhaupt nicht blöd. Und ich kann einfach nicht glauben, dass das mit euch vorbei sein soll. Vielleicht gibt es ja noch eine Chance für euch. Was willst du denn jetzt tun?«

»Was soll ich schon tun? Gar nichts.«

»Aber du könntest doch noch mal mit ihm reden. Vielleicht braucht er nur etwas Zeit. Ich meine, du kannst doch nicht einfach *nichts* tun. Wenn du ihn liebst, dann musst du um ihn kämpfen. Die Keule rausholen. Das hast du selbst zu mir gesagt.«

»Aber in einem völlig anderen Zusammenhang. Du glaubst doch wohl nicht ernsthaft, Tobi wird von Knall auf Fall klar, dass er sich geirrt hat. Wir sind hier doch nicht in einem Kitschroman, Anni. Das mit uns ist vorbei, und ich werde diesem Penner ganz bestimmt nicht hinterherlaufen! Und außerdem denke ich sowieso nicht, dass ausgerechnet du mir was vom Kämpfen erzählen solltest. Du bist doch Expertin im Nichtstun.«

Es fühlte sich an, als hätte sie mir einen Kinnhaken verpasst. »Was meinst du damit?«

»Ich meine die Sache mit Sebastian.«

Ich runzelte die Stirn. »Was für eine Sache soll das sein?«

»Ach komm schon, Anni. Hältst du mich für blöd? Oder blind? Du magst ihn doch. Das merkt jeder, der euch zusammen sieht, und jeder, der euch kennenlernt, hält euch für ein Paar.«

Mein Herz setzte einen Schlag lang aus. »Bitte? Heißt das, Sebastian weiß es auch?«

Nele seufzte. »Ich denke nicht, er ist nämlich mindestens genauso bekloppt wie du. Nachdem das Thema Tristan erledigt war, hatte ich jedenfalls echt gehofft, du würdest nun endlich handeln. Aber du rührst dich einfach nicht.«

»Weil ich überhaupt nicht genau weiß, was das mit Sebastian und mir ist!«

»Natürlich weißt du das! Und selbst wenn nicht – wie willst du es jemals herausfinden, wenn du nichts tust?«

»Und wieso tut er nichts?«, rief ich empört.

»Vielleicht, weil er denkt, dass du in Tristan verliebt bist, du dumme Nuss? Dass Tristan *der Mann* für dich ist, wie du nicht müde wurdest zu betonen? Oder hast du Sebastian inzwischen auf den neuesten Stand gebracht, was das angeht?«

»Ähm ... Nein.«

»Aha.«

Für eine Weile schwiegen wir beide, und mir schossen tausend Gedanken gleichzeitig durch den Kopf. »Oh Mann, Nele«, stieß ich schließlich hervor. »Ich hab echt Schiss.«

Sie lächelte mich kümmerlich an. »Klar hast du Schiss. Ist ja auch 'ne blöde Situation, immerhin seid ihr Freunde. Aber du wirst wohl in den sauren Apfel beißen und es drauf ankommen lassen müssen. Bei dir ist es nämlich noch nicht zu spät.«

Wir kuschelten uns enger aneinander und bemitleideten uns ein bisschen selbst und gegenseitig. Irgendwann fanden wir, dass wir genug gejammert hatten, und rappelten uns auf, um uns von dem schönen Frühlingsabend im Park trösten zu lassen. Wir nahmen den Sekt und die Erdbeeren mit und setzten uns auf die Wiese unter den Kirschbaum, der in herrlichem Rosa blühte. Und obwohl uns beiden nicht gerade zum Feiern zumute war, ging es uns hier draußen im Freien, wo das Leben gerade überall erwachte, gleich etwas besser.

Nachdem Nele Tobi im Büro wiedergesehen hatte, versank sie im Liebeskummer. Sie ließ sich krankschreiben und vegetierte tagelang im Bett vor sich hin, wo sie heulte und einen Splatter-Film nach dem anderen schaute. Irgendwann konnte ich es nicht mehr mitansehen und zwang sie dazu, aufzustehen, zu duschen und endlich mal wieder das Haus zu verlassen. Kai lud sie dazu sein, mit ihm zu einem seiner LARP-Abende zu gehen. Nele sträubte sich zunächst mit Händen und Füßen dagegen, an einer so freakigen Veranstaltung wie einem Fantasy-Rollenspiel teilzunehmen, aber schließlich ließ sie sich doch darauf ein. »Es ist auf jeden Fall mal eine ganz neue Erfahrung«, meinte sie.

Bislang hatte ich noch nie das Bedürfnis verspürt, mit Kai zu LARPen, aber als er Nele ein geniales Kriegerinnen-Kostüm gab, wurde ich doch ein bisschen neidisch. Spätestens, als die beiden sich eine Kriegsbemalung ins Gesicht schminkten, hätte ich beinahe geheult. »Ihr seht so cool aus. Ich will auch eine Kriegerin sein.«

»Ich habe Pfeil und Bogen«, sagte Nele stolz und hielt ihre Ausrüstung hoch.

»Das ist gemein, ich will auch Pfeil und Bogen und ein Kostüm«, jammerte ich. »Kann ich nicht doch mitkommen, Kai?«

»Ich kann unangekündigt nur eine Person mitbringen. Nele hat etwas Abwechslung momentan echt nötiger als du.«

»Hm«, brummelte ich, doch ich sah ein, dass er recht hatte. »Aber beim nächsten Mal nimmst du mich mit, okay?«

Die beiden machten sich auf den Weg, und ich tröstete mich damit, dass ich mich endlich an meinen mehrstöckigen, sahnig-sündigen Erdbeerkuchen wagte. Ich rührte die Zutaten für den Biskuitboden zusammen und dachte dabei die ganze Zeit an Nele und Kai, die jetzt durch den Wald laufen und Abenteuer erleben durften. Irgendwann klingelte es an der Tür. Es war Sebastian. Wie üblich machte mein Herz bei seinem Anblick einen fröhlich-freudigen Hüpfer, und in meinem Bauch erwachten die Schmetterlinge aus ihrem Schönheitsschlaf. Ach, verdammt. Es war alles so viel einfacher gewesen, als Sebastian einfach nur Sebastian war und nicht ›Hach, Sebastian‹.

»Ist was?«, fragte er irritiert.

»Nein, wieso?«

Er fasste sich an die Nase. »Hab ich was im Gesicht? Du starrst mich so komisch an.«

»Ich starre dich überhaupt nicht an«, behauptete ich und ging ihm voraus in die Küche.

»Okay«, meinte er in einem Tonfall, der nicht besonders überzeugt klang. »Was machst du?«

»Backen.«

»Kann ich dir helfen?«

Ich drückte ihm die Erdbeeren in die Hand. »Die kannst du abwaschen und das Grün abschneiden.«

Er machte sich an der Spüle zu schaffen, während ich den Teig weiter anrührte.

»Wo sind denn Nele und Kai?«, fragte er nach einer Weile.

»Die sind LARPen gegangen«, erwiderte ich und ärgerte mich selbst über meinen nörgeligen Tonfall. »Kai hat Nele Pfeil und Bogen gegeben und ein extrem cooles Kostüm. Und Kriegsbemalung hatten sie auch. Aber ich durfte nicht mit.«

Sebastian lachte. »Oh je. Haben sie dich nicht mitspielen lassen?«

»Nein! Dabei würde ich auch gern mal eine neue Erfahrung machen.«

»Ach, tatsächlich?«, fragte er interessiert.

»Ja, klar.« Ich goss den Teig in die Kuchenform und schob sie in den Ofen. Dann kam das Beste am Backen: Mit dem Finger fuhr ich durch die Rührschüssel, in der ich einen großzügigen Rest zurückgelassen hatte, und leckte ihn genüsslich ab. Ich spürte Sebastians Blick auf mir und drehte meinen Kopf zu ihm. Er starrte mich wie hypnotisiert an. »Willst du auch?«, fragte ich, weil ich vermutete, dass es am Kuchenteig lag.

Er schüttelte verwirrt den Kopf. »Äh ... was?«

»Na, probieren.« Ich hielt ihm einladend die Teigschüssel hin.

Für ein paar Sekunden stand er reglos da, doch dann fuhr

er mit seinem Zeigefinger durch die Schüssel und leckte ihn ab.

»Und?«, fragte ich und naschte noch mal vom Teig. »Gut, oder?«

»Hm. Lass mich noch mal probieren.«

Ich hielt ihm die Schüssel wieder hin, und wir kratzten beide etwas Teig heraus, wobei sich unsere Finger berührten. Und dann, während wir so vor uns hin schlemmten und unsere Finger ableckten, trafen sich unsere Blicke und verfingen sich ineinander. In Sebastians Augen trat ein Ausdruck, der eindeutig nichts mit freundschaftlichen Gefühlen zu tun hatte, und plötzlich fühlte sich das, was wir hier taten, unglaublich intim an. Als würden wir uns küssen oder uns gegenseitig die Kleider vom Leib reißen. In meinem Magen kribbelte es, als hätte ich einen Ameisenhaufen verschluckt, und mein Herz geriet derart aus dem Takt, dass ich befürchtete, gleich umzukippen. Mein Körper sprach eine ganz eindeutige Sprache. Mit jeder Faser signalisierte er mir: ›Ich will Sebastian. Und zwar jetzt.‹ Aber ich rührte mich nicht, ich war wie gelähmt und vollkommen überwältigt von diesem Gefühl, das ich in dieser Intensität noch nie erlebt hatte. Selbst, wenn Sebastian mich auf eine Art ansah, an der es absolut nichts falsch zu verstehen gab – ich traute mich einfach nicht, auf ihn zuzugehen. Aber auch er rührte sich nicht. Um zu vermeiden, dass wir morgen früh noch immer hier standen und uns ansahen, riss ich meinen Blick von ihm los und stellte die Schüssel zurück auf die Arbeitsfläche. Ich räusperte mich. »Es heißt ja, dass man von rohem Kuchenteig Bauchschmerzen bekommt.«

Sebastian antwortete zunächst nicht, doch schließlich räusperte er sich ebenfalls. »Falls ja, mach ich dich höchstpersönlich dafür verantwortlich«, sagte er und kümmerte sich wieder um die Erdbeeren.

Ich öffnete den Kühlschrank und genoss die Kälte, die sich auf meine erhitzten Wangen legte. Ein paarmal atmete ich tief ein und aus und holte dann drei (jawohl, drei!) Becher Sahne hervor, um sie aufzuschlagen. Wir arbeiteten schweigend vor uns hin, bis Sebastian verkündete: »Fertig. Und jetzt?«

»Nichts. Der Biskuitboden braucht noch ein paar Minuten, und dann muss er auskühlen. Du kannst mit deinem Toaster spielen gehen, wenn du willst.«

Sebastian hob eine Augenbraue und gab mir damit das Gefühl, ich hätte etwas unheimlich Zweideutiges gesagt. »Ich will nicht mit dem Toaster spielen«, erwiderte er, und dadurch, dass er die Betonung auf das Wort ›Toaster‹ legte, bekam auch das, was er gesagt hatte, einen zweideutigen Touch. Eine Frau mit einer komplett anderen Persönlichkeit als meiner hätte jetzt wahrscheinlich heftig geflirtet. Eine Frau, die keine Probleme damit hatte, ihr Interesse zu signalisieren – so wie Sebastians Cruella, zum Beispiel – hätte jetzt gehaucht: ›Womit willst du denn spielen?‹, oder ›Spiel mit was oder wem auch immer du willst‹. Und dann wäre alles Weitere wie von selbst gelaufen. Ich aber war nun mal eben ich, und ich sagte: »Dann kannst du mein neues Bücherregal aufbauen und andübeln. Ich mach in der Zeit schon mal das Essen.« Ich war echt so ein ausgekochtes kleines Luder!

Sebastian sah mich einen Moment lang völlig verdattert an, dann schüttelte er den Kopf. »Du bist echt unglaublich, Anni.«

»Also machst du das mit dem Bücherregal?«

»Nee.«

»Wieso nicht?«

»Weil du das machen wirst.«

»Ich? Aber so was mach ich nie. Ich hab meine Leute dafür.«

Sebastian lachte nur, sagte aber nichts dazu.

»Dich und Kai, zum Beispiel«, fuhr ich fort. »Wir haben nämlich einen Deal: Ihr erledigt Dinge für uns, auf die wir keine Lust haben, dafür dürft ihr euch bei uns durchfressen.«

»Ich kann mich nicht daran erinnern, so einen Deal unterzeichnet zu haben«, meinte Sebastian. »Außerdem hast du doch vorhin noch gesagt, dass du eine neue Erfahrung machen willst.«

»Aber ich kann keine Sachen anbohren«, protestierte ich.

»Woher willst du das wissen, wenn du es nie machst? Du kümmerst dich um das Regal. Ich koche. Wird Annika die Herausforderung annehmen?«, fragte er, als würde er einen Kinotrailer einsprechen. »Oder wird sie sich vor der epischen Schlacht mit Regal und Bohrmaschine drücken und sich wie ein kleines Mädchen schmollend in eine Ecke verkrümeln?« In seinen Augen blitzte es übermütig, und ich konnte diesem Blick nicht widerstehen.

»Also gut. Ich mach's.«

Sebastian nickte zufrieden. »Gut.«

Irgendwie hatte ich mehr Begeisterung erwartet, wenn nicht sogar ein bisschen Applaus. In diesem Moment piepte die Backenofenuhr, und ich holte den fertigen Biskuitboden hervor. »Dann geh ich jetzt«, sagte ich, nachdem ich die Topflappen auf die Arbeitsfläche gelegt hatte.

»Okay.« Sebastian öffnete den Kühlschrank, um den Inhalt zu durchstöbern.

»Ich bau jetzt das Regal auf.«

»Ist gut.«

»Und dann nehme ich mir die Bohrmaschine und bohr es so was von an.«

»Super.« Er holte Speckwürfel aus dem Kühlschrank, beachtete mich aber nicht weiter. »Viel Spaß.«

Ich wartete noch einen Moment ab, doch Sebastian kramte nur eine Zwiebel und Knoblauch aus dem Vorratsregal und tat so, als wäre ich gar nicht mehr da. Unwillig drehte ich mich um und ging in mein Zimmer. Ich hatte mich noch nie dafür interessiert, Möbel aufzubauen. Ich kaufte sie sehr gerne und freute mich, wenn sie fertig zur Benutzung dastanden. Aber für alles, was dazwischen passierte, hatte ich keinen Sinn. Nachdem ich das Regal ausgepackt und eingehend die Bauanleitung studiert hatte, kam ich zu dem Schluss, dass das eigentlich keine besonders komplizierte Sache war. Ich nahm das erforderliche Werkzeug aus Sebastians Kiste, legte alle Bretter, Schrauben und Nägel fein säuberlich auf den Teppich und baute Schritt für Schritt das Regal auf. Kaum zu glauben, wie einfach das war! Und vor allem machte es mir Spaß. Als ich fertig war, schob ich das Regal an die vorgesehene Stelle und trat einen Schritt zurück, um mein Werk zu betrachten. Was für ein geniales Möbelstück. Und ich hatte es selbst gebaut. Ich brauchte überhaupt keine Leute für so was!

Sehr zufrieden mit mir selbst ging ich zu Sebastian in die Küche. Es duftete nach Zwiebeln, Speck und Pasta, und ich lugte neugierig in den Topf, in dem er gerade rührte. Dann nahm ich mir einen Löffel, um die Sauce zu probieren. »Mmh. Die schmeckt ja richtig lecker.«

»Musst du dabei so verwundert klingen?«, fragte er beleidigt. »Wie sieht's bei dir aus?«

»Ich bin fertig.«

»Ich hab die Bohrmaschine gar nicht gehört«, bemerkte Sebastian, während er das Pastawasser abgoss.

Ich winkte ab. »Anbohren muss ich das Regal nicht. Es wird schon nicht umfallen.«

»Aha. Du drückst dich also davor. Aber damit kommst du nicht durch. Der Deal lautete: aufbauen und anbohren.«

»Ich will das blöde Ding aber nicht anbohren.«

Er musterte mich eine Weile, dann sagte er: »Wenn du willst, helfe ich dir dabei. Beziehungsweise, ich stehe dir für Fragen zur Verfügung.«

Seufzend ergab ich mich meinem Schicksal. »Also gut.«

Wir gingen in mein Zimmer, wo ich mit Sebastians Hilfe den richtigen Bit heraussuchte und einsetzte. Anschließend kletterte ich mit der Bohrmaschine in der Hand auf die Leiter. »Und jetzt gebe ich Gas, richtig?«

»Richtig.«

Ich setzte die Bohrmaschine an, drückte auf die Taste und sofort ging ein Höllengetöse los. Das war der Hauptgrund, warum ich damit nichts zu tun haben wollte. Ich hasste dieses Geräusch.

»Worauf wartest du?«, rief Sebastian. »Nicht so schüchtern, hau das Ding einfach rein.«

Der hatte gut reden. Doch dann gab ich mir einen Ruck und rief: »Tschakaaaaaa«, während ich gleichzeitig mit Nachdruck den Bit der Bohrmaschine in der Wand versenkte. Ich starrte auf das Loch, das ich soeben gebohrt hatte. »Hast du das gesehen?«, fragte ich begeistert und drehte mich zu Sebastian um. »Hast du gesehen, wie ich mal eben ein fettes Loch gebohrt habe? Wie ich diese Maschine in der Wand versenkt habe, als wäre sie aus Butter?«

Sebastian lachte. »Ja, ich hab's gesehen. Das war der Hammer.«

Ich steckte den Dübel in das Loch und schraubte anschließend den Winkel an. Dann stieg ich von der Leiter und konnte gar nicht mit dem stolzen Grinsen aufhören. »Das hat Spaß gemacht.«

Wir gingen in die Küche, wo Sebastian mir eine große Portion Spaghetti auflud. Während des Essens redeten wir nicht viel, sondern genossen einfach nur die leckere Pasta. »Warum hast du eigentlich nie gesagt, dass du kochst?«, fragte ich, als wir gemeinsam vom Tisch abräumten.

»Ich mach es ja nie«, erwiderte er und grinste mich an. »Ich hab meine Leute dafür.«

Ich lachte. »Deine Zeiten als reine Schnibbelhilfe sind vorbei, mein Freund.«

Während Sebastian das Geschirr abwusch, warf ich Zartbitterschokolade in einen Topf und stellte ihn ins Wasserbad. Anschließend schnitt ich den ausgekühlten Biskuitboden in drei Schichten und holte die Sahne aus dem Kühlschrank.

»Für wen ist der Kuchen überhaupt?«, fragte Sebastian.

»Für uns.« Ich tunkte eine Erdbeere in die geschmolzene Schokolade und steckte sie mir in den Mund.

»Hm«, machte Sebastian nur, und als ich zur Seite sah, bemerkte ich, dass er mich schon wieder mit einem ziemlich eindeutigen Blick beobachtete.

Schnell wandte ich mich meiner Arbeit zu. Ich tunkte weitere Erdbeeren in die flüssige Schokolade und legte sie zum Auskühlen auf einen Teller. Dann baute ich vorsichtig die Torte aus zwei Schichten Biskuitboden, Sahne und Erdbeeren. »Ziemlich wacklige Angelegenheit«, meinte ich kritisch und nahm den letzten, schon mit Sahne bestrichenen Boden in die Hand. Ganz behutsam und im Zeitlupentempo setzte ich ihn obenauf und verteilte dann liebevoll die Schokoerdbeeren darauf. »Fertig«, sagte ich, leckte mir etwas Sahne von den Fingern und trat einen Schritt zurück. »Sieht nicht schlecht aus. Aber ich fürchte, bewegen darf man ihn nicht, dann fällt er auseinander. Ich mach mal schnell ein Foto.« Ich drehte mich um und lief dabei geradewegs in Sebastian hinein, der hinter mir stand. »Tschuldigung«, murmelte ich an seiner Brust.

»Kein Problem.« Seine Stimme klang so samten, dass meine Körpertemperatur um mindestens zwei Grad in die Höhe schoss. Doch wieder verstrich der Moment, ohne dass etwas passierte. Dabei wollte ich es doch, ich wollte es unbedingt. Nur wusste ich leider nicht, wie. Meine Schüchternheit hatte mich fest im Griff. Wir traten beide zur Seite, ich holte mein Handy, fotografierte den Kuchen und schickte Nele ein Bild. »Los, wir essen ihn jetzt«, sagte ich. Dann schnitt ich den Kuchen vorsichtig an und gab jedem von uns ein großes Stück.

Während Sebastian probierte, beobachtete ich ihn gespannt. »Und?«

Er nickte mit vollem Mund und hob den Daumen. »Lecker.«

Nun probierte ich ebenfalls. Der Biskuitboden war wunderbar locker, und Erdbeeren, Sahne und Schokolade ergaben eine Geschmackskombination, die mich geradewegs in den Himmel katapultierte. Ich lud uns noch zwei Stücke auf, und nachdem wir auch die verputzt hatten, sank ich kraftlos in meinem Stuhl zusammen und hielt mir den Bauch. »Ich kann nicht mehr atmen.«

»Da hilft nur ein Schnaps.« Sebastian holte eine Flasche Kümmelschnaps aus dem Kühlschrank, schenkte uns zwei Gläser ein, und wir kippten ihn runter.

»Auf einem Bein kann man nicht stehen.« Ich schob ihm mein Glas zum Nachfüllen hin.

Nach dem zweiten Schnaps saßen wir eine Weile schweigend da, um uns von unserem Fressgelage zu erholen. Der Schnaps half tatsächlich. Mein Bauch war zwar immer noch viel zu voll, aber dafür wohlig warm. »Hey, weißt du was? Ich habe heute schon zwei Herausforderungen gemeistert – ein Regal angedübelt und einen dreistöckigen Erdbeerkuchen gebacken – und du noch keine. Herausforderungsmäßig herrscht kein gutes Gleichgewicht zwischen uns. Du musst dringend aufholen.«

»Ach ja?«

»Mhm. Und ich weiß sogar schon, wie.«

Misstrauisch sah er mich an. »Wie denn?«

»Indem du etwas machst, das dem Kampf mit einer Bohrmaschine gleichkommt. Du hast ja keine Ahnung, wie abgrundtief ich diese Dinger hasse.« Ich legte eine kurze Pause ein. »Vermutlich genauso sehr wie du den Dom.« Ich grinste Sebastian breit an.

Für drei Sekunden saß er reglos da, dann sagte er: »Vergiss es.«

»Du wirst heute Achterbahn fahren!«, rief ich triumphierend.

»Das werde ich ganz sicher nicht.«

»Doch. Schließlich musste ich auch das Regal anbohren. Also, kommst du mit?«

Er trommelte mit den Fingern auf der Tischplatte herum, gab mir aber keine Antwort.

»Bitte, Sebastian. Ich war schon ewig nicht mehr auf dem Dom. Du musst nur ein einziges Mal Achterbahn fahren, dann sind wir quitt. Ich halte dabei auch deine Hand«, bot ich an.

Seine Finger erstarrten. Dann sah er mich an und sagte: »Okay.«

»Echt?«

»Ja«, seufzte er.

Eine halbe Stunde später stiegen wir aus der Bahn und gingen das letzte Stück zu Fuß in Richtung Dom. Schon von Weitem konnte ich das Riesenrad mit dem überdimensionalen Hamburger Wappen erkennen. Es duftete nach gebrannten Mandeln und Schmalzkuchen, ich hörte die Adrenalinschreie aus den Fahrgeschäften und die Stimmen der Losbudenverkäufer. »Ich weiß gar nicht, warum ich schon so lange nicht mehr hier war«, meinte ich, als wir durch das große Tor traten. Augenblicklich griff die kribbelige Atmosphäre auf mich über. Ich hatte den Dom schon immer geliebt: die hell erleuchteten, knallbunten Buden, die Essensstände mit ihrem köstlichen Duft, das Stimmengewirr, die Ballonverkäufer, über denen Sträuße voll lustiger Comicfiguren schwebten. Und die Fahrgeschäfte, die einen durchrüttelten, alles auf den Kopf stellten und einen vergessen ließen, wer oder wo man war, um einen hinterher wieder auszuspucken, mit der Erkenntnis, dass man immer noch die gleiche Person war wie früher. Nur dass man soeben die Schwerkraft bezwungen hatte. Ich wollte alles haben, zog Sebastian von einer Bude zur nächsten, kaufte Lose (natürlich alles Nieten) und einen *Eiskönigin*-Luftballon, der mir nur fünf Minuten später aus der Hand glitt und davonflog. Als wir eine Riesenportion Zuckerwatte gegessen hatten, beschloss ich: »Okay, jetzt geht's los. Einmal Achterbahn fahren.«

Sebastian verzog das Gesicht. »Muss das wirklich sein?«

»Wir können uns ja über das Kettenkarussell rantasten«, schlug ich vor. »Das ist doch harmlos.«

»Wenn du meinst. Ich sitz aber nicht außen.«

»Natürlich. Keine Panik«, sagte ich und strich ihm beruhigend über den Arm. »Wirst schon sehen, wenn du erst mal oben bist, willst du gar nicht mehr runter.«

Kurz darauf stiegen wir in die Schaukeln ein, und während wir hochgezogen wurden, rief ich Sebastian zu: »Alles in Ordnung?«

Er war blass um die Nase und klammerte sich mit beiden Händen an den Ketten fest. »Geht so.«

Dann fing das Karussell an, sich zu drehen, und ich flog

über die Stadt. Unter mir leuchteten tausend Lichter. Ich sah die Reeperbahn, die tanzenden Türme, den Michel, die Elbe, die Elbphilharmonie, das Riesenrad und die anderen Fahrgeschäfte auf dem Dom, und dann wieder alles von vorne. Der Wind wehte mir durchs Haar, in meinem Bauch kribbelte es angenehm, und ich streckte meine Arme aus, um noch mehr das Gefühl zu haben, fliegen zu können. Ich sah rüber zu Sebastian, der ziemlich misstrauisch abwechselnd nach unten und nach oben schaute, als würde er überprüfen, wie sicher die Schaukel befestigt war und wie lange es wohl im Zweifelsfall dauerte, bis er auf dem Boden aufkam. »Alles gut?«, rief ich ihm zu.

Er sah mich an und ein Lächeln breitete sich auf seinem Gesicht aus. »Ja, alles gut.«

Wir drehten uns weiter und weiter, und jetzt blickte ich nicht mehr nach unten oder in die Ferne. Ich sah nur noch Sebastian. Seine vom Wind zerzausten Haare, sein Gesicht mit den Bartstoppeln und den grünen Augen. Und sein Lächeln. Er war nur mir zuliebe mit auf den Dom gegangen, und nur mir zuliebe saß er jetzt mit mir im Kettenkarussell. Und ich wollte mit keinem anderen Menschen lieber hier sein als mit ihm.

Das Karussell wurde langsamer, und die Schaukeln senkten sich herab. Wir zogen weiter über den Dom und teilten uns unterwegs ein paar gebrannte Mandeln. »Da ist die Achterbahn«, sagte ich irgendwann und deutete nach vorne.

»Pff, und darum machst du so einen Aufstand? Das sieht doch ganz easy aus. Damit habe ich definitiv kein Problem.«

Ich folgte seinem Blick und kicherte. »Das ist ja auch die Kinder-Achterbahn.« Ich umfasste Sebastians Kinn und drehte seinen Kopf in die richtige Richtung. »Die meine ich.«

Seine Augen weiteten sich. »Da sind ja gleich zwei Loopings. Kann ich nicht etwas anderes tun, vor dem ich eine Heidenangst habe?«

Für einen Moment dachte ich nach. »Und was soll das sein?«

»Na ja ...« Sebastian warf mir einen Seitenblick zu. »Ich wüsste da schon ein paar Dinge.«

»Nee, tut mir leid, es muss die Achterbahn sein.« Ich zog ihn am Ärmel seiner Jacke mit. »Komm schon, das Kettenkarussell hat dir doch auch gefallen.«

Ich kaufte uns zwei Tickets, und wir stellten uns in die endlos lange Schlange. Je länger wir warteten, desto stiller wurde Sebastian. Allmählich tat er mir ganz schön leid, und ich fragte mich, ob es nicht extrem gemein von mir war, ihn zum Achterbahn fahren zu zwingen. Aber auf der anderen Seite war ich mir sicher, dass es ihm gefallen würde. Genauso wie es mir gefallen hatte, das Regal anzudübeln.

»Wie kommt es eigentlich, dass du überhaupt kein Mitleid mit mir hast?«, fragte Sebastian, als wir fest angeschnallt im Wagen saßen. »Hast du kein Herz? Wir könnten hierbei draufgehen!«

»Ich habe Mitleid mit dir, ehrlich«, beteuerte ich. »Und wir werden ganz bestimmt nicht draufgehen.«

Er streckte seine Hand aus, als wartete er darauf, dass ich ihm etwas hineinlegte.

»Was ist?«

»Du hast mir deine Hand versprochen.«

»Oh. Stimmt.« Ich reichte ihm meine Hand, und er umschloss sie mit seiner. Aber nicht nur das. Er streichelte mit dem Daumen meinen Handrücken, und zwar so aufreizend langsam und sachte, dass er das mit Sicherheit nicht unbewusst tat.

Meine Haut prickelte und kribbelte, und dieses Gefühl breitete sich in Sekundenschnelle in meinem gesamten Körper aus. Ich sah zu ihm auf, direkt in seine lächelnden, warmen Augen.

»Bevor wir möglicherweise doch draufgehen, muss ich dir übrigens noch was beichten«, sagte er, als die Wagen sich langsam in Bewegung setzten.

Für den Bruchteil einer Sekunde blieb mir das Herz stehen. »Was denn?«

Wir fuhren steil aufwärts, Sebastian umfasste meine Hand etwas fester und sagte: »Euer Toaster ist Schrott.«

Irritiert runzelte ich die Stirn. »Das weiß ich doch.«

»Nein, er ist *Schrott*. Da ist nichts zu machen. Ich repariere diesen dämlichen Arsch von Toaster schon lange nicht mehr.«

»Aber ... wozu schraubst du denn dann immer noch an dem Ding rum?«

Sebastian spielte so zärtlich mit meinen Fingern, dass mir die Luft wegblieb. Wie von selbst erwiderte ich die Geste, und es fühlte sich so intim an, als würden wir uns küssen.

»Es ist nur ein Vorwand«, sagte er. »Ich hör dir so gern zu, wenn du Klavier spielst.«

Bevor ich irgendeine Chance hatte, darauf zu reagieren, riss es mir den Boden unter den Füßen weg, und innerhalb von Sekunden wurde meine Welt auf den Kopf gestellt. Der Wagen schoss in einer engen Steilkurve in die Tiefe, um gleich darauf in den ersten Looping einzudrehen. Rings um mich ertönten Schreie, und vielleicht schrien auch Sebastian und ich, ich konnte es nicht sagen. Ich wurde durcheinandergeschüttelt, hatte das Gefühl, der Schwerkraft ein Schnippchen zu schlagen, mein Magen machte Purzelbäume, und durch meinen Körper jagte ein derartiger Adrenalinrausch, dass ich das Gefühl hatte, high zu sein. Der Wagen raste um Kurven, fuhr rauf und runter, drehte einen weiteren Looping und wurde schon bald darauf langsamer.

In mir drin herrschte allerdings immer noch Kirmes. Mir wurde bewusst, dass Sebastian und ich unsere Hände fest ineinander verschränkt hatten. Ich wandte meinen Kopf zu ihm. »Alles okay?« Er sah okay aus, mehr als das sogar. Seine Augen strahlten, und auf seinen Lippen lag ein breites Grinsen. »Wie geil war das denn? Das will ich noch mal machen. Sofort.«

»Ich hab doch gesagt, dass es dir gefallen wird«, erwiderte ich, und mein Herz hüpfte vor Freude, weil er so euphorisch und süß aussah.

Die Gurte lösten sich, und wir wurden dazu aufgefordert auszusteigen. Auf wackligen Beinen ging ich das Gerüst hinunter. Sebastian war direkt neben mir, und irgendwie hatten wir wohl vergessen, unsere Hände voneinander zu lösen. »Fahren wir noch mal?«, fragte Sebastian begierig. »Diese Runde geht auf mich.«

Von da an fuhren wir mit so ziemlich jedem Gerät, das der Hamburger Dom zu bieten hatte. Wir stürzten in die Tiefe, wurden durchgeschüttelt, in die Lüfte geschleudert und im Kreis gewirbelt und konnten gar nicht genug davon bekommen. Zwischendurch teilten wir uns noch mehr gebrannte Mandeln und Zuckerwatte, zogen noch mehr Lose (wieder alles Nieten) und versuchten unser Glück am Schießstand. Wir alberten herum, erzählten uns gegenseitig den allergrößten Blödsinn und lachten uns darüber kaputt. Es war wie ein Rausch. Das Adrenalin hatte uns fest im Griff, und ich hätte noch ewig so weitermachen können, die ganze Nacht hindurch. Doch um elf Uhr schlossen die Buden und zwangen uns, wieder in die Normalität zurückzukehren.

»Ich brauche unbedingt noch einen Salmiak-Lolli«, sagte ich, als wir an einem Süßigkeitenstand vorbeikamen. »Du auch?«

»Nein danke. Für heute habe ich echt genug gegessen.«

»Ein Salmiak-Lolli geht doch immer«, meinte ich und kaufte gleich noch eine Waffeltüte, vier Liebesäpfel, ein paar bunte Zuckerschlangen und Schokofrüchte.

»Hast du Bulimie?«, fragte Sebastian.

»Das ist doch nicht alles für mich. Ich teile den Kram mit Nele, Kai und dir.« Schon auf dem Heimweg packte ich meinen Salmiak-Lolli aus und lutschte zufrieden daran, als wir in der Bahn saßen. Ich liebte die Mischung aus Zartbitterschokolade und salzigem Lakritz. Überhaupt war süß und salzig für mich die beste Geschmackskombination, und an diesem Abend war einfach alles so schön, dass er in die Geschichtsbücher eingehen müsste. Noch immer tanzten die Endorphine in meinem Körper, als wir von der S-Bahn nach Hause gingen. Es war still und dunkel in der Wohnung, also waren Nele und Kai noch nicht zurück von ihrem LARP-Abend.

Wir gingen in die Küche, wo ich meine Süßigkeiten ablud. »Ach du Schande«, rief ich, als ich den Erdbeerkuchen entdeckte, doch da der Salmiak-Lolli gerade in meinem Mund steckte, kam nur ein unverständliches Gebrabbel dabei heraus.

»Was?«

Ich nahm den Lolli aus dem Mund und deutete auf den Kuchen. »Der ist hinüber.« Es war eindeutig zu warm in der Küche gewesen, weswegen die Sahne ihren Stand verloren hatte und eingesackt war. Der Kuchen sah aus wie ein riesengroßer Haufen Matsch mit Schokoerdbeeren obendrauf. »Gut, dass wir vorhin noch davon gegessen haben.« Ich steckte meinen Lolli in den Mund und lutschte genüsslich daran herum.

»Kannst du das mal bitte lassen?«, fragte Sebastian.

Ich ließ meine Hand mit dem Lolli sinken. »Was denn?«

»Den ganzen Abend schon steckst du dir permanent Essen in den Mund. Das macht mich wahnsinnig.« Er trat auf mich zu und blieb unmittelbar vor mir stehen. »Du hast da Schokolade«, sagte er leise und strich mit dem Daumen über meinen Mundwinkel und meine Lippen.

Ich spürte, wie ein erneuter Adrenalinrausch durch meinen Körper jagte, der absolut nichts mit irgendwelchen Achterbahnen zu tun hatte. »Warum kannst du es nicht sehen, wenn ich mir Essen in den Mund stecke?«, fragte ich, obwohl ich durchaus eine Vermutung hatte, oder vielmehr eine Hoffnung. Aber ich wollte es hören.

Er trat noch dichter an mich heran. »Weil ich dich dann jedes Mal küssen will. Jedes verdammte Mal. Und so oft wie du heute etwas gegessen hast, ist das echt eine Zumutung.« In seinen Augen lag wieder dieser Blick, eindeutiger als je zuvor. Es gab keinen Zweifel mehr. Sebastian wollte mich, genauso sehr wie ich ihn.

»Warum küsst du mich dann nicht einfach?«, fragte ich mit heiserer Stimme. Mein Herz überschlug sich beinahe.

Er legte seine Arme um meine Taille und zog mich zu sich heran. »Weil das keine besonders gute Idee wäre«, sagte er, doch seine Stimme klang so verführerisch und sexy, dass sie das genaue Gegenteil zu meinen schien.

»Warum nicht? Ein harmloser Kuss wird unserer Freundschaft schon nicht schaden.«

Sebastian hob die Augenbrauen. »Um unsere Freundschaft geht's mir nicht. *So* gut sind wir nun auch wieder nicht befreundet. Oder?«

»Nein, eigentlich sind wir eher … Bekannte. Nachbarn halt.«

»Und wie kommst du darauf, dass das ein harmloser Kuss werden würde? Glaub mir, über den Punkt, an dem ich dich noch harmlos hätte küssen können, bin ich schon lange weit hinaus.«

Ich hatte keine Ahnung, was ich darauf erwidern sollte. Also schlang ich nur wortlos meine Arme um seinen Nacken, um ihm zu signalisieren, dass ich bereit war. Dass es losgehen konnte, und zwar bitte jetzt.

»Anni«, flüsterte er geradezu verzweifelt. »Ich sollte jetzt echt besser gehen.«

»Warum denn?« Meine Stimme klang ebenso verzweifelt wie seine.

»Du weißt doch, dass ich nicht mit Frauen ins Bett gehe, die eigentlich einen anderen wollen. Und ich küsse sie auch nicht.«

»Aber ich will überhaupt keinen anderen«, rief ich, und in dem Moment wusste ich endgültig, dass das die absolute Wahrheit war. Die sechzehnjährige Annika in mir hatte für Tristan geschwärmt. Aber die Annika, die ich heute war, wollte ganz eindeutig Sebastian. Und ich wollte ihn nicht nur, ich war in ihn verliebt – so sehr, wie ich noch nie in jemanden verliebt gewesen war. Selbst die Kids hatten es bemerkt. Wie hatte Maryam noch gesagt: ›Dann ist Sonne in Ihren Augen. Viel Sonne.‹ Und sie war nicht nur in meinen Augen, sie war in meinem ganzen Körper und vor allem in meinem Herzen.

»Könntest du das bitte noch mal sagen?«, bat Sebastian ungläubig.

»Ich will keinen anderen. Ich bin nicht in Tristan verliebt. Es ist mir vor einer Weile klar geworden, und ich hätte es dir womöglich viel früher sagen sollen. Aber ich war mir nicht sicher, ob es dich überhaupt interessiert.«

Für ein paar Sekunden sah er mich eindringlich an, als wollte er anhand meines Gesichtsausdrucks kontrollieren, ob es stimmte, was ich gesagt hatte. Dann fingen seine Augen an zu strahlen und das süßeste Lächeln, das ich je gesehen hatte, erschien auf seinen Lippen. »Doch. Das interessiert mich sogar sehr.«

»Also küsst du mich jetzt endlich, oder was?«

Sebastian lachte. »Anni, du bist echt ...«

Doch weiter kam er nicht, denn ich konnte nicht länger warten. Ich zog seinen Kopf zu mir herunter, und spätestens in dem Moment, in dem unsere Lippen sich berührten, hatte ich all meine Schüchternheit vergessen. Sebastian vergrub seine Hand in meinem Haar, schlang seinen Arm noch enger um meine Taille und erwiderte meinen Kuss so leidenschaftlich, dass mein gesamter Körper unter Strom zu stehen schien. Er schmeckte nach Zuckerwatte, gebrannten Mandeln und Sebastian, und noch nie hatte es ein Mann geschafft, mich derart mitzureißen in einen Taumel aus Endorphinen, Leidenschaft und Liebe. Sebastian hatte recht gehabt: Ein harmloser Kuss war das hier nicht. Er war alles andere als das, denn schon bald reichte küssen mir nicht mehr. Auch bei Sebastian schien das der Fall zu sein. Seine Hände gingen auf Erkundungstour, wanderten über meinen Hintern und unter mein Shirt. Ich stöhnte auf, als er vom Hosenbund sanft meinen Rücken hinauffuhr, bis er am Verschluss meines BHs angekommen war. Doch dort hielt er plötzlich inne und löste seine Lippen von meinen, um mich anzusehen.

»Was ist?«, fragte ich atemlos.

In seinem Blick lag so viel Leidenschaft, dass ich keine Ahnung hatte, wie es ihm möglich gewesen war, aufzuhören. »Nele und Kai könnten jeden Moment nach Hause kommen.«

»Na und?«

»Willst du, dass die reinplatzen, wenn wir hier ...« Er vollendete seinen Satz nicht, doch es war klar, was er gemeint hatte.

»Gehen wir in mein Zimmer?«

Er küsste mich, doch dieses Mal viel zu kurz. »Es gibt nichts, was ich lieber tun würde. Aber ... vielleicht sollten wir es etwas ruhiger angehen lassen. Wir haben doch alle Zeit der Welt.«

Mir kam es überhaupt nicht so vor, als hätte ich alle Zeit der Welt. Mir kam es eher so vor, als hätte ich unendlich viel Zeit verschwendet, bis das hier endlich passiert war. Und außerdem ... ich wollte ihn so sehr, dass ›es ruhig angehen lassen‹ für mich nach Folter klang. »Ähm, okay«, sagte ich schließlich. Ich löste mich von ihm und trat einen Schritt zurück. »Klar, das ist ... Wenn du nicht willst, dann ...«

»Anni, du raubst mir noch den letzten Nerv«, stieß er aus und zog mich wieder an sich. »Natürlich will ich dich. Und wie. Aber das mit dir ist mir extrem wichtig, und ich möchte es auf keinen Fall vermasseln. Und außerdem ...« Ein Lächeln erschien auf seinen Lippen. »Ich habe schließlich auch meine Prinzipien. Wir hatten noch nicht mal ein richtiges Date, und du sollst ja nicht denken, ich wäre leicht zu haben.«

Ich stellte mich auf die Zehenspitzen und küsste Sebastian lange und ausgiebig. »Du bist süß, weißt du das?«

»Süß?«, fragte er mit schmerzlich verzogenem Gesicht. »Habe ich mein Bad-Boy-Image jetzt komplett verspielt? Darf ich dich noch mal an mein Gang-Tattoo erinnern?« Er schob den Ärmel seines T-Shirts hoch, und hielt mir seinen Arm hin, auf dem das Adler-Tribal abgebildet war.

Ich strich mit dem Zeigefinger darüber und sagte: »Megahartes Gang-Tattoo, megaharter Typ.« Dann grinste ich ihn an. »Ich bin froh, dass du deine wilden Zeiten hinter dir hast. Sonst würdest du jetzt nämlich garantiert nicht mit einer wie mir hier stehen und dieses Gespräch führen.«

»Nee. Dann würde ich jetzt etwas ganz anderes mit dir tun.«

»Stopp«, rief ich lachend. »Ich glaube, du gehst jetzt besser.«

Es dauerte dann allerdings noch eine Stunde, bis Sebastian ging. So lange sagten wir uns immer wieder gute Nacht und küssten uns und mussten schwer aufpassen, dass wir es nicht doch schnell angehen ließen. Doch irgendwann standen wir beide vor der Wohnungstür, und als wir uns verabschiedeten, meinten wir es dieses Mal auch tatsächlich so.

»Gute Nacht«, sagte Sebastian leise in mein Ohr und hauchte einen Kuss auf die empfindliche Stelle darunter. »Schlaf gut.«

»Mhm«, murmelte ich, obwohl ich nicht die geringste Ahnung hatte, wie ich in diesem Zustand schlafen sollte. »Du auch.«

Er lächelte mich verschmitzt an, und ich wusste, dass er genau den gleichen Gedanken gehabt hatte wie ich.

»Hey, weißt du was?«, fiel mir auf einmal ein. »Herausforderungsmäßig steht es jetzt schon 3:1 für mich. Denn ich hab dich heute Abend geküsst.«

»Na und? Ich hab dich auch geküsst.«

»Aber ich hab dich zuerst geküsst«, triumphierte ich.

Er lachte und gab mir einen letzten, leidenschaftlichen Kuss. »Dafür hab ich dich öfter geküsst. Du schmeckst übrigens nach Lakritz.«

»Das ist nicht immer so. Du schmeckst nach Zuckerwatte und gebrannten Mandeln.«

»Das *ist* immer so«, grinste er. »Gute Nacht, Anni. Bis morgen.« Er schloss seine Wohnungstür auf und verschwand dahinter.

Und ich stand wie belämmert im Treppenhaus und vermisste ihn schon jetzt. Ich fand es furchtbar, dass er so nah bei mir war, nur durch eine Wand von mir getrennt, aber gleichzeitig so weit weg. Blödes ›ruhig angehen lassen‹.

Als ich im Bett lag, befanden sich mein Körper und meine Seele noch immer im absoluten Glücksrausch. Mannomann, war ich verliebt. Und Sebastian war auch in mich verliebt. Mein Handy piepte, und ich lächelte vor mich hin, als ich Sebastians Nachricht las. Er fragte mich, ob ich auch nicht schlafen konnte. Wir schrieben noch eine ganze Weile hin und her. Ich konnte gar nicht mehr aufhören zu lächeln. Und es gab absolut nichts, was mir jetzt noch etwas anhaben konnte.

Verliebtsein grenzt an Geisteskrankheit

Am nächsten Morgen wachte ich mit einem Lächeln auf dem Gesicht auf und konnte mir in meinem Dämmerzustand zunächst nicht erklären, warum ich so glücklich war. Doch dann erschien Sebastians Gesicht vor meinem inneren Auge. Ich hatte endlich kapiert, dass ich in ihn verliebt war, und er war verliebt in mich. Und schon heute Abend würde ich ihn wiedersehen. Wobei ... heute Abend *erst*? Ich seufzte, weil mir die Zeit bis dahin viel zu lang vorkam. Dann musste ich kichern, und gleich darauf fasste ich mir an den Kopf. Meine Güte. Bei mir grenzte Verliebtsein ja echt an Geisteskrankheit.

Ich quälte mich aus dem Bett und ging ins Bad. Im Spiegel entdeckte ich ein dümmlich grinsendes Annika-Gesicht mit strahlenden Augen. Allerdings lagen auch dunkle Ringe darunter, wahrscheinlich, weil ich heute Nacht maximal zwei Stunden geschlafen hatte. Ich putzte mir die Zähne, sprang unter die Dusche und schmierte mir anschließend etwas von Neles Frischekick-Maske ins Gesicht. ›Na toll, Anni‹, dachte ich, als mir bewusst wurde, was ich hier tat. ›Wirst du jetzt etwa auch noch eitel?‹

Mit der Maske im Gesicht ging ich in mein Zimmer, wo ich mir Klamotten für den heutigen Tag aus dem Schrank zog. Mein Handy summte, und ich stürzte zum Nachttisch, um zu sehen, ob Sebastian mir geschrieben hatte. Hatte er. ›*Komm mal bitte schnell vor die Tür.*‹

›*Aber ich hab nichts an.*‹

›*Stört mich nicht*‹, antwortete er, und ich konnte sein Grinsen in jedem Wort erkennen.

Ich schlüpfte in meinen Bademantel und eilte zur Wohnungstür. Schon auf dem Weg dorthin machte mein Herz freudige Hüpfer und schlug schneller. Die Schmetterlinge in meinem Bauch stießen sich gegenseitig an und riefen: ›Achtung, Achtung, wir sehen ihn gleich! Bitte alle schon mal aufs Ausflippen vorbereiten!‹ Ich öffnete die Tür, und da stand Sebastian, groß, breit und lächelnd. Er musterte mich von oben bis unten. »Du hast ja doch was an.«

»Aber nicht besonders viel.«

»Hmmm«, machte er und umfasste meine Taille, um mich an sich zu ziehen. »Ich glaube, im Moment sollte ich so was besser noch nicht so genau wissen.«

»Okay.« Ich legte meine Arme um seinen Nacken. »Was kann ich denn für dich tun?«

Er schüttelte den Kopf. »Ich glaube, du machst das nicht mal mit Absicht, oder?«

»Was denn?«

»Diese permanenten Zweideutigkeiten. Das treibt mich echt in den Wahnsinn.«

»Was kann ich dafür, wenn du hinter jeder meiner Bemerkungen eine Zweideutigkeit vermutest?«

»Du kannst gar nichts dafür«, erwiderte er lächelnd. »Eigentlich wollte ich dir was total Romantisches sagen und dir ein kitschiges Kompliment machen, aber ehrlich gesagt hab ich bei deinem Anblick alles wieder vergessen.«

»Danke.« Geschmeichelt wollte ich mir eine Haarsträhne aus der Stirn streichen, doch dabei musste ich feststellen, dass da gar keine war, weil ich mir meine noch nassen Haare zu einem strengen Dutt hochgebunden hatte. Und zwar, damit sie nicht von der grünen Frischekick-Maske eingesaut wurden, die sich noch immer auf meinem Gesicht und jetzt auch auf meinen Fingern befand. »Oh. Ach so«, murmelte ich. Deswegen hatte Sebastian bei meinem Anblick also sein Kompliment vergessen.

Er lachte und dann küsste er mich, und sobald seine Lippen meine berührten, hatte ich sowieso alles andere vergessen. Als er sich von mir löste, war auch ein Teil seines Gesichts von meiner Maske bedeckt. Lachend wischte ich den grünen Schmodder ab. »Du wirst heute bei der Arbeit bestimmt viele Komplimente bekommen, weil deine Haut so frisch aussieht.«

»Cool. Ich muss los, aber ich wollte dich unbedingt noch kurz sehen und dir einen schönen Tag wünschen.«

Wenn ich ihn jetzt ebenso dümmlich angrinste wie vorhin mein Spiegelbild, dann Prost Mahlzeit. Aber wie konnte man da auch nicht grinsen? »Danke, dir auch einen schönen Tag.« Ich küsste ihn, um ihm anschließend nochmals die Maske aus dem Gesicht zu wischen. »Bis heute Abend.«

»Bis heute Abend.« Er ging zur Treppe und war bald darauf aus meinem Blickfeld verschwunden.

Wie auf Wolken schwebte ich in die Schule. Es machte mir nichts aus, dass es regnete. Selbst die vollgesprayten Wohnsilos von Ellerbrook erschienen mir heute ausgesprochen hübsch. Ich hörte Vögel singen, alle Menschen um mich herum schienen zu lächeln und bester Laune zu sein. Genau wie ich.

»Guten Morgen, ihr Lieben«, begrüßte ich die 9c. »Ist heute nicht wunderbare Luft draußen? Ich liebe Frühlingsregen. Er duftet immer so herrlich, findet ihr nicht auch?«

»Haben Sie was eingeworfen?«, fragte Justin, der seine Augen kaum offenhalten konnte und so mürrisch war wie immer.

Aber mir konnte nichts etwas anhaben. »Nein, habe ich

nicht, und sei nicht so frech, Justin. Gut, ich sehe, ihr habt keine Lust auf Smalltalk. Dann fangen wir mal an.«

Ich zog meine Unterrichtsstunde irgendwie durch, hatte aber keine Ahnung, wie ich das hinbekam, denn eigentlich dachte ich die ganze Zeit nur an Sebastian. Am Ende entließ ich alle mit einem fröhlichen »Habt noch einen wundervollen Tag« und packte meine Sachen wieder ein.

Meikel bummelte wie so häufig, um als Letzter aus der Klasse zu gehen und noch ein bisschen mit mir zu plaudern. Daran hatte sich nichts geändert, seit er Anschluss gefunden hatte. In der AG redeten inzwischen alle mit ihm, als wäre er ihr ältester Kumpel, und auch in der Klasse war er nicht mehr so furchtbar isoliert. Trotzdem schien er noch Redebedarf zu haben. »Sie sind ja heute richtig gut gelaunt, was?«, fragte er.

»Ja, ich hatte gestern einen tollen Abend. Wir waren auf dem Dom, und ich bin zwei Stunden lang Karussell gefahren. Kennst du dieses neue Gerät? Den Propeller? Ich schwör dir, danach weißt du nicht mehr, wo oben und unten ist.«

Meikel schüttelte den Kopf, und er packte seine Hefte in den Rucksack. »Nein, ich bin nicht so oft auf dem Dom.«

Am liebsten hätte ich mir eine Ohrfeige gegeben. Natürlich war er dort nicht so oft. Der Dom war ein extrem teures Pflaster, und die Familie konnte sich solche Freizeitunternehmungen sicher nicht leisten. Vielen meiner Schüler ging es so. »Hey, was hältst du davon, wenn wir unseren Schulausflug in den Heidepark machen?«

»Das wäre schön«, sagte er, doch noch immer sah er mich nicht an. Als er sein Geografie-Buch in den Rucksack steckte, rutschte sein Pullover hoch, und mein Blick fiel auf seinen Unterarm.

»Was hast du denn da?«, fragte ich und griff danach, um es

mir näher anzusehen. Da waren ein paar blaue Flecken, die so aussahen, als hätte ihn jemand an der Stelle hart angefasst.

»Nichts.« Er schüttelte mich ab und zog schnell seinen Pulli wieder herunter.

Eingehend musterte ich ihn, und erst jetzt, als ich dicht vor ihm stand, fiel mir auf, dass auch an seinem Kinn eine verfärbte Stelle zu sehen war. »Und da?« Ich deutete auf sein Gesicht. »Was ist das?«

Reflexartig wanderte seine Hand an genau die Stelle, die ich gemeint hatte. »Ach, das ist ... wir haben gekämpft. Aber es war nur Spaß.«

»Spaß? Und mit wem hast du im Spaß gekämpft?« Ging das etwa von vorne los? Wurde er jetzt nicht nur gemobbt, sondern auch noch verprügelt? Ich tippte auf Justin. Der hatte garantiert einen richtigen Hass auf Meikel, seit sich die Klasse auf seine Seite gestellt hatte. Meikel rührte sich immer noch nicht, sondern spielte mit der Schnalle seines Rucksacks.

»Wenn du es mir nicht sagst, muss ich deine Mutter anrufen, Meikel.«

»Pawel«, sagte er zu seinem Rucksack. »Pawel und ich haben gekämpft. Aber Sie dürfen ihn nicht bestrafen, weil ich ihm ja auch eine verpasst habe, und es war halt nur Spaß. Er ist mein Freund. Echt.«

Ein paar Alarmglocken fingen bei mir an zu klingeln. Aber andererseits hatte ich Sebastian (Hach, Sebastian ...) auch schon ein paarmal mit Mesut, Jo oder Hamed im Spaß raufen sehen. Gut, dabei gab es nie blaue Flecken, aber Pawel und Meikel waren zwei Teenager im Testosteron-Überschwang. Da konnte es doch durchaus passieren, dass ihnen die Pferde durchgingen. Außerdem kamen die beiden inzwischen tatsächlich ganz gut miteinander aus. Dass Pawel ihn absichtlich verprügeln würde, glaubte ich jedenfalls nicht. »Na schön«, sagte ich schließlich. »Aber kämpft in Zukunft ein bisschen vorsichtiger, okay?«

Meikel presste die Lippen zu einer schmalen Linie zusammen und nickte. »Darf ich jetzt gehen?«

»Ja, natürlich.«

Er stand auf und verließ den Klassenraum. Nachdenklich packte ich meine Sachen zusammen, doch dann bekam ich eine Nachricht von Sebastian, und wir schrieben eine Weile hin und her. Als ich mich endlich losreißen konnte, war ich schon extrem spät dran. Ich hetzte zur nächsten Unterrichtsstunde, und die verlief so turbulent, dass ich die Sache mit Meikel darüber vergaß. Erst nach Unterrichtsschluss wurde ich wieder daran erinnert, als Pawel mich vor der Schule abfing. »Frau Paulsen? Ich muss Ihnen was sagen.«

»Okay. Was denn?«

Er sah sich nach rechts und links um, dann stieß er hervor: »Das mit Meikel, das war ich nicht.«

Für einen Moment blieb mir das Herz stehen, und die Alarmglocken in meinem Kopf schrillten wieder – dieses Mal so laut, dass ich sie nicht mehr überhören konnte. »Wirklich nicht?«

»Nein! Er meinte, ich soll sagen, dass wir gekämpft haben. Und dass ich das machen muss, weil wir ein Team sind und so was wie Paten füreinander. Wenn ich es trotzdem verrate, dann will er Ihnen sagen, dass ich bei der letzten Geo-Arbeit geschummelt hab.« Er kratzte sich am Kopf. »Aber ... gerade, weil ich so was wie Meikels Pate bin, dachte ich, ich muss Ihnen das sagen. Also, dass er die blauen Flecken nicht von mir hat.«

»Von wem denn dann?«

Er trat unbehaglich von einem Fuß auf den anderen und betrachtete eingehend seine Turnschuhe.

»Pawel, wenn du etwas weißt, dann sag es mir bitte. War es jemand aus der Schule?«

»Nein«, sagte er leise.

In dem Moment fügte sich alles zu einem Bild zusammen. Jedes blöde Gefühl, alles, was mich zum Stutzen gebracht hatte oder komisch gewesen war.

Pawel räusperte sich. »Ich weiß gar nix so richtig, aber meine Tante wohnt in Meikels Haus in der Wohnung neben ihnen. Die Wände sind nicht so dick, und meine Tante sagt, dass bei denen wohl jeden Tag Beef ist. Ich glaub, der Alde von seiner Mudder ist 'n ziemlicher Arsch.«

»Weißt du, wo Meikel jetzt ist?«

Er hob die Schultern. »Ich hab ihn vorhin weggehen sehen, aber keine Ahnung, wohin er ist.«

Mein Herz raste, und mein Hals fühlte sich so eng an, dass ich kaum etwas sagen konnte. »Danke, Pawel«, presste ich hervor. »Du hast das genau richtig gemacht. Es war gut, dass du es mir gesagt hast.«

Er sah mich aus ängstlichen Augen an. »Und was ist mit der Geo-Arbeit?«

»Vergiss das.« Es war mir ein Rätsel, wie ich äußerlich so ruhig bleiben konnte, während ich innerlich schrie. Vor Angst und vor Wut auf mich selbst, weil ich so unendlich dumm gewesen war. Dumm, naiv und blind. Ich nickte Pawel noch mal zu und ging zurück in die Schule. Meine Schritte wurden schneller und schneller, bis ich irgendwann durch die Pausenhalle rannte. Wie hatte ich nur so dämlich sein können? Von Anfang an hatte ich bei Meikel ein komisches Gefühl gehabt. Ich dachte an das Telefonat mit seiner Mutter. Auch da hatte ich gestutzt, als sie geflüstert hatte: »Ich kann nicht mehr sprechen. Ich muss auflegen.« Aber ich hatte eins und eins nicht zusammengezählt und war nicht darauf gekommen, dass sie wahrscheinlich heimlich telefoniert und Angst gehabt hatte, erwischt zu werden. Stattdessen hatte ich mich darüber beschwert, dass sie so eine unangenehme Person war, die ständig jammerte. Kein Wunder. Sie hatte alles Recht der Welt zu jammern. Und dass ein vierzehnjähriger Junge nach Schulschluss lieber in der Schule herumhing, statt nach Hause zu gehen, weil er dort angeblich seine Comics nie in Ruhe lesen konnte? Ernsthaft? Das hatte ich Meikel abgekauft? Verdammt noch mal, ich hatte alles falsch gemacht, was man nur falsch machen konnte.

Völlig außer Atem kam ich in Stefans Büro an. Er sah erstaunt von seinem Schreibtisch auf, als ich in den Raum platzte. »Annika. Ist was passiert?«

»Ja. Mit Meikel Decker.« In knappen Worten berichtete ich ihm, was ich selbst erlebt und was Pawel mir gerade erzählt hatte.

»Hm«, sagte Stefan nachdenklich, als ich geendet hatte. »Wir selbst können da nicht viel machen. Aber ich werde die Polizei und den ASD einschalten, die übernehmen das. Wahrscheinlich werden sie jemanden dort vorbeischicken.«

»Wahrscheinlich?«, japste ich. »Wenn die da niemanden vorbeischicken, und zwar sofort, dann werde ich höchstpersönlich dort hinfahren!«

»Das wirst du auf keinen Fall tun, Annika. Jetzt beruhig dich bitte. Ich weiß, dass du sehr an diesem Jungen hängst, aber du darfst dich da nicht so reinsteigern. Und jetzt entschuldige mich, ich muss telefonieren.«

Das ganze Prozedere dauerte ewig. Ich tigerte in Stefans Büro auf und ab, während er mit mindestens fünftausend Leuten sprach. Mit mehreren Leuten vom ASD, der Polizei, Pawels Mutter, Pawel selbst und so weiter und so fort. Gelegentlich übergab Stefan den Hörer auch an mich, und dann musste ich berichten, was ich erlebt hatte. Die Polizei wollte noch heute bei der Wohnung von Meikels Mutter vorbeischauen, aber ich hatte panische Angst, dass niemand aufmachen würde.

»Wir haben alles getan, was wir tun konnten«, sagte Stefan schließlich.

»Alles? Es fühlt sich an, als wäre es nichts. Und vor allem ist es viel zu spät.«

»Es hat doch vorher nie Anzeichen von häuslicher Gewalt gegeben. Du hast heute das erste Mal blaue Flecken an dem Jungen entdeckt.«

»Ja, aber weißt du, was das Allerschlimmste ist? Ich habe ihm abgekauft, dass er diese Blutergüsse hat, weil er und Pawel gerauft haben. Es kam mir komisch vor, ja. Aber ich habe mir mein Unbehagen wegerklärt. Und wenn Pawel nicht gewesen wäre, dann hätte ich immer noch nichts getan, trotz der blauen Flecken!«

»Du hast tagtäglich mit Dutzenden von Kindern zu tun. Dass dir da mal was durch die Lappen geht, ist nur menschlich. Du hast den Jungen immer wieder angesprochen und sogar mit seiner Mutter telefoniert, aber sie haben nicht geredet. Dass es Anzeichen für häusliche Gewalt gibt, konntest du erst heute bemerken.«

»Habe ich aber nicht!« Ich fuhr mir mit beiden Händen durchs Haar und stand dann auf. »Was ist mit der Polizei? Informieren die uns, wenn sie da waren?«

Stefan schüttelte den Kopf.

»Das heißt, wir werden heute nichts mehr hören?«

»Nein. Geh nach Hause, Annika.«

Ich atmete tief durch. »Was anderes bleibt mir wohl nicht übrig.«

»Hey«, sagte Stefan, kurz bevor ich sein Büro verließ. »Mach dir keine Vorwürfe. Du hast nichts falsch gemacht.«

Aber ich glaubte ihm nicht, und ich wusste, dass er es eigentlich auch gar nicht so gemeint hatte.

Auf dem gesamten Heimweg wurde ich das Bild von Meikel nicht los. Von den blauen Flecken auf seinem Arm und an seinem Kinn. Seinen ernsten Augen und der Angst, die er empfunden haben musste und die ihn dazu gedrängt hatte, seinen neuen Freund in die Sache reinzuziehen. Ihn sogar zu erpressen. Er hatte alles getan, damit niemand herauskriegte, was bei ihm zu Hause los war. Aber es war ja wohl auch nicht besonders schwer gewesen, mir etwas vorzumachen. In meinem Endorphinrausch hatte ich kein Auge und kein Ohr für irgendetwas gehabt, das nichts mit Glück, Sonnenschein und Gänseblümchen zu tun hatte. Ich war unkonzentriert gewesen, abgelenkt. Ich hatte versagt.

Es war nach sieben Uhr, als ich in der Wohnung ankam, und Nele war bereits da. Sie stand in der Küche und schnibbelte Zutaten für einen Salat. »Hey, Anni«, sagte sie und deutete auf die Arbeitsfläche. »Was bitte ist denn das da?«

Ich blickte auf die Überreste des gestrigen Abends mit Sebastian: Einen Haufen Matsch, der früher mal ein Erdbeerkuchen gewesen war, und den Riesenberg Süßigkeiten, die ich vom Jahrmarkt mitgebracht hatte. Es kam mir vor, als wäre es eine Ewigkeit her, dass ich so unbeschwert mit Sebastian über den Dom geschlendert war. Wieder dachte ich an Meikel, der mir verlegen gesagt hatte, er wäre dort nicht so oft. Weil ich ihn in meiner Naivität darauf angesprochen hatte, ohne mein Mittelschichts-Wohlstands-Köpflein anzustrengen und vielleicht mal darauf zu kommen, dass viele meiner Schüler am unteren Ende der Sozialskala standen und dass es ihnen peinlich war, das zugeben zu müssen.

»Hallo?«, rief Nele. »Bist du noch da?«

»Ja, tut mir leid. Ich war gestern mit Sebastian auf dem Dom. Und das da war mal ein Erdbeerkuchen. Ich hab dir doch ein Foto davon geschickt.«

»Hat nicht mehr viel Ähnlichkeit mit dem Foto, was? Na jedenfalls, diese LARP-Sache gestern war absolut großartig«, sagte sie mit leuchtenden Augen. »Ich war noch nie auf einer derart freakigen Veranstaltung, aber es hat so viel Spaß gemacht. Und vor allem war es richtig gut zum Dampfablassen.« Sie baute sich vor mir auf und imitierte eine Bogenschützin. »Ich war Gana, die Zerstörerin, und ich habe dem Volk der Ushulis den Garaus gemacht. Letzten Endes wurde ich zwar geschlagen, aber das war wohl auch ganz gut so. Ich war eine ziemlich üble Kreatur.«

»Mhm«, machte ich abwesend und beförderte die Reste des Erdbeerkuchens in den Müll. »Schön.«

»Was ist denn los mit dir? Ist was passiert?«

Bevor ich antworten konnte, klingelte es an der Tür.

»Ich geh schon«, sagte Nele und kehrte kurz darauf mit Kai und Sebastian zurück.

Bei Sebastians Anblick machte mein Herz den üblichen freudigen Sprung, und ich musste stark gegen das Bedürfnis ankämpfen, mich in seine Arme zu stürzen. Aber zum einen wusste ich nicht, ob wir so was jetzt schon vor Nele und Kai taten. Und zum anderen fühlte ich mich so mies, dass ich nicht das Gefühl hatte, mir mein Glück verdient zu haben. Sebastian lächelte mich zärtlich an, doch er trat keinen Schritt auf mich zu und machte keine Anstalten, mich zu küssen. Wahrscheinlich wusste auch er nicht so recht, wie wir uns nun verhalten sollten. »Wie geht's dir, Anni?«, fragte er. »Hast du dich von unserer ... Achterbahnorgie erholt?«

Ich wusste genau, dass er etwas anderes meinte; sein Blick

sprach Bände. »Es geht. Vor lauter Adrenalin konnte ich kaum schlafen.«

Sein Lächeln vertiefte sich. »Nein? Tut mir leid, das zu hören.«

Kai, Sebastian und ich schnibbelten Gemüse, während Nele Hähnchenbruststreifen in einer Pfanne anbriet. Während des Essens schweiften meine Gedanken immer wieder zu Meikel. Ob die Polizei schon in der Wohnung gewesen war? Und falls ja, was war dort passiert?

»Anni!«, hörte ich Neles Stimme wie von weit her.

»Ja?«

»Sag mir doch bitte endlich, was mit dir los ist. Du bist so abwesend.«

»Nichts, es ist nur …« Ich ließ meine Gabel auf den Teller sinken. Appetit hatte ich sowieso nicht. »In der Schule wurde ein Fall von häuslicher Gewalt entdeckt. Ich kenne dieses Kind ziemlich gut, eigentlich hätte ich es merken müssen. Habe ich aber nicht. Ich hab's übersehen, und heute ist es rausgekommen.« Mein Kinn fing an zu zittern, und ich spürte, wie Tränen in meine Augen stiegen. »Eigentlich darf ich gar nicht darüber reden. Ähm, ich … hab keinen Hunger.« Sebastian sah mich besorgt an, doch ich wich seinem Blick aus, stand auf und ging in mein Zimmer.

Ich ließ mich auf mein Bett sinken, beugte mich vor und vergrub den Kopf in meinen Armen. Diese Ungewissheit war das Schlimmste. Nicht zu wissen, was gerade passierte, nur zu ahnen, was genau in den letzten Wochen und Monaten bei Meikel losgewesen war. Es klopfte an meiner Tür, und ohne eine Antwort abzuwarten, trat Sebastian ein. Er setzte sich neben mich aufs Bett und legte einen Arm um meine Schulter. »Nicht weinen, Süße.«

»Ich weine nicht«, antwortete ich, und ich tat es tatsächlich nicht. Doch dann schmiegte ich mich an seine Brust und klammerte mich an ihn, und die Tränen kamen ganz von allein. »Ich hab einen riesengroßen Fehler gemacht«, schluchzte ich. »Ich hab komplett versagt.«

Sebastian hielt mich fest, strich mir beruhigend übers Haar und murmelte tröstende Worte in mein Ohr. Irgendwann hatte ich mich einigermaßen beruhigt und löste mich von ihm. Er wischte mir mit den Fingern die Tränen von den Wangen. Seinem Gesichtsausdruck nach musste er sich stark zusammenreißen, um nicht mitzuweinen. »Hey«, sagte er leise. »Willst du mir nicht erzählen, was passiert ist?«

»Ich darf nicht.«

»Kenne ich das Kind?«

Ich nickte.

Er stöhnte auf. »Verdammt.«

Und dann erzählte ich es ihm doch. Ich fühlte mich furchtbar dabei, aber ich musste einfach mit jemandem darüber sprechen.

Als ich geendet hatte, starrte Sebastian für ein paar Sekunden düster vor sich hin. »Oh Mann, das ist übel.«

»Das ist mehr als übel. Und ich halte es kaum aus, dass ich nichts tun kann. Am liebsten würde ich dorthin fahren, um selbst nach dem Rechten zu sehen.«

»Das wirst du ganz sicher nicht«, sagte er bestimmt. »Du glaubst doch nicht ernsthaft, dass ich dich dorthin fahren lasse. Die Polizei und sämtliche Behörden sind informiert. Das wird jetzt alles seinen Gang nehmen, und mehr kannst du nicht tun.«

»Ich hätte vorher mehr tun müssen.«

»Aber was denn? Was hättest du tun können? Du hast mit Meikel geredet, dich gekümmert, mit seiner Mutter gesprochen. Du konntest nicht wissen, was in der Familie los ist.

Und im Grunde kannst du es jetzt auch nicht, denn bislang gibt es keine Beweise oder Bestätigungen. Das beruht doch alles nur auf Hörensagen.«

»Es passt alles zusammen, Sebastian. Ich mach mir solche Sorgen«, flüsterte ich.

»Ich weiß.« Er zog mich wieder an sich. »Ich weiß, dass du Meikel sehr magst und dass dir das extrem nahegeht. Aber du musst versuchen, Abstand zu halten. Sonst kannst du diesen Job nicht lange machen.«

»Kann ich auch nicht«, murmelte ich an seiner Brust. »Das ist der endgültige Beweis. Ich muss da weg, bevor ich noch mehr Fehler mache.«

Sebastian sagte nichts mehr, sondern zog mich noch enger in seine Arme und hielt mich einfach nur fest.

Später klopfte Nele an meine Tür und schlug vor, dass wir alle zusammen in den Park gehen sollten. Eigentlich hätte ich mich viel lieber in meinem Zimmer vergraben, aber dann ließ ich mich doch überreden. Wir packten Decken, die Süßigkeiten vom Dom sowie ein paar Bier ein und setzten uns im Park unter Neles und meinen rosa blühenden Lieblingsbaum. Ich kam mir vor wie in einer Blase. Die Vögel sangen, die Sonne schien, die Natur erwachte zum Leben. Auf der Wiese grillten, redeten und lachten die Leute, Kinder und Hunde spielten, auf dem Kanal zogen ein paar Kanus und Ruderer an uns vorbei. Hier war die Welt in Ordnung. Aber wenn ich auf die Häuser ringsherum blickte, fragte ich mich, hinter wie vielen Fensterscheiben sich tagtäglich und jetzt gerade Horrorszenarien abspielten.

Sebastian und ich hatten keine Gelegenheit mehr, allein miteinander zu sprechen. Erst, als wir wieder zu Hause waren, konnten wir zwei Minuten für uns herausschlagen. Er fasste mich an der Hand, zog mich in mein Zimmer und schloss die Tür hinter uns. »Geht's dir besser?«

»Keine Ahnung. Ich hoffe, dass ich morgen mehr weiß. Diese Ungewissheit ist das Schlimmste.«

Er nahm mein Gesicht in seine Hände und sah mich prüfend an. »Soll ich heute Nacht bei dir bleiben?«

Mir wurde ganz warm ums Herz, und in meinem Bauch kribbelte es aufgeregt. Aber in dieser Situation kam mir das furchtbar unangemessen vor.

»Ich meine, nur so«, sagte Sebastian schnell. »Ohne Hintergedanken.«

»Ich weiß. Aber ich glaube, ich wäre jetzt lieber allein.«

»Okay. Das verstehe ich. Wenn was ist, weißt du ja, wo du mich findest.« Er nahm mich in den Arm und sagte: »Versuch dir das alles nicht so zu Herzen zu nehmen, Anni.« Dann gab er mir einen langen, wunderbar zarten und gefühlvollen Kuss. Beinahe hätte ich ihn doch gebeten, heute Nacht bei mir zu bleiben, aber ich konnte mich gerade noch zusammenreißen.

Als ich im Bett lag, schweiften meine Gedanken zurück zu Meikel. Ich versuchte, mich an jedes unserer Gespräche zu erinnern und klopfte sie auf Hinweise ab, die ich übersehen hatte. Je länger ich das tat, desto deutlicher wurden die Anzeichen, dass etwas bei ihm zu Hause nicht stimmte. Am Ende war ich der festen Überzeugung, dass jeder es gewusst und gesehen haben musste. Außer mir.

Am nächsten Tag ging ich als Erstes zu Stefan, um ihn zu fragen, ob er etwas von Meikel gehört hatte. Doch er verneinte. Meikel erschien nicht zum Unterricht, und in dem Moment, in dem ich auf seinen leeren Platz blickte, wusste ich, dass all meine Befürchtungen sich bestätigt hatten. Was auch immer gestern und in den Wochen und Monaten davor passiert war – es musste die Hölle für ihn gewesen sein. Ich konnte mich kaum auf den Unterricht konzentrieren und war auch am Nachmittag bei der Musical-AG-Probe nur körperlich anwesend.

»Was ist los mit dir?«, raunte Tristan mir irgendwann zu. »Du bist extrem zerstreut heute.«

»Tut mir leid, ich weiß. Aber ich hab einiges um die Ohren.«

»Ich hab auch einiges um die Ohren. Trotzdem haben wir hier einen Job zu erledigen. Also reiß dich bitte zusammen, ja?«

Ich sah in seine grauen Augen und fragte mich, wie ich mir hatte einbilden können, verliebt in ihn zu sein. Der Abstand zwischen uns war so groß geworden, dass Welten zwischen uns lagen. Noch immer hatte ich ein schlechtes Gewissen. Es tat mir leid, dass ich Tristan wochenlang angehimmelt hatte, nur um ihn dann fallen zu lassen, als er Interesse an mir zeigte. Aber es war keine böse Absicht gewesen. Außerdem war ich fest davon überzeugt, dass es ihm eigentlich gar nicht um mich ging. Er konnte es nur nicht ertragen, dass ausgerechnet die kleine Annika, die immer sein größter Fan gewesen war, ihn abserviert hatte. Ohne ein weiteres Wort ließ ich Tristan stehen und ging auf die Bühne, um Mesut und Hamed zur Ordnung zu rufen, die mal wieder zusammen rumhampelten.

Eine Woche lang erschien Meikel nicht zum Unterricht. Eine Woche lang fragte ich Stefan jeden Tag, ob er etwas gehört hatte, doch er verneinte. Je mehr Zeit verging, desto mehr Sorgen machte ich mir und desto schlimmer wurden die Szenarien, die ich mir ausmalte. Ich lief wie ein Zombie durch die Gegend, machte mir in einer Tour Vorwürfe und fragte mich, was ich noch alles übersehen hatte. Ich musterte jeden meiner Schüler ganz genau und sah plötzlich überall Anzeichen für gravierende Probleme.

Das alles beschäftigte mich so sehr, dass mein Privatleben

so gut wie gar nicht mehr existierte. Hinzu kam, dass Sebastian und ich kaum Gelegenheit hatten, etwas zu zweit zu machen, denn Nele und Kai schienen neuerdings omnipräsent zu sein. Ich hätte den beiden gern gesagt, dass sie mal für zwei Stunden ins Kino gehen sollten. So manches Mal war ich kurz davor, Sebastian nach dem Abendessen einfach in mein Zimmer zu ziehen und die Tür hinter uns abzuschließen. Doch ich tat es nicht. Wenn ich daran dachte, dass ich vor lauter Liebesglück Meikels blaue Flecken nicht hinterfragt und mir eine dicke Lüge hatte auftischen lassen ... Vielleicht war ich nicht in der Lage dazu, verliebt zu sein und gleichzeitig diesen Job zu machen. Denn Liebe versetzte mich ja offensichtlich in einen geradezu grenzdebilen Zustand – und den konnte ich mir nicht erlauben.

Sebastian schien zu spüren, dass sich in meinem Kopf gerade einiges abspielte und dass ich Zeit für mich brauchte, denn er ließ mich in Ruhe. Anscheinend wartete er darauf, dass ich meine Angelegenheiten klärte, damit wieder Platz für andere Dinge in meinem Leben war. Nur leider wusste ich nicht, ob das jemals der Fall sein würde, solange ich an dieser verdammten Schule arbeitete. Wir mussten einfach diesen Preis gewinnen, ich musste zurück ans Werther-Gymnasium. Und wenn mein sehr hypothetischer Plan nicht aufging, würde ich mich woanders bewerben und darauf hoffen, dass ich schnellstmöglich den Brennpunkt verlassen konnte.

Am Dienstag rief Stefan mich nach Unterrichtsschluss in sein Büro. Ich wusste sofort, dass es um Meikel ging. »Hast du etwas gehört?« Mein Herz klopfte schneller, und meine Hände wurden kalt und feucht.

»Ja. Meikels Mutter hat heute angerufen.«

Meine Knie zitterten, also setzte ich mich auf den Besucherstuhl vor Stefans Schreibtisch. »Und? Was hat sie gesagt?«

Er holte tief Luft. »Offenbar hat ihr Freund sie seit Monaten geschlagen und misshandelt. Sie hat beteuert, dass er die Kinder nie angerührt hat, bis auf dieses eine Mal, als Meikel sie verteidigen wollte. Zu dem Zeitpunkt hatte sie bereits eine Beratungsstelle kontaktiert, die nach diesem Vorfall auf ihren Wunsch hin den Kontakt zu einem Frauenhaus hergestellt hat. Und als die Polizei neulich Nachmittag vor der Tür stand, war sie so weit, dass sie die Sachen gepackt hat und mitgegangen ist. Sie lebt jetzt mit ihren Kindern im Frauenhaus und hat Meikel von unserer Schule abgemeldet.«

»Oh Gott.« Ich schlug mir die Hand vor den Mund. In meinem Kopf drehte sich alles, und mir wurde übel. »Es tut mir so leid, das alles tut mir so furchtbar leid. Der arme Junge. Diese arme Frau. Und ich hab bei dem Telefonat auch noch ...« Hilflos brach ich ab.

»Du trägst keine Schuld daran«, sagte Stefan ruhig. »Rede dir das nicht ein.«

»Kann ich irgendwie Kontakt zu Meikel aufnehmen? Ich meine, Frauenhaus ... Seine Mutter darf nicht sagen, wo das ist, oder?«

»Nein, auf keinen Fall. Sie könnten noch in der Stadt sein oder auch ganz woanders. Wir werden es nie erfahren. Aber es ist gut, wirklich gut, dass sie diesen Schritt gegangen ist. Ihr und den Kindern wird dort geholfen. Sie werden psychologisch betreut und dabei unterstützt, wieder auf die Beine zu kommen. Halte dich an diesen Gedanken, Annika.«

»Er hat immer wieder meine Nähe gesucht«, sagte ich tränenerstickt. »Er hat nach dem Unterricht und nach der AG gebummelt, weil er mit mir sprechen wollte. Vielleicht wollte er mir etwas sagen, aber ich habe nicht richtig reagiert. Wenn ich mich ihm gegenüber anders verhalten hätte, dann ...«

»Bitte, hör auf damit«, sagte Stefan mit Nachdruck. »Du bist noch jung und hast keine jahrelange Berufserfahrung, und ich weiß, dass du vorher noch nie an einer Brennpunktschule gearbeitet hast. Daher lass dir gesagt sein, dass dieser Job eine ständige Gratwanderung zwischen Nähe und Abstand ist. Und wenn du den Abstand verlierst, dann kannst du nicht mehr Lehrerin sein. Definitiv nicht an einer Schule wie dieser, und wahrscheinlich auch an keiner anderen.«

»Ich weiß«, murmelte ich. »Ich weiß das alles.«

»Dann nimm es dir zu Herzen«, sagte er eindringlich.

Nach dem Gespräch mit Stefan wäre ich liebend gern nach Hause gefahren, um mich dort zu verkriechen. Doch der Luxus war mir nicht vergönnt. Stattdessen stand eine Probe der Musical-AG an, und ich musste Tristan und den Schülern beibringen, dass Meikel nicht mehr an der AG teilnehmen und auch nicht mehr zur Schule kommen würde. Während Tristan die Nachricht relativ gelassen wegsteckte, reagierten die Kinder mit Unglaube und Verständnislosigkeit.

»Wieso kommt er nicht mehr?«, fragte Heaven-Tanita. »Wo ist er denn?«

»Das wissen wir nicht. Meikel ist mit seiner Mutter und seinem kleinen Bruder weggezogen.«

»Von einem Tag auf den anderen?«

»Ja, das ... kann manchmal schnell gehen.« Pawel und ich tauschten einen Blick. Er sah so schockiert und verängstigt aus, dass ich ihn am liebsten in den Arm genommen hätte.

»Können wir ihn anrufen?«, fragte Pola. »Er kann doch nicht einfach abhauen, ohne sich von uns zu verabschieden.«

Ich wusste genau, was sie meinte, denn mir ging es ebenso. Dass ich keine Chance gehabt hatte, mich von Meikel zu verabschieden, mich zu entschuldigen und ihm noch ein paar

Worte mit auf den Weg zu geben, machte alles so unwirklich. »Nein, das geht leider nicht.«

»Wer soll denn jetzt seine Rolle spielen?«, wollte Engin wissen.

»Das wird Hamed machen«, verkündete Tristan. »Er ist die Zweitbesetzung.«

Hamed machte große Augen. »Ich?«

Tristan nickte. »Ja, du, Hamed. Gut, dann bitte alle auf die Positionen, wir haben keine Zeit zu verlieren.«

Am liebsten hätte ich Tristan mein Wasser über den Kopf gekippt. Nach so einer Nachricht hätte ich den Kindern gern etwas Zeit gegeben, um das zu verdauen. Immerhin war ihr Mitschüler von einem Tag auf den anderen einfach verschwunden. Ich hatte vorgehabt, noch eine Weile mit ihnen zu sprechen und es dann ruhig angehen zu lassen. Doch Tristan peitschte sie durch die Probe und nahm keinerlei Rücksicht. Natürlich kannte er die wahren Hintergründe von Meikels Weggang noch nicht, und meine Wut auf ihn war unangemessen. Trotzdem nahm ich ihn irgendwann zur Seite und zischte ihm zu: »Kannst du mal bitte aufhören, hier den Drill Instructor zu geben? An einem Tag wie heute muss das ja wohl nicht sein.«

Doch er sah mich nur emotionslos an. »Wir müssen uns ranhalten, wenn wir eine perfekte Aufführung auf die Bühne bringen und diesen Preis gewinnen wollen. Und das wollen wir doch, oder?«

»Ja«, sagte ich unwillig, aber ich spürte, wie in meinem Bauch etwas rebellierte.

»Na also. Es muss weitergehen, Annika. Die Kids haben das mit Meikel doch ganz gut weggesteckt.«

Ja, die Kids steckten immer alles ganz gut weg. Zumindest ließen sie das alle anderen glauben, weil sie sich keine Blöße geben wollten. Sie ließen sich nie anmerken, wie es ihnen wirklich ging, sie versteckten sich ständig hinter ihren großen Klappen und ihrer Coolness. Oder aber sie machten sich unsichtbar. Es war unmöglich, hinter ihre Fassaden zu blicken. Tristan konnte das nicht, und ich konnte es auch nicht.

Teenagerverzweiflung

Wenn ich geglaubt hatte, dass meine Fehlerserie mit Meikels Weggang beendet war, hatte ich mich mächtig getäuscht. Eine Woche später wurde ich erneut in Stefans Büro zitiert. Insgeheim hoffte ich, dass er etwas von Meikel gehört hatte, doch als ich durch die Tür trat, wusste ich sofort, dass es nicht darum gehen konnte. In seinem Büro saßen Maryam und ein erwachsenes Paar, die Frau mit Kopftuch, der Mann mit Schnauzbart. Ihren Gesichtszügen nach zu urteilen, waren es Maryams Eltern.

»Hallo«, sagte ich freundlich, doch mir wehte ein so eiskalter Wind entgegen, dass mein Lächeln gefror.

Stefan winkte mich zu sich heran. »Setz dich doch bitte.«

»Was ist denn los?«, wollte ich wissen.

Daraufhin brach Maryams Vater in einen wahren Wortschwall aus, unterstützt von wilden Gesten. Leider sprach er eine Mischung aus sehr gebrochenem Deutsch und Arabisch, daher verstand ich nur die Hälfte. Ich schnappte die Worte »Theater«, »Schande« und »böse« auf, aber einen wirklichen Reim konnte ich mir nicht darauf machen. Irgendwann hatte Maryams Vater seine Tirade beendet und starrte mich wutschnaubend an. Maryam betrachtete ihre Hände und schwieg hartnäckig, statt die Worte ihres Vaters für mich zu übersetzen. Seltsam, dabei dolmetschte sie doch sonst so gern.

Jetzt ergriff Maryams Mutter das Wort. »Sie haben Maryam gemacht, auf Bühne zu stehen und singen und tanzen in dieses Theaterstück«, sagte sie vorwurfsvoll. »Wir Maryam gesagt Nein, aber sie will unbedingt und macht trotzdem. Heimlich! Kein Respekt vor Eltern, nur noch singen, tanzen und zeigen sich auf Bühne.«

Fassungslos saß ich da und starrte Maryam an. Schließlich räusperte ich mich und sagte: »Ich hatte keine Ahnung, dass Maryam diese Rolle nicht spielen darf.« Doch kaum hatte ich es ausgesprochen, fragte eine Stimme in meinem Inneren: ›Ach ja, du hattest keine Ahnung? Es kam dir also nicht komisch vor, dass Maryam erst gar nicht auf der Bühne stehen oder höchstens im Chor singen sollte, und dann doch die Erlaubnis bekommen hat, eine größere Rolle zu spielen? Da hat also keine Alarmglocke bei dir geschrillt? Die du aber nicht hören wolltest, weil du und Tristan so wild darauf wart, dass sie diese Rolle spielt?‹ Ich hatte versagt. Schon wieder.

»Ja, Herr und Frau Tarhi, wie Sie sehen, ist das alles ein Missverständnis gewesen«, sagte Stefan. »Es tut uns sehr leid.«

Maryam sah von ihren Händen auf. Tränen standen in ihren Augen. »Ich will so gerne mitspielen! Ich liebe das wirklich sehr. Singen ist mein Leben!« Es war klar, von wem sie das hatte, und unter anderen Umständen hätte ich darüber vielleicht lachen können. »Bitte!« Sie sah flehentlich ihre Eltern an und feuerte eine ganze Salve von arabischen Wörtern auf sie ab. Ihre Mutter erwiderte nur mit einem einzigen Wort, aber das klang so scharf, dass Maryam verstummte und wieder auf ihre Hände blickte. Ihre Schultern zuckten, und sie schniefte jämmerlich.

»Maryam ist wirklich sehr talentiert«, versuchte ich, ihr zu Hilfe zu kommen. »Sie ist eine der Besten in der Gruppe, fleißig und sehr hilfsbereit. Sie ist so ein liebes Mädchen. Und sie hat Freude am Spielen. Überlegen Sie es sich doch noch mal. Sie könnten ja bei der Probe zuschauen, und …«

»Denken Sie, wir wollen nicht, dass Tochter ist glücklich

und lacht?«, fiel Maryams Mutter mir ins Wort. »Aber sie hat gelogen, dafür wir können sie nicht belohnen!«

»Maryam nicht Theater spielt«, stieß ihr Vater hervor. Daraufhin stand er auf, und auch Maryam und ihre Mutter erhoben sich von ihren Stühlen.

»Aber ich möchte so gerne«, schluchzte Maryam derart verzweifelt, dass es mir beinahe das Herz zerriss.

»Nicht mehr in dieses Schuljahr«, sagte ihre Mutter und schob Maryam aus dem Raum. Kurz darauf knallte ihr Vater die Tür hinter den dreien zu. Dann waren Stefan und ich allein, und ich wusste mal wieder nicht, wie mir geschehen war.

Ich fuhr mir mit beiden Händen durchs Gesicht. »Oh Mann, die Arme. Sie ist so aufgeblüht durch das Musical, ihr Herz hängt da wirklich dran.«

»Lass die Gemüter sich erst mal beruhigen«, sagte Stefan. »Ich glaube, Maryams Eltern ging es in erster Linie darum, dass sie angelogen wurden. Weniger um das Musical an sich.«

Humorlos lachte ich auf. »Tja, mich hat sie auch angelogen. Sie hat mir eine dicke, fette Lüge aufgetischt. Und die Ironie an der Sache ist, dass ich immer dachte, ich erkenne es sofort, wenn ich angelogen werde.« Ich rieb mir die Stirn. »Vielleicht wollte ich es auch einfach glauben, weil es bequemer war.«

»Das ist in letzter Zeit alles ein bisschen viel für dich gewesen, hm?«, fragte Stefan. »Umso besser, dass Ostern vor der Tür steht. Erhol dich mal ein paar Tage, und versuch, den Kopf freizukriegen.«

Ostern. Bei all dem Stress hatte ich völlig vergessen, dass dieses Fest bevorstand. Nach Feiern war mir momentan sowieso nicht zumute. Denn jetzt musste ich vor die AG treten und ihnen mitteilen, dass auch Maryam nicht mehr mitmachen würde. Das war der zweite Schlag innerhalb kürzester Zeit. Und mir graute davor, ihnen das sagen zu müssen.

Vor der Probe fing ich Tristan ab und berichtete ihm in kurzen Worten, was passiert war. Entnervt knallte er seine Tasche auf den Sessel und rief: »Verdammt noch mal!«

»Sei leise«, ermahnte ich ihn, denn ein paar Schüler horchten auf und blickten neugierig in unsere Richtung.

»Entschuldige, aber etwas anderes fällt mir dazu nicht ein. Das ist schon der zweite Ausfall. Meikel und Maryam gehörten zu den Besten, und jetzt sind sie beide weg. Unmittelbar vor den Hauptproben.« Er fuhr sich mit den Händen durchs Haar. »Wie soll es denn jetzt weitergehen?«

»Flora ist die Zweitbesetzung.«

»Flora ist scheiße.«

»Hey!«, rief ich empört. »Hast du sie noch alle? Das ist sie überhaupt nicht.«

»Diesen verfluchten Preis können wir uns allmählich abschminken.«

»Kannst du eigentlich auch mal an etwas anderes denken? Vielleicht daran, wie schlimm es für Maryam ist, dass sie nicht mitmachen darf? Oder daran, dass du dich besser zusammenreißen solltest, damit wir diese Kinder noch irgendwie motivieren können?«

Für eine Weile starrte er finster vor sich hin, dann atmete er laut aus. »Sorry. Es tut mir ja auch wirklich leid für die Kleine.«

»Okay. Also, wollen wir?«

Tristan und ich betraten die Bühne. »Hört mal bitte zu«, rief ich. Als Ruhe eingekehrt war, fuhr ich fort: »Ich muss euch etwas Wichtiges mitteilen.«

»Haben Sie was von Meikel gehört?«, fragte Pawel.

»Nein, tut mir leid.« Ich holte tief Luft. »Es geht um Maryam. Sie hat die AG leider verlassen.«

Ein schockiertes Raunen glitt durch die Aula, und Heaven-Tanita sprang auf. »Was? Aber wieso denn?«

Ich wusste nicht, was ich sagen durfte und was nicht. Aber da ich ohnehin schon alles falsch gemacht hatte, entschied ich mich dazu, die Wahrheit zu sagen. Schlimmer konnte es jetzt auch nicht mehr werden. »Ihre Eltern erlauben es ihr nicht.«

»Aber das ist megaungerecht!«, rief Heaven-Tanita, und Tränen traten in ihre Augen. »Sie macht das so gerne, und sie ist so gut. Warum können denn immer alle mit uns machen, was sie wollen? Meikel wird einfach irgendwohin verschleppt, ohne dass er sich von seinen Freunden verabschieden darf. Und Maryam wird die Musical-AG verboten, obwohl sie unbedingt mitmachen will. Das ist so fies, ey! Warum werden *wir* denn nie gefragt, was *wir* wollen?« Sie fing haltlos an zu schluchzen.

Pola ging zu ihr und nahm sie in den Arm, um sie zu trösten.

Alle anderen Kinder fingen gleichzeitig an zu reden und zu schimpfen. Tausend Fragen prasselten auf mich ein.

»Hey, jetzt beruhigt euch mal«, rief Tristan. »Wir wissen, dass das für euch nicht einfach ist und dass ihr es nicht verstehen könnt. Frau Paulsen und ich finden es ja auch traurig, dass Meikel und Maryam weg sind. Aber wir schaffen das trotzdem zusammen. Okay?«

Heaven-Tanita riss sich von Pola los und rief: »Wenn Maryam nicht mehr mitmacht, dann will ich auch nicht mehr!«

Es kostete Tristan und mich alle Mühe, die aufgeregten und wütenden Kinder wieder zu beruhigen. Dieses Mal ließ ich es mir nicht nehmen, länger mit ihnen zu sprechen und ihnen die Möglichkeit zu geben, sich in aller Ruhe auszukotzen. Trotzdem waren sie in der anschließenden Probe extrem unkonzentriert, und es lief so katastrophal wie schon lange nicht mehr. So ziemlich alles ging schief. Sämtliche Schüler schienen die Choreografien vergessen zu haben, die Songs saßen nicht, und die schauspielerischen Leistungen waren unterirdisch. Als die Choreografie zu *SoLaLa* zum dritten Mal hintereinander in die Hose ging, warf Jo frustriert sein Baseballcap in den Zuschauerraume und rief: »Fuck, ey, wir sind doch eh scheiße! Wir kriegen das nie hin!«

»Natürlich kriegt ihr das hin«, sagte ich entschieden. »Es ist verständlich, dass euch das mit Maryam und Meikel aus der Bahn wirft. Aber bitte gebt deswegen nicht auf.«

Doch die Kids waren untröstlich, und ich beschloss, die Probe eine halbe Stunde vor Schluss abzubrechen. »Hey, wisst ihr was? Wir gönnen uns heute alle mal einen frühen Feierabend, okay? Und morgen geht's weiter.«

Als die Aula bis auf Tristan und mich leer war, fuhr er mich an: »Wir können es uns nicht erlauben, die Proben zu verkürzen. Sprich so was zukünftig gefälligst mit mir ab.«

»Das war heute eine Ausnahmesituation. Du hast doch wohl gemerkt, dass da nichts mehr ging.«

»Dann muss man aber trotzdem weitermachen. Gerade, wenn es besonders schwer wird, darf man nicht einfach aufhören!«

»Tristan, geh mir nicht auf die Nerven! Das ist eine Schüleraufführung, Herrgott noch mal. Schraub deine Ansprüche endlich runter und werd dir darüber klar, dass du es hier mit Laien zu tun hast.«

Tristan feuerte sein Notizbuch in die Tasche und schlug energisch den Deckel zu. »Tut mir leid. Ich bin halt kein Pädagoge.«

»Schon gut. Also dann, schöne Ostern. Bis nächste Woche.«
Er nickte. »Ja, bis nächste Woche.«

Ich war heilfroh, als ich am Donnerstag endlich Feierabend hatte und erst mal etwas Abstand zur Schule gewinnen konnte. Ich verbrachte ein paar faule Ostertage, besuchte meine Eltern, spielte Klavier und schlief ansonsten fast die ganze Zeit.

Nele litt immer noch unter ihrem Liebeskummer. Zwar war sie nicht mehr so verzweifelt wie am Anfang, und sie versuchte, sich abzulenken, so gut es ging. Aber es fiel ihr wahnsinnig schwer, Tobi andauernd im Büro über den Weg laufen zu müssen. Wegen ihres Liebeskummers war sie im Moment extrem anhänglich, und so kam es, dass ich weiterhin fast nie mit Sebastian allein war. Auf eine sehr seltsame Art war ich darüber traurig und erleichtert zugleich.

Am Samstagabend fuhr ich mit Nele, Kai und Sebastian zum Osterfeuer an den Elbstrand. Es war ein kühler Abend, aber die Luft war klar, und am Himmel zeigte sich eine spektakuläre Dämmerung in den verschiedensten Schattierungen von Blau, Lila, Orange und Rot. Auch das riesige Feuer sah wunderschön aus, ebenso wie die vielen kleinen über den Strand verteilten Lagerfeuer. Wir holten uns ein paar Biere und sahen hinaus auf die tiefblaue Elbe, während wir uns von den Flammen wärmen ließen.

»Ich liebe Feuer, ihr nicht auch?«, meinte ich. »Es hat so was Hypnotisierendes.«

»Aus deinem Mund klingt es ein bisschen seltsam, wenn du so über Feuer redest«, meinte Nele grinsend.

»Na ja.« Sebastian legte mir einen Arm um die Schulter, um mich an sich zu ziehen. »Immerhin lebt MC A Mad Fire ihre Leidenschaft jetzt hier aus, und nicht in eurer Wohnung.«

Es war eine freundschaftliche Geste, trotzdem schlug mein Herz schneller, und ich musste mich schwer zusammenreißen, um mich nicht an ihn zu lehnen. »Ihr seid blöd«, sagte ich und stupste Sebastian leicht in die Seite.

Irgendwann gingen Nele und Kai los, um neue Getränke zu holen. Kaum waren sie weg, schlang Sebastian mir die Arme um die Taille und zog mich an sich, um mich ausgiebig zu küssen. Mein Bauch und mein Herz reagierten so, wie sie es immer taten, wenn es um Sebastian ging: Sie flippten aus. Ich schmiegte mich eng an ihn, erwiderte seinen Kuss und vergaß alles um mich herum. Es zählte nur noch, dass Sebastian da war, mich festhielt und küsste. Doch viel zu schnell zog er seinen Kopf zurück. Seine Augen funkelten, und bei diesem Anblick machte mein Herz gleich noch einen aufgeregten Hüpfer. »Hi«, sagte er.

»Hi«, erwiderte ich lächelnd. »Sollten wir uns nicht besser zurückhalten? Was, wenn Nele und Kai wiederkommen?«

»Ist mir egal. Alles okay mit dir?«

Ich seufzte. »Nein, eigentlich nicht.«

»Du musst das alles nicht mit dir allein ausmachen, weißt du? Du kannst deinen Kummer auch bei mir abladen. Mit mir reden.«

»Ich weiß. Aber es ist echt viel passiert, ich muss erst mal meinen Kopf neu sortieren.«

Er sah mich nachdenklich an. »Und ... alles okay mit uns?«

»Wie meinst du das?«

»Ich hab das Gefühl, dass du dich von mir zurückziehst. Dass es dir ganz recht ist, wenn Nele und Kai nichts von uns wissen. Weil du eigentlich gar nicht bereit bist, den nächsten Schritt zu gehen.«

Seine Augen schienen mühelos bis auf den Grund meiner Seele blicken zu können. Ich hatte nicht gewusst, dass er mich so leicht durchschauen konnte. »Nein, ich ...« Hilflos brach ich ab, denn ich hatte keine Ahnung, was ich sagen sollte. Ich wollte ihn ja. Und ich wollte, dass es weiterging. Aber es gab eben auch Gründe, die dagegen sprachen.

»Schon gut«, sagte Sebastian. »Ich hab ja selbst vorgeschlagen, dass wir es ruhig angehen lassen. *So* ruhig hatte ich mir das zwar nicht vorgestellt, aber wenn du noch Zeit brauchst, dann nimm sie dir. Und, wie gesagt, wenn du mit mir reden möchtest, bin ich da. Gleich im Zimmer nebenan. Klopf einfach an die Wand, und ich eile herbei.«

Ich lachte. »Du bist süß.«

»Ja, das höre ich immer wieder«, grinste er. Dann küsste er mich, ein bisschen bestimmter und fordernder als beim letzten Mal, und wieder gelang es ihm, mich derart mitzureißen, dass ich am liebsten auf der Stelle mit ihm nach Hause gegangen wäre.

Doch dann ließ er von mir ab, und kurz darauf kamen Nele und Kai zurück. Für den Rest des Abends waren wir wieder nur zwei Freunde und Nachbarn – der gute alte Sebastian und die gute alte Anni.

Am Ostermontag überreichte mir Kai das letzte Kapitel seines Buches. Ich nahm es ihm ab und strich vorsichtig über die DIN-A4-Seiten. »Du hast es geschafft«, flüsterte ich ehrfürchtig.

»Ja, ich bin gerade eben fertig geworden.«

»Gerade eben? Na, dann herzlichen Glückwunsch, Kai. Und? Wie ist das jetzt für dich?«

»Keine Ahnung. Ich fühl mich irgendwie so leer. Was mach ich denn nur ohne meinen Odorf?«

Spontan legte ich meine Arme um seinen Hals und zog ihn an mich. »Er wird für immer in deinem Herzen weiterleben. Und du kannst ihn im Geiste besuchen und mit ihm schnacken. Wann immer du willst.« Ich holte eine Flasche Sekt aus dem Kühlschrank, die wir gemeinsam mit Nele und Sebastian tranken.

»Ich habe ein Buch geschrieben«, sagte Kai fassungslos.

»Ich habe tatsächlich ein ganzes Buch geschrieben. Vom Anfang bis zum Ende.«

»Und jetzt schreibst du gleich noch eins«, meinte ich. »Wie du es gesagt hast. Du kreierst deine ganz eigene Welt. Ich freu mich jetzt schon drauf, es zu lesen.«

Der Abstand zur Schule hatte mir gutgetan. Noch immer herrschte Chaos in meinem Kopf, und die Erlebnisse mit Maryam und Meikel lasteten schwer auf mir. Aber wenigstens hatte ich etwas Ruhe bekommen. Und irgendwie musste es ja weitergehen, schließlich rückte das Ende des Schuljahres immer näher. Die Abschlussprüfungen wurden geschrieben, und die Klausuren häuften sich. Außerdem standen die Hauptproben vor der Tür, denn – kaum zu glauben aber wahr – in drei Wochen fand bereits die Premiere von *Ellerbrook!* statt.

Am Dienstag lieferten Maria und ihre AG die Kostüme, die großartig geworden waren. Die meisten Kinder sahen darin eigentlich aus wie immer – nur für die Bühne überzeichnet, so wie Tristan es gewünscht hatte. Es gab Trainingsanzüge, Miniröcke und Tops, dicke goldene Rapper-Ketten und Baseballcaps. Die Nerds fielen zwar etwas aus dem Rahmen mit ihren riesigen Hornbrillen, Pullundern und Cordhosen, aber ich fand gerade Pawel und Jo, die beiden erklärten Chaoten, in diesen Outfits ganz besonders entzückend. Obwohl jeder Einzelne schon ein paarmal bei der Näh-AG zur Kostümprobe gewesen war, sahen die Kids sich jetzt zum ersten Mal gegenseitig. Und erst jetzt schien ihnen wirklich bewusst zu werden, dass sie in ein paar Wochen dieses Stück aufführen sollten. Die ersten Anflüge von Lampenfieber verstärkten sich noch, als Sebastian und Sandra mit unserer Hilfe das Bühnenbild und die Requisiten aufbauten. Wie aufgedreht hampelten alle über die Bühne und verströmten dabei so viel Adrenalin, dass ich selbst ganz kirre davon wurde. »Hey, jetzt bleibt mal cool«, rief ich immer wieder, aber heute bekam ich die Bande überhaupt nicht in den Griff.

»Wo ist eigentlich Tristan?«, wollte Sertab wissen. »Sonst ist er doch immer pünktlich.«

»Keine Ahnung.« Ich warf einen Blick auf mein Handy. »Gemeldet hat er sich nicht. Er wird schon noch auftauchen. Vielleicht steht er im Stau oder so.«

Aber Tristan tauchte nicht auf, während der gesamten Probe nicht. Ich versuchte immer wieder, ihn zu erreichen, aber es ging nur die Mailbox ran. Allmählich kam Sorge in mir auf, dass ihm etwas zugestoßen war. Erst als ich längst wieder zu Hause und kurz davor war, ins Bett zu gehen, klingelte mein Handy. Es war Tristan. »Hallo Annika, tut mir leid, dass ich mich nicht gemeldet habe. Ich hatte im Zug keinen Empfang.«

Ich stutzte. »Und wo bist du?«

»In Passau. Hör zu, ich muss dir was sagen.« Seine Stimme klang ernst. »Ich habe hier ein Engagement am Theater bekommen. *Mutter Courage*. Der Regisseur ist ausgefallen, daher haben sie mich gefragt, ob ich kurzfristig einspringen kann.«

Ich saß reglos auf meinem Bett und fühlte, wie sämtliche Kraft aus meinem Körper wich. Beinahe wäre mir das Handy aus der Hand gefallen. »*Was?*«

»Das ging alles furchtbar schnell. Ich weiß es selbst erst seit Donnerstag.«

»Ja, aber das sind immerhin fünf Tage gewesen. Da hättest du doch genug Zeit gehabt, mir eine Nachricht zu schicken. Oder mich kurz mal anzurufen.«

»Ich habe nicht daran gedacht. Hast du eine Ahnung, was ich alles von heute auf morgen organisieren musste?«

»Das ist mir gerade so was von egal, Tristan«, fuhr ich ihn an. »Was ist mit dem Stück? Mit der AG? Du wirst ja wohl kaum jeden Dienstag aus Passau rübergejettet kommen. Heißt das also, du lässt uns hängen?«

Für einen Moment war es still am anderen Ende der Leitung. »Es tut mir leid. Ich hätte es wirklich gern bis zum Ende durchgezogen, aber ...«

»Der Job ist wichtiger«, vervollständigte ich seinen Satz und lachte bitter auf. »Mein Gott, was für ein Glück, dass ich mich nicht in dich verliebt habe. Dann würde ich jetzt aber schön blöd dastehen, was?«

»Lass den Unsinn«, sagte er scharf. »Du wusstest, dass ich weg bin, sobald ich ein Engagement bekomme. Ich habe es dir von Anfang an gesagt. Und so leid es mir tut: der Job *ist* wichtiger als eine unbezahlte Hobby-Regietätigkeit bei einer Schüler-Musical-AG.«

Ich stand vom Bett auf und begann, in meinem Zimmer herumzutigern. »Ist dir klar, was du den Kindern damit antust? Du bist der Regisseur, sie vertrauen dir, sie verlassen sich auf dich. Und ich auch.«

»Annika, noch mal: Ich habe von Anfang an mit offenen Karten gespielt und dir gesagt, was Sache ist. Dass ich drei Wochen vor der Premiere gehen muss, ist Mist, das weiß ich selbst. Du brauchst mir kein schlechtes Gewissen einzureden, denn das habe ich bereits, ob du es glaubst oder nicht.«

Ich stieß einen Schwall Luft aus. »Das ist eine Katastrophe, Tristan. Für die Kinder ist das eine absolute Katastrophe. Wie sollen wir denn die Hauptproben überstehen? Ich habe keine Ahnung, was zu tun ist.«

»Ihr braucht mich doch eigentlich gar nicht mehr.«, Tristans Stimme klang jetzt wieder so weich wie früher. »Alles ist fertig, es geht nur noch um das Zusammensetzen der einzelnen Puzzleteile. Das schafft ihr. Die Arbeit eines Regisseurs ist am Tag der Premiere beendet.«

»Es ist aber noch nicht der Premierentag«, erwiderte ich trotzig.

»Du musst vor allem mit Flora und Hamed arbeiten, bei den anderen sitzen die Rollen«, sagte Tristan, meine patzige Bemerkung ignorierend. »Grüß sie alle von mir. Ich drück euch die Daumen für die Premiere. Und ich hätte wirklich gern ein Video.«

Meine Finger glitten über die Tasten des Klaviers. »Ich hab doch deine Adresse in Passau gar nicht.«

»Ich schicke sie dir über Facebook.« Er schwieg für ein paar Sekunden, dann sagte er: »Es war wirklich schön ... na ja, zu sehen, was aus dir geworden ist. Beziehungsweise, wer aus dir geworden ist.«

»Ich fand es auch schön, dich wiederzusehen, Tristan.« Das war nicht mal gelogen. Denn durch ihn hatte ich eine Menge über mich selbst erfahren. Er hatte mir dabei geholfen, etwas loszulassen, an das ich mich viel zu lange geklammert hatte, und endlich zu verstehen, wer ich wirklich war.

»Mach's gut, Annika«, sagte er und legte auf.

In dem Moment wusste ich, dass dies das letzte Mal gewesen war, dass ich mit ihm gesprochen hatte. Dieses Telefonat war der Schlussakt meines Tristan-Dramas gewesen.

Am nächsten Morgen informierte ich als Erstes Sertab, Ralf, Sandra und Maria über Tristans Weggang. Sie fielen aus allen Wolken, versprachen mir aber, dass wir das gemeinsam hinbekommen würden. Doch als sich dann am Nachmittag alle AG-Mitwirkenden in der Aula versammelten, hatte ich das starke Bedürfnis, mich irgendwo zu verkriechen. Ich konnte ihnen nicht schon wieder so eine Nachricht überbringen, die ihnen zum dritten Mal innerhalb von nur zwei Wochen den Boden unter den Füßen wegreißen würde. Aber mir blieb nichts anderes übrig. Ich atmete noch mal tief durch. »Bevor wir anfangen, muss ich euch eine nicht ganz so gute Nachricht überbringen. Tristan hat kurzfristig ein Engagement an einem Theater in Passau bekommen. Das heißt, er kann bei den letzten Proben leider nicht dabei sein.«

Für einen Moment war es totenstill im Raum, dann folgte die Reaktion – in einer Heftigkeit, mit der ich nicht gerechnet hatte. Entsetzen, Wut und Schock lagen auf den Gesichtern der Kinder, sie schlugen sich die Hände vor den Mund, saßen starr vor Schreck da oder sprangen auf. »Was?«, schrie Jo. »Heißt das, der lässt uns einfach hängen?«

»Nein, er lässt euch nicht einfach hängen. Es ging nicht anders, und es ist ihm nicht leichtgefallen. Ich soll euch alle ganz lieb von ihm grüßen und euch ausrichten, dass er fest an euch glaubt.«

Jo schnaubte. »Ganz lieb grüßen am Arsch! Dieser Wichser hat sich vom Acker gemacht, weil er gesehen hat, was für Loser wir sind, und dass wir es nicht bringen!« Er trat gegen die Treppe, die zur Bühne hinaufführte, woraufhin ein lauter Knall ertönte.

»Wie sollen wir das denn ohne ihn hinkriegen?«, rief Heaven-Tanita. »Er hatte jedes Mal noch was zu meckern. Wir sind überhaupt noch nicht so weit, ohne seine Hilfe schaffen wir das niemals! Wieso lässt der uns denn einfach im Stich?«

»Weil der mit uns Gheddo-Honks nichts zu tun haben will«, sagte Mesut. »War doch klar.«

»Wahrscheinlich ist es dem eh peinlich, dass sein Name in unserem Programmheft drinsteht«, fügte Jo hinzu.

»Hey!«, rief ich. »Jetzt kommt mal wieder runter. Dass er

gegangen ist, hat absolut nichts mit euch zu tun. Es geht dabei nur um seinen Job.«

»Ja klar, es hat ja nie was mit uns zu tun«, erwiderte Jo höhnisch. »Wir sind nämlich alle in Wahrheit ganz süße, liebe Kiddies, und wir müssen nur ganz doll an uns glauben. Diesen Schrott müssen wir uns andauernd anhören! Aber ihr labert doch alle nur Müll! Keiner von uns schafft's hier raus, da können wir Preise gewinnen, so viel wie wir wollen.«

»Hat doch eh keiner dran geglaubt, dass wir den Preis gewinnen«, meinte Pawel.

Ich stampfte kräftig mit dem Fuß auf. »Stopp jetzt! Hört auf, im Selbstmitleid zu versinken. Wenn wir euch sagen, dass ihr euer Leben in der Hand habt, dann tun wir das deswegen, weil es die Wahrheit ist!«

»Die Wahrheit?«, schrie Heaven-Tanita mit wutverzerrter Miene. »Dann fragen Sie doch mal Maryam, wie die ihr Leben in der Hand hat. Sie will singen und Theater spielen, aber das darf sie nicht!«

»Ja, und was ist mit Meikel?«, fragte Pawel. »Hat den jemand gefragt, ob er wegziehen will?«

»Ach, sei du mal schön still, was Meikel angeht«, sagte Nike. »Du hast ihn Ewigkeiten gedisst, und jetzt tust du so, als wärt ihr best friends gewesen.«

Pawel sah sie ein paar Sekunden lang geradezu hasserfüllt an, doch ich wusste, dass sein Hass nicht ihr galt. Sondern ihm selbst. »Das hier macht doch überhaupt keinen Sinn mehr«, sagte er schließlich. »Wir sind die beschissenste Musical-AG, die es je gegeben hat. So beschissen, dass selbst unser Regisseur aufgibt. Ich hab keinen Bock mehr.« Er griff sich seine Jacke und seinen Rucksack und steuerte auf den Ausgang zu.

»Pawel«, rief ich ihm nach, doch da knallte er schon die Tür hinter sich zu.

»Ich hab auch keinen Bock mehr«, sagte Jo. »Echt nicht, ich mach diesen Scheiß hier schon viel zu lange mit. Ich hab von Anfang an gesagt, dass wir es nicht bringen, aber auf mich hat ja keiner gehört.« Auch er packte seine Sachen zusammen.

Mesut tat es ihm gleich. »Ich kann meinen Text eh nich. Muss ja nich jeder in der Schule sehen, wie ich auf der Bühne ablose.«

Auch Hamed stand auf, wahrscheinlich, weil Mesut es tat, und nach und nach zogen alle ihre Jacken an.

»Sagt mal, spinnt ihr jetzt völlig? Setzt euch sofort wieder hin und lasst uns in Ruhe darüber reden.«

»Worüber wollen Sie denn reden?«, rief Heaven-Tanita weinend. »Die AG und wir alle sind Ihnen eh egal. Sie lassen uns doch genauso im Stich wie alle anderen. Sie haben von Anfang an gesagt, dass sie nur für ein paar Jahre an der ALS sind und dann wieder an Ihre alte Schule zurückgehen.«

Hatte ich ihnen das wirklich gesagt? Ich konnte mich nicht mehr daran erinnern. Mir wurde bewusst, dass alle Schüler im Raum mich anstarrten. Einige entsetzt, andere enttäuscht, viele von ihnen traurig. Es tat mir beinahe körperlich weh.

»Was, Sie gehen weg?« Jo griff sich mit beiden Händen an den Kopf. Dann lachte er humorlos auf. »Das war so klar, ey, dass jemand wie Sie nicht hierbleibt.«

»Mit uns hält's halt keiner aus«, rief Mesut. »Aber ich halt es jetzt auch nicht mehr aus mit Ihnen!« Dann rannte er aus der Aula. Hamed folgte ihm.

Mein Hirn war wie leer gefegt, und ich hatte keine Ahnung, wie ich auf diese Vorwürfe reagieren sollte. Denn das Schlimme daran war, dass sie im Grunde genommen ja stimmten. »Jetzt setzt euch wieder hin, verdammt noch mal! Wollt ihr etwa so kurz vor Schluss aufgeben?«

»Na und?«, schluchzte Heaven-Tanita. »Wir sind doch

auch aufgegeben worden.« Dann stand sie auf und lief ebenfalls hinaus.

Jetzt gab es kein Halten mehr. Nacheinander verließen fast alle Schüler die Aula, bis nur noch Band und Technik-AG übrig waren. Ratlos sahen sie sich an, dann hob der Schlagzeuger die Schultern und sagte: »Tja. Ohne Schauspieler bringt das hier nicht viel, was?« Dann stand auch er auf, und die anderen folgten ihm.

Sertab, Ralf, Sandra und ich standen vor leeren Rängen.

»Was zur Hölle war das?«, fragte ich.

»Ein akuter Anfall von Teenagerverzweiflung, würde ich sagen«, meinte Ralf.

Sertab wischte sich verstohlen über die Augen. »Ich kann sie schon verstehen. Die werden doch andauernd nur verarscht, von ihren Eltern und von uns. Diese AG hat vielen die Welt bedeutet, und nun verschwindet derjenige, auf den sie all ihre Hoffnungen gesetzt haben. Und du womöglich auch noch.« Vorwurfsvoll sah sie mich an. »Stimmt das? Hast du ihnen gesagt, dass du gehst?«

»Ich glaube, sie haben mich ganz am Anfang gefragt, ob ich eine Feuerwehrkraft bin. Und da habe ich gesagt, dass ich für zwei oder drei Jahre von meiner Schule abgeordnet wurde. Hätte ich sie denn anlügen sollen?«

Sie seufzte. »Nein, natürlich nicht.«

»Und was machen wir jetzt?«, fragte ich.

Ralf lachte auf. »Was sollen wir schon tun? Wir können sie ja schlecht an den Ohren auf die Bühne ziehen.«

»Vielleicht war das ohnehin alles ein bisschen zu viel«, sagte Sandra. »Wenn wir das Ganze gleich am Anfang des nächsten Schuljahrs noch mal neu aufziehen, mit diesem Stück und diesen Songs, dann ist es vielleicht zu schaffen. Bis dahin werden sich die Gemüter bestimmt wieder beruhigt haben.«

»Aber im nächsten Schuljahr sind doch viele der Kinder gar nicht mehr an der ALS«, warf ich ein.

Sertab sah mich nachdenklich an. »Wer weiß, vielleicht bist ja *du* im nächsten Jahr auch gar nicht mehr an der ALS. Hast du das deswegen alles so rigoros angeschoben und willst unbedingt diesen Preis gewinnen? Weil du hoffst, dass du dadurch schneller ans Werther-Gymnasium zurückkehren kannst?«

Ich sagte nichts dazu, denn sie hatte den Nagel auf den Kopf getroffen. Und ich fühlte mich furchtbar.

»Mann, Annika, das hätte ich echt nicht von dir gedacht«, sagte Sertab mit Tränen in den Augen. »Du kamst überhaupt nicht so rüber, und du bist so toll mit den Kids umgegangen. Die lieben dich, ist dir das eigentlich klar?« Sie schüttelte den Kopf. »Und du hast sie benutzt. Du hast sie nur deswegen so motiviert und unterstützt, weil du sie loswerden willst. Das ist echt übel. Und du hast nicht nur sie benutzt. Sondern uns auch.«

»Nein! Ich meine, doch, irgendwie schon, aber …«, setzte ich an, doch Sertab fiel mir wütend ins Wort. »Nein, lass, für heute reicht es mir echt!« Damit drehte sie sich um und ging.

Ralf und Sandra folgten ihr ohne ein weiteres Wort, und ich blieb allein zurück.

Ich stand auf der Bühne im Scheinwerferlicht, hinter mir das Bühnenbild, das Sebastian mit den Kindern gebaut hatte. Ich blickte auf das Graffiti und damit auf ihre Träume, Ängste und Hoffnungen. Sertab hatte mit jedem Wort, das sie gesagt hatte, recht gehabt. Ich hatte diese AG nur gegründet, weil ich damit meine eigenen Zwecke verfolgt hatte. Keine Sekunde hatte ich an die Kinder gedacht oder an meine Kollegen, die ich mit reingezogen hatte. Ich hatte sie alle ausgenutzt. Nun stand ich hier allein und sah auf das Bühnenbild, das sinnlos geworden war. Ich sah auf den leeren Zuschauerraum. Und ich stand vor einem Projekt, mit dem ich grandios gescheitert war.

Manchmal kannste nix machen, außer weiter

Ich machte mich auf den Weg nach Hause, wollte nur noch meine Ruhe haben, mit niemandem reden, nichts hören und nichts sehen. In der Wohnung angekommen, verzog ich mich sofort in mein Zimmer, um mich unter der Bettdecke und in meinem Elend zu vergraben. Ich wusste nicht, wie lange ich da gelegen hatte, doch irgendwann klopfte es an die Tür. »Anni?«, sagte eine Stimme, die eindeutig Sebastians war. Kurz darauf setzte er sich auf meine Bettkante. Die Bettdecke lüftete sich, und er lugte in mein Nest. »Jemand zu Hause?«

»Nein.«

»Verstehe. Verrätst du mir denn, was los ist?«

Ich zögerte einen Moment, dann sagte ich mit zittriger Stimme: »Die Musical-AG gibt es nicht mehr.«

»Was?«

»Sie haben aufgegeben. Gerade eben bei der Probe.«

»Aber wieso denn?«

»Tristan ist weg«, schniefte ich. »Er hat ein Engagement bekommen, und jetzt ist er weg. Das war dann wohl ein Rückschlag zu viel für die Kids. Sie sind alle ausgerastet und abgehauen, und ich konnte nichts dagegen tun.«

Sebastians Gesicht verdüsterte sich. »Und das lässt du einfach so zu? Dieser blöde Schnösel haut ab, und schon schmeißt ihr alles über den Haufen und gebt auf? Die Arbeit, die wir alle investiert haben – soll die ernsthaft umsonst gewesen sein?«

»Ich lasse das nicht einfach zu, es gibt nur nichts, was ich dagegen tun kann. Und ich glaube nicht, dass du das verstehst.«

»Doch, denn ich weiß sehr wohl, was die Musical-AG dir bedeutet, und ich weiß auch, was dein Goethe dir mal bedeutet hat.«

»Es geht überhaupt nicht um Tristan.«

»Worum denn dann? Rede doch endlich mal mit mir, Annika. Seit Wochen schon ziehst du dich von mir zurück, vergräbst dich und grübelst. Ich dachte, du vertraust mir.«

»Das tue ich doch!«, rief ich.

»Und warum kannst du deine Probleme dann nicht mit mir teilen? Die Musical-AG betrifft *mich* doch auch. Und ich finde es zum Kotzen, dass einfach so alles über den Haufen geworfen wird. Das ist etwas, worüber ich sehr gerne mit dir reden würde, aber du ziehst dich in dein Schneckenhaus zurück.«

Ich hätte gerne so viel gesagt. Aber es ging nicht. Ich konnte Sebastian nicht sagen, dass ich mich selbst momentan unerträglich fand und deshalb davon ausging, dass auch er mich unmöglich gernhaben konnte. »Ich hab einfach eine miese Zeit.«

»Das weiß ich. Aber wenn du mich nicht an dich heranlässt, kann ich dir leider nicht helfen. Und davon, dass du im Selbstmitleid versinkst, wird deine miese Zeit auch nicht besser.«

Empört schnappte ich nach Luft. »Sag mal, hast du sie noch alle? Du kannst mich mal!«

»Du kannst *mich* mal«, sagte er mit wütend funkelnden Augen. »Ich gehe jetzt besser, denn ich will dich schließlich nicht beim Problemewälzen stören.« Damit stand er auf und knallte kurz darauf die Tür hinter sich zu.

»Verdammt!«, rief ich und vergrub mich wieder in meinem

Bett. Dieser Arsch! Ein bisschen Selbstmitleid war ja wohl erlaubt. Mein komplettes Leben war auf den Kopf gestellt worden, und das nicht erst seit heute, sondern seit Wochen, wenn nicht Monaten. Und jetzt war alles über mir zusammengebrochen. Hatte ich da etwa nicht das Recht, mich zu vergraben? Wenn Sebastian das nicht verstand und so wenig Geduld hatte, dann hatte ich mich offenbar in ihm getäuscht.

In den nächsten beiden Tagen mied ich meine Kollegen so weit wie möglich und machte einen weiten Bogen um das Lehrerzimmer. Im Unterricht erntete ich unendlich viele feindselige Blicke. Scheinbar hatte sich schnell herumgesprochen, was am Mittwoch passiert war. Und wenn ich die Blicke richtig deutete, wurde mir nun die Schuld für das Scheitern der Musical-AG zugeschoben. Nach Feierabend vergrub ich mich in meinem Zimmer. Ich vermisste Sebastian und wollte ihn um Entschuldigung bitten. Andererseits hätte er doch auch mal ein kleines bisschen sensibler sein können, statt mir zusätzlich zu all den Problemen noch Vorwürfe zu machen.

Seit unserem Streit ging Sebastian mir aus dem Weg. Nele war für ein paar Tage an die Ostsee gefahren, um den Kopf freizukriegen, und würde erst am Sonntag wiederkommen. Daher hatte ich genügend Zeit, um in Ruhe darüber nachzugrübeln, was in den vergangenen Monaten so grundlegend schief gelaufen war. Wann war ich zu so einem miesen Menschen geworden? War ich immer schon so gewesen? Hatte ich immer schon andere für meine Zwecke missbraucht? Nur um meinen Kopf durchzusetzen, nur um es wieder schön bequem und einfach zu haben? Und mein Ehrgeiz – war der schon immer so ein wankelmütiges Biest gewesen? Erst hatte ich jahrelang all meine Energie darauf verwendet, einem Traum nachzujagen, der für kaum jemanden wahr wurde. Ich hatte alles dafür getan, Pianistin zu werden, und war gescheitert. Danach hatte ich nur noch das Nötigste getan und es mir in meinem einfachen Leben bequem gemacht. Nur um dann ganz plötzlich wieder zu dieser von Ehrgeiz zerfressenen Kuh zu mutieren, die ihre Schüler dazu antrieb, einen Preis zu gewinnen. So wie es aussah, hatte ich meinen Job komplett verfehlt. Ich war pädagogisch eine Niete. Es sollte mir verboten werden, Kinder zu unterrichten. Nicht nur, dass ich bei der Musical-AG versagt hatte. Ich hatte auch noch weder Meikels noch Maryams Situation durchschaut und war nicht in der Lage gewesen, ihnen zu helfen.

Gleichzeitig meldete sich mein Bauchgefühl, und etwas in mir protestierte gegen diese von Selbsthass zerfressenen Tiraden. Am Freitagabend ging ich mir selbst schließlich derart auf die Nerven, dass ich es nicht mehr aushielt. Ich musste dringend hier raus. Also verabredete ich mich kurzerhand mit Lisa, die mit ein paar Kolleginnen auf dem Kiez unterwegs war.

Eine Stunde später betrat ich die Hasenschaukel, die um diese Uhrzeit brechend voll war. Ich entdeckte Lisa und ihre Kolleginnen auf einem der Sofas im hinteren Raum. Nachdem ich alle begrüßt hatte, holte ich uns eine Runde Bier vom Tresen und ließ mich dann neben Lisa auf das Sofa fallen. Obwohl ich ihr eigentlich gerne mein Herz ausgeschüttet hätte, hielt ich in Gegenwart ihrer Kolleginnen lieber nur Smalltalk. Gerade heute grenzte dieses sinnlose Blabla für mich zwar an Folter, aber auf der anderen Seite war es ja mein Plan gewesen, mal an etwas anderes zu denken als an meine Probleme. Wir nahmen noch ein paar Drinks in der Hasenschaukel und gingen dann in einen Club auf der Großen Freiheit, um zu tanzen.

Irgendwann war es bereits halb vier, ich war nass geschwitzt und kaputt vom Tanzen, todmüde und angetrunken. Ich vermisste Sebastian und wollte, dass all meine Probleme sich in Luft auflösten. Aber erst mal wollte ich einfach nur ins Bett. Also verabschiedete ich mich von den anderen, holte meine Jacke und machte mich auf den Heimweg. Frierend und einsam ging ich in Richtung Reeperbahn. Rings um mich herum waren Nachtschwärmer unterwegs, die laut lachten, grölten und durch die Gegend torkelten. Spontan entschloss ich mich dazu, ein Taxi zu nehmen. Ich steuerte den Taxistand an der Reeperbahn an, stellte mich in die Schlange und sprang in den ersten freien Wagen. Es roch nach Zigaretten, und viel zu laute AC/DC-Musik drang aus den Boxen. Dieses Taxi hätte sich einen Platz im 80er-Jahre-Kult-Museum wahrhaft verdient.

»Na, junge Dame?«, sagte der Fahrer in breitem Hamburger Slang. »Die Große Freiheit hat dich feddichgemacht, wa?« Er drehte sich zu mir um und grinste mich an.

»Knut!«, rief ich überrascht. »Wir haben doch vor einer Weile mal im Kiezhafen geschnackt. Du erinnerst dich bestimmt nicht daran, aber ...«

»Na logen erinner ich mich. Du bist doch die Lehrerin mit den Käsebrötchen, die so unglücklich war an ihrer neuen Schule und der das alles viel zu schwer war, richtich?«

Verdattert sah ich ihn an. »Das weißt du noch?«

»Jo. Wie geht's denn deinem Macker?«

»Sebastian? Der ist nicht mein Macker. Zumindest nicht so richtig. Momentan ist er sauer auf mich. Zu Recht, fürchte ich«, fügte ich leise hinzu.

Hinter uns hupte es, und Knut sagte: »Wo soll's denn hingehen, junge Dame?«

Ich nannte ihm meine Adresse, er ließ den Motor an und brauste gleich darauf in einem solchen Tempo los, dass ich mir vorkam, als wäre ich in einem Wir-besiegen-die-Schwerkraft-

Karussell auf dem Dom gelandet. Ohne Rücksicht auf Verluste fuhr er über eine rote Ampel. »Das is die überflüssichste Ampel Hamburchs«, erklärte er. »Die kannste getrost ignorieren.«

»Alles klar«, sagte ich schwach und überprüfte den Sitz meines Sicherheitsgurts.

»Was stimmt denn nich mit dem Jungen?«, fragte Knut. »Ich find, das is 'n guder Typ.«

»Das ist er auch. Aber ich habe momentan im Job so viel um die Ohren und bin so sehr mit mir selbst beschäftigt, dass ich keinen Kopf für etwas anderes habe. Deswegen fühlt er sich zurückgestoßen, und ich weiß ja auch, dass das Mist ist, aber ...« Hilflos hielt ich inne.

»Was aber?«

»Ich denke halt, dass ich, solange ich diesen Job mache, nicht so verliebt und glücklich sein darf. Weil ich dann etwas übersehe.«

»Also das is ja nu totaler Blödsinn«, sagte Knut und wechselte so zackig die Fahrspur, dass sein Hintermann stark in die Eisen treten musste und wütend hupte. »Jaja, nu krich dich mal wieder ein«, rief Knut in den Rückspiegel. »Musste halt 'n büschn vorausschauender fahren. Bist ja nich allein underwegs.«

Ich sagte lieber nichts dazu, denn ich konnte den wütenden Autofahrer durchaus verstehen.

»So, aber nu mal wieder zu dir. Das klingt für mich alles nach 'ner lahmen Ausrede. Ich kenn das, weißte? Euch Mädels kenn ich in- und auswendich. Und außerdem – weiß nich, ob ich dir das schon erzählt hab – ich bin der Amor unter Hamburchs Taxifahrern. Ich hab 'n astreines Gespür fürs Zwischenmenschliche. Und dieser ... wie hieß er noch?«

»Sebastian.«

»Genau. Das is der Richtige für dich. Hab ich damals sofort gesehen. Da is einfach so ... Zwischen euch, das is so ...« Er drehte sich zu mir um und machte mit seiner Hand eine seltsame Bewegung, die mich entfernt an Geld zählen erinnerte. »Verstehste?«

»Nee.«

»Na, da is Feuer zwischen euch.«

»Ja, das kann man so sagen.« Im wahrsten Sinne des Wortes.

Knut drehte sich wieder um, erkannte im letzten Moment eine rote Ampel und legte eine Vollbremsung hin, die sich gewaschen hatte. »Diese Ampel hier is nich überflüssig. Da sollteste besser halten. Jedenfalls, wahrscheinlich haste nur Schiss.«

Ich dachte für ein paar Sekunden nach. »Vielleicht stimmt das sogar. Wir sind komplett unterschiedlich, und kommen aus völlig gegensätzlichen Welten. Außerdem ...« Ich suchte nach Worten. »Er macht mich so glücklich, dass ich mich wie eine grenzdebile Grinsekatze benehme. Und das gefällt mir gar nicht.«

Knut lachte laut. »So is das, wenn man verliebt is. Dann werden wir alle zu grenzdebilen Grinsekatzen. Und ich finde, die Welt kann ein paar Grinsekatzen auch ganz gut vertragen.«

Ich schaute aus dem Fenster und sah die Lichter der Stadt an mir vorbeifliegen. Eigentlich klang das doch ganz nett, so wie Knut es formuliert hatte.

»Was is 'n eigentlich mit deinem Job?«, fragte er in die Stille hinein. »Brennpunkt war das doch, oder? Und du warst da so unglücklich und wolldest wieder wech.«

»Ich will immer noch da weg. Aber nicht mehr, weil ich unglücklich bin. Ich hab mich drauf eingelassen, und irgendwie sind die Schüler mir immer mehr ans Herz gewachsen.

Aber dieser Job ist auch so frustrierend. Die Kinder machen Sachen mit, die kann man sich kaum vorstellen.«

Inzwischen waren wir vor meinem Wohnhaus angekommen. Knut bremste rasant und stellte den Motor ab. Dann drehte er sich wieder zu mir um und musterte mich aufmerksam. »Ich war Bewährungshelfer, weißte? Ich kenn das, wovon du redest.«

»Echt?« So wie er aussah, konnte man eher glauben, er würde einen Bewährungshelfer brauchen. Und wenn er so weiterfuhr, war das wahrscheinlich auch bald der Fall. »Dann kennst du dieses Gefühl, dass du gern helfen würdest, aber es einfach nicht kannst? Dass nichts, was du tust, irgendeine Wirkung zeigt? Dass es keinen Unterschied macht, ob du da bist oder nicht?«

Knut nickte. »Jo. Kenn ich.«

»Ich meine, viele von diesen Kids sind so mutlos und haben das Gefühl, dass sie keine Chance im Leben haben. Und ich hab keine Ahnung, was ich tun und sagen muss, um sie vom Gegenteil zu überzeugen, wenn ich mir da selbst nicht mal sicher bin.«

»Tja«, sagte Knut. »Das is nu mal 'n harter Job. Den nimmste mit nach Hause, ob du willst oder nich. Und du fällst immer wieder auf die Schnauze und machst Fehler.«

»Ja, genau so geht es mir auch«, sagte ich, erleichtert darüber, endlich mit jemandem sprechen zu können, der das aus eigener Erfahrung kannte. Und ich vermutete, dass ich nur deswegen mit Knut darüber reden konnte, weil wir Fremde waren. Weil ich nicht befürchtete, dass er mich verurteilen würde. »Ich habe einen Fehler gemacht, einen richtig schlimmen Fehler. Mir ist etwas entgangen, das mir nicht hätte entgehen dürfen, und der Gedanke daran verfolgt mich die ganze Zeit. Ich glaube, das kann ich nie vergessen. In allen Kindern sehe ich nur noch diesen Schüler, und ich habe furchtbare Angst, dass mir so etwas noch mal passiert.«

Knut holte eine Packung Zigaretten aus dem Handschuhfach, nahm sich eine heraus und hielt mir die Schachtel dann hin.

»Für mich nicht, danke.«

»Is eh 'ne blöde Angewohnheit«, meinte er und zündete sich die Zigarette an. »Weißte, die Sache is die: Allein schon, weil du dir darüber so den Kopp zerbrichst, bin ich mir sicher, dass du 'nen super Job machst und dass die Lüdden dich gut gebrauchen können. Sei dir einfach im Klaren darüber, dass du immer wieder Fehler machen wirst. Wieder und wieder. Isso.«

»Und dann? Was soll ich dann machen?«

Knut zog an seiner Zigarette und stieß den Rauch aus. »Tja, nu. Manchmal kannste nix machen, außer weiter.«

Für einen Moment saß ich sprachlos da. Das klang so verdammt ... plausibel und logisch.

»Du darfst dir nich einbilden, dass du die Welt redden wirst. Und wennde das alles nich auf die Kedde krichst, wird dir niemand 'n Vorwurf machen, wennde hinschmeißt. Der Job is nu mal nich einfach.«

»Stimmt. Wenn's einfach wär, würd's ja auch jeder machen.«

Knut schlug sich begeistert auf den Oberschenkel. »Der is gut«, sagte er lachend. »Der könnt von mir sein.«

»Den habe ich von dir.«

»Ach, echt? Weiß gar nich, wo ich den aufgeschnappt hab. Hat bestimmt Sokrates oder Platon oder einer von den Jungs gesacht.«

Jetzt musste ich ebenfalls lachen. »Und ›Manchmal kannst du nichts machen, außer weiter‹ – von wem kommt der?«

»Keinen blassen Schimmer. Im Zweifelsfall immer von Einstein.«

Wir grinsten uns an, und auf einmal war mir ein ganzes Stück leichter ums Herz. »Vielen Dank, Knut. Ich bin echt froh, dass ich heute ausgerechnet in dein Taxi gestiegen bin.«

»Ich sach es ja: Wer mich braucht, findet mich. Du krichst das alles schon hin. Mit der Schule und mit deinem Sebastian. Lass dich bloß nich feddichmachen.«

Ich lachte. »Auf keinen Fall. Tschüs, Knut. Und danke noch mal.« Ich bezahlte die Fahrt und stieg aus dem Taxi. Kaum hatte ich die Tür hinter mir zugeschlagen, hupte Knut zweimal (mitten in der Nacht!) und brauste die Straße runter. Ich blickte ihm nach, bis sein Wagen um die Ecke gebogen war. Es kam mir vor, als hätte sich ein riesiger Knoten in meinem Hirn endlich gelöst. Nun hingen all die losen Fäden herum, und ich musste sie richtig wieder zusammenbinden. Und ich wusste auch schon, wie ich das angehen würde. Denn bei keiner anderen Tätigkeit konnte ich so gut nachdenken wie beim Backen.

Es war mir egal, dass es bereits halb fünf Uhr morgens war. An Schlaf war jetzt eh nicht mehr zu denken. Ich würde erst ins Bett gehen, wenn ich diese verdammten losen Fäden zusammengeknüpft hatte und somit endlich wieder Ordnung in meinem Kopf herrschte.

Ich schlüpfte in meine Jogginghose, zog das Hogwarts-Shirt über und suchte in der Küche alles zusammen, was sich fürs Backen eignete. Viel gaben unsere Vorräte nicht her, aber für ein paar Haferflockenplätzchen reichte es. Ich stellte einen Topf auf den Herd und gab die Butter hinein, um sie zu schmelzen.

Eigentlich war doch alles gar nicht so kompliziert. Es gab nur zwei Probleme in meinem Leben: den Job und Sebastian.

Doch kaum hatte ich es gedacht, rief eine Stimme in meinem Kopf: ›Sebastian? Wo ist denn da bitte das Problem?‹

Während die Butter schmolz, kam es mir vor, als würde ich diesem vermeintlichen Problem beim Schmelzen zusehen. Denn es war überhaupt keins. Ich hatte mich einfach nur blöd angestellt und Ausreden erfunden, um Sebastian aus dem Weg zu gehen. Und zwar von Anfang an. Wenn ich daran dachte, dass ich ihn als meinen Tchibo-Mann bezeichnet oder mit einem Apfelteiler, Dampfreiniger oder Entsafter verglichen hatte ... was für ein Schwachsinn! Sebastian war kein unnützes Haushaltsgerät, an dem ich nach ein paarmal Benutzen das Interesse verlor. Sebastian war das Regal im Supermarkt, an dem ich nie vorbeigehen konnte und das mich immer wieder magisch anzog. Er war die Summe aller Haushaltsgegenstände, die ich heiß und innig liebte, und die mich deswegen in der Vergangenheit schon glücklich gemacht hatten, momentan glücklich machten und zukünftig glücklich machen würden. Denn die Liebe zu diesen wunderbar bekloppten Dingen würde niemals aufhören. Genauso wie die Liebe zu Sebastian. Und ab jetzt würde ich ihn nie wieder mit einem Haushaltsgegenstand vergleichen.

Ich wusste nicht einmal mehr, warum ich Sebastian in letzter Zeit so auf Abstand gehalten hatte. Ja, ich war mit mir selbst beschäftigt gewesen, und ja, wenn ich verliebt war, benahm ich mich ganz offensichtlich wie eine grenzdebile Grinsekatze. Aber wie hatte Knut noch gesagt – die Welt konnte ein paar Grinsekatzen doch ganz gut vertragen. Und gerade weil ich in meinem Job so viel Elend und Frust miterleben musste, brauchte ich dieses Glück. Ich brauchte es ganz dringend.

Während ich das Eiweiß mit dem Zucker steif schlug, wurde mir bewusst, dass ich tatsächlich einfach nur Schiss gehabt hatte. Eine Panikattacke, weil ich so etwas wie mit Sebastian noch nie zuvor erlebt hatte. Aber eins war mir jetzt völlig klar: Ich wollte ihn nicht mehr auf Abstand halten, sondern den nächsten Schritt mit ihm gehen. Wenn ich Sorgen hatte, dann sollte er derjenige sein, mit dem ich sie teilte. Und genauso wünschte ich mir, dass er zu mir kam, wenn er Probleme hatte. Falls er mich überhaupt noch wollte. Was er am Mittwochabend zu mir gesagt hatte, hatte ja nicht besonders verliebt geklungen. Und wie wütend er mich dabei angesehen hatte. Aber ich musste den Mut aufbringen, ihn um Verzeihung zu bitten, und darauf hoffen, dass es für Sebastian und mich noch nicht zu spät war.

Ich holte die ausgekühlte Butter vom Balkon und hob die Haferflocken darunter. Damit war ich bei meinem zweiten Problem angelangt: der Schule. Es stimmte, dass ich nur unwillig dort angefangen hatte und dass es mein Plan gewesen war, schnellstmöglich wieder wegzukommen. Es stimmte auch, dass ich die Musical-AG nur gegründet hatte, um die Chancen zu erhöhen, zurück ans Werther-Gymnasium zu kommen. Und es stimmte, dass ich die Kinder ausgenutzt hatte, genauso wie meine Kollegen. Darauf war ich nicht stolz, das war Mist gewesen. Aber all das war schon lange komplett in den Hintergrund gerückt. Es ging mir überhaupt nicht mehr um diesen Preis oder darum, dass ich zurückwollte. Ich liebte die Musical-AG, ich liebte es, mit den Kindern zu arbeiten, mit ihnen Musik zu machen und dabei zuzusehen, wie dieses Stück immer mehr Gestalt annahm. Die Kids waren mir ans Herz gewachsen. Ich freute mich, wenn ich sah, dass sie Spaß hatten, dass sie sich für etwas engagierten und als Gruppe zusammenwuchsen. Auch der Unterricht war schon lange keine Folter mehr für mich. So nervenraubend und turbulent die Stunden auch manchmal abliefen – ich freute ich mich über jeden kleinen Fortschritt meiner Schüler und war so stolz, wenn sie mitarbeiteten und Interesse zeigten. Auch wenn das Lernniveau vielleicht ein anderes war als am Werther-Gymnasium.

Was Meikel anging, hatte ich möglicherweise einen Fehler gemacht. Aber auf der anderen Seite sollte ich vielleicht mal auf meinen Schulleiter hören, der der Ansicht war, dass ich alles getan hatte, was ich tun konnte. Ich war neu an einer Brennpunktschule, ich hatte keinerlei Erfahrung mit diesen Schülern. Jedem, der im ersten Jahr an der ALS schon gleich alles richtig machte und immer wusste, was zu tun war, dem konnte ich nur gratulieren. Ich musste es nun mal erst noch lernen.

Ich schob das Backblech in den Ofen und setzte mich mit der Teigschüssel auf einen Küchenstuhl. Ja, ich hatte in den vergangenen Monaten Fehler gemacht, dutzendfach, jeden Tag. Diese Fehler musste ich mir verzeihen, und ich würde sie garantiert nicht noch einmal machen. Doch vor allem musste ich mir immer wieder vor Augen rufen, dass ich auch einiges richtig gemacht hatte. Diese AG war ein großartiges Projekt. Und ich würde sie ganz sicher nicht einfach so aufgeben.

Ich fuhr mit dem Finger durch die Teigschüssel und leckte ihn ab. Automatisch musste ich an Sebastian denken. Ob er schon wach war? Es war halb sechs, vermutlich eher nicht. Und wahrscheinlich legte er auch keinen gesteigerten Wert darauf, an einem Samstagmorgen um halb sechs von seiner Nachbarin/Freundin/Fast-Freundin geweckt zu werden, auf die er momentan ziemlich wütend war. Trotzdem, ich konnte nicht länger warten, ich musste Sebastian unbedingt sofort um Entschuldigung bitten. Ich holte die fertigen Kekse aus dem Ofen und legte sie zum Abkühlen auf ein Gitter. Die Kekse waren bereit, ich war es auch. Fehlte nur noch Sebastian.

Ich griff nach dem Schlüssel von Kais und Sebastians Wohnung, schloss die Tür auf und ging auf Zehenspitzen durch den Flur, bis ich vor Sebastians Zimmer angekommen war. Dort blieb ich zaudernd stehen. War das, was ich hier machte, nicht irgendwie ganz schön stalkermäßig? Ob ich klopfen sollte? Bei dem Gedanken fiel mir auf, wie heftig mein Herz es tat. Es raste geradezu, meine Hände waren eiskalt und feucht, und in meinem Magen kribbelte es nervös. Ich drückte die Türklinke runter und schlich ins Zimmer. Die ersten Sonnenstrahlen schienen durch die Vorhänge und tauchten den Raum in ein schummriges Licht. Sebastian lag schlafend in seinem Bett. Ich trat ein paar Schritte näher, bis ich unmittelbar vor ihm stand. Er hatte heute Nacht offenbar im Traum gekämpft und seiner Bettdecke den Garaus gemacht. Jetzt lag die Decke halb neben, halb unter ihm und gab einen Großteil seines Körpers frei. Er trug nichts als eine Boxershorts, und ich musste mich schnell auf sein Gesicht konzentrieren, denn die Schmetterlinge in meinem Bauch rissen bei seinem Anblick die Augen auf, riefen ›Huiuiui‹ und schlugen so aufgeregt mit den Flügeln, dass mir ganz komisch zumute wurde. Ich hockte mich neben Sebastian und studierte sein Gesicht. Seine Augen waren geschlossen, und ein leichtes Lächeln lag auf seinen Lippen, als würde er gerade etwas besonders Schönes träumen. Oh Mann, war der süß. Vor lauter Verzückung seufzte ich leise, woraufhin er den Kopf bewegte und sein Lächeln sich vertiefte.

Ich flüsterte: »Sebastian?«, doch es tat sich nichts, außer, dass er seine Hand unter dem Gesicht hervorzog und den Arm aus dem Bett hängen ließ. »Schläfst du noch?« Auf der Skala der dämlichen Dinge, die ich in meinem Leben schon gesagt hatte, lag das definitiv bei etwa achttausend. »Ich meine, bist du wach?«, korrigierte ich mich, was auch nicht viel besser war.

»Mmh«, machte er, doch er rührte sich nicht.

Vorsichtig stupste ich ihn an die Schulter. Er atmete laut ein und wieder aus, regte sich ein bisschen, pennte aber weiter. Eigentlich hätte ich ihn gern geküsst, allerdings wusste ich nicht, ob Sebastian aktuell von mir überhaupt geküsst werden wollte. Also strich ich ihm nur leicht über die stoppelige Wange und beugte mich zu ihm herab, um ihm ins Ohr zu flüstern: »Würdest du jetzt bitte wach werden? Ich bin's, Annika.«

Langsam schlug er die Augen auf und schaute so niedlich schlaftrunken aus der Wäsche, dass mir ganz warm ums Herz wurde. Doch dann klarte sein Blick auf und er sah mir ins Gesicht, das nur wenige Zentimeter von seinem entfernt war. Er zuckte heftig zusammen und setzte sich abrupt im Bett auf, wobei unsere Köpfe aneinanderstießen. »Aua«, rief er und rieb sich die Stirn, während mir ebenfalls ein Schmerzensschrei entfuhr. Ich fasste mir an die Nase, die mit Sebastians Dickschädel kollidiert war.

Sebastian war nun endgültig wach und leider nicht besonders fröhlich gestimmt, denn er herrschte mich an: »Verdammt noch mal, Annika! Bist du verrückt geworden? Wie kannst du mich so erschrecken?«

»Tut mir leid. Eigentlich wollte ich dich ganz behutsam wecken.« Ich kontrollierte, ob ich Nasenbluten hatte, aber es war alles in Ordnung. Nachdem ich ein paarmal an meinem Nasenbein gerüttelt hatte, diagnostizierte ich, dass nichts gebrochen war.

»Das ist dir gelungen.« Er griff nach meiner Hand, um sie von meiner Nase wegzuziehen. »Alles in Ordnung?«

»Ja, alles in Ordnung. Und bei dir?«

»Auch.« Er ließ meine Hand los, um sich die Augen zu reiben. »Wie spät ist es überhaupt? Und was zur Hölle machst du hier?«

Wahrscheinlich wäre der Start doch einfacher gewesen, wenn ich gewartet hätte, bis Sebastian ausgeschlafen war, gefrühstückt und einen Kaffee getrunken hatte. »Ähm, viertel vor sechs. Ich muss dringend mit dir reden.«

Er rieb sich nochmals verschlafen das Gesicht. »Und was ist so dringend?«

»Ich bin in dich verliebt«, platzte es aus mir heraus. »So sehr, wie ich noch nie in jemanden verliebt war, und ich wollte unbedingt, dass du das weißt.«

Sebastian saß für drei Sekunden regungslos da, dann wurde sein Blick weich, und ein Lächeln umspielte seine Lippen. »Das ist doch mal eine gute Nachricht am frühen Morgen.«

Von seiner Reaktion ermutigt, fuhr ich fort: »Und ich möchte mich bei dir entschuldigen. Ich habe mich in den letzten Wochen total unmöglich dir gegenüber benommen, und eigentlich weiß ich nicht mal genau, warum. Das war einfach nur dämlich, weil ich dich so sehr vermisst habe. Aber das mit Meikel, Maryam und der AG hat mich ziemlich aus der Bahn geworfen.«

»Das ist mir klar, Anni, und das verstehe ich. Trotzdem möchte ich, dass du mir sagst, was in dir vorgeht. Und dass du mit mir sprichst, wenn dich was bedrückt.«

»Das wollte ich ja eigentlich auch, aber es ist mir so schwergefallen, weil … Ich konnte mich in letzter Zeit selbst nicht besonders leiden, und irgendwie hatte ich Angst, dass du mich auch nicht mehr leiden kannst, wenn du weißt, was in mir vorgeht.«

Sebastian sah mich ungläubig an. »Glaub mir, es muss schon einiges passieren, damit ich dich nicht mehr leiden kann. Ich meine, du zwingst mich dazu, Achterbahn zu fahren, ein Bühnenbild zu bauen und dafür an meine verhasste alte Schule zurückzukehren. Du fackelst deine Küche ab, liebst kranke Horror-TV-Dokus, neigst dazu, dich in Selbstzweifeln zu zerfleischen, bemitleidest dich wahnsinnig gern selbst, bist eine furchtbare Klugscheißerin ...«

»Es reicht langsam«, rief ich entrüstet.

Sebastian lachte. »Und jetzt weckst du mich auch noch mitten in der Nacht und jagst mir einen Riesenschreck ein. Aber der Punkt ist: Ich bin trotzdem oder vielleicht sogar genau deswegen in dich verliebt.«

Mir fiel eine ganze Schubkarrenladung Pflastersteine vom Herzen, und ich hätte mich am liebsten umgehend auf Sebastian gestürzt. »Das heißt also, du verzeihst mir?«

Er lächelte mich so liebevoll an, dass mir Tränen in die Augen traten. »Ja, klar.«

»Dann können wir weitermachen mit dem ›Ruhig-angehen-Lassen‹?«

»Das wäre schön. Ich bin definitiv dabei.«

Ich spürte, wie sich ein Strahlen auf meinem Gesicht ausbreitete. »Ich auch.«

Wir lachten uns an, und dann beugte Sebastian sich vor, packte mich unter den Achseln und zog mich zu sich ins Bett. Er legte sich auf mich und küsste mich so leidenschaftlich, dass innerhalb von drei Nanosekunden mein Verstand aussetzte. Ich bestand nur noch aus Schmetterlingen, Kribbeln, Prickeln und einem so unfassbaren Glücksgefühl, dass ich damit wahrscheinlich den großen Saal der Elbphilharmonie hätte füllen können. Und wie immer, wenn wir uns küssten, wollte ich schon bald viel mehr. Ich ließ meine Hände langsam über seinen Rücken wandern, hinab zu seinem Hintern. Sebastian schob mein T-Shirt hoch und strich sanft über meinen Bauch, immer höher, bis er an meinem BH angekommen war. Dieses Mal dachte keiner von uns beiden ans Aufhören. Wir machten weiter und weiter, unsere Kleidungsstücke flogen, unsere Hände gingen auf Erkundungstour. Wir küssten und wir liebten uns. Und ich wusste, dass ich mein Herz für immer an Sebastian verloren hatte.

Viel später lagen wir eng aneinandergekuschelt da. Ich hatte meinen Kopf auf Sebastians Brust gebettet und streichelte gedankenverloren und selig vor mich hinlächelnd seinen Bauch, während er mit den Fingerspitzen über mein Bein strich, das ich über seine gelegt hatte.

»Ich finde, das mit dem ›ruhig angehen lassen‹ haben wir richtig gut hingekriegt«, murmelte ich.

Sebastians Brustkorb bewegte sich, als er leise lachte. »Ja, das ist voll unser Ding. Aber jetzt tu mal nicht so, als wäre das nicht genau dein Plan gewesen. Du bist doch einzig und allein mit der Absicht in mein Zimmer gekommen, mich zu verführen.«

Ich hob den Kopf und sah ihn verdutzt an. »Bitte?«

Er deutete auf den Fußboden, auf dem meine Jogginghose, das Hogwarts-T-Shirt und meine Unterwäsche verstreut lagen. »Wenn du in so aufreizenden Klamotten hier reinkommst und mich im Schlaf überfällst, was soll ich denn dann machen?«

»Aufreizend?«, fragte ich und suchte in seinem Gesicht nach Spuren von Geisteskrankheit. Liebte ich einen Irren?

Er machte eine ernste Miene, doch in seinen Augen funkelte es vergnügt. »Die Taktik ist voll aufgegangen. Diese Klamotten wecken den dringenden Wunsch in mir, sie dir sofort auszuziehen.«

»Du bist blöd«, meinte ich, aber ich konnte ihm einfach nicht böse sein, wenn er so süß lachte, mich auf sich zog und mir dann auch noch einen Kuss gab. »Hey, weißt du was, Sebastian? Herausforderungsmäßig liege ich ganz eindeutig vorn. Ich habe dich verführt, und ich habe dir zuerst gesagt, dass ich verliebt in dich bin. Na? Wie kannst du das jemals toppen?«

»Hm.« Er tat so, als würde er angestrengt nachdenken. »Vielleicht, indem ich dir sage, dass ich schon länger in dich verliebt bin als du in mich?«

»Woher willst du das wissen?«

»Weil du von Anfang an mehr als eine Nachbarin und gute Freundin für mich warst. Als du mich damals gefragt hast, ob wir Freunde sind, war mein erster Gedanke, dass da bei mir Gefühle vorhanden sind, die einer Freundschaft ganz schön im Weg stehen könnten. Und spätestens bei dem Brand wusste ich es dann endgültig.«

»Aber warum hast du denn so ein Geheimnis daraus gemacht?«

Er hob eine Augenbraue. »Findest du wirklich, dass ich ein Geheimnis daraus gemacht habe? Ich dachte andauernd: ›Mein Gott, das war so offensichtlich, das muss sie doch merken.‹«

»Habe ich aber nicht. Beziehungsweise dachte ich immer, dass das bestimmt nichts zu bedeuten hatte. Du hast mich übrigens auch ganz schön durcheinandergebracht.«

»Ab und zu ist mir das sogar aufgefallen«, sagte er lächelnd. »Und dann dachte ich, vielleicht will sie mich doch, und dann wieder nicht, und dann war da ja auch noch dieser beknackte Goethe, hinter dem du her warst.«

»Dafür hast du dich dann aber an Silvester mit dieser blöden Tussi getröstet«, sagte ich vorwurfsvoll.

Sebastian drehte sich um, sodass er nun auf mir lag. »Weißt du eigentlich, wie ätzend das war? Ich wollte dich unbedingt aus dem Kopf kriegen, weil ich dachte, dass das mit uns eh nie was wird. Und dann sitzt ausgerechnet du da auf dem Sofa und siehst mich aus so großen, verheulten Augen an, dass ich mir vorkam, als hätte ich einen Hundewelpen getreten. Ich kam mir vor wie der letzte Arsch, der gerade seine Freundin betrogen hat.«

»Mir kam es auch so vor.«

»Ja, so war es aber nicht. Ich brauchte vor dir überhaupt kein schlechtes Gewissen zu haben, aber ich hatte es trotzdem. Das hat mich wahnsinnig genervt. Und dann war ich auch noch erleichtert, als sie abgehauen ist.«

»Ich auch. Die hab ich ordentlich in die Flucht geschlagen, was?«, fragte ich selbstzufrieden.

Sebastian lachte, und dann küsste er mich so ausgiebig, dass mir der Sinn schon bald nicht mehr nach Reden stand. Eine lange Weile später meldete sich mein Magen zu Wort, und als ich sagte, dass ich Kekse gebacken hatte, zogen wir uns an und gingen rüber. Wir kamen allerdings kaum zum Essen, denn Sebastian musste mir dringend meine aufreizenden Klamotten wieder ausziehen, und wir machten da weiter, wo wir vor den Keksen aufgehört hatten.

»Was ist dir denn eigentlich wegen Meikel und der Schule alles durch den Kopf gegangen?«, fragte Sebastian, als wir hinterher im Bett lagen und uns mit ein paar Keksen stärkten.

»Ach, so vieles. Ich habe mir Vorwürfe gemacht und mich schuldig gefühlt. Immer wieder habe ich mich gefragt, ob ich nicht vielleicht einfach weggesehen habe, weil es bequemer war. Ich fühle mich so hilflos, und ich hab oft das Gefühl, dass meine Arbeit vollkommen sinnlos ist. Dass es überhaupt keinen Unterschied für die Schüler macht, ob ich da bin oder nicht.«

Sebastian strich mir übers Haar. »Es macht einen Unterschied für sie, glaub mir. Vielleicht ist es ihnen selbst nicht klar oder sie können es nicht zeigen. Beziehungsweise zeigen sie es auf ihre ganz eigene Art. Aber ich hab dich so oft mit ihnen erlebt, Anni. Du nimmst sie ernst, lachst mit ihnen und traust ihnen etwas zu. Möglicherweise wirst du nie riesige Fortschritte sehen, und es ist unwahrscheinlich, dass du aus einem Jo einen Hirnchirurgen machst. Aber wenn jemand wie er sich in ein paar Jahren daran erinnert, dass es da diese eine Lehrerin gab, die an ihn geglaubt hat, und wenn er daraufhin doch noch eine Bewerbung schreibt oder seine Ausbildung doch nicht hinschmeißt – dann hast du viel mehr erreicht als manch anderer in seinem Job.«

Ich schlang meine Arme um Sebastians Nacken und zog ihn fest an mich. »Du bist großartig, weißt du das?«

»Wieso, das ist einfach nur eine Tatsache. Ganz ehrlich, Anni. Ich wünschte, du wärst damals meine Lehrerin gewesen.« Kaum hatte er es gesagt, verzog er schon das Gesicht. Ich brach in Gelächter aus, und er korrigierte sich schnell: »Nein, vergiss es, das wäre extrem schräg gewesen. Aber ich wünschte, ich hätte damals eine Lehrerin wie dich gehabt. Du darfst dir nicht so viele Vorwürfe machen und vor allem nicht so viel von dir verlangen.«

»Ich weiß. Das weiß ich jetzt. Aber eine Sache werde ich ganz bestimmt von den Schülern verlangen. Ich werde es nicht zulassen, dass sie die AG einfach hinschmeißen. Notfalls lege ich sie in Ketten und zwinge sie auf die Bühne.«

»Halleluja«, rief Sebastian. »Das ist doch mal ein Plan. Und ich werde dich unterstützen, so gut ich kann. Sag mir einfach, was ich machen soll, und ich mach's.«

Ich hob meine Augenbrauen. »Also wirklich. Immer diese Zweideutigkeiten.«

Daraufhin sagte Sebastian nichts mehr, sondern er zog mich in seine Arme und küsste mich. Und ich war einfach nur überglücklich, mit ihm zusammen zu sein.

Am Sonntagmittag saßen Sebastian und ich in der Küche beim Frühstück, als Nele hereinkam. Bei unserem Anblick blieb sie jäh stehen, kniff die Augen zusammen und musterte uns eingehend. »Aha! Ihr beide«, rief sie und zeigte mit dem Finger auf uns. »Wartet mal.« Sie verließ die Küche und die Wohnung und kehrte kurz darauf mit Kai im Schlepptau zurück. »Sie haben es endlich getan«, informierte sie ihn.

»Ich weiß. Und wie sie es getan haben.« Er sah uns vorwurfsvoll an. »Bitte nehmt zukünftig mal ein bisschen Rücksicht auf eure Freunde und macht das nur noch, wenn ihr allein seid. Oder wenigstens ohne Ton.«

»Und hört auf mit dieser peinlichen Heimlichtuerei«, fügte Nele hinzu.

Ich spürte, wie ich hochrot im Gesicht anlief. Sebastian lachte jedoch nur, als würde es ihm nicht das Geringste ausmachen. »Was denn nun?«, fragte er. »Irgendwie widersprecht ihr euch.«

»Seit wann wisst ihr das mit uns überhaupt?«, wollte ich wissen.

»Ach, schon lange«, meinte Nele und wandte sich dann an Kai. »Kurz nach dem LARP-Abend?«

Er nickte. »Ihr habt euch *so* viel Mühe gegeben, dass wir es nicht merken, aber ganz ehrlich ... Für wie dämlich haltet ihr uns?«

»Wir haben euch sogar mit Absicht belagert, damit ihr endlich mal zugebt, dass ihr allein sein wollt«, sagte Nele. »Aber gerührt habt ihr euch trotzdem nicht.«

Sebastian und ich tauschten einen Blick und fingen an zu lachen. Scheinbar hatten wir das mit dem Verheimlichen ebenso wenig drauf wie das mit dem Ruhig-angehen-lassen. »Tja.« Ich setzte mich auf Sebastians Schoß und küsste ihn. »An den Anblick werdet ihr euch wohl gewöhnen müssen.«

Nele winkte ab. »Das habt ihr aber besser drauf. Beim Osterfeuer habt ihr mehr geboten.«

»Das habt ihr gesehen?«, fragte ich schockiert.

»Das hat ganz Hamburg gesehen«, entgegnete Kai.

Den Sonntag verbrachten wir zu viert. Wir fuhren mit der Bahn zu Planten un Blomen, einem meiner Lieblingsparks in Hamburg. Die japanischen Kirschbäume standen gerade in voller Blüte. Es war ein wunderschöner warmer Maitag, die Sonne strahlte vom Himmel, und es duftete nach Blumen und ein bisschen schon nach Sommer. Wir spazierten durch die Blütenpracht, aßen Eis und unterhielten uns über alles, was in den letzten Tagen bei uns losgewesen war.

»Es war herrlich an der Ostsee«, berichtete Nele. »Ich sehe jetzt endlich klarer und hab ein paar Entschlüsse gefasst.«

»Welche denn?«

»Mit Männern ist Schluss in meinem Leben. Definitiv.«

Sebastian lachte. »Ist klar.«

»Nein, wirklich«, beteuerte Nele. »Ich habe mich oft genug verarschen lassen, mir reicht es. Stattdessen werde ich mich voll und ganz auf meine Freunde, meine Karriere und auf mich konzentrieren. In der Agentur werde ich kündigen und mir einen noch viel besseren Job suchen, in dem ich richtig durchstarte.«

»Hört sich gut an«, meinte Kai.

»Finde ich auch. Und eins schwöre ich euch«, sagte Nele so entschlossen, wie ich sie schon lange nicht mehr erlebt hatte. »Ich werde mich nie wieder auf jemanden einlassen, mit dem ich zusammenarbeite. Nie wieder!«

Spontan nahm ich sie in den Arm. »Das klingt nach einem großartigen Plan. Schön, dass du wieder ganz die Alte bist.«

Abends schauten wir alle gemeinsam bei Kai und Sebastian

den *Tatort* und bestellten uns was vom Asiaten. Die ganze Zeit über konnte ich kaum fassen, dass Sebastian und ich jetzt ein Paar waren. Wir konnten Händchen halten, uns küssen und nach dem Tatort einfach nach nebenan gehen und in meinem Zimmer verschwinden. Mir war so schwindelig vor Glück, dass ich kaum noch an das dachte, was mir in der Schule bevorstand.

Ellerbrook!

Am nächsten Morgen fing mich Maryam vor der Schule ab. Seit dem gemeinsamen Gespräch mit ihren Eltern hatten wir nicht die Gelegenheit gehabt, unter vier Augen miteinander zu reden. Beziehungsweise war es mir so vorgekommen, als ob Maryam das auch gar nicht wollte, denn sie sah mich kaum an und verschwand nach dem Unterricht immer schneller aus der Klasse, als ich ›Macht eure Hausaufgaben‹ sagen konnte.
»Kann ich Sie sprechen?«, fragte sie ernst.
»Ja, natürlich.«
Sie nestelte verlegen an ihrem Rucksack. »Ich möchte mich entschuldigen. Es tut mir leid, dass ich gelogen habe.«
»Tja, das war wirklich keine besonders tolle Aktion, Maryam.«
»Das ist mir klar. Und ich bin sehr traurig deswegen.«
Eigentlich hätte ich böse auf sie sein sollen, aber es gelang mir einfach nicht. Vielleicht, weil ich neuerdings ganz ungeniert wie eine grenzdebile Grinsekatze durchs Leben ging. Vielleicht aber auch einfach nur deswegen, weil ich sie verstehen konnte. »Schon gut, Maryam. Ich weiß ja, wie viel dir die AG bedeutet und dass du keine andere Lösung gesehen hast.«
»Ich wollte unbedingt mitmachen, so gerne«, sagte sie und Tränen glitzerten in ihren Augen. »Es macht so viel Spaß, und ich habe Freunde gefunden. Wenn ich mit der AG bin, dann habe ich kein Heimweh. Dann will ich nirgendwo anders sein.«
Bei ihren Worten musste ich fast mitheulen. Ich legte ihr eine Hand auf die Schulter. »Wir vermissen dich auch sehr.«

»Vielleicht ich darf nächstes Jahr dabei sein«, schniefte Maryam und wischte sich eine Träne von der Wange. »Meine Mutter sagt Ja, und dann mein Vater sagt am Ende auch immer Ja.«

»Das wäre toll, Maryam.« Die Frage war nur, ob es im nächsten Jahr überhaupt eine Musical-AG geben würde.

»Ja, ich hoffe das sehr. Aber Heaven-Tanita sagt, dass die Musical-AG aufgegeben hat. Das darf nicht sein. Das dürfen Sie nicht erlauben«, sagte sie eindringlich. »Alle haben so hart gearbeitet.«

»Ich will auch nicht, dass die Musical-AG aufgibt«, sagte ich. »Und glaub mir, ich werde alles tun, was ich kann, damit das Stück wie geplant aufgeführt wird.«

Sie nickte. »Ich spreche mit Heaven-Tanita und den anderen. Sie sollen nicht so dumm sein.«

»Vielen Dank für deine Unterstützung, Maryam. Wir sehen uns nachher im Unterricht, okay?« Ich nickte ihr noch mal zu und betrat die Schule. Es war zu spät, um vor der Pause noch ins Lehrerzimmer zu gehen und mit meinen Kollegen zu sprechen. Also musste das bis zur großen Pause warten. Mir klopfte das Herz, als ich auf unseren Tisch zuging und Sertab, Ralf, Sandra und Maria dort sitzen sah. »Ich muss dringend mit euch sprechen«, sagte ich, als ich am Tisch angekommen war. »Es ist tatsächlich so, wie ihr dachtet: Ich habe die Musical-AG nur gegründet, weil ich die Hoffnung hatte, dass ich an meine alte Schule zurückkehren kann, wenn ich den Preis gewinne.«

Sertab runzelte die Stirn und Sandra stöhnte leise auf. Trotzdem redete ich weiter. »Ich hatte bei der Gründung der Musical-AG nur meine eigenen Interessen im Kopf; insofern stimmt es, dass ich euch ausgenutzt habe. Und ja, auch die Kinder. Darauf bin ich nicht stolz, und es tut mir sehr leid.

Aber das war nur am Anfang so. Innerhalb kürzester Zeit ist mir diese AG wahnsinnig ans Herz gewachsen. Ich liebe es, was wir da tun, und es macht mir unglaublich viel Spaß, mit euch allen zusammenzuarbeiten. Ich mache das schon lange nicht mehr aus purem Eigennutz. Dieser Preis ist mir inzwischen völlig egal. Und ich will nicht, dass all die Arbeit, die wir in die AG gesteckt haben, umsonst war. Ich will, das wir es durchziehen und unser Stück auf die Bühne bringen.« Atemlos hielt ich inne. Doch bevor einer der anderen etwas sagen konnte, fuhr ich schnell fort. »Eins muss ich noch loswerden: Ich lasse mir von niemandem ein schlechtes Gewissen einreden, weil ich keine Freudensprünge gemacht habe, als ich an eine Brennpunktschule wechseln musste. Und ich werde mich auch nicht schlecht fühlen, weil ich zurück an meine alte Schule will. Ihr wisst doch besser als alle anderen, wie hart dieser Job ist. Aber ihr alle habt euch bewusst für die ALS entschieden. Ich nicht. Ich bin hier reinkatapultiert worden. Ich war auf nichts vorbereitet, hatte keinerlei Brennpunkt-Erfahrung und war völlig überfordert. Also, wenn ihr der Ansicht seid, dass ich eine schlechte Lehrerin und Kollegin bin, weil ich darüber nachdenke, die Schule zu wechseln, dann okay. Ich kann es nicht ändern.«

Sertab, Ralf, Maria und Sandra sahen mich ein paar Sekunden lang ruhig an. Schließlich sagte Ralf: »Niemand ist dieser Ansicht. Ich kann das völlig verstehen.«

»Ich auch«, meinte Maria. »Wer von uns hat nicht schon mal darüber nachgedacht zu wechseln?«

»Ich denke täglich dran«, behauptete Sandra. »Seit zwanzig Jahren.«

Sertab zuckte mit den Schultern. »Mir gefällt es hier, aber ich kenne es auch nicht anders. Die Schule, auf die ich damals gegangen bin, war der ALS ziemlich ähnlich. Und mein Referendariat hab ich hier gemacht. Ich bin ja auch noch ganz am Anfang.«

»Ich doch auch«, sagte ich. »Ich bin noch nicht viel länger fertig mit dem Referendariat als du. Aber es gibt eben Lehrer, die sind für diese Schule gemacht, und solche, die es nicht sind.«

»Ja, aber Annika, das Problem ist doch, dass wir alle dachten, dass du hier happy bist«, erwiderte Sandra. »Du hast nie den Eindruck erweckt, als hättest du Probleme, oder gesagt, dass du überfordert bist. Rede doch mit uns darüber. Wir sitzen schließlich alle in einem Boot.«

»Manchmal reicht es schon, sich einfach nur auszukotzen«, sagte Ralf. »Einfach nur den Frust abzulassen.«

»Ein bisschen über die Schüler lästern«, grinste Maria.

Als mir klar wurde, dass die vier mich nicht hassten, atmete ich erleichtert auf und ließ mich auf meinen Stuhl fallen. »Ich hätte wirklich mit euch reden sollen. Mir ist diese Sache mit Meikel furchtbar zu Herzen gegangen. Ich weiß, dass das eigentlich nicht so sein sollte, aber ...«

»Sollte es nicht, lässt sich aber nicht vermeiden«, entgegnete Sandra. »Es gibt Fälle, die vergisst du nie. Die kommen immer mal wieder hoch. Du musst lernen, damit umzugehen.«

»Vielleicht könnt ihr mir dabei helfen. Wenn ihr wollt.«

»Na klar.« Sandra zog mich in ihre Arme. »Das mit Meikel ist uns allen durch die Lappen gegangen. Mach dir deswegen keine Vorwürfe, es war nicht so offensichtlich. Und wir haben dir auch überhaupt nicht zum Vorwurf gemacht, dass du die Schule wechseln willst. Nur das mit der AG war halt schon fies.«

Sertab seufzte. »Wir haben wohl ein bisschen überreagiert. Vor allem ich. Aber diese Situation, als die AG gescheitert ist, war schlimm. Ich habe so sehr an dem Projekt gehangen.«

»Das hätte echt toll werden können«, meinte Maria wehmütig.

Ich klopfte mit den Knöcheln auf den Tisch. »Redet doch nicht in der Vergangenheitsform. Was ich vorhin gesagt habe, war mein Ernst: Ich will, dass wir das durchziehen und die AG wieder zum Leben erwecken.«

»Und wie?«, fragte Sandra.

»Erst mal werde ich alle versammeln und ihnen ins Gewissen reden. Und wenn das nicht funktioniert, sehen wir weiter. Aber ich muss erst wissen, ob ihr dabei seid. Ich brauche euch nämlich. Allein schaff ich das nicht.«

»Also, ich bin dabei«, sagte Sertab entschieden.

Die anderen nickten zustimmend, und mir fiel ein riesiger Stein vom Herzen. »Ihr seid toll. Tausend Dank, dass ihr mir verzeiht und dass ihr wieder mitmacht.«

»Ich hoffe nur, die Kids sind auch so leicht zu überzeugen.«

Bedächtig wiegte ich den Kopf. »Sie geben das zwar nicht gerne zu, aber im Grunde hat die AG allen viel bedeutet. Eigentlich möchten sie das durchziehen. Sie wollen sich nur ein bisschen bitten lassen.«

Sertab lachte. »Schauspieler-Diven halt. Typisch.«

In der nächsten Pause bat ich Stefan um seine Unterstützung. Er war sofort mit von der Partie und erlaubte uns sogar, in seinem Namen zu schwindeln. Ralf, Sertab, Maria und Sandra halfen mir dabei, alle Schüler der Musical-, Technik- und Näh-AG sowie die Band zu informieren, dass sie am Dienstagnachmittag in die Aula kommen sollten. Die meisten reagierten genervt und weigerten sich zunächst, doch als wir sagten, dass es sich um eine Anordnung des Schulleiters handelte und dass dieser Termin eine Pflichtveranstaltung war, blieb ihnen nichts anderes übrig.

Ich war furchtbar nervös, als ich am Dienstag als Erste in der Aula ankam. Nach und nach trudelten die Schüler ein; viele sahen mich beleidigt oder unwillig an, manche aber auch freundlich und einige sogar hoffnungsvoll. Auch die Betreuer und Stefan kamen hinzu, und als einer der Letzten tauchte Sebastian auf. Bei seinem Anblick machte mein Herz den gewohnten Freudensprung, und in meinem Bauch kribbelte es vor sich hin. Er begrüßte die anderen und legte seine Hand auf meinen Rücken. »Kann ich mal kurz unter vier Augen mit dir sprechen, Anni?«

»Okay.« Wir gingen hinter die Bühne, wo Sebastian mich in seine Arme zog und stürmisch küsste. Dann lächelte er mich so süß an, dass ich ihn gleich noch mal küssen musste. »So sieht bei dir also ein Gespräch unter vier Augen aus.«

»Mit dir schon. Bist du nervös?«

»Ja. Schrecklich nervös.«

Er zog mich noch ein bisschen enger an sich. »Das wird schon. Toi, toi, toi.«

Wir gingen zurück auf die Bühne. Als alle vollzählig versammelt waren, trat ich einen Schritt vor und ließ meinen Blick durch die Reihen schweifen. Ich atmete tief durch, dann sagte ich: »Schön, dass ihr alle gekommen seid. Wir hier«, ich deutete hinter mich auf die Betreuer der AG und auf Stefan, »sind nämlich absolut nicht damit einverstanden, wie die Probe letztes Mal geendet hat. Da wurden einige Dinge gesagt, die nicht in Ordnung waren. Und ich möchte das gerne klarstellen. Zunächst mal: Tristan ist nicht gegangen, weil er nicht an euch glaubt oder weil ihr ihm nicht wichtig seid. Und schon gar nicht, weil ihr ihm peinlich seid. Das ist absoluter Unsinn. Als Theaterregisseur ist es nicht leicht, einen Job zu bekommen. Und als dieses Angebot kam, konnte Tristan das nicht absagen. Schließlich muss er auch von irgendetwas leben. Also hört bitte auf, euch einzureden, es hätte irgendwas mit euch zu tun, dass er jetzt weg ist.« Ich machte eine kurze Pause, in der ich noch mal allen ins Gesicht sah. »Was Meikel und Maryam angeht, bin ich sehr traurig, dass die beiden nicht mehr dabei sind, genauso wie ihr. Und ich kann gut verstehen, dass ihr deswegen wütend seid und euch hilflos fühlt. Aber Meikel und Maryam sind garantiert die Letzten, die wollen, dass deswegen das ganze Projekt über den Haufen geworfen wird. Maryam hat mir gestern Morgen noch erzählt, dass ihr unbedingt weitermachen sollt, und wenn Meikel eine Möglichkeit hätte, euch etwas zu sagen, dann wäre es garantiert dasselbe.« Ich sah zu Sebastian hinüber. Er lächelte mir zu und nickte aufmunternd. »Und dann wurde noch etwas gesagt, was ich absolut nicht okay finde. Nämlich, dass ich die ALS sowieso verlassen werde und dass es mir deshalb völlig egal ist, was mit euch und mit der Musical-AG passiert. Das ist eine Frechheit! Ich habe mir monatelang den Hintern aufgerissen, ich habe enorm viel Zeit investiert, und, mit Verlaub, auch Nerven. Und nicht nur ich, *wir alle* hier oben haben das getan. Ich würde euch gern versprechen, dass euch nie wieder jemand verlassen wird, der euch wichtig ist. Aber das kann ich nicht, denn das wird womöglich immer wieder passieren. Das Leben ist nun mal so. Ja, das ist Mist. Aber nur, weil einer geht, bedeutet das nicht, dass es niemanden sonst gibt, versteht ihr? Ihr habt gesagt, dass ihr die AG aufgeben könnt, weil ihr auch aufgegeben worden seid. Aber guckt doch mal, wer noch alles hier auf der Bühne steht. Wir alle sind noch da, wir alle glauben an dieses Stück und an euch.« Ich ging noch zwei Schritte vor, bis an den Bühnenrand. »Und jetzt will ich euch mal etwas sagen.«

»Sie sagen doch schon die ganze Zeit was«, rief Jo, aber nicht in einem genervten Tonfall, sondern eher amüsiert.

Ein paar der Schüler lachten, und ich musste ebenfalls grinsen. »Stimmt. Dass Lehrerinnen aber auch immer so viel sabbeln müssen, was? Aber das müsst ihr euch noch geben, denn es ist wirklich wichtig. Es kommt überhaupt nicht infrage, dass ihr die AG hinschmeißt und mit dem Gefühl hier rausgeht, dass man Dinge, die einem zu kompliziert werden, einfach aufgibt. Also reißt euch verdammt noch mal zusammen und zieht es durch. Das seid ihr uns allen hier oben schuldig. Aber vor allem seid ihr es euch selbst schuldig!«

»Aber wir sind scheiße«, warf Jo ein.

»Jo, wenn du das noch einmal sagst, lass ich dich den *Erlkönig* auswendig lernen und vorsingen«, fuhr ich ihn an. »Ihr macht das toll. Es ist der absolute Wahnsinn, was für riesige Fortschritte ihr in den letzten Monaten gemacht habt, jeder Einzelne von euch. Ich bin wahnsinnig stolz auf euch, das sind wir alle hier. Und ihr solltet das auch sein. Denn das ist letzten Endes das Wichtigste. Dass ihr selbst an euch glaubt.«

Für eine Weile herrschte Totenstille in der Aula.

Dann sagte Mesut: »Aber hier, Preis und so. Den kriegen wir eh nich, jetzt mal ohne Scheiß, Frau Paulsen.«

»Vergesst den Preis. Hier geht es nicht um irgendwelche Preise. Es geht darum, dass ihr euer Bestes gebt, und vor allem darum, dass ihr das Stück, das ihr selbst geschrieben habt, auch aufführt. Ich will das nämlich sehen. Und das wollen auch dreihundert andere, denn die Karten für die Premiere sind bereits ausverkauft. Und für die anderen drei Spielabende sieht es ebenfalls ziemlich gut aus.«

Ein Raunen ging durch die Aula.

»Also wenn ihr das alles schon nicht für uns tut und nicht für euch, dann tut es für euer Publikum.«

»Und was, wenn wir uns blamieren?«, fragte Nike.

»Wir können uns gar nicht blamieren«, erwiderte Pola. »Denn was wir da oben machen, das würde sich von den Leuten im Publikum nie einer trauen. Und schon deswegen machen wir was, was die alle gar nicht können.«

»Pola hat recht«, sagte ich. »Und es muss überhaupt nicht perfekt sein. Ihr sollt einfach nur Spaß haben und *Ellerbrook!* auf die Bühne bringen.«

Wieder kehrte Stille ein. Schließlich rief Heaven-Tanita: »Also, ich bin dabei.«

Pola nickte. »Ich auch.«

»Geht klar, Digger«, meinte Mesut.

Nach und nach stimmten immer mehr Schüler zu. »Okay, wer dabei ist, hebt bitte die Hand«, sagte ich.

Zunächst wurden vereinzelt Hände gehoben, bis immer mehr in die Höhe schossen und am Ende alle Schüler aufzeigten. Wieder fiel mir ein so großer Stein vom Herzen, dass ich mich fragte, wie ich mit all der Last darauf in den letzten Tagen überhaupt hatte leben können. Vor Freude hätte ich beinahe getanzt, aber ich klatschte nur in die Hände und rief strahlend: »Cool! Das heißt, ihr seid alle dabei?«

»Ja«, murmelten ein paar der Schüler.

Ich legte meine Hand hinters Ohr. »Bitte? Ich hab nichts gehört.«

»Jaha«, sagten sie lauter.

»Was?«

»Ja!«, riefen sie.

»Wollt ihr dieses Stück auf die Bühne bringen?«

»Ja!«

»Seid ihr ein Team?«

»Ja!«

»Macht ihr immer eure Hausaufgaben und kommt nie zu spät?«

»Ja ... äh ... Mann, Frau Paulsen, Sie versuchen es immer wieder.«

»Ihr fallt ja auch immer wieder darauf herein«, erwiderte ich lachend. »Und jetzt kommt mal alle auf die Bühne. Ihr wisst, was euch jetzt blüht, oder?«

Die Schüler stöhnten auf, aber dann lachten sie doch, und nach und nach stürmten alle auf die Bühne. Als Heaven-Tanita oben war, fiel sie mir um den Hals. »Tut mir derbe leid, dass ich das am Mittwoch gesagt hab.«

Völlig überrumpelt nahm ich sie in den Arm und tätschelte ihr den Rücken. »Schon gut. Alles vergessen.«

»Ich bin voll froh, dass wir weitermachen. Echt ey, das wär so schade gewesen, weißt, wie ich mein, Frau Paulsen?«

»Ich weiß immer, was du meinst, Heaven-Tanita.«

Sie ließ von mir ab, und danach hatten auch noch Nike und Pola das Bedürfnis nach einer Umarmung. Mesut und Jo wollten eine Ghetto-Faust von mir. »Fette Speech, Frau Paulsen«, meinte Jo. Mesut nickte. »Sie sind echt voll korrekt, so.«

»Danke, Mesut.« Ich schaute durch die Menge und fand denjenigen, nach dem ich gesucht hatte. Unsere Blicke trafen sich, und Sebastian lächelte mich so zärtlich an, dass es sich wie eine Berührung anfühlte. Ich wäre ihm am liebsten um den Hals gefallen. Aber erst mal mussten das Lächeln und der Blickkontakt reichen, denn wir hatten abgemacht, vor der AG nicht an die große Glocke zu hängen, dass wir zusammen waren.

Wir bildeten einen riesengroßen Kreis, klopften unseren Vorder- und Hintermännern auf die Schultern, lobten uns alle gegenseitig und schließlich auch uns selbst. Zum Schluss machten wir wie üblich Jos Dance-Move und riefen alle gleichzeitig: »Derbe geil, Digger«, woraufhin wir anfingen zu lachen.

Danach wollten sich schon alle auf den Weg machen, doch ich rief: »Stopp, stopp, stopp. Die Probe ist noch nicht vorbei.«

Ein Stöhnen ging durch die Menge. »Mann ey, nicht ihr Ernst, Frau Paulsen«, stöhnte Nike.

»Oh doch. Wir haben noch viel zu tun. Also hopp.«

In den nächsten drei Wochen liefen die Proben auf Hochtouren. Wir arbeiteten sogar an den Wochenenden, denn wir brauchten die Zeit dringend, um das Musical im Ganzen zu proben. Hamed und Flora fanden sich schnell in ihre neuen Rollen ein. Floras Darbietung von *Das Gold von morgen* war zwar nicht so herzzerreißend wie Maryams, und Hamed spielte den Kiez-Kevin mit weniger Ironie als Meikel. Aber trotzdem machten sie ihre Sache wirklich gut. Ansonsten lief so ziemlich alles drunter und drüber. Die Technik-AG war hoffnungslos überfordert mit der Beleuchtung und dem Ton, außerdem klemmte der Vorhang. Wenn die Songs und Choreografien super liefen, hatten mindestens zwei Schüler einen Texthänger. Jo vergaß ständig, auf die Requisiten zu achten, und lief in sie hinein. Schließlich drohte Sebastian ihm an, dass er sämtliche Plastikfrüchte essen musste, wenn er noch einmal den Stand des Gemüsehändlers umrannte. Von da an ging es einigermaßen. Trotzdem hielt ich jedes Mal den Atem an, wenn Jo auf der Bühne anfing, etwas ausschweifender zu gestikulieren. Aber obwohl es so viele Pannen gab und inzwischen klar war, dass die Aufführung alles andere als perfekt werden würde, schien es so, als wäre eine riesige Last von uns allen abgefallen. Es wurde viel mehr gelacht und rumgealbert, die Schüler wirkten wie befreit auf der Bühne und waren emsiger bei der Sache als je zuvor.

Je näher der Tag der Premiere heranrückte, desto mehr griff das Lampenfieber um sich. Es grassierte nicht nur unter den

Schülern, sondern auch unter uns Betreuern, und manchmal hatte ich das Gefühl, dass ich die Schlimmste von allen war. Ich war gedanklich permanent mit der AG beschäftigt, mein Notizbuch mit To-do-Punkten war inzwischen fast bis auf die letzte Seite gefüllt. Ich hatte andauernd mit Herzklopfen, kaltem Schweiß und Übelkeit zu kämpfen, und für meine Mitmenschen musste das Zusammenleben mit mir alles andere als einfach sein. Allen voran für Sebastian, mit dem ich am meisten Zeit verbrachte und der demnach auch am meisten unter mir zu leiden hatte. Er redete mir gut zu, hielt meine Hand oder ermahnte mich, mich zusammenzureißen, wenn ich es übertrieb. Er zwang mich dazu, mit ihm etwas essen oder trinken zu gehen, Klavier zu spielen oder zu backen (letzteres wahrscheinlich nicht ganz uneigennützig). Die Farce mit dem kaputten Toaster hatte er natürlich längst aufgegeben, und wenn er mir jetzt beim Klavierspielen zuhören wollte, setzte er sich einfach auf mein Bett oder in Williams Sessel. Apropos William: Der war nach einem tragischen Unfall von uns gegangen und befand sich nun im Gummimannhimmel. Als ich eine neue Lampe in meinem Zimmer angebracht hatte, war mir Sebastians Akkuschrauber aus der Hand gefallen und hatte sich direkt in Williams Brust gebohrt – in Höhe seines Herzens. Augenblicklich war sämtliche Luft aus ihm gewichen. Ich war völlig verzweifelt darüber gewesen, dass ich meinen eigenen Gummimann ermordet hatte, und wollte ihn schon mit Fahrradflickzeug reparieren. Aber Sebastian hatte mich davon abgehalten. »Du brauchst diese Gummipuppe nicht mehr. Du hast doch jetzt mich zum An- und Ausziehen.«

»Ja, aber William wehrt sich nicht.«

»Hab ich mich etwa jemals gewehrt, wenn du mich ausziehen wolltest?«

»Ich rede vom *An*ziehen«, sagte ich lachend, schlang meine

Arme um Sebastians Hals und küsste ihn. Und William war schon bald darauf vergessen.

Die Generalprobe ging so gründlich daneben, dass die Premiere grandios werden musste, falls die alte Bühnenweisheit stimmte. Mit klopfendem Herzen ging ich danach ins Bett, doch an Schlaf war nicht mal ansatzweise zu denken. Ununterbrochen wiederholte ich im Kopf den Ablauf, und jedes Mal fiel mir etwas Neues ein, an das ich nicht gedacht hatte. Mitten in der Nacht stupste ich Sebastian an, der neben mir lag und leise vor sich hin schnarchte. »Sebastian? Schläfst du?«

Langsam schlug er die Augen auf. »Ja.«

»Sag mal, hattest du den Vorhang jetzt eigentlich repariert? Der hat doch heute wieder andauernd gehakt.«

»Mhm.« Er legte seinen Arm über meinen Bauch und seinen Kopf an meine Schulter. »Schlaf jetzt, Süße. Alles wird gut«, murmelte er.

»Ja, aber der Vorhang ...«

»Pssst.«

Ich seufzte tief. »Ich kann nicht schlafen.«

»Ach was.«

»Fühl mal meinen Puls.« Ich legte seine Finger an meine Halsschlagader.

»Oh je. Wie bei einem Kaninchen.« Er stützte sich auf seinem Arm ab und sah mich liebevoll und verschlafen zugleich an. »Das wird schon alles laufen morgen, hm? Die Kids werden die Bühne rocken.«

»Ich weiß. Und du hast für die Premierenfeier alles gekauft?«

Er gähnte. »Alles parat. Zigaretten, Eierlikör, Ritalin ...«

Ich robbte an ihn heran und vergrub meinen Kopf an seiner Brust. »Sehr witzig.«

Er nahm mich in den Arm und streichelte mir beruhigend übers Haar. »Jetzt freu dich doch mal ein bisschen auf die Show. Ihr habt so lange darauf hingearbeitet, und morgen dürft ihr endlich zeigen, was ihr draufhabt.«

Dann sprachen wir nicht mehr, sondern lagen aneinandergekuschelt da. Ich lauschte auf Sebastians gleichmäßigen Herzschlag, spürte seine Wärme und seine Hände, die mir über den Rücken strichen. Allmählich wurde ich ruhiger, und schließlich schlief ich in seinen Armen ein.

»Frau Paulsen, wo ist mein Kostüm?«

»Die Hose rutscht immer, ich weiß auch nicht, wieso.«

»Ich hab meinen Glücksbringer verloren. Ohne Glücksbringer kann ich nicht auf die Bühne!«

»Ich weiß kein Wort mehr von meinem Text! Kein einziges!«

Eine Stunde vor der Premiere herrschte im Musikraum ein Gewusel und Gesumme wie in einem Bienenstock. Die Kids waren so aufgeregt, dass ich das Hämmern ihrer Herzen förmlich hören konnte. Mir selbst ging es ähnlich. Es kostete mich alle Mühe, mich zusammenzureißen und für meine Schützlinge stark zu sein. Ich hielt Hände, strich beruhigend übers Haar, ermutigte und tröstete. Sebastian, Sertab und Ralf waren ebenfalls hinter der Bühne, und vor allem Sebastian gelang es, die Kinder immer wieder zum Lachen zu bringen. Auch Maria und die Mädels von der Näh-AG waren Felsen in der Brandung. Sie halfen den Darstellern in ihre Kostüme, schminkten sie, hielten Schwätzchen mit ihnen und wirkten mit ihrer ruhigen und netten Art wahre Wunder auf die erhitzten Gemüter.

»Mein Papa kommt nicht«, erzählte Heaven-Tanita mir mit Tränen in den Augen, als ich sie beim Schminken besuchte. »Er hat mir gerade eine Nachricht geschrieben, dass er es nicht schafft.«

»Wie schade. Aber wir haben doch drei weitere Aufführungen. Vielleicht kommt er zu einer der anderen.«

Sie schüttelte den Kopf. »Nee, er fährt morgen Malle, und da bleibt er drei Wochen.«

Ich spürte eine unbändige Wut in mir aufsteigen und fragte mich, wie man sein Kind derart hängen lassen konnte. ›Abstand, Annika‹, rief eine innere Stimme mir mahnend zu. ›Denk an den Abstand.‹

›Ach, lass mich zufrieden‹, fuhr ich die Stimme an. Ich lächelte Heaven-Tanita aufmunternd zu. »Aber deine Mama und deine Schwester sind da, oder?«

Sie nickte. »Oma und Opa auch. Und meine Tante und mein Cousin.«

»Na siehst du. Das ist doch ein riesiger Fanclub.«

»Hey, Anni«, hörte ich Sebastians Stimme hinter mir. Ich drehte mich zu ihm um. »Du sollst mal nach vorne kommen. Die Zuschauer trudeln allmählich ein, und dein Typ ist gefragt.«

»Ich würde jetzt echt lieber hierbleiben.«

Unauffällig legte er mir die Hand auf die Hüfte. Unsere Blicke verfingen sich, und ich konnte in seinem erkennen, dass er mich ebenso gern geküsst hätte wie ich ihn.

»Es reicht bestimmt, wenn du dich für eine Viertelstunde blicken lässt«, sagte Sebastian.

»Na schön.« Mühsam riss ich mich von ihm los und ging ins Foyer. Herr Sandmann stellte mich ein paar offiziellen Leuten vor, deren Namen und Funktionen ich mir nicht merken konnte. Ein Typ vom Morgenblatt sprach mit mir, aber ich konnte mich hinterher weder an die Fragen noch an meine Antworten erinnern. Meine Eltern waren da, spuckten mir über die Schulter und wünschten mir und allen anderen toi, toi, toi. Gülcan war mit ihrem Vater und der gesamten Belegschaft ihrer Firma gekommen, Nele war da, Lisa, Tim und Kai. Mir wurde unendlich oft viel Glück gewünscht, ich schüttelte Hände, begrüßte Eltern, Kollegen und Schüler und war die ganze Zeit in Gedanken nur bei meinen Kids, die hinter der Bühne gerade vor Aufregung starben. Ich wollte gerade wieder zurück in den Musikraum verschwinden, als ich von einer zierlichen grauhaarigen Dame angesprochen wurde.

»Entschuldigung, sind Sie Frau Paulsen?«

»Ja, bin ich.«

»Mein Name ist Angelika Gossler.« Sie deutete auf einen distinguierten Herrn im Anzug und einen jungen Typen mit Jeans und Holzfällerhemd. »Und das sind Paul Illgner und Thomas Fischer. Wir gehören zur Jury des Hamburger Schultheaterpreises.«

Ach du Schande. An die hatte ich in den vergangenen Tagen überhaupt nicht mehr gedacht. »Wie schön, dass Sie gekommen sind. Ich freue mich sehr.«

»Wir freuen uns auch«, sagte die Dame. »Ihr Projekt klingt sehr interessant. Und Tristan Franke hat Ihnen geholfen?«

»Ja, das stimmt. Aber er kann leider heute nicht hier sein, weil er kurzfristig ein Engagement in Passau bekommen hat«, erwiderte ich. »Tut mir wirklich leid, ich muss jetzt hinter die Bühne. In zwanzig Minuten ist es so weit. Da drüben steht mein Schulleiter, Herr Sandmann, der beantwortet Ihre Fragen bestimmt gern.« Ich winkte Stefan zu mir heran, der sich der Jury widmete, sodass ich zurück in den Musikraum konnte.

Inzwischen waren alle im Kostüm und geschminkt. Andauernd rannte jemand auf die Bühne, um durch den Vorhang zu gucken und einen neuen Zwischenstand abzuliefern:

»Da sitzen bestimmt schon fünfzig Leute ... fünfundsiebzig Leute ... hundertzwanzig Leute.«

Dann waren es auf einmal nur noch fünf Minuten, bis der Vorhang aufging. Sertab verschwand mit der Band, damit sie ihre Plätze neben der Bühne einnehmen und ihre Instrumente noch mal stimmen konnten. Das Herz schlug mir bis zum Hals, und ich hatte das Gefühl, dass ich kaum noch atmen konnte. »Okay, gleich geht's los. Jetzt kommt mal her, bildet einen Kreis und legt eure Arme um eure Nebenmänner.« Ich wartete darauf, dass alle sich sortiert hatten. »Bevor ihr rausgeht, möchte ich euch gerne noch etwas sagen. Wir sind in den letzten Monaten einen sehr weiten Weg miteinander gegangen. Was ihr alles gelernt habt, ist unfassbar. Ich bin unglaublich stolz auf euch. Und ganz egal, ob wir diesen Preis bekommen oder nicht – wir werden auf jeden Fall zusammen den *König der Löwen* anschauen. Das habt ihr euch verdient. So, und jetzt klopfen wir alle unserem rechten Nebenmann auf die Schulter und wünschen viel Glück. Jetzt unseren linken Nebenmann. Jetzt uns selbst. Und jetzt ... tanzen!«

Dann war es endgültig so weit. »Es geht los. Viel Spaß!«

Die Darsteller stürmten auf die Bühne, während ich mich auf meinen Platz an der Seite stellte. Ich war hinterm Vorhang verborgen, konnte aber trotzdem ins Publikum spähen und hatte alles im Blick, was auf der Bühne passierte – also die perfekte Position. Die Aula war bis auf den letzten Sitzplatz gefüllt. Ich rieb mir meine kalten Hände und atmete ein paarmal tief ein und aus. Dann spürte ich, wie jemand hinter mich trat und seine Arme um meine Taille schlang. »Toi, toi, toi«, flüsterte Sebastian mir ins Ohr.

Ich lehnte meinen Kopf für einen Moment zurück. »Musst du nicht zu Sandra ans Mischpult?«

»Doch, aber ich wollte in den ersten fünf Minuten bei dir sein.«

In diesem Moment erklang die Eingangsmusik. Es war das Playback des Beginner-Songs *Ahnma*, der mit seinem fetten Sound und Bass schon mal ankündigte, dass hier gleich etwas Großes passieren würde. Eine Gänsehaut lief mir über den Rücken, als ich die Kinder auf der Bühne beobachtete, die allesamt aussahen, als würden sie jeden Moment in Tränen ausbrechen.

Die Musik verklang, und dann sollte es eigentlich losgehen, doch nichts tat sich. »Verdammt, der Vorhang klemmt«, murmelte ich und wollte schon hektisch losrennen, doch da schlüpfte Heaven-Tanita durch den Vorhang und baute sich vor dem Publikum auf. »Was macht sie denn da?«

»Keine Ahnung.«

Ich beobachtete Heaven-Tanita mit angehaltenem Atem. Sie sah ›derbe cool‹ aus in ihrer Rapper-Kluft mit Jogginghose, engem Top und dicken Goldketten. Ihr Gesicht war überschminkt und ihre Frisur übertrieben toupiert, aber Tristan hatte recht behalten – auf der Bühne kam es extrem gut rüber. Und es war erschreckend, wie real ihr Schwangerschaftsbauch wirkte, den die Mädels der Näh-AG gebastelt hatten.

»Äh ja, also ... Hi«, sagte Heaven-Tanita. »Wir alle von der AG, also wir Schülerinnen und Schüler, wollten noch was sagen, bevor die Aufführung losgeht. Und das mach ich jetzt halt, so stellvertretend für alle.« Sie räusperte sich. »Erst mal wollen wir uns gerne bedanken. Bei allen Betreuern, die das mit uns zusammen gemacht haben. Bei Sebastian, der das derbe coole Bühnenbild gebaut und mit uns gesprayt hat.«

»Von mir auch vielen Dank«, sagte ich und drehte mich zu Sebastian um, der sich eine Träne aus dem Augenwinkel wischte.

»Psst«, machte er nur und fasste mich noch fester um die Taille.

Das Publikum applaudierte, und Heaven-Tanita verlor allmählich ihre Schüchternheit. »Ja, und bei Tristan bedanken wir uns, der ist richtiger Theater-Regisseur, und der hat das alles mit uns zusammen gemacht. Und er hat kein Geld dafür gekriegt. Deswegen kann er heute auch nicht hier sein, weil er musste irgendwo Passau oder so, zum Arbeiten. Aber er hat mit uns das Stück geschrieben, und wir haben echt viel bei ihm gelernt. Ohne ihn hätten wir das alles nicht geschafft.«

Erneut wurde applaudiert, und ich murmelte: »Da hat sie recht. Ich hätte ihm gegenüber vielleicht dankbarer sein müssen.«

»Ach, ich finde, du warst schon dankbar genug«, raunte Sebastian.

»Ja, und dann, na klar, danke an unsere Lehrer, an Frau Akay, die die Band leitet, Frau Greschner, die mit Näh-AG Kostüme und Schminke gemacht hat, Herrn Pfeifer, der mit uns getanzt hat und Frau Liebknecht, die mit Technik-AG heute Licht und Ton und so fette Special Effects macht.«

Es wurde wieder höflich applaudiert.

»Und natürlich danke an Frau Paulsen. Ohne sie würde es diese AG gar nicht geben, und dann wären wir alle heute irgendwo anders, aber halt nicht hier.«

Mir schossen die Tränen in die Augen. »Oh nein«, flüsterte ich und hielt mir eine Hand vor den Mund.

»Frau Paulsen is voll süß so, weil sie hat immer an uns geglaubt und uns immer gesagt, wie gut wir waren, auch wenn wir total scheiße waren. Und sie hat gesagt, dass wir nicht aufgeben dürfen. Und das haben wir dann ja auch nicht.«

Mir liefen die Tränen in Sturzbächen aus den Augen, so

sehr berührten mich ihre Worte. Die Schüler wussten meine Arbeit also zu schätzen. Und das, was ich hier tat, war wichtig für sie. Das Publikum spendete Applaus, und da ich so viele Freunde im Publikum hatte, erklangen auch ein paar Wohoos und Pfiffe.

Heaven-Tanita schien das zu gefallen, denn sie konnte gar nicht mehr aufhören zu plaudern. »Ich wollte unbedingt die Hauptrolle, aber ich hab sie nicht gekriegt, und dann war ich voll traurig, und dann Frau Paulsen so: ›Jetzt wein doch nicht‹, und ich so: ›Ja heul, aber keiner traut mir was zu‹, und sie so: ›Doch, das tu ich, und deine Rolle ist zwar klein, aber derbe wichtig, weißt, wie ich mein?‹, und ich so: ›Ja.‹« Atemlos hielt sie inne und sonnte sich in ihrem Applaus. »Ja, also jedenfalls, danke, Frau Paulsen!«, sagte sie und sah mich nun direkt an. Ich lachte ihr unter Tränen zu, machte ihr mit den Fingern ein Herzchen, und deutete ihr dann an, hinterm Vorhang zu verschwinden.

»Jetzt gibt sie mir Zeichen, dass ich zurück soll, damit wir anfangen können, aber eins wollten wir alle noch sagen. Zwei Freunde von uns können heute nicht dabei sein. Meikel und Maryam. Wir vermissen sie voll, weil sie zu uns dazugehören. Und deswegen spielen wir dieses Stück für Maryam und Meikel.«

Mir liefen immer noch Sturzbäche aus den Augen, und als ich mich zu Sebastian umdrehte, sah ich, dass es ihm nicht anders ging. Ich ahnte, dass das eigentlich Heaven-Tanitas Schlusssatz gewesen war, doch ihr schien noch mehr auf dem Herzen zu liegen.

»Was auch noch mal gesagt werden muss: Maryam und Meikel sind nicht gefragt worden, was sie wollen. Weil wir *nie* gefragt werden, was wir wollen. Die beiden hätten heute echt gern mitgemacht, aber sie dürfen nicht und können nicht, und das find ich kacke. Und deswegen sing ich jetzt dieses Lied für sie.«

»Ach herrje«, stöhnte ich auf.

Alle hinterm Vorhang sahen einander ratlos an, also war diese Einlage wohl nicht geplant.

Vor dem Vorhang brachte Heaven-Tanita sich in Position und fing an zu singen: »You shout it out, but I can't hear a word you say.«

Titanium. Natürlich.

Hinter mir fing Sebastian leise an zu lachen. »Heaven-Tanita will singen, und Heaven-Tanita wird singen.«

Und wie sie sang! Noch nie hatte ich sie dieses Lied so schön singen hören, mit so viel echtem Gefühl und so natürlich. Es war einfach nur sie selbst, die dieses Lied für ihre Freunde Maryam und Meikel sang. Und wahrscheinlich auch für alle anderen Kids der AG und für sich selbst. Denn es ging darum, stark zu sein, alles an sich abprallen zu lassen und einfach weiterzumachen. So wie diese Kinder es tagtäglich versuchten. Als sie am Ende angekommen war, brach tosender Applaus aus. Auch ich, Sebastian und alle hinter dem Vorgang klatschten mit.

»Danke«, sagte Heaven-Tanita mit stolzgeröteten Wangen. »Und ja, also ... Dann fangen wir jetzt einfach an, okay?« Sie schlüpfte wieder hinter den Vorhang, wo sie von ihren Freunden begrüßt und beglückwünscht wurde. Dann ging es endlich los, und der Vorhang teilte sich. Auf der Hälfte der Strecke blieb er stehen, als würde er überlegen, was er nun machen sollte. Doch zum Glück entschied er sich nach drei Sekunden dafür, ganz aufzugehen. Die Band spielte das Intro von *So-LaLa*, und die Show begann.

Es wurde eine denkwürdige Aufführung, die wahrscheinlich keiner der Anwesenden jemals vergessen würde. Jo rannte gleich in der Eröffnungsszene in die Auslage des Gemüsehändlers. Mesut vergaß dreimal seinen Text, der ihm jedes Mal von Heaven-Tanita vorgesagt wurde. Beim dritten Mal verlor sie die Geduld und rief: »Boah ey, Alder, komm mal klar! Es heißt: ›Was soll ich denn jetzt machen?‹« Nachdem Heaven-Tanita ihren Auftritt gehabt hatte, wollte wohl auch Mesut es sich nicht nehmen lassen, seinen selbst getexteten Rap anzubringen, sodass er an ziemlich unpassender Stelle »Wir sind die Honks von der ALS, haben alle ADHS« einschob. Er war übrigens immer noch nicht weiter damit gekommen. Der Vorhang entwickelte ab der Hälfte ein Eigenleben und ging fünf Minuten lang ständig auf und zu, bis er letzten Endes von Sebastian und einem Jungen aus der Technik-AG gewaltsam zum Offenbleiben gezwungen wurde. Pawel fiel bei der *Oh Jonny*-Choreografie vom Tisch, verletzte sich zum Glück aber nicht. Es gab etliche schiefe Töne, die Musiker verhaspelten sich bei *L auf der Stirn*, die Choreografien gingen teilweise drunter und drüber. Engin, dem seine Hose zu weit geworden war, rutschte ebendiese runter, als er bei *Traum* seine Moves hinlegte, Nike lächelte wieder zu viel und Jo zu wenig. Aber das war mir alles so was von egal. Denn die Kinder waren mit so viel Herz dabei, dass ich fast die gesamte Aufführung über heulte, wenn ich nicht gerade damit beschäftigt war, ihre Bühnenab- und Bühnenaufgänge zu überprüfen oder sie zwischendurch zu loben.

Und es gab so viel mehr Schönes als Pannen. Vielleicht lag es am Publikum, das noch mal eine ganz andere Energie beisteuerte und mit Szenenapplaus oder Lachern nicht geizte. Die Eröffnungssequenz, in der die coole Hip-Hop-Gang durch ihre Hood Ellerbrook zog und *SoLaLa* performte, war grandios. Es gelang ihnen, das Publikum mit einzubeziehen, das spätestens bei der letzten Strophe auf jede Frage mit »So lala, so lala« antwortete. Die Mobbing-Szenen waren herzzerreißend, Pola als strenge Lehrerin köstlich, und auch Hamed machte seine Sache als Kiez-Kevin richtig gut. Jo und Nike waren unfassbar süß in der Sequenz am Hafen, und als sie *Liebe ist alles* sangen, lief mir eine Gänsehaut über den Rücken. Und offenbar nicht nur mir. Ich warf immer wieder einen Blick ins Publikum und entdeckte dabei so viele Gesichter, die lachten, weinten und derart gerührt waren, dass sie die Fehler, die mir auffielen, wahrscheinlich gar nicht bemerkten. Die Kinder legten die genialste Performance von *Traum* auf die Bühne, die ich je gesehen hatte. Auch die Schlusssequenz mit dem Song *Spinner* lief großartig. Die Technik-AG gab noch mal alles mit bunten Scheinwerfern, Nebelmaschine und sogar Konfetti. »Das geht raus an alle Spinner, wir sind die Gewinner, wir kennen keine Limits, ab heute für immer«, sangen die Kids mit so viel Herz wie noch nie und fassten sich dabei an den Händen.

Und dann war es endgültig vorbei. Tosender Applaus ertönte, die Darsteller und die Band mussten sich wieder und wieder verbeugen. Als ich sah, wie überglücklich und stolz sie alle strahlten, wusste ich, dass dieses Projekt jede Mühe wert gewesen war. Nach und nach wurden alle auf die Bühne geholt, damit sie etwas vom Applaus abbekamen: Sertab, Maria und ihre Näh-AG, Sandra und die Technik-AG, Ralf, Sebastian und ganz zum Schluss auch ich. Ich stand da und blickte ins Publikum, hörte den Applaus und die stampfenden Füße, sah in die lachenden Gesichter der Zuschauer. Es war einer der überwältigendsten Momente meines Lebens.

Irgendwann, viel zu schnell für meinen Geschmack, verklang der Applaus, die Lichter gingen an, und die Zuschauer verließen die Aula. Wir blieben auf der Bühne, umarmten uns völlig euphorisch, lachten und beteuerten, wie großartig wir gewesen waren. Irgendwann liefen die Kinder ins Foyer zu ihren Eltern und Freunden, um sich feiern zu lassen, und auch Sebastian und ich gingen mit. Ich fühlte mich völlig benebelt und stand immer noch unter Adrenalin. All die Beglückwünschungen, Umarmungen und Fragen rauschten an mir vorbei. Ich stellte Sebastian meinen Eltern vor, aber dann musste ich gleich wieder zu Stefan und ein paar Hände schütteln, sodass ich nicht mitbekam, ob sie sich gut verstanden. Auf jeden Fall unterhielten sie sich sehr angeregt, das konnte ich aus dem Augenwinkel erkennen.

Auch die Jury des Theaterpreises gratulierte mir, allerdings sah Begeisterung anders aus. »Das war ja wirklich eine sehr ... interessante Aufführung«, sagte Frau Gossler, verzog dabei jedoch keine Miene. In dem Moment war mir klar, dass wir den Preis nicht gewinnen würden. Aber es war mir vollkommen egal.

Irgendwann leerte sich das Foyer, und zurück blieben nur diejenigen, die bei der Musical-AG mitgewirkt hatten. Im Musikraum war inzwischen alles für eine Party vorbereitet. Es gab reichlich ungesunde Limonaden, Chips und Schokolade. Wir spielten die Lieder aus dem Musical ab, tanzten dazu und feierten unsere Premiere, unser Publikum, unsere Arbeit und uns selbst.

Ich umarmte Heaven-Tanita, um ihr für ihre Danksagung zu danken. »Das war so lieb. Ich hab mich total darüber gefreut. Und du hast toll gesungen.«

»Danke.« Ihre Wangen röteten sich vor Freude. »Es wäre nur alles schöner, wenn Maryam und Meikel heute dabei wären.«

»Ich weiß«, sagte ich und drückte sie noch mal kurz an mich.

Nachdem sie sich von mir gelöst hatte, meinte Heaven-

Tanita: »Aber ich find's voll süß, dass Sie mit Sebastian zusammen sind.«

»Äh ... was?«

»Na, sind Sie doch, oder?«

»Ja, aber wir wollten das nicht an die große Glocke hängen.«

Heaven-Tanita sah mich an, als würde mir ein zweiter Kopf wachsen. »Ach, echt?« Dann fing sie laut an zu lachen. »Ey, Mesut«, rief sie und lief dann zu ihm, um ihm etwas zu sagen, woraufhin auch er lachte.

Damit war also amtlich bestätigt, dass Sebastian und ich das mit dem Geheimhalten ebenso wenig konnten wie das mit dem Ruhig-angehen-Lassen.

Irgendwann verschwanden die Schüler, weil sie nach Hause mussten oder von ihren Eltern abgeholt wurden. Zum Schluss blieben nur wir Betreuer zurück und leerten ein paar Flaschen Sekt. Wir waren uns sicher, dass das die genialste Aufführung eines Musicals gewesen war, die die Welt je gesehen hatte, und schmiedeten eifrig Pläne für das nächste Jahr.

»Wirst du denn im nächsten Jahr überhaupt noch da sein, Annika?«, fragte Sertab.

»Ja«, sagte ich fest. »Das werde ich.« Es war mir spätestens in dem Moment klar gewesen, als Heaven-Tanita mir auf der Bühne gedankt hatte. Das, was ich hier tat, war wichtig. Auch wenn das Leben am Werther-Gymnasium ruhiger und nicht mal ansatzweise so aufwühlend gewesen war wie an der ALS, wollte ich nicht mehr weg. Die Arbeit machte mir Spaß, und ich wurde hier definitiv viel mehr gebraucht. Ich wusste nicht, ob ich bis zur Pensionierung bleiben würde – aber so schnell würde ich das hier nicht aufgeben. Dafür war es mir viel zu sehr ans Herz gewachsen.

»Wie cool«, rief Sertab freudestrahlend. »Dann lass uns

mal überlegen, ob wir im nächsten Jahr noch ein Projekt zusammen starten.«

»Ich fände ein Umweltprojekt gut. Und vielleicht könnten wir einen Chor für die Fünft- und Sechstklässler gründen.«

Nachdem wir die letzte Flasche Sekt geleert hatten, machten sich Sertab, Ralf, Sandra und Maria auf den Weg. Als sie weg waren, gingen Sebastian und ich noch mal auf die Bühne. Endlich waren wir beide allein, und ich legte meine Arme um seinen Nacken, um ihn ausgiebig zu küssen. Es war schon komisch, wie sehr ich Sebastian vermissen konnte, selbst wenn er direkt neben mir stand oder nur ein paar Meter von mir entfernt war. »Danke«, flüsterte ich ihm ins Ohr. »Vielen Dank für deine Hilfe.«

»Gern geschehen«, murmelte er und strich mit dem Daumen sanft über meine Lippen, was jedes Mal eine Schmetterlingsparty in meinem Bauch auslöste. »Ich liebe dich, Anni.«

Mein Herz setzte einen Schlag lang aus, und ich wurde von einem derartigen Glücksgefühl durchströmt, dass ich schon wieder hätte heulen können. »Ich liebe dich auch.«

Dann sagten wir beide nichts mehr. Wir standen einfach nur aneinandergelehnt da und betrachteten die leere Bühne und den Zuschauerraum. In den vergangenen neun Monaten war so viel passiert. Ich hatte Dämonen besiegt, neue Menschen kennengelernt, die mir ans Herz gewachsen und zu Freunden geworden waren. Ich hatte Gewohnheiten über Bord geworfen, mich angestrengt und für etwas eingesetzt. Ich hatte gemerkt, wie gern ich Lehrerin war, das Klavierspielen und Musikmachen für mich wiederentdeckt, mich von meinem Traummann verabschiedet und mich in meinen Tchibo-Mann verliebt. Und ich war erwachsen geworden. Die letzten neun Monate waren nicht immer einfach gewesen, aber ich wollte diese Zeit nicht missen. Und vor allem war ich neugierig darauf, welche Herausforderungen in der Zukunft noch auf mich warten würden. Eines war mir jetzt klar: Ich würde es mit ihnen aufnehmen – egal, wie groß sie auch sein mochten.

Himbeermuffins mit weißer Schokolade
(»So gut, dass einer definitiv nicht reicht.« – Zitat Sebastian)

1 Tafel weiße Schokolade
100 bis 130 g Zucker (Je nachdem, wie süß man es mag – ich persönlich finde die Muffins durch die Schokolade schon süß genug und nehme meist nur 100 g)
300 g Mehl
1 Päckchen Backpulver
150 g Himbeeren (TK oder frisch)
1 Ei
125 ml Öl
185 ml Buttermilch

- Schokolade in Stückchen hacken
- Himbeeren grob hacken (TK) bzw. zerkleinern (frische)
- Mehl und Backpulver mischen
- Ei, Öl und Buttermilch vermischen, und das Mehl langsam unterheben
- Schokolade hinzugeben
- Himbeeren vorsichtig unterheben – der Teig wird dann hübsch rosa, aber das verschwindet beim Backen meist wieder
- Teig in Muffinblech oder -förmchen geben (etwa 12)
- in den auf 200 Grad vorgeheizten Ofen schieben und auf mittlerer Schiene etwa 15 bis 20 Minuten backen. Backzeit variiert je nach Ofen, also am besten Stäbchenprobe machen.

Guten Appetit!

Die Songs zum Buch

Annis Songs

Alle Farben – Bad Ideas
Train – Hey Soul Sister
Paolo Nutini – New Shoes
Nirvana – Smells Like Teen Spirit
Beatsteaks – I Don't Care As Long As You Sing
Daft Punk feat. Pharrell Williams and Nile Rodgers –
  Get Lucky
Kylie Minogue – Can't Get You Out Of My Head
Chemical Brothers – Galvanize
Katy Perry – Roar
Tom Waits – I Hope That I Don't Fall In Love With You
Wham! – Last Christmas
Michael Bublé – Cold December Night
Frank Sinatra – Jingle Bells
Maroon 5 – She Will Be Loved

Die Musical-AG-Songs

David Guetta feat. Sia – Titanium
Cat Stevens – Morning Has Broken
Beginner/Gzuz/Gentleman – Ahnma
Blumentopf – SoLaLa
Jan Delay – Oh Jonny

Cro – Traum
Johannes Oerding – Einfach nur weg
Rosenstolz – Liebe ist alles
Beatsteaks feat. Deichkind – L auf der Stirn
Alexa Feser – Das Gold von morgen
Revolverheld – Spinner

Annis Klavier- und klassische Stücke

Ludwig van Beethoven – Klaviersonate Nr. 14, Op. 27 Nr. 2 in cis-Moll (»Mondscheinsonate«)
Ludwig van Beethoven – 9. Sinfonie in d-Moll, Op. 125 (im Buch hören Anni und Sebastian den 4. Satz)
Franz Schubert – Erlkönig, D 328
Frédéric Chopin – Etüde Op. 10 Nr. 3 in E-Dur (»Tristesse«)
Franz Schubert – Sinfonie Nr. 7 (manchmal auch als 8 nummeriert) in h-Moll, D 759 (»Unvollendete«)
Franz Liszt – Paraphrase über ›Dies irae‹ für Soloklavier, S. 525 (»Totentanz«)
Franz Liszt – Liebestraum Nr. 3 in As-Dur, S. 541
Franz Schubert – Impromptu, Op. 90 Nr. 3 in g-Moll, D 899
Franz Liszt – Grandes Etudes de Paganini, Nr. 3 in gis-Moll, S. 141 (»La Campanella«)
Michael Nyman – The Heart Asks Pleasure First (aus dem Soundtrack zum Film »Das Piano«)

Danksagungen

Wie immer an erster Stelle tausend Dank an den Bananenschneider-/Entsafter-/Dampfreiniger-Mann meines Herzens. Dafür, dass du meine berufsbedingte geistige oder körperliche Abwesenheit mit so viel Gelassenheit hinnimmst. Dafür, dass du mich unterstützt. Und vor allem dafür, dass du dich getraut hast, die allererste ungekürzte Version dieses Romans zu lesen – und sie dann auch noch gut fandst.

Vielen Dank an meine Eltern, Familie und Freunde, für euer Verständnis, eure Geduld und dafür, dass ihr das Leben schöner macht.

Allen Lehrerinnen und Lehrern, die mich bei der Recherche unterstützt und meinen sehr ausführlichen Fragebogen ausgefüllt haben – allen voran Sonja Bischoff, Diane Hülsmann und Christine Aumann – herzlichen Dank!
Ein besonders großes Dankeschön geht an Inga Tamminga und Michaela Lauterfeld, dafür, dass ihr euch so viel Zeit für mich und meine Fragen genommen habt und dass ihr mir wertvolle Einblicke in euren Berufsalltag gewährt habt.
Liebe Lehrerinnen und Lehrer, ihr werdet sicher festgestellt haben, dass ich die Realität hier und da ein klitzekleines bisschen verdreht habe, weil es mir aus dramaturgischen Gründen besser in den Kram passte (die Präsenztage nach den Sommerferien, jaja, ich weiß). Das tut mir leid, und dieser Fehler liegt nicht an euch, sondern einzig und allein an mir.

Sabrina Cremer danke ich vielmals für den genialen Namen ›Heaven-Tanita‹. Es hat zwar eine Weile gedauert, aber jetzt hat sie endlich ihren großen Auftritt bekommen.

Vielen lieben Dank an meine Probeleserinnen Nicole Larsen, Andrea Dingkuhn und Diane Hülsmann für euer hilfreiches Feedback und dafür, dass ihr mir Mut gemacht habt, als es extrem nötig war.

Tausend Dank an das Team der Literarischen Agentur Thomas Schlück, allen voran an Franka Zastrow. Es ist schön, dich an meiner Seite zu wissen.

Ein großes Dankeschön an Stefanie Kruschandl für die tolle Zusammenarbeit bei der Textredaktion. Es hat Spaß gemacht, mich mit dir über Team Sebastian, Team Tristan und Bohrangst auszutauschen.

An alle bei Bastei Lübbe, die dafür sorgen, dass meine Romane ihren Weg in die Hände der Leserinnen und Leser finden – vielen, vielen Dank dafür. Stellvertretend für alle seien genannt Daniela Jarzynka und Claudia Müller.

Liebe Leserinnen und Leser, ein riesengroßes, dickes, fettes Dankeschön aus tiefstem Herzen geht an euch. Dafür, dass ihr meine Bücher kauft, dass ihr mich auf Lesungen besucht und vor allem für eure zahlreichen Nachrichten, Kommentare und E-Mails. Ohne euer süßes, aufmunterndes und motivierendes Feedback hätte ich diesen Roman nicht schreiben können, und ich hoffe sehr, dass ich euch durch meine Bücher etwas zurückgeben kann. Weißt, wie ich mein, nä, Frau Leserin und Herr Leser?

Die Community für alle, die Bücher lieben

★ In der Lesejury kannst du Bücher lesen und rezensieren, die noch nicht erschienen sind

★ Gemeinsam mit anderen buchbegeisterten Menschen in Leserunden diskutieren

★ Autoren persönlich kennenlernen

★ An exklusiven Gewinnspielen und Aktionen teilnehmen

★ Bonuspunkte sammeln und diese gegen tolle Prämien eintauschen

Jetzt kostenlos registrieren: www.lesejury.de

Folge uns auf Instagram & Facebook:
www.instagram.com/lesejury
www.facebook.com/lesejury